麦读
MyRead

走向上的路　追求正义与智慧

—— 《中华人民共和国法律注释书系列》 ——

作者简介 |

麻锦亮，男，浙江缙云人，中国人民大学民商法学博士，现为最高人民法院民二庭二级高级法官。《全国法院民商事审判工作会议纪要》主要执笔人，《最高人民法院关于适用〈中华人民共和国民法典〉有关担保制度的解释》承办人，深度参与即将出台的《最高人民法院关于适用〈中华人民共和国民法典〉合同编通则部分的解释》等多个司法解释的起草，具有丰富的司法实务经验，对担保法、合同法等领域有较为深入的研究和思考。

中华人民共和国法律注释书系列

TREATISES ON THE LAWS OF
THE PEOPLE'S REPUBLIC OF CHINA

民法典
担保
注 释 书

麻锦亮 编 著

CIVIL CODE

SECURITY LAW

TREATISE

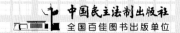
中国民主法制出版社
全国百佳图书出版单位

自　序

一、本书有什么特点

《民法典》施行后，市面上陆续出现了多种版本的担保法释义书，这些书往往是对条文的解释，注重理论性、体系性、逻辑性，我看后感觉受益良多。但我也注意到，对于担保实务中的一些前沿疑难问题，这些释义书有的并未涉及，有的仅仅涉及部分，对于实务工作并不解渴，加上经常有中基层法院一线的办案法官向我咨询各种担保法问题，于是萌生了编写一本务实管用、尽可能涵盖担保法实务中的前沿疑难问题的工具书的想法。有了这个想法后，与"麦读"的曾健总编一拍即合，开始编写这本注释书。

在编写过程中，我一直在琢磨，怎样做到既吸收其他工具书的优点，又要有自己的鲜明特色。总结起来，我把这本书的特点概括为"四有"：

一是有问题意识。注释书的体例决定了只能解释法律条文，但法律条文不是一串僵死的文字，它本身是有生命的，每一个条文背后都凝聚着立法者的价值和逻辑，也带着司法者的困惑与争议。在对每一个条文的阐释过程中，本书都始终秉持问题意识，思考该条文在实务中面临的主要问题是什么，当事人或法官的主要争议是什么，产生争议的原因又是什么，尽可能做到已经达成共识的少说甚至不说，将重点放在有争议的问题上，并尝试从基本原理、基本共识的角度进行说理，给出我个人的答案。可以说，本书囊括了本人迄今为止视野所及范围内的几乎全部担保法问题。

二是有场景意识。在条文注释过程中，在我脑海里时刻闪现的是两个场景。其一，诉讼场景，即当事人在某一诉讼过程中，因某一法律适用问题产生分歧，最终指向对某一条文或其中某一句话的分歧，此时法官该如何作出解释，如《民法典》第700条的"享有债权人对债务人的权利"，此种权利是仅限于债务人自身提供的担保物权，还是包括债权人对其他担保人的权利。一旦有了诉讼场景，可能还会涉及举证责任的分配、不同诉讼阶段法院的释明等问题，这就会使得对条文的理解趋于立体、走向深刻。除了在"条文要点"部分体现诉讼场景外，本书还专门开辟"适用情况"部分，着重分析条文在实践中是如何被运用的、主要争议是什么，进一步强化场景意识，加深对条文含义的理解。其二，授课场景。《民法典》施行后，我曾多次受邀给法院等相关实务部门讲授民法典担保制度，在此过程中也了解了不少问题。在编纂每一个条文时，就想象我在给法官等实务工作者授课，尽可能做到用通俗易懂、简洁明快但又规范准确的语言，用大家都能接受的道理来讲课，力求将复杂的道理简单化。当然，受制于自身的水平和能力，做得还很不够，但这一直是我努力的方向。

三是有主观理解。本书除了在"条文要点""适用情况"等部分体现我对条文的理解外，即便是在客观资料部分，也尽可能体现我对某一法律条文的理解、某一案例的评析，从另一个侧面加深对条文的理解。考虑到绝大多数案例都能在公开资料中找到，为节省篇幅，本书不再罗列案件所涉事实以及一、二审法院的裁判观点，仅撷取其中的"裁判要旨"，并尽量对其进行评述。可以说，尽可能体现我对相关问题的理解，是本书的一大特色和亮点。

四是有客观资料。《民法典》施行的同时，《担保法》《物权法》等9部法律被废止。以后法官在办理民事案件时，首先要依据《民法典》的规定来找法。但《民法典》并不能解决所有的问题，还有很多其他法律、行政法规、司法解释、司法政策甚至部门规章都在实践中起着重要作用，对这些规范性文件进行梳理，对于准确适用民法典担保制度具有重要意义。为此，本书尽可能全面地搜集相关规范，并对其适用情况作出评述。此外，本书还搜集了典型案例，包括指导性案例、公报案例、参考案例。参考案例尽可能找具有代表性的、与《民法典》精神相符的案例；从法院层级上看，尽可能找最高人民法院的案例、社会认可度高的案例，增强案例的指导性、权威性。

二、本书该怎么读

一是跳着读。尽管自认为就相关条文的阐释是具备一定理论水准的，但本书总体上属于工具书，因而不必按照条文顺序从头读到尾。读者完全可以针对遇到的问题,直接阅读相关条文。我在撰写某一条文的释义时,尽可能使其保持相对独立性,使其自成体系,避免前后参阅导致的不便。当然,《民法典》本身就是体系化的产物,如关于担保的从属性,本书对保证的从属性进行了较为详细的论述,当涉及担保物权的从属性时,为避免重复,与保证相同的部分就不再写了,而将重点放在担保物权的特性上。此时,为全面理解担保的从属性,就有必要将保证与担保物权两部分内容结合起来看。

二是挑着读。实务中,读者可能会对某些担保制度产生疑惑但又不知道在哪一条对此有解释,如要想了解保证保险制度,却不知道哪一条有对此的解释。为增加本书的实用性,我专门制作了重要担保制度"关键词索引",指出哪些制度可在哪些条文的释义中找,方便读者"挑着读"。

三是对着读。我还制作了3个附件,其中前两个附件对已被废止的10个涉及担保的司法解释进行逐条清理,并就其是否具有继续适用性进行评述,通过分析旧司法解释,增强对民法典担保制度的理解。此外,还针对实践中亟待解决的《民法典担保制度解释》能否适用于《民法典》施行前发生的担保纠纷案件,用图表的方式逐条分析了该司法解释的溯及力问题,相信对指导一段时间内的担保法司法实践具有较大的帮助。

四是系统读。在编写过程中,我尽可能地吸收现行担保法著作的有益内容,增强说理性,对有志于研究担保法的学界同人,也可进行系统的研读。

本书从搜集资料到着手写作,历时近2年,其间有一些观点我也在不断修正,有一些资料可能需要更新。但因受制于能力、精力,难以及时改正,疏漏和错谬之处希望修订时能够改正。敬请读者多提宝贵意见,共同为担保法事业贡献自身的力量!

麻锦亮

2023年7月

凡　　例

本书中法律文件名称的体例格式,视客观材料与编写内容的区别而作出了不同的处理。

一、相关法律、行政法规、司法解释、部门规章等客观材料中的法律文件

1. 作为标题出现的法律文件名称,全书统一使用全称。

法律的全称后,在括号中统一载明日期,具体分为四种情形:(1)施行后未被修正或修订的法律,如《民法典》,在括号中载明通过日期(而非施行日期或公布日期,目的在于锁定所引用的法律文本)。(2)施行后被修正的法律,包括两种情形:一是多数情况下,相关法律根据修改决定作相应修改后重新公布的,如《商业银行法》,在括号中载明通过日期以及最后一次修正通过日期;二是如果仅公布法律修正案,被修正的法律条文保持不变的,则仅载明修正案通过日期。(3)施行后被修订的法律,如《合伙企业法》,在括号中载明修订日期。(4)施行后既有修正又有修订的,修订后又有修正的,如《公司法》,在括号中载明最后一次修订日期以及最后一次修正日期;修正后最后一次是修订的,如《证券法》,仅在括号中载明修订日期。①

行政法规的全称后,在括号中统一载明通过日期,如施行后被修订,在括

---

① 我国法律修改有修正和修订两种方式,修正是对法律部分条款进行的局部个别修改,修订是对法律进行的全部整体修改。二者在审议内容、表决内容、公布方式、生效日期均存在不同,修正通常提出修正案草案并进行审议和表决,采用公布修改决定或修正案的方式,只对修正的条款规定一个新的生效日期,原法律生效日期不变;修订通常提出全面的修订草案,针对草案文本的全部内容进行审议和表决,国家主席令直接公布法律文本全本,另行规定新的生效日期。为使读者准确了解我国法律的制定发展过程,本书针对不同情况分别标注修正及修订的通过日期。需要注意的是,行政法规和部门规章对修正与修订的使用不像法律对修正与修订的使用那样严格。

号中载明最后一次修订的日期。司法解释、部门规章的全称后，在括号中载明发布文号和通过日期[公(发)布日期]；司法解释施行后被修正的，在括号中载明首次发布文号以及最后一次修改决定文号与日期。① 规范性文件和相关政策在括号中载明文号及公(发)布日期，答复类文件载明文号和答复时间。由于历史原因，相关文件无文号的，仅列明公(发)布日期。

2. 在引用的条文或文件内容中出现的全简称、汉阿数字都以原文件为准，不作任何改动。

示例：

(一)相关法律

1.《中华人民共和国民法典》(2020 年 5 月 28 日通过)

2.《中华人民共和国商业银行法》(1995 年 5 月 10 日通过,2015 年 8 月 29 日修正)

3.《中华人民共和国刑法修正案(九)》(2015 年 8 月 29 日通过)

4.《中华人民共和国合伙企业法》(2006 年 8 月 27 日修订)

5.《中华人民共和国公司法》(2005 年 10 月 27 日修订,2018 年 10 月 26 日修正)

6.《中华人民共和国证券法》(2019 年 12 月 28 日修订)

(二)相关行政法规

1.《融资担保公司监督管理条例》(2017 年 6 月 21 日通过)

2.《不动产登记暂行条例》(2019 年 3 月 24 日修订)

(三)司法解释与部门规章

1.《最高人民法院关于适用〈中华人民共和国民法典〉有关担保制度的解释》(法释[2020]28 号,2020 年 12 月 25 日通过)

2.《最高人民法院关于审理民间借贷案件适用法律若干问题的规定》(法释[2015]18 号;法释[2020]17 号,2020 年 12 月 23 日修正)

3.《上市公司信息披露管理办法》(证监会令第 40 号;证监会令第 182 号,2021 年 3 月 4 日修订)

(四)规范性文件与相关政策

1.《全国法院民商事审判工作会议纪要》(法[2019]254 号,2019 年 11

---

① 与法律的修改方式不同,行政法规仅进行修订,司法解释仅进行修正,故标注方式与法律略有不同,参照法律的标注方式。

月 8 日公布)

2.《最高人民法院关于沈阳市信托投资公司是否应当承担保证责任问题的答复》(法民二〔2001〕50号,2001年8月22日)

3.《上市公司监管指引第8号——上市公司资金往来、对外担保的监管要求》(证监会公告〔2022〕26号,2022年1月28日公布)

4.《企业内部控制应用指引第12号——担保业务》(财会〔2010〕11号,2010年4月15日公布)

5.《中国人民银行对担保纠纷中有关法律问题的复函》(银条法〔1998〕56号,1998年10月8日)

二、条文精解、适用要点、编者评析、裁判要旨等主观内容中的法律文件

1. 法律法规的名称统一省去"中华人民共和国",如《公司法》。文件的条文数统一使用阿拉伯数字,如《公司法》第10条。但带引号的引用法律法规的内容,均与原文件一致,不作任何修改,如《民法典担保制度解释》第12条规定:"法定代表人依照民法典第五百五十二条的规定以公司名义加入债务的,人民法院在认定该行为的效力时,可以参照本解释关于公司为他人提供担保的有关规则处理。"

2. 多次使用的司法解释和规范性司法文件的名称,使用全书统一的简称,与《缩略语对照表》一致。如《民法典担保制度解释》,全称《最高人民法院关于适用〈中华人民共和国民法典〉有关担保制度的解释》(法释〔2020〕28号,2020年12月25日通过);《诉讼时效规定》,全称《最高人民法院关于审理民事案件适用诉讼时效制度若干问题的规定》(法释〔2008〕11号;法释〔2020〕17号,2020年12月23日修正)。

3. 极个别出现次数较多的部门规章、规范性文件及相关政策使用简称,进入《缩略语对照表》。

缩略语对照表

序号	简称	全称
1	《民法典担保制度解释》	《最高人民法院关于适用〈中华人民共和国民法典〉有关担保制度的解释》(法释〔2020〕28号,2020年12月25日通过)
2	《民法典总则编解释》	《最高人民法院关于适用〈中华人民共和国民法典〉总则编若干问题的解释》(法释〔2022〕6号,2021年12月30日通过)
3	《民法典物权编解释(一)》	《最高人民法院关于适用〈中华人民共和国民法典〉物权编的解释(一)》(法释〔2020〕24号,2020年12月25日通过)
4	《民法典建设工程解释(一)》	《最高人民法院关于审理建设工程施工合同纠纷案件适用法律问题的解释(一)》(法释〔2020〕25号,2020年12月25日通过)
5	《民法典婚姻家庭编解释(一)》	《最高人民法院关于适用〈中华人民共和国民法典〉婚姻家庭编的解释(一)》(法释〔2020〕22号,2020年12月25日通过)
6	《民法典时间效力规定》	《最高人民法院关于适用〈中华人民共和国民法典〉时间效力的若干规定》(法释〔2020〕15号,2020年12月14日通过)
7	《民法通则意见》	《最高人民法院关于贯彻执行〈中华人民共和国民法通则〉若干问题的意见(试行)》[法(办)发〔1988〕6号;法释〔2020〕16号,2021年1月1日失效]

(续表)

序号	简称	全称
8	《九民纪要》	《全国法院民商事审判工作会议纪要》(法〔2019〕254 号,2019 年 11 月 8 日公布)
9	《担保法解释》	《最高人民法院关于适用〈中华人民共和国担保法〉若干问题的解释》(法释〔2000〕44 号;法释〔2020〕16 号,2021 年 1 月 1 日失效)
10	《独立保函规定》	《最高人民法院关于审理独立保函纠纷案件若干问题的规定》(法释〔2016〕24 号;法释〔2020〕18 号,2020 年 12 月 23 日修正)
11	《买卖合同解释》	《最高人民法院关于审理买卖合同纠纷案件适用法律问题的解释》(法释〔2012〕8 号;法释〔2020〕17 号,2020 年 12 月 23 日修正)
12	《融资租赁解释》	《最高人民法院关于审理融资租赁合同纠纷案件适用法律问题的解释》(法释〔2014〕3 号;法释〔2020〕17 号,2020 年 12 月 23 日修正)
13	《矿业权解释》	《最高人民法院关于审理矿业权纠纷案件适用法律若干问题的解释》(法释〔2017〕12 号;法释〔2020〕17 号,2020 年 12 月 23 日修正)
14	《票据规定》	《最高人民法院关于审理票据纠纷案件若干问题的规定》(法释〔2000〕32 号;法释〔2020〕18 号,2020 年 12 月 23 日修正)
15	《建设工程施工合同解释(二)》	《最高人民法院关于审理建设工程施工合同纠纷案件适用法律问题的解释(二)》(法释〔2018〕20 号;法释〔2020〕16 号,2021 年 1 月 1 日失效)
16	《工程款优先受偿批复》	《最高人民法院关于建设工程价款优先受偿权问题的批复》(法释〔2002〕16 号;法释〔2020〕16 号,2021 年 1 月 1 日失效)

（续表）

序号	简称	全称
17	《民间借贷规定》	《最高人民法院关于审理民间借贷案件适用法律若干问题的规定》(法释〔2015〕18号；法释〔2020〕17号,2020年12月23日修正)
18	《诉讼时效规定》	《最高人民法院关于审理民事案件适用诉讼时效制度若干问题的规定》(法释〔2008〕11号；法释〔2020〕17号,2020年12月23日修正)
19	《公司法规定(三)》	《最高人民法院关于适用〈中华人民共和国公司法〉若干问题的规定(三)》(法释〔2011〕3号；法释〔2020〕18号,2020年12月23日修正)
20	《企业破产法规定(二)》	《最高人民法院关于适用〈中华人民共和国企业破产法〉若干问题的规定(二)》(法释〔2013〕22号；法释〔2020〕18号,2020年12月23日修正)
21	《企业破产法规定(三)》	《最高人民法院关于适用〈中华人民共和国企业破产法〉若干问题的规定(三)》(法释〔2019〕3号；法释〔2020〕18号,2020年12月23日修正)
22	《保险法解释(二)》	《最高人民法院关于适用〈中华人民共和国保险法〉若干问题的解释(二)》(法释〔2013〕14号；法释〔2020〕18号,2020年12月23日修正)
23	《保险法解释(四)》	《最高人民法院关于适用〈中华人民共和国保险法〉若干问题的解释(四)》(法释〔2018〕13号；法释〔2020〕18号,2020年12月23日修正)
24	《民事诉讼法解释》	《最高人民法院关于适用〈中华人民共和国民事诉讼法〉的解释》(法释〔2015〕5号；法释〔2022〕11号,2022年3月22日修正)

（续表）

序号	简称	全称
25	《执行程序解释》	《最高人民法院关于适用〈中华人民共和国民事诉讼法〉执行程序若干问题的解释》（法释〔2008〕13号；法释〔2020〕21号，2020年12月23日修正）
26	《执行工作规定》	《最高人民法院关于人民法院执行工作若干问题的规定（试行）》（法释〔1998〕15号；法释〔2020〕21号，2020年12月23日修正）
27	《查扣冻规定》	《最高人民法院关于人民法院民事执行中查封、扣押、冻结财产的规定》（法释〔2004〕15号；法释〔2020〕21号，2020年12月23日修正）
28	《拍卖变卖财产规定》	《最高人民法院关于人民法院民事执行中拍卖、变卖财产的规定》（法释〔2004〕16号；法释〔2020〕21号，2020年12月23日修正）
29	《执行异议和复议规定》	《最高人民法院关于人民法院办理执行异议和复议案件若干问题的规定》（法释〔2015〕10号；法释〔2020〕21号，2020年12月23日修正）
30	《执行担保规定》	《最高人民法院关于执行担保若干问题的规定》（法释〔2018〕4号；法释〔2020〕21号，2020年12月23日修正）
31	《财产保全规定》	《最高人民法院关于人民法院办理财产保全案件若干问题的规定》（法释〔2016〕22号；法释〔2020〕21号，2020年12月23日修正）
32	《上市公司对外担保监管8号指引》	《上市公司监管指引第8号——上市公司资金往来、对外担保的监管要求》（证监会公告〔2022〕26号，2022年1月28日公布）

关键词索引

W

X

Y

目 录

---

① 本书是对《民法典》担保制度的注释,编章节序数与《民法典》保持一致。

导

论

民法典担保制度的变化及其体系

一、《民法典》关于保证制度的主要变化

1986 年制定 1987 年 1 月 1 日施行的《民法通则》在第五章第二节"债权"部分对合同进行了笼统规定,没有对各种有名合同进行专门规定,当然也就没有对保证合同进行规定。对保证合同进行专门规定的,是 1995 年 10 月 1 日施行的《担保法》。该法在第二章"保证"部分用 3 节 27 个条文对保证合同进行了专门规定。其中第一节是"保证和保证人",第二节是"保证合同和保证方式",第三节是"保证责任"。从立法上来说,保证合同的基本骨架都是《担保法》第二章建立的,如保证合同的概念、保证人的资格、一般保证和连带责任保证、保证期间、保证责任、保证人的追偿权,等等。《担保法》在总则第 5 条规定的保证的从属性原理,是整个担保合同的基础。可以说,《担保法》在调整保证合同方面,其作用巨大。当然,限于当时的条件和学说理论研究的局限,该法过于注重保护债权人,对保证人的权利保护不够,一些基本理论现在看来还有一定的问题,如该法没有研究透彻保证期间与诉讼时效的关系。但瑕不掩瑜,从保证合同立法的历史来看,《担保法》有关保证合同的规定,奠定了规范保证合同的基础。可以这样说,保证合同的地基和整个大楼的主体工程,是《担保法》打下的。

从司法实践来看,2000 年 12 月 13 日施行的《担保法解释》在保证合同的演变史上具有十分重要的地位。该解释关于总则部分 12 条、保证部分 34 条,是对《担保法》中保证合同规定的解释,是对保证合同规则的进一步完善,对人民法院审理保证合同纠纷案件起到了十分重要的作用,其中的一些规定,还被《民法典》保证合同章所采纳。可以这样说,《担保法解释》对保证

合同这座大厦进行了简单装修。最高人民法院制定的其他与保证合同有关的司法解释，对于人民法院公正审理这类案件，也起到了十分重要的作用。《民法典》将《担保法》第二章"保证"部分单独拿出来作为有名合同进行规定，条文是从第681条到第702条，总共22个条文。与《担保法》第二章"保证"相比，《民法典》合同编第十三章"保证合同"体现了如下特点：

第一，从《担保法》过于保护债权人转变到了《民法典》平等保护债权人和担保人。主要体现在：(1)《担保法》第19条规定，当事人对保证方式没有约定或者约定不明确的，按照连带责任保证承担保证责任。而《民法典》第686条第2款则规定这种情况按照一般保证承担保证责任。(2)《担保法》第25条第2款规定，债权人已提起诉讼或者申请仲裁的，保证期间适用诉讼时效中断的规定。而《民法典》第692条第1款规定，保证期间不发生中止、中断和延长。(3)《民法典》第698条增加规定，一般保证的保证人在主债务履行期限届满后，向债权人提供债务人可供执行财产的真实情况，债权人放弃或者怠于行使权利致使该财产不能被执行的，保证人在其提供可供执行财产的价值范围内不再承担保证责任。(4)《民法典》第702条增加规定，债务人对债权人享有抵销权或者撤销权的，保证人可以在相应范围内拒绝承担保证责任。

第二，与《担保法》保证的规定相比，《民法典》关于保证合同的规定，保证的法学原理更准确，可以说每个条文几乎都有体现。例如：(1)关于保证期间与诉讼时效的关系。《担保法》第25条的规定实际上混淆了保证期间与诉讼时效的关系。《民法典》没有采纳《担保法》第25条的规定，使二者的关系符合法学原理。(2)关于保证期间的计算。《民法典》第692条第2、3款规定，债权人与保证人可以约定保证期间，但是约定的保证期间早于主债务履行期限或者与主债务履行期限同时届满的，视为没有约定；没有约定或者约定不明确的，保证期间为主债务履行期限届满之日起6个月。债权人与债务人对主债务履行期限没有约定或者约定不明确的，保证期间自债权人请求债务人履行债务的宽限期届满之日起计算。(3)《民法典》第694条第1款规定，一般保证的债权人在保证期间届满前对债务人提起诉讼或者申请仲裁的，从保证人拒绝承担保证责任的权利消灭之日起，开始计算保证债务的诉讼时效。(4)保证期间，债权人与债务人协议变更主合同的，《担保法》规定，未经保证人书面同意，保证人不再承担保证责任。而《民法典》规定，减轻债务的，保证人仍对变更后的债务承担保证责任；加重债务的，保证人对加重的部分不再承担保证责任。保证期间不受影响。

第三，《担保法》第 12 条规定了共同保证人之间的追偿权，但《民法典》相关条文第 699 条和第 700 条对此没有规定，对《民法典》施行后共同保证人之间是否享有追偿权的理解问题，带来了很大的困难。

总体上看，《民法典》保证合同规定的内容克服了《担保法》过于保护债权人的弊端，所制定的规则更加符合民法原理，立法技术也有很大的改进，总体上值得充分肯定，相当于对保证合同这座大厦作了一次精装修。当然，我们不能指望这次《民法典》对保证合同的规定就十全十美。审判实践中出现了《民法典》没有规定情况的，还得通过制定司法解释或者指导性案例等方式统一裁判尺度。

二、《民法典》关于担保物权制度的主要变化

1995 年，我国制定了《担保法》，将担保分为人保和物保，其中人保主要是指保证，物保又包括抵押、质押和留置以及定金。1999 年制定《合同法》时，将定金作为违约责任形式予以规定；2007 年制定《物权法》时，又将抵押、质押和留置放到担保物权之中。在《民法典》制定过程中，也有观点认为应当保持《担保法》的体例，将担保独立成编。但立法者最终没有采纳此种观点，而是在坚持物债二分的基础上，将保证合同作为独立的有名合同予以规定，定金继续作为违约责任形式，第二编物权第四分编担保物权部分仍延续了《物权法》有关担保物权的体例，分为抵押、质押和留置三章。较之于《物权法》，《民法典》第二编物权第四分编担保物权部分的修改主要集中在一般规定和抵押权部分，总体上具有以下特点：

（一）因应世界银行优化营商环境要求，着力构建现代动产担保制度

传统民法关于典型担保物权的体系是以客体为基础展开的：不动产上只能设立抵押权，公示方法是登记；动产则对应于质权和留置权，以交付作为公示方法。但为了满足不断增长的融资功能，实践中担保财产范围呈现不断扩张趋势，其中抵押权的客体从不动产扩及不动产权利、动产，质权的客体从动产扩及集合财产以及知识产权、股权、债权等财产性权利。担保财产扩张的结果是，以占有或交付作为公示方法的担保物权日渐式微，以登记作为公示方法的担保物权渐成主流。《民法典》在此前已经形成的不动产统一登记基础上，删除了《担保法》《物权法》有关登记机构的规定，为未来建立全国集中

统一的登记机构和登记系统提供了可能。随着统一的动产和权利登记制度的建立,目前已经形成了"二元"登记体系:自然资源部门主管的以不动产及不动产权利为对象的统一不动产登记体系,中国人民银行征信中心负责的以动产与权利为对象的统一的动产和权利登记体系。尽管二者都将登记作为公示方法,且都具有确定权利优先顺序的功能,但不动产登记和动产与权利登记具有重大区别,不可混淆:首先,不动产登记簿采物的编成主义,登记簿围绕不动产展开;动产和权利登记簿采人的编成主义,登记簿围绕抵押人展开。其次,不动产登记采实质审查主义,不动产登记簿具有公信力,故《民法典》第216条第1款规定:"不动产登记簿是物权归属和内容的依据。"但动产和权利登记采形式审查主义,登记簿不具有公信力,仅具顺位优先、警示功能。以《民法典担保制度解释》第61条规定的应收账款质押为例,质权人不能举证证明办理出质登记时应收账款真实存在,仅以已经办理出质登记为由,请求就应收账款优先受偿的,人民法院不予支持。再次,不动产登记的实质审查主义意味着,登记主管部门未尽审查义务的,可能会被作为行政诉讼的被告,请求其承担行政责任。而动产和权利登记因其不具有公信力,主管部门仅是单纯的服务部门,不行使任何行政权力,故原则上不能作为行政诉讼的被告。最后,不动产抵押、部分权利质押采登记生效主义,动产抵押则采登记对抗主义,可见二者在物权变动模式上也不尽一致。

鉴于统一的不动产登记制度在《民法典》制定前就已基本形成,故《民法典》有关担保制度的修改主要体现在着力构建统一的动产和权利担保制度上。在此过程中,世界银行"获得信贷"指标的相关要求成为民法典担保制度修改的重大参照,主要包括:一是将不转移占有的动产担保形式作为最基本和最主要的担保形式;二是除典型担保外,担保方式还应包括所有具有担保功能的非典型担保,如让与担保、所有权保留、融资租赁、保理等;三是担保范围应当包括所有的动产和权利;四是担保权通过担保协议设立,允许企业为任何类型的债务设定担保,允许对担保物和担保债务进行概括描述;五是担保资产上的担保权延及可识别的收益、产品和替代品;六是建立统一的公示对抗效力规则,并明确登记是担保权取得对抗第三人效力的主要公示方法;七是建立全国集中统一的登记机构和登记系统,提供电子化的登记公示服务;八是建立统一清晰、可预测的优先权规则;九是建立高效的担保权执行程序,支持庭外执行。民法典担保物权制度的多数修改都与前述要求有关。具体来说:

一是规定了非典型担保。《民法典》第388条规定,担保合同包括抵押合同、质押合同和其他具有担保功能的合同。所谓其他具有担保功能的合同,主要包括让与担保、所有权保留、融资租赁以及保理等合同,它们本身并不属于担保物权的范畴,但其均以转移所有权或金钱给付请求权等方式发挥担保作用,具有事实上的担保功能。对于这些具有担保功能的合同,凡是能够通过登记等方式进行公示的,均认可其具有对抗效力。例如,《民法典》在合同编中的买卖合同、融资租赁合同、保理合同中,分别针对所有权保留(第641条第2款)、融资租赁(第745条)以及保理(第768条)都作了登记对抗的规定,如《民法典》第641条第2款规定:"出卖人对标的物保留的所有权,未经登记,不得对抗善意第三人。"

二是允许对抵押财产进行概括描述。《物权法》第185条第3项规定,抵押合同要载明标的物的名称、数量、质量、状况、所在地、所有权归属或者使用权归属,《民法典》第400条第3项将对应表述简化为"抵押财产的名称、数量等情况",意味着允许对抵押的动产进行概括性描述。

三是采美式浮动抵押,抵押权人优先受偿的范围溯及自登记之时,反过来看,就是抵押权的效力及于未来的收益,也体现了世界银行营商环境评估的要求。

四是《民法典》第403条明确动产抵押采登记对抗主义,建立了统一的公示对抗效力规则,明确登记是担保权取得对抗第三人效力的主要公示方法。

五是删除了《担保法》《物权法》有关登记机构的规定,为未来建立全国集中统一的登记机构和登记系统提供了可能。如此,未来就会存在两个统一的登记系统,即不动产统一登记系统、动产统一登记系统,前者实行物的编成主义(即登记的主要是物的有关状况)、登记生效主义,后者实行人的编成主义、登记对抗主义。

六是通过《民法典》第414条、第415条之规定,建立了统一清晰、可预测的优先权规则:登记的优先于未登记的,登记在先的优先于登记在后的,未登记的按照债权比例清偿。

七是在《民法典》第401条中,通过对禁止流押条款的柔化规定,意在建立高效的担保权执行程序,支持庭外执行。

总之,《民法典》在大陆法系物债二分的体系化框架下,将具有担保功能的非典型担保纳入法典,体现了两大法系的融合,典型担保和非典型担保的融合,体系主义和功能主义的融合,这也是《民法典》物权编担保物权分编最大的特色。

(二)从体系化走向功能化

传统民法区分物权和债权,在物权中进一步区分所有权和限制物权,后者又包括用益物权和担保物权。在此种体系中,所有权只能是完全物权,不存在具有担保功能的所有权,因而让与担保在法典化体系下并无存身之所。买卖合同中尽管有所有权保留的规定,但受制于前述体系化的区分,保留的所有权只能是完全所有权,而不可能将其作为具有担保功能的非典型担保来对待。可以说,如果完全坚持大陆法系"物权–债权"二分模式,就没有非典型担保物权的存在余地。但大陆法系严格的形式主义思维并不能阻挡让与担保通过判例蓬勃发展起来;将买卖合同中所有权的保留视为完全物权,对所有权保留人给予过度保护的同时,也导致了对买受人的不公。正是考虑到前述情况,《民法典》第388条规定"担保合同包括抵押合同、质押合同和其他具有担保功能的合同",将具有担保功能的合同纳入担保合同,进而通过构建统一的动产和权利登记制度,在大陆法系形式主义的框架下,吸收了英美法系功能主义的担保理念,实现了两大法系担保法制的有机统一。在作为体系化产物的《民法典》中规定非典型担保,一方面,出现了让与担保等具有担保功能的所有权,在一定程度上打乱了"所有权–他物权"的物权体系;另一方面,经登记的所有权保留合同、融资租赁合同、有追索权保理具有一定的物权效力,也模糊了"物权–债权"的区分。可以说,在体系化基础上采取功能主义的担保物权制度,是民法典担保制度的最大变化之一,也可能会使司法实践遭受巨大挑战。

(三)明确担保物权与相关权利之间的效力判断规则

明确担保物权之间,仅以公示先后确定优先顺序,不考虑善意问题。依据《民法典》第414条之规定,以登记作为公示方法的,主要根据登记的情况确定担保物权的清偿顺序:已登记的优先于未登记的;登记在先的优先于登记在后的;未登记的按照债权比例清偿。依据《民法典》第415条之规定,同一财产上既设立抵押权又设立质权的,根据登记、交付即公示先后确定清偿顺序的规则。应予注意的是,此时不再考虑后顺位担保物权人是否具有善意问题。基于建立统一清晰、具有可预测性的担保物权的优先顺位的目标,是否进行公示(登记)以及公示(登记)先后是确定优先权规则的唯一依据,不再考虑后顺位担保物权人是否具有善意问题,否则将会使规则复杂化,背离构建统一清晰、具有可预测性的优先权规则的目标。另外，构建统一的动产登记对抗规则，意在鼓励交易当事人积极通过登记保护自己的权利，并通过查阅登记簿提醒自己谨慎从事交易，其暗含的另一个目标就是消灭隐性担保。如动产抵押实行登记对抗主义，未办理登记的不影响动产抵押权的设立，理论上应当优先于一般债权。但出于消灭隐形担保的目的，《民法典担保制度解释》第 54 条第 3 项规定，该抵押权人不能对抗查封扣押的一般债权人。同理，该条第 4 项规定，在抵押人破产时，未办理登记的动产抵押权人也不得在破产程序中主张享有别除权。

与此相对应的另一项规则是，在确定担保物权人与其他权利人之间的顺序时，则要考虑后设立权利人是否为善意当事人。如在当事人签订动产抵押合同但未办理抵押登记场合，抵押人又将抵押财产转让给他人时，依据《民法典担保制度解释》第 54 条第 1 项之规定，要考虑受让人是否为善意来确定抵押权能否对抗受让人；受让人善意的，抵押权人不得对抗受让人；反之，受让人为恶意的，可以对抗受让人；当然，为保障交易安全，应当推定受让人为善意，由抵押权人举证证明受让人为恶意。

（四）在承认美式浮动抵押的同时，又对其效力进行限制

《民法典》第 403 条不再区分一般的动产抵押和浮动抵押，《民法典》第 414 条进一步确立了统一的登记对抗规则。从体系解释的角度看：浮动抵押权从抵押合同生效时设立，从登记时具有对抗效力，只是抵押财产范围从"抵押财产确定"之时才确定。就此而言，《民法典》规定的浮动抵押性质上属于美式浮动抵押，而非英式浮动抵押。鉴于美式浮动抵押从登记时即具有对抗效力，登记后取得的财产都将被纳入抵押财产的范围。浮动抵押的效力是如此强大，如果不对其进行限制，既可能严重危及交易安全，也会堵死抵押人再融资的渠道。为此，《民法典》主要从以下两个方面对浮动抵押的效力进行限制：一是通过《民法典》第 404 条规定正常经营买受人制度，对正常交易行为进行保护，避免因浮动抵押的设立而影响交易安全；二是通过《民法典》第 416 条规定的价款优先权（俗称超级优先权），对浮动抵押的效力进行限制，从而使抵押人不至于因设定浮动抵押而堵死再融资的渠道。也就是说，浮动抵押设立后，当抵押人新购入机器设备等动产，并以该动产作为抵押财产为价款设定抵押时，只要为担保价款而设立的担保在标的物交付后 10 日内办理了抵押登记的，即便该抵押登记在时间上后于在先的浮动抵押，后抵押仍然优先于在先的浮动抵押，从而对浮动抵押的效力进行了限制。

(五)体现了土地立法的最新成果,实现了《民法典》与特别法的有机衔接

随着农村土地"三权分置"改革的推进及落地,土地承包经营权中的土地承包权和土地经营权相对分离,其中土地承包权相对固定,但土地经营权可以自由转让,从而使得《民法典》与《物权法》的规定相比,呈现出如下特点:一是抵押权利从土地承包经营权缩减至土地经营权。根据《农村土地承包法》第36条之规定,承包方可以自主决定依法采取出租(转包)、入股或者其他方式流转土地经营权,并向发包方备案。该法第47条规定,承包方可以用承包地的经营权向金融机构融资担保。可见,土地承包权尽管不能流转,但其中的经营权可以自由流转,其中当然也包括可以自由设定抵押。二是抵押财产的范围从"四荒"用地扩及所有的农村土地。此前,只有通过招标、拍卖、公开协商等方式取得的"四荒"土地承包经营权才能够作为抵押财产,其他土地承包经营权不能作为抵押财产。但在土地经营权可以自由流转的情况下,作为抵押财产范围的农地,不再限于"四荒"用地,而是扩及所有的农地了。当然,对于通过招标、拍卖、公开协商等方式取得的"四荒"用地,其设定抵押的条件与《物权法》的表述也略有区别,应予注意。根据《民法典》第342条的规定,通过招标、拍卖、公开协商等方式承包农村土地,经依法登记取得权属证书的,可以依法采取出租、入股、抵押或者其他方式流转土地经营权,增加了"经依法登记取得权属证书"的表述。三是抵押人的范围从承包方扩及土地经营权的受让人。《农村土地承包法》第47条规定,受让方通过流转取得土地经营权的,经承包方书面同意并向发包方备案,也可以向融资机构提供融资担保。

关于集体建设用地使用权能否抵押问题。集体建设用地使用权,包括乡镇、村企业建设用地使用权与乡镇、村公益建设用地使用权。长期以来,我国房地产开发市场实行一级市场国家垄断,即要想进行房地产开发,或者使用国有土地,或者将集体土地征收为国有后再通过出让给开发商进行开发,集体土地不能直接入市。集体土地除农地外,建设用地都有特定的用途,既不能改变特定用途,更不能流转。如乡镇、村企业建设用地使用权只能用于兴办乡镇企业,包括集体自己举办乡镇企业,以及与其他单位、个人以土地使用权入股、联营等形式共同举办企业;乡镇、村公益建设用地使用权则只能用于乡镇、村公益设施、公益事业建设。正因为集体建设用地使用权不能流转,《民法典》第398条才规定:"乡镇、村企业的建设用地使用权不得单独抵押。

以乡镇、村企业的厂房等建筑物抵押的，其占用范围内的建设用地使用权一并抵押。"应予注意的是，修改后的《土地管理法》对集体土地使用权作了区别规定，该法第 63 条规定，土地利用总体规划、城乡规划确定为工业、商业等经营性用途，并经依法登记的集体经营性建设用地，集体经济组织可以经过一定程序将其以出让、出租等方式进行处分，该程序是经集体经济组织成员的村民会议 2/3 以上成员或者 2/3 以上村民代表的同意。通过出让等方式取得的集体经营性建设用地使用权可以转让、互换、出资、赠与或者抵押。该法所谓的集体经营性建设用地，主要是指符合一定条件的乡镇、村企业建设用地使用权。但该法第 63 条只是列举作为所有人的集体经一定程序可以出让、出资，并未明确是否可以设定抵押。本书认为，既然允许出让、出租，就应当认为可以设定抵押。

(六)回归物权法基本原理

抵押权作为物权，应当具有追及力等物权效力，但不论是《担保法》还是《物权法》，均未承认抵押权具有追及力，因此，均规定抵押人处分抵押财产须征得抵押权人的同意，由此导致实务中出现了一系列问题，如未经抵押权人同意转让抵押财产是否有效，以及抵押权人同意转让是否导致抵押权消灭等问题。《民法典》第 406 条并未继续沿袭此前不承认抵押权具有追及力，而是在承认抵押权具有追及力的基础上，认可抵押人有权转让抵押财产，这就回归了物权法的基本原理。

总之，前四个变化主要是有关动产担保的，体现的是世界银行优化营商环境"获得信贷"指标的要求，后两个变化主要是不动产担保的变化，总体变化不大。可见，不动产担保相对稳定，最活跃的是动产担保尤其是权利质押。

三、担保法的体系

(一)关于人保和物保的区分

担保物权与保证均具有从属性，考虑到担保物权部分对物上担保人予以保护的有关规定不如保证合同对保证人进行保护的规定具体全面，因而《民法典担保制度解释》第 20 条规定，物上担保人可以参照适用《民法典》有关对保证人进行保护的规定。再如，关于担保资格的扩张问题。有一种观点认为，保证人以其全部财产作为责任财产承担责任，而在担保物权中，担保人仅以担保财产的价值为限承担担保责任，因而保证人有保证资格的问题，而担保物权并无担保资格的规定,仅有对担保财产是否违法或者适格的规定。机关法人以及以公益为目的的非营利法人、非法人组织之所以不得作为保证人,不仅仅是因为其没有独立的承担责任的财产,更重要的是其也只能从事与其法定职责相关的活动或者公益性活动,不能从事民商事交易活动,因而当然也不能提供物保,故《民法典担保制度解释》第 5 条将《民法典》有关保证资格的规定扩及担保资格。正因为人保和物保存在很多共性特征,才有可能构建实质意义上的担保制度。

但也要看到,二者还是存在一定区别的,正确认识二者的区别,对于正确处理下列问题具有重要意义:

首先,二者在能否经公证赋予强制执行效力上存在区别。《执行异议和复议规定》第 22 条第 1 款规定:"公证债权文书对主债务和担保债务同时赋予强制执行效力的,人民法院应予执行;仅对主债务赋予强制执行效力未涉及担保债务的,对担保债务的执行申请不予受理;仅对担保债务赋予强制执行效力未涉及主债务的,对主债务的执行申请不予受理。"该条规定的担保债务,主要是基于保证合同而产生的债务。值得探讨的是,抵押合同、质押合同等意在设立担保物权的合同,能否通过公证赋予其强制执行效力? 实践中,确有当事人将意在设定担保物权的合同如抵押合同进行公证的案例,但担保物权尤其是不动产担保物权采登记生效主义,只能在办理登记后才能设立,公证并不能代替登记,具有设立担保物权的效力。另外,《公证法》第 37 条第 1 款规定:"对经公证的以给付为内容并载明债务人愿意接受强制执行承诺的债权文书,债务人不履行或者履行不适当的,债权人可以依法向有管辖权的法院申请执行。"据此,能够经公证被赋予强制执行效力的债权文书须具有给付内容,此种给付主要是金钱给付。而当事人签订抵押合同等的主要目的甚至可以说是唯一目的就在于设定抵押权等担保物权,合同本身并不具有金钱给付内容。即便认为抵押合同具有给付内容,其内容也是请求"设定抵押权",性质上属于非金钱给付性质的行为之债。如果允许给这一非金钱给付债务办理公证并赋予其强制执行效力,其结果就是登记机关要依据公证债权文书办理登记,这与现有登记制度不符。在不动产登记场合,对不动产抵押合同等进行公证,既不会产生设定担保物权的效果,也不会因此豁免登记机构在审查时负有的法定审查义务。而在动产和权利担保场合,本来就是由当事人自行登记,一般也不会存在公证问题。就此而言,对抵押合同进行公证并无必要,更不可能产生赋予强制执行效力的后果,此点也有别于保证。

其次,关于担保无效的责任范围问题。依据《民法典担保制度解释》第17条第2款之规定,主合同无效导致保证合同无效,保证人有过错的,其承担的赔偿责任不应超过债务人不能清偿部分的1/3。问题是,第三人提供的抵押合同因主合同无效而无效,抵押人有过错的,如何确定抵押人的责任?有观点认为,依据前述条文之规定,抵押人承担的责任仍然为不应超过债务人不能清偿部分的1/3。但本书认为,考虑到担保物权是担保人以担保财产的价值为限承担责任,故抵押人承担的前述责任,还应加上不得超过担保财产价值的限制,否则,很有可能会出现抵押合同无效场合其所应承担的责任大于抵押权有效设立时其所应承担的责任的不合理现象。如主债权是1000万元,第三人以自己价值200万元的房屋提供抵押并办理了抵押登记,在抵押权有效时其所应承担的担保责任以200万元为限,但如简单沿用前述规则,在抵押合同因主合同无效而无效时,则在债务人丧失清偿能力的情况下,其反而要承担不超过333万元的责任,显然不合理,故应施加以担保财产价值为限的责任限制。

(二)关于典型担保和非典型担保的区分

在传统民法体系中,担保物权与所有权的区别是清晰的,甚至是泾渭分明的。其一,所有权是自物权,是所有人对自己所有的物享有的支配权;担保物权是他物权,担保物权人是对他人所有的物享有的支配权。其二,所有权是对物的全面支配,包括占有、使用、收益、处分等各项权能;担保物权支配的对象则限于物的交换价值,不包括使用价值,其与用益物权一样都属于定限物权的范畴。其三,所有权是独立物权;担保物权则是为担保债权实现而设立的物权,具有从属性。但是二者也有着密切联系,主要表现在以下两个方面:

一是即便在形式主义模式下,也有所有人抵押存在的余地和必要。所有人抵押是指所有权人在自己所有的财产上设定的抵押,包括原始的所有人抵押与后发的所有人抵押两种情形,前者是指所有人在自己所有的财产上直接设立抵押权,是德国民法专有的制度。鉴于原始的所有人抵押既突破了抵押权系他物权的传统民法体系,也与抵押权的从属性不相吻合,在我国民法坚持担保从属性的框架下并无存身之所。后发的所有人抵押,是指抵押权所担保的债权消灭时,为保护特定当事人的权益,例外情况下允许所有人享有抵押权。后发的所有人抵押主要出现在主债权因混同而消灭的情形。《担保法解释》第 77 条规定:"同一财产向两个以上债权人抵押的,顺序在先的抵押权与该财产的所有权归属一人时,该财产的所有权人可以以其抵押权对抗顺序在后的抵押权。"该条对例外情况下的所有人抵押作出了规定。该司法解释尽管已被废止,但该条确立的规则仍有其积极意义,本书认为其有继续沿用之必要。

二是在功能主义担保模式下,让与担保、所有权保留、融资租赁等具有担保功能的合同,既打乱了物债二分的财产法体系,也模糊了"所有权-他物权"的界限,同时在实践中也带来了主债务人破产时,所有人究竟享有的是取回权还是别除权的争论。本书认为,让与担保本身属于物上担保的范畴,应当参照适用担保物权的有关规定,故权利人享有的是别除权,此点应无异议。而经登记的所有权保留、融资租赁,是依据担保权进行构建还是依据完全所有权进行构建,争议很大,有必要通过体系解释、比较法解释等方法确定其性质。对此,本书将在《民法典》第 388 条进行较为详细的分析,此处暂从略。

(三)担保物权与用益物权

担保物权与用益物权同属他物权、定限物权,且土地使用权等用益物权可以成为抵押权的客体,可见二者具有密切联系。但二者支配的对象不同,担保物权支配的是物的交换价值,而用益物权支配的则是物的使用价值。支配对象的不同,导致二者在效力上存在如下区别:

一是在能否排除一般债权人的执行上不同。当被执行人对某一被执行财产享有用益物权时,基于物权优先于债权的效力,其可以排除一般债权人的执行。但担保物权人对被执行财产仅享有优先受偿权,并不能排除一般债权人的执行,哪怕其在效力上优于一般债权人。因此,在金钱债权执行中,案外人以其对执行标的享有担保物权为由,提起执行异议之诉,请求排除强制执行的,人民法院应当告知案外人通过参与分配等执行程序,就拍卖价款等主张优先受偿。

二是在是否具有使用权能上有所不同。在动产质权、留置权等以占有或交付作为公示方法的担保物权中,担保权人尽管有权占有担保财产,但其并不享有使用权能。以动产质权为例,《民法典》第 431 条规定:"质权人在质权存续期间,未经出质人同意,擅自使用、处分质押财产,造成出质人损害的,应当承担赔偿责任。"其不仅不享有使用权,还负有妥善保管义务,因未尽妥善保管义务致使担保财产毁损灭失的,还要承担赔偿责任,这与用益物权人可以依法使用、处分财产截然不同。这也恰是占有型担保物权日趋式微、以登记作为公示方法的担保物权成为发展趋势的根本原因。

三是在以登记作为公示方法的担保物权中,设立担保物权并不妨碍其继续使用担保财产并从中获得收益。如债务人在其所有的房屋上设定抵押权后,仍可以继续将该房屋出租,并以该租金设立应收账款质押。此时,房屋抵押和租金债权质押之所以能够并行不悖的原因就是,抵押人可以继续使用抵押财产并获得收益。

第十三章　保证合同

第一节　一般规定

第六百八十一条　【保证合同概念】保证合同是为保障债权的实现,保证人和债权人约定,当债务人不履行到期债务或者发生当事人约定的情形时,保证人履行债务或者承担责任的合同。

【条文精解】

(一)条文要点

本条是关于保证合同概念的规定,基本沿袭了《担保法》第 6 条之规定,但略有增加,包括:一是增加规定订立保证合同的目的在于"保障债权的实现",二是增加规定承担保证责任的条件还包括"发生当事人约定的情形"。准确理解本条规定,除了要对保证本身的构成要件与法律后果进行详细解析外,还有必要从其与保证保险、民事司法保证以及增信措施相区别的角度进行分析。

1. 保证合同与保证责任

(1)保证的目的在于保障债权的实现

在保证合同中,债权人是通过扩大责任财产范围即将责任财产从债务人扩及保证人的方式来保障债权实现的。保证的优点是,保证人须以其全部责任财产作为履行的担保,在保证人有较强履行能力的情况下,较之于担保物权仅在担保财产价值范围内承担责任,保证更能保障债权的实现。另外,债权人可以直接请求保证人承担保证责任,无须走拍卖、变卖程序,程序上也较为便捷。保证的缺点是,作为信用担保,在保证人缺乏履行能力时,担保效果不佳;在同一保证人为多个债务人提供担保的情况下,即便是在先设立的保证也不能优先受偿。明确当事人订立保证合同的目的在于保障债权的实现,有利于使保证区别于以下制度:

一是区别于保险。当事人订立保证合同的目的在于保障债权而非分散风险,此点使其区别于保险。保证保险的性质究竟是保证还是保险,争议较大。尽管《保险法》第 95 条已明确规定保证保险属于财产保险,但实践中如何处理与保证的关系,仍有进一步厘清的必要。保险公司向法院出具《诉讼财产保全责任保险保函》,其性质上究竟是保证、司法担保还是责任保险,能否适用《民法典》有关保证的规定,实务中值得研究。

二是区别于独立保证。保障债权的目的决定了该条规定的保证仅为从属性保证,独立保函因不符合从属性特征而不能适用《民法典》有关保证的规定。

三是区别于一般允诺。提供保证的目的在于保障债权的实现,故保证合同订立时主债权原则上须是现有债权,至于具体数额是否确定则在所不问。现有债权通常是指保证合同订立时债权债务关系已经实际发生的债权,至于债务人能否实际履行则具有不确定性,如履约保函设定时,债务人能否全面适当履约确实具有一定程度的不确定性,但此时据以产生履约行为的债权债务关系已经实际发生,故不能以债务人能否全面适当履约具有或然性为由否定所担保债权的确定性。事实上,正是因为债务人的履约行为具有不确定性,才有必要引入担保制度。将来债权是担保合同签订时产生债权债务关系的基础事实尚未发生的债权,附生效条件的债权,条件成就前尽管尚未产生债权债务关系,但因其已有基础关系,仍属于现有或然债权的范畴,并非将有债权,具有可担保性。将来债权能否成为担保的对象,首先取决于有无法律的明确规定。最高额保证担保的是一定期间内将要连续发生但最高额担保设立时尚未发生的将来债权,反担保担保的是保证人承担责任后对债务人的追偿权,财产保全的申请人向法院提交的保函所担保的是因保全申请错误可能给对方当事人造成的损失,《民法典》以及《民事诉讼法》对前述将有债权的可担保性作出了明确规定,自然不存在效力上的异议。法律没有明确规定的将来债权是否具有可担保性的,要兼顾意思自治和防范控制过度担保,将担保的风险控制在一定的范围内。风险可控的,具有可担保性;反之,则不具有可担保性。考察风险是否可控,可从担保责任是否确定、担保期间长短,并结合交易习惯等因素综合确定。为不确定能否发生的将来债权提供的所谓"保证",如甲对乙表示,愿意为丙未来发生的全部债务承担责任,因其风险不可控,故不宜认定构成有效的保证。网络平台公司向入驻商户预先收取"保证金",用于担保商品出现质量问题时由平台公司先行赔付消费者造成的损失。尽管商品是否出现质量问题本身具有或然性,但因为收取的"保证金"数额确定,且也符合交易习惯,故可以认定此类"保证金"属于《民法典担保制度解释》第 70 条规定的"保证金"。当然,保证金并非保证,但就其所担保的债权来说,二者并无不同。

（2）所担保的债权须是基于民事活动产生的债权

保证合同所保障的债权，是基于民事活动产生的债权。参照《民法典》第 387 条第 1 款之规定，保证合同所担保的债权，不限于借贷、买卖等合同之债，还包括因单方允诺产生的意定之债，以及因侵权行为、不当得利、无因管理等法律事实产生的法定之债。只不过法定之债的性质决定了，多数情况下当事人往往是在法定之债产生后在债的履行环节订立保证合同，在法定之债尚未发生时就设立担保的情形并不多见。但不能据此就认为在法定之债发生这一环节就不可能设立担保，如申请保全场合法院要求申请人提供的担保、人事保证，所担保的债权往往就是法定的侵权之债。关于保证所担保的主债权性质，实践中要注意以下几点：

一是关于人事保证。瑞士、日本以及我国台湾地区法律上有人事保证或职务保证的规定，但各自的内涵与外延并不完全相同。我国现行法尽管没有对人事保证的专门规定，但实践中也有类似纠纷，有必要进行研究。一般认为，人事保证是指保证人向用人单位保证，劳动者的道德品行、工作技能、健康状况等能够胜任拟担任的工作，并对劳动者因不能胜任工作对用人单位将来可能造成的损害承担赔偿责任。关于因人事保证产生的纠纷是否属于民事纠纷案件，最高人民法院在《关于劳务输出合同的担保纠纷人民法院应否受理问题的复函》[法（经）函〔1990〕73 号]中指出，担保人对派出人员在出国期间遵守所在国法律、行政规章和出国纪律所作出的保证，不属于民法和经济合同法的调整范畴，应当告知原告宁波公司向有关行政部门申请解决。但其后，最高人民法院在先后针对黑龙江省高级人民法院和山东省高级人民法院的请示作出的〔2001〕民立他字第 3 号和〔2003〕民立他字第 51 号复函中指出，人事保证的签约双方是平等民事主体，违反合同产生的责任是违约责任，担保内容是金钱债务，因此产生的纠纷属于民事纠纷案件，人民法院应予受理。本书认为，因人事保证产生的纠纷，是用人单位与保证人之间的纠纷，并非用人单位和劳动者或劳务派遣者之间的纠纷，当然属于民事案件的受案范围。就此而言，法（经）函〔1990〕73 号复函已不符合发展变化了的法律精神，不能再予适用。当然，用人单位与劳动者因劳动合同的履行过程中涉及人事保证的，也可以在劳动纠纷中处理人事保证问题，此时可能存在劳动仲裁程序前置的问题，但仅此并不足以否认人事保证纠纷不属于民事案件。

对于应否承认人事保证合同的效力，存在较大争议。本书认为，综合考虑以下因素,不应认可人事保证的效力:其一,人事保证所担保的债权是否发生具有不确定性,认可其效力将违反担保的从属性。其二,《民法典》第1191条规定:"用人单位的工作人员因执行工作任务造成他人损害的,由用人单位承担侵权责任。用人单位承担侵权责任后,可以向有故意或者重大过失的工作人员追偿。劳务派遣期间,被派遣的工作人员因执行工作任务造成他人损害的,由接受劳务派遣的用工单位承担侵权责任;劳务派遣单位有过错的,承担相应的责任。"据此,工作人员因执行工作任务造成他人损害的,用人单位或用工单位是第一责任人。只有在工作人员故意或重大过失的情况下,用人单位才能向工作人员追偿;在劳务派遣的情况下,承担责任的更是劳务派遣单位而非被派遣的工作人员。而人事保证的实质,是用人单位或用工单位将本应由其承担的责任转嫁给他人,有违"责任自负"的侵权责任法原理。其三,就工作人员和用人单位的关系来说,人事保证也有违《劳动合同法》第9条有关用人单位"不得要求劳动者提供担保或者以其他名义向劳动者收取财物"的精神。总之,人事保证主要是为保护用人单位的利益而设立的制度,与劳动法有关保护劳动者合法权益的精神并不完全一致。在司法实践对其不持鼓励态度的情况下,人事保证纠纷在实践中也呈现日渐减少的趋势。

二是关于司法程序中的担保。刑事、民事司法程序中的担保,是当事人向法院等司法机关单方提供的担保。在刑事诉讼中,如取保候审制度规定的担保方式包括保证人和保证金,保证人未履行保证义务的,对其处以罚款,构成犯罪的,依法追究刑事责任(《刑事诉讼法》第70条);被取保候审的犯罪嫌疑人、被告人违反相关规定,已交纳保证金的,没收部分或者全部保证金(《刑事诉讼法》第71条)。刑事司法程序规定的担保,只能适用《刑事诉讼法》的有关规定,不能适用《民法典》有关担保制度的规定。《民事诉讼法》尽管规定了担保,但对担保方式、担保主体、公示方法、实现程序等均缺乏具体规定。在此情况下,《民事诉讼法》规定的担保能否以及在多大程度上可以适用《民法典》的有关规定,需要具体问题具体分析,不可一概而论。对此,下文还将详述,此处暂从略。

三是关于向行政机关提供的保证。从我国现行法的规定看,部分法律法规规定当事人须向行政机关交纳保证金或提供保证,如《海关法》第29条规定:"除海关特准的外,进出口货物在收发货人缴清税款或者提供担保后,由海关签印放行。"该法还有大量的当事人向海关提供担保的规定,国务院还出台了专门的《海关事务担保体例》对其予以细化。再如,《税收征收管理法》第 38 条规定,税务机关在限期内发现纳税人有明显的转移、隐匿其应纳税的商品、货物以及其他财产或者应纳税的收入迹象的,可以责成纳税人提供纳税担保,《纳税担保试行办法》第 7 条对其中的纳税保证作出了专门规定。《发票管理办法》第 18 条第 1 款规定:"税务机关对外省、自治区、直辖市来本辖区从事临时经营活动的单位和个人领购发票的,可以要求其提供保证人或者根据所领购发票的票面限额以及数量交纳不超过 1 万元的保证金,并限期缴销发票。"前述规定中,保证人都是向相关行政主管部门提供担保,担保的是基于行政法规定产生的公法债权,而非基于民事活动产生的债权,故也不适用本条规定。当然,这并不排除在没有具体规定时,参照适用《民法典》相关规定的可能。

(3)保证合同的当事人是债权人与保证人

保证合同的当事人固然是债权人与保证人,但保证人所担保的是债权人对债务人的债权,其承担保证责任的前提是债务人不履行到期债务或者发生当事人约定的情形,责任性质也是替债务人承担责任。加之保证人往往也是债务人找的,双方之间多系委托关系,特殊情况下还可能是不当得利或者无因管理关系;保证人承担了保证责任后,双方之间还存在求偿关系。可见,准确理解保证合同的性质和效力,不仅要着眼于保证合同本身,还要着眼于其与主合同的关系。

实践中,第三人与债务人之间约定由第三人承担责任,包括债务加入、第三人代为履行以及债务转让等情形,多数情况下也具有担保功能。但鉴于其是第三人与债务人所作的约定,即便在债务转让等场合,也仅是在约定后取得债权人同意,并非与债权人所作的约定,故也不属于保证。

(4)保证人是替债务人履行债务或者承担责任

广义的保证责任包括履行债务与承担责任两种方式。所谓履行债务,指的是在债务人不履行债务的情况下,由保证人代为履行,其仅适用于非专属性债务场合。所谓承担责任,是指在未约定由保证人代为履行,或者约定由保证人代为履行而不能履行或未实际履行场合,由保证人承担损害赔偿责任,此乃狭义的保证责任。但不论何者,保证合同中,都需要保证人有承担保证责任的意思表示。实践中,第三人向债权人出具的差额补足、到期回购、流动性支持等增信文件,具有承担保证责任的意思表示的,可以认定为保证;反之,仅对债务人的财务状况等进行确认、监督债务人财务状况或者款项使用、对债务人提供"信誉担保"或者承担"道义上的责任"等承诺文件,并无承担保证责任的意思表示的,一般不能认定为保证。如第三人向债权人承诺监督支付专款专用,此种所谓的"保证"就不是《民法典》规定的保证,债权人不能请求第三人承担保证责任。但在第三人未尽监督义务造成资金流失场合,债权人仍然可以依据约定请求该第三人承担相应的损害赔偿责任。

明确保证责任是保证人替债务人履行债务或者承担责任,性质上属于为他人行为承担的代负责任,要把握以下几点:

一是承担责任的事由主要源于主债权债务关系,包括债务人不履行到期债务,或者发生当事人约定的情形。债务人不履行到期债务,还包括出现法定的主债务加速到期的情形,如债务人被宣告破产或者解散。"发生当事人约定的情形",既包括主合同中有关主债务加速到期的约定,也包括保证合同中当事人就保证合同的实现作出的约定。有观点认为,保证人并非主合同的当事人,基于合同的相对性原理,主合同中有关主债务加速到期的约定不能拘束保证人,除非保证合同对此予以确认。本书认为,保证责任性质上属于保证人代替债务人承担责任,故主合同中有关债务人何时以及如何承担责任的约定,其效力当然及于保证人。在担保交易实践中,保证人在提供保证时,通常情况下也是知道主合同的内容包括加速到期等条款的。故除非保证人在保证合同中对加速到期条款予以排除,或者作出明确的实现保证责任的约定,否则,主合同中的有关主债权加速到期等约定对保证人发生效力。

二是只要出现法定或者约定的事由,不问债务人有无过错、是否构成根本违约,保证人都要替债务人承担责任。就此而言,保证人承担的是无过错责任。当然,承担保证责任须以保证合同有效为前提,在保证合同无效的情况下,保证人承担的不再是保证责任而是缔约过失责任。

三是保证人代替债务人承担责任的后果是,既导致保证责任消灭,又导致主债务消灭;而主债务消灭的后果是,在混合担保或者共同保证中还导致其他担保人担保责任的消灭,而且担保人之间原则上不能相互追偿,这既是代负责任的体系效应,同时也是担保从属性的体系效应。

四是保证人承担保证责任后,有权在承担责任的范围内向债务人追偿,既是代负责任的题中应有之意,也是保证区别于保险的地方。有无代位求偿权,对认定保证保险、司法程序中保险公司为财产保全出具的保函究竟是保证还是保险具有重要意义。

2. 关于保证保险

(1)保证保险的性质及其与担保的关系

所谓保证保险,是指债务人向保险人投保,在其不履行义务导致债权人的权益受损时,由保险人承担保险赔偿责任的财产保险合同。尽管原保监会早在 1999 年就已在《关于保证保险合同纠纷案的复函》(保监法〔1999〕16 号)中明确保证保险是财产险的一种,但关于保证保险的性质,素有保证说、保险说以及混合说的争论,而将保证保险认定为是保证还是保险,不论是对维护当事人合法利益还是对强化行业监管,都具有重要意义:一是在合同效力认定上,如果认定为是保证合同,则作为主合同的借款合同无效,将导致保证保险合同无效;反之,如果认定其为保险合同,则不受从属性规则的制约。二是在求偿权范围问题上,如果认为系保证合同,保险公司在承担责任后,有权在承担责任的范围内向债务人追偿,其责任范围往往包括主债权及利息、违约金等附属债权;如果认为是保险,则只能在理赔款限度内追偿。三是如果将保证保险认定为保证,也不符合保险行业监管要求。因为原保监会在保监发〔2011〕5 号《关于规范保险机构对外担保有关事项的通知》第 1 条中明确指出:除诉讼中的担保、出口信用保险公司经营的与出口信用保险相关的信用担保以及海事担保外,保险公司不得对外提供担保。

保证说、保险说以及混合说在最高人民法院不同时期的裁判中均有体现,①但 2009 年修订后的《保险法》第 95 条第 1 款第 2 项明确将保证保险纳入财产保险业务,自此保证保险属于财产保险中的信用保险已有定论。既然保证保险属于财产保险,自然应当适用保险法的规定,不适用有关保证的规定,明确此点具有重要意义。如在同一债权上既有债务人自身提供的抵押权,又签订保证保险合同的场合,保险公司能否参照《民法典》第 392 条有关保证人的抗辩,主张债权人应先实现债务人自身提供的担保物权?有些地方法院对此予以肯定,如《北京市高级人民法院关于审理汽车消费贷款纠纷案

---

① 保证说主要体现在(1998)经终字第 291 号中国银行山东分行与中保财产保险公司保证保险纠纷案中;而在随后针对湖南省高级人民法院就中国工商银行郴州市苏仙区支行与中保财产保险有限公司合同纠纷请示所作的〔1999〕经监字第 266 号复函中,最高人民法院先是肯定保证保险属于保险公司开办的一种险种,但认为其实质上则是担保,开辟了“混合说”的先河。但在(2000)经终字第 295 号神龙汽车有限公司与华泰财产保险股份有限公司保险合同纠纷管辖权异议纠纷案中,最高人民法院首次认为保证保险属于保险而不是保证。

件及汽车消费贷款保证保险纠纷案件若干问题的指导意见(试行)》(京高法发〔2005〕215号)第11条第1款规定:"保证保险合同中有'对贷款合同设定抵押或质押或连带保证责任的,被保险人索赔时应先行处分抵(质)押物或向担保人追偿以抵减欠款,抵减欠款后不足的部分,由保险人按本保险合同规定负责赔偿'等类似内容的约定,而在贷款合同中又设定了保证或物的担保时,被保险人(银行)不能在未向担保人追偿前,单独起诉保险人。"本书认为,此种规定实质上是将保证保险认定为保证,有违保险的法理。首先,《保险法解释(二)》第19条第1款规定:"保险事故发生后,被保险人或者受益人起诉保险人,保险人以被保险人或者受益人未要求第三者承担责任为由抗辩不承担保险责任的,人民法院不予支持。"可见,保证保险合同项下的保险人,不得以债务人(投保人)未偿还保险标的所涉的主债权,而拒绝被保险人(债权人)的债权请求权。根据相同情况相同处理规则,该规定同样适用与保证保险合同并存的担保物权。其次,保证保险不同于保证,在保证保险合同中,被保险人享有独立的请求权,只要发生合同约定的保险事故,被保险人即可依据保险合同关系要求保险人承担保险责任,保险人不享有先诉抗辩权,不得以被保险人未要求借款人先履行债务或未先行处分抵押物为由进行抗辩而拒绝承担保险责任。再次,被保险人并不是保证保险合同的当事人,保险人和投保人无权对被保险人的权利作出限制性约定。最后,更为重要的是,保险的功能之一是为被保险人分散风险,这里的风险就是债务人不能清偿的风险。如果赋予其应就担保物权在先赔偿的抗辩权,则意味着其地位或利益状态与担保人无疑,与保险的功能相去甚远而与担保的性质更为接近,在已经区分保证保险和保证的前提下,这并非妥当的解释结论。类似的问题还包括,同一债权上既有担保如抵押权又有保证保险,保险公司理赔后取得的代位求偿权是否包含原债权下的担保?有观点认为,依据保险代位求偿权的规定,保险公司理赔后,将依法取得债权人(被保险人)的一切权利,包括主债权及作为从权利的担保。本书认为,前述观点实际上也是依据保证的法理来解释保证保险。而依据保险的法理,为原债权设定的担保与保险无关,当然也就谈不上保险公司理赔后请求担保人承担担保责任的问题。

(2)保证保险所涉相关实务问题

从保证保险纠纷自身的情况看,多数为消费贷款类保证保险纠纷。通过此类纠纷案件的审理,可以发现此类险种存在以下突出问题:一是银行往往在借款人已经提供担保的情况下,通过与保险公司的所谓战略合作,再让借款人与保险公司签订保证保险合同,在利息之外再支付一笔保费,加剧了融资难融资贵问题,脱离金融服务实体经济的本旨。二是为提高收益,保险公司往往通过格式合同让投保人分期支付保费,一旦出现保险事故,保险公司理赔后,往往利用其既是保证保险合同的当事人又是保险人代位求偿权的权利人的机会,有意混淆法律关系,将保证保险合同项下剩余或拖欠的保费、违约金请求权,与保险人代位求偿权项下的理赔款合并主张,导致利息之和超出法定红线(年利率24%或四倍LPR),背离了保险分摊风险的初衷,加重了投保人(债务人)的负担。三是尤其是有些保险公司在进行试探性诉讼后,约定对其最为有利的地域管辖条款,加剧司法审查难度的同时,也使前述问题更加突出。对此,有必要明确以下几点:

一是关于保险人代位求偿权。保险人代位求偿权作为法定权利,其范围也由保险法明确规定,即限于“保险赔偿金”及自理赔之日起至债务人给付之日止的相应利息,该利息应以中国人民银行同期同类贷款利率或 LPR 为限。既然是法律规定的权利,自无约定之余地,故在保险人代位求偿权诉讼中,保险公司不能依据保证保险合同约定的违约金条款,请求第三者(即主债权合同项下的债务人)承担违约金责任。

二是关于合并诉讼问题。因为保证保险合同中的投保人同时也是保险人代位求偿权中的第三者,保险公司在提起诉讼时,可能既基于保险人代位求偿权请求第三者支付保险赔偿金,又基于保证保险合同请求投保人支付分期付款保费及相应的违约金,实际上涉及保险人代位求偿权纠纷与保证保险合同纠纷的诉讼合并问题。只要这两个纠纷在同一法院管辖,符合诉的客体合并条件的,可以合并审理。合并诉讼的另一种可能情形是,保险人提起代位求偿权之诉时,被保险人已经基于主债权债务关系向第三者提起诉讼的,人民法院也可以将主债权债务纠纷与保险人代位求偿权纠纷合并审理。不论何种情形,基于代位求偿权的法理,既然保险公司代替的是债权人的地位,故债务人对债权人的抗辩,可以向保险公司主张,即在诉讼合并后,如果债务人应付的利息高于主债权债务项下法定的利率上限的,对高出的部分,人民法院不予支持。

三是关于分期支付保费问题。在分期支付保费的保证保险合同中,当投保人仅交纳部分保费时,保险人是全额赔付还是按交纳比例赔付? 总的原则是,保证保险合同有约定的从其约定,无约定或约定不明的,保险人应当全额赔付,主要理由如下:首先,《九民纪要》第97条明确规定了在财产保险合同中,约定以投保人支付保险费作为合同生效条件,但对该生效条件是否为全额支付保险费约定不明,已经支付了部分保险费的投保人主张保险合同已经生效的,人民法院依法予以支持。即无约定情况下,支付部分保险费的保险合同亦生效,相应的理赔条款同样具有效力。其次,《保险法》人身保险合同一节第36条规定了在扣减欠交的保险费情形下,分期支付保费的保险合同,保险人应当按照约定给付保险金。作为财产保险合同的保证保险,虽无相关法律规定,但应允许参照适用。最后,考虑保证保险合同本身即为银行与保险公司捆绑强制销售给投保人,因主债权债务合同的提前到期,导致了保证保险合同加速到期,加剧了借款人的债务负担,故此时赔付条款应作出对投保人有利解释,更符合公平原则。

四是关于管辖法院问题。就保险人代位求偿权纠纷的管辖法院来说,实践中较为混乱。如有的法院认为,保险人代位求偿权纠纷应当依据投保的主债权债务合同纠纷确定。[①] 有的法院认为,因投保人与造成保险事故第三者身份双重竞合,故保证保险合同的约定管辖同样适用保险人代位求偿权纠纷。[②] 对于保险人代位求偿权纠纷案件的管辖,《保险法解释(四)》第12条明确规定,应以被保险人与第三者之间的法律关系即主债权债务关系确定管辖法院,最高人民法院公布的第25号指导性案例[③]精神亦与之相符。据此,保险人代位求偿权纠纷案件的管辖应根据民事诉讼法有关合同纠纷的法定管辖及约定管辖规则来确定。

3. 关于民事司法担保

（1）民事司法担保的类型与特征

民事司法担保,指的是民事诉讼法规定的为顺畅推进民事诉讼程序、保护相对人合法权益,由申请人或第三人向人民法院提供的担保,主要包括以下情形:一是涉及诉讼保全的担保,包括申请人申请诉讼保全(《民事诉讼

---

① 最高人民法院(2019)最高法民辖终460号深圳市新宁现代物流有限公司与中国人民财产保险股份有限公司北京市分公司、江苏新宁现代物流股份有限公司保险人代位求偿权纠纷案。

② 江苏省高级人民法院(2020)苏民辖252号中国大地财产保险股份有限公司江苏分公司与权程保险人代位求偿权纠纷案。

③ 北京市东城区人民法院(2012)东民初字第13663号华泰财产保险有限公司北京分公司与李志贵、天安财产保险股份有限公司河北省分公司张家口支公司保险人代位求偿权纠纷案。

法》第 103 条)、诉前保全(《民事诉讼法》第 104 条)时所应提供的担保以及被申请人为解除保全措施而提供的担保(《民事诉讼法》第 107 条),对此《财产保全规定》有更为详细的规定;二是申请先予执行(《民事诉讼法》第 110 条)时提供的担保;三是暂缓执行担保,即被执行人为暂缓执行而向人民法院提供的执行担保(《民事诉讼法》第 238 条),《执行担保规定》对该条进行了细化;四是破产程序中为推进或终止相关破产程序而向法院提供的担保,包括《企业破产法》第 93 条、第 104 条规定的为重整计划、和解协议的执行而向法院提供的担保,该担保不因重整计划或和解协议的终止而失效。《企业破产法》就破产程序所作的规定,本质上属于民事诉讼法的特别规定,因而也属于民事诉讼法的范畴。但考虑到破产程序有其特殊性,下文主要以民事诉讼法有关民事司法担保尤其是有关保全担保的规定为主要分析对象。

从《民事诉讼法》及相关司法解释的规定看,民事司法担保具有以下共同点:一是从法律渊源看,民事司法担保是民事诉讼法规定的担保。民事诉讼法作为公法,依据"法无授权不可为"原则,除民事诉讼法明确规定的担保类型外,不得另行设定担保。二是民事司法担保是当事人向法院提供的担保。法院尽管享有审查决定权,但本身并非当事人,其接受担保的行为并不构成承诺。法院享有的审查决定权,本质上来源于诉讼指挥权。以财产保全为例,依据《财产保全规定》第 6 条之规定,法院既要对申请人或第三人提供的担保书进行形式审查,审查其是否载明担保人、担保方式、担保范围、担保财产及其价值、担保责任承担等内容,是否附相关证据材料;又要进行实质审查,审查其是否违反《民法典》《公司法》等有关法律的禁止性规定。经审查不符合相关要求的,应当责令其另行提供担保;逾期未提供的,裁定驳回其保全申请。该特点决定了,并非民事诉讼中所有的担保均属民事司法担保,如当事人在和解、调解过程中提供的担保,本质上属于当事人在诉讼中行使处分权,并非向法院所作的担保,与顺畅推进司法程序、保护相对人合法权益并无必然联系,仍然应当适用《民法典》的有关规定。三是从制度目的看,民事司法担保的首要目的在于顺畅推进诉讼程序,如在申请财产保全场合,申请人拒不提供担保的,人民法院可以裁定驳回其申请,如此财产保全程序就难以顺畅推进;在暂缓执行场合,如果不提供担保,法院将不予暂缓执行;在破产重整、破产和解场合,目的亦然。但究其根本目的,民事司法担保则是为了保护相对人的合法权益,如要求财产保全申请人提供担保的目的在于,确保因错误申请导致被申请人损失时,用以赔偿该损失。因为在民事诉讼中,人民法院既要防止判决难以执行，又要防止因当事人的申请保全行为使对方当事人受到损害，这是人民法院居中裁判、平等保护双方当事人利益的本质要求。

不同的民事司法担保，彼此之间也有区别，不能一概而论：一是在是否需要相对人同意上不同。在暂缓执行场合，依据《民事诉讼法》第238条的规定，被执行人向人民法院提供担保，必须要取得申请执行人的同意，否则，法院不得暂缓执行。但在财产保全以及先予执行场合，被申请人尽管是潜在的受益人，但并不是财产保全担保的当事人，无权对法院的相关行为提出异议或申请复议。这就产生了一个问题，享有审查决定权的法院不是担保的当事人，作为受益人的相对人却不享有程序决定权。因法院审查不严导致申请人提供的担保不足以保护相对人合法权益的情况下，法院可能要承担国家赔偿责任。有鉴于此，为稳妥起见，通过适当方式让相对人事先参与到担保程序中可能是更好的选择，比如征求其意见、赋予其异议权，等等。二是行为性质不同。财产保全或先予执行情况下的担保，是申请人向法院所为的单方行为；而在暂缓执行场合，就是双方行为。三是所担保的权益不同。在财产保全或先予执行场合，担保的是申请人因可能的错误申请行为造成的被申请人的损失，该债权属于将来不确定的侵权之债。而在暂缓执行场合，担保的仅是暂缓执行的期限利益。就执行担保而言，《民事诉讼法》第238条以及《执行担保规定》第11条均明确规定，暂缓执行期限届满后被执行人仍不履行义务，或者暂缓执行期间担保人有转移、隐藏、毁损担保财产等行为的，人民法院可以依申请执行人的申请恢复执行，并直接裁定执行担保财产或者保证人的财产，不得将担保人变更、追加为被执行人。而在财产保全或先予执行中，一般需要另行提起诉讼确定被申请人遭受的损失后才能实现担保权益，不能也不可能在本诉或执行程序中实现担保权益。考虑到《执行担保规定》已经对暂缓执行担保作出了较为详细的规定，且实践中争议较大的民事司法担保是财产保全担保，故下文主要以财产保全担保为对象进行探讨。

（2）财产保全担保与《民法典》规定的担保

财产保全担保作为民事司法担保，与《民法典》规定的担保存在显著区别，不能混淆：一是从担保性质看，财产保全担保属于民事诉讼法规定的发生在诉讼程序中的担保；而《民法典》规定的担保则是发生在诉讼程序之外的由实体法规定的担保。二是从行为主体看，财产保全担保是当事人向法院提供的担保，是单方行为，法院和相对人均非财产保全担保的主体；而《民法典》规定的担保则是债权人与担保人之间的担保合同。三是从担保方式看，理论上说财产保全担保也包括保证和担保物权，但从实践情况看很少以担保物权提供担保，更多的是由银行、保险公司等金融机构以保函方式提供担保。四是从所担保的债权看，财产保全担保所担保的是因可能的错误申请行为造成的被申请人的损失，该债权属于将来不确定的侵权之债；《民法典》规定的担保尽管也可以为侵权之债的履行设定担保，但该担保只能在侵权责任发生之后设立，不能在责任未实际发生前就设立担保。

但财产保全担保与《民法典》规定的担保又有密切联系，总体上越来越呈现出与《民法典》规定趋同的态势，具体来说：一是在保证人范围问题上，有观点认为，民事司法保证中可以由申请人自己作为保证人。[①] 本书认为，此种观点不完全符合司法实践，以申请财产保全为例，申请人原则上需要提供担保，例外情况下可以不要求提供担保，如当申请保全人是商业银行、保险公司等由金融监管部门批准设立的具有独立偿付能力的金融机构及其分支机构时，依据《财产保全规定》第 9 条第 1 款第 6 项之规定，就可以不要求提供担保。事实上，是否要求提供担保，是人民法院享有的审查决定权的题中应有之义。一旦人民法院认为该金融机构不具有独立偿付能力，而需要其提供担保时，其要么以自己的财产设定担保物权，要么由第三人提供保证，仅由其自身提供保证既会加重相对人事后不能获得赔偿的风险，也会使人民法院面临违法保全的责难。就此而言，在该问题上民事司法保证并无独特性。二是在公司提供担保问题上，应否依据《公司法》第 16 条的要求出具股东（大）会或董事会决议？《执行担保规定》第 5 条规定应当提交相关决议，与《九民纪要》及《民法典担保制度解释》的规定完全一致。《财产保全规定》第 6 条第 3 款规定：对财产保全担保，人民法院经审查，认为违反《民法典》《公司法》等有关法律禁止性规定的，应当责令申请保全人在指定期限内提供其他担保；逾期未提供的，裁定驳回申请。该规定与《执行担保规定》第 5 条的规定异曲同工。三是在担保物权的公示方法上，《担保法解释》第 132 条并未要求办理登记等公示手续，仅要求人民法院对财产的权属证书予以扣押，同时向有关部门发出协助执行通知书，要求其在规定的时间内不予办理担保财产的产权移转手续，给人以民事司法担保具有独特性的错觉。事实上，此种

---

① 曹士兵：《中国担保制度与担保方法——根据物权法修订》，中国法制出版社 2008 年版，第 24 页。

规定与其说是民事司法担保具有独特性,还不如说是当时的担保登记制度还不完善的产物。《执行担保规定》第7条第1款明确规定,财产担保可以依照《民法典》规定办理登记等担保物权公示手续;已经办理公示手续的,申请执行人可以依法主张优先受偿权。本书认为,尽管以担保物权方式提供保全担保在实践中运用得不多,但一旦运用,就应参照《民法典》有关规定进行公示,除动产质权外,多数情况下要办理登记手续。四是在被申请人以保全错误为由提起侵权责任之诉时,能否一并请求担保人承担责任?从通过诉讼确定债权的角度看,侵权之债与合同之债并无本质区别。既然在合同类案件中允许债权人一并起诉担保人,在担保的主债权是侵权之债场合,理应作相同处理,故应当允许被申请人以担保人为共同被告一并提起诉讼。综合前述分析,财产保全担保与《民法典》规定的担保高度趋同,在民事诉讼法对相关问题缺乏明确规定的情况下,多数情况下可以参照适用《民法典》的有关规定。

（3）财产保全担保与责任保险

财产保全与责任保险的关系,主要体现在保险公司出具诉讼保全责任险保函这一情形。例如,甲公司起诉乙公司,在诉讼中对乙公司的财产申请保全,并与丙保险公司签订保险合同,由丙保险公司向法院出具《诉讼财产保全责任保险保函》,载明"如申请财产保全错误致使被申请人遭受损失,经法院判决由申请人承担的损害赔偿责任,保险人负责赔偿,且无免赔"。关于此种保函的性质,有认为属于《民法典》规定的保证的,有认为属于民事司法保证的,也有认为是第三者责任险或保证保险的,争议较大。

本书认为,我国《民事诉讼法》明确规定,申请财产保全原则上应当提供担保而非保险。《财产保全规定》第7条更是明确规定:"保险人以其与申请保全人签订财产保全责任险合同的方式为财产保全提供担保的,应当向人民法院出具担保书。担保书应当载明,因申请财产保全错误,由保险人赔偿被保全人因保全所遭受的损失等内容,并附相关证据材料。"据此,案涉保函系申请人甲委托丙保险公司向法院提交的为其财产保全申请提供的担保,属于民事司法担保的范畴。一旦甲败诉,乙以甲的错误保全为由提起诉讼时,丙保险公司作为担保人,就可能要为甲所应承担的侵权损害赔偿责任承担保证责任。就诉讼程序来说,乙可以甲、丙为共同被告提起诉讼。应予指出的是,因为丙在提供司法担保时并未也无须征得乙的同意,故乙不是甲与丙签订的保险合同当事人,乙不能直接依据甲与丙的保险合同向丙主张权利。另外,就申请人甲与丙保险公司之间的关系来说,二者签订责任保险合同,系保险合同关系,与通常情况下二者系委托关系有所不同。此种不同表现在,在一般民事司法保证中,保证人承担责任后可向债务人(保全申请人)追偿。而甲与丙之间的保险合同关系决定了,保险人承担责任后一般不能再向被保险人(同时也是投保人、债务人)追偿,这是保险人以签订责任保险合同方式提供担保区别于其他担保的地方。

4. 关于增信措施

(1)增信措施的概念与特征

增信措施,是指由第三方提供的意在通过增加债务人信用以保障债权实现的措施或方式的统称,是第三方提供的类保证措施。准确理解增信措施,要把握以下几点:

一是增信措施由第三方所提供,债务人自己提供的不属于本文所谓的增信措施。在对赌协议等交易中,当事人约定由债务人在一定期限或条件下以交易本金加溢价款回购股权等财产性权利,实践中往往也将此种回购承诺视为增信措施。但依据《民法典担保制度解释》第 68 条第 3 款之规定,此种回购承诺一般为让与担保,属于非典型物保的范畴。而本书将担保分为典型担保和非典型担保:前者包括保证和担保物权,后者包括非典型保证和非典型物保。本文所谓的增信措施,对应的是其中的非典型保证,故不包括非典型物保性质的债务人回购承诺。

二是增信措施是第三方向债权人提供的。第三方与债务人约定由其代债务人履行债务(《民法典》第 523 条)、受让债务人的部分或全部债务(《民法典》第 551 条)或者加入债务人的债务(《民法典》第 552 条),前述履行保障措施在某种程度上也具有保障债权实现的功能。尤其是第三人代为履行、免责的债务承担、并存的债务承担与债务加入在实践中并不容易区分;加之债务加入既包括第三人与债务人约定加入债务,也包括与债权人约定加入债务两种情形,而债务加入则是典型的增信措施,在增加区别难度的同时,也凸显了区别增信措施与履行保障措施的必要。

三是增信措施意在通过增加债务人信用方式实现担保目的,此点使其区别于担保物权。保证与担保物权最大的区别在于,保证是将保证人的全部财产作为债务人履行债务的担保,本质上是通过将保证人的信用纳入债务人信用的方式来提供担保,而担保物权则是以担保财产的价值为限提供担保。故第三人以不特定的个人全部资产为债权提供抵押担保的,因其并无特定的抵押财产,故所谓的"抵押"本质上属于保证。① 债务人承诺以固定溢价回购固然属于让与担保,但第三人承诺在债务人拒不履行回购义务时由其代为履行回购义务的,因其亦无约定以特定财产的价值为限提供担保,故其性质上应属保证。

四是增信措施在性质上具有多元性。之所以将增信措施定性为类保证,指的是其具有类似于保证的特征,但就第三人应否承担保证责任以及承担何种责任来说,不一定就是保证,而是具有多元性特征,故应视具体情形将其归入债务加入、保证(包括连带责任保证与一般保证)、独立合同甚至是不承担任何责任的安慰函的范畴。从这一意义上说,非典型保证往往属于增信措施,但增信措施不一定就是非典型保证。

(2)商事交易中的主要增信措施

从商事交易实践看,常见的增信措施主要包括以下几种:

一是差额补足。差额补足,顾名思义,是指在特定条件下由义务人依约就差额部分履行补足义务。就其形式而言,差额补足有时明确标明为《差额补足函》,有时可能是在单方允诺函件或合同书中载明"差额补足"内容。从交易场景看,《差额补足函》常见于结构化信托(或结构化资管计划)以及对赌场合。在结构化信托中,通常是管理人或相关第三方为资管产品、信托计划和基金份额等金融产品的投资人提供差额补足;管理人或融资人(劣后级投资人)为结构化金融产品的优先级投资人提供差额补足;相关第三方为基础合同投资人提供差额补足等。有关金融管理的行政法规、部门规章中,有时也会规定发行某些金融产品需要设置差额补偿机制,如《项目收益债券管理暂行办法》(发改办财金〔2015〕2010号)第29条规定:"项目收益债券应设置差额补偿机制……"在对赌协议纠纷中,通常由有融资需求的目标公司或股东向投资方提供差额补足。就差额补足的性质看,如果其是为担保某一个合同的实现而提供的,往往是保证;如果不存在该合同的,往往是独立合同。也就是说,确定差额补足的性质,关键要看是否存在主合同,在上海市高级人民法院(2020)沪民终567号招商银行股份有限公司与光大资本投资有限公司其他合同纠纷案中,就因缺乏明确的主合同而认定案涉《差额补足函》属于独立合同而非保证。

---

① 具体可见无锡市中级人民法院(2012)锡商终字第0169号江苏省无锡欧翔动力机车贸易有限公司与张玉彪抵押权纠纷案。

二是到期或附条件回购。到期回购在对赌交易中运用较为普遍,回购对象更多的也是股权。它可能是某一财产转让合同的一个条款,也可能以单独的承诺文件方式出具。但不论如何,只有在股权等财产权基于财产权转让合同已经发生了变动场合,才存在"回购"问题。反之,仅约定回购条款,但财产权尚未发生变动的,不存在回购问题。就到期或附条件回购而言,同样需要进行类型化分析,具体来说:第一,要看回购义务人是债务人本人还是第三人。如果当事人在财产转让合同中约定债务人到期回购条款,如前所述,该到期回购条款构成让与担保。如甲将其对 A 公司的 30%股权以 1000 万元转让给乙,约定 2 年后以年利率 12%回购,甲已经依约将股权过户至乙名下。该合同名为股权转让协议,但实质上则是借款合同+股权让与担保,即:甲向乙借款 1000 万元,年利率 12%,并以股权让与担保方式提供担保。如果履行回购义务的是第三人,在前述案例中,如丙与乙约定,在甲未履行回购义务时由丙代为履行回购义务,此时因丙只是承诺代为履行回购义务,并未以特定财产设定担保,故该回购条款性质上属于保证。但在公司融资、股东提供让与担保场合,如 A 公司向乙融资,其股东甲与丙签订附回购条件的股权转让合同场合,股东作为第三人提供的就是股权让与担保而非保证。可见,在第三人履行回购义务场合,要看其是否以特定财产设定了担保;如果是,就是担保物权或非典型物保;反之,则属于保证或非典型保证。另外,在股权回购场合,还要区分回购义务人是股东还是公司。如果是公司回购股权,本质上属于减资。就有限公司来说,要符合公司减资的有关规定;就股份公司而言,还要符合《公司法》第 142 条有关公司回购股份的规定。第二,要看回购究竟是附条件还是附期限。此处的附条件或附期限是指回购附条件或附期限,并非合同效力(生效或失效)附条件或附期限,故有别于附条件或附期限的法律行为。条件与期限的区别关键要看约定的事实将来是否确定发生,确定会发生的属于期限;反之,不确定能否发生的则属于条件。仍以股权回购为例,在到期回购场合,鉴于义务人负有确定的回购义务,因而名义上的股权受让人本质上属于有担保的债权人,该担保就是股权让与担保。而在附条件回购场合,鉴于条件是否成就具有不确定性,故义务人应否履行回购义务也具有不确定性,则在回购前权利人究竟是债权人还是股东就值得研究。还以公司融资、股东提供让与担保为例,A 公司要融资 1 亿元,其控股股东甲与投资人乙签订股权转让协议,将其对 A 公司的 30%股权转让给乙,约定 A 公司如不能在 3 年后上市的,则甲以年利率 12%回购登记在乙名下的股权。此时,投资人乙先以股东身份进行投资,一旦条件成就即 A 公司如期上市,其继续以股东身份享有股权及其收益;反之,则要求甲以固定收益回购其股权。在此种交易模式下,股权在特定条件下转变为债权,但是否转变具有或然性。因此,在条件成就前其享有的是股权,条件成就后则转为债权,是有条件的"先股后债",有别于到期回购情况下的"明股实债"。第三,要看回购条款所依附的主合同性质。一般来说,回购条款往往是作为财产转让合同尤其是股权转让合同的部分条款而存在的,到期回购条款往往属于让与担保。但依据《民法典担保制度解释》第 68 条第 3 款第 2 句之规定,回购对象自始不存在的,按照其实际构成的法律关系处理。当事人以尚未与母权利相分离因而不具有独立性的股权收益权、债权收益权等作为转让标的,并约定到期回购条款的,能否认定回购对象自始不存在,存在争议。从交易实践看,一个不争的事实是,通常情况下附回购条款的财产转让合同无须另行提供担保,因为回购本身就有很强的担保功能。但在资产收益权转让及回购场合,一般都会另行设定其他担保,仅资产收益权回购根本就不足以保障债权人的利益。从这一意义上说,认定资产收益权的转让及回购本质上属于借贷,进而依照《民法典担保制度解释》第 68 条第 3 款第 2 句之规定进行处理有其合理性。

　　三是流动性支持或维好协议。流动性支持,通俗地说,就是给予资金支持。在资产支持证券化和固定收益类产品、结构融资产品等中,融资人的大股东或控制人往往会出具承诺函,承诺当优先级投资者未得到足够偿付时,愿意为融资人履行合同提供流动性支持,承诺文件中通常有"给予债务人资金/流动性/财务支持""确保债务人有较强的清偿能力""确保债务人资金充足""将在财务上给予帮助"等类似表述。与流动性支持有着密切联系的是维好协议。维好协议,顾名思义,指的是维持某种良好的状态,此种良好的状态可能是使融资方的经营状况、财务报表中的净资产等维持在一定状态,也可能是流动性或偿债能力维持在一定标准,等等。维好协议此前经常适用于境内股东或关联公司为公司境外发行债券提供担保等场合,目的是规避跨境担保审批性登记的不确定性。关于流动性支持或维好协议的性质,除了要关注相关表述外,关键要看承诺人有无承担保证责任的意思表示,而这需要结合个案情况进行具体认定,不可一概而论。

　　四是关于安慰函。安慰函始于英美法,系公司为避免承担保证责任所设立。因为公司为他人提供保证在财务上体现为负有债务,影响自身偿债能力,因此以出具安慰函形式提供道义上的保证,避免承担保证责任。①　安慰函制度后来为欧洲大陆所沿袭,德国法将安慰函分为硬格式函和软格式函,其中软格式函下承诺人不负有任何法律责任;硬格式函也不同于保证,承诺人无须为债务人的债务承担给付责任,但如其不履行承诺的,应当承诺损害赔偿责任。②　法国在 2006 年对担保法进行改革时,明确将安慰函作为一种与保证、独立保函相并列的第三种人的担保形态作出规定。在法国法上,保证是指保证人在一定条件下代债务人履行"支付义务",该义务系金钱给付义务,性质上属于代负义务。而安慰函又称意图信、赞助信,指的是义务人负有的是"行为义务"而非金钱给付义务;该义务是在债务人不履行债务时,义务人"自己"所应履行的义务,而非代负义务;义务人应否履行该行为义务,要视该债务究竟是结果债务还是行为债务来具体确定;义务人拒不履行的,将转化为损害赔偿责任。③　可见,法国法上的安慰函是一种有别于保证的独立的担保制度。但我国《民法典》规定的保证,保证人所应承担的责任既包括"承担责任"(对应于其中的保证),也包括"履行债务"(对应于其中的安慰函),已经涵盖了法国法上的安慰函与保证制度。我国法并未对安慰函作出规定,《民法典担保制度解释》第 36 条规定的增信措施也仅涵盖债务加入、保证以及独立合同,不包括安慰函。但从现象描述的层面看,部分学者除将前述的流动性支持、维好协议等认定为系安慰函外,还将国家机关或关联公司向融资方出具的诸如"督促债务人履行债务""密切关注债务人的财务状况""我们将负责解决,不让贵司/行在经济上蒙受损失"等类似函件也认定为是安慰函,并且视不同情形将其或归于仅承担道义上的责任(即无须承担法律责任),或归于保证。④　本文认为,增信措施本就不是严格的法律概念,且实践中也确实存在着不论是从名称还是内容上都区别于前述增信措施的安慰函制度,故有必要认可安慰函制度。为与其他增信措施区别起见,本文在两种意义上使用"安慰函"这一概念:首先是形式意义的安慰函,它是相

---

①　曹士兵:《中国担保制度与担保方法——根据物权法修订》,中国法制出版社 2008 年版,第 124 页。

②　吴一波、陈庭鹭:《公司担保行为的模糊边界——"安慰函"效力之探析》,载北京大学金融法研究中心编:《金融法苑》2011 年总第 83 辑,中国金融出版社 2011 年版。

③　李世刚:《法国担保法改革》,法律出版社 2011 年版,第 76~79 页。

④　曹士兵:《中国担保制度与担保方法——根据物权法修订》,中国法制出版社 2008 年版,第 124~125 页。

对于差额补足、到期或附条件回购、流动性支持、维好协议等增信措施而言的;其次是实质意义的安慰函,指的是无须承担法律责任的名义上的增信措施,前述的流动性支持、维好协议以及安慰函都可能属于实质意义上的安慰函。

(3)按照一定的思维顺序认定增信文件的性质

前述有关增信措施的描述,更多的是现象描述,目的是为准确认定增信措施的性质提供感性印象,并非科学的分类。从法律性质的角度,前述增信措施最终可以归于债务加入、保证(包括连带责任保证与一般保证)、独立合同、安慰函等四类。考虑到实践中当事人往往不会在增信文件的名称中就标明是"债务加入函"或"保证书",而仅是笼统地称为"函"或"承诺函",更是加大了准确认定增信文件性质的难度。准确认定增信文件的性质,除了要通过分析差额补足、到期或附条件回购、流动性支持等相关表述来确定行为人有无承担保证责任的意思外,还要结合相关主体、合同履行等情况予以具体认定。在此过程中,需要按照一定的思维顺序来认定增信文件的性质,其实质是意思表示的解释规则及其顺序问题。具体来说:

首先,看行为人有无承担民事责任的意思表示,确定是否属于安慰函。增信措施所属的四种类型中,除安慰函外其他三种类型中行为人都要承担法律责任,故首先要排除是否属于安慰函,而这取决于当事人有无承担民事责任的意思表示,具体可从以下几个方面来判断:一是看增信文件的名称与表述。前述增信措施中,差额补足、到期或附条件回购一般不涉及该问题,流动性支持、维好协议以及形式意义上的安慰函则可能构成实质意义上的安慰函。从相关表述看,有"保证""担保""承担责任"等类似表述的一般不属于安慰函。二是看行为主体。当行为人是机关法人时,除非其有明确的愿意承担责任(包括保证责任)的意思表示,否则,一般应当认定为是安慰函。因为《民法典》明确规定机关法人原则上不得提供保证,相对人对此也应当是明知的,故在解释时,应当作更加符合法律规定的解释。但当行为人是与债务人具有利害关系的关联公司、股东以及实际控制人等利害关系人时,一般倾向于认定具有承担责任的意思表示。三是看履行行为,如债权人有无主张权利的行为、行为人有无承担责任的意愿,等等。四是要综合考虑商业惯例,如果是银行等金融机构出具的,一般会收取费用,往往构成保证;明确载明是"安慰函"的,一般也可以认为是实质意义上的安慰函,等等。

其次,要看于增信文件之外是否另行存在债权债务关系,来确定是否属于独立合同。保证的从属性决定了在提供保证前往往存在一个主合同。债务加入是债务人加入一个已经存在的债的关系。二者的共同点是在出具增信文件前，已经存在一个债的关系。通常情况下，该合同是否存在是比较容易判断的，行为人往往也会在增信文件中表明系为某人提供增信，或者根据交易习惯也可以确定其系为何人提供增信。但在一些由众多主体通过多个合同组合而成的复杂交易中，在难以确定增信措施系针对哪一个合同所提供时，法院会倾向于认定属于独立合同。为避免出现此种情形，从债权人的角度看，有必要让行为人在增信文件中予以明确。

再次，从是否具有从属性等角度判断是债务加入还是保证。在排除了安慰函与独立合同后，接下来需要区分究竟是债务加入还是保证。二者的主要区别在于：一是在从属性上不同，保证合同具有从属性，但债务加入人与原债务人之间并不存在主从关系；二是保证受保证期间制度的保护，而债务加入则不受保证期间制度的保护；三是保证人在承担责任后可以向债务人追偿，而在债务加入中，加入人承担责任后能否向债务人追偿，取决于其与债务人之间的约定，约定不明或与债权人约定加入的，不能向债务人追偿；四是保证是保证人与债权人之间的约定，债务加入则包括与债权人约定、与债务人约定两种情形。在具体判断上，可从以下几个方面进行判断：一是从文义上看，鉴于债务加入是较保证更为严厉的责任形式，故债务加入必须要有明确的意思表示，出具的承诺文件叫"债务加入函"的或者函件中有"债务加入"字样的，一般可以认定为是债务加入；载明"共同承担责任""承担连带责任"字样的，需要具体分析，不能一概而论。二是从是否为独立债务上看，在债务加入场合，自加入之日起，加入人承担的就是独立的债务，与原债务并无必然联系；而在保证场合，基于从属性原理，保证人承担的责任范围一般与主债务相同。因此，行为人承担的责任在范围（是否包括违约金、损害赔偿金等附属债权）与数额上与债务人不一致的，往往属于债务加入。有观点认为，保证人是否履行保证债务具有或然性，而债务加入人承担责任具有必然性，并以此作为二者的一大区别。应当看到，或然性承诺确实更可能被认定为是保证，反之，确定性承诺则更可能被认定为是债务加入。但保证既可以为或然债务提供保证，也可以为确定债务提供保证，仅此还不足以区别二者，故这是以偏概全的结论。三是从实质上看，要看行为人是否对原债权债务关系具有直接利益来区分债务加入和保证,此即学者所谓的利益标准说。[1] 在(2018)最高法民终 867 号中国城市建设控股集团有限公司与安信信托股份有限公司营业信托纠纷案中,最高人民法院在二审判决中明确指出:"在当事人意思表示不明时,应斟酌具体情事综合判断,如主要为原债务人的利益而为承担行为的,可以认定为保证,承担人有直接和实际的利益时,可以认定为债务加入。"该判决首次明确采取了利益标准说。债务加入较之于保证给第三人带来的风险更大,一个理性的第三人唯有在自身对债务履行具有直接利益时,才有可能愿意加入债务。就此而言,利益标准说有其合理性。[2] 然而,债务加入人并不必然追求自身利益尤其是经济利益,保证人通常也是为了自身利益才提供保证——尤其是在有偿提供保证场合。加之利益标准也不足以使债务加入区别于《民法典》第 524 条规定的第三人代为履行制度,且该标准本身也具有一定程度的任意性,故可将该说作为区别二者的参考,但不可将其绝对化。四是在作出初步判断后,还要从行为人是否享有追偿权、是否受保证期间制度保护等方面对初步结论进行验证,看是否符合保证或债务加入的前述特征。五是当运用前述方法仍难以认定是债务加入还是保证时,在相当长的一段时间内,为优先保护债权人利益,秉持的是"存疑推定为债务加入"规则。但随着《民法典》在担保问题上从优先保护债权人利益逐渐转向更加注重保护担保人的利益,加之无论是债务加入还是保证均属单务行为,在法律解释上自然要倾向于作有利于行为人的解释。可见在《民法典》背景下,前述推定规则不再有适用余地,故《民法典担保制度解释》第 36 条第 3 款一改此前做法,改采"存疑推定为保证"规则,对此应予充分注意。

最后,在确定某一增信措施属于保证的情况下,要进一步区别是连带责任保证还是一般保证。在此要把握以下几点:一是要坚持意思表示解释规则(认定规则)优先于推定规则的原则,避免滥用推定规则。即首先要通过解释当事人的真实意思来"认定"某一保证究竟是连带责任保证还是一般保证。依据《民法典担保制度解释》第 25 条之规定,当事人在保证合同中约定了保证人在债务人不能履行债务或者无力偿还债务时才承担保证责任等类似内容,具有债务人应当先承担责任的意思表示的,应当将其认定为一般保

---

[1] 史尚宽:《债法总论》,中国政法大学出版社 2000 年版,第 751 页。
[2] 夏昊晗:《债务加入与保证之识别——基于裁判分歧的分析和展开》,载《法学家》2019 年第 6 期。

证。反之,当事人在保证合同中约定了保证人在债务人不履行债务或者未偿还债务时即承担保证责任、无条件承担保证责任等类似内容,不具有债务人应当先承担责任的意思表示的,应当将其认定为连带责任保证。二是只有在依据解释规则仍不足以认定某一保证性质的情况下,才能采用推定规则。在适用推定规则时,务必要注意其中的变化,即《民法典》改变了《担保法》的"存疑推定为连带责任保证",改采"存疑推定为一般保证",以便更好地保护保证人利益。三是要注意区别民事保证和商事保证,如果说民事保证要更加注意优先保护保证人利益的话,则在商事保证中,要通过解释规则的运用,合理解释保证的性质。

总之,前述的请求权检索思维秉持的是排除法思维,即按照"安慰函—独立合同—债务加入—连带责任保证/一般保证"的逻辑顺序认定某一增信措施的性质。当然,这并不排除实务中要根据当事人的诉讼请求来具体认定。

(4)增信措施能否参照适用有关保证的规定

债务加入、独立合同以及安慰函均非保证,原则上不存在参照适用保证的有关规则问题。当然,债务加入是较保证更为严苛的责任形式,故《民法典担保制度解释》第 12 条规定,参照适用公司对外提供担保的有关规则,尤其是也要经股东会或董事会决议程序决定。

当某一增信措施最终被认为是保证时,存在着能否参照适用保证的有关规则问题。从增信措施产生的原因看,既有为了便捷提供保证的实践需要的一面,也有规避国家对国有企业提供担保、跨境担保、公司对外担保等有关管理的另一面。因此,既要尊重已经形成的商事交易习惯,不能一概否定增信措施的效力;也要对其进行规制,将其引导到合法轨道上去。为充分发挥《民法典》引领预期的功能,有必要做到:一是对于《民法典》规定的保证人的保护规则如保证期间制度,原则上不得适用。二是对于保证人的限制规则,如公司对外担保须经公司决议程序、国有企业对外提供担保须经相应的决策程序等,则应适用《公司法》《企业国有资产法》等有关法律法规的规定。

(二)适用情况

本条主要适用于以下情形:一是当事人就某一承诺文件是否构成保证产生争议时,依据本条认定该承诺文件的性质;二是当人民法院认定某一承诺构成保证,而债权人认为行为人本身就是直接债务人或债务加入人时,法院会围绕本条与相关条款的关系认定该承诺的性质;三是当事人就某一承诺文件究竟属于保证还是担保物权产生争议,法院往往也会依据本条与担保物权的有关规定认定该承诺的性质。

1. 关于某一承诺文件是否构成保证

本条的主要意义在于明确保证合同适用范围的同时,将一些不符合本条规定的所谓"保证"如独立保函、安慰函等排除在适用范围之外。实践中,债权人依据行为人向其出具的差额补足、到期或附条件回购、流动性支持、维好协议甚至安慰函等承诺文件请求其承担保证责任,行为人辩称该承诺文件不构成保证,因此产生的纠纷较为普遍。此时,此类承诺文件是否属于保证就成为当事人争议的焦点。人民法院经审理后,如认为构成保证的,则依据本条判令行为人承担保证责任;反之,则驳回原告的诉讼请求或告知其单独起诉。人民法院在判断某一承诺文件是否属于保证时,主要考察以下两点:

一是看行为人是否有承担民事责任的意思表示。在安慰函等场合,因行为人并无承担责任的意思表示,故不属于保证。在认定过程中,除了要看函件名称、相关表述外,还要综合考察行为人及其与债务人的关系、行使权利等情况,探究行为人有无承担责任的意思表示。一般来说,当机关法人出具承诺文件时,只要没有明确的承担责任的意思表示的,法院往往倾向于认定不属于保证。[①]

二是考察是否存在主债权债务关系。在招商银行股份有限公司与光大资本投资有限公司其他合同纠纷案中,法院就以缺乏明确的主合同为由认定案涉《差额补足函》为独立合同而非保证。[②]

---

① 如在(2020)最高法民终 528 号北京阳光四海投资管理有限公司与沈阳市和平区房产管理局供暖公司、沈阳市和平区房产局、沈阳市和平区人民政府等合同纠纷案中,法院以政府提供的"信誉担保"不属于《担保法》第 6 条规定的保证为由,驳回了原告有关请求政府承担保证责任的诉讼请求。再如,在(2014)民四终字第 37 号中国银行(香港)有限公司与辽宁省人民政府等保证合同纠纷案中,最高人民法院在二审判决中指出:从本案《承诺函》的名称与内容看来,辽宁省政府仅承诺"协助解决",没有对中银公司的债务作出代为清偿责任的意思表示,《承诺函》不符合《担保法》第 6 条有关"保证"的规定,不构成法律意义上的保证。

② 具体可见"2021 年全国法院十大商事案件"之六:私募资管业务中差额补足等增信措施的法律性质认定——招商银行股份有限公司与光大资本投资有限公司其他合同纠纷案。

2. 关于保证与债务加入的区分

保证与债务加入在是否具有存续上的从属性、是否受保证期间制度保护、能否向债务人追偿以及合同主体等方面均存在区别,但究其根本,二者最核心的区别还在于是否具有存续上的从属性。应予注意的是,债务加入的成立也以有其他债务存在为前提,就此而言,其在成立上具有从属性,只不过在成立后关于其债务的存续或消灭则与原债务人的债务分离,并无从属性。在认定二者性质时,要综合考虑承诺文件的名称和表述、行为人与主债权债务的履行是否存在利益关系、行为人所承担的责任与债务人责任的关系等因素予以综合认定。实践中,要特别注意存疑推定规则的变化,即随着《民法典》在担保问题上从优先保护债权人利益转向更加注重保护担保人的利益,在难以认定是债务加入还是保证时,《民法典担保制度解释》第 36 条第 3 款一改此前有关"存疑推定为债务加入"的惯常做法,改采"存疑推定为保证"规则,应予特别注意。

3. 关于人保与物保的区分

在到期回购场合,如果义务人是债务人的,往往属于让与担保。如果义务人是第三人的,要看其是否以特定财产设定了担保,如果是,就是担保物权或非典型物保;反之,则属于保证或非典型保证。[1] 同理,当事人以不特定财产设定"抵押"的,往往也应当认定为是保证。此外,在当事人仅签订不动产抵押合同但未办理登记等场合,也可能涉及人保与物保的关系问题,本书将在其他部分予以阐述。

【相关法律、行政法规】

(一)相关法律

涉及担保的法律,主要包括以下几种情形:一是有关特殊主体提供担保的规定,如《公司法》《证券法》《商业银行法》《企业国有资产法》《合伙企业

---

[1] 在(2018)最高法民终 785 号赣州世瑞钨业股份有限公司、陈凤雷、温丽华与钟易良、赣州联胜投资咨询中心(有限合伙)借款合同纠纷案中,最高人民法院认为,第三人承诺在债务人拒不履行回购义务时由其代为履行回购义务的,该承诺符合担保法关于保证人代为履行或承担责任的规定,并认定其属于保证。

法》《农民专业合作社法》等有关特定主体提供担保(或大额担保)时应当披露信息、由特定机关决议或者应当提供担保等的规定。尤其是其中有关由特定机关决议的规定具有一定程度的普遍意义,即未经法定决策程序签订的担保合同构成越权代表,应当依据《民法典》第 504 条之规定来确定合同效力。二是有关商事特别行为提供保证的规定,最为典型的是《票据法》有关票据保证的规定。三是就特定客体提供担保的规定,如《土地管理法》《城市房地产管理法》《农村土地承包法》有关国有或农村集体用地设定抵押的规定,《民用航空法》《海商法》《道路交通安全法》等有关民用航空器、船舶、机动车等设定抵押等的规定。四是《企业破产法》有关保证、担保物权等的具体规定。五是一些行政法有关相对人向行政主管部门提供担保的规定,如《海关法》《税收征收管理法》等有关向海关、税务主管部门提供担保的规定。六是《民事诉讼法》有关在申请财产保全、先予执行以及暂缓执行等场合向法院提供担保的规定。前述有关担保的规定中,第五种、第六种情形并非本条所谓的民事担保,加之实务中问题并不是很突出,下文不再详细分析。第三种情形主要涉及担保物权,第四种情形也有很多专门针对担保物权作出的规定,鉴于这些规定主要涉及担保物权,将在担保物权的有关部分进行分析。就此而言,下文有关保证的法律主要涉及前两种情形。应予说明的是,前两种情形中,多数法律仅是笼统地规定"担保",很少单独规定保证。考虑到《民法典》有关保证的一般规定实际上具有"担保总则"的意义,因而本书将其放在本条中予以规定。就此而言,本条涉及的法律,并不仅仅涉及"保证",毋宁是有关"担保"的一般规定。下文有关行政法规、司法解释、规范性司法文件、部门规章以及相关政策等都按此办法处理,此处一并说明,后文不再一一详述。

就担保涉及的相关法律来说,下文依据"先主体后行为"的逻辑,按照《公司法》《证券法》《商业银行法》《企业国有资产法》《合伙企业法》《农民专业合作社法》《票据法》《企业破产法》的顺序,列举其中与担保直接相关的条文,并就其适用择要说明。

1.《中华人民共和国公司法》(2005 年 10 月 27 日修订,2018 年 10 月 26 日修正)

第十六条 【公司对外担保】公司向其他企业投资或者为他人提供担保,依照公司章程的规定,由董事会或者股东会、股东大会决议;公司章程对投资或者担保的总额及单项投资或者担保的数额有限额规定的,不得超过规定的限额。

公司为公司股东或者实际控制人提供担保的,必须经股东会或者股东大会决议。

前款规定的股东或者受前款规定的实际控制人支配的股东,不得参加前款规定事项的表决。该项表决由出席会议的其他股东所持表决权的过半数通过。

【适用要点】该条是有关公司对外提供担保的规定,在适用时要注意以下几点:一是该条适用于公司"为他人提供担保"即对外担保的情形,不适用于公司以自己的财产为自身债务提供物保的情形。基于公司独立人格的法理,公司为母公司、关联公司、自己控制的公司等提供担保属于"为他人提供担保",适用该条规定。二是该条既不是管理性规定,也不是效力性规定,而是有关法定代表人权限的规定,即在对外担保场合,必须要经公司决议程序,法定代表人未经公司决议程序擅自以公司名义对外提供担保的,构成越权代表,要根据《民法典》第 504 条的规定认定其效力:相对人善意的,构成表见代表,对公司发生效力;相对人恶意的,对公司不发生效力,但根据《民法典担保制度解释》第 7 条、第 17 条之规定,由公司承担相应的缔约过失责任。应予特别注意的是,代表毕竟不同于代理,故不能类推适用《民法典》第 171 条第 3 款有关无权代理的规定,公司不承担任何责任,而由法定代表人履行债务或承担违约责任。三是要区别关联担保和非关联担保,其中关联担保必须由股东(大)会作出决议,仅提供董事会决议的,仍构成越权代表。非关联担保的决议形式取决于章程约定,章程约定由股东(大)会作出决议,仅提供董事会决议的,也构成越权代表;章程未作约定的,既可以是股东(大)会决议,也可以是董事会决议,但不能没有决议。四是提供的决议是伪造、变造的,但相对人尽了合理审查义务仍不能发现的,构成表见代表。

第一百二十一条 【上市公司的大额担保等事项应由股东大会决议】上市公司在一年内购买、出售重大资产或者担保金额超过公司资产总额百分之三十的,应当由股东大会作出决议,并经出席会议的股东所持表决权的三分之二以上通过。

【适用要点】该条是有关上市公司提供大额担保时应由股东大会作出特别决议的规定,其主要意义在于:一是公司为自己的债务提供物保,本不属于《公司法》第 16 条规定的应当由公司决议的情形,但如符合该条规定的超过公司总资产 30% 的情形,则同样要由股东大会决议。只要未经股东大会决议,以上市公司名义签订的担保等合同即属于越权代表合同,应当依据《民法典》第504条以及相关司法解释确定其效力。就此而言,违反该条规定与违反《公司法》第16条之规定效力相同。二是只要一年内担保总金额超过公司资产总额30%,就要适用该条规定。故相对人在与上市公司签订担保合同时,除了就本次担保要履行相应的审核义务外,还要审核总额是否超出以及超出时是否履行了该条规定的决议程序,否则就构成恶意相对人。三是依据《民法典担保制度解释》第9条之规定,法定代表人越权代表,相对人恶意的,上市公司不承担任何责任。

第一百四十八条第一款第(三)项　【董事、高管人员的禁止行为】董事、高级管理人员不得有下列行为:

......

(三)违反公司章程的规定,未经股东会、股东大会或者董事会同意,将公司资金借贷给他人或者以公司财产为他人提供担保;

......

【适用要点】该条是有关董事、高管人员的禁止行为的规定,其中就包括了不得违规提供担保的规定。所谓的违规,主要表现为违反公司章程的规定,未经股东会、股东大会或者董事会同意擅自签订担保合同。在违规担保场合,即便担保合同被认定无效,公司往往也要承担一定的责任。公司承担责任后,可以依据《民法典》第62条的规定向法定代表人追偿。如果是董事、高管人员违规提供担保的,则公司可以依据该条之规定请求董事、高管人员承担损害赔偿责任。

2.《中华人民共和国证券法》(2019年12月28日修订)

第八十条　【股市的重大事件披露】发生可能对上市公司、股票在国务院批准的其他全国性证券交易场所交易的公司的股票交易价格产生较大影响的重大事件,投资者尚未得知时,公司应当立即将有关该重大事件的情况向国务院证券监督管理机构和证券交易场所报送临时报告,并予公告,说明事件的起因、目前的状态和可能产生的法律后果。

前款所称重大事件包括:

......

(二)公司的重大投资行为,公司在一年内购买、出售重大资产超过公司资产总额百分之三十,或者公司营业用主要资产的抵押、质押、出售或者报废一次超过该资产的百分之三十;

(三)公司订立重要合同、提供重大担保或者从事关联交易,可能对公司的资产、负债、权益和经营成果产生重要影响;

......

公司的控股股东或者实际控制人对重大事件的发生、进展产生较大影响的,应当及时将其知悉的有关情况书面告知公司,并配合公司履行信息披露义务。

【适用要点】该条是有关股市重大事件披露的规定,理解该条,要注意把握以下几点:一是要区别是否属于"对外担保"。第 2 款第 2 项有关公司营业用主要资产的抵押、质押超过公司总资产 30% 的规定,主要适用于为自己的债务提供物保的情形,如果是"对外担保",则要适用该条第 2 款第 3 项之规定。二是关于该条第 2 款第 2 项,要与《公司法》第 121 条的规定作体系解释,即只要一年内公司营业用主要资产的抵押、质押累积在一起超过公司总资产 30% 的就要披露,而不是看每一次担保是否超过该比例。三是关于该条第 2 款第 3 项,要求的是只有在提供"重大"担保时才需要披露,一般担保则无须披露。但为强化对上市公司对外担保的监管,从《上市公司对外担保监管 8 号指引》第 7 条、第 12 条的规定看,凡是上市公司对外担保一律需要披露,显然在该条规定上更进了一步,此种变化值得关注,具体分析详见后文对该指引的分析。四是对相对人来说,其审查的对象不是公司决议,而是披露该决议的刊物。相对人怠于履行审核义务就与上市公司签订担保合同的,依据《民法典担保制度解释》第 9 条之规定,上市公司无须承担任何责任。

第八十一条　【债券市场的重大事件披露】发生可能对上市交易公司债券的交易价格产生较大影响的重大事件,投资者尚未得知时,公司应当立即将有关该重大事件的情况向国务院证券监督管理机构和证券交易场所报送临时报告,并予公告,说明事件的起因、目前的状态和可能产生的法律后果。

前款所称重大事件包括:

......

(三)公司重大资产抵押、质押、出售、转让、报废;

......

(五)公司新增借款或者对外提供担保超过上年末净资产的百分之二十;

......

第一百二十三条　【证券公司不得提供关联担保】国务院证券监督管理

机构应当对证券公司净资本和其他风险控制指标作出规定。

证券公司除依照规定为其客户提供融资融券外,不得为其股东或者股东的关联人提供融资或者担保。

3.《中华人民共和国商业银行法》(1995 年 5 月 10 日通过,2015 年 8 月 29 日修正)

第三条 **【商业银行的经营范围】**商业银行可以经营下列部分或者全部业务:

……

(十一)提供信用证服务及担保;

……

经营范围由商业银行章程规定,报国务院银行业监督管理机构批准。

商业银行经中国人民银行批准,可以经营结汇、售汇业务。

第三十六条 **【银行的审核义务】**商业银行贷款,借款人应当提供担保。商业银行应当对保证人的偿还能力,抵押物、质物的权属和价值以及实现抵押权、质权的可行性进行严格审查。

经商业银行审查、评估,确认借款人资信良好,确能偿还贷款的,可以不提供担保。

【适用要点】该条是有关商业银行审核义务的规定,要点如下:一是要审核借款人的资信情况,确定是否需要提供担保。除借款人具有良好资信外,原则上需要提供担保。二是明确商业银行负有审核抵押物、质物的权属及价值这一义务,在流动质押等场合极为重要,将在"动产质权"中的流动质押部分进行阐述。

第四十一条 **【禁止强迫贷款或担保】**任何单位和个人不得强令商业银行发放贷款或者提供担保。商业银行有权拒绝任何单位和个人强令要求其发放贷款或者提供担保。

第四十二条 **【商业银行的权利】**借款人应当按期归还贷款的本金和利息。

借款人到期不归还担保贷款的,商业银行依法享有要求保证人归还贷款本金和利息或者就该担保物优先受偿的权利。商业银行因行使抵押权、质权而取得的不动产或者股权,应当自取得之日起二年内予以处分。

借款人到期不归还信用贷款的,应当按照合同约定承担责任。

第五十二条第(三)项 **【银行工作人员的禁止行为】**商业银行的工作人

员应当遵守法律、行政法规和其他各项业务管理的规定,不得有下列行为:

……

(三)违反规定徇私向亲属、朋友发放贷款或者提供担保;

……

4.《中华人民共和国企业国有资产法》(2008年10月28日通过)

第三十条 【重大事项不得损害出资人权益】国家出资企业合并、分立、改制、上市,增加或者减少注册资本,发行债券,进行重大投资,为他人提供大额担保,转让重大财产,进行大额捐赠,分配利润,以及解散、申请破产等重大事项,应当遵守法律、行政法规以及企业章程的规定,不得损害出资人和债权人的权益。

【适用要点】该条是有关哪些事项属于重大事项的列举式规定,明确了重大事项不得损害出资人权益的这一基本精神。该条所列的重大事项,就包括为他人提供大额担保这一情形。准确理解该条,要注意把握以下几点:一是根据该法第5条之规定,国家出资企业包括国家出资的国有独资企业、国有独资公司以及国有资本控股公司、国有资本参股公司四种类型。二是某一国家出资企业的某一重大事项,究竟应由履行出资人职责的机构决定、负责人集体讨论决定还是由董事会或股东(大)会讨论决定,同时取决于国有出资企业的类型以及重大事项的性质,后续条文对此作出了明确规定,故该条要与后续条文结合起来适用。三是重大事项交易未经法定的决策程序的,构成越权代表,同样要根据《民法典》第504条有关越权代表的规定来确定合同效力。

第三十二条 【国有独资企业、国有独资公司关于重大事项的决策程序】国有独资企业、国有独资公司有本法第三十条所列事项的,除依照本法第三十一条和有关法律、行政法规以及企业章程的规定,由履行出资人职责的机构决定的以外,国有独资企业由企业负责人集体讨论决定,国有独资公司由董事会决定。

【适用要点】该条是有关国有独资企业、国有独资公司出现重大事项时应由何种机构决策的规定。为他人提供大额担保应当适用该条规定,据此,国有独资企业为他人提供大额担保由企业负责人集体讨论决定,国有独资公司则由董事会决定。在此需要明确三点:一是何为提供"大额"担保,需要综合考虑国有独资企业、国有独资公司的注册资本、公司总资产与所担保的主债权数额等因素来确定。二是该条适用于"为他人"提供大额担保的情形,故不适用于为自己债务提供物保的情形,但适用于为其子公司、控股公司、关联公司等提供担保的情形。三是如果国有独资企业、国有独资公司提供的仅是一般的对外担保,可以适用一般的公司对外担保的规定。故如为其全资子公司提供担保时,依据《民法典担保制度解释》第 8 条第 1 款第 2 项之规定,就无须走公司决议等程序。

第三十三条 【国有资本控股公司、国有资本参股公司关于重大事项的决策程序】国有资本控股公司、国有资本参股公司有本法第三十条所列事项的,依照法律、行政法规以及公司章程的规定,由公司股东会、股东大会或者董事会决定。由股东会、股东大会决定的,履行出资人职责的机构委派的股东代表应当依照本法第十三条的规定行使权利。

【适用要点】该条是有关国有资本控股公司、国有资本参股公司出现重大事项时应由何种机构决策的规定。适用要点参照前条,除此之外还要注意把握两点:一是具体是由公司股东会、股东大会或者董事会决定,取决于法律、行政法规以及公司章程的规定。二是如果由股东会、股东大会决定的,则除了符合股东会、股东大会等有关要求外,必须还要有履行出资人职责的机构委派的股东代表参会,并依照本法第 13 条的规定行使权利,包括:按照委派机构的指示提出提案、发表意见、行使表决权,并将其履行职责的情况和结果及时报告委派机构。

第四十五条第(二)项 【关联交易之禁止】未经履行出资人职责的机构同意,国有独资企业、国有独资公司不得有下列行为:

……

(二)为关联方提供担保;

……

5.《中华人民共和国合伙企业法》(2006 年 8 月 27 日修订)

第三十一条第(五)项 【重大事项一致同意原则】除合伙协议另有约定外,合伙企业的下列事项应当经全体合伙人一致同意:

……

(五)以合伙企业名义为他人提供担保;

……

第六十八条 【有限合伙人的职权】有限合伙人不执行合伙事务,不得对外代表有限合伙企业。

有限合伙人的下列行为,不视为执行合伙事务:

......

（八）依法为本企业提供担保。

6.《中华人民共和国农民专业合作社法》（2017 年 12 月 27 日修订）

第二十九条第（三）项　【成员大会的职权】农民专业合作社成员大会由全体成员组成，是本社的权力机构，行使下列职权：

......

（三）决定重大财产处置、对外投资、对外担保和生产经营活动中的其他重大事项；

......

【适用要点】该条是有关农民专业合作社成员大会职权的规定。准确理解该条，要注意以下几点：一是农民专业合作社是《民法典》第 100 条规定的"城镇农村的合作经济组织"，属于特别法人的范畴，既不同于营利法人，也有别于非营利法人。二是农民专业合作社的组织机构包括成员大会、成员代表大会、理事会、监事会等机构，其中成员大会是权力机构、理事会是执行机构、监事会是监督机构，分别类似于公司的股东会、董事会、监事会。三是对外担保作为重大事项，应当由成员大会决定通过；未经成员大会决定，擅自以合作社名义签订的担保合同构成越权代表，同样应当依据《民法典》第 504 条的规定来认定其合同效力。

第三十六条　【管理人员的禁止行为】农民专业合作社的理事长、理事和管理人员不得有下列行为：

......

（二）违反章程规定或者未经成员大会同意，将本社资金借贷给他人或者以本社资产为他人提供担保；

......

理事长、理事和管理人员违反前款规定所得的收入，应当归本社所有；给本社造成损失的，应当承担赔偿责任。

7.《中华人民共和国票据法》（1995 年 5 月 10 日通过，2004 年 8 月 28 日修正）

第四十五条　【汇票保证人的资格】汇票的债务可以由保证人承担保证责任。

保证人由汇票债务人以外的他人担当。

【适用要点】该条是有关汇票保证的一般规定。《票据法》第二章"汇票"

第四节是专门有关汇票"保证"的规定,共 8 条,相对于《民法典》,这些规定属于特别规定。依据《民法典》第 11 条有关"其他法律对民事关系有特别规定的,依照其规定"的规定,《票据法》及其司法解释有规定的,应当优先适用《票据法》及其司法解释的规定;没有规定的,则可以适用《民法典》及相关司法解释的规定。

第四十八条　【汇票保证不得附条件】保证不得附有条件;附有条件的,不影响对汇票的保证责任。

第四十九条　【汇票保证人的票据责任】保证人对合法取得汇票的持票人所享有的汇票权利,承担保证责任。但是,被保证人的债务因汇票记载事项欠缺而无效的除外。

【适用要点】该条是有关汇票保证人所应承担的票据责任的规定。准确理解该条,要注意以下几点:一是汇票保证人是替被保证人履行其在票据法上的义务,故保证人承担的就是被保证人票据法上的义务,二者在责任种类、范围上具有同一性。二是被保证人既可能是发票人,也可能是背书人,还可能是承兑人,彼此所承担的票据义务可能并不完全相同。汇票保证的从属性决定了,被保证人不同,保证人的债务可能有所不同。此点体现了汇票保证的从属性特征。三是被保证人负有的票据义务,是相对于持票人的票据权利而言的。保证人替被保证人承担票据义务,从另一个方面看,就是对持票人享有的票据权利提供保证。此种权利包括第一次请求权(付款请求权)和第二次请求权(追索权)。四是汇票保证具有独立性,只要被保证的票据债务在形式上有效成立,即便在实质上是无效的,如被保证人系无行为能力人的,均不影响汇票保证的效力。当然,如果被保证的票据债务因形式原因如未记载绝对必要记载事项无效,依据该条规定,汇票保证也随之无效。

第九十八条　【票据行为的准据法】票据的背书、承兑、付款和保证行为,适用行为地法律。

8.《中华人民共和国企业破产法》(2006 年 8 月 27 日通过)

第三十一条第(三)项　【破产撤销权】人民法院受理破产申请前一年内,涉及债务人财产的下列行为,管理人有权请求人民法院予以撤销:

……

(三)对没有财产担保的债务提供财产担保的;

……

【适用要点】该条是有关破产撤销权的规定。该条规定了 5 种管理人可得撤销的情形,其中就包括对没有财产担保的债务提供财产担保。理解该条,要注意把握以下两点:一是时点是人民法院受理破产申请前1年,此点与该法第32条规定的个别清偿为受理破产申请前6个月不同;二是管理人一般应通过提起破产衍生诉讼方式行使撤销权。

第九十二条　【破产重整的效力】经人民法院裁定批准的重整计划,对债务人和全体债权人均有约束力。

债权人未依照本法规定申报债权的,在重整计划执行期间不得行使权利;在重整计划执行完毕后,可以按照重整计划规定的同类债权的清偿条件行使权利。

债权人对债务人的保证人和其他连带债务人所享有的权利,不受重整计划的影响。

【适用要点】该条是有关破产重整效力的规定,与保证密切相关的问题是,普通债权人在接受债务人债转股后,是否意味着其债权已经得到足额清偿,其是否可以向其他债务人或保证人继续主张权利? 对此,实践中争议极大,本书认为:一是依据该条第1款之规定,重整计划经人民法院批准后,债权人不得再请求债务人承担责任,此乃破产制度的当然之理。二是债权人不得再请求债务人承担责任,并不意味着债权人的债权已经获得实现,更不意味着其不能再向保证人追偿。依据该条第3款有关之规定,担保人不是重整计划的当事人,故重整计划不影响担保人承担担保责任。三是依据《企业破产法》第94条以及《民法典担保制度解释》第23条第3款之规定,保证人承担责任后,不得向"重整计划执行完毕"后的债务人追偿;反面解释是,在重整计划执行完毕之前可以向债务人追偿。

第一百零一条　【破产和解不影响保证人等承担责任】和解债权人对债务人的保证人和其他连带债务人所享有的权利,不受和解协议的影响。

第一百零八条　【破产程序终结】破产宣告前,有下列情形之一的,人民法院应当裁定终结破产程序,并予以公告:

(一)第三人为债务人提供足额担保或者为债务人清偿全部到期债务的;

(二)债务人已清偿全部到期债务的。

第一百二十四条　【破产程序终结不影响保证人等承担责任】破产人的保证人和其他连带债务人,在破产程序终结后,对债权人依照破产清算程序未受清偿的债权,依法继续承担清偿责任。

（二）相关行政法规

与担保有关的行政法规，主要涉及以特定客体为对象的担保，尤其是不动产抵押的规定，如《土地管理法实施条例》《城镇国有土地使用权出让和转让暂行条例》《不动产登记暂行条例》等就对国有土地使用权及其上建筑的抵押问题作出了具体规定，一般不涉及保证问题，故放在"担保物权"中进行分析。直接与担保相关的行政法规，主要是《融资担保公司监督管理条例》的部分条文，现对其作简要列举。

《融资担保公司监督管理条例》（2017 年 6 月 21 日通过）

第十五条　【担保余额的上限】融资担保公司的担保责任余额不得超过其净资产的 10 倍。

对主要为小微企业和农业、农村、农民服务的融资担保公司，前款规定的倍数上限可以提高至 15 倍。

第十六条　【担保的比例限制】融资担保公司对同一被担保人的担保责任余额与融资担保公司净资产的比例不得超过 10%，对同一被担保人及其关联方的担保责任余额与融资担保公司净资产的比例不得超过 15%。

第十七条　【关联担保的规制】融资担保公司不得为其控股股东、实际控制人提供融资担保，为其他关联方提供融资担保的条件不得优于为非关联方提供同类担保的条件。

融资担保公司为关联方提供融资担保的，应当自提供担保之日起 30 日内向监督管理部门报告，并在会计报表附注中予以披露。

【司法解释及规范性司法文件】

（一）司法解释

该条涉及的司法解释主要是《民法典担保制度解释》，涉及公司等主体对外担保等问题，与前文有关公司、金融机构的法律遥相呼应，在适用时可以相互参考。此外，相关司法解释还会零星地涉及保证的有关问题，本书也予以列举并阐释。

1.《最高人民法院关于适用〈中华人民共和国民法典〉有关担保制度的解释》(法释〔2020〕28 号,2020 年 12 月 25 日通过)

第七条　【越权担保的效力和责任】公司的法定代表人违反公司法关于公司对外担保决议程序的规定,超越权限代表公司与相对人订立担保合同,人民法院应当依照民法典第六十一条和第五百零四条等规定处理:

(一)相对人善意的,担保合同对公司发生效力;相对人请求公司承担担保责任的,人民法院应予支持。

(二)相对人非善意的,担保合同对公司不发生效力;相对人请求公司承担赔偿责任的,参照适用本解释第十七条的有关规定。

法定代表人超越权限提供担保造成公司损失,公司请求法定代表人承担赔偿责任的,人民法院应予支持。

第一款所称善意,是指相对人在订立担保合同时不知道且不应当知道法定代表人超越权限。相对人有证据证明已对公司决议进行了合理审查,人民法院应当认定其构成善意,但是公司有证据证明相对人知道或者应当知道决议系伪造、变造的除外。

【适用要点】该条是有关越权代表效力和责任的规定,主要包括以下几层含义:一是所谓越权代表,就是违反法律有关提供担保须经公司决议程序等规定的行为,此类规定以《公司法》第 16 条最为典型,但并不限于此。前文有关民商事特别法的规定,多数即属此类。在此,还要进一步区别法定决议程序究竟是股东会决议、董事会决议还是其他机关决定,是否限于公司为他人提供担保,是否限于大额担保等情形,以便准确适用法律。二是前述有关公司担保须经决议程序等规定,本质上属于权限性规定,即此类事项属于法定代表人不能单独决定的事项,未经决议程序提供的担保属于越权担保,应当依照《民法典》第 504 条确定其效力。三是《民法典》第 504 条有关越权代表效力的核心在于,区别相对人是否属于善意。相对人在法定代表人未向其出示相关决议的情况下就与公司签订担保合同,表明其本身就不是善意的,不存在善意问题。可见,相对人善意的前提是,法定代表人已经向其提供了公司决议,但该决议可能是伪造、变造的。四是认定相对人是否善意的标准是相对人在订立合同时负有合理审查义务,而非仅是形式审查义务。二者的重要区别就在于,在有限公司提供非关联担保场合,合理审查义务要求相对人要审核公司章程,公司章程约定要由股东会决议公司仅提供董事会决议的,仍非适格决议,相对人仍不构成善意。而如果仅是形式审查,即相对人无须审核章程,则可能构成善意,这是《民法典担保制度解释》与《九民纪要》的重大区别,应予特别注意。五是在法定代表人越权担保、相对人恶意的情况下,该担保尽管对公司不发生效力,但公司有过错的仍然要承担责任,其性质属于缔约过失责任,具体要根据《民法典担保制度解释》第17条之规定来确定。六是公司承担责任后,有权请求法定代表人承担赔偿责任。

第八条 【无须机关决议的例外情形】有下列情形之一,公司以其未依照公司法关于公司对外担保的规定作出决议为由主张不承担担保责任的,人民法院不予支持:

(一)金融机构开立保函或者担保公司提供担保;

(二)公司为其全资子公司开展经营活动提供担保;

(三)担保合同系由单独或者共同持有公司三分之二以上对担保事项有表决权的股东签字同意。

上市公司对外提供担保,不适用前款第二项、第三项的规定。

【适用要点】该条是有关无须机关决议的例外情形的规定。基于我国现阶段公司治理的现状,未经公司决议径行对外提供担保的情况仍普遍存在。在此情况下,一概认定担保无效,不利于保护相对人的利益。为此,本解释沿袭了《九民纪要》做法,规定了三种无须决议的例外情形。准确理解该条,要注意与《九民纪要》之间的异同。较之于《九民纪要》,变化主要体现在以下三个方面:一是删除了《九民纪要》有关"公司与主债务人之间存在互联互保等商业合作关系"的规定;二是将"公司为其直接或者间接控制的公司开展经营活动向债权人提供担保"改为"公司为其全资子公司开展经营活动向债权人提供担保",进一步限缩了无须决议的例外情形;三是明确第1款第2项、第3项不适用于上市公司,至于是否适用国家出资企业,要看是否为大额担保来具体确定,详见前文有关《企业国有资产法》条文的适用。

第九条 【上市公司提供担保】相对人根据上市公司公开披露的关于担保事项已经董事会或者股东大会决议通过的信息,与上市公司订立担保合同,相对人主张担保合同对上市公司发生效力,并由上市公司承担担保责任的,人民法院应予支持。

相对人未根据上市公司公开披露的关于担保事项已经董事会或者股东大会决议通过的信息,与上市公司订立担保合同,上市公司主张担保合同对其不发生效力,且不承担担保责任或者赔偿责任的,人民法院应予支持。

相对人与上市公司已公开披露的控股子公司订立的担保合同,或者相对人与股票在国务院批准的其他全国性证券交易场所交易的公司订立的担保合同,适用前两款规定。

【适用要点】该条是有关上市公司提供担保的规定,准确适用该条,要注意以下几点:一是要注意该条有别于公司对外担保的特殊性规则主要表现在两个方面,即相对人审查的对象是指定报刊上公开披露的信息,而非公司决议;相对人未尽审查义务就与公司签订担保合同的,公司不承担民事责任。二是要注意其适用范围。该条适用于上市公司"对外"提供担保,包括人保和物保,不包括上市公司为自己债务提供物保。上市公司为其控股公司、关联公司或全资子公司等提供担保是否属于对外提供担保,尽管有争议,但基于公司人格独立原则以及强化对上市公司的规制的角度,应当认为属于"对外"担保,故应适用该条规定。三是就上市公司的形态来说,主要适用于在境内上市的公司,包括:(1)公司法规定的上市公司(主板、创业板、科创板)。(2)上市公司已公开披露的控股子公司。由于披露的义务人是上市公司,而担保合同的签订人则是子公司,如何消弭二者之间的不一致,既促使相对人尽到合理审查义务,又不致加大其审查义务,值得进一步研究。(3)在新三板上市的公司。至于在香港等境外上市的公司能否适用,值得进一步研究。四是关于该条规定的溯及力问题,在实践中一度比较突出。在越权担保情况下公司应否以及如何承担责任问题上,《九民纪要》将上市公司与一般公司一视同仁,但该条改变了前述规则。依据《民法典时间效力规定》第 2 条之规定,该条不具有溯及力。

第十条　【一人公司为其股东提供担保】一人有限责任公司为其股东提供担保,公司以违反公司法关于公司对外担保决议程序的规定为由主张不承担担保责任的,人民法院不予支持。公司因承担担保责任导致无法清偿其他债务,提供担保时的股东不能证明公司财产独立于自己的财产,其他债权人请求该股东承担连带责任的,人民法院应予支持。

【适用要点】该条是有关一人公司为其股东承担担保责任的规定,要点有三:一是一人公司可以为其股东提供担保,公司不能以无法形成有效决议为由否定一人公司可以提供担保。二是由股东承担举证责任,即由其举证证明公司财产独立于自己的财产。三是考虑到一人公司的股东可能存在变更的情形,该条明确与公司承担连带责任的股东,须是提供担保时一人公司的股东。

第十一条　【公司的分支机构提供担保】公司的分支机构未经公司股东

(大)会或者董事会决议以自己的名义对外提供担保,相对人请求公司或者其分支机构承担担保责任的,人民法院不予支持,但是相对人不知道且不应当知道分支机构对外提供担保未经公司决议程序的除外。

金融机构的分支机构在其营业执照记载的经营范围内开立保函,或者经有权从事担保业务的上级机构授权开立保函,金融机构或者其分支机构以违反公司法关于公司对外担保决议程序的规定为由主张不承担担保责任的,人民法院不予支持。金融机构的分支机构未经金融机构授权提供保函之外的担保,金融机构或者其分支机构主张不承担担保责任的,人民法院应予支持,但是相对人不知道且不应当知道分支机构对外提供担保未经金融机构授权的除外。

担保公司的分支机构未经担保公司授权对外提供担保,担保公司或者其分支机构主张不承担担保责任的,人民法院应予支持,但是相对人不知道且不应当知道分支机构对外提供担保未经担保公司授权的除外。

公司的分支机构对外提供担保,相对人非善意,请求公司承担赔偿责任的,参照本解释第十七条的有关规定处理。

【适用要点】该条是有关公司分支机构对外提供担保的规定,主要规定了一般公司、金融机构以及融资担保公司的分支机构对外担保三种情形。准确理解该条,要注意以下几点:一是关于普通公司的分支机构对外担保,基于《民法典》第74条第2款有关"分支机构以自己的名义从事民事活动,产生的民事责任由法人承担"的规定,分支机构对外担保的规则同于公司对外担保,此点有别于《担保法解释》的规定。该解释将分支机构的对外担保行为,类推适用于限制行为能力人的行为。二是关于金融机构的分支机构对外提供担保,较之于一般公司分支机构对外提供担保,有两大区别:(1)在应否决议问题上,一般公司的分支机构原则上需要决议,金融机构的分支机构无须决议;(2)在担保方式上,进一步区别保函与个别担保:出具保函可以是概括授权(营业执照记载的经营范围包括出具保函),也可以是个别授权(有权从事担保业务的上级机构授权)。而提供其他担保只能是个别授权,不能是概括授权,且此种授权只能是总行授权,不能是上级行授权。三是关于担保公司的分支机构对外担保,一方面,考虑到担保公司以担保为业,故无须决议,此点同于金融机构;另一方面,担保公司的分支机构对外提供担保需要个别授权,此点同于金融机构的分支机构提供个别保证,与金融机构分支机构出具保函有所不同。

第十二条　【债务加入的准用】法定代表人依据民法典第五百五十二条的规定以公司名义加入债务的,人民法院在认定该行为的效力时,可以参照本解释关于公司为他人提供担保的有关规则处理。

【适用要点】该条是有关债务加入准用公司对外担保规则的规定。《民法典》第 552 条将债务加入规定在"合同履行"部分,表明其并非担保制度。但从实际效果看,债务加入的担保效果不仅强于一般保证,甚至强于连带责任保证。如果允许效力更强的债务加入无须履行公司决议程序,在债权人相对强势的情况下,相对人会倾向于通过债务加入方式达到担保的目的,如此一则公司对外担保制度可能被架空,二则公司及股东的利益将得不到应有的保障。有鉴于此,该条明确规定,债务加入的效力参照本解释关于公司为他人提供担保的有关规则处理。此处所谓的有关规则,主要是指公司对外担保原则上要进行决议的规则。

第二十三条　【破产程序与担保责任的衔接】人民法院受理债务人破产案件,债权人在破产程序中申报债权后又向人民法院提起诉讼,请求担保人承担担保责任的,人民法院依法予以支持。

担保人清偿债权人的全部债权后,可以代替债权人在破产程序中受偿;在债权人的债权未获全部清偿前,担保人不得代替债权人在破产程序中受偿,但是有权就债权人通过破产分配和实现担保债权等方式获得清偿总额中超出债权的部分,在其承担担保责任的范围内请求债权人返还。

债权人在债务人破产程序中未获全部清偿,请求担保人继续承担担保责任的,人民法院应予支持;担保人承担担保责任后,向和解协议或者重整计划执行完毕后的债务人追偿的,人民法院不予支持。

第二十四条　【担保人不能预先行使追偿权的后果】债权人知道或者应当知道债务人破产,既未申报债权也未通知担保人,致使担保人不能预先行使追偿权的,担保人就该债权在破产程序中可能受偿的范围内免除担保责任,但是担保人因自身过错未行使追偿权的除外。

【适用要点】第 23 条、第 24 条是有关担保人如何申报债权的规定,详见本书在《民法典》第 700 条中对《企业破产法》第 51 条的注释。

第三十六条　【增信措施的性质】第三人向债权人提供差额补足、流动性支持等类似承诺文件作为增信措施,具有提供担保的意思表示,债权人请求第三人承担保证责任的,人民法院应当依照保证的有关规定处理。

第三人向债权人提供的承诺文件,具有加入债务或者与债务人共同承担债务等意思表示的,人民法院应当认定为民法典第五百五十二条规定的债务加入。

前两款中第三人提供的承诺文件难以确定是保证还是债务加入的,人民法院应当将其认定为保证。

第三人向债权人提供的承诺文件不符合前三款规定的情形,债权人请求第三人承担保证责任或者连带责任的,人民法院不予支持,但是不影响其依据承诺文件请求第三人履行约定的义务或者承担相应的民事责任。

【适用要点】该条是有关增信措施性质的规定。从法律性质的角度,增信措施最终可以归于债务加入、保证(包括连带责任保证与一般保证)、独立合同、安慰函等四类。准确认定增信文件的性质,除了要通过分析差额补足、到期或附条件回购、流动性支持等相关表述来确定行为人有无承担保证责任的意思外,还要结合相关主体、合同履行等情况予以具体认定。在此过程中,需要按照"安慰函—独立合同—债务加入—连带责任保证/一般保证"的逻辑顺序认定某一增信措施的性质。具体来说:首先,看行为人有无承担民事责任的意思表示,确定是否属于安慰函。其次,要看于增信文件之外是否另行存在债权债务关系,来确定是否属于独立合同。再次,从是否具有从属性等角度判断是债务加入还是保证。最后,在确定某一增信措施属于保证的情况下,要进一步区别是连带责任保证还是一般保证。

依照前述规则,当某一增信措施被认为是保证时,存在着能否参照适用保证的有关规则问题。从增信措施产生的原因看,既有为了便捷提供保证的实践需要的一面,也有规避国家对国有企业提供担保、跨境担保、公司对外担保等有关管理的另一面。为充分发挥《民法典》引领预期的功能,本书认为:一是对于《民法典》规定的保证人的保护规则如保证期间制度,原则上不得适用保证类的增信措施;二是对于保证人的限制规则,如公司对外担保须经公司决议程序、国有企业对外提供担保须经相应的决策程序等,则应适用《公司法》《企业国有资产法》等有关法律法规的规定。

2.《最高人民法院关于审理民间借贷案件适用法律若干问题的规定》(法释〔2015〕18号;法释〔2020〕17号,2020年12月23日修正)

第二十条 【保证责任的认定】他人在借据、收据、欠条等债权凭证或者借款合同上签名或者盖章,但是未表明其保证人身份或者承担保证责任,或者通过其他事实不能推定其为保证人,出借人请求其承担保证责任的,人民法院不予支持。

【适用要点】该条是有关民间借贷中如何认定保证责任的规定。保证合同属于单务合同,从保护保证人的合法权益出发,成立保证合同须有保证人明示的意思表示,否则保证合同不成立。

第二十一条　【网络借贷平台应否承担担保责任】借贷双方通过网络贷款平台形成借贷关系,网络贷款平台的提供者仅提供媒介服务,当事人请求其承担担保责任的,人民法院不予支持。

网络贷款平台的提供者通过网页、广告或者其他媒介明示或者有其他证据证明其为借贷提供担保,出借人请求网络贷款平台的提供者承担担保责任的,人民法院应予支持。

【适用要点】该条是有关网络借贷平台应否承担担保责任的规定。总的原则也是明示原则,否则,其不承担保责任。

3.《最高人民法院关于审理民事案件适用诉讼时效制度若干问题的规定》(法释〔2008〕11 号;法释〔2020〕17 号,2020 年 12 月 23 日修正)

第十四条　【同意履行义务的认定】义务人作出分期履行、部分履行、提供担保、请求延期履行、制定清偿债务计划等承诺或者行为的,应当认定为民法典第一百九十五条规定的“义务人同意履行义务”。

【适用要点】该条是有关提供担保等视同“义务人同意履行义务”的规定。就担保来说,鉴于其本质就是担保人愿意代替债务人履行义务或承担责任,故义务人提供担保就相当于义务人同意履行义务。

4.《最高人民法院关于适用〈中华人民共和国民事诉讼法〉的解释》(法释〔2015〕5 号;法释〔2022〕11 号,2022 年 3 月 22 日修正)

第四百三十四条　【支付令对担保人的效力】对设有担保的债务的主债务人发出的支付令,对担保人没有拘束力。

债权人就担保关系单独提起诉讼的,支付令自人民法院受理案件之日起失效。

【适用要点】该条是有关支付令对担保人没有拘束力的规定。准确理解该条,要把握以下几点:一是在设有担保的情况下,债权人既可以债务人与担保人为共同被告一并提起诉讼,也可仅针对债务人提起诉讼或在依法通过督促程序实现债权,亦可先起诉债务人后再视情况起诉担保人,甚至还可单独行使担保权如担保物权。支付令制度仅适用于债务人,基于担保的相对独立性,该条第 1 款规定支付令对担保人没有拘束力。二是当事人设立担保的目的在于,在债务人不履行到期债务时,由担保人替其履行债务或承担责任。反过来说,在债权人请求担保人履行债务或承担责任时,一方面,表明债务人可能难以履行到期债务;另一方面,基本达到了请求债务人履行债务的目的,没必要再用支付令制度了,故该条第2款规定债权人就担保关系单独提起诉讼的,支付令自人民法院受理案件之日起失效。

5.《最高人民法院关于人民法院办理执行异议和复议案件若干问题的规定》(法释〔2015〕10号;法释〔2020〕21号,2020年12月23日修正)

第二十二条 【赋予强制执行效力的担保债权】公证债权文书对主债务和担保债务同时赋予强制执行效力的,人民法院应予执行;仅对主债务赋予强制执行效力未涉及担保债务的,对担保债务的执行申请不予受理;仅对担保债务赋予强制执行效力未涉及主债务的,对主债务的执行申请不予受理。

人民法院受理担保债务的执行申请后,被执行人仅以担保合同不属于赋予强制执行效力的公证债权文书范围为由申请不予执行的,不予支持。

【适用要点】该条是有关赋予强制执行效力的公证债权文书如何执行的规定,就其涉及经公证的担保债权的执行来说,要注意把握以下几点:一是担保债权具有给付内容,因而可以经公证赋予其强制效力。二是担保债权尽管具有从属性,但同时又具有相对独立性,因而与主债权一并公证,债权人可以申请一并执行主债权和担保债权;仅对主债务赋予强制执行效力未涉及担保债务的,对担保债务的执行申请不予受理;仅对担保债务赋予强制执行效力未涉及主债务的,对主债务的执行申请不予受理。三是需要区别人保和物保。通常情况下,经公证赋予保证合同强制执行效力并无疑问,但担保物权尤其是不动产担保物权采登记生效主义,只能在办理登记后才能设立,公证并不能设立担保物权。反过来说,担保物权一经登记而设立,并无再予公证的必要。另外,实践中当事人也有将意在设定担保物权的合同如抵押合同进行公证的案例,鉴于当事人签订抵押合同的主要目的在于设定抵押权,且不谈其本身能否进行公证,即便将其进行公证,既不会产生设定担保物权的效果,也不会因此豁免登记机构在审查时负有的法定审查义务。就此而言,对抵押合同进行公证并无必要,更不可能产生赋予强制执行效力的后果。

6.《最高人民法院关于适用〈中华人民共和国企业破产法〉若干问题的规定(三)》(法释〔2019〕3号;法释〔2020〕18号,2020年12月23日修正)

第四条 【保证人破产时的债权申报】保证人被裁定进入破产程序的,债权人有权申报其对保证人的保证债权。

主债务未到期的,保证债权在保证人破产申请受理时视为到期。一般保证的保证人主张行使先诉抗辩权的,人民法院不予支持,但债权人在一般保证人破产程序中的分配额应予提存,待一般保证人应承担的保证责任确定后再按照破产清偿比例予以分配。

保证人被确定应当承担保证责任的,保证人的管理人可以就保证人实际承担的清偿额向主债务人或其他债务人行使求偿权。

【适用要点】该条是有关保证人破产时债权人如何申报债权的规定。准确理解该条,要注意以下几点:一是基于"债权因破产而加速到期"的一般原理,保证债权也因保证人破产而加速到期,保证人既不能以主债务尚未到期提出抗辩,也不能以先诉抗辩权予以抗辩。二是要区别连带责任保证和一般保证,连带责任保证中,保证人的责任与债务人相同,故保证人破产适用债务人破产的有关规则;一般保证中,保证人尽管不能行使先诉抗辩权,但毕竟其承担的仅是补充责任,即就债务人不能承担的部分承担责任,故债权人只有在保证人的责任确定后才能就所应承担的债权额受偿,在此之前则应在破产程序中将该部分提存。三是保证人的责任确定后,管理人可以就保证人实际承担的部分向债务人追偿。

第五条　【保证人与债务人一并破产时的债权申报】债务人、保证人均被裁定进入破产程序的,债权人有权向债务人、保证人分别申报债权。

债权人向债务人、保证人均申报全部债权的,从一方破产程序中获得清偿后,其对另一方的债权额不作调整,但债权人的受偿额不得超出其债权总额。保证人履行保证责任后不再享有求偿权。

【适用要点】该条是有关债务人和保证人一并破产时债权人如何申报债权的规定,要注意把握以下几点:一是相对独立原则,即债权人可以分别向债务人和保证人申报全部债权,且从某一破产程序中获得的清偿,不影响其在其他破产程序中的债权数额。换言之,债权数额不因在其他破产程序中已经获得清偿而作相应调整。二是不得双重获利原则,即债权人在多个破产程序受偿的总额不得超出债权总额。三是不得求偿原则,因为债务人也已经破产,故保证人履行保证责任后不得再向债务人求偿。

(二)规范性司法文件

该条涉及的规范性司法文件,主要是《九民纪要》。考虑到《九民纪要》有关担保的规定,多数都已被《民法典担保制度解释》所吸收,在适用时应当以司法解释作为依据,不能再将《九民纪要》作为说理依据了。但鉴于《九民纪要》本身有较为详细的说理,故其对于全面理解司法解释仍然具有重要意义。应予特别强调的是,在上市公司的责任、相对人的审核义务、无须机关决议的例外情形等方面,《民法典担保制度解释》都对《九民纪要》进行了修改,适用时务必要注意二者的区别,方能准确适用法律。

1.《全国法院民商事审判工作会议纪要》(法〔2019〕254 号,2019 年 11 月 8 日公布)

17.【违反《公司法》第 16 条构成越权代表】为防止法定代表人随意代表公司为他人提供担保给公司造成损失,损害中小股东利益,《公司法》第 16 条对法定代表人的代表权进行了限制。根据该条规定,担保行为不是法定代表人所能单独决定的事项,而必须以公司股东(大)会、董事会等公司机关的决议作为授权的基础和来源。法定代表人未经授权擅自为他人提供担保的,构成越权代表,人民法院应当根据《合同法》第 50 条①关于法定代表人越权代表的规定,区分订立合同时债权人是否善意分别认定合同效力:债权人善意的,合同有效;反之,合同无效。

【适用要点】详见对《公司法》第 16 条以及《民法典担保制度解释》第 7 条的阐述。

18.【善意的认定】前条所称的善意,是指债权人不知道或者不应当知道法定代表人超越权限订立担保合同。《公司法》第 16 条对关联担保和非关联担保的决议机关作出了区别规定,相应地,在善意的判断标准上也应当有所区别。一种情形是,为公司股东或者实际控制人提供关联担保,《公司法》第 16 条明确规定必须由股东(大)会决议,未经股东(大)会决议,构成越权代表。在此情况下,债权人主张担保合同有效,应当提供证据证明其在订立合同时对股东(大)会决议进行了审查,决议的表决程序符合《公司法》第 16 条的规定,即在排除被担保股东表决权的情况下,该项表决由出席会议的其他股东所持表决权的过半数通过,签字人员也符合公司章程的规定。另一种情形是,公司为公司股东或者实际控制人以外的人提供非关联担保,根据《公司法》第 16 条的规定,此时由公司章程规定是由董事会决议还是股东(大)会决议。无论章程是否对决议机关作出规定,也无论章程规定决议机关为董事会还是股东(大)会,根据《民法总则》第 61 条第 3 款②关于"法人章程或法人权力机构对法定代表人代表权的限制,不得对抗善意相对人"的

---

① 《民法典》第 504 条。
② 《民法典》第 61 条第 3 款。

规定,只要债权人能够证明其在订立担保合同时对董事会决议或者股东(大)会决议进行了审查,同意决议的人数及签字人员符合公司章程的规定,就应当认定其构成善意,但公司能够证明债权人明知公司章程对决议机关有明确规定的除外。

债权人对公司机关决议内容的审查一般限于形式审查,只要求尽到必要的注意义务即可,标准不宜太过严苛。公司以机关决议系法定代表人伪造或者变造、决议程序违法、签章(名)不实、担保金额超过法定限额等事由抗辩债权人非善意的,人民法院一般不予支持。但是,公司有证据证明债权人明知决议系伪造或者变造的除外。

【适用要点】详见对《民法典担保制度解释》第 7 条的阐述,务必要注意善意判断标准的微妙变化,即《民法典担保制度解释》将该条的"形式审查"改为"合理审查",适当加重了相对人审查义务,二者的区别表现在以下几个方面:一是在有限公司提供非关联担保场合,在相对人应否审查章程上存在区别;二是在概括授权场合,存在应审查某一具体担保是否超越授权限制的问题;三是在上市公司控股子公司对外担保场合,存在着应否审查其母公司是否为上市公司等问题。

19.【无须机关决议的例外情况】存在下列情形的,即便债权人知道或者应当知道没有公司机关决议,也应当认定担保合同符合公司的真实意思表示,合同有效:

(1)公司是以为他人提供担保为主营业务的担保公司,或者是开展保函业务的银行或者非银行金融机构;

(2)公司为其直接或者间接控制的公司开展经营活动向债权人提供担保;

(3)公司与主债务人之间存在相互担保等商业合作关系;

(4)担保合同系由单独或者共同持有公司三分之二以上有表决权的股东签字同意。

【适用要点】详见对《民法典担保制度解释》第 8 条的阐述。要注意该条已被《民法典担保制度解释》第 8 条所修改,要注意二者之间的变化。

20.【越权担保的民事责任】依据前述 3 条规定,担保合同有效,债权人请求公司承担担保责任的,人民法院依法予以支持;担保合同无效,债权人请求公司承担担保责任的,人民法院不予支持,但可以按照担保法及有关司法解释关于担保无效的规定处理。公司举证证明债权人明知法定代表人超越权限或者机关决议系伪造或者变造,债权人请求公司承担合同无效后的民事责任的,人民法院不予支持。

【**适用要点**】详见对《民法典担保制度解释》第 7 条的阐述。应予注意的是依据该条第一句之规定,担保合同无效时,债权人可以依照《担保法》及有关司法解释的规定请求公司承担缔约过失责任。在法定代表人越权提供担保情况下,公司往往具有过错,故公司一般应当承担责任,除非债权人与法定代表人恶意串通损害其合法权益。在法定代表人伪造或者变造机关决议,而债权人又明知的情况下,可以认为双方构成恶意串通,此时免除公司的责任有其合理性。但在法定代表人未经机关决议程序越权提供担保场合,债权人"应当知道"法定代表人超越权限,其效果等同于"明知",表明其具有恶意。但债权人恶意并不意味着公司就没有过错,故在债权人明知法定代表人超越权限场合公司不承担任何责任的规定,与该条第一句相矛盾,不应再予适用。

21.【**权利救济**】法定代表人的越权担保行为给公司造成损失,公司请求法定代表人承担赔偿责任的,人民法院依法予以支持。公司没有提起诉讼,股东依据《公司法》第 151 条的规定请求法定代表人承担赔偿责任的,人民法院依法予以支持。

【**适用要点**】该条包括两方面内容:一是公司承担责任后,可以请求法定代表人承担损害赔偿责任。应予特别强调的是,是公司先承担责任然后再请求法定代表人赔偿,而非公司没有任何责任,由法定代表人作为当事人直接向相对人承担责任。二是公司怠于提出前述请求的,相关股东可以依法提起股东代表诉讼。

22.【**上市公司为他人提供担保**】债权人根据上市公司公开披露的关于担保事项已经董事会或者股东大会决议通过的信息订立的担保合同,人民法院应当认定有效。

【**适用要点**】详见对《民法典担保制度解释》第 9 条的阐述。要注意该条仅是从正面进行阐述,未规定债权人未根据上市公司已经公开披露的相关信息订立担保合同的效果,《民法典担保制度解释》第 9 条对其作出了明确规定。另外,要注意担保对上市公司不发生效力时公司应否承担责任的问题,《九民纪要》项下公司要根据该纪要第 20 条的规定承担缔约过失责任;而在《民法典担保制度解释》项下,公司不承担任何责任。

2.《最高人民法院关于金融机构为企业出具不实或者虚假验资报告资金

证明如何承担民事责任问题的通知》(法〔2002〕21号,2002年2月9日公布)

一、出资人未出资或者未足额出资,但金融机构为企业提供不实、虚假的验资报告或者资金证明,相关当事人使用该报告或者证明,与该企业进行经济往来而受到损失的,应当由该企业承担民事责任。对于该企业财产不足以清偿债务的,由出资人在出资不实或者虚假资金额范围内承担责任。

二、对前项所述情况,企业、出资人的财产依法强制执行后仍不能清偿债务的,由金融机构在验资不实部分或者虚假资金证明金额范围内,根据过错大小承担责任,此种民事责任不属于担保责任。

……

【适用要点】本通知涉及金融机构为企业出具不实或者虚假验资报告资金证明的性质及责任问题,核心内容是,金融机构应当承担过错责任,但此种责任并非保证责任。鉴于《公司法》在2013年修改时采认缴资本制,废除了验资制度,故本通知已无实际适用价值。在《民法典》施行过程中,该通知之所以未被清理,是因为其并非司法解释,故不在清理之列。

3.《最高人民法院关于沈阳市信托投资公司是否应当承担保证责任问题的答复》(法民二〔2001〕50号,2001年8月22日)

辽宁省高级人民法院:

你院〔1999〕辽经初字第48号《关于沈阳市信托投资公司是否应当承担保证责任的请示》收悉。经研究,答复如下:

我国《担保法》所规定的保证,是指保证人和债权人约定,当债务人不履行债务时,保证人按照约定履行债务或者承担责任的行为。这里所称"保证人和债权人约定"系指双方均为特定人的一般情况。由于公司向社会公开发行债券时,认购人并不特定,不可能要求每一个认购人都与保证人签订书面保证合同,因此,不能机械地理解和套用《担保法》中关于"保证"的定义。向社会公开发行债券时,债券发行人与代理发行人或第三人签订担保合同,该担保合同同样具有证明担保人之真实意思表示的作用。而认购人的认购行为即表明其已接受担保人作出的担保意思表示。你院请示中的第一种意见,即只要沈阳市信托投资公司的保证意思是自愿作出的,且其内容真实,该保证合同即应为有效,该公司应对其担保的兑付债券承担保证责任,是有道理的。

以上意见,请参考。

【适用要点】这是最高人民法院民二庭就辽宁省高级人民法院个案请示所为的答复,核心意思是:向社会公开发行债券时,债券发行人与代理发行人或第三人签订的保证合同,效力及于认购人。该答复涉及名义债权人与实际债权人不一致时,与名义债权人签订的保证合同效力及于实际债权人这一问题。较之于保证,该问题在担保物权中更为普遍,《民法典担保制度解释》第4条对担保物权的受托持有问题作出了专门规定,结论与本答复基本一致。

【部门规章、规范性文件与相关政策】

(一)部门规章

部门规章是国务院所属各部委根据法律和行政法规制定的规范性文件,包括规定、办法、细则等形式。涉及担保的最为重要的规章是自然资源部发布的《不动产登记暂行条例实施细则》以及中国人民银行发布的《动产和权利担保统一登记办法》,这两个规章分别落实了统一的不动产登记制度、动产和权利登记制度。此外,针对股权质押、专利权质押、农村土地经营权抵押等问题,相关部委也出台了相应的部门规章,这些规章对落实《民法典》的担保物权制度具有重要意义。

前述规章多数涉及担保物权,涉及保证以及担保一般规定的规章很少。中国人民银行的《贷款通则》的相关条文尽管涉及担保一般规定,但多数规定系对《商业银行法》的重复或细化,且实践中一般也不会将其作为法律依据,故不再予以分析。值得注意的是《上市公司信息披露管理办法》,该办法对于了解上市公司对外担保的操作流程具有一定意义,现就其涉及担保的条文进行分析。

《上市公司信息披露管理办法》(证监会令第40号;证监会令第182号,2021年3月4日修订)

第七条　【信息披露文件的类型】信息披露文件包括定期报告、临时报告、招股说明书、募集说明书、上市公告书、收购报告书等。

第二十四条　【信息披露时点】上市公司应当在最先发生的以下任一时点,及时履行重大事件的信息披露义务:

(一)董事会或者监事会就该重大事件形成决议时;

(二)有关各方就该重大事件签署意向书或者协议时;

(三)董事、监事或者高级管理人员知悉该重大事件发生时。

在前款规定的时点之前出现下列情形之一的,上市公司应当及时披露相关事项的现状、可能影响事件进展的风险因素：

（一）该重大事件难以保密；

（二）该重大事件已经泄露或者市场出现传闻；

（三）公司证券及其衍生品种出现异常交易情况。

【适用要点】该条是有关信息披露时点的规定，总的原则是上市公司应当在最先发生的任一时点及时履行重大事件的信息披露义务。就上市公司对外提供担保来说，在董事会就担保事项形成决议，或者与债权人就担保问题签署意向书或者协议时就应当披露。

第二十六条　**【控股子公司和参股公司的信息披露义务】**上市公司控股子公司发生本办法第二十二条规定的重大事件，可能对上市公司证券及其衍生品种交易价格产生较大影响的，上市公司应当履行信息披露义务。

上市公司参股公司发生可能对上市公司证券及其衍生品种交易价格产生较大影响的事件的，上市公司应当履行信息披露义务。

【适用要点】该条是有关上市公司的控股子公司和参股公司的信息披露义务的规定，与《民法典担保制度解释》第 9 条第 3 款的规定相一致。鉴于上市公司的控股子公司和参股公司的对外担保行为，可能对上市公司证券及其衍生品种交易价格产生较大影响，故应当依照该条规定履行信息披露义务。应予注意的是，此时的披露主体仍然是上市公司，而非其控股子公司和参股公司。这就涉及信息披露主体与合同主体不一致的问题，增加了相对人的审查难度。相对人在审查时，首先要审查该公司是否为上市公司的控股子公司或参股公司；如果是，还要审查上市公司的章程以及信息披露文件。详见下文有关《上市公司对外担保监管 8 号指引》的规定及分析。

（二）规范性文件

1.《上市公司监管指引第 8 号——上市公司资金往来、对外担保的监管要求》（证监会公告〔2022〕26 号，2022 年 1 月 28 日公布）

第七条　**【必须决议原则】**上市公司对外担保必须经董事会或者股东大会审议。

第八条　**【章程必须载明担保权限】**上市公司的《公司章程》应当明确股东大会、董事会审批对外担保的权限及违反审批权限、审议程序的责任追究制度。

第九条　**【应当由股东大会审批的担保事项】**应由股东大会审批的对外

担保，必须经董事会审议通过后，方可提交股东大会审批。须经股东大会审批的对外担保，包括但不限于下列情形：

（一）上市公司及其控股子公司的对外担保总额，超过最近一期经审计净资产百分之五十以后提供的任何担保；

（二）为资产负债率超过百分之七十的担保对象提供的担保；

（三）单笔担保额超过最近一期经审计净资产百分之十的担保；

（四）对股东、实际控制人及其关联方提供的担保。

股东大会在审议为股东、实际控制人及其关联方提供的担保议案时，该股东或者受该实际控制人支配的股东，不得参与该项表决，该项表决由出席股东大会的其他股东所持表决权的半数以上通过。

第十条　【董事会表决规则】应由董事会审批的对外担保，必须经出席董事会的三分之二以上董事审议同意并做出决议。

【适用要点】第7条至第10条是有关上市公司对外担保应当由哪一机关进行决议以及如何决议的规定，是对《公司法》第16条、第121条以及《证券法》第80条等有关条文的进一步细化。准确理解前述条文，要把握以下几点：一是《公司法》《证券法》以及该条明确规定的对外担保，必须经董事会审议通过后提交股东大会审批通过，未经该法定程序提供的担保构成越权担保，应当依照《民法典》第504条规定确定其效力。二是除法律以及该条明确规定的应当由股东大会审批通过的担保外，其余担保取决于《公司章程》的约定，即由章程来确定究竟是董事会决议还是股东大会决议，章程必须要载明有关机关的担保权限。三是不论应由哪一个机关决议，都必须要有决议，即上市公司对外担保不适用《民法典担保制度解释》第8条第1款有关无须机关决议情形的规定。四是明确将上市公司的关联担保从为股东、实际控制人提供的担保，扩为股东、实际控制人的关联方提供的担保，扩大了《公司法》第16条规定的关联担保的范围。五是进一步明确了表决规则，在沿袭《公司法》第16条有关关联担保的回避表决、简单多数决规定的同时，明确董事会审批的对外担保实行绝对多数决，即必须要经出席董事会的三分之二以上董事审议同意并作出决议。

第十二条　【强制披露原则】上市公司董事会或者股东大会审议批准的对外担保，必须在证券交易所的网站和符合中国证监会规定条件的媒体及时披露，披露的内容包括董事会或者股东大会决议、截止信息披露日上市公司及其控股子公司对外担保总额、上市公司对控股子公司提供担保的总额。

【适用要点】该条是有关上市公司应当如何披露公司决议的规定,与《民法典担保制度解释》第 9 条的规定相一致。准确理解该条,要注意以下几点:一是上市公司对外担保属于上市公司必须依法披露的事项,不问是否属于"重大"担保。依据本指引第 7 条之规定,上市公司对外担保一律要由股东大会或董事会决议;根据该条规定,凡由股东大会或董事会决议批准的担保,一律要对外披露。此点与《证券法》第 80 条的规定不尽一致,可以说在该法基础上作了更加严格的规定。据此,所有的对外担保均须披露,不问该担保是否为重大担保。二是信息披露文件主要包括定期报告、临时报告、招股说明书、募集说明书、上市公告书、收购报告书等,有关担保事项的披露属于其中的临时报告,应当立即披露。三是披露的载体是证券交易所的网站和符合中国证监会规定条件的媒体。四是披露的内容包括董事会或者股东大会决议、截止信息披露日上市公司及其控股子公司对外担保总额、上市公司对控股子公司提供担保的总额。

第十三条　【上市公司办理贷款担保业务时应当提交的文件】上市公司在办理贷款担保业务时,应向银行业金融机构提交《公司章程》、有关该担保事项董事会决议或者股东大会决议原件、该担保事项的披露信息等材料。

【适用要点】该条是有关上市公司办理贷款担保业务时应当提交哪些文件的规定。该条规定基本沿袭了《中国证券监督管理委员会、中国银行业监督管理委员会关于规范上市公司对外担保行为的通知》(证监发〔2005〕120号,已失效)第 1 条第 6 项,只是在表述上作了修改。该项规定:"上市公司在办理贷款担保业务时,应向银行业金融机构提交《公司章程》、有关该担保事项董事会决议或股东大会决议原件、刊登该担保事项信息的指定报刊等材料。"据此,在上市公司办理贷款担保业务场合,银行审查的对象包括三项:一是上市公司的《公司章程》,主要看担保事项究竟由股东大会还是董事会批准;二是信息披露文件;三是公司决议原件。鉴于公司决议是内容,披露文件是其表现形式,可以说银行主要审查的事项就是公司章程与信息披露文件。此前,实践中曾经出现过有决议但未披露的情形,此种情形几乎都是违规甚至违法的情形,有鉴于此,《民法典担保制度解释》第 9 条首次明确要求相对人要审查信息披露文件而非仅是决议,本指引将司法解释规定予以了细化,与《民法典担保制度解释》第 9 条规定完全一致。

第十五条　【控股子公司对外提供担保】上市公司控股子公司对于向上市公司合并报表范围之外的主体提供担保的,应视同上市公司提供担保,上市公司应按照本章规定执行。

【适用要点】该条是有关上市公司控股子公司对外提供担保如何适用法律的规定,也是对《民法典担保制度解释》第9条规定的呼应与落实。据此,如果上市公司控股子公司是为与上市公司合并报表范围之外的主体提供担保的,属于"对外担保",适用《公司法》第16条、《民法典担保制度解释》第9条以及本指引的规定。应予特别注意的是,不能将该条反面解释为上市公司控股子公司为与上市公司合并报表内的公司提供的担保不是"对外担保",进而认为不适用前述规定。因为《上市公司对外担保监管8号指引》第27条第1项在有关"对外担保"的术语解释中明确指出,上市公司对控股子公司提供的担保属于"对外担保"。可见,在上市公司对外担保范围问题上,应当从严理解,这也符合对上市公司对外担保从严规制的目的。

第十七条 【银行的审查对象】各银行业金融机构必须依据本指引、上市公司《公司章程》及其他有关规定,认真审核以下事项:

(一)由上市公司提供担保的贷款申请的材料齐备性及合法合规性;

(二)上市公司对外担保履行董事会或者股东大会审批程序的情况;

(三)上市公司对外担保履行信息披露义务的情况;

(四)上市公司的担保能力;

(五)贷款人的资信、偿还能力等其他事项。

【适用要点】该条是有关银行的审查对象的规定,与本指引第13条之规定仅是着眼点不同而已,详见对该条的分析。

第十九条 【控股子公司提供担保的贷款申请】对由上市公司控股子公司提供担保的贷款申请,比照本章规定执行。

【适用要点】该条是有关上市公司的控股子公司提供担保的贷款申请,比照上市公司的规定。主要是比照本指引第13条有关上市公司所须提供材料的规定,以及本指引第17条有关银行审查对象等规定。

2.《企业内部控制应用指引第12号——担保业务》(财会〔2010〕11号,2010年4月15日公布)

《企业内部控制应用指引第12号——担保业务》是财政部等五部门联合下发的规范性文件,意在指引受这些部门监管的国有企业、金融机构在对外提供担保时如何防范风险。该文件尽管名为"指引",但对于被监管企业来说具有强制力。被监管企业未按照本指引要求违规从事担保业务的,可能会被追责。另外,作为管理性规范,违反本指引的规定一般不影响合同效力。

从内容上看,本指引重在从担保政策、担保申请人的资信与财务等层面引导担保企业防范风险,但对担保企业是否履行公司决议程序等缺乏关注,与公司对外担保的现行司法实践相脱节。且政策与经济层面的判断属于商业判断,一般不涉及过错问题,因而即便在担保无效场合,在认定公司是否具有过错时,本指引也不具有参考意义。从这一意义上说,本指引对司法实践并无太多助益。但考虑到本指引具有提示并防范风险的功能,因而本书列举部分条文,以便相关企业在提供担保时作为尽职调查、风险评估的参考。

第五条　【资信调查和风险评估】企业应当指定相关部门负责办理担保业务,对担保申请人进行资信调查和风险评估,评估结果应出具书面报告。企业也可委托中介机构对担保业务进行资信调查和风险评估工作。

企业在对担保申请人进行资信调查和风险评估时,应当重点关注以下事项:

(一)担保业务是否符合国家法律法规和本企业担保政策等相关要求。

(二)担保申请人的资信状况,一般包括:基本情况、资产质量、经营情况、偿债能力、盈利水平、信用程度、行业前景等。

(三)担保申请人用于担保和第三方担保的资产状况及其权利归属。

(四)企业要求担保申请人提供反担保的,还应当对与反担保有关的资产状况进行评估。

第六条　【禁止担保的情形】企业对担保申请人出现以下情形之一的,不得提供担保:

(一)担保项目不符合国家法律法规和本企业担保政策的。

(二)已进入重组、托管、兼并或破产清算程序的。

(三)财务状况恶化、资不抵债、管理混乱、经营风险较大的。

(四)与其他企业存在较大经济纠纷,面临法律诉讼且可能承担较大赔偿责任的。

(五)与本企业已经发生过担保纠纷且仍未妥善解决的,或不能及时足额交纳担保费用的。

第八条　【特定当事人提供的担保】企业应当采取合法有效的措施加强对子公司担保业务的统一监控。企业内设机构未经授权不得办理担保业务。

企业为关联方提供担保的,与关联方存在经济利益或近亲属关系的有关人员在评估与审批环节应当回避。

对境外企业进行担保的,应当遵守外汇管理规定,并关注被担保人所在国家的政治、经济、法律等因素。

第九条 【担保事项变更】被担保人要求变更担保事项的,企业应当重新履行调查评估与审批程序。

第十条 【共同担保应当约定份额】企业应当根据审核批准的担保业务订立担保合同。担保合同应明确被担保人的权利、义务、违约责任等相关内容,并要求被担保人定期提供财务报告与有关资料,及时通报担保事项的实施情况。

担保申请人同时向多方申请担保的,企业应当在担保合同中明确约定本企业的担保份额和相应的责任。

3.《中国人民银行对担保纠纷中有关法律问题的复函》(银条法〔1998〕56号,1998年10月8日)

中国银行信贷管理部:

你行《关于我行南京市分行及高淳县支行担保纠纷中有关法律问题的请示》(中银信管〔1998〕472号)收悉。经研究,函复如下:

根据《中华人民共和国商业银行法》的规定,商业银行分支机构不具有法人资格,其民事责任由总行承担。商业银行实行一级法人体制,总行与各级分支机构的法律关系为授权民事法律关系,商业银行不同级别的分支机构根据总行的授权或在其上级行转授权的业务范围内开展业务,其行为都由商业银行总行承担民事责任。据此,同一笔贷款中的贷款审批人、贷款发放人与担保收益人是商业银行不同级别的分支机构,并不影响保证人对该笔贷款承担保证责任。

【适用要点】该复函涉及商业银行及其分支机构的关系问题,尽管年代久远,但仍具有参考适用意义。用《民法典》的视角来解释的话,其规则可以概括为:一是总行属于营利性法人,其分支机构能够以自己的名义从事民事活动的属于非法人组织;不能以自己的名义从事民事活动的则属于职能部门,不具有民事主体地位。二是当商业银行或其分支机构作为债权人或原告时,不论是以总行还是分支机构的名义主张债权,都属于其内部职能的划分,不影响担保人承担担保责任。三是该复函并未涉及当金融机构或其分支机构作为义务人或被告的情形,为便于统一掌握相关规则,本书依据《民法典》的相关规定进行分析。依据《民法典》第74条第2款有关"分支机构以自己的名义从事民事活动,产生的民事责任由法人承担;也可以先以该分支机构管理的财产承担,不足以承担的,由法人承担"之规定,相对人既可以直接起诉总行,也可以将分支机构和总行作为共同被告,也可以仅起诉分支机构,在分支机构财产不足以清偿时在执行阶段直接执行总行财产。

4.《中国人民银行关于"三贷业务"中有关保证问题的答复》(银条法〔1997〕25 号,1997 年 5 月 16 日)

中国银行国际业务部:

你部《关于"三贷业务"中保证责任处理问题情况的函》(中银业六〔1997〕176 号)收悉。经研究,答复如下:

一、有关担保权益主体问题

根据《中华人民共和国商业银行法》第二十二条的规定,商业银行实行一级法人制,商业银行分支机构在总行授权范围内依法开展业务。中国银行在"三贷业务"中,省级分行、二级分行和支行依据总行逐级授权办理贷款业务。根据《民法通则》、《民事诉讼法》的规定,只要担保人系为某一贷款主合同出具担保,不管该担保受益人是贷款合同签约行,还是贷款合同签约行的上级授权行,担保人均应对担保受益人承担法律责任。上级行(授权行)可以以自己的名义行使被其授权的分支行订立的担保合同的权利,也可以授权签订贷款合同或承办贷款业务的下级行行使担保权利。

二、有关保证责任的法律适用问题

《中华人民共和国经济合同法》第十五条规定:"被担保人不履行合同的,按照担保约定由保证人履行或者承担连带责任。"该条规定明确了保证人依照担保合同的约定履行保证责任,但未明确保证人未在担保合同中约定保证责任承担方式的情况下保证人承担何种民事责任。我司认为,在担保合同未约定保证人履行保证责任的方式时,应当适用《借款合同条例》第八条"借款方不履行合同时,由保证人连带承担偿还本息的责任"。

【适用要点】该答复第 1 项"有关担保权益主体问题"的内容同前一复函,依然具有参照适用价值;第 2 项"有关保证责任的法律适用问题"与《民法典》第 686 条等规定不符,不能再予适用。

5.《中国人民银行关于金融机构从贷款保证人存款账户直接扣收贷款问题的复函》(银条法〔1989〕7 号,1989 年 4 月 11 日)

中国人民银行广西区分行:

你行关于金融机构从贷款保证人存款账户直接扣收贷款问题的请示收悉,经研究答复如下:

根据《国务院关于企业销贷收扣款顺序》规定的"从企业的销货收入中,

预留了工资基金和大修理基金以后，如果企业不能同时交纳税款、利润、归还贷款和货款，授权中国人民银行按照下列顺序扣款：第一，应当向税务机关交纳的税款；第二，应当归还银行的到期贷款；第三……"银行可以按扣款顺序直接从借款人账户中扣回到期贷款。对于有保证人担保的贷款合同，如果借款人不能偿还到期贷款时，根据《中华人民共和国民法通则》第八十九条的规定："保证人向债权人保证债务人履行债务，债务人不履行债务的，按照约定由保证人履行或者承担连带责任；保证人履行债务后，有权向债务人追偿"；《借款合同条例》第八条规定："借款方不履行合同时，由保证人连带承担偿还本息的责任"。因此银行可以从借款人账户内按扣款顺序直接扣回到期贷款，如果在借款人不能偿还到期贷款时，根据民法通则和借款合同条例"应由保证人履行债务"的规定，银行可以从保证人账户中扣划应由保证人代为履行债务。因此，我们认为，银行在借款人不能偿还到期贷款时，从保证人的银行账户内直接扣划到期贷款是有法律根据的。

【适用要点】本复函基于当时的规定允许银行直接从保证人的银行账户内扣划资金无可厚非，但在《民法典》背景下，保证不同于保证金，债权人应当通过起诉等方式在确定保证责任的范围后才能请求法院强制执行保证人的财产。可见，本复函规定的行使权利的方式已经不符合现行法律精神，不应再予适用。

【典型案例】

（一）公报案例

招商银行股份有限公司大连东港支行与大连振邦氟涂料股份有限公司、大连振邦集团有限公司借款合同纠纷案【最高人民法院(2012)民提字第 156 号】①

【裁判要旨】《公司法》第 16 条第 2 款规定，公司为公司股东或者实际控制人提供担保的，必须经股东会或者股东大会决议。该条款是关于公司内部控制管理的规定，不应以此作为评价合同效力的依据。担保人抗辩认为其法定代表人订立抵押合同的行为超越代表权，债权人以其对相关股东会决议履行了形式审查义务，主张担保人的法定代表人构成表见代表的，人民法院应

---

① 具体可见《最高人民法院公报》2015 年第 2 期。

予支持。

【编者评析】关于《公司法》第 16 条的性质究竟属于效力性规定、管理性规定、内部规定还是权限性规定,实践中争议很大。该公报案例坚持内部规定说,认为违反该条不影响合同效力。该公报案例出台后,内部规定说或管理性规定说一度成为主流。后经《九民纪要》《民法典担保制度解释》的不断拨乱反正,此种观点已走进历史,不再具有意义。为避免个别法院援引该案例,故将其列出并作此简要分析。

(二)参考案例

1. 招商银行股份有限公司与光大资本投资有限公司其他合同纠纷案【上海市高级人民法院(2020)沪民终 567 号】①

【裁判要旨】本案主要争议焦点在于光大资本公司提供的《差额补足函》的性质和效力的认定。光大资本公司出具《差额补足函》的目的确系为招商银行投资资金的退出提供增信服务,但不能认为凡是增信性质的文件均属于保证。增信文件是否构成保证,仍需根据保证法律关系的构成要件进行具体判断。因案涉《差额补足函》中并无明确的连带责任保证担保的意思表示,也没有担保对象,故《差额补足函》并非担保,而是招商银行和光大资本公司之间独立的合同关系。《差额补足函》系当事人的真实意思表示,且不违反法律、法规的强制性规定,应为合法有效。

2. 姜申英与中鑫汇通商业保理有限公司、运盛(上海)医疗科技股份有限公司、钱仁高借款担保合同纠纷案【上海市高级人民法院(2019)沪民申 1282 号】②

【裁判要旨】债权人在接受上市公司为他人债务提供担保时,要审查行为人是否享有相应的代表或者代理权限,即必须审查是否经股东大会、董事会或者公司授权。重大担保事项未经董事会或者股东大会决议,上市公司的签约代表违规代表公司为他人提供担保的,该担保行为对上市公司不发生效力,上市公司不承担民事责任。

【编者评析】该案处理结果与《民法典担保制度解释》第 9 条之规定相一致,对于杜绝上市公司违规担保行为具有较好的导向意义。但在该司法解释

---

① 该案系 2021 年度全国法院十大商事案件。
② 该案系 2019 年度人民法院十大商事案件。

出台前，至少在《九民纪要》起草过程中，在公司越权担保后果问题上，多数意见是倾向于将上市公司与其他公司等同对待而非区别对待的。就此而言，该案结果是否符合当时的尺度，似有值得商榷之处。尤其需要警惕另一种倾向，那就是用无权代理的有关理论解释越权代表，进而得出法定代表人的越权代表不对公司生效，公司不承担任何责任的结论，如此则又谬以千里了。在此需要特别强调的是，即便在《民法典担保制度解释》背景下，越权代表场合公司不承担民事责任仅例外适用于上市公司，对一般公司是不适用的。

3. 陈云川、湖南嘉茂房地产开发有限公司与彭辉股权转让纠纷案【湖南省高级人民法院（2019）湘民终 290 号】①

【裁判要旨】根据《公司法》第 16 条的规定，公司法定代表人不能单独决定公司担保行为事项，该事项必须以公司股东（大）会、董事会等公司机关的决议作为授权的基础。公司法定代表人未经授权擅自为他人提供担保的，构成越权代表，在判断越权代表行为的效力时，人民法院应当根据《合同法》第 50 条②关于法定代表人越权代表的规定，区分订立合同时债权人是否善意分别认定合同效力：债权人为善意的，则合同应当有效；反之则应当认定合同无效。而债权人善意的标准就是债权人是否对决议进行了形式审查。本案中，彭辉和陈云川都是嘉茂公司股东，同时该公司还有其他两位股东。彭辉要求嘉茂公司对陈云川应支付其的股权转让款进行担保，属于公司为股东担保，必须经公司股东会同意，然而公司并没有召开股东会，这显然违反了《公司法》第 16 条第 2 款的规定。由于彭辉明知没有召开股东会，也明知陈云川是越权对公司进行担保，此种情形下，陈云川虽然形式上是公司的法定代表人，但该越权代表行为不应当对公司发生效力，公司也不应当对该行为承担法律责任。

4. 华融国际信托有限责任公司与凯迪生态环境科技股份有限公司金融借款合同纠纷案【最高人民法院（2019）最高法民终 560 号】

【裁判要旨】对《差额补足合同》性质的认定，需根据合同主要内容，尤其是对差额补足责任的界定予以综合分析认定，双方对差额补足的含义符合《担保法》第 6 条③对保证的定义，故该合同为保证合同。《差额补足合同》约

---

① 该案系 2019 年度人民法院十大商事案件。
② 《民法典》第 504 条。
③ 《民法典》第 681 条。下同。

定的诉讼时效条款以及合同效力独立性条款不影响保证合同性质认定。

5. 北京阳光四海投资管理有限公司与沈阳市和平区房产管理局供暖公司、沈阳市和平区房产局、沈阳市和平区人民政府等合同纠纷案【最高人民法院(2020)最高法民终 528 号】

【裁判要旨】区政府提供的"信誉担保"不属于《担保法》第 6 条规定的保证。

6. 中国银行(香港)有限公司与辽宁省人民政府等保证合同纠纷案【最高人民法院(2014)民四终字第 37 号】

【裁判要旨】辽宁省政府出具的《承诺函》,仅承诺"协助解决",没有对中银公司的债务作出代为清偿责任的意思表示,不符合《担保法》第 6 条有关"保证"的规定,不构成法律意义上的保证。

第六百八十二条 【保证合同效力的从属性】保证合同是主债权债务合同的从合同。主债权债务合同无效的,保证合同无效,但是法律另有规定的除外。

保证合同被确认无效后,债务人、保证人、债权人有过错的,应当根据其过错各自承担相应的民事责任。

【条文精解】

(一)条文要点

本条来源于《担保法》第5条但有变化,除将"担保"改为"保证"、"主合同"改为"主债权债务合同"等文字变化外,最大的变化在于,将《担保法》第5条第1款有关"担保合同另有约定的,按照约定"改为"但是法律另有规定的除外",表明《民法典》进一步加强了担保的从属性。本条分两款,第1款是有关保证合同效力从属性的规定,通常也被认为是关于保证合同从属性的一般规定。适用时要注意从属性的内涵及其产生的体系效应,尤其要在《民法典》强化担保从属性的趋势下把握独立保函及其适用。第2款是有关担保合同无效时各方当事人如何承担责任的规定,适用时要注意担保合同无效场合如何认定各方当事人的责任以及越权担保场合公司应否承担责任。

1. 关于担保从属性的内涵及其体系效应

从比较法上看,从属性并非担保的固有属性,而是立法者基于优先保护担保人这一立法政策所作的逻辑安排。如在国际贸易中普遍适用的独立保函,本身就不具有从属性。德国法上的土地债务根本没有从属性,是具有独立性的物的担保;流通抵押权虽有从属性,但为了保护因信赖债权存在而受让的人时,从属性会被击破。我国从《担保法》开始就一直坚守担保的从属性,《民法典》进一步予以了强化。因为依据《担保法》第5条第1款之规定,允许当事人通过约定来排除担保的从属性。但本条以及《民法典》第388条均规定,不再允许当事人通过约定来排除担保的从属性,而只能通过法律另行规定的方式才能予以排除。除合同效力上的从属性外,担保的从属性还表现在以下方面:

一是发生上的从属性。既然担保以保障债权的实现为目的,则原则上担保设立时主债权须已存在并且特定。只有在最高额担保等例外情形中,发生上的从属性才被放宽到实现担保时主债权才特定。但不论如何,担保须以主债权能够特定且存在为前提。

二是责任范围上的从属性。即担保人承担的担保责任范围不得超过债务人所应承担的责任范围。如果约定的担保责任范围大于债务人所应承担的责任范围,或者针对担保责任约定专门的违约责任,担保人主张仅在债务人应当承担的责任范围内承担责任的,人民法院应予支持。另外,在主债务人破产的情况下,鉴于主债务停止计息,依据担保的从属性,保证债务也应停止计息。

三是变更上的从属性。《民法典》第 695 条第 1 款是关于债权人和债务人未经保证人书面同意擅自协商变更主债权债务合同内容的处理规则,其基本规则是:主合同变更,加重担保责任,如提高利率标准、延长担保期限的,担保人对加重部分不承担担保责任;减轻担保责任的,担保人对减轻后的债务承担担保责任。鉴于担保物权部分并无对应的规定,《民法典担保制度解释》第 20 条规定,该条同样适用于物上保证人。

四是处分上的从属性。对担保来说,债务人的信用至关重要,至于债权人是谁则一般不影响担保责任的承担,故债权转让原则上不影响担保合同的效力(《民法典》第 407 条、第 696 条),但债务转移除非经担保人同意,否则对担保人不生效力(《民法典》第 697 条、《民法典担保制度解释》第 20 条)。

五是消灭上的从属性。主债权因清偿、提存、免除、混同、抵销等原因消灭时,担保合同原则上也跟之消灭。但《民法典》第 566 条第 3 款规定:"主合同解除后,担保人对债务人应当承担的民事责任仍应当承担担保责任,但是担保合同另有约定的除外。"可见,主合同被解除时,其上的担保仍然继续存在。因为合同解除制度往往是非违约方针对违约方的严重违约行为所采取的一种救济手段,非违约方在解除合同的同时,还可以主张相应的违约金、损害赔偿等违约责任。此种违约责任性质上属于债权,是由原合同约定的债务转化而来的,二者具有同一性。因而,原债权关系上设立的担保,同样要担保转化后的违约责任。

六是程序法上的从属性。即债权人一并起诉主债务人和担保人的情况下,应当依据主合同确定管辖法院。

除了要明确担保从属性的内涵外,还要注意其体系效应,而这又是与担保责任的代负责任性质密切相关的,即担保责任的本质是担保人替债务人履行债务或者承担责任,而非仅履行担保人自身的担保责任。因而在同一债务上有数个担保场合,某一担保人承担担保责任后,会产生如下法律效果:一是导致担保人自己的担保责任消灭;二是导致主债务消灭,并使担保人依法享有对主债务人的追偿权,该追偿权重新开始计算诉讼时效;三是同时还导致该债务上的其他担保也归于消灭,且担保人之间原则上不能相互追偿,除非彼此间有相互追偿的约定或数个担保人在同一份合同书上签字、盖章或者捺指印。

2. 关于担保合同效力的从属性

《民法典》第388条以及第682条均规定,担保合同、保证合同是主合同的从合同,主合同无效的,担保合同、保证合同无效,但是法律另有规定的除外。从前述规定看,只有法律的例外规定才能排除担保的从属性,这意味着当事人不能通过约定排除担保的从属性,否则,该排除从属性的约定就是无效的。从司法实践看,排除从属性的约定主要有两种形式:一是约定担保合同的效力独立于主合同,其不因主合同无效而无效。换言之,即便主合同无效,担保人也应承担相当于担保合同有效的责任。二是约定即便担保合同无效,担保人也应对合同无效的后果如不当得利之债、损害赔偿之债提供担保。

对当事人能否在担保合同中约定担保人对主合同无效的后果承担担保责任,存在较大争议。肯定说认为,此种约定并不违反社会公共利益,应交由当事人通过意思自治来解决;况且主合同被宣告无效后,仍然可能产生不当得利之债或者损害赔偿之债,该法定之债可以作为被担保的债权存在。本书不赞同前述观点,因为从《民法典》第388条以及第682条的规定看,只有法律的例外规定才能排除担保的从属性,这意味着当事人不能通过约定排除担保的从属性。《民法典》之所以作此种规定,就是基于优先保护担保人利益的价值考量,认定此种约定优先不利于保护担保人利益。另外,当事人在担保合同中预先约定担保人对主合同无效的后果承担担保责任,该条款本质上属于结算和清理条款。《民法典》第567条规定,合同权利义务关系终止不影响合同中有关争议解决方法的条款的效力,并未规定合同无效是否影响此种条款的效力。而《民法典》第507条规定的不受合同不生效、无效、被撤销或者终止影响的条款,仅指争议解决条款,不包括结算和清理条款。反面解释就是,合同中有关结算和清理条款因合同的无效而无效。值得探讨的是,在合同履行过程中,因履行不能等原因,当事人事后签订的清理或结算条款是否受原合同无效的影响? 对此,要具体问题具体分析:一是要看当事人的意思表示。当事人明确表示清理或结算后旧债消灭的,此时清理或结算条款性质上属于债务更新,不受原合同无效的影响。二是不属于债务更新的,要看对旧债有无实质变更,从而确定是新债清偿还是补充协议。涉及债的性质变化(如将不当得利之债或侵权之债转为合同之债)、标的物变化(以物抵债、票据代替货币),构成新债清偿的,清理或结算条款不受旧债无效的影响,为新债设立的担保有效,但旧债上的担保无效;仅涉及履行期、数额等非实质要素变化的,属于补充协议,旧债无效导致新债无效。三是还要看对旧债有无清理结算内容。有清理结算内容的,旧债数额往往不确定,当事人往往也会依据清理结算后的协议履行,不宜以旧债无效为由否定新债的效力;没有清理结算内容,只是对旧债进行简单确认的,属于补充协议。总之,清理或结算条款构成原合同的补充协议的,受原合同无效的影响;构成债务更新或新债清偿的,都不受原合同无效的影响。

应予注意的是,排除担保从属性的约定无效,仅是该约定条款无效,不影响整个担保合同的效力。人民法院在认定担保合同的效力时,要结合主合同的效力来认定:主合同有效的,担保合同中有关排除担保从属性的条款无效不影响担保合同的效力。这里所谓的"不影响",是指不能仅以该条款无效为由认定担保合同无效,但如果担保合同存在其他无效事由,当然应当以该事由认定担保合同无效。反之,如果主合同无效的,则根据"从随主"规则,担保合同跟之无效。该条所谓的主合同无效应当作广义理解,即结果意义上的合同无效,不仅包括合同因违法或者背俗而无效,还包括因被撤销而无效、效力待定合同因未被追认而无效、未生效合同因未获批准而确定不生效,等等。

3. 作为从属性例外的独立保函

本条第 1 款规定,担保的从属性只能被"法律"所排除,不允许当事人通过约定来排除。而《独立保函规定》是依据《担保法》第 5 条有关"担保合同另有约定的,按照约定"的规定出台的,在《民法典》第 388 条、第 682 条改变了《担保法》第 5 条规定的情况下,该司法解释是否还具有合法性,应否予以清理? 在《民法典》框架下,独立保函属于从属性的法定例外情形。在当前并无专门立法的情况下,不妨将《独立保函规定》理解为《民法典》规定的广义的"法律",从而使其具有了正当性。

就独立保函的适用范围而言,在很长的一段时期内,商事审判的主流观点是,独立保函适用于国际经贸领域,不适用于国内商事交易。但在《独立保函规定》制定过程中,考虑到国内商事交易中银行等金融机构大量使用独立保函的事实,如果不对其合法性进行确认,不仅使商事交易面临巨大法律风险,也不符合客观实际。为此,该司法解释采取折中做法:一方面,将独立保函的开立主体严格限定在银行和非银行金融机构,其他主体开立的独立保函都不具有合法性。另一方面,又明确规定当事人在国内交易中适用独立保函,一方当事人以独立保函不具有涉外因素为由主张独立保函无效的,人民法院不予支持。这一规定部分改变了此前商事审判坚持的国内商事交易不适用独立保函的做法,要特别予以注意。

值得探讨的是,类金融机构是否属于《独立保函规定》所谓的非银行金融机构。类金融机构又称地方金融组织,指的是由地方金融监管部门批准设立并监管,但业务上归中国人民银行、国家金融监督管理总局等金融监管部门指导,且原则上仅在一定区域范围内活动的金融组织。《最高人民法院关于新民间借贷司法解释适用范围问题的批复》(法释〔2020〕27 号)第 1 条规定:"……由地方金融监管部门监管的小额贷款公司、融资担保公司、区域性股权市场、典当行、融资租赁公司、商业保理公司、地方资产管理公司等七类地方金融组织,属于经金融监管部门批准设立的金融机构,其因从事相关金融业务引发的纠纷,不适用新民间借贷司法解释。"本书认为,该批复主要解决的是这七类地方金融组织在从事金融业务时,其利息计算不受《民间借贷规定》确定的"4 倍一年期 LPR 利率上限"这一限制,而非一般性地认定此类组织属于金融机构,故不宜简单地据此认定类金融机构开立的保函都属于《独立保函规定》规定的独立保函。实务中如果面临该问题,可由最高人民法院征求中国人民银行、国家金融监督管理总局等金融监管部门意见后,以批复或指导性案例等方式明确《独立保函规定》是否适用于类金融机构。

至于银行和非银行金融机构之外的其他主体出具的独立保函,因其不符合独立保函的法定要求,不具有独立保函的效力。但根据"无效法律行为的转换"原理,在否定其独立担保效力的同时,应当将其认定为是从属性担保,并根据主合同的效力来认定其效力。如果主合同有效的,该从属性担保也有效;主合同无效的,该所谓的独立担保也跟之无效。在根据"无效法律行为的转换"原理将无效的独立保函认定为从属性担保时,有一种观点认为,当事人约定独立保函的行为本身表明其具有承担连带责任的意思表示,因而应将此种无效的独立保函解释为连带责任保证。本书认为,在独立保函无效的情况下,只要将其解释为从属性保证就可以了。至于是一般保证还是连带责任保证,先要依据《民法典担保制度解释》第 25 条的规定来进行解释;难以通过解释认定的,再根据《民法典》第 686 条的规定推定其为一般保证。

应予指出的是,票据保证作为票据行为的一种,相对于基础合同而言也具有一定程度的独立性。但此种独立性并不意味着票据保证就是独立保函,故不能认为票据保证也要适用《独立保函规定》的规定,尤其是不能认为票据保证的主体也限于银行和非银行金融机构,否则就与票据保证的实践差之甚远了。

4. 关于担保合同无效的法律后果

根据本条第 2 款之规定,保证合同被确认无效后,各方当事人的责任承担应根据其是否存在过错以及过错的程度,对于债权人的经济损失承担相应的民事责任。对于担保人而言,担保合同无效时其承担的是缔约过失责任,性质上属于补充责任,即仅对债务人不能清偿的部分承担责任。具体又包括两种情形:

(1) 主合同有效,担保合同无效

实践中担保合同因为自身原因无效的情形也十分常见,主要是指担保合同因欠缺有效要件而归于无效。《担保法解释》第 7 条规定:"主合同有效而担保合同无效,债权人无过错的,担保人与债务人对主合同债权人的经济损失,承担连带赔偿责任;债权人、担保人有过错的,担保人承担民事责任的部分,不应超过债务人不能清偿部分的二分之一。"据此,只要担保合同无效,就推定担保人有过错,并视债权人有无过错来确定其责任:债权人无过错的,担保人承担全部责任;债权人有过错的,担保人承担的责任不超过债务人不能清偿部分的 1/2。但一概推定担保人有过错与实际情况不符。如果担保合同是因为违反强制性规定无效,一般来说双方都有过错,基本不存在债权人无过错的情形;如果是因为法定代表人或者负责人的越权代表行为所致,债权人往往是有过错的,如果其与法定代表人恶意串通所致,作为担保人的公司甚至不承担责任;如果担保行为因意思表示瑕疵而可撤销,则还可能存在着仅担保人一方或者债权人一方存在过错,而另一方不存在过错的情形,一概认为担保合同无效担保人应当承担责任有失偏颇。另外,根据该条规定,在债权人无过错情况下,对主合同项下债权人的损失,担保人应与债务人承担连带责任。但在主合同有效担保合同无效场合,债务人承担的是违约责任,而担保人承担的则是缔约过失责任,且不说缔约过失责任一般小于违约责任,且从法理上说,担保人承担的是补充责任而非连带责任。尤其是《民法典》严格限制连带责任的适用范围,除非有法律的明确规定或当事人的约定,否则,不能承担连带责任。就此而言,《担保法解释》第 7 条也不符合《民法典》精神。

有鉴于此,《民法典担保制度解释》第 17 条第 1 款规定,在主合同有效而担保合同无效场合,应当视当事人对担保合同的无效是否有过错来确定担保人应否承担赔偿责任:①债权人与担保人均有过错的,担保人承担的赔偿责任不应超过债务人不能清偿部分的 1/2;②担保人有过错而债权人无过错的,担保人对债务人不能清偿的部分承担赔偿责任;③债权人有过错而担保人无过错的,担保人不承担赔偿责任。与《担保法解释》第 7 条相比,新司法解释增加规定了债权人有过错担保人无过错的情形,如骗保、担保人并非同一人的借新还旧;同时明确担保人有过错而债权人无过错的,如担保人与债务人恶意欺诈骗取贷款、信用证,担保人承担的是补充责任而非连带责任。

(2) 主合同无效导致担保合同无效

根据担保的从属性,主合同无效导致担保合同无效,《担保法解释》第 8 条规定:"主合同无效而导致担保合同无效,担保人无过错的,担保人不承担民事责任;担保人有过错的,担保人承担民事责任的部分,不应超过债务人不能清偿部分的三分之一。"《民法典担保制度解释》第 17 条第 2 款沿袭了上述规定,明确了担保人承担责任的条件和限额。

一是无过错的担保人不承担民事责任。担保人无过错是指担保人对于主合同无效不知道或者不应当知道,或者未促成主合同的成立。需要注意的是,此时担保人的过错并非对于主合同无效存在过错,其过错主要是指担保人明知主合同无效仍为之提供担保,或者担保人明知主合同无效仍作为中介促成合同的订立等情形。例如,甲公司与乙公司签订一份买卖合同,约定甲公司向乙公司购买字画,甲公司将款项支付乙公司后,为担保乙公司依约履行交付义务,丙公司与甲公司签订担保合同,由丙公司承担担保责任。后乙公司未能按期交付字画,甲公司请求乙公司承担违约责任,丙公司承担担保责任。经审查甲公司与乙公司之间买卖的标的为珍贵文物,由于买卖合同的标的违法,违反了法律的强制性规定,应认定买卖合同无效,此时应当根据丙公司对于合同标的违法的事实是否知晓,认定丙公司是否应当承担民事责任。

二是担保人存在过错的情况下其责任限额问题。由于担保合同无效是因为主合同无效导致,在担保人存在过错的情况下,主合同当事人原则上也有过错,对于债权人的损失,应当以债权人、债务人、担保人三方均分计算为标准,担保人对于债权人的损失赔偿责任应限定在债务人不能清偿部分的1/3。

三是应对主合同无效导致担保合同无效作广义理解,使其涵盖主合同与担保合同具有独立无效事由的情形。因为只要主合同无效,当然就会导致担保合同无效。在此情况下,即便担保合同还有其他独立的无效事由,也不影响最终认定其无效。另外,该条也适用于第三人提供物上保证的情况下,但物上保证的特性决定了,担保人除承担前述责任外,还要施加以担保人以担保财产为限承担责任的限制。此外,如果是债务人自身提供的物上保证,鉴于债务人本身还要承担主合同义务,判令其再承担不超过主债务人不能承担部分的1/3 并无意义,因而不适用该条有关无效担保所应承担责任的规定。

(二)适用情况

本条主要适用于以下情形:一是在所涉担保的性质究竟是从属性担保还是独立保函存在争议时,据此认定担保的性质并排除独立保函的适用;二是在公司越权担保场合,据此认定公司应否承担责任,争点则是公司是否具有过错;三是在主债务人破产时保证债务应否停止计息场合,将本条作为保证债务停止计息的重要依据。

1. 关于独立保函及其适用范围

在很长的一段时期内,商事审判的主流观点认为,独立保函主要适用于国际贸易领域,而不适用于国内商事交易。早在(1998)经终字第 184 号湖南机械进出口公司、海南国际租赁公司与宁波东方投资公司代理进口合同纠纷案中,最高人民法院就认为,国内民事活动中不应采取独立保函方式,并认为国内独立保函无效。在其后的(2007)民二终字第 117 号湖南洞庭水殖股份有限公司与中国光大银行长沙华顺支行、湖南嘉瑞新材料集团股份有限公司、长沙新振升集团有限公司借款担保合同纠纷案中,最高人民法院再次确认前述立场,指出:"本院的审判实务已明确表明:考虑到独立担保责任的异常严厉性,以及使用该制度可能产生欺诈和滥用权利的弊端,尤其是为了避免严重影响或者动摇我国担保法律制度体系的基础,独立担保只能在国际商事交易中使用,不能在国内市场交易中运用。"但此种立场已被《独立保函规定》所改变,在适用时应予特别注意。

2. 关于越权担保场合公司的过错责任

依据《合同法》第 50 条之规定，法定代表人越权提供担保，相对人善意的，该担保行为有效；相对人恶意的，担保行为无效，公司有过错的，依法应当承担缔约过失责任。但《民法典》第 504 条在《合同法》第 50 条的基础上，增加了"订立的合同对法人或者非法人组织发生效力"的表述。在《九民纪要》《民法典担保制度解释》起草过程中，有观点认为，"对法人发生效力"的反面是"对法人不发生效力"。也就是说，法定代表人越权提供担保，相对人恶意的，该担保行为对公司不发生效力，公司不承担任何责任；相对人可依法请求法定代表人承担责任。但《九民纪要》《民法典担保制度解释》最终未采纳此种观点，认为公司仍应当承担缔约过失责任。具体来说：一是责任主体是公司而非法定代表人，公司承担责任后有权向法定代表人追偿。二是公司承担责任的前提是其具有过错，此种过错是公司的过错而非法定代表人的过错，过错的内容主要表现为对法定代表人的选任监督过失、公章管理方面存在过失。另外，要区分主合同有效担保合同无效，及其与担保合同因主合同无效而无效情况下担保人的过错，二者的过错标准并不完全相同，适用时应予注意。三是相对人恶意本身表明其具有过错，通常情况下应当依据主合同有效，担保人与相对人均有过错的规则来确定公司的责任，即作为担保人的公司应当在不超过主债务人不能清偿部分的 1/2 范围内承担责任。但不能以相对人恶意为由，即推定明知法定代表人越权，进而认为公司没有过错，从而免除公司的责任。四是基于特殊的政策考量，在上市公司的法定代表人越权担保场合，相对人恶意的，上市公司不承担任何民事责任。这是《民法典担保制度解释》所作的新规定，它改变了《九民纪要》在担保合同无效后果上将上市公司与一般公司等同对待的做法，在适用时不具有溯及力。

3. 关于主债务人破产时保证债务应否停止计息问题

人民法院受理主债务人破产申请后保证债务是否停止计算问题，司法实践存在较大争议，尺度一直不尽一致。一种观点认为，保证债务停止计息不符合《企业破产法》第 46 条的立法目的，违背了破产法关于保证债务不受破产程序影响的明确规定，亦有违保证设立的宗旨，且会导致法律适用逻辑难以周延。另一种观点认为，保证债务应当停止计息，主要理由是保证债务属于从债务，既然主债务在破产后停止计息，保证债务也应停止计息，否则保证人承担的责任将超过债务人所应承担的责任。况且实践中，破产程序往往旷日持久，加重了保证人的责任。尤其是在主债务破产时，主债权往往沦为不良债权,而受让人仅以很少的价格就取得债权,进而向保证人全额追偿,进一步加重了保证人的责任。《民法典担保制度解释》第 22 条依据担保的从属性,采纳了第二种观点。

【司法解释及规范性司法文件】

(一)司法解释

1.《最高人民法院关于适用〈中华人民共和国民法典〉有关担保制度的解释》(法释〔2020〕28 号,2020 年 12 月 25 日通过)

第二条　**【担保合同效力的从属性】**当事人在担保合同中约定担保合同的效力独立于主合同,或者约定担保人对主合同无效的法律后果承担担保责任,该有关担保独立性的约定无效。主合同有效的,有关担保独立性的约定无效不影响担保合同的效力;主合同无效的,人民法院应当认定担保合同无效,但是法律另有规定的除外。

因金融机构开立的独立保函发生的纠纷,适用《最高人民法院关于审理独立保函纠纷案件若干问题的规定》。

【适用要点】该条是有关担保合同效力从属性的规定,是对《民法典》第682 条第 1 款的细化,实务中要注意把握以下几点:一是在明确有关担保人对主合同无效的法律后果承担担保责任的担保条款无效的同时,不能轻易否定当事人在清理或结算过程中另行订立的担保合同的效力。二是准确把握担保独立性的约定无效的法律后果,即此时担保合同的效力仍应视主合同是否有效来认定:主合同无效的,担保合同无效;主合同有效的,担保合同的效力不受此种约定无效的影响。三是因金融机构开立的独立保函发生的纠纷适用《独立保函规定》,不适用《民法典》及《民法典担保制度解释》的规定。

第三条　**【担保范围的从属性】**当事人对担保责任的承担约定专门的违约责任,或者约定的担保责任范围超出债务人应当承担的责任范围,担保人主张仅在债务人应当承担的责任范围内承担责任的,人民法院应予支持。

担保人承担的责任超出债务人应当承担的责任范围,担保人向债务人追偿,债务人主张仅在其应当承担的责任范围内承担责任的,人民法院应予支持;担保人请求债权人返还超出部分的,人民法院依法予以支持。

【适用要点】该条是有关担保范围从属性的规定。实践中,要特别注意专门针对担保责任约定的违约金或损害赔偿责任,此种约定既有违代负责任的法理,也有违担保的从属性,应对其作否定评价。至于是由人民法院依职权认定此种约定无效,还是由担保人通过提出抗辩方式主张,存在争论。从该条表述看,应由担保人提出抗辩,故人民法院不能依职权认定超出部分无效。同理,担保合同约定的利息高于主债务的利息等其他情形,也应作相同理解。实践中,担保人以主合同无效导致担保合同无效为由主张其不应承担任何责任的,尽管没有明确地提出应在债务人所应承担的赔偿责任范围内承担责任的抗辩,但基于"举重以明轻"的当然解释规则,可以认为其已经提出了担保范围从属性的抗辩,从而直接认定其所应承担的责任,不宜以其未提出抗辩为由判令其承担担保责任。

第十七条 【担保合同无效的法律后果】主合同有效而第三人提供的担保合同无效,人民法院应当区分不同情形确定担保人的赔偿责任:

(一)债权人与担保人均有过错的,担保人承担的赔偿责任不应超过债务人不能清偿部分的二分之一;

(二)担保人有过错而债权人无过错的,担保人对债务人不能清偿的部分承担赔偿责任;

(三)债权人有过错而担保人无过错的,担保人不承担赔偿责任。

主合同无效导致第三人提供的担保合同无效,担保人无过错的,不承担赔偿责任;担保人有过错的,其承担的赔偿责任不应超过债务人不能清偿部分的三分之一。

【适用要点】该条是有关担保合同无效的法律后果的规定,包括两种情形:第1款是主合同有效而担保合同无效,第2款是主合同无效导致担保合同无效。其中第2款基本沿袭了《担保法解释》第8条,第1款在该司法解释第7条基础上有较大变化,表现为:一是增加规定了债权人有过错担保人无过错担保人无须承担责任这一新的情形,如骗保、担保人并非同一人的借新还旧;二是担保人有过错而债权人无过错,如担保人与债务人恶意欺诈骗取贷款的,担保人仅承担补充责任而非原来的连带责任。另外,该条还扩大了《担保法解释》第7条、第8条的适用范围,将其由"保证"扩及"第三人提供的担保",即包括第三人提供物保的情形,但不包括债务人自身提供物保。

准确适用该条,还要注意以下几点:一是为限制法院的自由裁量权,该条仍然规定了1/2或1/3的责任上限,但法院在裁判时不可拘泥,不必非得顶格裁量。二是该条所谓的担保合同无效,是指结果意义上的广义的无效,既包括狭义的因违反法律、行政法规的强制性规定或违背公序良俗无效,也包括可撤销、未经批准而确定不生效,还包括越权代表情况下相对人恶意时的对公司不发生效力,但不包括无权代理以及上市公司法定代表人越权提供担保的情形。三是在第三人提供物保的情况下,在适用该条时,第三人承担的责任不得超过担保物权设立时担保人所应承担的责任范围。四是债务人自身提供物保的,应视有无其他担保来处理:(1)在仅有债务人自身提供物保没有其他担保的情况下,债务人自身提供的物保不论因何种原因无效(不论是自身无效还是因主合同无效而无效,下同),其结果都是担保物权因无效而不具有优先受偿效力。(2)同一债权上还有其他担保,主合同有效而债务人自身提供的担保无效的,其他担保人仍然可以参照《民法典》第392条之规定,在其他担保人与债权人就债权实现并无明确约定的情况下,主张债权人先执行债务人自身提供的物保,并仅就剩余部分依法承担补充责任;主合同无效导致所有担保均无效,其他担保人仅承担缔约过失责任场合,但不影响其提出前述抗辩,因为即便其与债权人对债权实现作出特别约定,该约定也归于无效。

第二十一条　【担保合同的主管和管辖】主合同或者担保合同约定了仲裁条款的,人民法院对约定仲裁条款的合同当事人之间的纠纷无管辖权。

债权人一并起诉债务人和担保人的,应当根据主合同确定管辖法院。

债权人依法可以单独起诉担保人且仅起诉担保人的,应当根据担保合同确定管辖法院。

【适用要点】该条是有关担保合同主管和管辖的规定,沿袭了《担保法解释》第129条规定的精神,但作了适当扩张和修改。扩张主要表现在该条同时也对主管事项作出规定,而《担保法解释》未涉及主管问题。另外,《担保法解释》规定对连带责任保证,债权人仅向保证人主张权利的,应当由保证人的住所地法院管辖,但未规定一般保证。但《民法典担保制度解释》认为,在管辖问题上,连带责任保证与一般保证不应有所区别,因而统一作了规定,未再作区别。

该条分三款,确立了以下三个规则:(1)仲裁排除法院主管规则。包括两方面内容:一是主合同与担保合同均约定了仲裁条款的,人民法院对当事人之间的纠纷都没有管辖权;二是仅主合同或者担保合同约定了仲裁条款,人民法院对约定仲裁条款的合同当事人之间发生的纠纷没有管辖权。(2)一并起诉时的"从随主规则"。该规则适用的前提是,债权人以债务人和担保人为共同被告一并提起诉讼,在管辖问题上可能会出现主合同与担保合同不一致的情形。为此,有必要根据"从随主规则"来确定管辖法院:一是主合同和担保合同均约定了管辖法院,但是约定不一致的,应当根据主合同的约定确定管辖法院;二是主合同和担保合同均未约定管辖法院的,应当根据法律有关主合同的管辖规定确定管辖法院。(3)单独起诉时的相对独立规则。连带责任保证中,债权人既可以单独起诉债务人,也可以单独起诉保证人。在其仅起诉保证人时,保证合同对管辖法院有约定的,按照约定;无约定的,由保证人住所地的法院管辖。一般保证中,债权人原则上不能单独起诉保证人,依据《民法典担保制度解释》第26条的规定,债权人单独起诉保证人的,人民法院应当向其释明,告知其一般追加债务人为共同被告,同意追加的,根据前述的一并起诉规则来确定管辖权;不同意追加的,驳回其起诉。

第二十二条　【债务人破产时担保债务应否停止计息】 人民法院受理债务人破产案件后,债权人请求担保人承担担保责任,担保人主张担保债务自人民法院受理破产申请之日起停止计息的,人民法院对担保人的主张应予支持。

【适用要点】 该条是有关债务人破产时担保债务应否停止计息的规定。该条依据担保从属性,再结合《企业破产法》第46条第2款之规定,确定担保债务自人民法院受理破产申请之日起停止计息,统一了裁判尺度。

2.《最高人民法院关于审理独立保函纠纷案件若干问题的规定》 (法释〔2016〕24号;法释〔2020〕18号,2020年12月23日修正)

第一条　【独立保函的概念】 本规定所称的独立保函,是指银行或非银行金融机构作为开立人,以书面形式向受益人出具的,同意在受益人请求付款并提交符合保函要求的单据时,向其支付特定款项或在保函最高金额内付款的承诺。

前款所称的单据,是指独立保函载明的受益人应提交的付款请求书、违约声明、第三方签发的文件、法院判决、仲裁裁决、汇票、发票等表明发生付款到期事件的书面文件。

独立保函可以依保函申请人的申请而开立,也可以依另一金融机构的指示而开立。开立人依指示开立独立保函的,可以要求指示人向其开立用以保障追偿权的独立保函。

第二条　【独立保函纠纷】 本规定所称的独立保函纠纷,是指在独立保函的开立、撤销、修改、转让、付款、追偿等环节产生的纠纷。

第三条 【独立保函的识别】保函具有下列情形之一,当事人主张保函性质为独立保函的,人民法院应予支持,但保函未载明据以付款的单据和最高金额的除外:

(一)保函载明见索即付;

(二)保函载明适用国际商会《见索即付保函统一规则》等独立保函交易示范规则;

(三)根据保函文本内容,开立人的付款义务独立于基础交易关系及保函申请法律关系,其仅承担相符交单的付款责任。

当事人以独立保函记载了对应的基础交易为由,主张该保函性质为一般保证或连带保证的,人民法院不予支持。

当事人主张独立保函适用民法典关于一般保证或连带保证规定的,人民法院不予支持。

【适用要点】前述三条是有关独立保函的概念及识别的规定。从前述规定看,独立保函具有如下特点:一是具有独立性。独立性主要是相对于基础合同而言的,即独立保函的效力、变动、管辖、准据法等均不受基础合同的约束。此外,独立性还包括保函管辖独立于申请人和保证人之间的关系,以及独立于保证人与受益人之间的其他关系。二是具有单据性。单据性是独立性的必然要求。独立保函要求提供的单据一般只是由受益人出具的关于申请人违约的声明,该文件往往是由受益人自己提供的,仅须"单证相符"即可。

依据《独立保函规定》第3条及相关规定,识别一个保函是否为独立保函,首先,要看开立保函的主体,银行和非银行金融机构之外的主体开立的保函,即便符合独立保函的特征,也不能认定属于独立保函。其次,要看保函是否有表征"独立性"的语句。载有"见索即付""无条件与/或不可撤销""本保函独立于基础交易"等语句的保函,大多属于独立保函。再次,要看是否约定了单据化的付款条件。如果保函约定只要受益人出具简单索赔请求书、违约声明,或者第三方(如鉴定人或工程师)出具的书面文件,或者仲裁庭、法院所作的裁决等单据或文件,担保人就要付款,此种保函往往是独立保函。最后,还要看开立保函的法律依据。如果某一保函是依据《独立保函规定》或《见索即付保函统一规则》开立的,一般属于独立保函。鉴于《民法典》以从属性保证为原则、以独立保函为例外,故如约定不明或约定有矛盾的,应认定为是从属性保证。

第二十三条 【独立保函的适用范围】当事人约定在国内交易中适用独

立保函,一方当事人以独立保函不具有涉外因素为由,主张保函独立性的约定无效的,人民法院不予支持。

【适用要点】该条是有关独立保函适用范围的规定,进一步明确了独立保函可以适用于国内商事交易。

3.《最高人民法院关于审理民间借贷案件适用法律若干问题的规定》(法释〔2015〕18号;法释〔2020〕17号,2020年12月23日修正)

第十二条　【主合同当事人涉嫌犯罪时担保人如何承担责任】借款人或者出借人的借贷行为涉嫌犯罪,或者已经生效的裁判认定构成犯罪,当事人提起民事诉讼的,民间借贷合同并不当然无效。人民法院应当依据民法典第一百四十四条、第一百四十六条、第一百五十三条、第一百五十四条以及本规定第十三条之规定,认定民间借贷合同的效力。

担保人以借款人或者出借人的借贷行为涉嫌犯罪或者已经生效的裁判认定构成犯罪为由,主张不承担民事责任的,人民法院应当依据民间借贷合同与担保合同的效力、当事人的过错程度,依法确定担保人的民事责任。

【适用要点】该条第2款是主合同当事人涉嫌犯罪时担保人如何承担责任的规定,基本规则是:一是刑事犯罪不当然影响民间借贷合同的效力,作为主合同的民间借贷合同的效力仍应依据《民法典》的有关规定来认定,不能仅以涉嫌甚至构成犯罪为由就认定民间借贷合同无效。二是要依据《民法典》第682条及《民法典担保制度解释》第17条等规定认定担保人的责任。

4.《最高人民法院关于审理票据纠纷案件若干问题的规定》(法释〔2000〕32号;法释〔2020〕18号,2020年12月23日修正)

第六十条　【票据保证无效的法律后果】票据保证无效的,票据的保证人应当承担与其过错相应的民事责任。

【适用要点】该条是有关票据保证无效后果的规定,与《民法典》第682条第2款的精神一致。保证人具体如何承担,可以依据《民法典担保制度解释》第17条来处理。

5.《最高人民法院关于人民法院办理执行异议和复议案件若干问题的规定》(法释〔2015〕10号;法释〔2020〕21号,2020年12月23日修正)

第二十二条　【公证债权文书的效力范围】公证债权文书对主债务和担保债务同时赋予强制执行效力的,人民法院应予执行;仅对主债务赋予强制执行效力未涉及担保债务的,对担保债务的执行申请不予受理;仅对担保债务赋予强制执行效力未涉及主债务的,对主债务的执行申请不予受理。

人民法院受理担保债务的执行申请后,被执行人仅以担保合同不属于赋予强制执行效力的公证债权文书范围为由申请不予执行的,不予支持。

【适用要点】该条是有关公证债权文书效力范围的规定,核心精神是主债务和担保债务相对独立,在某种程度上可被视为是担保从属性的例外:一是公证债权文书对主债务和担保债务同时赋予强制执行效力的,可同时执行。二是仅对主债务赋予强制执行效力的,仅得执行主债务,不得执行担保债务;反之,仅对担保债务赋予强制执行效力的,亦仅得执行担保债务,不得执行主债务。

(二)规范性司法文件

1.《全国法院民商事审判工作会议纪要》(法〔2019〕254 号,2019 年 11 月 8 日公布)

20.【越权担保的民事责任】依据前述 3 条规定,担保合同有效,债权人请求公司承担担保责任的,人民法院依法予以支持;担保合同无效,债权人请求公司承担担保责任的,人民法院不予支持,但可以按照担保法及有关司法解释关于担保无效的规定处理。公司举证证明债权人明知法定代表人超越权限或者机关决议系伪造或者变造,债权人请求公司承担合同无效后的民事责任的,人民法院不予支持。

21.【权利救济】法定代表人的越权担保行为给公司造成损失,公司请求法定代表人承担赔偿责任的,人民法院依法予以支持。公司没有提起诉讼,股东依据《公司法》第 151 条的规定请求法定代表人承担赔偿责任的,人民法院依法予以支持。

【适用要点】关于这两条的阐释,已在《民法典》第 681 条进行了详细阐释,此处不赘。

54.【独立担保】从属性是担保的基本属性,但由银行或者非银行金融机构开立的独立保函除外。独立保函纠纷案件依据《最高人民法院关于审理独立保函纠纷案件若干问题的规定》处理。需要进一步明确的是:凡是由银行或者非银行金融机构开立的符合该司法解释第 1 条、第 3 条规定情形的保函,无论是用于国际商事交易还是用于国内商事交易,均不影响保函的效力。银行或者非银行金融机构之外的当事人开立的独立保函,以及当事人有关排除担保从属性的约定,应当认定无效。但是,根据"无效法律行为的转换"原理,在否定其独立担保效力的同时,应当将其认定为从属性担保。此时,如果主合同有效,则担保合同有效,担保人与主债务人承担连带保证责任。主合同无效,则该所谓的独立担保也随之无效,担保人无过错的,不承担责任;担保人有过错的,其承担民事责任的部分,不应超过债务人不能清偿部分的三分之一。

【适用要点】该条是有关独立保函的规定,已被《民法典担保制度解释》第 2 条所吸收。

55.【担保责任的范围】担保人承担的担保责任范围不应当大于主债务,是担保从属性的必然要求。当事人约定的担保责任的范围大于主债务的,如针对担保责任约定专门的违约责任、担保责任的数额高于主债务、担保责任约定的利息高于主债务利息、担保责任的履行期先于主债务履行期届满,等等,均应当认定大于主债务部分的约定无效,从而使担保责任缩减至主债务的范围。

【适用要点】该条是有关担保责任范围的规定,已被《民法典担保制度解释》第 3 条所吸收。

128.【分别审理】同一当事人因不同事实分别发生民商事纠纷和涉嫌刑事犯罪,民商事案件与刑事案件应当分别审理,主要有下列情形:

(1)主合同的债务人涉嫌刑事犯罪或者刑事裁判认定其构成犯罪,债权人请求担保人承担民事责任的;

……

【适用要点】该条是有关刑民交叉案件中分别审理情形的规定,其中第 1 款第 1 项涉及担保问题,其基本旨趣是,不能因为主债务人涉嫌犯罪就中止担保纠纷的审理甚至驳回债权人对担保人的起诉。但基于担保的从属性,即便是连带责任保证或是担保物权,尽管理论上债权人可以单独起诉担保人,甚至可以直接依据非诉程序实现担保物权,但因为担保合同的效力最终取决于主合同是否有效,在主合同效力尚未确定的情况下,根本无从认定担保责任的范围,更不用说一般保证原则上应当先起诉至少是同时起诉债务人了。从这一意义上说,任何形式的担保都难以离开主合同单独确定其合同效力和责任范围。当然,这并不意味着担保纠纷必然以主合同纠纷的审理为前提,否则,在主合同债务人涉嫌刑事犯罪,而主合同又是构成犯罪的要件事实时,就会得出应当中止担保纠纷的审理甚至驳回起诉的结论。折中的同时也是妥当的解释是,在债权人单独起诉担保人时,人民法院可以依职权或依当事人的申请追加债务人为第三人或共同被告,据以查明主合同效力,进而认定担保合同的效力,并确定担保责任的范围,从而弥合担保从属性与相对独立性之间的鸿沟。

2.《最高人民法院关于正确确认企业借款合同纠纷案件中有关保证合同效力问题的通知》(法〔1998〕85 号,1998 年 9 月 14 日)

各省、自治区、直辖市高级人民法院,新疆维吾尔自治区高级人民法院生产建设兵团分院:

近来发现一些地方人民法院在审理企业破产案件或者与破产企业相关的银行贷款合同纠纷案件中,对所涉及的债权保证问题,未能准确地理解和适用有关法律规定,致使在确认保证合同的效力问题上出现偏差,为此特作如下通知:

各级人民法院在处理上述有关保证问题时,应当准确理解法律,严格依法确认保证合同(包括主合同中的保证条款)的效力。除确系因违反担保法及有关司法解释的规定等应当依法确认为无效的情况外,不应仅以保证人的保证系因地方政府指令而违背了保证人的意志,或该保证人已无财产承担保证责任等原因,而确认保证合同无效,并以此免除保证责任。

特此通知。

【适用要点】本通知的主要精神是要慎重认定保证合同无效:一是不能仅以因地方政府指令而违背了保证人的意志为由认定保证合同无效,除非该指令行为构成胁迫。应当看到,在后来的《合同法》以及《民法典》背景下,即便构成胁迫,保证合同也仅是可撤销而非无效。当然,如果地方政府强迫商业银行提供担保,可以考虑以违反《商业银行法》第 41 条"任何单位和个人不得强令商业银行发放贷款或者提供担保"为由认定保证无效。二是不能以保证人无财产承担保证责任等为由认定保证合同无效,这是因为《担保法》第 7 条将"代偿能力"作为保证资格的内容。即便在《担保法》背景下,缺乏代偿能力都不能作为认定保证无效的事由。《民法典》已经废止了该条规定,就更不能将其作为保证无效的事由了。三是要明确即便保证合同无效,保证人也不是不承担任何责任,而是可能还要承担缔约过失责任。

【典型案例】

（一）公报案例

安徽省外经建设（集团）有限公司与东方置业房地产有限公司及第三人哥斯达黎加银行、中国建设银行股份有限公司安徽省分行保函欺诈纠纷案
【最高人民法院（2017）最高法民再 134 号】①

【裁判要旨】（1）判断是否构成独立保函欺诈涉及对基础交易的审查时，应坚持有限及必要原则，审查范围应限于受益人是否明知基础合同的相对人并不存在基础合同项下的违约事实或者不存在其他导致独立保函付款的事实。否则，对基础合同的过度审查将会动摇独立保函"见索即付"的制度价值。（2）受益人基础合同项下的违约情形，并不必然构成独立保函项下的欺诈索款，即受益人基础合同项下的违约情形并非构成保函欺诈的充分必要条件。（3）判断独立反担保函项下是否存在欺诈，不仅需要审查独立保函欺诈情形，亦需要考查担保行（独立保函开立行）向反担保函开立行主张权利时是否存在欺诈。只有担保行明知受益人系欺诈性索款且违反诚实信用原则付款，并向反担保行主张独立反担保函项下款项时，才能认定担保行构成独立反担保函项下的欺诈性索款。

（二）参考案例

1. 中国交通建设股份有限公司与西霞口集团有限公司保证合同纠纷案
【北京市高级人民法院（2017）京民终 542 号】

【裁判要旨】虽然西霞口集团公司在《担保函》中明确其提供的是"独立性担保"，但西霞口集团公司并不属于《独立保函规定》第 1 条规定的可以开立独立保函的"银行或非银行金融机构"的主体范围，故不应按照"独立保函"要求担保人径行赔付。

西霞口集团公司向中国交通建设公司出具的《担保函》是其真实意思表示，其在函中"愿意就中国交通建设公司与西霞口船业公司的执行协议一事做担保人，提供独立性担保，并承担一切连带保证责任"的表述清楚、合法有

---

① 具体可见《最高人民法院公报》2018 年第 3 期。

效。依照《担保法》第 6 条①"本法所称保证,是指保证人和债权人约定,当债务人不履行债务时,保证人按照约定履行债务或者承担责任的行为"的规定,在银行保函受益人德国船东向中国交通建设公司提出索赔,且中国交通建设公司亦已向德国船东实际退还预付款及支付利息后,中国交通建设公司有权依照《担保函》的约定,要求保证人西霞口集团公司承担连带保证责任。

2. 长春佳音商贸有限公司与现代江苏工程机械有限公司追偿权纠纷再审案【最高人民法院(2017)最高法民再 20 号】

【裁判要旨】担保合同是主合同的从合同,主债权因清偿等原因而消灭的,担保债权随之消灭。同时,担保关系具有相对性,担保的债权和债权人、债务人、担保人皆具特定性,应严格按照担保合同确定担保人的责任。作为共同债务人之一在承担清偿责任后,向其他债务人行使追偿权时,不能向其他债务人的担保人行使追偿权。由于现代机械公司主张其已经向现代融资租赁有限公司履行了回购义务,则长春佳音公司所担保的相应主债权已经因清偿而消灭,其相应的担保义务随之消灭。现代机械公司承担回购款清偿责任后,在向吉林佳音公司行使追偿权时,不能同时向长春佳音公司行使追偿权。原审判决长春佳音公司承担连带担保责任错误,应予纠正。

---

① 《民法典》第 681 条。

第六百八十三条 【保证人资格】机关法人不得为保证人,但是经国务院批准为使用外国政府或者国际经济组织贷款进行转贷的除外。

以公益为目的的非营利法人、非法人组织不得为保证人。

【条文精解】

(一)条文要点

本条整合了《担保法》第 8 条、第 9 条之规定,并根据《民法典》有关非营利法人、特别法人之规定调整了相关表述,将"国家机关"改为"机关法人",将"学校、幼儿园、医院等以公益为目的的事业单位、社会团体"进一步概括为"以公益为目的的非营利法人、非法人组织",但基本精神并未发生变化。

1. 关于担保资格

《民法典》第 683 条仅是笼统地规定,机关法人原则上不得为保证人,以公益为目的的非营利法人、非法人组织不得为保证人,并未对不具有保证资格的主体能否提供物保作出规定。本书认为,前述主体之所以不具有保证资格,固然是因为其没有独立的承担责任的财产,但更为重要的是,其只能从事与其法定职责相关的活动或者公益性活动,不能从事民商事交易活动,因而当然也不能提供物保。故不具有保证资格的主体,也不具有担保资格。就此而言,本条实际上是将《民法典》有关保证资格的规定扩张到了担保资格。

2. 关于机关法人提供担保

从《民法典》第 97 条的规定看,机关法人包括两种类型:一是有独立经费的依照法律和行政命令组建的履行公共管理职能的各级国家机关,包括各级权力机关、行政机关、审判机关、检察机关、军事机关。二是承担行政职能的法定机构,主要指承担行政职能的部分社会团体法人、事业单位法人,前者如妇联、共青团等,后者如 2023 年国务院机构改革前的证监会、银保监会。机关法人的主要职责是依法履行管理社会的公共职能,进行日常的公务活动,且机关法人的财产和经费由国家财政和地方财政划拨,用以维持国家机关的公务活动和日常的开支,保障国家机关正常履行其职责。因此,机关法人不能直接参与经济活动,不得为他人的债务提供担保。否则,如允许机关法人充当担保人,当债务人不履行债务或发生当事人约定的情形时,机关法人就应承担担保责任,以机关法人的财产和经费承担担保责任。这不仅与其活动宗旨不符,也会影响其职能的正常发挥。因此,机关法人没有担保人的资格,不得为自身债务或者他人债务提供担保。机关法人违反规定提供担保的,担保合同无效。

机关法人并非一概不能提供担保,根据本条第 1 款之规定,机关法人可以为经国务院批准为使用外国政府或者国际经济组织贷款进行的转贷提供担保。根据财政部发布的《国际金融组织和外国政府贷款赠款管理办法》的规定,项目实施单位依法直接向国际金融组织和外国政府举借,并经国务院批准的贷款,可以由财政部代表中央政府为其提供担保;政府负有担保责任的贷款,财政部门应当向上一级财政部门提供担保。可见,通过法定程序经国务院批准后,机关法人可以为此类贷款的转贷活动提供担保,相应的担保合同有效。

关于机关法人提供的担保无效的后果,本条尽管未作特别规定,但从体系解释的角度看,应当适用《民法典担保制度解释》第 17 条关于担保合同无效的一般规定。在该司法解释起草过程中,有一种观点认为,机关法人对外担保无效的,机关法人不应承担任何民事责任。因为法律与司法解释明确规定机关法人不得提供担保,相对人对此是明知的,在此情况下其仍然与此类主体签订担保合同,理应承担因此导致的所有风险。另外,机关法人的财产和经费由国家财政和地方财政划拨,用以维持国家机关的公务活动和日常的开支,保障国家机关正常履行其职责。机关法人对外提供的担保被认定无效后,如仍让其与其他民事主体一样承担损害赔偿责任的话,会影响其职能的正常发挥。因此,机关法人提供的担保被认定无效后,其不应承担任何民事责任。《民法典担保制度解释》最终没有采纳此种观点,因为此种观点既不符合民事主体的平等性,也不利于促进诚信政府建设,而且对相对人的保护也有欠周全。当然,鉴于此类主体并无独立的责任财产,在判令其承担责任后,如何执行是个长期困扰司法实践的问题。但不能因为可能面临的执行难问题,就否定其承担损害赔偿责任的必要性。

3. 关于非营利法人及其分类

《民法典》将法人分为营利法人、非营利法人和特别法人(见图 1),并对事业单位法人、社会团体法人以及捐助法人等非营利法人作出了具体规定,其中捐助法人又可进一步分为基金会、社会服务机构、宗教活动场所。具体来说：

　　一是关于事业单位。依照《事业单位登记管理暂行条例》第 2 条之规定，事业单位是指国家为了社会公益目的，由国家机关举办或者其他组织利用国有资产举办的，从事教育、科技、文化、卫生等活动的社会服务组织。公立的学校、幼儿园、医疗机构、养老机构等法人，基本都是事业单位。根据《中共中央、国务院关于分类推进事业单位改革的指导意见》的要求，要在清理规范基础上，按照社会功能将现有的事业单位划分为承担行政职能、从事生产经营活动和从事公益服务三类：对承担行政职能的，逐步将其行政职能划归行政机构或者转为行政机构；对从事生产经营活动的，逐步将其转为企业；对从事公益服务的，继续将其保留在事业单位序列、强化其公益属性。今后，不再批准设立承担行政职能的事业单位和从事生产经营活动的事业单位。对于从事公益服务的事业单位，根据职责任务、服务对象和资源配置方式等情况，进一步将其细分为两类：承担义务教育、基础性科研、公共文化、公共卫生及基层的基本医疗服务等基本公益服务，不能或者不宜由市场资源配

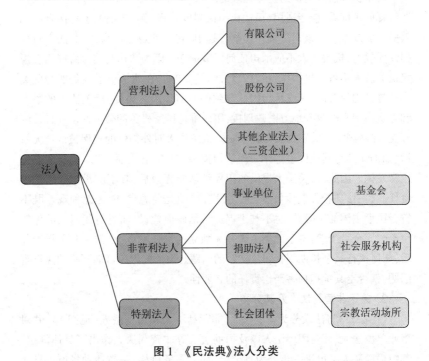

图 1　《民法典》法人分类

置的,划入公益一类;承担高等教育、非营利医疗等公益服务,可部分由市场资源配置的,划入公益二类。事业单位原则上在各级人民政府机构编制管理机关所属的事业单位管理机构登记,但是以下两种情形无须登记,只需向事业单位管理机构备案即可:(1)法律规定具备法人条件、自批准设立之日起即取得法人资格的事业单位;(2)法律、其他行政法规规定具备法人条件,经有关主管部门依法审核或者登记,已经取得相应的执业许可证书的事业单位。

二是关于社会团体。成立社会团体,应当经其业务主管单位审查同意,并依照《社会团体登记管理条例》之规定,在民政部门办理登记,但是下列团体无须根据前述规定办理登记:(1)参加中国人民政治协商会议的人民团体不进行社团登记,包括中华全国总工会、中国共产主义青年团、中华全国妇女联合会、中国科学技术协会、中华全国归国华侨联合会、中华全国台湾同胞联谊会、中华全国青年联合会、中华全国工商业联合会;(2)由国务院机构编制管理机关核定,并经国务院批准可以免予登记的社会团体,如中国文学艺术界联合会、中国作家协会、中华全国新闻工作者协会、中国人民对外友好协会、中国人民外交学会、中国国际贸易促进会、中国残疾人联合会、宋庆龄基金会、中国法学会、中国红十字总会、中国职工思想政治工作研究会、欧美同学会、黄埔军校同学会、中华职业教育社;(3)机关、团体、企业事业单位内部经本单位批准设立、在本单位内部活动的团体。

三是关于基金会。基金会包括面向公众募集的基金会和不得面向公众募集的基金会,但不论哪种基金会,依据《基金会管理条例》之规定,都需要在民政部门登记。

四是关于宗教活动场所。《民法典》第92条第2款规定:"依法设立的宗教活动场所,具备法人条件的,可以申请法人登记,取得捐助法人资格。法律、行政法规对宗教活动场所有规定的,依照其规定。"依据《宗教事务条例》第23条之规定,宗教活动场所符合法人条件的,经所在地宗教团体同意,并报县级人民政府宗教事务部门审查同意后,可以到民政部门办理法人登记。应予注意的是,宗教活动场所属于捐助法人,但宗教团体、宗教院校则属于社会团体的范畴,二者在性质上还是有区别的,不可将三者混为一谈。

五是关于社会服务机构。《慈善法》第8条第2款规定:"慈善组织可以采取基金会、社会团体、社会服务机构等组织形式。"该法首次用"社会服务机构"代替了《民办非企业单位登记管理暂行条例》所谓的"民办非企业单位"概念。《民法典》尽管采用了"社会服务机构"概念,但在《社会组织登记管理条例》出台前,与"社会服务机构"对应的仍然是《民办非企业单位登记管理暂行条例》规定的"民办非企业单位",而民办非企业单位仅是从反面界定其不是企业,但究竟属于以公益为目的的非营利法人还是以其他非营利目的而成立的非营利法人(《民法典》第 87 条第 1 款),则不能确定。

可见,社会团体、基金会、民办非企业单位、宗教活动场所都在民政部门登记,只是登记依据不同而已。为适应统一登记的需要,《社会组织登记管理条例》正在制定过程中。从已经公开征求意见的草案规定看,其所谓的"社会组织"就包括社会团体、基金会、社会服务机构三大类,鉴于宗教活动场所与基金会、社会服务机构同属捐助法人,且其登记事项适用《社会团体登记管理条例》的有关规定,故一旦《社会组织登记管理条例》获得通过,将一体适用于除事业单位外的所有非营利法人,《社会团体登记管理条例》《基金会管理条例》《民办非企业单位登记管理暂行条例》也将同时废止。

前述有关非营利法人的具体类型,逻辑上可分为以公益为目的成立的非营利法人(以下简称为公益法人)和以其他非营利目的成立的非营利法人(以下简称为其他非营利法人)两类,绝大多数属于公益法人,依照本条规定不得提供保证。反面解释则是,服务于特定成员的互益性法人等其他非营利法人,如商会、行业协会、学会、俱乐部等可以提供担保。但即便其他非营利法人,因其同样不能向会员分配所取得的利润,故不存在其会员以所得利润或投资权益设定担保的问题。

4. 关于学校、幼儿园、医疗机构、养老机构等的担保资格

学校、幼儿园、医疗机构、养老机构等法人,既可能是非营利法人,也可能是营利法人,其是否具有担保资格,值得特别关注。一般来说,可以根据登记情况确定其性质:在市场监管部门登记的,一般是营利法人;反之,则属于非营利法人。具体来说:

一是关于民办学校。民办教育包括学历教育、学前教育、自学考试助学以及其他文化教育,职业资格教育、职业技能教育。民办学校可以从事义务教育,但不得设立实施义务教育的营利性民办学校。民办学校包括非营利性和营利性两类,根据《民办学校分类登记实施细则》之规定,非营利性民办学校,符合《民办非企业单位登记管理暂行条例》规定的,应当到民政部门登记为民办非企业单位;符合《事业单位登记管理暂行条例》规定的,应当到事业单位登记管理机关登记为事业单位。至于营利性民办学校,则在市场监督管理部门办理登记。

二是关于民办幼儿园。学校包括幼儿园,故《民办教育促进法》也适用于民办幼儿园,前文关于学校的分类也适用于幼儿园。但鉴于 1989 年我国颁布了《幼儿园管理条例》,在管理上对幼儿园有特别要求,加之《民法典》也将幼儿园和民办学校并列,故可以将其作为一类单独的非营利法人。

三是关于民办医疗机构。从事医疗疾病诊断、治疗活动的医院、卫生院、疗养院、门诊部、诊所、卫生所(室)以及急救站等属于医疗机构。非营利性的民办医疗机构,要根据《民办非企业单位登记管理暂行条例》的规定,在民政部门登记为民办非企业单位。至于营利性的医疗机构如何登记,此前并无专门规定,但《市场主体登记管理条例》已于 2021 年 4 月 14 日通过并于 2022 年 3 月 1 日起施行,此后要依据该条例的规定进行登记。

四是关于民办养老机构。养老机构可以由政府投资兴办,也可以由民间投资兴办。《老年人权益保障法》第 43 条规定,民办养老机构既包括公益性养老机构,也包括经营性养老机构;前者在民政部门办理登记,后者在市场监管部门办理登记。就此而言,其性质、登记办法与学校均相似。

总之,登记为事业单位的学校、幼儿园、医疗机构、养老机构等,属于公益法人,原则上都不能提供担保。登记为"民办非企业单位"的学校、幼儿园、医疗机构、养老机构等,绝大多数属于公益法人,但不论是从理论上还是实践中都有可能属于其他非营利法人,依法可以提供担保。即便是公益法人,也毕竟不同于机关法人等特别法人,在一定情况下也有融资需求,故不能完全断绝其融资渠道。为此,《民法典担保制度解释》第 6 条对提供担保的例外情形作出了规定。至于登记为营利法人的学校、幼儿园、医疗机构、养老机构等具有担保资格,既可以提供保证,也可以提供物保。有一种观点认为,以学校为例,营利性学校所谓的"营利性",主要是指学校要将所取得的办学利润分给开办人,故开办人可以其办学收益提供担保;但就学校本身而言,其从事的仍然是公益性事业,故即便是营利性民办学校也不具有担保资格。本书认为,判断法人是否具有担保资格,关键看其有无责任财产以及该财产是否具有可流转性。营利法人以营利为目的,取得的利润既然可以分给股东,当然也可以作为责任财产进行流转,故具有保证资格。当然,考虑到营利性民办学校确实具有一定程度的公益属性,在执行时要考虑尽量不改变其用途。

5. 关于以公益为目的的非法人组织

非法人组织是相对于自然人、法人而言的第三类民事主体,是不具有法人资格的组织。不能提供担保的非法人组织,主要是非营利法人的分支机构,如事业单位、社会团体的分支机构,学校分校、医院分院等。

(二)适用情况

本条主要适用于以下两种情形:一是机关法人提供担保时,其应否承担责任;二是兼具营利法人和非营利法人性质的学校等提供担保时,如何认定担保合同的效力和学校等的责任。

1. 关于机关法人提供担保

在机关法人提供担保场合,首先要解决的是其是否有承担担保责任的意思表示。一般来说,只要没有明确的承担担保责任的意思表示的,法院往往倾向于认定不构成担保。其次,在认定构成担保后,往往还存在着机关法人应否承担责任的问题。对此,司法实践的一贯认识是其应承担缔约过失责任。

2. 关于民办学校等提供担保

民办学校等既可能是营利法人,也可能是非营利法人,如果考虑到转轨过程中还可能存在名实不符等情形,其是否具有担保资格是长期困扰司法实践的一大难题。为此,要坚持以下裁判思路:

一是要看登记,登记为事业单位的民办学校不具有担保资格;登记为民办非企业单位可能不具有担保资格,也可能具有担保资格。鉴于多数民办非企业单位不具有担保资格,可以推定不具有担保资格,由债权人举证证明学校具有担保资格。登记为营利法人的民办学校具有担保资格,只是在执行过程中要尽可能不改变其用途。

二是债权人认为名实不符,如登记为民办非企业单位实际上是营利法人的,或者本应变更登记为营利法人但仍登记为民办非企业单位的,应当承担举证责任。能够举证证明的,应当按照实际情况确定民办学校的担保资格。

【相关法律、行政法规】

本条是有关保证人资格的规定,同时也是担保资格的规定。本条第1款仅规定了机关法人原则上不具有保证资格,对于村民委员会、居民委员会等其他特别法人的担保资格未作特别规定,考虑到《村民委员会组织法》《居民委员会组织法》并无担保资格的直接规定,故对村民委员会、居民委员会的担保资格问题,将放在《民法典担保制度解释》的有关条文中进行阐释。至于非营利法人的性质认定及担保资格问题,除《民办教育促进法》外,多数由行政法规作出规定。还有一些民事主体如学校等,既可能是营利法人也可能是非营利法人,其是否具有担保资格,实践中裁判尺度极不统一,有待通过登记制度进行识别,故本书对与担保制度并无直接联系的非营利法人的登记等制度进行较为详细的介绍。

(一)相关法律

1.《中华人民共和国民法典》(2020 年 5 月 28 日通过)

第七十六条　【营利法人的概念和类型】以取得利润并分配给股东等出资人为目的成立的法人,为营利法人。

营利法人包括有限责任公司、股份有限公司和其他企业法人等。

第八十七条　【非营利法人的概念和类型】为公益目的或者其他非营利目的成立,不向出资人、设立人或者会员分配所取得利润的法人,为非营利法人。

非营利法人包括事业单位、社会团体、基金会、社会服务机构等。

第九十六条　【特别法人的概念和类型】本节规定的机关法人、农村集体经济组织法人、城镇农村的合作经济组织法人、基层群众性自治组织法人,为特别法人。

【适用要点】这三条是《民法典》有关法人类型的规定,与传统民法基本相同,但又具有中国特色:一是传统民法将法人分为私法人和公法人,我国《民法典》规定的特别法人,基本上相当于传统民法规定的公法人。二是传统民法中的私法人包括社团法人和财团法人,前者是人的集合,后者是资产的集合;依据是否将利润分配给股东等出资人,社团法人进一步分为营利法人和非营利法人。我国《民法典》规定的营利法人与传统民法大体相同,非营利法人则包括传统民法的非营利法人和财团法人。三是需要特别注意的是,我国《民法典》规定的非营利法人,依据其目的还可进一步分为公益法人和其他非营利法人,但二者均无须也不能向出资人、设立人或者会员分配所取得的利润。

2.《中华人民共和国慈善法》(2016 年 3 月 16 日通过)

第八条　【慈善组织的概念与性质】本法所称慈善组织,是指依法成立、符合本法规定,以面向社会开展慈善活动为宗旨的非营利性组织。

慈善组织可以采取基金会、社会团体、社会服务机构等组织形式。

第十条 【慈善组织的登记】设立慈善组织,应当向县级以上人民政府民政部门申请登记,民政部门应当自受理申请之日起三十日内作出决定。符合本法规定条件的,准予登记并向社会公告;不符合本法规定条件的,不予登记并书面说明理由。

本法公布前已经设立的基金会、社会团体、社会服务机构等非营利性组织,可以向其登记的民政部门申请认定为慈善组织,民政部门应当自受理申请之日起二十日内作出决定。符合慈善组织条件的,予以认定并向社会公告;不符合慈善组织条件的,不予认定并书面说明理由。

有特殊情况需要延长登记或者认定期限的,报经国务院民政部门批准,可以适当延长,但延长的期限不得超过六十日。

【适用要点】该法首次使用了"社会服务机构"的概念,该概念为《民法典》所沿袭,但相应的登记制度并未跟上,仍然依照《民办非企业单位登记管理暂行条例》进行登记,出现一定程度的不适应,亟待通过发布《社会组织登记管理条例》进行完善。

3.《中华人民共和国民办教育促进法》(2002 年 12 月 28 日通过,2018 年 12 月 29 日修正)

第十二条 【民办学校的办学范围及审批机关】举办实施学历教育、学前教育、自学考试助学及其他文化教育的民办学校,由县级以上人民政府教育行政部门按照国家规定的权限审批;举办实施以职业技能为主的职业资格培训、职业技能培训的民办学校,由县级以上人民政府人力资源社会保障行政部门按照国家规定的权限审批,并抄送同级教育行政部门备案。

第十九条 【民办学校的类型及举办者权益】民办学校的举办者可以自主选择设立非营利性或者营利性民办学校。但是,不得设立实施义务教育的营利性民办学校。

非营利性民办学校的举办者不得取得办学收益,学校的办学结余全部用于办学。

营利性民办学校的举办者可以取得办学收益,学校的办学结余依照公司法等有关法律、行政法规的规定处理。

民办学校取得办学许可证后,进行法人登记,登记机关应当依法予以办理。

第三十六条 【民办学校享有法人财产权】民办学校对举办者投入民办学校的资产、国有资产、受赠的财产以及办学积累,享有法人财产权。

第三十八条　【民办学校的收费标准及用途】民办学校收取费用的项目和标准根据办学成本、市场需求等因素确定,向社会公示,并接受有关主管部门的监督。

非营利性民办学校收费的具体办法,由省、自治区、直辖市人民政府制定;营利性民办学校的收费标准,实行市场调节,由学校自主决定。

民办学校收取的费用应当主要用于教育教学活动、改善办学条件和保障教职工待遇。

【适用要点】前述条文是有关民办学校类型、学校享有的法人财产权以及举办者权益等的规定,准确理解前述条文,要把握以下几点:一是营利性民办学校性质上属于营利法人,具有担保资格,学校既可以提供保证,也可以提供物保;其举办者也可以其办学收益提供物保。二是关于非营利性民办学校。根据《民办教育促进法》第19条第2款之规定,举办者不得取得办学收益,学校的办学结余全部用于办学。据此,不仅学校不具有担保资格,办学者因其不能取得办学收益,也不存在以办学收益提供担保的问题。但依据《民法典》有关规定,仅公益法人性质的民办学校不具有担保资格,其他民办学校则是具有担保资格的。可见,在该问题上,《民办教育促进法》与《民法典》规定并不完全一致。考虑到在法人分类上,《民法典》的规定更为全面准确,故应以《民法典》规定为准。三是应予注意的是,实施义务教育的民办学校只能是非营利性的,不得设立营利性的民办学校。

4.《中华人民共和国老年人权益保障法》(2012年12月28日修订,2018年12月29日修正)

第四十三条　【养老机构的类型及登记】设立公益性养老机构,应当依法办理相应的登记。

设立经营性养老机构,应当在市场监督管理部门办理登记。

养老机构登记后即可开展服务活动,并向县级以上人民政府民政部门备案。

【适用要点】该条将养老机构分为公益性的和经营性的两类,后者在市场监督管理部门办理登记。至于前者在哪个部门登记,该法未作规定。从体系解释的角度看,公益性的医疗机构也包括公办和民办两种情形,其中公办的应当登记为事业单位,民办的应当登记为民办非企业单位。

（二）相关行政法规

1.《事业单位登记管理暂行条例》（2004 年 6 月 27 日修订）

第二条　【事业单位的概念与性质】本条例所称事业单位,是指国家为了社会公益目的,由国家机关举办或者其他组织利用国有资产举办的,从事教育、科技、文化、卫生等活动的社会服务组织。

事业单位依法举办的营利性经营组织,必须实行独立核算,依照国家有关公司、企业等经营组织的法律、法规登记管理。

第五条　【事业单位登记】县级以上各级人民政府机构编制管理机关所属的事业单位登记管理机构(以下简称登记管理机关)负责实施事业单位的登记管理工作。县级以上各级人民政府机构编制管理机关应当加强对登记管理机关的事业单位登记管理工作的监督检查。

事业单位实行分级登记管理。分级登记管理的具体办法由国务院机构编制管理机关规定。

法律、行政法规对事业单位的监督管理另有规定的,依照有关法律、行政法规的规定执行。

第十一条　【事业单位备案】法律规定具备法人条件、自批准设立之日起即取得法人资格的事业单位,或者法律、其他行政法规规定具备法人条件、经有关主管部门依法审核或者登记,已经取得相应的执业许可证书的事业单位,不再办理事业单位法人登记,由有关主管部门按照分级登记管理的规定向登记管理机关备案。

县级以上各级人民政府设立的直属事业单位直接向登记管理机关备案。

【适用要点】前述条文是有关事业单位及其登记或备案的规定。就事业单位的担保资格来说,要注意把握以下几点:一是凡是事业单位,均属公益法人,原则上不具有担保资格。二是事业单位包括由国家机关举办或者其他组织利用国有资产举办两种情形。凡是公立的学校、幼儿园、医疗机构、养老机构等,均属事业单位;民办学校则只有在登记为事业单位后才属于事业单位。三是事业单位包括经登记或经备案两种情形,主管部门均为民政部门,且均应取得《事业单位法人证书》。故考察某一主体是否属于事业单位,主要考察其是否已经取得《事业单位法人证书》。四是事业单位依法举办的营利性经营组织,应当依照《公司法》等营利法人的规定办理登记,属于营利法人,不再是事业单位了。

2.《社会团体登记管理条例》（2016 年 2 月 6 日修订）

第二条　【社会团体的概念与性质】本条例所称社会团体,是指中国公民自愿组成,为实现会员共同意愿,按照其章程开展活动的非营利性社会组织。

国家机关以外的组织可以作为单位会员加入社会团体。

第三条　【社会团体的登记及其例外情形】成立社会团体,应当经其业务主管单位审查同意,并依照本条例的规定进行登记。

社会团体应当具备法人条件。

下列团体不属于本条例规定登记的范围:

（一）参加中国人民政治协商会议的人民团体;

（二）由国务院机构编制管理机关核定,并经国务院批准免于登记的团体;

（三）机关、团体、企业事业单位内部经本单位批准成立、在本单位内部活动的团体。

第六条　【社会团体登记机关】国务院民政部门和县级以上地方各级人民政府民政部门是本级人民政府的社会团体登记管理机关（以下简称登记管理机关）。

国务院有关部门和县级以上地方各级人民政府有关部门、国务院或者县级以上地方各级人民政府授权的组织,是有关行业、学科或者业务范围内社会团体的业务主管单位（以下简称业务主管单位）。

法律、行政法规对社会团体的监督管理另有规定的,依照有关法律、行政法规的规定执行。

第十七条　【社会团体的分支机构】社会团体的分支机构、代表机构是社会团体的组成部分,不具有法人资格,应当按照其所属于的社会团体的章程所规定的宗旨和业务范围,在该社会团体授权的范围内开展活动、发展会员。社会团体的分支机构不得再设立分支机构。

社会团体不得设立地域性的分支机构。

第二十六条　【社会团体的财产及经费】社会团体的资产来源必须合法,任何单位和个人不得侵占、私分或者挪用社会团体的资产。

社会团体的经费,以及开展章程规定的活动按照国家有关规定所取得的合法收入,必须用于章程规定的业务活动,不得在会员中分配。

社会团体接受捐赠、资助,必须符合章程规定的宗旨和业务范围,必须根据与捐赠人、资助人约定的期限、方式和合法用途使用。社会团体应当向业务主管单位报告接受、使用捐赠、资助的有关情况,并应当将有关情况以适当方式向社会公布。

社会团体专职工作人员的工资和保险福利待遇,参照国家对事业单位的有关规定执行。

【适用要点】前述条文是有关社会团体的概念及其登记等的规定,主要包括以下内容:一是社会团体是我国法独有的概念,有别于传统民法的"社团法人"。二是社会团体的登记主管部门为民政部门,包括须登记的和无须登记的两种情形。但不论何种社会团体,均须取得《社会团体法人登记证书》。故是否取得该证书是判断某一法人是否属于社会团体的主要依据。三是社会团体包括以公益为目的成立的社会团体和为会员共同利益成立的社会团体,《民法典》第 87 条所谓的其他非营利法人,主要就是指为会员共同利益成立的社会团体,如商会、行业协会。以公益为目的成立的社会团体,原则上不具有担保资格;为会员共同利益成立的社会团体则具有担保资格,但其会员因无权分配利润,故不存在以所谓的投资利益设定担保的问题。四是无须登记的社会团体,除机关、团体、企业事业单位内部经本单位批准成立、在本单位内部活动的团体外,属于为公益目的成立的社会团体法人;须登记的社会团体,则要根据具体情况判断究竟是以公益为目的成立的社会团体,还是为会员共同利益成立的社会团体。五是社会团体的分支机构、代表机构属于非法人组织,是自然人、法人之外的第三类民事主体;而办事机构则是社会团体的组成部分,不具有民事主体资格。

3.《基金会管理条例》(2004 年 2 月 4 日通过)

第二条　【基金会的概念与性质】本条例所称基金会,是指利用自然人、法人或者其他组织捐赠的财产,以从事公益事业为目的,按照本条例的规定成立的非营利性法人。

第三条　【基金会的类型】基金会分为面向公众募捐的基金会(以下简称公募基金会)和不得面向公众募捐的基金会(以下简称非公募基金会)。公募基金会按照募捐的地域范围,分为全国性公募基金会和地方性公募基金会。

第六条　【基金会的登记主管部门】国务院民政部门和省、自治区、直辖市人民政府民政部门是基金会的登记管理机关。

国务院民政部门负责下列基金会、基金会代表机构的登记管理工作:

（一）全国性公募基金会；

（二）拟由非内地居民担任法定代表人的基金会；

（三）原始基金超过 2000 万元,发起人向国务院民政部门提出设立申请的非公募基金会；

（四）境外基金会在中国内地设立的代表机构。

省、自治区、直辖市人民政府民政部门负责本行政区域内地方性公募基金会和不属于前款规定情况的非公募基金会的登记管理工作。

【适用要点】关于基金会的性质,应当注意以下几点:一是基金会都是公益法人,属于传统民法上财团法人的范畴,不具有担保资格;二是基金会需要在民政部门办理登记,且要取得《基金会法人登记证书》,否则不能成立基金会;三是基金会包括公募基金会和非公募基金会两种,但二者仅在募集方式上存在区别,其性质均为公益法人;四是务必要区别基金会和基金。证券投资基金简称为基金,也包括公开募集和非公开募集两种情形,但其性质属于营利法人,与基金会判然有别。在法律关系上,基金涉及基金管理人、基金托管人以及基金份额持有人等之间的法律关系,远较基金会复杂。

4.《宗教事务条例》（2017 年 6 月 14 日修订）

第七条　【宗教团体】宗教团体的成立、变更和注销,应当依照国家社会团体管理的有关规定办理登记。

宗教团体章程应当符合国家社会团体管理的有关规定。

宗教团体按照章程开展活动,受法律保护。

第十一条　【宗教院校】宗教院校由全国性宗教团体或者省、自治区、直辖市宗教团体设立。其他任何组织或者个人不得设立宗教院校。

第十四条　【宗教院校法人】经批准设立的宗教院校,可以按照有关规定申请法人登记。

第十九条　【宗教活动场所】宗教活动场所包括寺观教堂和其他固定宗教活动处所。

寺观教堂和其他固定宗教活动处所的区分标准由省、自治区、直辖市人民政府宗教事务部门制定,报国务院宗教事务部门备案。

第二十三条　【宗教活动场所法人】宗教活动场所符合法人条件的,经所在地宗教团体同意,并报县级人民政府宗教事务部门审查同意后,可以到民政部门办理法人登记。

第五十二条　【相关宗教组织的性质】宗教团体、宗教院校、宗教活动场所是非营利性组织,其财产和收入应当用于与其宗旨相符的活动以及公益慈善事业,不得用于分配。

第五十三条　【禁止宗教活动场所商业化】任何组织或者个人捐资修建宗教活动场所,不享有该宗教活动场所的所有权、使用权,不得从该宗教活动场所获得经济收益。

禁止投资、承包经营宗教活动场所或者大型露天宗教造像,禁止以宗教名义进行商业宣传。

第五十四条　【禁止宗教活动场所财产处分】宗教活动场所用于宗教活动的房屋、构筑物及其附属的宗教教职人员生活用房不得转让、抵押或者作为实物投资。

【适用要点】前述条文是对宗教团体、宗教院校以及宗教活动场所等涉宗教主体以及宗教财产的规定,准确理解前述条文,要把握以下几点:一是宗教院校由宗教团体所设立,宗教活动场所既是宗教团体从事宗教活动的场所,同时也是一种民事主体。可见,宗教团体、宗教院校以及宗教活动场所都是特殊的涉宗教民事主体。尤其需要注意的是,宗教活动场所并不是简单的物,而是一种特殊的民事主体。二是宗教团体、宗教院校是为宗教人员共同利益成立的社会团体,属于其他非营利法人;而宗教活动场所性质上则属于捐助法人,属于公益法人的范畴。故宗教团体、宗教院校具有担保资格,而宗教活动场所则不具有担保资格。三是三者都在民政部门登记,而且只有经登记后取得法人资格,只不过登记前需要由宗教事务部门先行审批。

5.《民办非企业单位登记管理暂行条例》(1998 年 9 月 25 日通过)

第二条　【民办非企业单位的概念与性质】本条例所称民办非企业单位,是指企业事业单位、社会团体和其他社会力量以及公民个人利用非国有资产举办的,从事非营利性社会服务活动的社会组织。

第五条　【登记主管部门】国务院民政部门和县级以上地方各级人民政府民政部门是本级人民政府的民办非企业单位登记管理机关(以下简称登记管理机关)。

国务院有关部门和县级以上地方各级人民政府的有关部门、国务院或者县级以上地方各级人民政府授权的组织,是有关行业、业务范围内民办非企业单位的业务主管单位(以下简称业务主管单位)。

法律、行政法规对民办非企业单位的监督管理另有规定的,依照有关法律、行政法规的规定执行。

第十二条　【民办非企业单位登记证书】准予登记的民办非企业单位,由登记管理机关登记民办非企业单位的名称、住所、宗旨和业务范围、法定代表人或者负责人、开办资金、业务主管单位,并根据其依法承担民事责任的不同方式,分别发给《民办非企业单位(法人)登记证书》、《民办非企业单位(合伙)登记证书》、《民办非企业单位(个体)登记证书》。

依照法律、其他行政法规规定,经有关主管部门依法审核或者登记,已经取得相应的执业许可证书的民办非企业单位,登记管理机关应当简化登记手续,凭有关主管部门出具的执业许可证明文件,发给相应的民办非企业单位登记证书。

第十三条　【不得设立分支机构】民办非企业单位不得设立分支机构。

【适用要点】民办非企业单位表明其既不是企业,也不是事业单位、社会团体、基金会等非营利组织,至于其性质究竟是公益法人还是其他非营利法人,则语焉不详。在《民法典》背景下,仍须对其作进一步区分,才能具体确定其是否具有担保资格。

【司法解释及规范性司法文件】

(一)司法解释

1.《最高人民法院关于适用〈中华人民共和国民法典〉有关担保制度的解释》(法释[2020]28 号,2020 年 12 月 25 日通过)

第五条　【特别法人的担保资格】机关法人提供担保的,人民法院应当认定担保合同无效,但是经国务院批准为使用外国政府或者国际经济组织贷款进行转贷的除外。

居民委员会、村民委员会提供担保的,人民法院应当认定担保合同无效,但是依法代行村集体经济组织职能的村民委员会,依照村民委员会组织法规定的讨论决定程序对外提供担保的除外。

【适用要点】该条是有关机关法人以及居民委员会、村民委员会等特别法人担保资格的规定,要把握以下几点:一是关于机关法人对外担保。该条将《民法典》第 683 条的机关法人不得提供"保证"扩及不得提供"担保",并且明确机关法人提供的担保原则上无效。二是关于居民委员会提供担保。居民委员会因其并无独立的责任财产,故其提供的担保无效。三是关于村民委员会提供担保。原则上其也不能提供担保,但是依法代行村集体经济组织职能的村民委员会,依照《村民委员会组织法》有关村民会议、村民代表会议的召开程序、决议事项以及表决权要求等规定可以提供担保。

第六条　【学校等提供担保】以公益为目的的非营利性学校、幼儿园、医疗机构、养老机构等提供担保的,人民法院应当认定担保合同无效,但是有下列情形之一的除外:

(一)在购入或者以融资租赁方式承租教育设施、医疗卫生设施、养老服务设施和其他公益设施时,出卖人、出租人为担保价款或者租金实现而在该公益设施上保留所有权;

(二)以教育设施、医疗卫生设施、养老服务设施和其他公益设施以外的不动产、动产或者财产权利设立担保物权。

登记为营利法人的学校、幼儿园、医疗机构、养老机构等提供担保,当事人以其不具有担保资格为由主张担保合同无效的,人民法院不予支持。

【适用要点】该条是有关既可能是非营利法人也可能是营利法人的学校等提供担保的规定,适用时要注意把握以下几点:一是属于公益法人的学校、幼儿园、医疗机构、养老机构等不具有担保资格,但因其也有融资需求,例外情况下也可以提供担保,包括:(1)以教育设施、医疗卫生设施、养老服务设施和其他公益设施设立融资租赁或者所有权保留。(2)以公益设施以外的不动产、动产设立担保物权。《民法典》第399条第3项规定,公益法人的教育设施、医疗卫生设施和其他公益设施不得抵押,相应地,公益设施以外的不动产、动产可以设立担保物权。(3)以公益设施以外的财产权利设立权利质押,如以公寓收费权、医院收费权等各种收费权质押。二是认定某一主体是否为公益法人,主要看登记:登记为事业单位的,都是公益法人;登记为民办非企业单位的,多数属于公益法人,但理论上也有可能属于其他非营利法人,需要具体问题具体分析。三是登记为营利法人的学校等可以提供担保,其开办者或投资者也可以其投资收益设定担保物权。可见,在担保设立问题上,与一般的营利法人并无区别。但考虑到营利性的民办学校也具有一定程度的公益属性,在执行时可以尽量不改变其用途。

2.《最高人民法院关于审理票据纠纷案件若干问题的规定》(法释〔2000〕32号;法释〔2020〕18号,2020年12月23日修正)

第五十九条　【国家机关、事业单位、社会团体提供票据保证】国家机关、以公益为目的的事业单位、社会团体作为票据保证人的,票据保证无效,但经国务院批准为使用外国政府或者国际经济组织贷款进行转贷,国家机关提供票据保证的除外。

【适用要点】该条是有关国家机关、事业单位、社会团体不得提供票据保证的规定,与《民法典》第 683 条规定基本一致。

(二)规范性司法文件

《最高人民法院经济审判庭关于国家机关作为借款合同保证人应否承担经济损失问题的电话答复》(1989 年 7 月 17 日)

四川省高级人民法院:

你院川法研〔1989〕8 号《关于国家机关作为借款合同保证人其保证条款被确认无效后经济损失由谁承担的请示》收悉。经研究答复如下:

一、根据《借款合同条例》第七条和第八条规定,及本院法(研)复〔1988〕39 号批复精神,国家机关不应作借款合同的保证人。国家机关作借款合同保证人的,保证条款应确认无效。

二、保证条款被确认无效后,如借款人无力归还银行贷款,给国家造成经济损失的,作为保证人的国家机关应承担相应的赔偿责任,并在赔偿损失后有权向借款人追偿。国家机关无力承担赔偿责任的,人民法院根据民事诉讼法(试行)第一百八十二条第一款第(三)项和第(五)项规定,可裁定中止执行。

三、国家机关下属办事机构作借款合同保证人的,人民法院应将其所属的国家机关列为诉讼当事人,承担民事责任。

【适用要点】在《民法典担保制度解释》起草过程中,就有观点认为,机关法人对外担保无效的,机关法人不应承担任何民事责任。考虑到让机关法人承担责任既是司法的一贯做法,在当前也有其现实意义。从这一意义上说,该答复尽管年代久远,但仍不失其指导意义。

【部门规章、规范性文件与相关政策】

(一)部门规章

1.《国际金融组织和外国政府贷款赠款管理办法》(财政部令第 38 号;财政部令第 85 号,2016 年 10 月 11 日修订)

第三条第一款　【政府贷款的概念】本办法所称贷款是指财政部经国务

院批准代表国家统一筹借并形成政府外债的贷款,以及与上述贷款搭配使用的联合融资。

第七条 【政府贷款的类型】按照政府承担还款责任的不同,贷款分为政府负有偿还责任贷款和政府负有担保责任贷款。

政府负有偿还责任贷款,应当纳入本级政府的预算管理和债务限额管理,其收入、支出、还本付息纳入一般公共预算管理。

政府负有担保责任贷款,不纳入政府债务限额管理。政府依法承担并实际履行担保责任时,应当从本级政府预算安排还贷资金,纳入一般公共预算管理。

第三十九条 【政府负有担保责任的贷款】政府负有担保责任的贷款,财政部门应当向上一级财政部门提供担保,并督促还款责任人制定还款计划,按时足额还款;必要时,财政部门可以要求企业还款责任人与金融机构就临时性垫付达成信贷服务协议,以确保按时足额还款。

还款责任人未按时还款的,财政部门应当从本级政府还贷准备金中调剂资金用于临时性垫款。

已确定还款责任人无法履行债务的,财政部门应当依法在本级一般公共预算中足额安排资金用于还款。

【适用要点】本办法所谓的贷款,是财政部经国务院批准代表国家向国际金融组织和外国政府贷款。按照政府承担还款责任的不同,分为政府负有偿还责任贷款和政府负有担保责任贷款。前者的借款人是财政部,后者的借款人是项目实施单位,财政部是担保人。此种借款或担保关系,并非国内法上的民事法律关系,一般不受我国法院的管辖。

2.《民办学校分类登记实施细则》(教发〔2016〕19 号,2016 年 12 月 30 日公布)

第三条 【民办学校的类型】民办学校分为非营利性民办学校和营利性民办学校。民办学校的设立应当依据《中华人民共和国民办教育促进法》等法律法规和国家有关规定进行审批。经批准正式设立的民办学校,由审批机关发给办学许可证后,依法依规分类到登记管理机关办理登记证或者营业执照。

第七条 【非营利性民办学校的分类登记】正式批准设立的非营利性民办学校,符合《民办非企业单位登记管理暂行条例》等民办非企业单位登记管理有关规定的到民政部门登记为民办非企业单位,符合《事业单位登记管理暂行条例》等事业单位登记管理有关规定的到事业单位登记管理机关登记为事业单位。

第八条　【民办学校的分级登记】实施本科以上层次教育的非营利性民办高等学校,由省级人民政府相关部门办理登记。实施专科以下层次教育的非营利性民办学校,由省级人民政府确定的县级以上人民政府相关部门办理登记。

第九条　【营利性民办学校的登记】正式批准设立的营利性民办学校,依据法律法规规定的管辖权限到工商行政管理部门办理登记。

【适用要点】前述条文是有关民办学校分类登记的规定。据此,民办学校可以登记为事业单位、民办非企业单位或营利法人,对应的登记机关分别为编办、民政部门、工商行政管理部门(现为市场监管部门)。

(二)相关政策①

1.《中共中央、国务院关于分类推进事业单位改革的指导意见》(中发〔2011〕5 号,2011 年 3 月 23 日公布)

6. 总体目标和阶段性目标。到 2020 年,建立起功能明确、治理完善、运行高效、监管有力的管理体制和运行机制,形成基本服务优先、供给水平适度、布局结构合理、服务公平公正的中国特色公益服务体系。今后 5 年,在清理规范基础上完成事业单位分类,承担行政职能事业单位和从事生产经营活动事业单位的改革基本完成,从事公益服务事业单位在人事管理、收入分配、社会保险、财税政策和机构编制等方面改革取得明显进展,管办分离、完善治理结构等改革取得较大突破,社会力量兴办公益事业的制度环境进一步优化,为实现改革的总体目标奠定坚实基础。

8. 划分现有事业单位类别。在清理规范基础上,按照社会功能将现有事业单位划分为承担行政职能、从事生产经营活动和从事公益服务三个类别。对承担行政职能的,逐步将其行政职能划归行政机构或转为行政机构;对从事生产经营活动的,逐步将其转为企业;对从事公益服务的,继续将其保留在事业单位序列、强化其公益属性。今后,不再批准设立承担行政职能的事业单位和从事生产经营活动的事业单位。

9. 细分从事公益服务的事业单位。根据职责任务、服务对象和资源配置方式等情况,将从事公益服务的事业单位细分为两类:承担义务教育、基础性科研、公共文化、公共卫生及基层的基本医疗服务等基本公益服务,不能或不

---

① 鉴于国务院及国务院办公厅出台的通知、意见等规范性文件不属于行政法规,个别文件政策指导意义较强,故本书将其与各部委的政策性文件统一放在"相关政策"下。

宜由市场配置资源的,划入公益一类;承担高等教育、非营利医疗等公益服务,可部分由市场配置资源的,划入公益二类。具体由各地结合实际研究确定。

【适用要点】该指导意见明确了事业单位分类改革的目标和方向:一是区分了阶段性目标和总体目标,这些目标均已实现。二是将事业单位一分为三,将原来的承担行政职能和从事生产经营活动的事业单位剥离出事业单位之列,仅保留从事公益服务的事业单位,并进一步细分为公益一类和公益二类:公益一类不能或不宜由市场配置资源,公益二类可部分由市场配置资源。

2.《国务院办公厅关于严禁行政机关为经济活动提供担保的通知》(国办发〔1993〕11 号,1993 年 2 月 23 日公布)

各省、自治区、直辖市人民政府,国务院各部委、各直属机构:

近年来,在国内企事业单位借贷活动日益增多的同时,一些单位要求行政机关对这类经济活动提供担保,并承担相应的经济责任。虽然国务院有关部门曾多次发出通知,要求各级行政机关不得为国内企事业单位间的经济活动提供担保,但这种情况仍时有发生。为切实纠正这一问题,经国务院批准,现作如下通知:

一、要充分认识行政机关为经济活动提供担保的危害性。行政机关不具备代偿债务的能力,如承担连带责任,只能扣划机关的工资和业务经费,否则便会引起大量的经济纠纷,甚至形成呆账、死账,影响正常的经济活动和经济秩序,不利于社会主义市场经济体制的建立。对此,各级行政机关必须引起足够的重视。

二、今后各级行政机关一律不得为国内企事业单位间的经济活动提供担保,已经提供担保的,要立即采取有效措施加以纠正。

三、要进一步增强法制观念。对违反规定自行为企事业单位间经济活动提供担保的行政机关,要追究批准人的责任。对因提供担保而引起合同纠纷,造成经济损失的,要对提供担保的行政机关领导人和直接责任人员给予处罚,情节严重的,要依法追究其刑事责任。

【适用要点】该通知尽管历时久远,但其内容与精神仍与《民法典》规定相符,迄今也具有现实意义。

3.《财政部关于规范地方财政担保行为的通知》(财金〔2005〕7 号,2005年 1 月 26 日公布)

各省、自治区、直辖市、计划单列市财政厅(局),新疆生产建设兵团财政局:

根据国务院领导对我部《关于国家开发银行城市建设(打捆)项目贷款

有关财政担保问题的意见》（财预函〔2004〕15号）的批示精神,为了规范地方财政担保行为,现就有关地方财政担保问题通知如下:

一、地方财政应严格遵守有关法律规定、禁止违规担保。根据《预算法》和《担保法》的有关规定及司法解释,地方财政不得打赤字预算,地方各级政府预算安排应由同级人民代表大会审议并通过。地方政府以将来的部分财政收入作为担保,实际上是在人代会通过之前即将部分收入和支出项目固定下来,与《预算法》的规定相抵触。我国《担保法》第八条明确规定:"国家机关不得为保证人,但经国务院批准为使用外国政府或者国际经济组织贷款进行转贷的除外。"因此,地方财政应严格遵守有关法律规定,停止对《担保法》规定之外的贷款或其他债务承担担保责任。

二、对于已构成担保行为的,地方政府要增强信用意识,合理安排还款来源,采取切实措施,督促企业认真履行合同,保证偿还。

三、地方财政应加强地方政府债务管理,包括由地方财政的担保行为而产生的或有债务,将地方政府债务规模控制在合理的、可承受的范围内。

4.《财政部关于禁止各级地方政府或部门违法直接从事担保业务的紧急通知》（财债字〔1999〕第147号,1999年7月9日公布）

各省、自治区、直辖市、计划单列市财政厅（局）:

据反映,目前有些地方政府直接或变相地为基础设施项目贷款提供担保。这种做法如不及时纠正,势必形成新的金融风险。为此,现就有关事项紧急通知如下:

一、各级地方政府和部门要严格执行《担保法》,一律不得直接从事担保业务,但经国务院批准为使用外国政府或者国际经济组织贷款进行转贷提供担保的除外。

二、各级地方政府或部门违法直接从事担保业务或变相提供担保的,必须立即停止,并妥善清理已有的担保业务。

三、经地方政府批准设立的融资担保机构,要面向中小企业重点是中小科技企业;要按商业化原则运作,自主经营,自负盈亏。各级地方政府一律不得指令担保机构为任何项目担保。

四、请各省级财政部门在接到本通知后,尽快转发至地（市）、县财政部门,并立即向本级政府汇报,对本地区融资担保机构的业务开展情况进行监督检查,有关情况应及时上报我部。

【典型案例】

（一）公报案例

中国农业银行股份有限公司吉林市东升支行与吉林市碧碧溪外国语实验学校借款担保合同纠纷执行案【最高人民法院（2015）执申字第 55 号】①

【裁判要旨】（1）豁免执行必须有法律法规的明确规定，现行法律法规中没有规定对教育用地或教育设施豁免执行，学校应以学校的财产包括教育用地与教育设施负担其债务。（2）债权实现与维护社会公共利益之间应当保持平衡，法院采取的执行措施不能影响社会公益设施的使用。为保障社会公益事业发展，保障公众受教育权等基本权益，对教育用地与教育设施的执行不能改变其公益性用途，不能影响实际使用。

【编者评析】本案例的指导意义在于，学校尽管不能仅以公益性为由豁免执行，但法院在执行过程中，要在债权实现与维护社会公共利益之间保持平衡，不能改变教育用地与教育设施的公益性用途。在学校提供担保场合，在债权人实现担保时，该公报案例确立的不能改变教育用地与教育设施的公益性用途的规则同样具有参照适用价值。

（二）参考案例

1. 马鞍山中加双语学校与新时代信托股份有限公司、马鞍山中加投资有限公司、安徽省阳光半岛文化发展有限公司、翟厚圣、陶明珠金融借款合同纠案【最高人民法院（2017）最高法民终 297 号】

【裁判要旨】判断中加双语学校是否具备保证人的主体资格，应以其是否以公益为目的为要件，对此应综合审查其登记情况和实际运行情况。中加双语学校从事办学活动，依法有权向接受教育者收取费用，收取费用是其维持教育教学活动的经济基础，并不能因收取费用而认定其从事营利活动。营利性法人区别于非营利性法人的重要特征，不是"取得利润"而是"利润分配给出资人"。中加双语学校章程明确了出资人暂不收取回报，新时代信托公司也未举证证明中加双语学校通过修改章程，报审批机关批准后收取回报。

---

① 具体可见《最高人民法院公报》2016 年第 11 期。

新时代信托公司以民办学校收取费用和合理回报认为中加双语学校具有营利性，本院不予支持，改判中加双语学校就不能清偿部分承担 1/2 的赔偿责任。

【编者评析】认定民办学校的性质，首先要看其登记。在转轨过程中，实践中并不排除登记为"民办非企业单位"但实际上却从学校分配利润的情形，此时也可以根据真实情况确定其权利义务。当然，《民办教育促进法》2016 年修正前规定，举办者可以获得合理回报，但这并不等同于分配利润，故不能简单地以获得合理回报为由就认定该学校为营利性学校。

2. 赣州市金池资产管理有限公司与宁都县人民政府对外追收债权纠纷案【最高人民法院(2019)最高法民再 280 号】

【裁判要旨】《担保法》第 8 条①明确禁止国家机关作为保证人。保证债务是或然债务，保证人仅在主债务人逾期还款时承担责任，而非必然承担清偿责任。本案中，宁都县政府所作清偿债务的意思表示如认定有效，则其必然要为宁都县化工厂所有债务承担清偿责任。也即宁都县政府上述意思表示将自身置于比保证人更加不利的境地。在国家机关提供的担保应认定无效的情况下，根据举轻以明重的原则，宁都县政府作出为具有破产原因的宁都县化工厂清偿债务的意思表示亦应认定为无效。

---

① 《民法典》第 683 条。

第六百八十四条　【保证合同的内容】保证合同的内容一般包括被保证的主债权的种类、数额，债务人履行债务的期限，保证的方式、范围和期间等条款。

【条文精解】

（一）条文要点

本条是关于保证合同内容的规定，基本沿袭了《担保法》第15条之规定，但略有变化，表现在：一是将原来的"应当包括"改为"一般包括"，突出《民法典》有关保证合同内容的规定总体上属于倡导性条款而非强制性条款；二是将《担保法》第15条第1款分6项的表述改为现有的"列举+兜底"的表述，内容基本相同，只是表述上更加精炼了；三是删除了《担保法》第15条第2款有关"保证合同不完全具备前款规定内容的，可以补正"的表述，但鉴于此乃当然之理，删除并不影响实际适用。

保证合同的内容，又称保证合同的条款，学理上通常将其分为要素、常素和偶素三类。要素又称必备条款，是某一类合同不可或缺的条款，如在买卖合同中，标的物与价款就是不可或缺的条款。要素只能通过当事人的意思表示来确定，不能够通过其他合同条款、交易习惯或者合同法的规定来补正。要素的欠缺意味着当事人未就合同必备条款达成一致，其结果是导致合同不成立。常素是某一类合同通常具备的条款，在有名合同中，当事人未对常素作出约定的，往往可以通过合同法的有关规定来补正。偶素是当事人出于特定交易目的的考虑而作出的特别约定，既可以是对常素的排除，也可以是对交易作出特别约定。对保证合同来说，被保证的主债权种类和数额属于要素，保证合同对主债权种类和数额没有约定或者约定不明，根据主合同和保证合同不能补正或者无法推定的，保证合同不成立。至于保证方式、保证范围和保证期间等条款则属于常素，保证合同没有约定或约定不明的，可以根据《民法典》有关保证合同的规定进行补正，债务人履行债务的期限则依据主合同的约定进行确定。

1. 关于主债权的种类和数额

关于主债权的种类。保证的目的就是担保主债权的实现,因此被保证的主债权的种类是保证合同的必备条款。一旦不能确定被保证的主债权,则保证合同就不能成立,但可以依据无效法律行为的转换原理,将其解释为独立合同。被保证的主债权主要是合同债权,但并不限于合同债权,还包括因单方允诺产生的意定之债,以及因侵权行为、不当得利、无因管理等法律事实产生的法定之债。只不过法定之债的性质决定了,不可能在债权产生时或产生前就订立保证合同,只能是在债权产生后在债的履行环节订立保证合同。

关于主债权的数额。当事人对主债权数额约定不明确,可以协议补充;不能达成补充协议的,按照合同相关条款或者交易习惯确定;依据前述规则仍不能确定的,根据《民法典》第 511 条第 2 项有关"价款或者报酬不明确的,按照订立合同时履行地的市场价格履行"之规定确定。依据前述规则仍不能确定主债权数额的,保证合同不成立。

2. 关于主债务履行期限

一旦主债务人不履行到期债务,债权人就可以请求保证人履行债务或承担责任。可见,主债务履行期限直接关涉保证人的利益。但主债务履行期限往往是在主合同中约定的,保证合同一般不能变更主合同有关主债务履行期限的约定。从这一意义上说,在保证合同中约定主债务履行期限并无实际意义。但在主债务履行没有约定或约定不明的情况下,保证合同中对其予以明确,对防范纠纷的发生具有一定的意义。

3. 关于保证方式

保证方式包括一般保证和连带责任保证,当事人对保证方式约定不明的,依据《民法典》第 686 条之规定,应当推定为是一般保证。应予注意的是,《民法典》改变了《担保法》有关保证方式约定不明时推定为连带责任保证的规定,既回归了民法基本原理,也体现了保证合同作为单务合同,应当优先保护保证人利益的价值判断。

4. 关于保证范围

所谓保证范围,即被保证的主债权范围。依据《民法典》第 691 条的规定,先看当事人有无约定;当事人没有约定或者约定不明的,保证范围包括主债权及其利息、违约金、损害赔偿金等附属债权。

5. 关于保证期间

保证期间约定不明的,依据《民法典》第 692 条第 2 款之规定,保证期间为主债务履行期限届满之日起六个月。约定的保证期间早于主债务履行期限或者与主债务履行期限同时届满的,视为没有约定,同样根据前述规则确定保证期间。

6. 其他条款

当事人还可以在保证合同中约定其他条款,常见的如有关反担保的约定。当事人在保证合同中约定以特定财产价值为限承担保证责任,其性质属于兼具人保与物保特征的非典型保证,此种约定并不违反法律、行政法规的强制性规定,应属合法有效。但当事人在担保合同中约定担保合同的效力独立于主合同,或者约定担保人对主合同无效的法律后果承担担保责任,该有关担保独立性的约定无效。此外,担保的从属性以及保证责任的代负责任性质决定了,当事人不能针对保证合同的履行约定专门的违约责任。即便作了约定,保证人也仅在债务人应当承担责任的范围内承担责任。

(二)适用情况

本条主要适用于认定保证合同是否成立以及如何确定保证责任的范围。具体来说:

1. 关于保证合同是否成立

实践中,当事人经常以保证合同签订时担保债权数额尚未确定为由,主张保证合同未成立。对此,人民法院要按照《民法典》第510条、第511条之规定,按照合同约定、交易习惯、《民法典》规定之顺序解释合同,依照前述规则仍不能确定主债权数额的,应当认可保证合同不成立。保证合同不成立,该合同能够独立生效的,对当事人仍具有约束力。

2. 关于非典型保证

当事人在保证合同中约定以其特定财产的价值范围内承担保证责任,该约定不违反法律、行政法规的强制性规定,应属合法有效。此种保证兼具人保和物保特征,属于非典型保证的范畴。

【相关法律、行政法规】

(一)相关民商事特别法

《中华人民共和国票据法》(1995年5月10日通过,2004年8月28日修正)
第四十六条 【汇票保证的必要记载事项】保证人必须在汇票或者粘单

上记载下列事项：

　　（一）表明"保证"的字样；

　　（二）保证人名称和住所；

　　（三）被保证人的名称；

　　（四）保证日期；

　　（五）保证人签章。

　　第四十七条　【未记载事项的推定】保证人在汇票或者粘单上未记载前条第(三)项的，已承兑的汇票，承兑人为被保证人；未承兑的汇票，出票人为被保证人。

　　保证人在汇票或者粘单上未记载前条第(四)项的，出票日期为保证日期。

　　【适用要点】前述条文是有关汇票保证记载事项的规定。要注意把握以下几点：一是有关票据记载事项的规定，既包括绝对必要记载事项，也包括相对必要记载事项，未记载的效果并不完全相同，此点应予特别注意。二是从体系解释看，表明"保证"字样、保证人名称和住所以及保证人签章，属于绝对必要记载事项，未记载其中任何一项，参照《票据法》第 22 条第 2 款之规定，应当认定汇票保证无效。而被保证人的名称、保证日期则属于相对必要记载事项，未记载不影响汇票保证效力，应当依据该条规定的推定规则确定被保证人以及保证日期。三是关于汇票保证无效的后果，依据《票据规定》第 60 条之规定，票据保证人应当承担与其过错相应的民事责任。具体如何承担，可以依据《民法典担保制度解释》第 17 条来处理。

（二）相关行政法规

《票据管理实施办法》(2011 年 1 月 8 日修订)

　　第十二条　【票据保证人】票据法所称"保证人"，是指具有代为清偿票据债务能力的法人、其他组织或者个人。

　　国家机关、以公益为目的的事业单位、社会团体、企业法人的分支机构和职能部门不得为保证人；但是，法律另有规定的除外。

　　【适用要点】该条是有关票据保证人的概念及资格的规定，其中国家机关、以公益为目的的事业单位、企业法人的职能部门不得为保证人，与《民法典》规定精神基本一致。但依据《民法典》的相关规定，社会团体包括公益法人和其他非营利法人，不能一概否定其保证人资格。另外，依据《民法典》第 74 条之规定，企业法人的分支机构从事的行为相当于企业法人的行为，企业法人具有保证人资格，其分支机构当然也具有保证人资格。该条有关社会团体、企业法人分支机构不得为保证人的规定,与《民法典》规定不一致。依照法律优于行政法规的法律适用规则,应当适用《民法典》的规定。

第十七条 【无效的票据签章】出票人在票据上的签章不符合票据法和本办法规定的,票据无效;背书人、承兑人、保证人在票据上的签章不符合票据法和本办法规定的,其签章无效,但是不影响票据上其他签章的效力。

【适用要点】该条规定与《票据法》精神一致。

第二十三条 【票据记载保证事项】保证人应当依照票据法的规定,在票据或其粘单上记载保证事项。保证人为出票人、付款人、承兑人保证的,应当在票据的正面记载保证事项;保证人为背书人保证的,应当在票据的背面或者其粘单上记载保证事项。

【适用要点】该条是有关票据记载保证事项的规定,要把握以下两点:一是记载的形式是在票据或者其粘单上记载。二是不同的保证人,保证事项的记载形式不同:保证人为出票人、付款人、承兑人保证的,应将保证事项记载在票据的正面;保证人为背书人保证的,应将保证事项记载在票据的背面或者其粘单上。

【司法解释及规范性司法文件】①

(一)司法解释

《最高人民法院关于审理票据纠纷案件若干问题的规定》(法释〔2000〕32 号;法释〔2020〕18 号,2020 年 12 月 23 日修正)

第六十一条 【票据保证必须要载明"保证"字样】保证人未在票据或者粘单上记载"保证"字样而另行签订保证合同或者保证条款的,不属于票据保证,人民法院应当适用《中华人民共和国民法典》的有关规定。

【适用要点】该条是有关票据保证必须要载明"保证"字样的规定。票据的要式性和文义性决定了,票据保证不仅要履行一定的形式,而且还要载明必要记载事项,即保证人要在票据或者其粘单上记载"保证"等字样。不符合前述要求,当事人另行签订的保证合同不属于票据保证;至于是否构成《民法典》规定的保证,要依据该条规定来认定。

---

① 栏目下虽只有一个分栏目(标题),但出于层次性、针对性表达以及再版修订时可能会有更多分类考虑,保留"(一)"的序数使用。全书同。

【部门规章、规范性文件与相关政策】

（一）部门规章

《支付结算办法》（银发〔1997〕393 号，1997 年 9 月 19 日公布）

第二十三条　【票据签章的类型】银行汇票的出票人在票据上的签章，应为经中国人民银行批准使用的该银行汇票专用章加其法定代表人或其授权经办人的签名或者盖章。银行承兑商业汇票、办理商业汇票转贴现、再贴现时的签章，应为经中国人民银行批准使用的该银行汇票专用章加其法定代表人或其授权经办人的签名或者盖章。银行本票的出票人在票据上的签章，应为经中国人民银行批准使用的该银行本票专用章加其法定代表人或其授权经办人的签名或者盖章。

单位在票据上的签章，应为该单位的财务专用章或者公章加其法定代表人或其授权的代理人的签名或者盖章。个人在票据上的签章，应为该个人的签名或者盖章。

支票的出票人和商业承兑汇票的承兑人在票据上的签章，应为其预留银行的签章。

【适用要点】该条是有关票据签章的规定，主要内容为：一是银行汇票（或本票）的出票人的签章，以及银行承兑商业汇票、办理商业汇票转贴现、再贴现时的签章，应为经中国人民银行批准使用的该银行汇票专用章（或本票专用章），加其法定代表人或其授权经办人的签名或者盖章。二是单位在票据上的签章，应为该单位的财务专用章或者公章，加其法定代表人或其授权的代理人的签名或者盖章。个人在票据上的签章，应为该个人的签名或者盖章。三是支票的出票人和商业承兑汇票的承兑人在票据上的签章，应为其预留银行的签章。

第二十四条　【无效的票据签章】出票人在票据上的签章不符合《票据法》、《票据管理实施办法》和本办法规定的，票据无效；承兑人、保证人在票据上的签章不符合《票据法》、《票据管理实施办法》和本办法规定的，其签章无效，但不影响其他符合规定签章的效力；背书人在票据上的签章不符合《票据法》、《票据管理实施办法》和本办法规定的，其签章无效，但不影响其前手符合规定签章的效力。

【适用要点】该条规定与《票据法》《票据管理实施办法》的规定一致。

第三十五条 【票据保证事项的记载】银行汇票、商业汇票和银行本票的债务可以依法由保证人承担保证责任。

保证人必须按照《票据法》的规定在票据上记载保证事项。保证人为出票人、承兑人保证的,应将保证事项记载在票据的正面;保证人为背书人保证的,应将保证事项记载在票据的背面或粘单上。

(二)规范性文件

《中国人民银行关于对中国建设银行江苏省常州红梅分理处有关票据效力问题的答复》(银条法〔1997〕5号,1997年2月4日)

中国建设银行办公室:

你室建办字〔1997〕第2号文收悉。经研究,现答复如下:

一、根据《商业汇票办法》的规定,商业承兑汇票应由收款人签发,经付款人承兑,或由付款人签发并承兑。红梅分理处作为银行,不可能成为商业承兑汇票的当事人,其在汇票签发人盖章处签章不属于出票行为。

二、票据保证行为应严格按照票据法的规定实施。虽然红梅分理处的上述行为发生在票据法实施以前,但可以根据最高人民法院法发〔1995〕19号文《关于认真学习贯彻票据法、担保法的通知》中关于"票据法施行以前发生的票据行为,如果行为发生时没有规定的,可参照票据法的规定"的精神认定其效力。据此,红梅分理处在签章人处盖章的行为不符合票据保证要件,其在票据以外出具的函件亦不构成票据保证行为。

因此,我们认为,红梅分理处不应承担该票据保证责任。

【适用要点】票据保证的签章要符合《票据法》的相关规定,票据保证人的签章不符合《票据法》规定的,其签章无效。相应地,票据保证行为也无效。

【典型案例】

(一)参考案例

1. 中国厦门国际经济技术合作公司与陈兵等委托合同纠纷案【最高人民法院(2018)最高法民终806号】

【裁判要旨】本案主要争议问题在于被保证的主债权数额是否明确。从案涉约定看,该约定从形式上虽未明确表述被保证主债权的具体金额,但关于被保证的主合同及其项下被保证的债务范围的表述是明确的,故《担保书》出具时部分主合同未订立的事实并不影响在该部分主合同订立及主合同项下债务发生后对主债权数额的确定,应当认定案涉《担保书》项下被保证的主债权数额是确定的。陈兵有关案涉《担保书》因欠缺被保证的主债权数额而不成立的主张缺乏事实和法律依据。

【编者评析】主债权数额是保证合同的必备条款,主债权数额不能确定的,保证合同不成立。但在认定主债权数额时,除了看合同约定外,还要按照合同相关条款、交易习惯或者《民法典》有关规定确定。也就是说,应当通过合同解释来确定主债权数额。只有在通过解释后仍不能确定时,方可认定保证合同不成立,本案即属可以通过解释确定主债权数额的情形。

2. 中国工商银行股份有限公司澄迈支行与海南赣丰肥业有限公司金融借款合同纠纷案【最高人民法院(2018)最高法民终 820 号】

【裁判要旨】根据《担保法》第 15 条①关于保证合同内容的规定,保证合同包括被保证的主债权种类、数额,债务人履行债务的期限,保证的方式,保证担保的范围,保证的期间和双方认为需要约定的其他事项。由此可见,按照当事人意思自治原则,法律并不禁止保证合同约定由保证人在一定的财产范围内承担连带保证责任。本案中,四份《保证合同》约定由亿源公司以其名下的采矿权用于履行连带保证责任,可以理解为亿源公司在该采矿权的价值范围内承担连带保证责任,该约定属于《担保法》第 15 条规定的"双方认为需要约定的其他事项",不违反法律的强制性规定,合法有效。一审法院将该约定认定成抵押担保,错误理解了当事人的本意,应予纠正。由于前述采矿权的具体价值随着市场行情和运营情况的变化而变动,其对应的具体金额在本案审理中不宜直接予以认定。案涉采矿权具体价值如何,能否最终担保案涉债权实现只有在执行程序中才能确定,但不因此影响在实体上对亿源公司责任承担的认定。

【编者评析】保证作为信用保证,保证人应当以其全部责任财产在其保证责任范围内承担保证责任。但是法律并不禁止保证合同约定由保证人在一定的财产范围内承担保证责任。此种约定兼具了人保和物保特点,实际上是有关非典型保证的约定,并不违反法律、行政法规的强制性规定,依法应属有效。该案表明,人保与物保之间的区分并非泾渭分明,而是密切联系的。

---

① 《民法典》第 684 条。下同。

第六百八十五条 【保证合同的形式】保证合同可以是单独订立的书面合同,也可以是主债权债务合同中的保证条款。

第三人单方以书面形式向债权人作出保证,债权人接收且未提出异议的,保证合同成立。

【条文精解】

(一)条文要点

本条是有关保证合同形式的规定,其中第 1 款来源于《担保法》第 13 条,但予以了细化;第 2 款来源于《担保法解释》第 22 条第 1 款。

1. 保证合同是要式合同

保证合同为单务合同,为使保证人谨慎从事保证行为,保证合同必须采取书面形式。当事人口头承诺提供保证的,因缺乏法定形式,视为保证合同不成立。

2. 保证合同的形式

保证合同的书面形式,大体包括以下情形:

(1)单独订立独立于主合同的保证合同。

(2)在主合同中约定保证条款。

(3)第三人以书面形式向债权人作出保证,债权人接收且未提出异议的。从形式上看,此种保证看似属于单方允诺,但实质其仍然属于保证合同,保证人以书面形式向债权人作出的保证属于要约,债权人在接收后未提出异议,则是以默示方式作出承诺。依据《民法典》第 140 条之规定,行为人可以明示或者默示作出意思表示;沉默只有在有法律规定、当事人约定或者符合当事人之间的交易习惯时,才可以视为意思表示。本条即属法律明确规定承诺可以视为意思表示的情形。之所以将债权人的沉默视为作出承诺的意思表示,与保证合同系单务合同有关。在单务合同中,仅保证人承担义务,债权人仅享有权利无须承担义务。因此,将债权人的沉默推定为作出了承诺的意思表示对债权人并无不利,也与债务人明确承诺提供保证的意思相一致。

关于保证人在主合同上以"保证人"身份签字、盖章或捺指印是否构成有效的保证问题，《担保法解释》第 22 条第 2 款对此种形式予以肯定，认为其是保证合同的一种形式。因为保证人在主合同上以"保证人"身份签字，相当于在主合同中约定了保证条款，属于第二种情形的特殊情形。而主合同有关主债权种类及数额的约定，同时也构成保证合同的必备条款，保证合同依法成立。至于保证方式、保证范围、保证期间等均可依法予以确定。但也有观点认为，《民法典》第 685 条第 2 款在基本沿袭该司法解释第 1 款规定的情况下，未将该司法解释第 2 款纳入《民法典》，表明立法者并未认可此种保证合同形式。应当看到，此种情形在实践中较为常见，故是否将其认定为保证合同可谓兹事体大。此前的司法实践是一直将其认定为保证的，但保证合同毕竟属于单务合同、无偿合同，对保证人的优先保护是《民法典》重要的价值导向，尤其是实践中很多自然人在尚不清楚保证的重要意义的情况下，就稀里糊涂地在合同书上签字，结果却要承担保证责任，甚至导致倾家荡产。为促使当事人慎重从事保证行为，本书认为，不应再将此种形式作为保证的书面形式。

（二）适用情况

本条主要用于确定保证合同是否已经依法成立，实践中主要问题为：

1. 公司有关对外担保的决议能否作为保证合同

股东会决议或董事会决议作为公司的决策方式，本身不能作为保证合同。但当公司将其交付给债权人，债权人接收后并未提出异议的，可以依据本条第 2 款之规定，认定双方已经订立了保证合同。

2. 第三人提供的承诺函能否构成保证合同

此种承诺函能否构成保证合同，一是要看承诺函是否有愿意承担保证责任的意思表示，二是要看是否向债权人发送。第三人单方出具的承诺函不是向债权人出具的，仍不构成保证合同。

3. 要区别保证合同与保证合同的预约

当事人在合同书中尽管约定第三人为债务人的债务提供担保，但明确待项目决算后另行签订保证合同的，此时保证合同在当事人之间并未订立，仅是双方订立保证合同的预约，不能据此认定双方成立保证合同关系。

【相关法律、行政法规】

（一）相关民商事特别法

《中华人民共和国票据法》（1995 年 5 月 10 日通过,2004 年 8 月 28 日修正）

第四十六条 【汇票保证的必要记载事项】保证人必须在汇票或者粘单上记载下列事项:

（一）表明"保证"的字样;

（二）保证人名称和住所;

（三）被保证人的名称;

（四）保证日期;

（五）保证人签章。

【适用要点】该条强调有关汇票保证的记载事项必须要"在汇票或者粘单"上记载,有别于《民法典》规定的保证的书面形式。

（二）相关行政法规

《票据管理实施办法》（2011 年 1 月 8 日修订）

第二十三条 【票据记载保证事项】保证人应当依照票据法的规定,在票据或者其粘单上记载保证事项。保证人为出票人、付款人、承兑人保证的,应当在票据的正面记载保证事项;保证人为背书人保证的,应当在票据的背面或者其粘单上记载保证事项。

【适用要点】该条强调应当将保证事项记载在"票据或者其粘单"上。具体是在票据的正面记载,还是在票据的背面或者其粘单上记载,则因保证人的不同而不同。

【司法解释及规范性司法文件】

（一）司法解释

《最高人民法院关于审理票据纠纷案件若干问题的规定》（法释〔2000〕32 号;法释〔2020〕18 号,2020 年 12 月 23 日修正）

第六十一条 【票据保证必须要载明"保证"字样】保证人未在票据或者

粘单上记载"保证"字样而另行签订保证合同或者保证条款的,不属于票据保证,人民法院应当适用《中华人民共和国民法典》的有关规定。

【适用要点】票据保证除了要记载"保证"字样外,还要在"票据或者粘单"上记载,二者缺一不可。换言之,在其他介质上记载"保证"字样的,同样不构成票据保证。此时,即便当事人另行签订了保证合同,也不属于票据保证;至于是否构成《民法典》规定的保证,要依据该条规定来认定。

【部门规章、规范性文件与相关政策】

(一)部门规章

《支付结算办法》(银发〔1997〕393 号,1997 年 9 月 19 日公布)

第三十五条　【票据保证事项的记载】银行汇票、商业汇票和银行本票的债务可以依法由保证人承担保证责任。

保证人必须按照《票据法》的规定在票据上记载保证事项。保证人为出票人、承兑人保证的,应将保证事项记载在票据的正面;保证人为背书人保证的,应将保证事项记载在票据的背面或粘单上。

【典型案例】

(一)参考案例

1. 青岛捷能发电设备成套有限公司与嘉峪关奥福凯盛节能有限责任公司等建设工程施工合同纠纷案【最高人民法院(2019)最高法民终 1681 号】

【裁判要旨】青岛捷能公司与南京凯盛公司、奥福能源公司之间就奥福凯盛公司欠付青岛捷能公司工程垫资款本息的担保问题进行了协商,但双方最终并未签订担保合同。《担保法》第 13 条①规定:"保证人与债权人应当以书面形式订立保证合同。"在双方未签订担保合同明确担保方式为保证担保的前提下,青岛捷能公司请求南京凯盛公司、奥福能源公司承担连带保证责任不能成立。

---

① 《民法典》第 685 条。下同。

【编者评析】从本案情况看，当事人尽管有担保意向，但明确约定待案涉项目正式决算确定后再另行签订担保协议，该约定表明当事人并未签订正式的担保合同。

2. 重庆朝天门国际商贸城股份有限公司与重庆商投石化有限公司企业借贷纠纷案【最高人民法院（2018）最高法民终 816 号】

【裁判要旨】商投石化公司作出的《董事会决议》载明，经与重庆商贸公司协商同意，会议决定由商投石化公司股东方重庆商业投资集团有限公司（以下简称商投集团公司）、北京贸易公司、青岛化工公司按股比分三次共同向重庆商贸公司担保，并出具保证文件。因该《董事会决议》系公司内部文件，其意思表示的效力并不能当然及于公司之外的第三方。因设定保证法律关系是保证人和债权人之间的法律行为，该种行为要求双方当事人意思表示达成一致，而达成一致的过程应是两个意思表示双向交流的过程。同时，根据《担保法》第 13 条"保证人与债权人应当以书面形式订立保证合同"之规定，保证法律关系的成立还要求通过一定的法律形式表现出来。因此，《董事会决议》中有关北京贸易公司、青岛化工公司对商投石化公司债务提供担保的决议内容，并不能证明北京贸易公司、青岛化工公司与重庆商贸公司建立了民事法律关系。

【编者评析】董事会决议作为公司的决策方式，只能依据章程的规定决定公司对外担保事项。案涉董事会决议决定由公司的股东为公司提供担保，股东作为独立于公司的主体，需要通过自己的公司决议程序来决定对外担保事项，故仅目标公司的董事会决议尚不足以决定股东的对外担保事项。另外，公司决议程序毕竟属于内部决策程序，不能直接作为确定公司与债权人之间权利义务的依据。债权人依据董事会决议请求公司承担担保责任，必须要举证证明该董事会决议已经外化为一个独立的担保合同，否则，其诉讼请求就不应得到支持。

3. 天津市崔明饲料有限公司与天津银湖投资咨询有限公司企业借贷纠纷再审案【最高人民法院（2018）最高法民申 2884 号】

【裁判要旨】案涉《担保人股东会/董事会决议》虽属公司内部文件，但崔明公司已将其交付给了银湖公司，且载明了崔明公司愿意为吉奥公司与银湖公司之间借款提供连带责任保证、保证额度等内容，构成了保证的基本内容，故应视为有效的书面担保文件。

【编者评析】董事会决议决定公司对外提供担保，公司将该决议交付债权人,债权人接收且不表示异议的,属于《民法典》第 685 条第 2 款规定的保证合同的合法形式。即董事会决议有关公司承担保证责任的内容成为保证合同的条款,公司将该董事会决议交付债权人性质上属于要约,债权人以默示方式作出了订立保证合同的承诺,保证合同成立。

4. 体奥动力(北京)体育传播有限公司与杨宇涛等借款合同纠纷案【北京市高级人民法院(2020)京民终 675 号】

【裁判要旨】杨宇涛在《保证书》的尾部"保证人"处签字,应当知道"保证人"一词的含义及其法律后果,应视为具有为案涉债务提供保证的意思表示,应当依法承担保证责任。

【编者评析】该案例确立的裁判规则是此前司法实践的惯常做法,但基于《民法典》优先保护保证人的价值判断,以及保证合同作为单务、无偿合同,在出现不同解释时应当作有利于保证人解释的解释规则,该规则不应再予适用。

第六百八十六条　【保证方式及其推定规则】保证的方式包括一般保证和连带责任保证。

当事人在保证合同中对保证方式没有约定或者约定不明确的,按照一般保证承担保证责任。

【条文精解】

(一)条文要点

本条是有关保证方式及其推定规则的规定,是在《担保法》第16条和第19条基础上整合而成的。其中第1款有关保证方式的规定,内容与《担保法》第16条相同,仅表述方式有所不同而已。第2款有关保证方式的推定规则,来源于《担保法》第19条,但将当事人对保证方式没有约定或者约定不明确的推定规则,由原来的推定为"连带责任保证"修改为推定为"一般保证",可以说是《民法典》关于保证制度最大的变化。

1. 两种保证方式的异同

保证的方式包括一般保证和连带责任保证,二者的主要区别在于,保证人是否享有先诉抗辩权,即一般保证中保证人享有先诉抗辩权,连带责任保证中的保证人则不享有此种权利。是否享有先诉抗辩权进一步导致二者存在以下区别:

一是导致保证期间制度失效的事由不同。保证期间是债权人请求保证人承担保证责任的期间,只要债权人在该期间内依法行使了权利,保证人就不再受保证期间制度的保护,保证期间制度也因完成了其保护保证人合法权益的使命而失去其效力。从这一意义上说,债权人正确的行使权利是保证期间制度失效的事由。依据《民法典》第693条之规定,一般保证中,债权人只有在保证期间内通过对债务人提起诉讼或者申请仲裁的方式,才导致保证期间制度失效。债权人直接向保证人主张权利,或者没有通过起诉或仲裁方式向债务人主张权利的,均不导致保证期间制度失效。而连带责任保证中,债权人必须要直接向保证人主张权利,向债务人主张权利不导致保证期间制度失效。另外,行使权利的方式是请求保证人承担保证责任,既可以通过起诉或仲裁方式,也可以是其他方式,实践中更为常见的是诉讼或仲裁以外的方式。

二是保证期间与诉讼时效的关系不同。依据《民法典》第 694 条之规定,连带责任保证中,债权人只要在保证期间内请求保证人承担保证责任,该请求既是保证期间制度失效的事由,同时也是开始计算保证债务诉讼时效的事由。可见,在连带责任保证中,保证期间的失效与诉讼时效的起算是同时发生、"无缝对接"的。而在一般保证中,债权人以债务人和保证人为共同被告一并起诉的,保证期间与诉讼时效制度同时完成其使命,不存在诉讼时效起算问题,但鉴于保证人享有先诉抗辩权,故存在执行时效问题,即在债权人就债务人财产执行无效果时,可在执行时效内申请执行保证人的财产。一般保证中,债权人也可以先起诉债务人然后再起诉保证人,此时保证债务的诉讼时效从保证人拒绝承担保证责任的权利消灭之日起开始计算。所谓"拒绝承担保证责任的权利消灭之日",同样指的是债权人就债务人财产依法强制执行仍不能履行,主要指是出现《民法典》第 687 条第 2 款"但书"部分的四种例外情形。不论何种情形,保证期间制度失效与保证债务的执行时效或诉讼时效之间必定会存在一段时间差,该时间差既包括主债权债务关系经诉讼或仲裁确定的时间,也包括债务人财产依法强制执行仍不能履行的执行期间。

三是财产保全措施不同。连带责任保证中,保证人要与债务人承担连带责任,债权人自然可以一并申请对保证人的财产进行保全。而在一般保证中,保证人享有先诉抗辩权,故理论上债权人应当先对债务人的财产申请保全,只有在保全的债务人财产不足以清偿债务时,才能申请对保证人的财产进行保全。但实践远比理论复杂,有的案件在立案受理时,法院难以判断是否属于连带责任保证,原告一般在起诉时同时申请诉讼保全——更何况还有诉前保全的情形,在保证责任性质无法判明的情况下,只能先对保证人的财产进行保全。由此带来的问题是,如果已经对保证人的财产进行了保全,何时可以解除保全? 在审理中,一审法院肯定不敢,即便一审判决后,一审法院也不敢,因为担心二审会改变对于保证性质的认定结论。还有一个问题是,即便在保全时就可以明确是一般保证,但在对主债务人的财产保全中,很多财产保全是轮候查封,此时如何计算保全数额? 如何判断对于主债务人的查封财产是否足额? 当一般保证人是主债务人的关联公司时,先对主债务人查封,还有可能出现保证人转移财产等情况。所有这些情况都可能影响《民法典担保制度解释》第 26 条对一般保证人诉讼保全规定的适用,这就有必要依据司法实践情况,进一步完善并细化针对一般保证人的保全措施。

四是裁判结果不同。连带责任保证中,债权人一并起诉债务人和保证人的,人民法院可以径行判令债务人和保证人承担连带责任。而在一般保证中,债权人也可以一并起诉债务人和保证人,但是人民法院在作出判决时,除有《民法典》第 687 条第 2 款但书规定的情形外,应当在判决书主文中明确,保证人仅对债务人财产依法强制执行后仍不能履行的部分承担保证责任。

但也要看到,一般保证与连带责任保证具有以下共同点:一是二者都是从属性保证,有别于独立保函。从属性保证的性质决定了,债权人可以单独起诉债务人,也可以一并起诉债务人和保证人,但不能仅起诉保证人。一般保证比较好理解,对连带责任保证,有观点认为,从《民法典》第 688 条第 2 款的规定看,债权人可以单独起诉保证人。本书认为,连带责任保证也是从属性保证,保证合同同样因主合同的无效而无效,如果不让债务人参加诉讼进而确定主合同的效力,就难以准确认定连带责任保证合同的效力。因而,连带责任保证中,债权人尽管可以直接起诉保证人,但债务人必须要以第三人或共同被告的身份参加诉讼,以便准确认定保证合同的效力。二是一般保证人享有“先诉”抗辩权,并不意味着债权人只能先起诉债务人然后再起诉保证人,债权人也可以一并起诉债务人和一般保证人,只是在判项上与连带责任保证要有所区别。三是在主管和管辖上,都要适用《民法典担保制度解释》第 21 条确定的规则,并不因保证方式的不同而有所区别。

2. 保证方式推定规则的变化

《担保法》第 19 条从保障债权实现出发,规定保证方式没有约定或者约定不明的,推定为连带责任保证。在《民法典》制定过程中,有学者认为,此种规定值得商榷,主要原因在于:一是从民法原理看,保证合同是单务合同,保证人并未享受相应的利益,从平衡当事人利益出发,在没有约定或约定不明时,要优先考虑保护保证人的利益。二是从连带责任的法理看,连带责任必须基于法律的明确规定或者当事人的明确约定,没有约定或约定不明的,自然不能承担连带责任。三是从中国国情看,保证人碍于情面提供保证,甚至“拉郎配”的情形在实践中都不鲜见,让保证人承担过重的责任不符合我国国情。四是从社会效果看,如果保证责任过重,大家都不愿意提供保证,可能会加剧融资难融资贵问题。正是基于前述考虑,本条第 2 款改变了《担保法》第 19 条之规定,改采现有规定。

为避免推定规则的滥用,实践中要坚持意思表示解释规则(或认定规则)优先于推定规则。即首先要通过解释当事人的真实意思来"认定"某一保证究竟是连带责任保证还是一般保证。依据《民法典担保制度解释》第25条之规定,当事人在保证合同中约定了保证人在债务人不能履行债务或者无力偿还债务时才承担保证责任等类似内容,具有债务人应当先承担责任的意思表示的,应当将其认定为一般保证。反之,当事人在保证合同中约定了保证人在债务人不履行债务或者未偿还债务时即承担保证责任、无条件承担保证责任等类似内容,不具有债务人应当先承担责任的意思表示的,应当将其认定为连带责任保证。只有在依据解释规则仍不足以认定某一保证性质的情况下,才能采用推定规则。

此外,还要注意区别民事保证和商事保证。《民法典》采民商合一模式,推定规则主要是针对民事保证而言的。在商事保证中,有些法律法规直接规定某种保证属于连带责任保证,如票据保证、公开发行可转换公司债券提供的保证都是连带责任担保;有的尽管没作具体规定或约定,如某一差额补足函件被认定为是保证时,要通过解释规则的合理运用,揭示当事人的真实意思,尽可能地将该保证解释为是连带责任保证。

(二)适用情况

本条主要用于认定保证合同成立后,在协议未约定保证类型的情况下,如何认定保证的类型。在此过程中,虽然要关注保证合同中有关保证人责任的表述,如究竟是保证人在债务人不能履行债务或者无力偿还债务时才承担保证责任,还是在债务人不履行债务或者未偿还债务时即承担保证责任、无条件承担保证责任,但关键还是要看保证人是否享有先诉抗辩权。在此过程中,务必要注意解释规则与推定规则的关系,不可泛化适用推定规则。

【司法解释及规范性司法文件】

(一)司法解释

1.《最高人民法院关于适用〈中华人民共和国民法典〉有关担保制度的解释》(法释〔2020〕28号,2020年12月25日通过)

第二十五条　【保证方式的认定】当事人在保证合同中约定了保证人在

债务人不能履行债务或者无力偿还债务时才承担保证责任等类似内容,具有债务人应当先承担责任的意思表示的,人民法院应当将其认定为一般保证。

当事人在保证合同中约定了保证人在债务人不履行债务或者未偿还债务时即承担保证责任、无条件承担保证责任等类似内容,不具有债务人应当先承担责任的意思表示的,人民法院应当将其认定为连带责任保证。

【适用要点】该条是有关保证认定规则或解释规则的规定,准确理解该条,要注意以下几点:一是该条优先于推定规则适用。即只有经解释仍不能确定保证方式时,才能适用推定规则。二是解释规则的关键是,看保证人有无先诉抗辩权,即债权人应否先执行债务人的财产,至于具体表述是"不能"履行还是"不"履行,则不可拘泥。三是在适用解释规则时要区别民事保证还是商事保证,商事保证一般倾向于认定是连带责任保证。

第三十六条　【增信措施的性质】第三人向债权人提供差额补足、流动性支持等类似承诺文件作为增信措施,具有提供担保的意思表示,债权人请求第三人承担保证责任的,人民法院应当依照保证的有关规定处理。

第三人向债权人提供的承诺文件,具有加入债务或者与债务人共同承担债务等意思表示的,人民法院应当认定为民法典第五百五十二条规定的债务加入。

前两款中第三人提供的承诺文件难以确定是保证还是债务加入的,人民法院应当将其认定为保证。

第三人向债权人提供的承诺文件不符合前三款规定的情形,债权人请求第三人承担保证责任或者连带责任的,人民法院不予支持,但是不影响其依据承诺文件请求第三人履行约定的义务或者承担相应的民事责任。

【适用要点】该条是有关增信措施性质的规定。增信措施最终可以归于债务加入、保证(包括连带责任保证与一般保证)、独立合同、安慰函等四类。准确认定增信文件的性质,要按照"安慰函—独立合同—债务加入—连带责任保证/一般保证"的逻辑顺序认定某一增信措施的性质。在确定某一增信措施属于保证的情况下,还要依据解释规则或推定规则认定是连带责任保证还是一般保证。

2.《最高人民法院关于审理独立保函纠纷案件若干问题的规定》(法释〔2016〕24号;法释〔2020〕18号,2020年12月23日修正)

第三条　【独立保函的识别】保函具有下列情形之一,当事人主张保函性质为独立保函的,人民法院应予支持,但保函未载明据以付款的单据和最高金额的除外：

（一）保函载明见索即付；

（二）保函载明适用国际商会《见索即付保函统一规则》等独立保函交易示范规则；

（三）根据保函文本内容，开立人的付款义务独立于基础交易关系及保函申请法律关系，其仅承担相符交单的付款责任。

当事人以独立保函记载了对应的基础交易为由，主张该保函性质为一般保证或连带保证的，人民法院不予支持。

当事人主张独立保函适用民法典关于一般保证或连带保证规定的，人民法院不予支持。

【适用要点】该条是有关独立保函识别的规定，明确独立保函既不是一般保证也不是连带责任保证。

【典型案例】

（一）公报案例

中国信达资产管理公司贵阳办事处与贵阳开磷有限责任公司借款合同纠纷案【最高人民法院（2008）民二终字第 106 号】①

【裁判要旨】区分连带责任保证和一般保证的重要标志就是保证人是否享有先诉抗辩权，即债权人是否必须先行对主债务人主张权利并经强制执行仍不能得到清偿时，方能要求保证人承担保证责任。上述借款合同中的第一种表述，只要贷款达到约定期限仍未归还，即将担保方与借款方的责任一并对待，并未区分保证人应否在主债务人客观偿还不能，即先向主债务人主张权利不能后，方承担保证责任，因此，此处保证责任约定是清楚的，为连带责任保证。上述借款合同中的第二种表述有"不能"字样，如单纯使用"不能"字样，则具有客观上债务人确无能力偿还借款的含义，此时保证人方承担保证责任可以认定为一般保证责任。但是，该"不能"字样是与"按期"结合在一起使用，则不能将其理解为确实无力偿还借款的客观能力的约定，仅是表明到期不能偿还即产生保证责任。因此，第二种表述亦应认定为连带保证责

---

① 具体可见《最高人民法院公报》2009 年第 10 期。

任。《借款担保书》则更为明确地将保证责任界定为无条件承担,亦为约定清楚的连带责任保证。综上,本案讼争的保证责任为连带责任保证。

【编者评析】本案的指导意义在于,如何运用解释规则认定某一保证究竟是连带责任保证还是一般保证。在此过程中,要把握以下几点:一是意思表示的解释规则优先于推定规则,换言之,推定规则是难以通过解释规则认定保证方式时不得已才采用的规则;二是解释规则的关键在于看保证人是否享有先诉抗辩权,而不能简单地认为只要有"不能履行"字样的就是一般保证,有"不履行"字样的就是连带责任保证。

(二)参考案例

贵州蓝雁投资实业有限公司与刘永采矿权转让合同纠纷案【最高人民法院(2016)最高法民终 780 号】

【裁判要旨】案涉《煤矿收购协议书》关于蓝雁公司担保责任的约定为"若因甲方(朝阳煤矿)不能及时付款",则"无条件承担余款的支付责任"。基于上述法律规定,并结合协议相关条文的规定,一审法院理解"'不能及时付款'强调的是履行期限问题即是否应按约定时间如期履行,不同于'不能付款'",据此认定蓝雁公司应对案涉债务承担连带责任并无不当。蓝雁公司关于"不能及时付款"是"不能付款"的下位概念,其应为一般保证人的主张缺乏明确的合同依据。

第六百八十七条　【一般保证及先诉抗辩权】当事人在保证合同中约定,债务人不能履行债务时,由保证人承担保证责任的,为一般保证。

一般保证的保证人在主合同纠纷未经审判或者仲裁,并就债务人财产依法强制执行仍不能履行债务前,有权拒绝向债权人承担保证责任,但是有下列情形之一的除外:

(一)债务人下落不明,且无财产可供执行;

(二)人民法院已经受理债务人破产案件;

(三)债权人有证据证明债务人的财产不足以履行全部债务或者丧失履行债务能力;

(四)保证人书面表示放弃本款规定的权利。

【条文精解】

(一)条文要点

本条是有关一般保证及先诉抗辩权的规定,在《担保法》第 17 条基础上经修改而成。较之于《担保法》第 17 条,有两处主要变化,体现在保证人不得行使先诉抗辩权的例外情形上:一是将《担保法》第 17 条第 3 款第 1 项"债务人住所变更,致使债权人要求其履行债务发生重大困难的"改为"债务人下落不明,且无财产可供执行"。删掉了"债务人住所变更"的前置条件,并且在《担保法解释》第 25 条规定基础上,将"债权人要求其履行债务发生重大困难"进一步明确为"债务人下落不明,且无财产可供执行"。二是增加规定了"债权人有证据证明债务人的财产不足以履行全部债务或者丧失履行债务能力"的情形,作为第 2 款第 3 项。至于将原来的三款改为目前的两款、删掉原第 3 款第 2 项有关"中止执行程序"这一赘语等,仅是表述上的变化,与原规定相比并无实质区别。准确理解本条,必须要解决以下问题:

1. 一般保证中,债权人能否一并起诉保证人?

该问题涉及如何理解先诉抗辩权的概念问题。有观点认为,所谓先诉抗辩权,顾名思义,债权人只能先起诉债务人,只有在对债务人的债权先行确定并经依法强制执行无效果后,才能再起诉保证人。在此种观点看来,债权人不能在起诉债务人的同时一并起诉保证人。在《民法典担保制度解释》起草过程中,此种观点一度甚嚣尘上,经研究,该解释最终并未采纳此种观点,而是认为债权人可以一并起诉保证人,主要理由是:

一是立法与司法实践均无实质变化。如前所述,本条来自《担保法》第17条,与《担保法》第17条相比,总体上看立法上并无实质变化。从相关司法解释的规定看,不论是《民间借贷规定》第4条第2款,还是《民事诉讼法解释》第66条,以及《担保法解释》第125条,均认为债权人可以一并起诉一般保证人。司法实践中,债权人往往也是在起诉债务人的同时一并起诉一般保证人的。如果不允许一并起诉,可谓彻底颠覆了此前的司法实践。

二是不允许一并起诉不具有可操作性。在债权人一并起诉债务人和保证人的情况下,在立案阶段,人民法院很难去认定某一个保证究竟是一般保证还是连带责任保证。即便认定为是一般保证,法院可能的处理方式有二:其一,先行驳回针对一般保证人的起诉,鉴于该类裁定本身能够上诉,在债权人提起上诉的情况下,将会出现针对债务人的诉讼在一审法院审理,而针对保证人的诉讼在上级法院审理,从而出现一案分开到两级法院审理的问题。其二,一审法院在全部案件审理完毕后,针对债务人的诉讼请求作出实体判决,而裁定驳回针对一般保证人的起诉。而在认定该保证为一般保证以及是否已过保证期间时,实质上已经进行了实体审理。如果要等到一般保证的诉讼时效开始起算时再次提起诉讼,确有浪费司法资源之嫌。另外,在前一针对一般保证人的起诉已经被驳回的情况下,债权人还可能面临着"一事不再理"的程序障碍。

三是不允许一并起诉有悖保护一般保证人的立法目的。先诉抗辩权的目的在于更好地保护一般保证人,但不允许一并起诉可能会背离这一目的。如果只能先起诉主债务人,并且就主债务人的财产执行不能时才允许债权人起诉一般保证人,在主合同约定较高违约金的情况下,保证人承担责任的时间越往后拖,对其越不利,因为其要承担更多的违约金。对一个诚信的保证人来说,其摆脱保证债务的周期就会被拉得更长,不利于其及时结清债务。从调研的情况看,不少企业担心过长的承担或然债务的期间将不利于其合理分散风险,从而表示更愿意承担连带责任保证。

四是不允许一并起诉不符合救济的多元性。如果当事人通过约定,将其债权经公证后赋予强制执行效力,一旦债务人不履行债务,债权人可以向人民法院申请强制执行,此时就不存在先诉债务人的问题。再如,主合同以及担保合同均约定仲裁,则当事人去申请仲裁时,由仲裁庭驳回对一般保证人的仲裁申请,等到对债务人执行不能时再来申请仲裁。如果仅担保合同约定仲裁,依据前述做法,在当事人针对主债务人提起诉讼前,仲裁庭将不能受理仲裁申请。这既与目前的仲裁实践不符,也背离了当事人意思自治的原则。

五是不允许一并起诉不符合比较法的通常做法。从比较法上看,多数国家的法律是将一般保证人的先诉抗辩权与"经强制执行无效果"联系起来,而非先起诉主债务人联系在一起的。法国、德国、日本、我国台湾地区等国家或地区的民法典等莫不作如此规定。从我国《民法典》来看,其表述与前述民法典规定大致相同。在此情况下,应将其理解为"先执行抗辩"而非"先诉抗辩"。

当然,允许债权人一并起诉一般保证人,并不意味着一般保证人要直接与债务人承担连带责任,这就有必要在判决书主文中明确,保证人仅对债务人财产依法强制执行后仍不能履行的部分承担保证责任。同时,为避免出现一般保证人因财产被保全而事实上提前承担民事责任现象,还有必要对针对一般保证人的财产保全措施进行限制,即债权人在未对债务人的财产申请保全,或者保全的债务人的财产足以清偿债务的情况下,债权人不能直接申请对一般保证人的财产进行保全。

2. 债权人能否仅起诉一般保证人?

一般保证中,债权人仅起诉保证人的,人民法院应当如何处理,相关司法解释的表述未尽一致。《民间借贷规定》第 4 条第 2 款规定,人民法院应当依职权追加借款人为共同被告;而《民事诉讼法解释》第 66 条则规定,人民法院应当通知被保证人作为共同被告参加诉讼。"通知"和"追加"尽管表述有所不同,但共同的旨趣都是,人民法院应当主动行使职权,让主债务人作为共同被告参加到诉讼中来。但《民法典担保制度解释》第 26 条第 1 款却规定:一般保证中,"债权人未就主合同纠纷提起诉讼或者申请仲裁,仅起诉一般保证人的,人民法院应当驳回起诉"。该规定是否意味着变更了前述司法解释的精神?本书认为,该司法解释起草过程中,对先诉抗辩权的争议较大,远不像前述司法解释起草时对此几乎没有争议。在此背景下,该条尽管在表述上作了相应妥协,但较之于前述司法解释,其基本精神并未有根本改变。故应当将该条规定与前述司法解释作体系解释,即在债权人仅起诉一般保证人时,人民法院应当向债权人释明,告知其是否愿意申请追加债务人为共同被告,如果其愿意的,人民法院应当依其申请追加债务人为共同被告;经释明后拒绝申请追加的,则驳回起诉。如此一来,其效果基本等同于前述两个司法解释,只是更加强调了当事人的处分权,弱化了人民法院的职权色彩。

3. 如何理解先诉抗辩权消灭的法律后果?

依据本条第 2 款"但书"规定,一旦出现本条第 2 款规定的四种除外情形,保证人的先诉抗辩权消灭,这是否意味着一般保证将转化为连带责任保证? 相应地,债权人也能够直接起诉保证人? 有观点就认为,出现本条第 2 款规定的任一除外情形,都表明保证人丧失了先诉抗辩权,而丧失了先诉抗辩权的一般保证性质或效力上同于连带责任保证,债权人可以直接起诉保证人。

本书认为,此种观点值得商榷,因为丧失了先诉抗辩权的一般保证仍然是一般保证,并没有转变为连带责任保证,其在保证期间、诉讼时效等方面与连带责任保证仍有很大区别。在一般保证中,保证人除了享有先诉抗辩权外,还受保证期间制度的保护。且债权人只有在保证期间内通过对债务人提起诉讼或者申请仲裁等方式依法行使权利,使保证期间制度丧失对保证人的特别保护效力后,才可能请求保证人承担责任,从而才可能涉及先诉抗辩权是否丧失的问题。换言之,先诉抗辩权是后于保证期间制度的对保证人给予保护的制度,在使保证期间制度失效前,一般保证人援引保证期间制度就足以保护自身权益,谈不上也无须援引先诉抗辩权。从《民法典》第 694 条的规定看,一般保证中,从保证人拒绝承担保证责任的权利消灭之日开始计算保证债务的诉讼时效。该条所谓的"拒绝承担保证责任的权利",指的就是先诉抗辩权;该权利消灭,就是先诉抗辩权消灭,即本条第 2 款"但书"规定的四种除外情形。

总之,先诉抗辩权是与诉讼时效或执行时效相联系的制度,债权人只有在依法行使权利,突破了保证期间制度对保证人的特别保护后,才存在绕开先诉抗辩权制度直接向一般保证人主张权利的问题。在债务人破产情况下,债权人依法行使权利的方式不再是提起诉讼或申请仲裁,而是在破产程序中申报债权。债权人一经申报债权,保证期间制度失效,依据本条规定,一般保证人也不再享有先诉抗辩权;依据《民法典担保制度解释》第 23 条之规定,债权人可以在申报债权的同时直接起诉一般保证人。反之,如果债权人未依法申报债权,表明其未依法行使权利,一般保证人仍受保证期间制度的保护,债权人还不能直接起诉一般保证人;经释明后仍坚持起诉的,应当驳回其起诉。

(二)适用情况

本条主要适用于以下情形:

一是一般保证在起诉时如何确定被告问题。主要涉及因主债务人涉及刑事犯罪、破产等场合,债权人能否仅起诉保证人以及应否追加债务人为共同被告的问题。对此,现行有效的有关司法解释规定并不完全一致,但总体的精神是要将债务人作为共同被告参与到诉讼中来。

二是围绕先诉抗辩权是否消灭产生的争议。当保证人以先诉抗辩权提出抗辩时,债权人往往会举证证明保证人存在导致先诉抗辩权消灭的事实,进而引发争议。对此,本书一再强调的是,先诉抗辩权是与诉讼时效或执行时效相联系的制度,债权人只有在依法行使权利,突破了保证期间制度对保证人的特别保护后,才存在绕开先诉抗辩权制度直接向一般保证人主张权利的问题。

三是在执行过程中,就债务人能否履行债务、应否执行一般保证人的财产产生争议,涉及如何理解债务人"不能履行债务"问题。在此过程中,要根据诚实信用原则,兼顾考虑方便债权人执行和保护一般保证人享有的先诉抗辩权的角度,作出妥当结论。

【相关法律、行政法规】

(一)相关法律

《中华人民共和国民法典》(2020 年 5 月 28 日通过)

第六百九十三条第一款　【一般保证中债权人的行权方式】一般保证的债权人未在保证期间对债务人提起诉讼或者申请仲裁的,保证人不再承担保证责任。

【适用要点】一般保证中,债权人只有在保证期间内通过对债务人提起诉讼或者申请仲裁的方式,才导致保证期间制度丧失对保证人的保护效力。债权人直接向保证人主张权利,或者没有通过起诉或仲裁方式向债务人主张权利的,均不导致保证期间制度失效。

第六百九十四条第一款 **【一般保证的诉讼时效】**一般保证的债权人在保证期间届满前对债务人提起诉讼或者申请仲裁的,从保证人拒绝承担保证责任的权利消灭之日起,开始计算保证债务的诉讼时效。

【适用要点】一般保证中,保证债务的诉讼时效从债权人就债务人的财产申请强制执行仍不能履行,即保证人丧失先诉抗辩权之日起开始计算。债权人必须依法行使了权利,突破了保证期间制度对保证人的特别保护后,才存在讨论先诉抗辩权是否丧失、诉讼时效何时计算等问题的可能。

【司法解释及规范性司法文件】

(一)司法解释

1.《最高人民法院关于适用〈中华人民共和国民法典〉有关担保制度的解释》(法释〔2020〕28 号,2020 年 12 月 25 日通过)

第二十五条第一款 **【一般保证的认定】**当事人在保证合同中约定了保证人在债务人不能履行债务或者无力偿还债务时才承担保证责任等类似内容,具有债务人应当先承担责任的意思表示的,人民法院应当将其认定为一般保证。

【适用要点】详见本书第 686 条。

第二十六条 **【一般保证的当事人】**一般保证中,债权人以债务人为被告提起诉讼的,人民法院应予受理。债权人未就主合同纠纷提起诉讼或者申请仲裁,仅起诉一般保证人的,人民法院应当驳回起诉。

一般保证中,债权人一并起诉债务人和保证人的,人民法院可以受理,但是在作出判决时,除有民法典第六百八十七条第二款但书规定的情形外,应当在判决书主文中明确,保证人仅对债务人财产依法强制执行后仍不能履行的部分承担保证责任。

债权人未对债务人的财产申请保全,或者保全的债务人的财产足以清偿债务,债权人申请对一般保证人的财产进行保全的,人民法院不予准许。

【适用要点】该条明确了以下几点:一是在一般保证中,债权人既可以先起诉债务人然后再起诉保证人,也可以在起诉债务人的同时一并起诉保证人,但不得仅起诉保证人。债权人仅起诉保证人的,人民法院先当向其释明,告知其是否愿意申请追加债务人为共同被告,如果其愿意的,人民法院应当依其申请追加债务人为共同被告;经释明后拒绝申请追加的,则驳回起诉。二是一并起诉时,人民法院应当在判决主文中体现先诉抗辩权的内容。三是为避免出现一般保证人因财产被保全而事实上提前承担民事责任现象,要对针对一般保证人的财产保全措施进行限制。

2.《最高人民法院关于审理民间借贷案件适用法律若干问题的规定》(法释〔2015〕18 号;法释〔2020〕17 号,2020 年 12 月 23 日修正)

第四条第二款　【一般保证的当事人】保证人为借款人提供一般保证,出借人仅起诉保证人的,人民法院应当追加借款人为共同被告;出借人仅起诉借款人的,人民法院可以不追加保证人为共同被告。

【适用要点】一般保证中如何列被告,应当区别以下三种情形:一是债权人仅起诉债务人的,人民法院可以追加也可以不追加保证人为共同被告,但以不追加为宜,如此既体现债权人的处分权,也与保证人享有的先诉抗辩权相一致;二是债权人仅起诉保证人的,人民法院应当追加债务人为共同被告,也可以告知由当事人申请追加;三是债权人一并起诉债务人与保证人的,人民法院应予受理。

3.《最高人民法院关于适用〈中华人民共和国民事诉讼法〉的解释》(法释〔2015〕5 号;法释〔2022〕11 号,2022 年 3 月 22 日修正)

第六十六条　【保证纠纷的被告】因保证合同纠纷提起的诉讼,债权人向保证人和被保证人一并主张权利的,人民法院应当将保证人和被保证人列为共同被告。保证合同约定为一般保证,债权人仅起诉保证人的,人民法院应当通知被保证人作为共同被告参加诉讼;债权人仅起诉被保证人的,可以只列被保证人为被告。

【适用要点】参见对《民间借贷规定》第 4 条的阐释。

4.《最高人民法院关于适用〈中华人民共和国企业破产法〉若干问题的规定(三)》(法释〔2019〕3 号;法释〔2020〕18 号,2020 年 12 月 23 日修正)

第四条　【保证人破产时的债权申报】保证人被裁定进入破产程序的,债权人有权申报其对保证人的保证债权。

主债务未到期的,保证债权在保证人破产申请受理时视为到期。一般保证的保证人主张行使先诉抗辩权的,人民法院不予支持,但债权人在一般保证人破产程序中的分配额应予提存,待一般保证人应承担的保证责任确定后再按照破产清偿比例予以分配。

保证人被确定应当承担保证责任的,保证人的管理人可以就保证人实际承担的清偿额向主债务人或其他债务人行使求偿权。

【适用要点】该条是有关保证人破产时债权人如何申报债权的规定,其中第2款涉及一般保证的保证人不得行使先诉抗辩权的问题。据此,一般保证中,保证人尽管不能行使先诉抗辩权,但毕竟其承担的仅是补充责任,即就债务人不能清偿的部分承担责任,故债权人只有在保证人的责任确定后才能就其所应承担的债权额受偿,在此之前则应在破产程序中将该部分提存。

【典型案例】

(一)公报案例

中信实业银行诉北京市京工房地产开发总公司保证合同纠纷案【北京市高级人民法院(2002)高民终字第103号**】**①

【裁判要旨】保证人在本案中承担的是一般保证责任,依法享有先诉抗辩权。只要主合同纠纷未经审判或仲裁,并就债务人财产依法强制执行仍不能履行债务前,一般保证的保证人都可以对债权人拒绝承担保证责任。但是,先诉抗辩权在遇到法律规定的情形时,不得行使。本案中,被保证人的住所不明、营业执照被吊销,其中方投资者的营业执照也被吊销,外方投资者的情况不明。这种情况,使债权人向被保证人请求清偿债务发生很大困难,符合《担保法》第17条第3款第1项②规定的情形,由此保证人不得行使先诉抗辩权。

(二)参考案例

1. 青海金泰融资担保有限公司与上海金桥工程建设发展有限公司建设工程施工合同纠纷案【最高人民法院(2017)最高法执复38号**】**

【裁判要旨】《担保法解释》第131条规定:"本解释所称'不能清偿'指对债务人的存款、现金、有价证券、成品、半成品、原材料、交通工具等可以执行的动产和其他方便执行的财产执行完毕后,债务仍未能得到清偿的状态。"在一般保证情形,并非只有在债务人没有任何财产可供执行的情形下,才可

---

① 具体可见《最高人民法院公报》2002年第6期。
② 《民法典》第687条第2款第1项。

以要求一般保证人承担责任,即使债务人有财产,但只要其财产不方便执行,即可执行一般保证人的财产。故由于债务人仅有在建工程及相应的土地使用权可供执行,既不经济也不方便,在这种情况下,人民法院可以直接执行担保人的财产。

【编者评析】该案例的指导意义在于,以方便执行的财产执行完毕后的债务清偿状态作为判断能否清偿的标准。故即使债务人有财产,但只要其财产不方便执行,就属于"不能清偿",债权人就有权申请执行一般保证人的财产。

2. 黄奕与福建恒宏投资有限公司民间借贷纠纷再审案【最高人民法院(2015)民申字第 1025 号】

【裁判要旨】一般保证人明知借款人没有归还借款本息,仍愿意承担保证责任,并且进一步承诺在限定的日期之前还清全部借款本息,应视为该保证人以书面形式放弃了《担保法》第 17 条第 2 款①规定的一般保证抗辩权。

---

① 《民法典》第 687 条第 2 款。

第六百八十八条　【连带责任保证】当事人在保证合同中约定保证人和债务人对债务承担连带责任的，为连带责任保证。

连带责任保证的债务人不履行到期债务或者发生当事人约定的情形时，债权人可以请求债务人履行债务，也可以请求保证人在其保证范围内承担保证责任。

【条文精解】

（一）条文要点

本条是关于连带责任保证的规定，是在《担保法》第 18 条的基础上修改而来的。由于《民法典》第 681 条将承担保证债务的条件由原来的"债务人不履行债务"修改为"债务人不履行到期债务或者发生当事人约定的情形"，即增加了"发生当事人约定的情形"，本条第 2 款也增加了该条件。另外，并非所有的主合同都会对履行期作出明确约定，故将"债务人在主合同规定的债务履行期届满没有履行债务"修改为"债务人不履行到期债务"，既与《民法典》第 681 条相一致，在逻辑上也更加周延。准确理解连带责任保证，要注意以下几点：

一是要注意连带责任保证和一般保证的联系和区别。对此，本书在第 686 条有较为详细的论述，此处不赘。

二是要注意将其与"连带保证"相区别。不论是理论还是实践中，将"连带责任保证"称之为"连带保证"的均不在少数。在此应予明确的是，"连带责任保证"是相对于"一般保证"而言的，指的是保证人与债务人之间承担连带责任。而"连带保证"更准确的提法应该是"连带共同保证"，是相对于"按份保证"而言的，是保证人之间彼此承担连带责任。

三是要准确理解连带责任保证的性质和效力。连带责任保证中，在与债权人的外部关系上，债务人与保证人承担连带责任。但就债务人与保证人的内部关系而言，仍然存在主从关系，主合同无效会导致保证合同无效。连带责任保证内部关系上的从属性决定了，保证合同因主合同的无效而无效，故如果不让债务人参加诉讼进而确定主合同的效力，就难以准确认定连带责任保证合同的效力。因而在连带责任保证中，债权人尽管可以直接起诉保证人,但债务人必须要以第三人或共同被告的身份参加诉讼,以便认定保证合同的效力。另外,在连带责任保证中,债务人是最终责任人,保证人承担保证责任后可以向债务人追偿,债务人则不能向保证人追偿;保证人可以援引债务人的抗辩,而债务人不能援引保证人的抗辩。从这一意义上说,债务人与保证人之间的连带责任,性质上属于由债务人作为最终责任人的不真正连带责任,此种责任在外部关系上同于连带责任人之间地位完全平等的真正连带,但在内部关系上又有别于真正连带。

值得研究的是,依据《民法典》第693条之规定,连带责任保证中,债权人依法行使权利的方式是在保证期间内请求保证人承担责任。问题是,如果债权人在保证期间内向债务人主张权利,能否导致保证期间制度失去保护保证人效力的后果? 依据《民法典》第520条有关连带责任外部关系的规定,应当认为向债务人主张权利的效果不及于保证人,故不能产生使保证期间失效的后果。与此相关的另一个问题是,债权人在保证期间内向债务人主张权利,是否会导致保证债务诉讼时效中断? 依据《诉讼时效规定》第15条第2款有关"对于连带债务人中的一人发生诉讼时效中断效力的事由,应当认定对其他连带债务人也发生诉讼时效中断的效力"之规定,主债权诉讼时效中断导致保证债务诉讼时效中断。应予注意的是,诉讼时效制度得以适用的前提是,保证人已经失去了保证期间制度的保护。而保证期间制度的失效又需要债权人向连带责任保证人主张权利,因而逻辑上说一般不太可能存在保证债务诉讼时效因债权人向主债务人主张权利而中断的问题。然而实践中并不排除债权人向保证人主张权利但并未实现,然后再向债务人主张权利,从而导致保证债务诉讼时效中断的可能。反过来说,债权人仅向保证人主张权利未向债务人主张权利,连带责任保证的不真正连带性决定了,此种情形并不导致主债务诉讼时效中断。

(二) 适用情况

本条主要适用于以下两种情形:

一是用于确定诉讼当事人。应予特别注意的是,本条主要从实体法的角度,以保证合同有效为出发点作出规定,给人以连带责任保证中,债权人可以起诉保证人,无须让债务人参加诉讼的错觉。但从程序法的角度看,鉴于主合同无效将导致保证合同无效,而人民法院又要依职权认定保证合同的效力,故有必要追加债务人作为被告或第三人参加诉讼。

二是在认定某一保证属于连带责任保证后,依据该条判令保证人承担连带责任,对此实践中几无异议。

【相关法律、行政法规】

(一)相关法律

1.《中华人民共和国民法典》(2020 年 5 月 28 日通过)

第六百九十三条第二款 【连带责任保证中债权人的行权方式】连带责任保证的债权人未在保证期间请求保证人承担保证责任的,保证人不再承担保证责任。

第六百九十四条第二款 【连带责任保证的诉讼时效】连带责任保证的债权人在保证期间届满前请求保证人承担保证责任的,从债权人请求保证人承担保证责任之日起,开始计算保证债务的诉讼时效。

【适用要点】详见本书对相关条文的阐释。

2.《中华人民共和国票据法》(1995 年 5 月 10 日通过,2004 年 8 月 28 日修正)

第五十条 【汇票保证人承担连带责任】被保证的汇票,保证人应当与被保证人对持票人承担连带责任。汇票到期后得不到付款的,持票人有权向保证人请求付款,保证人应当足额付款。

【适用要点】该条是有关汇票保证人与被保证人承担连带责任的规定。汇票保证作为特殊的商事保证,保证人与被保证人承担连带责任,不适用先诉抗辩权的规定。

【司法解释及规范性司法文件】

(一)司法解释

1.《最高人民法院关于适用〈中华人民共和国民法典〉有关担保制度的解释》(法释〔2020〕28 号,2020 年 12 月 25 日通过)

第二十五条第二款 【连带责任保证的认定】当事人在保证合同中约定了保证人在债务人不履行债务或者未偿还债务时即承担保证责任、无条件承担保证责任等类似内容,不具有债务人应当先承担责任的意思表示的,人民法院应当将其认定为连带责任保证。

【适用要点】详见本书第 686 条。

2.《最高人民法院关于审理民间借贷案件适用法律若干问题的规定》(法释〔2015〕18 号;法释〔2020〕17 号,2020 年 12 月 23 日修正)

第四条第一款　【连带责任保证的当事人】保证人为借款人提供连带责任保证,出借人仅起诉借款人的,人民法院可以不追加保证人为共同被告;出借人仅起诉保证人的,人民法院可以追加借款人为共同被告。

【适用要点】连带责任保证中,债权人可以通过以下方式行使权利:一是以债务人和保证人为共同被告。二是仅起诉债务人但不起诉保证人,此种做法可能使保证人因保证期间经过而无须承担保证责任。三是仅起诉保证人但不起诉债务人,考虑到连带责任保证也是从属性保证,法院需要依职权认定保证合同的效力。而认定保证合同的效力除了需要考察保证合同自身是否无效外,还要考察主合同是否存在无效的情形,这就有必要让债务人参加到诉讼中来。至于债务人以何种身份参加诉讼,该条规定其可以被告身份参加诉讼,实际上,其也可以第三人身份参加诉讼。该条尽管用了人民法院"可以"追加债务人为共同被告的表述,但不能反面解释为人民法院可以不追加债务人为共同被告。否则,就难以有效查明保证合同的效力。

3.《最高人民法院关于适用〈中华人民共和国民事诉讼法〉的解释》(法释〔2015〕5 号;法释〔2022〕11 号,2022 年 3 月 22 日修正)

第六十六条　【保证纠纷的被告】因保证合同纠纷提起的诉讼,债权人向保证人和被保证人一并主张权利的,人民法院应当将保证人和被保证人列为共同被告。保证合同约定为一般保证,债权人仅起诉保证人的,人民法院应当通知被保证人作为共同被告参加诉讼;债权人仅起诉被保证人的,可以只列被保证人为被告。

【适用要点】该条未对连带责任保证中,债权人单独起诉保证人时人民法院该如何处理作出规定,此时可以参照适用《民间借贷规定》第 4 条的规定。

(二)规范性司法文件

《全国法院民商事审判工作会议纪要》(法〔2019〕254 号,2019 年 11 月 8 日公布)

54.【独立担保】从属性是担保的基本属性,但由银行或者非银行金融机构开立的独立保函除外。独立保函纠纷案件依据《最高人民法院关于审理独立保函纠纷案件若干问题的规定》处理。需要进一步明确的是:凡是由银行或者非银行金融机构开立的符合该司法解释第1条、第3条规定情形的保函,无论是用于国际商事交易还是用于国内商事交易,均不影响保函的效力。银行或者非银行金融机构之外的当事人开立的独立保函,以及当事人有关排除担保从属性的约定,应当认定无效。但是,根据"无效法律行为的转换"原理,在否定其独立担保效力的同时,应当将其认定为从属性担保。此时,如果主合同有效,则担保合同有效,担保人与主债务人承担连带保证责任。主合同无效,则该所谓的独立担保也随之无效,担保人无过错的,不承担责任;担保人有过错的,其承担民事责任的部分,不应超过债务人不能清偿部分的三分之一。

【适用要点】该条是有关独立保函适用范围的规定,与保证方式相关的是最后部分的内容,即无效的独立保函将转化为连带责任保证。

【典型案例】

(一)参考案例

中航惠德风电工程有限公司与辽宁高科能源集团有限公司担保合同纠纷案【最高人民法院(2015)民二终字第125号】

【裁判要旨】在连带责任保证中,主合同约定了仲裁管辖,而保证合同没有约定仲裁管辖的,原则上应当先行通过当事人协商一致或者经仲裁对主债务的范围作出确认,如果债权人只对保证人提起诉讼,保证人以主合同的约定和履行情况进行抗辩,必然会涉及法院对于已经约定仲裁裁决的争议事项能否进行审理和裁判的问题,这既涉及约定仲裁管辖当事人的仲裁程序选择权,也涉及人民法院审判权的行使范围。在本案中,原审第三人瑞祥公司并未放弃其与中航公司的仲裁管辖约定,认为主债务应当通过仲裁来确定。因此,对于高科公司关于因主债务的范围不能确定,保证责任的范围也不能确定,在主债务未经过仲裁裁决确定的情况下,中航公司直接要求其承担保证责任,属于证据不足的主张,依法应予支持。

【编者评析】连带责任保证也是从属性保证,主合同约定了仲裁管辖,而保证合同没有约定仲裁管辖的,原则上应当先行通过当事人协商一致或者经仲裁对主债务的范围作出确认,否则,就可能侵害了仲裁的主管范围。

第六百八十九条　【反担保】保证人可以要求债务人提供反担保。

【条文精解】

(一) 条文要点

本条是有关反担保的规定,是在《担保法》第 4 条的基础上经删改而成的,即删去了《担保法》第 4 条第 2 款有关"反担保适用本法担保的规定"的规定,并对第 1 款作了相应文字修改,但基本内容没变。所谓反担保,通俗地说,就是担保人在为债务人提供担保后,又要求债务人或其委托的第三人向其提供担保,以确保其在承担担保责任后能够实现对主债务人的追偿权。如果本担保是担保人为债务人提供担保的话,"反"担保则是债务人或其委托的第三人为担保人提供担保。反担保包括保证和抵押权、质权等意定担保,但不包括留置权等法定的担保物权。本条是有关保证人要求债务人提供反担保的规定,与《民法典》第 387 条第 2 款有关物上保证人要求债务人提供反担保共同构成《民法典》背景下的反担保制度。反担保与担保并无本质区别,但鉴于反担保是相对于本担保而言的,法律关系相对复杂,有必要进行专门分析。准确理解反担保制度,要解决以下几方面问题:

1. 反担保所担保的主债权是什么?

在相当长的一段时间内,主流观点认为,反担保合同是担保合同的从合同。换言之,反担保所担保的主债权就是担保合同。在此种观点看来,担保合同无效,反担保合同当然跟之无效。《担保法解释》第 9 条第 1 款规定:"担保人因无效担保合同向债权人承担赔偿责任后,可以向债务人追偿,或者在承担赔偿责任的范围内,要求有过错的反担保人承担赔偿责任。"实际上采取的就是这种观点。但此种观点使本来简单的关系趋于复杂化,且不说担保合同无效既包括自身无效也包括因主合同无效而无效两种情形,担保合同无效同时还导致反担保合同无效,担保人除了可以向债务人追偿外,还可以向反担保人追偿。在向反担保人追偿时还要看其有无过错,不论是从法律关系、追偿范围还是追偿程序的角度看,都极为复杂,不易操作。另外,从法律关系的角度看,担保合同是发生在担保人和债权人之间的法律关系,担保人承担担保责任后,该法律关系就趋于消灭,不存在需要另行设定担保的问题。实际上,需要另行设定反担保予以保障的是担保人对债务人的追偿权,该法律关系难以也不可能为担保合同所涵盖。有鉴于此,《民法典担保制度解释》第19条第2款并未沿袭《担保法解释》第9条有关反担保制度的规定,改而规定:"……当事人仅以担保合同无效为由主张反担保合同无效的,人民法院不予支持。"可见,此种观点已被新的司法解释所摒弃。

本书认为,反担保所担保的主债权是担保人在承担担保责任后对债务人享有的追偿权。《民法典》第700条规定:"保证人承担保证责任后,除当事人另有约定外,有权在其承担保证责任的范围内向债务人追偿,享有债权人对债务人的权利,但是不得损害债权人的利益。"据此,保证人行使追偿权的前提是承担了保证责任,即代替债务人履行了主债务并导致主债权消灭,仅承担部分保证责任或尽管承担了全部保证责任但未导致主债务消灭的,在主债权消灭前不得行使追偿权。

准确理解保证人依法享有的追偿权,有必要厘清保证人在提供担保时与债务人之间的内部关系。就保证人与债务人之间的内部关系来说,多数情况下属于委托关系,少数情况下也可能是赠与关系,极例外的情况下还可能是无因管理或不当得利关系。委托既可以是有偿委托(即保证人向债务人收取一定的费用),也可以是无偿委托。在无偿委托场合,仅是保证人在提供保证时不向债务人收取费用,并不意味着承担保证责任后放弃对债务人的追偿权,故有别于赠与。在双方明确约定保证人承担保证责任后不向债务人求偿场合,二者之间构成赠与。双方就提供保证没有明确约定或约定不明,保证人实际承担了保证责任的,都可以向债务人求偿。总之,除赠与外,保证人在承担了保证责任后,对债务人均享有债权。

追偿权是保证人依法享有的一种权利,不问其与债务人之间系何种关系而改变。只不过,在保证人受托提供保证场合,当事人可以在委托合同中对追偿权的范围、行使等另行作出约定。于此场合,依据前述规定,应当依据约定来确定双方的权利义务关系。除当事人在委托合同中对求偿问题另行约定外,在求偿问题上,涉及保证人是依据《民法典》第700条之规定向债务人主张权利,还是依据《民法典》有关委托合同、无因管理或不当得利的规定向债务人主张权利的问题,即存在如何理解《民法典》第700条与以下条文的关系问题,包括:一是在委托保证场合,涉及《民法典》第921条,该条规定委托人应当偿还受托人为处理委托事务垫付的必要费用;二是在无因管理场合,涉及《民法典》第979条,该条规定管理人(保证人)有权请求受益人(债务人)偿还因管理事务而支出的必要费用;三是在不当得利场合,涉及《民法典》第985条,该条规定受损失的人(保证人)有权请求得利人(债务人)返还所取得的利益。有观点认为,《民法典》第700条明确规定了保证人可得追偿的范围,将其限于"承担保证责任的范围内",无须也不应再依据前述条款确定追偿范围,除非当事人在委托合同中对包括追偿范围在内的相关问题作出特别约定。本书认为,《民法典》第700条尽管规定保证人在"承担保证责任的范围"享有追偿权,但"承担保证责任的范围"因保证人与债务人之间系委托、无因管理或不当得利而有所不同,本身并未确定一个固定的标准。在具体认定"承担保证责任的范围"时,仍然要依据前述规定来确定。从这一意义上说,本条有关追偿范围的规定仅是一个引致条款,需要结合《民法典》有关委托合同、无因管理或不当得利的相关规定来确定追偿范围。

综上,反担保所担保的主债权是保证人对债务人依法享有的追偿权,实践中主要体现为保证人在委托合同项下对债务人享有的权利。因为在保证人未与债务人就内部事项作出约定场合,保证人一般也不会要求债务人提供反担保。从这一意义上说,将反担保所担保的主债权限于委托合同项下保证人享有的债权是妥当的。至于其范围,委托合同有约定的,从其约定;未予约定的,则根据《民法典》第700条来确定。

2. 担保合同无效是否导致反担保合同无效?

既然反担保所担保的主债权是委托合同项下保证人对债务人享有的追偿权而非担保合同,则担保合同无效并不必然导致反担保合同无效。在反担保合同有效场合,保证人自然可基于反担保合同之约定,在承担责任的范围内请求债务人承担责任。只不过保证合同无效,保证人承担的不再是保证责任,而是缔约过失责任,因而其追偿的范围也限于其承担的缔约过失责任范围而非保证责任。总之,只要保证人实际承担了责任,不问其承担的是保证责任还是缔约过失责任,都可以依据反担保合同之约定向债务人追偿,仅是求偿范围上有所不同罢了。

3. 反担保人是否限于债务人?

本条规定保证人可以要求"债务人"提供反担保,至于保证人提出此种"要求"后,是由债务人自身提供反担保,还是委托他人提供反担保,则再所不问。换言之,债务人委托他人提供反担保,也在本条的文义范围之内。实践中,有些担保登记机构仅接受借款人作为主债务人以其自身财产为担保公司设定反担保的登记,对借款人之外的第三人为担保公司提供反担保的情形不予登记,凸显了第三人能否作为反担保人这一问题的现实意义。

本书认为,将反担保限于债务人自身提供的担保,实际上是将反担保限于债务人以其自身财产提供抵押、质押等物上担保,不包括反保证。反过来说,只要认为反担保包括反保证,就应允许第三人提供反担保。从民法理论和司法实践看,均认为反担保的形式既包括保证也包括抵押、质押,既包括债务人自身提供的担保也包括第三人提供的担保。《担保法解释》第2条规定:"反担保人可以是债务人,也可以是债务人之外的其他人。反担保方式可以是债务人提供的抵押或者质押,也可以是其他人提供的保证、抵押或者质押。"该条就是对理论和实践中允许他人提供反保证的认可。该司法解释尽管已被废止,该条规定亦未得以保留,但该条规定未作保留不是因为其违反了《民法典》规定,而是认为此乃当然之理,且与《民法典》规定相一致。因为《民法典》在"保证合同"中规定反担保,表明立法者是认可反保证作为反担保形式的,而反保证就是由第三人提供的保证,因为债务人自己是不能提供保证的。

综上,不能望文生义地认为只有债务人才能提供反担保,否认第三人提供反担保的情形。从体系化理解反担保的角度看,本条所谓的反担保就是指第三人提供的反保证;至于债务人以及第三人提供的反抵押、反质押,则适用《民法典》第387条第2款之规定。

4. 反保证的保证期间从何时开始起算?

有观点认为,反保证的保证期间从保证人应当承担保证责任之日起计算,而保证人应当承担保证责任之日,即主债务履行期限届满之日,故反保证的保证期间也应当从主债务履行期限届满之日起计算。此种观点混淆了反保证与保证,本质上是将保证期间的起算规则用于计算反保证的期间。如前所述,反保证不同于保证,其所担保的主债权是保证人对债务人享有的追偿权,而追偿权行使的前提则是保证人已经承担了保证责任或缔约过失责任,故只有当保证人实际承担责任后,才存在着如何计算保证期间的问题。因此,反保证约定的保证期间早于保证人实际承担责任之日的,如约定从主债务履行期限届满之日起计算的,视为没有约定,反保证的保证期间从保证人实际承担责任之日起计算。

值得探讨的是,保证人何时可向反保证人主张权利,是承担全部责任后才可以,还是仅承担部分责任就可以? 对此,不可一概而论,要看提供担保的是债务人自身还是第三人。如果是债务人自己提供的反担保,则在保证合同所担保的主债权尚未得到全部清偿的情况下,依据《民法典》第 700 条之规定,保证人不得向债务人追偿,否则会损害债权人的合法权益。也就是说,如果允许保证人在仅清偿部分债务时就可向作为反担保人的债务人主张权利,既违反了《民法典》第 700 条的规定,也损害了债权人的合法权益。因此,在债务人自己提供反担保的情况下,保证人只有在清偿全部债务后才能向作为反担保人的债务人追偿。如果是第三人提供反担保,允许保证人清偿部分债务后可向反担保人追偿,保证人可以再以追偿所得向债权人清偿,不仅不会损坏债权人的合法权益,而且还有利于债权人实现债权。但此种做法可能对反担保人不利,尤其是会增加追偿问题的复杂性。从保护反担保人的合法权益出发,并简化追偿纠纷的处理,原则上应当从保证人承担全部责任后才能向反担保人追偿。当然,反担保合同约定保证人仅承担部分责任就可向反担保人追偿的,此种约定不违反法律、行政法规的强制性规定,不损害债权人的合法权益,也是有效的。

5. 国家对提供反担保是否持鼓励态度?

准确理解反担保制度,除了要了解前述法律问题外,还有必要了解国家对提供反担保的政策,对此要一分为二地看。对于小微企业和"三农"贷款等国家鼓励发展、支持的企业或领域,国家密集出台有关政策,要求融资担保机构尽可能减少或取消反担保要求,降低担保费率。另外,对于上市公司、保险公司的境外分支机构等特殊主体对外提供担保,则要相关主体必须提供反担保,与前述宽松要求相映成趣。

(二) 适用情况

本条主要适用于以下情形:

一是明确反担保责任,尤其是担保合同无效时,反担保人应否以及如何承担责任。新旧司法解释对此有不同规定,《民法典》及《民法典担保制度解释》明确反担保所担保的主债权是担保人对债务人享有的追偿权,反担保不因担保合同的无效而无效。当然,担保合同无效,担保人尽管仍然可以依据反担保合同行使追偿权,但其仅在所承担的缔约过失责任范围内行使追偿权。

二是明确反担保的保证期间从保证人实际承担了保证责任或缔约过失责任之日起计算,而非主债务履行期限届满之日起计算。

三是明确反担保人的范围,即反担保人不限于债务人,还包括债务人委托的第三人。

【相关法律、行政法规】

(一)相关法律

《中华人民共和国民法典》(2020 年 5 月 28 日通过)

第三百八十七条 【反担保物权】债权人在借贷、买卖等民事活动中,为保障实现其债权,需要担保的,可以依照本法和其他法律的规定设立担保物权。

第三人为债务人向债权人提供担保的,可以要求债务人提供反担保。反担保适用本法和其他法律的规定。

【适用要点】该条是有关反担保物权的规定,从体系化的角度看,一是该条主要适用于提供反抵押、反质押的情形;二是从提供反担保的当事人的角度看,既包括债务人以自身的财产提供反抵押或反质押,也包括第三人提供反抵押或反质押。

【司法解释及规范性司法文件】

(一)司法解释

《最高人民法院关于适用〈中华人民共和国民法典〉有关担保制度的解释》(法释〔2020〕28 号,2020 年 12 月 25 日通过)

第十九条 【反担保人的责任】担保合同无效,承担了赔偿责任的担保人按照反担保合同的约定,在其承担赔偿责任的范围内请求反担保人承担担保责任的,人民法院应予支持。

反担保合同无效的,依照本解释第十七条的有关规定处理。当事人仅以担保合同无效为由主张反担保合同无效的,人民法院不予支持。

【适用要点】该条是有关反担保人责任的规定,包括以下几层含义:一是明确反担保合同所担保的主债权是追偿权而非担保合同,故反担保合同不因担保合同的无效而无效。二是担保合同无效尽管并不必然导致反担保合同无效,即担保人仍可基于反担保合同向债务人等反担保人求偿,但在担保合同无效情况下,担保人仅在所承担的缔约过失责任范围内享有追偿权,故不能完全依据反担保合同的约定来确定反担保责任的范围。三是反担保合同无效的,参照担保合同无效的一般规则处理。

【部门规章、规范性文件与相关政策】

(一)部门规章

1.《国际金融组织和外国政府贷款赠款管理办法》(财政部令第 38 号;财政部令第 85 号,2016 年 10 月 11 日修订)

第二十条第(三)项　【项目实施单位提供反担保】在贷款磋商谈判前,有关单位应当完成以下工作:

……

(三)对于政府负有担保责任的贷款,项目实施单位应当以财政部门可接受的方式向财政部门提供反担保;

……

2.《保险公司设立境外保险类机构管理办法》(保监会令 2006 年第 7 号;保监会令 2015 年第 3 号,2015 年 10 月 19 日修正)

第十六条　【反担保】保险公司应当严格控制其设立的境外保险类机构对外提供担保。

保险公司在境外设立的分支机构确需对外提供担保的,应当取得被担保人的资信证明,并签署具有法律效力的反担保协议书。以财产抵押、质押等方式提供反担保协议的,提供担保的金额不得超过抵押、质押财产重估价值的 60%。

【适用要点】该条是有关保险公司在境外设立的分支机构对外提供担保时,必须要求债务人提供反担保的规定。

(二)规范性文件

1.《上市公司监管指引第 8 号——上市公司资金往来、对外担保的监管要求》(证监会公告〔2022〕26 号,2022 年 1 月 28 日公布)

第十一条　【关联方提供反担保】上市公司为控股股东、实际控制人及其关联方提供担保的,控股股东、实际控制人及其关联方应当提供反担保。

【适用要点】上市公司为控股股东、实际控制人及其关联方提供关联担保的,关联方应当提供反担保。

2.《企业内部控制应用指引第 12 号——担保业务》(财会〔2010〕11 号,2010 年 4 月 15 日公布)

第五条第二款 【资信调查】企业在对担保申请人进行资信调查和风险评估时,应当重点关注以下事项:

(一)担保业务是否符合国家法律法规和本企业担保政策等相关要求。

(二)担保申请人的资信状况,一般包括:基本情况、资产质量、经营情况、偿债能力、盈利水平、信用程度、行业前景等。

(三)担保申请人用于担保和第三方担保的资产状况及其权利归属。

(四)企业要求担保申请人提供反担保的,还应当对与反担保有关的资产状况进行评估。

第十三条 【反担保财产的管理】企业应当加强对反担保财产的管理,妥善保管被担保人用于反担保的权利凭证,定期核实财产的存续状况和价值,发现问题及时处理,确保反担保财产安全完整。

(三)相关政策

1.《中国银保监会等七部门关于做好政府性融资担保机构监管工作的通知》(银保监发〔2020〕39 号,2020 年 8 月 5 日公布)

三、加强自身能力建设,提升服务质效

政府性融资担保机构应当按照政策引导、专业管理、市场化运作的原则,加强自身能力建设,推动建立"能担、愿担、敢担"的长效机制。

政府性融资担保机构要优化公司治理结构,建立健全内部控制制度,加强风险管理体系建设,实现专业化、精细化管理,提高担保能力;积极运用大数据等现代信息技术手段,开发适合"首贷户"、知识产权质押融资、应收账款融资、中长期研发融资等的担保产品,复制和扩大外贸企业"信保+担保"的融资模式;提升服务质量和效率,下沉担保服务,主动发掘客户,减少或取消反担保要求,降低担保费率;完善小微企业和"三农"贷款担保绩效考核、薪酬激励和尽职免责机制,加大对支小支农业务的正向激励力度。

【适用要点】2020 年以来,国家出台多项政策,要求融资担保机构尽可能减少或取消反担保要求,降低担保费率,本通知仅是其中有代表性的一个。

当然,该项要求主要适用于国家鼓励发展或支持的企业或领域,这与对特殊主体必须要提供反担保这一严苛要求并不矛盾。

2.《建设部关于在建设工程项目中进一步推行工程担保制度的意见》(建市〔2006〕326号,2006年12月7日公布)

20.【第三方提供反担保】保证人要求被保证人提供第三方反担保的,该反担保人不得为受益人或受益人的关联企业。

【适用要点】该条明确第三方可以提供反担保,但要求反担保人不得为受益人或受益人的关联企业。

【典型案例】

(一)参考案例

1. 什邡市龙盛投资有限责任公司等与四川欣融融资性担保有限公司债务追偿纠纷案【最高人民法院(2013)民申字第1578号】

【裁判要旨】反担保是为了保障保证人承担担保责任后实现债务人追偿权而设定的担保,反担保责任的履行应以保证人已履行担保责任为前提。主合同的保证期间与反担保人的保证期间二者适用的起算规则不同,反担保人的保证期间应当从担保人实际履行了担保责任之日起计算。

根据《担保法解释》第32条第2款的规定,保证合同约定保证人承担保证责任直至主债务本息还清时为止等内容的,视为约定不明,保证期间为主债务履行期届满之日起2年。本案《反担保协议》中关于反担保保证期间的约定应视为约定不明,保证期间为保证人实际承担保证责任之日起2年。

【编者评析】本案有关反担保的保证期间从保证人实际履行担保责任之日起计算的规则迄今仍然具有意义。只是在保证期间约定不明的情况下,依据《担保法》及其司法解释的规定,该期限为2年,而依据《民法典》第692条之规定,该期限为6个月。

2. 潍坊盛业置业有限公司与青岛市融资担保信息园区有限公司保证合同纠纷案【最高人民法院(2019)最高法民申3999号】

【裁判要旨】保证人在承担了保证责任后,就代偿款项依法对债务人享有追偿权,就代偿款项不能向债务人追偿的部分,既有权要求其他担保人分摊其应当承担的份额,也有权要求反担保人在反担保范围内承担保证责任。

反担保人关于保证人未向其他本担保人行使 50% 担保追偿权为由,主张其仅应承担代偿款项 50% 反担保责任的申请理由,是将保证人作为本担保人的权利错误理解为本担保人的法律义务,本院不予支持。

【编者评析】同一债务上有多个保证人的,保证人之间能否相互追偿,《民法典》与《担保法》规定并不一致。承担了保证责任的保证人,当然可以基于反担保合同向反担保人追偿;依据《担保法》第 12 条之规定,还可以向其他保证人追偿。但鉴于二者之间不存在先诉抗辩权的规定,故反担保人有关应向其他保证人追偿的抗辩不能成立。

3. 杨德军与临泽县联银投资担保有限公司、张掖市金玉种业有限责任公司追偿权纠纷案【甘肃省高级人民法院(2016)甘民终 276 号】

【裁判要旨】第三人为债务人向债权人提供担保的,可以要求债务人提供反担保。反担保人可以是债务人,也可以是债务人之外的其他人。依据《担保法解释》第 22 条第 1 款①之规定,第三人单方面以书面形式向债权人出具担保书,债权人接受且未提出异议的,保证合同成立,该规则也适用于反担保合同。

【编者评析】该案例确立的规则是,在合同成立等相关规定上,反保证同于保证。

---

① 《民法典》第 685 条第 2 款。

　　第六百九十条　【最高额保证】 保证人与债权人可以协商订立最高额保证的合同,约定在最高债权额限度内就一定期间连续发生的债权提供保证。

　　最高额保证除适用本章规定外,参照适用本法第二编最高额抵押权的有关规定。

【条文精解】

(一)条文要点

　　本条是有关最高额保证的规定,分两款:第 1 款是《担保法》第 14 条经修改而成的;第 2 款是准用条款,明确最高额保证可以准用最高额抵押的有关规定。准确理解最高额保证,既要在其与普通保证、最高额抵押的异同中理解其突出特征,还要厘清债权确定期间及其与主债务履行期限、保证期间之间的关系。同时,考虑到最高额保证与最高额抵押权、最高额质权等具有很多共性问题,因而拟对涉最高额担保纠纷的裁判思路进行梳理,其中绕不开的就是最高债权额与担保范围之间的关系问题。对后续两个问题的分析,实际上是对最高额担保共性问题的分析,并不限于最高额保证。

　　1. 最高额保证与普通保证

　　最高额保证,是指保证人与债权人约定,就债权人与主债务人之间在一定期间内连续发生的债权,由保证人在约定的最高债权额限度内承担保证责任的一种保证形式。与普通保证相比,最高额保证的突出特点是所担保的主债权是不确定的。为消解担保从属性与被担保债权的不确定性之间的紧张关系,有必要引入债权确定机制,另外则有必要约定最高债权限额,对保证责任予以限制。具体来说:

　　一是所担保的主债权具有不确定性。普通保证是为某一特定主债权提供的保证,提供保证时主债权往往已经特定化。而最高额保证所担保的是一定期间内连续发生的数个债权,该数个债权不仅个数不确定,数额往往也不确定。在债权确定之前,最高额保证所担保的究竟是多个债权中的哪一个债权,具有一定程度的不确定性,从这一意义上说,可以认为其是担保从属性的例外。实践中,当事人尽管约定了最高额保证,但又就被担保的多个债权分别约定了保证,此时所谓的最高额保证实质上是有关保证的框架协议,分别约定的保证合同是对框架协议的具体化。分别约定的保证而非最高额保证是确定当事人之间保证关系的依据,故此种所谓的最高额保证并非真正的最高额保证。被担保的数个债权,须是一定期间内连续发生的债权,实践中主要是借款合同等合同之债,但不能也不应是基于侵权责任等产生的法定之债。《担保法》第 14 条将最高额保证的适用范围限定为"连续发生的借款合同或者某项商品交易合同",难以涵盖实践中适用最高额保证的其他情形,本条将其扩及"连续发生的债权",显然更为妥当、周延。

二是债权确定后变为普通保证。担保的从属性意味着,至少在承担保证责任时所担保的债权必须是确定的,这就有必要引入债权确定机制,将所担保的不确定债权确定下来。因此,债权确定机制是包括最高额保证在内的最高额担保特有的制度,主要方法是明确某一期间内发生的债权属于最高额保证所担保的债权。除债权确定期间外,《民法典》第 423 条还规定了债权确定的其他机制,此处不再详述。主债权一经确定,最高额保证就变为普通保证。

三是所承担的保证责任具有限额性。在普通保证中,保证人在提供保证时主债权往往已经确定,保证人可以预见提供保证的风险。而在最高额保证中,保证合同所担保的是一定期间内连续发生的数额、个数都不确定的债权,如不对保证责任进行限制,保证人将可能承担其难以承担的巨额责任。为保护保证人的合法权益,《民法典》规定最高额保证必须要约定最高债权额,即保证人所应承担的保证责任的最高限额,保证人仅在该限额内承担责任。最高债权额是最高额保证的必备条款,最高额保证合同未约定最高债权额的,不构成最高额保证。此时,如不能通过解释确定主债权从而认定为是普通保证的,可以当事人未就主债权的种类或数额作出约定为由,认定保证合同不成立。

总之,主债权不确定是最高额保证区别于普通保证的关键;债权确定机制、最高债权限额是最高额担保特有的两项制度,是理解最高额保证的两把"钥匙"。至于最高额保证和最高额抵押权的关系,则放在《民法典》第 420 条详述,此处暂从略。

2. 债权确定期间、主债务履行期限与保证期间

准确理解最高额保证,必须要厘清这三个既密切联系又相互区别的概念

之间的关系。

一是债权确定期间。最高额保证是保证人对债权人在一定期间内连续发生的不确定债权所提供的保证,这个"一定期间"就是《民法典》第 423 条所谓的"债权确定期间",它是一段持续的期间。债权确定期间届满之日即为"决算期",它是一个时间点,不确定的债权自决算期起得以确定。债权确定期间并非最高额保证的必备条款,当事人没有约定债权确定期间或者约定不明确,参照《民法典》第 423 条第 2 项之规定,债权人或者保证人自最高额保证合同生效之日起满 2 年后请求确定债权。该规定改变了《担保法》第 27 条有关保证人可以随时确定债权从而使最高额保证转为普通保证的规则,适用时应予注意。债权确定期间是债权确定的主要形式,但并非唯一形式。即便当事人约定的债权确定期间并未届满,一旦出现《民法典》第 423 条规定的其他法定事由如债务人、抵押人被宣告破产,该债权提前确定,保证人不能以债权确定期间尚未届满为由提出抗辩。

二是主债务履行期限。最高额保证所担保的是一定期间内连续发生的数个债权,该数个债权往往有各自不同的履行期限,故不存在一个统一的主债务履行期限的问题,这是最高额保证与普通保证的重大区别。

三是保证期间。主债权一经确定,最高额保证即转为普通保证,应当依据《民法典》第 692 条之规定确定保证期间。总的原则是有约定的从约定,包括对保证期间是统一计算还是分别计算、从何时开始起算以及保证期间多长等作出约定;没有约定或约定不明的,从主债务履行期限届满之日起计算。问题是,在最高额保证中,数个主债务均有各自的履行期限,这就涉及依据哪一个主债务履行期限确定保证期间的问题。依据《民法典担保制度解释》第 30 条之规定,最高额保证合同对保证期间的计算方式、起算时间等没有约定或者约定不明,被担保债权的履行期限均已届满的,保证期间自债权确定之日起开始计算;被担保债权的履行期限尚未届满的,保证期间自最后到期债权的履行期限届满之日起开始计算。应当注意的是,被担保债权的履行期限尚未届满的,保证期间自"最后到期"债权的履行期限届满之日起开始计算,而非"最后一笔"债权,因为每个债权的履行期限长短各不相同,最后一笔债权不一定就是最后到期的债权。

应予指出的是,《担保法》第 27 条规定:"保证人依照本法第十四条规定就连续发生的债权作保证,未约定保证期间的,保证人可以随时书面通知债权人终止保证合同,但保证人对于通知到债权人前所发生的债权,承担保证责任。"该条所谓的"保证期间"实际上就是"债权确定期间",可见,其混淆了债权确定期间与保证期间,有可能导致司法实践的混乱,有必要予以澄清,也进一步凸显了区分前述概念的必要。

总之,债权确定期间届满或出现其他法定的债权确定事由时,最高额保证转为普通保证,开始计算保证期间;债权人在保证期间内依法行使权利,使保证人丧失了保证期间的保护后,才能请求保证人履行保证债务,此时还存在诉讼时效的问题。在最高额保证转为普通保证的过程中,要区分一般保证与连带责任保证,二者尽管在保证期间的确定上并无不同,但在权利行使规则以及诉讼时效起算等方面是存在区别的,应当依据《民法典》的相关规定来具体确定。

3. 关于最高债权额与担保范围

担保范围,指的是最高额担保所担保的主债权范围,实践中一般是指仅限于本金,还是包括利息、违约金等附属债权在内的全部债权,因最高额保证与最高额抵押权而有所不同。在最高额保证中,因为缺乏登记这一公示方法,故只能依据当事人的约定来确定担保范围是仅指本金还是同时也包括利息等附属债权。依据《民法典》第 691 条之规定,其基本规则是有约定的从约定;无约定的,担保范围是指包括利息等附属债权在内的全部债权。在最高额抵押权中,在不动产抵押场合,要看不动产登记簿的记载,不动产登记簿记载的担保范围与合同约定的担保范围不一致的,依据《民法典担保制度解释》第 47 条之规定,应当以不动产登记簿记载为准。在动产和权利担保场合,因为登记簿并无公信力,当事人要对登记簿的真实性负责,故不能以登记簿记载为准,而只能以当事人在合同中的约定作为确定担保范围的依据。实践中,银行等债权人一般都会在担保合同中约定担保范围是包括利息等附属债权在内的全部债权,而且往往也会在登记簿上作相应记载。

至于最高债权额,则有本金最高额与全部债权最高额之别。所谓本金最高额,指的是最高债权额约束的仅是本金,本金以外的利息等附属债权不受最高债权额的限制。全部债权最高额,指的是最高债权额是包括附属债权在内的全部债权。本金最高限额和全部债权最高限额的本质区别在于,当约定的最高限额不足以清偿全部债权之时担保人责任的范围应当如何确定。如果当事人约定的最高限额高于债权余额且足以清偿全部债权时,无论采取本金最高限额还是全部债权最高限额,对于担保人的责任均没有实质影响,因为担保人均应在约定的最高限额内承担担保责任。但如果当事人约定的最高限额不足以清偿全部债权时,则会对于担保人的责任产生较大影响。依照全部债权最高限额标准,超出限额的债权不属于担保责任的范围;而依照本金最高限额的标准,债权本金余额小于最高限额,所对应的从债权也属于担保责任的范围。可见,较之于本金最高额,全部债权最高额显然更有利于保护保证人的合法权益。从尊重担保人真实意思的角度以及优先保护担保人原则出发,《民法典担保制度解释》第 47 条规定,除当事人另有约定,最高额原则上指的是全部债权最高限额。

担保范围与最高债权额既有密切联系,也有显著区别。从表面上看,二者都有本金与全部债权之别,且在最高额保证中都允许当事人进行约定;在标的物为不动产的最高额抵押权中,都依据不动产登记簿的记载来确定其范围;在标的物为动产和权利的最高额抵押权中,则都依据当事人的约定来确定其范围。但二者也有显著区别:一是从法律适用看,确定最高债权额的规范依据主要是《民法典担保制度解释》第 15 条。而确定担保范围的依据则主要是《民法典》第 389 条以及第 691 条;在以不动产为客体的最高额抵押中,则要依据《民法典担保制度解释》第 47 条之规定来确定。二是从所保护的当事人利益角度看,就担保范围来说,担保范围包括全部债权较之于仅包括本金债权对债权人更有利。而最高额债权则正相反,本金最高额反而对债权人更有利,而全部债权最高额则对债权人最为不利。

正是因为二者对当事人利益的影响不同,当决算后的债权余额可能超出最高债权额时,需要依次确定担保范围和最高债权额,才能最终确定担保人所应承担的责任。

4. 最高额担保纠纷的裁判思路

人民法院在审理包括最高额抵押权在内的最高额担保纠纷时,应遵循如下思维顺序:

第一步,要依据《民法典》第 423 条之规定看债权何时确定。债权一旦确定,最高额担保就转化为一般担保,此时当事人需要通过“决算”确定债权余额。

第二步,要看债权确定时被担保的主债务是否均已届履行限限。此时要视最高额保证与最高额抵押权而作区别对待。最高额保证转为普通保证后,因为还要受保证期间制度的保护,故要依据《民法典担保制度解释》第 30 条之规定认定保证期间从何时开始起算以及是否失效,其基本规则是:最高额保证合同对保证期间的计算方式、起算时间等有约定的,按照其约定;最高额保证合同对前述事项没有约定或者约定不明的,被担保债权的履行期限均已届满的,保证期间或主债权诉讼时效从债权确定之日起开始计算;被担保债权的履行期限尚未届满的,保证期间自最后到期债权的履行期限届满之日起开始计算。只有在保证期间制度失效后,债权人才能请求保证人承担责任。

最高额抵押权并无抵押期间制度的特别保护,抵押权的行使期间与主债权诉讼时效期间一致,故只需要考察抵押权人是否在主债权诉讼时效期间内行使即可,此时同样需要考察被担保的主债务是否均已届履行期限来计算诉讼时效:被担保债权的履行期限均已届满的,主债权诉讼时效从债权确定之日起开始计算;被担保债权的履行期限尚未届满的,主债权诉讼时效自最后到期债权的履行期限届满之日起开始计算。可见,最高额保证中保证期间的起算规则与最高额抵押权中主债权诉讼时效的起算规则基本相同。只不过,保证期间的起算规则允许当事人约定,而诉讼时效的起算则由法律规定,不存在当事人约定起算点的问题。

第三步,要将债权确定时经"决算"确定的债权余额与最高债权额进行比较,并视债权余额是否超出最高债权额而作不同的处理。债权余额本息加在一起都没有超过最高债权额的,仅以债权余额为限承担责任,此时并无讨论最高债权额与担保范围之间关系的必要。

第四步,只要结算后确定的债权余额不论是本息合计还是仅本金一项超过约定的最高债权额的,就要依次确定担保范围、最高债权额的范围:(1)如担保范围仅指本金。债权本金余额未超过最高债权额的,担保人在债权本金余额范围内承担责任,无须考虑最高债权额的性质;反之,债权本金余额超过最高债权额的,则还要进一步考虑最高债权额的性质。(2)担保范围包括全部债权,结算后的债权余额不论是本金还是本息合计超过最高债权额的,都要进一步确定最高债权额的性质。

举例来说,甲银行与乙公司签订授信合同,丙提供最高额保证,保证合同约定最高债权额为 1000 万元。后甲银行连续向乙公司发放多笔贷款,其间乙公司也部分履行了还款义务。此时:

(1)债权余额本息共计 800 万元,因其并未超出约定的最高债权额 1000 万元,故丙仅在 800 万元内承担保证责任,并无讨论最高债权额与担保范围的必要。

(2)债权余额本息共计 1100 万元尽管超出最高债权额,但本金 900 万元并未超出最高债权额的,此时先要确定担保范围。如果担保范围仅指本金而不包括利息等附属债权的,因本金 900 万元并未超出最高债权额,丙只需在 900 万元承担保证责任即可,无须再讨论最高债权额的性质。如果担保范围指的是包括利息等在内的全部债权,此时还要进一步明确最高债权额是指本金最高额还是全部债权最高额。如最高额指的是本金最高额,则结算后甲银行享有的债权本金仅为 900 万元,并未超过 1000 万元,保证人自然应为该 900 万元承担责任;至于嗣后产生的利息不管是 200 万元还是 2000 万元,因其不受最高债权额的限制,保证人丙仍要承担责任,其结果是保证人可能要承担远远超出 1000 万元的责任。如果最高额指的是全部债权最高额,则担保人仅在 1000 万元的范围内承担责任。

（3）债权余额仅本金 1200 万元就已超出了最高债权额,而利息还有 300 万元。此时,同样要先确定担保范围。如果担保范围仅指本金而不包括附属债权的,鉴于债权余额仅本金就已经超出约定的最高债权额,而附属债权又不在担保范围之内,故保证人仅须在最高债权额 1000 万元内承担责任,对超出的 200 万元本金、300 万元利息均不承担责任。如果担保范围包括本金以及附属债权,则要进一步考察最高债权额究竟是指本金最高额还是全部债权最高额:如果是全部债权最高额,则保证人同样仅在 1000 万元内承担责任;如果是指本金最高额的,则其仅对 1000 万元的本金以及该部分对应的利息等附属债权承担责任,对于超出的 200 万元及对应的利息等附属债权则无须承担责任。

5. 最高额保证的法律适用

本条第 2 款规定,最高额保证准用《民法典》有关最高额抵押权的规定,故对同一事项,最高额抵押权与保证都有规定但规定不一致的,不能适用《民法典》有关保证的规定,而应当准用《民法典》有关最高额抵押权的规定。如有关主债权部分转让、主债权变更,《民法典》第 421 条、第 422 条有专门规定,前述规定与《民法典》第 696 条、第 695 条的规定并不一致,此时就要准用《民法典》有关最高额抵押权的规定,而不是适用《民法典》有关保证的规定。

就最高额保证而言,当最高额抵押权并无相应规定时,是准用一般抵押权的规定还是适用有关保证的规定?一种观点认为,最高额保证准用最高额抵押权的有关规定,而依据《民法典》第 424 条,当最高额抵押权并无规定时,应当准用《民法典》有关一般抵押权的规定。本书认为,最高额保证与最高额抵押权均属最高额担保,在《民法典》对最高额抵押权作出较为详细规定的情况下,最高额保证准用最高额抵押权的规定无可厚非。但《民法典》

有关最高额抵押权的规定,涉及的都是最高额抵押权特有的制度,包括债权确定制度以及在债权确定前当事人转让部分债权或变更涉及最高额抵押权核心特征的相关条款。除前述规定外的其他问题,最高额抵押权作为抵押权,当然适用一般抵押权的规定。同理,最高额保证作为保证的一种,当然也应当适用保证的规定,而非准用一般抵押权的规定。具体来说,《民法典》有关保证资格、保证合同内容和形式、保证期间与诉讼时效、连带责任保证和一般保证等保证形式、共同保证、保证人的追偿权等规定,都可以适用于最高额保证。

(二) 适用情况

围绕本条的争议主要涉及以下几个方面:

一是在最高额保证所担保的主债权包括利息等全部附属债权的情况下,约定的最高债权额究竟是指本金最高额还是全部债权最高额,实践中争议很大。本书认为,在《民法典》背景下,有约定的从约定;无约定或约定不明的,应当认定为是全部债权最高额,优先保护保证人的利益。

二是明确某一涉案债权是否属于最高额保证所担保的债权,基本规则是:最高额保证设立后债权确定前形成的债权,除非当事人明确排除,否则就是最高额保证所担保的债权;反之,最高额保证设立前形成的债权或者债权确定后形成的债权,原则上不属于最高额保证所担保的债权,除非当事人明确将其纳入。

三是用以确定最高额保证的保证期间。在此过程中,务必要厘清债权确定期间、主债务履行期限及其与保证期间的关系,尤其要注意《民法典》及其司法解释与《担保法》及其司法解释在该问题上的异同,准确适用法律。

【相关法律、行政法规】

(一) 相关法律

《中华人民共和国民法典》(2020 年 5 月 28 日通过)

第四百二十条 【最高额抵押权的概念】为担保债务的履行,债务人或者第三人对一定期间内将要连续发生的债权提供担保财产的,债务人不履行到期债务或者发生当事人约定的实现抵押权的情形,抵押权人有权在最高债权额限度内就该担保财产优先受偿。

最高额抵押权设立前已经存在的债权,经当事人同意,可以转入最高额抵押担保的债权范围。

第四百二十一条　【部分债权转让对最高额抵押的影响】最高额抵押担保的债权确定前,部分债权转让的,最高额抵押权不得转让,但是当事人另有约定的除外。

第四百二十二条　【最高额抵押合同的变更】最高额抵押担保的债权确定前,抵押权人与抵押人可以通过协议变更债权确定的期间、债权范围以及最高债权额。但是,变更的内容不得对其他抵押权人产生不利影响。

第四百二十三条　【最高额抵押权所担保的债权确定】有下列情形之一的,抵押权人的债权确定:

(一)约定的债权确定期间届满;

(二)没有约定债权确定期间或者约定不明确,抵押权人或者抵押人自最高额抵押权设立之日起满二年后请求确定债权;

(三)新的债权不可能发生;

(四)抵押权人知道或者应当知道抵押财产被查封、扣押;

(五)债务人、抵押人被宣告破产或者解散;

(六)法律规定债权确定的其他情形。

第四百二十四条　【最高额抵押权的法律适用】最高额抵押权除适用本节规定外,适用本章第一节的有关规定。

【适用要点】前述条文是对最高额抵押权的规定,依据《民法典》第 690 条第 2 款之规定,绝大多数条文可以适用于最高额保证,但也有例外:一是第 422 条"但是,变更的内容不得对其他抵押权人产生不利影响"主要涉及最高额抵押权的担保物权性,而最高额保证作为人保,一般不存在该条的适用问题。二是第 424 条之所以规定最高额抵押权适用"一般抵押权"的有关规定,也是考虑到二者同属担保物权。最高额保证的人保性决定了,"一般抵押权"的有关规定同样不适用于最高额保证。

【司法解释及规范性司法文件】

（一）司法解释

《最高人民法院关于适用〈中华人民共和国民法典〉有关担保制度的解释》（法释〔2020〕28 号，2020 年 12 月 25 日通过）

第十五条 【最高债权额的认定】最高额担保中的最高债权额，是指包括主债权及其利息、违约金、损害赔偿金、保管担保财产的费用、实现债权或者实现担保物权的费用等在内的全部债权，但是当事人另有约定的除外。

登记的最高债权额与当事人约定的最高债权额不一致的，人民法院应当依据登记的最高债权额确定债权人优先受偿的范围。

【适用要点】该条第 1 款明确规定，除非当事人对最高债权额有明确约定，否则最高债权额是指包括利息等附属债权在内的全部债权，而非仅指本金最高额。第 2 款主要适用于最高额抵押权，一般不涉及最高额保证。

第三十条 【最高额保证的保证期间】最高额保证合同对保证期间的计算方式、起算时间等有约定的，按照其约定。

最高额保证合同对保证期间的计算方式、起算时间等没有约定或者约定不明，被担保债权的履行期限均已届满的，保证期间自债权确定之日起开始计算；被担保债权的履行期限尚未届满的，保证期间自最后到期债权的履行期限届满之日起开始计算。

前款所称债权确定之日，依照民法典第四百二十三条的规定认定。

【适用要点】该条是有关最高额保证保证期间的规定，包括以下几层含义：一是有约定的从约定，包括对保证期间是统一计算还是分别计算、从何时开始起算以及保证期间多长等作出约定。二是没有约定或约定不明的，看主债权确定时被担保的主债务履行期限是否均已届满来视情况认定保证期间：被担保债权的履行期限均已届满的，保证期间自债权确定之日起开始计算；被担保债权的履行期限尚未届满的，保证期间自"最后到期"而非"最后一笔"到期债权的履行期限届满之日起开始计算。三是该条主要关注保证期间的起算点，至于保证期间的长短则由当事人约定，当事人未约定的，依据《民法典》第 692 条之规定，推定为 6 个月。

（二）规范性司法文件

《北京市高级人民法院审理民商事案件若干问题的解答之四（试行）》（京高法发〔2003〕61 号，2003 年 3 月 5 日公布）

八、如何认定最高额保证的债权特定化及保证责任承担？

以最高额保证为基础订立的借款合同，因法定事由导致合同不能继续履行，不可能再发生新的债权时，最高额保证债权特定。清偿期限届满的，债权人有权向债务人主张债权，并要求保证人承担保证责任。

银行将债权确定为不良资产，移交资产管理公司清理的，最高额保证债权特定，资产管理公司有权向债务人主张债权，并要求保证人承担保证责任。

【适用要点】该条是北京市高级人民法院就如何认定最高额保证的债权特定化及保证责任承担所作的问答，其中第 1 款与《民法典》第 423 条第 3 项"新的债权不可能发生"相一致，可以继续适用；第 2 款不符合《民法典》第 423 条规定，不能继续适用。

【典型案例】

（一）指导性案例

温州银行股份有限公司宁波分行诉浙江创菱电器有限公司等金融借款合同纠纷案①

【裁判要旨】在有数份最高额担保合同情形下，具体贷款合同中选择性列明部分最高额担保合同，如债务发生在最高额担保合同约定的决算期内，且债权人未明示放弃担保权利，未列明的最高额担保合同的担保人也应当在最高债权限额内承担担保责任。

【编者评析】最高额担保所担保的是债权确定期间内不确定的债权，故只要在债权确定前当事人未明确排除的债权，都是最高额保证的担保对象。

（二）公报案例

1. 中国长城资产管理股份有限公司山西省分公司与山西朔州平鲁区华

---

① 最高人民法院指导性案例 57 号。

美奥崇升煤业有限公司等借款合同纠纷案【最高人民法院（2019）最高法民终 823 号】①

【裁判要旨】在最高额保证合同关系中，如果合同明确约定所担保的最高债权额包括主债权的数额和相应的利息、违约金、损害赔偿金以及实现债权的费用，保证人即应当依照约定对利息、违约金、损害赔偿金以及实现债权的费用承担保证责任，而不受主债权数额的限制。

【编者评析】关于最高债权额究竟是指本金最高额还是全部债权最高额，取决于当事人的约定。合同明确约定是本金最高额的，从其约定；约定不明的，则应当认定为是全部债权最高额。

2. 风神轮胎股份有限公司与中信银行股份有限公司天津分行、河北宝硕股份有限公司借款担保合同纠纷案【最高人民法院（2007）民二终字第 36 号】②

【裁判要旨】（1）《担保法》第 14 条③规定："保证人与债权人可以就单个主合同分别订立保证合同，也可以协议在最高债权额限度内就一定期间连续发生的借款合同或者某项商品交易合同订立一个保证合同。"上述规定中的最高额保证，通常是为将来一定期间连续发生的债务提供保证，其中某一笔交易的效力并不影响最高额保证合同的效力，而普通保证则因主合同无效而无效。因此，最高额保证较之普通保证最大的区别，即在于最高额保证与主债务的关系具有更强的独立性。最高额保证人的责任是在订立合同时确立的，通过最高额保证期间和最高限额限定保证责任，即只要是发生在最高额保证期间内、不超过最高限额的债务余额，最高额保证人均应承担保证责任。在最高额保证的情形下，即使主债务无效，基于主债务无效而确定的债务额也要作为最高额保证计算债务余额的基数。

（2）根据《担保法解释》第 23 条关于"最高额保证合同的不特定债权确定后，保证人应当对在最高债权额限度内就一定期间连续发生的债权余额承担保证责任"的规定，最高额保证范围为最高额保证期间已经发生的债权和偿还债务的差额，并非指最高额保证期间已经到期的债权余额。

【编者评析】该案例的主要指导意义在于：一是明确最高额保证与主债务的关系具有更强的独立性，故即使主债务无效，基于主债务无效而确定的

---

① 具体可见《最高人民法院公报》2020 年第 5 期。
② 具体可见《最高人民法院公报》2008 年第 2 期。
③ 《民法典》第 690 条。

债务额也要作为最高额保证计算债务余额的基数;二是最高额保证范围为最高额保证期间已经发生的债权和偿还债务的差额,并非指最高额保证期间已经到期的债权余额。

(三)参考案例

1. 中国银行股份有限公司高平支行诉高平市赵庄煤矿、山西省高平市三甲散热器有限公司借款合同纠纷案①

【裁判要旨】最高额保证合同当事人基于所保证债务的不确定性,往往并不对借款用途作过于详细的规定,仅是对产生借款的法律关系作出一定的限制。在以新还旧的情况下,如果保证人对借款用途未加限制,则表示其并无以借款用途作为是否免担保责任条件的意思表示,在没有其他影响保证人意思表示真实因素的情况下,无论借款合同双方当事人最终约定何种借款用途,也无论保证人在签章时候是否知道或应当知道借款用途,均不能否定保证人承担保证责任的真实意思表示。

【编者评析】本案涉及借新还旧的最高额保证合同中,保证人应否承担保证责任问题,关键在于认定保证人对借新还旧事实是否知情。鉴于最高额保证所担保的债权在确定前具有不确定性,也就是说,其担保的对象并不指向某一笔特定债权,故某一笔借款是否系借新还旧不影响最高额保证的效力,也不影响保证人在最高债权额范围内承担保证责任,除非当事人对借款用途或合同变更等作出明确约定。

2. 中信银行股份有限公司鞍山分行与科光消防工程集团有限公司金融借款合同纠纷案【最高人民法院(2018)最高法民终 352 号】

【裁判要旨】保证人与债权人签订《最高额保证合同》,约定将债权人与债务人在保证合同生效之前已存在的"旧贷"本金转入最高额保证担保范围,但未明确约定保证人对旧贷的罚息、复利承担保证责任的,保证人仅对"旧贷"的本金承担保证责任。

---

①　具体可见最高人民法院立案一庭、立案二庭编:《立案工作指导》2012 年第 1 辑(总第 32 辑),人民法院出版社 2012 年版。

第二节 保证责任

第六百九十一条 【保证责任范围】保证的范围包括主债权及其利息、违约金、损害赔偿金和实现债权的费用。当事人另有约定的,按照其约定。

【条文精解】

(一)条文要点

本条是有关保证责任范围的规定,是在《担保法》第 21 条基础上修改而成的,主要变化包括:一是删去了《担保法》第 21 条第 2 款"当事人对保证担保的范围没有约定或者约定不明确的,保证人应当对全部债务承担责任"的规定,因为此乃当然之理,不必专门强调;二是将《担保法》第 21 条第 1 款中的"保证担保的范围"修改为"保证的范围","保证合同另有约定的,按照约定"修改为"当事人另有约定的,按照其约定",这些修改仅是文字的修改,并无实质变化。准确理解保证责任的范围,既要着眼于保证责任的代负责任性质,把握保证责任不能超过债务人所应承担的责任这一原则,还要深入到主债权的内部,探讨利息及其与其他附属债权的关系。

1. 关于法定的保证责任范围

保证责任的范围,又称保证范围,是指保证人在主债务人不履行债务或者发生当事人约定的情形时,向债权人履行保证债务的限度。保证责任是保证人在一定条件下替债务人履行债务或者承担责任,性质上属于代负责任,故保证责任的范围原则上就是债务人在主债权债务关系中所应承担的责任范围。除债权人与债务人另有约定外,主要包括主债权、利息、违约金、损害赔偿金、实现债权的费用等项目。应予说明的是,前述项目并不能够同时并存,如违约金与损害赔偿金往往只能择一存在,在主合同解除的情况下,主债权往往转化为违约金等违约责任。因而,本条有关主债权项目的列举,仅是保证责任的可能范围,在某一具体保证中往往不可能同时存在。具体来说:

(1)主债权

主债权有广义、狭义之分,在金钱之债中,狭义的主债权指本金债权;在非金钱之债如买卖合同中,主债权是两个互为对待给付的给付,其中买方的主给付义务是支付价款,卖方的主给付义务是交付标的物并转移所有权。在主债权无效场合,有观点认为,此时可能产生不当得利或损害赔偿之债,该债与原合同之债在经济上具有同一性,仍在保证合同的担保范围之内。本书认为,保证合同的从属性意味着,主合同无效,保证合同也跟之无效,保证人不再承担保证责任,当然也就谈不上保证责任范围的问题,故主债权必须是基于有效合同产生的债权。

主债权因清偿、提存、免除、混同、抵销等原因消灭时,保证合同也跟之消灭。但是主合同被解除时,鉴于合同解除制度往往是非违约方针对违约方的严重违约行为所采取的一种救济手段,非违约方在解除合同的同时,还可以主张相应的违约金、损害赔偿等违约责任。此种违约责任是由原合同债务转化而来的,二者具有同一性。因而,该合同上设立的担保继续适用于转化后的违约责任。正因如此,《民法典》第 566 条第 3 款规定:"主合同解除后,担保人对债务人应当承担的民事责任仍应当承担担保责任,但是担保合同另有约定的除外。"

(2)利息

利息是金钱所生的孳息,借款合同的主要内容就是收取利息。交付标的物等非金钱之债,债务人因未全面履行义务应承担违约金或损害赔偿责任的,同样也会产生利息。

借款合同包括金融借款和民间借贷,二者的区分标准在于出借人是否为金融机构。一般来说,银行作为出借人的借贷属于金融借贷,企业作为出借人的则属于民间借贷。在金融借贷中,广义的利息包括狭义的利息、罚息和复利。首先,狭义的利息指的是"贷款期内利息"。根据《人民币利率管理规定》第 20 条、第 21 条之规定,贷款分为短期贷款和中长期贷款,其中短期贷款的借期为一年及以下,通常按季、月结息;中长期贷款为一年以上,通常按季结息。在结息日内借款人所应支付的利息为狭义的利息,结息日仅与期内利息相联系,因为一旦贷款逾期,就要计算罚息而非期内的狭义利息了。其次,罚息是借款人在出现逾期还款或挤占挪用贷款等违约行为时向贷款人支付的具有一定惩罚性质的利息,实践中更为常见的是逾期利率。一般来说,罚息利率会在狭义的利息基础上上浮 50%。应予注意的是,这里所谓的"逾期",指的是超过贷款的履行期限如 1 年期贷款的 1 年履行期限,而非结息日。不论是狭义利息还是罚息,都会产生复利。最后,金融借贷涉及的复利指的是"利息的利息",并非将利息计入本金后再计算复利,因而允许计收复利。前述的狭义利息和罚息,均可以计收复利。借款人不能按期在结息日支付利息的,利息应当计收复利;如果多个结息日均未支付利息,则欠付的利息累积计算,复利的基数因利息的累计而变化。贷款逾期后计收罚息,借款人未支付罚息的,罚息同样可以计收复利。

关于民间借贷的利息,依据《民法典》第680条及《民间借贷规定》的相关规定,应当把握以下几点:一是关于应否计息问题。自然人之间没有约定利息或利息约定不明的,均视为没有约定利息;除自然人之间的民间借贷外,其他民间借贷合同对利息约定不明的,应当按照当地或当事人的交易方式、交易习惯、市场利率等因素确定。二是关于逾期利息。借贷双方对逾期利率有约定的,从其约定,但是以不超过合同成立时一年期贷款市场报价利率四倍为限。未约定逾期利率或者约定不明的,人民法院可以区分不同情况处理:①既未约定借期内利率,也未约定逾期利率,出借人主张借款人自逾期还款之日起参照当时一年期贷款市场报价利率标准计算的利息承担逾期还款违约责任的,人民法院应予支持;②约定了借期内利率但是未约定逾期利率,出借人主张借款人自逾期还款之日起按照借期内利率支付资金占用期间利息的,人民法院应予支持。三是关于复利。民间借贷所称的复利,是指以累积的、尚未清偿的部分利息作为本金另行计算利息,俗称利滚利,原则上不予允许;即便当事人对复利作出了约定,也应当将复利从本金中予以扣除,并一体纳入利息上限的考量范围。

值得研究的是,介于二者之间的类金融机构从事的借贷,究竟是金融借贷还是民间借贷。类金融机构主要包括小额贷款公司、融资担保公司、区域性股权市场、典当行、融资租赁公司、商业保理公司、地方资产管理公司等七类地方金融组织,其金融牌照由地方政府颁发,但业务上则受金融主管部门监管。《最高人民法院关于新民间借贷司法解释适用范围问题的批复》明确规定,类金融机构的借款合同利率的上限不受《民间借贷规定》的调整。

除借贷合同外,其他类型的合同如买卖合同违约后也存在逾期利息的计算问题。《最高人民法院关于逾期付款违约金应当按照何种标准计算问题的批复》(已失效)确定了逾期付款违约金的计算可以参照逾期贷款利息的标准。应当注意的是,从2019年8月20日起,中国人民银行授权全国银行间同业拆借中心于每月20日(遇节假日顺延)9时30分公布贷款市场报价利率(LPR),自此中国人民银行贷款基准利率这一标准取消。因此,如果违约行为发生在 LPR 施行之后,按 LPR 标准计算逾期付款违约金并无争议。问题在于,如果违约行为发生在 LPR 施行之前,如在买卖合同中,买方应于 2017 年付款而未付,在当事人并未约定逾期付款违约金及计算方法的情况下,是以 2019 年 8 月 20 日为节点分段计算还是统一以贷款基准利率标准计算违约金,存在不同观点。持分段计算观点的理由是,2019 年 8 月 20 日起 LPR 施行,贷款基准利率这一标准实际上已经取消,在非借贷合同转化为金钱之债的情况下,逾期利息应当分段计算,也即以 2019 年 8 月 20 日为节点,此前适用贷款基准利率,此后适用 LPR,否则会产生一定的混乱,导致法院无法执行。本书认为,这涉及其他类型合同能否完全参照借贷合同认定违约金标准的问题。买卖合同等其他类型的合同与借贷合同不同,借贷的核心是收取利息,在合同中对利息的计算标准进行明确约定。而其他类型合同不以获取利息为目的,通常不会在合同中约定利率标准,只有在因违约或侵权转化为金钱之债的情况下,才涉及违约金计算,进而产生利率标准问题,故不能完全照搬借贷合同的规定适用于其他类型合同中。利息的计算标准只是作为一种参考,在没有意思自治的情况下,不存在打破当事人预期的担心;从系列交易来看,违约金的制定可能是针对双方的,故对于利息政策的变动,无所谓对哪一方特定主体利息需要特别保护的问题。《买卖合同解释》(2020 年修正)第 18 条,即以违约行为发生在 2019 年 8 月 19 日前后来确定适用同期同类人民币贷款基准利率标准还是以一年期贷款市场报价利率(LPR)标准计算逾期损失,在某种程度上使得买卖合同中贷款市场报价利率的适用便具有了溯及效力。具体来说,2020 年 12 月 31 日前完成终审的案件,应适用原《买卖合同解释》第 24 条处理,即同期同类人民币贷款基准利率;2021 年 1 月 1 日尚未终审或自该日起新受理的买卖合同纠纷,如果逾期付款行为在 2019 年 8 月 19 日之前的,应按照贷款基准利率计算,而如果逾期付款行为在 2019 年 8 月 20 日之后的,则应按贷款市场报价利率计算,不再仅以 LPR 的施行作为利息计算的绝对标准,亦能够权衡双方的利益。

(3)违约金

违约金也应当视合同类型来具体确定。在金融借贷合同中,罚息、复利等均具有惩罚违约的性质,但其本身并非违约金,可见,金融借贷并无专门的有关违约金的规定。在民间借贷中,从《民间借贷规定》第 29 条有关"既约定了逾期利率又约定了违约金或者其他费用,出借人可以选择主张逾期利息、违约金或者其他费用,也可以一并主张,但是总计超过合同成立时一年期贷款市场报价利率四倍的部分,人民法院不予支持"的规定看,法律并不禁止当事人既约定逾期利率又约定违约金,只不过不论约定了哪些名目,都要纳入利率的上限管制中来考量。

不论是金融借贷还是民间借贷,都要受利率上限的管制。所不同的是,此种管制有从原来的金融借贷参照适用民间借贷标准的一元化演变为"双轨制"的趋势。2015年出台的《民间借贷规定》确定民间借贷利率保护的"两线三区"规则:不超过24%的,给予保护;超过24%低于36%的,属于自然之债,不能强制执行,但允许债务人自愿履行;超过36%的,不予保护。鉴于该司法解释对民间借贷利率的上限保护相对较高,实践中金融机构往往会参照民间借贷利率设定交易模式、规定利率上限为24%。但过高的民间借贷利率不仅加剧了企业融资难融资贵问题,而且出现了全民搞借贷、资金在金融机构内部循环、助长经济脱实向虚等一系列不良后果,严重背离金融服务实体经济原则,加大金融风险发生的可能性。最高人民法院积极响应国家政策,适时对《民间借贷规定》进行修改,将利率上限从"两线三区"降为四倍LPR。在此情况下,金融机构认为自己从事的是金融借贷,有别于民间借贷,故仍然参照原来的民间借贷利率标准(不超过24%)来确定金融机构的利率上限。值得注意的是,小额贷款公司、融资担保公司、区域性股权市场、典当行、融资租赁公司、商业保理公司、地方资产管理公司等类金融机构,其金融牌照由地方政府颁发,但业务上则受金融主管部门监管。依据《最高人民法院关于新民间借贷司法解释适用范围问题的批复》之规定,类金融机构的借款合同利率的上限不受《民间借贷规定》的调整。也就是说,在利率上限问题上,类金融借贷同于金融借贷,都继续沿用原来的民间借贷利率标准(不超过24%)来确定利率上限,这就彻底形成了新的利率上限"双轨制":民间借贷利率上限为四倍LPR,金融借贷以及类金融借贷的利率上限均为24%。

至于其他合同约定的违约金,不论合同是否解除,都属于保证合同所担保的主债权范围,因而也属于保证责任的范围。

(4)损害赔偿金

借款合同中一般不存在损害赔偿金问题,实践中所谓的"资金占用损失"本质上仍然是利息。借款合同之外的其他合同,在一方违约但又未约定违约金的情况下,违约方应当承担损害赔偿责任,该赔偿责任同样属于保证责任的范围。只不过,作为损害赔偿的预订违约金,一旦约定了违约金,一般就不能再主张损害赔偿,反之亦然,从这一意义上说,违约金和损害赔偿金一般不能并存。

(5)实现债权的费用

实现债权的费用,主要包括诉讼费、仲裁费、律师费、保全费、鉴定费等各项费用。讨论这些费用主要有两个维度:一是这些费用是否属于担保责任的范围,二是其是否属于《民间借贷规定》第 29 条规定的应当纳入利率上限控制的"其他费用"。从本条规定看,在当事人并无特别约定的情况下,这些费用都属于保证责任的范围。但诉讼费、仲裁费、保全费、鉴定费等往往由败诉方负担,一般不能由当事人进行约定,故只有在债权人胜诉的情况下才属于保证责任的范围。律师费等费用,当事人如不主张,法院一般不会作出裁判,故除非当事人对律师费的分担有约定,且就律师费问题提出请求并且胜诉的情况下,才能属于保证责任的范围。从司法实践的角度看,律师费即便能够支持,往往还会考虑约定是否合理以及是否实际支付等因素,可见,在该问题上,法院还是比较谨慎的。

值得研究的反而是第二个问题。本书认为,《民间借贷规定》第 29 条规定的本意是控制民间借贷融资成本,防止为规避利率规定而将部分融资成本以"其他费用"名义来收取利息。前述费用究其性质,属于因民间借贷纠纷而产生的实现债权的费用,并非因融资而产生的必要成本。且前述费用是否发生具有一定程度的不确定性,仅在当事人提起诉讼或申请仲裁时才可能产生,与融资成本必然产生的性质也显然不同。故其不属于《民间借贷规定》第 29 条规定的"其他费用"。

2. 关于约定的保证责任范围

本条允许当事人对保证责任的范围进行约定,但鉴于《民法典》有关担保从属性的规定属于强制性规定,故当事人不能通过约定排除其适用。在担保范围领域,就表现为原则上不得超出法定保证责任进行约定。故本条第 2 句规定:"当事人另有约定的,按照其约定。"这主要是指当事人约定小于法定保证责任范围的责任,实践中主要包括以下情形:(1)约定仅担保原本债务而不承担利息等从债务;(2)约定仅承担原本债务的一部分而不担保其全部;(3)约定仅保证债务不履行的损害赔偿而不担保主债务的履行本身;(4)其他情形。

问题是,当约定的保证责任大于法定的保证责任时,该如何处理?对此存在不同观点。

第一种观点认为,《民法典》第 691 条有关保证责任范围的规定属于任意性规定,且保证人如果自愿承担超出主债权范围的责任,既不违反法律、行政法规的禁止性规定,也不违背公序良俗,没必要否定其效力。但鉴于保证人可以援引债务人的抗辩,对于超出主债权范围的部分,保证人可以主张不承担责任。此种观点面临的问题是,除非存在意思表示瑕疵等情形,否则保证人在明确约定了超过主债权范围的保证责任的情况下,事后又援引债务人的抗辩,主张在债务人应当承担的责任范围内承担责任,似有违反"禁反言"原则的嫌疑。而且此种观点一方面认定有关超出法定保证责任范围的约定有效,另一方面又认为一旦保证人提出主张,又不具有可执行性,本质上是将超出部分的债务解释为自然债务,法理依据似不充分。

第二种观点认为,此种约定有效,但如果约定的保证责任过高的话,可以适用违约金酌减的规则。此种观点用违约金酌减制度来解释保证责任范围的从属性。考察保证责任范围的从属性,是将保证责任与主债务相比是否过高,而违约金是否过高这是相对于损失来说,二者不能等同视之。在当事人针对保证责任的承担约定专门违约责任的情况下,根据担保从属性理论,则专门针对保证责任的承担约定的违约责任无效;而如果采违约金酌减的解释路径,实践中往往以年利率24%甚至30%作为违约金是否过高的标准,保证人除了要替债务人承担责任外,还要承担部分责任,结果往往对保证人不利。另外,在某些场合,如保证责任的履行期限较主债务的履行期限更长等场合,采违约金酌减制度,则难以实现将保证责任的履行期限缩减至主债务的履行期限的目的。

本书认为,《民法典》有关担保从属性的规定属于强制性规定,保证责任范围的从属性是担保从属性的重要内容。约定的保证责任超过债务人应当承担的责任范围的,此种约定属于排除从属性的约定,依法应当认定无效。故即便保证人没有提出主张或抗辩,人民法院也应当依职权将担保责任缩减至主债务的范围。《民法典担保制度解释》第3条规定:"……担保人主张仅在债务人应当承担的责任范围内承担责任的,人民法院应予支持……"该条仅从正面规定了当约定的保证责任超出主债务范围,保证人主张仅在主债务范围内承担责任的,人民法院应予支持,但是对保证人未提出主张时,人民法院能否依职权认定超出部分无效或者直接将保证责任缩减至主债务的范围,该条并未给出明确答案。结合前述分析,本书认为,鉴于人民法院可以依职权认定排除从属性的约定无效,故即便保证人没有提出主张或抗辩,人民法院也应依职权将担保责任缩减至主债务的范围。

3. 违反保证责任范围从属性的情形

从司法实践看,保证人所应承担的责任超出债务人的责任范围的,主要包括以下两种情形:一是针对保证责任的承担约定专门的违约责任条款,二是约定的保证责任范围大于债务人所应承担的责任范围。

(1)关于约定专门的违约责任条款的效力

司法实践中,在保证合同中针对保证责任的承担约定专门的违约责任条款并不鲜见,如约定保证人不履行保证责任时,要承担日万分之五的违约责任。在此类交易中,主合同往往还会约定,债务人违约,要承担日万分之五的违约责任,保证人为债务人的债务提供连带担保。此时,一旦债务人违约而保证人也未履行保证责任,则保证人除了要承担债务人的日万分之五的违约责任外,还要自行承担日万分之五的责任,其结果是债务人只需承担日万分之五的责任,而保证人反而要承担日万分之十的责任,其责任范围超过了债务人的部分。对于超出的部分,只能由保证人自行承担,其无法向债务人追偿,从而违反了保证的从属性。因此,保证人可以通过主张专门约定的违约责任无效,主张仅在债务人应当承担的责任范围内承担责任。

问题是,在同一债务上有两个以上保证人,且保证人均约定保证份额时,如甲对乙享有 100 万元的债权,丙、丁提供保证,但约定各自仅承担 50 万元的保证责任。此时,如果就丙、丁履行保证责任分别约定相应的违约责任,则此种约定是否有效?一种观点认为,只要专门针对保证责任的履行约定的违约责任与约定的保证责任(50 万元)的总和不超过债务人的责任范围(100万元),此种约定就是有效的。另一种观点则认为,既然保证人明确约定仅在 50 万元范围内承担责任,则超出该范围的约定就是无效的。本书认为,从本条的文义看,似乎倾向于第一种观点。但本条的实质是,保证人可以援引主债务人的抗辩,从而使其保证责任缩减至与债务人相同的范围内。在保证人明确约定了承担按份保证责任的情况下,保证人代替债务人承担的责任范围就是 50 万元而非 100 万元,超出 50 万元的部分其同样不能向债务人追偿,从而违反担保的从属性。就此而言,应当对本条进行目的性限缩,将其适用于保证人承担全部责任而非按份责任的情形。

(2)担保责任范围大于主债务的其他情形

此种情形主要是保证合同约定的利息高于主债务的利息。一般情况下,保证合同的利息不得高于主债务的利息自无疑问,值得探讨的是,在主债务人破产情况下,保证债务应否停止计息的问题,实践中向有争议。《民法典担保制度解释》第22条恪守保证范围的从属性,规定保证债务自人民法院受理破产申请之日起停止计息,结束了长期以来困扰司法实践的一个重大争论。

4. 担保人超额承担担保责任的救济

保证人承担保证责任后,有权向债务人追偿。实践中,债务人不履行到期债务,债权人往往会请求保证人承担保证责任。在保证人是担保公司的情况下,基于维护自身信誉的考虑,其往往会根据债权人的要求承担责任,等到再向债务人追偿时,可能会发现承担了其本不应承担的部分。此时,对于保证人多承担的部分,如果允许其向债务人追偿,则债务人将承担超出其应当承担的部分。另外,如果允许其向债务人追偿,则债务人在承担责任后还要请求债权人返还超出部分,不符合效率原则。有鉴于此,应当明确:保证人对于超出部分,不能向债务人追偿;但其可以依据不当得利规则请求债权人返还超出部分。

(二)适用情况

本条主要适用于以下情形:

一是在当事人约定的保证责任超过法定的保证责任时,依据该条规定将保证责任缩减至债务人责任的范围。值得探讨的是,对于超出债务人责任的部分,是人民法院依职权将其缩减至主债务的范围,甚至直接认定超出部分无效,还是要由保证人提出主张或抗辩,有待进一步细化。

二是依据该条并结合相关规定,认定专门针对保证合同的履行约定的违约责任条款无效。

三是在最高额担保中,综合考虑担保范围以及最高额保证的相关情况,准确认定最高债权额的范围。

【相关法律、行政法规】

(一)相关法律

《中华人民共和国民法典》(2020 年 5 月 28 日通过)

第三百八十九条 【担保范围】担保物权的担保范围包括主债权及其利息、违约金、损害赔偿金、保管担保财产和实现担保物权的费用。当事人另有约定的,按照其约定。

【适用要点】该条是有关担保物权的担保范围的规定,内容和精神基本与保证责任范围一致,只是多了"保管担保财产"这一项。

第五百六十一条　【清偿抵充】债务人在履行主债务外还应当支付利息和实现债权的有关费用,其给付不足以清偿全部债务的,除当事人另有约定外,应当按照下列顺序履行:

(一)实现债权的有关费用;

(二)利息;

(三)主债务。

【适用要点】该条是有关清偿抵充的规定,即债务人的财产不足以清偿全部债务时,原则上应当按照实现债权的费用、利息、主债务履行。该条也意味着,主债务人所应承担的责任,除主债务外还包括费用、利息。保证责任作为代负责任,其范围当然也同于主债务。

【司法解释及规范性司法文件】

(一)司法解释

1.《最高人民法院关于适用〈中华人民共和国民法典〉有关担保制度的解释》(法释〔2020〕28 号,2020 年 12 月 25 日通过)

第三条　【担保范围的从属性】当事人对担保责任的承担约定专门的违约责任,或者约定的担保责任范围超出债务人应当承担的责任范围,担保人主张仅在债务人应当承担的责任范围内承担责任的,人民法院应予支持。

担保人承担的责任超出债务人应当承担的责任范围,担保人向债务人追偿,债务人主张仅在其应当承担的责任范围内承担责任的,人民法院应予支持;担保人请求债权人返还超出部分的,人民法院依法予以支持。

【适用要点】该条是有关担保范围从属性的规定,详见本书对第 682 条的阐述。

第二十二条　【债务人破产时担保债务应否停止计息】人民法院受理债务人破产案件后,债权人请求担保人承担担保责任,担保人主张担保债务自人民法院受理破产申请之日起停止计息的,人民法院对担保人的主张应予支持。

【适用要点】该条是有关债务人破产时担保债务应否停止计息的规定，是担保范围从属性在债务人破产时的具体体现。

2.《最高人民法院关于因法院错判导致债权利息损失扩大保证人应否承担责任问题的批复》（法释〔2000〕24号，2000年7月20日通过，自2021年1月1日起失效）

四川省高级人民法院：

你院川高法〔1999〕72号《关于因法院错判导致资金利息扩大的部分损失保证人应否承担责任的请示》收悉。经研究，答复如下：

依照《中华人民共和国担保法》第二十一条的规定，除合同另有约定的外，主债权的利息是指因债务人未按照合同约定履行义务而产生的利息。因法院错判引起债权利息损失扩大的部分，不属于保证担保的范围，保证人不承担责任。

【适用要点】该批复尽管已被废止，但其确立的有关"法院错判引起债权利息损失扩大的部分，不属于保证担保的范围"规则，乃属不言自明之理，仍具有适用价值。

（二）规范性司法文件

《全国法院民商事审判工作会议纪要》（法〔2019〕254号，2019年11月8日公布）

55.【担保责任的范围】担保人承担的担保责任范围不应当大于主债务，是担保从属性的必然要求。当事人约定的担保责任的范围大于主债务的，如针对担保责任约定专门的违约责任、担保责任的数额高于主债务、担保责任约定的利息高于主债务利息、担保责任的履行期先于主债务履行期届满，等等，均应当认定大于主债务部分的约定无效，从而使担保责任缩减至主债务的范围。

【适用要点】该条是有关担保责任范围的规定，已被《民法典担保制度解释》第3条所吸收。

【典型案例】

(一) 公报案例

中国长城资产管理股份有限公司山西省分公司与山西朔州平鲁区华美奥崇升煤业有限公司等借款合同纠纷案【最高人民法院(2019)最高法民终 823 号】①

【裁判要旨】在最高额保证合同关系中,如果合同明确约定所担保的最高债权额包括主债权的数额和相应的利息、违约金、损害赔偿金以及实现债权的费用,保证人即应当依照约定对利息、违约金、损害赔偿金以及实现债权的费用承担保证责任,而不受主债权数额的限制。

【编者评析】本案例既涉及最高债权额究竟是指本金最高额还是全部债权最高额这一问题,也涉及担保范围问题。详见本书在第 690 条的相关阐述。

(二) 参考案例

1. 联储证券有限责任公司与东方金钰股份有限公司合同纠纷案【最高人民法院(2019)最高法民终 1353 号】

【裁判要旨】(1)根据《担保法》第 21 条②"保证担保的范围包括主债权及利息、违约金、损害赔偿金和实现债权的费用。保证合同另有约定的,按照约定。当事人对保证担保的范围没有约定或者约定不明确的,保证人应当对全部债务承担责任"的规定,虽然保证人承担保证责任的范围优先适用保证合同的约定,实行意思自治,但因保证合同是主合同的从合同,保证责任是主债务的从债务,基于担保从属性的必然要求,保证责任的范围不能大于主债务的范围。当事人约定的保证责任的范围大于主债务的,应当缩减至主债务的范围。

(2)根据《担保法》第 31 条③"保证人承担保证责任后,有权向债务人追

---

① 具体可见《最高人民法院公报》2020 年第 5 期。
② 《民法典》第 691 条。下同。
③ 《民法典》第 700 条。

偿"的规定,由于债权人与保证人在保证合同中特别约定的违约金只针对保证人,不属于主债务的范围,故保证人承担保证合同约定的责任后将无法向主债务人追偿,这将使当事人之间的利益关系严重失衡。因此,债权人与保证人在保证合同中针对保证人约定的违约金条款无效。

【编者评析】保证责任不得大于债务人所应承担的责任,乃担保从属性的必然要求,故该案例有关保证责任不得超出主债务范围的认定无疑是正确的。尤其是本判决确立了对于保证责任超出主债务责任的部分,人民法院应当依职权认定超出部分无效,进而主动将其缩减至主债务的范围,避免了只能由保证人提出主张或抗辩所带来的不确定性以及程序的烦琐性,值得充分肯定。

2. 中国信达资产管理公司郑州办事处与河南省郸城县生物化工厂等借款担保合同纠纷案【最高人民法院(2005)民二终字第185号】

【裁判要旨】案涉担保合同对担保债务的约定未包括违约金,但依据《担保法》第21条"保证担保的范围包括主债权及利息、违约金、损害赔偿金和实现债权的费用。保证合同另有约定的,按照约定。当事人对保证担保的范围没有约定或者约定不明确的,保证人应当对全部债务承担责任"的规定,担保人的担保范围应当包括违约金。原审判决担保人对违约金的保证责任未予追究,属于判项遗漏,本院依法予以纠正。

【编者评析】法律明确规定属于保证责任范围的项目如违约金,只要当事人未明确将其排除在外的,均应认定属于保证责任的范围。

第六百九十二条　【保证期间】保证期间是确定保证人承担保证责任的期间,不发生中止、中断和延长。

债权人与保证人可以约定保证期间,但是约定的保证期间早于主债务履行期限或者与主债务履行期限同时届满的,视为没有约定;没有约定或者约定不明确的,保证期间为主债务履行期限届满之日起六个月。

债权人与债务人对主债务履行期限没有约定或者约定不明确的,保证期间自债权人请求债务人履行债务的宽限期届满之日起计算。

【条文精解】

(一)条文要点

本条是有关保证期间的规定,是在《担保法》第 25 条第 1 款、第 26 条第 1 款以及《担保法解释》第 31 条至第 33 条的基础上统合修改而成的。其中,第 1 款源于《担保法解释》第 31 条,增加了"保证期间是确定保证人承担保证责任的期间"的定义性规定;第 2 款源于《担保法》第 25 条第 1 款、第 26 条第 1 款和《担保法解释》第 32 条,删去了《担保法解释》第 32 条第 2 款的规定,将保证期间约定不明的情形与没有约定的情形作同一处理;第 3 款源于《担保法解释》第 33 条,只是作了相应文字调整而已。

1. 保证期间的概念和特征

保证期间,既是确定保证人承担保证责任的期间,也是债权人依法行使权利的期间。债权人未在该期间内行使权利,或尽管行使了权利但不符合《民法典》有关规定的,保证人不再承担保证责任。反之,只要债权人在该期间内依法行使了权利,则保证期间制度丧失对保证人的保护作用;但这并不意味着保证人就一定要承担责任,因为保证人还享有诉讼时效制度的保护。可见,保证期间是对保证人给予特别保护的或有期间,准确理解保证期间,要注意把握以下几点:

一是《民法典》设定保证期间制度的主要意义在于对保证人给予特别保护。因为保证合同是单务合同,保证人负有义务但不享有权利,尤其是保证人要以其全部责任财产来承担责任,故其承担保证责任的风险很大,有必要给予特别保护。同是担保,物上担保人仅以担保财产的价值为限承担责任,这意味着其风险是可控的,故《民法典》对物上担保人就没有规定担保期间制度予以保护。另外,保证期间制度对保证人的特别保护,反过来具有督促债权人及时行使权利的功能。既然保证合同约定保证人只在保证期间内履行保证义务,那么债权人就应当及时行使权利,请求保证人在保证期间内履行义务。否则,保证期间一旦经过,保证人就不再承担保证责任。

二是保证期间属于或有期间,必须要与债权人的特定行为相结合才能产生法定效果,此点有别于除斥期间与诉讼时效。除斥期间的经过将导致形成权的丧失,诉讼时效的经过,债务人一经提出抗辩,将导致债权人丧失胜诉权,但二者均仅因一定期间的经过就会发生确定的法定效果,无须他人行为等其他因素的介入。而保证期间制度,不会仅仅因为期间的经过就会发生效果,必须要与债权人的特定行为相结合才会产生特定效果。且就该特定效果来说,既可能是保证人不承担责任,也可能是保证人承担责任,具有不确定性。可见,保证期间制度的功能就是确定保证人是否承担保证责任,至于保证人最终是否承担保证责任,则取决于债权人的行为。因此,笼统地说"保证期间经过",并不能确定保证人应否承担责任。为区别保证期间经过的两种不同情形,本文将债权人未在保证期间内依法行使权利,导致保证人不承担保证责任的情形称为"保证期间经过";债权人在保证期间内依法行使权利,保证期间制度丧失保护保证人功能的情形称为"保证期间失效"。总之,构成要件的复合性(期间经过必须要与其他事实相结合才能发生一定效果)与法定效果的不确定性,是保证期间区别于除斥期间或诉讼时效等制度的核心特征。

2. 保证期间与相关制度

准确理解保证期间制度,还有必要将其与除斥期间与诉讼时效等制度相区别。

(1)保证期间与除斥期间

保证期间不发生中止、中断和延长,而且保证期间经过后保证人不再承担保证责任,这些特征使其与除斥期间极为相似,有学者甚至据此认为保证期间就是除斥期间。本书认为,二者确实具有近似性,但仍具有显著区别,故不可将二者等视之:

一是从规范性质看,除斥期间是不变期间,何时起算、期间多长都来自法律的强制性规定,不存在当事人通过意思自治改变的余地。而保证期间不论是起算点还是期间长短都取决于当事人的约定,只有在没有约定或约定不明时才依法予以补充;且法律有关保证期间的规定也是任意性规范为原则,而非强制性规范。

二是从适用对象看,除斥期间主要适用于撤销权、解除权等形成权,是这些权利的存续期间。之所以要对形成权规定存续期间,是因为形成权是权利人依其单方意志就可导致法律关系变动的权利,故有必要设定除斥期间制度对形成权的行使进行限制,以维护社会秩序的稳定。而保证期间是债权人请求保证人承担责任的期间,此种请求性质上属于债权请求权,并非形成权。

三是从适用条件和法律后果看,保证期间必须要与债权人的特定行为相结合才能产生法定效果,且此种效果视债权人行为的不同具有多样性。而除斥期间无须与其他事实相结合,仅因期间的经过就产生某种特定的法律后果,这是二者更为本质的区别。

(2)保证期间与诉讼时效

较之于除斥期间,保证期间与诉讼时效的区别更为明显,其区别主要表现在以下几个方面:

一是诉讼时效期间是实体权利受到侵害时债权人请求司法保护的期间,期间届满的法律后果是权利人丧失胜诉权。而保证期间经过,保证人不再承担保证责任,债权人也就相应地丧失了请求保证人承担责任的权利。

二是诉讼时效期间为法定期间,当事人不得依特约加以排除适用或预先抛弃。而保证期间可由当事人约定,只有在没有约定或约定不明时,才依法予以补充,且补充性规定属于任意性规定。

三是诉讼时效期间从权利人知道或者应当知道其权利受到侵害时起计算。而保证期间的起算点可由当事人约定;没有约定或约定不明的,从主债务履行期届满之日起计算。

四是诉讼时效期间为可变期间,可因法定事由的出现而中断、中止、延长。而保证期间不发生中断、中止及延长。

五是保证期间具有构成要件的复合性与法定效果的不确定性等特点,也是诉讼时效期间所不具备的。

尽管保证期间与诉讼时效有着前述显著区别,但将二者不自觉地相混淆的情形也不鲜见,应予警惕。如《担保法解释》第 32 条第 2 款规定:"保证合同约定保证人承担保证责任直至主债务本息还清时为止等类似内容的,视为约定不明,保证期间为主债务履行期届满之日起二年。"之所以作此规定,时任最高人民法院副院长的李国光指出:"我们考虑,这种情况毕竟不同于当事人根本没有约定,仅仅是该约定没有确定明确的期间,如果完全按照没有约定处理,也不尽合理。因此,参照诉讼时效的规定将保证期间确定为两年比较合适。"①可见,该条混淆了保证期间与诉讼时效,以诉讼时效制度来确定保证期间,《民法典担保制度解释》对此予以纠正是正确的。

3. 法定保证期间

债权人与保证人可以约定保证期间,没有约定或者约定不明确的,保证期间为主债务履行期限届满之日起 6 个月,这就是法定保证期间。准确认定法定保证期间,除注意 6 个月期间外,关键是要把握起算点,这就有必要回到保证责任的基本原理。保证责任系保证人替债务人履行债务,性质上属于代负责任,故保证期间当然要从债务人应当履行主债务之日起算。债务人应当履行主债务之日,多数情况下是主债务履行期限届满之日,但并不限于此:一是在主合同因出现约定事由而加速到期场合,该约定事由发生之日也是主债务人履行主债务之时;二是在出现法定事由如破产场合,主债务依法加速到期。故本条将保证期间的起算点限于"主债务履行期限届满之日",与《民法典》第 681 条有关保证责任的规定不一致,属于法律漏洞,依法应予补充。

至于主债务履行期限何时届满,取决于主合同的约定。主合同当事人对主债务履行期限没有约定或者约定不明确的,依据《民法典》第 510 条、第 511 条之规定,当事人可以协议补充;不能达成补充协议的,按照合同相关条款或者交易习惯确定;依据前述规则仍不能确定的,债务人可以随时履行,债权人也可以随时请求履行,但是应当给对方必要的准备时间。本条第 3 款规定,主合同当事人对主债务履行期限没有约定或者约定不明确的,保证期间自债权人请求债务人履行债务的宽限期届满之日起计算,与《民法典》第 511 条有关"债权人也可以随时请求履行,但是应当给对方必要的准备时间"的规定是一致的。可见,即便不作规定,依据前述规定也能得出相同结论。应予注意的是,从体系解释的角度看,当事人对履行期限的约定是否明确,首先要按照合同相关条款或者交易习惯进行解释,只有在经解释仍不能确定时,方可依据本条第 3 款之规定来确定起算点。

应予指出的是,本条是有关保证期间的一般规定,并未涉及特殊情况下

---

① 李国光:《当前经济审判工作应当注意的几个问题》,载《最高人民法院公报》1999年第 1 期。

保证期间从何时起算的问题,包括:

一是关于分期履行债务的保证期间起算问题。有观点认为,分期履行债务应按照每笔债务的履行期限届满日分别起算保证期间。本书认为,保证人系对同一笔债务提供的担保,故主债权人可基于该债务的整体性而待最后履行期限届满后向主债务人和保证人主张权利,故保证期间应从最后一期债务履行期届满之日起开始计算。且《民法典》第 189 条规定:"当事人约定同一债务分期履行的,诉讼时效期间自最后一期履行期限届满之日起计算。"虽然该条规定的是分期履行债务诉讼时效的起算规则,但其规则原理亦可适用于保证期间的起算。

在分期履行债务场合,实践中往往会涉及履行期限的加速到期问题。例如,在融资租赁、借款合同等加速到期场合,如果保证人对保证期间并未作出约定的,鉴于保证期间是从主债务履行期限届满之日起计算,在主债务加速到期而当事人对保证期间又无明确约定的情况下,保证期间应从加速到期之日起计算。但如果保证合同明确约定了保证期间,如约定保证期间为自最后一期届满之日起 2 年,则在主债务加速到期场合,保证期间的起算点是随之提前起算,还是仍从最后一期届满之日起计算?实践中争议较大。本书认为,保证合同尽管具有从属性,但其本身也具有相对独立性,尤其是考虑到保证期间制度本来就是对保证人给予特别保护的制度,且保证人对其承担保证责任也有合理预期,此种合理预期就是在主债务履行期限届满之日起才可能承担保证责任。因此,主债务人预期违约既非保证人所能掌控,亦不在其预期之内,自不应让保证人承担由此导致的不利后果。故在当事人对保证期间有明确约定场合,原则上不应以主债务的加速到期为由认定保证期间也提前开始起算。

二是关于预期违约或合同解除场合的保证期间起算问题。预期违约作为一种违约形态,债权人享有选择权,其既可以立即主张权利,也可以等履行期限届满后再主张权利。在债权人选择在履行期限届满之后主张权利时,保证期间仍从约定的履行期限届满之日起计算。就此而言,预期违约与一般违约在保证期间起算问题上并无不同。值得探讨的是,债权人在履行期限届满前即主张预期违约时,保证期间是从其主张权利之日起计算,还是仍然从主债务履行期限届满时起算?本书认为,在一般保证中,债权人在主债务履行期限届满之前就以预期违约为由对主债务人提起诉讼或者申请仲裁的,保证期间因完成其使命而失效,无须再考虑保证期间的起算问题。在连带责任保证中,债权人仅以主债务人预期违约为由主张违约责任,但未向保证人主张责任的,保证期间仍从主债务履行期限届满时起算;债权人同时也向保证人主张责任的,保证期间从其向保证人主张责任时因完成其使命而失效,同样无须再考虑保证期间的起算问题。

至于合同解除,依据《民法典》第 566 条第 3 款之规定,原则上不影响担保责任的承担。因而当事人在履行期限届满后解除合同的,保证期间仍应从履行期限届满之日起计算。当然,当事人在履行期限届满前解除合同的,此时因为不再存在履行期限届满的问题,则保证期间只能从合同解除之日起计算,而不应再从履行期限届满之日起计算。但如果当事人对保证期间作出明确约定的,基于相同的原理,保证期间制度同样不受主合同解除的影响,而仍应按照约定来计算。

三是保证合同无效或者被撤销时是否适用保证期间制度。有观点认为,保证合同无效,保证人不再承担保证责任,自无保证期间的适用问题。本书认为,债权人通常不会主观上认为保证合同无效或者可被撤销,否则就不会订立保证合同。因此,在债权人不知道保证合同无效或者可撤销时,如果其认为保证人应当承担保证责任,自应在保证期间内向保证人主张保证责任。相应地,债权人未在保证期间内依法向保证人主张保证责任,通常可以解释为债权人不再要求保证人承担保证责任,当然也就无意要求保证人承担赔偿责任。更为重要的是,如果保证合同无效或者被撤销,保证人不能受到保证期间的保护,就可能导致保证人在保证合同无效或者被撤销时的责任较之保证合同有效时更重:保证合同有效时,保证人因保证期间届满而无须承担任何责任,但在保证合同无效或者被撤销时,保证人反倒可能要承担赔偿责任,这显然不公平。有鉴于此,《民法典担保制度解释》第 33 条明确规定:"保证合同无效,债权人未在约定或者法定的保证期间内依法行使权利,保证人主张不承担赔偿责任的,人民法院应予支持。"

四是关于最高额保证的保证期间起算问题。详见本书对《民法典》第 690 条的阐述,此处不赘。

最后需要说明的是,本条仅是有关保证期间的一般规定,一体适用于一般保证与连带责任保证,不因债权人行使权利的方式不同而有所区别。当然,保证期间制度要想发生预期后果,还要与债权人如何依法行使权利结合起来。从这一意义上说,本条必须要与《民法典》第 693 条、第 694 条等有关债权人如何行使权利的规定配合适用,才能使保证期间制度发挥作用。

4. 约定保证期间

保证期间制度作为对保证人的特别保护制度,允许当事人进行约定,包括对何时起算、期间长短、计算方式(分期付款、最高额保证)等作出约定,但这并不意味着对约定没有任何限制。但约定的保证期间早于主债务履行期限的,此时主债务尚未届满,如果认为保证人要依约承担保证责任,违反了保证合同的从属性,依法应当认定无效,其后果相当于没有约定。约定的保证期间与主债务履行期限同时届满的,此种约定尽管合法有效,但其效果与没有约定相同。因此,本条第 2 款规定,前述两种情形,均视为没有约定,适用前述的法定保证责任期间。关于约定保证期间,实践中还需要解决以下问题:

一是关于"长期保证"的效力。即约定的保证期间长于主债务诉讼时效期间的,该约定是否有效?有观点认为,如承认此种约定的效力,将导致债权人向主债务人提起诉讼或仲裁或者向保证人主张权利的有效期间长于诉讼时效,其实质效果是以长期保证的约定排斥诉讼时效适用的实际后果,既有悖于诉讼时效规定的强制性,也游离了保证期间制度的规范目的,故应当认为有关长期保证的约定无效。① 本书认为,所谓"长期保证"的提法本身就是错误的,是混淆了保证期间和诉讼时效两大制度的结果。在本书看来,《民法典》之所以同时规定保证期间和诉讼时效制度,旨在对保证人进行分层次的保护,即先由保证期间制度进行保护;保证期间制度失效后,再由诉讼时效制度进行保护。二者的起算点、期间长度均有所不同,不具有可比性,因而也就不存在长于诉讼时效期间的所谓"长期保证"问题。

值得探讨的是,当事人约定的保证期间起算点晚于主债务履行期限届满,如主债务在 2022 年 8 月 10 日届满,而约定的保证期间则从 2023 年 8 月

---

① 参见刘保玉、吕文江主编:《债权担保制度研究》,中国民主法制出版社 2000 年版,第 141~142 页。《陕西省高级人民法院民二庭关于审理担保纠纷案件若干法律问题的意见》第 2 条第 3 款规定:"当事人约定保证期间超过两年的,保证期间的确定应以主债务的诉讼时效期间为限,超过部分无效。"最高人民法院早期的案例有采此观点的,如在"重庆中渝物业发展有限公司与四川金鑫贸易有限公司重庆公司、重庆渝鑫大酒店有限责任公司借款担保合同纠纷上诉案"[最高人民法院(1999)经终字第 385 号民事判决书]中,最高人民法院认为:"根据担保法规定,允许当事人自行约定担保责任期限,但最长不应当超过主债务到期后两年,主要是因为债权人向主债务人主张权利的诉讼时效为两年,故担保责任期限应受诉讼时效的约束。"

10 日起算的,此种约定是否有效? 依据本条第 2 款有关"债权人与保证人可以约定保证期间"之规定,此种约定当然是有效的。问题是,债权人该如何行使权利? 以连带责任保证为例,有观点认为,依据《民法典》第 694 条之规定,只要债权人在保证期间尚未开始计算前即 2023 年 8 月 10 日前向保证人行使了权利,都属于该条规定的债权人"在保证期间届满前请求保证人承担保证责任",从而导致保证期间制度失效,进而开始起算诉讼时效的法律后果。本书认为,此种观点有欠妥当。此时保证期间尚未开始起算,当然也就谈不上在保证期间届满前行使权利的问题。另外,在尚未开始起算保证期间的情况下就允许债权人行使权利,进而导致保证期间制度失效,不仅达不到保证人通过约定较晚起算的保证期间达到更好保护自己的后果,反而使保证期间制度形同虚设,失去了其对保证人的保护意义。可见,前述理解既不符合《民法典》有关保证期间意在保护保证人的立法精神,也不符合当事人的真实意思。因此,在约定的保证期间起算点晚于主债务履行期限届满之日起算的,债权人只有在开始起算保证期间之日起才能依法行使权利。在此之前行使权利的,应当裁定驳回起诉。可见,于此场合,保证人实际上有三重保护:一是在履行期限届满后保证期间制度起算前,享有免于被追诉的权利;二是在开始计算保证期间后,受保证期间制度的保护;三是保证期间制度失效后,受诉讼时效期间的保护。

二是约定的保证期间少于 6 个月,此种约定是否有效? 换言之,本条有关 6 个月保证期间的规定是否构成保证期间的下限? 有一种观点认为,不应允许当事人通过约定方式排除适用。因为约定低于 6 个月的保证期间,实质上是排除了保证期间制度的适用,故应当视为此种约定无效,从而仍然适用 6 个月的期间。本书认为,保证期间作为对保证人给予特别保护的制度,约定的保证期间短于 6 个月,对保证人更加有利,符合保护保证人合法权益的目的,故此种约定是合法有效的。

三是当事人约定"保证人承担保证责任直至主债务本息还清时为止等类似内容"的效力。此类约定仅是对保证债务从属性的强调,并无保证期间从何时起算到何时届满的规定,应当视为没有约定,应当适用法定保证期间的一般规则。从这一意义上说,《担保法解释》第 32 条第 2 款在保证期间约定不明的一般规则之外另设规则,确定保证期间为主债务履行期届满之日起 2 年,混淆了诉讼时效与保证期间,有必要予以纠正。

四是保证责任确定后,当事人能否另行约定新的保证期间? 基于意思自治原则,保证期间已经开始计算但尚未经过的,允许当事人变更保证期间,包括变更起算点或期间。如果保证期间内债权人未依法行使权利,保证期间经过后,保证人不再承担责任,自然谈不上重新约定保证期间问题。但这并不妨碍当事人另行订立新的保证合同,从而约定新的保证期间。因此,保证责任因保证期间经过而消灭,债权人要求保证人承担保证责任的,要举证证明已经成立了新的保证合同,否则保证人不再承担保证责任。

5. 关于依职权认定保证期间

保证期间一旦经过,保证人就不再承担保证责任,因而保证期间对保证人权利影响巨大,有必要由人民法院依职权查明,此点与诉讼时效需要当事人通过提出抗辩权方式行使不同。且保证期间一旦经过,保证人就不再承担责任,其经过对当事人的权利影响较大,从保护当事人的合法权益出发,人民法院也应当将保证期间是否届满、债权人是否在保证期间内依法行使权利等作为案件基本事实予以查明。

(二)适用情况

本条涉及的法律问题主要包括:

一是与债权人是否依法行使权利等条文相结合,据以确定保证期间制度是否失效。

二是在当事人就保证期间约定不明时,如何依法认定保证期间。包括在债务人破产、分期付款场合如何认定保证期间的起算点;以及在当事人约定"保证人承担保证责任直至主债务本息还清时为止等类似内容"时,保证期间是 6 个月还是 2 年的问题。

三是涉及保证期间与诉讼时效的关系问题。既涉及保证期间与主债务诉讼时效的关系问题,也涉及保证期间与保证债务诉讼时效的问题,必须要厘清其逻辑关系,避免出现混乱。

四是关于保证期间问题,实践中还出现了不少新问题,如保证合同无效场合应否计算保证期间,人民法院应否依职权审查涉保证期间相关事实等,有必要通过适当方式予以明确。《民法典担保制度解释》对前述问题作出了回应,值得肯定。

【相关法律、行政法规】

（一）相关法律

《中华人民共和国民法典》（2020年5月28日通过）

第六百八十一条 【保证合同的概念】保证合同是为保障债权的实现，保证人和债权人约定，当债务人不履行到期债务或者发生当事人约定的情形时，保证人履行债务或者承担责任的合同。

【适用要点】该条明确承担保证责任的情形包括债务人不履行到期债务以及发生当事人约定的情形两种情形，不限于债务人不履行到期债务。相应地，在约定的履行期限依约或依法加速到期场合，保证期间应当从加速到期之日起计算。

第五百一十条 【合同条款的解释】合同生效后，当事人就质量、价款或者报酬、履行地点等内容没有约定或者约定不明确的，可以协议补充；不能达成补充协议的，按照合同相关条款或者交易习惯确定。

【适用要点】该条同样适用于履行期限约定不明的情形，且优先于第511条适用。就保证期间的起算而言，同样要先对主债务履行期限进行解释，只有在经解释仍不能确定场合，才能适用法定保证期间制度。

第五百一十一条第（四）项 【合同条款的推定规则】当事人就有关合同内容约定不明确，依据前条规定仍不能确定的，适用下列规定：

……

（四）履行期限不明确的，债务人可以随时履行，债权人也可以随时请求履行，但是应当给对方必要的准备时间。

……

【适用要点】该条规定与《民法典》第692条第3款有关"债权人与债务人对主债务履行期限没有约定或者约定不明确的，保证期间自债权人请求债务人履行债务的宽限期届满之日起计算"的规定精神一致。

【司法解释及规范性司法文件】

（一）司法解释

1.《最高人民法院关于适用〈中华人民共和国民法典〉有关担保制度的解释》（法释〔2020〕28 号,2020 年 12 月 25 日通过）

第三十二条　【保证期间约定不明】 保证合同约定保证人承担保证责任直至主债务本息还清时为止等类似内容的,视为约定不明,保证期间为主债务履行期限届满之日起六个月。

【适用要点】 保证期间约定不明,适用法定保证期间制度,即保证期间为主债务履行期限届满之日起 6 个月。应予特别注意的是,《担保法解释》第 32 条第 2 款规定,此种情形保证期间为主债务履行期届满之日起 2 年,混淆了诉讼时效与保证期间,该条对此予以了纠正。

第三十三条　【保证合同无效场合的保证期间适用】 保证合同无效,债权人未在约定或者法定的保证期间内依法行使权利,保证人主张不承担赔偿责任的,人民法院应予支持。

【适用要点】 保证合同无效场合,能否适用保证期间制度,理论与实务中争议很大,该条从实质正义出发,认为此时仍然可以适用保证期间制度。

第三十四条　【人民法院应当依职权审查涉保证期间相关事实】 人民法院在审理保证合同纠纷案件时,应当将保证期间是否届满、债权人是否在保证期间内依法行使权利等事实作为案件基本事实予以查明。

债权人在保证期间内未依法行使权利的,保证责任消灭。保证责任消灭后,债权人书面通知保证人要求承担保证责任,保证人在通知书上签字、盖章或者按指印,债权人请求保证人继续承担保证责任的,人民法院不予支持,但是债权人有证据证明成立了新的保证合同的除外。

【适用要点】 该条分两款,其中第 1 款是有关人民法院应当依职权查明与保证期间相关的事实的规定;第 2 款是有关债权人未在保证期间内依法行使权利的,保证责任消灭的规定。既然保证责任已因保证期间的经过而消灭,则债权人再要求保证人承担保证责任的,除非债权人举证明成立了新的保证合同,否则保证人不再承担保证责任。

2.《最高人民法院关于适用〈中华人民共和国民法典〉时间效力的若干

规定》(法释〔2020〕15 号,2020 年 12 月 14 日通过)

第二十七条 【保证期间的衔接适用】民法典施行前成立的保证合同,当事人对保证期间约定不明确,主债务履行期限届满至民法典施行之日不满二年,当事人主张保证期间为主债务履行期限届满之日起二年的,人民法院依法予以支持;当事人对保证期间没有约定,主债务履行期限届满至民法典施行之日不满六个月,当事人主张保证期间为主债务履行期限届满之日起六个月的,人民法院依法予以支持。

【适用要点】《担保法解释》第 32 条分两款,其中第 1 款规定已被《民法典》第 692 条吸收,不存在新旧法的衔接适用问题。故该条主要涉及与该司法解释第 32 条第 2 款的衔接适用问题。该款规定:"保证合同约定保证人承担保证责任直至主债务本息还清时止等类似内容的,视为约定不明,保证期间为主债务履行期届满之日起二年。"据此,此类约定不明的保证期间为主债务履行期届满之日起"2 年",而非《民法典》及《民法典担保制度解释》第 32 条规定的"6 个月"。总体的适用原则为:一是《民法典》施行前成立的保证合同适用当时的规定。二是当时规定符合《担保法解释》第 32 条第 1 款规定的 6 个月保证期间的,适用 6 个月的规定;符合该条第 2 款规定的 2 年保证期间的,适用 2 年的规定。

(二)规范性司法文件

1.《最高人民法院关于对云南省高级人民法院就如何适用〈关于适用〈中华人民共和国担保法〉若干问题的解释〉第四十四条请示的答复》(〔2003〕民二他字第 49 号,2003 年 12 月 24 日)

云南省高级人民法院:

你院〔2003〕云高民二终字第 149 号请示收悉。经研究,答复如下:

《关于适用〈中华人民共和国担保法〉若干问题的解释》(以下简称担保法司法解释)第四十四条第二款规定的债权人应在破产程序终结后六个月内要求保证人承担保证责任的规定,仅适用于债务人在破产程序开始时保证期间尚未届满,而在债权人申报债权参加清偿破产财产程序期间保证期间届满的情形。即在上述情况下,考虑到债权人在债务人破产期间不便对保证人行使权利,债权人可以在债务人破产终结后六个月内要求保证人承担保证责任。你院请示的昆明电缆厂与交通银行昆明分行、昆明电缆股份有限公司担保借款合同纠纷案中,债权人交通银行昆明分行已经在保证期间内、债务人破产程序前要求保证人承担保证责任,因此,不适用担保法司法解释第四十四条第二款的规定。

【适用要点】本答复是对《担保法解释》第44条第2款如何适用的规定,明确该条仅适用于债务人在破产程序开始时保证期间尚未届满,而在债权人申报债权参加清偿破产财产程序期间保证期间届满的情形。该条确立的规则是:债权人一旦在破产程序中申报债权,不能就未受偿部分同时起诉保证人,只能在破产程序终结后6个月内请求保证人承担责任。该条规定已被《民法典担保制度解释》第23条所改变,不再具有可适用性。故该答复尽管因不属于司法解释而不在被清理之列,也不再具有可适用性。

2.《最高人民法院关于锦州市商业银行与锦州市华鼎工贸商行、锦州市经济技术开发区实华通信设备安装公司借款纠纷一案的复函》(〔2002〕民监他字第14号函,2003年2月25日)

辽宁省高级人民法院:

你院请示收悉,答复如下:

经研究,同意你院审判委员会第一种意见,即保证期间届满后,保证人如无其他明示,仅在债权人发出的催收到期贷款通知单上签字或盖章的行为,不能成为重新承担保证责任的依据。本院法释〔1999〕7号《关于超过诉讼时效期间借款人在催款通知单上签字或者盖章的法律效力问题的批复》,不适用于保证人。

【适用要点】该答复与《民法典担保制度解释》第34条第2款规定精神一致。

【典型案例】

(一)参考案例

1. 辽宁省节能技术发展有限责任公司与国网辽宁省电力有限公司企业借贷纠纷案【最高人民法院(2019)最高法民终544号】

【裁判要旨】担保公司所担保的主债权为分期履行债权,保证期间应以最后一笔债务的到期日为起算时间。

2. 林州市锦丰纺织有限公司与中国华融资产管理公司郑州办事处等借

款担保合同纠纷上诉案①

【裁判要旨】当事人之间签订的借款担保合同中没有约定保证责任期间,但在债权人出具的逾期贷款催收通知书的担保人意见栏中写明保证期间的,经确认为真实有效的,应认定该催收通知书上内容构成了各方当事人对保证责任期间的重新约定。债权人在诉讼时效期间内,以发布催收公告的形式主张债权的,构成诉讼时效期间的中断。

【编者评析】主合同没有约定保证期间的,保证期间应从主债务履行期限届满之日起计算。但这并不妨碍当事人通过另行约定形式重新约定保证期间。

---

① 具体可见最高人民法院民事审判第二庭编:《民商事审判指导》2006 年第 1 辑(总第 9 辑),人民法院出版社 2006 年版。

　　第六百九十三条　**【债权人如何行使权利】** 一般保证的债权人未在保证期间对债务人提起诉讼或者申请仲裁的，保证人不再承担保证责任。

　　连带责任保证的债权人未在保证期间请求保证人承担保证责任的，保证人不再承担保证责任。

【条文精解】

（一）条文要点

　　本条是一般保证与连带责任保证中，债权人分别应当如何行使权利的规定，基本沿袭了《担保法》第 25 条第 2 款、第 26 条第 2 款之规定，但作了相应文字修改，即将原条文中的"保证人免除保证责任"改为"保证人不再承担保证责任"，使表述更加准确。全面理解本条，尤其要注意与相关条文之间的关系：

　　1. 关于本条与第 692 条之间的关系

　　保证人要想依据保证期间制度不承担保证责任，必须同时具备两个要件：一是保证期间经过；二是债权人未在保证期间内依法行使权利。本条是有关债权人如何行使权利的规定，对应的是其中的第二个要件，必须要与《民法典》第 692 条有关保证期间的规定配合适用，才能发生预期效果。从前述要件配合适用的情况看，包括以下三种情形：一是只要债权人在保证期间内依法行使了权利，保证期间制度就丧失对保证人给予特别保护的效力，本书将其称为"保证期间失效"。二是债权人未在保证期间内行使权利，此时保证人自然不再承担保证责任，本书将其称为"保证期间经过"。三是保证期间内债权人尽管行使了权利，但行权对象或方式不符合法律规定，视同没有行使权利，不发生保证期间失效的效果。后续债权人如不采取补救行为，致使发生纠纷时保证期间经过的，保证人同样不再承担保证责任，仍属"保证期间经过"的范畴。可见，债权人是否正确行使权利，不论是对债权人还是对保证人均具有重要意义。

　　债权人在保证期间内依法行使权利，要视一般保证与连带责任保证而有所区别,此种区别分为两个维度:一是从行权对象看,一般保证中,债权人要向债务人行使权利;连带责任保证中,债权人应当直接向保证人行使权利。二是从行权方式看,一般保证中,债权人必须要对债务人提起诉讼或者申请仲裁;连带责任保证没有此种要求,债权人既可以通过提起诉讼或申请仲裁方式,也可以直接向保证人主张权利。债权人的行权行为必须同时满足行权对象合法和行权方式合法两大要求,才发生保证期间失效的法律后果。仅满足其一,如一般保证中,债权人直接起诉保证人,或仅请求债务人承担责任;连带责任保证中,债权人请求债务人承担责任,均不发生保证期间失效的法律后果。

2. 关于本条与第694条之间的关系

准确理解本条,还要厘清保证期间与诉讼时效之间的关系,因而要注意与《民法典》第694条之间的关系。对保证人来说,保证期间与诉讼时效制度都具有保护其合法权益的功能,但其对保证人的保护是有先后顺序的。不论是一般保证还是连带责任保证,债权人都只有在保证期间内依法行使权利,使保证期间制度失效后,保证人才能依据诉讼时效制度进行自我保护。换言之,在保证期间制度失效前,保证人用保证期间制度就足以保护自己的权利了,还谈不上诉讼时效制度的适用问题。

当然,在保证期间与诉讼时效制度的衔接问题上,一般保证与连带责任保证是有区别的。在连带责任保证中,债权人只要在保证期间内请求保证人承担保证责任,该请求既是保证期间制度失效的事由,同时也是开始计算保证债务诉讼时效的事由。可见,在连带责任保证中,保证期间的失效与诉讼时效的起算是同时发生、"无缝对接"的。一般保证中,因为涉及所谓的"先诉抗辩权"问题,情形较为复杂,下文进行专门介绍。

3. 一般保证中债权人的行权方式

一般保证中,债权人可能的行权方式包括以下几种:

一是债权人先起诉债务人,待获得胜诉判决并执行无果后再起诉保证人,这是立法者预设的债权人的应然行权方式。债权人先起诉债务人,依法导致保证期间失效,但保证人仍受诉讼时效制度的保护。综合考虑《民法典》第687条、第694条之规定,保证债务的诉讼时效原则上从债权人获得胜诉判决,并就债务人财产依法强制执行仍不能履行之日起计算;但如出现《民法典》第687条第2款"但书"规定的四种例外情形之一,诉讼时效从债权人知道或应当知道出现前述情形之日起计算。值得探讨的是,债权人提起诉讼后又撤回起诉的,能否视为已经依法行使了权利? 实践中存在较大争议。本书认为,一般保证中,债权人必须对债务人提起诉讼才能导致保证期间失效,当事人撤诉意味着其未依法行使权利,只要债权人在保证期间内没有再次对债务人提起诉讼,保证人就不应再承担保证责任。

二是以债务人和保证人为共同被告提起诉讼。债权人以债务人为被告提起诉讼符合本条规定,故发生保证期间失效的法律后果。同时,以保证人为被告提起诉讼,也使诉讼时效制度完成其使命,不存在诉讼时效起算问题。但鉴于保证人享有先诉抗辩权,故仍存在执行时效问题,即在债权人就债务人财产执行无效果时,可在执行时效内申请执行保证人的财产。

三是在直接依据公证债权文书执行债务人财产场合。从本条规定看,只要债权人在保证期间内针对债务人提起诉讼或者申请仲裁,保证期间就会失效。债权人提起诉讼或者申请仲裁的目的是得到生效判决,并以此为依据执行债务人的财产。实践中,还存在无须经过诉讼或者仲裁,当事人能够直接取得执行依据的情形,此即赋予强制执行效力的公证债权文书制度。根据“举重以明轻”的当然解释规则,债权人在取得此类文书后,在保证期间内向人民法院申请强制执行的,保证期间当然失效。为此,《民法典担保制度解释》第 27 条增加规定了此种情形,属于对《民法典》规定的漏洞补充。于此情形,在债权人就债务人财产依法强制执行仍不能履行场合,同样存在计算诉讼时效的问题。

总之,只要是一般保证,不论债权人以何种方式行使权利,保证期间制度失效与保证债务的诉讼时效或执行时效之间必定会存在一段时间差,该时间差既包括主债权债务关系经诉讼或仲裁确定的时间,也包括债务人财产依法强制执行仍不能履行的执行期间。这与连带责任保证中,保证期间失效与诉讼时效起算同时发生、“无缝对接”显然有所区别,对此不可不察。

4. 连带责任保证中债权人的行权方式

在此前的司法实践中,在当事人就保证方式约定不明时,法院往往会认定此种保证属于连带责任保证,因而行使方式更多的与连带责任保证相联系。连带责任保证中债权人的行权方式主要包括“提起诉讼”和“送达清收债权通知书”等方式。就诉讼外的行权方式而言,依据《民法典》第 137 条第2 款有关“以非对话方式作出的意思表示,到达相对人时生效”的规定,以到达相对人为生效要件,此点有别于诉讼时效制度。只不过此种意思表示,是“行使权利”的意思表示,性质上属于准法律行为中的催告,有别于事实或观念通知。当然,保证人主动承诺履行债务的,广义上也属于债权人的行权方式。

值得探讨的是连带责任保证中,债权人提起诉讼后又撤回诉讼,是否属于债权人依法行使了权利。对此,存在不同观点。有观点认为,只要人民法院受理了案件,就表明债权人主张过权利,保证期间制度就应失效。主要理由包括:其一,保证期间的作用在于督促债权人及时行使权利,债权人只要在保证期间内作出行使权利的意思表示,即表明其主观上没有放弃权利,不管该意思表示是否到达保证人,保证期间的作用均已发挥完毕。其二,参照《民法典》第195条、《诉讼时效规定》第10条有关"当事人一方向人民法院提交起诉状或者口头起诉的,诉讼时效从提交起诉状或者口头起诉之日起中断"的规定,只要债权人在保证期间内向法院提起诉讼,即应视为其向保证人主张了权利。其三,提起诉讼是权利人起诉的行为,并不包括法院受理的行为,起诉之后是否撤诉或是否送达起诉状副本等不影响债权人已向保证人主张权利的事实,不应因法院是否按时送达诉状副本等事实而对当事人的权利保护有所区别。

本书认为,与诉讼时效制度只需要债权人主张过权利,而不必非得针对保证人主张权利就可导致诉讼时效中断不同,保证期间的意义在于使不确定的保证责任成为确定的保证债务,因而不仅需要债权人主张权利,而且还要让保证人知道债权人在主张权利。因此,仅人民法院受理了案件还不足以导致保证期间经过,只有在起诉状副本送达保证人后才导致保证期间经过。《民法典担保制度解释》第31条第2款亦采此观点,认为起诉状副本一经送达保证人,保证期间制度失效,接下来就开始计算诉讼时效了,故诉讼时效从保证人收到起诉状副本之日起计算。

(二)适用情况

本条主要适用于以下情形:

一是用于确定债权人是否依法行使了权利。从此前的司法实践看,很多案例都集中在连带责任保证中如何认定债权人依法向保证人主张了权利,最高人民法院的多个答复也涉及该问题。经过多年的司法实践,该问题已经基本统一了尺度,不应再成为争点了。

二是本条适用的另一个常见问题是,保证期间经过后,当事人在催款通知书上签字或盖章的效力如何。对此,应予明确的是,保证期间经过后,保证人不再承担保证责任,除非另行订立了新的保证合同。

三是本条涉及的疑难问题是,债权人起诉后又撤诉的,是否依法行使了权利,应否导致保证期间失效。对此,应当区分一般保证和连带责任保证而异其处理规则:一般保证中,撤诉视为没有提起诉讼,不能视为依法行使了权利。连带责任保证中,起诉状副本或者仲裁申请书副本已经送达保证人的,应当认定已经依法行使了权利;反之,则不能视为依法行使了权利。

四是随着《民法典》改而规定对保证方式约定不明的推定为一般保证以及对"先诉抗辩权"理解的不同,有必要对一般保证中债权人如何行使权利给予关注,未来该问题可能会成为争议的重点。尤其是一般保证中,保证期间与诉讼时效的关系远较连带责任保证复杂,有必要给予特别关注。

【相关法律、行政法规】

(一)相关法律

《中华人民共和国民法典》(2020 年 5 月 28 日通过)

第六百九十二条　【保证期间】保证期间是确定保证人承担保证责任的期间,不发生中止、中断和延长。

债权人与保证人可以约定保证期间,但是约定的保证期间早于主债务履行期限或者与主债务履行期限同时届满的,视为没有约定;没有约定或者约定不明确的,保证期间为主债务履行期限届满之日起六个月。

债权人与债务人对主债务履行期限没有约定或者约定不明确的,保证期间自债权人请求债务人履行债务的宽限期届满之日起计算。

【适用要点】详见前条。

第六百九十四条　【保证债务诉讼时效】一般保证的债权人在保证期间届满前对债务人提起诉讼或者申请仲裁的,从保证人拒绝承担保证责任的权利消灭之日起,开始计算保证债务的诉讼时效。

连带责任保证的债权人在保证期间届满前请求保证人承担保证责任的,从债权人请求保证人承担保证责任之日起,开始计算保证债务的诉讼时效。

【适用要点】详见后条。

【司法解释及规范性司法文件】

（一）司法解释

《最高人民法院关于适用〈中华人民共和国民法典〉有关担保制度的解释》（法释〔2020〕28号,2020年12月25日通过）

第二十七条 【一般保证的保证期间】一般保证的债权人取得对债务人赋予强制执行效力的公证债权文书后,在保证期间内向人民法院申请强制执行,保证人以债权人未在保证期间内对债务人提起诉讼或者申请仲裁为由主张不承担保证责任的,人民法院不予支持。

【适用要点】先诉抗辩权的本质不在于债权人必须先对债务人提起诉讼或申请仲裁,而在于经强制执行债务人的财产而无效果后,才可能执行保证人的财产。就强制执行的依据来说,除法院作出的生效裁判或仲裁机构作出的仲裁裁决外,还包括赋予强制执行效力的公证债权文书。根据"举重以明轻"的当然解释规则,债权人在取得此类文书后,在保证期间内向人民法院申请强制执行债务人财产的,当然应当类推适用《民法典》第693条之规定。

第三十一条 【撤诉与保证期间】一般保证的债权人在保证期间内对债务人提起诉讼或者申请仲裁后,又撤回起诉或者仲裁申请,债权人在保证期间届满前未再行提起诉讼或者申请仲裁,保证人主张不再承担保证责任的,人民法院应予支持。

连带责任保证的债权人在保证期间内对保证人提起诉讼或者申请仲裁后,又撤回起诉或者仲裁申请,起诉状副本或者仲裁申请书副本已经送达保证人的,人民法院应当认定债权人已经在保证期间内向保证人行使了权利。

【适用要点】该条是关于撤诉是否影响保证期间的规定,要看是一般保证还是连带责任保证而有所区别,实践中要注意把握以下几点:一是一般保证中,因为债权人必须要以对债务人提起诉讼或申请仲裁方式行权,撤诉不符合行权要求,故不能算依法行使了权利。二是如果是连带责任保证,则要看起诉状副本或者仲裁申请书副本是否已经送达保证人来认定是否依法行使了权利:已经送达的,应当认定已经依法行使了权利;反之,尚未送达的,则不能视为依法行使了权利。三是要注意撤诉对诉讼时效与保证期间的影响是不同的,故不可将二者等同视之。

(二)规范性司法文件

1.《最高人民法院关于在保证期间内保证人在债权转让协议上签字并承诺履行原保证义务能否视为债权人向担保人主张过债权及认定保证合同的诉讼时效如何起算等问题请示的答复》(〔2003〕民二他字第 25 号,2003 年 9 月 8 日)

云南省高级人民法院:

你院云高法报〔2003〕5 号《关于在保证期间内,保证人在债权转让协议上签字并承诺履行原保证义务,能否视为债权人向担保人主张过债权,从而认定保证合同的诉讼时效从签字时起算的请示报告》收悉。经研究,答复如下:

《中华人民共和国担保法》(以下简称《担保法》)第二十六条第一款规定的债权人要求保证人承担保证责任应包括债权人在保证期间内向保证人主动催收或提示债权,以及保证人在保证期间内向债权人作出承担保证责任的承诺两种情形。请示所涉案件的保证人——个旧市配件公司于保证期间内,在所担保的债权转让协议上签字并承诺"继续履行原保证合同项下的保证义务"即属《担保法》第二十六条第一款所规定的债权人要求保证人承担保证责任的规定精神。依照本院《关于适用〈中华人民共和国担保法〉若干问题的解释》第三十四条第二款的规定,自保证人个旧市配件公司承诺之日起,保证合同的诉讼时效开始计算。故同意你院第一种意见。

【适用要点】本答复明确了两点:一是连带责任保证中,债权人要求保证人承担保证责任包括债权人在保证期间内向保证人主动催收或提示债权,以及保证人在保证期间内向债权人作出承担保证责任等情形;二是连带责任保证中,保证期间失效的同时要开始计算诉讼时效。

2.《最高人民法院关于债权人在保证期间以特快专递向保证人发出逾期贷款催收通知书但缺乏保证人对邮件签收或拒收的证据能否认定债权人向保证人主张权利的请示的复函》(〔2003〕民二他字第 6 号,2003 年 6 月 12 日)

河北省高级人民法院:

你院〔2003〕冀民二请字第 1 号请示收悉。经研究,答复如下:

债权人通过邮局以特快专递的方式向保证人发出逾期贷款催收通知书,在债权人能够提供特快专递邮件存根及内容的情况下,除非保证人有相反证据推翻债权人所提供的证据,应当认定债权人向保证人主张了权利。

【适用要点】在连带责任保证中,债权人以特快专递方式向保证人发出逾期贷款催收通知,属于依法行使权利的行为。

3.《最高人民法院对〈关于担保期间债权人向保证人主张权利的方式及程序问题的请示〉的答复》(〔2002〕民二他字第32号,2002年11月22日)

青海省高级人民法院:

你院〔2002〕青民二字第10号《关于担保期间债权人向保证人主张权利的方式及程序问题的请示》收悉。经研究,答复如下:

1. 本院2002年8月1日下发的《关于处理担保法生效前发生保证行为的保证期间问题的通知》第一条规定的"向保证人主张权利"和第二条规定的"向保证人主张债权",其主张权利的方式可以包括"提起诉讼"和"送达清收债权通知书"等。其中"送达"既可由债权人本人送达,也可以委托公证机关送达或公告送达(在全国或省级有影响的报纸上刊发清收债权公告)。

2. 该《通知》第二条的规定的意义在于,明确当主债务人进入破产程序,在"债权人没有申报债权"或"已经申报债权"两种不同情况下,债权人应当向保证人主张权利的期限。根据《最高人民法院关于适用〈中华人民共和国担保法〉若干问题的解释》第四十四条第一款的规定,在上述情况下,债权人可以向人民法院申报债权,也可以向保证人主张权利。因此,对于债权人申报了债权,同时又起诉保证人的保证纠纷案件,人民法院应当受理。在具体审理并认定保证人应承担保证责任的金额时,如需等待破产程序结束的,可依照《中华人民共和国民事诉讼法》第一百三十六条第一款第(五)项的规定,裁定中止诉讼。人民法院如径行判决保证人承担保证责任,应当在判决中明确应扣除债权人在债务人破产程序中可以分得的部分。

【适用要点】本答复明确了"向保证人主张权利"的方式包括"提起诉讼"和"送达清收债权通知书"等形式。应予注意的是,《关于处理担保法生效前发生保证行为的保证期间问题的通知》不属于司法解释,故不在清理之列。但鉴于其处理的是《担保法》生效前发生的保证行为,实践中已基本没有对应的案例。且该通知第2条以及《担保法解释》第44条有关债务人破产场合,债权人既申报了债权又起诉保证人时该如何处理的问题,鉴于此前司法实践的尺度并不完全一致,《民法典担保制度解释》第23条予以了明确,故本答复在该问题上已不再具有指导意义。

【典型案例】

（一）参考案例

1. 陈昭海与陈骏、胡秀娟、淮安市浩宇科技有限责任公司、张德全民间借贷纠纷案【最高人民法院（2017）最高法民再 178 号】

【裁判要旨】关于保证期间内债权人向保证人主张权利的方式，根据《担保法》第 25 条第 2 款和第 26 条第 2 款①之规定，在一般保证，债权人必须以对主债务人提起诉讼或申请仲裁的方式要求主债务人承担责任；在连带责任保证，债权人必须"要求保证人承担保证责任"。就债权人应当以何种方式"要求保证人承担保证责任"这一问题，学说上一般认为，《担保法》第 26 条中"要求保证人承担保证责任"的表述与《民法通则》第 140 条②规定诉讼时效中断情形所使用的"当事人一方提出要求"的意义相若，可以相互参照。在既往的司法实践中，最高人民法院民事审判第二庭于 2002 年 11 月 22 日在《对〈关于担保期间债权人向保证人主张权利的方式及程序问题的请示〉的答复》（〔2002〕民二他字第 32 号）中就这一问题统一过司法尺度。该答复函明确，债权人向保证人主张权利的方式包括"提起诉讼"和"送达清收通知书"等，其中"送达"既可由债权人本人送达，也可以委托公证机关送达或公告送达（在全国或省级有影响的报纸上刊发清收债权公告）。根据上述学说和最高人民法院一贯的司法尺度，在连带责任保证中，债权人向保证人主张权利的方式，可以参照《民法通则》第 140 条关于"诉讼时效因提起诉讼、当事人一方提出要求或者同意履行义务而中断。从中断时起，诉讼时效期间重新计算"之规定，认定债权人在保证期间内以提起诉讼，申请仲裁，采用直接、委托或公告送达清收通知书等方式向保证人主张权利，或者保证人自行认诺愿意承担保证责任的，都可以产生解除保证期间、开始计算诉讼时效的法律效果。

【编者评析】该案的指导意义在于，明确了债权人向保证人主张权利的方式包括"提起诉讼"和"送达清收通知书"等，其中"送达"既可由债权人本

---

① 《民法典》第 693 条。
② 《民法典》第 195 条。下同。

人送达,也可以委托公证机关送达或公告送达(在全国或省级有影响的报纸上刊发清收债权公告)。

2. 三明市瑞城房地产开发有限公司与高山等民间借贷纠纷案【最高人民法院(2016)最高法民申 621 号】

【**裁判要旨**】合同的订立需要经过要约和承诺,承诺是针对要约内容的确认。本案《还款承诺书》直接确认了承诺人的还款义务,且并未区分主债务人和保证人的责任,应当认定各"承诺人"共同与债权人形成了新的债务履行协议,从而在各保证人原本所承担的连带保证责任的基础上,再次确认了保证人的还款责任。《最高人民法院关于人民法院应当如何认定保证人在保证期间届满后又在催款通知书上签字问题的批复》(已失效)适用对象是债权人的催款通知书,目的在于防止将保证人单纯的签字收到催款通知书的行为认定为新的承诺。本案《还款承诺书》不同于催款通知书,不适用上述批复,不能以该批复否定《还款承诺书》所确定的法律责任。

【**编者评析**】本案的指导意义在于,在保证期间经过后,要区分当事人是否另行约定了保证责任:另行约定的,要依据新的保证合同确定当事人之间的权利义务;反之,保证人因保证期间经过而不再承担责任。

　　第六百九十四条　【保证债务诉讼时效】一般保证的债权人在保证期间届满前对债务人提起诉讼或者申请仲裁的,从保证人拒绝承担保证责任的权利消灭之日起,开始计算保证债务的诉讼时效。

　　连带责任保证的债权人在保证期间届满前请求保证人承担保证责任的,从债权人请求保证人承担保证责任之日起,开始计算保证债务的诉讼时效。

【条文精解】

(一)条文要点

　　本条基本沿袭了《担保法解释》第 34 条有关保证债务诉讼时效的规定,但将一般保证的诉讼时效起算点由"判决或者仲裁裁决生效之日"改为"保证人拒绝承担保证责任的权利消灭之日",更加符合一般保证中保证人享有先诉抗辩权的规定。

1. 关于保证期间与诉讼时效的衔接适用问题

　　关于保证期间与诉讼时效,应当区分保证期间、主债务诉讼时效以及保证债务诉讼时效三个概念。其中,主债务履行期限届满时债务人未履行债务的,同步开始计算主债务诉讼时效与保证期间。但主债务诉讼时效期间与保证期间可能并不一致,保证期间短于主债务诉讼时效期间,债权人在保证期间内依法行使权利的,保证期间失效,主债务诉讼时效因债权人依法行使权利而中断,重新开始计算。当约定的保证期间长于主债务诉讼时效,即在"长期保证"场合,债权人也可以在诉讼时效期间内行使权利,此时其效果同于前述情形;债权人在诉讼时效经过后在保证期间内依法行使权利的,保证人可援引债务人有关诉讼时效经过的抗辩。

　　就保证债务而言,《民法典》同时规定了保证期间制度和诉讼时效制度,并且对保证人进行分层次的保护,即先由保证期间制度进行保护;保证期间制度失效后,再由诉讼时效制度进行保护。在连带责任保证中,本条第 2 款明确规定,连带责任保证的诉讼时效从债权人请求保证人承担保证责任之日起开始计算,而债权人请求保证人承担保证责任导致保证期间失效。可见,在连带责任保证中，保证期间的失效与诉讼时效的起算是同时发生、"无缝对接"的。在一般保证中，因为保证人享有先诉抗辩权，该权利意味着在保证期间制度失效与保证债务的诉讼时效或执行时效之间必定会存在一段时间差，该时间差既包括主债权债务关系经诉讼或仲裁确定的时间，也包括债务人财产依法强制执行仍不能履行的执行期间。总之，不论是一般保证还是连带责任保证，债权人都只有在保证期间内依法行使权利，使保证期间制度失效后，保证人才能依据诉讼时效制度进行自我保护。相应地，在保证期间制度失效前，保证人用保证期间制度就足以保护自己的权利了，谈不上诉讼时效制度的适用问题。

2. 关于一般保证的诉讼时效期间

一般保证适用《民法典》有关 3 年诉讼时效期间的规定当无疑问，值得探讨的是其诉讼时效期间从何时开始计算。《担保法解释》第 34 条第 1 款规定，一般保证的诉讼时效"从判决或者仲裁裁决生效之日起"开始计算，其主要理由是认为，人民法院对债务人的强制执行活动一般可在 2 年诉讼时效期间内完成，此种做法能较好地兼顾双方当事人的利益;[①]否则，一般保证债务的诉讼时效自起诉之日起计算对债权人过于不利，从执行终结之日起算又对保证人过于不利。前述观点是利益平衡的产物，在当时有其积极意义。但应当看到，该观点与保证人享有的先诉抗辩权不合。《民法典》第 687 条第 2 款明确赋予一般保证的保证人享有先诉抗辩权，使其在主债务诉讼或仲裁以及执行过程中暂时不受债权人追究。既然一般保证的债权人在主合同纠纷未经审判或仲裁，并就债务人财产依法强制执行仍不能履行债务前，无权要求保证人承担保证责任，对主债务人的判决或仲裁裁决的生效，就不能视为债权人的权利受侵害之日。此其一。其二，前述观点也与《民法典》中关于诉讼时效期间起算的基本规则相悖。按照《民法典》第 188 条关于"诉讼时效期间自权利人知道或者应当知道权利受到损害以及义务人之日起计算"的规定，在"债务人财产依法强制执行仍不能履行债务"之前，保证人未履行保证债务的行为，不构成保证债务的履行迟延，并未对债权人的权利造成侵害，保证债务诉讼时效尚未开始起算。其三，此种观点以强制执行行为一般可以在 2 年诉讼时效内完成为理论前提，但实践中 2 年内不能完成执行的情况亦

---

① 李国光等:《最高人民法院〈关于适用《中华人民共和国担保法》若干问题的解释〉理解与适用》,吉林人民出版社 2000 年版,第 150 页。

不鲜见。一旦对债务人的执行工作超过 2 年才完成,则强制执行程序完结之日,保证债务的诉讼时效已经届满,债权人再对保证人主张权利时,保证人可援引债务人享有的诉讼时效抗辩,将严重损害债权人的合法权益。有鉴于此,本条第 1 款并未盲目沿袭前述规定,改而规定一般保证的诉讼时效从"保证人拒绝承担保证责任的权利消灭之日起"开始计算,既回归了先诉抗辩权的基本原理,也较好地平衡了双方当事人的合法权益。

问题是,如何理解本条有关"保证人拒绝承担保证责任的权利消灭之日"?《民法典》第 687 条第 2 款规定,在就主债务人的财产依法强制执行仍不能履行债务之前,债权人请求保证人履行保证债务的,保证人有权予以拒绝。可见,保证人拒绝承担保证责任的权利,就是先诉抗辩权。故保证人拒绝承担保证责任的权利消灭之日,就是先诉抗辩权消灭之日。从《民法典》第 687 条第 2 款的规定看,先诉抗辩权消灭之日包括两种情形:一是就主债务人的财产依法强制执行仍不能履行债务的;二是发生该条"但书"规定的四种情形之一的。但也要看到,先诉抗辩权消灭之日,债权人有可能并不知情。换言之,从先诉抗辩权在客观上消灭到债权人主观上知道该事实往往还有一个过程,结合《民法典》第 188 条有关诉讼时效从权利人知道或者应当知道权利被侵害之日起计算的规定,一般保证债务的诉讼时效期间应当从债权人知道或应当知道先诉抗辩权消灭之日起计算。具体又包括以下两种情形:

(1)就主债务人的财产依法强制执行仍不能履行债务的

于此场合,人民法院应当依法作出终结本次执行裁定或终结执行裁定。人民法院作出前述裁定本身表明,保证人丧失了先诉抗辩权。但人民法院作出前述裁定时,债权人一般并不知情,故仍难以行使权利,因而保证债务的诉讼时效应从债权人知道该事实之日,即前述裁定送达债权人之日起计算。实践中,有些法院在法律或者司法解释规定的期限内未作出终结执行裁定或者终结本次执行裁定,如果放任不管,可能会影响到债权人向一般保证人主张权利。因此,有必要作出专门规定,避免债权人的合法权益因执行程序久拖不决而受到损失。具体来说:

一是人民法院作出终结本次执行程序裁定,或者依照《民事诉讼法》第264 条第 3 项、第 5 项的规定作出终结执行裁定的,自裁定送达债权人之日起开始计算。《民事诉讼法解释》第 517 条第 1 款规定:"经过财产调查未发现可供执行的财产,在申请执行人签字确认或者执行法院组成合议庭审查核实并经院长批准后,可以裁定终结本次执行程序。"裁定终结"本次"执行程序后,依据该条第 2 款之规定,申请执行人发现被执行人有可供执行财产的,可以再次申请执行,且再次申请执行不受申请执行时效期间的限制。与裁定终结"本次"执行程序在一定条件下可以再次申请执行不同,人民法院一旦依法裁定终结执行,执行程序将彻底终结,再无重新启动或再次申请执行的可能。此外,《民事诉讼法》第 264 条规定了 6 种裁定终结执行的事由,其中的第 3 项(作为被执行人的公民死亡,无遗产可供执行,又无义务承担人的)、第 5 项(作为被执行人的公民因生活困难无力偿还借款,无收入来源,又丧失劳动能力的),符合就债务人财产依法强制执行"仍不能履行债务"的情形。其余几项,因不符合前述标准,不属于先诉抗辩权消灭的情形。可见,与终结本次执行程序不同,并非所有的终结执行事由都属于先诉抗辩权消灭事由。应予注意的是,《民法典担保制度解释》制定时,《民事诉讼法》第 264 条对应的是 2017 年第 3 次修正的《民事诉讼法》第 257 条。

二是人民法院自收到申请执行书之日起 1 年内未作出前项裁定的,自人民法院收到申请执行书满 1 年之日起开始计算,但是保证人有证据证明债务人仍有财产可供执行的除外。这一情形考虑到了执行实践中的具体情况,在一定程度上有利于防止保证纠纷久拖不决的情形。

(2)发生《民法典》第 687 条第 2 款"但书"规定情形的

在《民法典担保制度解释》起草过程中,在出现《民法典》第 687 条第 2 款"但书"规定的 4 种情形之一时,一般保证的诉讼时效究竟应当采客观说(即从发生前述 4 种情形之日起计算),还是采主观说(即从债权人知道或应当知道发生前述 4 种情形之日起计算),存在较大争议。考虑到这 4 种情形发生时,债权人可能根本不知道,客观说既不利于保护债权人的合法权益,也不符合《民法典》第 188 条有关诉讼时效从知道或者应当知道权利被侵害之日起计算的规定。尤其是原则上债权人只有在保证期间内向债务人提起诉讼或者申请仲裁,使保证期间制度失效后,才存在请求保证人承担保证责任,进而才有可能讨论是否丧失先诉抗辩权的问题,客观说很可能与保证期间的有关制度相抵触。故《民法典担保制度解释》第 28 条第 2 款采主观说。此种规定与前述有关自相关裁定送达债权人之日起开始计算诉讼时效的规定在本质上是一致的,只是此种情况下客观说与主观说的区别更加明显罢了。具体来说:

一是债务人下落不明,且无财产可供执行。一般保证中,债权人正确的行权方式就是对债务人提起诉讼或申请仲裁,在其提起诉讼或申请仲裁的过程中,债务人可能会因种种原因拒不到庭。但仅出现该事实尚不足以表明其"下落不明"。本书认为,此处有关"下落不明"的规定,应当与《民法典》有关宣告失踪的规定相一致,即原则上只有在人民法院宣告失踪时,方可认定下落不明。尤其是仅"下落不明"还不足以使保证人丧失先诉抗辩权,必须要同时满足"无财产可供执行"这一要件。鉴于在案件审理过程中一般不存在执行问题,故该要件往往也很难在诉讼过程中得到满足,除非债务人在其他案件中被另案债权人申请强制执行,人民法院已经作出终结本次执行程序等裁定。鉴于前述要件不易满足,同时具备则是难上加难,故此种情形在实践中发生的可能性不大。

二是人民法院已经受理债务人破产案件。在人民法院受理债务人破产申请之前,债权人已经对债务人提起诉讼的,该起诉行为导致保证期间制度失效,一般保证的保证人仍受先诉抗辩权的保护。但《企业破产法》第19条规定:"人民法院受理破产申请后,有关债务人财产的保全措施应当解除,执行程序应当中止。"据此,人民法院受理主债务人破产案件后,债权人已无法就主债务人的财产依法强制执行,否则,就构成个别清偿,有悖于破产程序使所有债权人公平受偿目的。此时,应当认为保证人丧失了先诉抗辩权,债权人无须等待破产程序结束,即可请求保证人代为履行主债权。

还有一种情形是,人民法院受理债务人破产申请后,保证期间尚未经过,此时,债权人是否仍应通过提起诉讼或申请仲裁方式行使权利,才能导致保证期间制度失效?有观点认为,只要人民法院受理了债务人的破产申请,即便债权人不依法主张权利,保证人享有的先诉抗辩权当然丧失,债权人可直接请求保证人履行债务。本书认为,基于前述分析,债权人只有使保证期间制度失效后,才谈得上先诉抗辩权是否丧失问题。而要想使保证期间制度失效,债权人仍须依法行使权利。只不过在债务人破产场合,债权人应当通过向管理人申报债权方式行使权利,不应也不能再行通过起诉或申请仲裁方式行使权利。从这一意义上说,债权人依法向管理人申报债权后,保证期间失效。进而依据前述的《企业破产法》第19条等规定,保证人同时也丧失先诉抗辩权。因而,债权人申报债权后,还可以同时向保证人主张权利。

三是债权人有证据证明债务人的财产不足以履行全部债务或者丧失履行债务能力。这是《民法典》新增的一项规定,起着兜底作用。但实践中债权人如何证明"债务人的财产不足以履行全部债务"或者"丧失履行债务能力"是一个非常棘手的问题。因为不经过审判或仲裁程序,并经强制执行,债权人将很难证明前述事实。故在实操层面如何落地,仍须通过司法实践进行探索。

四是保证人书面表示放弃先诉抗辩权。先诉抗辩权作为民事权利的一种,当然可以抛弃。抛弃先诉抗辩权的行为性质上属于保证人的单方行为,以抛弃的意思表示达到债权人为生效条件。先诉抗辩权一经抛弃,发生绝对消灭的效果。先诉抗辩权既可预先抛弃,也可事后抛弃,预先抛弃主要表现为一般保证合同中明确约定保证人不行使先诉抗辩权,如"保证人放弃先诉抗辩权""债权人履行期限届满,保证人应立即清偿"等。事后抛弃是指在一般保证合同成立后,保证人明示放弃先诉抗辩权。保证人能否在事后以默示方式放弃先诉抗辩权,存在争议。本条明确规定以书面形式放弃,表明不允许以默示方式予以放弃。

3. 关于主债务诉讼时效与保证债务诉讼时效的关系

有观点认为,基于担保的从属性,主债务诉讼时效中止或中断的,保证债务的诉讼时效也可能发生中止或中断。《担保法解释》第36条就循着前述逻辑,规定:一般保证中,主债务诉讼时效中断的,保证债务诉讼时效中断;连带责任保证中,主债务诉讼时效中断的,保证债务诉讼时效不中断。不论是一般保证还是连带责任保证,主债务诉讼时效中止的,保证债务的诉讼时效同时中止。

本书认为,保证期间与主债务诉讼时效都从主债务履行期限届满之日起计算,但保证债务的诉讼时效则从保证期间失效后开始计算。而主债务诉讼时效届满与保证期间失效之间必定会存在一个时间差。在一般保证中,因为保证人享有先诉抗辩权,导致保证期间失效与保证债务诉讼时效起算之间还有一段时间差。可见,较之于主债务诉讼时效,在连带责任保证中,保证债务诉讼时效与主债务诉讼时效之间隔了一个保证期间;在一般保证中,中间还隔了一个就主债务关系进行诉讼或仲裁的时间,以及债务人财产依法强制执行仍不能履行的执行期间。尤其是当主债务开始计算诉讼时效期间时,仅是开始计算保证期间,还谈不上保证期间是否经过或失效的问题,当然也就谈不上保证债务的诉讼时效是否发生中止、中断的问题。从这一意义上说,前述观点从逻辑上说就是错误的,它既混淆了主债务的诉讼时效与保证债务的诉讼时效的关系,也滥用了担保从属性,应予纠正。

（二）适用情况

本条主要适用于以下情形：

一是明确保证期间与保证债务诉讼时效的关系。在连带责任保证中，保证期间失效的同时开始计算保证债务的诉讼时效，问题相对简单。而在一般保证中，因为保证人享有先诉抗辩权，故保证期间与保证债务诉讼时效期间之间还隔着一段审判加执行的期间，并非"无缝对接"，实践中如何认定是否已过诉讼时效，值得研究。在确定一般保证的诉讼时效从何时开始计算时，一方面，要明确只有在债权人依法行使权利，进而导致保证期间失效后才存在考虑保证人是否享有先诉抗辩权的问题；另一方面，保证债务的诉讼时效期间从债权人知道先诉抗辩权消灭之日起计算，而非该权利客观上消灭之日起计算。而且在确定先诉抗辩权是否消灭时，情形还非常复杂，需要进行类型化分析。

二是关于主债务诉讼时效和保证债务的诉讼时效问题。鉴于此前的司法解释错误地理解了担保的从属性，认为主债务诉讼时效中止或中断的，可能会导致保证债务的诉讼时效也发生中止或中断，这就有必要厘清二者的关系，尤其是其与保证期间制度之间的关系，准确适用法律。

【相关法律、行政法规】

（一）相关法律

1.《中华人民共和国民法典》（2020 年 5 月 28 日通过）

第一百八十八条　【普通诉讼时效】向人民法院请求保护民事权利的诉讼时效期间为三年。法律另有规定的，依照其规定。

诉讼时效期间自权利人知道或者应当知道权利受到损害以及义务人之日起计算。法律另有规定的，依照其规定。但是，自权利受到损害之日起超过二十年的，人民法院不予保护，有特殊情况的，人民法院可以根据权利人的申请决定延长。

【适用要点】该条是有关普通诉讼时效的规定，明确了诉讼时效从权利人知道或者应当知道权利受到损害以及义务人之日起计算的主观标准。正因为结合该条规定，《民法典》第 694 条有关一般保证的诉讼时效，应当从债权人知道先诉抗辩权消灭之日起计算,而非自先诉抗辩权消灭之日起计算。

第六百八十七条 【一般保证及先诉抗辩权】当事人在保证合同中约定,债务人不能履行债务时,由保证人承担保证责任的,为一般保证。

一般保证的保证人在主合同纠纷未经审判或者仲裁,并就债务人财产依法强制执行仍不能履行债务前,有权拒绝向债权人承担保证责任,但是有下列情形之一的除外:

(一)债务人下落不明,且无财产可供执行;

(二)人民法院已经受理债务人破产案件;

(三)债权人有证据证明债务人的财产不足以履行全部债务或者丧失履行债务能力;

(四)保证人书面表示放弃本款规定的权利。

【适用要点】《民法典》第694条有关一般保证中先诉抗辩权及其消灭主要来自该条规定,包括两种情形:一是就债务人财产依法强制执行仍不能履行债务;二是发生该条第2款"但书"规定的除外情形。准确理解《民法典》第694条,必须要将其与该条规定结合起来。

2.《中华人民共和国企业破产法》(2006年8月27日通过)

第十九条 【受理破产的法律效果】人民法院受理破产申请后,有关债务人财产的保全措施应当解除,执行程序应当中止。

【适用要点】人民法院受理破产申请后,人民法院的执行程序应当中止,转而依照破产程序使所有债权人公平受偿,故一般保证人的先诉抗辩权消灭,债权人可以请求保证人履行债务。

第四十四条 【债权人的权利】人民法院受理破产申请时对债务人享有债权的债权人,依照本法规定的程序行使权利。

【适用要点】人民法院受理破产申请后,债权人要依照破产法的有关规定行使权利,主要是依法申报债权。因而在一般保证中,债权人无须通过提起诉讼或申请仲裁方式行使权利,就可使保证期间制度失效。当然,这并不意味着其无须行使任何权利,其仍须通过依法申报债权方式使保证期间制度失效,转而直接向保证人主张权利。

【司法解释及规范性司法文件】

（一）司法解释

1.《最高人民法院关于适用〈中华人民共和国民法典〉有关担保制度的解释》（法释〔2020〕28号，2020年12月25日通过）

第二十八条　【一般保证的诉讼时效】一般保证中，债权人依据生效法律文书对债务人的财产依法申请强制执行，保证债务诉讼时效的起算时间按照下列规则确定：

（一）人民法院作出终结本次执行程序裁定，或者依照民事诉讼法第二百五十七条①第三项、第五项的规定作出终结执行裁定的，自裁定送达债权人之日起开始计算；

（二）人民法院自收到申请执行书之日起一年内未作出前项裁定的，自人民法院收到申请执行书满一年之日起开始计算，但是保证人有证据证明债务人仍有财产可供执行的除外。

一般保证的债权人在保证期间届满前对债务人提起诉讼或者申请仲裁，债权人举证证明存在民法典第六百八十七条第二款但书规定情形的，保证债务的诉讼时效自债权人知道或者应当知道该情形之日起开始计算。

【适用要点】该条是对保证人享有的先诉抗辩权何时消灭的两种具体情形的规定，准确理解该条，要把握以下几点：一是该条坚持主观说，即从债权人知道或应当知道先诉抗辩权消灭之日起计算一般保证的诉讼时效，第1款、第2款莫不如此。二是第1款是"就主债务人的财产依法强制执行仍不能履行债务"的具体化，包括两种情形。原则上从人民法院依法作出的终结本次执行裁定或部分终结执行裁定送达债权人之日起计算诉讼时效。人民法院自收到申请执行书之日起1年内未作出前项裁定的，例外情况下从人民法院收到申请执行书满1年之日起开始计算。应予注意的是，并非所有的终结执行裁定都属于先诉抗辩权消灭的事由，且因为《民事诉讼法》有修改，前后条文的序号并不一致。

第三十五条　【对超过诉讼时效的债务提供保证】保证人知道或者应当

---

① 2021年修正的《民事诉讼法》第264条。

知道主债权诉讼时效期间届满仍然提供保证或者承担保证责任,又以诉讼时效期间届满为由拒绝承担保证责任或者请求返还财产的,人民法院不予支持;保证人承担保证责任后向债务人追偿的,人民法院不予支持,但是债务人放弃诉讼时效抗辩的除外。

【适用要点】该条包括两个层次内容:一是保证人知道或者应当知道主债权已经超过诉讼时效,还愿意承担保证责任或者提供保证,根据诚实信用原则,不能再以诉讼时效期间届满为由提出抗辩。反之,如果其对此不知情的,可以欺诈或者重大误解为由请求撤销。二是在保证人知道或者应当知道主债权已经超过诉讼时效,并且愿意承担保证责任的,在承担保证责任后再向债务人追偿的,债务人可以主债务已过诉讼时效进行抗辩,进而免除其责任。

2.《最高人民法院关于适用〈中华人民共和国企业破产法〉若干问题的规定(三)》(法释〔2019〕3号;法释〔2020〕18号,2020年12月23日修正)

第四条 **【保证人破产时的债权申报】**保证人被裁定进入破产程序的,债权人有权申报其对保证人的保证债权。

主债务未到期的,保证债权在保证人破产申请受理时视为到期。一般保证的保证人主张行使先诉抗辩权的,人民法院不予支持,但债权人在一般保证人破产程序中的分配额应予提存,待一般保证人应承担的保证责任确定后再按照破产清偿比例予以分配。

保证人被确定应当承担保证责任的,保证人的管理人可以就保证人实际承担的清偿额向主债务人或其他债务人行使求偿权。

【适用要点】依据该条规定,在保证人破产时,一般保证的保证人不得行使先诉抗辩权。详见本书对第687条的阐释。

【典型案例】

(一)参考案例

1. 洛阳市浪潮消防科技股份有限公司与高胜灵借款合同纠纷案【最高人民法院(2020)最高法民再130号**】**

【裁判要旨】保证期间与保证债务诉讼时效的适用是互斥且存在先后顺序的。一方面,保证期间与保证债务诉讼时效不可同时适用;另一方面,保证期间适用在前,保证债务诉讼时效在后。具体来说,若债权人在保证期间内未向保证人行使权利,则保证期间经过,保证人可据此免除保证责任,无须计算保证债务的诉讼时效;若债权人在保证期间内向保证人行使了权利,那么保证人便不能以保证期间届满主张免除保证责任,此时保证债务诉讼时效开始计算。

【编者评析】该案例有关保证期间适用在前保证债务诉讼时效在后,二者不可同时适用的观点无疑是正确的,具有很强的指导意义。

2. 鄂尔多斯市永顺煤炭有限责任公司与上海浦东发展银行股份有限公司温州东城支行金融借款合同纠纷案【最高人民法院(2017)最高法民再23号】

【裁判要旨】依据《担保法解释》第 34 条第 2 款①规定,"连带责任保证的债权人在保证期间届满前要求保证人承担保证责任的,从债权人要求保证人承担保证责任之日起,开始计算保证合同的诉讼时效"。本案保证合同的诉讼时效未超过法定的 2 年诉讼时效期间,保证人以保证债务已过诉讼时效期间为由主张不承担保证责任的抗辩不能成立。

【编者评析】连带责任保证中,保证期间的经过同时意味着开始计算保证债务的诉讼时效,债权人在诉讼时效期间内向保证人主张权利的,保证人有关诉讼时效经过的抗辩就不能成立。

---

① 《民法典》第 694 条第 2 款。

第六百九十五条 【主合同变更对保证责任的影响】债权人和债务人未经保证人书面同意,协商变更主债权债务合同内容,减轻债务的,保证人仍对变更后的债务承担保证责任;加重债务的,保证人对加重的部分不承担保证责任。

债权人和债务人变更主债权债务合同的履行期限,未经保证人书面同意的,保证期间不受影响。

【条文精解】

(一)条文要点

本条是有关主合同变更对保证责任影响的规定,是在《担保法解释》第30条基础上经删除修改而成,即删除了《担保法解释》第30条第3款有关"债权人与债务人协议变动主合同内容,但未实际履行的,保证人仍应当承担保证责任"的规定,并进行了相应文字调整。

1. 担保从属性与主合同变更

保证人所应承担的责任不得超过主债务人所应承担的责任范围,是担保从属性的必然要求。但主合同内容变更并不必然影响主债务人所应承担的责任,进而影响保证责任的承担。故在主合同当事人未经保证人同意擅自变更主合同场合,应视主合同变更是否加重保证责任而异其处理规则:主合同变更加重保证责任的,该变更对保证人不发生效力,保证人仍依据原约定承担责任,对加重的部分不承担责任;反之,该变更减轻保证责任的,保证人仅对减轻了的主债务承担保证责任,反而更符合担保从属性的要求。

但《担保法》第24条规定,主合同当事人协议变更主合同内容,只要没有征得保证人书面同意的,保证人就不再承担保证责任。该规定意在保护保证人的利益不因主合同变更而受损,其初衷无疑是好的,也契合保证合同的单务、无偿性特点。但现实生活千变万化,当事人应时应势变更合同内容的情形在所难免,也难谓都具有损害保证人的恶意。且主合同变更并不必然加重保证责任,有的甚至还减轻了保证责任,故规定保证人在主合同变更未经其同意的一概不再承担保证责任,确有矫枉过正之嫌。有鉴于此,《担保法解释》第30条第1款规定："保证期间,债权人与债务人对主合同数量、价款、币种、利率等内容作了变动,未经保证人同意的,如果减轻债务人的债务的,保证人仍应当对变更后的合同承担保证责任;如果加重债务人的债务的,保证人对加重的部分不承担保证责任。"本条第1款基本沿袭了该规定精神,显然更符合担保从属性的要求。可见,在主合同变更对保证责任的影响问题上,经历了一个日渐深入、渐趋合理的认识过程。准确理解本条第1款,有必要把握以下内容:

一是要区别合同变更和合同更新。合同变更是合同内容的局部变化,是对原合同的修改或补充,标的物数量增减,价款或利率变化,履行地点、期限或方式等变化,均属于合同变更。合同变更是主合同当事人另行订立一个新的合同,作为原合同的必要补充。申言之,原合同仍然继续有效,但新合同又使原合同发生了量变,二者共同构成一个完整的不可分的合同,此点使其区别于合同更新。合同更新又称合同更改,是当事人另行订立的新合同代替了原合同,原合同消灭,其上的担保等也跟之消灭。可见,合同更新是合同的质变而非仅是量变。一般来说,标的作为权利义务指向的对象,其本身的变更往往构成合同更新。值得探讨的是以物抵债,其究竟是合同标的发生了根本变化,还是仅是履行方式的变更,有一定争议。实践中,往往从保护债权人的合法权益出发,认为以物抵债是新债清偿,除非当事人明确约定属于合同更新。故在以物抵债场合,旧债上的担保原则上不因以物抵债而消灭。再如,当事人对无效的建设工程施工合同进行结算,并就结算后的价款支付设定担保的,该担保是否无效? 有观点认为,建设工程施工合同无效,为其履行设定的担保当然也跟之无效,这就涉及结算协议的性质问题。本书认为,关于结算协议的性质需要具体问题具体分析,就所涉案例来说,经结算,原来的建设工程施工合同之债转化为金钱之债,二者的标的并非同一,故该结算协议属于债务更新,而担保系针对有效的结算协议确定的债务履行而设立,并非针对原来的无效合同而设立,故应当认定该担保合法有效。另一个涉及合同变更与合同更新的是借新还旧,该问题在担保领域非常突出,本书将在下文进行详细介绍。

二是要区别合同变更和主体变更。广义的合同变更包括主体变更和内容变更,但鉴于《民法典》已就主体变更规定了债权转让、债务转移以及债权债务的概括转让等制度,尤其是于本条之外也专门规定了主合同债权转让和债务转移对保证责任的影响,故本条限于合同内容变更,不包括主体变更。

　　三是要区别履行期限变更和其他条款变更。保证期间是保证特有的制度,关乎保证人的切身利益。保证期间一般从主债务履行期限届满之日起计算,故履行期限的变更往往会影响保证期间。有鉴于此,本条第 2 款对履行期限变更是否影响保证期间作出明确规定,故本条第 1 款所谓的合同变更主要是指其他条款的变更。

　　四是要区别合同变更和法院对合同性质认定的变化。商事审判实践中,大量相似制度尤其是虚伪意思表示的存在,导致同一交易不同法院对其有不同的认识。售后回租型融资租赁与借贷极为类似,融资性贸易究竟是应当认定为是借贷还是买卖,在实践中亦非易事。问题是,法院对某一交易性质认定的不同,是否影响担保责任的承担? 换言之,当法院将某一名为买卖或融资租赁的合同认定为是借贷时,保证人能否以其仅是对买卖合同或融资租赁提供担保为由,拒绝承担保证责任? 本书认为,合同性质认定的变化并非合同变更的变更,该项认定本身并没有加重保证人的责任;且保证人是为某一特定交易提供保证的意思是明确的,故让其承担责任符合其预期,因此保证人不能以性质认定变化为由要求免除其保证责任。

2. 其他条款变更对保证责任的影响

　　保证人承担保证责任最为常见的形式是履行金钱债务,故价款、币种、利率等的变更,以及作为对待给付的标的物数量变化,往往会加重或减轻保证责任。但可能影响保证责任的合同变更并不限于此,除履行金钱债务外,实践中也不排除保证人替主债务人履行行为之债的可能。在保证人代为履行债务场合,履行地点、履行方式的变更,对履行行为债务本身来说往往谈不上加重或减轻债务问题,但保证人可能会因履行地点、履行方式等的变更而额外支出或减少相关费用,该费用的支出或减少也会影响保证责任的承担。总之,判断保证人是否因主合同变更而加重或减轻责任时,原则上会转化为金钱之债来进行比较,否则很难认定相关事实。本书认为,可以通过赋予保证人选择权的形式来解决前述问题,即主合同变更未经保证人书面同意的,保证人享有选择权,其既可以选择仅在原合同约定的范围内承担责任;也可以选择对变更后的主债务承担责任。因为,如果其认为主合同变更减轻了其责任的,一般会选择对变更后的主债务承担责任;反之,则会坚持在原合同约定范围内承担责任。保证人未选择的,认定其仅在原合同范围内承担责任,如此就可解决某一变更究竟是减轻还是加重了保证责任的认定困难问题。

3. 主合同履行期限的变更对保证责任的影响

首先应予说明的是,当事人变更主合同履行期限,适用于原合同对履行期限有明确约定的情形。原合同对履行期限没有约定或约定不明的,依照《民法典》第 510 条之规定,当事人可以协议补充。在协议补充场合,补充协议是原合同的补强或进一步明确,是原合同的必要组成部分,并非对原合同约定的履行期限的变更,不适用本条第 2 款规定。

关于主合同当事人未经保证人同意擅自变更履行期限的后果如何,存在不同观点。有观点认为,履行期限的变更也是合同变更,应当适用前款规定,即视此种变更是加重还是减轻了保证人的责任而异其处理规则。本书认为,主合同当事人延长或缩短履行期限,很难说会加重还是减轻了保证责任。因为保证人是否承担保证责任具有或然性,主要取决于债务人是否具有偿债能力。在延长或缩短的期限内,债务人的偿债能力是增强了还是变弱了具有不确定性。当事人在延长的履行期限内偿债能力增强的,期限延长对保证人有利;反之,其偿债能力降低的,则延长对保证人不利。当事人缩短履行期限同样面临类似问题。加之,法定保证期间是从履行期限届满之日起计算的,如果认为保证期间因主合同履行期限的变化而变化,既使保证责任因保证期间的变化而处于难以确定状态,同时也不利于保护保证人的合法权益。有鉴于此,本条第 2 款规定保证期间不受当事人变更履行期限的影响是妥当的。当然,实践中有可能因主债务履行期限的变化导致约定的违约金、损害赔偿金出现增减,此时要综合适用本条第 1 款、第 2 款的规定:保证期间尽管不受影响,但对增加或减少的保证责任,仍应按照本条第 1 款规定处理。

值得探讨的是,如何理解本条第 2 款有关"保证期间不受影响"? 是保证期间是继续从原合同约定的履行期限届满之日起计算,还是按照变更后的履行期限届满之日起计算,但长度不变? 本书认为,应视当事人是延长还是缩短了主债务履行期限进行具体分析,不可概而论之:

一是在履行期限延长场合,保证期间应当从延长后的履行期限届满之日开始计算剩余时间,即要扣掉延长的时间;如果延长后的履行期限届满前保证期间已经届满的,则保证责任因保证期间经过而消灭。之所以要从延长后的履行期限届满之日起计算,而非原合同约定的履行期限届满之日起计算,是因为当事人变更履行期限的合同作为原合同的补充,与原合同一起共同构成一个不可分割的整体。故主债务的履行期限应当依据该补充合同确定,即债务人只有在延长后的履行期限届满后不履行债务时才负有履行义务,保证责任的代负责任性质决定了,保证期间也只能从延长后的履行期限届满后计算。

二是在履行期限缩短场合,本质上相当于债务人抛弃了期限利益,在债权人依照新的合同在原合同履行期限届满前请求保证人承担保证责任时,参照《民法典》第701条有关"债务人放弃抗辩的,保证人仍有权向债权人主张抗辩"之规定,保证人仍可以依据原合同提出抗辩,即仍然按照原合同约定的期限计算保证期间。

总之,所谓"保证期间不受影响",主要是指期间长度和终期不变,但始期可能会因延长还是缩短而有所不同。

4. 借新还旧与担保责任的承担

借新还旧既并非专门金融术语,亦非严谨的法律概念,但其基本内涵是确定的,一般是指债权人与债务人在旧的贷款尚未清偿的情况下再次签订贷款合同,以新贷出的款项清偿部分或者全部旧的贷款。这种操作模式被我国金融机构所普遍采用,作为保全资产和化解不良贷款的重要方式。究其原因,一是部分金融机构基于考核和监管压力,采取借新还旧的方式消灭逾期贷款,降低不良贷款率,使得账面上符合监管要求;二是如果办理贷款展期,既要受期限的限制(一般是原贷款约定期限的一半),也要受次数的限制(一般只能展期一次),不利于银行稳妥化解不良贷款。

借新还旧尽管本质上更近于贷款展期,但司法实践一般认为其属于债务更新,即债务人通过借新贷的方式偿还了旧贷,旧贷上的担保因旧贷的消灭而消灭,债权人请求旧贷上的担保人承担担保责任的,人民法院不予支持。故借新还旧涉及的主要问题是,新贷上的担保人应否承担责任。该问题既涉及新贷担保人和旧贷担保人是否相同问题,也涉及保证和担保物权异其处理的问题,非常复杂。准确理解该问题,有必要把握以下几点:

一是关于新贷上的担保责任承担问题。《担保法解释》第39条对借新还旧场合保证人如何承担责任作出了规定,《民法典担保制度解释》第16条基本沿袭了该规定精神,但将前述规则扩展至包括担保物权在内的所有担保形式,并根据新旧贷是否有担保以及担保人是否为同一人确定新贷上担保的效力,具体来说:

(1)旧贷无担保而新贷有担保,或者新贷担保人和旧贷担保人不同的。此种情形下,新贷担保人原则上不承担担保责任,除非债权人能够提供证据证明新贷担保人对于以新贷偿还旧贷的事实知道或者应当知道。与一般借款合同中借款人实际取得款项用于生产生活,担保人是否承担担保责任具有或然性不同,在借新还旧的场合下,借款人并未实际取得贷款,其仅仅通过借新还旧的方式用于清偿此前尚未偿还的借款,使得旧贷消灭而产生新贷。结合当事人采取借新还旧的方式主要基于旧贷债务人不能按时清偿债务,对于债权人而言,增加了贷款偿还的担保方式;对于担保人而言,对于新贷提供担保的风险远大于一般借款。因此,应科以债务人告知义务,即告知担保人借新还旧的事实,确保担保人能够全面衡量债务人履行能力决定是否提供担保,否则担保人主张不承担担保责任的,人民法院应予支持。

(2)新贷和旧贷均有担保且担保人为同一人的。此种情形下,虽然担保人往往抗辩因主合同当事人没有经过担保人同意,改变贷款合同约定的用途,从而主张不承担担保责任,但是在新贷和旧贷担保人相同的情况下,通过借新还旧的方式使得旧贷清偿完毕,从而消灭了担保人的担保责任,而如果债务人不通过借新还旧的方式偿还旧贷,担保人仍不能免除担保责任,故在新贷系用于偿还旧贷的情况下,由担保人对于新贷承担担保责任,并未加重其风险责任。因此,不论担保人是否知情,其均应承担担保责任。

二是关于旧贷上的担保物权的顺位确定问题。当事人约定物的担保人继续为新贷提供担保,但是在订立新的贷款合同前,该物上担保人又以该担保财产为其他债权人设定新的担保,此时如何确定两个担保物权之间的顺位,司法实践中争议较大。《九民纪要》第 57 条规定:"贷款到期后,借款人与贷款人订立新的借款合同,将新贷用于归还旧贷,旧贷因清偿而消灭,为旧贷设立的担保物权也随之消灭。贷款人以旧贷上的担保物权尚未进行涂销登记为由,主张对新贷行使担保物权的,人民法院不予支持,但当事人约定继续为新贷提供担保的除外。"该条对于借新还旧情形物的担保责任的认定进行了规定,明确了当事人约定继续为新贷提供担保的情况下,债权人有权对新贷主张担保物权,但对于顺位问题并未明确。鉴于我国学说和实务奉行顺位进升原则的基础上,例外地承认顺位固定,在借新还旧的情形下,借新还旧与贷款人用自有资金归还贷款从而消灭原债权债务关系存在本质区别,虽然新贷代替旧贷,但借贷双方之间的债权债务关系仍未消灭,客观上只是以新贷的形式延长了旧贷的还款期限,本质上是旧贷的特殊形式的展期。因此,新债和旧债为同一法律关系,旧贷上的担保物继续为新贷提供担保,债权人对于担保物仍享有顺位利益,只要旧贷担保人同意继续为新贷提供担保且登记仍未注销,债权人的担保顺位应予确认,且有利于维护现行金融秩序。

总之,尽管借新还旧本质上更近于贷款展期,但基于特定的政策考量,司法实践中将其界定为债务更新,有别于一般的贷款展期,因而不可用本条规定来解释借新还旧。

5. 叙做进口押汇与原信用证关系项下的担保责任

关于何为进口押汇,尽管存在争议。但通说认为,进口押汇是开证申请人在不能备款赎单,即不能履行开证申请合同项下的还款义务时,向银行申请叙做进口押汇,并将货物所有权让与给银行以之设定担保,银行则向开证申请人释放信用证项下单据的一种金融活动。根据此前的实践,其基本交易流程为:开证申请人向开证行提交押汇申请,在开证行同意的情况下,双方签订进口押汇协议后,开证申请人向开证行出具由银行事先制定的格式化的《信托收据》,承诺信用证项下的货权归开证行,开证行则将提单项下的全套单据返还给开证申请人,并委托开证申请人代替其处置货物,所得款项用来清偿银行垫付的融资款。可见,进口押汇是开证申请人在不能依约履行信用证项下的义务时,当事人就如何继续履行义务另行作出的一种安排。其当事人仍然是开立信用证关系中的当事人,叙做进口押汇的目的是偿还信用证项下银行垫付的款项,且银行都希望通过控制提单对应的货权实现对其债权的基本保障。从这一意义上说,进口押汇是信用证业务的延续,二者具有同一性。因此,为开证申请合同提供的担保原则上可以继续适用于进口押汇合同,除非担保人明确表示仅对信用证项下的债务提供担保。

但叙做进口押汇毕竟是在申请人不能如期备款赎单情况下进行的,申请人暂缓付款的代价就是要承担更高的利率。进口押汇合同对开证申请合同的变更主要体现在以下几个方面:一是对主债权的性质进行了变更,将或然债务变更为必然债务。《最高人民法院关于审理信用证纠纷案件若干问题的规定》第7条第4款规定:"开证行拒绝接受不符点时,受益人以开证申请人已接受不符点为由要求开证行承担信用证项下付款责任的,人民法院不予支持。"可见,开证行信用证项下的付款义务是有条件的,在受益人并未提交相符交单的情况下开证行就可以拒绝付款。也就是说,在信用证交易中,银行并不负有必然要付款的义务。但在进口押汇中,开证行已确定地向受益人进行了付款,从而对开证申请人享有确定的求偿权,此种债务是一种确定的债务,两种债务在性质上确有一定的区别。二是在还款期限上,进口押汇申请书往往将信用证项下的还款期限修改为:开证申请人自单到后付款的期限在叙做进口押汇后全部延长45天或90天,从而延长了信用证项下债务的还款期限。三是在利率问题上，进口押汇申请书项下约定的债务的利息为押汇利息，该利息和开证行基于开立信用证而计算的或然付款的授信利息率有很大不同，一般比后者要高。

总之，进口押汇在信用证业务基础上，提高了利率标准、延长了还款期限，总体上加重了债务。《民法典》第695条第1款规定："债权人和债务人未经保证人书面同意，协商变更主债权债务合同内容，减轻债务的，保证人仍对变更后的债务承担保证责任；加重债务的，保证人对加重的部分不承担保证责任。"该条第2款规定："债权人和债务人变更主债权债务合同的履行期限，未经保证人书面同意的，保证期间不受影响。"据此，在未征得保证人或者提供物保的第三人同意的情况下，加重的部分对保证人或者该第三人不发生效力。当然，开证申请人自身提供物保或者保证金担保的，毕竟是为自己的债务提供担保，不适用前述规定，故不影响此类担保的效力。

（二）适用情况

本条主要适用于以下情形：

一是在主合同当事人未经保证人同意擅自对合同内容作出变更时，保证人应否以及如何承担责任的问题。在该问题上，从《担保法》到《担保法解释》直至《民法典》，有一个规则演变的过程，即从保证人一概不承担责任演变到"有利变更对保证人生效，无利变更对保证人不生效"的过程，更契合担保从属性的逻辑以及保护保证人合法权益的价值判断。个案中，如果能够直接认定某一变更是加重或减轻保证人负担的，人民法院可以直接依据本条第1款之规定进行裁判即可。难点是在某些场合，难以认定究竟是加重还是减轻了保证人的责任，此时不妨由保证人进行选择，以对其诉讼时效给予相应支持的方式解决认定上的困难。

二是关于主合同当事人擅自变更履行期限不影响原保证期间的计算，难点在于如何理解"保证期间不受影响"。本书的基本结论是，"保证期间不受影响"是指期间长度和终期不变，但始期可能会因延长还是缩短而有所不同。

三是关于借新还旧问题。基于特殊的政策考量，司法实践一般将借新还旧界定为是债务更新，并非履行期限延长，故不能适用本条第2款之规定，故《民法典担保制度解释》第16条有关借新还旧的规定并非对本条的解释，而系漏洞补充。借新还旧的主要问题是新贷上的担保人应否承担担保责任，就保证来说,主要看新旧贷是否有担保以及担保人是否为同一人确定新贷上担保的效力;就担保物权来说,只要担保人愿意继续为新贷提供担保,该物上担保就不会因旧贷已经消灭而消灭。从司法实践看,较之前两个问题,借新还旧问题反而是更常见也更棘手的问题,适用时应予注意。

【司法解释及规范性司法文件】

(一)司法解释

《最高人民法院关于适用〈中华人民共和国民法典〉有关担保制度的解释》(法释〔2020〕28 号,2020 年 12 月 25 日通过)

第十六条　【借新还旧】主合同当事人协议以新贷偿还旧贷,债权人请求旧贷的担保人承担担保责任的,人民法院不予支持;债权人请求新贷的担保人承担担保责任的,按照下列情形处理:

(一)新贷与旧贷的担保人相同的,人民法院应予支持;

(二)新贷与旧贷的担保人不同,或者旧贷无担保新贷有担保的,人民法院不予支持,但是债权人有证据证明新贷的担保人提供担保时对以新贷偿还旧贷的事实知道或者应当知道的除外。

主合同当事人协议以新贷偿还旧贷,旧贷的物的担保人在登记尚未注销的情形下同意继续为新贷提供担保,在订立新的贷款合同前又以该担保财产为其他债权人设立担保物权,其他债权人主张其担保物权顺位优先于新贷债权人的,人民法院不予支持。

【适用要点】该条是有关借新还旧的规定,准确理解该条,要注意以下几点:一是借新还旧性质属于债务更新,当事人通过设立新债的方式消灭旧贷,旧贷上的担保也随之消灭,债权人请求旧贷的担保人承担担保责任的,人民法院不予支持。二是关于新贷的担保人是否应当承担责任,应当区分新贷担保人和旧贷担保人是否相同分别处理,如果新贷和旧贷上的担保人相同,则新贷担保人仍应当承担担保责任;如果新贷担保人与旧贷担保人不同,或者旧贷无担保而新贷有担保的,应当根据新贷担保人对于借新还旧的事实是否知情进行判断,新贷担保人知道或者应当知道借新还旧的,应当承担担保责任,否则新贷担保人不应承担担保责任。三是当事人约定借新贷偿还旧贷,但在新的贷款合同尚未订立且旧贷上担保物权尚未进行涂销登记的情况下,物上担保人为他人提供担保并办理登记手续,新贷债权人的担保物权应优先于其他债权人。

(二)规范性司法文件

1.《全国法院民商事审判工作会议纪要》(法〔2019〕254 号,2019 年 11月 8 日公布)

57.【借新还旧的担保物权】贷款到期后,借款人与贷款人订立新的借款合同,将新贷用于归还旧贷,旧贷因清偿而消灭,为旧贷设立的担保物权也随之消灭。贷款人以旧贷上的担保物权尚未进行涂销登记为由,主张对新贷行使担保物权的,人民法院不予支持,但当事人约定继续为新贷提供担保的除外。

【适用要点】本规定内容已基本被《民法典担保制度解释》第 16 条所吸收。只是《九民纪要》起草时,尽管明确了当事人约定继续为新贷提供担保的,债权人有权对新贷主张担保物权,但对于其顺位问题并未明确,《民法典担保制度解释》第 16 条第 2 款对此予以明确。从这一意义上说,司法解释既是对该条的认可,同时也为该条的局限打了"补丁"。

2.《陕西省高级人民法院民二庭关于审理担保纠纷案件若干法律问题的意见》(2007 年 12 月 6 日公布)

11.【以新贷偿还旧贷的认定】人民法院在认定以新还旧时,除应查明借款人是否有将新贷偿还旧贷的行为,还应查明金融机构与借款人之间是否存在以新还旧的共同意思表示或者意思联络。如仅有借款人偿还旧贷的行为,但无证据证明借贷双方存在以新还旧的意思表示的,属借款人单方使用借款的行为,担保人的责任不应免除。但在款项并未实际贷出,只是更换了贷款凭证,或者新贷款与旧贷款金额相同或是旧贷款本息之和,借款人在短时间内归还贷款等情形下,可以推定借贷双方存在以新还旧的意思表示。

借款人以借款偿还所欠其他债权人的借款债务,或者偿还了他人所欠的借款债务的,不属于担保法解释第三十九条规定的以新贷偿还旧贷。

12.【以新贷偿还旧贷时保证人的责任】在以新还旧的情况下,如旧贷款没有担保或旧贷与新贷的保证人不是同一人的,债权人、债务人如不能证明保证人知道或应当知道其所担保的借款系以新还旧的,保证人不再承担保证责任。

13.【多次借新还旧时保证人的责任】经过数次相同金额借款合同的借新还旧,保证人连续作为保证人的,应当推定保证人对主合同以新贷偿还旧贷的事实是应当知道的。

14.【借新还旧免责的例外】保证合同中约定了"只要不增加保证人的保证金额,本保证不受借款人和银行对借款合同进行任何修改、补充、删除的影响"等内容的,保证人以借新还旧为由主张而免责的,人民法院不予支持。

【适用要点】本意见尽管为地方高院的指导性意见,但具有一定的实操意义,对准确认定借新还旧相关事实具有借鉴意义。

【部门规章、规范性文件与相关政策】

(一)规范性文件

《中国人民银行关于借新还旧贷款中保证人责任问题的复函》(银条法〔2000〕2 号,2000 年 1 月 7 日)

中国工商银行法律事务部、北京市第二中级人民法院:

中国工商银行法律事务部《关于借新还旧贷款中保证人书面认可问题的请示》、北京市第二中级人民法院就北京市桑普技术公司因不服平谷县人民法院(1999)平经初字第 61 号民事判决上诉一案的咨询函收悉。经研究,提出以下意见:

保证人与贷款人针对借新还旧的新借款合同签定了保证合同,若能证明保证人在作出保证时,对其所保证的主合同的内容是明确知悉的、并且其意思表示是真实的,保证人即应履行保证合同所确定的义务。

【适用要点】借新还旧场合,认定新贷上的保证人应否承担责任,关键在于其在订立保证合同时是否知悉借新还旧事实,而非仅是对所担保的主合同内容是否知悉。从这一意义上说,该复函不能再予适用。

【典型案例】

(一)公报案例

卞松祥与许峰、徐州利峰木业有限公司等民间借贷纠纷案①

【裁判要旨】新贷保证人为旧贷提供担保,在前后保证人并非同一人且

---

① 具体可见《最高人民法院公报》2021 年第 1 期。

新贷保证人不知情的情况下,有违保证人的真实意思,保证人不承担民事责任。

【编者评析】本案确立的规则与《民法典担保制度解释》第 16 条完全一致。

(二)参考案例

1. 中国银行股份有限公司高平支行诉高平市赵庄煤矿、山西省高平市三甲散热器有限公司借款合同纠纷案①

【裁判要旨】最高额保证合同当事人基于所保证债务的不确定性,往往并不对借款用途作过于详细的规定,仅是对产生借款的法律关系作出一定的限制。在以新还旧的情况下,如果保证人对借款用途未加限制,则表示其并无以借款用途作为是否免担保责任条件的意思表示,在没有其他影响保证人意思表示真实因素的情况下,无论借款合同双方当事人最终约定何种借款用途,也无论保证人在签章时候是否知道或应当知道借款用途,均不能否定保证人承担保证责任的真实意思表示。

【编者评析】本案涉及借新还旧的最高额保证合同中,保证人应否承担保证责任问题,关键在于认定保证人对借新还旧事实是否知情。鉴于最高额保证所担保的债权在确定前具有不确定性,也就是说,其担保的对象并不指向某一笔特定债权,故某一笔借款是否系借新还旧不影响最高额保证的效力,也不影响保证人在最高债权额范围承担保证责任,除非当事人对借款用途或合同变更等作出明确约定。

2. 中国东方资产管理公司武汉办事处与平安信托投资有限责任公司等借款担保合同纠纷案【最高人民法院(2011)民二终字第 28 号】

【裁判要旨】在主合同中双方当事人约定借旧还新,即终止旧的借款合同关系而产生新的借款合同关系,且用新贷偿还旧贷,此时债权人不得以旧贷上的担保物权尚未进行注销登记为由主张对新贷继续行使担保物权,但如果双方约定愿意以担保物权继续为新贷提供担保的,担保合同有效。

【编者评析】主合同当事人协议以新贷偿还旧贷,旧贷的物的担保人在登记尚未注销的情形下同意继续为新贷提供担保,该担保有效。本案确立的

---

① 具体可见最高人民法院立案一庭、立案二庭编:《立案工作指导》2012 年第 1 辑(总第 32 辑),人民法院出版社 2012 年版。

规则符合《民法典担保制度解释》第 16 条规定精神。

3. 山东鑫海投资有限公司等与国泰租赁有限公司等企业间借贷合同纠纷案【最高人民法院(2014)民二终字第 109 号】

【裁判要旨】主合同当事人达成协议,免除了债务人应支付的合同违约金,并降低了本金计息标准。虽该协议内容并未取得保证人的同意,但该协议实际上减轻了债务人的债务和保证人的保证责任,依据《担保法解释》第 30 条第 1 款①之规定,保证人应按上述协议所确定的债务数额承担保证责任。

【编者评析】主合同减轻了债务人责任的,保证人有权主张仅对减轻后的责任承担保证责任。本案确立的规则符合《民法典》第 695 条第 1 款规定精神。

4. 武汉汉达房地产开发有限公司与湖北丰旺高新技术股份有限公司民间借贷纠纷案【最高人民法院(2020)最高法民再 270 号】

【裁判要旨】胡亮出具《担保书》系其真实意思表示,该担保行为合法有效。2014 年 1 月 2 日丰旺公司与汉达公司通过《还款计划书》和《回复函》对还款期限进行了变更,但未经胡亮书面同意,根据《担保法解释》第 30 条②关于"债权人与债务人对主合同履行期限作了变动,未经保证人书面同意的,保证期间为原合同约定的或者法律规定的期间"的规定,案涉借款的保证期间仍为原合同约定的或者法律规定的期间。丰旺公司实际收到借款的时间为 2012 年 12 月 19 日,《借款协议》约定的借款期间为"不超过两个月",故丰旺公司依约应于 2013 年 2 月 19 日之前向汉达公司履行还款义务。胡亮承担连带保证责任的保证期间为案涉借款履行期届满之日起 6 个月,即 2013 年 8 月 19 日之前。汉达公司于 2013 年 5 月要求胡亮承担责任,胡亮承担了部分还款责任,故汉达公司要求胡亮承担保证责任并未超过保证期间。胡亮应对丰旺公司尚欠汉达公司的借款本息承担连带保证责任。

【编者评析】本案通过分析相关事实的方式,依法适用了主合同当事人未经保证人同意变更履行期限的,不影响原合同约定的保证期间的计算这一规则。

---

① 《民法典》第 695 条第 1 款。
② 《民法典》第 695 条第 2 款。

第六百九十六条　【主债权转让对保证责任的影响】债权人转让全部或者部分债权,未通知保证人的,该转让对保证人不发生效力。

保证人与债权人约定禁止债权转让,债权人未经保证人书面同意转让债权的,保证人对受让人不再承担保证责任。

【条文精解】

(一)条文要点

本条是有关主债权转让是否影响保证责任的规定,是在《担保法》第 22 条尤其是《担保法解释》第 28 条的基础上经删改而成。其中第 1 款系新增条文,明确了通知的对抗效力;第 2 款与《担保法解释》第 28 条第 2 句基本相同;同时删掉了有关主债权转让无须征得保证人同意的内容。

1. 主债权转让无须征得保证人同意

债权作为一种财产性权利,具有可流通性。债权人转让债权,既是其对权利的自由处分,也是其享有的合法权利,自然无须征得任何人的同意。但债权毕竟是对人权,其行使的对象指向特定债务人,故只有在通知债务人后,才能请求债务人履行债务。而在未接到通知前,债务人一般也难以知道债权转让的事实,其如继续向原债权人履行的,仍构成有效清偿。正因如此,《民法典》第 546 条第 1 款才规定:"债权人转让债权,未通知债务人的,该转让对债务人不发生效力。"值得探讨的是,主债权转让应否征得保证人同意?债权人未经保证人同意转让主债权是否违反担保的从属性?基于以下理由,债权转让亦无须征得保证人同意:

一是担保的从属性。担保的从属性决定了,保证债权不得与主债权分离而单独转让;主债权转让的,从属于主债权的保证债权原则上应当一并转让。因此,《民法典》第 547 条第 1 款明确规定:"债权人转让债权的,受让人取得与债权有关的从权利,但是该从权利专属于债权人自身的除外。"

二是担保债务的非专属性。保证责任是保证人代替债务人承担责任,当主债务是行为之债时,确定具有一定的人身属性,难以由保证人代替。但于此场合,行为之债可以转化为金钱之债性质的违约责任之债,该债权并不具有专属性,完全可由而且也应当由保证人承担。

三是主债权转让不影响保证人权利。保证合同关系尽管发生在保证人与债权人之间,但保证人之所以愿意提供担保,是因为其与债务人之间具有某种特定关系,此种关系多数情况下是委托关系,个别情况下也可能是赠与、无因管理甚至不当得利。但不论何种关系,保证人是为债务人提供担保,至于债权人是谁,则在非所问。尤其是保证责任系保证人替债务人承担责任,债务人的偿债能力是影响保证责任承担的决定性因素,因而债务转移会影响保证责任的承担,但债权转让不影响保证责任的承担。

综上,保证债权随主债权一并转让,不仅不违反担保的从属性,反而恰恰是担保从属性的体现。考虑到《民法典》第547条第1款对此已有明确规定,而《担保法》第22条与《担保法解释》第28条有关该部分内容的规定与《民法典》第547条第1款的规定一致,并无再予规定的必要,因而本条删掉了该部分内容。

此外,还要区别债权的全部转让和部分转让。在转让全部债权场合,受让人将代替原债权人的地位,对债务人享有债权。相应地,原债权人退出债的关系。主债权仅部分转让的,除债权人和受让人明确约定承担连带责任外,二者依转让的份额各自对债务人享有债权,即互为按份债权人;但基于担保的不可分性,保证人仍须同时向债权人和受让人承担保证责任,只不过其承担的份额应作相应缩减。

2. 未通知保证人的,该转让对保证人不发生效力

保证债务亦属对人权,故前述有关对债务人的通知对抗规则,同样适用于保证人。准确理解通知对抗规则,要把握以下几点:

一是关于通知的性质。通知性质上属于准法律行为,包括通知、催告、宽宥等形式,即将某种事实、某个意志、某种情谊向特定人表示。准法律行为需要行为人有表示能力、需要向相对人进行表示等,就其涉及表示时,可以准用法律行为的有关规定,如有关意思表示瑕疵和代理的有关规定。但法律行为的核心是意思表示,是依据当事人的意思发生效力,是落实意思自治的制度工具。但准法律行为具有何种效力由法律规定,并不取决于当事人的意思表示,因而二者仍有区别。明确通知、催告等性质上属于准法律行为而非意思表示,具有重要意义。实践中,个别当事人可能会在债权转让通知中夹杂管辖权变更等条款,一旦债务人收到通知后,就以管辖权已经变更等为由提起诉讼或申请仲裁。此时,应当明确的是,债务人的接收行为仅意味着该通知已经送达,并不意味着其作出了承诺,因为通知本身并非要约,故也不存在因为承诺而达成新的协议问题。

二是关于通知的效力。准确认定通知的效力,有必要将其与催告相区别。通知仅是告知某一个"事实",如在债权转让场合,是告知债务人或保证人主债权已经转让的事实。通知的后果是产生对抗效力,即债务人或保证人收到通知后,不得再向原债权人清偿,否则构成错误清偿,对新债权人不发生清偿效力,新债权人仍可请求债务人或保证人履行债务。反之,在接到通知前,债务人或保证人向原债权人所为的清偿,仍然构成有效清偿,导致其债务消灭。可见,通知的对抗效力既指向债务人或保证人,也指向债权人。而催告则是表达某种意志,如在主债务履行期限届满时,催告是债权人行使权利的一种形式,会导致诉讼时效的中断,而通知则不具有此种效力。区分究竟是通知还是催告,在不良债权转让场合至为关键,因其涉及诉讼时效是否中断问题。但不论是通知还是催告,都属于有相对人的准法律行为,应当准用《民法典》有关意思表示到达相对人生效等有关规定。

三是关于通知的主体。在债权转让场合,《民法典》并未规定究竟由谁来通知债务人或保证人,一般认为,原债权人和债权受让人都可以单独通知,也可以联合通知。实践中,在债权受让人进行通知时,债务人或保证人对债权转让的真实性有异议的,可以向原债权人进行核实。但其以债权转让无效等为由提出异议的,除非债权转让因损害债务人或保证人的合法权益而使其享有撤销权的,否则,一般不应支持此种异议。因为即便是债权转让违法无效,也不影响债务人或保证人履行自己的义务。

3. 禁止转让的特约及其效力

禁止转让的特约包括两种情形:

一是主合同当事人约定禁止债权转让的。从《民法典》第 545 条第 2 款的规定看,对于约定不得转让的债权,区别金钱债权和非金钱债权作不同的处理。对于金钱债权,不再考虑受让人是否为善意还是恶意,此种约定一律不得对抗受让人,目的在于增强金钱债权的可流通性。对于非金钱债权,则要考虑受让人是否善意而异其处理:债务人能够举证证明受让人对该特约知情的,可以依据《民法典》第 154 条有关恶意串通损害他人合法权益为由宣告转让合同无效;主合同一旦宣告无效,其上的保证当然跟之无效,应当视保证人有无过错来认定其应否以及如何承担缔约过失责任。反之,债务人不能证明受让人有恶意的,依据《民法典》第 545 条第 2 款有关该禁止转让的特约不得对抗"善意第三人"之规定,债务人只能请求债权人承担违约责任。此时,不影响债权人依法向保证人主张责任。

二是债权人与保证人在保证合同中"禁止债权转让"。基于合同相对性原理,保证人无权干涉债权人转让债权,但其可以在保证合同中约定仅对特定债权人承担保证责任,一旦债权人将该债权转让他人,其不再承担保证责任。基于意思自治原则,此种约定当然有效。本条第 2 款规定的就是此种情形。

(二)适用情况

从司法实践情况看,对本条的理解争议并不大,因本条发生的争议也不多。与本条密切相关的纠纷很可能是错误给付,即债务人或保证人在接到债权转让通知后仍向原债权人给付时,该给付是否构成有效清偿、受让人能否继续请求债务人或保证人履行债务;或是在接到债权转让通知前已经向原债权人给付的,该给付效力如何等问题。处理此类问题,就要准确理解通知对抗规则:未接到通知的,债权转让对债务人或保证人不发生效力;接到通知后,则债务人或保证人不得再向原债权人清偿。

【相关法律、行政法规】

(一)相关法律

《中华人民共和国民法典》(2020 年 5 月 28 日通过)

第四百零七条 【抵押权随主债权一并转让】抵押权不得与债权分离而单独转让或者作为其他债权的担保。债权转让的,担保该债权的抵押权一并转让,但是法律另有规定或者当事人另有约定的除外。

【适用要点】该条是有关抵押权随主债权一并转让的规定,与《民法典》第 696 条精神基本相同,只不过一个涉及抵押权,一个涉及保证而已。

第五百四十六条 【通知对抗规则】债权人转让债权,未通知债务人的,该转让对债务人不发生效力。

债权转让的通知不得撤销,但是经受让人同意的除外。

【适用要点】该条是有关债权转让,未经通知债务人,对债务人不发生效力的规定。该规定同样可以适用于保证债权。

第五百四十七条　【从权利一并转让规则】债权人转让债权的,受让人取得与债权有关的从权利,但是该从权利专属于债权人自身的除外。

受让人取得从权利不因该从权利未办理转移登记手续或者未转移占有而受到影响。

【适用要点】主债权转让的,担保等从权利原则上一并跟之转让,除非该从权利系专属于债权人的权利。保证债权不具有专属性,故除非当事人另有约定,否则,一并随之转让。

第五百四十八条　【对受让人的抗辩】债务人接到债权转让通知后,债务人对让与人的抗辩,可以向受让人主张。

【适用要点】债权转让未通知债务人的,对债务人不发生效力;债务人在接到通知后,则可以其对抗原债权人的事由对抗受让人。此乃通知对抗规则的一体两面。

【司法解释及规范性司法文件】

(一)规范性司法文件

《最高人民法院关于审理涉及金融不良债权转让案件工作座谈会纪要》
(法发〔2009〕19 号,2009 年 3 月 30 日公布)

三、关于债权转让生效条件的法律适用和自行约定的效力

会议认为,不良债权成立在合同法施行之前,转让于合同法施行之后的,该债权转让对债务人生效的条件应适用合同法第八十条第一款的规定。

金融资产管理公司受让不良债权后,自行与债务人约定或重新约定诉讼管辖的,如不违反法律规定,人民法院应当认定该约定有效。金融资产管理公司在不良债权转让合同中订有禁止转售、禁止向国有银行、各级人民政府、国家机构等追偿、禁止转让给特定第三人等要求受让人放弃部分权利条款的,人民法院应认定该条款有效。国有银行向金融资产管理公司转让不良债权,或者金融资产管理公司收购、处置不良债权的,担保债权同时转让,无须征得担保人的同意,担保人仍应在原担保范围内对受让人继续承担担保责任。担保合同中关于合同变更需经担保人同意或者禁止转让主债权的约定,对主债权和担保权利转让没有约束力。

【适用要点】为认真落实中央关于研究解决金融不良债权转让过程中国

有资产流失的问题,保障金融不良债权处置工作的顺利进行,2009年3月30日最高人民法院出台了《关于审理涉及金融不良债权转让案件工作座谈会纪要》,因该次会议是在海南召开的,又称"海南会议纪要"。为防止国有资产流失而对国有资产给予特殊保护是该纪要的特色,该特点使其仅适用于国有银行将其对国有企业债务人的不良债权转让给四大国有资产管理公司的情形。但实践中,大有将该纪要扩张适用于所有金融不良资产处置的趋势,从而既违反平等保护原则,也与不良资产处置自身呈现的市场化、法治化趋势相悖,应当尽快予以清理。

但本条有关主债权转让,担保债权随之转让,无须征得担保人同意的规定无疑是符合担保从属性法理的,有必要继续坚持。另外,本条规定担保合同中关于合同变更需经担保人同意或者禁止转让主债权的约定,对主债权和担保权利转让没有约束力。基于合同的相对性,担保合同当事人所作的约定当然不影响主债权,但认为不影响担保权利,则值得商榷。因为该约定至少对合同当事人即债权人和担保人之间是具有约束力的,债权人违反约定擅自转让债权的,担保人可以其违反约定为由主张不再承担保证责任。就此而言,该规定与《民法典》第696条第2款规定相悖,不应再予适用。

十一、关于既有规定的适用

……

国有银行或者金融资产管理公司根据《关于贯彻执行最高人民法院"十二条"司法解释有关问题的函的答复》的规定,在全国或省级有影响的报纸上发布有催收内容的债权转让通知或公告的,该公告或通知之日应为诉讼时效的实际中断日,新的诉讼时效应自此起算。上述公告或者通知对保证合同诉讼时效发生同等效力。

【适用要点】本款包括两个层次的内容:一是具有催告内容的转让通知或公告具有中断诉讼时效的效力。但导致诉讼时效中断的是催告,而非通知或公告本身,故没有催告内容的公告或通知不具有该效力。二是关于保证债务的诉讼时效中断,应当区别保证期间、主债务诉讼时效与保证债务诉讼时效等制度,不能简单地认为主债务诉讼时效中断,就当然导致保证债务诉讼时效中断。详见本书对《民法典》第694条的阐释。

【典型案例】

（一）公报案例

何荣兰诉海科公司等清偿债务纠纷案【最高人民法院（2003）民一终字第 46 号】①

【裁判要旨】债权人转让权利通知债务人的方式可以是在广泛发行的报纸上登报通知。登报通知具有时间性、公开性和广泛性，可以认定其是一种合法的方式。债务人不能以债权人在报纸上登载债权转让通知不当为由，否认该债权转让对其发生法律效力。

【编者评析】债权人转让债权，未通知债务人的，对债务人不发生效力。该通知原则上须对特定债务人通知，但在被送达人下落不明、批量转让金融不良债权等情况下，也可以通过公告方式进行通知。本案确立的规则，同样适用于保证人送达困难的情形。

（二）参考案例

信达公司石家庄办事处与中阿公司等借款担保合同纠纷案【最高人民法院（2005）民二终字第 200 号】

【裁判要旨】根据本院法释〔2001〕12 号《关于审理涉及金融资产管理公司收购、管理、处置国有银行不良贷款形成的资产的案件适用法律若干问题的规定》（已失效）第 6 条之规定，"金融资产管理公司受让国有银行债权后，原债权银行在全国或省级有影响的报纸上发布债权转让公告或通知的，人民法院可以认定债权人履行了《中华人民共和国合同法》第八十条第一款规定的通知义务。在案件审理中，债务人以原债权银行转让债权未履行通知义务为由进行抗辩的，人民法院可以将原债权银行传唤到庭调查债权转让事实，并责令原债权银行告知债务人债权转让的事实"。根据《民事诉讼法》第 67 条②的规定和《最高人民法院关于民事诉讼证据的若干规定》第 9 条第 6 项③

---

① 具体可见《最高人民法院公报》2004 年第 4 期。
② 2021 年修正的《民事诉讼法》第 72 条。
③ 2019 年修正的《最高人民法院关于民事诉讼证据的若干规定》第 10 条第 1 款第 7 项。

的规定,公证催收方式具有法律效力,故债权人已经通过公证催收的方式主张过权利。

【编者评析】本案涉及催收的法律效力问题,即催收是债权人主张权利的方式,将导致诉讼时效的中断。

第六百九十七条　【债务转移和债务加入对保证责任的影响】债权人未经保证人书面同意,允许债务人转移全部或者部分债务,保证人对未经其同意转移的债务不再承担保证责任,但是债权人和保证人另有约定的除外。

第三人加入债务的,保证人的保证责任不受影响。

【条文精解】

(一)条文要点

本条是有关债务转移和债务加入是否影响保证责任的规定,其中第 1 款基本沿袭了《担保法》第 23 条和《担保法解释》第 29 条的规定,仅作了文字修改;第 2 款系新增条文。

1. 债务转移与保证责任的承担

债务转移又称债务承担,是债务人将其债务转由第三人承担。学理上将债务承担进一步分为免责的债务承担和并存的债务承担。其中,免责的债务承担,指的是原债务人退出债的关系,不再承担债务,而由第三人代替原债务人履行债务;并存的债务承担,则是指由第三人与原债务人共同对债权人负连带责任。从法理上看,并存的债务承担既可因第三人加入债务所致,也可由债务人将部分债务转移给第三人所致。考虑到《民法典》除了在第 551 条规定了债务承担外,又在第 552 条规定了债务加入制度,从体系解释的角度看,不妨认为第 551 条仅是有关免责的债务承担的规定。换言之,债务承担仅指免责的债务承担,具体又包括两种情形:转移全部债务的,免除原债务人的全部债务;转移部分债务的,债务人和第三人原则上按照转移的份额承担按份责任,除非明确约定承担连带责任。

保证责任系保证人替债务人承担责任。一般保证中,只能在债务人不能履行债务时才由保证人承担保证责任;连带责任保证中,保证人尽管不享有先诉抗辩权,但其在承担债务后可以向债务人求偿。可见,不论哪种保证责任,承担最终责任的都是债务人,故债务人的偿债能力是影响保证责任承担的决定性因素。因此,只要债务人具有足够的偿债能力,保证人就无须最终承担责任,或仅承担或然的责任。而在主债务转移全部或部分场合,一旦债务承担人缺乏相应的履约能力,保证人就会承担实际的担保责任,并面临追不回来的风险。可见,债务转移关涉保证人的合法利益。为保护保证人的合法权益不受债务转移的影响,本条第1款规定,未经保证人同意,保证人对转移的债务原则上不再承担担保责任,除非债权人和保证人另有约定。

该条的反面解释就是,保证人同意的,债务转移对保证人发生效力。具体包括两种情形:一是转移全部债务的,此时原债务人退出债的关系,改由承担债务的第三人承担债务。但对保证人来说,其仍须对债权人承担相同的保证责任。当然,如果债务转移导致保证责任加重的,依据《民法典》第695条第1款之规定,对增加的部分,保证人不承担责任。二是仅转移部分债务的,如前所述,除非当事人明确约定其对债权人承担连带责任,否则,债务人与第三人各自按照转移的份额,对债权人承担按份责任。但就保证人而言,其仍在原保证合同约定的范围内向债权人承担责任。可见,在保证人同意场合,保证责任不受债务转移的影响。

司法实务中,有必要区分债务承担与第三人代为履行。二者的核心区别在于,在债务承担场合,债务人将退出债的关系,不再是债的关系的当事人。而第三人代为履行,顾名思义,第三人是替他人履行债务,债务人并未退出债的关系。《民法典》第524条是有关第三人代为履行的规定,代为履行人一般是对履行该债务具有合法利益的人,如次承租人在承租人不支付租金时,有权代承租人履行租金债务。第三人代为履行债务,无须征得债务人或债权人的同意,在某种程度上说是其享有的某种权利,此点使其区别于《民法典》第523条规定的约定由第三人履行债务。在约定由第三人履行债务场合,第三人是基于债权人与债务人的约定替债务人履行债务,是债务人的履行辅助人。就债务人未退出原债的关系而言,约定由第三人履行与第三人代为履行性质上更相近似,均有别于债务承担。

2. 债务加入与保证责任的承担

《民法典》第552条是有关债务加入的规定,包括两种情形:一是第三人与债务人约定加入债务并通知债权人;二是第三人向债权人表示愿意加入债务,债权人未在合理期限内明确拒绝的。第三人加入债务后,将与债务人一起向债权人承担连带责任。第三人加入债务增加了债务人的偿债能力,不仅不会对保证人的权益产生不利影响,反而会增加保证人免于承担责任的机会,因此无须征得保证人的书面同意。当然,第三人加入债务尽管有可能在实际上减轻了保证责任,但仅债务加入本身并未减轻保证责任,故保证人仍应按照约定承担保证责任。至于债务加入与保证的区分,本书已在《民法典》第 681 条进行了详细论述,此处不再赘述。

3. 主债权债务的法定转移与保证责任的承担

《民法典》第 697 条并未涉及法定的债务承担对保证人承担保证责任的影响。《民法典》第 67 条规定:"法人合并的,其权利和义务由合并后的法人享有和承担。法人分立的,其权利和义务由分立后的法人享有连带债权,承担连带债务,但是债权人和债务人另有约定的除外。"该条就是有关债务法定转移的规定。在债务法定转移情形,即使债务之转移未取得保证人的同意,保证人仍得承担保证责任。此外,国家在强制企业合并、分立、转让、解散、改组、破产、联营或者股份改造等过程中进行债务重组时,也会涉及债务转移问题。此时,既不存在征得债权人同意的问题,原法人的债权债务由变更后的法人承担;也不存在需要保证人同意的问题,原债务上从属的担保债务原则上不能消灭。

(二)适用情况

本条主要适用于债务人转移债务场合保证人应否承担责任,关键看保证人是否同意债务转移。鉴于该问题司法实践争议不大,此处不再赘述。

【相关法律、行政法规】

(一)相关法律

《中华人民共和国民法典》(2020 年 5 月 28 日通过)

第三百九十一条　【债务转移对担保物权的影响】第三人提供担保,未经其书面同意,债权人允许债务人转移全部或者部分债务的,担保人不再承担相应的担保责任。

【适用要点】该条与《民法典》第 697 条第 1 款的规定精神完全一致。应予注意的是,该条仅适用于"第三人"提供的物保。也就是说,如果是债务人自身提供的物保,即便主债务转移的,原债务人仍须承担担保责任。

第五百五十一条　【债务转移应当经债权人同意】债务人将债务的全部或者部分转移给第三人的,应当经债权人同意。

债务人或者第三人可以催告债权人在合理期限内予以同意,债权人未作表示的,视为不同意。

【适用要点】保证人承担保证责任后,对债务人享有追偿权。从这一意义上说,保证人也是债务人潜在的债权人。故债务转移要征得保证人的同意,与要征得债权人的同意在法理上是相同的。

第五百五十二条 【债务加入】第三人与债务人约定加入债务并通知债权人,或者第三人向债权人表示愿意加入债务,债权人未在合理期限内明确拒绝的,债权人可以请求第三人在其愿意承担的债务范围内和债务人承担连带债务。

【适用要点】债务加入分两种情形,但其效果同于并存的债务承担。

第五百五十四条 【从债务随主债务转移】债务人转移债务的,新债务人应当承担与主债务有关的从债务,但是该从债务专属于原债务人自身的除外。

【适用要点】应予注意的是,该条规定的应由新债务人承担的本应由原债务人承担的从债务,主要指的是附属于本金的利息、违约金等债务的附属债务。换言之,该附属债务的义务人仍然是原债务人,不包括第三人。第三人提供的保证,相对于债权人来说是"从债权",故随主债权的转让而转让;但相对于债务人来说则并非"从债务",故应当将该条与《民法典》第697条第1款规定相区别。

第五百二十三条 【约定由第三人履行】当事人约定由第三人向债权人履行债务,第三人不履行债务或者履行债务不符合约定的,债务人应当向债权人承担违约责任。

【适用要点】约定由第三人履行,第三人仅是履行义务人,并未取代债务人成为合同当事人,故第三人的履行不符合约定的,仍由债务人承担违约责任,此点有别于债务承担。有效的债务承担,债务人将退出债的关系,不再负有义务。

第五百二十四条 【第三人代为履行】债务人不履行债务,第三人对履行该债务具有合法利益的,第三人有权向债权人代为履行;但是,根据债务性质、按照当事人约定或者依照法律规定只能由债务人履行的除外。

债权人接受第三人履行后,其对债务人的债权转让给第三人,但是债务人和第三人另有约定的除外。

【适用要点】在第三人代为履行场合,第三人同样仅是履行义务人,并未取代债务人成为合同当事人,此点同于约定由第三人履行,有别于债务承担。

【典型案例】

(一)参考案例

攀海国际有限公司与香港东展有限公司、北钢香港有限公司、北台钢铁(集团)有限责任公司股权转让纠纷案【辽宁省高级人民法院(2018)辽民初11号】

【裁判要旨】保证期间内,债权人许可债务人转让债务的,应当取得保证人书面同意,保证人对未经其同意转让的债务,不再承担保证责任。案涉协议约定北台钢铁同意以其持有的国有股权为香港东展向攀海国际提供担保,但攀海国际并未举证证明北台钢铁书面同意香港东展将还款义务转移给北钢香港后继续承担保证责任,故攀海国际要求北台钢铁继续承担保证责任的诉讼请求缺乏法律依据,本院不予支持。

第六百九十八条 【一般保证人的免责抗辩】一般保证的保证人在主债务履行期限届满后,向债权人提供债务人可供执行财产的真实情况,债权人放弃或者怠于行使权利致使该财产不能被执行的,保证人在其提供可供执行财产的价值范围内不再承担保证责任。

【条文精解】

(一)条文要点

本条是关于一般保证中保证人免除保证责任的规定,基本沿袭了《担保法解释》第24条的规定,仅作了文字调整。

在一般保证中,保证人享有先诉抗辩权,债权人应先就主债务人的财产依法强制执行,保证人仅就债权人未能获偿的部分承担补充责任。但先诉抗辩权仅具有延期履行的效力,其行使并不能使债权债务关系消灭。为对一般保证人给予更周全的保护,本条规定一般保证人还可以通过积极配合债权人行使权利,在一定情况下免除自己的保证责任。此种配合债权人行使权利的行为,就是在主合同履行期限届满之后,向债权人提供债务人可供执行财产的真实情况。其构成要件有三:一是须主债务已届履行期限。因为主债务履行期限尚未届满的,债务人享有期限利益,债权人不得请求履行,自然谈不上保证人承担保证责任的问题。二是保证人须向债权人提供债务人可供执行财产的真实情况。查人找物难一直是执行难的主要问题,一旦保证人向债权人提供了债务人可供执行财产的真实情况,债权人就可以在诉讼或者仲裁中通过申请保全的方式控制主债务人的财产,不仅使债权人的债权在相应范围内得以实现,也在相应范围内减轻了保证人的保证责任。应当强调的是,保证人须提供的是有关债务人可供执行财产的"真实情况",实践中如何认定该情况是否属实具有一定的难度。三是债权人放弃或者怠于行使权利,致使相应财产未能用以强制执行。此时,应当视为债权人系因自己的原因导致对债务人财产执行不能,保证人可以在提供可供执行财产的价值范围内免责。如此,保证人的抗辩就从由仅具延期履行效力的先诉抗辩权演变成了一种新的免责抗辩权。

本条规定与先诉抗辩权制度有密切联系。一方面,二者都属于抗辩权的范畴,都是防御性的权利,都只能以抗辩的方式行使,不能通过提起诉讼或反诉的方式行使,否则,就会使抗辩权变为请求权,不符合该权利的性质。另一方面,本条有关免责抗辩的规定源于先诉抗辩权,但又是先诉抗辩权的"升级版"。先诉抗辩权使一般保证人享有顺位利益,债权人只能先执行债务人财产,在此过程中,保证人如给予相应协助,债权人放弃或怠于行使权利的,保证人才能在提供可执行财产的价值范围内免责。而在连带责任保证中,保证人与债务人对债权人承担连带责任,其并不享有先诉抗辩权,自然难以通过提供债务人可供执行财产的情况而使自己免责。可见,连带责任保证之所以不能适用本条规定,就是因为保证人不享有先诉抗辩权。

但本条与先诉抗辩权又有所不同。一方面,先诉抗辩权仅使保证人享有延期履行的效力,本身并不足以使保证人免责,而本条则使保证人具有免责的效力,可见,其效力强于先诉抗辩权。另一方面,先诉抗辩权纯粹是一种防御性质的权利,本条尽管属于抗辩权的范畴,但从对保证人救济的角度看,本条通过积极鼓励保证人配合债权人行使权利,使保证人在一定范围内免除责任,其作用显然更为积极。

(二)适用情况

本条主要适用于一般保证人据以免除自己责任的情形,主要是通过抗辩的方式行使的。对于一般保证人来说,本条适用的关键是其在主债务履行期限届满后曾经向债权人提供过债务人可供执行财产的真实情况,实践中的主要问题是如何把握该情况是否属实。一般来说,只要保证人向债权人提供了相关情况,在债权人怠于行使权利的情况下,就可以推定该情况属实。

实践中,也有连带责任保证人以及抵押人等据此主张免责的情况,此时一定要把握一点,即本条仅适用于一般保证,不适用于其他担保形态。

【相关法律、行政法规】

(一)相关法律

《中华人民共和国民法典》(2020 年 5 月 28 日通过)

第六百八十七条　【一般保证及先诉抗辩权】当事人在保证合同中约

定,债务人不能履行债务时,由保证人承担保证责任的,为一般保证。

一般保证的保证人在主合同纠纷未经审判或者仲裁,并就债务人财产依法强制执行仍不能履行债务前,有权拒绝向债权人承担保证责任,但是有下列情形之一的除外:

(一)债务人下落不明,且无财产可供执行;

(二)人民法院已经受理债务人破产案件;

(三)债权人有证据证明债务人的财产不足以履行全部债务或者丧失履行债务能力;

(四)保证人书面表示放弃本款规定的权利。

【适用要点】详见本书对该条的释义。

【典型案例】

(一)参考案例

1. 辽宁华强融资担保有限公司与铁岭新星村镇银行股份有限公司、铁岭龙首商品混凝土产业有限公司金融借款合同纠纷案【辽宁省高级人民法院(2015)辽民二终字第00393号】

【裁判要旨】《担保法解释》第24条[1]特别规定:"一般保证的保证人在主债权履行期间届满后,向债权人提供了债务人可供执行财产的真实情况的,债权人放弃或者怠于行使权利致使该财产不能被执行,保证人可以请求人民法院在其提供可供执行财产的实际价值范围内免除保证责任。"该条规定也说明,享有先诉抗辩权的一般保证的保证人享有上述规定情形下的抗辩权,而对于不享有先诉抗辩权的连带责任保证人而言,《担保法》及《担保法解释》均没有规定其可以因债权人放弃或怠于行使权利而享有相应免责的抗辩权。另外,根据该《担保法解释》的规定,尽管是一般保证的保证人,其也应于"主债权履行期间届满后,向债权人提供了债务人可供执行财产的真实情况"的,其责任方可相应地得到免除,没有规定在主债权到期前发生上述《担保法解释》规定情形的,其保证责任可以免除。华强公司既是本案债权的连带责任保证人,又是在主债权到期前向村镇银行发出的《关于对铁岭

---

[1] 《民法典》第698条。下同。

龙首商品混凝土产业有限公司发生重大事件的通知函》,其请求免除保证责任没有法律上的依据。

【编者评析】《担保法解释》第24条仅适用于一般保证,不适用于连带责任保证;适用前提是"主债权履行期间届满后,向债权人提供了债务人可供执行财产的真实情况",不适用于履行期限尚未届满的情形。

2. 马占海与马金义抵押权纠纷上诉案【青海省高级人民法院(2015)青民一终字第126号】

【裁判要旨】《担保法解释》第24条是针对保证担保方式所作出的法律规定,保证是人的担保,本质是信用担保,本案涉及的是财产抵押担保权,抵押担保是以财产作为债务的担保,二者之间存在差异,因此马占海用保证条款来主张其不应承担抵押担保责任的理由不能成立,应予驳回。

【编者评析】《担保法解释》第24条之所以仅适用于一般保证,本质上还是因为一般保证人享有先诉抗辩权,而抵押人并不享有此种权利,故不能类推适用该条规定。

第六百九十九条 【共同保证】同一债务有两个以上保证人的,保证人应当按照保证合同约定的保证份额,承担保证责任;没有约定保证份额的,债权人可以请求任何一个保证人在其保证范围内承担保证责任。

【条文精解】

(一)条文要点

本条是关于共同保证的规定,仅从条文表述看,似与《担保法》第 12 条并无实质区别,不过是删除了《担保法》第 12 条后句"已经承担保证责任的保证人,有权向债务人追偿,或者要求承担连带责任的其他保证人清偿其应当承担的份额"有关追偿权的表述而已。但因为删除了《担保法》第 12 条有关连带共同保证中保证人之间可以相互追偿的表述,加之与《民法典》第 392 条有关混合共同担保中担保人之间不能相互追偿的规定作体系解释,一般认为连带共同保证中保证人之间原则上也不能相互追偿,这就与《担保法》及相关司法解释大异其趣。因而准确理解本条规定,既要注意相关立法及司法规则的演变,还要注意与《民法典》第 392 条、第 519 条等相关条文的关系,以及《民法典担保制度解释》有关共同保证的细化规定。

1. 共同担保及其规则的演变

根据担保人数量的不同,可以将担保分为个别担保与共同担保。个别担保是指同一债务上只有一个保证或担保物权,而共同担保则是同一债务上有两个以上的担保,包括共同保证、共同担保物权、混合共同担保三种情形。从《担保法》及其司法解释看,不论是混合共同担保(《担保法解释》第 38 条)、共同保证(《担保法》第 12 条)还是共同抵押(《担保法解释》第 75 条),原则上允许担保人之间相互追偿。也就是说,在当时的立法及司法观点看来,除非各担保人之间明确约定各自所应承担的担保责任份额,否则就推定为连带共同担保,担保人承担担保责任后,既可以向主债务人追偿,也可以请求其他担保人分担相应的份额。应予说明的是,担保人之间的相互追偿,本质上系按一定比例分担份额,与担保人承担责任向债务人追偿存在很大区别。下文考虑到称呼上约定俗成的因素,仍以相互追偿代替分担份额,或将此种权利称为追偿权。

但在制定《物权法》时,立法者并未沿袭前述观点。《物权法》第 176 条是有关混合共同担保的规定,该条未规定担保人之间相互追偿,全国人大常委会法工委在其释义书中明确表示原则上不允许担保人之间相互追偿,主要理由包括:一是在各担保人之间没有共同担保意思的情况下,相互分担缺乏法理依据,也有违担保人为债务人提供担保的初衷。二是担保人相互分担后,还可以向最终的责任人债务人追偿,程序上费时费力,缺乏效率。三是每个担保人在提供担保时,都应该明白自己面临的风险,即在承担了担保责任后,只能向债务人追偿,如果债务人没有清偿能力,自己就会受到损失。为避免出现此种风险,担保人就应当慎重提供担保,或者对担保作出特别约定。四是如果允许担保人之间相互分担,其份额如何确定,是一个相当复杂的计算题,可操作性不强。

但因为《物权法》第 176 条只是消极地未规定担保人之间相互追偿的内容,故仍然有观点认为,在担保人之间能否相互追偿问题上该条属于法律漏洞,然后又根据《担保法解释》第 38 条之规定允许担保人之间相互追偿。此种做法既扭曲了立法原意,又造成了司法实践的混乱。有鉴于此,《九民纪要》第 56 条重申了混合共同担保中担保人原则上不能相互追偿的规则,在一定程度上厘清了混合共同担保问题的尺度。如此一来,在共同担保问题上,就出现了裁判尺度的"二元"格局:一方面,是共同保证、共同抵押仍然适用《担保法》及其司法解释的规定,允许保证人或抵押人之间相互追偿;另一方面,混合共同担保中,原则上不允许担保人之间相互追偿。

在《民法典》制定过程中,立法者注意到了前述"二元"格局,除了在混合共同担保中继续沿袭《物权法》第 176 条之规定外,在本条有关共同保证的规定中也删除了《担保法》第 12 条有关保证人之间可以相互追偿的内容,并且在相关的释义中进一步明确原则上不允许担保人之间相互追偿。至此,立法者原则上不允许共同担保中担保人之间相互追偿的旨趣已经昭然若揭了。

但《民法典》出台后,反对的观点并未销声匿迹,因为从比较法上看,《法国民法典》第 2025 条、《德国民法典》第 769 条、《日本民法典》第 456 条、我国台湾地区"民法"第 748 条都规定,同一债务上有数个保证,各保证人之间原则上承担连带责任。另外,不允许担保人之间相互分担责任容易引发道德风险。如某一担保人为了避免自己承担责任,可能会向债权人行贿,要求其不向自己主张担保责任,而向其他担保人主张担保责任;尤其是在执行环节,会使执行部门选择性执行,引发新的不公。考虑到反对观点确有一定的道理,《民法典担保制度解释》第 13 条在严格遵循立法有关原则上不允许担保人之间相互追偿的规则下,允许甚至鼓励担保人之间对相互追偿及其份额作为明确约定,另外,将数个担保人在同一合同书上签字、盖章或者按指印的行为,视为各担保人之间就相互追偿问题作出了约定,进而允许相互追偿。有一种观点认为,后签字盖章的保证人应当是知道前面有其他保证人的,但前面的保证人不知道后面还有其他保证人,进而认为仅数个保证人在同一份合同书上签字盖章,还不足以推定数个保证人之间有共同提供保证的意思表示。本书认为,通常情况下,保证合同应该是人手一份的,签字盖章可能有先后顺序,但数份合同书上最终的签字盖章应该是相同的,《民法典担保制度解释》第 13 条第 2 款针对的就是此种情形。实务中有这样一种情形,主合同和保证合同为同一份协议,且该份协议仅由债权人保存,数个保证人先后在合同上签字或盖章。只要数个保证人提供保证的意思表示是真实的,就应依据《民法典担保制度解释》第 13 条第 2 款之规定,推定彼此承担共同保证责任。

2. 关于按份共同保证

共同保证是数个保证人就同一债务所为的保证。从保证合同订立的角度看,共同保证的保证合同既可以由数个保证人一同与债权人订立一个保证合同,也可以由各个保证人与债权人分别订立保证合同,而且各个保证合同可以是同时订立的,也可以是先后订立的。不论保证合同是如何订立的,都可以根据各保证人之间对所担保的债务有无份额以及能否相互追偿的不同,将共同保证分为按份共同保证、不真正连带共同保证、连带共同保证以及混合共同保证(数个保证既有承担按份保证也有承担全额责任)。

本条前段规定,"同一债务有两个以上保证人的,保证人应当按照保证合同约定的保证份额,承担保证责任"。该句是有关按份共同保证的规定,准确理解按份共同保证,要把握以下几点:

一是按份共同保证是指数个保证均为按份保证。与按份保证相对应的是全额保证,全额保证指的是保证人为债务人的全部债务承担责任,按份保证则是保证人仅对债务人的部分债务承担责任,如主债务为 100 万元,保证人仅对其中的 50 万元承担责任,即为按份保证。就按份共同保证的成因而言,既可以是数个保证人分别与债权人订立仅承担一定份额的保证合同,也可以是一起与债权人订立各自承担相应份额的保证合同,但必须是所有的保证人均承担按份责任。如果部分保证人承担按份责任,部分保证人承担全额责任,则属于混合共同保证,而非按份共同保证。

二是按份共同保证仅限于债权人与各保证人对保证份额有明确约定的情形,没有约定或约定不明的,不能认定为按份共同保证。

三是按份共同保证仅指数个保证人均按照份额承担保证责任,至于该保证责任是一般保证还是连带责任保证,则都有可能。故按份共同保证又可进一步分为按份共同连带保证、按份共同一般保证,分别对应于保证人承担的是连带责任保证与一般保证的情形。在按份共同连带保证中,各保证人与债务人之间既系连带责任保证又系按份保证,债权人既可以请求债务人承担全部责任,也可以同时请求各保证人就其份额承担保证责任;在按份共同一般保证中,各保证人与债务人之间既系一般保证又系按份保证,故各保证人均享有先诉抗辩权,债权人只能先执行债务人的财产,就不能执行债务人财产的部分方能按照各自所应承担的份额请求各保证人承担按份保证责任。在数个保证人同时与债权人订立一个保证合同场合,除非合同明确约定共同保证人享有先诉抗辩权,否则,推定为按份共同一般责任。但在数个保证人分别与债权人订立保证合同场合,则可能出现有的保证人承担一般保证责任、有的保证人承担连带责任的情形,使情况变得更加复杂。

四是就追偿权而言,在按份共同一般保证中,鉴于各保证人享有先诉抗辩权,故保证人承担责任后既不能向债务人追偿,也不能向其他保证人追偿。在按份共同连带责任保证中,保证人承担了按份保证责任后,可以向债务人追偿,但不能向其他保证人追偿。

混合共同保证,指的是部分保证人承担按份责任、部分保证人承担全额责任的情形。就各保证人与债务人的关系来说,同样包括连带责任保证和一般保证两种情形,可以参照前述分析来确定各保证人之间及其与债务人之间的权利义务关系,此处不再赘述。

3. 关于连带共同保证

同一债务有两个以上保证人,"没有约定保证份额的,债权人可以请求

任何一个保证人在其保证范围内承担保证责任"。该条是有关连带共同保证的规定。准确理解连带共同保证,要把握以下几点:

一是连带共同保证中,各保证人均对债务人的全部债务承担责任,即其承担的是全额保证责任,不同于按份共同保证。

二是从各保证人与债务人的关系角度,可将连带共同保证分为连带共同连带保证、连带共同一般保证。前者是指各保证人承担的是连带责任保证,后者则是各保证人承担的是一般保证。在数个保证人分别与债权人签订保证合同场合,也可能出现部分保证人承担连带责任保证、部分保证人承担一般保证的情形。

三是从保证人之间能否相互追偿的角度,又可将连带共同保证分为真正的连带共同保证和不真正连带共同保证,其中,真正的连带共同保证中保证人之间可以相互追偿,不真正连带共同保证则不允许保证人之间相互追偿。如前所述,保证人之间原则上不能相互追偿,除非保证人之间对此有明确约定。从《民法典担保制度解释》第13条的规定看,担保人之间可以相互追偿主要包括以下情形:其一,保证人在合同中明确约定可以相互追偿的,该约定应当认定为有效,其中一个保证人所承担的责任超出其应承担的份额,可以依据合同约定向其他保证人追偿;其二,合同中明确约定系连带共同保证的,可以参照《民法典》第519条的规定向其他保证人追偿;其三,保证人虽然并未在合同中明确可以相互追偿,但是保证人在同一份合同书中签字、盖章或者按指印,此时可以理解为保证人之间存在连带共同担保的意思联络,从而认定为连带共同担保。

四是关于保证人之间的相互追偿问题。该问题仅存在于真正连带共同保证中,要视各保证人与债务人之间系一般保证还是连带责任保证而有所区别。在连带共同一般保证中,债权人只能先执行债务人的财产,仅就不能执行债务人财产的部分才能请求各保证人承担补充连带责任,故保证人承担责任后不存在再向债务人追偿的问题,但可以向其他保证人追偿。如果是连带共同连带保证,债权人既可以请求债务人履行债务,也可以同时请求各保证人承担连带保证责任。保证人承担保证责任后,既可以向债务人追偿,也可以向其他保证人追偿。此时,对保证人是否应先向债务人追偿再向其他保证人追偿,存在不同观点。从《民法典担保制度解释》第13条的规定看,先看当事人对追偿问题有无约定:有约定的,按照其约定处理;未约定的,应当先向主债务人追偿,只有主债务人不能清偿的部分才在担保人之间分担。此种做法有利于避免循环追偿,同时也便于人民法院在担保纠纷案件的判项中直接作出裁判,从而减少诉累。

4. 关于担保人受让债权问题

同一债务存在多个担保人时,担保人之间原则上不能相互追偿,但部分担保人为了达到担保人之间相互分担甚至全额追偿的目的,通过与债权人签订债权转让的方式,在受让债权后以债权人的身份向债务人以及其他担保人追偿,试图以此来规避《民法典》有关担保人之间追偿原则的规定,这就有必要厘清担保人受让债权的性质及其效力。

债权作为财产权,原则上具有可转让性。债权转让时,作为该债权担保的保证或担保物权一并随之转让。与第三人通过债权转让的方式受让债权不同,在多个担保人为同一债务提供担保,其中一个担保人受让债权,虽然亦采取签订债权转让协议的方式进行,但两者在性质的认定上存在本质的区别:一是担保人对于债权人负有担保债务,担保人通过签订债权转让协议的方式受让债权后,担保人的担保债务与债权人的担保债权同归于担保人,发生混同,根据《民法典》第557条第1款的规定,当债权债务同归一人时,债权债务终止,此时受让人的担保责任归于消灭或者部分消灭;二是担保具有从属性,担保人承担担保责任是在债务履行期限届满后,债务人不履行或者不能履行债务,担保人才会承担担保责任,尤其是在一般保证情形下,保证人享有先诉抗辩权。担保人受让债权一方面系消灭自身担保责任,同时为了达到担保人之间相互分担甚至全额追偿的目的,该行为显然与《民法典》原则上不允许担保人之间相互追偿相悖,造成了新的不公。因此,担保人受让债权的行为本质上属于担保债务的履行,其无权要求其他担保人承担担保责任,而其要求其他担保人分担担保份额的,应当区分担保人之间是否可以相互追偿。

因担保人之间存在不同类型的担保关系,应根据不同的情形分别确定其效力及法律后果。就按份共同担保来说,各担保人仅在各自所应承担的份额范围内承担担保责任,其承担担保责任后只能向债务人追偿,不能向其他担保人追偿。既然担保人受让债权性质上属于承担担保责任,担保人的担保责任在其受让债权的范围内消灭,其他担保人对于债权人的责任不受影响。如债权人甲对债务人乙享有300万元债权,保证人A、B、C与债权人甲签订保证合同,约定各自承担 100 万元的保证责任,债务履行期限届满后,债务人无力清偿债务,保证人 A 与债权人甲签订债权转让合同受让 100 万元债权,此时债权人甲对保证人 A 享有的 100 万元债权与保证人 A 对债权人甲所负的 100 万元担保债务同归于保证人 A,则保证人 A 的担保责任消灭,其无权基于债权转让合同要求其他保证人承担保证责任,且保证人 B 和 C 仍然需要向债权人甲承担约定的保证责任。此外,如果保证人 A 以 300 万元受让债权人甲的全部债权时,其中对于保证人 A 应承担的 100 万元担保责任因混同而消灭,对于超出保证人 A 应承担的担保责任的部分,因保证人的担保责任已经消灭,其受让债权的行为即构成债权转让,可以就该部分债权享有债权人甲对于保证人 B 和 C 的权利,其性质上仍属于按份责任,保证人 B 和 C 承担的责任不受影响。

在连带共同担保中,应视真正的连带共同担保和不真正的连带共同担保而有所区别。在真正的连带共同担保中,根据《民法典》第 699 条之规定进行一体化解释,可以看出同一债务有两个以上担保人的,多个担保人在担保合同中没有约定担保份额的,各担保人均对债权人承担连带责任,债权人也可以要求任何一个担保人承担全部担保责任。以上述情形为例,如果保证人 A、B、C 在与债权人甲签订保证合同时,并未对于各自承担的担保份额进行明确约定,则债权人甲有权要求任何一个保证人承担全部 300 万元的债务。当债务人乙未履行还款责任的情况下,保证人 A 以 300 万元受让了债权人甲的全部债权,此时产生的法律后果是保证人所担保的债务人乙的债务消灭,而保证人 A 对外负有 300 万元的连带保证债务亦随之消灭,保证人 A 不能基于债权转让的事实要求其他担保人承担保证责任。根据《民法典》第 520 条第 3 款有关"部分连带债务人的债务与债权人的债权同归于一人的,在扣除该债务人应当承担的份额后,债权人对其他债务人的债权继续存在"之规定,保证人 A、B、C 之间未对于各自承担的担保份额进行约定,应视为份额相同,即三个保证人各自应承担的份额为 100 万元,保证人 A 所负的 100 万元债务因混同而消灭,考虑到保证人 A 实际承担的债务为 300 万元超出了自己应付的份额,对于超出的 200 万元部分有权向其他保证人追偿,并享有债权人甲的权利。此时,保证人 A 可以按照《民法典担保制度解释》第 13 条的规定,在不能向债务人乙追偿的部分,要求保证人 B、C 分担超出的 200 万元债务。

担保人之间构成不真正的连带共同担保的,各担保人对外关系上仍承担连带责任,但是在对内关系上不能相互求偿。在前述情形下,如果保证人 A 以 300 万元受让了债权人甲的全部债权,则其担保责任和受让债权因混同而消灭,所担保的主债务也随之消灭,其他保证人无须承担担保责任。故保证人在其担保范围内受让的债权行为属于承担担保责任,导致债务消灭,亦不能要求其他担保人承担担保责任和分担担保份额。

综上,在担保人对外承担担保责任的范围内,其受让债权的行为产生的法律后果为:一是其自身担保责任的消灭;二是其所担保的主债务在债权受让的范围内消灭;三是根据担保人之间是否存在追偿权,受让债权的担保人在其受让债权的范围内要求其他担保人分担相应的份额。无论是何种形式的担保类型,担保人受让债权的行为均与担保人承担担保责任并无不同,故《民法典担保制度解释》将担保人受让债权行为解释为承担担保责任,符合担保人的真实意思表示,亦能有效避免担保人借此行为规避《民法典》有关担保人原则上无追偿权的规定。

5. 关于债权人在保证期间内向部分保证人行使权利的效果

关于债权人在保证期间内向部分保证人行使权利的效果,主要包括两个方面的问题:一是涉及保证期间问题,即债权人向部分保证人依法行使权利,是否也意味着同时对其他保证人行使了权利,进而导致其他保证人的保证期间制度失效;二是涉及诉讼时效问题,即债权人向部分保证人行使权利,是否导致债权人对其他保证人的诉讼时效中断。

一是关于保证期间问题。新旧法及相关司法解释的规定并不一致,适用时应予特别注意。已经废止的《最高人民法院关于已承担保证责任的保证人向其他保证人行使追偿权问题的批复》(法释〔2002〕37 号)规定:"根据《中华人民共和国担保法》第十二条的规定,承担连带责任保证的保证人一人或者数人承担保证责任后,有权要求其他保证人清偿应当承担的份额,不受债权人是否在保证期间内向未承担保证责任的保证人主张过保证责任的影响。"这就意味着在连带共同保证中,债权人向保证人之一主张权利,其效力及于其他保证人。该规定是与《担保法》第 12 条共同保证约定不明推定为连带共同保证,保证人之间相互能够追偿相一致的。《民法典》第 699 条改变了此种做法,规定约定不明的推定为不真正连带共同保证,保证人之间原则上不能相互追偿。据此,在按份共同保证、不真正连带共同保证以及混合共同保证中,保证人之间都不能相互追偿,故债权人对一个保证人行使权利的行为,其效力自然不及于其他保证人。但在真正的连带共同保证中,就各保证人与债权人的外部关系而言,根据《民法典》第 520 条第 1 款之规定,只有履行、抵销、提存以及免除行为具有绝对效力。反面解释是,除此之外的行为,即便是债权人向其中一个保证人主张权利的行为,其效果也不及于其他保证人。因此,《民法典担保制度解释》第 29 条第 1 款规定:"同一债务有两个以上保证人,债权人以其已经在保证期间内依法向部分保证人行使权利为由,主张已经在保证期间内向其他保证人行使权利的,人民法院不予支持。"另外,就各保证人之间的内部关系来说,债权人未在保证期间内依法向部分保证人行使权利,而其他保证人在承担保证责任后向保证期间已经届满的保证人追偿时,依据《民法典》第 519 条第 2 款之规定,保证期间已经届满的保证人对债权人的抗辩,可以向行使追偿权的保证人主张,导致已经承担了保证责任的保证人的追偿权不能得到实现。还以前举案例为例,甲在主债权届满后 9 个月内向 B 主张权利时,A 的保证期间已经届满,导致 B 在承担担保责任后不能再向 A 追偿。考虑到该后果系因债权人的行为所致,且债权人在保证期间内未向部分保证人主张权利导致其担保责任被免除的行为,本质上属于免除该保证人责任的行为,根据《民法典》第 520 条第 2 款的规定,在债权人免除该保证人债务的范围内,应当免除其他保证人的责任。为此,《民法典担保制度解释》第 29 条第 2 款规定:"同一债务有两个以上保证人,保证人之间相互有追偿权,债权人未在保证期间内依法向部分保证人行使权利,导致其他保证人在承担保证责任后丧失追偿权,其他保证人主张在其不能追偿的范围内免除保证责任的,人民法院应予支持。"

鉴于新旧法及相关司法解释在保证期间问题上的规定并不一致,依据"法不溯及既往"的法治原则,对于《民法典》施行前债权人在保证期间内向连带共同责任保证人中一人或数人主张保证责任,其效力是否及于其他保证人的问题上,应当依据《民法典时间效力规定》第 2 条之规定,适用当时的法律、司法解释,即仍然适用《担保法》第 12 条以及法释〔2002〕37 号的规定。

二是关于诉讼时效问题。修正前的《诉讼时效规定》(法释〔2008〕11号)第 17 条第 2 款规定:"对于连带债务人中的一人发生诉讼时效中断效力的事由,应当认定对其他连带债务人也发生诉讼时效中断的效力。"该条与法释〔2002〕37号有关保证期间制度的规定异曲同工。《民法典》施行后,依据《民法典》第520条第1款之规定,债权人对连带共同保证中的一人行使权利,似不应及于其他保证人,故理论上似不应导致债权人对其他保证人的保证债务的诉讼时效中断。然而在司法解释清理过程中,该条规定被原封不动地保留下来了,只是条文换了个序号而已。此种做法是否合理,有待进一步研究。

(二)适用情况

本条主要适用于以下情形:

一是在共同保证中,某一保证人承担责任后能否向其他保证人追偿。依据本条规定,除非保证人之间有约定,否则,保证人之间不能相互追偿。另外,在保证人既可以向其他保证人追偿,也可以向债务人追偿的情况下,在保证人之间对追偿没有明确约定的情况下,为避免循环追偿,应当先向债务人追偿,然后再就剩余部分向其他保证人追偿。

二是在共同保证中,某一保证人受让债权,该保证人能否以债权人身份请求其他保证人承担保证责任。这就涉及保证人受让债权这一行为的性质问题。依据《民法典担保制度解释》第14条之规定,该行为性质上属于保证人履行保证债务的行为,受让债权的担保人能否向其他担保人追偿,应当适用该解释第13条的有关规定,不应适用债权转让的有关规定。

三是在共同保证中,在债权人依法请求某一保证人承担保证责任的情况下,该依法行使权利的行为在保证期间、诉讼时效等效力上是否及于其他保证人。对此,既要注意到新旧法及其司法解释在该问题上规定的不同,也要注意到保证期间与诉讼时效制度的不同,在适用相关规则时要注意时间效力问题。

四是在共同保证中,债权人在保证期间内仅向部分保证人主张权利,未向其他保证人主张权利导致其担保责任被免除时,债权人应否承担责任的问题。在《民法典》背景下,该问题属于担保领域的新问题,值得关注。

【相关法律、行政法规】

（一）相关法律

1.《中华人民共和国民法典》（2020 年 5 月 28 日通过）

第三百九十二条 【混合共同担保】被担保的债权既有物的担保又有人的担保的，债务人不履行到期债务或者发生当事人约定的实现担保物权的情形，债权人应当按照约定实现债权；没有约定或者约定不明确，债务人自己提供物的担保的，债权人应当先就该物的担保实现债权；第三人提供物的担保的，债权人可以就物的担保实现债权，也可以请求保证人承担保证责任。提供担保的第三人承担担保责任后，有权向债务人追偿。

【适用要点】该条是有关混合共同担保的规定，与本条有关共同保证的规定在精神上是一致的，即原则上不允许担保人之间相互追偿，因而都没有规定担保人之间相互追偿的内容。

第五百一十九条 【连带债务人之间的份额确定及相互追偿】连带债务人之间的份额难以确定的，视为份额相同。

实际承担债务超过自己份额的连带债务人，有权就超出部分在其他连带债务人未履行的份额范围内向其追偿，并相应地享有债权人的权利，但是不得损害债权人的利益。其他连带债务人对债权人的抗辩，可以向该债务人主张。

被追偿的连带债务人不能履行其应分担份额的，其他连带债务人应当在相应范围内按比例分担。

【适用要点】在真正的连带共同保证中，共同保证人之间的关系相对于债权人而言是一种连带债务关系，但是共同保证人内部之间仍然存在着承担份额的问题，份额的多少取决于保证合同或各个保证人之间的约定；对此没有约定或约定不明的，依照该条第 1 款之规定，由各共同保证人平等分担。在份额确定后，保证人实际承担债务超过自己份额的，有权就超出部分在其他连带债务人未履行的份额范围内向其追偿。被追偿的连带债务人不能履行其应分担份额的，其他连带债务人应当在相应范围内按比例分担。

第五百二十条 【连带债务的涉他效力】部分连带债务人履行、抵销债务或者提存标的物的,其他债务人对债权人的债务在相应范围内消灭;该债务人可以依据前条规定向其他债务人追偿。

部分连带债务人的债务被债权人免除的,在该连带债务人应当承担的份额范围内,其他债务人对债权人的债务消灭。

部分连带债务人的债务与债权人的债权同归于一人的,在扣除该债务人应当承担的份额后,债权人对其他债务人的债权继续存在。

债权人对部分连带债务人的给付受领迟延的,对其他连带债务人发生效力。

【适用要点】该条与连带共同保证的关系主要涉及两个方面:一是依据该条第 1 款之规定,只有履行、抵销、提存以及免除行为具有绝对效力,因而连带共同保证中,债权人向其中一个保证人主张权利的行为,其效果不及于其他保证人。二是债权人在保证期间内未向部分保证人主张权利导致其担保责任被免除的,本质上属于免除该保证人责任的行为,依据该条第 2 款之规定,在债权人免除该保证人债务的范围内,应当免除其他保证人的责任。

2.《中华人民共和国票据法》(1995 年 5 月 10 日通过,2004 年 8 月 28 日修正)

第五十一条　【共同保证人的连带责任】保证人为二人以上的,保证人之间承担连带责任。

【适用要点】该条是有关同一汇票有两个以上保证人时,保证人之间彼此承担连带共同保证的规定。对此,应明确以下几点:一是与《民法典》第699 条之间有关共同保证人之间原则上不能相互求偿不同,数个汇票保证人之间彼此能够相互求偿。基于《民法典》第 11 条之规定,作为《民法典》的特别规定,应当优先适用该条,不能以其与《民法典》规定不符为由主张适用《民法典》的规定。二是这是保证人之间的连带,俗称连带共同保证,有别于保证人与被保证人之间的连带,后者称为连带责任保证。三是鉴于票据保证人与被保证人承担的是同一责任,故在票据连带共同保证情况下,保证人之间及其与被保证人之间都承担相同的责任,因而不能适用《民法典担保制度解释》第 13 条有关在当事人对求偿问题缺乏明确约定时各保证人仅就向债务人不能追偿的部分进行追偿的规定。

【司法解释及规范性司法文件】

（一）司法解释

1.《最高人民法院关于适用〈中华人民共和国民法典〉有关担保制度的解释》（法释〔2020〕28号,2020年12月25日通过）

第十三条 【共同担保】同一债务有两个以上第三人提供担保,担保人之间约定相互追偿及分担份额,承担了担保责任的担保人请求其他担保人按照约定分担份额的,人民法院应予支持;担保人之间约定承担连带共同担保,或者约定相互追偿但是未约定分担份额的,各担保人按照比例分担向债务人不能追偿的部分。

同一债务有两个以上第三人提供担保,担保人之间未对相互追偿作出约定且未约定承担连带共同担保,但是各担保人在同一份合同书上签字、盖章或者按指印,承担了担保责任的担保人请求其他担保人按照比例分担向债务人不能追偿部分的,人民法院应予支持。

除前两款规定的情形外,承担了担保责任的担保人请求其他担保人分担向债务人不能追偿部分的,人民法院不予支持。

【适用要点】该条是有关共同担保的规定,一体适用于共同保证、混合共同担保以及共同担保物权等情形,主要包含以下几层含义:一是明确了共同担保情形下,担保人之间原则上不能相互追偿。二是允许例外情况下担保人之间可以相互追偿,该例外情形主要是指担保人之间就相互分担作出明确约定,包括担保人之间约定相互追偿及分担份额、约定承担连带共同担保以及约定相互追偿但是未约定分担份额三种情形。此外,从平衡当事人利益角度出发,将数个担保人在同一份合同书上签字、盖章或者按指印的行为,视为担保人之间就相互分担责任作出了约定。三是关于已经承担担保责任的担保人是否应先向主债务人追偿的问题,如果当事人对于追偿问题有明确约定,按照其约定处理;未约定的,应当先向主债务人追偿,只有主债务人不能清偿的部分才能在担保人之间分担。

第十四条 【担保人受让债权】同一债务有两个以上第三人提供担保,担保人受让债权的,人民法院应当认定该行为系承担担保责任。受让债权的担保人作为债权人请求其他担保人承担担保责任的,人民法院不予支持;该担保人请求其他担保人分担相应份额的,依照本解释第十三条的规定处理。

【适用要点】该条是有关担保人受让债权的规定。依据该条规定,担保人虽然与债权人签订了债权转让合同,但考虑到担保人本身对于债权人负有债务,根据《民法典》第557条第1款第5项的规定,债权债务同归一人时债权债务终止,担保人受让债权的行为仅发生担保责任消灭或者部分消灭的效果,其行为本质上属于向债权人承担担保责任,担保人无权以债权人的身份请求其他担保人向其承担担保责任,担保人请求其他担保人分担份额的,应按照《民法典担保制度解释》第13条的规定,看担保人之间能否相互追偿异其处理。

第二十九条　【共同保证的保证期间】同一债务有两个以上保证人,债权人以其已经在保证期间内依法向部分保证人行使权利为由,主张已经在保证期间内向其他保证人行使权利的,人民法院不予支持。

同一债务有两个以上保证人,保证人之间相互有追偿权,债权人未在保证期间内依法向部分保证人行使权利,导致其他保证人在承担保证责任后丧失追偿权,其他保证人主张在其不能追偿的范围内免除保证责任的,人民法院应予支持。

【适用要点】该条包括两方面内容:一是依据《民法典》第520条第1款之规定,在连带共同保证中,债权人向其中一个保证人主张权利的行为,其效果不及于其他保证人。二是债权人在保证期间内未向部分保证人主张权利导致其担保责任被免除的,本质上属于免除该保证人责任的行为,依据《民法典》第520条第2款之规定,在债权人免除该保证人债务的范围内,应当免除其他保证人的责任。

2.《最高人民法院关于审理民事案件适用诉讼时效制度若干问题的规定》(法释〔2008〕11号;法释〔2020〕17号,2020年12月23日修正)

第十五条　【连带责任与诉讼时效】对于连带债权人中的一人发生诉讼时效中断效力的事由,应当认定对其他连带债权人也发生诉讼时效中断的效力。

对于连带债务人中的一人发生诉讼时效中断效力的事由,应当认定对其他连带债务人也发生诉讼时效中断的效力。

【适用要点】该条第2款可以适用于真正连带共同保证的情形,基本沿袭了 2008 年《诉讼时效规定》第 17 条的规定,与保证期间规定并不一致,适用时应予特别注意。

【典型案例】

(一)公报案例

1. 顾善芳诉张小君、林兴钢、钟武军追偿权纠纷案【宁波市中级人民法院(2014)浙甬商终字第 227 号】①

【裁判要旨】对格式条款的理解发生争议的,首先应当按照通常理解予以解释。只有按照通常理解对格式条款有两种以上解释的,才应采用不利解释原则。连带共同保证中保证人减少时,应按实际保证人人数平均分配保证份额。

【编者评析】该公报案例的指导意义在于,连带共同保证中保证人减少时,应按实际保证人人数平均分配保证份额。之所以出现保证人减少的情形,往往是因为某一保证人与债权人签订的保证合同被冒名等原因。

2. 英贸公司诉天元公司保证合同追偿权纠纷案②

【裁判要旨】(1)连带共同保证的保证人,虽然在这种方式设定保证时就知道,如果债务人不按期履行债务,自己有可能对全部债务承担清偿责任。但是他更知道,一般情况下,自己是与其他保证人共同对债权人承担着保证责任。虽然形式上可能先由自己清偿全部债务,但他可以通过追偿将他代付的其他保证人的份额弥补回来。只有在其他保证人都无法承担保证责任的情况下,他才可能有清偿全部债务的风险。因此,一审认为连带责任保证人现已承担的保证责任,并未超出其自愿担保的范围,是认识错误。

(2)《担保法》第 26 条第 2 款③的规定,是指在合同约定和法律规定的保证期间,债权人不要求保证人承担保证责任的,保证人的保证责任可以免除。而在连带共同保证中,由于保证人是作为一个整体共同对债权人承担保证责任,所以债权人向共同保证人中的任何一人主张权利,都是债权人要求保证

---

① 具体可见《最高人民法院公报》2017 年第 10 期。
② 具体可见《最高人民法院公报》2002 年第 6 期。
③ 《民法典》第 693 条第 2 款。

人承担保证责任的行为,其效力自然及于所有的保证人。对那些未被选择承担责任的共同保证人来说,债权人向保证人中任何一人主张权利的行为,应当视为债权人已向其主张了权利,不能因债权人未起诉其中一保证人,就认为其保证责任得以免除,故承担了责任的保证人有权向其他未承担责任的保证人行使追偿权。

(3)根据《担保法解释》第20条的规定,连带共同保证的保证人按其内部约定的比例分担保证责任。没有约定的,平均分担。鉴于作为本案其中一个共同保证人,目前虽无证据证明其下落不明,但寻找其到案承担保证责任,确实存在着实际困难。作为连带共同保证人,将其寻找到案令其承担保证责任,是所有保证人的共同义务。现其不能到案承担保证责任,其应当承担的保证份额就成为全体保证人的共同的风险。因此在其中一个共同保证人不能到案承担保证责任的情况下,其应当承担的保证责任份额,应由现有的保证人分担。

【编者评析】该案的裁判要旨可以归结为:一是在共同保证中,数个保证人没有约定保证份额时,推定为连带共同保证;二是在连带共同保证中,保证人作为一个整体共同对债权人承担保证责任,债权人可向任何一个保证人主张权利,其他保证人的保证责任不会因债权人未在保证期间内向其主张权利而免除。应予注意的是,前述规则是依据《担保法》第12条及相关司法解释,尤其是法释〔2002〕37号批复作出的,但前述规则已被《民法典》及《民法典担保制度解释》第29条所代替,已不能再予适用,适用时务必注意时间效力的问题。

(二)参考案例

1. 中国农业银行股份有限公司府谷县支行与陕西兴茂侏罗纪煤业镁电集团有限公司金融借款合同纠纷案【最高人民法院(2018)最高法民终1118号】

【裁判要旨】依据《最高人民法院关于已承担保证责任的保证人向其他保证人行使追偿权问题的批复》(法释〔2002〕37号,已失效),承担连带责任保证的保证人一人或者数人承担保证责任后,有权要求其他保证人清偿应当承担的份额,不受债权人是否在保证期间内向未承担保证责任的保证人主张过保证责任的影响。上述规定表明,在连带共同保证中,保证人是作为一个整体共同对债权人承担保证责任,债权人为实现其债权,无须向全部保证人逐一主张权利,可向任何一个保证人主张权利,而该保证人承担保证责任后,有权要求其他保证人清偿,其他保证人的保证责任不会因债权人未在保证期间内向其主张权利而免除。也就是说,债权人在保证期间内向连带共同保证人中的任何一人主张权利的行为,其法律效力均应及于其他尚在保证期间内的连带共同保证人。

2. 陕西弘瑞丰贸易有限公司、西安华海酒店投资股份公司与西安浐河半坡湖旅游度假有限责任公司等民间借贷合同纠纷案【最高人民法院(2018)最高法民终1241号】

【裁判要旨】在连带共同保证中,保证人作为一个整体共同对债权人承担保证责任,债权人可向任何一个保证人主张权利,其他保证人的保证责任不会因债权人未在保证期间内向其主张权利而免除。也就是说,债权人向连带共同保证人中的任何一人主张权利,其效力均及于其他尚在保证期间内的保证人。故弘瑞丰公司向黄振海、半坡湖公司主张权利的行为对本案全部保证人均产生效力。

【编者评析】本案及前一案件均系依据法释[2002]37号批复作出的,但该批复已被《民法典担保制度解释》第29条所代替,适用时务必注意时间效力的问题。

3. 中信信托有限责任公司与天津市粮油集团有限公司、天津市油脂(集团)有限公司、天津市油脂公司新港油脂库借款合同纠纷申请再审案①

【裁判要旨】在连带共同保证中,债权人既可以向全部保证人主张全部保证责任,也可以向其中的一个或数个保证人主张全部保证责任。也就是说,债权人在主张权利时享有选择权。对于连带债务人中的一人发生诉讼时效中断效力的事由,应当认定对其他连带债务人也发生诉讼时效中断的效力。

【编者评析】该案例与《诉讼时效规定》第15条规定一致。

4. 孔林才与宁夏青春房地产开发有限公司、李青春民间借贷纠纷案【最高人民法院(2014)民一终字第278号】

【裁判要旨】对于同一债务有两个以上连带保证人的,债权人可以要求任何一个保证人承担全部保证责任,保证人都负有担保全部债权实现的义务。债权人放弃对部分保证人主张权利的,是对自身权利的处分,在实体上

---

① 具体可见最高人民法院民事审判第二庭编:《商事审判指导》2012年第3辑(总第31辑),人民法院出版社2013年版。

并未加重其他保证人的保证责任,其他连带共同保证人不能主张免责。

【编者评析】债权人放弃对部分保证人主张权利,本质上属于免除其债务,依据《民法典》第 520 条第 2 款之规定,部分连带债务人的债务被债权人免除的,在该连带债务人应当承担的份额范围内,其他债务人对债权人的债务消灭。因此,在《民法典》背景下,该案例确定的规则不再符合《民法典》之规定。

第七百条 【保证人的追偿权】保证人承担保证责任后,除当事人另有约定外,有权在其承担保证责任的范围内向债务人追偿,享有债权人对债务人的权利,但是不得损害债权人的利益。

【条文精解】

(一)条文要点

本条是关于保证人追偿权或求偿权的规定,是在《担保法》第 31 条基础上,借鉴德国民法等比较法上的代位权制度整合而成的。但代位权制度往往与共同保证中保证人之间原则上可以相互追偿互为表里,在我国《民法典》原则上禁止共同保证人之间相互追偿的情况下,如不对本条进行合乎体系的解释,很可能会与相关条文发生冲突,造成体系违反。

1. 追偿权与代位权构造的异同

鉴于本条借鉴了比较法上的相关做法,故此处先介绍比较法上的相关做法,然后再对本条进行评述。保证人承担保证责任后,对债务人享有何种权利?从比较法上看,大体有三种模式:

一是代位权模式。德国、我国台湾地区采此种模式。代位权性质上属于法定的债权转让,在此种模式下,保证人承担保证责任后,将代替债权人享有债权,包括享有对债务人的主债权以及对其他保证人、抵押人等的从权利。如《德国民法典》第 774 条第 1 款规定:"以保证人已使债权人受清偿为限,债权人对债务人的债权转移给保证人。不得使债权人受不利益而主张该项转移。因债务人和保证人之间的现有法律关系而发生的债务人抗辩,不受影响。"我国台湾地区"民法"第 749 条规定:"保证人向债权人为清偿后,于其清偿之限度内,承受债权人对于债务人之债权。但不得有害于债权人之利益。"

二是求偿权模式。日本采此种模式。《日本民法典》区分保证人与债务人之间是否为委托关系,分别规定了委托保证人的求偿权(第 459 条)和非委托保证人的求偿权(第 462 条)。其中该法第 459 条第 1 款规定:"保证人受债务人委托实行保证,无过失而受应向债权人进行清偿的裁判宣告、或代债务人进行清偿、或以其他形式的个人出捐实施消灭债务的行为后,该保证人对债务人有求偿权。"该条并未具体规定求偿权的范围,从体系解释看,应当依据委托合同来确定。该法第 462 条规定:"未受债务人委托而实行保证者清偿债务,或以其他形式个人出捐使债务人免其债务后,债务人应于其当时受益限度内予以赔偿。""违反债务人意思实行保证者,近于债务人现受利益的限度内有求偿权。但是,债务人于求偿日以前,主张有抵销原因时,保证人可以请求债权人履行因抵销而消灭的债务。"其中第 1 款是有关无因管理的规定,第 2 款是有关不当得利的规定。《担保法》第 31 条规定:"保证人承担保证责任后,有权向债务人追偿。"采取的也是此种模式。

三是同时规定代位权和求偿权的双重模式。法国采此种模式。《法国民法典》第 2028 条是有关求偿权的规定:"已经清偿债务的保证人,对债务人有求偿权,不论其提供的保证是否为债务人知悉,亦同。此种求偿权,既对原本,也对利息与费用发生;但是,保证人仅对在其告知债务人受到清偿请求之事实后发生的费用有求偿权。保证人如受到损害,亦有权请求损害赔偿。"该法第 2029 条是有关代位权的规定:"已经清偿债务的保证人,代为取得债权人对债务人的所有权利。"

保证人是基于代位权还是基于求偿权向债务人追偿,存在显著区别。为阐明二者的区别,试举例说明。2015 年 7 月 1 日,甲借给乙 100 万元,借期 2年,期内年利率 12%,逾期仍未归还的,年利率为 24%,乙以自己所有的房屋依法设定了抵押,丙、丁分别与甲签订保证合同,为乙的债务提供保证。假如丙于 2017 年 6 月 30 日履行了保证责任,于 2019 年 7 月 1 日向乙追偿。此时,丙是基于代位权还是求偿权向乙追偿,存在以下区别:

一是求偿基础不同。在代位权理论下,保证人丙将代替债权人甲的地位,享有对债务人乙的权利,其求偿的依据是原借贷合同。而在求偿权理论下,丙向乙求偿的依据则是基于保证人与债务人之间的内部关系,包括委托合同或不当得利、无因管理,不再是原借贷合同。

二是求偿范围不同。基于代位权,丙享有甲的权利,可以援引原合同约定的违约责任条款请求乙承担违约责任,其责任范围为本金 100 万元,截至2019 年 7 月 1 日止的利息为:$(12\% \times 2 + 2 \times 24\%) \times 100$ 万元 $= 72$ 万元,2019 年7 月 1 日至本息还清之日期间的利息仍然要按照 24% 的标准计算。如果是基于求偿权,主合同债务已经履行完毕,丙不能再依据原合同的约定请求乙履行债务,只能基于与债务人的内部关系来追偿。如果委托合同对求偿范围没有约定的,利息只能按照同期贷款利率计算。可见,二者在求偿范围上有着较大差别。

三是能否向其他担保人求偿不同。基于代位权理论,丙代替甲的地位,除了依据原借贷合同请求乙履行债务外,还可以请求丁履行保证责任。而基于求偿权,则不能当然得出能向丁求偿的结论。当然,从比较法上看,不论是采代位权模式还是求偿权模式,在共同担保人之间能够相互求偿这一问题上基本是殊途同归,即原则上都允许担保人之间相互分担份额,因而这两种模式在该问题上区别不大。但我国《民法典》原则上不允许共同担保人之间可以相互追偿,如采代位权理论,就可能会与《民法典》第392条、第699条的规定相矛盾。而采求偿权模式,则不会出现该问题。

四是承担保证责任的后果不同。依据代位权说,丙承担保证责任的后果,仅是导致原债权人甲的债权得以实现,但原合同并未消灭,故原合同约定的相关条款仍可继续适用,附属于该债权的担保等从权利也依旧存在。而依据求偿权说,丙承担保证责任,不仅导致其自身保证责任的消灭,也导致原债权消灭,进而导致其他担保人如丁的保证也跟之消灭。

五是诉讼时效计算不同。依据代位权理论,承担了保证责任的保证人将代替原债权人的地位,原合同的诉讼时效继续计算。依据求偿权理论,保证人承担保证责任后,主合同消灭,因求偿权产生的债是一个新的债,重新开始计算诉讼时效。

从我国的立法沿革看,《担保法》第31条规定:"保证人承担保证责任后,有权向债务人追偿。"由此可见,我国采取的是求偿权模式。本条沿袭了该模式,只不过进一步明确了求偿范围,将其限于"承担保证责任的范围内",这与限制共同担保人之间的相互求偿是相一致的。但本条还加入了"享有债权人对债务人的权利"的表述,有学者从代位权角度对其进行解释,认为该条既规定了代位权又规定了求偿权。鉴于代位权和求偿权有着前述区别,为避免引发体系混乱,应当明确本条规定的是求偿权,并且对"享有债权人对债务人的权利"进行严格限制,将其行使对象限定在"债务人",在前述案件中主要表现为丙可以代替甲行使对乙的抵押权等担保物权,但既不包括债权人对债务人的债权,也不包括债权人对其他担保人如丁享有的担保权利。

2. 本条与相关条文的关系

准确理解本条,必须要处理好与以下条文的关系:

　　一是与《民法典》第 524 条的关系。《民法典》第 524 条是有关具有合法利益的第三人代为履行的规定,如乙承租甲的房屋后,又将该房屋租给丙,因乙怠于向甲支付租金,依约将面临合同解除风险,丙为了稳定其与乙之间的租赁关系,有权代替乙向甲支付租金,并且在甲收到租金后享有甲对乙的权利,请求乙支付租金。问题是,保证人是否属于该条规定的第三人? 有观点认为,保证人属于该条规定的第三人,其在代替债务人履行债务后,代位享有债权人对债务人的权利。诚然,保证人承担保证责任,本质上确实属于替债务人履行债务或承担责任,且纯粹从学理上看,将保证人纳入该条规定的第三人并无不妥。但从逻辑上说,保证人承担保证责任,是基于其与债权人之间的保证合同,履行的也是保证人自己的保证债务,并非纯粹替债务人履行债务,此其一。其二,在《民法典》第 700 条对保证人承担保证责任后享有何种权利作出明确规定的情况下,即便能够适用该条规定,依据"特别规定优先于一般规定"的法律适用规则,也不能适用该条规定,而应适用《民法典》有关保证的特别规定。其三,尤其是考虑到《民法典》第 700 条明确规定保证人在承担保证责任后对债务人享有求偿权,在求偿权与代位权在一定程度上可能存在冲突的情况下,通过迂回方式认为保证人享有代位权,可能会导致体系冲突。有鉴于此,本书认为,该条所谓的第三人不包括保证人。

　　二是与《民法典》第 519 条的关系。《民法典》第 519 条是有关连带债务人之间份额如何确定以及如何追偿的规定。从比较法上看,不少国家或地区的民法典都规定,同一债务上有数个保证,各保证人之间原则上承担连带责任。在保证人之间彼此承担连带责任的情况下,自然可以依据该条之规定确定份额及追偿问题。但在共同保证问题上,我国《民法典》并未采取这一比较法上的通常做法,除非保证人之间明确约定,否则,对外固然对债权人承担连带责任,保证人之间则不能相互追偿,自然也不存在份额确定以及保证人之间的追偿问题。

　　三是与《民法典》第 392 条的关系。该条是有关混合共同担保的规定,依据该条规定,同一债权上既有物的担保又有人的担保,其中物的担保如系债务人自己所提供,在当事人对实现债权没有明确约定的情况下,债权人应当先就该物的担保实现债权,然后才能就不足部分请求保证人承担责任。也就是说,在当事人对实现债权没有明确约定时,一般不存在本条所谓的保证人承担责任后再向债务人追偿,并请求实现债务人自身提供的抵押等担保物权的问题。反过来说,在保证人与债权人明确约定保证人放弃先诉抗辩权的情况下，是可能出现本条规定的情形的，即保证人在承担责任后，行使债权人对"债务人"享有的担保物权。

四是与《民法典》有关委托合同、无因管理、不当得利等规定之间的关系。就保证人与债务人之间的内部关系来说，多数情况下属于委托关系，少数情况下也可能是无因管理或不当得利关系，甚至还可能是赠与关系。在求偿问题上，除当事人在委托合同中对求偿问题明确作出约定外，涉及保证人是依据《民法典》第 700 条之规定向债务人主张权利，还是依据《民法典》有关无因管理或不当得利的规定向债务人主张权利的问题。在《担保法》第 31 条项下，法律仅规定保证人有权向债务人追偿，但并未明确规定其范围。此时有求偿范围问题，应当分别依据前述相关规则来确定。循着前述逻辑，有观点认为，《民法典》第 700 条尽管规定保证人在"承担保证责任的范围"享有追偿权，但"承担保证责任的范围"因保证人与债务人之间系委托、无因管理或不当得利而有所不同。也就是说，本条并未确定一个固定的标准，在具体认定"承担保证责任的范围"时，仍然要依据前述规定来确定。从这一意义上说，本条有关追偿范围的规定仅是一个引致条款，需要结合《民法典》有关委托合同、无因管理或不当得利的相关规定来确定追偿范围。该说确有一定的道理，但在《民法典》第 700 条明确规定了追偿权的基础及范围的情况下，为简化法律适用，在向债务人追偿问题上，首先要看保证人与债务人有无约定；有约定的，从约定；尤约定的，则直接依据本条规定确定求偿范围，并排除《民法典》有关无因管理、不当得利等规定的适用。此种操作不失为一种简便易行的做法。

3. 保证人行使追偿权的条件

一是保证人承担了保证责任。保证人以清偿债务、提存、抵销等方法代债务人清偿主债务后，保证人对债务人的求偿权即转化为既得权，始可向债务人追偿。假如保证人自己毫无给付，仅因其尽力致使主债务消灭，如说服债权人免除债务人的债务，仍不得向债务人追偿。

二是保证人承担保证责任须没有过错。保证人享有债务人对债权人的所有抗辩，保证人怠于行使抗辩权，清偿债务的范围大于债务人所应承担的债务范围，或者为履行保证责任支付不必要的费用，对扩大部分，保证人丧失求偿权。为此，《民法典担保制度解释》第 3 条第 2 款中规定："担保人承担的责任超出债务人应当承担的责任范围，担保人向债务人追偿，债务人主张仅在其应当承担的责任范围内承担责任的，人民法院应予支持……"道理即源于此。此外,保证人在承担保证责任后,有义务及时通知债务人,若保证人怠于通知债务人,致使债务人无过失地又向债权人履行的,保证人也不得依不当得利请求债权人返还。

三是当事人对追偿问题没有另行作出约定。当事人对追偿权委托另行作出约定,大体包括两种情形:其一,在委托合同中明确约定了追偿条件及范围。此时,依据本条之规定,应当依据约定来确定追偿事宜,不适用本条规定。其二,保证人与债务人约定,保证人承担保证责任后不得向债务人求偿。此时二者之间构成赠与,保证人在承担保证责任后也不得向债务人追偿。前者保证人可以向债务人追偿,只是不适用本条规定;后者则保证人不得向债务人追偿,可见这两种约定是存在区别的。应予注意的是,委托既可以是有偿委托,也可以是无偿委托。在无偿委托场合,仅是保证人在提供保证时不向债务人收取费用,并不意味着承担保证责任后放弃对债务人的追偿权,有别于赠与。故除非当事人有明确的赠与的意思表示,否则,保证人承担保证责任后都可以向债务人求偿。

四是保证人行使追偿权不得损害债权人的利益。在债权人的债权得到实现前,保证人行使追偿权就会损害债权人的利益;反之,债权人的债权得到全部实现后,就不存在损害其利益的问题。可见,该条件要求保证人只有在承担保证责任并导致主债务消灭时,才可以向债务人追偿。值得探讨的是,按份保证人履行了全部保证责任,或全额保证人仅承担部分保证责任,主债务并未因清偿而消灭的,保证人能否向债务人追偿? 还以前述案例为例,甲对乙享有100万元的债权,丙、丁分别为乙的债务提供保证。丙仅承担了50万元的责任,在甲的债权并未得到实现的情况下,如果允许丙对乙行使追偿权,将会损害债权人甲的利益。依据本条“但书”条款中有关保证人行使追偿权不得损害债权人利益之规定,在保证人承担的保证责任并未导致主债务消灭的情况下,保证人不能向债务人追偿。但如果丙、丁均承担了50万元责任,尽管二者都没有承担全部的保证责任,但已经导致主债务消灭的,则二者均可向债务人乙追偿。可见,保证人能否向债务人追偿,关键不在保证人承担的是全部责任还是部分责任,而是债权人的债权是否已经获得全部清偿。已经全部获得清偿的,保证人就可以向债务人追偿;反之,则不能向债务人追偿。债权人的债权得到清偿,不一定都是保证人承担保证责任的后果。前述案件中,假如债务人乙自身承担了40万元,约定承担全额保证责任的保证人丙、丁尽管分别仅承担了30万元,但因主债务已经消灭,同样可以向债务人追偿。

4. 行使追偿权的法律后果

一是关于追偿权的范围。依据本条前句之规定,保证人向债务人追偿的范围,限于"承担保证责任的范围",并允许"当事人另有约定"。据此,当事人对求偿范围有约定的,从其约定;没有约定的,限于承担保证责任的范围。具体又因保证人与债务人之间内部关系的不同而有所不同,一般包括以下项目:其一,保证人实际承担保证责任的范围。该范围应与债务人的免责范围一致,若保证人承担保证责任而给付的金额大于主债务免除金额,则超出部分保证人不得追偿,而应依不当得利向债权人求偿。其二,自承担保证责任之日起,保证人为债务人免除债务而给付款项的法定利息。其三,保证人为承担保证责任而支付的必要费用,如履行保证责任的费用、诉讼费用等。其四,保证人在承担保证责任过程中因不可归责于自己的事由而受到的损失。

二是关于如何理解"享有债权人对债务人的权利"。如前所述,在解释上,保证人取得的仅仅是债务人为担保该债权所设立的抵押权、质权、留置权等担保物权,不包括该债权上第三人提供的保证、担保物权等从权利,否则就会导致体系违反。

5. 保证合同无效时保证人是否享有追偿权问题

《民法典》第 682 条第 2 款规定,保证合同被确认无效后,保证人虽然无须承担保证责任,但仍应根据其过错承担赔偿责任。但保证人承担赔偿责任后,是否可以向债务人求偿,不无疑问。本书认为,无论是有效担保还是无效担保,最终义务人均为债务人,应当由其承担最终责任。《民法典担保制度解释》第 18 条第 1 款明确规定承担了"赔偿责任"的担保人可以在其承担责任的范围内向债务人追偿,第 2 款规定了承担了"赔偿责任"的担保人有权行使债权人对债务人享有的担保物权,可以说扩大了本条的适用范围,即将其从保证人承担保证责任扩及承担"赔偿责任"的情形。

(二)适用情况

本条主要适用于以下情形:

一是关于保证人能否行使追偿权。要把握一点,就是保证人行使追偿权不得损害债权人的利益,这就要求债权人的债权必须要因保证人承担保证责任而获得全部清偿。因此,在债权人的债权未获全部清偿前,保证人不能行使追偿权。

二是关于追偿权的范围。要区分追偿权与代位权,明确在保证人可得行使追偿权时,原债权债务已经消灭,原合同约定的违约责任等条款不能继续适用,债务人原则上只需支付从保证人清偿债务之日起的法定利息,除非委托合同对此有特别约定。

三是关于追偿权的对象。同样要区分追偿权与代位权,明确保证人承担保证责任的后果既导致自身保证责任的消灭,同时还导致主合同消灭,进而导致主合同上的其他担保原则上也随之消灭,故除非担保人之间对相互求偿事宜作出明确约定,或数个担保人在同一份合同书上签字或盖章,否则,担保人之间不能相互追偿。

四是明确保证人享有的债权人对"债务人"的权利,仅限于债务人自身提供的担保物权,既不包括债权人对债务人的权利,也不包括债权人对其他担保人享有的担保权利。

【相关法律、行政法规】

(一)相关法律

1.《中华人民共和国民法典》(2020年5月28日通过)

第五百二十四条　【第三人代为履行】债务人不履行债务,第三人对履行该债务具有合法利益的,第三人有权向债权人代为履行;但是,根据债务性质、按照当事人约定或者依照法律规定只能由债务人履行的除外。

债权人接受第三人履行后,其对债务人的债权转让给第三人,但是债务人和第三人另有约定的除外。

【适用要点】从体系解释的角度看,该条的第三人不包括保证人。

第九百二十一条　【委托费用的支付】委托人应当预付处理委托事务的费用。受托人为处理委托事务垫付的必要费用,委托人应当偿还该费用并支付利息。

【适用要点】在保证人系基于债务人的委托提供保证场合,受托人为处理委托事务垫付的必要费用,属于《民法典》第700条规定的"承担保证责任的范围",应当由债务人支付。从这一意义上说,债务人支付必要费用的既包括《民法典》第700条,也包括《民法典》第921条。

第九百七十九条　【无因管理】管理人没有法定的或者约定的义务,为避免他人利益受损失而管理他人事务的,可以请求受益人偿还因管理事务而支出的必要费用;管理人因管理事务受到损失的,可以请求受益人给予适当补偿。

管理事务不符合受益人真实意思的,管理人不享有前款规定的权利;但是,受益人的真实意思违反法律或者违背公序良俗的除外。

【适用要点】在保证人提供的保证构成无因管理场合,《民法典》第700条规定的"承担保证责任的范围",就是该条规定的无因管理之债的范围,二者共同作为保证人向债务人追偿的依据。

第九百八十五条　【不当得利】得利人没有法律根据取得不当利益的,受损失的人可以请求得利人返还取得的利益,但是有下列情形之一的除外:

(一)为履行道德义务进行的给付;

(二)债务到期之前的清偿;

(三)明知无给付义务而进行的债务清偿。

【适用要点】在保证人提供的保证构成不当得利场合,《民法典》第700条规定的"承担保证责任的范围",就是该条规定的不当得利之债的范围,二者共同作为保证人向债务人追偿的依据。

2.《中华人民共和国票据法》(1995年5月10日通过,2004年8月28日修正)

第五十二条　【保证人的追索权】保证人清偿汇票债务后,可以行使持票人对被保证人及其前手的追索权。

【适用要点】该条是有关票据追索权的规定,不仅可以向债务人行使,还可以向持票人的所有前手行使;且适用《票据法》而非《民法典》的规定。

第六十八条　【追索权的效力】汇票的出票人、背书人、承兑人和保证人对持票人承担连带责任。

持票人可以不按照汇票债务人的先后顺序,对其中任何一人、数人或者全体行使追索权。

持票人对汇票债务人中的一人或者数人已经进行追索的,对其他汇票债务人仍可以行使追索权。被追索人清偿债务后,与持票人享有同一权利。

3.《中华人民共和国企业破产法》(2006年8月27日通过)

第五十一条　【保证人申报债权】债务人的保证人或者其他连带债务人已经代替债务人清偿债务的,以其对债务人的求偿权申报债权。

债务人的保证人或者其他连带债务人尚未代替债务人清偿债务的,以其对债务人的将来求偿权申报债权。但是,债权人已经向管理人申报全部债权的除外。

【适用要点】该条是有关债务人破产场合保证人如何申报债权的规定,包括以下内容:一是之所以允许保证人申报债权,是因为保证人对债务人享有现有的或将来的追偿权,即便是将来的追偿权也因为债务人破产而加速到期。二是保证人能否申报债权,既取决于其是否已经代替债务人清偿债务,也取决于债权人是否申报,需要综合考量。保证人已经代替债务人清偿债务的,债权人的债权已经实现,不存在再申报债权问题,保证人可以其对债务人的追偿权申报债权。三是保证人尚未代替债务人清偿债务时,就存在如何协调债权人与保证人申报债权的问题,总的原则是二者只能择一申报,即或者由债权人申报,或者由保证人以将有的求偿权申报。因此,如果债权人已经申报债权的,保证人就不能再申报债权了;反之,债权人不申报债权的,保证人以其对债务人的将来求偿权申报债权。四是基于《企业破产法》第14条有关“人民法院应当自裁定受理破产申请之日起二十五日内通知已知债权人,并予以公告”之规定,债权人应当知道债务人破产事实,而保证人则未必知晓。考虑到债权人是否申报债权涉及保证人能否预先行使将来求偿权问题,根据诚实信用原则,在其未申报债权时,理应通知保证人,以便其能够预先行使将来追偿权。因债权人怠于履行通知义务导致保证人不能预先行使追偿权的,详见后文对《民法典担保制度解释》第24条的阐释,此处暂从略。五是保证人应当作为一个整体申报债权,在共同保证场合,多个保证人作为一个整体申报。六是保证人不论是以现有追偿权还是将来追偿权申报,均以已经清偿全部债务或者债权人未申报债权为前提。换言之,只要债权人尚未获得全部清偿的,保证人就不能申报债权,否则将有损债权人的利益。

【司法解释及规范性司法文件】

(一)司法解释

《最高人民法院关于适用〈中华人民共和国民法典〉有关担保制度的解释》(法释[2020]28号,2020年12月25日通过)

第三条第二款　【担保人请求债权人返还超出部分】担保人承担的责任超出债务人应当承担的责任范围,担保人向债务人追偿,债务人主张仅在其应当承担的责任范围内承担责任的,人民法院应予支持;担保人请求债权人返还超出部分的,人民法院依法予以支持。

【适用要点】担保人不得就超出债务人应当承担的责任范围的部分向债务人追偿,因其对超出部分具有过错。

第十八条 【保证人对债务人的追偿权】承担了担保责任或者赔偿责任的担保人,在其承担责任的范围内向债务人追偿的,人民法院应予支持。

同一债权既有债务人自己提供的物的担保,又有第三人提供的担保,承担了担保责任或者赔偿责任的第三人,主张行使债权人对债务人享有的担保物权的,人民法院应予支持。

【适用要点】该条是有关保证人对债务人追偿权的规定,包括两个层次的内容:一是对债务人享有追偿权的保证人,既包括保证合同有效时已经承担了保证责任的保证人,也包括保证合同无效时已经承担了缔约过失责任的保证人。不论何种情形,保证人行使追偿权都不得损害债权人的利益,因而只有在债权人的债权得到清偿的情况下,保证人才能行使追偿权。二是在混合共同担保场合,该条第2款将债权人享有的对债务人的权利,限于债务人自身提供担保物权的情形。

第二十三条 【担保程序和破产程序的衔接】人民法院受理债务人破产案件,债权人在破产程序中申报债权后又向人民法院提起诉讼,请求担保人承担担保责任的,人民法院依法予以支持。

担保人清偿债权人的全部债权后,可以代替债权人在破产程序中受偿;在债权人的债权未获全部清偿前,担保人不得代替债权人在破产程序中受偿,但是有权就债权人通过破产分配和实现担保债权等方式获得清偿总额中超出债权的部分,在其承担担保责任的范围内请求债权人返还。

债权人在债务人破产程序中未获全部清偿,请求担保人继续承担担保责任的,人民法院应予支持;担保人承担担保责任后,向和解协议或者重整计划执行完毕后的债务人追偿的,人民法院不予支持。

【适用要点】该条是有关担保程序和破产程序如何衔接的规定,包括以下内容:一是在债务人破产时,债权人可以在破产程序中申报债权的同时,诉请担保人承担担保责任,改变了《担保法解释》第44条第2款的做法,即债权人一旦在破产程序中申报债权,就只能在破产程序终结后6个月内才能对担保人提起诉讼,更加方便债权人主张权利。二是债权人仅在债务人破产程序中申报债权,未同时起诉担保人的,对在破产程序中未获全部清偿的部分,仍可继续请求担保人承担担保责任，但债务人在破产程序中达成和解协议或者重整计划执行完毕的除外。三是只有在债权人的债权得到全部清偿后，担保人才能在破产程序中行使追偿权，该规定与《民法典》第700条有关保证人行使追偿权不得损害债权人利益异曲同工。

第二十四条 【担保人不能预先行使追偿权】债权人知道或者应当知道债务人破产，既未申报债权也未通知担保人，致使担保人不能预先行使追偿权的，担保人就该债权在破产程序中可能受偿的范围内免除担保责任，但是担保人因自身过错未行使追偿权的除外。

【适用要点】该条是因债权人原因致使担保人未能预先行使追偿权的后果的规定。《企业破产法》第51条第2款规定："债务人的保证人或者其他连带债务人尚未代替债务人清偿债务的，以其对债务人的将来求偿权申报债权。但是，债权人已经向管理人申报全部债权的除外。"据此，债权人未向管理人申报全部债权的，保证人可以其对债务人的将来求偿权申报债权。可见，债权人是否申报债权涉及保证人能否预先行使将来求偿问题，故当债权人未申报债权时，理应通知担保人，以便其能够预先行使将来追偿权。因债权人怠于履行通知义务导致担保人不能预先行使追偿权的，担保人就该债权在破产程序中可能受偿的范围内免除担保责任。另外，鉴于保证人与债务人之间往往存在委托等关系，多数情况下保证人理应知晓债务人的有关情况，如果债权人举证证明保证人已经知道债务人破产，保证人本来可以申报债权而未申报的，表明保证人的损失与债权人怠于履行通知义务之间并无因果关系，故债权人可以据此免责。

(二)规范性司法文件

《全国法院破产审判工作会议纪要》(法〔2018〕53号，2018年3月4日公布)

31. 保证人的清偿责任和求偿权的限制。破产程序终结前，已向债权人承担了保证责任的保证人，可以要求债务人向其转付已申报债权的债权人在破产程序中应得清偿部分。破产程序终结后，债权人就破产程序中未受清偿部分要求保证人承担保证责任的，应在破产程序终结后六个月内提出。保证人承担保证责任后，不得再向和解或重整后的债务人行使求偿权。

【适用要点】该条是居于《担保法解释》第44条第2款与《民法典担保制度解释》第23条之间的过渡性条文。依据《担保法解释》第44条第2款之规定,债权人一旦在债务人破产程序中申报债权,就只能在破产程序终结后6个月内对担保人提起诉讼。但破产程序历时漫长,且何时终结有时也难以确定,故此种规定对债权人实现债权颇为不利。为此,该条规定债权人可以在破产程序中申报债权的同时,诉请担保人承担担保责任;担保人承担担保责任后,可以要求债务人向其转付已申报债权的债权人在破产程序中应得清偿部分,但债务人在破产程序中达成和解协议或者重整计划执行完毕的除外,前述精神被《民法典担保制度解释》第23条所吸收。但作为过渡性质的规范,该条对《担保法解释》第44条第2款的修改并不彻底,仍保留了有关债权人要在破产程序终结后6个月内对担保人提起诉讼的规定,而这一对债权人起诉期限的要求在《民法典担保制度解释》中亦被放弃。依据《民法典担保制度解释》第23条第3款之规定,只要债权人对保证人的起诉仍在保证期间内,不问是否已经超过破产程序终结后6个月,其均有权请求保证人承担保证责任。总之,从条文演变的历史角度看,该条功不可没;但从可适用性的角度看,该条已被《民法典担保制度解释》第23条第3款所代替,不再具有可适用性。

【典型案例】

(一)参考案例

1. 孙俊与刘文保、岳凤芹、承德市凯旋房地产开发有限责任公司、滦平县信通科技小额贷款有限公司追偿权纠纷案①

【裁判要旨】保证人的追偿权和代位权既存在密切联系,又在基础法律关系、法律性质、诉讼时效、抗辩事由等方面存在明显的区别。基于这几个区别,我国担保法规定的保证人在承担保证责任后向债务人的追偿权,应不具有代位权性质,不适用债权转移的法律规则。对于追偿范围,应结合保证人是否依据合同约定履行了义务、是否尽到了承担保证责任前的通知义务、债务人是否尽到了告知义务等因素确定保证人是否存在过错。如果保证人不存在过错,债务人不得以主债权数额在履行中发生变化等事由对抗保证人。

---

① 具体可见最高人民法院民事审判第一庭编:《民事审判指导与参考》2019年第1辑(总第77辑),人民法院出版社2019年版。

【编者评析】该案明确了保证人在承担保证责任后对债务人享有的是追偿权,而非代位行使债权人对债务人的权利。

2. 青海青业石化有限公司与西宁青业商贸有限公司合同纠纷案【最高人民法院(2018)最高法民终 1314 号】

【裁判要旨】保证人追偿权成立须具备的条件是,保证人向债权人履行了保证责任。本案中,对于保证人未代偿的借款本金及利息等费用,因保证人未履行保证责任,在主债务人与保证人之间不存在对应的债权债务关系,所以保证人不具有向主债务人追偿的权利。另外,就追偿范围,因为案涉借款合同约定的本金数额、借款期限、借期利率、逾期利率不尽相同,一审法院对此未予审查,未区别计算,且对保证人实际支付的利息数额、未代偿的借款本金是否有利息产生,借款合同主债务人对主债权人是否享有抗辩权利,保证人融资行为是否为代偿案涉借款所为等基本事实未予查清,即以保证人已经实际支付相应的代偿利息、融资利息以及之后必然产生融资成本为由,从一审开庭审理之日起计算支持保证人的追偿主张,属认定基本事实不清。

【编者评析】该案涉及两个问题:一是关于保证人行使追偿权的条件,实践中主要看债权人的债权是否已经获得全部清偿。在未获清偿前,保证人不得对债务人行使追偿权,否则,将损害债权人的利益。二是关于追偿范围,要看保证人与债务人之间系委托、无因管理还是不当得利来具体确定。

第七百零一条 【保证人有权援引债务人的抗辩】保证人可以主张债务人对债权人的抗辩。债务人放弃抗辩的,保证人仍有权向债权人主张抗辩。

【条文精解】

(一)条文要点

本条是关于保证人有权援引主债务人抗辩的规定,是在《担保法》第20条的基础上修改而成的。准确理解本条规定,有必要区别抗辩与抗辩权、抗辩与否认等范畴。

1. 关于抗辩与抗辩权

"抗辩"一词内涵十分丰富,根据外延的不同,可将其分为最广义的抗辩、广义的抗辩和狭义的抗辩三类(详见图2)。

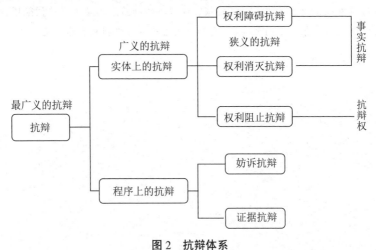

图2 抗辩体系

最广义的抗辩,是指在民事诉讼中,一方当事人依据实体法和程序法对另一方当事人提出的所有防御性主张的总称,包含实体法上的抗辩和程序法上的抗辩两类。实体法上的抗辩,着眼于实体法上的法律效果,又包含三种:第一种为权利障碍抗辩(或称权利不发生之抗辩),主张对方的请求权因一定的事由自始没有发生,例如合同尚未成立;第二种为权利消灭抗辩,主张对方的请求权虽曾发生但其现已归于消灭,例如债务已清偿;第三种为权利阻止抗辩,即前文所述抗辩权,例如同时履行抗辩权。其中,权利障碍抗辩和权利消灭抗辩因基于一定的要件事实主张对方的请求权自始不发生或归于消灭,又被称为事实抗辩;权利阻止抗辩系依据实体法所享有的阻止对方的请求权行使的权利即抗辩权,也被称为权利抗辩。而程序法上的抗辩,着眼于诉讼程序,又可分为妨诉抗辩和证据抗辩。其中,妨诉抗辩是指主张原告之起诉不符合法定要件,如受理法院无管辖权、原告重复起诉等;证据抗辩系主张原告所举之证据不符合合法性、关联性、真实性等要求。广义的抗辩,仅指前述实体法上的抗辩,不包括程序法上的抗辩。狭义的抗辩则仅指实体法上的抗辩中的事实抗辩,不包括抗辩权。

按照效力的不同,可将民事权利分为支配权、请求权、形成权和抗辩权。抗辩权,顾名思义,是一种对抗他种权利的权利,通说认为抗辩权对抗的是请求权,《德国民法典》就将抗辩权理解为一个与请求权相对立的"反对权"。抗辩权对抗的请求权,既包括债权请求权,也包括物上请求权、亲属法上的请求权、人格权请求权等请求权,并不限于债权请求权,故将抗辩权表述为对抗债权请求权的权利是不准确的。由于抗辩权是与请求权相对立的权利,故其内容与请求权的内容相对立。如果说请求权是要求他人给付的权利的话——此种给付既包括作为也包括不作为,抗辩权的效力则在于阻止请求权要求他人给付的效力,表现为拒绝给付,立法上有时也表述为"拒绝履行"。抗辩权的功能在于永久或暂时地阻止请求权的实施,但并不导致请求权消灭。以履行抗辩权为例,只是能够拒绝债权人的"履行要求",即针对的是债权人的给付请求权,但并不会影响债权人的给付受领权。可见,抗辩权系一种防御性权利,作用在于防御请求权的行使。也正因如此,抗辩权的发生和行使以请求权的存在和行使为前提,这与事实抗辩从根本上否定原告享有请求权不同。

依据不同的标准,可将抗辩权分为不同类型。从司法实务的角度看,以下区分值得注意:(1)依据抗辩权阻止请求权行使效力的强弱,可将抗辩权分为永久性抗辩权和暂时性抗辩权。永久性抗辩权,又叫绝对抗辩权、排除性抗辩权,是指能够永远阻止请求权效力的抗辩权,在诉讼上表现为可使原告的诉讼请求被驳回,典型的如诉讼时效抗辩权;暂时性抗辩权,又叫延缓的抗辩权、一时性抗辩权,是指能够暂时阻止请求权效力的抗辩权,待特定情形消失后,请求权仍可正常行使,如债务人的履行抗辩权、保证人的先诉抗辩权。(2)依其是否从属于其他权利而存在,可将抗辩权分为独立的抗辩权和从属的抗辩权。独立的抗辩权不从属于任何权利,只要符合条件即可产生,时效抗辩权即为适例,只要诉讼时效期间届满即可产生。从属的抗辩权以某种权利存在为前提,如同时履行抗辩权的权利人必须是债权人,故在债权人将债权转让他人的情况下,就不再享有该项抗辩权。(3)依据可得行使主体的不同,可将抗辩权分为单向限制型抗辩权和双向保护型抗辩权。仅一方可得行使的意在防止另一方滥用权利或者保护特定当事人利益的抗辩权,为单向限制型抗辩权,如一般保证人享有的先诉抗辩权;双方均可行使的抗辩权,如同时履行抗辩权即为双向保护型抗辩权。

本条规定的抗辩指的是广义的抗辩,既包括狭义的抗辩即事实抗辩,也包括权利抗辩即抗辩权。为进一步突出狭义的抗辩与抗辩权的区别,在二者并称场合,本书采事实抗辩和权利抗辩的提法。准确区分事实抗辩和权利抗辩,具有以下实益:

一是审查对象和问题属性不同。事实抗辩是被告主张原告的请求权未产生或已消灭,即以请求权缺乏事实依据为由否认权利人享有请求权。事实抗辩着眼于请求权的事实基础,主要意义在于明确证明责任,基本规则是"抗辩需要举证、否认无须举证"。从法院的角度看,在被告提出事实抗辩的情况下,主要考察由谁举证以及如何认证等证据法问题,并据以确定该项抗辩事实能否成立这一事实认定问题。权利抗辩则是被告基于其依法享有的抗辩权,阻碍请求权效力的实现。与事实抗辩从根本上否认权利人享有请求权不同,在权利抗辩中,被告承认权利人享有请求权,但认为其依法享有对抗请求权的某项抗辩权。因而法院应当着重审查被告是否享有该项抗辩权以及是否依法行使抗辩权上,该问题首先是法律适用问题,然后才是事实认定问题,与事实抗辩仅涉及证据规则、事实认定问题有所不同。

二是规范依据不同。在事实抗辩中,被告尽管认为原告的请求权缺乏事实依据,但并不否认应当适用该请求权规范作为裁判依据。可见,审查事实抗辩是否成立的规范依据仍然是原告据以提出诉讼请求的法律依据,即请求权规范。而权利抗辩,则是被告在原告提出的请求权规范之外,另行提出一个据以对抗请求权的规范,即抗辩权规范。可见,事实抗辩的规范依据仍然是原告提出的请求权规范,而权利抗辩则是被告另行提出的抗辩权规范,二者的规范依据不同。

三是权利行使场景不同。事实抗辩往往是当事人在民事诉讼或仲裁程序中提出抗辩,而权利抗辩既可以在民事诉讼或仲裁程序中提出,也可以在发生诉讼前由当事人在诉讼外提出。有的抗辩权,只有当事人在诉讼外依法行使,在诉讼中才能被确认。如买卖合同纠纷中,当事人在诉讼前未依法行使不安抗辩权,在诉讼程序中提出的,其抗辩权就不能得到支持。而这也是抗辩权作为一项独立的实体权利,有别于程序法上事实抗辩的主要实益之一。

有观点认为,对于事实抗辩,法官可在当事人未主张的情况下依职权审查是否存在抗辩的事实,如原告诉请法院要求被告偿还赌债 10 万元,即使被告未主张赌债不受法律保护,不得请求给付,法院亦应主动援引权利未发生之抗辩而驳回原告之诉讼请求;而抗辩权则必须由当事人自行主张,当事人未主张的,法官不能主动援引,如法官不得主动援引时效抗辩权并据此判决驳回原告诉讼请求。本书认为,抗辩权作为权利,必须要由权利人行使,法院不得代其行使自无疑问。但认为抗辩无须当事人主张,可由法院依职权认定,有违证明责任的原理。事实抗辩涉及证明责任问题,而证明责任规则的适用是建立在“权利主张—法律规范—要件事实—证据”这一逻辑链条上的,原告的权利主张即诉讼请求,诉讼请求必须要有法律依据以及相应的事实依据,这些事实依据要通过举证证明。如前所述,被告的事实抗辩并不否认原告的规范基础,而仅在否定该规范的事实依据。当被告提出事实抗辩,即认为原告的请求权尚未产生或已经消灭时,必然也会提出某项权利主张。也就是说,权利主张不仅限于权利发生的主张,还包含权利不发生、权利被消灭、权利被延缓的主张。就抗辩而言,无论权利妨碍抗辩抑或权利消灭抗辩,都包含了抗辩者的权利主张。可见,认为事实抗辩无须当事人主张有违证明责任的相关原理。另外,辩论主义要求法官必须要在当事人提出的诉讼请求及事实基础上进行裁判,原则上不得对当事人未主张的事实径行进行认定。从这一意义上说,认为法官可以在当事人未主张的情况下依职权查明抗辩对应的事实,也有违辩论主义。事实上,在被告提出事实抗辩的情况下,法院出于认定事实的需要,有义务认定抗辩事实是否成立,但这不同于依职权认定该项事实。因为依职权认定意味着法院可以无视当事人的主张径行认定事实,而有义务认定则是在当事人已经提出主张的情况下作出的认定,是法院依法行使审判权的必然要求。

2. 关于抗辩与否认

在讨论事实抗辩与权利抗辩时,通常不会对事实抗辩作进一步细分。事实上,事实抗辩中权利未发生的抗辩和权利消灭的抗辩并不完全相同,其分别对应证据法理论中的否认和抗辩,二者在是否承担证明责任上存在根本区别,此种区别可以概括为"抗辩承担证明责任,否认无须承担证明责任"。二者之所以在证明责任上存在前述区别,核心在于其法律构造不同。在"权利主张—法律规范—要件事实—证据"这一证明责任的逻辑链条上,原告的诉讼请求要想得到支持,必须要有规范依据及其对应的事实依据,这些事实又需要用证据来证明。法律规范通常由两部分组成:一为构成要件,即适用该规范的条件;二为法律后果,即当条件成就时会产生何种法律后果。其中,否认构成要件成就的事实抗辩属于否认,否认应当发生预期法律后果的事实抗辩则属于抗辩,这是否认和抗辩的根本区别。

在前述法律构造中,否认旨在使要件事实不能成立,具体又包括单纯否认、推论否认和积极否认三种情形。单纯否认是指对对方主张的事实直接予以否定,譬如被告对原告请求返还本金的主张辩称"我从未向你借过钱"。推论否认是指以不知道或不记得为由否定对方的事实主张。积极否认则是通过主张与对方主张的事实相互排斥的事实来否认对方的事实主张,如《民间借贷规定》第16条规定的原告仅依据银行的转账凭证提起民间借贷诉讼,被告"抗辩"转账系偿还双方之间的借款或其他债务的,该条所谓的抗辩实为积极否认。不论是何种否认,被告都以认可原告据以提出主张的请求权规范为前提,只是认为该规范的要件事实尚未齐备。依据"谁主张、谁举证"的证明责任规则,仍然要由原告承担证明责任,被告无须承担证明责任,这就是否认无须承担证明责任的原因。否认无须承担证明责任,并不意味着否认方不负有任何义务。在学理上,否认方负有事案解明义务,否认方对于事实厘清负有积极的、具体的陈述和说明义务,包括提出相关的证据资料的义务。

而抗辩则不同。抗辩否定的是发生特定法律效果,其本身不仅不否定要件事实,而且还是在肯定要件事实已经成就的基础上提出的。抗辩的该项特征意味着,抗辩与要件事实成立之间存在"同时成立"的区域,也就意味着,抗辩包含着对要件事实的承认。举例来说,在民间借贷案件中,最典型的抗辩是被告主张借款已经清偿,这一事实主张实际包含两个层面的含义:一是承认原告主张的双方之间存在借款关系的事实;二是主张已经还款,借款关系归于消灭。由此，原告主张的争议事实——借款关系成立——因被告第一层面的主张中蕴含的隐性自认而丧失了争议性，成为免证事实；而被告第二层面的主张——借款已经归还——转为有争议的事实，由被告承担证明责任。再如，在民间借贷纠纷中，被告抗辩其所负债务已与原告所负债务抵销。与前例同理，一方面，被告承认原告主张的借款事实为真；另一方面，又主张债务已抵销，原告的债权归于消灭。由此，争议事实即由是否存在原告主张的借款事实转为是否存在被告主张的抵销事实。概言之，抗辩者因自认抗辩与请求原因事实"同时成立"的部分而使请求原因事实丧失争议性，进而免除了请求原因事实主张者的证明责任，转由自身对抗辩事实中的争议部分承担证明责任。这就是抗辩为什么需要承担证明责任的原因。

3. 关于保证人的抗辩

保证合同既是主合同的从合同，同时又具有相对独立性，这一双重属性决定了保证人可以提出以下事实抗辩和权利抗辩：

一是基于保证合同的从属性，保证人可以援引债务人的抗辩，本条规定的即为此种情形，包括可以援引债务人的事实抗辩，如主债权债务关系尚未发生、主债权债务关系已经消灭。另外，也包括援引债务人的权利抗辩，如果主合同属于双务合同，可以援引同时履行抗辩权、后履行抗辩权、不安抗辩权等履行抗辩权。当然，如果主合同是借款合同，鉴于该合同性质上不属于双务合同，故不存在履行抗辩权的问题。不论何种合同类型，保证人均可援引债务人的诉讼时效抗辩权。当然，保证人有权援引债务人的抗辩，并不意味着其必须援引该项抗辩，是否援引债务人对债权人的抗辩，系保证人之权利。当然，如果保证人不主张本可主张的债务人对债权人的抗辩，将会导致其在承担保证责任后不能向债务人追偿。需要注意的是，保证人并非在任何情况下均可主张债务人对债权人的抗辩权，如保证人明知主债务已过诉讼时效依然提供保证的，相当于放弃债务人对债权人享有的时效抗辩权，保证人嗣后就不得再主张时效抗辩权。

还要注意的是，保证人不因主债务人放弃抗辩而丧失抗辩，对此，德国、我国台湾地区都有类似规定。例如，《德国民法典》第 768 条第 2 款规定："保证人不因主债务人放弃抗辩权而丧失抗辩权"；我国台湾地区"民法"第 742 条第 2 项规定："即使主债务人抛弃其抗辩权，保证人仍得主张之。"在债务人放弃抗辩的情形下，如果不允许保证人主张抗辩，会造成权利保护的失衡，亦可能导致道德风险，即债权人与债务人恶意串通，致保证人遭受不利益。此外,所谓"放弃",必须是债务人基于自己的内心意思主动放弃行使抗辩,既可以是明示放弃,也可以是默示放弃,但不包括债务人因某种原因丧失抗辩的情形。在债务人丧失抗辩的情形下,保证人自无从主张此种抗辩。

二是保证人作为保证合同的当事人,基于保证债务也享有一般债务人的抗辩。此种抗辩同样包括事实抗辩和权利抗辩,事实抗辩包括保证债务尚未发生、保证债务已经消灭、保证债务已过保证期间等情形,权利抗辩主要是指保证债务已届诉讼时效。考虑到保证债务属于单务合同,故该项权利抗辩不包括同时履行抗辩权、后履行抗辩权、不安抗辩权等履行抗辩权。

三是专属于保证人的专属抗辩权。包括一般保证人的先诉抗辩权(《民法典》第 687 条)、特定情况下的免责抗辩权(《民法典》第 698 条)等抗辩权,以及《民法典》第 702 条规定的对债权人的可抵销权或撤销权等。

(二)适用情况

本条主要适用于债务人放弃抗辩场合,保证人能否继续援引债务人的抗辩这一问题。实践中,债务人对超过诉讼时效的债权重新予以确认、对超出约定范围的债权未予主张等行为,均不当加重了保证人的负担,保证人均可依据该条,继续援引债务人的抗辩,据以保护自己的合法权益。

【相关法律、行政法规】

(一)相关法律

《中华人民共和国民法典》(2020 年 5 月 28 日通过)

第一百九十三条 【诉讼时效抗辩】人民法院不得主动适用诉讼时效的规定。

【适用要点】该条明确了一点,诉讼时效制度只能由当事人主张,人民法院不得依职权主动适用。基于该条规定,保证人可以援引债务人的诉讼时效抗辩。

第五百二十五条 【同时履行抗辩权】当事人互负债务,没有先后履行顺序的,应当同时履行。一方在对方履行之前有权拒绝其履行请求。一方在对方履行债务不符合约定时,有权拒绝其相应的履行请求。

第五百二十六条 【后履行抗辩权】当事人互负债务,有先后履行顺序,应当先履行债务一方未履行的,后履行一方有权拒绝其履行请求。先履行一方履行债务不符合约定的,后履行一方有权拒绝其相应的履行请求。

第五百二十七条　【不安抗辩权】应当先履行债务的当事人,有确切证据证明对方有下列情形之一的,可以中止履行:

(一)经营状况严重恶化;

(二)转移财产、抽逃资金,以逃避债务;

(三)丧失商业信誉;

(四)有丧失或者可能丧失履行债务能力的其他情形。

当事人没有确切证据中止履行的,应当承担违约责任。

第五百二十八条　【不安抗辩权的行使】当事人依据前条规定中止履行的,应当及时通知对方。对方提供适当担保的,应当恢复履行。中止履行后,对方在合理期限内未恢复履行能力且未提供适当担保的,视为以自己的行为表明不履行主要债务,中止履行的一方可以解除合同并可以请求对方承担违约责任。

【适用要点】前述四个条文分别是有关同时履行抗辩权、后履行抗辩权、不安抗辩权的规定。这些履行抗辩权均仅适用于双务合同,且须在诉讼前就得由当事人依法行使,不能在诉讼过程中才行使。依据其规定,保证人可以援引前述履行抗辩权。

第五百四十七条　【债权转让】债权人转让债权的,受让人取得与债权有关的从权利,但是该从权利专属于债权人自身的除外。

受让人取得从权利不因该从权利未办理转移登记手续或者未转移占有而受到影响。

【适用要点】债权人转让债权的,受让人取得与债权有关的从权利,此种从权利就包括附属于债权的抗辩权,包括前述履行抗辩权。

第五百五十三条　【债务转移】债务人转移债务的,新债务人可以主张原债务人对债权人的抗辩;原债务人对债权人享有债权的,新债务人不得向债权人主张抵销。

【适用要点】债务人转移债务的,新债务人可以主张原债务人对债权人的抗辩,此种抗辩当然也包括履行抗辩权。

第五百五十七条　【债权消灭】有下列情形之一的,债权债务终止:

(一)债务已经履行;

(二)债务相互抵销;

（三）债务人依法将标的物提存；

（四）债权人免除债务；

（五）债权债务同归于一人；

（六）法律规定或者当事人约定终止的其他情形。

合同解除的，该合同的权利义务关系终止。

【适用要点】该条是有关债的消灭原因的规定。事实抗辩中，主要的抗辩事由就是债的关系已经消灭，此时，被告就应当举证证明债因何消灭以及是否消灭等事实。

【司法解释及规范性司法文件】

（一）司法解释

《最高人民法院关于适用〈中华人民共和国民法典〉有关担保制度的解释》（法释〔2020〕28 号，2020 年 12 月 25 日通过）

第三十五条 【对超过诉讼时效的债务提供保证】保证人知道或者应当知道主债权诉讼时效期间届满仍然提供保证或者承担保证责任，又以诉讼时效期间届满为由拒绝承担保证责任或者请求返还财产的，人民法院不予支持；保证人承担保证责任后向债务人追偿的，人民法院不予支持，但是债务人放弃诉讼时效抗辩的除外。

【适用要点】保证人固然可以援引债务人的抗辩，但保证人明知或者应当知道主债权已经超过诉讼时效，仍愿意承担保证责任或提供保证的，根据诚实信用原则，嗣后不能再以诉讼时效经过抗辩不承担保证责任。当然，如其对此不知情的，可以依据欺诈或者重大误解等制度请求撤销。另外，保证人在诉讼时效届满后提供保证或承担保证责任的，保证人向债务人追偿时，债务人可以其对债权人的诉讼时效抗辩向保证人主张，除非债务人放弃诉讼时效抗辩。

【典型案例】

（一）公报案例

中国东方资产管理公司大连办事处诉辽宁华曦集团公司等借款担保纠纷上诉案【最高人民法院（2003）民二终字第 93 号】①

【裁判要旨】（1）债权人对债务人的债权已经超过诉讼时效，债务人依法取得时效届满的抗辩权，但债权人两次向债务人发出催收通知书，债务人均在通知书上加盖印章。依照《最高人民法院关于超过诉讼时效期间借款人在催款通知单上签字或者盖章的法律效力问题的批复》的规定，债务人在催收通知书上加盖印章应视为对原债务的重新确认，属于对原债权已过诉讼时效期间带来的抗辩权的放弃。故该债权仍受法律保护。

（2）保证人根据《担保法》第 20 条第 1 款②的规定依法取得了主债务人享有的主债权诉讼时效届满产生的抗辩权。虽然嗣后债务人在催收通知书上盖章，放弃了原债权诉讼时效届满的抗辩权，但对于债务人放弃的抗辩权，担保人仍然可以行使。债务人放弃时效届满抗辩权的行为，对保证人不发生法律效力。

【编者评析】该案系公报案例，裁判要旨包括两部分内容：一是债务人在催收通知书上加盖印章应视为对原债务的重新确认，属于对原债权已过诉讼时效期间带来的抗辩权的放弃，故该债权仍受法律保护；二是债务人放弃时效届满抗辩权的行为，对保证人不发生法律效力，保证人仍有权行使债务人对债权人的抗辩。第 2 项裁判规则与该条规定第 2 句完全一致，是对该条的完美诠释。

（二）参考案例

1. 尊贵控股有限公司与张秀华、张肃、张哲股权转让纠纷案【最高人民法院（2015）民二终字第 291 号】

【裁判要旨】反诉对本诉具有依存性和牵连性，反诉当事人一般应限于

---

① 具体可见《最高人民法院公报》2003 年第 6 期。
② 《民法典》第 701 条。下同。

本诉当事人的范围。保证人并非所担保的主债权债务关系的诉讼当事人,只能在诉讼中行使主债务人的抗辩权,不能对于主债权债务关系的当事人独立提出反诉。保证人所承担的保证债务具有从属性,由保证人提起反诉,不利于简化诉讼法律关系,应以另案起诉为宜。

【编者评析】保证人尽管可以援引债务人对债权人的抗辩,但其毕竟不是债务人,故不宜针对主债权债务关系代替债务人提起反诉。

2. 上海富控互动娱乐股份有限公司与雪松国际信托股份有限公司合同纠纷案【最高人民法院(2020)最高院民终 894 号】

【裁判要旨】虽然主债务人未就超过当事人约定的逾期利息及违约金提起上诉,但债务人的责任范围直接影响保证人的担保范围,根据《担保法》第20 条第 1 款有关"一般保证和连带责任保证的保证人享有债务人的抗辩权。债务人放弃对债务的抗辩权的,保证人仍有权抗辩"之规定,保证人有权就超过部分提出抗辩。

【编者评析】债务人未就超过约定的利息提起上诉,视为放弃该项权利,但这并不影响保证人援引债务人的抗辩,就超出部分提起上诉。

第七百零二条　【保证人的抵销或撤销抗辩权】债务人对债权人享有抵销权或者撤销权的,保证人可以在相应范围内拒绝承担保证责任。

【条文精解】

(一)条文要点

本条是有关保证人享有抵销或撤销抗辩权的规定,系借鉴比较法规定而新增的规定。从本条的措辞看,保证人享有的是"拒绝承担保证责任"的权利,性质上应当属于抗辩权。但该项抗辩权又来源于债务人对债权人享有的抵销权或撤销权等形成权,或者说其内容又是形成权。那么,保证人享有的究竟是形成权还是抗辩权? 其能否代替债务人径行行使抵销权或撤销权,还是只能通过提出抗辩的方式行使? 另外,既然债务人对债权人享有的权利是抵销权与撤销权等形成权,那么,解除权、选择权等其他形成权能否准用本条规定? 这就有必要从体系解释、比较法解释等角度,厘清此种权利的性质及适用范围。

1. 与《民法典》第 701 条的关系

《民法典》第701条规定了保证人有权援引债务人对债权人的抗辩,此种抗辩包括事实抗辩和权利抗辩。从权利的角度看,债务人对债权人享有的是抗辩权。而本条规定的是债务人对债权人享有抵销权或撤销权,性质上属于形成权,是与抗辩权完全不同的权利,不能为抗辩或抗辩权的文义所涵盖。

从比较法上看,《德国民法典》、《日本民法典》以及我国台湾地区"民法"在规定保证人有权援引债务人抗辩的同时,还专门规定了保证人享有抵销或撤销抗辩,表明这是一种与前款规定的抗辩权不一样的权利。也有很多国家或地区的民法典并未专门规定保证人的抵销或撤销抗辩,但基于保证从属性的原理,一般认为可以通过类推适用保证人有权援引债务人抗辩的规则达到相同的结果。就我国而言,《担保法》第20条规定保证人有权援引债务人对债权人的抗辩权,很多学者就倾向于对该条规定的"抗辩权"作扩张解释,将其扩及抵销权、撤销权等权利。考虑到形成权与抗辩权毕竟是两类不同的权利,不能为"抗辩(权)"所涵盖,为避免出现分歧,《民法典》遂增加规定本条,以示与前条相区别。二者的区别表现为:前条规定的是保证人有权援引债务人的抗辩,本质上是债务人的抗辩;本条规定的是专属于保证人自身的抗辩,并非债务人的抗辩。另外,就债务人享有的权利来说,本条规定的是形成权,而前条规定的则是抗辩权。

不可否认,本条与前条有着密切关系。在主债权符合抵销条件时,务必要注意二者在适用条件上的区别。在债务人对债权人享有抵销权且其已经依法行使抵销权并导致主债务消灭的情况下,保证人有权援引主债务已经消灭这一事实抗辩,从而拒绝承担保证责任,此时应当适用前条规定。只有在主债权符合抵销条件但债务人并未行使时,才适用本条规定。

2. 从比较法规定看权利性质

《德国民法典》第770条规定:“(1)只要主债务人有权撤销构成其债务的基础的法律行为,保证人就可以拒绝使债权人受偿。(2)只要债权人可因抵销已到期的主债务人债权而受清偿,保证人就有同样的权能。”该条规定保证人享有的是拒绝履行的权利,性质上属于抗辩权。从债务人对债权人享有的权利看,则包括抵销权和撤销权。

《日本民法典》第457条第2项规定:“保证人可以依主债务人的债权,以抵销对抗债权人。”我国台湾地区“民法”原来并无类似规定,后来修改“民法”时,借鉴《日本民法典》的前述规定,在第742条(保证人有权援引主债务人的抗辩)后增加规定了第742条之一:“保证人得以债务人对于债权人之债权,主张抵销。”从《日本民法典》以及我国台湾地区“民法”的规定看,保证人可以直接向债权人主张抵销,其享有的是形成权而非抗辩权;且仅适用于抵销权,不包括撤销权。

之所以赋予保证人享有债务人对债权人的抵销权或抵销抗辩权,根本原因在于保证的从属性。当债务人对债权人享有抵销权时,债务人完全可以通过行使抵销权而使其与债权人之间的主合同全部或部分归于消灭,从而也使保证责任全部或部分归于消灭。当债务人能够行使抵销权而怠于行使时,如果仍让保证人就全部债务承担保证责任,明显有违保证责任的从属性,也不利于保护保证人的利益。还有一种解释是,从债权人的角度看,主债务符合抵销条件,不仅意味着债务人对债权人享有抵销权,同时债权人也对债务人享有抵销权。鉴于抵销具有类似于担保物权的担保功能,在同一债务上既有债务人自身的担保(债权人享有对债务人的抵销权)又有第三人提供的保证时,参照适用《民法典》第392条之规定,债权人应当先与债务人的债权相抵销,然后才能就不足部分请求保证人承担责任;相应地,保证人享有某种类似于先诉抗辩权的权利。但本条规定的是债务人对债权人享有抵销权,而非债权人对债务人享有抵销权,故不具备类推适用《民法典》第 392 条的条件。另外,本条规定的显然是保证人享有的一种新型抗辩权,而此种解释实际上将本条规定的抗辩权界定为先诉抗辩权,显然不符合立法原意,故此种解释并不可取。

关于此种权利的性质,比较法上不同的立法例表明,将其界定为形成权还是抗辩权是一个立法政策选择问题,而非简单的逻辑判断问题。从本条规定看,显然借鉴了《德国民法典》的规定,故在权利性质上,也应当将其解释为是抗辩权而非形成权。因为保证责任尽管是保证人代债务人履行责任,但保证合同毕竟具有相对独立性,保证人也并非债务人,不能代替保证人作决定。为保护保证人的合法权益,赋予其享有债务人的抗辩等防御性质的权利即可。而形成权是权利人可以依其单方的意思表示就导致某种法律关系变动的权利,是一种效力强大的攻击性权利。赋予保证人享有债务人对债权人享有的抵销权、撤销权等形成权,固然有利于保护保证人的合法权益,但也会严重损害债务人的决策自由,很难达到平衡保护双方当事人利益的目的。从这一意义上说,将保证人的权利定性为抗辩权,既能有效保护保证人的利益,也能尊重债务人的意思自治,无疑是一种更好的选择。

3. 关于抵销抗辩权

抵销权性质上属于形成权。形成权依其行使方式的不同,分为单纯的形成权与形成诉权。前者是指权利人无须通过诉讼,仅以其单方意思表示即可引起法律关系变动;后者是指只能通过诉讼或者仲裁方式提起,经法院或者仲裁机构确认权利人享有形成权后才能引起法律关系变动。以诉讼或者仲裁方式行使形成权,是形成权行使的例外情形,只有在法律有明确规定的情况下,才能依据此种方式行使。

《民法典》并无关于抵销权要以诉讼或仲裁方式行使的特别规定,故抵销权既可以在诉讼程序外以单方意思表示的方式行使,也可以在已经提起的诉讼或者仲裁中,通过反诉、反请求或提出抵销抗辩的方式行使。不论是在诉讼程序外还是在已经提起的诉讼或仲裁中行使抵销权,仅就抵销事项而言,该项诉讼在性质上属于确认之诉,即确认是否具备抵销条件以及当事人行使抵销权的方式是否符合法律规定。但抵销作为债的消灭事由,整个诉讼本身往往又是给付之诉。抵销权不论是以反诉、反请求或提出抗辩的方式行使,广义上都具有一定的防御性,在功能上与抗辩权相似,有别于撤销权、解除权等可以通过起诉或申请仲裁等攻击性手段行使权利的形成权。

就法律适用而言,保证人要想依据本条规定援引抵销抗辩权,需要具备抵销的条件。从《民法典》第568条、第569条的规定看,该条件包括:当事人互负债务,该债务的标的物种类、品质相同的,不存在根据债务性质、按照当事人约定或者依照法律规定不得抵销的情形。需要特别注意的是,当事人互负的债务须均已届清偿期,任一债务未届清偿期的,都不能适用本条规定。债权人对债务人的债权已届清偿期,但债务人对债权人的债权清偿期尚未届满的,此时债权人享有期限利益,债务人并不享有抵销权,保证人当然也无从行使抵销抗辩权。同样,债务人对债权人的债权已届清偿期,而债权人对债务人的债权清偿期尚未届满的,因债务人享有期限利益,债权人不能请求债务人履行主债务,保证人当然可以援引债务人的抗辩,拒绝承担保证责任,此时适用的也是前条而非本条规定。此外,适用本条规定还以当事人未实际行使抵销权为前提,因为一旦行使抵销权,就会导致主债权在相应范围内消灭。此时,保证人仍应依据前条规定,援引主债务人有关债权消灭的规定进行救济,同样不存在适用本条问题。

保证人行使抵销抗辩权的后果是,保证人在相应范围内拒绝承担保证责任。如何确定"相应范围",涉及抵销的法律后果问题。《民法典》第568条第2款规定:"当事人主张抵销的,应当通知对方。通知到达对方时生效。抵销不得附条件或者附期限。"该条仅规定自通知到达对方之日起发生抵销的法律效果,但并未对抵销有无溯及力作出明确规定。抵销的效力溯及自抵销条件成就之时,为许多国家和地区所肯定。如《德国民法典》第389条规定:"在双方债权能够相互抵销的情况下,抵销具有使双方债权在双方债权适合于相互抵销处理的当时视为已消灭的效力。"《日本民法典》第506条第2款规定:前款意思表示,"溯及于双方债务适于相互抵销之始发生效力"。《荷兰民法典》第129条第1款规定:"抵销之效力溯及抵销权产生之时。"我国台湾地区"民法"第335条规定:"抵销,应以意思表示,向他方为之。其相互间债之关系,溯及最初得为抵销时,按照抵销数额而消灭。"从法理上看,抵销行为作为法律行为,原则上不应溯及既往。但当事人以为随时可以抵销,因而怠于行使抵销权的情形也在所难免。如抵销的意思表示仅向将来发生效力,在两个债权的迟延损害赔偿金的比例不同时,将会导致不公平的结果。有鉴于此,《九民纪要》第43条采传统民法做法,规定抵销的效力溯及自抵销条件成就之时。也就是说,债务一经抵销,双方互负的债务数额在同等范围内消灭。双方互负的债务数额,指的是截至抵销条件成就之时各自负有的包括主债务、利息、违约金、赔偿金等在内的全部债务数额。行使抵销权一方享有的债权不足以抵销全部债务数额,当事人对抵销顺序没有特别约定的,应当根据实现债权的费用、利息、主债务的顺序进行抵销。但是,此种做法在合同法通则司法解释起草过程中并未得到沿袭,目前的征求意见稿规定,抵销的效力自抵销通知到达之日生效,并不具有溯及力。对此变化,在适用时务必予以注意。

至于"拒绝承担保证责任",本质上属于一时性的或延迟性的抗辩权,仅导致债权人请求保证人履行保证责任的诉讼请求或仲裁申请被驳回,但并未免除保证人的该项责任。因为只要债务人未放弃抵销权但又不行使该权利,由于抵销权并不存在因除斥期间经过而消灭的问题,只要抵销权继续存在,则保证人拒绝承担保证责任的权利也就会继续存续下去。但如果主债务人明确放弃抵销权,鉴于本条以债务人对债权人享有抵销权为条件,在债务人明确放弃抵销权的情况下,不再具备本条适用的条件,故保证人就不能再以本条规定进行抗辩了。但鉴于放弃抵销权性质上类似于债务免除,保证人可以参照《民法典》第 520 条第 2 款有关"部分连带债务人的债务被债权人免除的,在该连带债务人应当承担的份额范围内,其他债务人对债权人的债务消灭"之规定,请求在债务人放弃抵销权的范围内免除保证责任。

实践中,保证人可能因对债务人对债权人享有抵销权或撤销权等事实不知情,导致其未行使本条规定的抗辩权,进而承担了保证责任的,保证人能否请求债权人返还不当得利?鉴于保证人系基于保证合同承担保证责任,并非不当得利,故不存在请求返还不当得利问题。但保证人承担保证责任后,债务人又行使了撤销权的,则保证人有权依据《民法典》第 985 条之规定请求债权人返还不当得利。

4. 关于撤销抗辩权

从比较法上看,仅《德国民法典》第 770 条规定了保证人的撤销抗辩权,《日本民法典》以及我国台湾地区"民法"均仅规定了抵销抗辩权,未规定撤销抗辩权。撤销权与抵销权尽管同属形成权,但二者并不完全相同,其区别表现在以下几个方面:一是撤销权通常通过诉讼或仲裁方式行使,属于形成诉权的范畴。而抵销权既可以在诉讼外行使,也可以在诉讼过程中行使。二是撤销权尽管也可以通过抗辩的方式行使,但主要是通过当事人提起诉讼或申请仲裁这一积极的方式行使,具有较强的攻击性。而抵销权则主要通过反诉、反请求或提出抗辩的方式行使,具有一定的防御性,在功能上与抗辩权相似。三是就存续期间而言,抵销权没有存续期间,而撤销权则要受除斥期间的约束,必须要在法定的期间内行使,否则,该权利就会丧失。四是就其效果来说,抵销是债的消灭事由,一经抵销,债务消灭,从属于主债权的保证合同亦随之消灭。而撤销仅导致合同无效,但主合同无效后,不论是债务人还是保证人,均有可能承担缔约过失责任。鉴于保证人承担的缔约过失责任在范围上往往小于保证责任,故在债务人可撤销合同但未撤销时,赋予保证人仅在可撤销的范围内承担责任,符合担保的从属性,也有利于保护保证人的合法权益,这也许就是本条同时规定撤销抗辩权的原因。准确理解撤销抗辩权,要注意以下几点:

一是本条规定的撤销权主要是指合同可撤销,不包括债权撤销权。债权撤销权作为债的保全方法,是指债务人以明显不合理的低价转让财产、以明显不合理的高价受让他人财产或者为他人的债务提供担保,影响债权人的债权实现,债务人的相对人知道或者应当知道该情形的,债权人请求人民法院撤销债务人行为的一种权利。可见,债权撤销权是债权人享有的权利,但本条规定的是债务人享有撤销权,并非债权人享有撤销权。故本条规定的撤销权仅指债务人对主合同享有撤销权的情形,从《民法典》的相关规定看,主要包括在重大误解、受欺诈或胁迫以及显失公平等场合,债务人享有撤销权的情形。

二是撤销权须未过除斥期间。与抵销没有存续期间不同,撤销权必须要在法定的期间内行使,依据《民法典》第152条之规定,绝大多数撤销权应当在撤销权人知道或者应当知道撤销事由之日起1年内行使,但重大误解的除斥期间则只有90天;当事人自民事法律行为发生之日起5年内没有行使撤销权的,撤销权消灭。本条以债务人享有撤销权为前提,故必须以其享有的撤销权未过法定的除斥期间为必要。一旦经过了该除斥期间,债务人享有的撤销权将归于消灭,自然谈不上保证人援引撤销抗辩权进行抗辩的问题。

三是关于撤销抗辩权行使的法律后果。《民法典担保制度解释》第17条第2款规定:"主合同无效导致第三人提供的担保合同无效,担保人无过错的,不承担赔偿责任;担保人有过错的,其承担的赔偿责任不应超过债务人不能清偿部分的三分之一。"该条规定的"主合同无效",是从结果的意义上说,既包括主合同因绝对无效而无效,也包括合同被撤销、附生效条件合同条件不成就等情形。据此,在主合同被撤销情况下,应视保证人有无过错来确定其应否承担责任:(1)保证人无过错的,无须承担任何民事责任。保证人无过错是指保证人对于主合同无效不知情或者不应当知情,或者未促成主合同的成立。需要注意的是,此时保证人的过错并非对主合同无效存在过错,故其和主合同有效而保证合同无效时保证人的过错存在本质区别。例如,甲公司与乙公司签订一份买卖合同,约定甲公司向乙公司购买字画,甲公司将款项支付乙公司后,为保证乙公司依约履行交付义务,丙公司与甲公司签订保证合同,由丙公司承担保证责任。后乙公司未能按期交付字画,甲公司将起诉乙公司承担违约责任,丙公司承担保证责任。经审查甲公司与乙公司之间买卖的标的为珍贵文物,由于买卖合同标的违法,违反了法律的强制性规定,应认定买卖合同无效,此时应当根据丙公司对于合同标的违法的事实是否知晓,认定丙公司是否应当承担民事责任。(2)保证人存在过错的,此时主合同当事人原则上也有过错,对于债权人的损失,债权人、债务人、保证人三方都应承担一定的责任,故该条规定保证人承担的赔偿责任不应超过债务人不能清偿部分的1/3。具体到本条,保证人无过错的,其不应承担任何责任,故可以拒绝承担全部保证责任;保证人有过错的,仅可在不超过债务人不能清偿部分的1/3范围内拒绝承担赔偿责任。

有学者认为,在债务人可撤销主合同场合,保证人享有的是债务人有关主债权尚未发生的事实抗辩,而非本条的撤销抗辩权。本书认为,本条以债务人可以撤销合同而尚未撤销为其适用前提,合同一经撤销,保证人可以主合同无效导致保证合同无效为由主张减轻责任,确实属于前条规定的事实抗辩,而非本条的撤销抗辩。另外,即便合同可撤销,其效果等同于无效,债务人仍可能承担一定的缔约过失责任,保证人视情况可能也要承担责任,这与债权债务关系尚未发生还是有区别的,不能将其予以混淆。

5. 关于本条能否扩张适用于其他形成权问题

有学者提出,除本条规定的主债务人对债权人享有撤销权与抵销权外,在主债务人对债权人享有解除权以及在选择之债中主债务人享有选择权等情形下,保证人也享有拒绝承担保证责任的权利,即认为可将本条扩张适用于其他形成权。本书认为,之所以仅规定抵销权或撤销权,是因为二者的行使都会导致债务人承担责任的减轻,为保护保证人的合法权益,有必要让保证人在责任减轻的范围内享有拒绝承担责任的权利。而《民法典》第566条第2款规定:"合同因违约解除的,解除权人可以请求违约方承担违约责任,但是当事人另有约定的除外。"该条第 3 款旋即又规定:"主合同解除后,担保人对债务人应当承担的民事责任仍应当承担担保责任,但是担保合同另有约定的除外。"据此,当事人行使解除权,既不会免除债务人的违约责任,也不会免除保证人的保证责任,故不存在准用本条规定减轻债务人或保证人责任的问题。

至于选择之债中的选择权,一者并不必然属于债务人享有,依据《民法典》第 515 条之规定,在法律另有规定、当事人另有约定或者另有交易习惯的情况下,选择权可能归债权人。二者即便债务人享有选择权,但当债务人在约定期限内或者清偿期限届满未作选择,经催告后在合理期限内仍未选择的,选择权也将转移给债权人。在债权人享有选择权的情况下,就不存在类推适用本条的问题。尤其是选择权行使的后果是使选择之债成为单一之债,本身同样不存在债务人或保证人责任减轻的问题,故同样不应适用本条。加之,本条明确将其适用范围限于行为人享有抵销权和撤销权的情形,并未设有兜底条款的限制,故解释上不应包括其他权利。

(二)适用情况

考虑到本条系新增条款,尽管有学者主张应将《担保法》第 20 条规定的"抗辩权"作扩张解释,将其扩及抵销权、撤销权等权利,但从实务的角度看,目前并无对应的司法实践,故无"典型案例"。

【相关法律、行政法规】

(一)相关法律

《中华人民共和国民法典》(2020 年 5 月 28 日通过)

第五百五十七条 **【债的消灭事由】**有下列情形之一的,债权债务终止:

(一)债务已经履行;

(二)债务相互抵销;

(三)债务人依法将标的物提存;

(四)债权人免除债务;

(五)债权债务同归于一人;

(六)法律规定或者当事人约定终止的其他情形。

合同解除的,该合同的权利义务关系终止。

【适用要点】债务相互抵销是债的消灭事由,债权债务关系消灭的,债务人不再承担责任,保证人自然也无须承担保证责任。

第五百六十八条　【法定抵销】当事人互负债务,该债务的标的物种类、品质相同的,任何一方可以将自己的债务与对方的到期债务抵销;但是,根据债务性质、按照当事人约定或者依照法律规定不得抵销的除外。

当事人主张抵销的,应当通知对方。通知自到达对方时生效。抵销不得附条件或者附期限。

【适用要点】该条是有关法定抵销的规定,规定了抵销条件以及抵销方式。具体到抵销抗辩权来说,一是要明确双方的互负债务均已届清偿期,否则,不能适用该条;二是明确抵销的后果溯及自具备抵销条件之时,即债务一经抵销,截至抵销条件成就之时各自负有的包括主债务、利息、违约金、赔偿金等在内的全部债务数额在同等范围内消灭。

第一百四十七条　【基于重大误解的撤销】基于重大误解实施的民事法律行为,行为人有权请求人民法院或者仲裁机构予以撤销。

第一百四十八条　【基于受欺诈的撤销】一方以欺诈手段,使对方在违背真实意思的情况下实施的民事法律行为,受欺诈方有权请求人民法院或者仲裁机构予以撤销。

第一百四十九条　【基于第三人欺诈的撤销】第三人实施欺诈行为,使一方在违背真实意思的情况下实施的民事法律行为,对方知道或者应当知道该欺诈行为的,受欺诈方有权请求人民法院或者仲裁机构予以撤销。

第一百五十条　【基于受胁迫的撤销】一方或者第三人以胁迫手段,使对方在违背真实意思的情况下实施的民事法律行为,受胁迫方有权请求人民法院或者仲裁机构予以撤销。

第一百五十一条　【基于显失公平的撤销】一方利用对方处于危困状态、缺乏判断能力等情形,致使民事法律行为成立时显失公平的,受损害方有权请求人民法院或者仲裁机构予以撤销。

第一百五十二条　【撤销权的除斥期间】有下列情形之一的,撤销权消灭:

(一)当事人自知道或者应当知道撤销事由之日起一年内、重大误解的当事人自知道或者应当知道撤销事由之日起九十日内没有行使撤销权;

(二)当事人受胁迫,自胁迫行为终止之日起一年内没有行使撤销权;

（三）当事人知道撤销事由后明确表示或者以自己的行为表明放弃撤销权。

当事人自民事法律行为发生之日起五年内没有行使撤销权的，撤销权消灭。

【适用要点】《民法典》第147条至第151条是有关可撤销事由的规定，第152条则是有关撤销权除斥期间的规定。关于可撤销合同，务必要注意把握以下几点：一是撤销权仅能由撤销权人行使，他人无权行使；二是撤销权必须要通过提起诉讼或申请仲裁的方式行使，至于具体的方式，则既可以是本诉，也可以是反诉（反请求），还可以是提出抗辩；三是撤销权必须要在法定期间内行使，否则，撤销权将归于消灭；四是合同撤销后，其效果等同于无效，有过错的债务人与保证人仍应承担责任，故有别于主债权尚未发生。

【司法解释及规范性司法文件】

（一）司法解释

《最高人民法院关于适用〈中华人民共和国民法典〉有关担保制度的解释》（法释〔2020〕28号，2020年12月25日通过）

第十七条第二款 【主合同无效导致保证合同无效的法律后果】 主合同无效导致第三人提供的担保合同无效，担保人无过错的，不承担赔偿责任；担保人有过错的，其承担的赔偿责任不应超过债务人不能清偿部分的三分之一。

【适用要点】主合同无效导致保证合同无效的，应视保证人有无过错来确定其应否承担责任：保证人无过错的，不承担赔偿责任；保证人有过错的，其承担的赔偿责任不应超过债务人不能清偿部分的1/3。

（二）规范性司法文件

《全国法院民商事审判工作会议纪要》（法〔2019〕254号，2019年11月8日公布）

42.【撤销权的行使】 撤销权应当由当事人行使。当事人未请求撤销的，人民法院不应当依职权撤销合同。一方请求另一方履行合同，另一方以合同具有可撤销事由提出抗辩的，人民法院应当在审查合同是否具有可撤销事由以及是否超过法定期间等事实的基础上,对合同是否可撤销作出判断,不能仅以当事人未提起诉讼或者反诉为由不予审查或者不予支持。一方主张合同无效,依据的却是可撤销事由,此时人民法院应当全面审查合同是否具有无效事由以及当事人主张的可撤销事由。当事人关于合同无效的事由成立的,人民法院应当认定合同无效。当事人主张合同无效的理由不成立,而可撤销的事由成立的,因合同无效和可撤销的后果相同,人民法院也可以结合当事人的诉讼请求,直接判决撤销合同。

【适用要点】该条包括以下几个层次的内容:一是撤销权只能由撤销权人依法行使,人民法院不能依职权撤销合同;二是抗辩权可以通过撤销权人提出抗辩的方式行使,不能仅以当事人未提起诉讼或者反诉为由对当事人提出的合同可撤销事由不予审查或者不予支持;三是如果当事人主张合同无效,依据的却是合同具有可撤销的事由,此时人民法院要全面审查合同是否具有无效事由以及是否具有当事人主张的可撤销事由,准确认定合同效力。

43.【抵销】抵销权既可以通知的方式行使,也可以提出抗辩或者提起反诉的方式行使。抵销的意思表示自到达对方时生效,抵销一经生效,其效力溯及自抵销条件成就之时,双方互负的债务在同等数额内消灭。双方互负的债务数额,是截至抵销条件成就之时各自负有的包括主债务、利息、违约金、赔偿金等在内的全部债务数额。行使抵销权一方享有的债权不足以抵销全部债务数额,当事人对抵销顺序又没有特别约定的,应当根据实现债权的费用、利息、主债务的顺序进行抵销。

【适用要点】该条包括以下内容:一是关于抵销权的行使方式,明确抵销权既可以通知的方式行使,也可以提出抗辩或者提起反诉的方式行使;二是就抵销的效力而言,明确抵销一经生效,其效力溯及自抵销条件成就之时,双方互负的债务在同等数额内消灭;三是有关清偿抵充的规定,即行使抵销权一方享有的债权不足以抵销全部债务数额,当事人对抵销顺序又没有特别约定的,应当根据实现债权的费用、利息、主债务的顺序进行抵销。

第四分编　担保物权

第十六章 一般规定

第三百八十六条　【担保物权的概念】担保物权人在债务人不履行到期债务或者发生当事人约定的实现担保物权的情形,依法享有就担保财产优先受偿的权利,但是法律另有规定的除外。

【条文精解】

(一)条文要点

本条是有关担保物权概念的规定,基本沿袭了《物权法》第170条之规定,仅作了文字调整,将"但"修改为"但是"。准确理解本条,要注意把握以下内容:

1. 担保物权的特征

一般认为,担保物权具有从属性、特定性、不可分性、物上代位性等特点。把握担保物权的特征,对于全面了解、准确适用担保物权的相关制度具有重要意义。关于担保的从属性与物上代位性,《民法典》第388条、第390条有专门规定,故此处主要探讨特定性与不可分性。

(1)关于特定性

特定性是物权作为支配权的必然要求。担保物权的特定性包括两层含义:

一是担保财产特定。担保物权作为支配权,要求作为支配对象的担保财产必须是特定的,此点在以登记作为公示方法的动产抵押尤其是浮动抵押中表现得尤其明显。抵押财产特定,一般是指抵押权设立时抵押财产就已经特定。但为充分发挥抵押的融资功能,有必要从宽理解抵押财产的特定性,如在浮动抵押场合,抵押财产是企业现有的以及将有的生产设备、原材料、半成品、产品,抵押财产在抵押权设立时尚未确定,只有在抵押权实现时才被特定。在此情况下,仍可认为已经满足抵押财产特定性的要求。再如,以正在建造的建筑物、船舶、航空器抵押的,设定抵押权时建筑物、船舶、航空器尚未建成,即物权法意义上的"物"还不存在,但仍不妨将其作为抵押权的客体,毕竟其本身具有一定的财产价值,且在实现时能够被特定化。

二是被担保的债权特定。这是由担保物权作为从属性权利的特性决定的。所担保的债权特定，一般是指担保物权设立时就存在一个特定的债权。最高额抵押作为债权特定性的例外，应当对最高债权限额、债权确定期间等事项作出明确约定。为抵押合同签订时尚不具备基础法律事实的未来债权提供抵押，在抵押权实现时债权能够特定的，仍不失特定性，毕竟抵押权作为担保物权，其风险总体上是可控的，此点与保证有所不同。

(2)关于不可分性

担保物权的不可分性，指的是不论是担保财产的分割还是主债权的分割，均不影响担保物权的效力。担保物权的不可分性，可以概括为两句话：一是"担保财产的各部担保债权的全部"，即"担保财产的不可分"；二是"担保财产的全部担保债权的各部"，即"主债权的不可分"。应予指出的是，《民法典》物权编本身并无担保物权不可分性的明确表述，但为加强担保物权的担保作用，一般认为应当承认担保物权的不可分性。抵押权、质权、留置权均具有此种特征，为行文简便起见，下文主要以抵押权为例来阐述担保物权的不可分性。

一是关于抵押财产的不可分性。抵押财产的不可分性，是指当抵押财产被分割时，抵押权的效力仍然及于分割后的各部分，抵押权人可以就分割后的抵押财产行使抵押权。典型的表现是，因继承、合伙解散、企业分立等原因导致抵押财产被分割时，抵押权及于分割后的抵押财产。在抵押财产部分灭失或者部分转让的情况下，抵押权及于剩余的抵押财产，自无疑义，似无用不可分理论进行解释之必要。至于抵押财产因部分灭失或者部分转让而产生的保险金、赔偿金、补偿金等代位物或者转让款，则是抵押权的物上代位性作用的结果，不可将其归之于抵押财产的不可分性。就此而言，不宜将抵押财产的不可分性扩及抵押财产部分灭失或者部分转让的情形，否则，就可能混淆了抵押权的不可分性与物上代位性制度。

应予注意的是，留置权也有不可分性，但为限制留置权的效力，《民法典》第450条规定："留置财产为可分物的，留置财产的价值应当相当于债务的金额。"由此可见，留置权人占有的财产为可分物的，其留置占有的留置财产的价值应当相当于债务的金额。有鉴于此，《民法典担保制度解释》第38条第1款规定："主债权未受全部清偿，担保物权人主张就担保财产的全部行使担保物权的，人民法院应予支持，但是留置权人行使留置权的，应当依照民法典第四百五十条的规定处理。"

二是主债权的不可分性。主债权的不可分性，是指当主债权被分割时，抵押财产仍及于分割后的各债权人，各债权人可以就其享有的份额行使抵押权，主要包括两种情形：其一，主债权被分割或者部分转让。此时，抵押财产仍然为被分割或者部分转让后的全部债权提供担保。只是与被分割前相比，各债权人针对同一个抵押权形成了准共有，从而应当参照有关按份共有的规定，就各自享有的份额行使抵押权。其二，主债权部分受偿。此时，已经受偿的债权尽管已经消灭，但抵押财产的范围并不作相应缩减，而是仍以全部的抵押财产担保剩余的债权。后一种情形，才真正体现了抵押权不可分性对债权人保护的力度。需要说明的是，抵押权的不可分性主要涉及抵押权的效力是否因抵押财产或者主债权的分割而贬损的问题，而主债务的分割或者部分转让，主要涉及担保人应否继续承担责任的问题，不涉及抵押权效力是否贬损的问题，因而与抵押权不可分性无关。

2. 担保物权的优先受偿性及其例外

担保物权人的主要权利是对担保财产优先受偿，担保物权人实现优先受偿权有两种主要方式：一是在已经提起的诉讼或仲裁中请求确认优先受偿权，获得生效法律文书后再请求拍卖、变卖担保财产；二是直接通过《民事诉讼法》规定的"担保物权的实现程序"请求拍卖、变卖担保财产。应予注意的是，实践中部分当事人对"抵押合同"进行公证，试图赋予抵押合同以强制执行力。本书认为，抵押合同并无金钱给付内容，不属于可以赋予强制执行力的合同的范畴，因而即便进行了公证，本身也无强制执行效力，仍然只有在依法办理抵押权登记后才能有效设立。

担保物权的优先受偿效力主要体现在优先于无担保的债权，主要是优先于一般的金钱之债。实践中，担保物权人享有的优先受偿权往往因担保财产已被查封、扣押、冻结（以下简称查封）而难以实现，为有效解决首先查封法院和优先债权执行法院之间对查封财产的处分问题，《最高人民法院关于首先查封法院与优先债权执行法院处分查封财产有关问题的批复》（法释〔2016〕6 号）明确规定，原则上应当由首先查封法院负责处分查封财产，但已进入其他法院执行程序的债权对查封财产有顺位在先的担保物权、优先权等优先债权，自首先查封之日起已超过 60 日，且首先查封法院就该查封财产尚未发布拍卖公告或者进入变卖程序的，优先债权执行法院可以要求将该查封财产移送执行。该批复还对查封财产如何移送作出了具体规定。

本条规定，担保物权具有优先受偿效力，但"法律另有规定的除外"。此处的"法律"另有规定，也包括对法律进行解释的相关司法解释。在现行法下,此种例外主要包括两种情形:其一,某些非担保物权性质的权利优先于担保物权,最典型的就是消费者购房人的权利优先于抵押权。其二,某些以交换价值为支配对象的法定权利优先于担保物权,具体包括以下情形:

一是价款优先权。价款优先权又称超级优先权,是《民法典》借鉴英美法上的相关制度增设的规定。《民法典》第 416 条规定:"动产抵押担保的主债权是抵押物的价款,标的物交付后十日内办理抵押登记的,该抵押权人优先于抵押物买受人的其他担保物权人受偿,但是留置权人除外。"该条就是有关价款优先权的规定,主要适用于动产抵押,《民法典担保制度解释》第 57 条将其适用范围进一步扩及融资租赁、所有权保留。依据前述规定,价款优先权优先于除留置权外的其他担保物权。

二是建设工程价款优先权。《民法典》第 807 条是有关建设工程价款优先权的规定。关于此种优先权的效力,《民法典建设工程解释(一)》第 36 条规定:"承包人根据民法典第八百零七条规定享有的建设工程价款优先受偿权优于抵押权和其他债权。"值得探讨的是,建设工程价款优先权的效力范围是仅及于在建工程,还是同时还包括其下的建设用地使用权,存在不同观点。但通说认为,之所以赋予建设工程价款优先权以如此强的效力,主要是通过保护承包人的合法权益间接保护农民工的利益,而农民工的利益主要体现在在建工程的建造上,其对建设用地使用权并不享有权利,故一般认为建设工程价款优先权的效力不及于建设用地使用权。

三是船舶、民用航空器等特殊动产优先权。《海商法》第 25 条第 1 款规定:"船舶优先权先于船舶留置权受偿,船舶抵押权后于船舶留置权受偿。"该法第 22 条规定了船舶优先权的范围:"下列各项海事请求具有船舶优先权:(一)船长、船员和在船上工作的其他在编人员根据劳动法律、行政法规或者劳动合同所产生的工资、其他劳动报酬、船员遣返费用和社会保险费用的给付请求;(二)在船舶营运中发生的人身伤亡的赔偿请求;(三)船舶吨税、引航费、港务费和其他港口规费的缴付请求;(四)海难救助的救助款项的给付请求;(五)船舶在营运中因侵权行为产生的财产赔偿请求。载运2000 吨以上的散装货油的船舶,持有有效的证书,证明已经进行油污损害民事责任保险或者具有相应的财务保证的,对其造成的油污损害的赔偿请求,不属于前款第(五)项规定的范围。"

《民用航空法》第 22 条规定:"民用航空器优先权先于民用航空器抵押权受偿。"该法第 19 条也明确了民用航空器优先权的范围:"下列各项债权具有民用航空器优先权：（一）援救该民用航空器的报酬；（二）保管维护该民用航空器的必需费用。前款规定的各项债权，后发生的先受偿。"由此可见，民用航空器抵押权作为担保物权的一种，不得对这些债权主张优先受偿。

四是税收优先权。《税收征收管理法》第 45 条第 1 款规定："税务机关征收税款，税收优先于无担保债权，法律另有规定的除外；纳税人欠缴的税款发生在纳税人以其财产设定抵押、质押或者纳税人的财产被留置之前的，税收应当先于抵押权、质权、留置权执行。"第 46 条规定："纳税人有欠税情形而以其财产设定抵押、质押的，应当向抵押权人、质权人说明其欠税情况。抵押权人、质权人可以请求税务机关提供有关的欠税情况。"由此可见，税收债权在特定条件下优先于担保物权，该条件就是欠缴的税款发生在担保物权设定之前。当然，该条仅适用于非破产程序，一旦纳税人破产，依据《企业破产法规定（二）》第 3 条等有关规定，税收债权劣后于担保物权受偿。

五是关于共益债务等特殊债权是否优先于担保物权受偿问题。在债务人破产时，《企业破产法规定（二）》第 3 条规定："债务人已依法设定担保物权的特定财产，人民法院应当认定为债务人财产。对债务人的特定财产在担保物权消灭或者实现担保物权后的剩余部分，在破产程序中可用以清偿破产费用、共益债务和其他破产债权。"据此，担保物权优先于破产费用和共益债务受偿。应予注意的是，担保物权的拍卖、变卖会产生评估费、佣金、税费等费用。依据《企业破产法》第 41 条之规定，此类费用性质上属于破产费用。鉴于其应当先于拍卖价款受偿，故有观点认为破产费用优先于担保物权受偿。本书认为，此类费用固然属于破产费用，也确实应先行扣除，但不能据此就认为破产费用优先于担保物权受偿，而应认为担保物权的对象仅及于剩余价款。换言之，担保物权人仅得就扣除实现担保物权的费用后剩余的价款优先受偿。

关于职工债权是否优先于担保物权受偿的问题，实践中存在争议。在《企业破产法》施行前的相当一段时期内，有关部门在政策性破产中赋予了特定国有企业的职工债权优先于担保物权的效力，此种原本仅适用于政策性破产且仅适用于特定企业的政策，一度有扩张适用于所有企业，进而使"职工债权优先于担保物权"这一例外规则呈现一般化趋势。具体来说，为促进国有企业的破产试行工作，国务院 1994 年 10 月 25 日发布《关于在若干城市试行国有企业破产有关问题的通知》，对试点城市中破产企业职工的安置、破产财产（包括土地使用权）的处置、银行贷款损失的处理等破产法实施中的难点问题作出了规定。但此后一些地方出现滥用政策性破产的问题。

1997 年 3 月 2 日,国务院发布《关于在若干城市试行国有企业兼并破产和职工再就业有关问题的补充通知》,强调有关破产的特殊政策,只适用于国务院确定的企业"优化资本结构"试点城市范围内的国有工业企业。国务院有关部委还就政策性破产制定有一些行政规章。国务院上述两通知中确定范围内的国有破产企业,债务清偿顺序与破产法的规定不同,破产企业的所有财产包括担保物均可优先清偿职工债权与职工安置费用,故被称之为政策性破产(或计划内破产)。此后,政策性破产的适用范围又被相继出台的有关规定不断扩大。鉴于前述做法不符合市场化破产的基本原理,《企业破产法》施行时,在第 132 条中明确规定:"本法施行后,破产人在本法公布之日前所欠职工的工资和医疗、伤残补助、抚恤费用,所欠的应当划入职工个人账户的基本养老保险、基本医疗保险费用,以及法律、行政法规规定应当支付给职工的补偿金,依照本法第一百一十三条的规定清偿后不足以清偿的部分,以本法第一百零九条规定的特定财产优先于对该特定财产享有担保权的权利人受偿。"据此,《企业破产法》公布之前未受清偿的职工债权,仍然按照原来的政策处理,即职工债权优先于担保物权受偿;而该法公布后仍未受偿的职工债权,依据《企业破产法规定(二)》第 3 条之规定,同样劣后于担保物权受偿。

(二)适用情况

就本条的适用情况而言,直接依据本条裁判的案件并不多见,少数以本条作为裁判依据的案件主要是非典型担保如让与担保类推适用本条规定等情形。至于在消费者购房人等主张排除抵押权人执行的场合,尽管属于本条"但书"规定的例外情形,但实践中往往直接依据《执行异议和复议规定》第 29 条等有关规定作为法律依据,很少将本条作为排除执行的依据。

【相关法律、行政法规】

(一)相关法律

涉及担保物权的法律,主要包括以下几种情形:一是有关特殊主体提供担保的规定,如《公司法》《证券法》《商业银行法》《企业国有资产法》《合伙企业法》《农民专业合作社法》等有关特定主体提供担保(或大额担保)时应当披露信息、由特定机关决议或者应当提供担保等的规定。鉴于法律有关担保的规定既包括保证也包括担保物权，而本书已在《民法典》第 681 条中予以详细列明并作了阐述，此处不再赘述。二是就特定客体提供担保的规定，如《土地管理法》《城市房地产管理法》《农村土地承包法》有关国有或农村集体用地设定担保物权的规定，《民用航空法》《海商法》《道路交通安全法》等有关民用航空器、船舶、机动车等设定抵押等的规定。三是《企业破产法》有关担保物权的规定。四是《民事诉讼法》有关实现担保物权的规定。至于《民事诉讼法》在申请财产保全、先予执行以及暂缓执行等场合均有当事人须向法院提供担保的规定，鉴于其并非民事担保，加之实务中问题并不是很突出，下文也不再进行分析。五是部分行政法有关公法债权如税收债权与担保物权的优先顺序问题的规定，属于本条有关"法律另有规定"的情形。另外，《民法典》本身中也有不少相关权利优先于担保物权的规定，这些规定也属于本条"法律另有规定"的除外情形，一并予以介绍。此外，此处主要介绍涉及担保物权一般规定的条文，对仅涉及抵押权、质权等具体规定的，将放在其他具体条文中进行阐释。

1.《中华人民共和国民法典》（2020 年 5 月 28 日通过）

第四百一十六条　【价款优先权】动产抵押担保的主债权是抵押物的价款，标的物交付后十日内办理抵押登记的，该抵押权人优先于抵押物买受人的其他担保物权人受偿，但是留置权人除外。

【适用要点】该条明确规定价款优先权的效力优于抵押权，但劣后于留置权。

第三百四十二条　【土地经营权的流转】通过招标、拍卖、公开协商等方式承包农村土地，经依法登记取得权属证书的，可以依法采取出租、入股、抵押或者其他方式流转土地经营权。

【适用要点】该条是有关土地经营权流转的规定，其中就包括了以抵押的方式流转，因为在实现抵押权时，往往需要将抵押财产进行拍卖、变卖，从这一意义上说，抵押也是土地经营权的流转方式。准确理解该条，要注意把握以下几点：一是可以流转的是土地经营权而非土地承包权；二是作为抵押财产范围的农地，不限于"四荒"用地，而是包括所有的农地；三是可以流转的土地经营权须经依法登记取得权属证书；四是该条规定的抵押人既包括土地承包经营权人，也包括土地经营权的受让人。

第三百四十一条　【土地经营权流转采登记对抗主义】流转期限为五年

以上的土地经营权,自流转合同生效时设立。当事人可以向登记机构申请土地经营权登记;未经登记,不得对抗善意第三人。

【适用要点】该条是有关土地经营权流转采登记对抗主义的规定,准确理解该条,要注意以下几点:一是注意流转期限。该条规定流转期限为 5 年以上的土地经营权,自流转合同生效时设立并且具有物权效力;反面解释是,流转期限为 5 年以下的土地经营权,则仅具债权效力。二是对具有物权效力的土地经营权的流转,尽管土地经营权为不动产物权,但在物权变动模式上却采登记对抗而非登记生效主义,此点应予特别注意。

第三百五十三条 【建设用地使用权的处分】建设用地使用权人有权将建设用地使用权转让、互换、出资、赠与或者抵押,但是法律另有规定的除外。

【适用要点】建设用地使用权可以作为抵押财产设定抵押。

第三百五十四条 【处分建设用地使用权的合同形式和期限】建设用地使用权转让、互换、出资、赠与或者抵押的,当事人应当采用书面形式订立相应的合同。使用期限由当事人约定,但是不得超过建设用地使用权的剩余期限。

【适用要点】处分建设用地使用权,应当采书面形式;建设用地使用权作为有存续期限的物权,进行处分时不得超过剩余期限。

第三百五十五条 【建设用地使用权变动应当办理登记】建设用地使用权转让、互换、出资或者赠与的,应当向登记机构申请变更登记。

【适用要点】建设用地使用权作为不动产物权,其物权变动采登记生效主义,故仅签订合同未办理登记的,不发生物权变动的效力。

第八百零七条 【建设工程价款优先权】发包人未按照约定支付价款的,承包人可以催告发包人在合理期限内支付价款。发包人逾期不支付的,除根据建设工程的性质不宜折价、拍卖外,承包人可以与发包人协议将该工程折价,也可以请求人民法院将该工程依法拍卖。建设工程的价款就该工程折价或者拍卖的价款优先受偿。

【适用要点】建设工程价款优先权在效力上也优先于抵押权。但该项优先权在实践中问题很多,如实际施工人能否主张、合同无效时是否仍然存在、效力范围是否及于土地使用权,等等,都值得进一步研究。

2.《中华人民共和国农村土地承包法》(2002 年 8 月 29 日通过,2018 年 12 月 29 日修正)

第四十七条 【以土地经营权设定担保】承包方可以用承包地的土地经

营权向金融机构融资担保,并向发包方备案。受让方通过流转取得的土地经营权,经承包方书面同意并向发包方备案,可以向金融机构融资担保。

担保物权自融资担保合同生效时设立。当事人可以向登记机构申请登记;未经登记,不得对抗善意第三人。

实现担保物权时,担保物权人有权就土地经营权优先受偿。

土地经营权融资担保办法由国务院有关部门规定。

【适用要点】该条是有关土地经营权设定担保的规定,包括以下内容:一是能够设定担保物权的是土地经营权,从体系解释的角度看,须是流转期限为 5 年以上的土地经营权,因为流转期限为 5 年以下的土地经营权不具有物权属性;二是抵押人既包括土地承包经营权人,也包括土地经营权的受让人;三是土地经营权的变动采登记对抗主义,而非登记生效主义。

3.《中华人民共和国海商法》(1992 年 11 月 7 日通过)

第二十一条　【船舶优先权的概念】船舶优先权,是指海事请求人依照本法第二十二条的规定,向船舶所有人、光船承租人、船舶经营人提出海事请求,对产生该海事请求的船舶具有优先受偿的权利。

【适用要点】该条是关于船舶优先权的规定。需注意以下几点:一是船舶优先权实际上是海商法赋予某些特殊的海事请求权人针对产生该海事请求的船舶可以主张的一种优先受偿权,这些海事请求权人通常都是一些基于社会、经济和人道的理由需要特殊保护的债权人,如主张工资报酬的船员、船长,主张救助报酬的救助人等。船舶优先权的本质实际上是法律规定以船舶担保这些请求权人的债权优先受偿,既无须占有标的物,也无须登记即可成立。二是船舶优先权比船舶抵押权和船舶留置权的清偿顺位还要优先,船舶优先权保护和船舶抵押权保护常常面临着竞争关系,船舶优先权的项目和标的越多,则船舶抵押权受到的保护越少。三是海商法规定船舶抵押权具有物上代位性,对船舶优先权和船舶留置权的物上代位性均无规定。但船舶优先权的物上代位性已被学界广泛承认,很多国家或地区的立法例中都明确规定了船舶优先权的物上代位性,并通过具体列举的方式明确可以对哪些变形物主张物上代位。

第二十二条　【船舶优先权的范围】下列各项海事请求具有船舶优先权:

(一)船长、船员和在船上工作的其他在编人员根据劳动法律、行政法规或者劳动合同所产生的工资、其他劳动报酬、船员遣返费用和社会保险费用

的给付请求;

（二）在船舶营运中发生的人身伤亡的赔偿请求;

（三）船舶吨税、引航费、港务费和其他港口规费的缴付请求;

（四）海难救助的救助款项的给付请求;

（五）船舶在营运中因侵权行为产生的财产赔偿请求。

载运 2000 吨以上的散装货油的船舶,持有有效的证书,证明已经进行油污损害民事责任保险或者具有相应的财务保证的,对其造成的油污损害的赔偿请求,不属于前款第（五）项规定的范围。

第二十五条第一款　【船舶优先权的清偿顺位】船舶优先权先于船舶留置权受偿,船舶抵押权后于船舶留置权受偿。

4.《中华人民共和国民用航空法》(1995 年 10 月 30 日通过,2021 年 4 月 29 日修正)

第十九条　【民用航空器优先权的范围】下列各项债权具有民用航空器优先权:

（一）援救该民用航空器的报酬;

（二）保管维护该民用航空器的必需费用。

前款规定的各项债权,后发生的先受偿。

第二十二条　【民用航空器优先权的清偿顺序】民用航空器优先权先于民用航空器抵押权受偿。

【适用要点】该条仅规定民用航空器优先权优于抵押权,并未规定是否劣后于留置权。从法理上说,应当劣后于留置权。理论上民用航空器也可以设定质权,但因为质权会限制质押人的使用,实践中几乎很少会有设定质权的情形。如果真的设立质权的话,民用航空器优先权也优先于质权。

5.《中华人民共和国民事诉讼法》(1991 年 4 月 9 日通过,2021 年 12 月 24 日修正)

第二百零三条　【实现担保物权程序的申请人以及管辖法院】申请实现担保物权,由担保物权人以及其他有权请求实现担保物权的人依照民法典等法律,向担保财产所在地或者担保物权登记地基层人民法院提出。

【适用要点】该条是有关实现担保物权程序的申请人以及管辖法院的规定,准确理解该条,要注意把握以下几点:一是担保物权的实现程序主要包括诉讼方式和非诉方式两种,该条是有关非诉方式的规定,实行一裁终局制,不实行二审终审制。二是申请人主要是担保物权人,但也包括担保人。如在动产质押中,质权人占有质物,如其不主动申请,质押人也可以申请实现担保物权。三是管辖法院为担保财产所在地或者担保物权登记地的基层人民法院。

第二百零四条　【实现担保物权的方式】人民法院受理申请后,经审查,符合法律规定的,裁定拍卖、变卖担保财产,当事人依据该裁定可以向人民法院申请执行;不符合法律规定的,裁定驳回申请,当事人可以向人民法院提起诉讼。

【适用要点】实现担保物权的方式包括当事人在诉讼程序外达成折价协议,也包括申请法院拍卖、变卖。拍卖、变卖既可以基于生效判决以请求人民法院执行的方式进行,也可以径行申请拍卖、变卖。径行申请拍卖、变卖的,须以当事人对是否存在担保物权、抵押财产的范围等没有异议为前提,当事人对此有异议的,应当裁定驳回申请,告知当事人通过诉讼方式解决纠纷。

6.《中华人民共和国企业破产法》(2006 年 8 月 27 日通过)

第三十一条　【破产撤销权】人民法院受理破产申请前一年内,涉及债务人财产的下列行为,管理人有权请求人民法院予以撤销:

（一）无偿转让财产的;

（二）以明显不合理的价格进行交易的;

（三）对没有财产担保的债务提供财产担保的;

（四）对未到期的债务提前清偿的;

（五）放弃债权的。

【适用要点】该条是有关破产撤销权的规定,其中第 3 项涉及担保问题。就涉及担保问题的破产撤销权来说,要把握以下内容:一是享有撤销权的是管理人;二是撤销事由是对没有财产担保的债务提供财产担保;三是前述行为须发生在人民法院受理破产申请前 1 年内,此点有别于后一条撤销个别清偿行为的 6 个月期限。

第三十七条　【管理人取回担保财产】人民法院受理破产申请后,管理人可以通过清偿债务或者提供为债权人接受的担保,取回质物、留置物。

前款规定的债务清偿或者替代担保,在质物或者留置物的价值低于被担保的债权额时,以该质物或者留置物当时的市场价值为限。

【适用要点】该条是有关管理人取回质物或留置物的规定。如在破产重整场合,当某一质物或留置物对债务人具有重大经济价值时,为避免该财产因拍卖、变卖而被他人取得,管理人可以通过清偿债务或者另行提供担保方式取回该担保财产。取回的担保财产价值不一定与被担保的债权相当,当财产价值低于被担保的债权额时,以取回时的市场价值为限;反之,当财产价值高于或等于被担保的债权额时,则以被担保的数额为限。

第四十九条 【债权申报】债权人申报债权时,应当书面说明债权的数额和有无财产担保,并提交有关证据。申报的债权是连带债权的,应当说明。

【适用要点】该条是有关申报债权的规定。据此,有担保的债权也需要申报,管理人不认可担保物权的,担保物权人可以通过提起破产衍生诉讼的方式确认其债权系优先性债权。

第五十九条第三款 【有担保债权人的表决权】对债务人的特定财产享有担保权的债权人,未放弃优先受偿权利的,对于本法第六十一条第一款第七项、第十项规定的事项不享有表决权。

【适用要点】该条是有关哪些债权人能够参加债权人会议以及如何享有表决权的规定,共分五款,其中第 3 款是有关有担保债权人是否享有表决权的规定。据此,未放弃优先受偿权利的担保物权人有权参加债权人会议并享有债权人的相应权利,但对以下事项不享有表决权:一是通过和解协议;二是通过破产财产的分配方案。当然,如果担保物权人放弃优先受偿权利,依据《企业破产法》第 110 条有关"放弃优先受偿权利的,其债权作为普通债权"的规定,则其享有普通债权人的全部权利。

第七十五条 【重整期间担保物权暂停行使】在重整期间,对债务人的特定财产享有的担保权暂停行使。但是,担保物有损坏或者价值明显减少的可能,足以危害担保权人权利的,担保权人可以向人民法院请求恢复行使担保权。

在重整期间,债务人或者管理人为继续营业而借款的,可以为该借款设定担保。

【适用要点】该条是有关重整期间担保物权暂停行使的规定,准确理解该条,要注意以下几点:一是重整期间以暂停行使担保物权为原则。因为在债务人破产而其财产又设定担保的情况下,担保财产往往是债务人重整所必需的资产,是重整能否成功的关键。如果允许担保物权人行使担保物权,往往会使债务人因丧失核心资产失去重整的价值。二是例外情况下应允许担保物权人恢复行使担保物权,即担保物有损坏或者价值明显减少的可能,足以危害担保权人权利的,担保权人有权向人民法院请求恢复行使担保权。三是重整期间暂停行使担保物权与重整期间另行设定担保并不矛盾。也就是说,在重整期间,债务人或者管理人为继续营业而借款的,可以为该借款设定担保,该担保系新设的担保,有别于重整前已经设定的担保。为进一步规范该问题,《九民纪要》第 112 条对此作出了更加清晰的、具有可操作的规定。

第八十二条　【重整计划草案表决分组】下列各类债权的债权人参加讨论重整计划草案的债权人会议,依照下列债权分类,分组对重整计划草案进行表决:

(一)对债务人的特定财产享有担保权的债权;

(二)债务人所欠职工的工资和医疗、伤残补助、抚恤费用,所欠的应当划入职工个人账户的基本养老保险、基本医疗保险费用,以及法律、行政法规规定应当支付给职工的补偿金;

(三)债务人所欠税款;

(四)普通债权。

人民法院在必要时可以决定在普通债权组中设小额债权组对重整计划草案进行表决。

【适用要点】该条是有关债权人会议参加讨论重整计划草案时,各类债权的债权人分组进行表决的规定。其中,有担保的债权人单独分为一组,与其他组相区别。

第八十七条　【部分表决组未通过重整计划草案的处理】部分表决组未通过重整计划草案的,债务人或者管理人可以同未通过重整计划草案的表决组协商。该表决组可以在协商后再表决一次。双方协商的结果不得损害其他表决组的利益。

未通过重整计划草案的表决组拒绝再次表决或者再次表决仍未通过重整计划草案,但重整计划草案符合下列条件的,债务人或者管理人可以申请人民法院批准重整计划草案:

(一)按照重整计划草案,本法第八十二条第一款第一项所列债权就该特定财产将获得全额清偿,其因延期清偿所受的损失将得到公平补偿,并且其担保权未受到实质性损害,或者该表决组已经通过重整计划草案;

(二)按照重整计划草案,本法第八十二条第一款第二项、第三项所列债权将获得全额清偿,或者相应表决组已经通过重整计划草案;

(三)按照重整计划草案,普通债权所获得的清偿比例,不低于其在重整计划草案被提请批准时依照破产清算程序所能获得的清偿比例,或者该表决组已经通过重整计划草案;

(四)重整计划草案对出资人权益的调整公平、公正,或者出资人组已经通过重整计划草案；

（五）重整计划草案公平对待同一表决组的成员，并且所规定的债权清偿顺序不违反本法第一百一十三条的规定；

（六）债务人的经营方案具有可行性。

人民法院经审查认为重整计划草案符合前款规定的，应当自收到申请之日起三十日内裁定批准，终止重整程序，并予以公告。

【适用要点】该条是有关部分表决组未通过重整计划草案该如何处理的规定，其中涉及担保物权组的主要是第2款第1项。据此，未通过重整计划草案的担保物权表决组拒绝再次表决或者再次表决仍未通过重整计划草案，但重整计划草案已就该特定财产将获得全额清偿，其因延期清偿所受的损失也将得到公平补偿，并且其担保权未受到实质性损害，债务人或者管理人申请人民法院批准重整计划草案的，人民法院可予批准。

第九十六条 【破产和解与担保物权的保护】人民法院经审查认为和解申请符合本法规定的，应当裁定和解，予以公告，并召集债权人会议讨论和解协议草案。

对债务人的特定财产享有担保权的权利人，自人民法院裁定和解之日起可以行使权利。

【适用要点】《企业破产法》第100条第2款规定，和解债权人是指人民法院受理破产申请时对债务人享有无财产担保债权的人，不包括担保物权人。因而和解仅须无财产担保的债权人依法表决通过即可，担保物权人不享有表决权。人民法院一经裁定和解，担保物权人就可以依法行使别除权。

第一百零九条 【担保物权人享有的别除权】对破产人的特定财产享有担保权的权利人，对该特定财产享有优先受偿的权利。

【适用要点】该条规定了担保物权人享有对特定财产优先受偿的权利，该权利在学理上被称为别除权。

第一百一十条 【优先受偿权转化为普通债权】享有本法第一百零九条规定权利的债权人行使优先受偿权利未能完全受偿的，其未受偿的债权作为普通债权；放弃优先受偿权利的，其债权作为普通债权。

【适用要点】担保物权人在两种情况下将丧失优先受偿权，从而其债权沦为普通债权：一是未能完全受偿的，其未受偿的债权作为普通债权；二是放弃优先受偿权利的，其债权作为普通债权。

第一百三十二条 【新旧法在职工债权问题上的衔接适用】本法施行

后,破产人在本法公布之日前所欠职工的工资和医疗、伤残补助、抚恤费用,所欠的应当划入职工个人账户的基本养老保险、基本医疗保险费用,以及法律、行政法规规定应当支付给职工的补偿金,依照本法第一百一十三条的规定清偿后不足以清偿的部分,以本法第一百零九条规定的特定财产优先于对该特定财产享有担保权的权利人受偿。

【适用要点】该条是有关新旧法在职工债权问题上如何衔接适用的规定,明确《企业破产法》施行前未受清偿的职工债权优先于担保物权受偿,而该法施行后未受偿的职工债权则劣后于担保物权受偿。

7.《中华人民共和国税收征收管理法》(2001 年 4 月 28 日修订,2015 年 4 月 24 日修正)

第四十五条第一款　**【税款与债权的顺序】**税务机关征收税款,税收优先于无担保债权,法律另有规定的除外;纳税人欠缴的税款发生在纳税人以其财产设定抵押、质押或者纳税人的财产被留置之前的,税收应当先于抵押权、质权、留置权执行。

第四十六条　**【纳税人向担保物权人的说明义务】**纳税人有欠税情形而以其财产设定抵押、质押的,应当向抵押权人、质权人说明其欠税情况。抵押权人、质权人可以请求税务机关提供有关的欠税情况。

【适用要点】前述两条是关于税收债权效力的规定。对此,要明确以下几点:一是税收债权优先于无担保的一般债权;二是税收债权原则上劣后于担保物权,但该法规定了例外情形,即纳税人欠缴的税款发生在纳税人设定担保物权之前的,税收债权优先于担保物权;三是前述的例外规则仅适用于纳税人尚未破产的情形,纳税人破产的,依据《企业破产法规定(二)》第 3 条之规定,税收债权仍劣后于担保物权受偿。

(二)相关行政法规

1.《不动产登记暂行条例》(2019 年 3 月 24 日修订)

第五条　**【需要办理不动产登记的权利范围】**下列不动产权利,依照本条例的规定办理登记:

(一)集体土地所有权;

(二)房屋等建筑物、构筑物所有权;

(三)森林、林木所有权;

(四)耕地、林地、草地等土地承包经营权;

（五）建设用地使用权；

（六）宅基地使用权；

（七）海域使用权；

（八）地役权；

（九）抵押权；

（十）法律规定需要登记的其他不动产权利。

【适用要点】该条规定了需要办理不动产登记的权利范围，其中就包括了抵押权。

第十四条 **【申请不动产登记的程序】**因买卖、设定抵押权等申请不动产登记的，应当由当事人双方共同申请。

属于下列情形之一的，可以由当事人单方申请：

（一）尚未登记的不动产首次申请登记的；

（二）继承、接受遗赠取得不动产权利的；

（三）人民法院、仲裁委员会生效的法律文书或者人民政府生效的决定等设立、变更、转让、消灭不动产权利的；

（四）权利人姓名、名称或者自然状况发生变化，申请变更登记的；

（五）不动产灭失或者权利人放弃不动产权利，申请注销登记的；

（六）申请更正登记或者异议登记的；

（七）法律、行政法规规定可以由当事人单方申请的其他情形。

【适用要点】该条是有关办理不动产登记的申请程序的规定。依据该条规定，原则上应当由当事人双方共同申请，例外情况下才可以由当事人单方申请。不动产登记机构违反该条规定办理不动产登记的，当事人可以通过提起行政诉讼的方式，请求登记机构依法进行更正。

第十九条 **【实地查看规则】**属于下列情形之一的，不动产登记机构可以对申请登记的不动产进行实地查看：

（一）房屋等建筑物、构筑物所有权首次登记；

（二）在建建筑物抵押权登记；

（三）因不动产灭失导致的注销登记；

（四）不动产登记机构认为需要实地查看的其他情形。

对可能存在权属争议，或者可能涉及他人利害关系的登记申请，不动产登记机构可以向申请人、利害关系人或者有关单位进行调查。

不动产登记机构进行实地查看或者调查时，申请人、被调查人应当予以配合。

【适用要点】该条是有关需要不动产登记机构进行实地查看或者调查的规定，涉及担保物权的内容是在建建筑物抵押应当进行实地查看，以确定抵押财产的范围。因为在建建筑物办理抵押权登记后，新增部分不属于在建建筑物抵押的范围，故有必要进行实地查看。

2.《国务院关于实施动产和权利担保统一登记的决定》（国发〔2020〕18号，2020 年 12 月 22 日公布）

各省、自治区、直辖市人民政府，国务院各部委、各直属机构：

为贯彻落实党中央、国务院决策部署，进一步提高动产和权利担保融资效率，优化营商环境，促进金融更好服务实体经济，现作出如下决定：

一、自 2021 年 1 月 1 日起，在全国范围内实施动产和权利担保统一登记。

二、纳入动产和权利担保统一登记范围的担保类型包括：

（一）生产设备、原材料、半成品、产品抵押；

（二）应收账款质押；

（三）存款单、仓单、提单质押；

（四）融资租赁；

（五）保理；

（六）所有权保留；

（七）其他可以登记的动产和权利担保，但机动车抵押、船舶抵押、航空器抵押、债券质押、基金份额质押、股权质押、知识产权中的财产权质押除外。

三、纳入统一登记范围的动产和权利担保，由当事人通过中国人民银行征信中心（以下简称征信中心）动产融资统一登记公示系统自主办理登记，并对登记内容的真实性、完整性和合法性负责。登记机构不对登记内容进行实质审查。

四、中国人民银行要加强对征信中心的督促指导。征信中心具体承担服务性登记工作，不得开展事前审批性登记。征信中心要做好系统建设和维护工作，保障系统安全、稳定运行，建立高效运转的服务体系，不断提高服务效率和质量。

五、国家市场监督管理总局不再承担"管理动产抵押物登记"职责。中国人民银行负责制定生产设备、原材料、半成品、产品抵押和应收账款质押统一登记制度，推进登记服务便利化。中国人民银行、国家市场监督管理总局应当明确生产设备、原材料、半成品、产品抵押登记的过渡安排,妥善做好存量信息的查询、变更、注销服务和数据移交工作,确保有关工作的连续性、稳定性、有效性。

各地区、各相关部门要相互协作、密切配合,认真落实本决定部署的各项工作,努力优化营商环境。

【适用要点】该决定的颁布施行意味着统一的动产和权利登记制度得以构建,该决定对担保制度来说具有里程碑性的意义,无论如何理解该决定的意义都不为过。准确理解该决定,要注意把握以下几点:一是除机动车抵押、船舶抵押、航空器抵押、债券质押、基金份额质押、股权质押、知识产权中的财产权质押外,其他所有的动产和权利担保都要在统一的登记机构进行登记;二是该登记机构为中国人民银行征信中心;三是明确市场监管部门不再承担"管理动产抵押物登记"职责,但要与中国人民银行之间就生产设备、原材料、半成品、产品的抵押登记做好过渡时期的安排。

3.《中华人民共和国道路交通安全法实施条例》(2017 年 10 月 7 日修订)

第四条 **【机动车登记的类型】**机动车的登记,分为注册登记、变更登记、转移登记、抵押登记和注销登记。

第八条 **【机动车抵押登记】**机动车所有人将机动车作为抵押物抵押的,机动车所有人应当向登记该机动车的公安机关交通管理部门申请抵押登记。

【适用要点】该条是有关机动车抵押登记的规定,准确理解该条,要注意以下内容:一是机动车权利变动的登记机构是公安机关,而非中国人民银行征信中心,因为机动车登记不仅仅是物权变动的公示方法,同时具有较强的行政管理功能,故由相关主管部门即公安部门进行登记;二是机动车登记采登记对抗主义,登记是抵押权的对抗要件,而非设立要件。

【司法解释及规范性司法文件】

(一)司法解释

涉及本条的司法解释很多,主要包括以下几种情形:一是《民法典担保制度解释》有关担保物权的相关规定。二是相关司法解释在对民间借贷、商品房买卖、商品房租赁、建设工程施工合同等合同法律问题进行规制过程中,涉及担保物权规定的。三是《民事诉讼法》《企业破产法》等相关程序法司法解释就实现担保物权等作出规定的。总的规则是,但凡涉及抵押权、质权等具体规定的,将放在其他具体条文中阐释,此处主要介绍不宜放在其他条文中阐释或者涉及担保物权的一般规定的条文。

1.《最高人民法院关于适用〈中华人民共和国民法典〉有关担保制度的解释》(法释〔2020〕28 号,2020 年 12 月 25 日通过)

第二十条　【第三人提供的物保可以参照适用保证人的权利保护规则】人民法院在审理第三人提供的物的担保纠纷案件时,可以适用民法典第六百九十五条第一款、第六百九十六条第一款、第六百九十七条第二款、第六百九十九条、第七百条、第七百零一条、第七百零二条等关于保证合同的规定。

【适用要点】《民法典》依据物权与债权的区分,将担保物权规定在保证之前。但从担保法自身的逻辑看,一般是将保证作为更为基础的担保制度,因而《民法典》有关保证的规定较之于担保物权的规定内容更为详细,故对于保证合同有规定而担保物权没有规定的内容,可以参照适用保证的有关规定。但此种参照适用需要注意以下几点:一是能够参照适用的只能是第三人提供的物保,而不包括债务人自身提供的物保;二是能够参照适用的只能是对保证人的保护规则,而非对其不利的规则;三是并非所有的规则都能参照适用,如有关先诉抗辩权、保证期间等保证独有的制度,就不能参照适用;四是该条作了列举,现在看来,第三人提供的物保能否参照适用《民法典》第696 条第 1 款值得商榷。依据《民法典》第 696 条第 1 款之规定,债权人转让全部或部分债权,未通知保证人的,该转让对保证人不生效力。但在第三人提供物保场合,依据《民法典》第 407 条之规定,债权转让的,抵押权当然一并转让,不存在需要通知抵押人的问题。之所以无须通知抵押人,是因为抵押权以登记作为公示方法,无须像保证那样以通知作为对抗保证人的方式。

第三十八条　【担保财产的不可分性】主债权未受全部清偿,担保物权人主张就担保财产的全部行使担保物权的,人民法院应予支持,但是留置权人行使留置权的,应当依照民法典第四百五十条的规定处理。

担保财产被分割或者部分转让,担保物权人主张就分割或者转让后的担保财产行使担保物权的,人民法院应予支持,但是法律或者司法解释另有规定的除外。

【适用要点】该条是有关担保财产不可分性的规定,是担保物权不可分性的重要内容。准确理解该条，要注意把握以下几点：一是所谓担保财产的不可分性，是指当担保财产被分割时，担保物权的效力仍然及于分割后的各部分，担保物权人仍可就分割后的抵押财产行使抵押权。如因继承、合伙解散、企业分立等原因导致抵押财产被分割时，抵押权及于分割后的抵押财产。再如，在抵押财产部分灭失或者部分转让的情况下，抵押权及于剩余的抵押财产。二是要注意留置权的特殊性。留置权也有不可分性，但为限制留置权的效力，《民法典》第450条规定："留置财产为可分物的，留置财产的价值应当相当于债务的金额。"由此可见，留置权人占有的财产为可分物的，债权人留置占有的留置财产的价值应当相当于债务的金额。

第三十九条第一款　【主债权的不可分性】主债权被分割或者部分转让，各债权人主张就其享有的债权份额行使担保物权的，人民法院应予支持，但是法律另有规定或者当事人另有约定的除外。

【适用要点】该条第1款是有关主债权不可分性的规定，也是担保物权不可分性的重要内容。主债权的不可分性，是指当主债权被分割时，担保财产仍及于分割后的各债权人，各债权人可以就其享有的份额行使担保物权。主债权的不可分性主要包括两种情形：一是主债权被分割或者部分转让。此时，担保财产仍然为被分割或者部分转让后的全部债权提供担保。只是与被分割前相比，各债权人针对同一个担保物权形成了准共有，从而应当参照有关按份共有的规定，就各自享有的份额行使担保物权。二是主债权部分受偿。此时，已经受偿的债权尽管已经消灭，但担保财产的范围并不作相应缩减，而是仍以全部的担保财产担保剩余的债权。相比之下，后一种情形更能真正体现担保物权不可分性对债权人保护的力度。

第四十五条　【担保物权的实现程序】当事人约定当债务人不履行到期债务或者发生当事人约定的实现担保物权的情形，担保物权人有权将担保财产自行拍卖、变卖并就所得的价款优先受偿的，该约定有效。因担保人的原因导致担保物权人无法自行对担保财产进行拍卖、变卖，担保物权人请求担保人承担因此增加的费用的，人民法院应予支持。

当事人依照民事诉讼法有关"实现担保物权案件"的规定，申请拍卖、变卖担保财产，被申请人以担保合同约定仲裁条款为由主张驳回申请的，人民法院经审查后，应当按照以下情形分别处理：

（一）当事人对担保物权无实质性争议且实现担保物权条件已经成就的，应当裁定准许拍卖、变卖担保财产；

（二）当事人对实现担保物权有部分实质性争议的，可以就无争议的部分裁定准许拍卖、变卖担保财产，并告知可以就有争议的部分申请仲裁；

（三）当事人对实现担保物权有实质性争议的，裁定驳回申请，并告知可以向仲裁机构申请仲裁。

债权人以诉讼方式行使担保物权的，应当以债务人和担保人作为共同被告。

【适用要点】该条是有关担保物权实现程序的规定，包括两层含义：一是应当允许当事人在诉讼程序之外实现担保物权，但又要对其进行适当限制。世界银行营商环境评估中的"获得信贷"指标要求，应当允许当事人根据约定在司法程序之外自行拍卖、变卖担保财产或者将担保财产折价受偿。这在动产质权或者留置权时并无问题，因为标的物控制在担保物权人手里。但是在抵押权或者权利质权的情形下，担保物权人根据当事人的约定自行拍卖、变卖担保财产或者以担保财产折价受偿就需要担保人的配合。为了防止担保物权人以当事人之间就担保物权的实现方式有约定为由，采取暴力的方式以私力扣押担保财产，该条在明确当事人关于担保物权实现方式的约定有效的同时，规定在担保人不予配合导致担保物权人无法自行对标的物进行拍卖、变卖或者折价时，可以请求担保人承担因此发生的费用。二是规定了非诉程序与仲裁程序的衔接。《民事诉讼法》关于实现担保物权案件的非讼程序，旨在降低担保物权的实现成本，帮助当事人尽快实现担保物权，其功能不在于解决当事人之间的纠纷，因此，即使当事人在担保合同中约定了仲裁条款，也不影响担保物权人依据非讼程序请求实现担保物权，但如果担保人提出了实质性的抗辩，则应告知当事人就实质性的争议申请仲裁。

2.《最高人民法院关于适用〈中华人民共和国民法典〉物权编的解释（一）》（法释〔2020〕24 号，2020 年 12 月 25 日通过）

第一条　【涉及不动产的民事纠纷】因不动产物权的归属，以及作为不动产物权登记基础的买卖、赠与、抵押等产生争议，当事人提起民事诉讼的，应当依法受理。当事人已经在行政诉讼中申请一并解决上述民事争议，且人民法院一并审理的除外。

【适用要点】不动产物权原则上实行登记生效主义，而不动产登记在性质上又具有行政行为的性质，因而在发生纠纷时，究竟应当通过民事诉讼还是行政诉讼程序解决纠纷，在实践中往往容易产生争议。该条规定，涉及不动产的民事纠纷包括两方面内容：一是因不动产物权归属产生的纠纷，属于民事案件案由中的"物权纠纷";二是因不动产处分产生的相应合同纠纷,属于合同纠纷的范畴。涉及不动产的纠纷多数属于民事案件,但有两个例外:一是因违反不动产登记的有关规定产生的纠纷,往往属于行政诉讼中的履职诉讼;二是已经在行政诉讼中申请一并解决上述民事争议的,不必再通过民事诉讼程序解决。

第七条　【基于司法行为的物权变动】人民法院、仲裁机构在分割共有不动产或者动产等案件中作出并依法生效的改变原有物权关系的判决书、裁决书、调解书,以及人民法院在执行程序中作出的拍卖成交裁定书、变卖成交裁定书、以物抵债裁定书,应当认定为民法典第二百二十九条所称导致物权设立、变更、转让或者消灭的人民法院、仲裁机构的法律文书。

【适用要点】不动产物权变动采登记生效主义,指的是基于买卖、抵押等法律行为尤其是交易行为的物权变动,该条规定的是基于司法行为或准司法行为的物权变动,包括基于人民法院作出的生效裁判(判决书、调解书、裁定)以及仲裁机构作出的仲裁裁定。在抵押财产的实现,往往会诉诸司法拍卖,人民法院往往会出具拍卖成交裁定书、变卖成交裁定书、以物抵债裁定书予以确认。依据该条规定,于此场合,抵押财产的所有权自此类文书送达买受人时起即发生转移,而非办理权属变更登记之时。

3.《最高人民法院关于审理商品房买卖合同纠纷案件适用法律若干问题的解释》(法释〔2003〕7号;法释〔2020〕17号,2020年12月23日修正)

第十九条　【因未订立商品房担保贷款合同而解除买卖合同】商品房买卖合同约定,买受人以担保贷款方式付款、因当事人一方原因未能订立商品房担保贷款合同并导致商品房买卖合同不能继续履行的,对方当事人可以请求解除合同和赔偿损失。因不可归责于当事人双方的事由未能订立商品房担保贷款合同并导致商品房买卖合同不能继续履行的,当事人可以请求解除合同,出卖人应当将收受的购房款本金及其利息或者定金返还买受人。

【适用要点】准确理解该条,要把握以下几点:一是商品房买卖合同中约定,买受人以担保贷款方式付款,即买受人通过向银行借款的方式来履行买卖合同项下的付款义务,而借款合同项下的担保品则是买卖合同项下的房屋,在商品房预售场合,往往是通过设定抵押权预告登记提供担保。二是要区别未能订立商品房担保贷款合同的原因来确定解除权的主体:不可归责于双方的,双方均有解除权;可归责于某一方当事人的,仅对方当事人享有解除权。三是未能订立商品房担保贷款合同的效果是,使买卖合同得以被解除,实际上使买卖合同与借款合同因为经济上的一致性被有机地"捆绑"在一起，在一定程度上突破了合同相对性规则。

第二十条　【因商品房买卖合同无效或解除导致担保贷款合同解除】因商品房买卖合同被确认无效或者被撤销、解除，致使商品房担保贷款合同的目的无法实现，当事人请求解除商品房担保贷款合同的，应予支持。

【适用要点】与前一条是有关因未能签订担保贷款合同导致商品房买卖合同解除的规定相反，该条是因商品房买卖合同被确认无效或者被撤销、解除时如何解除担保贷款合同的规定，主要包括以下内容：一是须是商品房买卖合同被确认无效或者被撤销、解除，包括合同无效（因撤销而无效）以及解除两种情形；二是前述情形导致商品房担保贷款合同的目的无法实现；三是后果是双方均有权解除担保贷款合同。应予注意的是，买卖合同无效或被撤销并不导致担保贷款合同无效或被撤销，其后果也是使担保贷款合同的当事人享有解除权。至于解除权如何行使，应当依据《民法典》有关合同解除的规定来确定。

第二十一条　【相关程序问题以及担保贷款合同解除的法律后果】以担保贷款为付款方式的商品房买卖合同的当事人一方请求确认商品房买卖合同无效或者撤销、解除合同的，如果担保权人作为有独立请求权第三人提出诉讼请求，应当与商品房担保贷款合同纠纷合并审理；未提出诉讼请求的，仅处理商品房买卖合同纠纷。担保权人就商品房担保贷款合同纠纷另行起诉的，可以与商品房买卖合同纠纷合并审理。

商品房买卖合同被确认无效或者被撤销、解除后，商品房担保贷款合同也被解除的，出卖人应当将收受的购房贷款和购房款的本金及利息分别返还担保权人和买受人。

【适用要点】该条包括以下几层含义：一是商品房买卖合同的当事人请求确认商品房买卖合同无效或者撤销、解除合同时，担保权人仍既可以有独立请求权的第三人参加诉讼，也可另行起诉；但不论是一并参加诉讼还是另行起诉，如果都在同一法院审理的，人民法院都可以将商品房买卖合同纠纷与担保贷款纠纷合并审理。二是在商品房买卖合同被确认无效或者被撤销、解除，同时商品房担保贷款合同也被解除时，基于恢复原状规则，出卖人应当向买受人返还由其自负的购房款、向担保权人返还已经收受的购房贷款，担保权人则应向借款人（即买受人）返还已经收受的购房贷款利息。

第二十二条　【未办理不动产抵押登记场合担保权人如何救济】买受人

未按照商品房担保贷款合同的约定偿还贷款,亦未与担保权人办理不动产抵押登记手续,担保权人起诉买受人,请求处分商品房买卖合同项下买受人合同权利的,应当通知出卖人参加诉讼;担保权人同时起诉出卖人时,如果出卖人为商品房担保贷款合同提供保证的,应当列为共同被告。

【适用要点】担保权人保护自己合法权益的主要方式是对商品房买卖合同项下的标的物即商品房享有担保物权,但在借款人未办理不动产抵押登记手续时,债权人不享有担保权利,故只能寻求以下救济:一是作为买受人的债权人,代位行使买卖合同项下买受人的权利,如请求出卖人向其履行。二是鉴于债权系对人权,要求出卖人向自己履行势必涉及出卖人的利益,故应当通知出卖人参加诉讼。三是就出卖人的诉讼地位来说,在仅通知其参加诉讼场合,其属于无独立请求权的第三人。但在担保贷款合同中,出卖人往往会向债权人承担阶段性保证责任,此时如果担保权人将其作为共同被告起诉的,可以列出卖人为共同被告。

第二十三条 【已办理不动产抵押登记场合担保权人如何救济】买受人未按照商品房担保贷款合同的约定偿还贷款,但是已经取得不动产权属证书并与担保权人办理了不动产抵押登记手续,抵押权人请求买受人偿还贷款或者就抵押的房屋优先受偿的,不应当追加出卖人为当事人,但出卖人提供保证的除外。

【适用要点】已经办理不动产抵押登记,借款人未按约定偿还贷款的,担保权人请求实现担保物权即可,无须追加出卖人为当事人。当然,出卖人承担阶段性保证责任的,就担保权人来说,相当于设立了两个担保:一是债务人(借款人)自身提供的物保,二是出卖人提供的保证,构成混合担保。依据《民法典》第 392 条之规定,在当事人就实现担保物权没有明确约定的情况下,担保权人应当先实现债务人自身提供的物保,然后才能就剩余部分请求出卖人承担补充责任。就出卖人来说,则享有类似于先诉抗辩权的权利。

4.《最高人民法院关于审理民间借贷案件适用法律若干问题的规定》(法释〔2015〕18 号;法释〔2020〕17 号,2020 年 12 月 23 日修正)

第二十三条 【订立买卖合同作为履行债务的担保】当事人以订立买卖合同作为民间借贷合同的担保,借款到期后借款人不能还款,出借人请求履行买卖合同的,人民法院应当按照民间借贷法律关系审理。当事人根据法庭审理情况变更诉讼请求的,人民法院应当准许。

按照民间借贷法律关系审理作出的判决生效后,借款人不履行生效判决确定的金钱债务,出借人可以申请拍卖买卖合同标的物,以偿还债务。就拍卖所得的价款与应偿还借款本息之间的差额,借款人或者出借人有权主张返还或者补偿。

【适用要点】该条是有关订立买卖合同作为履行债务担保的规定,也称为债权担保,还有学者将其称为后让与担保,以区别于让与担保。准确理解该条,要注意以下内容:一是因其仅是以债权提供担保,不像担保物权那样具有优先受偿的担保功能,因而并非真正意义上的担保。二是在法律关系上,买卖合同相对借款合同而言毕竟属于从合同,因而当事人必须要基于借款合同主张权利。当事人基于买卖合同请求出卖人履行义务的,经释明后拒绝变更诉讼请求的,可以驳回其诉讼请求。三是在借款合同纠纷作出生效判决后,出借人可以申请拍卖买卖合同标的物受偿,但其对该款项不享有优先受偿权。

5.《最高人民法院关于适用〈中华人民共和国民事诉讼法〉的解释》(法释〔2015〕5 号;法释〔2022〕11 号,2022 年 3 月 22 日修正)

第三百五十九条　【实现担保物权的申请人范围】民事诉讼法第二百零三条规定的担保物权人,包括抵押权人、质权人、留置权人;其他有权请求实现担保物权的人,包括抵押人、出质人、财产被留置的债务人或者所有权人等。

第三百六十一条　【实现担保物权案件不排除专门管辖】实现担保物权案件属于海事法院等专门人民法院管辖的,由专门人民法院管辖。

第三百六十二条　【多个法院具有管辖权】同一债权的担保物有多个且所在地不同,申请人分别向有管辖权的人民法院申请实现担保物权的,人民法院应当依法受理。

【适用要点】依据《民事诉讼法》第 203 条之规定,作为非诉程序的实现担保物权案件,由担保财产所在地或担保物权登记地的基层人民法院管辖。当同一债权上有多个担保物权时,如果同一法院均有管辖权的,自然可向同一法院申请。如果由数个法院管辖,当事人分别向数个法院申请的,数个法院均应予以受理,但此时如何避免担保物权人双重受偿,值得进一步研究。

第三百六十三条　【混合共同担保场合如何实现担保物权】依照民法典第三百九十二条的规定,被担保的债权既有物的担保又有人的担保,当事人对实现担保物权的顺序有约定,实现担保物权的申请违反该约定的,人民法院裁定不予受理;没有约定或者约定不明的,人民法院应当受理。

【适用要点】依照《民法典》第 392 条的规定，同一债权上既有债务人自己提供的物保又有第三人提供的保证的，当事人对实现担保物权的顺序有约定的，当事人违反该约定申请实现担保物权的，应当裁定不予受理；没有约定或约定不明的，此时应当先执行债务人自己的物保，当事人申请实现担保物权符合法律规定。

第三百六十四条　【不同顺位担保物权如何实现】同一财产上设立多个担保物权，登记在先的担保物权尚未实现的，不影响后顺位的担保物权人向人民法院申请实现担保物权。

【适用要点】担保物权是价值物权，担保物权人的主要权利是请求就担保财产变价后的价款受偿，故顺位在先的担保物权人既不能排除后顺位担保物权人申请实现担保物权，也不能排除后顺位担保物权人的执行，但其可在担保财产变价后主张就其价款优先受偿。

第三百六十五条　【申请实现担保物权需要提交的材料】申请实现担保物权，应当提交下列材料：

（一）申请书。申请书应当记明申请人、被申请人的姓名或者名称、联系方式等基本信息，具体的请求和事实、理由；

（二）证明担保物权存在的材料，包括主合同、担保合同、抵押登记证明或者他项权利证书，权利质权的权利凭证或者质权出质登记证明等；

（三）证明实现担保物权条件成就的材料；

（四）担保财产现状的说明；

（五）人民法院认为需要提交的其他材料。

第三百六十七条　【审判组织】实现担保物权案件可以由审判员一人独任审查。担保财产标的额超过基层人民法院管辖范围的，应当组成合议庭进行审查。

【适用要点】实现担保物权案件以独任审判为原则，以合议庭审查为例外。随着级别管辖的日渐下沉，担保财产标的额超过基层人民法院管辖范围的情形将变得越来越少。

第三百六十八条　【审查方式】人民法院审查实现担保物权案件，可以询问申请人、被申请人、利害关系人，必要时可以依职权调查相关事实。

第三百六十九条　【审查内容】人民法院应当就主合同的效力、期限、履行情况，担保物权是否有效设立、担保财产的范围、被担保的债权范围、被担保的债权是否已届清偿期等担保物权实现的条件，以及是否损害他人合法权益等内容进行审查。

被申请人或者利害关系人提出异议的,人民法院应当一并审查。

第三百七十条　【处理结果】人民法院审查后,按下列情形分别处理:

(一)当事人对实现担保物权无实质性争议且实现担保物权条件成就的,裁定准许拍卖、变卖担保财产;

(二)当事人对实现担保物权有部分实质性争议的,可以就无争议部分裁定准许拍卖、变卖担保财产;

(三)当事人对实现担保物权有实质性争议的,裁定驳回申请,并告知申请人向人民法院提起诉讼。

【适用要点】总的处理原则是:无争议的,裁定准许拍卖、变卖;有实质性争议的,裁定驳回申请,告知走诉讼程序;有部分实质性争议的,可以就无争议部分裁定准许拍卖、变卖,有争议部分则驳回申请,告知走诉讼程序。鉴于该条仅规定了非诉程序与诉讼程序的衔接,并非规定非诉程序与仲裁程序的衔接,故《民法典担保制度解释》第45条对此作出了补充规定。

第三百七十一条　【非诉程序中的财产保全】人民法院受理申请后,申请人对担保财产提出保全申请的,可以按照民事诉讼法关于诉讼保全的规定办理。

【适用要点】财产保全主要适用于诉讼程序,但这并不意味着其不能适用于非诉程序,该条就是有关实现担保物权程序中允许当事人申请财产保全的规定。

第三百七十二条　【特别程序的救济程序】适用特别程序作出的判决、裁定,当事人、利害关系人认为有错误的,可以向作出该判决、裁定的人民法院提出异议。人民法院经审查,异议成立或者部分成立的,作出新的判决、裁定撤销或者改变原判决、裁定;异议不成立的,裁定驳回。

对人民法院作出的确认调解协议、准许实现担保物权的裁定,当事人有异议的,应当自收到裁定之日起十五日内提出;利害关系人有异议的,自知道或者应当知道其民事权益受到侵害之日起六个月内提出。

【适用要点】特别程序不适用二审终审制,当事人认为相关特别程序有错误的,可以向作出相关裁判的法院提出异议。至于提出异议的期限,应当明确以下几点:一是除对人民法院作出的确认调解协议、准许实现担保物权的裁定提出异议外,对其他特别程序的异议并无期限限制。二是对人民法院作出的确认调解协议、准许实现担保物权的裁定提出的异议,要进一步区分提出异议的是当事人还是利害关系人而异其处理:当事人的异议期是自收到裁定之日起15日内,利害关系人则是自知道或者应当知道其民事权益受到侵害之日起6个月内。

第四百六十条 【实现担保物权裁定的执行】发生法律效力的实现担保物权裁定、确认调解协议裁定、支付令,由作出裁定、支付令的人民法院或者与其同级的被执行财产所在地的人民法院执行。

认定财产无主的判决,由作出判决的人民法院将无主财产收归国家或者集体所有。

【适用要点】人民法院认为当事人申请实现担保物权符合法律规定的,应当裁定准许拍卖、变卖担保财产,该裁定与通过诉讼或仲裁程序取得的生效裁判在功能上基本相同。根据审执分离原则,当事人取得准许拍卖、变卖担保财产裁定后,还应当由执行部门执行,执行的方式主要是拍卖、变卖。该条是有关执行管辖法院的规定。其中,实现担保物权案件的执行法院是作出裁定的人民法院或者与其同级的被执行财产所在地的人民法院。

第五百零六条 【参与分配】被执行人为公民或者其他组织,在执行程序开始后,被执行人的其他已经取得执行依据的债权人发现被执行人的财产不能清偿所有债权的,可以向人民法院申请参与分配。

对人民法院查封、扣押、冻结的财产有优先权、担保物权的债权人,可以直接申请参与分配,主张优先受偿权。

【适用要点】该条是关于参与分配程序的一般性条款的规定。适用本条时应注意以下几点:一是普通债权人申请参与分配,应该以取得执行依据为前提。二是有优先权、担保物权的债权人申请参加参与分配程序,不以取得执行依据为限。优先受偿权资格或者是来源于查封前的担保物权,或者是基于法律的特殊规定,应予以优先保护。三是由于享有优先权、担保物权的债权未经过生效法律文书的确认,在参与分配程序中,如果其他债权人对于债权的真伪、数额等提出异议的,应保障其获得救济的权利,可以通过分配方案异议、分配方案异议之诉程序予以救济。

6.《最高人民法院关于人民法院办理执行异议和复议案件若干问题的规定》(法释〔2015〕10号;法释〔2020〕21号,2020年12月23日修正)

第二十七条 【担保物权的排除执行问题】申请执行人对执行标的依法享有对抗案外人的担保物权等优先受偿权,人民法院对案外人提出的排除执行异议不予支持,但法律、司法解释另有规定的除外。

【适用要点】该条是有关担保物权人能否排除案外人执行的规定,适用于担保物权人申请执行担保人的财产,认为对担保财产享有权利的案外人主张排除执行的情形。准确理解该条,要注意把握以下几点:一是如果案外人仅是担保人的金钱债权人,则基于物权优先于债权的规则,当然不能排除担保物权人的执行。即便案外人认为对担保财产享有优先于申请执行的担保物权人的权利,如建设工程价款优先权或先顺位担保物权,其价值物权的属性决定了也不能排除担保物权人的执行,但相关权利人可在担保财产变价后主张就其价款优先于申请执行人受偿。二是只有当案外人对担保财产享有非金钱之债,即主张担保人应当向其交付担保财产,进而使其享有所有权时,才存在能否排除执行的问题。此时,依据该条规定,原则上不能排除执行,除非法律、司法解释另有规定。三是该条但书条款中的“司法解释另有规定”,包括该司法解释第 29 条规定的消费者购房人应无异议。实践中争议较大的是是否包括该司法解释第 28 条规定的无过错买受人。基于《九民纪要》第126 条之规定,以及作为物权的担保物权优先于一般债权这一基本原理,无过错买受人都不能对抗担保物权人的执行。

第二十八条　【商品房无过错买受人能够排除金钱债权的执行】金钱债权执行中,买受人对登记在被执行人名下的不动产提出异议,符合下列情形且其权利能够排除执行的,人民法院应予支持:

(一)在人民法院查封之前已签订合法有效的书面买卖合同;

(二)在人民法院查封之前已合法占有该不动产;

(三)已支付全部价款,或者已按照合同约定支付部分价款且将剩余价款按照人民法院的要求交付执行;

(四)非因买受人自身原因未办理过户登记。

【适用要点】该条是有关商品房无过错买受人可以对抗金钱债权执行的规定,实践中经常出现买受人依据该条规定主张排除抵押权人执行的情形。对此,司法实践一度存在争议,但目前的主流观点认为,不能依据该条规定排除抵押权人的执行。

第二十九条　【消费者购房人能够排除金钱债权的执行】金钱债权执行中,买受人对登记在被执行的房地产开发企业名下的商品房提出异议,符合下列情形且其权利能够排除执行的,人民法院应予支持:

(一)在人民法院查封之前已签订合法有效的书面买卖合同;

(二)所购商品房系用于居住且买受人名下无其他用于居住的房屋;

（三）已支付的价款超过合同约定总价款的百分之五十。

【适用要点】该条是有关消费者购房人排除金钱债权执行的规定。在《民法典》施行后，对消费者购房人能否排除抵押权人的执行尽管在学理上存在争议，但从目前的司法实践看，一致认为其可以排除抵押权人的执行。

7.《最高人民法院关于人民法院民事执行中拍卖、变卖财产的规定》（法释〔2004〕16号；法释〔2020〕21号，2020年12月23日修正）

第二十八条 【拍卖财产上相关权利的处理】拍卖财产上原有的担保物权及其他优先受偿权，因拍卖而消灭，拍卖所得价款，应当优先清偿担保物权人及其他优先受偿权人的债权，但当事人另有约定的除外。

拍卖财产上原有的租赁权及其他用益物权，不因拍卖而消灭，但该权利继续存在于拍卖财产上，对在先的担保物权或者其他优先受偿权的实现有影响的，人民法院应当依法将其除去后进行拍卖。

【适用要点】该条是在财产拍卖时如何处理针对拍卖财产设定的相关权利的规定。准确理解该条，要注意以下内容：一是拍卖财产上的担保物权及其他优先受偿权如建设工程价款优先权等，因拍卖而消灭。就拍卖所得价款，则依据相关的权利优先性规则受偿，如建设工程价款优先权优于抵押权；同一财产上有数个担保物权的，则依据《民法典》第414条、第415条规定的顺序受偿。二是拍卖财产上原有的租赁权及其他用益物权，在拍卖前应否除去，应视对在先设立的担保物权或者其他优先受偿权的实现有无影响来确定：有影响的，应当先除去后拍卖；没有影响的，主要适用于租赁权及其他用益物权设立在先担保物权设立在后的情形，此时租赁权及其他用益物权不因拍卖而消灭，该权利继续存在于拍卖财产上。租赁权与抵押权之间的关系，详见本书对《民法典》第405条的分析。

8.《最高人民法院关于人民法院民事执行中查封、扣押、冻结财产的规定》（法释〔2004〕15号；法释〔2020〕21号，2020年12月23日修正）

第十一条 【查封已设定担保物权的动产】查封、扣押、冻结担保物权人占有的担保财产，一般应当指定该担保物权人作为保管人；该财产由人民法院保管的，质权、留置权不因转移占有而消灭。

【适用要点】该条是有关查封已经设定担保物权的动产时，由谁保管该财产的规定。《查扣冻规定》第6条规定："查封、扣押动产的，人民法院可以直接控制该项财产。人民法院将查封、扣押的动产交付其他人控制的，应当在该动产上加贴封条或者采取其他足以公示查封、扣押的适当方式。"据此，查封、扣押动产的,人民法院既可以直接控制,也可以交由他人控制,但应当通过加贴封条等方式对查封、扣押进行公示。在查封已经设定担保物权的动产场合也是如此,但于此场合,通常情况下应当指定担保物权人作为保管人。依据前述规定,此时同样应当通过加贴封条等方式对查封、扣押进行公示。另外,如果人民法院认为由自己保管更加合适的,此时质权、留置权则不因转移占有而消灭。

第二十四条 【查封的效力】被执行人就已经查封、扣押、冻结的财产所作的移转、设定权利负担或者其他有碍执行的行为,不得对抗申请执行人。

第三人未经人民法院准许占有查封、扣押、冻结的财产或者实施其他有碍执行的行为的,人民法院可以依据申请执行人的申请或者依职权解除其占有或者排除其妨害。

人民法院的查封、扣押、冻结没有公示的,其效力不得对抗善意第三人。

【适用要点】该条是有关查封效力的规定,就查封与担保物权的关系来说,应当把握以下几点:一是先设定担保物权后进行查封的,基于物权优先于债权的规则,在担保财产拍卖后,应当由担保物权人先行受偿,查封债权人劣后于担保物权人受偿,但优于普通债权人受偿。二是查封、扣押、冻结具有限制处分的效力,其中就包括了限制设定担保物权的效力,具体则要视担保财产是动产还是不动产而有所区别。在动产被查封、扣押场合,鉴于查封、扣押的公示方法主要是加贴封条,则所有权人尽管不能再以该动产设定质权、留置权等需要转移占有的担保物权,但完全可能以被查封的财产设定动产抵押。此时,依据该条之规定,后设立的动产抵押权均不得对抗查封债权,不论其是否已经办理过动产抵押登记。在不动产被查封且已经办理查封登记场合,即便当事人签订了以该财产为标的物的担保合同,基于《民法典》第399条第5项"依法被查封的财产"不得抵押的规定,不动产登记机构不会办理抵押权设立登记,导致不能设立抵押权,自然谈不上对抗查封债权的问题,从而确保了查封、扣押、冻结行为的法律效力。三是值得探讨的是,担保物权人有无必要再申请查封、扣押担保财产?从法理的角度看,鉴于担保物权具有优先于查封债权的效力,似并无再查封、扣押担保财产之必要。但从实践情况看,在同一财产上既有查封也有担保物权,而首封法院与优先债权执行法院系不同法院的情况下,一般由首封法院执行。在首封法院怠于启动执行程序时,担保物权就难以得到实现。有鉴于此,担保物权人申请查封、扣押担保财产有其必要性。为充分保护担保物权人的合法权益,应当允许其申请查封、扣押、冻结担保财产。

9.《最高人民法院关于首先查封法院与优先债权执行法院处分查封财产有关问题的批复》（法释〔2016〕6号,2015年12月16日通过）

福建省高级人民法院:

你院《关于解决法院首封处分权与债权人行使优先受偿债权冲突问题的请示》（闽高法〔2015〕261号）收悉。经研究,批复如下:

一、执行过程中,应当由首先查封、扣押、冻结（以下简称查封）法院负责处分查封财产。但已进入其他法院执行程序的债权对查封财产有顺位在先的担保物权、优先权（该债权以下简称优先债权）,自首先查封之日起已超过60日,且首先查封法院就该查封财产尚未发布拍卖公告或者进入变卖程序的,优先债权执行法院可以要求将该查封财产移送执行。

二、优先债权执行法院要求首先查封法院将查封财产移送执行的,应当出具商请移送执行函,并附确认优先债权的生效法律文书及案件情况说明。

首先查封法院应当在收到优先债权执行法院商请移送执行函之日起15日内出具移送执行函,将查封财产移送优先债权执行法院执行,并告知当事人。

移送执行函应当载明将查封财产移送执行及首先查封债权的相关情况等内容。

三、财产移送执行后,优先债权执行法院在处分或继续查封该财产时,可以持首先查封法院移送执行函办理相关手续。

优先债权执行法院对移送的财产变价后,应当按照法律规定的清偿顺序分配,并将相关情况告知首先查封法院。

首先查封债权尚未经生效法律文书确认的,应当按照首先查封债权的清偿顺位,预留相应份额。

四、首先查封法院与优先债权执行法院就移送查封财产发生争议的,可以逐级报请双方共同的上级法院指定该财产的执行法院。

共同的上级法院根据首先查封债权所处的诉讼阶段、查封财产的种类及所在地、各债权数额与查封财产价值之间的关系等案件具体情况,认为由首先查封法院执行更为妥当的,也可以决定由首先查封法院继续执行,但应当督促其在指定期限内处分查封财产。

【适用要点】该批复是有关首封法院与优先债权执行法院并非同一法院时,应由哪一法院处置财产的规定。某一财产设定担保物权后又被查封的情形屡见不鲜,当查封法院与优先债权法院不一致时,一般依据 1998 年《执行工作规定》第 91 条有关"对参与被执行人财产的具体分配,应当由首先查封、扣押或冻结的法院主持进行"的规定处理。实践中,有的首封法院基于方方面面因素的考虑怠于执行,导致享有担保物权等的优先债权得不到实现,此种矛盾一度较为突出。为解决这一矛盾,最高人民法院出台了该批复,主要精神包括:一是重申由首封法院负责处分查封财产原则;二是规定了例外情形,即已进入其他法院执行程序的债权对查封财产有顺位在先的担保物权、优先权等优先债权的,自首先查封之日起已超过 60 日,且首封法院就该查封财产尚未发布拍卖公告或者进入变卖程序的,优先债权执行法院可以要求将该查封财产移送执行;三是对首封法院与优先债权执行法院之间如何衔接进行了规定。

10.《最高人民法院关于适用〈中华人民共和国企业破产法〉若干问题的规定(二)》(法释〔2013〕22 号;法释〔2020〕18 号,2020 年 12 月 23 日修正)

第三条　【担保物权的优先性】债务人已依法设定担保物权的特定财产,人民法院应当认定为债务人财产。

对债务人的特定财产在担保物权消灭或者实现担保物权后的剩余部分,在破产程序中可用以清偿破产费用、共益债务和其他破产债权。

【适用要点】该条是有关破产程序中担保物权的优先性效力的规定,包括以下几个层次内容:一是明确债务人依法设定担保物权的财产属于债务人财产,担保物权享有的是别除权,有别于财产所有人享有的取回权;二是明确担保物权优先于破产费用、共益债务和其他破产债权受偿。

第十四条　【个别清偿之撤销】债务人对以自有财产设定担保物权的债权进行的个别清偿,管理人依据企业破产法第三十二条的规定请求撤销的,人民法院不予支持。但是,债务清偿时担保财产的价值低于债权额的除外。

【适用要点】该条规定的是债务人以自有财产清偿有担保的债权,本质上仍属个别清偿的范畴,对应的是《企业破产法》第 32 条。《企业破产法》第 31 条是有关破产撤销权的规定,其中就包括了对没有财产担保的债务提供财产担保的情形,与该条规定极易混淆,对此应当特别注意。

第二十五条　【管理人取回担保财产】管理人拟通过清偿债务或者提供担保取回质物、留置物,或者与质权人、留置权人协议以质物、留置物折价清偿债务等方式,进行对债权人利益有重大影响的财产处分行为的,应当及时报告债权人委员会。未设立债权人委员会的,管理人应当及时报告人民法院。

【适用要点】《企业破产法》第37条规定了管理人有权通过清偿债务或替代担保的方式取回质物、留置物。为避免管理人的取回行为损害其他债权人利益,有必要对管理人的行为进行适当监督和制约,为此该条规定,应当及时报告债权人委员会;未设立债权人委员会的,应当及时报告人民法院。

11.《最高人民法院关于适用〈中华人民共和国企业破产法〉若干问题的规定(三)》(法释〔2019〕3号;法释〔2020〕18号,2020年12月23日修正)

第二条 【破产申请受理后设定的担保物权】破产申请受理后,经债权人会议决议通过,或者第一次债权人会议召开前经人民法院许可,管理人或者自行管理的债务人可以为债务人继续营业而借款。提供借款的债权人主张参照企业破产法第四十二条第四项的规定优先于普通破产债权清偿的,人民法院应予支持,但其主张优先于此前已就债务人特定财产享有担保的债权清偿的,人民法院不予支持。

管理人或者自行管理的债务人可以为前述借款设定抵押担保,抵押物在破产申请受理前已为其他债权人设定抵押的,债权人主张按照民法典第四百一十四条规定的顺序清偿,人民法院应予支持。

【适用要点】该条是有关受理破产申请后,管理人或自行管理的债务人为继续营业而提供借款并设定担保物权时,如何处理该担保物权的优先顺位的规定。准确理解该条,要注意把握以下几点:一是管理人或自行管理的债务人为继续营业而借款,该债务系共益债务,依据《企业破产法》第42条第4项之规定,优先于普通破产债权受偿;但基于共益债务劣后于担保物权受偿的规则,其劣后于已经设立的担保物权受偿。二是为前述借款提供担保的,如果该担保财产在破产申请受理前已为其他债权人设定抵押的,依据《民法典》第414条规定的顺序清偿,即:均已办理登记的,按照登记先后确定清偿顺序;已登记的优先于未登记的;均未登记的,按照债权比例清偿。

(二)规范性司法文件

1.《全国法院民商事审判工作会议纪要》(法〔2019〕254号,2019年11月8日公布)

112.【重整中担保物权的恢复行使】重整程序中,要依法平衡保护担保物权人的合法权益和企业重整价值。重整申请受理后,管理人或者自行管理的债务人应当及时确定设定有担保物权的债务人财产是否为重整所必需。

如果认为担保物不是重整所必需,管理人或者自行管理的债务人应当及时对担保物进行拍卖或者变卖,拍卖或者变卖担保物所得价款在支付拍卖、变卖费用后优先清偿担保物权人的债权。

在担保物权暂停行使期间,担保物权人根据《企业破产法》第 75 条的规定向人民法院请求恢复行使担保物权的,人民法院应当自收到恢复行使担保物权申请之日起三十日内作出裁定。经审查,担保物权人的申请不符合第 75 条的规定,或者虽然符合该条规定但管理人或者自行管理的债务人有证据证明担保物是重整所必需,并且提供与减少价值相应担保或者补偿的,人民法院应当裁定不予批准恢复行使担保物权。担保物权人不服该裁定的,可以自收到裁定书之日起十日内,向作出裁定的人民法院申请复议。人民法院裁定批准行使担保物权的,管理人或者自行管理的债务人应当自收到裁定书之日起十五日内启动对担保物的拍卖或者变卖,拍卖或者变卖担保物所得价款在支付拍卖、变卖费用后优先清偿担保物权人的债权。

【适用要点】该条是关于重整中担保物权的恢复行使的规定,是对《企业破产法》第 75 条的具体化。准确理解该条,要把握如下几个方面:一是坚持重整期间担保权暂停行使为原则,恢复行使为例外。二是合理判断有担保权的债务人财产是否为重整所必需。重整申请受理后,管理人或者自行管理的债务人应当及时确定设定有担保权的债务人财产是否为重整所必需,从而充分保护不影响重整程序的担保权人及时实现债权的利益。三是明确了担保权人申请恢复行使权利的程序和救济途径。为完善重整期间冻结担保权的特殊制度安排,充分保护担保权人的合法权益,该条规定了人民法院对担保权人申请的审查期限以及担保权人不服人民法院相关裁定的复议权。同时,基于担保物的处置权归管理人或者自行管理的债务人,该条规定人民法院批准担保权人恢复行使权利的,管理人或者自行管理的债务人应当在规定期限内启动担保物的处置程序,保障担保权人及时行使变现权。

126.【商品房消费者的权利与抵押权的关系】根据《最高人民法院关于建设工程价款优先受偿权问题的批复》第 1 条、第 2 条的规定,交付全部或者大部分款项的商品房消费者的权利优先于抵押权人的抵押权,故抵押权人申请执行登记在房地产开发企业名下但已销售给消费者的商品房,消费者提出执行异议的,人民法院依法予以支持。但应当特别注意的是,此情况是针对实践中存在的商品房预售不规范现象为保护消费者生存权而作出的例外规定,必须严格把握条件,避免扩大范围,以免动摇抵押权具有优先性的基本原则。因此，这里的商品房消费者应当仅限于符合本纪要第125条规定的商品房消费者。买受人不是本纪要第125条规定的商品房消费者，而是一般的房屋买卖合同的买受人，不适用上述处理规则。

【适用要点】该条明确了商品房消费者的权利与抵押权的关系，包括两个层次内容：一是消费者购房人的权利优于抵押权人，可以排除抵押权人的执行；二是无过错买受人享有的仅是物权期待权，其权利劣后于抵押权人，故无过错买受人不能依据《执行异议和复议规定》第28条之规定排除抵押权人的执行。

2.《全国法院破产审判工作会议纪要》（法〔2018〕53号，2018年3月4日公布）

25. 担保权人权利的行使与限制。 在破产清算和破产和解程序中，对债务人特定财产享有担保权的债权人可以随时向管理人主张就该特定财产变价处置行使优先受偿权，管理人应及时变价处置，不得以须经债权人会议决议等为由拒绝。但因单独处置担保财产会降低其他破产财产的价值而应整体处置的除外。

【适用要点】该条是有关担保物权人在破产程序中如何行使权利的规定。结合相关规定，就担保物权人在破产程序中如何行使权利问题，要把握以下几点：一是担保物权人也需要向管理人申报债权。二是在破产清算和破产和解程序中，担保物权人可以随时向管理人主张行使别除权，但因单独处置担保财产会降低其他破产财产的价值而应整体处置的除外。三是在破产重整程序中，则以暂停行使为原则、以恢复行使为例外。

【部门规章、规范性文件与相关政策】

随着《民法典》的颁布和施行，我国已经构建起来了两套登记制度：一是统一的不动产登记制度，主管部门是自然资源部，主要规范依据是《不动产登记暂行条例》与《不动产登记暂行条例实施细则》。尤其是自然资源部出台的《不动产登记暂行条例实施细则》对不动产抵押等作出了详细规定，对于了解不动产抵押具有重要意义。二是统一的权利和动产登记制度，主管部门是中国人民银行征信中心，主要规范依据是《国务院关于实施动产和权利担保统一登记的决定》《动产和权利担保统一登记办法》。随着统一的权利和动产登记制度的建立并完善，原来由国家市场监督管理总局负责的生产设备、原材料、半成品、产品等动产抵押登记职责逐渐剥离给中国人民银行征信中心,相应的规章制度如《应收账款质押登记办法》《动产抵押登记办法》等也已废止,退出了历史舞台。但鉴于前述规范主要规范的对象是不动产抵押、动产和权利担保,相关内容往往涉及抵押权、动产抵押以及权利质押等更为具体的条文,本书将在相关条文中进行分析,此处不再赘述。

(一)相关政策

《中国人民银行、国家市场监督管理总局关于生产设备、原材料、半成品、产品等四类动产抵押登记的有关过渡安排的公告》(中国人民银行、国家市场监督管理总局公告〔2020〕第23号,2020年12月30日公布)

为进一步提高动产和权利担保融资效率,优化营商环境,根据《优化营商环境条例》《国务院关于实施动产和权利担保统一登记的决定》(国发〔2020〕18号)要求,自2021年1月1日起,在全国范围内实施动产和权利担保统一登记。现就生产设备、原材料、半成品、产品等四类动产抵押(以下简称四类动产抵押)登记的有关过渡安排公告如下:

一、总体安排

(一)登记机构。自2021年1月1日起,中国人民银行征信中心(以下简称征信中心)承担四类动产抵押的登记工作。

(二)过渡期。为保证当事人涉及四类动产抵押的登记和查询业务顺利开展,过渡期暂定2年,自2021年1月1日起至2022年12月31日止。过渡期内四类动产抵押登记和查询事宜适用本公告的相关规定。

(三)登记系统。征信中心动产融资统一登记公示系统(以下简称统一登记系统)为社会公众提供动产抵押登记和查询服务。统一登记系统的网址为https://www.zhongdengwang.org.cn。

(四)登记规则。当事人应当按照《应收账款质押登记办法》(中国人民银行令〔2019〕第4号发布)、《中国人民银行征信中心动产融资统一登记公示系统操作规则》的规定自主办理涉及四类动产抵押的登记和查询,并对登记内容的真实性、完整性、合法性负责。过渡期内如遇制度调整的,按照新规定办理。

二、登记

(一)新增登记办理。自2021年1月1日起,当事人在统一登记系统自主办理四类动产抵押的新增登记及其变更、注销登记,市场监督管理部门不再提供四类动产抵押登记服务。

(二)历史登记的变更、注销与公示。2021年1月1日前已在市场监督管理部门办理的四类动产抵押登记(以下简称历史登记),当事人如需变更、注销的,应当在统一登记系统办理补录登记后,自主办理变更、注销登记。

过渡期满后仍需要公示的历史登记信息,当事人应当于过渡期内尽早在统一登记系统办理补录登记。

(三)补录规则。当事人办理补录登记的,抵押人、抵押权人、抵押财产等信息应当与市场监督管理部门出具的原《动产抵押登记书》内容保持一致,并在统一登记系统上传原《动产抵押登记书》,如有抵押物清单、《动产抵押登记变更书》《动产抵押登记注销书》等材料,应当一并上传。

当事人按照本公告登记规则自主办理补录登记,并对补录登记内容的真实性、完整性、合法性、与原登记的一致性负责。补录登记不影响原登记的登记时间和登记效力,补录登记内容与原登记内容不一致的,以原登记内容为准。

三、查询

(一)新增登记查询。当事人查询2021年1月1日后的新增四类动产抵押登记,以及历史登记的变更、注销信息,应当在统一登记系统查询,统一登记系统是唯一查询渠道。

(二)历史登记查询。当事人查询历史登记信息的,按照本公告历史登记数据处理方案相关安排在市场监督管理部门或统一登记系统查询。

(三)过渡期满后查询。过渡期满后,对于已补录的历史登记,当事人可以在统一登记系统查询;对于未补录的历史登记,市场监督管理部门和统一登记系统原则上不再提供查询服务,当事人可以向征信中心申请相关电子化登记信息的离线查询。统一登记系统可以视市场需要适当延长历史登记信息的在线查询期限。

四、历史登记数据处理方案

(一)全国市场监管动产抵押登记业务系统动产抵押登记数据。对于在国家市场监督管理总局全国市场监管动产抵押登记业务系统办理的历史登记信息,2020年12月20日前发生且经市场监督管理部门审核通过的,统一登记系统自2021年1月1日起提供在线查询服务;2020年12月21日至2020年12月31日发生且经市场监督管理部门审核通过的,统一登记系统自2021年1月11日起提供在线查询服务。

（二）其他动产抵押登记数据。未在全国市场监管动产抵押登记业务系统办理的历史登记信息，过渡期内仍由抵押人住所地县级市场监督管理部门提供查询服务。市场监督管理部门同步开展历史纸质动产抵押登记信息电子化工作，电子化数据全部移交统一登记系统后，当事人可以在统一登记系统在线查询。具体开放查询时间将在统一登记系统另行通知。

【适用要点】该通知就过渡阶段涉及的生产设备、原材料、半成品、产品等四类动产抵押登记有关事项作出了安排，主要包括以下内容：一是自2021年1月1日起即《民法典》施行之日起，该四类动产抵押登记职责将由中国人民银行征信中心负责，此后新增的动产抵押的登记及查询均在中国人民银行征信中心的统一登记系统进行。二是从2021年1月1日起至2022年12月31日止的2年过渡期内，要完成历史登记的变更、注销及补录等工作。

【典型案例】

（一）公报案例

1. 深圳市奕之帆贸易有限公司、侯庆宾与深圳兆邦基集团有限公司、深圳市康诺富信息咨询有限公司、深圳市鲤鱼门投资发展有限公司、第三人广东立兆电子科技有限公司合同纠纷案【最高人民法院(2018)最高法民终751号】①

【裁判要旨】(1)让与担保的设立应在债务履行期届满之前，但就让与担保的实现问题，参照《物权法》第170条②的规定需要满足债务人不履行到期债务或者发生当事人约定的实现权利的情形等条件。双方当事人在设立让与担保的合同中约定，如担保物的价值不足以覆盖相关债务，即使债务履行期尚未届满，债权人亦有权主张行使让与担保权利。该约定不违反法律行政法规的强制性规定，应当认定合法有效。

(2)为防止出现债权人取得标的物价值与债权额之间差额等类似于流质、流押之情形，让与担保权利的实现应对当事人课以清算义务。双方当事人就让与担保标的物价值达成的合意，可以认定为确定标的物价值的有效方式。在让与担保标的物价值已经确定，但双方预见债权数额有可能发生变化

---

① 具体可见《最高人民法院公报》2020年第2期。
② 《民法典》第386条。

的情况下,当事人仍应在最终据实结算的债务数额基础上履行相应的清算义务。

【编者评析】该公报案例的指导意义在于,让与担保的实现可以参照担保物权实现的有关规定,包括:一是实现的条件为债务人不履行到期债务或者发生当事人约定的实现权利的情形;二是为避免出现流质、流押等对担保人不公平的情形,让与担保权利应通过课以当事人清算义务的方式来实现。

2. 大连银行股份有限公司沈阳分行与抚顺市艳丰建材有限公司、郑克旭案外人执行异议之诉案【最高人民法院(2015)民提字第 175 号】①

【裁判要旨】《民事诉讼法解释》第 312 条②规定,对于案外人提起的执行异议之诉,人民法院经审理,案外人就执行标的享有足以排除强制执行的民事权益的,判决不得执行该执行标的。本案中,承兑汇票出票人向银行承兑汇票保证金专用账户交存保证金作为承兑汇票业务的担保,该行为性质属于设立金钱质押。当出票人未支付到期票款,银行履行垫款义务后,银行基于质权享有就该保证金优先受偿的权利。质权属于担保物权,足以排除另案债权的强制执行。

【编者评析】该公报案例确立了保证金质权人有权排除金钱之债执行的规则。准确理解该规则,要注意以下几点:一是担保物权作为价值物权,在一般情况下不能排除金钱债权的执行,担保物权人仅得主张就担保财产拍卖或变卖后所得价款优先受偿。二是保证金质押作为金钱担保,不存在拍卖或变卖等变价问题,仅存在清偿顺位问题。如果允许一般的金钱债权人执行保证金,将使具有优先受偿效力的保证金质押落空,因而有必要赋予保证金排除金钱债权执行的效力。可以说,这是担保物权不能排除金钱债权执行的例外。

3. 黑龙江闽成投资集团有限公司与西林钢铁集团有限公司、第三人刘志平民间借贷纠纷案【最高人民法院(2019)最高法民终 133 号】③

【裁判要旨】民间借贷合同是否已成立、生效并全面实际履行,应从签约到履约两方面来判断,出借人应举示借款合同、银行交易记录、对账记录等证据证明,且相关证据应能相互印证。

_____

① 具体可见《最高人民法院公报》2016 年第 10 期。
② 2022 年修正的《民事诉讼法解释》第 310 条。
③ 具体可见《最高人民法院公报》2020 年第 1 期。

当事人以签订股权转让协议方式为民间借贷债权进行担保,此种非典型担保方式为让与担保。在不违反法律、行政法规效力性强制性规定的情况下,相关股权转让协议有效。签订股权让与担保协议并依约完成股权登记变更后,因借款人未能按期还款,当事人又约定对目标公司的股权及资产进行评估、抵销相应数额债权、确认此前的股权变更有效,并实际转移目标公司控制权的,应认定此时当事人就真实转让股权达成合意并已实际履行。以此为起算点 1 年以后借款人才进入重整程序,借款人主张依破产法相关规定撤销该以股抵债行为的,不应支持。

对于股权让与担保是否具有物权效力,应以是否已按照物权公示原则进行公示作为核心判断标准。在股权质押中,质权人可就已办理出质登记的股权优先受偿。在已将作为担保财产的股权变更登记到担保权人名下的股权让与担保中,担保权人形式上已经是作为担保标的物的股份的持有者,其就作为担保的股权所享有的优先受偿权利,更应受到保护,原则上享有对抗第三人的物权效力。当借款人进入重整程序时,确认股权让与担保权人享有优先受偿的权利,不构成《企业破产法》第 16 条规定所指的个别清偿行为。

以股权设定让与担保并办理变更登记后,让与担保权人又同意以该股权为第三人对债务人的债权设定质押并办理质押登记的,第三人对该股权应优先于让与担保权人受偿。

(二)参考案例

兰州市城关区民丰小额贷款有限责任公司与林连法、北海市佳德信海产品有限公司民间借贷纠纷案【最高人民法院(2018)最高法民终 329 号】

【裁判要旨】《担保合同》中关于"用其公司名下所有资产为本项目贷款提供抵押担保"的约定与法律上公司以其全部财产对外承担责任之规定并无不同,系公司对外承担责任的概括性描述,未特定化具体的抵押物。公司名下所有资产十分笼统,既包括不动产也包括动产,双方未就具体不动产办理抵押登记,也没有就设定浮动抵押的动产作出明确约定,因此不动产抵押权和动产浮动抵押权都未能有效设定。民丰小贷公司关于其对佳德信公司名下的动产享有优先受偿权的主张,系基于抵押权有效设立为基础,在抵押权未能有效设立情况下,其关于优先受偿权的主张不成立。

【编者评析】该案的指导意义在于,担保物权须以特定物作为担保财产,以"全部财产"等不特定财产设定抵押的所谓担保物权,本质上属于保证。

第三百八十七条 【担保债权的性质与反担保】 债权人在借贷、买卖等民事活动中,为保障实现其债权,需要担保的,可以依照本法和其他法律的规定设立担保物权。

第三人为债务人向债权人提供担保的,可以要求债务人提供反担保。反担保适用本法和其他法律的规定。

【条文精解】

(一)条文要点

本条与《物权法》第171条之规定完全一致,包括两方面内容:一是担保物权所担保的债权限于因民事活动产生的债权;二是规定了反担保,其内容与保证合同中的第681条、第689条基本一致,只是表述上有所差别罢了。在《担保法》统一规定人保与物保等担保制度的体系下,只需笼统地规定担保债权的范围、反担保等共同规定即可,并无就相关内容在保证与担保物权分别作出规定之必要。但《民法典》并未沿袭此种模式,而是分别在物权编中规定担保物权、在合同编中规定保证,这就出现了相同的内容要分别在保证合同和担保物权中分别作出规定的问题。但本应相同的内容,因文字表述等原因作了不同规定,可能会造成不必要的误解,这就有必要对相关表述作体系解释,避免出现错误解读。

1. 关于所担保债权的性质

关于被担保债权的性质,《担保法》第2条将其限于在借贷、买卖、货物运输、加工承揽等"经济活动"中产生的债权,《物权法》第171条将其概括为在借贷、买卖等"民事活动"中产生的债权,尽管文字表述上有所不同,但二者并无本质区别,即实际上都主要将其限于合同债权。值得研究的是,除合同债权之外的其他债权,如因单方允诺产生的意定之债以及因侵权行为、不当得利、无因管理等法律事实产生的法定之债,能否作为担保债权? 仅从本条的文义看,尚难以得出其他债权能否作为被担保债权的结论。换言之,即便认为其他债权不能作为被担保债权,也在本条的文义范围之内。但从体系解释的角度看,《民法典》第681条明确规定保证的目的就是保障债权的实现,该条并未将债权限于合同之债,而是还包括其他债权。事实上,法定之债的性质决定了其不可能在债权产生时甚至产生前就设立担保,只能是在债权产生后在债的履行环节设立担保。从这一意义上说,应当认为被担保的债权包括所有《民法典》规定的债权。具体的论述详见本书对第 681 条的阐释,此处不再赘述。

应予强调的是,《民法典》规定的担保,保障的是因民事活动产生的债权,故当事人在司法程序中向法院提供的担保、在行政程序中向行政机关提供的担保,不能适用《民法典》有关担保的规定。当然,这并不排斥此类担保部分参照适用《民法典》有关担保的相关规定。以纳税担保为例,《税收征收管理法》第 38 条规定:"税务机关有根据认为从事生产、经营的纳税人有逃避纳税义务行为的,可以在规定的纳税期之前,责令限期缴纳应纳税款;在限期内发现纳税人有明显的转移、隐匿其应纳税的商品、货物以及其他财产或者应纳税的收入的迹象的,税务机关可以责成纳税人提供纳税担保……"我国现行税收法律上所称的纳税担保,既包括纳税保证,又包括纳税抵押、纳税质押。我国理论界在纳税担保性质上认识不大统一,相关法律规范的意旨不大明确,直接影响了纳税担保制度在实践中的贯彻落实。虽然《纳税担保试行办法》第 20 条规定纳税抵押自抵押物登记之日起生效,但实践中有些登记机关认为,它们所管辖者系属民事担保,所依据的是调整平等主体之间因物的归属和利用而产生的民事法律关系的《物权法》,而纳税担保双方主体地位不平等,属于公法上的担保,是行政担保,所依据的是调整税务机关和纳税人、纳税担保人之间的行政法律关系的《税收征收管理法》,超出了其职责范围,据此,对纳税人等相关当事人提出的登记申请不予登记,直接阻滞了《税收征收管理法》上相关规定的贯彻落实。由此可见,纳税抵押、纳税质押仍有参照适用《民法典》关于登记、优先顺位等规则的必要。

2. 关于依法设立担保物权

本条第 1 款后段规定,要"依照本法和其他法律的规定设立担保物权",这一表述至少包括以下两层含义:

一是担保物权的种类和内容只能由法律规定,此为物权法定原则的要求。《民法典》第 116 条规定:"物权的种类和内容,由法律规定。"该条确立了物权法定原则。该条以及本条所谓的"法律",主要是指《民法典》。《民法典》规定的担保物权,包括抵押权、质权、留置权。就抵押权而言,尽管《民法典》第 395 条将抵押财产的范围放得很宽,但依据第 399 条之规定,仍然不允许土地所有权、集体所有的土地使用权等作为抵押财产设定抵押,这是《民法典》对抵押权设定的限制。就质权而言,仅规定了动产质押和权利质押,并未规定不动产质押或典权。《民法典》之外的"其他法律",有的针对特定客体作出了规定,如《海商法》第11条规定了船舶抵押权、《城市房地产管理法》第47条规定了房地产抵押权。这些法律与《民法典》有关抵押权的规定之间属于旧的特别法与新的一般法的关系。习近平总书记在《充分认识颁布实施民法典重大意义,依法更好保障人民合法权益》一文中指出:"对同民法典规则和原则不一致的国家有关规定,要抓紧清理,该修改的修改,该废止的废止。"据此,如果旧的特别法与《民法典》不一致的,要以《民法典》规定为准。事实上,这些法律只不过从客体角度对相关担保物权如抵押权作出了细化规定罢了,与《民法典》规定精神基本一致。在法律适用时,为充分发挥《民法典》的找法以及体系化功能,除非民商事特别法确有特别规定,否则原则上要以《民法典》作为依据。应予注意的是,除了典型担保物权外,不论是《民法典》还是民商事特别法都有对优先权的规定,如《民法典》第807条规定的建设工程价款优先权,《海商法》第22条规定的船舶优先权,《民用航空法》第19条规定的航空器优先权,等等。这些优先权具有类似于担保物权的性质与功能,广义上也可以认为其属于担保物权的范畴。

应予注意的是,这里所谓的"法律",还包括我国已经加入的国际公约。如我国于2001年11月16日签署了《移动设备国际利益公约》和《移动设备国际利益公约关于航空器设备特定问题的议定书》,并于2008年10月28日由第十一届全国人民代表大会常务委员会通过了《关于批准〈移动设备国际利益公约〉和〈移动设备国际利益公约关于航空器设备特定问题的议定书〉的决定》,批准了上述公约和议定书。上述公约和议定书自2009年6月1日起对我国生效,其中就"移动设备国际利益"这一物权种类作了专门规定,除决定中声明保留的条款之外,在处理涉外民事关系时,具有优先于国内法适用的效力。

二是要依法设立担保物权,此为公示公信原则的要求。以不动产为对象的担保物权主要是抵押权,依据《民法典》第214条之规定,采取登记生效主义,只有在依法办理抵押权登记后方能导致抵押权变动。动产质押,依据《民法典》第429条之规定,质权自出质人交付质押财产时设立。实践中,在流动质押中,在质押财产由第三人保管时,判断流动质押是否已经设立并非易事。动产抵押,依据《民法典》第403条之规定,采登记对抗主义,登记仅是对抗要件而非生效要件。权利质押,依据《民法典》第 441 条之规定,要区别某一权利有无权利凭证来具体认定其究竟是以登记还是交付作为公示方法:有权利凭证的,以交付作为公示方法;反之,则以登记作为公示方法。以登记作为公示方法的权利质押,尽管与动产抵押适用同一个登记簿,在登记簿效力问题上具有同一性,即登记簿均无公信力,但二者在物权变动模式上仍有区别:动产抵押登记采登记对抗主义,而权利质押登记则实行登记生效主义。此种联系与区别,不可不察。

　　公示原则是物权法的基本原则,故作为公示机关的登记机构也应该由法律来规定,以确保公示的普遍性、权威性。但在《民法典》施行前,既存在由某些部门规章规定登记机构的情形,如原中国银监会于 2017 年发布《信托登记管理办法》,要求中国信托登记有限责任公司对信托机构的信托产品及其受益权信息进行统一登记;也存在由地方性法规或地方政府规章来规定登记机构的情形,如根据《〈深圳经济特区出租小汽车管理条例〉实施细则》第 25 条、第 26 条之规定,出租车经营权转让或者质押的登记机构均为车管所。再如,根据《温州市排污权抵押贷款管理暂行办法》第 26 条之规定,排污权抵押在温州市排污权储备中心进行登记。此外,实践中还出现了以商铺租赁权、银行理财产品、保单等财产设定的所谓新类型担保。能否以出租车经营权、排污权、信托计划份额、银行理财产品、保单、商铺租赁权为客体设定担保物权,取决于两点。第一点要看是否满足公示要求。在《民法典》尝试构建两套统一的登记体系的情况下,必须要坚持公示机构法定原则,不允许规章或地方法规增设新的登记机构。但是《动产和权利担保统一登记办法》第 2 条将统一的动产和权利登记的范围扩及"其他可以登记的动产和权利担保",纯粹从文义上看,前述权利完全可以被该系统所登记。这就需要考察第二点,即是否符合"法律、行政法规规定可以出质的其他财产权利"这一要求。与《民法典》对以不动产、动产为标的的担保物权持开放态度不同,对权利质押,《民法典》第 440 条在明确列举了六类权利后,在其兜底条款中规定,只有"法律、行政法规规定可以出质的其他财产权利"才能设定权利质押。也就是说,前述权利要想成为权利质押的客体,必须还要满足被法律、行政法规认可这一要件。显然,前述所谓的权利并未被法律、行政法规所认可。但《民法典》第 10 条规定:"处理民事纠纷,应当依照法律;法律没有规定的,可以适用习惯,但是不得违背公序良俗。"据此,在登记并无障碍而交易实践又有需求的情况下,可以通过将"法律"扩及"习惯法"的方式予以认可。当然，为避免各地擅自设立各种物权从而影响交易安全和便捷，不应允许地方各级法院擅自创设新类型物权，可以考虑由最高人民法院通过司法解释、指导性案例、会议纪要等方式将各地具有普遍性的习惯上升为习惯法，从而赋予其具有物权效力。在未赋予前述新类型担保以物权效力之前，其尽管不具有物权效力，但并不意味着在当事人之间不具有任何约束力。依据《九民纪要》第66条有关"虽然合同约定的权利义务关系不属于物权法规定的典型担保类型，但是其担保功能应予肯定"的规定，在担保合同有效的情况下，当事人请求按照担保合同的约定就该财产折价、变卖或者拍卖等方式所得价款清偿债务的，人民法院依法应予支持。

3. 关于反担保

关于反担保，本条与《民法典》第689条之规定尽管在表述上有所不同，但本书认为，二者除了在反担保方式上存在不同外，就其所担保的是追偿权而非担保合同、反担保不因担保合同无效而无效、反担保人不限于债务人还包括第三人等问题上，并无本质区别。鉴于本书已在对第689条的释义中对前述问题作了详细阐述，此处不再赘述。

关于担保物权的反担保，需要特别强调的是，与一般担保物权包括抵押权、质权与留置权不同，反担保尽管包括抵押权、质权，但一般认为不包括留置权。主要原因在于，反担保所担保的是追偿权，即第三人提供保证或担保物权情况下，在其承担担保责任后其对债务人享有的追偿权。换言之，反担保是债务人或其指定的人向第三人提供的担保。而在留置权中，原则上是债权人对债务人的财产享有留置权，一般不涉及第三人提供担保的问题。依据《民法典担保制度解释》第62条之规定，例外情况下债权人也可以留置第三人的财产，该例外情况主要包括两种情形：一是留置的第三人的动产与债权系同一法律关系；二是尽管并非同一法律关系，但系债权人在持续经营过程中产生的债权，即债权与留置财产之间具有牵连关系。应当看到，债权人可以在例外情况下留置第三人的财产，也仅是赋予债权人以留置权，并未规定该第三人对债务人享有追偿权。即便该第三人可以依据与债务人之间的合同关系请求债务人承担违约责任，该责任性质上也有别于追偿权。既然留置权不存在追偿权的问题，自然也无反担保的存身之所。这是留置权不能设立反担保的根本原因，至于其系法定物权等均系表象，不足为凭。

此外，担保物权的反担保本身也属于担保物权的范畴，故其同样需要依法设立，包括种类和内容都符合法律规定、需要根据法定的公示方法进行公示等,此点在前文已经进行了详述,此处也不再予以赘述。

(二)适用情况

本条分两款,其中第1款是有关担保物权所担保的债权性质及范围的规定,主要意义在于明确当事人在司法程序中向法院提供的担保、在行政程序中向行政机关提供的担保不能适用《民法典》有关担保的规定。但从司法实践的情况看,涉及的案件相对较少。

从司法实践的角度看,该条主要涉及第2款有关担保物权的反担保问题,主要适用于以下情形:一是在某些案件中涉及反担保、再担保、共同担保甚至债务加入等相关制度的区分问题。对此,本书在四川省高级人民法院(2017)川民终1156号中有较为详细的区分,提出要根据所担保的主债权是什么、当事人是谁等情形来具体认定。二是明确担保物权的反担保适用反保证,进而适用保证的有关规定。三是就管辖问题,在担保人因承担保证责任后向债务人追偿以及要求反担保人承担反担保责任的合并审理案件中,依法明确债务人及反担保人的住所地法院均具有管辖权。

【相关法律、行政法规】

(一)相关法律

《中华人民共和国民法典》(2020年5月28日通过)

第六百八十九条　【反保证】保证人可以要求债务人提供反担保。

【适用要点】该条是有关反保证的规定,与本条共同构成《民法典》的反担保制度。对该条的理解,详见本书对该条的阐释。

(二)相关行政法规

《融资担保公司监督管理条例》(2017年6月21日通过)

第二十条　【反担保的登记】被担保人或者第三人以抵押、质押方式向融资担保公司提供反担保,依法需要办理登记的,有关登记机关应当依法予以办理。

【适用要点】该条是有关反担保登记的规定,主要适用于抵押、质押等反担保方式。该条明确规定除债务人以外的第三人可以提供反担保,至于作为反担保的抵押权、质权如何设立,则适用抵押权、质权的一般规定。

【司法解释及规范性司法文件】

（一）司法解释

《最高人民法院关于适用〈中华人民共和国民法典〉有关担保制度的解释》(法释〔2020〕28 号,2020 年 12 月 25 日通过)

第十九条　【反担保人的责任】担保合同无效,承担了赔偿责任的担保人按照反担保合同的约定,在其承担赔偿责任的范围内请求反担保人承担担保责任的,人民法院应予支持。

反担保合同无效的,依照本解释第十七条的有关规定处理。当事人仅以担保合同无效为由主张反担保合同无效的,人民法院不予支持。

【适用要点】该条是有关反担保人责任的规定,也适用于提供物上反担保的情形,详见本书在《民法典》第 689 条对该条的分析。所不同的是,保证只能由第三人提供,而担保物权则也可以由债务人自己提供。但在反担保场合,债权人是可能要承担担保责任的第三人,而反担保人则既可以是债务人,也可以是债权人、债务人以外的第三人。就此而言,在反担保人问题上,物上反担保与反保证并无区别。

【典型案例】

（一）公报案例

安徽省外经建设(集团)有限公司与东方置业房地产有限公司及第三人哥斯达黎加银行、中国建设银行股份有限公司安徽省分行保函欺诈纠纷案【最高人民法院(2017)最高法民再 134 号】①

【裁判要旨】(1)判断是否构成独立保函欺诈涉及对基础交易的审查时,应坚持有限及必要原则,审查范围应限于受益人是否明知基础合同的相对人并不存在基础合同项下的违约事实或者存在其他导致独立保函付款的事

---

① 具体可见《最高人民法院公报》2018 年第 3 期。

实。否则,对基础合同的过度审查将会动摇独立保函"见索即付"的制度价值。

(2)受益人基础合同项下的违约情形,并不必然构成独立保函项下的欺诈索款,即受益人基础合同项下的违约情形并非构成保函欺诈的充分必要条件。

(3)判断独立反担保函下是否存在欺诈,不仅需要审查独立保函欺诈情形,亦需要考查担保行(独立保函开立行)向反担保函开立行主张权利时是否存在欺诈。只有担保行明知受益人系欺诈性索款且违反诚实信用原则付款,并向反担保行主张独立反担保函项下款项时,才能认定担保行构成独立反担保函项下的欺诈性索款。

【编者评析】该案共有三项裁判要旨,其中第三项涉及如何判断独立反担保函是否构成欺诈问题,该案例确立的裁判要旨认为:判断独立反担保函项下是否存在欺诈,不仅需要审查独立保函欺诈情形,亦需要考查担保行(独立保函开立行)向反担保函开立行主张权利时是否存在欺诈。应当看到,本条规定的反担保是从属性担保,有别于独立反担保,故该案确立的规则不适用于反担保。另外,欺诈例外是独立保函特有的制度,从属性担保包括反担保一般不存在欺诈例外问题,故该案例对从属性反担保不具有指导意义。

(二)参考案例

1. 罗宣涛与汇通金控股份有限公司、四川黄龙旅游股份有限公司等借款合同纠纷案【四川省高级人民法院(2017)川民终 1156 号】

【裁判要旨】反担保是为担保之债而设立的担保,指债务人或第三人向担保人作出保证或设定物的担保,在担保人因清偿债务人的债务而遭受损失时,向担保人作出清偿。可见反担保关系中的债权人是向主债权人提供了担保的担保人。所谓再担保,是对担保人所承担风险的担保。虽无法律明确规定,但根据司法实践中对再担保法律关系的认定,此类担保多适用于当担保人不能独立承担担保责任时,再担保人将按照担保合同比例向担保人提供比例再担保或者为担保机构提供一般连带责任担保,是再担保人对原担保人信用的增级或者信用损失的弥补,其基本运作模式是原担保人以缴付再担保费为代价将部分担保风险责任转移给再担保人。而从案涉《反担保函》的内容分析,其表达的核心意思是在债务到期而汇通金控无法偿还债务时,龙和公司在 10 个工作日内自行向债权人代徐良庆履行保证担保义务。债权人向徐良庆主张担保权利时，龙和公司即向债权人代徐良庆履行保证担保义务。若徐良庆被迫已经全部或部分履行保证担保义务，龙和公司无条件向徐良庆履行反担保义务并支付资金占用利息，且龙和公司承担担保责任不以徐良庆履行担保责任为前提。据此，该《反担保函》既不符合反担保关系的性质，也不符合再担保法律关系的性质，其实质是债的加入。

债的加入系民事法律行为，以意思表示为基础形成特定人之间的权利义务关系。从案涉《反担保函》签订的背景情况看，该《反担保函》系龙和公司出具给徐良庆，目的是解决徐良庆离职后其因职务关系在案涉借款上作为担保人的责任承担问题。从案涉《反担保函》的内容来看，龙和公司表明在罗宣涛向徐良庆主张担保责任时，代替徐良庆履行义务，并声明龙和公司履行担保义务时不以徐良庆清偿债务作为前提。从案涉《反担保函》的形式上看，落款处加盖了龙和公司印章，亦通过龙和公司股东会的决议，而龙和公司作为理性投资者，应明知其在协议上加盖公章行为所产生的法律后果，因此无论协议的名称是什么，龙和公司都应当根据《反担保函》的实际内容履行责任。龙和公司的上述行为，足以使徐良庆和罗宣涛预见龙和公司将对案涉借款承担担保责任，即龙和公司作为担保人，加入案涉债权债务关系中，在罗宣涛向徐良庆主张担保责任时，作为担保人承担连带清偿责任。此外，因《反担保函》的实质内容为债的加入，虽无债权人罗宣涛以及其他债务人、担保人的意思表示，但亦未加重其他债务人、担保人的责任，此债的加入有效，据此，龙和公司向罗宣涛承担连带保证责任，并未突破合同的相对性原则，一审法院认定《反担保函》的法律关系性质为反担保关系有误，本院予以纠正。

【编者评析】该案分析了反担保与再担保、债务加入的联系与区别。其中反担保所担保的主债权是担保人对债务人享有的追偿权，反担保合同的债权人是担保人，债务人则是主合同关系中的债务人或其委托的第三人。而再担保的本质在于，担保人将其所应承担的担保责任风险进行分摊，再担保合同的当事人是担保人与再担保人，债权人并非再担保合同的当事人。基于合同相对性规则，担保人仍对债权人承担全部责任，但当其承担担保责任后，可基于再担保合同请求再担保人分担责任。如果非得要找一个主债权的话，再担保所担保的仍然是主债权而非担保人的追偿权，可见再担保有别于反担保。着眼于债权人的角度，反担保与再担保不影响担保的个数，即均只有一个担保，此点有别于共同担保。在共同担保情况下，债权人与两个以上的担保人签订担保合同,更有利于保障债权人的利益。债务加入更加近于共同担保,但鉴于债务加入人原则上并不享有保证人所可能享有的从属性抗辩、保证期间保护甚至先诉抗辩权等权利,对债权人的保障程度较之于共同担保更加有利,因而在认定时要相对慎重。

2. 天津环球磁卡股份有限公司与甘肃兰州陇神药业有限责任公司借款合同纠纷上诉案【最高人民法院(2007)民二终字第 14 号】

【裁判要旨】天津磁卡出具的《担保承诺书》表明,其愿意为陇神药业的6000 万元质押担保提供反担保,故即使陇神药业与拱星墩支行事后变更了用以质押的账户,也未加重天津磁卡的担保风险,也不能否定陇神药业承担了担保责任的事实。天津磁卡提供反担保的意思表示并不以该贷款用途已实际发生改变而改变,本案贷款用途的改变并未加重天津磁卡提供担保时所具有的担保风险,故不能以贷款用途的改变而免除其反担保责任。天津磁卡应承担反担保责任,其承担反担保责任后,享有对德昌公司的追偿权。

【编者评析】《民法典》第 695 条第 1 款规定,债权人和债务人未经保证人同意协商变更主合同,加重债务的,保证人对加重的部分不承担保证责任。依据《民法典担保制度解释》第 20 条规定,该条可以适用于第三人提供物保的情形,当然也适用于本案的为质押提供反担保的情形。

3. 北京北大青鸟有限责任公司与辽宁华锦化工(集团)有限责任公司借款担保追偿权纠纷上诉案【最高人民法院(2005)民二终字第 168 号】

【裁判要旨】借款合同的连带责任保证人在承担债务人的偿还责任后,将其向债务人行使追偿权和要求反担保人承担反担保责任的两个诉并案提起诉讼,不违反法律规定。根据《民事诉讼法》第 35 条①关于"两个以上人民法院都有管辖权的诉讼,原告可以向其中一个人民法院起诉"的规定,在多个法院对案件均有管辖权的情况下,原告有权向任何一个有管辖权的人民法院提起诉讼。作为追偿权纠纷和反担保合同纠纷两个不同诉讼合并审理的四个当事人,在确定案件的管辖问题上没有先后顺序之分,第一被告要求将该案移送至其住所地人民法院的上诉请求缺乏事实和法律依据。

【编者评析】该案的指导意义在于,在对担保人因承担保证责任后向债务人追偿的纠纷以及要求反担保人承担反担保责任的纠纷合并审理时,债务人及反担保人的住所地法院均具有管辖权。

---

① 2021 年修正的《民事诉讼法》第 36 条。

第三百八十八条 【担保从属性与非典型担保】设立担保物权,应当依照本法和其他法律的规定订立担保合同。担保合同包括抵押合同、质押合同和其他具有担保功能的合同。担保合同是主债权债务合同的从合同。主债权债务合同无效的,担保合同无效,但是法律另有规定的除外。

担保合同被确认无效后,债务人、担保人、债权人有过错的,应当根据其过错各自承担相应的民事责任。

【条文精解】

(一)条文要点

本条是有关担保物权从属性及非典型担保的规定,是在《物权法》第172条的基础上修改而成的。较之于《物权法》第172条,本条最大的变化是在第1款中增加规定了"担保合同包括抵押合同、质押合同和其他具有担保功能的合同",从而在《民法典》的形式主义体系中植入了功能主义担保的内容。可以说,这是《民法典》担保物权制度最大的变化之一,也给《民法典》的实施带来了巨大挑战。准确理解本条,既要着眼于担保的从属性,也要着眼于功能主义担保对司法实践可能的影响。鉴于本书在《民法典》第682条中对保证的从属性进行了详细介绍,故本条主要从担保物权与保证相区别的角度来介绍担保物权的从属性。

1. 区分原则与担保合同

《民法典》第215条规定:"当事人之间订立有关设立、变更、转让和消灭不动产物权的合同,除法律另有规定或者当事人另有约定外,自合同成立时生效;未办理物权登记的,不影响合同效力。"《民法典》第224条规定:"动产物权的设立和转让,自交付时发生效力,但是法律另有规定的除外。"这两条沿袭了《物权法》的相关原则,确立了区分原则。所谓区分原则,是指区分物权变动及其变动原因,物权变动由物权编调整,变动原因则主要由合同编调整(但不限于合同编,如作为抵押权设立原因的抵押合同就规定在担保物权分编),是《民法典》财产法区分物权和债权的基本要求。确立区分原则的主要意义在于,登记或交付等公示不影响作为物权变动原因的合同效力,故不能以未完成公示为由否定合同效力。《担保法》第 41 条关于"当事人以本法第四十二条规定的财产抵押的,应当办理抵押物登记,抵押合同自登记之日起生效",以及该法第 64 条第 2 款关于"质押合同自质物移交于质权人占有时生效"等规定,把登记或交付等公示方法作为抵押合同或质押合同的生效条件,混淆了物权变动及其变动原因,显然没有体现区分原则,不利于鼓励当事人诚信履约。另外,依据区分原则,合同签订后仅具有合同法的意义,要想发生物权变动效果,需要通过登记或交付等方式予以公示,以体现物权绝对权、对世权的特性。但在物权变动模式上,我国《民法典》并未采取单一的物权变动模式,而是视标的物是不动产或动产的不同而采不同的模式。其中,不动产物权变动原则上采登记生效主义(土地承包经营权变动采登记对抗主义,是为数不多的例外),未经登记原则上不能有效设立物权,区分原则贯彻得比较彻底。而在动产物权变动方面,尽管原则上也采公示生效主义,但动产抵押是个例外。在动产抵押中,抵押合同一经成立生效,抵押权就有效设立,公示仅是对抗第三人的要件。从这一意义上说,区分原则在不动产物权变动领域体现得比较明显,在动产物权变动方面则体现得不太明显,而在动产抵押领域则基本没有体现。

应予注意的是,前述的物权变动模式是相对基于合同的物权变动而言的。所谓基于法律行为的物权变动,主要是指该法律行为是导致物权变动的直接原因,如因买卖合同而导致所有权的取得或丧失,因抵押合同而设立抵押权。基于区分原则,在不动产买卖合同中,买受人在未办理不动产的变更登记的情况下,仅享有请求出卖人交付不动产的债权请求权,而不能直接请求确认享有所有权;在不动产抵押合同中,如果未办理抵押登记,债权人也只能基于抵押合同主张相应的权利,不能请求确认享有抵押权。但并非所有的合同都是导致物权变动的原因,在为委托贷款提供抵押担保场合,如甲企业委托乙银行向丙企业贷款,甲企业提供资金;乙银行根据甲企业的委托代为发放并协助收回贷款,仅收取一定的手续费;丙企业作为用款人提供抵押担保,但抵押权登记在乙银行名下,从而出现登记的抵押权与实际债权人相分离的情形。此时,享有抵押权的究竟是乙银行还是甲企业? 有一种观点认为,委托企业与受托银行之间属于委托关系,此种关系性质上属于债的关系。因而,当抵押权登记在受托人名下时,委托人只能请求受托人办理转移登记,而不能直接请求确认其享有抵押权,否则,就与债的关系的性质不相符合了。

另外,抵押尤其是不动产抵押实行登记生效主义,未经登记不能设立抵押权。因此,抵押权登记在受托人名下,受托人就享有抵押权;而委托人因为没有完成登记,所以不享有抵押权。本书认为,前述观点并不妥当,在为委托贷款提供抵押担保场合,作为抵押权设立原因的是抵押合同,委托合同并非物权变动的原因。因为委托合同是委托人和受托人约定,由受托人处理委托人事务的合同,本身不以导致物权变动为目的,因而不是物权变动的原因,当然不适用物权变动规则。换言之,在受托人基于委托人的授权对外从事法律行为,并且因之导致物权变动的情况下,就委托人与受托银行之间的关系而言,本质上是如何确定权利归属即该权利归谁所有的问题,而非物权变动的问题。此时,不论是基于权利义务相一致原则,还是基于受托人应当将取得的财产转交委托人的规则,抑或基于诚实信用原则,都应当认定委托人是实际权利人。

导致物权变动的原因事实,除合同外还包括事实行为、事件、公法行为等其他事实,如《民法典》第 231 条规定的基于合法建造、拆除等事实行为导致的物权变动;《民法典》第 230 条规定的基于继承导致的物权变动,其原因事实就是被继承人的死亡并留有遗产;《民法典》第 229 条规定的基于人民法院、仲裁机构作出的生效法律文书或政府作出的征收决定。非基于合同发生的物权变动,公示既不是物权变动的生效要件,也不是对抗要件,因而不存在采取何种物权变动模式的问题。但这并不意味着公示方法尤其是登记没有意义,依据《民法典》第 232 条之规定,就不动产物权来说,依法需要办理登记的不动产物权,未经登记,对不动产物权的处分不发生物权效力。

担保物权的变动原因也包括基于合同和非基于合同两种情形。作为担保物权变动原因的担保合同,主要是抵押合同、质押合同。本条最大的变化是将担保合同的范围从传统的抵押合同和质押合同扩及"其他具有担保功能的合同"。一般认为,"其他具有担保功能的合同",既包括《民法典》有明确规定的有名合同,如《民法典》第 641 条规定的所有权保留合同、第 745 条规定的融资租赁合同以及第 766 条规定的有追索权的保理合同;也包括《民法典》尚未规定但为司法实践所认可的让与担保。留置权作为法定担保物权,其设立并非基于合同,而系基于《民法典》的明确规定,属于非基于合同设立的担保物权。此外,《民法典》第 397 条有关"房地一体抵押"的规定,确立了法定抵押权制度,即以土地使用权抵押的,其效力基于其上的建筑物;反之亦然。法定抵押权在某种程度上也可以视为是非基于合同设立的担物权。

2. 关于担保物权的从属性

担保物权作为担保的一种,在设立、效力、变更、处分、消灭等方面也具有从属性,其内涵与保证基本相同。鉴于本书在对《民法典》第682条的释义中已经详细分析了前述方面的从属性以及担保无效的法律后果,相关内容不再赘述。这里主要从担保物权与保证相区别的角度,论述担保物权的从属性与保证的从属性有什么区别,以便加深对担保物权特性的了解。

一是在责任范围方面,尤其是在能否约定专门的违约责任上存在区别。在当事人是物上保证人,而担保财产价值又低于主债权数额时,如主债权是1000万元,担保财产价值仅为200万元,物上保证人仅以担保财产的价值即200万元为限承担责任。而如果是保证,保证人则应对全部主债权承担责任,不存在仅承担部分责任的问题。在保证责任范围与主债务范围一致的情况下,如再允许针对保证责任的承担约定专门的违约责任,无疑会使保证人承担超出债务人的责任,有违担保的从属性原则。有鉴于此,《民法典担保制度解释》第3条第1款规定:"当事人对担保责任的承担约定专门的违约责任,或者约定的担保责任范围超出债务人应当承担的责任范围,担保人主张仅在债务人应当承担的责任范围内承担责任的,人民法院应予支持。"

但在担保物权中,以不动产抵押为例,在当事人仅签订了不动产抵押合同但未办理抵押登记场合,依据《民法典担保制度解释》第46条之规定,如果抵押合同并未就办理抵押登记约定专门违约责任的,此时要看抵押人对未办理登记有无过错来认定其责任:抵押财产因不可归责于抵押人自身的原因灭失或者被征收等导致不能办理抵押登记,即抵押人无过错的,抵押人原则上不再承担责任,但抵押人已经获得保险金、赔偿金或者补偿金等代位物的,仅在所获代位物范围内承担责任;因抵押人转让抵押财产或者其他可归责于抵押人自身的原因导致不能办理抵押登记,即抵押人有过错的,抵押人应当在约定的担保范围内承担责任,但是不得超过抵押权能够设立时抵押人应当承担的责任范围。就抵押人所承担的责任性质而言,如果抵押合同并未对不能办理抵押登记约定专门的违约责任的,司法实践中往往将此种责任解释为是以担保财产价值为限的非典型保证。但如果抵押合同对不能办理抵押登记约定专门违约责任的,鉴于抵押人仅在抵押财产的价值范围内承担责任,并不一定与债务人承担相同的责任。因而,只要约定的违约责任并未超过抵押权有效设立时抵押人本应承担的责任,并不违反前述规定尤其是《民法典担保制度解释》第3条第1款规定的精神。在后一情形下,也可以将此时抵押人承担的责任理解为是一种违约责任。也就是说,在担保物权中,有违约责任存身的空间,此点与保证存在区别。

二是在担保无效的后果上存在区别。依据《民法典担保制度解释》第17条第2款之规定,主合同无效导致保证合同无效,保证人有过错的,其承担的赔偿责任不应超过债务人不能清偿部分的1/3。但第三人提供的抵押权因主合同无效而无效,抵押人有过错的,考虑到担保物权是担保人以担保财产的价值为限承担责任,故抵押人承担的责任除不应超过债务人不能清偿部分的1/3外,还应加上不得超过担保财产价值的限制,否则,很有可能会出现抵押合同无效场合其所应承担的责任大于抵押权有效设立时其所应承担的责任的不合理现象。如主债权是1000万元,第三人以自己价值200万元的房屋提供抵押并办理了抵押登记,在抵押权有效时其所应承担的担保责任以200万元为限,但如简单沿用前述规则,在抵押合同因主合同无效而无效时,则在债务人丧失清偿能力的情况下,其反而要承担不超过333万元的责任,显然不合理,故应施加以担保财产价值为限的责任限制。另外,保证只能由第三人提供,债务人自身不能提供保证。而抵押权、质权等物上保证,既可由第三人提供,也可由债务人自身提供。在债务人自己提供物上保证无效的情况下,鉴于债务人本身还要承担主合同义务,判令其再承担不超过主债务人不能承担部分的1/3并无意义,因而不适用《民法典担保制度解释》第17条有关无效担保所应承担责任的规定。

三是在担保合同消灭上存在区别。在债权债务因同归一人(即混同)而消灭时,保证合同当然也跟之消灭。但在担保物权中,在混同场合,当同一财产上设有不同顺位的担保物权,为保护前一顺位担保物权人的合法权益,有承认所有人抵押的必要,此时担保物权并不因混同而消灭。《担保法解释》第77条规定:"同一财产向两个以上债权人抵押的,顺序在先的抵押权与该财产的所有权归属一人时,该财产的所有权人可以以其抵押权对抗顺序在后的抵押权。"该条对例外情况下的所有人抵押作出了规定。该司法解释尽管已被废止,但该条确立的规则仍有积极意义,应予继续沿用。

3. 形式主义与功能主义担保的融合与冲突

动产担保交易法上的功能主义以美国《统一商法典》第九编为其滥觞。

据学者的考察，美国在功能主义引导下的动产担保制度呈现出如下鲜明特色：①一是以"担保权"概念(security interest)代替此前受个别法律调整的多种担保手段。美国动产担保交易法以"担保权"概念统一了过去各种不同的担保方式，诸如动产按揭、附条件买卖中的所有权、质押中的留置(占有)权等均可以用"担保权"一词涵盖，只要是依合同在动产或不动产附着物之上创设担保物权的交易，均属动产担保交易。二是使用统一化的术语来描述当事人间的法律关系。此前，交易形式不同，当事人的称谓也存在差异。如担保人被称为按揭人、出质人、附条件买受人、应收账款让与人、信托收据受托人等；担保权人被称为按揭权人、质权人、附条件出卖人、应收账款受让人、信托收据委托人等。美国动产担保交易法将这些繁杂的称谓统一化为"担保人"和"担保权人"。三是无论交易形式为何，所有具有担保功能的交易均适用统一的交易规则。相较于大陆法系国家将担保交易区分为抵押、质押以及所有权保留、融资租赁等并分别适用不同的规则，美国动产担保交易法上所有类型的动产担保交易均适用统一的设立、公示、优先顺位以及实行规则，以此促进交易的平等性与可预期性。四是以统一的动产担保声明登记系统作为基础性的技术支持。美国动产担保交易法鼓励就同一标的物享有权利的担保权人之间、担保权人与其他债权人之间展开公平竞争。为促进商业实践的开展，所有动产担保交易均在统一的担保登记系统中进行登记，并以登记的时间先后作为判断彼此之间竞存权利的优先顺位，以此提升交易的透明性与确定性。该登记系统实行声明登记制(notice-filing)，即当事人只需提交必要的交易文件，且登记机构不对文件作实质审查，交易的真实性由利益相关人自行进一步查询，以此提高动产担保交易的整体效率。

　　美国的功能主义动产担保法制，先后为加拿大普通法域、新西兰、澳大利亚的动产担保交易法所继受，并影响到《联合国动产担保交易立法指南》《联合国动产担保交易示范法》《欧洲示范民法典草案》的发展。而《联合国动产担保交易立法指南》《联合国动产担保交易示范法》等有关动产担保的规定，几乎完全为世界银行"获得信贷"指标所采纳，并将其作为衡量动产担保制度优劣的主要依据。在《民法典》制定过程中，如何对标世界银行优化营商环境指标是当时的一项重大工作，很多法律的制定或修改、司法解释的起草

―――――――――

　　①　关于美国功能主义动产担保法制的特点概括，几乎全文主要引用自高圣平：《民法典担保制度及其配套司法解释理解与适用》，中国法制出版社 2021 年版，第 277 页。

都体现了该项工作的相关要求。非典型担保之所以能够进入《民法典》，除了学界积极推动外，在很大程度上也与优化营商环境有关。而在"物债二分"的形式主义体系下引入功能主义的动产担保制度，势必会带来强大的连锁反应，带来相关制度的修改。可以说，《民法典》担保物权制度对《物权法》的多数修改，都与非典型担保入典有关。具体来说：一是允许对抵押财产进行概括描述。《物权法》第185条第2款第3项规定，抵押合同要载明标的物的名称、数量、质量、状况、所在地、所有权归属或者使用权归属，而《民法典》第400条第2款第3项将对应表述简化为"抵押财产的名称、数量等情况"，意味着允许对抵押的动产进行概括性描述。二是采美式浮动抵押，抵押权人优先受偿的范围溯及自登记之时。反过来看，就是抵押权的效力及于未来的收益，也体现了世行营商环境评估的要求。三是《民法典》第403条明确动产抵押采登记对抗主义，建立了统一的公示对抗效力规则，明确登记是担保权取得对抗第三人效力的主要公示方法。四是删除了《担保法》《物权法》有关登记机构的规定，为建立全国集中统一的登记机构和登记系统提供了可能。目前，已经建成了两个统一的登记系统，即不动产统一登记系统、动产统一登记系统，前者实行物的编成主义（即登记的主要是物的有关状况）、登记生效主义，登记簿具有公信力；后者实行人的编成主义、登记对抗主义，登记簿不具有公信力。五是增加规定《民法典》第414条、第415条，建立了统一清晰、可预测的优先性规则：已公示的优先于未公示的；公示在先的优先于公示在后的；均未公示的，按照债权比例清偿。六是在《民法典》第401条中对禁止流押条款作出柔化规定，意在建立高效的担保权执行程序，支持庭外执行。

此外，对于《民法典》没有完全体现的内容，最高人民法院又进一步通过《民法典担保制度解释》的规定，以满足"获得信贷"指标的相关要求，这些规定主要包括：一是该解释第38条至第42条有关担保物权的不可分性、抵押权及于从物、抵押权及于添附物、抵押权的物上代位效力的规定，体现的就是担保资产上的担保权延及可识别的收益、产品和替代品这一要求；二是该解释第45条有关担保物权实现程序的规定，体现的是建立高效的担保权执行程序，支持庭外执行这一要求；三是该解释第53条进一步明确规定允许对抵押财产进行概括描述，体现了允许对担保物和担保债务进行概括描述的要求；四是该解释第54条关于未办理登记的动产抵押权的效力的规定，体现了建立统一清晰、可预测的优先权规则的要求；五是有关所有权保留、融资租赁、保理、让与担保等非典型担保的规定,更是直接体现了功能主义担保有关担保方式应包括让与担保、所有权保留、融资租赁、保理等所有具有担保功能的合同这一要求。

功能主义担保的入典,在实现两大法系担保法制的有机统一的同时,在一定程度上对"物债二分"的形式主义体系带来了冲击,主要表现在以下方面:

一是冲击了物权法定原则。《民法典》第 116 条规定:"物权的种类和内容,由法律规定。"担保物权作为物权,本应仅包括抵押权、质权以及留置权三种,但依据本条规定,经登记的所有权保留合同、融资租赁合同、有追索权保理合同作为具有担保功能的合同,具有担保物权的效力。相当于增加了新的担保类型,既不完全符合物权法定原则,也模糊了"物权–债权"的区分。另外,承认让与担保属于具有担保功能的合同,意味着移转所有权来进行担保,打乱了"所有权–他物权"的物权体系。就所有权保留来说,从形式主义的角度,保留的应该是真正所有权;而从功能主义角度,则应属担保权的范畴。以所有权保留为例,对保留的所有权采所有权构成说还是担保权构成说,在所有权转移、标的物处分、出卖人能否对抗他人的执行、当事人破产等方面判然有别,如不在厘清的基础上对其性质作出明确判断,将会严重影响裁判尺度的统一。

二是动产和权利担保的统一登记制度与物权变动模式未尽一致,可能会造成体系违反。形式主义体系区分物权和债权、物权变动及其变动原因,这就要求坚持区分原则、公示生效主义。而功能主义更强调当事人的意思自治,简化担保物权的设立程序,确立统一清晰、可预测的权利顺位规则,采取的是登记对抗主义,不仅不区分物权和债权,甚至二者之间的界限都趋于模糊。在形式主义框架下嵌入功能主义担保制度,理想的情形应该是:不动产担保采登记生效主义,动产和权利担保则采登记对抗主义,二者分属不同的登记系统。但《民法典》就动产抵押采登记对抗主义,而权利质权尽管与动产抵押在同一个登记系统中登记,却采登记生效主义,在一定程度上造成了权利担保领域规则的不统一。再如,在应收账款融资领域,有追索权保理虽然采取登记对抗主义,但与之同质的应收账款质押却延续了登记生效主义。《民法典》在这些规定上的冲突不仅会造成体系上的背反,也会直接增加统一动产和权利担保登记制度的困难。因为两种不同立法主义之下,登记系统构建的基本法理存在重大差异。在学理上,登记对抗主义之下,登记系采声明登记制,登记簿的记载对查询者而言仅起提示作用,并不表明担保物权的真实存在;但在登记生效主义之下,登记奉行文件登记制,登记簿的记载具有推定担保物权真实存在的效用。例如,应收账款质押虽是登记生效,但应收账款质押登记系统的构造却以声明登记制为基础,负责机构的责任仅是"采取技术措施和其他必要措施,维护登记公示系统安全、正常运行,防止登记信息泄露、丢失",其对登记内容并不进行审查,这就给司法实践中应收账款质权的设立与顺位问题带来了困扰。未来就权利担保领域的规则统一,需要借助于功能主义进行更多解释上的作业。

三是对司法实践造成挑战。在形式主义基础上引入功能主义的动产和权利担保物权制度,主要的挑战是具有担保功能的合同在多大程度上可以适用《民法典》有关担保物权的规定,以《民法典担保制度解释》为例,非典型担保是仅适用于该解释第四部分"关于非典型担保"的规定,还是可以适用其他规定?该解释的其他规定哪些可以适用于非典型担保,哪些规定不能适用于非典型担保?具体来说:一是非典型担保是否具有从属性?二是非典型担保是否受担保资格的限制?三是公司提供非典型担保应否由股东会或董事会进行决议?等等。为解决前述问题,下文主要从法律适用的角度对所有权保留、融资租赁、有追索权保理以及让与担保等非典型担保进行分析。

4. 关于所有权保留

(1)规范沿革及定性分歧

《民法典》有关所有权保留的规定共3条,其中第641条第1款源于《合同法》第134条,该条第2款有关登记对抗的规定系根据功能主义担保的要求而新增的条款;第642条第1款有关取回权的规定基本来自2012年《买卖合同解释》第35条但有修改,该条第2款有关出卖人取回时参照适用担保物权实现程序的规定亦系新增的规定,体现的也是功能主义担保的要求;第643条有关出卖人取回权、再出卖权以及买受人回赎权的规定,源于2012年《买卖合同解释》第37条但有修改。可见,除新增条文外,《民法典》有关所有权保留的规定主要来源于《合同法》及《买卖合同解释》。

《合同法》第134条规定:"当事人可以在买卖合同中约定买受人未履行支付价款或者其他义务的,标的物的所有权属于出卖人。"该条是有关所有权保留的规定。此后,《查扣冻规定》《买卖合同解释》《企业破产法规定(二)》分别对所有权保留作了细化规定。从相关司法解释尤其是《买卖合同解释》的渊源看,其主要借鉴我国台湾地区"动产担保交易法"中的附条件买卖制度,如该解释第 35 条规定的取回权与我国台湾地区"动产担保交易法"第 28 条基本一致;该解释第 37 条关于出卖人将标的物转卖后的"多退少补",与"动产担保交易法"第 30 条、第 20 条基本一致。而我国台湾地区"动产担保交易法"又是对美国《统一附条件买卖法》的直接继受。可见,《合同法》及相关司法解释有关所有权保留的规定,最终可溯源自美国法的规定。但长期以来,我国民法秉承的却是大陆法系的形式主义传统,这就决定了主流观点多从形式主义角度阐释所有权保留交易,认为被保留的是真正的所有权。但随着《民法典》在形式主义基础上明确引入功能主义担保制度,将所有权保留等有关合同纳入担保合同的范畴,并着力构造统一的动产和权利登记制度,明确权利的优先顺位规则,这就使得对所有权保留的定位,在所有权构成之外出现了担保权构成的可能。事实上,所有权构成说与担保权构成说都有一定的道理,且都有相关的法律规定以及理论支撑。

持所有权构成说的主要理由包括:一是从规范层面看,《民法典》第 641 条第 1 款规定当事人可以约定"标的物的所有权属于出卖人",并且在第 642 条规定了出卖人享有取回权,而只有所有权人才享有取回权。另外,《企业破产法规定(二)》第 34 条认为所有权保留合同属于双方均未履行完毕的合同,进而允许管理人有权决定是继续履行合同还是解除合同,该解释第 38 条更是确认了买受人破产时出卖人享有取回权而非别除权;《查扣冻规定》第 14 条确认保留所有权的债权人可以查封、扣押、冻结买卖标的。前述规定都支持所有权保留交易中被保留的是真正的所有权。二是从理论层面看,所有权构成说也与《民法典》的形式主义传统、大陆法系的知识体系相契合。

但支持担保权构成说的理由也越来越有力。一是从《民法典》的规定看,依据本条规定,所有权保留等合同属于本条规定的担保合同的范畴;《民法典》第 641 条第 2 款有关"出卖人对标的物保留的所有权,未经登记,不得对抗善意第三人"的规定,与动产担保物权所采取的登记对抗主义完全相符;《民法典》第 642 条第 1 款第 3 项规定,只有在买受人对标的物进行"不当"处分时,出卖人始得行使取回权,表明买受人已经取得了所有权,否则,其所为的处分就是无权处分,不存在正当或"不当"的问题;《民法典》第 642 条明确规定,取回权的行使可以参照适用担保物权的实现程序,更足以证明保留的所有权认定系担保物权;《民法典》第 643 条有关出卖人取回标的物后,买受人未如期回赎时,出卖人享有再出卖权,而不是直接将该物归出卖人所有,带有很强的清算痕迹,与担保物权的实现原理基本相同。尤其是出卖人再出卖时所得的价款,在扣除买受人未支付的价款及必要费用后仍有剩余的,应当返还买受人。之所以剩余价款要返还买受人,是因为标的物所有权归于买受人,出卖人享有的仅是担保权。二是从《民法典担保制度解释》的相关规定看,该解释第57条将所有权保留交易纳入《民法典》第416条价款优先权的适用范围,表明该司法解释将所有权保留买卖中被保留的所有权认定系担保权。因为《民法典》第416条规定的价款优先权,规范目的在于破除在先之浮动抵押的垄断地位。而浮动抵押的垄断地位产生于两点:其一,浮动抵押覆盖债务人未来取得之财产;其二,按照登记时间先后对抵押权排序。基于这两点,债务人未来取得的财产会被登记在先的浮动抵押所覆盖,导致债务人的供应商在该标的物上只能享有后顺位的担保权。该条规定表明,在所有权保留交易中,买受人在标的物交付后就已经"取得"标的物所有权。如标的物尚未构成买受人之财产时,其不会成为在先之浮动抵押的标的,也就根本不用依《民法典》第416条的特别规则破除在先设立的浮动抵押的垄断地位问题。再如,该解释第67条规定:"在所有权保留买卖、融资租赁等合同中,出卖人、出租人的所有权未经登记不得对抗的'善意第三人'的范围及其效力,参照本解释第五十四条的规定处理。"而该解释第54条则是有关未办理登记的动产抵押权效力的规定。可见,该司法解释是将所有权保留归入担保权范畴的。三是从理论渊源看,功能主义担保源于英美法,并且现已广泛地为《联合国动产担保交易立法指南》《联合国动产担保交易示范法》以及世界银行"获得信贷"指标所采纳,而我国《民法典》担保物权部分的修改在很大程度上都体现了世界银行"获得信贷"指标的要求。

(2)性质界定及其对实务的影响

在所有权保留交易中,所有权构成说与担保权构成说在所有权转移、标的物处分、出卖人能否对抗他人的执行、当事人破产等方面判然有别,厘清所有权保留究竟是采所有权构成说还是采担保权构成说就成为当务之急。具体来说:

一是关于所有权何时移转问题。在所有权构成说下,标的物尽管已经交付买受人,但因为出卖人保留了所有权,故在买受人支付完剩余价款等约定条件成就前,其未取得所有权,所有权仍归出卖人所有。在动产所有权原则上因交付而发生物权变动的情况下,所有权构成说有必要解释交付为何不发生物权变动这一问题,通说采所有权转移附生效条件说。而依据担保权构成说,标的物所有权自交付买受人之日起就移转给买受人,出卖人保留的

"所有权"仅作为买受人支付剩余价款的担保。

二是关于买受人处分标的物问题。在所有权构成说下,买受人既然尚未取得所有权,则其将标的物出卖、出质等其他处分行为构成无权处分,相对人善意的,可以依据善意取得规则取得标的物;相对人恶意的,出卖人可以依据所有权请求其返还标的物。鉴于对买受人处分权的限制不利于实现物尽其用,德国法认为买受人享有物权期待权,买受人可以将此种期待权进行处分,实际上使期待权在效果上无限接近所有权。可见,在承认物权期待权的语境下,在买受人处分标的物问题上,所有权构成说与担保权构成说的区别其实不大。而依据担保权构成说,标的物交付后买受人即取得所有权,自然可以进行处分。在买受人有权处分标的物的情况下,依据《民法典》第 642 条第 1 款第 3 项之规定,只有在此种处分构成"不当"处分时,出卖人才可以行使取回权。其反面解释就是,只要是正当的处分,出卖人就无权行使取回权。至于某一处分何时构成"不当"处分,从比较法上看,美国《统一附条件买卖法》所谓的不当处分,主要是指买受人未及时通知保留所有权的出卖人,导致标的物可能因移出登记辖区而失去对抗效力的情形。因为美国各州实行分散登记,保留的所有权尽管在甲州进行了登记,但一旦被转卖到乙州,在买受人未及时通知出卖人的情况下,出卖人就可能因未在乙州登记而失去对抗效力。但我国是单一制国家,统一的动产和权利担保登记公示系统适用于全国,已经登记的所有权保留不存在因登记辖区的变化而丧失对抗效力的问题,故不宜依据美国法上的规定来解释"不当"处分。从商事交易实践看,保留所有权交易中买受人的"不当"处分,主要是指买受人以不合理的价格将标的物转卖他人甚至赠与他人,以及未通知出卖人就自行将标的物转让给他人,导致出卖人剩余价款债权难以实现等情形。

在担保权构成说下,在买受人正常处分标的物时,尽管出卖人不得行使取回权,但仍存在正常经营买受人保护、价款优先权适用以及担保权之间优先顺位确定等一系列问题。首先,关于正常经营买受人保护问题。《民法典》第 404 条规定:"以动产抵押的,不得对抗正常经营活动中已经支付合理价款并取得抵押财产的买受人。"该条是有关正常经营买受人保护的规定,《民法典担保制度解释》第 56 条又对如何认定正常经营买受人作出了具体规定。之所以要规定正常经营买受人制度,是因为在动产可以广泛设立抵押、所有权保留等功能主义担保的情况下,如果当事人在从事买卖时都负有查阅登记簿义务,且担保权人还可以对抗所有买受人的话,则交易安全和便捷便不可能得到保障。为此,有必要规定正常经营买受人制度。依据该制度,只要是正常经营买受人,就有豁免登记查询的义务,并且可以对抗抵押权人。如果将所有权保留等非典型担保解释为担保权,而标的物又是动产的,就有必要将《民法典》第404条有关正常经营买受人制度的适用范围,从动产抵押扩及所有权保留、融资租赁等非典型担保。如此,在所有权保留场合,就要看次买受人是否系正常经营买受人而异其处理:属于正常经营买受人的,可以对抗已经登记的担保权人;反之,则不能对抗担保权人。在次买受人基于正常经营买受人对抗担保权人场合,如何保护担保权人的利益,涉及出卖人的担保权益是否自动延伸到价款等问题,该问题比较法上有不同做法,学理上分歧也很大,鉴于本条主旨,此处不再展开。其次,关于价款优先权的适用问题。在所有权保留交易中,因买受人处分标的物而涉及价款优先权适用的,主要限于以下情形:出卖人甲与买受人乙签订了所有权保留合同但并未及时办理登记,而尚未付清价款的乙为担保其对丙的债务,又在标的物A上设定了质押、动产抵押等担保物权。此时,如果甲已经及时办理了所有权保留登记的话,那么,丙取得的质权或动产抵押交付或登记在甲之后,依据《民法典》第414条、第415条有关公示先后的顺序确定甲与丙的担保权的顺位即可,甲无须援引价款优先权进行保护。但如甲的所有权保留未及时办理登记,而丙的质权或动产抵押权已经完成公示的,如果不允许甲援引价款优先权,其价款债权就难以得到有效保护。为此,《民法典担保制度解释》第57条第2款扩张了《民法典》第416条的适用范围,规定只要甲在乙将A交付丙或办理动产抵押登记之日起10日内办理了所有权保留登记的,就可以依法主张享有价款优先权,进而优先于丙的担保物权受偿。如果不考虑买受人处分的因素,因所有权保留而涉及价款优先权适用的还包括另一种情形,如甲为担保其债权的实现,与担保人乙签订浮动抵押合同并办理了抵押登记,此后乙又从丙处购入新的动产A,丙为担保自己的价金债权,在A上保留了所有权并进行了登记。此时,丙作为保留所有权交易的担保权人,也可以参照适用《民法典》第416条之规定,依法主张其权利优先于甲在先设立的浮动抵押权。总之,《民法典》第416条规定的价款优先权不仅仅适用于动产抵押场合,还适用于所有权保留、融资租赁等场合。事实上,从法律史的演进看,价款优先权本身就脱胎于所有权保留。从这一意义上,与其说是价款优先权从动产抵押扩及所有权保留,不如说价款优先权是从所有权保留扩及动产抵押。最后,关于担保权之间的优先顺位问题。该问题主要适用于在所有权保留买卖中,买受人又将标的物再次设定抵押或出租给他人等情形,此时,首先要看所有权保留是否已经办理了登记。如果已经办理了登记,买受人以该标的物为其另行设定质押、动产抵押等担保权时,依据《民法典》第 414条、第 415 条之规定确定各担保权的顺序即可;买受人将标的物出租他人的,所有权保留也可以对抗承租人。反之,如果所有权保留未办理登记,买受人又在标的物上设立新的担保,出卖人未在法定期限内办理登记,致使丧失价款优先权保障的,此时,依据《民法典》第 414 条、第 415 条之规定,所有权保留不能对抗后设立的已经进行公示的担保物权。如果买受人将标的物出租给他人并移转占有的,依据《民法典担保制度解释》第 54 条第 2 项之规定,要看承租人是否恶意来异其处理:承租人恶意的,出卖人的担保权可以对抗承租人;反之,承租人善意的,租赁关系不受影响。从举证责任的角度看,应当推定承租人为善意,而由出卖人举证证明承租人具有恶意。

三是关于出卖人处分标的物问题。依据所有权构成说,出卖人仍享有对标的物的完全所有权,故理论上出卖人可以将标的物通过再次转让、设定担保物权等方式进行处分。但在出卖人将标的物再次转让时,鉴于标的物已为买受人所占有,而买受人所为的占有又系有权占有,故除非出卖人依法享有并行使了取回权,且买受人未在回赎期内回赎,否则,出卖人将保留所有权买卖的标的物再次转让会陷入履行不能的境地。从这一意义上说,再次转让主要限于出卖人在取回标的物后再次出卖的情形,其他情况下出卖人不能再次转让。出卖人可以在保留所有权的标的物上设立动产抵押权,但因为买受人在条件成就时有权取得标的物所有权,故该抵押权不能对抗买受人,同样存在履行不能的问题。正是考虑到出卖人对标的物所为的处分可能损害买受人的利益,采所有权构成说的德国民法采取限制出卖人进行中间处分的做法,《德国民法典》第 161 条第 1 款规定:"某人按照停止条件处分某一标的的,在条件成就的情况下,其在条件成否未定期间对该标的所为的一切其他处分,在会破坏或侵害取决于条件的效力的限度内,均不发生效力。在条件成否未定期间,以强制执行或加拘押方式而为的处分或支付不能程序中的管理人所为的处分,视同前句所为的处分。"我国《民法典》尽管没有类似规定,理论上也应作相同理解,即限制出卖人的处分权,将其限于再出卖的情形。在所有权构成说下,保留所有权的出卖人同时还是买卖合同的价金债权人,其可以在不转让标的物的情况下转让价金债权,也可以该价金债权设定应收账款质押。但如果采担保权构成说,出卖人享有的仅是担保权,自然谈不上再将标的物转让或设定担保等问题。基于担保的从属性，参照适用《民法典》第 407 条有关"抵押权不得与债权分离而单独转让或者作为其他债权的担保。债权转让的，担保该债权的抵押权一并转让，但是法律另有规定或者当事人另有约定的除外"之规定，出卖人转让价金债权的，为该债权设立的具有担保功能的所有权保留一并随之转让，此点与所有权构成说截然不同。

四是关于标的物的查封、扣押问题。依据所有权构成说，出卖人对标的物仍享有所有权，故该标的物当然可以被执行。故《查扣冻规定》第 14 条规定："被执行人将其财产出卖给第三人，第三人已经支付部分价款并实际占有该财产，但根据合同约定被执行人保留所有权的，人民法院可以查封、扣押、冻结；第三人要求继续履行合同的，向人民法院交付全部余款后，裁定解除查封、扣押、冻结。"据此，出卖人的债权人可以查封、扣押所有权保留交易的标的物，买受人如果要求继续履行合同，应当向法院交付全部余款。换言之，只要买受人交完全部余款，就可以请求排除出卖人的债权人的执行。从该条规定看，采取的是所有权构成说。

如果采担保权构成说，出卖人享有的仅是担保权，其不再对标的物享有所有权，故其债权人无权查封、扣押标的物，但其可以执行出卖人对买受人的价金债权，其性质属于债权执行。相应地，标的物作为买受人的财产，可以成为买受人的债权人申请执行的标的。颇值玩味的是，《查扣冻规定》第 16 条规定："被执行人购买第三人的财产，已经支付部分价款并实际占有该财产，第三人依据合同约定保留所有权的，人民法院可以查封、扣押、冻结。保留所有权已办理登记的，第三人的剩余价款从该财产变价款中优先支付；第三人主张取回该财产的，可以依据民事诉讼法第二百二十七条规定提出异议。"依据该条规定，在所有权保留场合，买受人的债权人可以查封、扣押保留所有权的财产，并且视出卖人是否已经办理登记来确定其能否从剩余价款中优先受偿，采取的又是担保权构成说。如此一来，同是所有权保留，《查扣冻规定》第 14 条采所有权构成说，而第 16 条则采担保权构成说，二者之间似存在冲突。值得探讨的是，在保留所有权的标的物被买受人的债权人查封、扣押场合，出卖人能否行使取回权？依据《民法典》第 642 条第 1 款之规定，在买受人被其债权人查封、扣押，致使不能按照约定向出卖人支付剩余价款，经催告后在合理期限内仍未支付的，出卖人有权行使取回权。问题是，出卖人一旦行使了取回权，能否排除买受人的债权人的执行？对此，有观点认为，出卖人行使取回权后，再出卖的对象不一定是买受人的债权人。为确保出卖人能依法享有并行使取回权,应当允许其排除买受人的债权人的执行。本书对此不以为然,既然保留所有权买卖的出卖人享有的是担保权,则其只能主张对标的物拍卖后的价款优先受偿,不能排除买受人的债权人的执行。况且,出卖人行使取回权的目的并不在对标的物进行全面的支配,而是通过再出卖获得价款并就所得款项优先受偿。在法院可以通过强制执行程序拍卖、变卖标的物进而直接实现其权利的情况下,没必要再通过出卖人先行使取回权、后再行使出卖权这一迂回的方式实现其权利。

　　五是关于合同当事人破产问题。就买卖合同的目的而言,出卖人意在获得价款,买受人的目的则在于取得标的物所有权。而在所有权保留合同中,在所有权构成说看来,出卖人既未获得全部价款,买受人亦未取得标的物所有权,故其属于双方均未履行完毕的合同。依据《企业破产法》第 18 条之规定,在任一合同当事人破产场合,其管理人均享有选择继续履行或解除合同的权利。从《企业破产法规定(二)》第 34 条至第 38 条的规定看,显然采取了所有权构成说。依据前述规定,在出卖人破产场合,要视其管理人是决定继续履行合同还是解除合同而异其处理。管理人决定继续履行合同的,买受人应当按照买卖合同的约定支付价款或者履行其他义务;买受人未依约支付价款或者履行完毕其他义务,或者将标的物出卖、出质或者作出其他不当处分给出卖人造成损害的,管理人可以依法取回标的物,并将其纳入破产财产范围。管理人决定解除合同的,可以依据《企业破产法》第 17 条的规定请求买受人向其交付买卖标的物,并将其纳入破产财产;买受人依法履行合同义务并将买卖标的物交付出卖人管理人后,买受人已支付价款损失形成的债权作为共益债务清偿,但是买受人违反合同约定的,上述债权应当作为普通破产债权清偿。在买受人破产场合,同样要视买受人管理人如何选择来异其处理。管理人决定继续履行合同的,买卖合同中约定的买受人支付价款或者履行其他义务的期限在破产申请受理时视为到期,管理人应当及时向出卖人支付价款或者履行其他义务;管理人无正当理由未及时支付价款或者履行完毕其他义务,或者将标的物出卖、出质或者作出其他不当处分给出卖人造成损害的,出卖人可以依据《民法典》第 641 条等规定主张取回标的物。管理人决定解除合同,出卖人有权依据《企业破产法》第 38 条的规定取回标的物;出卖人取回买卖标的物,买受人管理人有权请求出卖人返还已支付的价款。取回的标的物价值明显减少给出卖人造成损失的,出卖人可从买受人已支付价款中优先予以抵扣后,将剩余部分返还给买受人;对买受人已支付价款不足以弥补出卖人标的物价值减损损失形成的债权,出卖人主张作为共益债务清偿的,人民法院应予支持。

如果采担保权构成说,则在所有权保留合同中,至少买受人已经实现了取得所有权的目的,故不属于双方均未履行完毕的合同。在合同当事人破产场合,管理人不享有选择继续履行或是解除合同的权利。另外,出卖人享有的是担保权,在出卖人破产场合,出卖人的管理人应当及时请求买受人支付剩余价款。在债务人破产场合,值得探讨的是,出卖人行使的究竟是取回权还是别除权?有观点认为,依据《民法典》的相关规定,出卖人享有的是取回权,故其在破产程序中享有的也是取回权。本书认为,在担保权构成说下,所有权保留中出卖人享有的取回权不过是其行使担保权的手段,有别于真正所有权人在破产程序中享有的取回权。关于取回权的性质,后文还将详述,此处不赘。

(3)相关法律适用问题

在所有权构成说与担保权构成说存在如此重大区别的情况下,对所有权保留买卖的性质,有必要在二者之间作出明确选择,不存在妥协或实行中间路线的可能。回避对其性质的明确界定,仅就具体法律问题就事论事的做法,只会加剧裁判尺度的不统一。从《民法典》及《民法典担保制度解释》的相关规定看,显然采取的是担保权构成说,本书也采此种观点。在担保权构成说下,就所有权保留的法律适用,要注意以下问题:

一是关于所有权保留参照适用动产抵押的相关规定问题。主要包括:①参照适用《民法典》的相关规定,如《民法典》第404条规定的正常经营买受人规则、第405条有关抵押权与租赁权关系的规定、第407条有关抵押权不得与主债权分离而单独转让的规定、第409条有关抵押权人放弃抵押权或抵押顺位的规定、第410条有关抵押权实现的规定、第414条以及第415条关于担保物权的优先顺位规则、第416条有关价款优先权的规定、第419条有关抵押权行使期间的规定。②适用《民法典担保制度解释》的有关规定。包括:该解释第四部分"关于非典型担保"中直接针对所有权保留作出的规定,如第64条关于所有权保留的规定、第67条有关非典型担保登记对抗的规定;该解释第6条有关学校等以公益为目的的非营利法人在例外情况下可以在购入的公益设施上设立所有权保留的规定;该解释第54条有关"未办理登记的动产抵押权的效力"的规定可以准用于所有权保留;该解释第56条关于正常经营买受人规则、第57条关于价款优先权规则,更是明确规定适用于所有权保留。可以说，《民法典》以及《民法典担保制度解释》有关动产抵押的规定，绝大部分都可以准用于所有权保留。③参照适用《民事诉讼法》有关"实现担保物权案件"的规定。

二是关于能否参照适用《民法典担保制度解释》第一部分"关于一般规定"问题。涉及：①关于担保从属性问题。有一种观点认为，所有权保留尽管具有担保功能，但其本身毕竟属于买卖合同的范畴，有别于动产抵押，因而不具有从属性。但在采担保权构成说的情况下，保留所有权买卖可以分解为两个合同：作为主合同的买卖合同以及为担保价款而设立的所有权保留合同，后者作为担保合同，类似于动产抵押合同，采登记对抗主义。因而，动产抵押合同所具有的从属性，所有权保留合同全部具有。只不过在从属性上动产抵押与保证合同还有所区别，此点前文已有详述，此处不再展开。②关于担保资格问题。多数情况下，能够从事民商事交易活动的主体都具有担保资格。但在学校、幼儿园等以公益为目的的非营利法人在从他人处买入教育设施等公益设施时，出卖人为保障其价款债权而保留所有权的，考虑到买受人并未以购置标的物之外的其他财产另行设定担保，而允许所有权保留也有助于此类非营利法人融资。有鉴于此，《民法典担保制度解释》第6条在例外情况下承认此类本不具有担保资格的主体可以设定所有权保留。究其根源，在于担保化了的所有权保留毕竟仍属买卖合同的范畴，在当事人并未就买卖标的物以外的财产另行提供担保的情况下，可以不用考虑担保资格问题，从而与典型担保仍有一定区别。③关于公司对外担保的程序性规则问题。《公司法》第16条规定，公司为其股东或实际控制人提供担保的，应当由股东（大）会决议；为其他人提供担保的，由公司章程规定。但不论如何，只要是公司对外提供担保，都需要经历公司决议程序，否则，法定代表人的对外担保行为构成越权代表，对公司不发生效力。而在所有权保留场合，在采担保权构成说情况下，买受人是为自己的债务提供担保，不属于"对外"提供担保，因而不存在适用《公司法》第16条有关公司对外担保须经决议程序的问题。

三是关于新旧法的衔接适用问题。对所有权保留采担保权构成说，改变了此前的所有权构成说，会对当事人的权利义务产生重大影响，从而存在新旧法的衔接适用问题。在《民法典》施行前，《合同法》及相关司法解释尽管有所有权保留的规定，但并未也不可能办理登记。依据法不溯及既往的法治原则，应当适用《合同法》及相关司法解释的规定，即要根据所有权构成说来确定当事人的权利义务关系。但即便认可出卖人享有完全所有权，因缺乏登记制度，对出卖人的保障力度仍显不够。在此情况下，对《民法典》施行前签订的所有权保留合同，《民法典》施行后，当事人愿意办理所有权保留登记的，表明其愿意依照《民法典》的规定来确定当事人间的权利义务，自办理登记之日起适用《民法典》及《民法典担保制度解释》的相关规定。此时之所以可以适用《民法典》的相关规定，是因为所有权保留合同尽管签订于《民法典》施行前，但所有权保留作为一种持续状态，其履行期限跨越了《民法典》。在当事人愿意依据《民法典》的规定来确定因所有权保留而产生的权利义务时，适用《民法典》规定符合当事人的真实意思表示。

（4）担保权构成说及其障碍

从《民法典》有关所有权保留的规定，结合立法者明确将所有权保留等合同纳入本条规定的"担保合同"的范畴来看，可以说，所有权保留等非典型担保主要体现的是担保权构成说。但所有权构成说所具有的强大惯性、《民法典》有关规定的模糊措辞以及既有司法解释的清理不力，成了担保权构成说的最大障碍。要想将担保权构成说坚持到底，就必须要清理掉前述障碍。具体来说：

一是关于取回权问题。担保权构成说在规范层面上面临的最大障碍是《民法典》第642条规定的取回权。因为取回权往往是与所有权相联系的，加之破产法上也有所有人取回权的规定，更加增添了担保权构成说证成的难度。如前所述，从比较法上看，《民法典》有关所有权保留交易中出卖人取回权制度的规定系借鉴域外法的结果，其路径可概括为："美国《统一附条件买卖法》→我国台湾地区'动产担保交易法'→《合同法》及《买卖合同解释》→《民法典》"。因此，准确界定取回权的性质与功能，有必要作比较法考察。

美国《统一附条件买卖法》的起草者认为，附条件买卖的规则要尽可能与动产抵押相一致。所有权保留买卖（即美国法上的附条件买卖）中出卖人的取回权，就是参照了动产抵押中抵押权人的占有抵押物的权利而设置的。之所以赋予抵押权人以占有抵押物的权利，是因为在美国法上，担保权的实现以"庭外执行"即私力救济为原则、以公力救济为例外。而抵押权人要想通过庭外执行的方式实现抵押权，必须要先占有抵押物，否则就难以实现抵押权。从这一意义上说，抵押权人占有抵押物是其实现抵押权的前提，而占有抵押物的目的则是通过变价实现抵押权。事实上，美国《统一附条件买卖法》有关保留所有权的出卖人的取回权、再出卖权以及买受人的回赎权等规定，与动产抵押场合抵押权人对抵押物的占有权、再出卖权以及买受人的回赎权等规定基本一致。从前述分析可知，所有权保留买卖中赋予出卖人以取回权的目的在于使出卖人能够占有标的物，进而方便其通过再出卖而实现担保权。也就是说，取回不是目的，其仅是实现担保权的手段，这与破产取回权中所有权人取回财产并可自行支配有本质区别。另外，出卖人的取回权与买受人的回赎权是相对应的，取回的另一个目的是迫使买受人回赎。买受人定期未回赎的，出卖人有权将担保财产转卖。从这一意义上说，取回权本身也有促使买受人履行债务的功能。还要看到，德国民法中所有权保留买卖中出卖人行使取回权以解除合同为必要，体现的是所有权构成下返还原物的法理。与德国法不同，美国《统一附条件买卖法》项下出卖人取回标的物不以解除合同为必要，体现的是担保权清算的法理。综合前述分析，不能将所有权保留场合出卖人享有的取回权与破产取回权相提并论，对我国《民法典》规定的取回权也应作相同理解。

二是关于是否违反物权法定原则问题。在《民法典》承认功能主义担保的情况下，势必会出现两种所有权：一是作为自物权或完全物权的所有权，二是具有担保功能的所有权即担保性所有权。后者有的如所有权保留、融资租赁合同规定在合同编，有的如让与担保甚至仅为司法实践所认可，如果严格从物权法定的角度看，确实不完全符合要求。但担保性所有权既然已为我国民法所承认，且能够在统一的动产和权利担保登记公示系统进行登记，可以不必纠结于是否符合物权法定等原则的要求，因为这本来就是形式主义体系下引入功能主义担保所必须要支付的代价。

三是关于相关司法解释清理问题。《民法典》于 2020 年 5 月 28 日通过，于 2021 年 1 月 1 日起施行。在通过后施行前的将近半年多时间里，最高人民法院对与《民法典》相关的司法解释进行了清理。但存在以下问题：一者时间紧、任务重；二者在《民法典》引入功能主义担保的情况下，如何处理形式主义与功能主义担保的关系，短期内对《民法典》的相关精神把握得未必准确透彻；三者加之受传统民法的影响，倾向于将功能主义担保纳入形式主义框架之中。诸此种种，导致相关司法解释对涉及非典型担保尤其是所有权保留制度的清理，现在看来未必符合担保权构成说的要求，有必要进行重新审视。具体来说：

首先，关于《买卖合同解释》等相关司法解释对出卖人取回权的限制问题。2012 年《买卖合同解释》第 36 条第 1 款规定："买受人已经支付标的物总价款的百分之七十五以上，出卖人主张取回标的物的，人民法院不予支持。"当时作此规定的主要考虑是：价款已经支付 75% 以上，则出卖人利益已经在很大程度上得到实现，不取回不会对出卖人利益产生重大影响；出卖人即便不享有取回权，也可通过支付价款或解除合同等方式解决；取回以及相应的回赎制度构造复杂，运行成本较高，也没有必要取回。另外，价款已经支付 75% 以上，则买受人的期待利益相对更重要。该做法被 2013 年《企业破产法规定（二）》第 35 条和第 37 条吸收。《民法典》施行后，在司法解释清理过程中，前述规定并未得到清理，而是被保留了下来。应当说，在对所有权保留采所有权构成说的情况下，前述规定对限制出卖人行使取回权、保护买受人的期待权具有重要意义。但如对所有权保留采担保权构成说，因而取回只是实现担保权的手段的背景下，此种规定的合理性就值得商榷了。因为即使已经支付了 75% 以上的价款，但毕竟还有不超过 25% 的款项未付。即使仅尚欠 5% 的价款，也可能意味着出卖人在所有权保留交易中的利益无法实现。当然，出卖人可以请求买受人支付价款，但此种请求属于普通债权请求权的范畴，难以与取回、再出卖场合的优先受偿权相提并论。因而，仅以买受人已经支付了 75% 价款就剥夺出卖人行使取回权，对出卖人不公，也与《民法典》第 416 条有关价款优先权的规定不相吻合。

其次，关于《企业破产法规定（二）》的相关规定。《企业破产法规定（二）》对所有权保留交易采所有权构成说，故该规定第 2 条第 2 项规定所有权保留交易的标的物作为出卖人的财产。另外，认为在所有权保留交易中，出卖人未获得全部价款、买受人亦未取得标的物所有权，故属于双方均未履行完毕的合同，在任一合同当事人破产场合，其管理人均享有选择继续履行或解除合同的权利。《企业破产法规定（二）》第 34 条至第 38 条分别从出卖人破产和买受人破产、管理人是选择继续履行还是解除合同的角度，对不同情况下当事人在破产程序中的权利义务作出了具体规定。如果对所有权保留采担保权构成说，前述规定恐怕需要重新进行检视甚至删除。

最后，关于《查扣冻规定》的相关规定。同是所有权保留，《查扣冻规定》第 14 条采所有权构成说，第 16 条又采担保权构成说，相关规定似相互矛盾，值得关注。在采担保权构成说的情况下，该规定第 14 条的合理性也需要重新考察。

5. 关于融资租赁

一般认为，功能主义担保主要包括所有权保留、融资租赁、有追索权保理以及让与担保等情形,其中融资租赁与所有权保留最为接近。在前文已对所有权保留进行详细分析的情况下,此处仅从其与所有权保留的联系与区别的角度对其进行分析。

(1)二者的共同点

关于融资租赁的性质,同样有所有权构成说与担保权构成说的争论。与所有权保留采担保权构成说一致,本书对融资租赁也采担保权构成说。在担保权构成说下,所有权保留与融资租赁具有以下共性:

一是都采登记对抗主义。《民法典》第 745 条规定:"出租人对租赁物享有的所有权,未经登记,不得对抗善意第三人。"该规定与《民法典》第 403 条有关动产抵押、第 641 条第 2 款有关所有权保留的规定如出一辙。正因如此,《民法典担保制度解释》第 67 条规定,该解释第 54 条有关未经登记的动产抵押权可以对抗的"善意第三人"的范围与效力,同样适用于融资租赁与所有权保留。

二是都采相同的优先权顺位规则。该规则包括两方面内容:一方面是担保权之间仅以公示先后确定优先顺序,不考虑后顺位权利人是否善意问题。其中,以登记作为公示方法的,依据《民法典》第 414 条之规定,主要根据登记的情况确定担保物权的清偿顺序:已登记的优先于未登记的;登记在先的优先于登记在后的;未登记的按照债权比例清偿。同一财产上设定的担保权既采登记又采交付等不同公示方法的,依据《民法典》第 415 条之规定,根据登记、交付即公示先后确定清偿顺序的规则。另一方面,在确定担保物权与租赁权、所有权等担保物权之外的其他权利间的顺序时,则要考察其他权利人是否为善意当事人来确定担保权能否对抗该权利人,前述有关"未经登记,不得对抗善意第三人",指的就是此种情形。

三是都可参照担保物权的实现程序。在融资租赁中,尽管《民法典》并未像所有权保留交易那样明确规定出卖人可以参照适用担保物权的实现程序,但在担保权构成说下,融资租赁合同理应作相同理解。故《民法典担保制度解释》第 65 条明确规定,当事人可以请求参照《民事诉讼法》"实现担保物权案件"的有关规定,以拍卖、变卖租赁物所得价款支付租金。

四是都可参照适用《民法典》有关价款优先权的规定。与所有权保留一样,融资租赁也可参照适用《民法典》第 416 条规定的价款优先权制度,主张其经依法登记的融资租赁合同项下的担保权优于在先设立的担保权,同样包括两种情形:一者在担保人在设定浮动抵押并办理抵押登记后又以融资租赁方式承租新的动产场合,融资租赁合同中的出租人在租赁物交付后10日内办理融资租赁登记的;二者承租人以融资租赁方式占有租赁物后,又以该租赁物为他人设立质押、抵押等担保物权,融资租赁合同的出租人在租赁物为他人设立担保权之日起10日内办理融资租赁登记的。

五是关于担保资格问题。学校、幼儿园等以公益为目的的非营利法人原则上不得提供担保,但鉴于它们自身也有融资需求,加之当事人并未就标的物以外的财产另行提供担保,故《民法典担保制度解释》第6条在例外情况下承认此类主体可以通过设定所有权保留、融资租赁等方式在公益设施上设定担保权。

六是关于在破产程序中的权利。即便对所有权保留和融资租赁采担保权构成说,在当事人破产程序场合出卖人或出租人享有的究竟是取回权还是别除权,争议都很大,更不用说采所有权构成说了。其中很重要的一个理由是,有担保功能的合同毕竟属于合同,有别于担保物权;或者认为担保性所有权也是所有权,不是担保物权。本书认为,在采担保权构成说的情况下,担保性所有权的目的在于对价款优先受偿,而非取回标的物归自己支配。从这一意义上说,出卖人或出租人享有的是别除权而非破产取回权。

(2)二者的区别

尽管融资租赁与所有权保留极为相似,但二者仍存在以下区别:

一是法律关系不同。融资租赁包括直租和售后回租两种,《民法典》规定的融资租赁的典型形态是直租,涉及出卖人、出租人和承租人等三方当事人,而所有权保留仅涉及出卖人和买受人两方当事人。但从我国的实际情况看,占据主流的反而是售后回租。售后回租更多体现的是融资属性,融物属性相对被淡化了。从这一意义上,售后回租在性质上与借贷极为相似,司法实践中也有不少将其认定为借贷的案例。但金融业的分业监管以及特许经营属性决定了,一旦认定为借贷,可能就会面临合同是否因违反监管规定而无效的问题。而一旦认定合同无效,又可能会对整个行业带来颠覆性的影响。这就使法院陷入两难境地:依照实际的权利义务关系认定其属于借贷,怕颠覆整个行业;认可其属于融资租赁,又与《民法典》有关融资租赁的规定不符。综合权衡之下,法院最终选择了向现实低头,认可售后回租的融资租赁属性。在售后回租成为融资租赁的主要形态,而融资租赁又按担保权构成说进行解释的情况下,融资租赁合同与所有权保留合同的区别更小了。

二是取回标的物应否以解除合同为前提不同。在所有权保留交易中,出卖人行使取回权不以解除合同为必要，出卖人取回后买受人还享有回赎权。但在融资租赁合同中，依据《民法典》第 752 条之规定，出租人要想收回租赁物，必须要解除合同；对承租人来说，也不存在回赎权之类的权利。之所以有此不同规定，在很大程度上与彼此的规范沿革相关。《民法典》有关所有权保留的规定，借鉴我国台湾地区"动产担保交易法"的规定，最终受美国《统一附条件买卖法》的影响，早就埋下了功能主义担保的种子。而融资租赁合同作为《合同法》规定的有名合同，沿袭的是"物债二分"的形式主义体系。在该体系中，出租人要想取回租赁物，只能走解除合同、返还原物这一条道路。事实上，德国民法中所有权保留买卖中出卖人行使取回权就以解除合同为前提，体现的也是返还原物的法理。但在《民法典》编纂过程中，《合同法》有关融资租赁的规定基本上被"搬进"了《民法典》，从而出现了同是功能主义担保，在取回问题上却异其处理的局面。从某种程度上说，还是因为对功能主义担保在何种程度上影响甚至重塑法典化体系研究不够的结果。

三是标的物不同。《买卖合同解释》第 25 条明确将所有权保留的客体限于动产，不包括不动产。主要理由在于，不动产所有权变动采登记生效主义，若允许当事人在登记之外另行约定所有权移转的时间，将极大地损害不动产登记簿的公信力。另外，我国法上既定的不动产物权变动模式已经较好地平衡了出卖人和买受人的利益，无须借助所有权保留交易。在价款未足额清偿之前，不办理所有权的转移登记，出卖人仍享有所有权；买受人可以借助于预告登记来保护其期待利益。同时，出卖人也可以在移转不动产所有权给买受人时在其上设定抵押权，足以达到所有权保留制度的效果。前述理由，本应同样适用于融资租赁。照此推理，也应得出融资租赁的客体限于动产的结论。但法律规范总是因应经济社会现象的产物，所有权保留作为赊销交易，出卖人保留所有权的目的主要在于担保其价款实现，但出卖人本身并无提供融资的目的。且从交易实际看，赊销主要针对的是动产，因而将其标的物限于动产与其说是理论推演的结果，不如说是经济社会现象本就如此。但融资租赁兼具融资与融物双重目的，从出卖人的角度看，其提供的是融资服务，这也是金融租赁在融资租赁中占据很大比重的原因。在出卖人提供融资服务，而售后回租又成为我国当前融资租赁的主要交易模式的情况下，以不动产为客体的融资租赁在交易实践中广泛存在是不争的事实。究其根源，还是此种交易能够在一定程度上缓解企业融资难融资贵问题。此时，是从法律体系的角度对其予以否认，还是尊重经济现象本身，在现有法律体系下对其进行合理性解释,本身是一个政策判断问题,而非逻辑论证问题。

事实上,原银监会《金融租赁公司管理办法》第 4 条、原银保监会《融资租赁公司监督管理暂行办法》第 7 条都将融资租赁的租赁物限于"固定资产",理论上当然包括不动产。但认为不动产可以成为融资租赁的标的,首要的就是要解决登记问题。在直租模式下,出租人依照承租人的要求,向出卖人购买不动产并登记在自己名下后,再提供给承租人使用,由承租人支付租金,在登记上并无障碍。此时,不动产登记在出租人名下,承租人只有使用权,没有处分权;鉴于不动产登记在出租人名下,承租人的无权处分一般也不存在损害出租人利益的问题。可见,直租模式下,纯粹从法律上看,并不存在登记等法律上的障碍。当然,从商事交易的角度看,承租人如想取得房屋的使用权,完全可以直接采取租赁的方式;如想取得房屋的所有权,完全可以采取抵押的方式,是否有必要叠床架屋地采取融资租赁的模式,值得探讨。

实践中,不动产的融资租赁主要出现在售后回租场合,即该承租人将自己所有的不动产出让给出租人后,出租人又将其回租给承租人。在该交易模式中,出租人向承租人购买不动产需要向承租人支付对价,该对价满足了承租人融资的需求。但承租人使用的本就是属于其自己所有的财产,因而并不存在融资租赁所本应具有的"融物"要求。从这意义上说,其本质属于借贷并无不当。另外,为了满足融资租赁中出租人享有所有权的要求,售后回租模式下承租人本应将不动产所有权变更到出租人名下,到期满后再回转到承租人名下。但如此一来,需要办理两次不动产变更登记,不仅程序烦琐,而且需要支付两次税费,无疑会增加融资成本,实践中几乎没有当事人采取此种做法。但不采取此种做法,就不能满足融资租赁这一交易模式的要求,出租人的合法权益也得不到有效保障。因为承租人一旦将仍登记在自己名下的不动产再次转让或设定抵押,出租人将可能"房财两空"。为解决前述矛盾,实践中出现了折中方案:承租人尽管无须将所有权移转给出租人,但需要在不动产上设立以出租人为抵押权人的抵押登记。2014 年《融资租赁解释》第 9 条第 2 项对此种模式下的融资租赁进行了承认,打通了不动产融资租赁的法律障碍。但应当看到,在融资租赁采所有权构成说的情况下,本应是所有权人的出租人现在成了抵押权人,从而自始就出现了所有人抵押这样一种模糊所有权和他物权的现象,为形式主义所不容。但在融资租赁采担保权构成说的情况下,出租人享有的是担保权而非所有权,前述有关出租人享有抵押权的做法不仅能平衡各方利益,而且完全满足担保权构成的要求。只不过,抵押权毕竟是典型的担保物权,而融资租赁作为非典型担保,二者毕竟有所区别,因而在登记上也应有所区别。总结来看,在担保权构成说下,在不动产的售后回租交易中,承租人无须将产权过户至出租人名下,但需要在不动产登记簿中作诸如"所有权移转给出租人"的记载,达到类似于办理抵押登记的效果即可。应予注意的是,不动产登记采物的编成主义,登记的是物。而一般所谓的融资租赁登记,是在统一的动产和权利担保登记公示系统登记,此种登记采人的编成主义。

综上,不动产融资租赁有其客观需要,故可以将不动产作为租赁物。当然,这需要不动产登记部门在登记簿的设置上进行相应处理。实践中,甚至出现了融资租赁的标的物从固定资产扩及知识产权等无形财产,此种融资租赁应否得到支持,尚待进一步观察。

四是在标的物处分上不同。在所有权保留中,买受人有权处分标的物,依据《民法典》第642条第1款第3项之规定,只有在构成"不当"处分时,出卖人始得行使取回权。而在融资租赁中,依据《民法典》第753条之规定,承租人未经出租人同意,将租赁物转让、抵押、质押、投资入股或者以其他方式处分的,出租人可以解除融资租赁合同。该规定表明承租人并无处分权,这也是融资租赁采所有权构成说的遗留。

五是在所有权归属上不同。在所有权保留交易中,买受人为标的物的所有人。但在融资租赁中,依据《民法典》第757条之规定,当事人可以对租赁期限届满后租赁物的归属作出约定,此点不同于所有权保留。另外,当事人没有约定或约定不明的,租赁物归出租人所有,此点也有别于所有权保留交易中归买受人所有的规定。

六是在担保对象上不同。所有权保留担保的是买受人未付的款项;而融资租赁合同担保的是出租人已经支付的用于购买租赁物的款项,而非未付的租金。一旦承租人未如期支付某一期租金,可能存在加速到期即需要支付剩余未付全部租金的问题。而所有权保留除非约定分期付款,否则不存在加速到期问题。

七是在能否适用正常经营买受人规则上不同。所有权保留交易一般可以适用正常经营买受人规则,但融资租赁则要视租赁物的不同进行具体判断。如依据《民法典担保制度解释》第56条第1款第2项之规定,"购买出卖人的生产设备"就不适用该规则。再如,实践中出现了以房地产、公路、城市地下管网等不动产,甚至知识产权等为租赁物的现象,因其标的并非动产,也不存在该规则的适用问题。总之，就融资租赁来说，能否适用该规则，要具体问题具体分析，难以一概而论。

总之，在功能主义担保入典的情况下，本应将所有权保留与融资租赁作一体化解释。但二者各自不同的规范沿革决定了，在所有权保留中，担保权构成说贯彻得比较彻底；而融资租赁的立法，则更多体现了所有权构成说的内容。这本身也是功能主义担保对《民法典》体系的挑战的体现。

6. 关于有追索权保理

（1）保理的概念与类型

《民法典》第 761 条规定："保理合同是应收账款债权人将现有的或者将有的应收账款转让给保理人，保理人提供资金融通、应收账款管理或者催收、应收账款债务人付款担保等服务的合同。"准确理解保理合同的概念，应当注意以下几点：

一是要区分保理合同和基础合同。保理业务涉及保理合同和基础合同，其中保理合同的主体是应收账款债权人和保理人，基础合同的当事人则是应收账款债权人和应收账款债务人。尽管保理合同和基础合同具有密切关系，如保理人可以直接基于保理合同请求应收账款义务人履行债务，但不能因此就认为应收账款债务人就属于保理合同的当事人。为行文方便起见，下文将应收账款债权人简称为债权人，应收账款债务人简称为债务人。

二是保理合同的客体是应收账款，包括现有的应收账款和将有的应收账款两类。当然，这并不意味着只要应收账款不存在，保理合同就无效。参照《民法典》第 763 条之规定，债务人不得以应收账款不存在为由对抗保理人，除非保理人对此是明知的，既体现了对善意相对人的保护，也坚持了"禁反言"原则。

三是从保理合同的内容看，保理合同除了需具备转让应收账款这一要素之外，还需由保理人向债权人提供资金融通、应收账款管理或者催收、应收账款债务人付款担保等服务。本条虽将四项服务一并列出，但未明确保理人究竟需要提供几项服务才能构成保理。国际统一私法协会在其 1988 年订立、1995 年生效的《国际保理公约》第 1 条规定，供应商可以向保理人转让由供应商与其客户（债务人）订立的货物销售合同所产生的应收账款，并应至少履行融通资金、管理与应收账款有关的账户、代收应收账款、对债务人的拖欠提供坏账担保这四项职能中的两项。而国际保理商联合会在其 2013 年 7 月修订的最新版《国际保理通则》并未沿袭前述规定，而是在其第 1 条规定：

"保理合同是指不论是否出于融资目的,供应商为实现应收账款分户管理、账款催收、防范坏账中的一项或多项功能,将已经或即将形成的应收账款转让给保理商的合同。"据此,保理人只要履行资金融通、销售分账户管理、代收应收账款、提供坏账担保四项职能中的一项即构成保理。《中国银行业保理业务规范》《商业银行保理业务管理暂行办法》均采纳并援引了《国际保理通则》的前述规定,保理人只需提供四项服务中的一项即可。如依据《商业银行保理业务管理暂行办法》第6条之规定,保理人只要提供了资金融通、应收账款管理或者催收、应收账款债务人付款担保服务中任何的一项,就构成保理。至于保理人具体提供哪些服务,则取决于保理合同的约定。

从前述有关保理合同的概念看,保理包括服务型保理和融资型保理两大类。其中服务型保理是保理人提供应收账款管理或者催收、应收账款债务人付款担保等服务,融资性保理则包括有追索权保理和无追索权保理两大类。鉴于服务型保理对应的应收账款催收等服务,在实践中经常与暴力催收等违法甚至犯罪行为联系在一起,《民法典》在保理概念中规定了服务型保理的情况下,并未在后续的条文中对此作出细化规定。而保理合同章有关保理的规定主要都是融资性保理的规定,从而给人以保理都是融资性保理的误解。

无论哪一种保理,都以应收账款转让为其必备内容,这一特点使其与债权转让、应收账款质押极为相似。在法律适用上,有关债权转让的相关规定理应适用于保理合同。反之,保理合同中有关债务人不得以应收账款不存在为由对抗保理人的规定,当然也可适用于债权转让。可见,三者之间具有密切关系。

并非所有的保理都具有担保功能。一般认为,只有有追索权保理才具有担保功能,无追索权保理本质上就是债权转让,并无担保功能。如前所述,保理人提供的服务中就包括了应收账款债务人付款担保,但这仅是保理服务的内容,并非保理合同本身具有担保功能。鉴于本条涉及的是具有担保功能的合同,故下文仅介绍有追索权保理。

(2)有追索权保理

关于有追索权保理的担保功能及其性质问题,理论与实务中存在不同理解,有必要予以厘清。作为有担保功能的合同,有追索权保理的债权人是保理人当无异议,至于担保人究竟是债权人还是债务人,则存在争议。依据《商业银行保理业务管理暂行办法》第10条之规定,在有追索权保理中,保理人应当先向债务人主张权利,只有在债务人未能履行基础合同项下的义务时,保理人才能转而请求债权人履行。因此,担保人系债权人,所担保的主债权则是基础合同项下的应收账款债权。在此种观点看来,保理人与债权人签订保理合同并通知债务人后,保理人取代债权人成为新的基础合同债权人,因而有权直接请求债务人履行债务。在债务人不履行债务时,保理人有权请求债权人履行债务,从而使保理人的权益能够得到有效保障,从这一意义上说,有追索权保理具有担保功能。基于意思自治原则,当事人完全可以在保理合同中作出前述约定。但如果不考虑当事人特别约定的因素,此种对有追索权保理的理解,不符合《民法典》第 766 条之规定。其一,此种理解以保理人先向债务人主张为前提,实际上使债权人享有了类似于先诉抗辩权的权利,不符合该条有关保理人既可以向债权人主张,也可以向债务人主张的表述。其二,依据此种理解,债权人与债务人承担的责任范围应当相同,而依据《民法典》第 766 条之规定,债务人的责任范围固然为应收账款债权,但债权人的责任范围则限于融资款本息,在数额上一般低于应收账款债权。其三,此种观点的本质是债权人属于一般保证人,这与《民法典》有关有追索权保理系非典型物保的定位不符。

本书认为,在《民法典》将有追索权保理定位在非典型担保的情况下,担保人是债权人,被担保的主债权则是融资款本息,有追索权保理的本质则是债权让与担保。也就是说,债权人将其对债务人的债权转让给保理人,作为对保理合同项下融资款本息之债的担保。在债权人不能履行保理合同项下的债务时,保理人作为债权让与担保权人,可以请求债务人向其履行,其范围则是应收账款债权。基于担保的从属性,保理人(保理合同项下的债权人)可以一并起诉保理合同项下的债务人(应收账款债权人)以及担保人(应收账款债务人),此种理解与《民法典》第 766 条以及《民法典担保制度解释》第66 条完全一致。应当看到,既然主债权系保理融资款本息,而应收账款债权在范围上又往往高于融资款本息,则在保理人向债务人主张应收账款债权时,在扣除融资款本息以及必要费用后,应当将剩余款项返还给债权人。因为基础合同项下的债权,本质上仍属债权人的债权。因此,依据《民法典》第766 条之规定,保理人向债权人与债务人主张的权利范围表面上看尽管不尽一致,但前述的返还机制意味着二者在实质上仍然是一致的,即其责任范围均为融资款本息,这也符合担保的从属性原则。

应当看到,与所有权保留、融资租赁系以保留或转让所有权作为担保不同,有追索权保理系以转让债权的方式提供担保,而债权作为对人权,其"物权"属性并不容易判断，反而更容易与保证相联系。这也是有追索权保理在担保功能上出现不同理解的根源。当然，在将有追索权保理解释为债权让与担保的情况下，其与应收账款质押在制度上的差别极小。从立法论的角度看，在《民法典》已经规定应收账款质押的情况下，有无必要再规定有追索权保理值得探讨。

7. 关于让与担保

让与担保是指债务人或者第三人为担保债务的履行，将标的物转移给他人，于债务不履行时，该他人可就标的物受偿的一种非典型担保。将标的物转移给他人的债务人或第三人形式上是转让人，实质上是担保人；受领标的物的债权人形式上是受让人，实质上是担保权人。为行文方便起见如无特别说明，下文从形式的角度将其称为转让人和受让人。根据标的物的不同，让与担保包括动产让与担保、股权让与担保以及不动产让与担保等类型。《物权法》没有规定让与担保制度，但由于其具有融资灵活、交易成本较低、第三人阻碍债权实现的可能性小等优势，让与担保一直在担保实践中扮演着重要角色。准确理解股权让与担保，既需要了解让与担保的一般原理，又需要关注股权作为兼具财产权和成员权属性的复合型权利的特点。

（1）让与担保的概念

准确理解让与担保，要将其与财产权转让相区别。让与担保从形式上看往往表现为财产权转让，但二者又性质有别，不可混淆。一方面，从合同目的看，财产权转让是当事人出于转让财产权目的而签订的协议，出卖人的主要义务是转让财产权，买受人的主要义务是支付转让款。而让与担保的目的在于为主债务提供担保，受让人通常无须为此支付对价，同时对于受让的财产权，未届债务清偿期前"受让人"不得行使和处分。另一方面，让与担保作为一种非典型担保，属于从合同的范畴。与此相对应，往往还会存在一个主合同。而财产权转让一般不存在类似问题。因此，是否存在主合同是判断一个协议是财产转让协议还是让与担保的重要标准。

准确理解让与担保，还要将其与典型的担保物权如抵押、质押相区别。抵押、质押是法定的担保物权，而让与担保则是非典型担保，是否具有物权效力尚存争议。尽管我们认为，已经完成公示的让与担保可以参照适用最相类似的动产质押、不动产抵押以及股权质押，但二者并非完全相同，主要表现在，在让与担保场合，存在着表里不一的问题：在内部关系上，根据当事人的真实意思表示，应当认定为是担保。但在外部关系上，鉴于实质上的债权人形式上却是所有人或者股东,因而往往面临着其应否承担所有人或者股东权利义务等问题,且在其将财产转让给他人的,还存在根据善意取得制度取得相应财产权的问题。

(2)关于让与担保的合同效力

在我国现阶段理论和实务界中,当事人、金融机构、法院以及多数学者均倾向于不否认让与担保合同的效力。之所以还有人认为让与担保合同无效,主要是受传统民法有关通谋虚伪意思表示说、违反物权法定说、流质契约说等学说的影响。针对前述学说,现逐一分析如下:

一是关于虚伪意思表示问题。比较法上确实曾经有过从虚伪意思表示的角度看待让与担保的学说,但目前此种学说基本上已被摒弃。即便从虚伪表示的角度看待让与担保如股权让与担保,根据《民法典》第146条第2款有关"以虚假的意思表示隐藏的民事法律行为的效力,依照有关法律规定处理"的规定,虚假的意思表示即股权转让协议因其并非当事人真实的意思表示而无效,而隐藏的行为即让与担保行为则要根据合同法的相关规定来认定其效力。让与担保本身并不存在违反法律、行政法规的强制性规定的情形,依法应当认定有效。因此,以虚伪意思表示为由认定让与担保无效缺乏法律依据。

二是关于是否违反物权法定原则问题。物权法定原则意味着,如果认定某一种权利是物权,就必须要有法律依据。据此,如果认定已经完成了公示的股权让与担保具有物权效力,就要将其纳入现行法之中,或将其解释为是股权质押;或从物权法定缓和的角度,认为让与担保是习惯法上的物权,从而具有物权效力。但根据区分原则,物权法定原则本身并不影响合同效力。就让与担保合同而言,如果符合物权法定原则要求的,可以认定其具有物权效力。反之,不符合物权法定原则要求的,则不具有物权效力,但这并不影响合同本身的效力。以物权法定为由否定合同的效力,不符合区分原则。

三是关于是否违反流质(或流押)条款问题。我国物权法明确禁止流质(或流押),禁止质权人(或抵押权人)在债务履行期限届满前与出质人(或抵押人)约定债务人不履行债务时质押(或抵押)财产归债权人享有,以避免债权人乘债务人之急迫而滥用其优势地位,通过压低担保物价值的方式获取暴利。因此,当事人在让与担保合同中约定,一旦债务人到期不能清偿债务,财产归债权人所有的,该约定因违反禁止流质(或流押)的强制性规定而部分无效。但根据无效法律行为的转化理论,因违反流质(或流押)条款无效的部分,应当转化为清算型担保,从而不影响合同中其他条款的效力。也就是说,物权法关于禁止流质(或流押)的规定在否定事前归属型让与担保效力的同时,反而为清算型让与担保指明了方向,这也恰是实践中鲜有以违反流质(或流押)为由否定让与担保合同效力的原因:只要我们将其解释为是清算型让与担保,就不存在违反流质(或流押)的问题。更何况作为一种担保方式,让与担保合同中的受让人实质上并不享有所有权或股权,而仅居于担保权人地位,因而不存在流质(或流押)的问题。

(3)关于让与担保的物权效力问题

首先,让与担保具有物权效力的前提是,当事人根据合同约定已经完成财产权利变动的公示,形式上已经将财产转让至债权人名下。具体来说,动产已经交付债权人,不动产或者股权已经变更登记在债权人名下。仅签订合同,未完成财产权利变动公示的所谓的"后让与担保",不具有物权效力。

其次,此处所谓的物权效力,指的是参照适用最相类似的担保物权,享有优先受偿的权利。其中动产、不动产以及股权让与担保分别参照适用动产质押、不动产抵押以及股权质押的规定,将财产拍卖、变卖、折价,并以所得价款优先受偿。让与担保参照适用最相类似的担保物权,面临的主要问题是,公示的是所有权或者股权变动,而实际上享有的却是担保物权,二者存在不一致的情形,而这恰是非典型担保和典型担保的区别之处。根据"举重以明轻"的解释规则,将登记的所有权或者股权解释为担保物权,并不损害相对人的利益,因此参照适用在价值上是妥当的。

最后,尽管债权人形式上享有所有权或者股权,但鉴于其实质上享有的仅是担保物权,因而其请求确认对财产享有所有权或者股权的,人民法院不予支持。实践中,鉴于财产权已经形式上转让至债权人名下,不排除个别债权人以实际权利人自居并试图行使所有权或者股权的情形,为此,债务人也可以根据《民事诉讼法》有关"实现担保物权案件"的相关规定,请求对该财产拍卖、变卖、折价,将所得价款用于清偿所欠债务。

(4)关于股权让与担保的特殊问题

与动产、不动产的让与担保仅涉及财产权利不同,股权因为兼具财产权和成员权的双重属性,认定名义股东是债权人还是股东,对当事人影响巨大。因为一方面如果是股东,则其既可以参与经营管理,也可以分红;但另一方面,股东也可能需要承担抽逃出资责任,在公司破产时根据"深石原则",其权利要劣后于一般债权人。不仅如此,认定名义股东是债权人还是股东,还会影响公司以及债权人利益,因而有必要对股权让与担保进行特别分析。

一是关于形式受让人是股东还是债权人的问题。股权让与担保办理的是过户登记,而这涉及老股东是否需要放弃优先购买权问题。如果转让人将让与担保的真实意思告诉了公司及其他股东,则即便受让人在公司的股东名册上进行了记载,也仅是名义股东,不得对抗公司及其他股东。此时,作为名义股东,其并不享有股东的权利,即既不享有股权中的财产权,也不享有股权中的成员权。反之,如果转让人并未告知公司及其他股东实情,而是告知他们是股权转让,则法律也要保护此种信赖。在此情况下,一旦受让人在公司的股东名册上进行了记载,即便真实的意思是股权让与担保,受让人仍然可以行使股东权利,包括财产权和成员权。从举证的角度看,首先要看受让人是否已在股东名册上进行了记载。如果已经作了记载的,原则上应推定受让人具有股东资格,但公司或其他股东可以举反证予以推翻,此种反证包括股东会或董事会有关让与担保的决议、转让人向其他股东发送的关于股权让与担保的通知等证据。反之,如果股东名册未作记载的,即便已经完成了工商变更,也应当推定受让人并无股东资格,除非其他股东予以认可。在其他股东认可的情况下,转让人同样可以举反证予以推翻。

二是关于应否承担抽逃出资责任问题。《公司法规定(三)》第14条第2款规定:公司债权人请求抽逃出资的股东在抽逃出资本息范围内对公司债务不能清偿的部分承担补充赔偿责任,协助抽逃出资的其他股东、董事、高级管理人员或者实际控制人对此承担连带责任的,人民法院应予支持;抽逃出资的股东已经承担上述责任,其他债权人提出相同请求的,人民法院不予支持。登记为名义股东的受让人,在实现债权后不再担任名义股东,而此时公司又不能清偿债务的,债权人能否据此请求其对公司债务不能清偿的部分承担补充赔偿责任? 这就涉及应将受让人视为股东还是有担保的债权人的问题。鉴于登记为名义股东的受让人本质上是有担保的债权人而非股东,且其实现债权行为是合法行为,加之其取得债权往往是支付对价的,一般不存在抽逃出资问题。因此,不能根据前述规定让其承担补充赔偿责任。

还要看到,受让人作为名义股东,在其以股东身份对股权进行处分,如将股权转让或设定质押的情况下,第三人基于对登记的信赖可能基于善意取得制度取得股权或股权质押。此时,转让人无权向该善意第三人主张返还股权,只能请求受让人承担侵权责任,这也是股权让与担保这一担保模式自身蕴含的风险。

三是关于股权让与担保权的实现问题。履行期限届满后,债务人未履行债务的,就存在股权让与担保的实现问题。在公众公司中,股权具有市场价格,在一定程度上相对容易确定,但是也面临股权价格可能在短时间内发生较大波动,股权清算时间点的确定问题。而有限责任公司的股权因其不存在市场公开价格,如果双方能就股权价格达成合意的,当然更好。此时,因为是事后达成的合议,不存在违反流质条款的问题。如果双方不能就价格达成合议的,只能通过变卖、拍卖等方式确定股权的价格,从而可能涉及老股东的优先购买权等问题,远较动产让与担保复杂。

(二)适用情况

本条包括两个层次的内容:

一是主要内容是有关担保物权从属性的规定。从司法实践的角度看,主要包括在主合同无效情况下依据本条规定认定担保合同无效,进而依法认定各方当事人的责任。准确理解本条规定,还要从与保证相区别的角度来理解,如未办理登记的不动产抵押合同,在抵押权未能有效设立时,抵押合同约定违约责任的,债权人也可以请求担保人在抵押财产的价值范围内承担违约责任,此点显然有别于保证。

二是对有关非典型担保的规定,此系《民法典》新增规定。其中,从功能主义担保角度构建所有权保留、融资租赁,此前并无对应的司法实践。但让与担保、有追索权保理司法实践一直都有,只是一直存在争议罢了。尤其是有追索权的保理,《民法典》规定与此前对其的认知并不一致,《民法典》出台后理论与实务中认识不一,亟待统一裁判尺度。

【相关法律、行政法规】

(一)相关法律

1.《中华人民共和国民法典》(2020年5月28日通过)

第六百四十一条　【所有权保留的概念】当事人可以在买卖合同中约定买受人未履行支付价款或者其他义务的,标的物的所有权属于出卖人。

出卖人对标的物保留的所有权,未经登记,不得对抗善意第三人。

【适用要点】该条是有关所有权保留的规定,包括以下内容:一是当事人可以在买卖合同中约定保留所有权,作为对未付款项的担保。二是明确保留所有权交易可以进行登记,登记具有对抗效力。《民法典》施行后,我国已经建立了统一的动产和权利担保登记公示系统,所有权保留可以在该系统上登记。三是该条尽管并未明确所有权保留的标的范围,但从司法实践看,其标的限于动产,不包括不动产。

第六百四十二条 【**出卖人的取回权**】当事人约定出卖人保留合同标的物的所有权,在标的物所有权转移前,买受人有下列情形之一,造成出卖人损害的,除当事人另有约定外,出卖人有权取回标的物:

(一)未按照约定支付价款,经催告后在合理期限内仍未支付;

(二)未按照约定完成特定条件;

(三)将标的物出卖、出质或者作出其他不当处分。

出卖人可以与买受人协商取回标的物;协商不成的,可以参照适用担保物权的实现程序。

【**适用要点**】该条是有关所有权保留交易中出卖人取回权的规定。准确理解该条,要注意把握以下几点:一是出卖人保留的所有权,有所有权构成说与担保权构成说两种不同的解释,在不同的解释框架下,取回权的性质也有所不同。本书采担保权构成说,认为取回的目的不在于对物的支配,而在于通过再出卖后以所得价款优先受偿。也就是说,出卖人享有的取回权不过是其实现担保权的手段,与破产法上的取回权判然有别。二是在担保权构成说下,买受人对标的物享有处分权,因而只有在其构成"不当"处分时,出卖人始得行使取回权。三是该条第2款明确规定当事人协商不成的,参照适用担保物权的实现程序,主要是指直接依照《民事诉讼法》有关"实现担保物权案件"的程序直接请求拍卖、变卖标的物,凸显了所有权保留的担保权属性。四是出卖人取回标的物不以解除合同为前提,与融资租赁情况下出租人的取回权不同。

第六百四十三条 【**买受人的回赎权及出卖人的再出卖权**】出卖人依据前条第一款的规定取回标的物后,买受人在双方约定或者出卖人指定的合理回赎期限内,消除出卖人取回标的物的事由的,可以请求回赎标的物。

买受人在回赎期限内没有回赎标的物,出卖人可以以合理价格将标的物出卖给第三人,出卖所得价款扣除买受人未支付的价款以及必要费用后仍有剩余的,应当返还买受人;不足部分由买受人清偿。

【**适用要点**】该条是有关买受人的回赎权以及出卖人的再出卖权的规

定,包含以下层次的内容:一是在出卖人取回标的物后,买受人享有回赎权。二是在买受人未及时回赎的情况下,出卖人享有再出卖权,所得价款在扣除买受人未支付的价款以及必要费用后仍有剩余的,应当返还买受人;不足部分由买受人清偿,即"多退少补"。

第七百三十五条　【融资租赁合同的概念】融资租赁合同是出租人根据承租人对出卖人、租赁物的选择,向出卖人购买租赁物,提供给承租人使用,承租人支付租金的合同。

【适用要点】该条是有关融资租赁合同概念的规定。在融资租赁合同中,出租人是所有权人,但租赁物交由承租人占有使用,合同存续期间,租赁物作为承租人未付租金的担保。从这一意义上说,其与所有权保留合同颇为相似,均系具有担保功能的合同。

第七百四十五条　【融资租赁登记的效力】出租人对租赁物享有的所有权,未经登记,不得对抗善意第三人。

【适用要点】该条是有关融资租赁登记效力的规定,仅从该条的规定看,因为融资租赁租赁物的所有权需要在动产和权利担保登记公示系统进行登记,且其采登记对抗主义,似只能得出融资租赁仅适用于动产不适用于不动产的结论。但当船舶、航空器、交通运输工具作为租赁物,并不在该系统登记。不动产的融资租赁,只要不动产登记簿上对租赁物可以作担保性所有权等类似于"抵押权"等的记载,完全可以保护各方当事人的合法权益。就此而言,不能仅凭该条规定就否定不动产可以作为融资租赁的标的。

第七百五十三条　【出租人的解约权】承租人未经出租人同意,将租赁物转让、抵押、质押、投资入股或者以其他方式处分的,出租人可以解除融资租赁合同。

【适用要点】该条是有关出租人解约权的规定,主要适用于承租人未经出租人同意将租赁物以转让等方式进行处分的情形。准确理解该条,要着眼于与所有权保留相区别的角度:一是在融资租赁中,承租人并无处分权,故其未经出租人同意所为的处分构成无权处分,应视相对人是否善意而异其处理;相对人为善意的,可以依据善意取得的规定取得租赁物。在相对人善意取得租赁物的情况下,就不存在出租人解除合同进而取回租赁物的问题,因而不能适用该条规定。反之,相对人为恶意的,出租人方可请求撤销该处分行为,并依据该条规定请求解除融资租赁合同。在相对人善恶意的认定上,在融资租赁合同已经依法登记的情况下,相对人为恶意;未依法登记的,则推定相对人为善意,由出租人举证证明相对人系恶意。而在所有权保留中,买受人具有处分权,其所为的处分行为系有权处分,不存在相对人善意取得问题。另外,正因为买受人有权处分标的物,故只有在其处分行为构成"不当"处分时,出卖人始得行使取回权。二是在融资租赁合同中,出租人只有在解除融资租赁合同的情况下,才能依据返还原物的法理取得租赁物的所有权。但在所有权保留中,出卖人行使取回权不以解除合同为条件。综合前述分析,《民法典》有关融资租赁合同的规定,基本沿袭了《合同法》的规定,而《合同法》又是在形式主义背景下规定所有权的,故《民法典》在认为融资租赁具有担保功能的同时,又沿袭原来的所有权构成说来规制融资租赁,在一定程度上存在矛盾。另外,在对所有权保留采担保权构成说的情况下,又从所有权构成说的角度对融资租赁进行规定,使得原本最为近似的两个制度,却有不同的规定,也可能面临体系冲突的问题。

第七百五十七条 【融资租赁期满后租赁物的归属】出租人和承租人可以约定租赁期限届满租赁物的归属;对租赁物的归属没有约定或者约定不明确,依据本法第五百一十条的规定仍不能确定的,租赁物的所有权归出租人。

【适用要点】该条是有关融资租赁期限届满后租赁物归属的规定,包括两个规则:一是意思自治原则,允许当事人约定租赁物的归属。据此,当事人既可以约定归出租人所有,也可以约定归承租人所有。但不论如何约定,在融资租赁期间,租赁物都归出租人所有。二是没有约定或约定不明的,租赁物归出租人所有。之所以作此规定,是对融资租赁采所有权构成说的结果。如采担保权构成说,理应归承租人所有。

第七百六十一条 【保理合同的概念】保理合同是应收账款债权人将现有的或者将有的应收账款转让给保理人,保理人提供资金融通、应收账款管理或者催收、应收账款债务人付款担保等服务的合同。

【适用要点】该条是有关保理合同概念的规定,准确理解该条,要注意以下几点:一是保理合同必须要具备应收账款转让的内容,即应收账款债权人将其应收账款转让给保理人。无追索权保理本质上就是应收账款转让,而在有追索权保理中,应收账款的转让本质上属于债权让与担保,作为对保理合同项下融资款本息的担保。可见,二者尽管在形式上都是应收账款转让,但本质上有所不同。二是除应收账款转让外,保理人要至少提供该条所列四项服务中的一项。根据保理人提供服务的不同,保理又可以分为融资型保理和服务型保理。有追索权保理和无追索权保理均属融资型保理。后三项服务对应的服务型保理,《民法典》尽管并无具体条文进行细化规定,但是为《民法典》所明文承认的保理的内容,在实践中适用时应予注意。

第七百六十六条　【有追索权保理】当事人约定有追索权保理的,保理人可以向应收账款债权人主张返还保理融资款本息或者回购应收账款债权,也可以向应收账款债务人主张应收账款债权。保理人向应收账款债务人主张应收账款债权,在扣除保理融资款本息和相关费用后有剩余的,剩余部分应当返还给应收账款债权人。

【适用要点】该条是有关有追索权保理的规定,准确理解该条,要注意以下几点:一是在有追索权保理中,保理人既可以向应收账款债权人主张返还保理融资款本息或者回购应收账款债权,也可以向应收账款债务人主张应收账款债权。而不是应当先向某一方主张权利,然后再向另一方主张权利。二是尽管从形式上看,保理人向债权人与债务人主张的权利范围不尽一致,一个是融资款本息,一个是应收账款债权,但保理人向应收账款债务人主张应收账款债权时,要在扣除保理融资款本息和相关费用后将剩余部分返还给应收账款债权人。该规定表明,保理人所得请求的只能是融资款本息,应收账款债权人与债务人对保理人承担的责任范围均限于融资款本息,即应收账款债权人与债务人对保理人承担的是连带责任。三是前述规定表明,应收账款债权人既是保理合同项下的债务人,同是也通过将其对应收账款债务人的债权转让给保理人的方式提供担保,所担保的主债权系融资款本息,担保的方式为债权让与担保,故其同时也是担保人。

第七百六十八条　【保理合同之间的优先顺位】应收账款债权人就同一应收账款订立多个保理合同,致使多个保理人主张权利的,已经登记的先于未登记的取得应收账款;均已经登记的,按照登记时间的先后顺序取得应收账款;均未登记的,由最先到达应收账款债务人的转让通知中载明的保理人取得应收账款;既未登记也未通知的,按照保理融资款或者服务报酬的比例取得应收账款。

【适用要点】该条是有关应收账款债权人就同一应收账款订立多个保理合同时如何确定清偿顺序的规定,参照的是《民法典》第 414 条的规定:已登记的优先于未登记的;登记在先的优先于登记在后的;均未登记的,按照通知债务人的在先受偿;既未登记也未通知的,按照保理融资款或者服务报酬的比例受偿。

2.《中华人民共和国民事诉讼法》(1991 年 4 月 9 日通过,2021 年 12 月

24 日修正)

第二百零三条　【实现担保物权程序的申请人以及管辖法院】申请实现担保物权,由担保物权人以及其他有权请求实现担保物权的人依照民法典等法律,向担保财产所在地或者担保物权登记地基层人民法院提出。

【适用要点】该条是有关实现担保物权程序的申请人以及管辖法院的规定,可以准用于所有权保留、融资租赁以及让与担保,但不适用于有追索权保理。对该项的详细阐述,详见本书对《民法典》第 386 条的分析。

第二百零四条　【实现担保物权的方式】人民法院受理申请后,经审查,符合法律规定的,裁定拍卖、变卖担保财产,当事人依据该裁定可以向人民法院申请执行;不符合法律规定的,裁定驳回申请,当事人可以向人民法院提起诉讼。

【适用要点】该条是以非诉方式实现担保物权的规定,可以准用于所有权保留、融资租赁以及让与担保,但不适用于有追索权保理。对该项的详细阐述,详见本书对《民法典》第 386 条的分析。

3.《中华人民共和国企业破产法》(2006 年 8 月 27 日通过)

第十八条　【双方均未履行完毕的合同】人民法院受理破产申请后,管理人对破产申请受理前成立而债务人和对方当事人均未履行完毕的合同有权决定解除或者继续履行,并通知对方当事人。管理人自破产申请受理之日起二个月内未通知对方当事人,或者自收到对方当事人催告之日起三十日内未答复的,视为解除合同。

管理人决定继续履行合同的,对方当事人应当履行;但是,对方当事人有权要求管理人提供担保。管理人不提供担保的,视为解除合同。

【适用要点】该条是有关双方均未履行完毕的合同,当事人破产时管理人有权决定解除或者继续履行。如果将所有权保留合同作为双方均未履行完毕的合同,则任一合同当事人破产,其管理人均享有选择权。反之,如采保权构成说,在标的物交付买受人时,买受人已经取得了所有权,仅是出卖人的价款债权没有得到完全实现而已。因此,管理人不仅不能擅自解除合同,而且还应继续履行合同。

（二）相关行政法规

1.《优化营商环境条例》(2019 年 10 月 8 日通过)

第四十七条第二款　【推动建立统一的动产和权利担保登记公示系统】

国家推动建立统一的动产和权利担保登记公示系统,逐步实现市场主体在一个平台上办理动产和权利担保登记。纳入统一登记公示系统的动产和权利范围另行规定。

【适用要点】出于优化营商环境的需要,《优化营商环境条例》明确规定,要推动建立统一的动产和权利担保登记公示系统,逐步实现市场主体在一个平台上办理动产和权利担保登记。

2.《国务院关于实施动产和权利担保统一登记的决定》(国发〔2020〕18号,2020年12月22日公布)

二、纳入动产和权利担保统一登记范围的担保类型包括:

(一)生产设备、原材料、半成品、产品抵押;

(二)应收账款质押;

(三)存款单、仓单、提单质押;

(四)融资租赁;

(五)保理;

(六)所有权保留;

(七)其他可以登记的动产和权利担保,但机动车抵押、船舶抵押、航空器抵押、债券质押、基金份额质押、股权质押、知识产权中的财产权质押除外。

【适用要点】依据该条规定,融资租赁、保理、所有权保留可以在动产和权利担保登记公示系统上进行登记,此种登记具有对抗效力。但这并不意味着所有的非典型担保都在该系统上进行登记。其一,以机动车、船舶、航空器等特殊动产为对象的所有权保留、融资租赁,在相应的主管部门登记;以不动产为对象的融资租赁在不动产登记部门进行登记。其二,让与担保要视标的物是动产、不动产还是股权等的不同,或通过占有或通过登记等方式进行公示。

【司法解释及规范性司法文件】

(一)司法解释

本条包括两方面内容:一是担保物权的从属性。鉴于本书已在《民法典》第682条中详细阐释过保证的从属性,对与保证相一致的内容,此处不再重复,仅对担保物权与保证在从属性上有所不同的条文进行阐释。二是关于非典型担保,主要就相关司法解释直接涉及非典型担保的内容进行介绍。

1.《最高人民法院关于适用〈中华人民共和国民法典〉有关担保制度的解释》(法释〔2020〕28号,2020年12月25日通过)

第一条 【司法解释的适用范围】因抵押、质押、留置、保证等担保发生的纠纷,适用本解释。所有权保留买卖、融资租赁、保理等涉及担保功能发生的纠纷,适用本解释的有关规定。

【适用要点】该条是有关《民法典担保制度解释》适用范围的规定,明确该司法解释适用于典型担保和非典型担保。就非典型担保来说,该条明确了以下几点:一是非典型担保主要包括所有权保留买卖、融资租赁、有追索权保理以及让与担保等合同。二是考虑到所有权保留买卖、融资租赁等已有专门的司法解释对其进行规定,保理未来也有可能出新的司法解释,故此类合同只有在因担保事项发生纠纷时才适用该解释。除该解释第四部分专门针对非典型担保作出的规定外,其他有关保证、担保物权的规定,只有在明确涉及非典型担保时才能适用于非典型担保。对于没有明确涉及的内容,要想使其适用于非典型担保,必须要进行详细说理,阐述类推适用的原因。三是从该解释第四部分有关非典型担保的规定看,其可以参照适用担保物权的规则,主要包括以下内容:有关登记对抗的规则,有关担保物权的顺位规则,有关担保物权的实现规则。

第三条 【担保范围的从属性】当事人对担保责任的承担约定专门的违约责任,或者约定的担保责任范围超出债务人应当承担的责任范围,担保人主张仅在债务人应当承担的责任范围内承担责任的,人民法院应予支持。

担保人承担的责任超出债务人应当承担的责任范围,担保人向债务人追偿,债务人主张仅在其应当承担的责任范围内承担责任的,人民法院应予支持;担保人请求债权人返还超出部分的,人民法院依法予以支持。

【适用要点】该条是有关担保范围从属性的规定。应予注意的是,该条主要是针对保证合同的规定,在当事人提供物上保证时,以不动产抵押为例,在当事人仅签订了不动产抵押合同但未办理抵押登记场合,依据《民法典担保制度解释》第46条之规定,如果抵押合同并未就办理抵押登记约定专门违约责任的,此时要看抵押人对未办理登记有无过错来认定其责任:抵押财产因不可归责于抵押人自身的原因灭失或者被征收等导致不能办理抵押登记,即抵押人无过错的,抵押人原则上不再承担责任,但抵押人已经获得保险金、赔偿金或者补偿金等代位物的,仅在所获代位物范围内承担责任;因抵押人转让抵押财产或者其他可归责于抵押人自身的原因导致不能办理抵押登记，即抵押人有过错的，抵押人应当在约定的担保范围内承担责任，但是不得超过抵押权能够设立时抵押人应当承担的责任范围。鉴于抵押合同并未对不能办理抵押登记约定专门的违约责任，从体系化解释的角度看，可以将此种责任理解为是以担保财产价值为限的非典型保证。但如果抵押合同对不能办理抵押登记约定专门违约责任的，鉴于抵押人仅在抵押财产的价值范围内承担责任，并不一定与债务人承担相同的责任。因而，只要约定的违约责任并未超过抵押权有效设立时抵押人本应承担的责任，并不违反前述规定尤其是《民法典担保制度解释》第 3 条第 1 款规定的精神。因此，也可以将此时抵押人承担的责任理解为是一种违约责任。可见，在担保物权中，有违约责任存身的空间，此点与保证存在区别。

第六条　【学校、幼儿园等提供担保】以公益为目的的非营利性学校、幼儿园、医疗机构、养老机构等提供担保的，人民法院应当认定担保合同无效，但是有下列情形之一的除外：

（一）在购入或者以融资租赁方式承租教育设施、医疗卫生设施、养老服务设施和其他公益设施时，出卖人、出租人为担保价款或者租金实现而在该公益设施上保留所有权；

（二）以教育设施、医疗卫生设施、养老服务设施和其他公益设施以外的不动产、动产或者财产权利设立担保物权。

登记为营利法人的学校、幼儿园、医疗机构、养老机构等提供担保，当事人以其不具有担保资格为由主张担保合同无效的，人民法院不予支持。

【适用要点】该条是有关既可能是非营利法人也可能是营利法人的学校等提供担保的规定，该条第 1 款第 1 项明确规定，以公益为目的的非营利性学校、幼儿园、医疗机构、养老机构等原则上不具有担保资格，但因其也有融资需求，故例外情况下允许其以教育设施、医疗卫生设施、养老服务设施和其他公益设施设立融资租赁或者所有权保留。究其根源，还在于担保化了的所有权保留毕竟仍属买卖合同的范畴，在当事人并未就买卖标的物以外的财产另行提供担保的情况下，可以不用考虑担保资格问题。

第十七条　【担保合同无效的法律后果】主合同有效而第三人提供的担保合同无效，人民法院应当区分不同情形确定担保人的赔偿责任：

（一）债权人与担保人均有过错的，担保人承担的赔偿责任不应超过债务人不能清偿部分的二分之一；

（二）担保人有过错而债权人无过错的，担保人对债务人不能清偿的部分承担赔偿责任；

（三）债权人有过错而担保人无过错的，担保人不承担赔偿责任。

主合同无效导致第三人提供的担保合同无效，担保人无过错的，不承担赔偿责任；担保人有过错的，其承担的赔偿责任不应超过债务人不能清偿部分的三分之一。

【适用要点】该条是有关担保合同无效的法律后果的规定，适用于保证以及第三人提供物保的情形，但不适用于债务人自身提供物保的情形。在债务人自身提供物保场合，应视有无其他担保来处理：（1）在仅债务人自身提供物保没有其他担保的情况下，债务人自身提供的物保不论因何种原因无效（不论是自身无效还是因主合同无效而无效，下同），其结果都是担保物权因无效而不具有优先受偿效力。（2）同一债权上还有其他担保，主合同有效而债务人自身提供的担保无效的，其他担保人仍然可以参照《民法典》第392条之规定，在其他担保人与债权人就债权实现并无明确约定的情况下，主张债权人先执行债务人自身提供的物保，并仅就剩余部分依法承担补充责任；主合同无效导致所有担保均无效，其他担保人仅承担缔约过失责任场合，但不影响其提出前述抗辩，因为即便其与债权人对债权实现作出特别约定，该约定也归于无效。另外，即便就第三人提供的物保来说，此种物保无效也与保证合同无效有所区别。在第三人提供的物保无效场合，考虑到担保物权是担保人以担保财产的价值为限承担责任，故抵押人承担的责任除不应超过债务人不能清偿部分的1/3外，还应加上不得超过担保财产价值的限制，否则，很有可能会出现抵押合同无效场合其所应承担的责任大于抵押权有效设立时其所应承担的责任的不合理现象。

第四十六条 【未办理登记的不动产抵押合同的效力】不动产抵押合同生效后未办理抵押登记手续，债权人请求抵押人办理抵押登记手续的，人民法院应予支持。

抵押财产因不可归责于抵押人自身的原因灭失或者被征收等导致不能办理抵押登记，债权人请求抵押人在约定的担保范围内承担责任的，人民法院不予支持；但是抵押人已经获得保险金、赔偿金或者补偿金等，债权人请求抵押人在其所获金额范围内承担赔偿责任的，人民法院依法予以支持。

因抵押人转让抵押财产或者其他可归责于抵押人自身的原因导致不能办理抵押登记，债权人请求抵押人在约定的担保范围内承担责任的，人民法院依法予以支持,但是不得超过抵押权能够设立时抵押人应当承担的责任范围。

【适用要点】根据区分原则,在不动产抵押中,如果当事人签订抵押合同但未办理抵押登记,仅仅抵押权没有设立,抵押合同的效力不受影响。因此,债权人可以请求抵押人继续履行合同,以最终取得抵押权。但是在实践中,因种种原因,债权人请求继续履行抵押合同的诉讼请求无法获得支持,此时抵押人应当承担何种责任,有较大争议。本书认为,应当视抵押合同有无约定违约责任以及抵押人是否有过错来认定抵押人应否以及如何承担责任。一是看抵押合同有无约定违约责任。一般来说,当事人订立抵押合同的目的在于设定抵押权,很多抵押合同不会专门约定未办理抵押登记的违约责任。在此情况下,将抵押人的责任限于抵押物的价值,认为其是一种非典型保证责任有其合理性。但在抵押合同约定违约责任的情况下,只要没有超过抵押物的价值,让抵押人承担违约责任有其合理性,此点不同于保证。也就是说,基于人保与物保的区分,该条规定与《民法典担保制度解释》第 3 条规定并不矛盾。二是要考虑不能办理抵押登记的原因。因不可归责于抵押人的原因,如自然灾害导致标的物灭失,则抵押人仅在可能取得的代位物范围内承担违约损害赔偿责任;可归责于抵押人自身的原因不能办理抵押登记,如抵押人将抵押财产转让给他人,此时抵押人应在抵押物价值范围内承担违约损害赔偿责任。三是该条不仅适用于不动产抵押合同,而且也可类推适用于权利质押等以登记作为物权变动生效要件的其他担保物权。

第五十四条　【未办理登记的动产抵押的对抗效力】动产抵押合同订立后未办理抵押登记,动产抵押权的效力按照下列情形分别处理:

(一)抵押人转让抵押财产,受让人占有抵押财产后,抵押权人向受让人请求行使抵押权的,人民法院不予支持,但是抵押权人能够举证证明受让人知道或者应当知道已经订立抵押合同的除外;

(二)抵押人将抵押财产出租给他人并移转占有,抵押权人行使抵押权的,租赁关系不受影响,但是抵押权人能够举证证明承租人知道或者应当知道已经订立抵押合同的除外;

(三)抵押人的其他债权人向人民法院申请保全或者执行抵押财产,人民法院已经作出财产保全裁定或者采取执行措施,抵押权人主张对抵押财产优先受偿的,人民法院不予支持;

(四)抵押人破产,抵押权人主张对抵押财产优先受偿的,人民法院不予支持。

【适用要点】该条是有关未办理登记的动产抵押的对抗效力的规定,意在解决《民法典》第403条有关动产抵押中"非经登记,不得对抗善意第三人"的善意第三人范围问题。准确理解该条,要注意以下内容:一是这里的"善意第三人"应指已经取得物权的第三人或者是已经取得占有的买受人或者承租人,因为在第三人是普通债权人的情形下,基于物权优先于债权的民法理论,无论第三人为善意还是恶意,抵押权人都是可以对抗的。二是要对"第三人"进行类型化分析。在第三人为买受人时,涉及抵押权是否对买受人有追及效力,即抵押权人能否向买受人主张抵押权的问题;在第三人为承租人时,涉及租赁合同是否因标的物已经抵押而受到影响的问题,即抵押权实现时是否须带租拍卖。此外,为配合《民法典》消除隐形担保的努力,依据该条规定,如果抵押人的其他债权人已经申请人民法院对标的物采取了查封、扣押措施,也应认为未经登记的抵押权人不能向其主张优先受偿,而应采取"先到先得"的规则。三是在抵押人进入破产程序后,由于抵押人的其他债权人有些可能是善意的,有些则可能是恶意的,认定未经登记的抵押权具有对抗效力将可能带来不公平的结果,也与破产程序追求债权人公平受偿的理念相冲突,因此,未办理抵押登记的抵押权人主张优先受偿的,人民法院亦不应予以支持。

第五十六条 【正常经营买受人规则】买受人在出卖人正常经营活动中通过支付合理对价取得已被设立担保物权的动产,担保物权人请求就该动产优先受偿的,人民法院不予支持,但是有下列情形之一的除外:

(一)购买商品的数量明显超过一般买受人;

(二)购买出卖人的生产设备;

(三)订立买卖合同的目的在于担保出卖人或者第三人履行债务;

(四)买受人与出卖人存在直接或者间接的控制关系;

(五)买受人应当查询抵押登记而未查询的其他情形。

前款所称出卖人正常经营活动,是指出卖人的经营活动属于其营业执照明确记载的经营范围,且出卖人持续销售同类商品。前款所称担保物权人,是指已经办理登记的抵押权人、所有权保留买卖的出卖人、融资租赁合同的出租人。

【适用要点】该条是有关正常经营买受人规则的规定。准确理解该条,要注意把握以下几点:一是为防止抵押登记给社会生活带来过大的成本和负担,《民法典》第 404 条规定了正常经营买受人制度,旨在规定买受人在一定情况下不负有查询动产登记簿的义务,进而阻断担保权的追及效力。二是所谓的"正常经营活动",一方面是指出卖人在其营业执照明确记载的经营范围内从事经营活动且持续经营同类商品的销售,另一方面,依诚实信用原则,从买受人的角度看,如果买受人知道或者应当知道标的物已被设定担保物权时,其亦不能主张其权利可以阻却抵押权的追及效力。为了便于法官判断买受人是否可以豁免查询登记,该条参考域外经验,对不能豁免查询登记的情形作了列举性规定。三是考虑到《民法典》已将所有权保留买卖和融资租赁中的所有权规定为非典型担保物权,故该条的适用范围也应扩张到已经办理登记的所有权保留、融资租赁。应予注意的是,所有权保留交易一般可以适用正常经营买受人规则;融资租赁原则上可以,但依据该条第 1 款第 2 项之规定,"购买出卖人的生产设备"就不能适用该规则。故就融资租赁能否适用该规则来说,要视租赁物的不同而具体分析,不可概而论之。

第五十七条　【价款优先权】担保人在设立动产浮动抵押并办理抵押登记后又购入或者以融资租赁方式承租新的动产,下列权利人为担保价款债权或者租金的实现而订立担保合同,并在该动产交付后十日内办理登记,主张其权利优先于在先设立的浮动抵押权的,人民法院应予支持:

(一)在该动产上设立抵押权或者保留所有权的出卖人;

(二)为价款支付提供融资而在该动产上设立抵押权的债权人;

(三)以融资租赁方式出租该动产的出租人。

买受人取得动产但未付清价款或者承租人以融资租赁方式占有租赁物但是未付清全部租金,又以标的物为他人设立担保物权,前款所列权利人为担保价款债权或者租金的实现而订立担保合同,并在该动产交付后十日内办理登记,主张其权利优先于买受人为他人设立的担保物权的,人民法院应予支持。

同一动产上存在多个价款优先权的,人民法院应当按照登记的时间先后确定清偿顺序。

【适用要点】该条是有关价款优先权的规定,包括以下几层含义:一是明确了价款优先权适用的两种情形:(1)债务人在设定动产浮动抵押后又购入新的动产时,为担保价款的支付而在该动产上为出卖人设定抵押权。此种情形主要是为了解决中小企业在将现有的和将有的动产设定浮动抵押后的再融资能力问题,是价款优先权的典型适用场景。因为如果动产浮动抵押设定在前且已经办理登记，则抵押人新购入的动产也将自动成为浮动抵押权的客体，即使买受人在新购入的动产上为担保价款债权实现而为出卖人设定了抵押权，由于该抵押权登记在后，根据《民法典》第 414 条关于担保物权清偿顺序的规定，出卖人的交易安全也无法获得有效保障，从而影响到出卖人与抵押人进行交易的积极性。价款超级优先权旨在打破《民法典》第 414 条的清偿顺序，赋予后设立的抵押权优先于先设立的浮动抵押权的效力，从而增强了抵押人的再融资能力，其正当性是不言而喻的。(2)在动产买卖中，买受人通过赊销取得动产后立即为他人设定担保物权，出卖人为担保价款支付而在该动产上设定抵押权。此种情形主要是为了解决买受人尚未将以赊购方式买入的动产"捂热"即又在该动产上为第三人设定抵押权时出卖人交易安全的保护问题，它可能导致已经在标的物上设定抵押权的第三人的交易安全受到极大的威胁。二是考虑到实践中对价款支付进行担保的手段除了以标的物设定抵押权外，还存在所有权保留、融资租赁等方式，因此，该条明确规定在当事人采取所有权保留、融资租赁等方式担保价款支付时，应参照适用《民法典》第 416 条的规定。三是明确规定同一动产上存在多个价款优先权的，按照登记的时间先后确定清偿顺序。

第六十三条 【不能登记的担保合同】债权人与担保人订立担保合同，约定以法律、行政法规尚未规定可以担保的财产权利设立担保，当事人主张合同无效的，人民法院不予支持。当事人未在法定的登记机构依法进行登记，主张该担保具有物权效力的，人民法院不予支持。

【适用要点】《民法典》第 440 条对依法可以质押的权利作了封闭式的规定，即只要法律、行政法规没有规定可以质押的权利，就无法进行质押。但在实践中，当事人可能会将大量现行法律、行政法规没有规定可以质押的财产权利进行质押，此时如何认定担保合同的效力，存在争议。本书认为，虽然法律、行政法规尚未规定某类财产权利可以用于质押，但只是当事人因此无法办理质押登记而不能发生物权效力，并不意味着担保合同无效，因此，债权人请求按照担保合同的约定就该财产折价或者拍卖、变卖所得的价款等方式清偿债务的，人民法院依法予以支持，只是不能优先抵押人的其他债权人。

第六十四条 【所有权保留】在所有权保留买卖中，出卖人依法有权取回标的物，但是与买受人协商不成，当事人请求参照民事诉讼法"实现担保物权案件"的有关规定，拍卖、变卖标的物的，人民法院应予准许。

出卖人请求取回标的物，符合民法典第六百四十二条规定的，人民法院应予支持;买受人以抗辩或者反诉的方式主张拍卖、变卖标的物,并在扣除买受人未支付的价款以及必要费用后返还剩余款项的,人民法院应当一并处理。

【适用要点】《民法典》第642条规定在发生出卖人可以取回标的物的情形下,出卖人可以与买受人协商取回标的物;协商不成的,可以参照适用担保物权的实现程序。这里的"可以"不能理解为"只能",因此,在当事人不能协商取回标的物时,《民法典》实际上一方面允许当事人通过诉讼取回标的物,另一方面也认可当事人通过非讼程序的方式实现担保物权,因此在出卖人诉请取回标的物时,买受人可以请求对标的物进行拍卖、变卖,以清偿债务;在出卖人通过协商或者诉讼取回标的物后,如果买受人请求拍卖、变卖标的物,人民法院也应予以支持。

第六十五条　【融资租赁】在融资租赁合同中,承租人未按照约定支付租金,经催告后在合理期限内仍不支付,出租人请求承租人支付全部剩余租金,并以拍卖、变卖租赁物所得的价款受偿的,人民法院应予支持;当事人请求参照民事诉讼法"实现担保物权案件"的有关规定,以拍卖、变卖租赁物所得价款支付租金的,人民法院应予准许。

出租人请求解除融资租赁合同并收回租赁物,承租人以抗辩或者反诉的方式主张返还租赁物价值超过欠付租金以及其他费用的,人民法院应当一并处理。当事人对租赁物的价值有争议的,应当按照下列规则确定租赁物的价值:

(一)融资租赁合同有约定的,按照其约定;

(二)融资租赁合同未约定或者约定不明的,根据约定的租赁物折旧以及合同到期后租赁物的残值来确定;

(三)根据前两项规定的方法仍然难以确定,或者当事人认为根据前两项规定的方法确定的价值严重偏离租赁物实际价值的,根据当事人的申请委托有资质的机构评估。

【适用要点】该条是有关融资租赁的规定,包含以下几个方面的内容:一是就出租人的救济渠道来说,主要包括请求支付全部租金和收回租赁物两种。《民法典》第752条规定,如果承租人经催告后在合理期限内仍不支付租金,出租人既可选择请求支付全部租金,也可以选择解除合同,收回租赁物。二是就出租人请求支付全部租金而言,其既可以提起诉讼方式请求承租人支付全部剩余租金,并以拍卖、变卖租赁物所得的价款受偿;也可以请求参照《民事诉讼法》"实现担保物权案件"的有关规定，以拍卖、变卖租赁物所得价款支付租金。三是就收回租赁物来说，与所有权保留不同，依据《民法典》第752条之规定，收回租赁物的前提是解除合同。四是在出租人因解除合同而收回租赁物场合，收回的租赁物的价值超过承租人欠付的租金以及其他费用的，承租人可以请求相应返还。问题是，如果当事人就租赁物的价值发生争议，如何确定租赁物的价值？显然，由于出租人的目的是解除合同收回租赁物，因此承租人不能主张参照适用担保物权的实现程序由人民法院通过拍卖、变卖来确定租赁物的价值，也不能在诉讼程序中请求人民法院对租赁物进行拍卖、变卖来确定租赁物的价值。关于租赁物的价值，依据该条规定，融资租赁合同有约定的，按照其约定；融资租赁合同未约定或者约定不明的，可以根据约定的租赁物折旧以及合同到期后租赁物的残值来确定。如果根据前述方法仍难以确定，或者当事人认为依照前述方法确定的价值严重偏离租赁物实际价值的，可以请求人民法院委托有资质的机构评估。

第六十六条 【有追索权保理】同一应收账款同时存在保理、应收账款质押和债权转让，当事人主张参照民法典第七百六十八条的规定确定优先顺序的，人民法院应予支持。

在有追索权的保理中，保理人以应收账款债权人或者应收账款债务人为被告提起诉讼，人民法院应予受理；保理人一并起诉应收账款债权人和应收账款债务人的，人民法院可以受理。

应收账款债权人向保理人返还保理融资款本息或者回购应收账款债权后，请求应收账款债务人向其履行应收账款债务的，人民法院应予支持。

【适用要点】该条是有关有追索权保理的规定，包含以下几方面内容：一是有追索权保理与应收账款质押都是为了担保债权的实现。也正因如此，与同一应收账款可能发生多次质押或者多次转让一样，同一应收账款也可能发生多重保理。对此，《民法典》第768条就应收账款债权人就同一应收账款订立多个保理合同时，多个保理人之间如何受偿作出了明确规定。考虑到实践中也可能发生就同一应收账款同时存在保理、应收账款质押或者债权转让的情形，故上述规则应类推于就同一应收账款同时存在保理、应收账款质押或者债权让与的场合。二是关于有追索权保理，该条第2款明确保理人既可以单独起诉应收账款债权人或应收账款债务人，也可以一并起诉，其法理依据为：应收账款债权人既是保理合同项下的债务人，同时又以其对应收账款债务人的债权为保理人设定债权让与担保。保理人作为有担保的债权人，当然可以一并起诉。三是关于责任范围。鉴于所担保的主债权是融资款本息，故保理人尽管形式上可以应收账款债权为限请求应收账款债务人向其履行，但在扣除融资款本息和必要费用后如有剩余的，应当将剩余部分返还应收账款债权人。如此，其实质上可以向应收账款债务人请求的责任范围仍然是融资款本息。在应收账款债权人和债务人责任范围相同的情况下，可以认为二者对保理人承担的是连带责任。

第六十七条　【善意第三人的范围及效力】在所有权保留买卖、融资租赁等合同中，出卖人、出租人的所有权未经登记不得对抗的"善意第三人"的范围及其效力，参照本解释第五十四条的规定处理。

【适用要点】《民法典》第 388 条将所有权保留买卖、融资租赁和保理等界定为"其他具有担保功能的合同"，并于《民法典》第 641 条第 2 款、第 745 条分别规定了出卖人保留的所有权或者出租人享有的所有权"未经登记，不得对抗善意第三人"。这一规定与《民法典》第 403 条关于动产抵押"未经登记，不得对抗善意第三人"的规定是一致的，故应类推适用动产抵押的解释规则。

第六十八条　【让与担保】债务人或者第三人与债权人约定将财产形式上转移至债权人名下，债务人不履行到期债务，债权人有权对财产折价或者以拍卖、变卖该财产所得价款偿还债务的，人民法院应当认定该约定有效。当事人已经完成财产权利变动的公示，债务人不履行到期债务，债权人请求参照民法典关于担保物权的有关规定就该财产优先受偿的，人民法院应予支持。

债务人或者第三人与债权人约定将财产形式上转移至债权人名下，债务人不履行到期债务，财产归债权人所有的，人民法院应当认定该约定无效，但是不影响当事人有关提供担保的意思表示的效力。当事人已经完成财产权利变动的公示，债务人不履行到期债务，债权人请求对该财产享有所有权的，人民法院不予支持；债权人请求参照民法典关于担保物权的规定对财产折价或者以拍卖、变卖该财产所得的价款优先受偿的，人民法院应予支持；债务人履行债务后请求返还财产，或者请求对财产折价或者以拍卖、变卖所得的价款清偿债务的，人民法院应予支持。

债务人与债权人约定将财产转移至债权人名下，在一定期间后再由债务人或者其指定的第三人以交易本金加上溢价款回购，债务人到期不履行回购义务，财产归债权人所有的，人民法院应当参照第二款规定处理。回购对象自始不存在的,人民法院应当依照民法典第一百四十六条第二款的规定,按照其实际构成的法律关系处理。

【适用要点】该条是有关让与担保的规定。考虑到全国人大常委会法工委比较忌讳出现"让与担保"的提法,而世行营商环境评估中又对让与担保作出明确要求,司法解释对此作了折中处理:在关键词提炼时未出现"让与担保"字样,但对让与担保的内容作出了规定。实践中,让与担保主要包括附回购条款的财产转让合同、以物抵债协议、股权转让合同等合同形式。识别某一合同究竟是真正的财产转让合同还是让与担保合同,形式上要综合考虑是否存在被担保的主债权债务关系、是否存在回购条款等因素,实质上则要考察是否存在将财产形式上转让至债权人名下,实质上用于担保债务的履行的情形。

让与担保主要涉及三个层次的问题:一是合同是否有效,二是是否有物权效力,三是权利如何实现。对前两个问题,即让与担保合同有效,已经完成了公示的让与担保具有相当于担保物权的效力,目前已经基本达成了共识。关于让与担保的实现方式问题,有归属型清算和变价型清算两种模式,对于变价型清算,争议不大。至于应否采取归属型清算,有不同意见。本书倾向于不认可归属型清算,仅保留变价型清算,这样既符合当事人真实的意思表示,也有利于实现利益平衡。尤其是在股权让与担保中,如允许实行归属型清算,会使可能仅是进行财务投资的债权人事实上享有股东的权利,既不利于保护企业家的合法权益,也不一定符合投资者的真实意思,甚至还会引发金融资本对实业资本的压榨,故应予慎重对待。

第六十九条　【股权让与担保】股东以将其股权转移至债权人名下的方式为债务履行提供担保,公司或者公司的债权人以股东未履行或者未全面履行出资义务、抽逃出资等为由,请求作为名义股东的债权人与股东承担连带责任的,人民法院不予支持。

【适用要点】关于股权让与担保,鉴于名义股东本质上系有担保的债权人,而非股东,且其取得名义上的股权往往是付出对价的,因此,公司或者公司的债权人以股东未履行或者未全面履行出资义务、抽逃出资等为由,请求作为名义股东的债权人与股东承担连带责任的,人民法院不予支持。

2.《最高人民法院关于审理买卖合同纠纷案件适用法律问题的解释》

(法释〔2012〕8号;法释〔2020〕17号,2020年12月23日修正)

第二十五条　【所有权保留交易的客体】买卖合同当事人主张民法典第

六百四十一条关于标的物所有权保留的规定适用于不动产的,人民法院不予支持。

【适用要点】该条将所有权保留交易的客体限于动产,不包括不动产,符合客观实际,也避免了不必要的纷争。

第二十六条 【**出卖人取回权的限制**】买受人已经支付标的物总价款的百分之七十五以上,出卖人主张取回标的物的,人民法院不予支持。

在民法典第六百四十二条第一款第三项情形下,第三人依据民法典第三百一十一条的规定已经善意取得标的物所有权或者其他物权,出卖人主张取回标的物的,人民法院不予支持。

【适用要点】该条是有关出卖人取回权限制的规定,主要包括两种情形:一是买受人已经支付标的物总价款的75%以上,应当限制出卖人的取回权。在所有权构成说下,该规定有其积极意义。但在担保权构成说下,该规定的合理性存疑,有学者呼吁要适时删除该规定。二是在第三人善意取得标的物的情况下,出卖人也不能行使取回权。但该规定似与《民法典》第642条第1款第3项的规定不尽一致,因为依据《民法典》的规定,买受人对标的物享有处分权,只有在构成"不当"处分时出卖人始得行使取回权。既然买受人所为的是有权处分,自然不存在善意取得制度的适用余地。从这一意义上说,该条这两款规定都有进一步检讨的必要。

3.《最高人民法院关于人民法院民事执行中查封、扣押、冻结财产的规定》(法释〔2004〕15号;法释〔2020〕21号,2020年12月23日修正)

第十四条 【**所有权保留交易的出卖人作为被执行人**】被执行人将其财产出卖给第三人,第三人已经支付部分价款并实际占有该财产,但根据合同约定被执行人保留所有权的,人民法院可以查封、扣押、冻结;第三人要求继续履行合同的,向人民法院交付全部余款后,裁定解除查封、扣押、冻结。

【适用要点】该条是有关所有权保留交易出卖人作为被执行人时该如何处理的规定。依据该条规定,所有权保留中出卖人享有的仍是完全所有权,故其债权人可以查封、扣押、冻结出卖人保留所有权的财产。只是为了保护买受人的合法权益,只要买受人交完全部余款,就可以请求排除出卖人的债权人的执行。从该条规定看,采取的是所有权构成说。

第十六条 【**所有权保留交易的买受人作为被执行人**】被执行人购买第三人的财产,已经支付部分价款并实际占有该财产,第三人依合同约定保留所有权的,人民法院可以查封、扣押、冻结。保留所有权已办理登记的,第三人的剩余价款从该财产变价款中优先支付；第三人主张取回该财产的，可以依据民事诉讼法第二百二十七条规定提出异议。

【适用要点】该条是有关所有权保留交易买受人作为被执行人时该如何处理的规定。依据该条规定，在所有权保留场合，买受人的债权人可以查封、扣押保留所有权的财产，并且视出卖人是否已经办理登记来确定其能否从剩余价款中优先受偿，采取的又是担保权构成说，似与《查扣冻规定》第14条存在冲突。

4.《最高人民法院关于适用〈中华人民共和国企业破产法〉若干问题的规定(二)》（法释〔2013〕22号；法释〔2020〕18号，2020年12月23日修正）

第二条　【不属于破产财产的财产】下列财产不应认定为债务人财产：

（一）债务人基于仓储、保管、承揽、代销、借用、寄存、租赁等合同或者其他法律关系占有、使用的他人财产；

（二）债务人在所有权保留买卖中尚未取得所有权的财产；

（三）所有权专属于国家且不得转让的财产；

（四）其他依照法律、行政法规不属于债务人的财产。

【适用要点】该条是有关不属于破产财产的财产范围的规定，依据该条第1项、第2项之规定，融资租赁合同中承租人占有的租赁物、所有权保留中买受人实际占有的标的物，其所有权归出租人、出卖人所有。在承租人、买受人破产场合，前述财产不属于承租人、买受人的破产财产。

第三十四条　【所有权保留交易的一方当事人破产】买卖合同双方当事人在合同中约定标的物所有权保留，在标的物所有权未依法转移给买受人前，一方当事人破产的，该买卖合同属于双方均未履行完毕的合同，管理人有权依据企业破产法第十八条的规定决定解除或者继续履行合同。

【适用要点】该条以对所有权保留交易采所有权构成说，进而认为所有权保留交易属于双方均未履行完毕的合同为前提。在采担保权构成说的情况下，所有权保留合同并非双方均未履行完毕的合同，至少买受人已经取得了所有权，仅出卖人尚未取得全部价款而已。如此，管理人就不享有选择解除合同或继续履行合同的权利，下边基于管理人享有选择权而作的有关规定的合理性就存疑。如前所述，在所有权保留场合，目前存在的最大的问题是，《民法典》所采的担保权构成说在司法解释清理过程中并未得到有效贯彻，从而在一定程度上出现了矛盾。对该司法解释后续条文的理解，本书不再秉持批判立场，而是仅就相关规定进行梳理。

第三十五条　【出卖人破产场合管理人决定继续履行合同】出卖人破产,其管理人决定继续履行所有权保留买卖合同的,买受人应当按照原买卖合同的约定支付价款或者履行其他义务。

买受人未依约支付价款或者履行完毕其他义务,或者将标的物出卖、出质或者作出其他不当处分,给出卖人造成损害,出卖人管理人依法主张取回标的物的,人民法院应予支持。但是,买受人已经支付标的物总价款百分之七十五以上或者第三人善意取得标的物所有权或者其他物权的除外。

因本条第二款规定未能取回标的物,出卖人管理人依法主张买受人继续支付价款、履行完毕其他义务,以及承担相应赔偿责任的,人民法院应予支持。

【适用要点】该条是有关出卖人破产场合管理人决定继续履行合同的规定,包括以下内容:一是出卖人决定继续履行合同,意味着其要将标的物所有权转归买受人所有,相应地,买受人要支付剩余价款或履行其他义务。二是依据该条第 2 款之规定,在出卖人决定继续履行合同,而买受人未依约支付价款或者履行完毕其他义务时,出卖人依法享有取回权。但在出卖人享有选择权,而行使解除权也可取回标的物的情况下,在管理人选择继续履行场合仍然赋予出卖人以取回权不仅没有必要,也与管理人选择继续履行的初衷相悖。为避免出现此种矛盾现象,出卖人管理人在行使选择权时,可以考虑买受人的履行能力甚至征求买受人的意见再作选择。如此,一旦选择继续履行,就要将标的物所有权移转给买受人,由买受人继续支付价款即可,无须再赋予出卖人取回权;一旦选择解除合同,则与行使取回权效果相当,故取回权与解除权择一规定即可,不必同时规定。三是至于该条对出卖人取回权的两种限制,也与《民法典》第 642 条之规定不符,鉴于前文已有评述,此处及下文不再赘述。

第三十六条　【出卖人破产场合管理人决定解除合同】出卖人破产,其管理人决定解除所有权保留买卖合同,并依据企业破产法第十七条的规定要求买受人向其交付买卖标的物的,人民法院应予支持。

买受人以其不存在未依约支付价款或者履行完毕其他义务,或者将标的物出卖、出质或者作出其他不当处分情形抗辩的,人民法院不予支持。

买受人依法履行合同义务并依据本条第一款将买卖标的物交付出卖人管理人后,买受人已支付价款损失形成的债权作为共益债务清偿。但是,买受人违反合同约定,出卖人管理人主张上述债权作为普通破产债权清偿的,人民法院应予支持。

【适用要点】该条是有关出卖人破产场合管理人决定解除合同的规定。出卖人管理人一旦决定解除合同,则发生与取回标的物相同的后果,此时,基于恢复原状原则,双方互负返还义务,故出卖人要返还买受人已支付价款,该债权原则上作为共益债务清偿。值得探讨的是,《民法典》第642条规定出卖人行使取回权时不以解除合同为前提,在出卖人行使取回权可以达到与因解除合同而取回标的物的相同后果的情况下,该条仍然规定出卖人管理人享有解除合同的权利。如此,在规定取回权的情况下不规定解除权,与双方均未履行完毕的合同的原理相悖;如规定解除权,在《民法典》已经规定了取回权的情况下,不仅有叠床架屋之嫌,也似与《民法典》的有关取回权的规定相悖。

第三十七条　【买受人破产场合管理人决定继续履行合同】买受人破产,其管理人决定继续履行所有权保留买卖合同的,原买卖合同中约定的买受人支付价款或者履行其他义务的期限在破产申请受理时视为到期,买受人管理人应当及时向出卖人支付价款或者履行其他义务。

买受人管理人无正当理由未及时支付价款或者履行完毕其他义务,或者将标的物出卖、出质或者作出其他不当处分,给出卖人造成损害,出卖人依据民法典第六百四十一条等规定主张取回标的物的,人民法院应予支持。但是,买受人已支付标的物总价款百分之七十五以上或者第三人善意取得标的物所有权或者其他物权的除外。

因本条第二款规定未能取回标的物,出卖人依法主张买受人继续支付价款、履行完毕其他义务,以及承担相应赔偿责任的,人民法院应予支持。对因买受人未支付价款或者未履行完毕其他义务,以及买受人管理人将标的物出卖、出质或者作出其他不当处分导致出卖人损害产生的债务,出卖人主张作为共益债务清偿的,人民法院应予支持。

【适用要点】该条是有关买受人破产场合管理人决定继续履行合同的规定。在买受人破产场合,管理人决定继续履行合同的,其在买卖合同项下的债务加速到期,管理人应当及时向出卖人支付剩余的全部价款或者履行其他义务。在继续履行场合双方互负的权利义务,与该解释第35条类似,此处不再展开。

第三十八条　【买受人破产场合管理人决定解除合同】买受人破产,其管理人决定解除所有权保留买卖合同,出卖人依据企业破产法第三十八条的规定主张取回买卖标的物的,人民法院应予支持。

出卖人取回买卖标的物,买受人管理人主张出卖人返还已支付价款的,人民法院应予支持。取回的标的物价值明显减少给出卖人造成损失的,出卖人可从买受人已支付价款中优先予以抵扣后,将剩余部分返还给买受人;对买受人已支付价款不足以弥补出卖人标的物价值减损损失形成的债权,出卖人主张作为共益债务清偿的,人民法院应予支持。

【适用要点】该条是有关买受人破产场合管理人决定解除合同的规定。买卖合同解除的,出卖人可以基于返还原物规则取回标的物,但也应该返还已经受领的价款。取回的标的物价值明显减少给出卖人造成损失的,出卖人可从买受人已支付价款中优先予以抵扣后,将剩余部分返还给买受人;对买受人已支付价款不足以弥补出卖人标的物价值减损损失形成的债权,出卖人主张作为共益债务清偿的,人民法院应予支持。

(二)规范性司法文件

《全国法院民商事审判工作会议纪要》(法〔2019〕254 号,2019 年 11 月 8 日公布)

66.【担保关系的认定】当事人订立的具有担保功能的合同,不存在法定无效情形的,应当认定有效。虽然合同约定的权利义务关系不属于物权法规定的典型担保类型,但是其担保功能应予肯定。

67.【约定担保物权的效力】债权人与担保人订立担保合同,约定以法律、行政法规未禁止抵押或者质押的财产设定以登记作为公示方法的担保,因无法定的登记机构而未能进行登记的,不具有物权效力。当事人请求按照担保合同的约定就该财产折价、变卖或者拍卖所得价款等方式清偿债务的,人民法院依法予以支持,但对其他权利人不具有对抗效力和优先性。

【适用要点】前述两条规定,涉及担保合同的合同效力以及物权效力问题,核心精神是:合同有效;但因无法定的登记机构而未能进行登记的,不具有物权效力。这两条规定已被《民法典担保制度解释》第 63 条所吸纳。

71.【让与担保】债务人或者第三人与债权人订立合同,约定将财产形式上转让至债权人名下,债务人到期清偿债务,债权人将该财产返还给债务人或第三人,债务人到期没有清偿债务,债权人可以对财产拍卖、变卖、折价偿还债权的,人民法院应当认定合同有效。合同如果约定债务人到期没有清偿债务,财产归债权人所有的,人民法院应当认定该部分约定无效,但不影响合同其他部分的效力。

当事人根据上述合同约定,已经完成财产权利变动的公示方式转让至债权人名下,债务人到期没有清偿债务,债权人请求确认财产归其所有的,人民法院不予支持,但债权人请求参照法律关于担保物权的规定对财产拍卖、变卖、折价优先偿还其债权的,人民法院依法予以支持。债务人因到期没有清偿债务,请求对该财产拍卖、变卖、折价偿还所欠债权人合同项下债务的,人民法院亦应依法予以支持。

【适用要点】该规定不仅已被《民法典担保制度解释》第 68 条所吸纳,而且还予以了完善,详见前文的相关分析。

【部门规章、规范性文件与相关政策】

(一)部门规章

1.《动产和权利担保统一登记办法》(中国人民银行令〔2021〕第 7 号,2021 年 11 月 18 日通过)

第二条 【动产和权利担保统一登记的范围】纳入动产和权利担保统一登记范围的担保类型包括:

(一)生产设备、原材料、半成品、产品抵押;

(二)应收账款质押;

(三)存款单、仓单、提单质押;

(四)融资租赁;

(五)保理;

(六)所有权保留;

(七)其他可以登记的动产和权利担保,但机动车抵押、船舶抵押、航空器抵押、债券质押、基金份额质押、股权质押、知识产权中的财产权质押除外。

【适用要点】该条是有关动产和权利担保统一登记范围的规定,与《国务院关于实施动产和权利担保统一登记的决定》的相关规定一致,但对相关问题作出了细化规定。

第四条 【登记机构】中国人民银行征信中心(以下简称征信中心)是动产和权利担保的登记机构,具体承担服务性登记工作,不开展事前审批性登记,不对登记内容进行实质审查。

征信中心建立基于互联网的动产融资统一登记公示系统(以下简称统一登记系统)为社会公众提供动产和权利担保登记和查询服务。

【适用要点】该条是有关动产和权利担保统一登记机构的规定,明确中国人民银行征信中心是登记机构。再结合《中国人民银行、国家市场监督管理总局关于生产设备、原材料、半成品、产品等四类动产抵押登记的有关过渡安排的公告》之规定,在 2022 年 12 月 31 日过渡期满后,原由市场监督主管部门负责登记的生产设备、原材料、半成品、产品等四类动产抵押,也由中国人民银行征信中心登记。

附:《中国人民银行有关部门负责人就〈动产和权利担保统一登记办法〉答记者问》

一、《动产和权利担保统一登记办法》的出台背景是什么?原《应收账款质押登记办法》是否还适用?

2020 年 12 月 22 日,国务院正式印发《关于实施动产和权利担保统一登记的决定》(以下简称《决定》),明确自 2021 年 1 月 1 日起,在全国范围内实施动产和权利担保统一登记。纳入统一登记范围的动产和权利担保,由当事人通过中国人民银行征信中心动产融资统一登记公示系统(以下简称统一登记系统)自主办理登记。

原《应收账款质押登记办法》对统一登记系统的登记范围等规定已不再适用,为配套动产和权利担保统一登记制度的实施,更好地引导市场主体开展动产和权利担保统一登记与查询活动,中国人民银行对原办法进行修订,出台《动产和权利担保统一登记办法》(以下简称《办法》),进一步明确动产和权利担保登记和查询规则,规范中国人民银行征信中心统一登记系统运行。

二、《办法》修订的重点是什么?

一是拓展了统一登记系统的登记范围。《办法》将《决定》中企业融资常用的典型的动产和权利担保业务,以及不属于《决定》排除项之外的其他动产和权利担保业务,都纳入统一登记系统的登记范围。具体包括生产设备、原材料等抵押,应收账款质押,存单、仓单、提单质押等典型动产和权利担保业务,融资租赁、保理、所有权保留等具有担保功能的交易,以及除机动车、船舶、航空器抵押,债券、基金份额、股权质押,知识产权中的财产权质押等特殊动产和权利担保之外的其他担保业务。

二是突出了登记公示理念。《办法》明确当事人通过统一登记系统自主办理登记,对担保财产进行概括性描述的应当能够合理识别担保财产,并对登记内容的真实性、完整性和合法性负责,中国人民银行征信中心不对登记内容进行实质审查。动产和权利担保登记的目的在于公示担保权利,而非行政管理,通过登记公示,使市场主体便捷了解担保人名下所有动产上的担保权利状况,提高担保权利透明度,增强担保权利人权利实现的确定性。

三是进一步明确了登记机构职责。依据《决定》要求,《办法》明确了中国人民银行征信中心具体承担服务性登记工作,不开展事前审批性登记,不对登记内容进行实质审查。

四是完善了统一登记系统操作规范。《办法》进一步增加了当事人登记的提示性条款,优化了展期登记操作流程,从而促进当事人规范登记操作,提高登记公示效率。

三、《办法》修订的主要内容是什么?

本次《办法》修订主要涉及八个方面:

一是修改法律依据,将《民法典》《优化营商环境条例》《决定》作为《办法》制定依据。

二是明确登记范围,根据《决定》有关工作要求,以列举加兜底的方式明确纳入统一登记的范围,同时删除原办法中关于应收账款转让登记参照条款、其他动产和权利担保登记参照条款。

三是明确登记机构职责,明确中国人民银行征信中心承担服务性登记工作,不开展事前审批性登记,不对登记内容进行实质审查。

四是删除优先顺位条款,鉴于《民法典》《最高人民法院关于适用〈中华人民共和国民法典〉有关担保制度的解释》已经有明确规定,因此对优先顺位条款进行删除。

五是增加当事人登记的提示条款,增加对担保财产进行概括性描述应达到合理识别担保财产的要求,增加因担保人名称填写错误,担保财产描述不能够合理识别担保财产等情形导致不能正确公示担保权利的,其法律后果由当事人自行承担等。

六是修改担保人或担保权人为单位的登记编码信息,并取消展期登记只能在登记到期前90日内办理的限制。

七是对登记内容进行完善,约定登记内容增加"担保范围"及"禁止或限制转让担保财产",并明确最高额担保中应将最高债权额作为必要登记事项。

八是细化中国人民银行征信中心的职责,明确中国人民银行征信中心应当建立登记信息内部控制制度要求。

四、《办法》出台后,市场主体办理动产和权利担保登记和查询业务将有哪些变化?

一是提高登记和查询效率。统一登记系统提供动产和权利担保登记和查询的"一站式服务",纳入统一登记范围的担保类型,都由当事人通过统一登记系统自主在线办理登记,无须登记机构审核,即时生效。当事人只需输入担保人名称即可一键查询,实时了解担保人名下所有正在公示的动产和权利担保情况。

二是提升担保公示效率。登记机构不对登记内容进行实质性审查,当事人自主办理登记,能够显著缩短动产和权利担保登记的时间,帮助担保权人在担保设立后及时完成登记,获得公示效力。同时,担保权人为了保障自身权益,在登记时有动力和意愿全面准确地填写担保财产信息,从而有效公示担保信息,降低融资风险。

五、《办法》明确登记机构不对登记内容进行实质审查,登记内容真实性怎么保证? 如果出现错误或虚假登记信息怎么办?

《办法》中已明确,担保权人开展动产和权利担保融资业务时,应当严格审核确认担保财产的真实性,并在统一登记系统中如实登记,对登记内容的真实性、完整性和合法性负责。从动产担保登记多年实践来看,办理登记的主体为金融机构等担保权人,担保权人为了全面保障自身权益,一般都会全面正确公示自己的担保权利。并且,在司法审判实践中,市场主体对登记内容的真实性、完整性和合法性负责,登记机构不做实质审查也已得到司法判决的支持。最高人民法院发布的关于适用《民法典》有关担保制度的司法解释中,对应收账款质押登记真实性也进行了规定,明确如果质权人不能举证证明办理出质登记时应收账款真实存在,法院将不支持其优先受偿权。因此,担保权人在开展动产担保登记业务时,应当确保担保财产及登记的真实性。

同时,《办法》中也明确,如果统一登记系统中出现错误或虚假登记,当事人可以要求担保权人变更登记或注销登记,担保权人不同意变更或注销的,担保人或其利害关系人可以在统一登记系统中自主办理异议登记。中国人民银行征信中心可以根据生效的法院判决、裁定或仲裁机构裁决等法律文书撤销相关登记。另外,统一登记系统的用户均通过身份验证,如果因虚假登记造成损害的,中国人民银行征信中心可以协助司法部门确定办理登记的当事人身份。

六、《办法》未将所有动产和权利担保类型纳入统一登记系统的登记范围,原因是什么? 对于未在登记范围中详细列举的动产融资业务,是否能够办理登记?

《办法》作为部门规章,严格依据《民法典》《优化营商环境条例》《决定》制定,对登记范围的规定与《决定》规定的纳入动产和权利担保统一登记的范围保持一致。

依据《决定》内容,《办法》第 2 条以列举加兜底的方式规定了统一登记系统登记范围,对于未纳入第 2 条规定的六类典型的动产和权利担保业务之外的,同时又不属于排除项之外的其他动产和权利担保业务,无特殊法规定的,均可适用《办法》,纳入统一登记的范围。同时我们也将从登记系统设计方面进一步完善,为市场主体办理其他动产和权利担保登记业务提供参考和指引。

2.《金融租赁公司管理办法》(银监会令 2014 年第 3 号,2014 年 3 月 13 日公布)

第二条 【金融租赁公司】本办法所称金融租赁公司,是指经银监会批准,以经营融资租赁业务为主的非银行金融机构。

金融租赁公司名称中应当标明"金融租赁"字样。未经银监会批准,任何单位不得在其名称中使用"金融租赁"字样。

【适用要点】此前,融资租赁包括由银监会监管的金融租赁公司,以及由商务部监管的融资租赁公司与外商投资融资租赁两大类。该办法规制的是金融租赁公司。

第四条 【租赁物的范围】适用于融资租赁交易的租赁物为固定资产,银监会另有规定的除外。

【适用要点】该条将金融租赁的租赁物范围限于固定资产,为不动产作为标的物留下了空间。

第五条 【售后回租业务】本办法所称售后回租业务,是指承租人将自有物件出卖给出租人,同时与出租人签订融资租赁合同,再将该物件从出租人处租回的融资租赁形式。售后回租业务是承租人和供货人为同一人的融资租赁方式。

【适用要点】该条明确规定售后回租业务属于融资租赁业务,故不能简单以售后回租不具有融物功能为由否定其融资租赁性质。

第二十六条　【金融租赁公司的经营范围】经银监会批准,金融租赁公司可以经营下列部分或全部本外币业务:

(一)融资租赁业务;

(二)转让和受让融资租赁资产;

(三)固定收益类证券投资业务;

(四)接受承租人的租赁保证金;

(五)吸收非银行股东 3 个月(含)以上定期存款;

(六)同业拆借;

(七)向金融机构借款;

(八)境外借款;

(九)租赁物变卖及处理业务;

(十)经济咨询。

第二十七条　【从事本外币业务的条件】经银监会批准,经营状况良好、符合条件的金融租赁公司可以开办下列部分或全部本外币业务:

(一)发行债券;

(二)在境内保税地区设立项目公司开展融资租赁业务;

(三)资产证券化;

(四)为控股子公司、项目公司对外融资提供担保;

(五)银监会批准的其他业务。

金融租赁公司开办前款所列业务的具体条件和程序,按照有关规定执行。

【适用要点】从金融租赁公司的业务范围看,不包括对外放贷行为,因而一旦将售后回租行为认定为借贷,就可能面临合同因违反特许经营而无效的问题。

3.《融资租赁企业监督管理办法》(商流通发〔2013〕337 号,2013 年 9 月 18 日公布)

第二条　【融资租赁企业】本办法所称融资租赁企业是指根据商务部有关规定从事融资租赁业务的企业。

本办法所称融资租赁业务是指出租人根据承租人对出卖人、租赁物的选择,向出卖人购买租赁物,提供给承租人使用,承租人支付租金的交易活动。

融资租赁直接服务于实体经济,在促进装备制造业发展、中小企业融资、企业技术升级改造、设备进出口、商品流通等方面具有重要的作用,是推动产融结合、发展实体经济的重要手段。

第六条 【监管部门】商务部对全国融资租赁企业实施监督管理。省级商务主管部门负责监管本行政区域内的融资租赁企业。

本办法所称省级商务主管部门是指省、自治区、直辖市、计划单列市及新疆生产建设兵团商务主管部门。

【适用要点】该办法规定的融资租赁企业由商务部监管,有别于由银监会监管的金融租赁公司。

第九条 【业务范围】融资租赁企业应当以融资租赁等租赁业务为主营业务,开展与融资租赁和租赁业务相关的租赁财产购买、租赁财产残值处理与维修、租赁交易咨询和担保、向第三方机构转让应收账款、接受租赁保证金及经审批部门批准的其他业务。

第十条 【禁止从事的业务】融资租赁企业开展融资租赁业务应当以权属清晰、真实存在且能够产生收益权的租赁物为载体。

融资租赁企业不得从事吸收存款、发放贷款、受托发放贷款等金融业务。未经相关部门批准,融资租赁企业不得从事同业拆借等业务。严禁融资租赁企业借融资租赁的名义开展非法集资活动。

【适用要点】融资租赁企业从事了其不得从事的金融业务,可以违反公序良俗为由认定合同无效。

4.《商业银行保理业务管理暂行办法》(银监会令2014年第5号,2014年4月3日公布)

第六条 【保理业务的概念】本办法所称保理业务是以债权人转让其应收账款为前提,集应收账款催收、管理、坏账担保及融资于一体的综合性金融服务。债权人将其应收账款转让给商业银行,由商业银行向其提供下列服务中至少一项的,即为保理业务:

(一)应收账款催收:商业银行根据应收账款账期,主动或应债权人要求,采取电话、函件、上门等方式或运用法律手段等对债务人进行催收。

(二)应收账款管理:商业银行根据债权人的要求,定期或不定期向其提供关于应收账款的回收情况、逾期账款情况、对账单等财务和统计报表,协助其进行应收账款管理。

(三)坏账担保:商业银行与债权人签订保理协议后,为债务人核定信用额度,并在核准额度内,对债权人无商业纠纷的应收账款,提供约定的付款担保。

（四）保理融资：以应收账款合法、有效转让为前提的银行融资服务。

以应收账款为质押的贷款，不属于保理业务范围。

【适用要点】该条是有关商业银行保理业务概念的规定，包括两层含义：一是保理业务以债权人转让其应收账款为前提；二是保理人只要提供了资金融通、应收账款管理或者催收、应收账款债务人付款担保服务中任何的一项，就构成保理。

第十条　【保理业务分类】保理业务分类：

（一）国内保理和国际保理

按照基础交易的性质和债权人、债务人所在地，分为国际保理和国内保理。

国内保理是债权人和债务人均在境内的保理业务。

国际保理是债权人和债务人中至少有一方在境外（包括保税区、自贸区、境内关外等）的保理业务。

（二）有追索权保理和无追索权保理

按照商业银行在债务人破产、无理拖欠或无法偿付应收账款时，是否可以向债权人反转让应收账款、要求债权人回购应收账款或归还融资，分为有追索权保理和无追索权保理。

有追索权保理是指在应收账款到期无法从债务人处收回时，商业银行可以向债权人反转让应收账款、要求债权人回购应收账款或归还融资。有追索权保理又称回购型保理。

无追索权保理是指应收账款在无商业纠纷等情况下无法得到清偿的，由商业银行承担应收账款的坏账风险。无追索权保理又称买断型保理。

（三）单保理和双保理

按照参与保理服务的保理机构个数，分为单保理和双保理。

单保理是由一家保理机构单独为买卖双方提供保理服务。

双保理是由两家保理机构分别向买卖双方提供保理服务。

买卖双方保理机构为同一银行不同分支机构的，原则上可视作双保理。商业银行应当在相关业务管理办法中同时明确作为买方保理机构和卖方保理机构的职责。

有保险公司承保买方信用风险的银保合作，视同双保理。

【适用要点】该条是有关保理分类的规定。应当注意的是，该条规定有追索权保理,是指在应收账款到期无法从债务人处收回时,商业银行可以向债权人反转让应收账款、要求债权人回购应收账款或归还融资。依据该条规定,在有追索权保理中,保理人应当先向应收账款债务人追索,只有在无法从债务人处回收时,才能向债权人反转让应收账款、要求债权人回购应收账款或归还融资。客观上说,此种规定更符合有追索权保理的本质,但因其与《民法典》第766条之规定不符,本书以《民法典》规定为准来认定有追索权保理。

(二)相关政策

1.《国务院办公厅关于加快融资租赁业发展的指导意见》(国办发〔2015〕68号,2015年8月31日公布)

(四)改革制约融资租赁发展的体制机制。

加快推进简政放权。进一步转变管理方式,简化工作流程,促进内外资融资租赁公司协同发展。支持自由贸易试验区在融资租赁方面积极探索、先行先试。对融资租赁公司设立子公司,不设最低注册资本限制。允许融资租赁公司兼营与主营业务有关的商业保理业务。

理顺行业管理体制。加强行业统筹管理,建立内外资统一的融资租赁业管理制度和事中事后监管体系,实现经营范围、交易规则、监管指标、信息报送、监督检查等方面的统一。引导和规范各类社会资本进入融资租赁业,支持民间资本发起设立融资租赁公司,支持独立第三方服务机构投资设立融资租赁公司,促进投资主体多元化。

完善相关领域管理制度。简化相关行业资质管理,减少对融资租赁发展的制约。进口租赁物涉及配额、许可证、自动进口许可证等管理的,在承租人已具备相关配额、许可证、自动进口许可证的前提下,不再另行对融资租赁公司提出购买资质要求。根据融资租赁特点,便利融资租赁公司申请医疗器械经营许可或办理备案。除法律法规另有规定外,承租人通过融资租赁方式获得设备与自行购买设备在资质认定时享受同等待遇。支持融资租赁公司依法办理融资租赁交易相关担保物抵(质)押登记。完善和创新管理措施,支持融资租赁业务开展。规范机动车交易和登记管理,简化交易登记流程,便利融资租赁双方当事人办理业务。完善船舶登记制度,进一步简化船舶出入境备案手续,便利融资租赁公司开展船舶租赁业务。对注册在中国(广东)自由贸易试验区、中国(天津)自由贸易试验区海关特殊监管区域内的融资租赁企业进出口飞机、船舶和海洋工程结构物等大型设备涉及跨关区的,在确保有效监管和执行现行相关税收政策的前提下,按物流实际需要,实行海关异地委托监管。按照相关规定,将有接入意愿且具备接入条件的融资租赁公司纳入金融信用信息基础数据库,实现融资租赁业务的信用信息报送及查询。

【适用要点】该条有两点值得注意:一是允许融资租赁公司兼营与主营业务有关的商业保理业务;二是支持融资租赁公司依法办理融资租赁交易相关担保物抵(质)押登记。

(五)加快重点领域融资租赁发展。

积极推动产业转型升级。鼓励融资租赁公司积极服务"一带一路"、京津冀协同发展、长江经济带、"中国制造 2025"和新型城镇化建设等国家重大战略。鼓励融资租赁公司在飞机、船舶、工程机械等传统领域做大做强,积极拓展新一代信息技术、高端装备制造、新能源、节能环保和生物等战略性新兴产业市场,拓宽文化产业投融资渠道。鼓励融资租赁公司参与城乡公用事业、污水垃圾处理、环境治理、广播通信、农田水利等基础设施建设。在公交车、出租车、公务用车等领域鼓励通过融资租赁发展新能源汽车及配套设施。鼓励融资租赁公司支持现代农业发展,积极开展面向种粮大户、家庭农场、农业合作社等新型农业经营主体的融资租赁业务,解决农业大型机械、生产设备、加工设备购置更新资金不足问题。积极稳妥发展居民家庭消费品租赁市场,发展家用轿车、家用信息设备、耐用消费品等融资租赁,扩大国内消费。

加快发展中小微企业融资租赁服务。鼓励融资租赁公司发挥融资便利、期限灵活、财务优化等优势,提供适合中小微企业特点的产品和服务。支持设立专门面向中小微企业的融资租赁公司。探索发展面向个人创业者的融资租赁服务,推动大众创业、万众创新。推进融资租赁公司与创业园区、科技企业孵化器、中小企业公共服务平台等合作,加大对科技型、创新型和创业型中小微企业的支持力度,拓宽中小微企业融资渠道。

大力发展跨境租赁。鼓励工程机械、铁路、电力、民用飞机、船舶、海洋工程装备及其他大型成套设备制造企业采用融资租赁方式开拓国际市场,发展跨境租赁。支持通过融资租赁方式引进国外先进设备,扩大高端设备进口,提升国内技术装备水平。引导融资租赁公司加强与海外施工企业合作,开展施工设备的海外租赁业务,积极参与重大跨国基础设施项目建设。鼓励境外工程承包企业通过融资租赁优化资金、设备等资源配置,创新工程设备利用方式。探索在援外工程建设中引入工程设备融资租赁模式。鼓励融资租赁公司"走出去"发展,积极拓展海外租赁市场。鼓励融资租赁公司开展跨境人民币业务。支持有实力的融资租赁公司开展跨境兼并,培育跨国融资租赁企业集团,充分发挥融资租赁对我国企业开拓国际市场的支持和带动作用。

【适用要点】既然国家鼓励融资租赁公司参与城乡公用事业、污水垃圾处理、环境治理、广播通信、农田水利等基础设施建设,应当允许不动产作为融资租赁的标的。

(八)建设法治化营商环境。积极推进融资租赁立法工作,提高立法层级。研究出台融资租赁行业专门立法,建立健全融资租赁公司监管体系,完善租赁物物权保护制度。研究建立规范的融资租赁物登记制度,发挥租赁物登记的风险防范作用。规范融资租赁行业市场秩序,营造公平竞争的良好环境。推动行业诚信体系建设,引导企业诚实守信、依法经营。

【适用要点】当前,动产和权利担保统一登记系统可以对融资租赁进行登记,但如果允许不动产也可以成为融资租赁客体的话,还需要研究如何在不动产登记系统中登记融资租赁的问题。

2.《商务部办公厅关于融资租赁公司、商业保理公司和典当行管理职责调整有关事宜的通知》(商办流通函〔2018〕165号,2018年5月8日公布)

各省、自治区、直辖市、计划单列市及新疆生产建设兵团商务主管部门:

根据《中共中央关于深化党和国家机构改革的决定》等文件要求和全国金融工作会议精神,商务部已将制定融资租赁公司、商业保理公司、典当行业务经营和监管规则职责划给中国银行保险监督管理委员会(以下称银保监会),自4月20日起,有关职责由银保监会履行。

请各地商务主管部门按照党中央、国务院关于机构改革的有关要求,在地方政府的统一部署下,积极开展相关工作。

【适用要点】在相当长一段时期内,融资租赁公司、商业保理公司、典当行由各地商务部门监管。后来,根据《中共中央关于深化党和国家机构改革的决定》等文件要求和全国金融工作会议精神,商务部才将制定前述非银行金融机构的经营和监管职责划归银保监会。需注意的是,根据中共中央、国务院2023年印发的《党和国家机构改革方案》,组建国家金融监督管理总局,不再保留银保监会。

【典型案例】

（一）公报案例

1. 昆明哦客商贸有限公司、熊志民与李长友等股东资格确认纠纷案【江西省高级人民法院(2020)赣民终 294 号】①

【裁判要旨】名为股权转让,但转让各方资金往来表现为借贷关系,存在以债务清偿为股权返还条件、转让后受让方未接手公司管理、表达了担保意思等不享有股东权利特征的,应当认定为股权让与担保,股权让与担保权人仅为名义股东,不实际享有股东权利。股权让与担保人请求确认自己享有的股权的,应予支持。在清偿完被担保的债务前,股权让与担保人请求变更股权登记至其名下的,不予支持。

人民法院在处理股权让与担保纠纷案件时,应注意审查相关合同的具体约定,准确认定当事人的真实意思表示,充分尊重当事人的意思自治;注意参照质押担保的法律要件准确认定股权让与担保,是否移交公司经营权并非必要要件;注意在涉及移交公司经营权的案件中,综合考虑担保权人的投资和经营贡献、市场行情等因素,运用利益平衡原则妥善处理因经营损益、股权价值变动等引发的纠纷。

【编者评析】该案例确立的裁判规则,对于准确认定名为股权转让的协议究竟是真正的股权转让还是股权转让担保提供了具有可操作性的规则,具有较强的指导意义。

2. 深圳市奕之帆贸易有限公司、侯庆宾与深圳兆邦基集团有限公司、深圳市康诺富信息咨询有限公司、深圳市鲤鱼门投资发展有限公司、第三人广东立兆电子科技有限公司合同纠纷案【最高人民法院(2018)最高法民终 751 号】②

【裁判要旨】(1)让与担保的设立应在债务履行期届满之前,但就让与担保的实现问题,参照《物权法》第 170 条③的规定,需要满足债务人不履行到期债务或者发生当事人约定的实现权利的情形等条件。双方当事人在设立

---

① 具体可见《最高人民法院公报》2022 年第 6 期。
② 具体可见《最高人民法院公报》2020 年第 2 期。
③ 《民法典》第 386 条。

让与担保的合同中约定,如担保物的价值不足以覆盖相关债务,即使债务履行期尚未届满,债权人亦有权主张行使让与担保权利。该约定不违反法律行政法规的强制性规定,应当认定合法有效。

(2)为防止出现债权人取得标的物价值与债权额之间差额等类似于流质、流押之情形,让与担保权利的实现应对当事人课以清算义务。双方当事人就让与担保标的物价值达成的合意,可以认定为确定标的物价值的有效方式。在让与担保标的物价值已经确定,但双方均预见债权数额有可能发生变化的情况下,当事人仍应在最终据实结算的债务数额基础上履行相应的清算义务。

【编者评析】该案例的意义在于:一是明确认可让与担保合同的效力;二是为防止出现流质、流押现象,应当通过课以当事人清算义务的方式实现让与担保。

(二)参考案例

1. 修水县巨通投资控股有限公司与福建省稀有稀土(集团)有限公司、江西巨通实业有限公司合同纠纷案【最高人民法院(2018)最高法民终119号】

【裁判要旨】债务人为担保其债务将股权转让给债权人使其在不超过担保目的范围内取得股权的股权转让协议在转让目的、交易结构以及股东权利等方面,均具有不同于单纯的股权转让的特点,其权利义务内容及实际履行情况,符合让与担保的基本架构,系以股权转让的方式实现担保债权的目的,其性质应认定为股权让与担保。当债务人未能依约清偿债务的,债权人不得径行取得股权,应按照双方约定的担保实现方式予以清算确定。

【编者评析】股权让与担保不同于股权转让,债务人未能依约清偿债务的,债权人不得径行取得股权,应按照双方约定的担保实现方式予以清算确定。

2. 深圳立合旺通商业保理有限公司与张庆文等合同纠纷案【北京市第三中级人民法院(2021)京03民终1980号】

【裁判要旨】保理合同是应收账款债权人将现有的或者将有的应收账款转让给保理人,保理人提供资金融通、应收账款管理或者催收、应收账款债务人付款担保等服务的合同。当事人约定有追索权保理的,保理人可以向应收账款债权人主张返还保理融资款本息或者回购应收账款债权,也可以向应收账款债务人主张应收账款债权。若应收账款债权人认为合同名为保理实为借贷或属于其他法律关系,应当提供充分反证,未提供充分证据证明的,法院不予支持。

【编者评析】该案例确立的有关有追索权保理的规则,与《民法典》的有关规定一致,即:一是保理人既可以向应收账款债权人主张返还保理融资款本息或者回购应收账款债权,也可以向应收账款债务人主张应收账款债权;二是保理合同作为有名合同,当事人主张其性质为借贷或其他法律关系的,应当举证证明。

3. 浙江现代商贸物流发展有限公司与杨飞兰借款合同纠纷案【最高人民法院(2018)最高法民终 1167 号】

【裁判要旨】《物权法》第 172 条①规定:"设立担保物权,应当依照本法和其他法律的规定订立担保合同。担保合同是主债权债务合同的从合同……"鉴于杨飞兰与陈建炳之间的借款合同并未生效,杨飞兰与现代公司签订的抵押合同作为从合同当然也未发生法律效力,且现代公司对于担保合同的未生效并无过错,因此现代公司无须向杨飞兰承担责任。原审判决现代公司承担抵押担保责任,认定事实和法律均有错误,本院予以纠正。

【编者评析】主合同并未生效,故抵押合同作为从合同也未发生法律效力,在抵押人对于担保合同的未生效没有过错的情况下,抵押人无须承担责任。

4. 厦门国际银行股份有限公司厦门分行、厦门国际银行股份有限公司与福建圣丰担保有限公司、原审被告厦门市天岚商贸有限公司等存单质押合同纠纷案【最高人民法院(2019)最高法民终 22 号】

【裁判要旨】根据《物权法》第 172 条的规定,《存单质押合同》作为从合同因作为主合同的《综合授信额度合同》无效而无效。

---

① 《民法典》第 388 条。下同。

　　第三百八十九条 【担保物权的担保范围】担保物权的担保范围包括主债权及其利息、违约金、损害赔偿金、保管担保财产和实现担保物权的费用。当事人另有约定的,按照其约定。

【条文精解】

(一)条文要点

　　本条是对担保物权的担保范围的规定,基本沿袭了《物权法》第173条的规定和表述,除了将"按照约定"改为"按照其约定"外,并无实质变化。

　　1. 关于法定的担保范围

　　担保物权的担保范围,指的是担保物权所担保的主债权范围,即所担保的主债权是否包括附属债权。依照本条规定,当事人对担保范围有约定的,从其约定;无约定或约定不明的,担保范围包括主债权及利息、违约金、损害赔偿金、保管担保财产和实现担保物权的费用,即包括主债权及其全部附属债权,此即本书所谓的法定的担保范围。担保范围是相对于主债权范围而言的,有别于抵押财产的范围,后者指的是抵押标的物的范围是否及于从物、添附物、代位物等财产。鉴于本书已在《民法典》第691条中对法定的保证担保范围作了详细介绍,对于主债权及利息、违约金、损害赔偿金等与保证合同相同内容,此处不再介绍,而将重点放在具有担保物权特色的内容上。

　　一是关于附属债权。本条所列的附属债权,仅是主债权可能产生的附属债权,实践中并非所有的主债权都会产生所列的附属债权,如抵押权就不存在保管担保财产的费用问题;金融借贷中往往会约定利息、罚息和复利,但一般不会另行约定违约金。并不是所有的附属债权都能并存,如违约金作为损害赔偿的预订,一般不能并存。

　　二是关于保管担保财产的费用。担保财产的保管费用,是指担保物权人在占有担保财产期间,为保管担保财产而支出的必要费用。此项费用以担保人将担保财产交由担保权人占有为前提,故只有动产质权、留置权等以交付作为公示方法的担保物权才存在该项费用。以登记作为公示方法的不动产抵押、动产抵押以及以权利作为客体的权利质押,一般不存在保管费用支出问题,但在担保物权人依据约定自行拍卖、变卖标的物场合,例外情况下也会存在保管费用的支出问题。

三是关于实现担保物权的费用。实现担保物权的费用,因担保物权的实现方式不同而有所区别。(1)当事人在诉讼程序外通过对抵押财产进行折价而实现抵押权的,一般不存在实现担保物权费用。但当事人为折价之需要委托有关机构对抵押财产进行鉴定的,该项鉴定费用如何负担取决于当事人的约定;没有约定或约定不明的,可以作为实现担保物权的费用纳入担保物权的担保范围。(2)当事人通过诉讼、仲裁等方式实现担保物权的,所需要支出的诉讼费、仲裁费、保全费、鉴定费等费用,不能由当事人事先自行约定,且此类费用通常由败诉方负担,故只有在债权人胜诉的情况下,才可以将其纳入担保范围。律师费则不同,只有在当事人对其作出明确约定,且就律师费问题提出请求并胜诉的情况下,才能被纳入担保范围。应当看到,律师费即便能够支持,法院往往还会考虑约定是否合理以及是否实际支付等因素。债权人获得胜诉判决后,还存在一个执行的问题,可能会产生申请执行费以及因拍卖、变卖抵押财产而产生的评估费、佣金、税费等费用,这些费用也属于实现担保物权的费用。(3)当事人直接依照《民事诉讼法》有关"实现担保物权案件"的规定,应当依法交纳申请费;人民法院裁定拍卖、变卖担保财产的,也会产生评估费、佣金、税费等费用;拍卖、变卖担保财产的裁定作出后,需要执行的,还需要交纳执行申请费。前述费用作为债权人为实现担保物权所支出的费用,应当纳入法定的担保范围之内。

值得探讨的是,在担保人破产场合,担保物权人尽管享有别除权,但其别除权原则上也需要通过管理人拍卖、变卖担保财产来实现。在担保财产变价过程中,管理人为管理、变价和分配债务人财产而支出的费用,依据《企业破产法》第 41 条第 2 项之规定,性质上属于破产费用。而《企业破产法规定(二)》第 3 条规定:"债务人已依法设定担保物权的特定财产,人民法院应当认定为债务人财产。对债务人的特定财产在担保物权消灭或者实现担保物权后的剩余部分,在破产程序中可用以清偿破产费用、共益债务和其他破产债权。"据此似乎可以得出,在破产清算程序中,此类费用应从无担保的债务人财产中支出的结论。也就是说,只有在担保物权得到实现后,才需要支付此类费用。但这又与本条有关保管担保财产和实现担保物权的费用属于担保范围的规定相悖。因为既然此类费用属于担保范围,就应当在实现担保物权的过程中予以考虑。尤其是在债务人的绝大部分财产都被设定担保物权,而破产费用和共益债务又不能从担保财产中支付的情况下,依据《企业破产法》第43条第4款有关"债务人财产不足以清偿破产费用的,管理人应当提请人民法院终结破产程序"之规定,管理人应当提请人民法院终结破产程序。但即便破产程序终结,担保物权人的利益却因担保财产没有得到处置而没有得到有效实现;而不终结程序,破产费用又无从支付,从而出现一个死循环。为打破此种死循环,有必要重新检视相关规定。本书认为,首先应当明确的是,依照本条之规定,保管担保财产和实现担保物权的费用属于担保物权的担保范围,应当由担保财产折价后的款项来支付。但应当区别不同主体来异其处理。对债权人自行保管担保财产或因实现担保物权而自行支出费用时,没必要将这两类费用与利息、违约金或损害赔偿金等附属债权区分,一并将其纳入总的担保范围即可。但在债权人以外的人如破产管理人等因保管担保财产或实现担保物权而支出相关费用场合,鉴于此类费用的权利人与主债权以及其他附属债权的债权人不一致,参照适用《民法典》第561条有关清偿抵充的规定,可以认为实现债权的有关费用优先于利息与主债权受偿。另外,鉴于此类费用属系担保范围,又系他人为使担保财产保值增值或实现担保物权而支出的费用,即同时又具有共益债务的性质,因而应当先从担保财产价值中扣除,担保物权人仅得就剩余价款行使担保物权。如此,既符合本条有关此类费用属于担保范围的规定,又与共益债务优先于一般债务的原理相一致,同时也有利于破产程序的有序推进。

2. 约定的担保范围与登记簿记载不一致时的处理

本条允许当事人对担保范围进行约定,鉴于《民法典》有关担保从属性的规定属于强制性规定,故当事人不能通过约定排除其适用。在担保范围领域,就表现为原则上不得超出法定担保责任进行约定。故本条第2句规定"当事人另有约定的,按照其约定",主要是指当事人约定小于法定担保范围的责任,实践中主要包括以下情形:(1)约定仅担保原本债务而不担保利息等从债务;(2)约定仅担保原本债务的一部而不担保全部;(3)约定仅担保债务不履行的损害赔偿而不担保主债务的履行本身;(4)其他情形。

与保证不同,担保物权尤其是不动产抵押实行登记生效主义,主债权等相关事项只有在登记簿上记载后才能取得对世效力。在相当长的一段时期内,除个别省份不动产登记机构提供的不动产登记簿上设有"担保范围"栏目,多数省份不动产登记机构提供的不动产登记簿上仅有"被担保主债权数额(最高债权数额)"的表述,且规定只能填写固定数字。而当事人在合同中又往往约定担保物权的担保范围包括主债权及其利息、违约金等附属债权，从而出现了合同约定与登记簿记载不一致的情形，这就有必要确定是以当事人间的合同约定为准还是不动产登记簿记载为准来确定担保范围的问题。

针对前述问题，存在不同观点。一种观点认为，《民法典》第216条(《物权法》第16条)规定"不动产登记簿是物权归属和内容的根据"，登记作为一种公示方法，不论是作为不动产担保物权变动的成立要件，还是作为浮动抵押等动产担保物权变动的对抗要件，均具有对抗当事人约定的效力。因此，在当事人的约定与登记簿记载不一致的情况下，从优先保护相对人的合理信赖出发，应当以登记簿的记载为准。《担保法解释》第61条"抵押物登记记载的内容与抵押合同约定的内容不一致的，以登记记载的内容为准"的规定体现的就是这一原理。另一种观点则认为，本条(《物权法》第173条)规定："担保物权的担保范围包括主债权及其利息、违约金、损害赔偿金、保管担保财产和实现担保物权的费用。当事人另有约定的，按照其约定。"据此，在登记簿记载与合同约定不一致的情况下，应当以合同约定为准。而且当前大多数地方的不动产登记簿只登记"被担保主债权数额(最高债权数额)"，如果以登记为准，对债权人不公。

纯粹从理论上说，本书倾向于第一种观点。本条关于担保范围的规定，其规范意旨在于：担保范围原则上及于全部债权，但当事人可通过约定对其范围进行限缩。可见，该条仅着眼于抵押人与抵押权人的内部关系，并不包含合同约定与登记簿记载不一致时以合同约定为准的意思。登记作为公示方法具有公信效力，如果后顺位抵押权人主张其系基于登记簿记载而设定抵押权的，法律应当保护此种信赖。就此而言，当合同约定与登记簿记载不一致时，以登记簿记载作为确定前顺位抵押权人的担保范围，更符合物权的公示公信原则，也与《民法典》第216条的规定相一致。但考虑到之所以会出现合同约定与登记簿记载不一致的情况，责任不在当事人，而在于登记簿的设置没有完全与《物权法》的规定相一致。在此情况下，让无辜的债权人承担因此导致的损失对其不公。基于现实的考量，《九民纪要》第58条采取了以合同约定为准的处理办法。当然该规则一旦确立，对所有债权人都是公平的，后顺位债权人在设立抵押权时，就不能仅仅去看登记簿，可能还要看当事人的合同约定。另外，后顺位受益权人在登记簿上记载的尽管也是主债权，但其范围同样及于利息、违约金等附属债权。相比更后顺位的抵押权人而言，对其的保护也是周全的。

当然,该问题的最终解决,还有赖于不动产登记簿栏目设计的完善。所幸不动产登记主管部门已经意识到这一问题,在其下发的《自然资源部关于做好不动产抵押权登记工作的通知》(自然资发〔2021〕54号)中明确指出,将"抵押权登记信息"页、"预告登记信息"页均增加"担保范围"栏目(详见图3)。增加"担保范围"后,原来的"被担保主债权数额"主要指的是本条所谓的"主债权",而"担保范围"则可以涵盖本条所谓的附属债权。如此,抛开

附件

不动产登记簿修改页

第　本第　页

抵押权登记信息				
不动产单元号:	抵押不动产类型: □土地　□土地和房屋　□土地和在建建筑物 □林地和林木　□海域　□海域和构筑物　□其他			
业务号 内容				
抵押权人				
证件种类				
证件号码				
抵押人				
抵押方式				
登记类型				
登记原因				
在建建筑物坐落				
在建建筑物抵押范围				
被担保主债权数额 (万元)				
最高债权额(万元)				
担保范围				
债务履行期限 (债权确定期间)	起 止			
是否存在禁止或限制转让抵押不动产的约定				
最高债权确定事实和数额				
不动产登记证明号				
登记时间				
登簿人				
注销抵押业务号				
注销抵押原因				
注销时间				
登簿人				
附记				

1

图3　不动产登记簿修改页扫描件

登记错误等原因,可以确保当事人约定的担保范围与登记的担保范围一致。在《民法典担保制度解释》起草过程中,起草组因为及时与不动产登记主管部门进行沟通,知悉其已着手完善不动产登记簿,故在该司法解释第47条规定:"不动产登记簿就抵押财产、被担保的债权范围等所作的记载与抵押合同约定不一致的,人民法院应当根据登记簿的记载确定抵押财产、被担保的债权范围等事项。"据此,在不动产登记簿已趋完善的情况下,《九民纪要》第58条之规定就不能再适用了。此间变化,值得关注。

3. 动产和权利担保登记的特殊问题

当前,我国基本已经构建了两套独立的登记制度,即由自然资源部负责的统一的不动产登记系统以及由中国人民银行征信中心负责的相对统一的动产和权利担保登记公示系统。不动产抵押权登记采物的编成主义,主要登记不动产设定抵押权的情况,本应包括不动产抵押物的范围以及主债权的范围两大方面。如主债权本金为500万元,但抵押人仅以其价值1000万元的房屋中的200万元为该债权提供抵押。如果不动产登记簿上有"抵押范围"这一栏的话,则完全可以在"被担保主债权数额"上填"500万元",在"担保范围"上填"包括利息、违约金等附属债权",在"抵押范围"上填"200万元"。但可能是考虑到如果不设有"抵押范围"这一栏的话,鉴于不动产登记主管部门自身难以确定不动产的价值,这就有必要引入前置的资产评估等制度,既增加当事人的负担,也不利于及时完成不动产物权变动的公示。有鉴于此,除在建工程抵押单独设有"在建建筑物抵押范围"栏目,以适应在建工程不断变化的现状外,一般抵押权中并未设有类似于"抵押范围"的栏目,以确定抵押财产的价值。如此,只能是通过对主债权范围的限制,间接达到以特定抵押财产设定抵押的目的。前述情形,在现有的登记簿上,只能是在"被担保主债权数额"上填"200万元",在"担保范围"上填"/"。如此,在同一债权上设有多个担保场合,就可能会出现以A不动产设定抵押权的登记簿上记载的"被担保主债权数额:200万元""担保范围:/";而以B不动产设定抵押权的登记簿上记载的"被担保主债权数额:500万元""担保范围:包括利息、违约金等附属债权"。如此,同一债权在不同的登记簿中记载不一致,既有违担保物权的不可分性,也与不动产登记簿采物的编成主义的登记模式不符。因此,当出现前述现象时,应当将其理解为是通过对主债权进行分割的方式,迂回地实现对抵押财产价值进行分割的目的。

与不动产登记不同,《动产和权利担保统一登记办法》第9条规定,动产和权利担保登记的内容包括担保权人和担保人的基本信息、担保财产的描述、登记期限。可见，动产和权利担保登记系统采人的编成主义，一方面方便相对人与担保人从事交易时通过查阅登记簿提示哪些财产已经设定了担保，从而谨慎进行交易；另一方面，则为确定担保权人间的优先顺位提供依据。在采人的编成主义模式下，担保财产只需进行概括描述以达到合理识别担保财产的程度即可；对于主债权金额、担保范围、禁止或限制转让的担保财产等项目，也不作强制要求。且该办法第24条规定："担保权人、担保人和其他利害关系人应当按照统一登记系统提示项目如实登记，并对登记内容的真实性、完整性和合法性负责。因担保权人或担保人名称填写错误，担保财产描述不能够合理识别担保财产等情形导致不能正确公示担保权利的，其法律后果由当事人自行承担。办理登记时，存在提供虚假材料等行为给他人造成损害的，应当承担相应的法律责任。"登记部门不对登记的真实性负责。正因如此，动产和权利登记簿不具有公信力，因而即便当事人在该系统上登记了担保范围，也不能作为确定担保范围的依据，更不存在当其与约定不一致时以登记簿记载为准的问题。此点与前述的不动产登记判然有别，不可不察。

（二）适用情况

本条主要适用于以下情形：

一是明确在约定的担保范围与不动产登记簿记载不一致时，以何者为准确定担保范围的问题。对此，既要准确理解本条与《民法典》第216条之间的关系，还要熟悉从《九民纪要》第58条到《民法典担保制度解释》第47条之间制度的演变，以及演变的深层次原因，方能准确理解本条规定之要旨。

二是明确在担保人破产等场合，破产管理人等因对担保财产的管理、变价和分配而产生的费用是否应由担保财产变价所得款项来支付；以及如果要从变价款中支付的话，与担保物权之间谁应当优先受偿的问题。该问题涉及《民法典》与破产法等相关制度的衔接问题，既涉及实体问题又涉及程序问题，颇为复杂，值得认真研究。

【相关法律、行政法规】

（一）相关法律

《中华人民共和国民法典》（2020年5月28日通过）

第六百九十一条　【保证的范围】保证的范围包括主债权及其利息、违约金、损害赔偿金和实现债权的费用。当事人另有约定的，按照其约定。

【适用要点】该条是有关保证责任范围的规定，与本条规定精神基本一致。

第五百六十一条　【清偿抵充】债务人在履行主债务外还应当支付利息和实现债权的有关费用，其给付不足以清偿全部债务的，除当事人另有约定外，应当按照下列顺序履行：

（一）实现债权的有关费用；

（二）利息；

（三）主债务。

【适用要点】该条是有关清偿抵充的规定，即债务人的财产不足以清偿全部债务时，原则上应当按照实现债权的费用、利息、主债务履行。参照适用该条规定，可以证成管理人等为实现担保物权而支出的费用应当优先于担保物权人的主债权及利息等附属债权受偿。

【司法解释及规范性司法文件】

（一）司法解释

1.《最高人民法院关于适用〈中华人民共和国民法典〉有关担保制度的解释》（法释〔2020〕28号，2020年12月25日通过）

第四十七条　【不动产登记簿的效力】不动产登记簿就抵押财产、被担保的债权范围等所作的记载与抵押合同约定不一致的，人民法院应当根据登记簿的记载确定抵押财产、被担保的债权范围等事项。

【适用要点】该条是有关不动产登记簿效力的规定，明确了不动产登记簿就抵押财产、被担保的债权范围等所作的记载与抵押合同约定不一致的，应当以登记簿的记载为准。

2.《最高人民法院关于审理企业破产案件确定管理人报酬的规定》(法释〔2007〕9号,2007年4月4日通过)

第二条 【管理人报酬的确定】人民法院应根据债务人最终清偿的财产价值总额,在以下比例限制范围内分段确定管理人报酬:

(一)不超过一百万元(含本数,下同)的,在12%以下确定;

(二)超过一百万元至五百万元的部分,在10%以下确定;

(三)超过五百万元至一千万元的部分,在8%以下确定;

(四)超过一千万元至五千万元的部分,在6%以下确定;

(五)超过五千万元至一亿元的部分,在3%以下确定;

(六)超过一亿至五亿元的部分,在1%以下确定;

(七)超过五亿元的部分,在0.5%以下确定。

担保权人优先受偿的担保物价值,不计入前款规定的财产价值总额。

高级人民法院认为有必要的,可以参照上述比例在30%的浮动范围内制定符合当地实际情况的管理人报酬比例限制范围,并通过当地有影响的媒体公告,同时报最高人民法院备案。

【适用要点】依据该条第2款之规定,担保权人优先受偿的担保物价值不计入确定管理人报酬的财产价值总额。

第十三条 【管理人有权向担保权人收取适当报酬】管理人对担保物的维护、变现、交付等管理工作付出合理劳动的,有权向担保权人收取适当的报酬。管理人与担保权人就上述报酬数额不能协商一致的,人民法院应当参照本规定第二条规定的方法确定,但报酬比例不得超出该条规定限制范围的10%。

【适用要点】依据该条规定,管理人对担保物的维护、变现、交付等管理工作付出合理劳动的,有权向担保权人收取适当的报酬。

(二)规范性司法文件

《全国法院民商事审判工作会议纪要》(法〔2019〕254号,2019年11月8日公布)

58.【担保债权的范围】以登记作为公示方式的不动产担保物权的担保范围,一般应当以登记的范围为准。但是,我国目前不动产担保物权登记,不同地区的系统设置及登记规则并不一致,人民法院在审理案件时应当充分注意制度设计上的差别,作出符合实际的判断:一是多数省区市的登记系统未设置"担保范围"栏目,仅有"被担保主债权数额(最高债权数额)"的表述,且只能填写固定数字。而当事人在合同中又往往约定担保物权的担保范围包括主债权及其利息、违约金等附属债权,致使合同约定的担保范围与登记不一致。显然,这种不一致是由于该地区登记系统设置及登记规则造成的该地区的普遍现象。人民法院以合同约定认定担保物权的担保范围,是符合实际的妥当选择。二是一些省区市不动产登记系统设置与登记规则比较规范,担保物权登记范围与合同约定一致在该地区是常态或者普遍现象,人民法院在审理案件时,应当以登记的担保范围为准。

【适用要点】该条是对于约定的担保范围与登记的担保范围不一致时如何处理的规定。当时主要是针对不动产登记簿栏目设置不完善所作的救急性规定。在不动产登记簿已经趋于完善的情况下,该条已被《民法典担保制度解释》第 47 条所代替,除对存量案件外,不再有适用余地。

【典型案例】

(一)参考案例

1. 北票市庄头营蔬菜批发市场有限公司与朝阳银行股份有限公司营州支行等金融借款合同纠纷案【最高人民法院(2021)最高法民再 195 号】

【裁判要旨】依据《物权法》第 14 条①规定,"不动产物权的设立、变更、转让和消灭,依照法律规定应当登记的,自记载于不动产登记簿时发生效力"。该法第 173 条②规定,"担保物权的担保范围包括主债权及其利息、违约金、损害赔偿金、保管担保财产和实现担保物权的费用。当事人另有约定的,按照约定"。以建筑物和其他土地附着物、建设用地使用权等不动产抵押的,抵押权自登记时设立;担保范围应当以登记范围为准,但在登记机关未对担保范围进行明确等级时,应当结合登记情况、法律规定及当事人约定情况对担保范围予以确定。《抵押合同》中约定担保的主债权为 2350 万元;但在后续签订的《承诺书》中约定维多利亚公司以其房产、土地抵押担保 2130

---

① 《民法典》第 214 条。
② 《民法典》第 389 条。

万元,庄头营公司抵押担保以其房产、土地抵押担保 220 万元。应认为《承诺书》的约定改变了庄头营公司担保的主债权范围,其仅对 220 万元本金及相应利息等附随义务承担担保责任。二审法院错误认定庄头营公司担保的主债权为 2350 万元,本院予以纠正。

【编者评析】对于担保范围的认定应结合登记情况、法律规定以及当事人约定情况综合认定。

2. 中国建筑第二工程局有限公司与四川秦川物流配送有限公司等建设工程施工合同纠纷案【最高人民法院(2022)最高法民终 9 号】

【裁判要旨】《建设工程施工合同解释(二)》第 21 条①规定:"承包人建设工程价款优先受偿的范围依照国务院有关行政主管部门关于建设工程价款范围的规定确定。承包人就逾期支付建设工程价款的利息、违约金、损害赔偿金等主张优先受偿的,人民法院不予支持。"《建筑安装工程费用项目组成》(建标〔2013〕44 号)第 1 条第 1 款规定:"建筑安装工程费用项目按费用构成要素组成划分为人工费、材料费、施工机具使用费、企业管理费、利润、规费和税金……"一审法院未将涉工程的钢筋材料价格调整款、安全文明施工费率调差款及项目签证款计入建设工程价款优先受偿范围内,有所不当,应予纠正。

【编者评析】《民法典》第 389 条关于担保范围的规定适用于法定担保物权,对于法定的其他优先受偿权如建设工程价款优先受偿权,应适用其对应规则。

---

① 已被 2020 年 12 月 25 日通过的《民法典建设工程解释(一)》废止。旧司法解释第 21 条内容规定在新司法解释第 40 条。

第三百九十条　【担保物权的物上代位性】担保期间,担保财产毁损、灭失或者被征收等,担保物权人可以就获得的保险金、赔偿金或者补偿金等优先受偿。被担保债权的履行期限未届满的,也可以提存该保险金、赔偿金或者补偿金等。

【条文精解】

(一)条文要点

本条是对担保物权的物上代位性的规定,基本沿袭了《物权法》第 174 条的规定,仅仅将第 2 句中的"履行期"改为"履行期限",并无变化。《物权法》第 174 条的规定源于《担保法》中对于抵押担保和质押担保的物上代位性的规定。《担保法》第 58 条规定:"抵押权因抵押物灭失而消灭。因灭失所得的赔偿金,应当作为抵押财产。"该法第 73 条规定:"质权因质物灭失而消灭。因灭失所得的赔偿金,应当作为出质财产。"而对于留置担保的物上代位性,《担保法》并无规定。《担保法解释》第 80 条所规定的抵押担保的物上代位性,在《担保法》规定的"灭失"基础上加入了"毁损""被征用"情形,相应地,代位物的范围也从"赔偿金"扩及"保险金""补偿金",并规定质押担保、留置担保适用本条,初步形成了担保物权的物上代位性规定。《物权法》第 174 条将三种担保物权的物上代位性进行整合,将"被征用"改为"被征收",并在条文中加入"等"的兜底性规定,基本与《民法典》中对于担保物权的物上代位规定一致。

1. 关于物上代位的性质

关于担保物权物上代位的性质,有"担保物权存续说"和"法定债权质权说"两种观点。"担保物权存续说"认为,担保财产损毁、灭失或者被征收后,转化为保险金、赔偿金或补偿金等代位物(以下合称"三金"),担保物权的效力及于"三金"等代位物上。"法定债权质权说"认为,"三金"不具备特定性,担保人受领后即与其一般财产混合,物上代位已就无从谈起。因此,物上代位不存在于"三金"本身上,而存在于对"三金"的请求权上。此种请求权属于债权请求权,故物上代位的本质属于债权质权。鉴于此种债权质权乃基于法律的明确规定,而非源于当事人所作的约定,故系法定的债权质权。不同的立论构造,对当事人的权利义务影响甚巨,有必要进行详细分析:

一是代位物性质不同。依据担保物权延续说,代位物是"三金"本身;而法定债权质权说下的代位物则是对"三金"的请求权。

二是担保物权人的行权对象不同。基于担保物权延续说,"三金"是担保财产的延续,担保物权人有权请求担保人向其交付"三金"。在"三金"尚未交付担保人时,该代位物表现为担保人对给付义务人的债权,担保物权人亦可依物上代位原理请求给付义务人直接向其给付"三金"。而法定债权质权说的客体既然是对"三金"的请求权,则担保物权人当然只能向给付义务人主张。因为"三金"一旦交付担保人,将与其一般财产混同,担保物权的客体不复存在,当然也就谈不上行使物上代位权的问题。

三是受领权利人不同。在担保财产毁损、灭失或者被征收等场合,给付义务人负有给付"三金"的义务,但其是应当向担保人还是向担保物权人给付,则存在不同观点。依据担保物权延续说,担保物权人原则上仍应向担保人主张权利。另外,给付义务人对担保财产所为毁损、灭失或者征收等行为时,作为担保财产所有人的担保人有权请求给付义务人向其给付"三金",给付义务人也只能向担保人给付"三金",除非担保物权人告知给付义务人向其为给付。故在担保物权人告知给付义务人前,"三金"的受领权利人是担保人。而法定债权质权说认为,在担保财产毁损、灭失或者被征收等场合,将会成立法定的债权质权,担保物权人可以直接请求给付义务人向其给付"三金"。鉴于担保物权往往都会通过登记等公示方式,故给付义务人负有查询义务;未经查询向担保人给付的,其效力不及于担保物权人,担保物权人仍可向给付义务人主张担保物权。

四是附随义务与风险负担不同。依据担保物权延续说,担保物权人应当主动告知给付义务人其系担保物权人的事实并通知其向自己给付"三金",否则,由担保物权人承担"三金"交付担保人后所可能面临的混同等风险。而依据法定债权质权说,则给付义务人负有查询担保财产上是否设定担保物权的义务,并承担向担保人给付后所面临的再次向担保物权人给付的双重给付风险。

本书采担保物权延续说,主要理由为:首先,从本条规定看,是原来的担保物权的效力及于"三金",而非变形后的债权质权及于"三金";代位物是"三金"而非对"三金"的请求权。也就是说,代位物系由原担保财产转化而来,担保物权的效力及于代位物,并非因为担保财产状态的变化而产生新的法定债权质权。其次,采担保物权延续说更有利于保障担保物权人的权利,且并未加重相关当事人的负担。依据该说,担保物权人既可以向担保人主张"三金",也可以请求给付义务人向其给付"三金",而依据法定债权质权说,担保物权人只能请求给付义务人向其履行,不能请求担保人向其支付。这就涉及"三金"的混同问题。本书认为,"三金"是否与担保人的财产混同,本质上是一个认识论问题。"三金"数额确定、用途特定、归属明确,加之有本条的明确规定,可以认为其独立于担保人的其他财产,不适用混同制度。再次,从给付义务人的角度看,在担保财产毁损、灭失或者被征收等场合,其向担保财产的所有人即担保人给付"三金"有法律依据。如在担保财产投保场合,担保人作为财产保险合同的当事人(既是投保人也是被保险人),有权请求保险人承担保险责任。再如,在他人损害担保财产的行为构成侵权行为时,作为所有权人的担保人当然有权请求行为人承担损害赔偿责任。另外,因给付义务人并非担保交易的当事人,要求其查询财产上是否设定了担保,不符合交易习惯,也不当地加重了其责任。尤其是在征收场合,采法定债权质权说不仅可能增加政府负担,而且还会增加政府磋商成本,不符合当前的实际。最后,担保物权以登记为其常见的公示方法,在担保财产因毁损、灭失或被征收场合,担保财产尽管发生了物理变形甚至所有权发生了绝对消灭,但担保登记仍然还在。认可担保物权的效力及于代位物,且依据担保物权延续说,其顺位同于原担保物权,对明确担保物权的顺位效力具有重要意义。如果采法定债权质权说,则法定债权质权在担保财产毁损、灭失或被征收时才产生,如此可能使担保物权人丧失顺位利益。如果认为其效力溯及至原担保物权设立之时,则如何证成其与担保物权之间的顺位连续,仍值研究。尤其是担保物权的原有登记并未注销的情况下,不认可其效力,非得凭空解释出一个法定的债权质权,拟制意味太过浓厚,不符合客观实际,故该说不足采纳。

2. 关于代位物的范围

从本条规定看,代位物主要指赔偿金、保险金、补偿金。三者尽管都是代位物,但因其系因不同的法律事实所产生,所涉权利义务关系并不完全相同,有必要逐一进行分析。

一是关于赔偿金。因第三人的侵权行为导致担保财产毁损、灭失的,侵权行为人应当对担保人承担侵权损害赔偿责任,该赔偿金就属于担保财产的代位物。侵害物权的行为一般不会有精神损害赔偿,但也有例外。如《民法

454 · 第四分编　担保物权／第十六章　一般规定

典》第 1183 条第 2 款规定:"因故意或者重大过失侵害自然人具有人身意义的特定物造成严重精神损害的,被侵权人有权请求精神损害赔偿。"此时,鉴于精神损害赔偿具有较强的人身属性,只能为被侵权人所享有,故精神损害赔偿金不属于担保财产的代位物范畴。

二是关于保险金。担保人为担保财产投保的,一旦担保财产的毁损、灭失构成保险事故,担保人有权请求保险人向其给付保险金。已投保的担保财产因第三人的侵权行为毁损、灭失的,会产生保险责任与侵权损害赔偿责任的竞合或聚合问题。依据《保险法》第 60 条之规定,已投保的担保财产因第三人的侵权行为毁损、灭失的,保险人承担的保险责任与侵权行为人承担的损害赔偿责任构成不真正连带责任,就其与作为债权人的担保人之间的外部关系来说,保险人与侵权行为人承担的是连带责任;就二者的内部关系来说,则由侵权行为人承担终局责任。因此,被保险人(担保人)既可以请求保险人向其给付保险金,也可以请求侵权行为人承担损害赔偿责任。被保险人先请求保险人支付保险金,保险金足以覆盖其损失的,担保人不得再向侵权行为人主张侵权责任,保险人承担保险责任后可依法向侵权行为人行使代位求偿权;保险金不足以覆盖损失的,担保人可就未获全部赔偿的部分继续请求侵权行为人承担责任,但这不影响保险人就已支付的保险金向侵权行为人行使代位求偿权。反之,担保人先请求侵权行为人承担损害赔偿责任,赔偿金足以覆盖的,也不得再请求保险人承担责任;不足以覆盖的,仍然可以就剩余部分请求保险人承担责任,保险人承担责任后同样可以向侵权行为人行使代位求偿权。可见,保险金与赔偿金之间既非简单的择一适用(即竞合)关系,也非简单的并用(即聚合)关系,而应以作为债权人的担保人的利益是否得到满足为标准具体确定如何适用。

三是关于补偿金。为了公共利益的需要,国家可以依照法律规定的权限和程序征收不动产,并应给予公平合理的补偿。征收是国家依法取得当事人的不动产物权,必须要受严格的限制。考虑到民商事法官在办理涉征收案件时,对所适用的法律、正当程序、征收对象以及补偿范围等事项往往不熟悉,从而难以公正审理相关案件。有鉴于此,本书在此相对详细地介绍法律对征收程序的规制,主要包括以下内容:其一,征收必须于法有据。《民法典》第 117 条在对征收作出原则性规定后,又在第 243 条进一步对国家征收集体所有的土地、组织或个人所有的房屋以及其他不动产作出规定。但《民法典》有关征收的规定仅是原则性规则,征收所涉具体问题,则视征收对象的不同

适用不同的法律。其中,征收集体土地的,要依据《土地管理法》进行;征收
国有土地上房屋的,则适用《国有土地上房屋征收与补偿条例》的有关规定。
其二,须是为了公共利益的需要。为防止个别地方政府假公共利益之名行商
业开发之实,《土地管理法》第 45 条、《国有土地上房屋征收与补偿条例》第 8
条都对公共利益的范围进行了较为明确的列举。其三,必须要法定机关依照
法定程序进行审批并实施。征收集体建设用地的,要办理征收审批手续;要
涉及农用地的,还要办理农用地转用审批手续。审批机关的层级最低为省级
人民政府,征收的集体土地系永久基本农田、永久基本农田以外的耕地超过
35 公顷的或其他土地超过 70 公顷的,则由国务院批准。征收集体土地的,
由县级以上地方人民政府予以公告并组织实施。县级以上地方人民政府依
法在拟申请征收土地前,应当开展拟征收土地现状调查和社会稳定风险评
估,并将征收范围、土地现状、征收目的、补偿标准、安置方式和社会保障等在
拟征收土地所在的乡(镇)和村、村民小组范围内公告至少 30 日,听取被征
地的农村集体经济组织及其成员、村民委员会和其他利害关系人的意见。多
数被征地的农村集体经济组织成员认为征地补偿安置方案不符合法律、法规
规定的,县级以上地方人民政府应当组织召开听证会,并根据法律、法规的规
定和听证会情况修改方案。征收国有土地上房屋的,由市、县级人民政府作
出征收决定,市、县级人民政府的房屋征收部门负责实施和补偿工作。市、县
级人民政府在作出征求决定前,应当组织有关部门对征收补偿方案进行论证
并予以公布,征求公众意见;应当按照有关规定进行社会稳定风险评估;房屋
征收决定涉及被征收人数量较多的,应当经政府常务会议讨论决定;作出房
屋征收决定前,征收补偿费用应当足额到位、专户存储、专款专用。房屋征收
决定作出后应当及时公告,公告应当载明征收补偿方案和行政复议、行政诉
讼权利等事项。未依照前述的职责和程序作出征收决定,相关行政行为可能
被确认为违法行为,甚至还有可能被撤销。其四,要给予公平合理的补偿。
其中征收集体土地的,因为集体所有的土地因征收而归国家所有,故应当向
集体经济组织支付土地补偿费。集体土地上设有土地承包经营权、宅基地使
用权等用益物权的,其上一般还有青苗以及房屋等地上附着物。此类权利也
因土地被征收而归于消灭,国家还应补偿安置补助费以及农村村民住宅、其
他地上附着物和青苗等的补偿费用,并安排被征地农民的社会保障费用。可
见,在征收集体土地场合,征收的对象是集体土地所有权,在集体土地上设立
的用益物权、房屋等地上附着物、青苗等作为土地的添附物,根据"房随地

走"规则,一并被征收。而在征收国有土地上房屋场合,因为国有土地本属国有,故征收与补偿的对象均为土地上的房屋,补偿的项目包括:被征收房屋价值的补偿、因征收房屋造成的搬迁、临时安置的补偿以及因征收房屋造成的停产停业损失的补偿。房屋被依法征收的,国有土地使用权同时收回。

依据前述分析,在征收场合,被征收人可能取得多项补偿,如在集体土地被征收场合,其可能获得安置补助费以及农村村民住宅、其他地上附着物和青苗等的补偿费用,并作为集体成员分得土地补偿费以及取得社会保障费用;在国有土地上房屋被征收场合,取得房屋补偿、安置补偿以及停产停业损失补偿。前述补偿费用并非都是本条所谓的作为代位物的补偿金,只有当其是担保财产的价值补偿时,才属于本条所谓的代位物范畴。如以国有土地上房屋设定抵押场合,作为代位物的补偿金仅指房屋价值补偿,不包括安置补偿以及停产停业损失补偿。因为担保物权支配担保财产的交换价值,上述数项补偿金中,只有被征收房屋价值的补偿金是房屋交换价值的替代,其他补偿金都是为被征收人附带的损失进行的补偿或者政府为方便征收采取的配套措施。另外,对于担保物权效力能够及于的代位物补偿金的范围应当予以限制,如果所有补偿金的总额一起作为代位物,在某些情况下,代位物的金额可能远远大于被担保财产的价值。当担保物权人通知给付义务人后,给付义务人向担保人给付就不发生清偿效力。而其他项目的补偿金很多涉及被征收人的生产生活需要,具有紧急性,若不能及时得到清偿可能对被征收人的生产生活产生巨大影响。

还有一个问题值得探讨。在国有土地上的房屋被征收场合,被征收人既可以选择货币补偿,也可以选择实物补偿。在选择货币补偿场合,补偿金作为本条所列的代位物当无疑问。但在当事人选择实物补偿场合,因产权调换而取得的房屋是否也属于本条所谓的代位物范畴?对此,存在不同观点。因其是原担保财产的延续,与货币补偿在本质上并无区别。如果不认可此时可以适用物上代位制度,则担保物权人的利益将得不有效保障。故本书认为,产权调换所得的房屋也属于本条的代位物。

3. 不属于代位物范畴的财产

本条规定的代位物主要是担保财产因毁损、灭失而变形或者被征收而绝对灭失等场合,担保物权人可以获得的价值变形物。准确理解本条的代位物,有必要明确以下财产不属于本条规定的代位物范畴:

一是担保财产的物理变形或者添附物。所谓担保财产的物理变形,指的是担保财产毁损、灭失后的残留物,如房屋被毁后剩余的砖头瓦片;添附物,包括担保财产因附合、混合或者加工而形成的附合物、混合物或者加工物。担保财产的物理变形或者添附物本身仍然属于担保财产的范畴,不属于本条所谓的代位物。

二是转让担保财产所得的价款。从文义解释上看,本条在"毁损、灭失或者被征收"后以及"保险金、赔偿金或者补偿金"后均加了个"等"字,这就为抵押财产转让所得价款作为代位物留下了解释空间。本书认为,传统民法理论以抵押财产的存废作为区分追及力与物上代位的分水岭:当抵押财产保持物理上的同一性但发生占有或所有的移转时,抵押权人可以行使追及力;当抵押财产在物理上因毁损、灭失而变形时,则用物上代位制度来保护抵押权人的权益。在抵押财产转让场合,法国、德国、瑞士等国民法典都认为应当通过抵押权的追及力来解决,否认存在物上代位。日本民法是为数不多的既认可抵押权追及力又认可价金代位的民法典,但多数日本学者对此并不认同,认为仅追及力就足以保护抵押权人的利益,并且认为二者即便能够并存,也只能择一行使。《民法典》第 406 条允许抵押财产自由转让,就是以承认抵押权具有追及效力为前提的,即抵押权人可向抵押财产的受让人主张抵押权。在此情况下,如认可抵押权的效力还及于转让所得价金,无异于给予了抵押权过分的保护,不符合《民法典》体系。因此,不宜认为抵押财产转让所得价款属于本条所谓的代位物。

三是出租担保财产所得的租金。与转让款不是代位物相同,本条所谓的代位物也不包括租金。因为租金作为法定孳息,根据《民法典》第 412 条的规定,只有从扣押之日起才归抵押权人所有。以房屋为例,房屋本身可以设定抵押,在扣押之日前,抵押人还可以房屋租金设定应收账款质押。从法律上看,房屋抵押的客体是房屋,租金质押的客体是应收账款,二者并非同一财产,故不适用《民法典》第 414 条有关同一财产上设定多个以登记作为公示方法的担保物权的规定。如果认为租金是抵押财产的代位物,则房屋抵押与租金债权的应收账款质押系在同一财产上设定的多个担保,依据《民法典》第 414 条的规定,房屋抵押优先于应收账款质押受偿,则应收账款债权人的利益得不到有效保障,抵押财产的融资功能将得不到充分发挥。

4. 物上代位法律关系及相关程序问题

在担保财产因毁损、灭失或被征收等原因而产生"三金"等代位物场合,担保人与给付义务人(保险人、侵权行为人或征收人)之间存在债的关系,基于担保物权的物上代位性,担保物权人有权请求担保人向其交付代位物。在给付义务人尚未履行与担保人之间的债务时,该代位物表现为担保人对给付义务人的债权,担保物权人亦可依物上代位原理请求给付义务人直接向其给付。从给付义务人的角度看,债权人是担保人,基于合同相对性原理,其向担保人所为的给付属于合法给付。为平衡保护担保物权人以及给付义务人各自的合法权益,有必要让担保物权人履行通知义务,在其通知给付义务人前,给付义务人有权向担保人给付代位物。此种给付构成合法给付,给付义务人的债务将因此消灭。担保人受领代位物后,担保物权人有权请求其交付代位物。给付义务人收到通知后,负有向担保物权人给付代位物的义务,即其只能向担保物权人给付代位物,不能再向担保人给付。否则,其对担保人所为的给付行为对担保物权人不产生有效清偿的效力,担保物权人仍可请求其履行义务,如此,给付义务人将自行承担双重给付带来的不利后果。当然,在产生代位物的场合,被担保的债权履行期限可能尚未届满。此时,给付义务人可以依法将代位物提存,担保物权人也可以请求给付义务人或担保人将代位物提存。

基于前述分析,担保物权人以主债务人、担保人为共同被告提起诉讼,诉讼过程中抵押财产毁损、灭失或被征收的,可以申请给付义务人为第三人参加诉讼。反之,代位物产生后,担保物权人请求给付义务人向其给付保险金、赔偿金或者补偿金等代位物的,也可以申请担保人为第三人参加诉讼,人民法院也可以依职权通知担保人作为第三人参加诉讼。

需要注意的是,担保物权的物上代位效力主要发生在担保物权已经有效设立场合。但在不动产抵押、权利质押等采登记生效主义的担保物权中,可能出现当事人仅签订了不动产抵押或权利质押合同,但因种种原因未有效设立担保物权。如果抵押财产因不可归责于抵押人自身的原因导致不能办理抵押登记,而抵押财产又因毁损、灭失或被征收等原因产生代位物的,可以参照适用本条有关物上代位权的规定。故《民法典担保制度解释》第46条第2款规定:"抵押财产因不可归责于抵押人自身的原因灭失或者被征收等导致不能办理抵押登记,债权人请求抵押人在约定的担保范围内承担责任的,人民法院不予支持;但是抵押人已经获得保险金、赔偿金或者补偿金等,债权人请求抵押人在其所获金额范围内承担赔偿责任的,人民法院依法予以支持。"该条就扩张了本条有关物上代位制度的适用范围。

（二）适用情况

本条主要适用于以下情形：

一是在担保财产毁损、灭失或被征收场合，据以确定哪些财产属于代位物，进而明确担保物权的效力及于该代位物，从而支持担保物权人有关就该代位物优先受偿的请求。实践中，有争议的是拆迁或征收场合当事人因选择实物补偿而取得的房屋是否属于代位物。对此，本书持肯定见解，也有相关的案例支撑。

二是明确担保物权人可基于本条之规定直接请求给付义务人向其支付"三金"等代位物。

【相关法律、行政法规】

（一）相关法律

1.《中华人民共和国民法典》（2020 年 5 月 28 日通过）

第一百一十七条　【征收、征用的补偿】为了公共利益的需要，依照法律规定的权限和程序征收、征用不动产或者动产的，应当给予公平、合理的补偿。

【适用要点】该条是有关征收、征用的原则性规定，其适用于征收与征用，标的物既包括不动产也包括动产。

第二百四十三条　【不动产征收】为了公共利益的需要，依照法律规定的权限和程序可以征收集体所有的土地和组织、个人的房屋以及其他不动产。

征收集体所有的土地，应当依法及时足额支付土地补偿费、安置补助费以及农村村民住宅、其他地上附着物和青苗等的补偿费用，并安排被征地农民的社会保障费用，保障被征地农民的生活，维护被征地农民的合法权益。

征收组织、个人的房屋以及其他不动产，应当依法给予征收补偿，维护被征收人的合法权益；征收个人住宅的，还应当保障被征收人的居住条件。

任何组织或者个人不得贪污、挪用、私分、截留、拖欠征收补偿费等费用。

【适用要点】该条是有关不动产征收的一般性规定，尚须通过《土地管理法》《国有土地上房屋征收与补偿条例》等法律、行政法规的相关规定来具体确定征收的条件、程序以及补偿范围、标准等内容。

第二百二十九条 【因征收等直接导致物权变动】因人民法院、仲裁机构的法律文书或者人民政府的征收决定等,导致物权设立、变更、转让或者消灭的,自法律文书或者征收决定等生效时发生效力。

【适用要点】征收决定一旦生效,集体所有的土地和组织、个人的房屋以及其他不动产物权就归于消灭,同时也使国家原始取得所有权。正因如此,才需要对被征收人给予相应补偿。

第一千一百八十四条 【侵害财产权的责任】侵害他人财产的,财产损失按照损失发生时的市场价格或者其他合理方式计算。

【适用要点】该条是有关侵害他人财产应当承担损害赔偿责任的规定。据此,侵害担保人的担保财产,担保人有权请求其承担损害赔偿责任,损害赔偿金属于本条的代位物范畴。

2.《中华人民共和国土地管理法》(1998 年 8 月 29 日修订,2019 年 8 月 26 日修正)

第四十四条 【农用地转用审批】建设占用土地,涉及农用地转为建设用地的,应当办理农用地转用审批手续。

永久基本农田转为建设用地的,由国务院批准。

在土地利用总体规划确定的城市和村庄、集镇建设用地规模范围内,为实施该规划而将永久基本农田以外的农用地转为建设用地的,按土地利用年度计划分批次按照国务院规定由原批准土地利用总体规划的机关或者其授权的机关批准。在已批准的农用地转用范围内,具体建设项目用地可以由市、县人民政府批准。

在土地利用总体规划确定的城市和村庄、集镇建设用地规模范围外,将永久基本农田以外的农用地转为建设用地的,由国务院或者国务院授权的省、自治区、直辖市人民政府批准。

【适用要点】我国对土地管理实行用途管制,农用地原则上仅用于农业用途,要想转为建设用地,要办理农用地转用审批手续。因此,集体的农用地要想转为建设用地,除依法可以直接入市的情形外,既要办理农用地转用审批手续,还要办理征收审批手续。

第四十五条 【公共利益的范围】为了公共利益的需要,有下列情形之一,确需征收农民集体所有的土地的,可以依法实施征收:

(一)军事和外交需要用地的;

(二)由政府组织实施的能源、交通、水利、通信、邮政等基础设施建设需要用地的;

(三)由政府组织实施的科技、教育、文化、卫生、体育、生态环境和资源保护、防灾减灾、文物保护、社区综合服务、社会福利、市政公用、优抚安置、英烈保护等公共事业需要用地的;

(四)由政府组织实施的扶贫搬迁、保障性安居工程建设需要用地的;

(五)在土地利用总体规划确定的城镇建设用地范围内,经省级以上人民政府批准由县级以上地方人民政府组织实施的成片开发建设需要用地的;

(六)法律规定为公共利益需要可以征收农民集体所有的土地的其他情形。

前款规定的建设活动,应当符合国民经济和社会发展规划、土地利用总体规划、城乡规划和专项规划;第(四)项、第(五)项规定的建设活动,还应当纳入国民经济和社会发展年度计划;第(五)项规定的成片开发并应当符合国务院自然资源主管部门规定的标准。

第四十六条　【征收的审批机关】征收下列土地的,由国务院批准:

(一)永久基本农田;

(二)永久基本农田以外的耕地超过三十五公顷的;

(三)其他土地超过七十公顷的。

征收前款规定以外的土地的,由省、自治区、直辖市人民政府批准。

征收农用地的,应当依照本法第四十四条的规定先行办理农用地转用审批。其中,经国务院批准农用地转用的,同时办理征地审批手续,不再另行办理征地审批;经省、自治区、直辖市人民政府在征地批准权限内批准农用地转用的,同时办理征地审批手续,不再另行办理征地审批,超过征地批准权限的,应当依照本条第一款的规定另行办理征地审批。

【适用要点】征收集体土地,除征收永久基本农田等法律明确规定由国务院审批的外,其他土地由省级人民政府审批。集体土地系农用地,还要办理农用地转用审批。征收与转用审批由同一机关审批的,二者同时办理。

第四十七条　【征收的实施机关及程序】国家征收土地的,依照法定程序批准后,由县级以上地方人民政府予以公告并组织实施。

县级以上地方人民政府拟申请征收土地的,应当开展拟征收土地现状调查和社会稳定风险评估,并将征收范围、土地现状、征收目的、补偿标准、安置方式和社会保障等在拟征收土地所在的乡(镇)和村、村民小组范围内公告至少三十日,听取被征地的农村集体经济组织及其成员、村民委员会和其他利害关系人的意见。

多数被征地的农村集体经济组织成员认为征地补偿安置方案不符合法律、法规规定的,县级以上地方人民政府应当组织召开听证会,并根据法律、法规的规定和听证会情况修改方案。

拟征收土地的所有权人、使用权人应当在公告规定期限内,持不动产权属证明材料办理补偿登记。县级以上地方人民政府应当组织有关部门测算并落实有关费用,保证足额到位,与拟征收土地的所有权人、使用权人就补偿、安置等签订协议;个别确实难以达成协议的,应当在申请征收土地时如实说明。

相关前期工作完成后,县级以上地方人民政府方可申请征收土地。

【适用要点】该条明确规定,征收土地由县级以上地方人民政府予以公告并组织实施,并要依法履行相应程序,以确保被征收人的合法权益。

第四十八条 【征收补偿项目及标准】征收土地应当给予公平、合理的补偿,保障被征地农民原有生活水平不降低、长远生计有保障。

征收土地应当依法及时足额支付土地补偿费、安置补助费以及农村村民住宅、其他地上附着物和青苗等的补偿费用,并安排被征地农民的社会保障费用。

征收农用地的土地补偿费、安置补助费标准由省、自治区、直辖市通过制定公布区片综合地价确定。制定区片综合地价应当综合考虑土地原用途、土地资源条件、土地产值、土地区位、土地供求关系、人口以及经济社会发展水平等因素,并至少每三年调整或者重新公布一次。

征收农用地以外的其他土地、地上附着物和青苗等的补偿标准,由省、自治区、直辖市制定。对其中的农村村民住宅,应当按照先补偿后搬迁、居住条件有改善的原则,尊重农村村民意愿,采取重新安排宅基地建房、提供安置房或者货币补偿等方式给予公平、合理的补偿,并对因征收造成的搬迁、临时安置等费用予以补偿,保障农村村民居住的权利和合法的住房财产权益。

县级以上地方人民政府应当将被征地农民纳入相应的养老等社会保障体系。被征地农民的社会保障费用主要用于符合条件的被征地农民的养老保险等社会保险缴费补贴。被征地农民社会保障费用的筹集、管理和使用办法,由省、自治区、直辖市制定。

【适用要点】征收集体土地的,集体土地所有权因征收而归国家所有,故应当向集体经济组织支付土地补偿费。集体土地上设有土地承包经营权、宅基地使用权等用益物权的，其上一般还有青苗以及房屋等地上附着物。此类权利也因土地被征收而归于消灭，国家还应补偿安置补助费以及农村村民住宅、其他地上附着物和青苗等的补偿费用，并安排被征地农民的社会保障费用。

第四十九条　【征地补偿费及对其的监督】被征地的农村集体经济组织应当将征收土地的补偿费用的收支状况向本集体经济组织的成员公布，接受监督。

禁止侵占、挪用被征收土地单位的征地补偿费用和其他有关费用。

第五十条　【政府的支持义务】地方各级人民政府应当支持被征地的农村集体经济组织和农民从事开发经营，兴办企业。

第五十一条　【特定项目征收】大中型水利、水电工程建设征收土地的补偿费标准和移民安置办法，由国务院另行规定。

3.《中华人民共和国保险法》（2009 年 2 月 28 日修订，2015 年 4 月 24 日修正）

第六十条　【保险人的代位求偿权】因第三者对保险标的的损害而造成保险事故的，保险人自向被保险人赔偿保险金之日起，在赔偿金额范围内代位行使被保险人对第三者请求赔偿的权利。

前款规定的保险事故发生后，被保险人已经从第三者取得损害赔偿的，保险人赔偿保险金时，可以相应扣减被保险人从第三者已取得的赔偿金额。

保险人依照本条第一款规定行使代位请求赔偿的权利，不影响被保险人就未取得赔偿的部分向第三者请求赔偿的权利。

【适用要点】该条是在第三者所应承担的侵权责任与保险人所应承担的保险责任竞合场合，该如何处理二者关系的规定。对此，要区别内部关系和外部关系。就外部关系来说，保险人与侵权行为人对被保险人（同时也是担保人）承担连带责任；就其内部关系来说，侵权行为则要承担终局责任。故被保险人可以向保险人或侵权行为人中的任一人主张全部责任；保险人承担保险责任后可向侵权行为人行使代位求偿权。

（二）相关行政法规

《国有土地上房屋征收与补偿条例》（2011 年 1 月 19 日通过）

第四条　【征收部门与实施部门的区分】市、县级人民政府负责本行政区域的房屋征收与补偿工作。

市、县级人民政府确定的房屋征收部门(以下称房屋征收部门)组织实施本行政区域的房屋征收与补偿工作。

市、县级人民政府有关部门应当依照本条例的规定和本级人民政府规定的职责分工,互相配合,保障房屋征收与补偿工作的顺利进行。

【适用要点】征收国有土地上房屋的,由市、县级人民政府负责房屋征收与补偿工作,其确定的房屋征收部门负责组织实施。

第八条 【公共利益的范围】为了保障国家安全、促进国民经济和社会发展等公共利益的需要,有下列情形之一,确需征收房屋的,由市、县级人民政府作出房屋征收决定:

(一)国防和外交的需要;

(二)由政府组织实施的能源、交通、水利等基础设施建设的需要;

(三)由政府组织实施的科技、教育、文化、卫生、体育、环境和资源保护、防灾减灾、文物保护、社会福利、市政公用等公共事业的需要;

(四)由政府组织实施的保障性安居工程建设的需要;

(五)由政府依照城乡规划法有关规定组织实施的对危房集中、基础设施落后等地段进行旧城区改建的需要;

(六)法律、行政法规规定的其他公共利益的需要。

第九条 【征收条件及程序】依照本条例第八条规定,确需征收房屋的各项建设活动,应当符合国民经济和社会发展规划、土地利用总体规划、城乡规划和专项规划。保障性安居工程建设、旧城区改建,应当纳入市、县级国民经济和社会发展年度计划。

制定国民经济和社会发展规划、土地利用总体规划、城乡规划和专项规划,应当广泛征求社会公众意见,经过科学论证。

第十条 【征收补偿方案】房屋征收部门拟定征收补偿方案,报市、县级人民政府。

市、县级人民政府应当组织有关部门对征收补偿方案进行论证并予以公布,征求公众意见。征求意见期限不得少于30日。

第十一条 【公开征求意见】市、县级人民政府应当将征求意见情况和根据公众意见修改的情况及时公布。

因旧城区改建需要征收房屋,多数被征收人认为征收补偿方案不符合本条例规定的,市、县级人民政府应当组织由被征收人和公众代表参加的听证会,并根据听证会情况修改方案。

　　第十二条　【社会稳定风险评估】市、县级人民政府作出房屋征收决定前,应当按照有关规定进行社会稳定风险评估;房屋征收决定涉及被征收人数量较多的,应当经政府常务会议讨论决定。

　　作出房屋征收决定前,征收补偿费用应当足额到位、专户存储、专款专用。

　　第十三条　【征收公告及国有土地使用权一并收回】市、县级人民政府作出房屋征收决定后应当及时公告。公告应当载明征收补偿方案和行政复议、行政诉讼权利等事项。

　　市、县级人民政府及房屋征收部门应当做好房屋征收与补偿的宣传、解释工作。

　　房屋被依法征收的,国有土地使用权同时收回。

　　第十四条　【不服征收决定的救济】被征收人对市、县级人民政府作出的房屋征收决定不服的,可以依法申请行政复议,也可以依法提起行政诉讼。

【司法解释及规范性司法文件】

（一）司法解释

1.《最高人民法院关于适用〈中华人民共和国民法典〉有关担保制度的解释》(法释〔2020〕28 号,2020 年 12 月 2 日通过)

　　第四十二条　【抵押权的物上代位性】抵押权依法设立后,抵押财产毁损、灭失或者被征收等,抵押权人请求按照原抵押权的顺位就保险金、赔偿金或者补偿金等优先受偿的,人民法院应予支持。

　　给付义务人已经向抵押人给付了保险金、赔偿金或者补偿金,抵押权人请求给付义务人向其给付保险金、赔偿金或者补偿金的,人民法院不予支持,但是给付义务人接到抵押权人要求向其给付的通知后仍然向抵押人给付的除外。

　　抵押权人请求给付义务人向其给付保险金、赔偿金或者补偿金的,人民法院可以通知抵押人作为第三人参加诉讼。

　　【适用要点】本条是有关抵押权的物上代位性的规定。《民法典》第 390 条对于抵押权的物上代位效力已有明确规定,但实践中,由于抵押权人无法控制代位物,因此其抵押权不能实现的风险增大。究其原因,无论是保险金、赔偿金还是补偿金,都是金钱,而金钱属于极为特殊的种类物,一旦被抵押人控制,就很容易被移转、挥霍或者被抵押人用于清偿其他债务而抵押权人却很难追踪到该金钱并请求就该金钱优先受偿。为了防止代位物被抵押人控制,该条明确规定,给付义务人在接到抵押权已经设立的书面通知后仍然向抵押人给付的,不发生清偿的效力,抵押权人仍可继续向给付义务人请求给付保险金、赔偿金或者补偿金。当然,如果抵押权人在书面通知给付义务人之前,给付义务人已经向抵押人履行给付义务,则不再对抵押权人负有给付义务。

第四十六条　【未登记的不动产抵押合同的效力】不动产抵押合同生效后未办理抵押登记手续,债权人请求抵押人办理抵押登记手续的,人民法院应予支持。

抵押财产因不可归责于抵押人自身的原因灭失或者被征收等导致不能办理抵押登记,债权人请求抵押人在约定的担保范围内承担责任的,人民法院不予支持;但是抵押人已经获得保险金、赔偿金或者补偿金等,债权人请求抵押人在其所获金额范围内承担赔偿责任的,人民法院依法予以支持。

因抵押人转让抵押财产或者其他可归责于抵押人自身的原因导致不能办理抵押登记,债权人请求抵押人在约定的担保范围内承担责任的,人民法院依法予以支持,但是不得超过抵押权能够设立时抵押人应当承担的责任范围。

【适用要点】担保物权的物上代位效力主要发生在担保物权已经有效设立场合。但在不动产抵押、权利质押等采登记生效主义的担保物权中,可能出现当事人仅签订了不动产抵押或权利质押合同,但因不可归责于抵押人的原因导致未能有效设立担保物权的情形。此时,如果抵押财产因毁损、灭失或被征收等原因产生代位物的,可以参照适用本条有关物上代位性的规定。从这一意义上说,该条扩张了担保物权物上代位性的适用范围。关于该条的详细分析见本书对《民法典》第388条的分析。

2.《最高人民法院关于审理矿业权纠纷案件适用法律若干问题的解释》(法释〔2017〕12号;法释〔2020〕17号,2020年12月23日修正)

第十七条　【矿业权抵押的物上代位】矿业权抵押期间因抵押人被兼并重组或者矿床被压覆等原因导致矿业权全部或者部分灭失,抵押权人请求就抵押人因此获得的保险金、赔偿金或者补偿金等款项优先受偿或者将该款项予以提存的,人民法院应予支持。

【适用要点】该条是关于矿业权抵押权物上代位性的规定,适用时应注意以下几点:一是矿业权灭失的情形包括抵押人(矿业权人)被兼并重组;矿床被压覆,许可证被吊销、撤销、注销;许可证期满未延续;矿业权被征收等。二是矿业权全部或部分灭失的情况下,基于抵押权的从属性,矿业权抵押权一般而言亦相应灭失或者部分灭失。如果矿业权人获得了一定的补偿金、赔偿金或者保险金等相应的款项,应给予抵押权人相应的法律保护,抵押权人对矿业权人获得的补偿等款项可优先受偿。三是基于对担保物权人利益的保护,已经确认支付义务人负有谨慎的注意代位物之上负有担保权益并通知抵押权人的义务。作为抵押物的矿业权灭失后,负有支付补偿等款项义务的人通知了抵押权人或者尽管没有通知,但在支付前抵押权人获知了补偿等款项待支付的事实,则抵押权人有权对这些尚未支付的补偿等款项行使物上代位权,要求优先受偿。

3.《最高人民法院关于人民法院民事执行中查封、扣押、冻结财产的规定》(法释〔2004〕15号;法释〔2020〕21号,2020年12月23日修正)

第二十二条 【查冻扣的效力及于代位物】查封、扣押、冻结的财产灭失或者毁损的,查封、扣押、冻结的效力及于该财产的替代物、赔偿款。人民法院应当及时作出查封、扣押、冻结该替代物、赔偿款的裁定。

【适用要点】查冻扣债权具有准担保物权的性质,其效力优先于一般债权,故在查冻扣场合,也有物上代位问题。

(二)规范性司法文件

《全国法院民商事审判工作会议纪要》(法〔2019〕254号,2019年11月8日公布)

60.【未办理登记的不动产抵押合同的效力】不动产抵押合同依法成立,但未办理抵押登记手续,债权人请求抵押人办理抵押登记手续的,人民法院依法予以支持。因抵押物灭失以及抵押物转让他人等原因不能办理抵押登记,债权人请求抵押人以抵押物的价值为限承担责任的,人民法院依法予以支持,但其范围不得超过抵押权有效设立时抵押人所应当承担的责任。

【适用要点】该条内容基本已被《民法典担保制度解释》第46条所吸收。相比之下,《民法典担保制度解释》第46条对该条内容进一步作了细化规定:一是区别不能办理登记的原因是否可归责于抵押人而异其处理;二是在不可归责于抵押人的情况下,进一步就抵押财产因毁损、灭失或被征收而产生代位物场合,就代位物如何处置作出规定。从这一意义上说,该条不再具有可适用性。

【部门规章、规范性文件与相关政策】

(一)部门规章

《不动产登记暂行条例实施细则》(国土资源部令第 63 号;自然资源部令第 5 号,2019 年 7 月 16 日修正)

第二十八条 【申请办理不动产注销登记的情形】有下列情形之一的,当事人可以申请办理注销登记:

(一)不动产灭失的;

(二)权利人放弃不动产权利的;

(三)不动产被依法没收、征收或者收回的;

(四)人民法院、仲裁委员会的生效法律文书导致不动产权利消灭的;

(五)法律、行政法规规定的其他情形。

不动产上已经设立抵押权、地役权或者已经办理预告登记,所有权人、使用权人因放弃权利申请注销登记的,申请人应当提供抵押权人、地役权人、预告登记权利人同意的书面材料。

【适用要点】该条是有关当事人申请办理不动产注销登记的情形,其中第 1 款第 1 项、第 3 项属于担保财产灭失或被征收的情形。依据《民法典》第 390 条之规定,在担保财产灭失或被征收等场合,担保财产尽管灭失,但担保物权并未消灭,而是延及"三金"等代位物上。如果此时要办理注销登记,对担保物权人不利,也不符合担保物权物上代位的原理。

【典型案例】

(一)参考案例

1. 青岛融资担保中心有限公司与江苏泰成企业集团有限公司追偿权纠纷案【最高人民法院(2020)最高法民再 31 号】

【裁判要旨】《物权法》第 174 条①规定:"担保期间,担保财产毁损、灭失

---

① 《民法典》第 390 条。下同。

或者被征收等，担保物权人可以就获得的保险金、赔偿金或者补偿金等优先受偿。被担保债权的履行期未届满的，也可以提存该保险金、赔偿金或者补偿金等。"据此，担保物权具有物上代位性，当抵押物因灭失、毁损等原因获得保险金、赔偿金、补偿金或者其他物时，抵押权人可以就这些钱物继续行使抵押权。因此，青岛融资担保公司提交的《房屋征收产权调换协议书》和桑希会在其两套菏泽抵押房屋拆迁时出具的《保证书》，虽然证明桑希会的案涉两套抵押房产已经被拆迁，但是依据前述规定，抵押权人可以就因拆迁获得的新房或者其他财物继续行使抵押权。

【编者评析】该案例的指导意义在于，明确了因拆迁获得的新房或者其他财物属于抵押权的代位物。

2. 福建超大集团有限公司与中国农业银行股份有限公司福州分行金融借款合同纠纷案【最高人民法院（2018）最高法民终 907 号】

【裁判要旨】《物权法》第 174 条规定："担保期间，担保财产毁损、灭失或者被征收等，担保物权人可以就获得的保险金、赔偿金或者补偿金等优先受偿。被担保债权的履行期未届满的，也可以提存该保险金、赔偿金或者补偿金等。"据此，农行福州分行对于上述抵押物的收储价款在 2300 万元本金及利息范围内享有优先受偿权。鉴于农行福州分行已将上述收储价款中的 28330040 元作为截止到 2017 年 1 月 12 日的 2300 万元借款的本息予以提存，并作了内账技术处理，因此应当认定浩伦生物工程公司作为抵押人在本案诉讼过程中已经代主债务人浩伦集团向农行福州分行清偿了该笔 2300 万元借款的本息。故浩伦集团作为主债务人的还款范围亦应相应扣减。

【编者评析】该案例的指导意义在于，明确了被担保债权的履行期未届满的，当事人可以提存代位物。值得探讨的是收储价款的性质，如将收储行为定性为类征收行为，则其性质上属于补偿金，当然属于代位物的范畴。反之，如将收储行为定性为行政协议，则收储价款作为土地使用权转让的对价，似不应将其作为代位物纳入原担保物权的效力范畴。从这一意义上说，该案还有进一步探讨的余地。

3. 天津翠金湖房地产开发有限公司与中国华融资产管理股份有限公司天津分公司金融不良债权追偿纠纷案【最高人民法院（2021）最高法民申 2946 号】

【裁判要旨】2019 年，武清分局决定将案涉抵押物所在国有建设用地使用权实施回收，并告知翠金湖公司。《物权法》第 174 条规定："担保期间，担保财产毁损、灭失或者被征收等，担保物权人可以就获得的保险金、赔偿金或者补偿金等优先受偿。被担保债权的履行期未届满的,也可以提存该保险金、赔偿金或者补偿金等。"虽然案涉抵押物项下补偿款尚未发放,也未确定金额,但政府部门已作出征收决定,补偿款并非不确定,只是实现时间问题。本案抵押权人对该补偿款享有物上代位权符合法律规定也符合合同约定。至于物上代位权能否行使或者实现,原判决能否执行,影响的是华融公司的利益,与抵押人翠金湖公司无关。因此驳回天津翠金湖房地产开发有限公司的再审申请。

【编者评析】担保物权的物上代位权能否实现,与确定担保物权人是否享有物上代位权无关。担保物权人的物上代位权的实现方式是另一个问题。

4. 中国农业银行股份有限公司荣成市支行与许明船舶抵押合同纠纷案
【青岛海事法院(2018)鲁72民初823号】

【裁判要旨】《物权法》第174条规定,担保期间,担保财产毁损、灭失或者被征收等,担保物权人可以就获得的保险金、赔偿金或者补偿金等优先受偿。被担保债权的履行期未届满的,也可以提存该保险金、赔偿金或者补偿金等。《海商法》第20条规定,被抵押船舶灭失,抵押权随之消灭。由于船舶灭失得到的保险赔偿,抵押权人有权优先于其他债权人受偿。"鲁荣渔52691"号渔船已经于2017年10月灭失,被告许明就该船向第三人投保船舶一切险,被告许明可能自第三人处获得保险金,故原告对被告自第三人获得的保险金在抵押金额范围内享有优先受偿权,符合法律规定,本院予以支持。

【编者评析】该案例明确了抵押权的物上代位效力及于保险金。

　　第三百九十一条　【债务转移对担保责任的影响】　第三人提供担保,未经其书面同意,债权人允许债务人转移全部或者部分债务的,担保人不再承担相应的担保责任。

【条文精解】

(一)条文要点

　　本条是关于债务转移对担保责任的影响的规定,完全沿袭了《物权法》第 175 条之规定。准确理解本条,要把握以下几点:

　　1. 与《民法典》第 697 条之间的关系

　　《民法典》第 697 条是有关债务转移对保证责任的影响的规定,与本条原理相同,即都认为债务人的偿债能力是影响担保责任承担的决定性因素。只要债务人具有足够的偿债能力,担保人就无须最终承担责任,或仅承担或然的责任。而在主债务转移全部或部分场合,一旦债务承担人缺乏相应的履约能力,担保人就会承担实际的担保责任,并面临追不回来的风险。为保护担保人的合法权益不受债务转移的影响,这两条都作出了相同的规定,即未经担保人同意,担保人对转移的债务不再承担担保责任。

　　但担保物权与保证毕竟有所区别,因而这两条尽管原理相同,但仍存在一定的区别,主要表现在:在保证责任中,债权人未经保证人同意允许债务人移转债务的,保证人原则上不再对移转的债务承担担保责任,但债权人与保证人另有约定的除外。而在物上保证场合,则不允许当事人另行约定。之所以有此区别,可能是因为物上保证涉及担保物权,而物权具有绝对性,往往需要通过登记等方式进行公示。如果允许当事人之间通过另行约定排除,即便在当事人之间具有效力,也不具有对世效力。为避免内外效力的不一致,不应允许当事人通过另行约定加重或排除担保人的责任。

　　2. 与担保物权不可分性之间的关系

　　担保物权的不可分性,指的是不论是担保财产的分割还是主债权的分割,均不影响担保物权的效力。担保物权的不可分性,可以概括为两句话:一是"担保财产的各部担保债权的全部",即"担保财产的不可分";二是"担保财产的全部担保债权的各部",即"主债权的不可分"。

其中主债权的不可分性,是指当主债权被分割时,担保财产仍及于分割后的各债权人,各债权人可以就其享有的份额行使抵押权,主要包括两种情形:一是主债权被分割或者部分转让。此时,担保财产仍然为被分割或者部分转让后的全部债权提供担保。只是与被分割前相比,各债权人针对同一个担保物权形成了准共有,从而应当参照有关按份共有的规定,就各自享有的份额行使担保物权。二是主债权部分受偿。此时,已经受偿的债权尽管已经消灭,但担保财产的范围并不作相应缩减,而是仍以全部的担保财产担保剩余的债权。后一种情形,才真正体现了担保物权不可分性对债权人保护的力度。需要说明的是,担保物权的不可分性主要涉及担保物权的效力是否因担保财产或者主债权的分割而贬损的问题,而主债务的分割或者部分转让,主要涉及担保人应否继续承担责任的问题,不涉及担保物权效力是否贬损的问题,因而与担保物权不可分性无关。

3. 本条的适用范围及其法律后果

从本条的规定看,债权人允许债务人转移债务,需要征得担保人同意的是第三人提供的物上保证。如果是债务人自己提供的物上保证,担保人同时也是主债务人,不论主债务是部分转让还是全部转让,都不影响债务人自己承担物上保证责任,故无须经过担保人书面同意。只有在第三人提供物上保证场合,主债务的分割或者转让可能会加重物上保证人的担保责任。因此,对于未经物上保证人书面同意转移的债务,物上保证人不再承担担保责任。

依据本条规定,担保人书面同意的,债务转移对担保人发生效力。具体包括两种情形:一是转移全部债务的,此时原债务人退出债的关系,改由承担债务的第三人承担债务。但对担保人来说,仍须对债权人承担相同的担保责任。应予注意的是,在担保人书面同意债务人转移债务场合,即便债务转移导致担保责任加重的,担保人也不能主张参照《民法典》第695条第1款之规定,对增加的部分不承担责任。因为担保人既然同意债务转移,当然要承担由此导致的不利后果。二是仅转移部分债务的,债务人与第三人各自按照转移的份额,对债权人承担按份责任。但就担保人来说,其仍在原担保合同约定的范围内向债权人承担责任。总之,在担保人同意场合,担保责任不受债务转移的影响。

〔二〕适用情况

本条主要适用于债务人转移债务场合担保人应否承担责任,关键在于举证证明担保人是否作出了书面同意。该问题司法实践争议不大,实务案例也不多,此处不再赘述。

【相关法律、行政法规】

〔一〕相关法律

《中华人民共和国民法典》(2020 年 5 月 28 日通过)

第六百九十七条　【债务转移和债务加入对保证责任的影响】债权人未经保证人书面同意,允许债务人转移全部或者部分债务,保证人对未经其同意转移的债务不再承担保证责任,但是债权人和保证人另有约定的除外。

第三人加入债务的,保证人的保证责任不受影响。

【适用要点】该条与本条规定精神完全一致,所不同的是,该条第 1 款有但书条款,而本条则没有。

第五百五十一条　【债务转移应当经债权人同意】债务人将债务的全部或者部分转移给第三人的,应当经债权人同意。

债务人或者第三人可以催告债权人在合理期限内予以同意,债权人未作表示的,视为不同意。

【适用要点】保证人承担保证责任后,对债务人享有追偿权。从这一意义上说,保证人也是债务人潜在的债权人。故债务转移要征得保证人的同意,与要征得债权人的同意在法理上是相同的。

第五百五十四条　【从债务随主债务转移】债务人转移债务的,新债务人应当承担与主债务有关的从债务,但是该从债务专属于原债务人自身的除外。

【适用要点】应予注意的是,该条规定的应由新债务人承担的本应由原债务人承担的从债务,主要指的是附属于本金的利息、违约金等债务的附属债务。换言之,该附属债务的义务人仍然是原债务人,不包括第三人。第三人提供的保证,相对于债权人来说是“从债权”,故随主债权的转让而转让;

但相对于债务人来说则并非"从债务",故应当将该条与《民法典》第 697 条
第 1 款规定相区别。

【司法解释及规范性司法文件】

(一) 司法解释

《最高人民法院关于适用〈中华人民共和国民法典〉有关担保制度的解
释》(法释〔2020〕28 号,2020 年 12 月 25 日通过)

第三十九条第二款 【主债务被分割或转移】主债务被分割或者部分转
移,债务人自己提供物的担保,债权人请求以该担保财产担保全部债务履行
的,人民法院应予支持;第三人提供物的担保,主张对未经其书面同意转移的
债务不再承担担保责任的,人民法院应予支持。

【适用要点】在主债务被分割或者部分转移场合,要注意区分债务人自
身提供的物的担保与第三人提供的物的担保:债务人自己提供物的担保,
债权人有权请求以该担保财产担保全部债务履行的;第三人提供物的担
保,主张对未经其书面同意转移的债务不再承担担保责任的,人民法院应
予支持。

【典型案例】

(一) 参考案例

四川金佳贸易有限公司与熊刚买卖合同纠纷案【四川省高级人民法院
(2019)川民再 233 号】

【裁判要旨】《物权法》第 175 条①规定:"第三人提供担保,未经其书面同
意,债权人允许债务人转移全部或者部分债务的,担保人不再承担相应的
担保责任。"本案中金佳公司同意百和建司将对其的钢材款支付义务转由世
成公司承担,构成债务转移。由于金佳公司与熊刚、张艳签订《担保协议》时

---

① 《民法典》第 391 条。

间是 2016 年 8 月 1 日,而与百和建司、世成公司签订《债权债务转让协议》时间是 2016 年 9 月 1 日。因此本案中熊刚、张艳向金佳公司提供担保时间在前,百和建司转移债务时间在后,在此情形下,如果需要熊刚、张艳继续承担担保责任,应当取得熊刚、张艳的书面同意。但本案中没有证据证明百和建司将对金佳公司债务转移给世成公司时取得了熊刚、张艳的书面同意,故熊刚、张艳无须继续承担担保责任。

【编者评析】本案判决从举证责任的角度,将重点放在债权人有无证据证明担保人是否作出了书面同意,适用的还是本条规定。

第三百九十二条 【混合共同担保】被担保的债权既有物的担保又有人的担保的,债务人不履行到期债务或者发生当事人约定的实现担保物权的情形,债权人应当按照约定实现债权;没有约定或者约定不明确,债务人自己提供物的担保的,债权人应当先就该物的担保实现债权;第三人提供物的担保的,债权人可以就物的担保实现债权,也可以请求保证人承担保证责任。提供担保的第三人承担担保责任后,有权向债务人追偿。

【条文精解】

(一)条文要点

本条是有关混合共同担保的规定,基本沿袭了《物权法》第176条的规定,仅作了文字修改,即将"要求"修改为"请求"。准确理解本条规定,需要解决以下问题:一是如何理解当事人对实现债权有约定;二是在当事人对实现债权无约定场合,债权人如何行使权利;三是承担了担保责任的当事人能否向其他担保人追偿;四是担保人受让债权能否适用本条规定;五是本条能否扩张适用于第三人提供的物保或债务人的关联公司提供的担保。

1. 如何理解当事人对实现债权有约定

本条有两个约定,其中第一个"约定"指的是当事人在法定的实现担保物权条件即"债务人不履行到期债务"之外,另行约定实现担保物权的其他情形,如在借款合同中约定,一旦不能如此支付某一期或几期利息,债权人有权就剩余全部债务加速到期,进而有权请求实现担保物权。而此处所谓的"约定"指的是第二个约定,即当事人就实现债权作出约定。因为依据本条规定,当事人就实现债权作出明确约定的,依据约定来确定如何实现债权;在债务人自身提供物保场合,当事人未作约定或约定不明的,债权人应当先实现债务人自身提供的物保,不足部分才能向其他担保人主张。可见,之所以要考察当事人是否就实现债权作出约定,主要是在债务人自身提供物保场合,保证人享有类似于先诉抗辩权的权利,本书将其称为准先诉抗辩权。当然,数个担保均由第三人提供的,理论上也允许当事人对实现债权另行作出

约定,只不过此种情形实践中相对较少。准确理解当事人是否就实现债权作出"约定",要注意把握以下几点:

一是约定的主体是债权人与保证人,而非债权人与债务人,更非担保人之间作出约定。因为既然是当事人对如何实现债权作出约定,则当事人自然包括债权人。数个担保人之间即便对实现债权作出约定,因此种约定涉及债权人利益,除非征得债权人同意,否则对债权人不生效力。而一旦征得债权人同意,则债权人本身就成了合同当事人。在债务人自身提供物保场合,此处所谓的当事人就实现债权作出的"约定",主要是保证人应否先实现债务人自身提供的物保作出约定。鉴于此种约定主要涉及保证人的利益,故另一方主体是保证人。至于债务人,则不是此种约定的必要主体,其是否作为合同主体在所不问。也就是说,是债权人和保证人在保证合同中就是否先实现债务人自身提供的物保作出约定,此种约定既可以是约定应先实现债务人自身提供的物保,也可以是保证人明确放弃准先诉抗辩权。当然,在第三人提供物保和第三人保证并存场合,另一方当事人也可以是保证人和担保物权人,即债权人与保证人、担保物权人之间就人保与物保之间的实现顺序作出约定,如约定先实现保证或先实现担保物权。考虑到实践中考察当事人对实现债权有无约定主要适用于债务人自身提供物保场合,为进一步突出问题,下文主要以此种情形作为讨论对象。

二是关于约定的内容,存在不同观点。一种观点认为,约定的内容是当事人就债权的实现顺序作出约定。如果采此种观点,则合同的主体除债权人外,还要包括所有的担保人。因为只有在所有担保人都作为合同主体的情况下,才存在确定实现顺序的问题。而实践中,在混合共同担保中,数个担保人在同一份合同书上就同一债权共同提供担保,且就债权实现顺序作出约定的情形并不多见。更为常见的是债权人分别与各个担保人签订合同,基于合同的相对性,某一担保合同的当事人不应该为其他担保人约定履行债务的先后顺序;即便约定了,对其他担保人也不具有效力。故此说不可采。至于约定的内容究竟是债权人享有选择权,还是保证人放弃准先诉抗辩权,争议很大,值得研究。实践中,银行往往会在格式化的保证合同或保证条款中作出类似约定:"无论贷款人对主合同项下的债权是否拥有其他担保(包括但不限于保证、抵押、质押、保函、备用信用证等担保方式),不论上述担保何时成立、是否有效、贷款人是否向其他担保人主张权利,也不论是否有第三方同意承担主合同项下的全部或者部分债务,也不论其他担保是否由债务人自己所提供,保证人在本合同项下的保证责任均不因此减免,贷款人均可直接要求保证人依照本合同约定在其保证范围内承担保证责任,保证人将不提出任何异议。"依据前述约定,即便在债务人自身提供担保场合,债权人也可以直接请求保证人承担保证责任。此种约定属于当事人对实现债权有明确约定,债权人可以直接请求保证人承担责任。但另一种观点则认为,前述约定只不过允许债权人在不同担保人之间选择向任一担保人主张权利,但并无保证人放弃准先诉抗辩权的意思表示,仍属于约定不明的范畴。在当事人对实现债权约定不明的情况下,债权人仍应先实现债务人自身提供的物保。前述分歧的本质是,债权人选择说对债权人更加有利,而保证人放弃准先诉抗辩权说则对保证人更加有利。本书认为,应以保证人放弃准先诉抗辩权说为妥,主要理由为:(1)在对法律条文出现不同解释时,要作对保证人有利的解释,而非作对债权人有利的解释,这是由保证合同系单务合同、无偿合同的特点决定的,也与《民法典》有关担保立法的总体旨趣相一致。(2)此类保证合同或保证条款往往系格式条款,而依据《民法典》第498条有关"对格式条款有两种以上解释的,应当作出不利于提供格式条款一方的解释"之规定,也应该作不利于格式条款提供方即银行的解释。(3)在混合共同担保中,除了保证合同有类似表述外,债权人与债务人签订的抵押合同中往往也有相同的表述,表明债权人只是规定自己享有选择权,而保证人并无明确的放弃准先诉抗辩权的意思表示。

三是关于法律后果。保证人明确放弃准先诉抗辩权的,多个担保人对债权人承担连带责任,债权人既可以单独请求保证人或债务人承担担保责任,也可以一并请求保证人或债务人承担担保责任。保证人承担责任后,参照适用《民法典》第700条之规定,除了可以对债务人行使追偿权外,还享有债权人对债务人的担保物权,即还可以向债务人主张担保物权。

2. 当事人对实现债权无约定时债权人如何行使权利

依据本条规定,在混合共同担保中,在当事人对实现债权没有约定或约定不明时,要坚持以下规则:

一是如果有债务人自身提供的物保,要先实现债务人自身提供的物保,再实现其他担保。之所以要先实现债务人自身提供的物保,主要有两方面的考虑。一方面,是出于效率的考虑。如果让债权人先请求保证人承担保证责任,则保证人承担责任后还得向债务人追偿。而如果先实现债务人自身提供的担保,就可以免除保证人向债务人追索的麻烦,从而简化追索程序,减少债权实现成本。另一方面,更为重要的是,债务人作为最终责任人,由其先行承担担保物权也符合公平原则。债权人未实现债务人自身提供的物保就请求保证人承担责任的,保证人有权拒绝履行保证责任;债权人的行为如果表明其放弃对债务人行使权利的,保证人可以主张在其放弃权利的范围内免除责任。

　　二是没有债务人自身提供的物保的,则债权人可以向任一担保人主张权利。在第三人提供的物保与保证并存场合,是先实现物保,还是债权人可以自由选择,存在不同观点。有一种观点认为,应当坚持物保优先原则。该说认为,物上保证人仅以特定物的价值为限承担有限的责任,而保证人以其全部财产负无限责任。人的担保责任对保证人形成的压力更大,人的担保责任的追究对保证人生存产生影响的可能性更大,故有必要赋予保证人优越地位。另外,从立法技术看,不区分物保与人保的先后顺序,让保证人与物上保证人共同分担责任,会使份额确定规则失之于繁杂,难以拒绝诸如分担比例标准如何确定、应否考虑担保设定先后、应否考虑担保数额、应否考虑是一般保证还是连带责任保证等问题,而物保优先说可以在技术上解决前述问题。我国《担保法》第 28 条第 1 款即采物权优先说,规定:“同一债权既有保证又有物的担保的,保证人对物的担保以外的债权承担保证责任。”另一种观点则认为,对债权人来说,第三人提供的物保与人保,目的都在于担保债权的实现,且第三人都不是终局的责任人,因而应当允许债权人自由选择。《民法典》第 392 条显然采取了第二种观点。本书认为,持物保优先原则还是担保平等原则,本质上是一个政策选择问题,但即便是物保优先原则,也不能从物权优先于债权的角度去论证。因为物权优先于债权,指的是在同一财产上既有物权又有债权时,应当先保障物权的实现。但人保与物保并非基于同一财产所产生,因而与物权优先于债权规则并不相干。

　　三是对债权人来说,在其与担保人之间并未就债权实现问题作出明确约定的情况下,其有义务先实现债务人自身提供的担保,此种义务属于不真正义务的范畴。抵押权人怠于向债务人主张权利,其他担保人有权行使准先诉抗辩权,主张抵押权人先实现债务人自身提供的担保;经主张后抵押权人仍拒不实现债务人自身提供的担保的,可以认定其放弃了对债务人的抵押权,性质上等同于免除了债务人自身的担保责任,依据《民法典》第 409 条第 2 款之规定,其他担保人可在债务人自身提供的物保价值范围内免除担保责任。从这一意义上说,本条与《民法典》第 409 条有着密切关系。

3. 关于担保人之间能否相互追偿问题

如前所述,本条基本延续了《物权法》第176条的规定,而《物权法》第176条又是在《担保法解释》第38条基础上制定的。《担保法解释》第38条第1款规定:"同一债权既有保证又有第三人提供物的担保的,债权人可以请求保证人或者物的担保人承担担保责任。当事人对保证担保的范围或者物的担保的范围没有约定或者约定不明的,承担了担保责任的担保人,可以向债务人追偿,也可以要求其他担保人清偿其应当分担的份额。"据此,在混合共同担保中,债权人可以请求保证人或者物的担保人承担担保责任;承担了担保责任的担保人,既可以向债务人追偿,也可以要求其他担保人清偿其应当分担的份额。可见,《物权法》第176条仅规定承担了担保责任的担保人有权向债务人追偿,未规定能否向其他担保人追偿。由此出现了两种理解:一种理解是,《物权法》第176条属于法律漏洞或者说立法故意留白,该条规定并未否定《担保法解释》第38条的规定,故仍然可以适用司法解释的规定,以弥补法律漏洞。另一种理解则是,《物权法》第176条在充分关注到《担保法解释》相关规定的情况下,未采取该司法解释的相关规定,因此该司法解释有关担保人之间有权相互追偿的规定因与《物权法》的规定不符,不能再予适用。

前述两种观点各有道理。其中,允许担保人之间相互追偿的主要理由是:其一,从体系解释的角度看,共同保证和共同抵押均承认担保人之间的内部求偿关系,否定保证人与物上保证人之间的求偿权正当性不足。其二,不允许担保人之间相互求偿,容易引发潜在的道德风险。如某一担保人的关系人受让主债权后,仅向其他担保人主张担保权利,在实质上免除自身担保责任的同时,加重了其他担保人的责任。又如某一担保人和债权人私下沟通仅向其他担保人主张担保权利,均会引发道德风险。

全国人大常委会法工委相关部门或人员主编的《中华人民共和国物权法释义》以及《中华人民共和国民法典释义》均认为,担保人之间不能相互追偿,主要理由有四点:一是在各担保人之间没有共同担保意思的情况下,相互求偿缺乏法理依据,也有违担保人为债务人提供担保的初衷。二是担保人相互求偿后,还可以向最终的责任人债务人求偿,程序上费时费力,不经济。三是每个担保人在设定担保时,都应该明白自己面临的风险,即在承担了担保责任后,只能向债务人追偿,如果债务人没有清偿能力,自己就会受到损失。为避免出现此种风险,担保人就应当慎重提供担保,或者对担保作出特别约定。四是如果允许担保人之间相互求偿,其份额如何确定,是一个相当复杂的计算题,可操作性不强。

本书认为,从《担保法》及其司法解释看,不论是混合担保、共同保证还是共同物保,确实是允许担保人之间相互求偿的。除《担保法解释》第 38 条规定混合共同担保的担保人可以相互追偿外,《担保法》第 12 条规定,同一债务有两个以上保证人的,已经承担保证责任的保证人,有权向债务人追偿,或者要求承担连带责任的其他保证人清偿其应当承担的份额,这是有关共同保证人之间可以相互求偿的规定。《担保法解释》第 75 条规定,同一债权有两个以上抵押人的,抵押人承担担保责任后,可以向债务人追偿,也可以要求其他抵押人清偿其应当承担的份额,该条是有关共同抵押人之间相互求偿的规定。可见,《担保法》及其司法解释的基本精神是,不论共同担保的形态如何,均允许担保人之间相互追偿。但《物权法》以及《民法典》均未规定承担了担保责任的保证人可向其他保证人追偿。从《物权法》到《民法典》的相关规定看,不论是共同保证人之间、共同抵押人之间还是混合担保的各担保人之间,立法机关都不认可担保人之间可以相互求偿。全国人大常委会法工委相关部门或人员主编的《中华人民共和国物权法释义》《中华人民共和国民法典释义》尽管在性质上属于学理解释,但反映的却是立法机关在该问题上的一贯意图,是比较权威的解释。而且担保人承担了担保责任,意味着债权人的债权已经实现,债权债务关系消灭,其上的担保也跟之消灭,承担了担保责任的担保人再向其他担保人求偿也缺乏逻辑依据。故《九民纪要》与《民法典担保制度解释》都采取了担保人之间不能相互追偿的做法。当然,如果多个担保人在缔约时就知道要为同一个债务提供担保,并明确约定担保人之间可以相互求偿,鉴于此种约定并不违反法律、行政法规的强制性规定,是合法有效的,当事人据此可以相互求偿,自无疑问,此处不赘。

4. 如何确定担保人的分担份额

在连带共同保证中,《民法典》第 700 条的规定允许当事人进行特别约定,在理解特别约定时应参考《民法典》第 519 条有关多数人之债的规定,该条第 1 款和第 2 款规定:"连带债务人之间的份额难以确定的,视为份额相同。实际承担债务超过自己份额的连带债务人,有权就超出部分在其他连带债务人未履行的份额范围内向其追偿,并相应地享有债权人的权利,但是不得损害债权人的利益。其他连带债务人对债权人的抗辩,可以向该债务人主张。"根据该规定,多个保证人之间明确约定为连带共同保证的时候,可以参照该规定认定保证人相互之间有追偿权,否则其只能在承担保证责任的范围内向债务人追偿。根据体系解释的规则,该例外追偿的情形同样适用于混合共同担保项下担保人能否相互追偿的认定。

在混合共同担保中,担保人原则上均不能相互追偿,但并不排除担保人之间通过约定追偿的方式或者以其行为表明具有相互追偿意思表示的,认定担保人之间能够相互追偿。担保人之间可以相互追偿的情形主要包括以下情形:一是数个担保人之间约定相互追偿及分担份额;二是数个担保人之间约定承担连带共同担保,或者约定相互追偿但是未约定分担份额的;三是数个担保人虽然并未在合同中明确可以相互追偿,但是担保人在同一份合同书中签字、盖章或者按指印,此时可以理解为数个担保人之间存在连带共同担保的意思联络,从而认定为混合共同担保。

在担保人之间可以相互追偿的场合,担保人承担担保责任后,其向其他担保人追偿的范围是否限于向主债务人不能清偿的部分?对此,应该区分当事人对于追偿问题的不同约定,如果担保人之间约定相互追偿及分担份额,承担了担保责任的担保人可以请求其他担保人按照约定分担份额;如果当事人仅约定承担连带共同担保,或者约定相互追偿但是未约定分担份额,或者通过各担保人在同一份合同书上签字、盖章或者按指印推定存在连带共同担保意思联络时,为了避免向债务人追偿、向其他担保人追偿的不确定性及循环追偿的问题,应该先向主债务人追偿,对于主债务人不能追偿的部分,再向其他担保人追偿。

对于担保人追偿权的份额,应当尊重当事人的约定并兼顾公平的原则,即担保人之间能达成一致的情况下,依照当事人之间的约定;在当事人之间未明确约定且不能达成一致的情况下,该事项属于担保人之间内部分担责任和风险的问题,应考虑担保人具体应承担的担保责任,按照比例公平分配。在混合共同担保中,考虑到物的担保系仅就担保财产本身或一定的主债务限额提供担保,属于物的有限责任,保证人与物上保证人责任分担的计算,应以各担保人承担的具体担保责任为基础,同时考虑担保财产的价值与担保债权额的关系不同而有所区别。当担保财产的价值小于担保债权额时,应该按照保证债权额和担保财产价值的比例确定各自的份额;当担保财产的价值大于或者等于担保债权额时,应该以保证债权额和担保债权额的比例确定各自的份额。

5. 关于担保人受让债权问题

在混合共同担保中,实践中经常出现保证人与债权人签订债权转让合同,受让债权后再向担保物权人追偿,从而实际上免除了自己本应承担的保证责任的情形,这就有必要探讨担保人受让债权行为的性质和效力。对此,有观点认为,担保人与债权人签订的合同性质为债权转让合同,在合同不存在无效事由的情况下,债权转让的通知到达其他担保人时,对于其他担保人发生法律效力,此时担保人作为受让人取得了与债权有关的主权利和从权利,其可以以债权人的身份要求其他担保人承担担保责任。如前所述,在混合共同担保中,担保人之间原则上没有相互追偿权,如果允许担保人受让债权后又以债权人的身份向债务人以及其他担保人追偿,既与《民法典》有关担保人之间原则上不能相互追偿的规定不符,也使本应承担保证责任的当事人通过受让债权而免除了责任,这就需要重新反思担保人受让债权与第三人受让债权性质上是否为同一行为。

《民法典》第 545 条第 1 款规定:"债权人可以将债权的全部或者部分转让给第三人,但是有下列情形之一的除外:(一)根据债权性质不得转让;(二)按照当事人约定不得转让;(三)依照法律规定不得转让。"该法第 547 条第 1 款规定:"债权人转让债权的,受让人取得与债权有关的从权利,但是该从权利专属于债权人自身的除外。"从前述规定看,债权原则上具有可转让性,法律允许债权人将其债权转让给第三人,无论该债权是现有的还是将有的债权,只要债权可以被特定化,且不存在法律规定的限制转让的情形。在债权转让的过程中,因从权利从属于主权利,担保权利作为从权利也具有转让的从属性,债权转让对担保人发生效力后,受让人有权向担保人主张权利。

与第三人通过债权转让的方式受让债权不同,在多个担保人为同一债务提供担保,其中一个担保人受让债权,虽然亦采取签订债权转让的方式进行,但两者在性质的认定上存在本质的区别:一是担保人对于债权人负有担保债务,担保人通过签订债权转让协议的方式受让债权后,担保人的担保债务与债权人的担保债权同归于担保人,发生混同,根据《民法典》第 557 条第 1 款的规定,当债权债务同归一人时,债权债务终止,此时受让人的担保责任归于消灭或者部分消灭。二是担保具有从属性,担保人承担担保责任是在债务履行期限届满后,债务人不履行或者不能履行债务,担保人才会承担担保责任,尤其是在一般保证情形下,保证人享有先诉抗辩权。担保人受让债权一方面系消灭自身担保责任,另一方面则是为了达到担保人之间相互分担甚至全额追偿的目的,该行为显然与《民法典》原则上不允许担保人之间相互追偿相悖,造成了新的不公。因此,本书认为,担保人受让债权的行为本质上属于履行担保债务的行为,担保人承担责任后能否向其他担保人追偿,应当依据《民法典担保制度解释》第13条之规定,看担保人之间是否对追偿问题有无约定来具体认定,而不能将其简单地等同于一般的债权转让,而使担保人通过受让债权方式逃避承担担保责任。

6. 关于本条的扩张适用问题

依据本条规定,在债务人自身提供的物保和保证并存,在当事人对实现债权并无明确约定的情况下,债权人应当先实现债务人自身提供的物保。相应地,保证人享有准先诉抗辩权。本书认为,该规则同样适用于第三人提供物保的场合,即在同一债权上既有债务人自身提供的物保又有第三人提供的物保场合,在第三人对实现债权并无明确约定的情况下,债权人应当先实现债务人自身提供的物保。另外,在当事人对债权实现有明确约定,进而债权人可以先实现第三人提供的物保场合,该第三人同样可以参照适用《民法典》第700条之规定,在可以向债务人追偿的同时,在其承担担保责任的范围内有权实现债务人为债权人提供的担保物权。

另一个值得探讨的问题是,在债务人自身提供物保场合,本应设立的物保如抵押权、质权等因债权人原因未能有效设立的,在当事人对实现债权并无明确约定情况下,保证人可以参照适用本条之规定,主张债权人先就担保物权不能有效设立时在债务人所应承担的责任范围内要求债务人承担责任;债权人的行为表明其放弃了担保物权的,则保证人可以主张在债权人放弃的范围内免除保证责任。

此外,能否将本条有关债务人自身提供的担保扩及其全资子公司甚至关联公司提供的物保,进而在其与第三人提供的人保或物保并存而当事人对实现债权并无明确约定场合,应当先实现债务人的全资子公司甚至关联公司提供的物保?鉴于该问题不仅涉及物权法问题,还涉及公司法等组织法问题,而公司人格独立、股东有限责任是公司法的基石性原则,因而如果要突破的化,要十分慎重。本书倾向于认为,在债务人的全资子公司提供担保场合,可以认为其就是债务人自身提供的担保,应当先实现其提供的物保;而如果是一般的关联公司,则原则上不得将本条的"债务人"扩张适用于此类公司。

（二）适用情况

本条主要适用于以下情形：

一是在债务人自身提供物保与保证人提供保证场合，通过确定当事人对实现债权有无约定，进而确定债权人应否先实现债务人自身提供的物保。在确定应先实现债务人自身提供的物保而债权人直接请求保证人承担保证责任的场合，法院一般会驳回债权人的诉讼请求；在债权人有明确的免除债务人责任的场合，保证人也可以在免除范围内主张减免自己的责任。

二是在混合共同担保中，依据本条来确定承担了担保责任的当事人能否向其他担保人追偿，而这主要取决于担保人之间对追偿问题是否有明确约定。

三是在担保人受让债权场合，要依法认定其性质为履行担保责任，有别于一般的第三人受让债权，进而看担保人对追偿问题是否有约定来确定受让债权的担保人能否向其他担保人追偿。

四是关于本条的扩张适用问题。（1）将保证人扩张适用于第三人提供物保的情形；（2）将债务人自身提供的物保扩张适用于债务人本应设立物保但未有效设立的场合；（3）不能将债务人自身提供的担保扩张适用于债务人的关联公司提供的担保。

【相关法律、行政法规】

（一）相关法律

《中华人民共和国民法典》（2020 年 5 月 28 日通过）

第七百条　【保证人的追偿权】保证人承担保证责任后，除当事人另有约定外，有权在其承担保证责任的范围内向债务人追偿，享有债权人对债务人的权利，但是不得损害债权人的利益。

【适用要点】该条与《民法典》第 392 条有着密切联系，在同一债权上既有债务人自身提供的物保又有第三人提供的保证的情况下，依据《民法典》第 392 条之规定，如果当事人对实现债权有约定，债权人依据约定请求保证人承担责任的，保证人承担责任后除了可以向债务人追偿外，还享有债权人对债务人的担保物权，即还可以请求实现债务人提供的担保物权。反之，当事人对实现债权没有约定或约定不明的,依据《民法典》第392条之规定,则债权人应当先实现债务人提供的物保。

第五百一十九条 【连带债务人的份额确定】连带债务人之间的份额难以确定的,视为份额相同。

实际承担债务超过自己份额的连带债务人,有权就超出部分在其他连带债务人未履行的份额范围内向其追偿,并相应地享有债权人的权利,但是不得损害债权人的利益。其他连带债务人对债权人的抗辩,可以向该债务人主张。

被追偿的连带债务人不能履行其应分担份额的,其他连带债务人应当在相应范围内按比例分担。

【适用要点】在混合共同担保中,在担保人有意思联络进而构成连带担保的情况下,承担了担保责任的人可以依据该条规定,请求其他担保人分担相应的份额。

【司法解释及规范性司法文件】

(一)司法解释

《最高人民法院关于适用〈中华人民共和国民法典〉有关担保制度的解释》(法释[2020]28号,2020年12月25日通过)

第十三条 【共同担保】同一债务有两个以上第三人提供担保,担保人之间约定相互追偿及分担份额,承担了担保责任的担保人请求其他担保人按照约定分担份额的,人民法院应予支持;担保人之间约定承担连带共同担保,或者约定相互追偿但是未约定分担份额的,各担保人按照比例分担向债务人不能追偿的部分。

同一债务有两个以上第三人提供担保,担保人之间未对相互追偿作出约定且未约定承担连带共同担保,但是各担保人在同一份合同书上签字、盖章或者按指印,承担了担保责任的担保人请求其他担保人按照比例分担向债务人不能追偿部分的,人民法院应予支持。

除前两款规定的情形外,承担了担保责任的担保人请求其他担保人分担向债务人不能追偿部分的,人民法院不予支持。

【适用要点】该条是有关共同担保的规定,其中也包含了混合共同担保的情形,主要包含以下几层含义:一是除非担保人之间对相互追偿(更准确地提法应该是份额分担)问题作出约定,否则,原则上不得相互追偿;二是在担保人对相互追偿或分担份额作出明确约定,或者数个担保人在同一份合同书上签字或盖章时,担保人之间可以相互追偿;三是关于追偿对象问题,有约定的从约定;无约定的,应当先向债务人追偿,不足部分再向其他担保人追偿;四是关于具体的追偿份额,考虑到混合共同担保、共同保证、共同抵押情形不同,故本条未作进一步规定,留待司法实践依据具体问题具体分析。

第十四条　【担保人受让债权】同一债务有两个以上第三人提供担保,担保人受让债权的,人民法院应当认定该行为系承担担保责任。受让债权的担保人作为债权人请求其他担保人承担担保责任的,人民法院不予支持;该担保人请求其他担保人分担相应份额的,依照本解释第十三条的规定处理。

【适用要点】该条明确了一点,就是担保人受让债权有别于一般的第三人受让债权,其性质上属于担保人履行担保债务,应当依照共同担保的有关规定处理。

(二)规范性司法文件

《全国法院民商事审判工作会议纪要》(法〔2019〕254号,2019年11月8日公布)

56.【混合担保中担保人之间的追偿问题】被担保的债权既有保证又有第三人提供的物的担保的,担保法司法解释第38条明确规定,承担了担保责任的担保人可以要求其他担保人清偿其应当分担的份额。但《物权法》第176条[①]并未作出类似规定,根据《物权法》第178条关于"担保法与本法的规定不一致的,适用本法"的规定,承担了担保责任的担保人向其他担保人追偿的,人民法院不予支持,但担保人在担保合同中约定可以相互追偿的除外。

【适用要点】对混合共同担保中担保人之间能否相互追偿问题,当时的司法实践尺度极为混乱。该条明确担保人之间原则上不能相互追偿,对统一裁判尺度具有重要意义。随着该条确立的规则被《民法典担保制度解释》第13条所吸收并进一步细化,至少在司法实践层面,该问题几乎已成共识,结束了在该问题上长期以来的尺度不统一局面。

---

① 《民法典》第392条。

【典型案例】

(一) 公报案例

黑龙江北大荒投资担保股份有限公司与黑龙江省建三江农垦七星粮油工贸有限责任公司、黑龙江省建三江农垦宏达粮油工贸有限公司等担保合同纠纷案【最高人民法院(2017)最高法民申 925 号】①

【裁判要旨】同一债权上既有人的担保,又有债务人提供的物的担保,债权人与债务人的共同过错致使本应依法设立的质权未设立,保证人对此并无过错的,债权人应对质权未设立承担不利后果。《物权法》第 176 条②对债务人提供的物保与第三人提供的人保并存时的债权实现顺序有明文规定,保证人对先以债务人的质物清偿债务存在合理信赖,债权人放弃质权损害了保证人的顺位信赖利益,保证人应依《物权法》第 218 条③的规定在质权人丧失优先受偿权益的范围内免除保证责任。

【编者评析】该案实际上是《物权法》第 176 条有关混合共同担保规则的扩张适用,即将债务人自身提供的物保扩张适用于债务人应当设立物保而未设立场合。于此场合,保证人仍享有准先诉抗辩权,主张债权人先实现债务人的担保;债权人放弃向债务人追偿的,保证人可以主张在放弃的范围内免除保证责任。

(二) 参考案例

1. 门峡市鑫都置业有限公司与门峡市鑫都发展股份有限公司金融借款合同纠纷案【最高人民法院(2019)最高法民终 1454 号】

【裁判要旨】《物权法》第 176 条规定:"被担保的债权既有物的担保又有人的担保的,债务人不履行到期债务或者发生当事人约定的实现担保物权的情形,债权人应当按照约定实现债权;没有约定或者约定不明确,债务人自己提供物的担保的,债权人应当先就该物的担保实现债权;第三人提供物的担

---

① 具体可见《最高人民法院公报》2018 年第 1 期。
② 《民法典》第 392 条。下同。
③ 《民法典》第 435 条。

保的,债权人可以就物的担保实现债权,也可以要求保证人承担保证责任。提供担保的第三人承担担保责任后,有权向债务人追偿。"《物权法》的上述规定精神是,在物保与人保并存时,并非物保绝对优先,而是在物权绝对优先原则基础上,融合了意思自治的法律权衡,以满足更加丰富的现实需求。本院认为,对《物权法》第176条可作以下三种情形的具体把握:第一种情形,即对实现担保物权有明确约定的情形,在此情形下,无论是对人的担保合同还是对物的担保合同,均要审查是否存在"当事人约定的实现担保物权的情形",即是否对实现担保物权作出明确约定,有此约定的,即应优先按照该类约定进行处理,无论该类关于实现担保物权的约定是就债务人提供的物保所作约定,还是就第三人提供的物保所作约定,均应当按照该明确约定实现债权。第二种情形,对实现担保物权的情形没有约定或者约定不明确时,则债权人应当先就债务人提供的物保实现其债权,不得绕过债务人的物保而径行追究人保合同项下保证人的保证责任。第三种情形,即债权人对第三人提供的物保选择实现债权的情形,此等情形适用的前提与前述第二种情形相同,即有关实现担保物权的情形没有约定或约定不明确时,因提供物保主体系债务人以外的第三人,则债权人既可选择向第三人物保实现债权,也可依据人保合同向保证人实现债权,或者同时向第三人物保以及人保提供者主张实现债权。

【编者评析】该案对《物权法》第176条适用的情形进行了较为详细的分析,有一定的指导意义。

2. 辽宁添玺石化工程有限公司与辽阳合成催化剂有限公司金融借款合同纠纷案【最高人民法院(2019)最高法民再328号】

【裁判要旨】《物权法》第176条规定:"被担保的债权既有物的担保又有人的担保的,债务人不履行到期债务或者发生当事人约定的实现担保物权的情形,债权人应当按照约定实现债权;没有约定或者约定不明确,债务人自己提供物的担保的,债权人应当先就该物的担保实现债权;第三人提供物的担保的,债权人可以就物的担保实现债权,也可以要求保证人承担保证责任。提供担保的第三人承担担保责任后,有权向债务人追偿。"据此,在被担保的债权既有债务人提供的物的担保又有人的担保的情况下,债权人与保证人对债务人提供的物的担保与人的担保的实现顺序作出了约定时,债权人应当按照合同约定的实现顺序行使担保权。而在双方未作出约定或约定不明确时,债权人应当先就债务人提供的物的担保实现债权。本案中,两份《最高额保证合同》第5条均约定："主债务在本合同之外同时存在其他物的担保或保证的,不影响债权人在本合同项下的任何权利及其行使,债权人有权决定各担保权利的行使顺序,保证人应按照本合同的约定承担担保责任,不得以存在其他担保及行使顺序等抗辩债权人。"据此可知,两份《最高额保证合同》仅约定"债权人有权决定各担保权利的行使顺序",但对于债权人在实现债权时究竟应先实现债务人提供的物保还是人的担保,仍处于约定不明的状态,即上述两份《最高额保证合同》对于债务人提供的物的担保与人的担保实现顺序事先并未作出明确的约定。据此,中国银行辽化支行应当先就债务人千喜龙公司提供的物的担保实现债权。

【编者评析】该案例涉及如何理解《民法典》第392条有关当事人对实现债权作出"约定"的问题。该案例的指导意义在于,当事人仅约定债权人享有选择权,但并未明确约定人保与物保的实现顺序,或保证人并未明确放弃准先诉抗辩权的,均属于约定不明的情形。在债务人自身提供物保的情况下,债权人应先实现债务人提供的物保。

3. 李飞与李琨金融借款合同纠纷案【最高人民法院(2018)最高法民申492号】

【裁判要旨】李飞等三人所提供证据不足以证明五牛公司与华之星公司两公司发生混同,更不足以证明华之星公司提供的案涉抵押房产应视为五牛公司的财产,故本案不适用《物权法》第176条之规定,原审判决认定保证责任的承担并无不当。

【编者评析】该案的指导意义在于,不能一般地将关联企业提供的抵押视为债务人自己提供的抵押,进而依据《民法典》第392条之规定,要求债权人先实现债务人的关联企业提供的抵押。

　　第三百九十三条　【担保物权的消灭事由】有下列情形之一的,担保物权消灭:

　　(一)主债权消灭;

　　(二)担保物权实现;

　　(三)债权人放弃担保物权;

　　(四)法律规定担保物权消灭的其他情形。

【条文精解】

(一)条文要点

　　本条是关于担保物权消灭事由的规定,完整保留了《物权法》第 177 条之规定。准确理解本条,要注意以下内容:

　　1. 关于担保物权的消灭事由

　　根据本条规定,担保物权的消灭事由包括以下四类:

　　一是因主债权的消灭而消灭。设立担保物权的目的在于担保主债权的实现,当主债权因履行、提存、抵销、免除或其他原因而消灭时,担保的目的已经实现,担保物权当然也跟之消灭,此乃担保从属性的当然含义。值得注意的是,《民法典》第 566 条第 3 款规定:"主合同解除后,担保人对债务人应当承担的民事责任仍应当承担担保责任,但是担保合同另有约定的除外。"可见,主合同因解除而消灭时,担保物权仍然继续存在,可以说是担保从属性的例外。之所以有此规定,是因为合同解除既是债的消灭原因,同时也是非违约方针对违约方的严重违约行为所采取的一种救济手段,非违约方在解除合同的同时,还可以主张相应的违约金、损害赔偿等违约责任。此种违约责任性质上属于债权,是由原合同约定的债务转化而来的,二者具有同一性。故在原债权关系上设立的担保,同样要担保转化后的违约责任。此外,此处所为的主债权消灭,指的是主债权得到全部实现。主债权仅得到部分履行,基于担保物权的不可分性,担保物权仍然存在于剩余的主债权上,并不因部分实现而消灭。

　　二是担保物权因实现而消灭。担保物权的实现,主要是担保物权人依法行使担保物权,包括通过折价、拍卖、变卖等方式对担保财产进行变价并以所得价款优先受偿。担保物权实现后,担保的目的已经实现,担保物权自然消灭。但担保物权消灭并不一定意味着主债权得到全部实现,担保物权系担保全部债权的,担保物权的实现可能包含以下后果:(1)主债权因清偿而消灭;(2)担保物权因实现而消灭;(3)其他担保也因主债权的消灭而消灭。实践中,为避免担保财产被拍卖、变卖,担保人以担保财产的价值为限向债权人为给付,债权人接受的,视为对担保财产进行了折价,担保物权因实现而消灭。不能机械地以未对担保财产进行折价为由,认为担保人并未履行担保义务,进而否定其追偿权。还有一种情形是,担保人仅就部分债权提供担保,但却主动履行全部债务的,对超过的部分,担保人可以依据无因管理向债务人追偿。

在担保物权仅担保部分债权,或者担保财产变价的价值不足以覆盖全部主债权场合,担保物权尽管因实现而消灭,但主债权并未得到全部履行,故仍然有效存在,因而同一债权上设定的其他担保仍然有效存在。同一财产上设定了多个担保物权,顺位在先的担保物权人实现担保物权时,担保财产的价值不足以覆盖该债权的,该担保物权以及后顺位的担保物权都因担保物权的实现而消灭。顺位在先的担保物权人实现担保物权后还有剩余的,后顺位的担保物权人在剩余财产范围内受偿;剩余财产不足以受偿的,后顺位担保物权人就剩余财产受偿后,其担保物权也跟之消灭。

三是担保物权因债权人放弃而消灭。放弃担保物权须有明示放弃的意思表示,主要包括两种情形:(1)债权人用书面的形式明确表示放弃担保物权。例如,债权人与债务人或者提供担保的第三人以签订协议的方式同意放弃担保物权。(2)债权人以行为放弃。例如,因债权人自己的行为导致担保财产毁损、灭失的,视为债权人放弃担保物权。

四是法律规定担保物权消灭的其他情形。质权或留置权等以占有作为公示方法的担保物权,质物或留置物一旦丧失占有,担保物权也归于消灭。因而《民法典》第457条规定:"留置权人对留置财产丧失占有或者留置权人接受债务人另行提供担保的,留置权消灭。"质权部分尽管并无类似规定,但应当作相同理解。值得探讨的是,担保财产灭失是否属于担保物权的消灭事由。《民法典》第390条规定了担保物权的物上代位性,认为在有代位物的情况下,担保物权继续存续在代位物上,担保物权本身并未消灭。只有在担保财产灭失且无代位物时,担保物权才归于消灭。就此而言,《不动产登记暂行条例实施细则》第 28 条笼统地将不动产灭失、不动产被依法征收或者收回作为当事人可以申请办理注销登记的情形,未考虑到担保物权的物上代位问题,有欠妥当。

前述担保物权的消灭事由,彼此相互联系,有时难以截然区分。如因实现担保物权而导致主债权实现场合,就担保物权本身的消灭来说,既可以认为是因实现担保物权而消灭,也可以认为是因为主债权实现而消灭。但就其他担保物权的消灭事由来说,只能认为其因主债权的消灭而消灭。

2. 担保物权是否因抵押权人同意转让抵押财产而消灭

在抵押财产转让尤其是商品房预售场合,依据《物权法》第 191 条之规定,抵押人转让抵押财产应当征得抵押权人的同意,未经抵押权人同意不得转让抵押财产,登记机关也不会办理产权过户手续。据此,抵押人要想从事商品房预售,必须要征得在土地使用权或在建工程上设定抵押权的银行等抵押权人的同意。抵押权人同意抵押人转让抵押财产的,往往会向不动产登记部门出具同意预售或出售函等文件,不动产登记部门据此办理抵押财产的预告登记或过户登记手续。这就产生了一个问题,即抵押权人同意抵押人转让抵押财产是否意味着抵押权已经消灭? 如果认为同意转让抵押财产意味着抵押权已经消灭,则丧失抵押权保障的抵押权人将沦为一般债权人,符合《执行异议和复议规定》第 28 条规定的无过错买受人就可以排除抵押权人的执行;反之,同意转让抵押财产并不意味着抵押权已经消灭,在抵押权人仍然有效存在的情况下,只有符合《执行异议和复议规定》第 29 条规定的消费者购房人才能排除抵押权人的执行,无过错买受人则不能排除抵押权人的执行。该问题在司法实践中非常突出,尺度极不统一,根源就在于抵押权是否因抵押权人同意转让抵押财产而消灭。对此,存在不同观点:

有观点认为,抵押权人同意抵押人转让抵押财产意味着其放弃了抵押权,抵押权归于消灭,自然不应支持抵押权人在本诉中的诉讼请求。该说的主要理由为:一是从逻辑上看,抵押权人支配的是抵押财产的交换价值,抵押财产一经转让,交换价值就已实现,抵押权自然消灭。二是从利益衡量的角度看,如果认为抵押权还没有消灭,意味着债权人既可以提前获得债务清偿,又可以继续享有抵押权,在抵押权人双重获益的同时,对抵押人不公。另外,如果认为抵押权仍未消灭,则支付了全部价款的买受人取得的只能是有抵押权负担的抵押财产,对买受人也不公。三是从此前的不动产抵押登记实务看,抵押人将抵押财产转让给第三人,即便签订了抵押财产转让合同,如果没有得到抵押权人的书面同意,就不能办理抵押财产的过户登记。反之,一旦抵押权人同意转让抵押财产,就意味着抵押权已经消灭,从而才能继续办理抵押财产的过户登记手续。

本书认为,即便在《物权法》框架下,前述观点也值得商榷。首先,认定抵押权因抵押权人同意转让而消灭不符合不动产物权变动的基本原则。《物权法》第9条规定:"不动产物权的设立、变更、转让和消灭,经依法登记,发生效力;未经登记,不发生效力,但法律另有规定的除外。"在不动产抵押登记尚未注销的情况下,就认定抵押权因抵押权人同意转让抵押财产而消灭,违反了不动产物权变动的基本原则。

其次,同意转让抵押财产并不意味着主债权已经得到实现。在抵押财产转让的情况下,根据《物权法》第191条之规定,只有在抵押人将转让所得价款用于提前清偿或者提存且所得价款不低于主债权时,抵押权才因主债权的实现而消灭。因此,在抵押人并未将所得价款用于提前清偿或者提存的情况下,仅有抵押权人的同意并未使主债权得到实现,自然也不会使抵押权归于消灭。另外,转让抵押财产的是抵押人而非抵押权人,所得价款如不作特别安排也是归抵押人而非抵押权人所有,谈不上主债权实现的问题。尤其是从交易实践看,往往是抵押权人先同意转让抵押财产,买受人再支付转让价款。可见在抵押权人同意转让抵押财产时,即便对如何支付及监管价款预先作出安排,本身也仅属于债权契约的范畴,与实际取得价款并真正实现主债权仍有明显区别。更何况实践中仍有不少抵押权人仅是同意转让抵押财产,并未对价款如何给付作出安排的情形,更足以证明同意转让抵押财产本身并不意味着主债权就已经得到实现。

再次,同意转让抵押财产也不意味着抵押权人放弃抵押权。从司法实践看,抵押权人同意抵押人转让抵押财产主要包括以下两种情形:一是单纯的同意转让,但未涉及转让价格、转让款如何监管或支付等事宜,此时同意转让的主要意义不在于否定转让合同的效力,而在于能够办理抵押财产过户登记手续。因为没有抵押权人的同意,就不能办理过户登记手续。就此而言,单纯的同意转让属于准法律行为中的表意行为,本身并不在抵押人与抵押权人之间成立一个新的合同,更不意味着抵押权人放弃了抵押权。二是在同意转让的同时,当事人还就转让价格、转让款如何监管或支付等事宜另行达成协议。抵押人与抵押权人就转让价格、转让款如何监管或支付等事宜另行达成协议,性质上属于双方就抵押财产的预先实现达成了折价协议。因为此时主债权的履行期限往往尚未届满,是因为抵押人转让抵押财产而使履行期限加速到期,所以是抵押财产的预先实现。就其实现方式来说,是以折价的方式进行实现,其价款就是抵押财产的转让款。从实际情况看,正是因为对价款监管或支付作出了约定,抵押权人才同意抵押财产转让的;反之,抵押权人往往不会同意转让。从这一意义上说,有关价款支付条款的约定一般构成抵押权人同意转让抵押财产的条件。不论是哪一种同意,抵押权人同意抵押人转让抵押财产的主要意义在于能够办理后续的抵押财产过户登记手续,并不包含放弃抵押权的意思表示,因而不能以抵押权人放弃抵押权为由认定抵押权已经消灭。

最后,关于抵押权因实现而消灭问题。在前述的第二种情形中,即抵押权人在同意转让的同时,当事人还就转让价格、转让款如何监管或支付等事宜另行达成协议场合,抵押财产转让后,抵押人应当依据另行达成的约定或者《物权法》第 191 条之规定将转让款交付抵押权人。在当事人就转让款如何监管或支付另行达成协议时,提前清偿的依据是该协议,性质上属于预先折价协议,后果则是抵押权因协议的"履行"而导致抵押权因实现而消灭。应予注意的是,仅有此类约定而无履行的,并不导致抵押权消灭。只有抵押人或买受人依照约定将全部转让款交付给抵押权人后,抵押权才消灭。此处所谓的交付不仅有赖债务人的全面履行,还需要债权人的受领。抵押人没有实际支付、没有完全支付或者债权人没有实际受领的,均不构成有效清偿,抵押权仍然有效存在。应予注意的是,即便抵押权人受领了转让款,所消灭的也不是主债权而是抵押权。换言之,此时抵押权本身因实现而消灭,并非因主债权实现而消灭。因为抵押财产的转让款与所担保的主债权在数额上往往并不一致,只要转让款不足以清偿全部债权,就不能认为构成有效清偿。至于主债权是否消灭,则要综合考虑是否为足额抵押、是否存在其他担保以及转让款是否足以清偿主债权等因素来具体判断。当转让款超过主债权数额时,主债权因抵押权的实现而实现;当转让款不足以清偿主债权时,抵押权消灭而主债权并不消灭。

总之,除非当事人将抵押财产转让所得价款用于提前清偿或提存,否则,仅有抵押权人的同意或对转让款的支付及监管作出约定,还不足以以主债权消灭或抵押权人放弃抵押权等事由认定抵押权消灭。即便抵押权因所得价款用于提前清偿或提存而消灭的,也是抵押权自身因实现而消灭,并不一定意味着主债权也消灭。明确此点,在同一债权上有数个担保场合具有重要意义。

应予注意的是,《民法典》第 406 条作出了与《物权法》第 191 条不同的规定:"抵押期间,抵押人可以转让抵押财产。当事人另有约定的,按照其约定。抵押财产转让的,抵押权不受影响……"

3. 担保物权的消灭与担保物权登记的注销

担保物权的消灭,是指担保物权对于担保财产所具有的支配力终止。以登记为生效要件而设定的担保物权,在消灭时,担保物权人负有注销担保物权登记的义务。担保物权消灭后,担保人也有权请求担保物权人注销担保物权登记;担保物权已经消灭的担保财产的取得人,亦有权请求担保物权人注销担保物权登记。担保物权人不为担保物权消灭后的担保物权注销登记的,担保人或者担保财产的取得人可以诉讼请求法院强制担保物权人为担保物权注销登记。以登记为对抗要件而设定的担保物权,担保物权人和担保人已经办理登记的,在担保物权消灭时,担保物权注销登记亦同。

(二)适用情况

本条主要用于判断担保物权是否已经消灭,实践中最为常见且争议又较大的问题是,抵押权是否因抵押权人同意抵押人转让抵押财产而消灭。该问题涉及买受人是依据《执行异议和复议规定》第 28 条规定的无过错买受人制度排除抵押权人的执行,还是仅得依据该规定第 29 条有关消费者购房人之规定排除抵押权人的执行问题。本书认为,除非抵押人或受让人将抵押财产转让所得价款用于提前清偿或提存,否则,不能仅以抵押权人同意转让抵押财产为由就认定抵押权已经消灭。此外,在担保财产灭失场合,还涉及本条与《民法典》第 390 条规定的担保物权的物上代位制度的衔接问题。在认定担保物权是否消灭时,最直观的标准是,以登记作为公示方法的,看是否办理了注销登记;以占有作为公示方法的,看是否丧失了占有。

【相关法律、行政法规】

(一)相关法律

《中华人民共和国民法典》(2020 年 5 月 28 日通过)

第五百五十七条　【债的消灭事由】有下列情形之一的,债权债务终止:

（一）债务已经履行；

（二）债务相互抵销；

（三）债务人依法将标的物提存；

（四）债权人免除债务；

（五）债权债务同归于一人；

（六）法律规定或者当事人约定终止的其他情形。

合同解除的，该合同的权利义务关系终止。

【适用要点】该条是有关债的消灭事由的规定，除合同解除外，该条第 1 款所列事由在导致债的消灭的同时，也导致其上担保的消灭。

第五百六十六条　【合同解除的法律后果】合同解除后，尚未履行的，终止履行；已经履行的，根据履行情况和合同性质，当事人可以请求恢复原状或者采取其他补救措施，并有权请求赔偿损失。

合同因违约解除的，解除权人可以请求违约方承担违约责任，但是当事人另有约定的除外。

主合同解除后，担保人对债务人应当承担的民事责任仍应当承担担保责任，但是担保合同另有约定的除外。

【适用要点】该条是有关合同解除法律后果的规定，该条第 3 款明确规定，主合同解除不影响担保责任的承担，除非当事人对此另有约定，该规定构成担保从属性的例外。

第四百一十条　【抵押权的实现】债务人不履行到期债务或者发生当事人约定的实现抵押权的情形，抵押权人可以与抵押人协议以抵押财产折价或者以拍卖、变卖该抵押财产所得的价款优先受偿。协议损害其他债权人利益的，其他债权人可以请求人民法院撤销该协议。

抵押权人与抵押人未就抵押权实现方式达成协议的，抵押权人可以请求人民法院拍卖、变卖抵押财产。

抵押财产折价或者变卖的，应当参照市场价格。

【适用要点】该条是对抵押权实现的规定，详见本书对该条的释义。

第四百三十八条　【质权的实现】质押财产折价或者拍卖、变卖后，其价款超过债权数额的部分归出质人所有，不足部分由债务人清偿。

【适用要点】该条是对质权实现的规定，详见本书对该条的释义。

第四百五十五条　【留置权的实现】留置财产折价或者拍卖、变卖后，其价款超过债权数额的部分归债务人所有，不足部分由债务人清偿。

【适用要点】该条是对留置权实现的规定,详见本书对该条的释义。

第四百零九条 【抵押权人放弃抵押权】抵押权人可以放弃抵押权或者抵押权的顺位。抵押权人与抵押人可以协议变更抵押权顺位以及被担保的债权数额等内容。但是,抵押权的变更未经其他抵押权人书面同意的,不得对其他抵押权人产生不利影响。

债务人以自己的财产设定抵押,抵押权人放弃该抵押权、抵押权顺位或者变更抵押权的,其他担保人在抵押权人丧失优先受偿权益的范围内免除担保责任,但是其他担保人承诺仍然提供担保的除外。

【适用要点】该条是对抵押权人放弃抵押权或抵押权顺位的规定,详见本书对该条的释义。

第四百三十五条 【质权人放弃质权】质权人可以放弃质权。债务人以自己的财产出质,质权人放弃该质权的,其他担保人在质权人丧失优先受偿权益的范围内免除担保责任,但是其他担保人承诺仍然提供担保的除外。

【适用要点】该条是对质权人放弃质权的规定,详见本书对该条的释义。

第四百五十七条 【留置权消灭】留置权人对留置财产丧失占有或者留置权人接受债务人另行提供担保的,留置权消灭。

【适用要点】该条是对留置权因丧失留置财产占有或另行提供担保而消灭的规定,详见本书对该条的释义。

【部门规章、规范性文件与相关政策】

(一) 部门规章

1.《不动产登记暂行条例实施细则》(国土资源部令第 63 号;自然资源部令第 5 号,2019 年 7 月 16 日修正)

第二十八条 【申请办理不动产注销登记的情形】有下列情形之一的,当事人可以申请办理注销登记:

(一)不动产灭失的;

(二)权利人放弃不动产权利的;

(三)不动产被依法没收、征收或者收回的;

(四)人民法院、仲裁委员会的生效法律文书导致不动产权利消灭的;

(五)法律、行政法规规定的其他情形。

不动产上已经设立抵押权、地役权或者已经办理预告登记,所有权人、使用权人因放弃权利申请注销登记的,申请人应当提供抵押权人、地役权人、预告登记权利人同意的书面材料。

【适用要点】该条是有关当事人申请办理不动产注销登记的情形,其中第 1 款第 1 项、第 3 项属于担保财产灭失或被征收的情形。依据《民法典》第390 条之规定,在担保财产灭失或被征收等场合,担保财产尽管灭失,但担保物权并未消灭,而是延及"三金"等代位物上,如果此时要办理注销登记,对担保物权人不利,也不符合担保物权物上代位的原理。

2.《动产和权利担保统一登记办法》(中国人民银行令〔2021〕第 7 号,2021 年 11 月 18 日通过)

第十六条　【动产和权利担保登记的注销】有下列情形之一的,担保权人应当自该情形发生之日起 10 个工作日内办理注销登记:

(一)主债权消灭;

(二)担保权利实现;

(三)担保权人放弃登记载明的担保财产之上的全部担保权;

(四)其他导致所登记权利消灭的情形。

担保权人迟延办理注销登记,给他人造成损害的,应当承担相应的法律责任。

【适用要点】该条是有关动产和权利担保注销登记事由的规定,与本条规定基本一致。

【典型案例】

(一)参考案例

1. 晋商银行股份有限公司太原迎泽东大街支行与四子王旗佳辉硅业有限公司等金融借款合同纠纷案【最高人民法院(2018)最高法民终 292 号】

【裁判要旨】抵押权作为担保物权的一种,在依法设立之后,如债务人不履行债务,债权人有权以抵押物折价或者拍卖、变卖价款优先受偿,但在抵押物灭失、主债权消灭、担保物权实现、债权人放弃担保物权或者法律规定的其他情形下,抵押权可因法定情形而归于消灭。对此,《担保法》第 58 条、《物权法》第 177 条①作了明确规定。具体到本案,案涉采矿权之上设立的抵押权是否消灭、晋商银行迎泽东大街支行能否行使优先受偿权是各方争议的焦点。而该问题的认定取决于对案涉采矿权是否仍然存续以及抵押权是否存在法定消灭情形的审查和判断。一审已查明,四子王旗公司持有的采矿许可证至 2016 年 1 月 4 日到期,由于该公司在到期前未办理延续登记手续,根据《矿产资源开采登记管理办法》第 7 条的规定,该采矿许可证已自行废止。根据《矿产资源法》第 3 条第 3 款关于“勘查、开采矿产资源,必须依法分别申请、经批准取得探矿权、采矿权,并办理登记”的规定、《矿产资源法实施细则》第 5 条、第 6 条第 2 款关于“国家对矿产资源的勘查、开采实行许可证制度。……开采矿产资源,必须依法申请登记,领取采矿许可证,取得采矿权”“采矿权,是指在依法取得的采矿许可证规定的范围内,开采矿产资源和获得所开采的矿产品的权利”等规定,采矿许可证自行废止意味着四子王旗公司不得对哈拉忽少硅石矿进行开采,不再对该矿产资源享有占有、使用和收益的权利,也就是说四子王旗的采矿权在采矿许可证到期后已经灭失。抵押权以抵押物为基础,抵押物灭失,抵押权归于消灭,因此晋商银行迎泽东大街支行原已享有的抵押权存在《担保法》第 58 条规定的“抵押权因抵押物灭失而消灭”的情形,亦属于《物权法》第 177 条第 4 项规定的“法律规定担保物权消灭的其他情形”。此种情形下,晋商银行迎泽东大街支行上诉提出对案涉采矿权拍卖、变卖价款享有优先受偿权的主张,因采矿权灭失已无法实现,因此本院不予支持。

【编者评析】该案的指导意义在于,采矿权作为有期限的准物权,在期限届满后因未获展期而消灭,在其并无相应代位物的情况下,在其上设定的担保物权归于消灭。

2. 中国农业银行股份有限公司哈尔滨道外支行与哈尔滨中财房地产开发有限公司借款合同纠纷案【最高人民法院(2016)最高法民申 887 号】

【裁判要旨】《物权法》第 177 条规定,债权人放弃担保物权的,担保物权消灭。对于债权人同意抵押人转让抵押物的情况下,能否认定抵押权已经消灭,结合《物权法》第 191 条②“抵押期间,抵押人经抵押权人同意转让抵押财产的,应当将转让所得的价款向抵押权人提前清偿债务或者提存”之规定,

---

① 《民法典》第 393 条。下同。
② 《民法典》第 406 条。

可以作出这样的理解,本条确立了"抵押权人同意方可转让"的基本原则,如果抵押权人同意转让抵押物的情况下,则不应由受让人代为清偿债务,在抵押物的交换价值实现之日即丧失了物上追及力,抵押权的效力仅及于转让价金。本案中,农行道外支行向哈尔滨市房地产交易中心出具了《关于允许抵押人继续售房的函》,同意转让抵押物,应视为放弃抵押权,此时农行道外支行对于在建房屋已不再享有抵押权,其只能对买受人支付的购房款行使价金代位权,而不能再追及于物上抵押权。至于农行道外支行因无法行使价金代位权而造成的损失,系农行道外支行与中财公司的债权债务关系,当事人应当另行主张。

【编者评析】在抵押可售场合,抵押权人同意抵押财产转让是否意味着其放弃了抵押权,存在不同理解。本书认为,放弃抵押权必须要有明确的意思表示,同意转让抵押财产本身并不意味着放弃抵押权。就此而言,本案确立的裁判规则值得商榷。应予注意的是,对于抵押期间抵押财产的转让,《民法典》第406条作出了不同于《物权法》第191条的规定。

第十七章 抵押权

第一节　一般抵押权

　　第三百九十四条　【抵押权的概念】 为担保债务的履行,债务人或者第三人不转移财产的占有,将该财产抵押给债权人的,债务人不履行到期债务或者发生当事人约定的实现抵押权的情形,债权人有权就该财产优先受偿。

　　前款规定的债务人或者第三人为抵押人,债权人为抵押权人,提供担保的财产为抵押财产。

【条文精解】

(一)条文要点

　　本条是关于抵押权概念的规定,与《物权法》第 179 条完全一致。准确理解抵押权的概念与特征,既要着眼于其与质权、留置权等典型担保物权、与所有权保留等非典型担保以及与保证等担保制度之间的关系,也要着眼于其与用益物权之间的关系,还要注意到一般抵押权与最高额抵押权、不动产抵押权与动产抵押权等不同抵押权的联系与区别。

1. 抵押权的概念

　　一是抵押权属于担保物权。抵押人将财产设定抵押后,抵押权人对抵押财产享有支配权,但此种权利是附着在抵押人的财产之上的,属于他物权,有别于作为自物权的所有权。抵押权人对抵押财产的支配,主要体现为对交换价值的支配,即在该财产变价后对其所得价款的优先受偿。因而即便抵押权优先于债权,但抵押权人也不能排除一般债权人对抵押财产的执行,而只能主张就所得价款优先受偿。但实践中,在抵押财产尤其是不动产被转让场合,买受人往往会在执行程序中主张排除抵押权人的执行,进而引发执行异议之诉。对此,需要明确两点:

　　首先,买受人可以依据《执行异议和复议规定》第 29 条有关消费者购房人的规定排除抵押权人的执行。《工程款优先受偿批复》(法释〔2002〕16号)明确规定,消费者购房人享有的权利优先于建设工程价款优先权,而建设工程价款优先权又优先于抵押权,故消费者购房人享有的权利当然优先于抵押权。该批复尽管已被废止,但其确立的规则在当前仍具有普遍适用意义。

其次,买受人不能依据《执行异议和复议规定》第28条有关无过错买受人的规定排除抵押权人的执行。在此先需要再次明确探讨该问题的场景,即抵押人在抵押财产上设定抵押权后,又将该财产转让给他人,在抵押权人实现抵押权时,买受人依据《执行异议和复议规定》第28条提出执行异议。实践中,确有支持买受人依据《执行异议和复议规定》第28条之规定排除抵押权人执行问题的案例,其主要理由包括:(1)在抵押权人同意抵押人转让抵押财产场合,抵押权已经消灭;在抵押权因消灭而沦为一般债权的情况下,无过错买受人自然可以主张排除执行。本书认为,在《物权法》第191条项下,抵押人转让抵押财产尽管需要征得抵押权人的同意,但抵押权人同意抵押人转让抵押财产并不意味着其已经丧失了抵押权,除非符合《民法典》第393条规定的担保物权消灭的情形。对此,本书已在《民法典》第393条中作了详细阐述,此处不再赘述。既然抵押权仍依法继续存在,其就优于一般债权。《民法典》第406条改变了《物权法》第191条的规定,规定抵押人转让抵押财产无须征得抵押权人的同意,但该条承认抵押权具有追及力。据此,买受人自然应当承担标的物上的抵押权负担,就更谈不上买受人可以对抗抵押权人的问题了。(2)从《执行异议和复议规定》的体系看,第28条、第29条均属于第27条有关能够排除抵押权人执行的例外情形。从《执行异议和复议规定》第28条的规定看,该条主要适用于不动产所有权仍然"登记"在被执行人名下但已经转让给买受人,买受人并未办理产权过户登记的情形。从该条规定看,该条所谓的"登记"是所有权登记,并非房屋或在建工程抵押登记,更非预售商品房预告登记;该条仅涉及买受人能否对抗金钱债权人的执行问题,并未涉及能否对抗抵押权人问题,因而不存在属于《执行异议和复议规定》第27条例外规定的问题。另外,在不动产抵押权依法设立后,抵押人将抵押财产转让他人时,基于抵押登记的公示效力,买受人理应知道该不动产上已经设立了抵押。在《民法典》之前的登记实践中,在抵押登记未注销的情况下,买受人就不能办理过户登记,对此其应当是明知或应当知道的,不存在"善意"或"无过错"的问题。

值得探讨的是,当事人将其不动产先转让给他人后又设立抵押权,买受人符合《执行异议和复议规定》第28条规定的条件的,能否对抗抵押权人的执行?对此,存在不同观点。有一种观点认为,在买受人合法占有不动产的情况下,抵押权人未审查不动产的占有情况,径行设定抵押权表明其具有"恶意",进而认为此时无过错买受人可以对抗"恶意"的抵押权人。另一种观点则认为,不动产的公示方法是登记而非占有,买受人占有不动产但并未办理产权过户登记,本身不构成有效的公示。相应地,抵押权人经查阅登记簿后认为不动产上无权利负担进而设立抵押权,表明其并非恶意权利人,司法应保护此种信赖。否则,如果认为占有也构成不动产物权变动的公示方法,在加重当事人负担的同时,也不符合鼓励交易原则,还会极大地贬损担保权的担保功能。当然,如果买受人已经办理了所有权预告登记,依据《民法典》第 221 条有关"预告登记后,未经预告登记的权利人同意,处分该不动产的,不发生物权效力"的规定,抵押权人不得对抗已经办理了预告登记的买受人。但此时买受人之所以能够排除抵押权人的执行,不是基于该司法解释第 28 条,而是基于该司法解释第 30 条之规定。本书认为,《民法典》第 405 条规定:"抵押权设立前,抵押财产已经出租并转移占有的,原租赁关系不受该抵押权的影响。"依据举重以明轻的当然解释规则,抵押财产出租尚且如此,受让人在抵押权设定前就已实际占有转让财产的情况下,此种买卖关系也应该不受抵押权的影响,从而应当优先得到保护,其表现形式就是买受人可以排除抵押权人的执行。但严格来说,排除执行的法律依据不是《执行异议和复议规定》第 28 条,而是参照适用《民法典》第 405 条之规定。

　　二是抵押财产具有广泛性。传统民法关于担保物权的体系是以客体为基础展开的:不动产上只能设立抵押权,公示方法是登记;动产则对应于质权和留置权,以交付作为公示方法。可见,抵押权的客体主要是不动产。但将抵押财产的范围限制在不动产上,严重阻碍了抵押权制度在经济社会发展中的价值,为了满足不断增长的融资功能,各国逐步将抵押权的客体从不动产扩及至不动产权利、动产等一切不为法律所禁止的财产。可见,抵押财产的范围具有广泛性、开放性特点,只要是"法律、行政法规未禁止抵押"的财产,都可以作为抵押财产。依据《民法典》之规定,以下财产均可设定抵押:(1)不动产。在我国土地归国家所有或者集体所有的情况下,不动产主要是指建筑物、其他土地上附着物(如林木、农作物等)以及正在建造的建筑物。(2)不动产权利。包括建设用地使用权、通过招拍挂等方式取得并经依法登记取得权属证书的土地承包经营权、海域使用权。(3)动产。不仅包括汽车、船舶、航空器等运输工具,还包括生产设备、原材料、半成品、产品;不仅包括现有财产,还包括正在建造的船舶、航空器以及将来财产;不仅包括个别财产,还包括集合财产。抵押财产范围非常广泛。可见,在抵押财产的范围上,《民法典》保持了开放性,只要是"法律、行政法规未禁止抵押的其他财产",都可以作为抵押财产,这与权利质押客体限于"法律、行政法规规定可以出质的其他财产性权利"形成鲜明对比。抵押财产的开放性也体现了抵押财产的广泛性。

一旦将抵押权的客体扩及动产,而动产上又可以设定质权、留置权等担保物权,如此一来,难免就会出现同一动产上既存在抵押权又存在质权、留置权等情形,从而有必要依据一定的规则确定担保物权的实现顺序。此时,基本的规则是:首先,是留置权优先;其次,是价款优先权优先;最后,就抵押权和质权来说,则要依据《民法典》第414条、第415条之规定来确定实现顺序,即公示在先的优先于公示在后的,已公示的优先于未公示的,均未公示的按债权比例清偿。

三是公示方法的唯一性。尽管抵押财产的范围极为广泛,但所有的抵押权,都以登记作为唯一的公示方法,这是与抵押权不转移财产占有这一特征密不可分的,也是抵押权区别于质权、留置权等担保物权,以及区别于建设用地使用权、土地承包经营权等用益物权的重要特征之一。抵押权以登记作为公示方法,无须转移占有的特点决定了,抵押人可以继续使用、收益、处分抵押物,有助于充分发挥抵押物的用益价值;对抵押权人而言,则免去了管理抵押物而发生的费用、劳动支出及承担抵押物灭失的风险,可谓一举两得。

四是物权变动模式的二元性。尽管抵押权均以登记作为公示方法,但在抵押财产为不动产或者不动产权利的情况下,登记是物权变动的生效要件,未经登记,不能有效设立抵押权。而在抵押财产为动产的情况下,登记则是对抗要件,未经登记,抵押权仍然有效设立,只是不能对抗善意第三人而已。

2. 登记的抵押权人与实际抵押权人不一致

登记的抵押权人与实际抵押权人不一致,主要包括以下情形:

一是为债券持有人提供的抵押权登记在债券受托管理人名下。基于公司债券持有人具有分散性、群体性、不易保护自身权利的特点,在债券发行过程中,通常由受托管理人代表所有的债券持有人与抵押人签订抵押合同,并将抵押财产登记在受托管理人名下。

二是为委托贷款人提供的抵押权登记在受托人名下。委托借贷合同由委托人(实际出资方)、受托人(主要是银行)以及借款人(用资方)三方当事人签署,其中委托人将资金交由受托人,由受托人以自己的名义发放给借款人,借款人提供的抵押权登记在受托人名下。委托借贷合同本质上是合同的联立,委托人与受托人之间系委托关系,受托人与借款人之间系隐名代理关系,只不过与一般隐名代理相对人不知道被代理人不同,在委托借贷关系中,借款人是知道委托人的。

三是银团贷款、组合贷款中,将抵押权登记在受托行名下。银团贷款,指的是多家银行作为一个整体向某一家企业放贷,为方便起见,将抵押权登记在某一家银行名下。组合贷款,最常见的形态是按揭贷款中,买受人在公积金贷款不足以支付房款的情况下,又向商业银行申请贷款,在公积金中心和商业银行存在合作关系的情况下,将抵押权登记在商业银行名下的情形。银团贷款和组合贷款本质上是相同的,即对外是一个整体、对内又按照各自的份额享有权利。与前述情形名义权利人与实际权利人构成委托关系不同,在银团贷款和组合贷款中,名义权利人与实际权利人往往构成合作关系;另外,名义权利人与实际权利人之间是按份额享有权利,而非完全替他人代持,这也是《民法典担保制度解释》第4条未将此种情形列明的原因。但本书认为,在登记问题上,此种情形同样存在委托关系,且担保人往往也是明知名义权利人是替银团或者其他机构代持的,因而也可以适用该条规定。

四是信托贷款中,将抵押权登记在信托计划名下。信托公司用募集的资金设立一个信托计划,并以该信托计划的名义将钱借给借款人,借款人将其提供的抵押权登记在该信托计划名下。此种情形基本类似于委托贷款,只不过采取了信托的方式,故也可以适用该条规定。

五是网络借贷中,将抵押权登记在平台公司名下。在网络借贷中,出借人、借款人均具有分散性、群体性等特点。尤其是随着现代网络技术的发展,使得一对多(一笔款项借给多个借款人)、多对一(多笔款项借给同一个借款人)乃至多对多(多笔款项借给多个借款人)成为常态,传统民间借贷中出借人与借款人的一一对应关系被打破,出借人很难知道自己的钱借给了谁,同样,借款人也很难知道自己是向谁借的钱,因而其提供的担保只能登记在平台公司名下,由平台公司代替出借人持有。网络借贷的特点决定了,本来应当充当借款信息中介的平台公司的地位和作用日渐突出,其结果是往往使自己成为资金池,从事非法放贷或借贷活动,并因此导致多数平台公司被清理。考虑到多数的平台公司已经因为违法行为被清理乃至取缔,而此种清理往往是通过行政手段实现的,导致实践中曾经广泛存在的此种情形不太可能在司法实践中出现。尤其是此种情形中,借款人尽管知道平台公司不是真正的债权人,而是替他人代持,但其不知道真正的债权人是谁,这与其他情形有所区别,故《民法典担保制度解释》第4条最终未明确规定此种情形。

六是因主债权转让而导致登记的抵押权人与实际的抵押权人不一致。依据《民法典》第407条之规定,主债权转让的,担保该债权的抵押权一并转让,在受让人并未办理抵押权变更登记的情况下,也会出现登记的抵押权人与实际的抵押权人不一致的情形。

七是抵押人知道债权人与他人之间存在委托关系的其他情形。关于如何概括兜底条款,在《民法典担保制度解释》起草过程中,争议还是比较大的。主要的担心是,一旦放得过宽,将会使名义抵押权人与实际抵押权人的分离成为常态,不仅损害登记制度的公信力,而且还可能为流通式甚至证券化抵押权的广泛运用开启方便之门,从而背离抵押权的从属性。考虑到实践中之所以出现名实不一的情形,往往是名义权利人与实际权利人之间存在委托关系,且第三人对此知情的情形,故兜底条款将其限定在担保人知道债权人与他人之间存在委托关系的其他情形。在此双重限定下,一般不存在滥用权利或者走向流通性甚至证券化抵押权的可能,也解决了学界的担忧。

在登记的抵押权人与实际的抵押权人不一致时,如何确定抵押权的归属?为论证的简便起见,此处主要针对委托贷款中,将抵押权登记在受托人名下这一情形来论述抵押权的归属。在登记的抵押权与真正债权人相分离时,抵押权究竟属于登记的权利人还是真正的债权人?有一种观点认为,前述情形中,登记的抵押权人与真正债权人之间往往存在委托关系,此种关系性质上属于债的关系。因而,当抵押权登记在受托人名下时,委托人只能请求受托人办理转移登记,而不能直接请求确认其享有抵押权。本书认为,前述观点并不妥当,应当根据当事人之间的实际权利义务关系确定抵押权的归属,认定委托人为实际抵押权人,主要理由为:

(1)借款人不能以抵押权人是受托银行为由对抗委托人。在委托贷款合同中,借款人在订立合同时明知委托企业与受托银行之间属于代理关系,根据《民法典》第925条有关"受托人以自己的名义,在委托人的授权范围内与第三人订立的合同,第三人在订立合同时知道受托人与委托人之间的代理关系的,该合同直接约束委托人和第三人"之规定,该合同直接约束委托人与借款人,借款人不能以委托人并非登记的抵押权人进行抗辩。

(2)受托人不能以其是登记的抵押权人为由对抗委托人。就委托人与受托人的关系来说,根据《民法典》第927条有关"受托人处理委托事务取得的财产,应当转交给委托人"之规定,受托人因委托合同所取得的财产包括抵押权转交委托人所有,受托人不能以其是登记的抵押权人为由来对抗委托人。

(3)委托合同不是导致物权变动的合同,故不适用物权变动规则。前述观点的核心理由在于,基于法律行为的物权变动尤其是不动产物权变动要采登记生效主义,委托人因为没有登记为抵押权人,故不是真正的抵押权人。本书认为,这是错误地理解了物权变动的概念。所谓基于法律行为的物权变动,主要是指该法律行为是导致物权变动的原因,如因买卖合同而导致所有权的取得或丧失,因抵押合同而设立抵押权。所以,在买卖合同中,买受人在未办理不动产的变更登记的情况下,仅享有请求出卖人交付不动产的债权请求权,而不能直接请求确认享有所有权;在抵押合同中,如果未办理抵押登记,债权人也只能基于抵押合同主张相应的权利,不能请求确认享有抵押权。但委托合同是委托人和受托人约定,由受托人处理委托人事务的合同,本身不以导致物权变动为目的,因而不是物权变动的原因,当然不适用物权变动规则。换言之,在受托人基于委托人的授权对外从事法律行为,并且因之导致物权变动的情况下,就委托人与受托银行之间的关系而言,本质上是如何确定权利归属即该权利归谁所有的问题,而非物权变动的问题。此时,不论是基于权利义务相一致原则,抑或是基于受托人应当将取得的财产转交委托人的规则,抑或是基于诚实信用原则,都应当认定委托人是实际权利人。

还要看到,在登记的名义权利人与实际权利人不一致的时候,多数情况下实际权利人往往是特定的主体,由其来行使权利自无疑问。但在某些场合下,如登记在债券受托管理人名下的抵押权,作为委托人的债券持有人可能是不特定多数人,如任由某一债券持有人随便行使权利的话,可能会扰乱交易秩序;如不允许其行使的话,又不符合保护其权利的宗旨。为此,《全国法院审理债券纠纷案件座谈会纪要》第 18 条指出:"登记在受托管理人名下的担保物权行使。根据《最高人民法院关于〈国土资源部办公厅关于征求为公司债券持有人办理国有土地使用权抵押登记意见函〉的答复》精神,为债券设定的担保物权可登记在受托管理人名下,受托管理人根据民事诉讼法第一百九十六条、第一百九十七条的规定或者通过普通程序主张担保物权的,人民法院应当予以支持,但应在裁判文书主文中明确由此所得权益归属于全体债券持有人。受托管理人仅代表部分债券持有人提起诉讼的,人民法院还应当根据其所代表的债券持有人份额占当期发行债券的比例明确其相应的份额。"据此,本条规定,除债权人能够行使权利外,受托人在一定情况下也有权行使抵押权。需要注意的是:(1)要严格限制受托人的范围,将其限制在因委托人众多而不便由某一委托人行使权利的情形,不能将其泛化理解为所有的信托人。(2)相比于债权人行使权利,受托人行使权利属于例外情形。(3)受托人在权利行使以及权利归属问题上,都要尊重委托人意见,主要通过决议方式来授权。(4)一定要为特定情况下个别委托人行使权利留下空间,否则,一概由受托人行使权利,可能使受托人背离受人之托的本意,最终损害委托人的权利。

3. 因登记机构原因导致抵押权不能有效设立

根据《国土资源部关于规范土地登记的意见》(国土资发〔2012〕134号,已失效)的规定,"依据相关法律、法规规定,经中国银行业监督管理委员会批准取得《金融许可证》的金融机构、经省级人民政府主管部门批准设立的小额贷款公司等可以作为放贷人申请土地抵押登记"。据此,前述放贷人之外的其他债权人提出的抵押权登记申请,不动产登记机构往往不予办理,导致抵押权不能有效设立。另外,就预购商品房抵押贷款以及在建工程抵押来说,也有类似的规定。《城市房地产抵押管理办法》第3条第4款规定:"本办法所称预购商品房贷款抵押,是指购房人在支付首期规定的房价款后,由贷款银行代其支付其余的购房款,将所购商品房抵押给贷款银行作为偿还贷款履行担保的行为。"该办法第3条第5款规定:"本办法所称在建工程抵押,是指抵押人为取得在建工程继续建造资金的贷款,以其合法方式取得的土地使用权连同在建工程的投入资产,以不转移占有的方式抵押给贷款银行作为偿还贷款履行担保的行为。"据此,办理预购商品房贷款抵押或在建工程抵押登记中,抵押权人只能是贷款银行,排除了其他债权人甚至其他银行作为抵押权人的可能性。

《民法典》上并未就抵押权人作身份性的限制。在解释上,为保障自身债权的实现,任何民事主体均可作为抵押权人。《国务院办公厅关于完善建设用地使用权转让、出租、抵押二级市场的指导意见》(国办发〔2019〕34号)第13条指出:"放宽对抵押权人的限制。自然人、企业均可作为抵押权人申请以建设用地使用权及其地上建筑物、其他附着物所有权办理不动产抵押相关手续,涉及企业之间债权债务合同的须符合有关法律法规的规定。"《最高人民法院关于〈城市房地产抵押管理办法〉在建工程抵押规定与上位法是否冲突问题的答复》(〔2012〕行他字第8号)也指出:"在建工程属于《担保法》规定的可以抵押的财产范围。法律对在建工程抵押权人的范围没有作出限制性规定,《城市房地产抵押管理办法》第三条第五款有关在建工程抵押的规定,是针对贷款银行作为抵押权人时的特别规定,但并不限制贷款银行以外的主体成为在建工程的抵押权人。"这些规则较为准确地把握了相关规定的精神。有鉴于此,《民法典担保制度解释》第48条规定:"当事人申请办理抵押登记手续时,因登记机构的过错致使其不能办理抵押登记,当事人请求登记机构承担赔偿责任的,人民法院依法予以支持。"但愿该规定对促进不动产登记机构依法办理登记能有所帮助。

(二)适用情况

本条主要适用于以下情形:

一是依据本条规定认定抵押权人对抵押财产享有优先受偿权。司法实践中,最为常见的是买受人依据《执行异议和复议规定》第28条或第29条之规定排除抵押权人的执行。对此,应予明确的是,买受人只有依据该规定第29条之规定才能排除抵押权人的执行,而不能依据第28条之规定排除抵押权人的执行。当然,鉴于此类纠纷多出现在执行异议之诉中,基本不以本条作为法律依据。但本书认为,在不支持买受人排除执行场合,可以考虑将本条作为法律依据,以凸显抵押权的排他性。

二是当登记的抵押权人并非实际债权人时,如何确定抵押权人。抵押权受托持有的情形,在司法实践中较为常见。通过检索已经生效的多份民事判决书发现,在该问题上,司法呈现以下特点:第一,债券发行中抵押权受托持有的情况较为普遍,受托管理人常以个人名义与发行人签订担保合同,办理登记手续。在出现违约情形时,产品持有人提起诉讼要求实现抵押权,人民法院一般支持原告的诉讼请求,但是在裁判文书主文上往往不会按照《全国法院审理债券纠纷案件座谈会纪要》的要求,明确此权益归全体债券持有人所有。第二,部分案件中存在主合同涉嫌刑事犯罪的情形,此时法院往往倾向于裁定驳回原告要求实现抵押权的起诉。第三,在委托贷款合同纠纷中,将抵押权登记在受托银行的名下,在债务人存在违约的情况下,债权人一般会起诉要求债务人还款并要求实现抵押权。在法院认定债权人可以对登记在受托银行名下的抵押物优先受偿时,重点提到了债务人对于委托贷款关系的明知,作为支持债权人诉讼请求的重要理由。第四,由于登记管理原因导致的债权人与抵押权人相分离时,债权人能否依据各方的交易安排享有抵押权,存在不同观点。一种观点认为,根据物权法定原则,债权人应为抵押权人,如果出现本案中债权人与抵押权人相分离的情况,则债权人不能享有抵押权。另一种观点认为,本案中,根据各方的交易安排,债权人为实质的抵押权人,各方在借贷合同、抵押合同中均有明确约定,因此,虽然债权人、抵押权人形式上分离,但债权人仍为实质的抵押权人,不违反物权法关于抵押权的一般规定,本书采后一种观点。

三是对于抵押权能否担保将来发生的债权的问题。实践中,经常出现为股权回购义务设定抵押并办理了抵押登记的情形。对此,本书认为,我国并未明文规定抵押登记须有特定债权的存在,只要被担保的债权依据当事人合同约定或登记记载可以被特定,就不违背抵押权担保特定债权的目的,即便债权数额尚未明确,抵押权也可以在主债权合同成立但尚未实际发生时进行登记设立。但抵押权能否行使需要看条件是否成就,因为抵押权行使的要件是债权到期未获清偿,前提是债权生效且履行期限已届满。

【相关法律、行政法规】

(一)相关法律

有关担保的民商事特别法中,《公司法》《商业银行法》等法律是对特殊主体提供担保的规定,《票据法》等法律是对商事特别行为提供保证的规定,多数情况下这些法律笼统地规定为"担保"。鉴于《民法典》有关保证的一般规定实际上具有"担保总则"的意义,因而将上述法律放在保证的有关部分进行分析,本节不再作特别说明。本节主要涉及担保物权中的抵押权,故法律、行政法规、司法解释、规范性司法文件、部门规章以及相关政策等均与抵押权相关,并着眼于抵押权与建设工程价款优先受偿权、商品房消费者物权期待权等优先权的效力顺位问题。就抵押所涉法律而言,下文依据"先不动产后动产"的逻辑,按照《城市房地产管理法》《海商法》《民用航空法》的顺序,列举与抵押直接有关的条文,并就其适用择要说明。

1.《中华人民共和国城市房地产管理法》(1994年7月5日通过,2019年8月26日修正)

第四十七条 【房地产抵押的概念】房地产抵押,是指抵押人以其合法的房地产以不转移占有的方式向抵押权人提供债务履行担保的行为。债务人不履行债务时,抵押权人有权依法以抵押的房地产拍卖所得的价款优先受偿。

【适用要点】该条与《民法典》第 394 条有关抵押权概念的规定一致,只不过其客体是房地产而已。

第四十八条　【房地一体规则】依法取得的房屋所有权连同该房屋占用范围内的土地使用权,可以设定抵押权。

以出让方式取得的土地使用权,可以设定抵押权。

【适用要点】该条是有关房地一体规则的规定,包括两个层次内容:一是房地产抵押的客体包括房屋所有权以及该房屋占用范围内的土地使用权,确立了房地一体规则,同时当然也确立了法定抵押权制度,这与《民法典》第 397 条的规定一致。二是明确房地产抵押的对应的土地须是以出让方式取得的土地使用权,不包括划拨地。

第四十九条　【房地产抵押登记】房地产抵押,应当凭土地使用权证书、房屋所有权证书办理。

【适用要点】该条是有关房地产抵押登记的规定,明确了办理抵押登记须以抵押人已经取得首次登记为前提。

第五十条　【书面抵押合同】房地产抵押,抵押人和抵押权人应当签订书面抵押合同。

第五十一条　【划拨用地抵押】设定房地产抵押权的土地使用权是以划拨方式取得的,依法拍卖该房地产后,应当从拍卖所得的价款中缴纳相当于应缴纳的土地使用权出让金的款额后,抵押权人方可优先受偿。

【适用要点】划拨用地不得单独设定抵押,但当事人可以划拨用地上的房屋设定抵押;在实现抵押权时,应当先补交土地出让金后,抵押权人方可就剩余价款优先受偿。

第五十二条　【新增房屋不属于抵押财产】房地产抵押合同签订后,土地上新增的房屋不属于抵押财产。需要拍卖该抵押的房地产时,可以依法将土地上新增的房屋与抵押财产一同拍卖,但对拍卖新增房屋所得,抵押权人无权优先受偿。

【适用要点】该条与《民法典》第 417 条的规定一致,都属于房地一体规则的例外。

2.《中华人民共和国海商法》(1992 年 11 月 7 日通过)

第十一条　【船舶抵押权的概念】船舶抵押权,是指抵押权人对于抵押人提供的作为债权担保的船舶,在抵押人不履行债务时,可以依法拍卖,从卖得的价款中优先受偿的权利。

【适用要点】该条是关于船舶设定抵押的规定。适用时要注意以下几点:一是船舶作为特殊动产,除应遵守《民法典》第394条关于抵押权定义的一般规定外,还具有一定的特殊性。船舶优先权是《海商法》特有的担保制度,虽然没有公示方式,但优于船舶抵押权受偿。与船舶抵押权这种意定的担保物权不同,船舶优先权是一种法定担保物权。二是船舶抵押权担保的债权数额不得超过抵押人和抵押权人共同确认的船舶价值,船舶价值超出债权数额的部分可以再次设定抵押。三是船舶抵押权的实现方式是拍卖,船舶抵押与拍卖是最具有特色的海事诉讼特别程序,与一般抵押财产的实现方式不甚相同。

第十二条　【船舶抵押权的设定】船舶所有人或者船舶所有人授权的人可以设定船舶抵押权。

船舶抵押权的设定,应当签订书面合同。

【适用要点】该条是关于船舶抵押权设定主体的规定。应当注意的是,船舶所有人或授权的人均可以设定抵押权,区别于普通抵押权仅能由有权处分抵押财产的权利人设定。

第十六条　【共有船舶抵押】船舶共有人就共有船舶设定抵押权,应当取得持有三分之二以上份额的共有人的同意,共有人之间另有约定的除外。

船舶共有人设定的抵押权,不因船舶的共有权的分割而受影响。

【适用要点】该条是关于船舶共有人就共有船舶抵押的规定。需注意以下几点:一是该条并未区分按份共有和共同共有,从份额要求看,仅适用于按份共有人对共有船舶设定的抵押,在共同共有的情况下,经全体所有人同意方能设立船舶抵押权。二是设定船舶抵押权须经2/3以上份额的共有人同意,该规定与《民法典》第301条一致。传统民法从公平原则出发,规定只有在全体按份共有人同意的前提下,才能对共有物进行处分,但为了充分发挥共有物的效益,在按份共有物的处分问题上兼顾效益原则和公平原则,物权法采用"多数决"的制度,即占份额2/3以上的按份共有人同意,可处分共有物。三是按份共有人根据多数决规则处分共有物时,如何保护不同意处分的少数按份共有人的利益?现行法律对此并未作明确规定。本书认为,少数按份共有人可以请求分割共有物或者转让其共有份额,或者主张对多数按份共有人的共有份额乃至对共有物行使优先购买权。四是实践中经常出现按份共有人向船舶登记机关申请就其份额进行抵押,对共有人是否有权仅对其共有份额设定抵押，存在不同认识。本书认为，为了提高共有物的使用效率，按份共有人可以转让其在共有物上的财产份额，当然可以用自己在共有物上的份额设定抵押，抵押权存在于共有物的全部而非一部分。由于抵押权具有不可分性，不因抵押物的分割或者部分转让而受影响，加之共有物分割的效力自分割完毕时起向后发生，故以共有份额设定的抵押权不因共有物的分割而受影响，继续存在于各按份共有人分得的共有物之上。该条第 2 款就规定："船舶共有人设定的抵押权，不因船舶的共有权的分割而受影响。"

第二十五条　【船舶优先权的清偿顺位】船舶优先权先于船舶留置权受偿，船舶抵押权后于船舶留置权受偿。

前款所称船舶留置权，是指造船人、修船人在合同另一方未履行合同时，可以留置所占有的船舶，以保证造船费用或者修船费用得以偿还的权利。船舶留置权在造船人、修船人不再占有所造或者所修的船舶时消灭。

【适用要点】该条是关于船舶优先权受偿顺序的规定。需要特别注意的是，一般情况下留置权是最为优先的担保物权，但依据该条规定，船舶优先权不仅是较船舶抵押权优先的权利，而且还是较船舶留置权更为优先的权利。

3.《中华人民共和国民用航空法》（1995 年 10 月 30 日通过，2021 年 4 月 29 日修正）

第二十二条　【民用航空器抵押权劣后于民用航空器优先权】民用航空器优先权先于民用航空器抵押权受偿。

【适用要点】虽然抵押权人有权就抵押财产优先受偿，但在存在法定优先权情况下，仍应先实现法定优先权。民用航空器优先权与船舶优先权一致，是法律赋予的特殊权利，具有先于担保物权的优先受偿效力。

（二）相关行政法规

《中华人民共和国城镇国有土地使用权出让和转让暂行条例》（2020 年 11 月 29 日修订）

第三十二条　【土地使用权可以作为抵押财产】土地使用权可以抵押。

第三十三条　【房地一并抵押】土地使用权抵押时，其地上建筑物、其他附着物随之抵押。

地上建筑物、其他附着物抵押时，其使用范围内的土地使用权随之抵押。

【适用要点】该规定与《民法典》第 397 条规定的精神完全一致。

第三十四条　【抵押合同】土地使用权抵押，抵押人与抵押权人应当签订抵押合同。

抵押合同不得违背国家法律、法规和土地使用权出让合同的规定。

第三十五条 【抵押登记】土地使用权和地上建筑物、其他附着物抵押，应当依照规定办理抵押登记。

【适用要点】该条是有关土地使用权及其上建筑物、其他附着物抵押采登记生效主义的规定。该条所谓的"应当"依照规定办理抵押登记，指的是未办理登记不能设定抵押权。

第三十六条 【抵押财产处分】抵押人到期未能履行债务或者在抵押合同期间宣告解散、破产的，抵押权人有权依照国家法律、法规和抵押合同的规定处分抵押财产。

因处分抵押财产而取得土地使用权和地上建筑物、其他附着物所有权的，应当依照规定办理过户登记。

【适用要点】该条是有关抵押财产处分的规定，准确理解该条，要主要以下内容：一是明确抵押权人处分抵押财产包括以下途径：(1)在诉讼程序之外达成折价协议；(2)通过司法程序拍卖、变卖抵押财产；(3)在抵押人破产时在破产程序中享有别除权。二是因处分抵押财产而取得土地使用权和地上建筑物、其他附着物所有权的，应当依照规定办理过户登记。在第一种情形中，即当事人就抵押财产折价场合，鉴于折价行为属于物权变动的原因，基于不动产物权变动的登记生效主义，抵押权人从办理不动产权属变更登记之日起才取得土地使用权及其建筑物的所有权。但在后两种情形中，抵押权人通过就拍卖、变卖所得价款实现抵押权，受让人则通过拍卖、变卖取得抵押财产的所有权。不过此种拍卖、变卖司法程序，依据《民法典》第 229 条之规定，抵押财产的所有权自法律文书生效时发生效力。《拍卖变卖财产规定》第 26 条进一步将该法律文书明确为是拍卖成交裁定或以物抵债裁定。也就是说，不动产、动产或者其他财产权拍卖成交或者抵债后，该不动产、动产的所有权、其他财产权自拍卖成交或者抵债裁定送达买受人或者承受人时起转移。于此场合，登记不再是抵押财产物权变动的要件，但是依据《民法典》第 232 条有关"处分依本节规定享有的不动产物权，依照法律规定需要办理登记的，未经登记，不发生物权效力"之规定，登记是受让人再次处分抵押财产时的前提条件。受让人未办理登记手续，对受让所得财产再次处分时，将不发生物权效力。从这一意义上说，受让人仍应办理登记手续。

第三十七条 【抵押权的优先受偿效力】处分抵押财产所得，抵押权人有优先受偿权。

【适用要点】该条规定抵押权人对抵押财产折价后所得的价款具有优先受偿权,是抵押权的题中应有之义,与《民法典》第413条之规定一致。

第三十八条 【抵押权注销登记】抵押权因债务清偿或者其他原因而消灭的,应当依照规定办理注销抵押登记。

【适用要点】抵押权消灭的,应当办理注销登记。抵押权消灭时,抵押权人负有注销抵押权登记的义务,抵押人也有权请求抵押权人注销抵押权。

【司法解释及规范性司法文件】

(一)司法解释

1.《最高人民法院关于适用〈中华人民共和国民法典〉有关担保制度的解释》(法释〔2020〕28号,2020年12月25日通过)

第一条 【适用范围】因抵押、质押、留置、保证等担保发生的纠纷,适用本解释。所有权保留买卖、融资租赁、保理等涉及担保功能发生的纠纷,适用本解释的有关规定。

【适用要点】该条是关于《民法典担保制度解释》适用范围的规定。主要包括以下几层含义:一是该解释主要适用于典型担保,即保证和担保物权。实践中存在保证人与债权人约定仅以保证人的部分财产为限承担保证责任的情形,此类约定类似抵押合同,但并未就财产办理登记,这种非典型的保证方式使保证与抵押之间的区别不再泾渭分明。但如果当事人没有以特定财产抵押担保的意思表示,仍不构成抵押。二是如果当事人仅订立不动产抵押合同,但尚未进行抵押登记,因未完成物权公示,抵押权尚未设立,但担保合同对双方当事人之间仍有约束力,因此产生的纠纷尽管属于担保纠纷,但并不属于抵押权纠纷,而是合同纠纷,根据《民法典担保制度解释》第46条的规定,抵押人在一定情况下应当承担赔偿责任。

第四条 【担保物权的受托持有】有下列情形之一,当事人将担保物权登记在他人名下,债务人不履行到期债务或者发生当事人约定的实现担保物权的情形,债权人或者其受托人主张就该财产优先受偿的,人民法院依法予以支持:

(一)为债券持有人提供的担保物权登记在债券受托管理人名下;

(二)为委托贷款人提供的担保物权登记在受托人名下；

(三)担保人知道债权人与他人之间存在委托关系的其他情形。

【适用要点】该条是有关登记的担保物权人与真正债权人不一致情况下，如何确定谁是真正的担保物权人的规定。主要包括以下几层含义：一是该条适用于以登记作为公示方法的担保物权，即抵押权和权利质权，而不适用于动产质权、留置权等以交付作为公示方法的担保物权。二是该条适用于债权人与他人之间存在委托关系，登记的担保物权人与实际的担保物权人不一致的情形，实践中主要体现在公司债券、委托贷款等情形，应当根据当事人之间的实际权利义务关系确定担保物权的归属，认定委托人为实际担保物权人。三是原则上应由实际权利人行使权利，但在某些场合下，如登记在债券受托管理人名下的担保物权，债券持有人是不特定多数人，如任由某一债券持有人随便行使权利的话，会扰乱交易秩序；如不允许其行使，又不符合保护其权利的宗旨。故除债权人能够行使权利外，该条例外规定受托人也可以行使担保物权，但其是否行使以及行使的后果应当归于授权其行使的全体债权人。但仍需注意，要严格限制受托人的范围，将其限制在因委托人众多而不便由某一委托人行使权利的情形；受托人在权利行使以及权利归属问题上，都要尊重委托人意见，主要通过决议方式来授权。

2.《最高人民法院关于审理建设工程施工合同纠纷案件适用法律问题的解释(一)》(法释〔2020〕25号,2020年12月25日通过)

第三十六条 【建设工程价款优先权优于抵押权】承包人根据民法典第八百零七条规定享有的建设工程价款优先受偿权优于抵押权和其他债权。

【适用要点】该条是关于建设工程价款优先受偿权优先于抵押权的规定。主要包括以下几层含义：一是建设工程价款优先权在效力上优于抵押权，更不用说普通债权了。在现行司法实践中，建设工程价款优先权具有极强的效力，仅次于《执行异议和复议规定》第29条规定的消费者购房人享有的权利。二是建设工程价款优先受偿权不以登记为设立条件，也不以优先权产生时间、抵押权设立时间的顺序决定其效力。这是因为工程价款是承包人前期对工程建设劳力和财力的对价，建设工程的价值是建设者赋予的，对弱势群体建筑工人的保护是法律设定建设工程价款优先受偿权的初衷。三是在司法实践中，有些银行为了保障抵押权的实现，在向发包人发放贷款时，要求发包人将来在与承包人签订的建筑工程承包合同时，必须以承包人放弃其建设工程价款优先受偿权为条件；发包人在对工程进行招标时，亦将放弃建设工程价款优先受偿权作为标书的条款,不接受该条款的承包人则无法中标;承包人为了获得工程,往往在合同中同意放弃建设工程价款优先受偿权。本书认为,根据《民法典建设工程解释(一)》第 42 条的规定,承包人原则上有权放弃建设工程价款优先受偿权,但如果放弃行为导致其不能向农民工等建筑工人支付工资报酬,则有违立法精神,放弃建设工程价款优先受偿权则应无效。因此在处理涉及承包人放弃建设工程价款优先受偿权的纠纷时,除了尊重当事人的意思自治,还要考虑合同自由与合同正义的关系。

3.《最高人民法院关于能否将国有土地使用权折价抵偿给抵押权人问题的批复》(法释〔1998〕25 号,1998 年 9 月 1 日通过)

四川省高级人民法院:

你院川高法〔1998〕19 号《关于能否将国有土地使用权以国土部门认定的价格抵偿给抵押权人的请示》收悉。经研究,答复如下:

在依法以国有土地使用权作抵押的担保纠纷案件中,债务履行期届满抵押权人未受清偿的,可以通过拍卖的方式将土地使用权变现。如果无法变现,债务人又没有其他可供清偿的财产时,应当对国有土地使用权依法评估。人民法院可以参考政府土地管理部门确认的地价评估结果将土地使用权折价,经抵押权人同意,将折价后的土地使用权抵偿给抵押权人,土地使用权由抵押权人享有。

【适用要点】该批复强调的是,在抵押财产难以变价而只能进行折价的情况下,一是要对国有土地使用权进行评估,并以此作为折价的基础;二是评估只是折价的参考,但关键还是要征得抵押权人的同意。

(二)规范性司法文件

1.《全国法院民商事审判工作会议纪要》(法〔2019〕254 号,2019 年 11 月 8 日公布)

126.【商品房消费者的权利与抵押权的关系】根据《最高人民法院关于建设工程价款优先受偿权问题的批复》第 1 条、第 2 条的规定,交付全部或者大部分款项的商品房消费者的权利优先于抵押权人的抵押权,故抵押权人申请执行登记在房地产开发企业名下但已销售给消费者的商品房,消费者提出执行异议的,人民法院依法予以支持。但应当特别注意的是,此情况是针对实践中存在的商品房预售不规范现象为保护消费者生存权而作出的例外规定,必须严格把握条件,避免扩大范围,以免动摇抵押权具有优先性的基本原则。因此,这里的商品房消费者应当仅限于符合本纪要第 125 条规定的商品房消费者。买受人不是本纪要第 125 条规定的商品房消费者,而是一般的房屋买卖合同的买受人,不适用上述处理规则。

【适用要点】该条是关于商品房消费者的权利与抵押权关系的规定。主要包括以下几层含义:一是《工程款优先受偿批复》虽然在司法解释清理的过程中被废止,但消费者购房人的权利优先于抵押权仍然在司法实践中被广泛认可,《执行异议和复议规定》也认为商品房消费者享有排除执行的民事权益。物权期待权的本质为债权,但是基于"生存利益至上"的考虑,赋予其优先于抵押权的效力。二是应当严格把握该条适用的条件,该条系针对实践中存在的商品房预售不规范现象为保护消费者生存权而作出的例外规定,应当区分消费者购房人和非消费者购房人,非消费者购房人的权利不应优先于抵押权。此外,还应当区分所购房屋为一手房还是二手房,二手房购房人的权利不应当优先于抵押权人,除非抵押权人同意出卖人转让涉案房屋。三是无论是否取得商品房预售许可证,消费者购房人的权利均应优先于抵押权,这是基于"生存利益至上"的考虑。预售许可证是行政管理手段,没有预售许可证,开发商应当受到行政处罚,但不应当影响民事合同的效力。四是消费者购房人的权利与建设工程价款优先受偿权冲突时,消费者购房人的权利优先。

2.《全国法院审理债券纠纷案件座谈会纪要》(法〔2020〕185 号,2020 年 7 月 15 日公布)

18. 担保物权的受托持有。登记在受托管理人名下的担保物权行使。根据《最高人民法院关于〈国土资源部办公厅关于征求为公司债券持有人办理国有土地使用权抵押登记意见函〉的答复》精神,为债券设定的担保物权可登记在受托管理人名下,受托管理人根据民事诉讼法第一百九十六条、第一百九十七条①的规定或者通过普通程序主张担保物权的,人民法院应当予以支持,但应在裁判文书主文中明确由此所得权益归属于全体债券持有人。受托管理人仅代表部分债券持有人提起诉讼的,人民法院还应当根据其所代表的债券持有人份额占当期发行债券的比例明确其相应的份额。

【适用要点】该条是关于债券的受托管理人有权行使担保物权的规定。在委托人众多而不便由某一委托人行使权利的情况下,如登记在债券受托管

---

① 2021 年修正的《民事诉讼法》第 203 条、第 204 条。

理人名下的担保物权,作为委托人的债券持有人是不特定多数人,如任由某一债券持有人随便行使权利的话,会扰乱交易秩序;如不允许其行使,又不符合保护其权利的宗旨,故规定债券的受托管理人有权行使担保物权,但受托人在权利行使以及权利归属问题上,都要尊重委托人意见,主要通过决议方式来授权,所得的权益仍归委托人,即债券持有人所有。

3.《最高人民法院关于〈国土资源部办公厅关于征求为公司债券持有人办理国有土地使用权抵押登记意见函〉的答复》(〔2010〕民二他字第16号,2010年6月23日)

国土资源部办公厅:

国土资厅函〔2010〕374号《国土资源部办公厅关于征求为公司债券持有人办理国有土地使用权抵押登记意见函》收悉,经研究,答复如下:

基于公司债券持有人具有分散性、群体性、不易保护自身权利的特点,《公司债券发行试点办法》(以下简称《办法》)规定了公司债券受托管理人制度,以保护全体公司债券持有人的权益。基于此,《办法》第二十五条对公司债券受托管理人的法定职责进行了规定,同时允许当事人约定权利义务范围。

根据《物权法》的规定,函中所述案例的抵押权人为全体公司债券持有人。抵押权的设定有利于保护全体公司债券持有人的利益。在公司债券持有人因其不确定性、群体性而无法申请办理抵押权登记的情形下,认定公司债券受托管理人可以代理办理抵押权登记手续,符合设立公司债券受托管理人制度的目的,也不违反《办法》第二十五条的规定。在法律没有禁止性规定以及当事人之间没有禁止代为办理抵押登记约定的情形下,应认定公司债券受托管理人可代理全体公司债券持有人申请办理土地抵押登记。

以上意见仅供参考。

【适用要点】该条规定与《民法典担保制度解释》第4条、《全国法院审理债券纠纷案件座谈会纪要》第18条的内容一致。债券抵押具有一定特殊性,因存在公司债券受托管理人制度,债券受托管理人享有代理办理抵押权登记手续等权利,以更好地保护全体公司债券持有人的利益。

【部门规章、规范性文件与相关政策】

（一）相关政策

《国务院办公厅关于完善建设用地使用权转让、出租、抵押二级市场的指导意见》（国办发〔2019〕34号，2019年7月6日公布）

（十三）放宽对抵押权人的限制。自然人、企业均可作为抵押权人申请以建设用地使用权及其地上建筑物、其他附着物所有权办理不动产抵押相关手续，涉及企业之间债权债务合同的须符合有关法律法规的规定。

【适用要点】在过去的一段时间中，土地使用权等的抵押权人只能是特定企业，抵押登记部门不准予将土地使用权抵押登记在其他主体名下，实践中以建设用地使用权及地上建筑、其他附着物抵押时，真实的抵押权人通常委托其他有权办理抵押登记的主体，代为办理抵押登记，进而产生登记的抵押权人与实际权利人不一致的情形，造成一定的混乱。我国逐渐放开了对抵押权人的限制，尤其是自然人、企业均可作为抵押权人申请以建设用地使用权及其地上建筑物、其他附着物所有权办理不动产抵押相关手续，有效避免了此类纠纷的发生。

【典型案例】

（一）公报案例

中国建设银行股份有限公司怀化市分行与中国华融资产管理股份有限公司湖南省分公司等案外人执行异议之诉案【最高人民法院（2022）最高法民终34号】①

【裁判要旨】在抵押权强制执行中，案外人以其在抵押登记之前购买了抵押房产，享有优先于抵押权的权利为由提起执行异议之诉，主张依据《执行异议和复议规定》排除强制执行，但不否认抵押权人对抵押房产的优先受

---

① 具体可见《最高人民法院公报》2023年第6期。

偿权的,属于《民事诉讼法》第 227 条①规定的"与原判决、裁定无关"的情形,人民法院应予依法受理。

(二)参考案例

1. 王福海、安徽国瑞投资集团有限公司与安徽省阳光半岛文化发展有限公司、芜湖首创房地产开发有限公司民间借贷纠纷案【最高人民法院(2015)民一终字第 107 号】

【裁判要旨】根据阳光半岛公司与国瑞公司签订的《土地抵押合同》约定,王福海对案涉土地使用权享有实际抵押权,为案涉土地使用权的实际抵押权人;国瑞公司只是《土地抵押合同》约定的名义上抵押权人,对案涉土地使用权不享有抵押权,且国瑞公司在诉讼中也未主张任何权利。因登记制度不健全、登记部门不准予将土地使用权抵押登记在自然人名下原因,导致本案债权人与登记上的抵押权人不一致,只是债权人和抵押权人形式上不一致,实质上债权人和抵押权人仍为同一,并不产生抵押权与债权实质上分离。王福海既是《借款合同》的债权人,也是《土地抵押合同》约定的案涉土地使用权的实际抵押权人,王福海对阳光半岛公司享有的债权实质上就是抵押担保的主债权。故王福海作为本案债权人享有案涉土地使用权的抵押权,符合《物权法》第 179 条②关于抵押权的一般规定。

【编者评析】因政策原因无法登记为抵押权人的当事人,委托其他公司作为抵押权人代为办理土地使用权的抵押登记手续的,担保物权的归属,应当根据当事人间的实际权利义务关系,确定债权人而非登记的名义权利人为真正的担保物权人,抵押权仍应归委托人所有。

2. 辜文亮与郑世娟、郑谢金贵、钟启信民间借贷纠纷案【最高人民法院(2017)最高法民再 380 号】

【裁判要旨】郑世娟在签订涉案《抵押借款合同》前,已通过分家协议的方式,成为涉案 7-13 号房屋的实际所有权人,其对该房屋按照自己的意愿进行处分,如设定抵押等,并不违背《分家协议书》中的约定。虽然未能及时办理过户手续,但郑世娟在此情形下在该房屋上设定抵押权并未损害房屋登记权利人郑谢金贵的实际利益,也无证据证明损害了第三人的合法权益。且

①　2021 年修正的《民事诉讼法》第 234 条。
②　《民法典》第 394 条。

涉案 7-13 号房屋已办理抵押权登记手续。涉案 7-13 号房屋已在登记机关办理了抵押权登记手续,应当保护已登记的抵押权人辜文亮的权益。如果房屋登记所有权人郑谢金贵认为该抵押权损害了其合法权益,可依法向侵权行为人请求赔偿。

【编者评析】抵押人在与抵押权人订立房屋抵押合同之前,已经依法通过分家协议成为涉案房屋的实际所有权人,虽然未能及时办理过户手续,但抵押人对涉案房屋享有物权期待权。抵押人在涉案房屋上设定抵押权并完成抵押登记,未损害房屋登记权利人的实际利益,亦无证据证明损害了第三人合法权益,应依法认定抵押权人对该房产在其债权范围内享有优先受偿权。

第三百九十五条　【抵押财产的范围】债务人或者第三人有权处分的下列财产可以抵押：

(一)建筑物和其他土地附着物；

(二)建设用地使用权；

(三)海域使用权；

(四)生产设备、原材料、半成品、产品；

(五)正在建造的建筑物、船舶、航空器；

(六)交通运输工具；

(七)法律、行政法规未禁止抵押的其他财产。

抵押人可以将前款所列财产一并抵押。

【条文精解】

(一)条文要点

本条是对抵押财产范围的规定，是由《物权法》第 180 条修改而来。与《物权法》第 180 条相比，删去了"以招标、拍卖、公开协商等方式取得的荒地等土地承包经营权"，增加了"海域使用权"。

抵押权要通过折价、拍卖或者变卖等方式来实现，这就要求抵押财产需要具备以下特征：一是抵押人需对财产享有处分权。有处分权包括债务人或者第三人是抵押财产的所有权人、债务人或者第三人对抵押财产享有用益物权，法律规定该用益物权可以抵押，例如建设用地使用权，以及根据法律、行政法规的规定，可以将其占有、使用的财产抵押。抵押人以不属于自己的财产设定抵押的，构成无权处分，除非构成善意取得，否则不能设立抵押权。处分权受限制的财产，如依法被查封、扣押、监管的财产；处分权不明的财产，如所有权、使用权不明或者有争议的财产，均不能设定抵押权。二是抵押财产应当具有流通性。抵押权实现的是财产的交换价值，在债务人不履行到期债务时需要将抵押财产变现，而不具有流通性的财产是无法变现的，比如土地所有权、公益设施以及宅基地、自留山、自留地等集体所有土地的使用权等财产。同理,禁止流通物因其不具有流通性,也不能成为抵押权的客体。限制流通物,尽管其流通受限,但毕竟具有可流通性,因此可以成为抵押权的客体,只是在实现时要归特定主体所有。三是抵押财产还应具有独立性。例如抵押权本身是从权利,也无法单独转让变现,因此抵押权无法作为抵押财产。四是抵押财产具有开放性。只要法律、行政法规没有禁止抵押的其他财产,都可以作为抵押财产。

关于抵押财产的范围,《民法典》从正反两个方面进行了规定:本条从正面规定哪些财产可以抵押,而第399条则从反面规定哪些财产不得抵押。可以抵押的财产主要包括不动产、动产以及不动产权利三大类,现分述如下:

1. 关于不动产

在我国,土地所有权本身不能成为抵押财产,能够作为抵押财产的不动产主要是建筑物和其他土地附着物两种类型。

(1)关于建筑物和其他土地附着物

建筑物不仅包括用于居住的房屋,还包括其他非用于居住的建筑物,如桥梁、地窖、水塔、涵洞、水道、索道、砖瓦窑、烟囱、游泳池、纪念碑、单体立柱广告牌等人工构筑物。随着人类改造自然能力的增强,在海上建造各种建筑物,码头、海上栈桥、固定灯塔、跨海大桥、海底隧道等均属于建筑物的范畴。

建筑物以外的其他附着物,主要是指尚未与土地分离的林木、农作物等作物。这些林木往往是土地使用权人栽种的,因为如果不是人工栽种的林木,因其或者属于森林资源,或者作为国家或集体土地的附着物而归国家或者集体所有,一般不能设定抵押。另外,这些附着物一旦与土地分离,就成为独立的物,不再属于附着物,从而成为动产抵押权的客体。

(2)关于在建工程抵押

一般来说,作为抵押财产的建筑物指的是经合法建造并已经取得所有权的建筑物,违法建筑或者尚未取得所有权的建筑,不能成为抵押权的标的。但为充分发挥建筑物的融资功能,我国法律允许"正在建造的建筑物"作为抵押财产,构成抵押物特定性的例外。"正在建造的建筑物"又称在建工程,是指正在建造、尚未办理所有权首次登记的房屋等建筑物。在建工程抵押,是民事主体为了取得继续建造建筑物所需的资金,以依法正在建造的建筑物,如房地产企业以其正在建造的商品房、企业以其正在建造的厂房等作为抵押财产设定抵押。与一般不动产抵押不同的是,只要合法建造行为持续进行,在建工程抵押权所及的标的物范围就可能处在不断变化之中,从而有必

要通过登记制度明确其范围。关于在建工程抵押,需要注意以下几点:

一是关于办理在建工程抵押的条件。《不动产登记暂行条例实施细则》第 76 条规定:"申请在建建筑物抵押权首次登记的,当事人应当提交下列材料:(一)抵押合同与主债权合同;(二)享有建设用地使用权的不动产权属证书;(三)建设工程规划许可证;(四)其他必要材料。"由此可见,申请在建工程抵押,抵押人必须要取得国有土地使用权证以及建设工程规划许可证。否则,不能办理在建工程抵押。

二是关于资金用途管制问题。《城市房地产抵押管理办法》第 3 条第 5 款规定:"本办法所称在建工程抵押,是指抵押人为取得在建工程继续建造资金的贷款,以其合法方式取得的土地使用权连同在建工程的投入资产,以不转移占有的方式抵押给贷款银行作为偿还贷款履行担保的行为。"在实行不动产统一登记的情况下,该办法已经不再适用,但该办法将在建工程抵押融资所得资金的用途限定在用于继续建造上是有其积极意义的。事实上,在实行商品房预售制度的情况下,为确保小业主的物权期待权,有必要对房地产公司通过在建工程融资所得款项的用途进行监管,确保其用于续建,避免资金被挪作他用而使在建工程"烂尾"。

三是关于在建工程抵押登记及其效力问题。鉴于在建工程本身存在一个不断变化的过程,从当初的在建工程到后来的竣工建筑物,抵押财产的价值处于不断增值的过程中。在房地产企业破产重整而需要引进新的投资人场合,新的投资人为了保障自己的权利,往往要求对建筑物设立抵押。如果在建工程抵押的效力及于续建的建筑物,则新的投资人只能作为第二顺位的抵押权人。投资人在权利难以保障的情况下,就没有投资的动力。没有新的投资,破产重整就难以成功,对原抵押权人也是无益的。综合考虑现实情况,《民法典担保制度解释》第 51 条明确规定,在建工程抵押的效力范围仅限于已经办理抵押登记的部分,不及于续建部分、新增建筑以及规划中尚未建造的建筑物。另外,依据房地一体规则,以在建工程抵押的,其效力及于其下的建设用地使用权。值得探讨的是,在建工程抵押后,当工程竣工时,是否需要再次办理抵押登记? 对此,存在不同理解。《不动产登记暂行条例实施细则》第 77 条第 2 款明确规定:"在建建筑物竣工,办理建筑物所有权首次登记时,当事人应当申请将在建建筑物抵押权登记转为建筑物抵押权登记。"据此,在建工程竣工并经房屋所有权初始登记后,当事人应当申请将在建工程抵押权登记转为建筑物抵押权登记。鉴于建筑物抵押登记系对在建工程抵押权的进一步确认，并非重新设定的抵押，故其效力溯及自办理在建工程抵押登记之时。值得探讨的是，办理建筑物所有权首次登记的是开发商，而在建工程的抵押权人往往是银行。实践中也不排除开发商办理首次登记后，作为在建工程抵押权人的银行因信息沟通不畅等原因并未申请将在建工程抵押转为建筑物抵押的情形。为保护债权人的合法权益，有必要参照适用《民法典担保制度解释》第52条有关抵押预告登记的相关规定，即只要开发商已经办理了所有权首次登记的，就认为在建工程抵押权自动转化为建筑物抵押权。

（3）关于预购商品房预告抵押

预售商品房的买受人，如不能一次性付款的，往往在交纳一定的首付款后向银行贷款，并将预购商品房抵押给银行，作为归还银行贷款的担保。在商品房预售场合，在房屋过户登记前，买受人享有的仅是请求开发商交付房屋的债权，故预购商品房抵押中，抵押财产并非在建工程，而是买受人对开发商享有的请求交付房屋的债权。另外，预售商品房抵押属于抵押权预告登记，而在建工程抵押办理的则属于本登记。但预购商品房抵押与在建工程抵押又有密切关系。当在建工程符合预售条件且已经预购的情况下，预购商品房债权所指向的房屋与在建工程竣工时所指向的房屋系同一财产，从而可能出现同一财产上存在两个抵押权的情形。有鉴于此，《不动产登记暂行条例实施细则》第75条第2款规定："当事人申请在建建筑物抵押权首次登记时，抵押财产不包括已经办理预告登记的预购商品房和已经办理预售备案的商品房。"两种抵押权客体的同一性以及彼此效力上的排他性，也是《民法典担保制度解释》第43条允许当事人将禁止或限制抵押财产转让的特约经登记后具有对抗效力的重要原因。准确理解预购商品房抵押，要把握以下几点：

一是要明确预购商品房抵押性质上属于抵押权预告登记，而非本登记。《民法典》第221条规定："当事人签订买卖房屋的协议或者签订其他不动产物权的协议，为保障将来实现物权，按照约定可以向登记机构申请预告登记……"《不动产登记暂行条例实施细则》第85条第1款就明确规定，不动产预告登记适用于商品房等不动产预售、不动产买卖或抵押、以预购商品房设定抵押权等情形。但是《民法典》第221条在认可预告登记适用于除房屋买卖以外的其他设定不动产物权的协议的情况下，仅对买受人办理的预告登记在效力上作出了规定，即"预告登记后，未经预告登记的权利人同意，处分该不动产的，不发生物权效力"，而未对其他不动产物权协议的预告登记进行规定。从实践的情况看,由于住建部门对于房屋买卖建立了网签制度,这一制度也能在一定程度上防止出卖人再次处分标的物,因此买受人在签订房屋买卖合同后办理预告登记的积极性并不高,但当事人在签订抵押合同后,在尚不能办理抵押登记的情形下办理抵押预告的情况却大量存在。由于《民法典》对于抵押预告登记的效力未作明确规定,因此实践中对于当事人在签订抵押合同后未办理抵押登记但已办理预告登记,预告登记权利人能否主张行使抵押权的问题一直存在争议。本书认为,预告登记是在本登记暂时无法办理时当事人为确保将来取得物权而办理的一种特殊登记。由于抵押权本身无法阻止抵押人转让抵押物或者在抵押物上为他人再次设定抵押权,因此,债权人办理抵押预告登记后,亦无法阻止抵押人转让标的物或者再次以标的物设定担保物权。就此而言,当事人办理抵押预告登记的目的在于当能够办理抵押登记时,其能获得较之其他担保物权更加优先的顺位,而不在于防止抵押人再次处分标的物,因此并无《民法典》第 221 条第 1 款关于"预告登记后,未经预告登记的权利人同意,处分该不动产的,不发生物权效力"之规定适用的余地。也就是说,在预告登记的有效期内,经审查,如果已经具备办理抵押登记条件,预告登记权利人主张其抵押权自预告登记之日起设立,人民法院应予支持。从比较法的角度看,域外大陆法系国家或地区也都对此有明确规定,例如《韩国不动产登记法》明确规定,"已办理假登记时,本登记的顺位依假登记的顺位"。从这一意义上说,《民法典担保制度解释》第 52 条对抵押预告登记的效力作出规定,不仅不与《民法典》的规定相悖,反而是落实并完善《民法典》的具体举措。

二是关于抵押预告登记的效力。虽然当事人办理的只是抵押预告登记而非抵押登记,但在诉讼过程中经人民法院审查具备办理抵押登记的条件,预告登记权利人即可主张已经取得抵押权,而无须等待办理抵押登记后才能主张抵押权。实践中,也已有部分地区采取抵押预告登记在符合抵押登记条件下自动转为抵押登记的做法,且该做法已经获得自然资源部下设不动产登记局的认可。经与不动产登记部门沟通,他们也强烈建议强化不动产抵押预告登记的效力。当然,即使在预告登记的有效期内,经审查如果当事人不具备办理抵押登记条件,预告登记权利人请求行使抵押权,人民法院也不应予以支持,但不影响其在具备抵押登记条件时再行使抵押权。需要说明的是,实践中还可能发生当事人在办理抵押预告登记后抵押财产被抵押人的其他债权人申请人民法院查封、抵押人转让抵押财产或者抵押人破产等情形。本书认为,既然预告登记具有保障当事人将来取得物权的效力,则当事人办理了抵押预告登记且预告登记未失效,抵押财产被查封,预告登记权利人主张其权利优先于查封债权人的,人民法院应予支持;抵押人转让抵押财产的,参照《民法典》第406条的规定处理;抵押人破产,预告登记权利人主张就抵押财产优先受偿的,人民法院应予支持,但是抵押预告登记系在受理破产前6个月内办理的除外。至于所谓具备办理抵押登记条件,经与自然资源部不动产登记局确认,应指不动产登记机构已为建筑物办理所有权的首次登记。

三是要区别商品房预售合同备案登记与预告登记。《城市房地产管理法》第45条第2款规定:"商品房预售人应当按照国家有关规定将预售合同报县级以上人民政府房产管理部门和土地管理部门登记备案。"目前,商品房预售实行网上签约机制,借以实现《城市房地产管理法》规定的商品房预售合同备案登记。其中的核心就是楼盘表。它由主管部门创建,通常包括项目名称、批准预售房屋总建筑面积、规划层、幢号、单元号、房号、户型、面积、坐落等信息,这些信息与规划许可证、房屋测绘报告书等保持一致。商品房预售过程中的风险涉及开发商资质、交易资金、开发商一房数卖等诸多方面,主管部门的应对之策,是以楼盘表为基础,加快房屋测绘、预售许可、买卖合同网签、交易资金监管、产权档案管理等系统的关联与共享。理论和实践中有不少观点认为,商品房预售合同登记备案具有预告登记的效力。但在现行规则之下,商品房预售合同备案登记只是将商品房预售合同予以登记、存档备查或者将商品房预售合同在互联网上予以公开,是通过对事实状态的记载,对不动产交易进行行政管理的方式,有别于预告登记,不具有物权效力,当然也不能对抗人民法院的查封行为。

(4)关于违法建筑能否抵押问题

所谓的违法建筑物,是指违反有关法律、法规的禁止性规定而建造的各类建筑物及其设施。违反《城乡规划法》的规定,未取得建设工程规划许可证或者未按照建设工程规划许可证的规定而建造的建筑物一般可以认定为是违法建筑。我国法律禁止建造违法建筑物,如《城乡规划法》第64条规定:"未取得建设工程规划许可证或者未按照建设工程规划许可证的规定进行建造的,由县级以上地方人民政府城乡规划主管部门责令停止建设;尚可采取改正措施消除对规划实施的影响的,限期改正,处建设工程造价百分之五以上百分之十以下的罚款;无法采取改正措施消除影响的,限期拆除,不能拆除的,没收实物或者违法收入,可以并处建设工程造价百分之十以下的罚款。"

关于违法建筑物抵押的效力问题。《民法典》第 399 条所列举的不得抵押的财产中并不包括违法建筑物,《城市房地产抵押管理办法》第 3 条尽管规定,抵押人应以其合法的房地产进行抵押,但并无明确禁止违法建筑物设定抵押的规定。《担保法解释》第 48 条规定,以法定程序确认为违法、违章的建筑物抵押的,抵押无效。但该条如何理解,尚存在争议。一种观点认为,该条所谓的抵押无效,指的是抵押合同无效。另一种观点则认为,此处的抵押无效指的是不能产生设定抵押权的效力,但不影响抵押合同的效力。尤其是从该条的文义看,只有经法定程序确认为违法、违章的建筑物抵押的,才能认定抵押无效,其结果是在大量的民事案件中,因为缺乏相应的确认违法程序相配套,导致大量的违法建筑物抵押合同被认定无效。其结果是变相地鼓励违法建造行为。而从《民法典》第 231 条的规定看,只有合法建造行为才能原始取得所有权,违法建筑物不能依法取得所有权,自然也谈不上设定抵押的问题。有鉴于此,《民法典担保制度解释》第 49 条明确规定,以违法的建筑物抵押的,抵押合同无效。但考虑到违法建筑物尚有转为合法建筑物的可能,司法解释对此作了折中规定,规定在一审法庭辩论终结前已经办理合法手续的,可以认定抵押合同有效。此种规定的法理基础是合同效力补正理论,即当事人订立合同时尽管违反了法律、行政法规的强制性规定,但在合同履行过程中,当事人通过自己的努力补正了合法性上的瑕疵,满足合同合法性的要求,为避免社会财富的损失和浪费,从鼓励交易原则出发,应当认定合同不仅从补正之日起有效,而且其效力溯及自合同订立之时。需要注意的是,"一审法庭辩论终结前"是当事人补正效力的最后时点,不应当包括二审、再审发回指定一审法院重审的情形。当事人超过法定的时点仍未补正合同效力的,应当认定违法建筑抵押合同无效,应当根据《民法典担保制度解释》第 17 条的规定处理。实务中,需要判断债权人和抵押人有无过错以及过错大小来确定责任份额。

实务中经常出现这样的情形,建设用地使用权依法设立抵押后,因未取得合法手续,导致其上的建筑物违法,当事人往往以房地一体规则为由主张抵押合同无效。本书认为,抵押人以建设用地使用权依法设立抵押,就应按照抵押合同的约定承担担保责任,至于地上存在违法建筑,不影响建设用地使用权依法抵押。当事人以建设用地使用权依法设立抵押,抵押人以土地上存在违法的建筑物为由主张抵押合同无效的,人民法院不予支持。

需要特别注意的是,违法建筑物的确认属于国家有关行政机关的职权范围,应避免通过民事审判为违法建筑确权。从《城乡规划法》第 64 条的规定看,县级以上地方人民政府城乡规划主管部门依法负有对未取得建设工程规划许可证或者未按照建设工程规划许可证规定内容建设的违法建筑认定和处理的职权,对违法建筑的认定和处理不属于人民法院主管范围,人民法院应避免通过司法程序代行行政职权而直接认定和处理违法建筑。对于当事人请求确认违法建筑权利归属及内容的,人民法院应不予受理。已经受理的,裁定驳回起诉。法院在审理中应将违法建筑作为事实予以查明。

2. 关于动产

动产作为抵押财产时,奉行登记对抗主义模式,这构成动产物权变动以交付作为公示方法的法定例外情形。实践中,能够作为抵押财产的动产主要包括如下情形:一是交通工具。主要包括船舶、航空器、机动车。交通工具的价值往往较大,又有相应的主管部门进行登记,其登记不仅是物权变动的公示方法,而是具有很强的公法上的效力。二是正在建造的船舶、航空器。交通工具中,船舶、航空器的价值尤其巨大,为充分发挥融资功能,我国法律认可其也可以作为抵押财产。三是生产设备、原材料、半成品、产品等浮动抵押物。根据《民法典》第 396 条的规定,能够设定浮动抵押的主体只能是企业、个体工商户以及农业生产经营者。作为浮动抵押客体的财产,不仅包括现有的生产设备、原材料、半成品、产品,还包括将来可能有的生产设备、原材料、半成品、产品。于是就产生究竟应以浮动抵押设立时的财产为准,还是以抵押财产确定时的财产为准来认定浮动抵押的对抗效力问题,这恰是英国式浮动抵押和美国式浮动抵押的区别之所在。对浮动抵押的效力问题,后文还将详述,此处不赘。

3. 关于不动产权利

物权包括所有权、抵押权和用益物权,抵押权本身不能作为抵押权的客体,动产上不能设立用益物权,所以能够作为抵押权客体的权利,主要是不动产权利中的用益物权。但并非所有用益物权均可作为抵押财产,因此,还应作具体分析。至于其他权利,如股权、知识产权、证券性权利乃至应收账款等金钱债权,则只能作为权利质押的客体,而非抵押权的客体。

(1)土地经营权

随着农村土地"三权分置"改革的推进及落地,土地承包经营权中的土地承包权和土地经营权相对分离,其中土地承包权相对固定,但土地经营权

可以自由转让,从而使得《民法典》与《物权法》的规定相比,呈现出如下特点:

一是抵押权的客体从土地承包经营权缩减至土地经营权。在"三权分置"改革背景下,集体享有土地所有权,农户享有土地承包经营权,第三方经由土地承包经营权的流转而享有土地经营权。在承包经营权人设定抵押场合,其客体是土地承包经营权还是仅为土地经营权,存在争议。本书认为,抵押权依法设定后,一旦要实现抵押权,土地承包经营权就会归他人实有,因而抵押是土地流转的原因之一。所以,《民法典》第 339 条转引《农村土地承包法》第 36 条之规定,规定承包方可以自主决定依法采取出租(转包)、入股或者其他方式流转土地经营权,并向发包方备案。《农村土地承包法》第 47 条进一步规定,承包方可以用承包地的经营权向金融机构融资担保。可见,抵押权的客体是土地经营权,而非土地承包经营权。

二是抵押财产的范围从"四荒"用地扩及所有的农村土地。此前,只有通过招标、拍卖、公开协商等方式取得的"四荒"土地承包经营权才能够作为抵押财产,其他土地承包经营权不能作为抵押财产。但在土地经营权可以自由流转的情况下,作为抵押财产范围的农地,不再限于"四荒"用地,而是扩及所有的农地了。当然,对于通过招标、拍卖、公开协商等方式取得的"四荒"用地,其设定抵押的条件与《物权法》的表述也略有区别,应予注意。根据《民法典》第 342 条的规定,通过招标、拍卖、公开协商等方式承包农村土地,经依法登记取得权属证书的,可以依法采取出租、入股、抵押或者其他方式流转土地经营权,增加了"依法登记取得权属证书"的表述。

三是抵押人的范围从承包方扩及土地经营权人。《农村土地承包法》第 47 条规定,受让方通过流转取得土地经营权的,经承包方书面同意并向发包方备案,也可以向融资机构提供融资担保。据此,不仅土地承包经营权人可以土地经营权设定抵押,土地经营权人也可以其土地经营权设定抵押。

(2)建设用地使用权

建设用地包括国有建设用地和集体建设用地。关于集体建设用地能否抵押的问题,将在第 398 条中论述,此处主要分析国有建设用地能否抵押的问题。原始取得国有建设用地使用权包括出让和划拨两种方式,其中出让又包括以招拍挂等竞争性方式出让和协议出让两种。通过出让方式取得的国有土地使用权后,建设用地使用权人可以通过转让、互换、出资、赠与或者抵押等方式进行处分,当然可以作为抵押财产。

值得探讨的是通过划拨方式取得的国有土地使用权能否设定抵押。以划拨建设用地使用权抵押，包括仅以划拨用地抵押与以其上的建筑物一并抵押两种情形。对于仅以划拨用地抵押，经历了一个从禁止到适当限制再到完全放开的发展过程：

一是禁止抵押阶段。1990 年施行的《城镇国有土地使用权出让和转让暂行条例》第 44 条规定，当事人不能仅以划拨建设用地抵押；该条例第 45 条规定，以划拨用地及其上的建筑物一并抵押，也只有在符合非常严格的条件，并经市、县人民政府土地管理部门和房产管理部门批准后才能设定抵押。

二是需要经过批准的适当限制阶段。2004 年原国土资源部发布的《关于国有划拨土地使用权抵押登记有关问题的通知》(已失效)规定：以国有划拨土地使用权为标的物设定抵押，土地行政管理部门依法办理抵押登记手续，即视同已经具有审批权限的土地行政管理部门批准，不必再另行办理土地使用权抵押的审批手续。最高人民法院转发了原国土资源部的通知(法发〔2004〕11 号)，并强调指出：人民法院尚未审结的涉及国有划拨土地使用权抵押经过有审批权限的土地行政管理部门依法办理抵押登记手续的案件，不以国有划拨土地使用权抵押未经批准而认定抵押无效。

三是取消审批的完全放开阶段。2010 年 7 月《国务院关于第五批取消和下放管理层级行政审批项目的决定》发布，将国有划拨土地使用权抵押审批作为取消的行政审批项目予以列明，至此，划拨土地使用权办理抵押登记无须审批。2016 年原国土资源部发布第 10 号公告，将 2004 年发布的《关于国有划拨土地使用权抵押登记有关问题的通知》予以废止，在废止原因中进一步明确：2010 年国务院发布的决定已经取消了国有划拨土地使用权抵押审批这一行政审批项目，划拨国有土地使用权办理抵押登记已经不需要当事人提供经过审批的材料，通知的规定已经明显与决定不符，应当废止。《国务院办公厅关于完善建设用地使用权转让、出租、抵押二级市场的指导意见》(国办发〔2019〕34 号)第 12 条规定，明确不同权能建设用地使用权抵押的条件：以划拨方式取得的建设用地使用权可以依法依规设定抵押权，划拨土地抵押权实现时应优先缴纳土地出让收入。

与严格限制划拨用地抵押不同，对以划拨用地及其上建筑物一并抵押，相关法律法规自始即留有余地，且不断呈现放松管制趋势。《城镇国有土地使用权出让和转让暂行条例》就有条件地允许划拨用地及其上的建筑物一并抵押，只不过该条件相对比较严格。到了《城市房地产管理法》，该条件就放得很宽了,该法第 51 条规定:"设定房地产抵押权的土地使用权是以划拨方式取得的,依法拍卖该房地产后,应当从拍卖所得的价款中缴纳相当于应缴纳的土地使用权出让金的款额后,抵押权人方可优先受偿。"据此,既不需要审批,而也不需要事先缴纳土地出让金,只需要在拍卖时将所得价款优先用于缴纳土地出让金即可。

从前述制度沿革看,对划拨用地或者其上建筑抵押均呈现放松管制趋势。《民法典担保制度解释》顺应该趋势,一方面规定,不论是仅以划拨用地抵押还是以其上的建筑物一并抵押,当事人均不能以划拨用地不能抵押或者未经批准为由主张抵押合同无效或者不生效。另一方面,则明确抵押权依法实现时应当优先用于补缴建设用地使用权出让金。至于抵押财产的范围,不论是仅以划拨用地抵押、以其上的建筑物抵押还是一并抵押,均应当根据《民法典担保制度解释》第 50 条确立的房地一体规则来确定抵押财产的范围。

(3)海域使用权

2001 年出台的《海域使用管理法》用专门一章规定了海域使用权。《物权法》《民法典》均在用益物权的"一般规定"中规定,依法取得的海域使用权受法律保护。本条更是专门规定,海域使用权可以作为抵押财产。从立法上看,海域使用权作为一种独立的用益物权,其地位是毋庸置疑的。但海域使用权并非单一的物权类型,而是一系列物权的总称。从《海域使用管理法》第 25 条的规定看,根据用途的不同,海域使用权包括养殖用海权、拆船用海权、旅游用海权、娱乐用海权、矿业用海权(探矿用海权、采矿用海权)、公益事业用海权(如海底电缆用海权、海底管线用海权)、建设工程用海权(如修建港口、船厂)。从该规定看,海域使用权确实可为现行的用益物权或者准物权如土地承包经营权、建设用地使用权以及养殖权、捕捞权、矿业权等涵盖,从学理上确实并无将其作为一种用益物权专门规定的必要。但从管理的角度看,将海域交由一个部门统一管理,统筹各种用途,有利于实现海域的集约化利用。就此而言,专设海域使用权有其必要性。

(4)准物权

《民法典》第 329 条规定:"依法取得的探矿权、采矿权、取水权和使用水域、滩涂从事养殖、捕捞的权利受法律保护。"该条规定的矿业权(探矿权、采矿权)、取水权、渔业权(养殖权、捕捞权)等权利,一般将其归于准物权的范畴。所谓准物权,就是既具有物权的属性,但又与典型物权不同的一类权利。这些权利客体不完全特定、权利构成具有复合性、权利取得往往基于行政许可，而且在物权效力如排他性、追及力等方面也与典型物权有所不同。但这些权利实行法定主义，大多来源于法律的明确规定，且具有支配力、对抗力，能够通过物权请求权进行保护，因而仍然可将其归入物权的范畴。

一是关于矿业权。1986 年《矿产资源法》第 3 条第 4 款规定："采矿权不得买卖、出租，不得用作抵押。"但 1996 年、2009 年两次修正后的《矿产资源法》第 6 条第 1 款规定，探矿权人在完成规定的最低勘查投入后，经依法批准，可以将探矿权转让给他人；已取得采矿权的矿山企业，因企业合并、分立、与他人合资、合作经营，或者因企业资产出售以及有其他变更企业资产产权的情形而需要变更采矿权主体的，经依法批准可以将采矿权转让他人采矿。据此，矿业权在满足一定条件的情况下是可以转让的。既然允许转让，当然也就允许设定抵押，只是需要履行报批手续。

二是关于取水权。《取水许可和水资源费征收管理条例》第 27 条规定，依法获得取水权的单位或者个人，在取水许可的有效期和取水限额内，经原审批机关批准，可以依法有偿转让其节约的水资源，并到原审批机关办理取水权变更手续。可见，取水权在一定条件下也是允许转让的。既然允许转让，自然也允许抵押。当然，转让与抵押同样需要履行报批手续。

三是关于养殖权。《渔业法》未明文规定养殖权能否转让，实践中因养殖权人承包的水面(含滩涂)转让、养殖权人转换职业、养殖权人丧失从事养殖业的能力等原因需要转让养殖权的，法律并无禁止的必要。有鉴于此，《水域滩涂养殖发证登记办法》第 9 条规定："依法转让国家所有水域、滩涂的养殖权的，应当持原养殖证，依照本章规定重新办理发证登记。"该办法第 13 条第 1 款规定："农民集体所有或者国家所有依法由农民集体使用的水域、滩涂，以家庭承包方式用于养殖生产，在承包期内采取转包、出租、入股方式流转水域滩涂养殖权的，不需要重新办理发证登记。"既然允许养殖权转让，同理也应当允许设定抵押。

四是关于捕捞权。捕捞权也属于渔业权的范畴。《渔业法》第 23 条第 3 款规定："捕捞许可证不得买卖、出租和以其他形式转让，不得涂改、伪造、变造。"该条究竟是禁止转让捕捞证还是禁止转让捕捞权，存在不同理解。本书认为，从解释论看，似应将其理解为禁止转让、出租捕捞证，否则，纯粹的禁止捕捞许可证不得买卖、出租并无实质意义。但捕捞权作为一种财产权，并无特别限制的必要。且从比较法的角度看，捕捞配额具有可转让性也是国际通例。因此，从立法看，不无进一步探讨的余地。

4. 关于共同抵押

本条第 2 款是关于共同抵押的规定,抵押人可以将前款所列财产一并抵押,即数个抵押权担保同一个债权。共同抵押可以是债务人与第三人各自以其享有处分权的财产设定抵押,也可以是分别以不同类别的财产设立抵押。共同抵押属于数个抵押而非一个抵押。本条是关于可以抵押的财产范围的一般性规定,此外,一些单行法和特别法也就某些特定的财产是否可以抵押作出了进一步规定,例如《农村土地承包法》《城市房地产管理法》《矿产资源法》等。

(二)适用情况

本条主要适用于以下情形:

一是对于本条已经明确列明的前六项抵押财产符合法定程序抵押权即告成立实践中并无太多争议,但对于矿业权、取水权、养殖权、捕捞权等未列明的特殊财产能否设立抵押权存在争议,本书认为,本条第 1 款第 7 项明确规定"法律、行政法规未禁止抵押的其他财产"可以设立抵押权,但要注意像矿业权、取水权设立抵押时还要履行报批手续。

二是对于国有土地使用权能否抵押应按照取得方式不同进行区分,以出让方式取得的国有土地使用权因具备可转让性,当然可以设定抵押;以划拨方式取得的国有土地使用权可以依法依规设定抵押权,划拨土地抵押权实现时应优先缴纳土地出让收入。当事人以划拨方式取得的建设用地使用权抵押,抵押人以未办理批准手续为由主张抵押合同无效或者不生效的,人民法院不予支持。已经依法办理抵押登记,抵押权人主张行使抵押权的,人民法院应予支持。

【相关法律、行政法规】

(一)相关法律

有关抵押财产的民商事特别法,主要包括以下几种情形:一是有关不动产的规定,如《农村土地承包法》《城市房地产管理法》。其中,土地使用权抵押是我国不动产抵押制度的重要内容,《城市房地产管理法》和《城镇国有土地使用权出让和转让暂行条例》均对土地使用权的抵押作出了规定,与上述《民法典》第 353 条共同构成了对城镇土地使用权抵押的体系化规范。《城市房地产管理法》作为一部特别法，理论上优于一般法，如《民法典》，但在两者的规定相一致的情况下，可直接适用《民法典》的规定，除非涉及特殊标的的适用。二是有关用益物权的规定，如《矿产资源法》《海域使用管理法》。三是有关动产的规定，如《海商法》。下文依据"先不动产后动产"的逻辑，按照《农村土地承包法》《城市房地产管理法》《矿产资源法》《海域使用管理法》《海商法》的顺序，列举与抵押财产直接有关的条文，并就其适用择要说明。

1.《中华人民共和国民法典》（2020 年 5 月 28 日通过）

第三百四十二条 **【其他方式承包的土地经营权流转】**通过招标、拍卖、公开协商等方式承包农村土地，经依法登记取得权属证书的，可以依法采取出租、入股、抵押或者其他方式流转土地经营权。

【适用要点】该条是关于土地经营权流转的规定。适用时应注意以下几点：一是注意区分土地承包经营权与土地经营权，土地经营权是在土地承包经营权基础上派生的一种新型权利类型。土地承包经营权为具有身份属性的财产权利，因此只有以家庭承包方式取得的承包地权利才是土地承包经营权。通过招标、拍卖、公开协商等方式承包土地的，因不具有身份属性，故而承包人取得的实为土地经营权。二是土地经营权设立抵押的前提是该土地是通过招标、拍卖、公开协商等方式承包。通过家庭承包方式取得的土地经营权不能设定抵押，属于不动产用益物权，且土地经营权可以流转、具有独立性，可以作为抵押财产设立抵押。三是《民法典》第 339 条明确家庭承包方式取得土地承包经营权流转土地经营权的方式为出租、入股、其他方式等，对能否抵押未作规定。通过家庭承包以外的其他方式取得土地经营权的，虽然自己经营无须取得权属证书，但是如果要设立抵押，必须首先依法登记取得权属证书，确认其所取得的土地经营权具有类似于物权的效力。否则，其流转会因为违反本条的强制性规定而被宣告无效。

第三百五十三条 **【建设用地使用权的流转】**建设用地使用权人有权将建设用地使用权转让、互换、出资、赠与或者抵押，但是法律另有规定的除外。

【适用要点】该条是关于建设用地使用权流转方式及限制的规定。适用时应注意以下几点：一是建设用地使用权的流转方式即包括抵押，建设用地使用权可作为不动产抵押融资，虽然在抵押权设立时不立即发生权利流转的效果，但在实现时可采取拍卖、变卖或折价等方式流转。二是关于建设用地使用权设立抵押的方式，当事人可以直接约定以建设用地使用权抵押，另外，根据房地一体原则，以建筑物设定抵押的，其占用范围内的建设土地使用权也一并抵押。三是相关法律法规也对建设用地使用权的抵押进行了一些限制。如设定房地产抵押权的土地使用权是以划拨方式取得的,依法拍卖该房地产后,应当从拍卖所得的价款中缴纳相当于应缴纳的土地使用权出让金的款额后,抵押权人方可优先受偿。

2.《中华人民共和国农村土地承包法》(2002 年 8 月 29 日通过,2018 年 12 月 29 日修正)

第四十七条 【土地经营权融资担保】承包方可以用承包地的土地经营权向金融机构融资担保,并向发包方备案。受让方通过流转取得的土地经营权,经承包方书面同意并向发包方备案,可以向金融机构融资担保。

担保物权自融资担保合同生效时设立。当事人可以向登记机构申请登记;未经登记,不得对抗善意第三人。

实现担保物权时,担保物权人有权就土地经营权优先受偿。

土地经营权融资担保办法由国务院有关部门规定。

【适用要点】该条是关于土地经营权融资担保的规定。适用时应注意以下几点:一是《民法典》第 342 条仅明确了以其他方式承包农村土地的,其土地经营权可以抵押。本条则规定了以家庭方式承包取得的土地承包经营权以及受让方通过流转取得的土地经营权的融资担保。就承包农户而言,设定担保的标的是土地承包经营权,并不是土地经营权。本条第 1 款前句之所以将担保财产表述为"承包地的土地经营权",是因为此类担保物权实现之时不能以土地承包经营权变价,而仅能为受流转方派生出土地经营权,承包农户仍然保有土地承包经营权。二是受流转方取得的土地经营权是抵押还是权利质权存在争议,其根源在于对继受取得的土地经营权是物权还是债权有争议。土地经营权之上设定担保之后,土地经营权人并未丧失对土地的利用权,在担保期间仍然行使着土地经营权。土地经营权担保权应属抵押权的范畴。就这一问题,《国务院关于开展农村承包土地的经营权和农民住房财产权抵押贷款试点的指导意见》也明确了要赋予"两权"抵押融资功能,维护农民土地权益。"两权"即指农村承包土地的经营权和农民住房财产权。三是在物权变动模式上,本条采取了登记对抗主义,但是根据《民法典》的规定,不动产物权变动采登记生效模式,本条对于物权变动模式的规定,值得检讨。

第五十三条 【土地经营权的流转】通过招标、拍卖、公开协商等方式承包农村土地,经依法登记取得权属证书的,可以依法采取出租、入股、抵押或者其他方式流转土地经营权。

【适用要点】该条亦是关于土地经营权流转的规定。与《民法典》第 342 条规定一致,此处不再赘述。

3.《中华人民共和国城市房地产管理法》(1994 年 7 月 5 日通过,2019 年 8 月 26 日修正)

第四十八条　【土地使用权的抵押】依法取得的房屋所有权连同该房屋占用范围内的土地使用权,可以设定抵押权。

以出让方式取得的土地使用权,可以设定抵押权。

【适用要点】该条是关于土地使用权设定抵押的规定。需要注意以下几点:一是根据《民法典》第 347 条的规定,建设用地使用权有出让和划拨两种设立方式。从本条规定可以看出,无论是出让还是划拨,以房屋所有权连同所占用土地,可以一并设立抵押。二是如果其上没有房屋,则出让方式取得的土地使用权,可以单独进行抵押。

第五十一条　【以划拨方式取得的土地使用权的抵押】设定房地产抵押权的土地使用权是以划拨方式取得的,依法拍卖该房地产后,应当从拍卖所得的价款中缴纳相当于应缴纳的土地使用权出让金的款额后,抵押权人方可优先受偿。

【适用要点】该条是关于划拨土地使用权抵押的规定。适用时应注意以下几点:一是划拨建设用地使用权具有无偿性和用途特定性等特点,其设立是通过行政许可完成的,在抵押领域,由于抵押权的实现背离了划拨的目的,将导致国家收入流失以及土地用途变更等后果,因此划拨土地使用权抵押不能完全依照当事人意思自治,需要法律规制和行政干预。二是以划拨用地抵押,经历了一个从禁止到适当限制再到完全放开的发展过程。1990 年施行的《城镇国有土地使用权出让和转让暂行条例》规定,当事人不能仅以划拨建设用地抵押,以划拨用地及其上的建筑物一并抵押,也只有在符合非常严格的条件,并经相关部门批准才能设定。2004 年原国土资源部发布的《关于国有划拨土地使用权抵押登记有关问题的通知》(已失效)规定:以国有划拨土地使用权为标的物设定抵押,土地行政管理部门依法办理抵押登记手续,即视同已经具有审批权限的土地行政管理部门批准。2010 年 7 月《国务院关于第五批取消和下放管理层级行政审批项目的决定》将国有划拨土地使用权抵押审批作为取消的行政审批项目予以列明,至此,划拨土地使用权办理抵押登记无须审批。三是与严格限制划拨用地抵押不同,对以划拨用地及其上建筑物一并抵押,相关法律法规自始即留有余地,且不断呈现放松管制趋势。《城镇国有土地使用权出让和转让暂行条例》有条件地允许以划拨用地及其上的建筑物一并抵押。从本条规定看，划拨的土地使用权无须先转为出让的土地使用权，也可以直接设定抵押，只是在抵押权实现时将所得价款优先用于缴纳应缴纳的土地出让金。四是不论是仅以划拨用地抵押还是以其上的建筑物一并抵押，当事人均不能以划拨用地不能抵押或者未经批准为由主张抵押合同无效或者不生效。

4.《中华人民共和国矿产资源法》(1986 年 3 月 19 日通过，2009 年 8 月 27 日修正)

第六条　【矿业权的转让禁止与例外】除按下列规定可以转让外，探矿权、采矿权不得转让：

（一）探矿权人有权在划定的勘查作业区内进行规定的勘查作业，有权优先取得勘查作业区内矿产资源的采矿权。探矿权人在完成规定的最低勘查投入后，经依法批准，可以将探矿权转让他人。

（二）已取得采矿权的矿山企业，因企业合并、分立，与他人合资、合作经营，或者因企业资产出售以及有其他变更企业资产产权的情形而需要变更采矿权主体的，经依法批准可以将采矿权转让他人采矿。

前款规定的具体办法和实施步骤由国务院规定。

禁止将探矿权、采矿权倒卖牟利。

【适用要点】该条是关于探矿权、采矿权转让的规定。根据该条规定，探矿权及采矿权在满足特定条件的情况下可以转让，既然允许转让，自亦可以进行抵押，转让与抵押同样需要履行报批手续。

5.《中华人民共和国海域使用管理法》(2001 年 10 月 27 日通过)

第二十七条　【海域使用权转让】因企业合并、分立或者与他人合资、合作经营，变更海域使用权人的，需经原批准用海的人民政府批准。

海域使用权可以依法转让。海域使用权转让的具体办法，由国务院规定。

海域使用权可以依法继承。

【适用要点】该条是关于海域使用权转让的规定。主要涉及以下几点：一是海域使用权是国家海域所有权的部分权能在一定条件下与所有权相分离而形成的权利。学理上对于海域使用权的性质存在不同观点。主要有物权说、准物权说、用益物权说等。《民法典》明确了海域使用权的用益物权性质，因此海域使用权能够设立抵押。二是事实上海域使用权可为其他用益物权或者准物权如土地承包经营权、养殖权等所涵盖,但从管理的角度看,将海域交由一个部门统一管理,统筹各种用途,有利于实现海域的集约化利用。根据国家海洋局印发的《海域使用权管理规定》,海域使用权按照审批权限实行分级登记,国务院批准的项目用海,由国家海洋行政主管部门登记造册;县级以上地方人民政府批准的,由批准政府登记造册,同级海洋行政主管部门负责具体登记工作。三是海域使用权具有法定的存续期限,《海域使用管理法》第25条根据不同用途规定了海域使用权的最高期限。以海域使用权设立抵押亦应考虑法定期限。

6.《中华人民共和国海商法》(1992年11月7日通过)

第十一条 【船舶抵押权的概念】船舶抵押权,是指抵押权人对于抵押人提供的作为债务担保的船舶,在抵押人不履行债务时,可以依法拍卖,从卖得的价款中优先受偿的权利。

【适用要点】该条是关于船舶设定抵押的规定。

第十四条 【在建船舶抵押】建造中的船舶可以设定船舶抵押权。

建造中的船舶办理抵押权登记,还应当向船舶登记机关提交船舶建造合同。

【适用要点】该条是关于在建船舶抵押的规定。适用时应注意以下几点:一是建造中船舶的范围,长期以来缺乏统一的适用标准,2016年12月,交通运输部发布《船舶登记办法》,其中第74条明确规定"建造中船舶是指船舶处于安放龙骨或者相似建造阶段,或者其后的建造阶段"。二是设立建造中船舶抵押权的,应当签订抵押合同。具体操作中,《船舶登记办法》第47条规定,20总吨以上的船舶申请办理建造中船舶抵押权登记的,抵押人和抵押权人需要共同办理登记并提交一系列材料。

7.《中华人民共和国民用航空法》(1995年10月30日通过,2021年4月29日修正)

第十六条 【民用航空器抵押】设定民用航空器抵押权,由抵押权人和抵押人共同向国务院民用航空主管部门办理抵押权登记;未经登记的,不得对抗第三人。

【适用要点】民用航空器抵押,适用于动产抵押的一般规则,即合同生效抵押权设立,但未经登记不得对抗善意第三人。

（二）相关行政法规

与抵押财产有关的行政法规主要涉及以不动产、用益物权、动产为对象的规定,如《城镇国有土地使用权出让和转让暂行条例》《不动产登记暂行条例》《探矿权采矿权转让管理办法》等。其中,《城镇国有土地使用权出让和转让暂行条例》是对《城市房地产管理法》实施适用的细则,多数与《城市房地产管理法》的规定一致,但在划拨土地使用权抵押问题上略有不同,从法律位阶看,应优先适用《城市房地产管理法》的规定。现对其作简要分析。

1.《不动产登记暂行条例》(2019 年 3 月 24 日修订)

第二条　【不动产登记的概念】本条例所称不动产登记,是指不动产登记机构依法将不动产权利归属和其他法定事项记载于不动产登记簿的行为。

本条例所称不动产,是指土地、海域以及房屋、林木等定着物。

【适用要点】该条是关于不动产登记的规定。适用本条应注意以下几点:一是不动产登记产生的效力有两种,物权变动效力和对抗效力。二是改革开放后,我国陆续出台了《城市私有房屋管理条例》(已失效)、《土地登记规则》(已失效),逐步重建不动产登记制度。该阶段土地与房屋分别归国土资源与城市建设两个不同的部门管理,故土地与房屋产权由两个部门分别登记。由于信息系统落后,各部门之间的流通性较差,导致经常出现土地、房屋权利人不一致的情况。2007 年颁布的《物权法》,明确国家对不动产施行统一登记制度,但仍处于探索中,2007 年原国土资源部和原建设部仍是分别颁布了《土地登记办法》(已失效)和《房屋登记办法》(已失效)。2014 年国务院公布《不动产登记暂行条例》,标志着我国进入不动产统一登记时代。2016 年原国土资源部公布《不动产登记暂行条例实施细则》,细化了不动产登记具体操作规则。《民法典》亦着力构建不动产统一登记和动产统一登记系统,在现行统一登记制度下,已不存在多个不同法定登记部门的情形。

第五条　【应当办理登记的不动产权利范围】下列不动产权利,依照本条例的规定办理登记:

(一)集体土地所有权;

(二)房屋等建筑物、构筑物所有权;

(三)森林、林木所有权;

(四)耕地、林地、草地等土地承包经营权;

(五)建设用地使用权;

(六)宅基地使用权；

(七)海域使用权；

(八)地役权；

(九)抵押权；

(十)法律规定需要登记的其他不动产权利。

2.《探矿权采矿权转让管理办法》(2014 年 7 月 29 日修订)

第三条 【矿业权的转让禁止及例外】除按照下列规定可以转让外，探矿权、采矿权不得转让：

(一)探矿权人有权在划定的勘查作业区内进行规定的勘查作业，有权优先取得勘查作业区内矿产资源的采矿权。探矿权人在完成规定的最低勘查投入后，经依法批准，可以将探矿权转让他人。

(二)已经取得采矿权的矿山企业，因企业合并、分立、与他人合资、合作经营，或者因企业资产出售以及有其他变更企业资产产权的情形，需要变更采矿权主体的，经依法批准，可以将采矿权转让他人采矿。

3.《取水许可和水资源费征收管理条例》(2017 年 3 月 1 日修订)

第二十七条 【取水权转让】依法获得取水权的单位或者个人，通过调整产品和产业结构、改革工艺、节水等措施节约水资源的，在取水许可的有效期和取水限额内，经原审批机关批准，可以依法有偿转让其节约的水资源，并到原审批机关办理取水权变更手续。具体办法由国务院水行政主管部门制定。

【适用要点】取水权在满足一定条件的情况下也是允许转让的。既然允许转让，自然也允许抵押。转让与抵押同样需要履行报批手续。

4.《中华人民共和国道路交通安全法实施条例》(2017 年 10 月 7 日修订)

第八条 【机动车抵押】机动车所有人将机动车作为抵押物抵押的，机动车所有人应当向登记该机动车的公安机关交通管理部门申请抵押登记。

【适用要点】该条是关于机动车抵押的规定。适用时应注意以下几点：一是机动车登记不仅是物权公示方法，还具有很强的行政管理职能，通过登记对机动车统一进行管理。二是机动车尽管是动产，但并未纳入动产和权利担保统一登记系统，由交通主管部门进行登记。三是机动车作为特殊动产，其登记情况已普遍联网，以方便查询，为更好地实现其抵押功能，应与普通动产和权利担保统一登记系统相连接。

【司法解释及规范性司法文件】

（一）司法解释

1.《最高人民法院关于适用〈中华人民共和国民法典〉有关担保制度的解释》（法释〔2020〕28号,2020年12月25日通过）

第四十九条　【违法建筑物抵押】以违法的建筑物抵押的,抵押合同无效,但是一审法庭辩论终结前已经办理合法手续的除外。抵押合同无效的法律后果,依照本解释第十七条的有关规定处理。

当事人以建设用地使用权依法设立抵押,抵押人以土地上存在违法的建筑物为由主张抵押合同无效的,人民法院不予支持。

【适用要点】该条是有关违法建筑物抵押的规定,包括三个层次的内容:一是明确当事人以违法的建筑物抵押而签订的抵押合同无效。二是考虑到违法建筑物既可能是实质违法,也可能是形式违法或者程序违法,因而当事人在一审法庭辩论终结前已经办理合法手续的,不应认定抵押合同无效。三是如果当事人以合法取得的建设用地使用权抵押,再根据房地关系又以该建设用地上的建筑物系违法建筑为由主张抵押合同无效的,人民法院不应予以支持。

第五十条　【划拨用地及其上建筑物抵押】抵押人以划拨建设用地上的建筑物抵押,当事人以该建设用地使用权不能抵押或者未办理批准手续为由主张抵押合同无效或者不生效的,人民法院不予支持。抵押权依法实现时,拍卖、变卖建筑物所得的价款,应当优先用于补缴建设用地使用权出让金。

当事人以划拨方式取得的建设用地使用权抵押,抵押人以未办理批准手续为由主张抵押合同无效或者不生效的,人民法院不予支持。已经依法办理抵押登记,抵押权人主张行使抵押权的,人民法院应予支持。抵押权依法实现时所得的价款,参照前款有关规定处理。

【适用要点】该条是关于以划拨建设用地使用权和划拨建设用地上的建筑物抵押的规定。适用时应注意以下几点:一是由于划拨建设用地使用权抵押无须办理审批手续,故以划拨建设用地上的建筑物抵押不因建设用地使用权未办理批准手续影响抵押合同效力。二是划拨建设用地使用权并非绝对禁止抵押,以划拨建设用地使用权抵押的,不影响合同效力,抵押合同仍然有效。根据上述《城市房地产管理法》的规定,抵押权实现时所得价款应优先用于补缴建设用地使用权出让金。关于以划拨方式取得的土地使用权的抵押,参见上述《城市房地产管理法》相关条款适用要点。三是机关法人以及以公益为目的的非营利性学校、幼儿园、医疗机构、养老机构等以划拨建设用地使用权抵押的,人民法院应当认定担保合同无效,除非符合《民法典担保制度解释》第5条、第6条但书规定的条件。四是以租赁方式取得的国有土地使用权进行抵押并不违反法律及行政法规的强制性规定,应为有效。

第五十一条第二款 【在建工程抵押】当事人以正在建造的建筑物抵押,抵押权的效力范围限于已办理抵押登记的部分。当事人按照担保合同的约定,主张抵押权的效力及于续建部分、新增建筑物以及规划中尚未建造的建筑物的,人民法院不予支持。

【适用要点】该条是有关在建工程抵押的规定,核心内容是,在建工程抵押的效力范围限于已办理抵押登记的部分,而不及于续建部分、新增建筑物以及规划中尚未建造的建筑物的。

第五十二条 【抵押预告登记】当事人办理抵押预告登记后,预告登记权利人请求就抵押财产优先受偿,经审查存在尚未办理建筑物所有权首次登记、预告登记的财产与办理建筑物所有权首次登记时的财产不一致、抵押登记已经失效等情形,导致不具备办理抵押登记条件的,人民法院不予支持;经审查已经办理建筑物所有权首次登记,且不存在预告登记失效等情形的,人民法院应予支持,并应当认定抵押权自预告登记之日起设立。

当事人办理了抵押预告登记,抵押人破产,经审查抵押财产属于破产财产,预告登记权利人主张就抵押财产优先受偿的,人民法院应当在受理破产申请时抵押财产的价值范围内予以支持,但是在人民法院受理破产申请前1年内,债务人对没有财产担保的债务设立抵押预告登记的除外。

【适用要点】该条是有关抵押预告登记的规定。据此,抵押预告登记具有以下效力:一是顺位保留以及优先受偿效力。当事人办理抵押预告登记后,预告登记权利人请求就抵押财产优先受偿,人民法院经审查已经办理建筑物所有权首次登记,且不存在预告登记失效等情形的,应当认定抵押权自预告登记之日起设立。二是破产保护效力。押人破产,抵押财产属于破产财产,预告登记权利人主张就抵押财产优先受偿的,人民法院应当在受理破产申请时抵押财产的价值范围内予以支持,但是在人民法院受理破产申请前1年内,债务人对没有财产担保的债务设立抵押预告登记的除外。

2.《最高人民法院关于审理矿业权纠纷案件适用法律若干问题的解释》（法释〔2017〕12 号；法释〔2020〕17 号,2020 年 12 月 23 日修正）

第十四条　【矿业权抵押】矿业权人为担保自己或者他人债务的履行,将矿业权抵押给债权人的,抵押合同自依法成立之日起生效,但法律、行政法规规定不得抵押的除外。

当事人仅以未经主管部门批准或者登记、备案为由请求确认抵押合同无效的,人民法院不予支持。

【适用要点】该条是关于矿业权抵押的规定。适用本条时应注意以下几点：一是我国基于须对矿产资源流转严格管控的思想指导,长期对矿业权抵押采取禁止或者严格限制的政策。在《物权法》正式确立矿业权（探矿权、采矿权）的用益物权地位后,其融资功能日益得到肯定。《民法典》对抵押财产的范围也持开放性态度,矿业权作为用益物权进行抵押符合《民法典》的规定精神。二是不仅采矿权可以进行抵押,探矿权亦可设立抵押。尽管探矿权的价值存在很大的不确定性,但其具有财产属性,抵押权人愿意接受探矿权作为抵押财产,即应准许,而不能禁止。三是尽管《矿业权出让转让管理暂行规定》第 36 条第 2 款规定"矿业权的出租、抵押,按照矿业权转让的条件和程序进行管理,由原发证机关审查批准",第 57 条规定"矿业权设定抵押时,矿业权人应持抵押合同和矿业权许可证到原发证机关办理备案手续",但上述规定并未明确矿业权抵押合同须经批准、备案或者登记后始生效,且《矿业权出让转让管理暂行规定》仅是国土资源主管部门颁发的规范性文件,并非人民法院认定合同效力的法定依据。故不能仅以矿业权抵押合同未经主管部门批准或者登记、备案为由否定抵押合同的效力。

3.《最高人民法院关于破产企业国有划拨土地使用权应否列入破产财产等问题的批复》（法释〔2003〕6 号；法释〔2020〕18 号,2020 年 12 月 23 日修正）

湖北省高级人民法院：

你院鄂高法〔2002〕158 号《关于破产企业国有划拨土地使用权应否列入破产财产以及有关抵押效力认定等问题的请示》收悉。经研究,答复如下：

一、根据《中华人民共和国土地管理法》第五十八条第一款第（三）项及《城镇国有土地使用权出让和转让暂行条例》第四十七条的规定,破产企业以划拨方式取得的国有土地使用权不属于破产财产,在企业破产时,有关人民政府可以予以收回,并依法处置。纳入国家兼并破产计划的国有企业,其依法取得的国有土地使用权,应依据国务院有关文件规定办理。

二、企业对其以划拨方式取得的国有土地使用权无处分权，以该土地使用权设定抵押，未经有审批权限的人民政府或土地行政管理部门批准的，不影响抵押合同效力；履行了法定的审批手续，并依法办理抵押登记的，抵押权自登记时设立。根据《中华人民共和国城市房地产管理法》第五十一条的规定，抵押权人只有在以抵押标的物折价或拍卖、变卖所得价款缴纳相当于土地使用权出让金的款项后，对剩余部分方可享有优先受偿权。但纳入国家兼并破产计划的国有企业，其用以划拨方式取得的国有土地使用权设定抵押的，应依据国务院有关文件规定办理。

三、国有企业以关键设备、成套设备、建筑物设定抵押的，如无其他法定的无效情形，不应当仅以未经政府主管部门批准为由认定抵押合同无效。

本批复自公布之日起施行，正在审理或者尚未审理的案件，适用本批复，但对提起再审的判决、裁定已经发生法律效力的案件除外。

【适用要点】该批复对划拨土地能否成为破产财产作出了规定。准确理解该批复，应注意以下几点：一是因划拨土地是政府无偿交付给土地使用者使用，故划拨土地使用权不属于破产财产，破产时由政府收回。二是纳入国家兼并破产计划的国有破产企业以划拨土地使用权设定抵押的，应依据国务院有关规定办理，而不能依《城市房地产管理法》第51条的规定处理。三是以其他设备设定抵押，不应以未经政府主管部门批准为由而认定抵押合同无效。

【部门规章、规范性文件与相关政策】

（一）部门规章

1.《不动产登记暂行条例实施细则》（国土资源部令第63号；自然资源部令第5号，2019年7月16日修正）

第七十五条　【在建工程抵押登记】以建设用地使用权以及全部或者部分在建建筑物设定抵押的，应当一并申请建设用地使用权以及在建建筑物抵押权的首次登记。

当事人申请在建建筑物抵押权首次登记时，抵押财产不包括已经办理预告登记的预购商品房和已经办理预售备案的商品房。

前款规定的在建建筑物，是指正在建造、尚未办理所有权首次登记的房屋等建筑物。

【适用要点】该条是在建工程登记的规定。需要注意的是,为避免纠纷的产生,已经办理预告登记或预售备案的商品房不能办理在建建筑物抵押登记。

第七十六条　【在建工程抵押所应提交的材料】申请在建建筑物抵押权首次登记的,当事人应当提交下列材料:

(一)抵押合同与主债权合同;

(二)享有建设用地使用权的不动产权属证书;

(三)建设工程规划许可证;

(四)其他必要材料。

第七十七条　【在建工程抵押的变更、转移或者注销登记】在建建筑物抵押权变更、转移或者消灭的,当事人应当提交下列材料,申请变更登记、转移登记、注销登记:

(一)不动产登记证明;

(二)在建建筑物抵押权发生变更、转移或者消灭的材料;

(三)其他必要材料。

在建建筑物竣工,办理建筑物所有权首次登记时,当事人应当申请将在建建筑物抵押权登记转为建筑物抵押权登记。

第七十八条　【预购商品房抵押预告登记】申请预购商品房抵押登记,应当提交下列材料:

(一)抵押合同与主债权合同;

(二)预购商品房预告登记材料;

(三)其他必要材料。

预购商品房办理房屋所有权登记后,当事人应当申请将预购商品房抵押预告登记转为商品房抵押权首次登记。

【适用要点】该条是关于预购商品房抵押预告登记的规定。需要注意的是,预购商品房抵押登记属于预告登记。

第八十五条　【预告登记的范围】有下列情形之一的,当事人可以按照约定申请不动产预告登记:

(一)商品房等不动产预售的;

(二)不动产买卖、抵押的;

(三)以预购商品房设定抵押权的;

（四）法律、行政法规规定的其他情形。

预告登记生效期间，未经预告登记的权利人书面同意，处分该不动产权利申请登记的，不动产登记机构应当不予办理。

预告登记后，债权未消灭且自能够进行相应的不动产登记之日起3个月内，当事人申请不动产登记的，不动产登记机构应当按照预告登记事项办理相应的登记。

第八十六条 【申请预告登记需要提交的材料】申请预购商品房的预告登记，应当提交下列材料：

（一）已备案的商品房预售合同；

（二）当事人关于预告登记的约定；

（三）其他必要材料。

预售人和预购人订立商品房买卖合同后，预售人未按照约定与预购人申请预告登记，预购人可以单方申请预告登记。

预购人单方申请预购商品房预告登记，预售人与预购人在商品房预售合同中对预告登记附有条件和期限的，预购人应当提交相应材料。

申请预告登记的商品房已经办理在建建筑物抵押权首次登记的，当事人应当一并申请在建建筑物抵押权注销登记，并提交不动产权属转移材料、不动产登记证明。不动产登记机构应当先办理在建建筑物抵押权注销登记，再办理预告登记。

2.《农村承包土地的经营权抵押贷款试点暂行办法》（银发〔2016〕79号，2016年3月15日公布）

第二条 【土地承包经营权抵押的概念】本办法所称农村承包土地的经营权抵押贷款，是指以承包土地的经营权作抵押、由银行业金融机构（以下称贷款人）向符合条件的承包方农户或农业经营主体发放的、在约定期限内还本付息的贷款。

第五条 【土地承包经营权登记】符合本办法第六条、第七条规定条件、通过家庭承包方式依法取得土地承包经营权和通过合法流转方式获得承包土地的经营权的农户及农业经营主体（以下称借款人），均可按程序向银行业金融机构申请农村承包土地的经营权抵押贷款。

3.《海域使用权管理规定》（国海发〔2006〕27号，2006年10月13日公布）

第二条 【适用范围】海域使用权的申请审批、招标、拍卖、转让、出租和抵押，适用本规定。

第四十二条　**【海域使用权不得抵押的情形】**有下列情形之一的,海域使用权不得出租、抵押:

(一)权属不清或者权属有争议的;

(二)未按规定缴纳海域使用金、改变海域用途等违法用海的;

(三)油气及其他海洋矿产资源勘查开采的;

(四)海洋行政主管部门认为不能出租、抵押的。

第四十三条　**【海域使用权抵押登记】**海域使用权出租、抵押的,双方当事人应当到原登记机关办理登记手续。

4.《水域滩涂养殖发证登记办法》(农业部令 2010 年第 9 号,2010 年 5 月 6 日通过)

第九条　**【养殖权登记】**依法转让国家所有水域、滩涂的养殖权的,应当持原养殖证,依照本章规定重新办理发证登记。

(二)相关政策

1.《国务院办公厅关于完善建设用地使用权转让、出租、抵押二级市场的指导意见》(国办发〔2019〕34 号,2019 年 7 月 6 日公布)

(十二)明确不同权能建设用地使用权抵押的条件。以划拨方式取得的建设用地使用权可以依法依规设定抵押权,划拨土地抵押权实现时应优先缴纳土地出让收入。以出让、作价出资或入股等方式取得的建设用地使用权可以设定抵押权。以租赁方式取得的建设用地使用权,承租人在按规定支付土地租金并完成开发建设后,根据租赁合同约定,其地上建筑物、其他附着物连同土地可以依法一并抵押。

(十四)依法保障抵押权能。探索允许不以公益为目的的养老、教育等社会领域企业以有偿取得的建设用地使用权、设施等财产进行抵押融资。各地要进一步完善抵押权实现后保障原有经营活动持续稳定的配套措施,确保土地用途不改变、利益相关人权益不受损。探索建立建设用地使用权抵押风险提示机制和抵押资金监管机制,防控市场风险。

2.《国务院关于开展农村承包土地的经营权和农民住房财产权抵押贷款试点的指导意见》(国发〔2015〕45 号,2015 年 8 月 10 日公布)

各省、自治区、直辖市人民政府,国务院各部委、各直属机构:

为进一步深化农村金融改革创新,加大对"三农"的金融支持力度,引导农村土地经营权有序流转,慎重稳妥推进农民住房财产权抵押、担保、转让试点,做好农村承包土地(指耕地)的经营权和农民住房财产权(以下统称"两权")抵押贷款试点工作,现提出以下意见。

一、总体要求

(一)指导思想。

全面贯彻党的十八大和十八届三中、四中全会精神,深入落实党中央、国务院决策部署,按照所有权、承包权、经营权三权分置和经营权流转有关要求,以落实农村土地的用益物权、赋予农民更多财产权利为出发点,深化农村金融改革创新,稳妥有序开展"两权"抵押贷款业务,有效盘活农村资源、资金、资产,增加农业生产中长期和规模化经营的资金投入,为稳步推进农村土地制度改革提供经验和模式,促进农民增收致富和农业现代化加快发展。

(二)基本原则。

一是依法有序。"两权"抵押贷款试点要坚持于法有据,遵守土地管理法、城市房地产管理法等有关法律法规和政策要求,先在批准范围内开展,待试点积累经验后再稳步推广。涉及被突破的相关法律条款,应提请全国人大常委会授权在试点地区暂停执行。

二是自主自愿。切实尊重农民意愿,"两权"抵押贷款由农户等农业经营主体自愿申请,确保农民群众成为真正的知情者、参与者和受益者。流转土地的经营权抵押需经承包农户同意,抵押仅限于流转期内的收益。金融机构要在财务可持续基础上,按照有关规定自主开展"两权"抵押贷款业务。

三是稳妥推进。在维护农民合法权益前提下,妥善处理好农民、农村集体经济组织、金融机构、政府之间的关系,慎重稳妥推进农村承包土地的经营权抵押贷款试点和农民住房财产权抵押、担保、转让试点工作。

四是风险可控。坚守土地公有制性质不改变、耕地红线不突破、农民利益不受损的底线。完善试点地区确权登记颁证、流转平台搭建、风险补偿和抵押物处置机制等配套政策,防范、控制和化解风险,确保试点工作顺利平稳实施。

二、试点任务

(一)赋予"两权"抵押融资功能,维护农民土地权益。在防范风险、遵守有关法律法规和农村土地制度改革等政策基础上,稳妥有序开展"两权"抵押贷款试点。加强制度建设,引导和督促金融机构始终把维护好、实现好、发展好农民土地权益作为改革试点的出发点和落脚点,落实"两权"抵押融资功能,明确贷款对象、贷款用途、产品设计、抵押价值评估、抵押物处置等业务要点,盘活农民土地用益物权的财产属性,加大金融对"三农"的支持力度。

(二)推进农村金融产品和服务方式创新,加强农村金融服务。金融机构要结合"两权"的权能属性,在贷款利率、期限、额度、担保、风险控制等方面加大创新支持力度,简化贷款管理流程,扎实推进"两权"抵押贷款业务,切实满足农户等农业经营主体对金融服务的有效需求。鼓励金融机构在农村承包土地的经营权剩余使用期限内发放中长期贷款,有效增加农业生产的中长期信贷投入。鼓励对经营规模适度的农业经营主体发放贷款。

(三)建立抵押物处置机制,做好风险保障。因借款人不履行到期债务或者发生当事人约定的情形需要实现抵押权时,允许金融机构在保证农户承包权和基本住房权利前提下,依法采取多种方式处置抵押物。完善抵押物处置措施,确保当借款人不履行到期债务或者发生当事人约定的情形时,承贷银行能顺利实现抵押权。农民住房财产权(含宅基地使用权)抵押贷款的抵押物处置应与商品住房制定差别化规定。探索农民住房财产权抵押担保中宅基地权益的实现方式和途径,保障抵押权人合法权益。对农民住房财产权抵押贷款的抵押物处置,受让人原则上应限制在相关法律法规和国务院规定的范围内。

(四)完善配套措施,提供基础支撑。试点地区要加快推进农村土地承包经营权、宅基地使用权和农民住房所有权确权登记颁证,探索对通过流转取得的农村承包土地的经营权进行确权登记颁证。农民住房财产权设立抵押的,需将宅基地使用权与住房所有权一并抵押。按照党中央、国务院确定的宅基地制度改革试点工作部署,探索建立宅基地使用权有偿转让机制。依托相关主管部门建立完善多级联网的农村土地产权交易平台,建立"两权"抵押、流转、评估的专业化服务机制,支持以各种合法方式流转的农村承包土地的经营权用于抵押。建立健全农村信用体系,有效调动和增强金融机构支农的积极性。

(五)加大扶持和协调配合力度,增强试点效果。人民银行要支持金融机构积极稳妥参与试点,对符合条件的农村金融机构加大支农再贷款支持力度。银行业监督管理机构要研究差异化监管政策,合理确定资本充足率、贷款分类等方面的计算规则和激励政策,支持金融机构开展"两权"抵押贷款业务。试点地区要结合实际,采取利息补贴、发展政府支持的担保公司、利用农村土地产权交易平台提供担保、设立风险补偿基金等方式,建立"两权"抵押贷款风险缓释及补偿机制。保险监督管理机构要进一步完善农业保险制度,大力推进农业保险和农民住房保险工作,扩大保险覆盖范围,充分发挥保险的风险保障作用。

三、组织实施

(一)加强组织领导。人民银行会同中央农办、发展改革委、财政部、国土资源部、住房城乡建设部、农业部、税务总局、林业局、法制办、银监会、保监会等单位,按职责分工成立农村承包土地的经营权抵押贷款试点工作指导小组和农民住房财产权抵押贷款试点工作指导小组(以下统称指导小组),切实落实党中央、国务院对"两权"抵押贷款试点工作的各项要求,按照本意见指导地方人民政府开展试点,并做好专项统计、跟踪指导、评估总结等相关工作。指导小组办公室设在人民银行。

(二)选择试点地区。"两权"抵押贷款试点以县(市、区)行政区域为单位。农村承包土地的经营权抵押贷款试点主要在农村改革试验区、现代农业示范区等农村土地经营权流转较好的地区开展;农民住房财产权抵押贷款试点原则上选择国土资源部牵头确定的宅基地制度改革试点地区开展。省级人民政府按照封闭运行、风险可控原则向指导小组办公室推荐试点县(市、区),经指导小组审定后开展试点。各省(区、市)可根据当地实际,分别或同时申请开展农村承包土地的经营权抵押贷款试点和农民住房财产权抵押贷款试点。

(三)严格试点条件。"两权"抵押贷款试点地区应满足以下条件:一是农村土地承包经营权、宅基地使用权和农民住房所有权确权登记颁证率高,农村产权流转交易市场健全,交易行为公开规范,具备较好基础和支撑条件;二是农户土地流转意愿较强,农业适度规模经营势头良好,具备规模经济效益;三是农村信用环境较好,配套政策较为健全。

(四)规范试点运行。人民银行、银监会会同相关单位,根据本意见出台农村承包土地的经营权抵押贷款试点管理办法和农民住房财产权抵押贷款试点管理办法。银行业金融机构根据本意见和金融管理部门制定的"两权"抵押贷款试点管理办法,建立相应的信贷管理制度并制定实施细则。试点地区成立试点工作小组,严格落实试点条件,制定具体实施意见、支持政策,经省级人民政府审核后,送指导小组备案。集体林地经营权抵押贷款和草地经营权抵押贷款业务可参照本意见执行。

(五)做好评估总结。认真总结试点经验,及时提出制定修改相关法律法规、政策的建议,加快推动修改完善相关法律法规。人民银行牵头负责对试点工作进行跟踪、监督和指导,开展年度评估。试点县(市、区)应提交总结报告和政策建议,由省级人民政府送指导小组。指导小组形成全国试点工作报告,提出相关政策建议。全部试点工作于 2017 年底前完成。

(六)取得法律授权。试点涉及突破《中华人民共和国物权法》第一百八十四条、《中华人民共和国担保法》第三十七条等相关法律条款,由国务院按程序提请全国人大常委会授权,允许试点地区在试点期间暂停执行相关法律条款。

【适用要点】准确理解该指导意见,要注意以下几点:一是农村土地承包经营权、农村住房财产权可以抵押,其中农村住房财产权是包括宅基地使用权及其上的房屋所有权的一个复合性权利。二是试点需要突破当时的法律障碍,即《物权法》第 184 条以及《担保法》第 37 条有关宅基地使用权不得抵押的规定,而此种突破需要全国人大常委会的授权。经授权后,在试点地区暂停执行相关法律条款,其他地方仍然适用《物权法》及《担保法》的前述规定。三是该试点成果中的允许土地承包经营权抵押后来为《农村土地承包法》等法律所承认,进而为《民法典》所承认。至于宅基地使用权抵押问题,在《土地管理法》修改时并未予以明确,适用时容易产生歧义。本书认为,依据前述改革精神,可以参照适用《民法典》第 398 条有关规定,即宅基地使用权不得单独抵押,但可以与其上的住房一起抵押;农民住房抵押权设定后,其效力及于占用范围内的宅基地使用权。

【典型案例】

(一)公报案例

1. 招商银行股份有限公司大连分行与大连一方地产有限公司保证合同纠纷案【最高人民法院(2017)最高法民申 3474 号】[①]

【裁判要旨】阶段性担保在商品房预售合同中比较常见,通过办理买房人所购房屋预告抵押登记,可以有效减少金融机构和房地产企业的风险。因其阶段性特征,预告抵押登记和商品房预售登记的衔接非常重要。金融机构怠于办理预告抵押登记,等于无限延长房地产企业的保证期间,有违担保法

---

① 具体可见《最高人民法院公报》2018 年第 5 期。

的精神,亦有违诚实信用原则。

【编者评析】该案例仅是阐明金融机构要及时办理抵押预告登记,并应对其怠于办理登记的行为承担相应的不利后果,但并未进一步阐明此种后果是什么。从这一意义上说,要旨归纳还不够全面。本书认为,其不利后果应该是对房地产企业免除其阶段性保证责任。

2. 中国光大银行股份有限公司上海青浦支行诉上海东鹤房地产有限公司、陈思绮保证合同纠纷案①

【裁判要旨】(1)开发商为套取银行资金,与自然人串通签订虚假的预售商品房买卖合同,以该自然人的名义与银行签订商品房抵押贷款合同而获得银行贷款,当商品房买卖合同被依法确认无效后,开发商与该自然人应对银行的贷款共同承担连带清偿责任。

(2)预售商品房抵押贷款中,虽然银行与借款人(购房人)对预售商品房作了抵押预告登记,但该预告登记并未使银行获得现实的抵押权,而是待房屋建成交付借款人后银行就该房屋设立抵押权的一种预先的排他性保全。如果房屋建成后的产权未登记至借款人名下,则抵押权设立登记无法完成,银行不能对该预售商品房行使抵押权。

【编者评析】该案例确定的第2项裁判规则指出,抵押预告登记有别于本登记,在预告登记与本登记不一致的情况下,预告登记权利人不能行使抵押权。

(二)参考案例

1. 中冶天工集团有限公司与山西东义煤电铝集团有限公司执行异议之诉纠纷案【最高人民法院(2018)最高法民申2240号】

【裁判要旨】现行法律和行政法规对以焦化产品作担保的性质和登记部门没有明确规定。《担保法》第34条第3项和第5项虽然将权利抵押的范围限定于抵押人依法有权处分的国有土地使用权、抵押人依法承包并经发包方同意抵押的荒山、荒沟、荒丘、荒滩等荒地的土地使用权,但第6项规定了"依法可以抵押的其他财产"的兜底性条款。《物权法》第180条②第1款第7项将抵押财产范围扩大到"法律、行政法规未禁止抵押的其他财产"。焦化产

① 具体可见《最高人民法院公报》2014年第9期。
② 《民法典》第395条。下同。

能作为一种新型财产权利,本案中以其进行抵押的效力应考虑以下因素:第一,曜鑫公司以 90 万吨焦化产能为东义公司提供反担保是东义公司为曜鑫公司向刘梅霞借款提供担保的基础,系曜鑫公司与东义公司的真实意思表示;第二,曜鑫公司为东义公司提供反担保的发生时间早于查封冻结 190 万吨焦化产能中的后续 150 万吨的时间,双方不存在串通逃避债务之情形;第三,曜鑫公司为东义公司提供反担保在公证机关办理了抵押登记,并将抵押登记情况函告了山西省经济和信息化委员会,具有公示效力;第四,焦化产能担保是一种新类型担保形式。在山西实行煤炭资源整合的大背景下,该省焦化行业实行市场化交易的产能置换政策,通过政府配给、企业有偿购买等方式将焦化产能从一个企业转移到另一个企业。当焦化产能具有可交易性、有价性时,在不违反法律和行政法规的强制性规定的情况下,当然也能成为担保财产。

【编者评析】该案的指导意义在于,只要是法律、行政法规未禁止抵押的财产,都可以设立抵押权。

2. 新疆聚鼎典当有限责任公司与古银华等执行人执行异议之诉纠纷案

【最高人民法院(2017)最高法民申 2256 号】

【裁判要旨】根据《物权法》第 180 条规定,以本法第 180 条第 1 款第 1 项至第 3 项规定的财产或者第 5 项规定的正在建造的建筑物抵押的,应当办理抵押登记。但案涉抵押登记簿记载:"抵押人普瑞铭公司克分公司;抵押权人聚鼎公司;房地产面积 5477.29m²;房地产用途商业;房地产位置克拉玛依白碱滩区芙蓉小区;贷款期限半年;贷款金额 800 万元;办理时间 2013.3.12。"而商品房预售许可证记载,本案在建工程总面积为 16480.7m²,案涉抵押房产面积不足在建工程总面积的 1/3,且登记簿上并未记载抵押房产的编号、位置、面积等具体信息,可见案涉抵押财产不具体、不明确,故抵押权不能有效设立。

【编者评析】抵押财产必须具有特定性,抵押财产不具体明确的,抵押权不能有效设立。

第三百九十六条 【浮动抵押】企业、个体工商户、农业生产经营者可以将现有的以及将有的生产设备、原材料、半成品、产品抵押,债务人不履行到期债务或者发生当事人约定的实现抵押权的情形,债权人有权就抵押财产确定时的动产优先受偿。

【条文精解】

(一)条文要点

本条是关于浮动抵押的规定,是在《物权法》第 181 条的基础上修改而成。与《物权法》第 181 条相比,有以下几处修改:其一,删去"经当事人书面协议"文字表述;其二,就债权人可得优先受偿的动产确定时间由"实现抵押权时"修改为"抵押财产确定时"。

1. 关于浮动抵押的特点

我国关于浮动抵押的规定,借鉴了英美法上浮动抵押的有关规定,但又具有自身特色。其特点主要表现在以下几个方面:

一是浮动抵押的主体限于企业、个体工商户、农业生产经营者。从比较法上看,英国只有公司才能设定浮动抵押,自然人和合伙企业不能设定浮动抵押。日本更是将浮动抵押的主体限于股份有限公司。美国、加拿大对主体则未作任何限制。在《物权法》制定过程中,也有观点建议将浮动抵押的主体限于股份有限公司,最后采取了折中方案,即将主体限于企业、个体工商户、农业生产经营者。企业既包括企业法人,也包括非法人组织如合伙企业;农业生产经营者包括农村承包经营户以及农民专业合作社。

二是浮动抵押的客体是生产设备、原材料、半成品、产品。英国法上的浮动抵押分为两种:(1)有限浮动抵押,即以公司的某一类财产作抵押,如货物或原材料;(2)是总财产浮动抵押,即以公司的所有财产包括原材料、成品、商品、应收账款甚至某些无形资产如商誉等作抵押。在我国,浮动抵押的客体是生产设备、原材料、半成品、产品。可见,较之于英国法上的总财产浮动抵押,我国法上能够作为浮动抵押财产的范围相对较小。应予注意的是,从本条规定看,浮动抵押的客体仅限于生产设备、原材料、半成品、产品,并不包括其他客体。但从担保实践看,农业生产经营者也可能以一定范围内的部分或全部牛羊等牲畜设定浮动抵押,此时,就有必要扩大本条的适用范围,使其适用于此种情形。

三是浮动抵押的客体具有不确定性和可处分性等特点。作为浮动抵押客体的财产,不仅包括现有财产,还包括将有财产。换言之,在浮动抵押实现前,其标的物范围是不确定的,作为浮动抵押客体的标的物处于不断变化之中,此点使其有别于一般的动产抵押。另外,浮动抵押因为采取公示对抗主义,抵押人不仅实际占有抵押物,而且对抵押财产仍有处分权。抵押权人对被抵押人处分的财产无追及力,此点也有别于一般的动产抵押。当然,依据《民法典》第406条之规定,当事人也可以在抵押合同中约定禁止或限制抵押人处分财产,但从交易实践中看,很少出现此种情形。

2. 关于浮动抵押的性质和效力

浮动抵押的效力,主要是指抵押权人优先受偿的范围是溯及自登记之时,还是抵押财产确定之时,主要取决于我国继受的是英式浮动抵押还是美式浮动抵押这一问题。

英式浮动抵押认为,浮动抵押作为一种特殊的动产抵押权,最大特点在于其抵押权设立时,抵押财产尚不确(固)定,并且在抵押财产固定(结晶)之前,于其上设立的浮动抵押毫无意义,或者说其效力处于"休眠"状态,自然也不能对抗随后设立并登记的一般动产抵押权。在结晶前,当发生浮动抵押权和一般动产抵押权竞存的情形时,无论何者先登记,均适用一般动产抵押权优先于浮动抵押权的规则。在此种规则下,浮动抵押权是一种较弱的担保权。而美式浮动抵押则认为,浮动抵押的对抗效力不因抵押权设立及登记时抵押财产是否固定而有所区别。对于浮动抵押登记时尚未固定的财产,如果嗣后有所增加,那么浮动抵押登记的效力也及于嗣后增加的财产之上。在美式浮动抵押中,统一适用"登记在先效力优先规则",如果设立在先的浮动抵押完成了法定的登记程序,那么浮动抵押权优先于设立在后并进行登记的抵押权。本书认为,《民法典》第403条不再区分一般的动产抵押和浮动抵押,《民法典》第414条更是进一步确立了统一的登记对抗规则。从体系解释的角度看,浮动抵押也不应有所例外,即:浮动抵押权从抵押合同生效时设立,从登记时具有对抗效力,只是抵押财产范围从"抵押财产确定"之时才确定。可见,《民法典》规定的浮动抵押性质上属于美式浮动抵押,而非英式浮动抵押。

鉴于美式浮动抵押从登记时即具有对抗效力,登记后取得的抵押人未来所能取得的生产设备、原材料、半成品、产品都将纳入抵押财产的范畴,如果不对浮动抵押的效力进行限制,会堵死抵押人再融资的渠道。为此,《民法典》第416条规定了价款超级优先权,对浮动抵押的效力进行限制。据此,浮动抵押设立后,当抵押人新购入机器设备等动产,并以该动产作为抵押财产为价款设定抵押时,只要为担保价款而设立的担保在标的物交付后10日内办理了抵押登记的,即便该抵押登记在时间上后于在先的浮动抵押,后抵押仍然优先于在先的浮动抵押,从而对浮动抵押的效力进行了限制。另外,浮动抵押设立后,抵押人仍可基于正常经营行为出让抵押财产,如果认为买受人所取得的是有抵押权负担的财产,其交易安全和合理信赖就得不到有效保障。这就有必要建立正常经营买受人规则,一方面豁免买受人的查询登记簿义务,以降低交易成本;另一方面,则阻断在动产上设立的抵押权等担保物权的追及效力,使买受人能够取得无权利负担的财产。从这一意义上说,价款超级优先权和正常经营买受人规则是与浮动抵押制度相伴相生的。

值得探讨的是,正常经营买受人依法取得担保财产的完全所有权后,抵押人所得的价款应否纳入浮动抵押的范畴? 本条对此并无进一步的规定,学理上有不同理解:一是基于物上代位原理,主张担保权及于出卖人所得的价款;二是认为应当借鉴美国《统一商法典》的做法,使担保权自动延伸自所得价款;三是认为担保权消灭,但担保权人可以在设定担保物权的同时,预先设定将有应收账款质押等方式,确保在担保财产出让场合,其利益能够得到有效保障。第一种路径和第二种路径殊途同归,但在我国现行法似缺乏依据。第三种路径有赖于抵押权人对相关制度的熟稔掌握,对其提出了很高的要求。对此,需要通过交易以及司法实践进一步探索。

3. 浮动抵押与相关制度

一是浮动抵押与财团抵押。有的大陆法系国家如日本借鉴了英美法上的浮动抵押制度,有的大陆法系国家如德国、瑞士就没有借鉴浮动抵押制度。没有采纳浮动抵押的国家,往往采纳财团抵押制度,实现与浮动抵押大体相当的功能。所谓财团抵押,是企业将其所有的不动产、动产以及权利等作为一个财团设定的抵押。日本民法专门规定了财团抵押,其所谓的"财团"有两种构成方法:(1)以不动产为中心,将机器设备等动产与不动产视为一体,形成"不动产财团";(2)以企业设施总体上视为一个"物",形成"财团物"。财团抵押中,多个财产具有共同的经济目的,在观念上被视为一个物。从观念上将各个物视为一个物这一意义上说,财团抵押类似于浮动抵押。但二者还是有区别的,表现在:其一,财团抵押在设定抵押时,其标的物就是特定的,而浮动抵押在设定时其财产是不特定的,处于浮动或者说不确定状态。其二,财团抵押设定后,抵押人处分抵押财产的,抵押权人或者可以基于物上代位性对价款行使优先权,或者可以基于抵押权的追及力对抵押财产的受让人主张抵押权。而在浮动抵押中,在抵押财产特定前,抵押人对抵押财产享有处分权,抵押权人既不对价款享有优先受偿权,也不能追及抵押物。其三,浮动抵押的客体仅是企业、个体工商户、农业生产经营者现有的以及将有的生产设备、原材料、半成品、产品,其客体不包括不动产以及知识产权等权利,本质上仍然属于动产抵押的范畴。而财团抵押的客体显然更加广泛。在我国,尽管可以从文义上将《民法典》第395条第2款作为财团抵押的依据,但鉴于目前既缺乏与财团抵押相配套的登记制度,也缺乏财团抵押的实践,加之已经有了浮动抵押,因此,一般认为目前我国尚未建立财团抵押制度。

二是浮动抵押与动产抵押。动产抵押是以特定的动产设定的抵押,二者均属动产抵押,均采登记对抗主义,均以登记作为确定清偿顺位的时点,都适用正常经营买受人规则。二者的主要区别在于,浮动抵押的客体不仅包括现有的生产设备、原材料、半成品、产品,还包括将有的生产设备、原材料、半成品、产品。既然包括将有财产,则抵押财产自然具有不确定性,此点使其有别于固定的动产抵押。这就需要确定一个时点,使不确定的抵押财产趋于确定,因而有了抵押财产确定制度。

三是浮动抵押与流动质押。流动质押,又被称为动态质押、存货动态质押,是指债务人或第三人为担保债务的履行,以其有权处分的原材料、半成品、产品等库存货物为标的向银行等债权人设定质押,双方委托第三方物流企业占有并监管质押财产,质押财产被控制在一定数量或价值范围内进行动态更换、出旧补新的一种担保方式。流动质押的客体往往也是原材料、半成品、产品等存货,且质押财产在一定数量或价值范围内可以进行动态更换、出旧补新,从而使其与浮动抵押极为相似。应当看到,抛开二者之间的渊源关系不谈,仅从制度层面看,二者存在以下区别:首先,在客体的确定性上。浮动抵押在确定之前,抵押财产范围是不确定的。而流动质押中,质押财产尽管时刻处于动态更换的状态,但其价值或者数量却是恒定的。就此而言,其客体是确定的。其次,在法律关系及其性质上。流动质押关系中,实践中至少存在出质人、债权人以及监管人三方关系,而浮动抵押往往只涉及抵押人和抵押权人两方关系,一般不涉及监管人的问题。流动质押性质上属于动产质押,而浮动抵押则属于动产抵押的范畴。最后,在公示方法上。流动质押的公示方法是交付,实践中,往往是监管人接受质权人的委托代为占有质物。当事人仅签订质押合同,监管人未实际管领控制质物的,流动质押不成立。而浮动抵押的公示方法是登记,实行登记对抗主义。当事人签订抵押合同后,即便未经登记,抵押权也已经有效设立,只是不能对抗善意第三人罢了。

前述区别是拿应然的浮动抵押和实然的流动质押所作的比较,殊不知流动质押就是浮动抵押的变种,是浮动抵押的替代形式。因为《物权法》尽管规定了浮动抵押制度,但因有关浮动抵押的登记制度设计不完善、操作不方便,加之浮动抵押本身是采英式浮动抵押还是美式浮动抵押的不确定性,种种因素导致浮动抵押在实践中很少被运用,代之而大行其道的就是流动质押。但流动质押以占有作为公示方法,实行的是“一次占有、永久占有”的规则,在作为质押财产的原材料、半成品、产品等库存货物事实上处于不断变化的情况下,此种所谓的公示方法实质上并无公示功能,从而流动质押必然与隐形担保相联系,不利于交易安全的保护。另外,在发生纠纷后,债权人何时占有以及是否已经占有质押财产都处于很难查明的状态,进一步凸显了此种制度的局限性。随着《民法典》的施行,统一的动产和权利担保登记制度已经建立,浮动抵押制度已被激活。在此情况下,有必要按照浮动抵押制度对流动质押制度进行重构,即将当事人签订的流动质押合同理解为浮动抵押合同,合同一经生效浮动抵押权就有效设立,但不得对抗善意第三人;当事人又就同一动产设立新的担保物权的,则依据《民法典》第414条、第415条之规定来确定清偿顺序。然而,考虑到流动质押已经成为当前一种重要的担保方式,《民法典担保制度解释》从尊重商事交易实践出发,仍然规定了流动质押,从而出现了浮动抵押与流动质押并存的局面。在此情况下,如何处理好二者的关系,需要进一步总结实践经验。

(二)适用情况

本条主要适用以下情形:

一是当浮动抵押遇到正常经营买受人时,法院依据本条及《民法典》第404条规定,认定浮动抵押与动产抵押一样,均不能对抗正常经营活动中已经支付合理价款并取得抵押财产的买受人。另外,浮动抵押也不能对抗设立在后的动产购买价款的抵押担保。

二是在认定浮动抵押与一般抵押的区别问题上,判断标准为抵押权设立时标的物是否确定。当案涉抵押权成立时,抵押标的物的数量即已确定,则属于一般动产抵押。浮动抵押从抵押合同生效时设立,从登记时具有对抗效力,只是抵押财产范围从抵押财产确定之时才确定。

【相关法律、行政法规】

(一)相关法律

《中华人民共和国民法典》(2020 年 5 月 28 日通过)

第四百零四条 【正常经营买受人规则】以动产抵押的,不得对抗正常经营活动中已经支付合理价款并取得抵押财产的买受人。

【适用要点】该条主要解决浮动抵押设定后,抵押人正常转让财产时如何保护买受人合法权益的规定,对应的是抵押财产"流出"的情形。

第四百一十一条 【浮动抵押的财产确定】依据本法第三百九十六条规定设定抵押的,抵押财产自下列情形之一发生时确定:

(一)债务履行期限届满,债权未实现;

(二)抵押人被宣告破产或者解散;

(三)当事人约定的实现抵押权的情形;

(四)严重影响债权实现的其他情形。

【适用要点】该条是对浮动抵押财产确定的规定,需与本条配套理解与适用。

第四百一十六条 【价款超级优先权】动产抵押担保的主债权是抵押物的价款,标的物交付后十日内办理抵押登记的,该抵押权人优先于抵押物买受人的其他担保物权人受偿,但是留置权人除外。

【适用要点】该条主要是浮动抵押设定后抵押人购入新的抵押财产时,应当优先保护出卖人在购入的抵押财产上为价款设定的抵押权的规定,以阻断浮动抵押的效力,对应的是抵押财产"流入"的情形。

【司法解释及规范性司法文件】

由于浮动抵押的配套登记制度尚未完善,本条在实践中适用的情形较少,相关法律、行政法规亦未予以规定。仅《九民纪要》就浮动抵押进行规定,内容与本条规定基本一致,故进行简要说明。

(一)规范性司法文件

《全国法院民商事审判工作会议纪要》(法〔2019〕254号,2019年11月8日公布)

64.【浮动抵押的效力】企业将其现有的以及将有的生产设备、原材料、半成品及产品等财产设定浮动抵押后,又将其中的生产设备等部分财产设定了动产抵押,并都办理了抵押登记的,根据《物权法》第199条①的规定,登记在先的浮动抵押优先于登记在后的动产抵押。

【适用要点】该条是关于浮动抵押和一般动产抵押竞存时优先顺位的规定。需要注意以下几点:一是浮动抵押与一般动产抵押一样,采登记对抗主义,抵押合同生效时抵押即已设立,未经登记不得对抗善意第三人。《九民纪要》制定时《民法典》尚未颁布,其依据主要是《物权法》的相关规定。二是关于同一动产上同时存在一般抵押权和浮动抵押权时该如何处理,《物权法》并未作出明确规定。本条明确了浮动抵押设立后又以浮动抵押财产设立了一般动产抵押,且都已办理了登记的,按照登记优先规则,登记在先的浮动抵押优先于登记在后的动产抵押。作出这一规定的主要考虑是,浮动抵押设立在先并取得登记,若否认浮动抵押登记的效力,不符合《物权法》第189条的文义解释,亦违反《物权法》对"对抗效力"的体系解释。采取登记优先规则,与《物权法》第199条的规定相呼应,有助于构建统一的动产抵押登记规则。三是登记优先规则有助于债权根据登记先后顺序进行受偿,提高浮动抵押制度的应用价值,推动浮动抵押制度的发展。《民法典》在这一问题上的立场与本条规定是一致的。《民法典》第403条不再区分一般的动产抵押和浮动抵押,《民法典》第414条进一步确立了统一的登记对抗规则。因此,浮动抵押与一般动产抵押竞存时,亦应依照《民法典》第414条的规定,已登记的优先于未登记的,登记在先的优先于登记在后的。从这一点看,《九民纪要》的本条规定仍然是富有生命力的。

---

① 《民法典》第414条。

【典型案例】

（一）参考案例

1. 永吉县京顺粮食经销有限公司与中国农业发展银行吉林市分行营业部、吉林市天程粮食购销有限公司金融借款合同纠纷案【最高人民法院（2014）民申字第 1628 号】

【裁判要旨】天程公司与农发行吉林市分行签订了书面的浮动抵押合同，以法律规定范围内的财产设定抵押，并办理了浮动抵押登记，符合《物权法》第 181 条①规定情形，且无导致抵押合同及登记无效的因素，浮动抵押权有效设立并得对抗第三人。京顺公司主张因杨建文已被有关检察院以贷款诈骗罪、合同诈骗罪起诉，本案所涉借贷合同及浮动抵押均应属无效。因杨建文个人犯罪行为是否成立，不影响本案所涉借贷和抵押关系效力，不影响农发行吉林市分行通过民事诉讼维护其民事权益，故对京顺公司该主张，本院不予支持。京顺公司还主张天程公司在设立浮动抵押权时并无案涉玉米等动产，因此案涉浮动抵押应属无效。因浮动抵押系在抵押人现有及将有的动产上设定抵押，在实现抵押权时抵押物才确定，因此京顺公司该主张不能成立。

【编者评析】抵押财产不违反法律规定，并办理了浮动抵押登记，应认定浮动抵押有效设立并可对抗第三人。即便设立浮动抵押的当事人因个人犯罪被起诉，亦不必然影响浮动抵押的效力。

2. 中国银行股份有限公司运城市分行与山西青山化工有限公司金融借款合同纠纷案【最高人民法院（2019）最高法民申 2891 号】

【裁判要旨】关于运城中行与青山化工抵押行为的性质问题。即运城中行与青山化工之间设定的抵押是一般的动产抵押还是动产浮动抵押。《物权法》第 181 条对动产浮动抵押作了规定："经当事人书面协议，企业、个体工商户、农业生产经营者可以将现有的以及将有的生产设备、原材料、半成品、产品抵押，债务人不履行到期债务或者发生当事人约定的实现抵押权的情形，债权人有权就实现抵押权时的动产优先受偿。"浮动抵押设定后，抵押的财产不断发生变化，直到约定或者法定的事由发生，抵押财产才确定。而

---

① 《民法典》第 396 条。下同。

运城中行与青山化工在《最高额抵押合同》中明确约定,抵押物为 344.6 吨荧光增白剂,并且办理了抵押物登记。上述事实表明,案涉抵押权成立时,抵押标的物的数量即已确定。双方均认可由于荧光增白剂本身有保质期限制的属性,在保证抵押物补足的前提下,允许货物不断的买卖和流转,但双方对于抵押物为 344.6 吨荧光增白剂没有异议,担保物价值亦已确定,该抵押性质明显不同于动产浮动抵押,应为一般的动产抵押。

【编者评析】浮动抵押指权利人以现有的和将有的全部财产或者部分财产为其债务提供抵押担保,也即抵押财产处于一种浮动的状态。浮动抵押在确定之前,抵押财产范围是不确定的。如果抵押合同订立时,动产抵押物的数量、价值均已确定,则不属于浮动抵押,而是一般动产抵押。

3. 奥地利奥合国际银行股份有限公司北京分行与兰州海洋石化销售有限公司金融借款合同纠纷案【北京市第二中级人民法院(2011)二中民初字第 12574 号】

【裁判要旨】动产浮动抵押中,只有因担保权的属性、债务人违约、约定事件等确定事由发生才转换为特定担保,才以约定的动产特定为抵押物。本案 2010-86 号动产抵押登记书中列明的抵押不以特定的动产作为担保标的物,符合《物权法》第 181 条规定的情形,属于动产浮动抵押,因此只有因担保权的属性、债务人违约、约定事件等确定事由发生才转换为特定担保,才以约定的动产特定为抵押物。这种固定化又被称为"结晶",即在债权清偿期届满,企业有不能清偿债务之虞或有其他法定解散事由时,企业担保即结束此前一直保持着的睡眠状态,而发挥效力。此际,浮动不定的企业担保遂变为特定担保,企业担保之标的物的范围由此固定,企业担保权人进而便可从变卖企业财产所得的价金中优先受偿。由此可见,浮动抵押只有在发生结晶时,才能确定其标的物之范围,才能真正体现浮动抵押对担保财产的支配力。本案中,当事人在合同中约定了兰州石化公司到期不能偿还债务时,奥合银行有权立即行使其享有的抵押权,所以法院认为在 2011 年 5 月 31 日奥合银行宣布贷款到期时,浮动抵押的抵押财产确认,发生结晶。

【编者评析】该案例有关"结晶"的分析,显然借鉴了比较法上的相关理论。在浮动抵押中,"结晶"时抵押财产得以确定,这当然是没有问题的。但如果认为在"结晶"前浮动抵押没有任何效力,不具有可执行性,则此种浮动抵押属英式浮动抵押,与我国物权法规定的浮动抵押在登记之日起发生效力不符。

第三百九十七条　【建筑物与建设用地使用权同时抵押规则】以建筑物抵押的,该建筑物占用范围内的建设用地使用权一并抵押。以建设用地使用权抵押的,该土地上的建筑物一并抵押。

抵押人未依据前款规定一并抵押的,未抵押的财产视为一并抵押。

【条文精解】

(一)条文要点

本条是关于"房地一体抵押"的规定,与《物权法》第 182 条基本一致,仅作了文字修改,将第 2 款的"依照"改为"依据"。本条分两款,其中第 1 款确立了"房地一体抵押"规则,包括"房随地走""地随房走"①两个方面;第 2 款确立了法定抵押权规则,即抵押人未依据"房地一体规则"将房地一并抵押的,未抵押的财产视为一并抵押,进一步强化了"房地一体抵押"规则。准确理解本条规定,要注意以下几点:

1. 准确理解"房地一体抵押"规则

首先,"房地一体抵押"以房和地系两个独立财产为前提。在房地关系问题上,主要有两种模式。一是罗马法及德国法为代表的添附模式。在此种模式下,建筑物及其他地上附着物作为土地上的添附物,成为土地的组成部分,并无独立的房屋所有权。因而只有土地所有权,并无房屋所有权,住宅所有权仅是例外情形。二是日本以及我国台湾地区奉行的土地和房屋各为独立的物的模式,反映在物权关系上,表现为既有土地所有权,也有房屋所有权。我国物权法总体上采第二种模式,即房地分别所有模式。所不同的是,我国因实行土地公有制,土地所有权归国家或集体所有,不能自由转让。因而房地分别所有的"地",在我国指的不是土地所有权,而是能够在其上建造房屋的广义的土地使用权,包括建设用地使用权、宅基地使用权。本条所指的"地",仅指建设用地使用权中的国有建设用地使用权,不包括集体建设用

---

① 为行文简便起见,此处所谓的"房"指称"建筑物""构筑物","地"指称"建设用地使用权",尽管"房屋"和"建筑物"并非完全相同的概念。

地使用权,因为《民法典》第 398 条就是有关集体建设用地使用权能否设定抵押的规定。

其次,采房地一体还是房地分离是一个政策判断问题。既然房和地是两个独立的财产,具有独立的价值,理论上当然可以单独或分别设定抵押。但从我国立法看,向来采取"房地一体"政策,《担保法》《城市房地产管理法》均规定了建筑物与建设用地使用权一并抵押的原则,如《城市房地产管理法》第 32 条规定:"房地产转让、抵押时,房屋的所有权和该房屋占用范围内的土地使用权同时转让、抵押。"《物权法》沿袭了这一规定,其在第 182 条第 1 款规定:"以建筑物抵押的,该建筑物占用范围内的建设用地使用权一并抵押。以建设用地使用权抵押的,该土地上的建筑物一并抵押。"鉴于实践中可能出现仅抵押建筑物或仅抵押建设用地使用权的情况,《物权法》第 182 条第 2 款进一步规定:"抵押人未依照前款规定一并抵押的,未抵押的财产视为一并抵押。"也就是说,即使抵押人只办理了房屋所有权抵押登记,没有办理建设用地使用权抵押登记,实现房屋抵押权时,建设用地使用权也一并作为抵押财产。同样,只办理了建设用地使用权抵押登记,没有办理房屋所有权抵押登记,实现建设用地使用权的抵押权时,房屋所有权也一并作为抵押财产。

尽管立法明确采"房地一体"主义,但在相当长的一段时期内,房地由不同的主管部门进行管理,房屋建设行为归住建部门管理,土地则由国土资源部门管理。在将登记视为管理行为的情况下,房地也分别由各自的主管部门进行登记。在此情况下,房地权属在事实上分离的情况屡见不鲜。而房地在权属上归属于不同的主体,既不利于实现物尽其用,也容易导致纠纷,且还会导致监管上的相互扯皮或出现监管真空。有鉴于此,我国一改分别登记的做法,实行不动产统一登记制度。即便如此,在房地分别由不同部门主管的局面并未改变情况下,仍然会出现监管重叠甚至"角力"现象。如住建部门的商品房预售的网签制度,就其防止一物二卖的功能而言,与不动产预告登记殊途同归,这也是不动产预告登记在商品房预售场合难以推行的一大重要原因。

再次,"房地一体抵押"仅是房地一体规则的重要组成部分。房地一体规则体现在很多方面,包括:一是在权属确定方面的房地一致,如《民法典》第 352 条规定:"建设用地使用权人建造的建筑物、构筑物及其附属设施的所有权属于建设用地使用权人,但是有相反证据证明的除外。"二是在权属变动方面的房地一致,如《民法典》第 356 条、第 357 条规定,建设用地使用权转让、互换、出资或者赠与的,附着于该土地上的建筑物、构筑物及其附属设施一并处分;反之,建筑物、构筑物及其附属设施转让、互换、出资或者赠与的,该建筑物、构筑物及其附属设施占用范围内的建设用地使用权一并处分。三是在设定抵押方面的房地一体,即本条规定;四是在财产被查冻扣场合,也应体现房地一体规则,如《查扣冻规定》第 21 条第 1 款规定:查封地上建筑物的效力及于该地上建筑物使用范围内的土地使用权,查封土地使用权的效力及于地上建筑物……但受制于房地分别登记的局面,对房地分属不同主体时,该条对房地一体规则作了例外规定;在房地由不同机关登记时,该条规定要分别办理查封登记。《查扣冻规定》的相关规定是对现实的妥协,但严格说来,并未完全贯彻房地一体的要求。

最后,就"房地一体抵押"规则来说,依据本条规定,它包括以下内容:一是房地同押规则,包括"房随地押""地随房押"两个方面。二是法定抵押规则,即只要抵押人未将房地一并抵押的,未抵押的财产视为一并抵押。法定抵押规则是对房地同押规则的强化。这就意味着,那种将"房地一体抵押"规则理解为,抵押权可以分别设立仅是一体处置的观点是不符合《民法典》规定的。三是现状抵押规则,即以抵押权设定时的现状来确定房地一体的效力范围,土地使用权抵押时其上并无房屋等建筑物的,抵押权效力不及于新增建筑;在建工程抵押的效力仅及于占用范围内的土地使用权,不包括续建及未建部分。四是一并处置规则。即便在房地分别抵押场合,避免出现房地权属分离现象,也要一并处置,更不用说在房地权属一致场合了。前述规则的实现,有赖于对房地实行统一的不动产登记。之所以立法强调的房地一体规则难以在实践中落地,在很大程度上就与房地分别登记有关。

2."房地一体抵押"规则的适用

在房和地本系两个财产的情况下,从抵押合同约定的情况看,主要包括房地一并抵押、仅以房或地抵押以及房地分别抵押三种情形。其中,当事人约定将房地一并抵押,抵押权的客体当然包括房和地,当无争议。有必要探讨的是后两种情形。

一是仅以房抵押。依据本条第 1 款第 1 句之规定,仅以房抵押的,抵押权及于房屋占用范围内的土地。值得探讨的是,本条有关"占用范围"内的土地,指的是房屋的实际所占用地(或房屋的物理投影),还是规划用地? 如某一 10000 平方米的建设用地,其上目前只有一栋楼,占地 1000 平方米,土地使用权人将这栋楼设定抵押后,抵押权人在实现抵押权时,依据"房地一体抵押"规则,抵押权的效力自然及于土地使用权。问题是,抵押权所及的土地使用权是 1000 平方米还是 10000 平方米? 在《民法典担保制度解释》起草过程中,曾经考虑到该问题并作出过规定,但后来考虑到在实行不动产统一登记后,类似情形以后不会出现了。但现在看来,即便实行不动产统一登记后,此类问题仍然存在,更不用说还有不少的存量问题了。对此,本书认为,房屋"占用范围内"的土地,通常情况下是指房屋规划用地范围。但在规划用地明显超过实际所占用地,且超出部分具有独立使用价值时,如在前述案例中,依据规划该土地上仅有一栋房屋,如果认定抵押权及于所有的 10000 平方米土地,并不利于发挥财产的担保功能,也有悖合理的交易预期。在此情况下,有必要将房屋抵押权的范围限于实际所占用地。实务中的难题在于,抵押权范围限于实际所占土地,可能会涉及土地使用权证的分割问题,这就有必要做好与有关部门的沟通协调工作,否则,将会面临执行难的问题。

二是仅以地抵押。依据本条第 1 款第 2 句之规定,仅以地抵押的,抵押权的效力及于其上的房屋。此处所谓的房屋,指的是土地设定抵押时地上现有的房屋,不包括以下情形:(1) 新增建筑物。土地设定抵押时地上并无建筑物,但在设定抵押后开始建设的新增建筑物,依据《民法典》第 417 条之规定,不属于抵押财产。(2) 在建工程的续建部分。当事人仅以土地设定抵押权时,其上有在建工程的,抵押权及于在建工程,但不及于续建部分,因为在建工程抵押的效力仅限于已办理登记的已建部分。但从房地产开发实践看,土地使用权抵押往往是光地抵押,其上并无在建工程,一般不会出现土地抵押的效力及于在建工程的情形。反之,如果以在建工程抵押,依据房地一体规则,其效力当然及于其下的土地。值得探讨的是,在工程烂尾需要引进新的投资人时,新的投资人也要求设定抵押,主要是新增的工程部分,但按照"房地一体抵押"原则,原有的建筑工程抵押权人和新增的建筑工程抵押权人究竟谁对土地使用权享有抵押权? 如果可以共有,如何划分份额? 本书的初步意见是,可以考虑依据建筑物的面积来划分土地使用权的份额。(3) 新增的违法建筑。实务中经常出现这样的情形,建设用地使用权依法设立抵押后,因未取得合法手续,导致其上的建筑物成为违法建筑。但我们不能以在后形成的建筑系违法建筑为由否定在先依法设立的土地抵押权无效。于此场合,抵押权人在实现土地抵押权时,势必面临违法建筑如何处置的问题。从当前执行的实践看,可以对违法建筑进行现状处置。鉴于新增的违法建筑不属于抵押财产范围,抵押权人自然也不得主张对因违法建筑处置而新增加的价值优先受偿。

三是关于房地分别抵押问题。所谓房地分别抵押,指的是将房屋抵押给某一债权人,将土地抵押给另一债权人的情形。依据本条第 2 款之规定,在房地分别抵押场合,两个抵押权均属合法有效,且其抵押范围均包括房和地,如此就会出现同一财产上设定两个以上抵押权的情形。此时,依据《民法典》第 414 条之规定,要视登记先后来确定清偿顺序:登记在先的先清偿;同时登记的,按照债权比例清偿。但不动产登记不像动产和权利担保登记那样由当事人自行登记,不动产登记簿具有公信力,对于房屋等建筑物、构筑物所有权首次登记、在建建筑物抵押权登记以及因不动产灭失导致的注销登记,登记机构往往要实地查看,因而从申请到办理登记可能会有一段时间。《不动产登记暂行条例》第 20 条规定,不动产登记机构原则上应当自受理登记申请之日起 30 个工作日内办结不动产登记手续。问题是,确定登记先后顺序的时点,是从申请办理之日还是从登记办结之日?从文义上看,应当是办结之日。但如果按照登记办结之日确定顺序,很可能会出现先申请的一方反而后办结的情形,对先申请的一方不公,而且会使登记机构面临行政诉讼或国家赔偿诉讼风险,其工作人员也会面临不可测的廉政风险。有鉴于此,以申请办理登记的时间作为确定登记先后的时间无疑是更为合理的。值得探讨的是,针对同一抵押财产,两个以上债权人同一天申请登记的,如何确定先后顺序?《担保法解释》第 58 条规定,当事人同一天在不同的法定登记部门办理抵押物登记的,视为顺序相同。但在不动产实行统一登记且采电子介质的情况下,前述规则不再具有适用余地了。因而,即便是同一天申请办理登记,也应当按照申请的先后确定登记的顺序,只有在当事人难以举证进而难以确定先后顺序时,才可以推定为同时申请。应当看到,房地产分别抵押主要是由历史上房地分别由不同的行政部门管理和登记所导致的,在不动产统一登记后,基本可以杜绝此种情形。但在法定抵押权制度下,并不排除当事人先后将房和地抵押给不同债权人,从而适用前述规则的可能。

3. 关于能否约定排除法定抵押权问题

关于当事人能否通过约定排除法定抵押权的适用,存在不同观点。一种观点认为,本条有关"法定"抵押权的规定,仅是任意性规定,当事人可以通过约定加以排除。此种约定既包括在抵押合同中明确约定抵押财产仅为房或地,不包括地或房;也包括抵押人与两个以上债权人就各自的抵押财产作出明确约定,如约定房抵押给甲,地抵押给乙。本书认为,《民法典》之所以

574 第四分编 担保物权/第十七章 抵押权

强调房地一体,是为了避免同一财产因分归两个以上主体而影响物的利用效率所作的政策性考量,此种规定属于强制性规定,不应被当事人的约定所排除。另外,即便当事人就排除法定抵押权作出了约定,此种约定也仅属于合同的范畴,不具有对世效力,除非该约定被记载于登记簿。而从《不动产登记暂行条例》及其实施细则的规定看,不动产登记簿以不动产单元为基本单位进行登记,不动产单元具有唯一编码。其中,没有房屋等建筑物、构筑物以及森林、林木定着物的,以土地、海域权属界线封闭的空间为不动产单元;有房屋等建筑物、构筑物以及森林、林木定着物的,以该房屋等建筑物、构筑物以及森林、林木定着物与土地、海域权属界线封闭的空间为不动产单元。可见,在地上有房的情况下,房和地是合在一起共同作为一个不动产单元进行登记的,不存在将房和地作为两个独立财产进行登记的问题。也就是说,尽管从物权法的角度看,房和地确实是两个物,但从登记的角度看,实际上是将其作为一个物来对待的,不存在将房和地同时登记在不同人名下的可能。因此,当事人之间有关排除法定抵押权的约定,并不能产生物权效力。如果在执行阶段当事人仍认可此种约定的,不妨将其视为顺位在先的抵押权人放弃抵押顺位的一种协议,且此种放弃仅具有相对效力,仅在当事人之间生效。

(二)适用情况

本条主要适用以下情形:

一是在仅房或地抵押、房地分别抵押场合,据以确定抵押权的效力是否及于其下的土地或其上的房屋,进而依据登记的先后确定抵押权的顺位。需要注意的是,对当事人能否通过约定排除法定一体规则的适用,实践中存在不同观点。本书认为,当事人有关排除法定抵押权的约定,除非在不动产登记簿上予以记载,否则仅在当事人之间发生效力,不具有对世效力。

二是结合《民法典》第417条之规定,认定新增的合法建筑或违法建筑不属于抵押财产。但是在实现抵押权时,应当对土地上新增的建筑物与建设用地使用权一并处分,只是抵押权人无权对新增建筑物所得价款优先受偿。

【相关法律与行政法规】

（一）相关法律

1.《中华人民共和国民法典》（2020 年 5 月 28 日通过）

第三百五十二条　【房地权属一致规则】建设用地使用权人建造的建筑物、构筑物及其附属设施的所有权属于建设用地使用权人，但是有相反证据证明的除外。

第三百五十六条　【房随地走规则】建设用地使用权转让、互换、出资或者赠与的，附着于该土地上的建筑物、构筑物及其附属设施一并处分。

第三百五十七条　【地随房走规则】建筑物、构筑物及其附属设施转让、互换、出资或者赠与的，该建筑物、构筑物及其附属设施占用范围内的建设用地使用权一并处分。

【适用要点】前述三条规定分别对应的是房地权属一致、房随地走以及地随房走规则，都是房地一体规则的具体体现，与房地一体抵押共同构成完整的房地一体规则。

2.《中华人民共和国城市房地产管理法》（1994 年 7 月 5 日通过，2019 年 8 月 26 日修正）

第三十二条　【房地一体转让、抵押】房地产转让、抵押时，房屋的所有权和该房屋占用范围内的土地使用权同时转让、抵押。

【适用要点】该条一并规定了房地一体转让、一体抵押规则，与《民法典》第 357 条及《民法典》第 397 条规定基本一致。

（二）相关行政法规

《中华人民共和国城镇国有土地使用权出让和转让暂行条例》（2020 年 11 月 29 日修订）

第三十三条　【房地一体抵押】土地使用权抵押时，其地上建筑物、其他附着物随之抵押。

地上建筑物、其他附着物抵押时，其使用范围内的土地使用权随之抵押。

【适用要点】该条规定与《民法典》第 397 条的规定基本一致。

【司法解释及规范性司法文件】

（一）司法解释

1.《最高人民法院关于适用〈中华人民共和国民法典〉有关担保制度的解释》（法释〔2020〕28号，2020年12月25日通过）

第五十一条 【房地一体抵押】当事人仅以建设用地使用权抵押，债权人主张抵押权的效力及于土地上已有的建筑物以及正在建造的建筑物已完成部分的，人民法院应予支持。债权人主张抵押权的效力及于正在建造的建筑物的续建部分以及新增建筑物的，人民法院不予支持。

当事人以正在建造的建筑物抵押，抵押权的效力范围限于已办理抵押登记的部分。当事人按照担保合同的约定，主张抵押权的效力及于续建部分、新增建筑物以及规划中尚未建造的建筑物的，人民法院不予支持。

抵押人将建设用地使用权、土地上的建筑物或者正在建造的建筑物分别抵押给不同债权人的，人民法院应当根据抵押登记的时间先后确定清偿顺序。

【适用要点】该条是有关房地一体抵押的规定，包括以下几层含义：一是仅以建设用地使用权抵押的，抵押权的效力及于土地上已有的建筑物以及正在建造的建筑物已完成部分，但不及于在建工程的续建部分以及新增建筑物。二是以在建工程抵押的，抵押权的效力范围限于已办理抵押登记的部分，同样不及于在建工程的续建部分以及新增建筑物。三是房地分别抵押的，应当根据抵押登记的时间先后确定清偿顺序。

2.《最高人民法院关于人民法院民事执行中查封、扣押、冻结财产的规定》（法释〔2004〕15号；法释〔2020〕21号，2020年12月23日修正）

第二十一条 【房地一体查封及其例外】查封地上建筑物的效力及于该地上建筑物使用范围内的土地使用权，查封土地使用权的效力及于地上建筑物，但土地使用权与地上建筑物的所有权分属被执行人与他人的除外。

地上建筑物和土地使用权的登记机关不是同一机关的，应当分别办理查封登记。

【适用要点】该条是有关房地一体查封的规定，包括两方面内容：一是在查冻扣场合，原则上实行房地一体规则，即查封地上建筑物的效力及于该地上建筑物使用范围内的土地使用权,查封土地使用权的效力及于地上建筑物。二是受制于房地分别登记的局面,对房地分属不同主体时,该条对房地一体规则作了例外规定;在房地由不同机关登记时,该条规定要分别办理查封登记。

(二)规范性司法文件

《全国法院民商事审判工作会议纪要》(法〔2019〕254 号,2019 年 11 月 8日公布)

61. 【房地分别抵押】根据《物权法》第 182 条①之规定,仅以建筑物设定抵押的,抵押权的效力及于占用范围内的土地;仅以建设用地使用权抵押的,抵押权的效力亦及于其上的建筑物。在房地分别抵押,即建设用地使用权抵押给一个债权人,而其上的建筑物又抵押给另一个人的情况下,可能产生两个抵押权的冲突问题。基于"房地一体"规则,此时应当将建筑物和建设用地使用权视为同一财产,从而依照《物权法》第 199 条②的规定确定清偿顺序:登记在先的先清偿;同时登记的,按照债权比例清偿。同一天登记的,视为同时登记。应予注意的是,根据《物权法》第 200 条③的规定,建设用地使用权抵押后,该土地上新增的建筑物不属于抵押财产。

【适用要点】该规定对房地分别抵押场合如何认定抵押权的效力范围具有积极意义,但鉴于其已被《民法典担保制度解释》第 51 条吸收并细化,《民法典》施行后不再具有适用意义。

【典型案例】

(一)公报案例

中国信达资产管理公司西安办事处与陕西省粮油食品进出口公司西安中转冷库、陕西省粮油食品进出口公司借款担保合同纠纷案【最高人民法院

---

① 《民法典》第 397 条。
② 《民法典》第 414 条。
③ 《民法典》第 417 条。

（2007）民二终字第 222 号】①

【裁判要旨】抵押人应当将建筑物与建设用地使用权一并抵押；如果未依照规定一并抵押的，未抵押的财产视为一并抵押。因此，虽然只是抵押了建设用地使用权，但是应当视为将建设用地使用权与地面上的建筑物一并抵押。

【编者评析】该案例确定的裁判规则与《民法典》精神完全一致。

（二）参考案例

1. 上海浦东发展银行股份有限公司南宁分行与广西卓尚置业投资有限公司金融借款合同纠纷案【最高人民法院（2019）最高法民终 805 号】

【裁判要旨】根据《物权法》第 187 条②规定，以正在建造的建筑物抵押的，应当办理抵押登记，抵押权自登记时设立。关于抵押物范围，不动产登记簿记载了在建工程坐落的位置以及对应的建设工程规划许可证号和建设用地规划许可证号，但对于在建工程的具体楼栋号、房号没有明确的记载。我国《房屋登记办法》（已失效）第 60 条规定：申请在建工程抵押权设立登记的，应当提交登记申请书、申请人的身份证明、抵押合同、主债权合同、建设用地使用权证书或者记载土地使用权状况的房地产权证书、建设工程规划许可证，以及其他必要的材料。抵押合同是登记机关存档备查的登记资料，利害关系人可通过查询档案资料的内容来获悉抵押物上的权利负担，故在抵押登记对抵押物的范围记载不明确的情况下，应当结合抵押合同的约定进行判断。关于上述范围之外的其他地上建筑物，根据《物权法》第 200 条③"建设用地使用权抵押后，该土地上新增的建筑物不属于抵押财产。该建设用地使用权实现抵押权时，应当将该土地上新增的建筑物与建设用地使用权一并处分，但新增建筑物所得的价款，抵押权人无权优先受偿"的规定，不属于在建工程抵押的范围，抵押权人无权就新增建筑物主张优先受偿。

【编者评析】该案例的指导意义在于，一是在登记簿对抵押财产记载不明但可以依据抵押合同确定场合，抵押合同的约定可以作为补充认定抵押财产的依据；二是新增建筑物不属于在建工程抵押的抵押财产范围，抵押权人

---

① 具体可见《最高人民法院公报》2009 年第 12 期。
② 《民法典》第 402 条。下同。
③ 《民法典》第 417 条。

无权就新增建筑物主张优先受偿。

2. 浙商金汇信托股份有限公司与浙江三联集团有限公司金融借款合同纠纷再审案【最高人民法院（2018）最高法民再 19 号】

【裁判要旨】《物权法》第 187 条规定，以正在建造的建筑物抵押的，应当办理抵押登记，抵押权自登记时设立。由此，登记机关为案涉在建工程抵押权所办理的抵押登记手续，是仅限于其已经发放《在建工程抵押登记证明》的"抵押物清单"中所记载的部分，还是包括抵押合同所约定的土地使用权及其上已经建造和尚未建造的部分，成为本案中认定抵押物范围所必须解决的关键问题。

关于在建工程抵押权的登记方法，《城市房地产抵押管理办法》第 34 条第 2 款规定："以预售商品房或者在建工程抵押的，登记机关应当在抵押合同上作记载。抵押的房地产在抵押期间竣工的，当事人应当在抵押人领取房地产权属证书后，重新办理房地产抵押登记。"《房屋登记办法》第 60 条规定，申请在建工程抵押权设立登记的，应当提交登记申请书、申请人的身份证明、抵押合同、主债权合同、建设用地使用权证书或者记载土地使用权状况的房地产权证书、建设工程规划许可证，以及其他必要的材料。第 25 条第 3 款规定："预告登记、在建工程抵押权登记以及法律、法规规定的其他事项在房屋登记簿上予以记载后，由房屋登记机构发放登记证明。"根据前述规范性文件的规定，在建工程抵押权的登记方法，包括在抵押合同上作记载或者在房屋登记簿上作记载两种方式。关于权属证书与登记簿之间的关系，《物权法》第 16 条、第 17 条①规定，不动产登记簿是物权归属和内容的根据，不动产权属证书是权利人享有该不动产物权的证明，二者不一致的，除有证据证明不动产登记簿确有错误外，以不动产登记簿为准。根据这一法律规定，完成不动产物权公示的是不动产登记，登记机关为案涉 116 套房产分别颁发《在建工程抵押登记证明》的法律效果，是使得金汇信托公司取得了证明其权利状况的权属证书，判断本案中金汇信托公司在建工程抵押物的范围，应当以登记机关的不动产登记为依据。原审判决以登记机关向金汇信托公司颁发的《在建工程抵押登记证明》作为判断案涉在建工程抵押办理抵押登记手续的依据，混淆了不动产登记与权属证书之间的关系，本院予以纠正。

本院注意到，在案涉在建工程抵押登记办理之时，作为登记机关的浙江

---

① 《民法典》第 216 条、第 217 条。

省金华市房地产交易办证中心并未实行房屋登记簿制度,且对在建工程抵押应当采用何种方法在抵押合同上记载亦不明确。本案中,浙江省金华市房地产交易办证中心在受理金汇信托公司和三联集团公司的在建工程抵押登记申请后,是根据浙江省住房和城乡建设厅、中国人民银行杭州中心支行、中国银行业监督管理委员会浙江监管局下发的《关于进一步做好在建工程抵押权登记工作的若干意见》(浙建房〔2012〕28号)的要求,采用"抵押物清单"的方式,将在建工程抵押物的范围限定在已完工部分或可售部分,并为在建工程中已完工部分或可售部分的每套房屋单独办理《在建工程抵押登记证明》。但这种登记方法并不能得出登记机关认为在建工程抵押物的范围仅限于已完工部分或可售部分这一结论。从登记机关对案涉179套房屋销售的解押登记手续办理情况来看,无论三联集团公司销售的房屋是否已经列入抵押物清单中,登记机关均要求三联集团公司取得金汇信托公司的同意证明。由此可见,本案中登记机关对在建工程抵押权的标的物范围的认识在逻辑上并不能一以贯之,其所理解的抵押物限定为在建工程完工部分或者可售部分,更多的是出于登记手段或技术的考量,随着工程建设阶段的发展,在建工程抵押权的抵押物范围随着完工部分或可售部分的增加而得到扩张。

《物权法》第5条①规定:"物权的种类和内容,由法律规定。"在建工程抵押权作为《物权法》所规定的民事权利,属于《立法法》第8条第8项所规定的法律保留事项,其民事权利的内容不因任何他人的不当限制或错误理解而减损。从立法沿革的角度,在《物权法》第180条②第1款第5项、第187条对"正在建造的建筑物"没有作出相反定义的情况下,应当遵从此前规范性文件中对"在建工程抵押"的理解。在《物权法》颁行之前,《担保法解释》第47条规定:"以依法获准尚未建造的或者正在建造中的房屋或者其他建筑物抵押的,当事人办理了抵押物登记,人民法院可以认定抵押有效。"《城市房地产抵押管理办法》第3条第5款亦规定:"本办法所称在建工程抵押,是指抵押人为取得在建工程继续建造资金的贷款,以其合法方式取得的土地使用权连同在建工程的投入资产,以不转移占有的方式抵押给贷款银行作为偿还贷款履行担保的行为。"据此,在建工程抵押权作为一种单独的抵押权类型,除当事人在抵押合同中另有约定外,其抵押物范围不仅包括国有建设用地使用

---

① 《民法典》第116条。

② 《民法典》第395条。

权,还包括规划许可范围内已经建造的和尚未建造的建筑物。本案中,浙金信(抵)字 HY-2014-016 号-1《抵押合同》第 1.2 条约定,本合同项下的抵押物是指目标项目项下位于金华安地镇安地村地块的土地使用权及其上在建工程。第 1.5 条约定,除法律另有明确规定外,抵押期间抵押物上新增建筑物应列入本合同项下抵押物范围。前述抵押合同的约定内容,符合司法解释和行政规章的规定。在登记机关未设立房屋登记簿,亦未明确在抵押合同上记载在建工程抵押登记方法的情况下,因前述抵押合同及相关登记申请材料和登记机关出具的收件单等文件均已载明登记类型为在建工程抵押登记,这些资料是登记机关存档备查的登记资料,利害关系人可通过查询档案资料的内容来获悉抵押物上的权利负担,故应当认定登记机关在收件、审核时将此项业务作为在建工程抵押登记业务加以办理的行为,即完成了“记载”在建工程抵押登记的工作,在建工程抵押权即已依法设立。至于登记机关嗣后是否向抵押权人发放权利证明,以及发放权利证明的时间、方式等事实,均不能成为判断抵押权人的权利是否依法成立的依据。且在本案中,三联集团公司作为抵押人,本身并非不动产物权公示制度的保护对象。不动产登记制度的规范趣旨,是为了保护以该不动产为交易客体的第三人的信赖利益和交易安全。三联集团公司破产管理人在接管之后,试图利用登记实务中的不同理解否定三联集团公司此前在自身财产上所设定的权利负担,明显有违诚信原则。

　　综上,本院认定,本案中金汇信托公司的在建工程抵押权已经依法设立,该抵押权所支配的抵押物范围,应当以抵押合同约定内容作为确定权利范围的依据。申请人金汇信托公司关于其在建工程抵押权的范围除在办理抵押登记前已经出售的房屋和办理抵押登记后经其同意出售的 179 套房屋及相应的土地使用权外,应当包括金市国用(2014)第 103-02695 号《国有土地使用权证》项下的其余国有土地使用权及其上在建工程,包括未完工的部分的申请理由成立,本院予以支持。被申请人三联集团公司关于案涉在建工程抵押权仅限于办理了《在建工程抵押登记证明》的 50 套房屋及其相应的土地使用权的诉讼理由,并无相应的事实和法律依据,本院不予支持。三联集团公司关于金汇信托公司的在建工程抵押权与其他购房户的权利相冲突,以及破产管理人接管后新增的建筑物不属于抵押权范围的诉讼主张,因不属于本案的审理范围,本院在本案中不予理涉。

　　【编者评析】该案对在建工程抵押的登记程序、抵押权效力范围作了较为详细的论述,对全面了解在建工程抵押制度具有一定的指导意义。但该案确立的在建工程抵押范围以抵押合同约定为准,从而使其效力及于续建部分、新增部分甚至未建部分,与《民法典担保制度解释》第51条规定不符,在扩大了抵押权人权利的同时,对抵押人以及其他债权人不公,该案确立的规则不应再予适用。

3. 中国建设银行股份有限公司分宜支行与江西江锂科技有限公司金融借款合同纠纷上诉案【最高人民法院(2017)最高法民终40号】

【裁判要旨】案涉《最高额抵押合同》系双方当事人真实意思表示,其中约定的抵押物明确包括案涉土地使用权在内,双方当事人对该土地使用权作为抵押财产均有明确预期。即使案涉土地使用权未办理抵押登记,根据《物权法》第182条①"以建筑物抵押的,该建筑物占用范围内的建设用地使用权一并抵押。以建设用地使用权抵押的,该土地上的建筑物一并抵押。抵押人未依照前款规定一并抵押的,未抵押的财产视为一并抵押"之规定,建行分宜支行对案涉土地使用权亦享有抵押权。一审判决以未办理抵押登记为由,判令建行分宜支行对案涉土地使用权不享有优先受偿权,认定事实和适用法律均有不当,本院予以纠正。

---

① 《民法典》第397条。

第三百九十八条　【乡镇、村企业建设用地使用权抵押】乡镇、村企业的建设用地使用权不得单独抵押。以乡镇、村企业的厂房等建筑物抵押的，其占用范围内的建设用地使用权一并抵押。

【条文精解】

(一)条文要点

本条是关于乡镇、村企业建设用地使用权抵押的规定，与《物权法》第183条完全一致。准确理解本条，要全面了解集体建设用地使用权制度的沿革及变迁，以及《民法典》与《土地管理法》相关规定之间的关系。

1. 集体建设用地使用权制度的沿革和变迁

《民法典》物权编"建设用地使用权"章第344条规定："建设用地使用权人依法对国家所有的土地享有占有、使用和收益的权利，有权利用该土地建造建筑物、构筑物及其附属设施。"该条所谓的建设用地使用权系指的是国有建设用地使用权。但《民法典》第361条又规定："集体所有的土地作为建设用地的，应当依照土地管理的法律规定办理。"可见，建设用地使用权包括国有建设用地使用权与集体建设用地使用权两种，其中国有建设用地使用权适用《民法典》的有关规定，而集体建设用地使用权则主要适用《土地管理法》的有关规定。《土地管理法》于2019年进行了修正，在此之前，我国对集体建设用地的管理具有以下特点：一是从修正前的《土地管理法》第43条有关"任何单位和个人进行建设，需要使用土地的，必须依法申请使用国有土地"的规定看，对房地产开发实行土地一级市场国家垄断。即房地产开发必须要使用国有土地；涉及集体土地的，必须先征收为国有后再通过出让给开发商进行开发，集体土地不能直接入市。二是作为例外，允许以下三种情形可以不经征收而直接利用集体土地，包括：开办乡镇、村企业（包括集体自己举办乡镇企业，以及与其他单位、个人以土地使用权入股、联营等形式共同举办企业），用于乡镇、村公共设施、公益事业建设，农村村民住宅用地。三是对土地实行用途管制，集体建设用地涉及农用地，要办理农用地转用审批手续。四是即便是可以直接利用的集体建设用地，集体本身也无决定权，需要在符合乡(镇)土地利用总体规划和土地利用年度计划的前提下，依法办理审批手续，审批机关是县级以上地方政府的土地行政主管部门。

随着改革的不断深入，现行的土地管理制度与社会主义市场经济体制不相适应的问题日益显现，如因征地引发的社会矛盾突出；农村集体土地权益保障不充分，农村集体经营性建设用地不能与国有建设用地同等入市、同价同权；宅基地取得、使用和退出机制不完整，用益物权难落实；土地增值收益分配机制不健全，兼顾国家、集体、个人利益不够；等等。为此，我国于2019年对《土地管理法》进行了修改，包括破除集体经营性建设用地直接入市的法律障碍，明确删除了第43条有关实行土地一级市场国家垄断的规定，为集体建设用地进入建设用地一级市场扫清了障碍，并在第63条增加规定了集体经营性建设用地使用权。《土地管理法》修改后，集体建设用地使用权除原来的乡镇、村企业用地使用权，乡镇、村公共设施和公益事业用地使用权，宅基地使用权外，又增加了集体经营性建设用地使用权这种情形。其实，从性质上看，乡镇、村企业用地使用权也属于集体经营性建设用地使用权的范畴。但因为《土地管理法》毕竟只是小修，没有对其进行大改，从而未进行体系化整合。

2. 关于乡镇、村企业建设用地使用权抵押

本条是有关乡镇、村企业建设用地使用权抵押的规定，对应的是《土地管理法》第60条之规定，沿用的仍然是《物权法》第183条之规定。就乡镇、村企业建设用地使用权抵押来说，要把握两点：

一是乡镇、村企业建设用地使用权不得单独抵押。因为一旦设定抵押，此种建设用地使用权就可能通过拍卖、变卖等为他人所取得，从而违反之前《土地管理法》有关土地一级市场国家垄断的规定。因此，此类建设用地使用权不能单独设定抵押。

二是在此类建设用地使用权上建造的厂房等建筑物，本身具有独立的财产价值，能够作为抵押财产设定抵押。在以厂房等建筑物设定抵押的情况下，依据"地随房走"的规则，抵押权效力及于占用范围内的建设用地使用权。

3. 关于集体经营性建设用地抵押

《土地管理法》第63条规定，土地利用总规划、城乡规划确定为工业、商业等经营性用途,并经依法登记的集体经营性建设用地,集体经济组织可以经过一定程序将其以出让、出租等方式进行处分,该程序是经本集体经济组织成员的村民会议 2/3 以上成员或者 2/3 以上村民代表的同意。尽管该条并未明确规定此类土地使用权能否设定抵押,但既然允许出让、出租,就应当认为可以设定抵押。据此,符合一定条件的集体经营性建设用地可以作为抵押财产设定抵押。

4. 关于农民住房抵押问题

《民法典》第 399 条第 2 项规定,宅基地不得抵押,但《民法典》第 395 条第 1 款第 1 项又规定“建筑物和其他土地附着物”可以抵押。那么,在宅基地使用权上加盖的房屋等建筑物能否抵押? 这就需要准确把握中央有关农村土地改革的精神。十八届三中全会作出的《中共中央关于全面深化改革若干重大问题的决定》(2013 年 11 月 12 日)明确指出:“保障农户宅基地用益物权,改革完善农村宅基地制度,选择若干试点,慎重稳妥推进农民住房财产权抵押、担保、转让,探索农民增加财产性收入渠道。”《中共中央、国务院关于全面深化农村改革加快推进农业现代化的若干意见》(2014 年 1 月 19 日)进一步指出:“完善农村宅基地管理制度。改革农村宅基地制度,完善农村宅基地分配政策,在保障农户宅基地用益物权前提下,选择若干试点,慎重稳妥推进农民住房财产权抵押、担保、转让。”《国务院关于开展农村承包土地的经营权和农民住房财产权抵押贷款试点的指导意见》(2015 年 8 月 10 日)指出:“农民住房财产权设立抵押的,需将宅基地使用权与住房所有权一并抵押。”这里,明确将十八届三中全会决定中所称的“农民住房财产权”界定为包括住房所有权和宅基地使用权。依据前述文件精神,宅基地使用权的抵押可以类推适用本条之规定,即宅基地使用权不能单独抵押,但以其上的房屋抵押的,其效力基于宅基地使用权的结论。

值得探讨的是,以变价的方式处置抵押物时应否限定受让人的范围? 在解释上,农民住房财产权抵押权实现时,受让人是否受限,取决于法律上是否就农民住房财产权的权利主体作出特别规定。在实定法上,虽然农民房屋所有权的权利主体或受让对象没有限制性规定,但在“房地一致”原则的约束之下,农民住房财产权的主体因其中宅基地使用权主体的身份性而受到极大的限制。虽然《土地管理法》第 62 条第 5 款关于“农村村民出卖、出租、赠与住宅后,再申请宅基地的,不予批准”的规定,旨在“规范宅基地的申请行为,是对农民宅基地分配申请资格上的限制，而并非对宅基地使用权转让的禁止"，但国务院的一系列文件却将宅基地使用权的受让对象局限于本集体经济组织内部符合宅基地申请条件的农民。① 《国务院关于开展农村承包土地的经营权和农民住房财产权抵押贷款试点的指导意见》指出："对农民住房财产权抵押贷款的抵押物处置，受让人原则上应限制在相关法律法规和国务院规定的范围内。"2015 年 1 月，中共中央办公厅和国务院办公厅联合印发了《关于农村土地征收、集体经营性建设用地入市、宅基地制度改革试点工作的意见》指出，"探索进城落户农民在本集体经济组织内部自愿有偿退出或转让宅基地"。这里将宅基地的退出局限于"本集体经济组织内部"。也就是说，宅基地使用权可依自愿、有偿的原则，以转让、出租等方式在集体经济组织内部流转，受让人、承租人应为本集体经济组织内部符合宅基地申请条件的成员。

(二) 适用情况

本条对乡镇、村企业的建设用地使用权抵押的限制规定较为明确，实务中争议不大，不再赘述。

【相关法律、行政法规】

(一) 相关法律

1.《中华人民共和国民法典》(2020 年 5 月 28 日通过)

第三百六十一条 【集体建设用地及其法律适用】集体所有的土地作为建设用地的，应当依照土地管理的法律规定办理。

【适用要点】该条是有关集体建设用地适用《土地管理法》的规定。据

---

① 《国务院办公厅关于加强土地转让管理严禁炒卖土地的通知》(国办发〔1999〕39号)规定，"农民的住宅不得向城市居民出售，也不得批准城市居民占用农民集体土地建住宅"；《国务院关于深化改革严格土地管理的决定》(国发〔2004〕28号)也规定，"禁止城镇居民在农村购买宅基地"；《国务院办公厅关于严格执行有关农村集体建设用地法律和政策的通知》(国办发〔2007〕71号)规定，"城镇居民不得到农村购买宅基地、农民住宅或'小产权房'""宅基地只能转让给符合条件(无宅基地或面积未达到标准)的本集体成员"。

此,我国的建设用地使用权包括两大类:一是国有建设用地使用权,适用《民法典》物权编第十二章"建设用地使用权"的规定;二是集体建设用地使用权,适用《土地管理法》的相关规定。

2.《中华人民共和国土地管理法》(1998 年 8 月 29 日修订,2019 年 8 月 26 日修正)

第五十九条　【三类集体建设用地使用权】乡镇企业、乡(镇)村公共设施、公益事业、农村村民住宅等乡(镇)村建设,应当按照村庄和集镇规划,合理布局,综合开发,配套建设;建设用地,应当符合乡(镇)土地利用总体规划和土地利用年度计划,并依照本法第四十四条、第六十条、第六十一条、第六十二条的规定办理审批手续。

【适用要点】在修正之前的《土地管理法》框架下,土地一级市场实行国家垄断,集体土地只有在征收为国有后才能进行开发。而该条规定的三类集体土地使用权,是无须征收即可直接在集体土地上进行建设的例外情形。

第六十条　【乡镇企业建设用地使用权】农村集体经济组织使用乡(镇)土地利用总体规划确定的建设用地兴办企业或者与其他单位、个人以土地使用权入股、联营等形式共同举办企业的,应当持有关批准文件,向县级以上地方人民政府自然资源主管部门提出申请,按照省、自治区、直辖市规定的批准权限,由县级以上地方人民政府批准;其中,涉及占用农用地的,依照本法第四十四条的规定办理审批手续。

按照前款规定兴办企业的建设用地,必须严格控制。省、自治区、直辖市可以按照乡镇企业的不同行业和经营规模,分别规定用地标准。

【适用要点】该条是有关乡镇、村企业建设用地使用权的规定,《民法典》第 398 条之规定,对应的就是该条规定的建设用地使用权。

第六十三条　【集体经营性建设用地直接入市】土地利用总体规划、城乡规划确定为工业、商业等经营性用途,并经依法登记的集体经营性建设用地,土地所有权人可以通过出让、出租等方式交由单位或者个人使用,并应当签订书面合同,载明土地界址、面积、动工期限、使用期限、土地用途、规划条件和双方其他权利义务。

前款规定的集体经营性建设用地出让、出租等,应当经本集体经济组织成员的村民会议三分之二以上成员或者三分之二以上村民代表的同意。

通过出让等方式取得的集体经营性建设用地使用权可以转让、互换、出资、赠与或者抵押,但法律、行政法规另有规定或者土地所有权人、土地使用权人签订的书面合同另有约定的除外。

集体经营性建设用地的出租,集体建设用地使用权的出让及其最高年限、转让、互换、出资、赠与、抵押等,参照同类用途的国有建设用地执行。具体办法由国务院制定。

【适用要点】该条是关于集体经营性建设用地直接入市包括可以设定抵押的规定。鉴于《民法典》第398条针对的是乡镇、村企业建设用地使用权,与该条规定并不矛盾。

(二)相关行政法规

《中华人民共和国土地管理法实施条例》(2021年4月21日修订)

第四十三条 【集体经营性建设用地入市】通过出让等方式取得的集体经营性建设用地使用权依法转让、互换、出资、赠与或者抵押的,双方应当签订书面合同,并书面通知土地所有权人。

集体经营性建设用地的出租,集体建设用地使用权的出让及其最高年限、转让、互换、出资、赠与、抵押等,参照同类用途的国有建设用地执行,法律、行政法规另有规定的除外。

【适用要点】该条是对集体经营性建设用地使用权变动的具体规定。即须签订书面合同,并通知所有权人,具体适用参照国有建设用地的相关规定。

【典型案例】

(一)参考案例

江苏新澄特钢集团公司诉上海爱使股份有限公司确认抵押合同效力案
【江苏省江阴市人民法院(2009)澄民一初字第3628号】①

【裁判要旨】当事人认为只有地上建筑物与土地同时存在行使抵押时才涉及单独抵押,本案争议的集体土地并无建筑物,此观点不能成立。首先,从

---

① 具体可见最高人民法院中国应用法学研究所编:《人民法院案例选》2011年第3辑(总第77辑),人民法院出版社2011年版。

法条表述看,不得单独抵押,既包括土地和建筑物并存状态下土地使用权不得抵押的情形,也包括仅有土地的状态下不得抵押的情形。我国对乡镇、村企业等集体建设用地使用权抵押问题采取严格限制态度的立法政策,主要是考虑到我国乡镇、村的土地属于集体所有,是用于发展农村经济、增加农民收入和提高农民生活水平的必需的生产资料,若任意抵押,则农民可能失去土地使用权,不利于农村经济的发展。其次,为了方便乡镇、村企业以厂房等建筑物抵押以融通资金、担保债务,根据"房随地走、地随房走"的双向一体原则,法律又规定以建筑物占用范围内的建设用地使用权一并抵押。

第三百九十九条 【禁止抵押的财产范围】下列财产不得抵押：

（一）土地所有权；

（二）宅基地、自留地、自留山等集体所有土地的使用权，但是法律规定可以抵押的除外；

（三）学校、幼儿园、医疗机构等为公益目的成立的非营利法人的教育设施、医疗卫生设施和其他公益设施；

（四）所有权、使用权不明或者有争议的财产；

（五）依法被查封、扣押、监管的财产；

（六）法律、行政法规规定不得抵押的其他财产。

【条文精解】

（一）条文要点

本条是关于禁止抵押的财产范围的规定，系由《物权法》第184条经修改而成，主要包括：第一，删除了《物权法》第184条第2项表述中的"耕地"；第二，将《物权法》第184条第3项中的"医院"改为"医疗机构"，将"事业单位、社会团体"改为"非营利法人"，并附加"以公益为目的"的限制。本条最后一项为兜底条款，其他法律、行政法规中也有关于不得抵押财产的规定。

1. 关于土地所有权

我国土地所有权只能归国家或集体所有，不具有流通性，如果允许土地所有权抵押，实现抵押权后，必然带来土地所有权归属的改变，这与我国土地公有制不符。因此，土地所有权不得抵押。但是土地之上设立的土地使用权等用益物权可以根据相关法律规定和权利属性进行抵押。

2. 关于集体土地使用权

集体土地使用权，根据用途的不同，可以分为农业用地和建设用地两大类。其中农业用地中，以家庭方式承包农村土地取得的土地承包经营权，以招标、拍卖、公开协商等其他方式承包农村土地取得的土地经营权，以及受让方通过流转取得的土地经营权，依法可以设定抵押。但自留山、自留地具有较强的社会保障属性,基于公共政策的考虑,不允许作为抵押财产。

集体建设用地,除《土地管理法》第63条规定的集体经营性建设用地使用权在符合一定的条件或程序时可以设定抵押外,宅基地使用权、乡镇、村企业用地使用权不得单独抵押,但以其上的住宅、厂房等建筑物抵押的,抵押权及于其下的宅基地使用权、乡镇、村企业用地使用权。乡镇、村公共设施和公益事业用地使用权不得单独抵押,其上的建筑物因其具有公益属性,也不得设定抵押,此点使其区别于乡镇、村企业用地使用权。

3. 关于为公益目的成立的非营利法人的公益设施

关于教育设施、医疗卫生设施等公益设施能否作为抵押财产,一直都存在争议,主要涉及以下问题:一是从主体的角度看,应否区别公立与私立、公益性与营利性而作区别对待;二是应否区别公益设施与非公益设施而作区别对待;三是归根结底,究竟应从主体的担保资格角度还是从财产的可抵押性角度进行阐述,也不无分歧,从体系的角度看,还涉及人保与物保的协调问题。就此而言,该问题有进行深入探讨的必要。本书认为,应同时从主体、客体以及目的三个方面进行限制:

一是主体须是公益法人,即以公益为目的成立的非营利法人。《民法典》将法人分为营利法人、非营利法人以及特别法人;根据目的的不同,非营利法人又可进一步分为以公益为目的的非营利法人(即公益法人)和其他非营利法人。关于公益法人和其他非营利法人的区分及具体类型,详见本书对《民法典》第683条的分析,此处不再赘述。本条第3项规定的不能设定抵押的主体,须是公益法人,不包括营利法人以及其他非营利法人。以学校为例,公立学校多为公益法人,但民办学校则并不都是营利法人。民办学校既可能是营利法人,也可能是非营利法人,实践中,可以根据登记部门来判断其性质:在市场监管部门登记的,为营利性民办学校;在民政部门登记的,则为非营利性民办学校。根据招生对象的不同,非营利性民办学校可以进一步分为公益性学校以及其他非营利性学校。某一学校,如国际学校仅招收外国学生、回民学校仅招收回民,但就符合条件的人而言,并无特定资格要求,仍不失为公益法人。某些单位的子弟学校,如果仅招收该单位的子弟,不向一般社会公众开放,则属于其他非营利法人。总之,营利法人与非营利法人、公益法人与其他非营利法人的区分,与投资者是国家还是私人尽管有密切联系,但不能完全等同,对此应予特别注意。该条所谓的公益法人,除学校、幼儿园、医院外,还包括公共图书馆、科学技术馆、博物馆、国家美术馆、少年宫、工人文化宫、敬老院、残疾人福利基金会等公益法人。

二是须是公益法人的公益设施。作为禁止抵押客体的是公益法人的教育设施、医疗卫生设施以及其他公益设施,如教学楼、实验室、实验设备,医院门诊大楼、住院部、X光机、CT机、化验仪器,等等。至于非教育设施或者非医疗设备,如幼儿园的小卖部,学校的商店,医院办的农副产品基地,是可以抵押的。《担保法解释》第53条规定:"学校、幼儿园、医院等以公益为目的的事业单位、社会团体,以其教育设施、医疗卫生设施和其他社会公益设施以外的财产为自身债务设定抵押的,人民法院可以认定抵押有效。"该规定与《民法典》的精神是一致的,应当有继续适用的余地。

三是关于应否为自身债务设定抵押问题。以公益设施以外的不动产或者动产设定担保物权,是仅限为担保人自身债务提供担保,还是可以扩及所有的担保债务?一种观点认为,《担保法解释》第53条规定:"学校、幼儿园、医院等以公益为目的的事业单位、社会团体,以其教育设施、医疗卫生设施和其他社会公益设施以外的财产为自身债务设定抵押的,人民法院可以认定抵押有效。"该规定严格限制学校、幼儿园、医院、养老机构等的担保范围,有利于减轻此类组织对外负债的风险。另一种观点认为,此类主体也有融资难融资贵的问题,且从实践情况看,在合作办学中,就有为合作方提供担保的必要,因而没有必要对其进行限制。《民法典担保制度解释》第6条并未沿袭《担保法解释》的规定,而是采取了第二种意见。因此,公益法人在以公益设施以外的不动产或者动产设定担保物权场合,无须以为自身债务提供担保为必要。

4. 关于所有权、使用权不明或者有争议的财产

《民法典》第399条规定的不得抵押的财产,有的自始不得抵押,以此类财产设定的抵押因标的不适格而自始无效、当然无效,如土地所有权,除法律规定可以抵押外的宅基地、自留地、自留山等集体土地的使用权,以及学校、幼儿园、医疗机构等为公益目的成立的非营利法人的教育设施、医疗卫生设施和其他公益设施。有的所谓的不得抵押,对应的是无权处分的概念,在《民法典》采取区分原则的情况下,不能仅以违反《民法典》第399条的规定为由,就认定抵押合同无效,以权属不明或者有争议的不动产设定的抵押即属此类。所谓的权属不明主要是指所有权不明。不动产的物权变动采登记生效主义,基于登记的权利推定效力,在已经办理不动产所有权登记的情况下,一般不存在权属不明的问题。因而权属不明主要是指因合法建造而取得

所有权但并未办理登记,有关当事人以建筑物设定抵押的情形。权属不明还包括使用权不明,如因土地未办理确权登记而导致土地使用权不明。所谓的权属有争议,主要是指尽管有相应的不动产登记,但因为隐名等原因,导致当事人之间产生了权属争议,从而引发了确权之诉或者案外人执行异议之诉。

本书认为,不论是以权属不明的财产设定抵押,还是以有争议的财产设定抵押,只要不存在其他合同无效的情形,一般应当认定担保合同有效,因为这些财产只要不是违法财产,就不存在因标的违法而无效的问题。且从实际情况看,当事人以权属不明或者有争议的财产设立抵押,经人民法院审查后可能有两种结果:一是抵押人有处分权;二是抵押人无权处分。在抵押人有权处分的场合,不仅抵押合同效力不受影响,抵押权的设立也应认定有效。在抵押人无权处分的场合,虽然抵押合同不因抵押人无权处分而受影响,但抵押权的设立则取决于是否债权人满足善意取得的条件:构成善意取得的,债权人可主张行使抵押权;不符合善意取得条件的,债权人无权主张行使抵押权,真正权利人可以请求注销抵押登记。

值得探讨的是,如何认定抵押权的善意取得。一种观点认为,从《民法典》第 311 条第 3 款有关"当事人善意取得其他物权的,参照适用前两款"的规定看,抵押权善意取得的构成要件应当参照适用善意取得所有权的有关规定,即包括善意、支付合理对价、完成权利变动的公示三要件。本书认为,不可机械地理解前述规定。抵押作为一种担保,性质上属于单务行为、无偿行为,不以支付合理对价为必要。因而只要在签订抵押合同时抵押权人为善意,且完成了不动产抵押登记的,就构成善意取得,而不问其是否支付了合理对价。

5. 关于依法被查封、扣押、监管的财产

查封,指的是有关机关采用封条形式就地封存当事人的财产,禁止当事人处分财产的行为;扣押,是有关机关将财产转移至异地,不让当事人处分财产的行为。准确理解查封、扣押,需要把握以下几点:一是实施主体只能是人民法院和有关行政机关。人民法院在财产保全和执行程序中,有权依据《民事诉讼法》的有关规定查封、扣押诉讼当事人(主要是被告)、被执行人的财产。根据《行政强制法》的规定,查封、扣押同时也是一种行政强制措施,由法律、行政法规规定的有查封、扣押权的机关依据法定程序来实施。二是民事诉讼中的查封、扣押,在诉讼程序中性质属于财产保全措施;在执行程序中,则属于临时性的执行措施,是拍卖、变卖的预备性措施。作为行政强制措施,查封、扣押则由有关行政机关在行政执法程序中作出。三是查封、扣押的对象是非金钱财产,包括不动产、动产以及其他财产权。四是在民事诉讼中,查封、扣押需要以裁定方式作出;而在行政执法程序中,则应当以行政决定方式作出。但不论是裁定还是决定,都从送达当事人或协助执行人起对相关主体生效。五是查封、扣押的目的在于限制被查封人、被扣押人对标的物进行事实上的处分和法律上的处分。但《查扣冻规定》第24条第1款规定:"被执行人就已经查封、扣押、冻结的财产所作的移转、设定权利负担或者其他有碍执行的行为,不得对抗申请执行人。"由此可见,被执行人对被查冻扣的财产所为的设定担保物权等处分行为仍构成有权处分,在客体是动产和权利时甚至还可以通过办理登记而具有对抗第三人之效力,但依据该条之规定,不能对抗申请执行人。

关于以被查封、扣押的财产设定的抵押合同的效力问题,也存在不同观点。一种观点认为,《民法典》第399条规定被查封、扣押的财产不能抵押,故以被查封、扣押的财产设定的抵押合同无效。另一种观点则认为,被查封、扣押的财产仍然是抵押人的财产,抵押人仍然享有所有权,自然也享有处分权,故设定的抵押有效。即便认为查封、扣押行为限制了抵押人的处分权,其设定抵押权的行为也不过构成无权处分,仍然不影响抵押合同的效力,只是在后设立的抵押权不能对抗申请查封、扣押的债权人罢了。《民法典担保制度解释》第37条第2款采取了第二种观点,一方面规定,抵押人以抵押权设立时财产被查封或者扣押为由主张抵押合同无效的,人民法院不予支持;另一方面又规定,当事人以依法被查封或者扣押的财产抵押,抵押权人请求行使抵押权,经审查查封或者扣押措施已经解除的,人民法院应予支持。反面解释是,查封、扣押措施未解除的,后设立的抵押权不能对抗申请查封、扣押的债权人。

关于以被查封、扣押的财产设定抵押能否适用善意取得制度的问题,存在分歧。一种观点认为,查封、扣押的主要效力在于限制处分,故以此类财产设定抵押的,构成无权处分;查封、扣押未公示的,不得对抗善意第三人,有善意取得的可能。本书认为,被查封、扣押的财产仍是抵押人的财产,抵押人以此类财产设定抵押权的行为属于有权处分,不存在善意取得问题。

本条所谓的监管,主要是《海关法》规定的监管。《海关法》第23条规定:"进口货物自进境起到办结海关手续止,出口货物自向海关申报起到出境止,过境、转运和通运货物自进境起到出境止,应当接受海关监管。"该法第37条第 1 款规定:"海关监管货物,未经海关许可,不得开拆、提取、交付、发运、调换、改装、抵押、质押、留置、转让、更换标记、移作他用或者进行其他处置。"据此,海关监管期间的货物,当事人的处分权也是受限制的,可以参照前述规则处理,此处不赘。

6. 法律、行政法规规定不得抵押的其他财产

法律规定不得抵押的财产,如《文物保护法》第 24 条规定:"国有不可移动文物不得转让、抵押……"该法第 25 条第 1 款规定:"非国有不可移动文物不得转让、抵押给外国人。"行政法规规定不得抵押的财产,如《宗教事务条例》第 54 条规定:"宗教活动场所用于宗教活动的房屋、构筑物及其附属的宗教教职人员生活用房不得转让、抵押或者作为实物投资。"

除法律、行政法规明确规定不得抵押的财产外,部门规章、地方性法规、地方政府规章规定不得抵押的,不影响抵押权的设立。如《城市房地产抵押管理办法》第 8 条第 3 项、第 4 项规定,"有重要纪念意义的其他建筑物"以及"已依法公告列入拆迁范围的房地产"不得设定抵押。前述规定缺乏上位法依据,也与该条规定相悖,不得再作为禁止抵押的依据。

(二)适用情况

一是实务中对于本条第 3 项公益法人的公益设施的认定,应当结合投资方、登记机构、设施类型、设施用途等综合判断。

二是私人所有的营利性医疗、教育机构,相较于公办机构而言,仅是投资渠道上的不同,并不能完全否定其公益属性,实践中在认定时应当具体问题具体分析。

三是在土地的登记用途为"商业"情况下,还应考虑地块上建筑物是否属于公益设施,结合《民法典》第 397 条房地一体原则,如土地上为教育设施,则土地使用权亦不能作为抵押物。

【相关法律、行政法规】

(一)相关法律

1.《中华人民共和国民法典》(2020 年 5 月 28 日通过)

第八十七条　【非营利法人的定义及类型】为公益目的或者其他非营利

目的成立,不向出资人、设立人或者会员分配所取得利润的法人,为非营利法人。

非营利法人包括事业单位、社会团体、基金会、社会服务机构等。

【适用要点】该条是关于非营利法人定义及类型的规定,详见本书对《民法典》第683条的阐释。

2.《中华人民共和国海关法》(1987年1月22日通过,2021年4月29日修正)

第三十七条 【海关监管货物的处置】海关监管货物,未经海关许可,不得开拆、提取、交付、发运、调换、改装、抵押、质押、留置、转让、更换标记、移作他用或者进行其他处置。

海关加施的封志,任何人不得擅自开启或者损毁。

人民法院判决、裁定或者有关行政执法部门决定处理海关监管货物的,应当责令当事人办结海关手续。

【适用要点】该条是关于海关监管货物处置的规定,其中对监管货物的处置涉及抵押问题。适用时应注意以下几点:一是该条并未绝对禁止当事人以海关监管货物设定抵押或质押,仅是规定在以海关监管货物设定抵押或者质押时,应经海关许可。二是基于区分原则,关于抵押人未经海关许可签订的抵押合同本身是有效的。但能否实现抵押权,则取决于海关是否解除了监管措施。

3.《中华人民共和国海商法》(1992年11月7日通过)

第一百五十一条 【抵押权设定的限制】未经承租人事先书面同意,出租人不得在光船租赁期间对船舶设定抵押权。

出租人违反前款规定,致使承租人遭受损失的,应当负赔偿责任。

【适用要点】该条是关于船舶抵押权设定限制的规定。适用时应注意以下几点:一是光船租赁权与船舶抵押权的设立目的都是船舶所有权人为了获得融资而在船舶上设定的一种限制性权利。不同之处在于光船租赁权为债权,属于租赁权范畴,而船舶抵押权为担保物权;光船租赁权需要将船舶的占有权一并转移,船舶抵押权不以转移占有为前提。二是光船租赁权的取得、变更和消灭必须经过登记才能对抗第三人,与船舶所有权和抵押权一致。在光船租赁的情况下,出租人对船舶设立抵押权须经承租人同意,否则应承担损害赔偿责任。

4.《中华人民共和国文物保护法》（2002 年 10 月 28 日修订,2017 年 11 月 4 日修正）

第二十四条　【国有不可移动文物转让、抵押的禁止】国有不可移动文物不得转让、抵押。建立博物馆、保管所或者辟为参观游览场所的国有文物保护单位,不得作为企业资产经营。

第二十五条　【非国有不可移动文物转让、抵押的限制】非国有不可移动文物不得转让、抵押给外国人。

非国有不可移动文物转让、抵押或者改变用途的,应当根据其级别报相应的文物行政部门备案。

【适用要点】上述两条关于不可移动文物转让、抵押限制的规定,属于《民法典》第 399 条兜底条款中的"法律、行政法规规定不得抵押的其他财产"。应当注意的是,国有不可移动文物不具有流通性,因此不能作为抵押财产设定抵押。非国有不可移动文物只能抵押给本国人,且应报相应文物行政部门备案。此规定的主要目的在于保护我国文化遗产,防止文物流失。

5.《全国人民代表大会常务委员会法制工作委员会对关于私立学校、幼儿园、医院的教育设施、医疗卫生设施能否抵押的请示的意见》（法工办发〔2009〕231 号,2009 年 12 月 1 日）

住房和城乡建设部办公厅:

你部建法函〔2009〕264 号来函收悉,经研究,交换意见如下:

同意请示中的第二种意见。

附:《建设部关于私立学校、幼儿园、医院的教育设施、医疗卫生设施能否抵押的请示》（建法函〔2009〕264 号,2009 年 11 月 9 日）

全国人大常委会法制工作委员会:

《中华人民共和国物权法》第一百八十四条规定,"学校、幼儿园、医院等以公益为目的的事业单位、社会团体的教育设施、医疗卫生设施和其他社会公益设施"不得抵押,在房地产登记工作中,就该条适用问题存在不同意见。一种意见认为,私立学校、幼儿园、医院不属于《物权法》第一百八十四条规定的事业单位、社会团体,私立学校、幼儿园、医院的教育设施、医疗卫生设施也不属于社会公益设施,依法可以抵押。另一种意见认为,私立学校、幼儿园、医院和公办学校、幼儿园、医院,只是投资渠道上的不同,其公益属性是一样的。私立学校、幼儿园、医院中的教育设施、医疗卫生设施也属于社会公益设施,按照《物权法》第一百八十四条规定,不得抵押。

为了正确理解和执行《中华人民共和国物权法》,现就私立学校、幼儿园、医院的教育设施、医疗卫生设施能否抵押问题请示你委,请予答复为盼。

【适用要点】从全国人大常委会法工委对住建部的答复意见可以看出,私立学校、幼儿园、医院即便是私人投资,但不能仅以投资者确定是否属于公益法人。从教育设施、医疗卫生设施的设立目的看,其具有服务社会不特定多数人的公益性质,从维护社会公共秩序的角度出发,这些设施应属于社会公益设施,不能进行抵押。

（二）相关行政法规

《宗教事务条例》(2017 年 6 月 14 日修订)

第五十四条　【用于宗教活动的建筑物不得转让、抵押及投资】宗教活动场所用于宗教活动的房屋、构筑物及其附属的宗教教职人员生活用房不得转让、抵押或者作为实物投资。

【适用要点】该条也属于《民法典》第 399 条兜底条款中的"法律、行政法规规定不得抵押的其他财产"的规定。宗教活动场所用于宗教活动的房屋、构筑物及其附属的宗教教职人员生活用房具有公益性,因此不能流通,自然亦不能抵押。

【司法解释及规范性司法文件】

（一）司法解释

1.《最高人民法院关于适用〈中华人民共和国民法典〉有关担保制度的解释》(法释〔2020〕28 号,2020 年 12 月 25 日通过)

第六条　【公益法人担保的限制】以公益为目的的非营利性学校、幼儿园、医疗机构、养老机构等提供担保的,人民法院应当认定担保合同无效,但是有下列情形之一的除外:

（一）在购入或者以融资租赁方式承租教育设施、医疗卫生设施、养老服务设施和其他公益设施时,出卖人、出租人为担保价款或者租金实现而在该公益设施上保留所有权;

（二）以教育设施、医疗卫生设施、养老服务设施和其他公益设施以外的不动产、动产或者财产权利设立担保物权。

登记为营利法人的学校、幼儿园、医疗机构、养老机构等提供担保,当事人以其不具有担保资格为由主张担保合同无效的,人民法院不予支持。

【适用要点】该条是关于非营利公益法人不能提供担保的两个例外的规定,本书在《民法典》第 683 条的有关部分作了详细分析,此处不赘。

第三十七条　【以查扣冻等财产设定抵押】当事人以所有权、使用权不明或者有争议的财产抵押,经审查构成无权处分的,人民法院应当依照民法典第三百一十一条的规定处理。

当事人以依法被查封或者扣押的财产抵押,抵押权人请求行使抵押权,经审查查封或者扣押措施已经解除的,人民法院应予支持。抵押人以抵押权设立时财产被查封或者扣押为由主张抵押合同无效的,人民法院不予支持。

以依法被监管的财产抵押的,适用前款规定。

【适用要点】当事人以权属不明或者有争议的财产设立担保,在发生纠纷后,经人民法院审查,其结果无非是两种情况:一是标的物属担保人所有或者担保人有处分权,此时不应影响担保合同的效力,也不应影响担保物权的设立;二是标的物不属于担保人所有或者担保人没有处分权,即担保人构成无权处分,此时应类推适用《民法典》第 597 条的规定,认定担保合同不受无处分权的影响,但担保物权因担保人欠缺处分权而无法设立,除非债权人符合《民法典》第 311 条关于善意取得构成要件的规定。

此外,考虑到财产被查封或者扣押后仍可以办理抵押登记,且实践中也不能完全排除超标的查封的问题,在担保人以被查封或者扣押的财产设立担保的情形下,担保合同和担保物权均不应受到影响,但取得担保物权的债权人在行使担保物权时,不得对抗申请查封或者扣押的债权人。同理,当事人以海关监管财产设立担保,即使债权人已经取得担保物权,其行使也不得对抗海关的监管措施。

第四十九条　【违法建筑抵押】以违法的建筑物抵押的,抵押合同无效,但是一审法庭辩论终结前已经办理合法手续的除外。抵押合同无效的法律后果,依照本解释第十七条的有关规定处理。

当事人以建设用地使用权依法设立抵押,抵押人以土地上存在违法的建筑物为由主张抵押合同无效的,人民法院不予支持。

【适用要点】该条是关于违法建筑物抵押合同无效及其效力补正的规定,本书在《民法典》第 395 条的相关规定中已有阐释,此处不赘。

2.《最高人民法院关于人民法院民事执行中查封、扣押、冻结财产的规

定》(法释〔2004〕15 号;法释〔2020〕21 号,2020 年 12 月 23 日修正)

第二十四条 【查封、扣押、冻结的效力】被执行人就已经查封、扣押、冻结的财产所作的移转、设定权利负担或者其他有碍执行的行为,不得对抗申请执行人。

第三人未经人民法院准许占有查封、扣押、冻结的财产或者实施其他有碍执行的行为的,人民法院可以依据申请执行人的申请或者依职权解除其占有或者排除其妨害。

人民法院的查封、扣押、冻结没有公示的,其效力不得对抗善意第三人。

【适用要点】该条第 1 款是《民法典》第 399 条第 5 项相关问题的延伸。适用时应注意以下几点:一是依法被查封、扣押、监管的财产不得抵押,但根据该条规定,抵押查封、扣押、冻结财产的行为并非绝对无效,而是不能对抗申请执行人。查封的效力仅具有相对性,被执行人就查封物所为的处分行为并非绝对无效,而只是相对无效,只是不得对抗申请执行人,在被执行人与处分行为的相对人之间仍属有效。二是该条第 1 款包含两层意思:第一,被执行人对查封的财产进行转让、设定抵押、质押、出租等处分的,申请执行人仍可根据执行依据所载债权,请求对该财产进行执行,不受上述处分行为的限制,也无须考虑保护处分行为相对人的利益。第二,在不妨害查封目的、保护申请执行人利益的前提下,为了保护交易安全,维护交易秩序,促进交易的进行,被执行人对查封物所为的移转、设定负担或者其他有碍查封效果的行为,仍然有效。就查封的对人的效力范围而言,查封的效力除及于被执行人外,还及于第三人,即第三人也不得有碍实现人民法院查封的目的。

(二)规范性司法文件

《第八次全国法院民事商事审判工作会议(民事部分)纪要》(法〔2016〕399 号,2016 年 11 月 21 日公布)

19. 在国家确定的宅基地制度改革试点地区,可以按照国家政策及相关指导意见处理宅基地使用权因抵押担保、转让而产生的纠纷。

在非试点地区,农民将其宅基地上的房屋出售给本集体经济组织以外的个人,该房屋买卖合同认定为无效。合同无效后,买受人请求返还购房款及其利息,以及请求赔偿翻建或者改建成本的,应当综合考虑当事人过错等因素予以确定。

【适用要点】目前,我国农村土地制度改革深化,持续推动深化农村宅基地制度改革试点地区率先健全宅基地分配、流转、抵押、退出、使用、收益、审批、监管等制度。2015 年以来,按照中央部署,全国 33 个县(市、区)开展农村宅基地制度改革试点。银保监会也在宅基地制度改革试点框架下,支持有条件地区稳慎探索宅基地使用权抵押贷款业务。

【部门规章、规范性文件与相关政策】

(一)部门规章

《农村承包土地的经营权抵押贷款试点暂行办法》(银发〔2016〕79 号,2016 年 3 月 15 日公布)

第二条　【经营权抵押贷款的概念】本办法所称农村承包土地的经营权抵押贷款,是指以承包土地的经营权作抵押、由银行业金融机构(以下称贷款人)向符合条件的承包方农户或农业经营主体发放的、在约定期限内还本付息的贷款。

第十四条　【试点要求】借贷双方要按试点地区规定,在试点地区农业主管部门或试点地区政府授权的农村产权流转交易平台办理承包土地的经营权抵押登记。受理抵押登记的部门应当对用于抵押的承包土地的经营权权属进行审核、公示。

(二)规范性文件

《自然资源部关于做好不动产抵押权登记工作的通知》(自然资发〔2021〕54 号,2021 年 4 月 6 日公布)

各省、自治区、直辖市自然资源主管部门,新疆生产建设兵团自然资源局:

为落实《民法典》对不动产抵押权的规定,现就有关事项通知如下:

一、依法确定不动产抵押范围。学校、幼儿园、医疗机构、养老机构等为公益目的成立的非营利法人的教育设施、医疗卫生设施、养老设施和其他公益设施,以及法律、行政法规规定不得抵押的其他不动产,不得办理不动产抵押登记。

二、明确记载抵押担保范围。当事人对一般抵押或者最高额抵押的主债权及其利息、违约金、损害赔偿金和实现抵押权费用等抵押担保范围有明确约定的,不动产登记机构应当根据申请在不动产登记簿"担保范围"栏记载;

没有提出申请的,填写"/"。

三、保障抵押不动产依法转让。当事人申请办理不动产抵押权首次登记或抵押预告登记的,不动产登记机构应当根据申请在不动产登记簿"是否存在禁止或限制转让抵押不动产的约定"栏记载转让抵押不动产的约定情况。有约定的填写"是",抵押期间依法转让的,应当由受让人、抵押人(转让人)和抵押权人共同申请转移登记;没有约定的填写"否",抵押期间依法转让的,应当由受让人、抵押人(转让人)共同申请转移登记。约定情况发生变化的,不动产登记机构应当根据申请办理变更登记。

《民法典》施行前已经办理抵押登记的不动产,抵押期间转让的,未经抵押权人同意,不予办理转移登记。

四、完善不动产登记簿。对《国土资源部关于启用不动产登记簿证样式(试行)的通知》(国土资发〔2015〕25 号)规定的不动产登记簿样式进行修改:

1. 在"抵押权登记信息"页、"预告登记信息"页均增加"担保范围"、"是否存在禁止或限制转让抵押不动产的约定"栏目。

2. 将"抵押权登记信息"页的"最高债权数额"修改为"最高债权额"并独立为一个栏目,填写最高额抵押担保范围所对应的最高债权数额。

五、更新不动产权证书和不动产登记证明。更改法律依据,将电子和纸质不动产权证书、不动产登记证明中的"《中华人民共和国物权法》"修改为"《中华人民共和国民法典》"。

六、调整不动产登记系统、数据库以及申请书。各地要根据新的不动产登记簿,抓紧升级改造各级不动产登记系统,扩展完善数据库结构和内容,将新增和修改的栏目纳入登记系统和数据库,并实时完整上传汇交登记信息。要在不动产登记申请书中增加"担保范围"等栏目,完善申请书示范文本等,保障登记工作顺畅开展。

为厉行节约、避免浪费,原已印制的存量证书证明可以继续使用完为止。

【适用要点】该通知第 1 条规定,学校、幼儿园、医疗机构、养老机构等为公益目的成立的非营利法人的教育设施、医疗卫生设施、养老设施和其他公益设施,以及法律、行政法规规定不得抵押的其他不动产,不得办理不动产抵押登记。

【典型案例】

（一）参考案例

1. 周润泽与内蒙古玛拉沁医院、赵晖等借款合同纠纷案【最高人民法院（2015）民一终字第 240 号】

【裁判要旨】《物权法》第 184 条①规定："下列财产不得抵押：……（三）学校、幼儿园、医院等以公益为目的的事业单位、社会团体的教育设施、医疗卫生设施和其他社会公益设施……"玛拉沁医院虽为私人所有的营利性医疗机构，相较于公办医疗机构，仅是投资渠道上的不同，并不能否定其公益属性，私立医院中的医疗卫生设施仍属于社会公益设施。根据上述法律规定，玛拉沁医院为邢科的借款提供担保的财产属依法不得抵押的财产。由此，周润泽与玛拉沁医院签订的《抵押合同》为无效合同。

【编者评析】该案的指导意义在于，明确了营利性机构以公益设施设定抵押的，抵押无效。

2. 李晓中与东莞市百盛投资发展有限公司、郑敬辉借款合同纠纷案【最高人民法院（2016）最高法民再 335 号】

【裁判要旨】依据《民办教育促进法》第 3 条"民办教育事业属于公益性事业"及第 5 条"民办学校与公办学校具有同等的法律地位"之规定，东莞市××学校作为民办学校，应认定为公益性事业单位。依据《担保法》第 37 条第 3 项及《物权法》第 184 条第 3 项"下列财产不得抵押：……（三）学校、幼儿园、医院等以公益为目的的事业单位、社会团体的教育设施、医疗卫生设施和其他社会公益设施"之规定，案涉土地属于学校类教育公益设施，系法律规定不得抵押的设施。以该土地使用权设定的抵押因违反上述法律强制性规定，当属无效。虽然案涉土地的登记用途为"商业"，但案涉地块上建有教育公益设施已是事实。依据《物权法》第 182 条②规定的房地一体原则，涉案土地上为教育设施，故土地亦不能作为抵押物。因此，案涉两份抵押担保合同因违反了法律强制性规定而无效。

---

① 《民法典》第 399 条。下同。
② 《民法典》第 397 条。

第四百条 【抵押合同】设立抵押权,当事人应当采用书面形式订立抵押合同。

抵押合同一般包括下列条款:

(一)被担保债权的种类和数额;

(二)债务人履行债务的期限;

(三)抵押财产的名称、数量等情况;

(四)担保的范围。

【条文精解】

(一)条文要点

本条是关于抵押合同的形式和内容的规定,是由《物权法》第185条修改而成。本条删除了《物权法》第185条第2款第3项中"质量、状况、所在地、所有权归属或者使用权归属"这一表述,以"等情况"作以取代。准确理解本条,要注意以下内容:

1. 关于抵押合同及其形式

抵押合同是抵押人与抵押权人之间签订的意在设立抵押权的合同。准确理解抵押合同,应当把握如下几点:

一是抵押合同是设立抵押权的原因。在动产抵押中,登记仅是抵押权设立的对抗要件,抵押合同有效成立,抵押权就设立,只是未经登记不能对抗善意第三人而已。不动产抵押中,登记是抵押权设立的生效要件,未经登记,抵押合同有效,但不发生抵押权设立的效果。

二是抵押合同为单务合同、诺成合同、要式合同、从合同。在抵押合同中,仅抵押人负有主给付义务,故为单务合同。抵押合同经意思表示一致即成立,不以抵押物的交付为特别成立要件,故为诺成合同。抵押财产的价值通常较高,且抵押合同为单务合同,为使当事人谨慎从事担保行为,法律要求抵押合同必须采取书面形式,故为要式合同。此外,登记机关在办理抵押登记时要求当事人提交书面的抵押合同,且登记簿记载事项往往也源于抵押合同的约定,故从操作层面看,抵押合同也只能采取书面形式。较之于主合同,抵押合同属于从合同,在成立、内容、处分以及消灭上均与主合同同其命运。抵押合同既可能是有偿合同,也可能是无偿合同,这取决于当事人的约定。

2. 关于抵押合同的内容

学理上通常将合同条款分为要素、常素和偶素三类。要素又称必备条款,是某一类合同不可或缺的条款,如在买卖合同中,标的物与价款就是不可或缺的条款。要素只能通过当事人的意思表示来确定,不能够通过其他合同条款、交易习惯或者合同法的规定来补正。要素的欠缺意味着当事人未就合同必备条款达成一致,其结果是导致合同不成立。常素是某一类合同通常具备的条款,在有名合同中,当事人未对常素作出约定的,往往可以通过合同法的有关规定来补正。偶素是当事人处于特定交易目的的考虑而作出的特别约定,既可以是对常素的排除,也可以是对交易作出特别约定。对抵押合同来说,抵押财产以及被担保的主债权种类属于要素。因此,《担保法解释》第56条第1款规定:"抵押合同对被担保的主债权种类、抵押财产没有约定或者约定不明,根据主合同和抵押合同不能补正或者无法推定的,抵押不成立。"而主债务履行期限以及担保范围则属于常素,抵押合同缺乏具体规定的,当事人可以根据《民法典》的相关规定补正其内容。鉴于这几个条款是抵押合同最为重要的条款,该条对其作出了倡导性规定,提示当事人对其作出明确规定。

一是关于被担保债权。设立抵押权的目的就是担保主债权的实现,因此被担保的主债权的种类是抵押合同的必备条款。根据《民法典》第387条之规定,被担保的主债权主要是各类合同债权,包括《民法典》规定的各种有名合同以及无名合同、混合合同。在同一债务人与债权人之间存在多种合同关系的情况下,如果主债权种类不特定,当事人设立抵押权的目的就不能实现。因此,主债权种类是抵押合同的必备条款。值得探讨的是,除了合同之债外,不当得利、无因管理甚至侵权之债能否成为被担保的债权? 本书认为,通常情况下此类债权并非主动债权,就其产生而言,一般不存在担保问题。如在合同无效情况下,尽管可能存在不当得利返还问题,根据抵押合同的从属性,主合同无效导致抵押合同无效,抵押权的设立就丧失了依据,因而为担保合同履行而设立的抵押权不能作为不当得利返还之债的担保。当事人在主合同无效情况下,专门就返还问题达成清理结算协议,并约定既有的抵押继续有效的,此时被担保的主债权是清理结算协议确定的债权,而非不当得利返还之债,本质上仍然属于合同债权的范畴。同理,侵权之债产生后,当事人也可以通过协议方式确定侵权之债的范围以及履行方式,并为其设定担保。此时,担保的主债权主要是协议确定的债权,而非侵权责任本身。就此而言,担保的主债权仍然是合同债权,而非不当得利之债、侵权之债或者无因管理之债。当然,例外情况下侵权之债等法定之债也可能成为被担保的债权,如平台公司向入住商户预先收取保证金,用以担保因产品瑕疵给消费者造成损失时平台需要预先赔付的损失。

关于被担保的主债权数额。当事人对主债权数额约定不明确,能够根据《民法典》合同编第 511 条第 2 项有关"价款或者报酬不明确的,按照订立合同时履行地的市场价格履行"之规定确定的,不影响担保合同的成立。但某一标的物没有市场价格,或者不能通过相关规则补正的,主债权数额不明会导致主合同不成立,从而导致抵押合同不成立。就此而言,主债权数额尽管并不必然是抵押合同的必备条款,但仍然是非常重要的条款。

二是关于抵押财产。《物权法》第 185 条第 2 款第 3 项规定,抵押合同要载明标的物的名称、数量、质量、状况、所在地、所有权归属或者使用权归属,本条将对应表述简化为"抵押财产的名称、数量等情况",这是否意味着《民法典》允许对抵押财产进行概括描述?之所以讨论这一问题,是因为世行对各经济体的营商环境进行评估中,其中的"获得信贷"指标要求允许对抵押财产进行概括性描述。《民法典》的修改是否意味着满足了世行营商环境评估的要求?对此,不可一概而论。

不动产抵押实行登记生效主义,登记具有公示公信力,所以对不动产的描述要具体明确。根据《不动产登记暂行条例》第 8 条之规定,不动产登记簿除了要记载不动产的坐落、界址、空间界限、面积、用途等自然状况外,还要记载不动产权利的主体、类型、内容、来源、期限、权利变化等权属变化,以及涉及不动产权利限制、提示的事项。可见,在不动产登记中,登记机要对登记财产进行较为严格的审查,对当事人申请登记文件的要求自然也较高,不允许对抵押财产进行概括性描述。

但动产则不同,动产抵押则实行登记对抗主义,登记的意义仅在于提醒债权人注意相应标的物上可能存在担保负担,以使第三人及时评估交易风险、尽早采取防范措施。基于登记对抗的法理,动产抵押往往实行声明登记制,其对担保财产的描述要求很低。在我国现行动产登记实践中,应收账款质押登记和动产抵押登记系统均采声明登记制。在此种登记制度下,应当允许当事人对担保财产进行概括性描述,即只需在协议中以可以合理识别的方式描述担保财产即可。至于描述到何种程度算合理,需要进行个案判断。一般来说,至少需要记载抵押财产的名称、数量。

三是关于主债务履行期限。抵押权作为一种担保物权,一旦主债务人在债务履行期限届满后仍不履行债务,抵押权人就可实现抵押权。可见,主债务履行期限长短直接关涉抵押人的利益,因此,该条提示当事人尽量约定主债务履行期限,或者提示当事人在确定是否提供抵押时考察主债务履行期限的约定是否合理,从而作出合理判断。当然,如果抵押合同对此没有明确,则法院也可以根据合同法规定的相关解释规则予以补正。就此而言,履行期限固然重要,但并非抵押合同的必备条款。

四是关于担保范围。所谓担保范围,即被担保的主债权的范围。根据《民法典》第389条的规定,首先看当事人有无约定;当事人没有约定或者约定不明的,担保的范围包括主债权及其利息、违约金、损害赔偿金等附属债权。

(二)适用情况

本条主要适用以下情形:

一是对于抵押合同应当采书面形式并无争议,不符合该特殊要求的抵押合同不成立。

二是当事人在合同中约定以全部财产作为抵押的,因抵押财产无法特定,应当认定抵押合同不成立。基于对债权人的保护,可将全部财产抵押解释为保证。但是必须受到两个条件的限制:一是合同中关于抵押的条款仅有"以全部财产抵押",而无其他条款;二是当事人应将优先受偿的请求变更为保证责任的请求,或者另行起诉。

三是当出现合同约定的担保物权的担保范围与登记簿记载不一致时,依据《民法典担保制度解释》第47条规定,应当根据登记簿的记载确定抵押财产、被担保的债权范围等事项。

【相关法律、行政法规】

(一)相关法律

1.《中华人民共和国民法典》(2020年5月28日通过)

第二百一十五条　【合同效力与物权变动区分】当事人之间订立有关设

立、变更、转让和消灭不动产物权的合同,除法律另有规定或者当事人另有约定外,自合同成立时生效;未办理物权登记的,不影响合同效力。

【适用要点】该条是关于合同效力和物权效力区分的规定。适用时要注意以下几点:一是必须区分抵押合同的效力与不动产抵押登记的效力。抵押合同的效力由《民法典》总则及合同编调整,抵押权的设立由《民法典》物权编调整。抵押合同效力并不必然与抵押权变动具有联系,不因合同约定的抵押权能否设立受到影响。除非法律有特别规定或者另有约定,抵押合同一经成立,只要在内容上不违反法律的效力性强制规定和公序良俗,就可发生效力。二是具体到不动产抵押登记与抵押合同的效力。不动产抵押登记并不是针对合同行为,而是针对不动产抵押权变动所采取的一种公示方法,如果当事人之间仅就不动产抵押权的变动达成合意,而没有办理登记,抵押权未设立,抵押合同仍然有效,各当事人仍应按照抵押合同的约定履行相应的义务。

第五百一十一条 【合同约定不明确时的履行】当事人就有关合同内容约定不明确,依据前条规定仍不能确定的,适用下列规定:

(一)质量要求不明确的,按照强制性国家标准履行;没有强制性国家标准的,按照推荐性国家标准履行;没有推荐性国家标准的,按照行业标准履行;没有国家标准、行业标准的,按照通常标准或者符合合同目的的特定标准履行。

(二)价款或者报酬不明确的,按照订立合同时履行地的市场价格履行;依法应当执行政府定价或者政府指导价的,依照规定履行。

(三)履行地点不明确,给付货币的,在接受货币一方所在地履行;交付不动产的,在不动产所在地履行;其他标的,在履行义务一方所在地履行。

(四)履行期限不明确的,债务人可以随时履行,债权人也可以随时请求履行,但是应当给对方必要的准备时间。

(五)履行方式不明确的,按照有利于实现合同目的的方式履行。

(六)履行费用的负担不明确的,由履行义务一方负担;因债权人原因增加的履行费用,由债权人负担。

【适用要点】该条是关于合同约定不明确时补正条款的规定。适用时应注意以下几点:一是该条亦可用于对抵押合同未约定或约定不明条款的补正,可以补正的不影响合同效力。例如,抵押合同中如果当事人未对主债权数额进行约定,可以根据该条第2项进行补正。如果能够按照市场价格或政府指导价确定主债权数额,则不影响担保合同的成立。如果确因没有市场价格或不能通过相关规则补正的,主债权数额不明,则会导致担保合同不成立。二是抵押合同未约定债务履行期限的,可以依据交易习惯或者法律规定确定履行期限。但如果依据上述方式仍无法确定履行期限的,债务人可以随时提出履行请求,债权人也可以随时请求对方履行,但基于诚信原则,要给债务人必要的准备时间。此种情形不影响抵押合同的效力。

2.《中华人民共和国城市房地产管理法》(1994 年 7 月 5 日通过,2019 年 8 月 26 日修正)

第五十条　【抵押合同】房地产抵押,抵押人和抵押权人应当签订书面抵押合同。

【适用要点】该条属于特别法中对房地产抵押合同的规定。为使当事人谨慎从事担保行为,《城市房地产管理法》亦要求抵押合同必须采取书面形式,该规定与《民法典》一致。

(二)相关行政法规

1.《中华人民共和国城镇国有土地使用权出让和转让暂行条例》(2020 年 11 月 29 日修订)

第三十四条　【抵押合同】土地使用权抵押,抵押人与抵押权人应当签订抵押合同。

抵押合同不得违背国家法律、法规和土地使用权出让合同的规定。

2.《不动产登记暂行条例》(2019 年 3 月 24 日修订)

第八条　【不动产登记簿记载的事项】不动产以不动产单元为基本单位进行登记。不动产单元具有唯一编码。

不动产登记机构应当按照国务院国土资源主管部门的规定设立统一的不动产登记簿。

不动产登记簿应当记载以下事项:

(一)不动产的坐落、界址、空间界限、面积、用途等自然状况;

(二)不动产权利的主体、类型、内容、来源、期限、权利变化等权属状况;

(三)涉及不动产权利限制、提示的事项;

(四)其他相关事项。

【适用要点】该条是关于不动产登记簿应记载事项的规定。应注意以下几点:一是《民法典》第 400 条对抵押财产的描述进行了简化,以赋予当事人更大的自主权。世行对各经济体的营商环境进行评估,其中的"获得信贷"指标要求允许对抵押财产进行概括性描述。二是动产抵押实行登记对抗主义,登记的意义仅在于提醒债权人注意相应标的物上可能存在担保负担,以使第三人及时评估交易风险、尽早采取防范措施。特别是在声明登记制下,对担保财产描述的要求是比较低的,以提高交易的效率,降低登记的成本。因此,动产抵押的登记是可以对抵押财产进行概括性描述的,只要能够合理识别担保财产即可。三是对于不动产抵押而言,不动产抵押实行登记生效主义,登记具有公示公信力,所以对不动产的描述要具体明确。不动产登记机关的审查也较为严格,因此该条对于不动产登记簿记载的事项进行了详细明确的规定。在不动产抵押中不允许对抵押财产进行概括性描述。

【司法解释及规范性司法文件】

(一) 司法解释

1.《最高人民法院关于适用〈中华人民共和国民法典〉有关担保制度的解释》(法释〔2020〕28 号,2020 年 12 月 25 日通过)

第四十七条 【不动产登记簿与合同约定不一致的处理】不动产登记簿就抵押财产、被担保的债权范围等所作的记载与抵押合同约定不一致的,人民法院应当根据登记簿的记载确定抵押财产、被担保的债权范围等事项。

【适用要点】该条是关于抵押合同约定的抵押财产、被担保债权范围与登记簿记载不一致时应如何处理的规定。需要注意以下几点:一是在不动产登记簿与抵押合同约定不一致这一问题上,《九民纪要》基于现实考虑作出了过渡性安排,在特殊情况下允许以抵押合同为准。在《民法典担保制度解释》制定过程中,不动产登记部门对抵押权登记信息进行了完善,抵押权登记信息表格增设"担保范围"栏目,当事人可以在该栏目中将合同中约定的担保范围如主债权及其利息、违约金等在内的债权登记在登记簿上,完全可以实现合同约定与登记簿记载的一致。不动产登记簿是物权归属和内容的根据,故本条明确规定了以不动产登记簿的记载为准。二是《民法典》第 214条确立了不动产登记生效的原则,不动产登记簿自然成为不动产物权的法律根据。《民法典》第 216 条规定了权利正确性推定原则,物权内容也以不动产登记簿上的记载为准。如果以合同约定的担保范围为准,因合同没有进行公示,在合同约定的担保范围与登记簿记载的担保范围不一致时,必然导致第二顺位抵押权范围难以确定,第二顺位抵押权人的权利将难以保障。三是在不动产权属证书记载的抵押财产、被担保的债权范围与登记簿记载不一致时,应以登记簿记载的为准。权属证书是登记机关颁发给权利人作为其享有权利的证明,只是不动产登记簿所记载内容的外在表现形式,均不能成为判断抵押权人的权利是否设立以及权利的范围的依据。四是如果不动产登记簿记载的被担保债权范围大于担保合同约定的被担保债权范围,则应当依据担保合同的约定来确定抵押权人优先受偿的范围。

第五十三条　【担保财产的概括性描述】当事人在动产和权利担保合同中对担保财产进行概括描述,该描述能够合理识别担保财产的,人民法院应当认定担保成立。

【适用要点】该条是关于担保物特定化与担保成立的规定。如前所述,世行营商环境评估"获得信贷"指标的一项重要内容是关于法律规则是否允许对担保物进行一般性或概括性的描述。为了进一步优化营商环境,《民法典》对抵押合同和质押合同的内容进行了简化。该条进一步明确动产和权利担保合同中允许对担保财产进行概括描述,同时,该描述必须达到能够合理识别担保财产的程度。

2.《最高人民法院关于审理矿业权纠纷案件适用法律若干问题的解释》(法释〔2017〕12号;法释〔2020〕17号,2020年12月23日修正)

第十四条　【矿业权抵押合同】矿业权人为担保自己或者他人债务的履行,将矿业权抵押给债权人的,抵押合同自依法成立之日起生效,但法律、行政法规规定不得抵押的除外。

当事人仅以未经主管部门批准或者登记、备案为由请求确认抵押合同无效的,人民法院不予支持。

【适用要点】该条是关于矿业权抵押合同效力的规定。适用时应注意以下几点:一是矿业权抵押合同自依法成立之日起生效。二是矿业权抵押合同的效力应该依据《民法典》来判断。尽管《矿业权出让转让管理暂行规定》第36条第2款规定"矿业权的出租、抵押,按照矿业权转让的条件和程序进行管理,由原发证机关审查批准";第57条规定"矿业权设定抵押时,矿业权人应持抵押合同和矿业权许可证到原发证机关办理备案手续",但上述规定并未明确矿业权抵押合同须经批准、备案或者登记后始生效,且《矿业权出让转让管理暂行规定》仅是国土资源主管部门颁发的规范性文件,并非人民法院认定合同效力的法定依据。故不能仅以是否经过国土资源主管部门批准、登记或备案作为抵押合同生效的法定要件。三是如果当事人在合同中约定抵押合同的生效条件为国土资源主管部门批准、登记或者备案的,该合同即属于附生效条件的合同类型,只有在根据约定办理了矿业权转让的批准、登记或者备案手续,合同才正式生效。

(二)规范性司法文件

《全国法院民商事审判工作会议纪要》(法〔2019〕254 号,2019 年 11 月 8 日公布)

58.【担保债权的范围】以登记作为公示方式的不动产担保物权的担保范围,一般应当以登记的范围为准。但是,我国目前不动产担保物权登记,不同地区的系统设置及登记规则并不一致,人民法院在审理案件时应当充分注意制度设计上的差别,作出符合实际的判断:一是多数省区市的登记系统未设置"担保范围"栏目,仅有"被担保主债权数额(最高债权数额)"的表述,且只能填写固定数字。而当事人在合同中又往往约定担保物权的担保范围包括主债权及其利息、违约金等附属债权,致使合同约定的担保范围与登记不一致。显然,这种不一致是由于该地区登记系统设置及登记规则造成的该地区的普遍现象。人民法院以合同约定认定担保物权的担保范围,是符合实际的妥当选择。二是一些省区市不动产登记系统设置与登记规则比较规范,担保物权登记范围与合同约定一致在该地区是常态或者普遍现象,人民法院在审理案件时,应当以登记的担保范围为准。

【适用要点】该条是关于登记与合同约定不一致的规定。如前所述,本条亦认可不动产登记簿是物权归属和内容的根据,但是考虑到现实情况,还是进行了过渡性规定。时过境迁,目前我国不动产登记制度已经进行了进一步完善,增加了担保范围一项,原有问题已不存在。因此,在这一问题上应适用《民法典担保制度解释》第 47 条的规定,以不动产登记簿记载的内容为准,除非不动产登记簿记载的被担保债权范围大于担保合同约定的被担保债权范围,此时应以抵押合同约定为准。

【典型案例】

（一）指导性案例

中信银行股份有限公司东莞分行诉陈志华等金融借款合同纠纷案【最高人民法院（2019）最高法民再 155 号】①

【裁判要旨】以不动产提供抵押担保，抵押人未依抵押合同约定办理抵押登记的，不影响抵押合同的效力。债权人依据抵押合同主张抵押人在抵押物的价值范围内承担违约赔偿责任的，人民法院应予支持。抵押权人对未能办理抵押登记有过错的，相应减轻抵押人的赔偿责任。

（二）参考案例

1. 恒丰银行股份有限公司重庆分行与重庆亨盾实业有限公司金融借款合同纠纷案【最高人民法院（2019）最高法民终 58 号】

【裁判要旨】因抵押合同通常具有单向负担义务的性质，风险性较高，法律意图通过合同的书面性要求给予抵押人最后一次深思熟虑的机会，尽量避免其作出草率决定，故我国法律规定设立抵押权，当事人应当采取书面形式订立抵押合同。本案中，恒丰银行重庆分行与互相置业公司未签订书面抵押合同，不符合法律关于抵押合同的特殊形式要求。案涉抵押意思载体与通常形式不符；抵押意思载体的送达方式存在争议；股东会决议作出于案涉贷款发放 1 年多之后；没有充分证据证明互相置业公司有为案涉借款提供抵押担保的意思。双方之间实质上没有形成了担保合意。

2. 兰州市城关区民丰小额贷款有限责任公司与林连法、北海市佳德信海产品有限公司民间借贷纠纷案【最高人民法院（2018）最高法民终 329 号】

【裁判要旨】《担保合同》中关于"用其公司名下所有资产为本项目贷款提供抵押担保"的约定与法律上公司以其全部财产对外承担责任之规定并无不同，系公司对外承担责任的概括性描述，未特定化具体的抵押物。公司名下所有资产十分笼统，既包括不动产也包括动产，双方未就具体不动产办理抵押登记，也没有就设定浮动抵押的动产作出明确约定，因此不动产抵押

权和动产浮动抵押权都未能有效设定。民丰小贷公司关于其对佳德信公司名下的动产享有优先受偿权的主张，系基于抵押权有效设立为基础，在抵押权未能有效设立情况下，其关于优先受偿权的主张不成立。

【编者评析】该案的指导意义在于，担保物权须以特定物作为担保财产，以"全部财产"抵押等不特定财产设定的所谓担保物权，本质上属于保证。

　　第四百零一条　【流押条款的效力】抵押权人在债务履行期限届满前，与抵押人约定债务人不履行到期债务时抵押财产归债权人所有的，只能依法就抵押财产优先受偿。

【条文精解】

（一）条文要点

　　本条是关于流押条款效力的规定，是在《物权法》第 186 条基础上经修改而成的。《物权法》第 186 条规定："抵押权人在债务履行期限届满前，不得与抵押人约定债务人不履行到期债务时抵押财产归债权人所有。"与《物权法》绝对禁止流押相比，本条对禁止流押进行了柔化，认定抵押本身有效，但通过课以清算义务，实现当事人之间的利益平衡。准确理解本条规定，要把握以下要点：

　　1. 关于流押的立法政策

　　流押条款，指的是债权人与债务人在抵押合同中约定，一旦债务人到期不履行债务，抵押财产就归债权人所有的条款。关于应否禁止流押，存在不同观点。主张允许流押的主要理由为：一是禁止流押违反意思自治原则。流押合同仅涉及抵押人和抵押权人之间的利益，不涉及公共利益问题，法律没必要予以干涉。二是抵押财产的价值并非一成不变，实现抵押权时抵押财产的价值既可能高于抵押权设立时，也可能低于抵押权设立时，流押合同的订立并非一概对抵押人不公平。三是允许当事人订立流押合同，有利于降低实现抵押权的成本。四是从比较法上看，法国、德国、瑞士、日本等传统大陆法系国家的民法典尽管规定了禁止流质，但并无禁止流押的规定。明确规定禁止流押的只有意大利、葡萄牙等少数几个国家。从发展趋势看，我国台湾地区在 2007 年修改"民法"时，放弃了禁止流质的做法，改采允许流押的做法。

　　主张禁止流押的理由主要包括：一是认为流质或者流押合同从形式上看固然是当事人自愿订立的，但实质上是否属于自愿很难判断。如果流质或者流押确实是当事人真实意思的表示，其完全可以通过事后折价的方式实现抵押权。如果事后达不成折价协议，反过来说明事先达成的流质或者流押合同不是当事人真实意思的表示；二是流质或者流押条款往往会对抵押人不公平，但在抵押财产大幅贬值的情况下，也可能对抵押权人不公；三是允许流质或者流押可能会引发道德风险。流质或者流押合同签订后，如果是因为质权人或者抵押权人的原因导致债务不履行，质权人或者抵押权人却可以依照流质或者流押的约定直接取得质押或者抵押财产，可能引发质权人或者抵押权人恶意促成债务人违约的道德风险。

应当看到，流押和流质并不完全相同，这也是很多传统大陆法系国家尽管规定了禁止流质却未规定禁止流押的原因；从比较法的发展趋势看，即便是禁止流质，也出现了缓和趋势；尤其是世界银行营商环境评估中，要求允许抵押权人通过事先约定方式取得担保物权，即允许流押。综合考虑前述因素，《民法典》对禁止流押问题进行了柔化处理，即一方面仍然禁止流押，另一方面则通过规定抵押权人的优先受偿权，变相规定了抵押权人的清算义务，为归属型清算或者处分型清算留下了制度空间。

2. 流押条款的效力

一方面，本条并未直接规定流押条款的效力，但从条文表述看，流押条款仍然是无效的，因为如果流押条款是有效的，抵押权人就可直接根据约定享有抵押财产的所有权，而不是只能依法就抵押财产优先受偿。但另一方面，该条并未沿袭《物权法》第186条关于禁止流押的表述，而是认为流押条款仍会产生"依法就抵押财产优先受偿"的法律效果，而非归于无效。从解释论上说，应当认为无效的流押条款已经转化为有效的清算型担保。

准确理解流押条款的效力，关键在于理解本条有关"依法"的表述。本书认为，本条的"依法"包括以下两层含义：一是抵押权须已依法设立。流押条款的效力本身仅涉及该条款是否有效的问题，不涉及是否有物权效力问题。换言之，是否具有物权效力不是流押条款所能解决的问题。而要想具有物权效力，前提是抵押权须已有效设立。对不动产抵押而言，须已完全登记；对动产抵押而言，鉴于其采登记对抗主义，只需签订合法有效的抵押合同即可。二是须依照抵押权实现的相关规定实现抵押权。抵押权的实现包括折价、拍卖、变卖等方式，作为禁止流押柔化的产物，该条为归属型清算或者处分型清算留下了空间。从实务操作看，如债务人甲以其价值100万元的房屋向乙提供抵押，约定不履行到期债务，就将该房屋抵给乙。在甲不履行到期债务时，如乙认为该房屋价值高于100万元的，可以主张该房屋归其所有，如果甲同意的，意味着双方达成了折价协议，符合物权法有关以折价方式实现抵押权的规定,此为归属型清算。如果甲不同意,可以请求拍卖、变卖(当然须承担相应费用),拍卖、变卖后的价款用以优先清偿债务,并实行多退少补,此时转为处分型清算。当然,如果乙认为房屋价格下跌了,也可以请求拍卖、变卖该房屋(此时,乙需要支付拍卖、变卖费用),以所得价款优先受偿,不足部分再请求甲继续履行。可见,该条所谓的清算既可以是归属型清算,也可以是处分型清算,但不论何种情形,原则上都需要进行清算。

3. 流押条款与让与担保

流押条款,顾名思义,是抵押合同中的一个或数个条款。但抵押权作为优先受偿权,抵押权人一般不以取得抵押财产为其目的,因而在抵押合同中约定流押条款的情形反而并不多见。从司法实践看,与流押条款密切相关的反而是让与担保。让与担保作为非典型担保,本身并非抵押,本谈不上流押问题。但以登记作为公示方法的让与担保如股权让与担保、不动产让与担保,与抵押极为相似。一旦在合同中约定类似于债务人不能履行到期债务时财产就归债权人所有的条款,就有准用本条规定的可能,因而有必要对让与担保进行类型化分析。

让与担保,指的是债务人或者第三人与债权人约定将财产转移至债权人名下作为履行债务的担保,当债务人不履行到期债务时,债权人有权就该财产优先受偿的制度。从合同约定的债权人在债务人不履行到期债务时该如何处置财产的情况看,让与担保包括三种情形:一是清算型让与担保,即债权人有权对财产进行变价,并就所得价款优先受偿;二是归属型让与担保,即约定债务人到期不履行债务时财产归债权人所有;三是回购型让与担保,即由债务人或第三人以本金加溢价款回购财产。三者的共同点是,都要将财产形式上转移至债权人名下,即已经完成财产权利变动的公示;但此种转移的目的系用于担保债务的履行,有别于通常的转让。因为让与担保往往是通过财产转让合同体现的,识别某一个财产转让合同究竟是真正的财产转让合同,还是让与担保合同,就成为司法实践亟待解决的问题。本书认为,是否存在主合同是判断一个协议是真正的财产转让合同还是让与担保合同的重要标准。让与担保作为一种非典型担保,属于从合同的范畴,因而往往还会存在一个主合同。而真正的转让合同往往只有一个合同,不存在主从合同的关系问题。另外,在真正的财产转让合同中,一旦完全物权变动的公示,受让人就实际取得了财产权。但在让与担保中,即便受让人形式上取得了财产权,但其并未真正取得财产权,因而或者约定对财产进行折价,或者约定只有在债务人不履行到期债务时债权人才实际取得财产权，或者由债务人进行回购。也就是说，在让与担保中，即便完成了物权变动公示，受让人也没有实际取得财产权。

在让与担保的前述三种形态中，只有归属型让与担保与本条规定的流押条款极为相似，因为二者都在履行期限尚未届满前就约定，一旦债务人不履行债务财产就归债权人所有。正因如此，归属型让与担保可以参照适用本条之规定，即：一是此种有关债务人到期不履行债务时财产归债权人所有的约定无效，因而债务人不履行到期债务，债权人请求对该财产享有所有权的，人民法院不予支持；二是此种无效不影响当事人有关提供担保的意思表示的效力，债权人请求参照担保物权的有关规定对财产进行折价或者拍卖、变卖，并以所得价款优先受偿的，人民法院应予支持。一言以蔽之，即便当事人约定了归属型让与担保，最终也要按照清算型让与担保来处理。当然二者也有区别，流押条款是相对于抵押权而言的，是抵押合同约定的条款；而让与担保合同形式上往往表现为财产转让合同，并非抵押合同，让与担保属于非典型担保，也与作为典型担保的抵押权有别。

与让与担保看似相似实则有本质区别的是所谓"后让与担保"，也称买卖型担保，《民间借贷规定》第23条规定的"当事人以订立买卖合同作为民间借贷合同的担保"即属此类担保。在买卖型担保中，当事人仅以订立买卖合同的形式为主债权提供担保，并未依据买卖合同的约定完成物权变动的公示。既然没有完成物权变动的公示，当然不具有物权效力，很难说得上是一个真正的担保，因而也就谈不上是否构成流押的问题。因为流押往往以债权人已经实际取得财产权为前提，如果没有实际取得财产权，债权人只能请求债务人向其交付标的物，不存在直接依据约定主张对标的物享有财产权的问题。更何况，在买卖型担保中，债务人不履行到期债务时，依据《民间借贷规定》第23条之规定，债权人还不能直接请求履行买卖合同，而只能依据民间借贷关系起诉，并在获得胜诉判决后才能申请拍卖买卖合同标的物，更与流押条款差之千里。

总之，归属型让与担保与流押条款具有密切关系，即二者最终都要按照清算型担保来处理。

4. 流押条款与以物抵债适用情况

依据本条规定，抵押权人在履行期限届满前与抵押人约定债务人不履行到期债务时抵押财产就归债权人所有的，此种约定无效，而当事人在履行期限届满后作出类似约定的,则不存在违反禁止流押之规定而无效的问题,故有必要考察以物抵债协议签订时债务是否已届履行期而异其处理:

一是债务履行期届满前约定以物抵债的。债权人与债务人在债务履行期届满前约定以物抵债的,标的物缔约时的价值与实现时的价值可能存在较大差距,如果直接按照以物抵债协议处理,既可能导致双方利益显著失衡,还可能存在流质(或流押)的嫌疑。为平衡双方当事人利益,只要当事人没有明确的抛弃期限利益的意思,则宜将此种以物抵债解释为一种担保,并视是否已经发生物权变动而作不同的认定:抵债物尚未转移至债权人名下的,此种以物抵债性质上属于买卖型担保,可以参照适用《民间借贷规定》第 23 条的规定处理;抵债物已经转移至债权人名下的,则属于让与担保,可以参照抵押、质押等最相相近的担保物权的有关规定处理。

二是债务履行期届满后约定以物抵债的。于此情形,双方在签订以物抵债协议时,抵债物的价值和债权的数额都是确定的,一般不会存在利益失衡问题。在以物抵债行为不存在其他违反法律、行政法规强制性规定的情形下,应当认定其合法有效。在具体处理上,抵债物尚未交付债权人的,债权人有权请求债务人履行以物抵债协议,但不能直接请求确认对该抵债物享有所有权;抵债物已经交付债权人的,债权人直接享有抵债物的所有权。

(二)适用情况

本条尽管是关于流押的规定,但实践中抵押合同约定此种条款的反而少见,更多的则是出现在让与担保、以物抵债等场合。

一是关于让与担保。让与担保包括不同类型,其中的归属型让与担保可以参照适用本条之规定,在认定相关条款无效的同时,认定让与担保有效,并且按照清算型担保处理。买卖型担保因其并非真正的担保,不涉及本条的参照适用问题。

二是关于以物抵债。以物抵债情况比较复杂,在履行期限届满前约定的以物抵债性质上属于担保,当事人未依据以物抵债协议的约定完成物权变动的,可以参照适用买卖型担保的规定;已经完成物权变动的,则属于让与担保,在当事人对抵债物的权属未作明确规定的情况下,也可以将其视为归属型让与担保,从而适用本条规定。

【相关法律、行政法规】

（一）相关法律

《中华人民共和国民法典》（2020年5月28日通过）

第四百二十八条 【流质】质权人在债务履行期限届满前，与出质人约定债务人不履行到期债务时质押财产归债权人所有的，只能依法就质押财产优先受偿。

【适用要点】该条是有关流质的规定，与本条规定相似，学理上一般也将二者并称为流质或流押条款。

【司法解释及规范性司法文件】

（一）司法解释

《最高人民法院关于适用〈中华人民共和国民法典〉时间效力的若干规定》（法释〔2020〕15号，2020年12月14日通过）

第七条 【流押与流质条款的溯及既往】民法典施行前，当事人在债务履行期限届满前约定债务人不履行到期债务时抵押财产或者质押财产归债权人所有的，适用民法典第四百零一条和第四百二十八条的规定。

【适用要点】该条是关于流押及流质条款如何适用的规定。适用时应注意以下几点：一是相较于《物权法》第186条对于流押的绝对禁止的规定，《民法典》第401条对流押进行了柔化，流押条款并不导致抵押无效，只是课以清算义务，即当事人约定流押条款的，债权人仍可就抵押财产优先受偿。这一规定更加符合当事人之间的合意，且可以避免出现直接认定抵押无效造成的债权人利益失衡。二是《民法典》第428条系关于流质的规定，亦适用该条规定。三是从有利溯及适用规则出发，当事人约定流押或者流质条款的，依照《民法典》第401条或者第428条的规定处理。

【典型案例】

（一）指导性案例

汤龙、刘新龙、马忠太、王洪刚诉新疆鄂尔多斯彦海房地产开发有限公司商品房买卖合同纠纷案【最高人民法院（2015）民一终字第 180 号】①

【裁判要旨】借款合同双方当事人经协商一致,终止借款合同关系,建立商品房买卖合同关系,将借款本金及利息转化为已付购房款并经对账清算的,不属于《物权法》第 186 条②规定禁止的情形,该商品房买卖合同的订立目的,亦不属于《民间借贷规定》第 24 条③规定的"作为民间借贷合同的担保"。在不存在《合同法》第 52 条规定情形的情况下,该商品房买卖合同具有法律效力。但对转化为已付购房款的借款本金及利息数额,人民法院应当结合借款合同等证据予以审查,以防止当事人将超出法律规定保护限额的高额利息转化为已付购房款。

【编者评析】借款合同与买卖合同之间的关系至为复杂,需要作类型化分析:一是签订买卖合同作为履行借贷合同担保的,此为买卖型担保。二是一方将财产转让给另一方作为履行借贷合同的担保,并基于买卖合同办理了产权过户手续的,此为让与担保。三是当事人签订借款合同后,将借款本金及利息转化后作为已付购房款,如果标的能够特定的,转为买卖合同,该指导性案例指的是就是此种情形。四是当事人签订房屋买卖合同时标的物并不确定,因当事人之间仅存在资金的借用关系,该合同的性质应为借款合同。在买卖标的物确定后,当事人签订协议约定用此前借款合同项下款项购买房屋时,应视为对于原借款合同关系的清理,该协议本质上属于有关房屋买卖事项的约定,应认定双方成立买卖合同关系。此种情形可视为该指导性案例的变种。

---

① 最高人民法院指导性案例 72 号。
② 《民法典》第 401 条。下同。
③ 2020 年修正的《民间借贷规定》第 23 条。

（二）公报案例

朱俊芳与山西嘉和泰房地产开发有限公司商品房买卖合同纠纷案【最高人民法院（2011）民提字第 344 号】①

【裁判要旨】（1）双方当事人基于同一笔款项先后签订《商品房买卖合同》和《借款协议》，并约定如借款到期，偿还借款，《商品房买卖合同》不再履行；若借款到期，不能偿还借款，则履行《商品房买卖合同》。在合同、协议均依法成立并已生效的情况下，应当认定当事人之间同时成立了商品房买卖和民间借贷两个民事法律关系。该行为并不违反法律、行政法规的强制性规定。

（2）借款到期，借款人不能按期偿还借款，对方当事人要求并通过履行《商品房买卖合同》取得房屋所有权，不违反《担保法》第 40 条、《物权法》第 186 条有关"禁止流押"的规定。

【编者评析】该案是有关买卖型担保的典型案例，即签订商品房买卖合同作为履行借款合同的担保，应当依照《民间借贷规定》第 23 条的规定来处理。应予注意的是，该案并非让与担保，更与流押条款无关。

（三）参考案例

广西嘉美房地产开发有限责任公司与杨伟鹏商品房买卖合同纠纷案【最高人民法院（2013）民提字第 135 号】

【裁判要旨】双方当事人就借贷问题达成了合意且出借方已经实际将款项交付给借款方，即可认定债权债务关系成立。双方之间在成立借贷关系后，又签订了商品房买卖合同并办理备案登记作为担保，虽然该行为并不导致抵押权的成立，但足以在双方当事人之间成立一种非典型的担保关系。既然属于担保，就应遵循物权法有关禁止流质的原则，也就是说在债权人实现担保债权时，对设定的担保财产，应当以拍卖或者变卖的方式受偿。因此，出借方不能请求直接取得商品房所有权。

【编者评析】该案同样是有关买卖型担保的规定，而一旦将此种名义上的买卖视为一种广义的担保——实际上并不具备实质的担保功能，因其并未办理产权过户登记手续，不存在适用流质或流押的可能。另外，既然是广义

---

① 具体可见《最高人民法院公报》2014 年第 12 期。

的担保,就应当通过折价或拍卖的方式来实现,不能直接请求交付房屋,也不存在流押或流质的问题。从这一意义上说,该案的结论无疑是正确的,但其通过禁止流质来达成论证目的,实有舍近求远之嫌。

第四百零二条 【不动产抵押登记】以本法第三百九十五条第一款第一项至第三项规定的财产或者第五项规定的正在建造的建筑物抵押的,应当办理抵押登记。抵押权自登记时设立。

【条文精解】

(一)条文要点

本条是关于不动产抵押登记的规定,与《物权法》第 187 条精神一致,仅是修改了参引的条文。准确理解本条,要把握如下要点:

1. 区分原则和抵押权的设立

《民法典》第 215 条规定:"当事人之间订立有关设立、变更、转让和消灭不动产物权的合同,除法律另有规定或者当事人另有约定外,自合同成立时生效;未办理物权登记的,不影响合同效力。"该条是有关区分原则的规定。据此,在不动产物权变动场合,未办理物权登记只是不产生物权变动的法律效果,但不影响合同效力。因此,本条所谓的"应当办理抵押登记",指的是只有办理抵押登记后才能设立抵押权,而不是说未办理抵押登记导致抵押合同无效。此点使其区别于动产抵押。因为动产抵押采取登记对抗主义,抵押权自抵押合同生效时就有效设立,未经登记不影响抵押权的设立,只是不产生对抗第三人的法律效果。

2. 登记生效主义的适用范围

《民法典》第 395 条规定的抵押财产包括不动产、动产以及不动产权利三类,其中动产采登记对抗主义,不动产采登记生效主义,当无疑问。而不动产权利中的用益物权与准物权,鉴于其客体主要也是土地,因而在物权变动上也实行登记生效主义。据此,实行登记生效主义的抵押财产主要包括:一是建筑物和其他土地附着物,以及正在建造的建筑物;二是建设用地使用权,包括国有建设用地使用权和符合一定条件的集体经营性建设用地使用权;三是海域使用权。

本条仅列举了前述几类财产,但还有一些不动产权利,如《民法典》第342 条规定的通过招标、拍卖、公开协商等方式取得的土地经营权,也可以作为抵押财产设定抵押。此类土地经营权设定的抵押，是适用登记生效主义还是登记对抗主义？首先应当明确，土地经营权抵押包括三种情形：一是土地承包经营权人以土地经营权抵押；二是从土地承包经营权人处取得土地经营权的人以土地经营权抵押；三是经招标、拍卖、公开协商等方式直接从集体那取得"四荒"用地土地经营权，并以其设定抵押。其中前两种土地经营权均派生自土地承包经营权，第三种则直接派生自集体土地所有权；前两种往往与家庭承包相联系，而第三种则源于"四荒"用地的拍卖。关于前两种土地经营权抵押，参照《民法典》第 341 条之规定，采取的是登记对抗主义。对于第三种情形，有观点认为，应当采登记生效主义，因为该条制度系从"四荒"土地承包经营权演化而来，而根据《物权法》第 187 条之规定，"四荒"土地承包经营权抵押采登记生效主义；另外，"四荒"土地承包经营权属于不动产用益物权，与建设用地使用权等性质相同，从体系上看，也应当采登记生效主义。本书认为，通过招标、拍卖、公开协商等方式取得的土地经营权，尽管在取得方式上有别于家庭承包方式，但在权利变动上应当采取相同的模式，否则就会出现通过不同方式取得的同一权利实行不同的物权变动模式的局面，导致不应有的混乱。也就是说，不论何种形式的土地经营权抵押，均采登记对抗主义。

《民法典》第 395 条第 1 款第 7 项规定，只要是法律、行政法规未禁止抵押的其他财产，如矿业权、取水权、养殖权、捕捞权等准物权就可以作为抵押财产。以此类财产设定抵押，应当采何种主义，并无明确规定。此类财产性质上属于不动产权利，应当采登记生效主义，但本条列举的应当采登记生效主义的财产中，并未包括此类不动产权利。而将其归入动产，又与此类权利的性质不符。本书认为，本条难以列举属于《民法典》第 395 条第 1 款规定的兜底条款对应的财产类型，从立法技术的角度看，无可厚非。但从体系解释的角度看，根据《民法典》第 209 条之规定，不动产物权变动以登记生效为原则，登记对抗为例外。因此，对于此类财产，仍然应当采取登记生效主义。

3. 未办理登记的不动产抵押合同效力及责任认定

从《民法典》第 402 条的规定看，不动产抵押原则上采登记要件主义，抵押权自登记时设立。未办理抵押登记，抵押权未设立，债权人不享有抵押权。但根据《民法典》第 215 条确立的区分原则，未办理抵押登记不影响不动产抵押合同的效力。抵押权人根据抵押合同的约定，请求抵押人办理抵押登记手续的，人民法院应予支持。

问题是,在抵押人不能继续办理抵押登记的情况下,抵押权人能否请求抵押人承担违约金或者损害赔偿责任?一种观点认为,抵押合同是一个相对独立的有名合同,抵押权人自然可以依据约定或法律规定请求抵押人承担违约责任。另一种观点则认为,担保人是在主债务人不能履行主债务时替主债务人承担责任,故不能针对担保责任约定专门的违约责任,否则就会使担保人承担的责任超出主债务人的责任范围,有违担保的从属性。《民法典担保制度解释》第3条规定,当事人对担保责任的承担约定专门的违约责任无效。但在担保物权中,以不动产抵押为例,在当事人仅签订了不动产抵押合同但未办理抵押登记场合,依据《民法典担保制度解释》第46条之规定,如果抵押合同并未就办理抵押登记约定专门违约责任的,此时要看抵押人对未办理登记有无过错来认定其责任。鉴于抵押合同并未对不能办理抵押登记约定专门的违约责任,从体系化解释的角度看,可以将此种责任理解为是以担保财产价值为限的非典型保证。但如果抵押合同对不能办理抵押登记约定专门违约责任的,鉴于抵押人仅在抵押财产的价值范围内承担责任,并不一定与债权人承担相同的责任。因而,只要约定的违约责任并未超过抵押权有效设立时抵押人本应承担的责任,并不违反前述规定尤其是《民法典担保制度解释》第3条第1款规定的精神。因此,也可以将此时抵押人承担的责任理解为是一种违约责任。也就是说,在担保物权中,有违约责任存身的空间,此点与人保还是存在一定区别的。

如前所述,就抵押人的责任而言,要视其对不能办理登记是否具有过错而作具体分析。抵押财产因自然灾害等原因灭失或者被征收等导致不能办理抵押登记,抵押人没有过错,债权人请求抵押人在约定的担保范围内承担责任的,人民法院不应予以支持。如果抵押人因抵押财产毁损、灭失或者被征收已经获得保险金、赔偿金或者补偿金,参照《民法典》第390条的规定,债权人请求抵押人在其所获金额范围内承担赔偿责任的,人民法院依法予以支持。

更为常见的情形是,因可归责于抵押人自身的原因不能办理抵押登记时抵押人的责任。抵押人转让抵押财产或者其他可归责于抵押人自身的原因导致不能办理抵押登记,不能办理抵押登记的责任完全在抵押人,债权人请求抵押人在约定的担保范围内承担责任的,人民法院依法予以支持,但是不得超过抵押权能够设立时抵押人应当承担的责任范围。如何理解不得超过抵押权能够设立时抵押人应当承担的责任范围,举一个例子加以说明。假设抵押合同约定的担保债权为 500 万元,抵押财产价值为 300 万元,那么抵押人只在 300 万元范围内承担责任。假设抵押合同约定的担保债权为 500 万元,抵押财产价值为 800 万元,那么抵押人只在 500 万元范围内承担责任。

值得注意的是,前述责任是以抵押财产灭失不能办理抵押登记为前提的。实践中,抵押财产并未灭失,抵押权人因抵押财产大幅贬值等原因,能够办理抵押登记而拒不请求办理抵押登记,直接请求抵押人在抵押财产的价值范围内承担责任的,人民法院应否予以支持? 一种观点认为,既然能够办理登记,就应该先去办理登记,从而驳回其直接请求抵押人在抵押财产的价值范围内承担责任的诉讼请求。本书认为,让债权人先行办理登记缺乏法律和合同依据,且对债权人来说,不论是请求办理抵押登记还是请求承担赔偿责任,都是其享有的权利而非义务,故不能简单地一驳了事。但在抵押合同中,协助抵押人办理抵押登记也是债权人负有的一项重要的附随义务,没有债权人的协助,仅靠抵押人一方的努力是不能办理抵押登记的。因而能够办理登记而未办理登记,表明双方都有过错,应当根据过错相抵规则在双方之间分担责任。抵押人有证据证明其要求办理登记,而债权人拒不配合,表明未办理登记的主要过错在债权人,此时可以减轻甚至免除抵押人的责任。

抵押合同是主合同的从合同,相比于主债务人,抵押人是从债务人,这就涉及在与主债务人的关系问题上,抵押人承担的究竟是补充责任还是连带责任这一问题。《民法典》第 178 条第 3 款明确规定,连带责任由法律规定或者当事人约定。据此,未办理不动产抵押登记情形,法律对抵押人的责任形态未作规定,如当事人未约定承担连带责任的,认定抵押人承担连带责任缺乏法律依据。就此而言,除非抵押合同明确约定抵押人承担连带责任,否则,抵押人仅在债务人不能清偿时承担补充责任。此种补充责任是以抵押财产价值为限,如果抵押合同约定的担保范围少于抵押财产价值的,以约定的担保范围为限,不得超过抵押权有效设立时抵押人所应当承担的责任。

(二)适用情况

本条主要适用以下情形:

一是不动产抵押中,当事人仅签订了抵押合同但未办理抵押登记时,应当依据《民法典担保制度解释》第 46 条之规定来处理。实践中,一方面涉及抵押人承担的是违约责任还是以担保财产的价值为限的非典型担保责任问题,在该问题上,物保与人保还是有一定区别的。就抵押权来说,只要不超过抵押财产的价值,怎么定性都可以。另一方面,涉及抵押人与债务人之间是承担连带责任还是补充责任的问题。基于连带责任必须要有法律规定或当事人的明确约定,没有明确约定的,应当认定为是补充责任。在确定抵押人的责任时,还要考察抵押人对不能办理登记是否有过错以及抵押财产是否灭失等因素综合认定。此外,以登记为生效要件的权利质押,在当事人仅签订了权利质押合同但并未办理登记场合,也应类推适用《民法典担保制度解释》第46条之规定。

二是债权人仅就抵押合同申请备案登记或相关部门仅在涉案土地使用证、土地登记卡上进行了记载,并未发放他项权利证明,应当认定未完成涉案土地的抵押登记。但在登记机关未设立房屋登记簿、亦未明确在抵押合同上记载在建工程抵押登记方法的情况下,如当事人的抵押合同及相关登记申请材料和登记机关出具的收件单等文件均已载明登记类型为在建工程抵押登记,且该等文件均在登记机关存档可供利害关系人查询以获悉抵押物上的权利负担,则应当认定在建工程抵押权即已依法设立。

【相关法律、行政法规】

〔一〕相关法律

1.《中华人民共和国民法典》(2020年5月28日通过)

第二百零九条 【不动产物权登记的效力】不动产物权的设立、变更、转让和消灭,经依法登记,发生效力;未经登记,不发生效力,但是法律另有规定的除外。

依法属于国家所有的自然资源,所有权可以不登记。

【适用要点】该条是关于不动产物权变动模式的规定。适用时应注意以下几点:一是《民法典》第209条规定了不动产物权公示的基本原则,第402条是对该原则的具体体现。二是继承取得物权,因合法建造、拆除房屋等事实行为设立或者消灭物权等情形,属于"法律另有规定"的情形。三是在不动产物权登记发生物权变动这个核心效力的基础上,根据公示公信原则,同时推定不动产物权登记真实的效力,即除有相反证据证明,在法律上推定记载于不动产登记簿上的人是该不动产的权利人。

第二百一十条 【不动产登记机构和不动产统一登记】不动产登记,由不动产所在地的登记机构办理。

国家对不动产实行统一登记制度。统一登记的范围、登记机构和登记办法，由法律、行政法规规定。

【适用要点】该条是关于不动产登记机构和国家实行统一登记制度的原则性规定。2014年之前，我国不动产管理职能较为分散，不动产登记主要由不动产所在地的县级以上人民政府的相关不动产管理部门负责。涉及的部门主要有土地管理部门、房产管理部门、农业主管部门、林业主管部门、海洋行政主管部门、地质矿产主管部门等。2014年末，我国出台了《不动产登记暂行条例》，后又根据2019年3月24日通过的《国务院关于修改部分行政法规的决定》作了修订，逐步构建起了我国的不动产统一登记制度体系。关于不动产统一登记制度，要注意把握以下几点：一是不动产登记一般应遵循属地登记原则，但依照《中央编办关于整合不动产登记职责的通知》的要求，原国土资源部"会同林业局负责国务院确定的重点国有林区森林、林木、林地的登记发证；会同海洋局负责国务院批准项目用海、用岛的海域使用权和无居民海岛使用权的登记发证等"，因此对于国务院确定的、批准使用的不动产的相关登记工作，现应由自然资源部会同有关部门决定，不遵循属地原则。二是自然资源部负责指导、监督全国不动产登记工作，具体登记工作应由不动产所在地的县级人民政府不动产登记机构办理。三是根据《不动产登记暂行条例》，不动产登记范围主要包括：(1)集体土地所有权；(2)房屋等建筑物、构筑物所有权；(3)森林、林木所有权；(4)耕地、林地、草地等土地承包经营权；(5)建设用地使用权；(6)宅基地使用权；(7)海域使用权；(8)地役权；(9)抵押权；(10)法律规定需要登记的其他不动产权利。其中上述不动产及权利，除抵押权之外，均可设定抵押并办理抵押登记。

第二百一十一条　【不动产登记申请资料】当事人申请登记，应当根据不同登记事项提供权属证明和不动产界址、面积等必要材料。

第二百一十二条　【登记机构职责】登记机构应当履行下列职责：

(一)查验申请人提供的权属证明和其他必要材料；

(二)就有关登记事项询问申请人；

(三)如实、及时登记有关事项；

(四)法律、行政法规规定的其他职责。

申请登记的不动产的有关情况需要进一步证明的，登记机构可以要求申请人补充材料，必要时可以实地查看。

第二百一十三条 【登记机构不得从事的行为】登记机构不得有下列行为：

（一）要求对不动产进行评估；

（二）以年检等名义进行重复登记；

（三）超出登记职责范围的其他行为。

【适用要点】以上三条是关于不动产登记的具体操作规定。当事人申请登记应提交的资料，登记机关应履行的职责及禁止从事的行为，在此不再赘述。

2.《中华人民共和国城市房地产管理法》（1994 年 7 月 5 日通过，2019 年 8 月 26 日修正）

第三十六条 【房地产转让、抵押登记】房地产转让、抵押，当事人应当依照本法第五章的规定办理权属登记。

【适用要点】该条是关于房地产登记管理的指引性规定。《城市房地产管理法》第五章对房地产权属登记管理进行了具体规定，此处不再赘述。

第六十一条 【土地使用权登记】以出让或者划拨方式取得土地使用权，应当向县级以上地方人民政府土地管理部门申请登记，经县级以上地方人民政府土地管理部门核实，由同级人民政府颁发土地使用权证书。

在依法取得的房地产开发用地上建成房屋的，应当凭土地使用权证书向县级以上地方人民政府房产管理部门申请登记，由县级以上地方人民政府房产管理部门核实并颁发房屋所有权证书。

房地产转让或者变更时，应当向县级以上地方人民政府房产管理部门申请房产变更登记，并凭变更后的房屋所有权证书向同级人民政府土地管理部门申请土地使用权变更登记，经同级人民政府土地管理部门核实，由同级人民政府更换或者更改土地使用权证书。

法律另有规定的，依照有关法律的规定办理。

【适用要点】该条是关于土地使用权登记的具体操作规定。适用时应注意以下几点：一是无论是以出让方式还是划拨方式取得土地使用权，土地使用权人均应申请登记，并办理土地使用权证。二是对于建造房屋，权利人应当凭土地使用权证书向房产管理部门申请登记。三是房地产转让或变更的，应当首先变更房屋登记，再办理土地使用权变更登记。

第六十二条 【房地产抵押登记】房地产抵押时，应当向县级以上地方人民政府规定的部门办理抵押登记。

因处分抵押房地产而取得土地使用权和房屋所有权的,应当依照本章规定办理过户登记。

【适用要点】该条是关于房地产抵押登记的具体操作规定。房地产抵押时,应当向相关部门办理抵押登记。为实现抵押权将房屋拍卖、变卖而发生所有权转移的,应当依照房地产转让的登记规定,办理房屋及土地使用权的变更登记。

(二)相关行政法规

《不动产登记暂行条例》(2019 年 3 月 24 日修订)

第五条　【应办理不动产登记的财产范围】下列不动产权利,依照本条例的规定办理登记:

(一)集体土地所有权;

(二)房屋等建筑物、构筑物所有权;

(三)森林、林木所有权;

(四)耕地、林地、草地等土地承包经营权;

(五)建设用地使用权;

(六)宅基地使用权;

(七)海域使用权;

(八)地役权;

(九)抵押权;

(十)法律规定需要登记的其他不动产权利。

【适用要点】该条是关于不动产登记的财产范围的规定。《不动产登记暂行条例》规定了国家实行不动产统一登记制度,从登记申请、登记流程、具体操作方法等方面详细构建不动产登记制度,同样适用于不动产抵押的登记,该条例涉及不动产抵押的规定不仅限于第 5 条,此处不再一一列明,概括起来主要包括以下内容:(1)不动产登记簿应当记载以下事项:①不动产的坐落、界址、空间界限、面积、用途等自然状况;②不动产权利的主体、类型、内容、来源、期限、权利变化等权属状况;③涉及不动产权利限制、提示的事项;④其他相关事项。(2)不动产登记簿应当采用电子介质。(3)因买卖、设定抵押权等申请不动产登记的,应当由当事人双方共同申请。(4)申请人应当提交下列材料,并对申请材料的真实性负责:①登记申请书;②申请人、代理人身份证明材料、授权委托书;③相关的不动产权属来源证明材料、登记原因证明文件、不动产权属证书;④不动产界址、空间界限、面积等材料;⑤与他人利害关系的说明材料;⑥法律、行政法规以及本条例实施细则规定的其他材料。(5)在建建筑物抵押权登记,不动产登记机构可以对申请登记的不动产进行实地查看等。

【司法解释及规范性司法文件】

(一)司法解释

1.《最高人民法院关于适用〈中华人民共和国民法典〉有关担保制度的解释》(法释〔2020〕28号,2020年12月25日通过)

第四十六条 【未办理登记的不动产抵押合同的效力】不动产抵押合同生效后未办理抵押登记手续,债权人请求抵押人办理抵押登记手续的,人民法院应予支持。

抵押财产因不可归责于抵押人自身的原因灭失或者被征收等导致不能办理抵押登记,债权人请求抵押人在约定的担保范围内承担责任的,人民法院不予支持;但是抵押人已经获得保险金、赔偿金或者补偿金等,债权人请求抵押人在其所获金额范围内承担赔偿责任的,人民法院依法予以支持。

因抵押人转让抵押财产或者其他可归责于抵押人自身的原因导致不能办理抵押登记,债权人请求抵押人在约定的担保范围内承担责任的,人民法院依法予以支持,但是不得超过抵押权能够设立时抵押人应当承担的责任范围。

【适用要点】该条是关于未办理登记的不动产抵押合同的效力的规定,详见本书其他部分对该条的阐释。

第四十八条 【因登记机构原因不能办理抵押登记的后果】当事人申请办理抵押登记手续时,因登记机构的过错致使其不能办理抵押登记,当事人请求登记机构承担赔偿责任的,人民法院依法予以支持。

【适用要点】该条是关于因登记机构原因不能办理抵押登记的后果的规定。实践中,一些地方的不动产登记机构仍然存在以配合金融监管为由拒绝为非银行的民事主体办理抵押登记的现象,给社会经济带来极大影响。对此,《国务院办公厅关于完善建设用地使用权转让、出租、抵押二级市场的指导意见》(国办发〔2019〕34号)明确要求"放宽对抵押权人的限制。自然人、企业均可作为抵押权人申请以建设用地使用权及其地上建筑物、其他附着物所有权办理不动产抵押相关手续，涉及企业之间债权债务合同的须符合有关法律法规的规定"。本书认为，因不动产登记机构的过错致使抵押权人无法办理抵押登记的，当事人应有权请求登记机构赔偿因此发生的损失。

2.《最高人民法院关于审理矿业权纠纷案件适用法律若干问题的解释》（法释〔2017〕12号；法释〔2020〕17号，2020年12月23日修正）

第十五条　【矿业权抵押的登记生效主义】当事人请求确认矿业权之抵押权自依法登记时设立的，人民法院应予支持。

颁发矿产资源勘查许可证或者采矿许可证的自然资源主管部门根据相关规定办理的矿业权抵押备案手续，视为前款规定的登记。

【适用要点】该条是关于矿业权抵押的规定。《矿产资源法》第6条未明确规定矿业权可以抵押，仅是通过规定了一定条件下可以转让从而间接推出亦应可以抵押。《矿业权解释》第14条、第15条明确规定矿业权可以进行抵押，且同不动产登记一样，采取登记生效主义，自依法登记时设立。需要注意的是：矿业权抵押权的设立以登记制为原则、备案制为补充，备案仅是作为矿业权抵押法定登记机构确定前的过渡性措施。若法律或者行政法规确立了矿业权抵押权登记机构，则应以登记作为确立矿业权之抵押权设立的根本依据，备案制度应会予以取消。目前，矿业权抵押权的具体备案办理机构为矿业权的发证机关，即颁发矿产资源勘查许可证或者采矿许可证的国土资源主管部门。当事人只有向矿产资源勘查许可证或者采矿许可证的颁证机关办理矿业权抵押备案手续的，才能视同为对矿业权抵押权进行了登记。

（二）规范性司法文件

1.《全国法院民商事审判工作会议纪要》（法〔2019〕254号，2019年11月8日公布）

60.【未办理登记的不动产抵押合同的效力】不动产抵押合同依法成立，但未办理抵押登记手续，债权人请求抵押人办理抵押登记手续的，人民法院依法予以支持。因抵押物灭失以及抵押物转让他人等原因不能办理抵押登记，债权人请求抵押人以抵押物的价值为限承担责任的，人民法院依法予以支持，但其范围不得超过抵押权有效设立时抵押人所应当承担的责任。

【适用要点】该条规定已被《民法典担保制度解释》第46条所吸收并予以细化。

2.《最高人民法院关于"应该对〈担保法〉第四十三条和〈物权法〉第一百八十条列明的其他财产做抵押时,其抵押权设立的要件进行明确"问题的答复》(2015 年 1 月 26 日)

三、关于以《物权法》第一百八十条①第(七)项"法律、行政法规未禁止抵押的其他财产"设立抵押权成立要件问题

《物权法》第一百八十条第(七)项以"法律、行政法规未禁止抵押的其他财产"作为可以设立抵押财产的兜底条款,意在放宽抵押权的设定范围,以适应不断变化的经济生活需要。

关于抵押权设定与登记之间的关系,物权法规定了登记生效和登记对抗两种方式。虽然该法未对"法律、行政法规未禁止抵押的其他财产"设定抵押时的登记效力进行明确,但基于"相类似之事件应为相同之处理"的法律适用原理,应对其他财产抵押视各该财产的性质,区分动产、不动产及基于此上的权利,类推适用相类似的规定。根据这种理解,如果当事人使用的"其他财产"属于不动产或不动产上的权利作为抵押,即可参照该法第一百八十七条②的规定,将其理解为登记时设立抵押权;如果当事人使用的"其他财产"性质上属于动产,则可参照该法第一百八十八条和第一百八十九条③的规定,将其理解为登记产生对抗效力。

来信的内容还涉及如何理解通行的法学理论和立法、司法解释之间的关系问题。尽管法学理论不是正式的法律渊源,但在人民法院的审判工作中,依据通行的法理来理解和适用法律,是人民司法的重要内容。所以在一般情况下,如果对某一问题学界已经有共识,在司法实践中认识相对统一,不会成为最高法院司法解释的对象。司法解释主要是针对审判实践中已经出现的如何理解和执行法律的疑难问题作出规定,以统一全国法院的裁判尺度。我们将进一步加强调研工作,及时总结司法经验,以进一步及时指导审判实践。

以上意见仅供参考!

【适用要点】该答复对《物权法》第 180 条可以作为抵押财产的兜底条款作了学理化的阐释,其基本思路是:如果当事人使用的"其他财产"属于不动产或不动产上的权利作为抵押的,可采登记生效主义;如果当事人使用的

---

① 《民法典》第 395 条。下同。

② 《民法典》第 402 条。

③ 《民法典》第 403 条、第 404 条。

"其他财产"性质上属于动产的,则采登记对抗主义。该规则在《民法典》项下仍有其适用意义,只不过土地承包经营权尽管属于不动产权利,但依据《民法典》第341条之规定,采登记对抗主义,此点应予特别注意。

【部门规章、规范性文件与相关政策】

(一)部门规章

1.《不动产登记暂行条例实施细则》(国土资源部令第 63 号;自然资源部令第 5 号,2019 年 7 月 16 日修正)

第二十条　【不动产登记簿与不动产权属证书】不动产登记机构应当根据不动产登记簿,填写并核发不动产权属证书或者不动产登记证明。

除办理抵押权登记、地役权登记和预告登记、异议登记,向申请人核发不动产登记证明外,不动产登记机构应当依法向权利人核发不动产权属证书。

不动产权属证书和不动产登记证明,应当加盖不动产登记机构登记专用章。

不动产权属证书和不动产登记证明样式,由自然资源部统一规定。

第二十五条　【不动产首次登记】市、县人民政府可以根据情况对本行政区域内未登记的不动产,组织开展集体土地所有权、宅基地使用权、集体建设用地使用权、土地承包经营权的首次登记。

依照前款规定办理首次登记所需的权属来源、调查等登记材料,由人民政府有关部门组织获取。

第二十六条　【不动产变更登记】下列情形之一的,不动产权利人可以向不动产登记机构申请变更登记:

(一)权利人的姓名、名称、身份证明类型或者身份证明号码发生变更的;

(二)不动产的坐落、界址、用途、面积等状况变更的;

(三)不动产权利期限、来源等状况发生变化的;

(四)同一权利人分割或者合并不动产的;

(五)抵押担保的范围、主债权数额、债务履行期限、抵押权顺位发生变化的;

(六)最高额抵押担保的债权范围、最高债权额、债权确定期间等发生变化的；

（七）地役权的利用目的、方法等发生变化的；

（八）共有性质发生变更的；

（九）法律、行政法规规定的其他不涉及不动产权利转移的变更情形。

第六十五条　【不动产抵押登记的财产范围】对下列财产进行抵押的，可以申请办理不动产抵押登记：

（一）建设用地使用权；

（二）建筑物和其他土地附着物；

（三）海域使用权；

（四）以招标、拍卖、公开协商等方式取得的荒地等土地承包经营权；

（五）正在建造的建筑物；

（六）法律、行政法规未禁止抵押的其他不动产。

以建设用地使用权、海域使用权抵押的，该土地、海域上的建筑物、构筑物一并抵押；以建筑物、构筑物抵押的，该建筑物、构筑物占用范围内的建设用地使用权、海域使用权一并抵押。

第六十六条　【申请抵押登记】自然人、法人或者其他组织为保障其债权的实现，依法以不动产设定抵押的，可以由当事人持不动产权属证书、抵押合同与主债权合同等必要材料，共同申请办理抵押登记。

抵押合同可以是单独订立的书面合同，也可以是主债权合同中的抵押条款。

第六十八条　【抵押权变更登记】有下列情形之一的，当事人应当持不动产权属证书、不动产登记证明、抵押权变更等必要材料，申请抵押权变更登记：

（一）抵押人、抵押权人的姓名或者名称变更的；

（二）被担保的主债权数额变更的；

（三）债务履行期限变更的；

（四）抵押权顺位变更的；

（五）法律、行政法规规定的其他情形。

因被担保债权主债权的种类及数额、担保范围、债务履行期限、抵押权顺位发生变更申请抵押权变更登记时，如果该抵押权的变更将对其他抵押权人产生不利影响的，还应当提交其他抵押权人书面同意的材料与身份证或者户口簿等材料。

【适用要点】《不动产登记暂行条例实施细则》在《不动产登记暂行条例》的基础上进行了更为细化的规定,特别是增加了部分专门针对不动产抵押登记的规定,主要包括第 65 条至第 70 条,主要内容如下:一是以不动产设定抵押的,可由当事人持不动产权属证书、抵押合同与主债权合同等必要材料,共同申请办理抵押登记。二是抵押合同可以是单独订立的书面合同,也可以是主债权合同中的抵押条款。三是同一不动产上设立多个抵押权的,不动产登记机构应当按照受理时间的先后顺序依次办理登记,并记载于不动产登记簿。当事人对抵押权顺位另有约定的,从其规定办理登记。四是发生抵押人、抵押权人、主债权数额、债务履行期限、抵押权顺位等变更的,当事人持不动产权属证书、不动产登记证明、抵押权变更等必要材料,申请抵押权变更登记。五是因主债权转让导致抵押权转让的,当事人可申请抵押权的转移登记。六是在主债权消灭、抵押权消灭的,当事人可申请抵押权注销登记。

2.《农民住房财产权抵押贷款试点暂行办法》(银发〔2016〕78 号,2016年 3 月 15 日公布)

第二条 【农民住房财产权抵押贷款的概念】本办法所称农民住房财产权抵押贷款,是指在不改变宅基地所有权性质的前提下,以农民住房所有权及所占宅基地使用权作为抵押、由银行业金融机构(以下称贷款人)向符合条件的农民住房所有人(以下称借款人)发放的、在约定期限内还本付息的贷款。

第十一条 【试点要求】借贷双方要按试点地区规定,在试点地区政府确定的不动产登记机构办理房屋所有权及宅基地使用权抵押登记。

(二)规范性文件

《自然资源部关于做好不动产抵押权登记工作的通知》(自然资发〔2021〕54 号,2021 年 4 月 6 日公布)

各省、自治区、直辖市自然资源主管部门,新疆生产建设兵团自然资源局:

为落实《民法典》对不动产抵押权的规定,现就有关事项通知如下:

一、依法确定不动产抵押范围。学校、幼儿园、医疗机构、养老机构等为公益目的成立的非营利法人的教育设施、医疗卫生设施、养老设施和其他公益设施,以及法律、行政法规规定不得抵押的其他不动产,不得办理不动产抵押登记。

二、明确记载抵押担保范围。当事人对一般抵押或者最高额抵押的主债权及其利息、违约金、损害赔偿金和实现抵押权费用等抵押担保范围有明确约定的,不动产登记机构应当根据申请在不动产登记簿"担保范围"栏记载;没有提出申请的,填写"／"。

三、保障抵押不动产依法转让。当事人申请办理不动产抵押权首次登记或抵押预告登记的,不动产登记机构应当根据申请在不动产登记簿"是否存在禁止或限制转让抵押不动产的约定"栏记载转让抵押不动产的约定情况。有约定的填写"是",抵押期间依法转让的,应当由受让人、抵押人(转让人)和抵押权人共同申请转移登记;没有约定的填写"否",抵押期间依法转让的,应当由受让人、抵押人(转让人)共同申请转移登记。约定情况发生变化的,不动产登记机构应当根据申请办理变更登记。

《民法典》施行前已经办理抵押登记的不动产,抵押期间转让的,未经抵押权人同意,不予办理转移登记。

四、完善不动产登记簿。对《国土资源部关于启用不动产登记簿证样式(试行)的通知》(国土资发〔2015〕25号)规定的不动产登记簿样式进行修改:

1. 在"抵押权登记信息"页、"预告登记信息"页均增加"担保范围"、"是否存在禁止或限制转让抵押不动产的约定"栏目。

2. 将"抵押权登记信息"页的"最高债权数额"修改为"最高债权额"并独立为一个栏目,填写最高额抵押担保范围所对应的最高债权数额。

五、更新不动产权证书和不动产登记证明。更改法律依据,将电子和纸质不动产权证书、不动产登记证明中的"《中华人民共和国物权法》"修改为"《中华人民共和国民法典》"。

六、调整不动产登记系统、数据库以及申请书。各地要根据新的不动产登记簿,抓紧升级改造各级不动产登记系统,扩展完善数据库结构和内容,将新增和修改的栏目纳入登记系统和数据库,并实时完整上传汇交登记信息。要在不动产登记申请书中增加"担保范围"等栏目,完善申请书示范文本等,保障登记工作顺畅开展。

为厉行节约、避免浪费,原已印制的存量证书证明可以继续使用完为止。

(二)相关政策

1.《自然资源部、国家税务总局、中国银保监会关于协同推进"互联网＋不动产登记"方便企业和群众办事的意见》(自然资发〔2020〕83号,2020年5

月 15 日公布)

一、加快建立集成统一的网上"一窗受理"平台。不动产登记机构要落实主体责任,争取地方政府支持,加快贯彻《优化营商环境条例》,在全面实施不动产登记、交易和缴税"一窗受理、并行办理"的基础上,推动"互联网+不动产登记"向更高层级发展,尽快建立集成、统一的网上"一窗受理"平台……

二、大力推进网上受理审核。利用网上"一窗受理"平台,加快推进不动产登记、申报纳税等网上受理审核……

三、推广使用电子证照及电子材料。按照法律法规规定,电子不动产登记证书证明与纸质不动产登记证书证明具有同等法律效力,各地要积极推广应用……

四、进一步提升登簿和传输数据质量……

五、深化应用不动产单元代码……

2.《中国银监会、国土资源部关于金融资产管理公司等机构业务经营中不动产抵押权登记若干问题的通知》(银监发〔2017〕20 号,2017 年 5 月 15 日公布)

各银监局,各省、自治区、直辖市国土资源主管部门,新疆生产建设兵团国土资源局,各政策性银行、大型银行、股份制银行,邮储银行,外资银行,金融资产管理公司:

为贯彻落实党中央、国务院关于"三去一降一补"工作的决策部署,进一步发挥好金融资产管理公司服务实体经济发展、防范和化解金融风险的重要作用,根据《中华人民共和国物权法》、《中华人民共和国担保法》、《中华人民共和国城市房地产管理法》、《不动产登记暂行条例》等法律法规,现就金融资产管理公司等机构经营活动中涉及不动产抵押权登记的有关问题通知如下:

一、金融资产管理公司是经国家有关部门依法批准设立的非银行金融机构。金融资产管理公司及其分支机构(以下统称"金融资产管理公司")在法定经营范围内开展经营活动,需要以不动产抵押担保方式保障其债权实现的,可依法申请办理不动产抵押权登记。

二、金融资产管理公司收购不良资产后重组的,与债务人等交易相关方签订的债务重组协议、还款协议或其他反映双方债权债务内容的合同,可作为申请办理不动产抵押权登记的主债权合同。金融资产管理公司收购不良资产涉及大量办理不动产抵押权转移登记或者变更登记的,不动产登记机构要积极探索批量办理的途径和方法,切实依法规范、高效便利,为金融资产管理公司健康发展提供有力保障。

三、金融资产管理公司收购不良资产后重组的,需要以在建建筑物、房屋、土地使用权抵押担保其债权实现的,不动产登记机构应根据当事人的申请依法予以登记。

四、金融资产管理公司、银行等依法批准设立的金融机构与抵押人持不动产权属证书、主债权合同和抵押合同等必要材料可以直接向不动产登记机构申请不动产抵押权登记,不动产登记机构应当依法受理、及时办理,不得要求金融资产管理公司、银行或者抵押人提供没有法律法规依据的确认单、告知书等材料,不得将没有法律法规依据的审核、备案等手续作为不动产登记的前置条件或纳入不动产登记流程。

五、各省、自治区、直辖市人民政府(含计划单列市人民政府)按照规定设立或授权,并经中国银监会公布的地方资产管理公司,在从事金融企业不良资产批量转让、收购和处置业务活动中需办理抵押权登记的,参照本通知执行。

【典型案例】

(一)指导性案例

中信银行股份有限公司东莞分行诉陈志华等金融借款合同纠纷案【最高人民法院(2019)最高法民再 155 号】①

【裁判要旨】以不动产提供抵押担保,抵押人未依抵押合同约定办理抵押登记的,不影响抵押合同的效力。债权人依据抵押合同主张抵押人在抵押物的价值范围内承担违约赔偿责任的,人民法院应予支持。抵押权人对未能办理抵押登记有过错的,相应减轻抵押人的赔偿责任。

【编者评析】该指导性案例确立的规则包括:一是未办理登记的不动产抵押合同,抵押人应当承担违约责任;二是此种违约责任以抵押物的价值为限;三是要考虑抵押权人对未能办理登记是否有过错,有过错的,可以减轻抵

---

① 最高人民法院指导性案例 168 号。

押人的责任。但该指导性案例并未考虑抵押人可能也存在无过错的情形，一概认定抵押人承担责任有失偏颇。《民法典担保制度解释》第 46 条在沿袭该指导性案例确立的规则基础上，进一步予以了细化，并分别就抵押人有无过错进行了类型化分析，使得该规则更为全面准确。

（二）参考案例

1. 工银金融租赁有限公司与山西离柳焦煤集团有限公司融资租赁合同纠纷案【最高人民法院（2016）最高法民终 605 号】

【裁判要旨】矿产资源作为土地附着物，探矿权、采矿权抵押应遵循登记生效主义原则，抵押权应自登记时设立。鉴于不动产物权登记的主要功能和作用在于借此获得对世的公示效力，就目前矿业权抵押备案的主要功能以及法律效果而言，备案与登记并无实质区别，抵押权人可借此取得对抗他人的公示效力和优先受偿权。在法律、行政法规尚无明确矿业权抵押登记部门的情况下，国土资源主管部门依据部门规章或者地方性法规办理的矿业权抵押备案，可视为矿业权抵押登记，矿业权抵押权自登记或者备案时设立。就本案而言，案涉两份抵押合同约定用于抵押的采矿权，均没有在国土资源主管部门办理备案登记，两煤矿采矿权抵押权均未设立。

【编者评析】该案将矿业权抵押备案视为抵押登记，就个案而言可能具有积极意义。但就基本原理来说，将备案视为登记，显然不符合《民法典》的精神。

2. 青岛天一集团樱珠山房地产开发有限公司与青岛信恒基商贸有限责任公司、青岛澳海资产管理有限公司、王舜壁、宫国鹏、营口元亨曦地置业有限公司借款合同纠纷案【山东省高级人民法院（2016）鲁民终 1076 号】

【裁判要旨】土地使用权抵押合同自成立时生效，但是土地使用权抵押应当办理抵押登记，抵押权自登记时设立。因此，抵押人与抵押权人签订土地使用权抵押合同后，不办理抵押权登记，抵押权不能设立，抵押权人无法达到以土地使用权担保其债权实现的目的。抵押权人因此造成债权无法实现损失的，抵押人与抵押权人应当按照各自在办理抵押权登记中的义务履行情况确定违约责任，根据具体情况确定责任承担方式。

【编者评析】司法实践中，当事人签订土地使用权抵押合同不办理抵押权登记的情况时有发生。产生纠纷诉诸法院后，在责任承担的性质、方式和内容上，争议较大。本案把违约人的责任首先界定为债权责任而非物权责任,在责任承担方式与内容上,确定违约人承担物权损失的赔偿责任,解决了当事人争议的责任性质问题,根据案件具体情况和双方违约责任的大小合理分配赔偿责任范围,并根据债权内容为物权的具体情况,明确赔偿责任人享有替代赔偿责任的追偿权,实现了对赔偿责任人的权利保护。当然,此种责任究竟是违约责任还是以抵押财产的价值为限的非典型担保责任,在理论上仍有可探讨的余地,但不影响抵押人承担责任。

　　第四百零三条　【动产抵押的效力】 以动产抵押的,抵押权自抵押合同生效时设立;未经登记,不得对抗善意第三人。

【条文精解】

（一）条文要点

　　本条是有关动产抵押采登记对抗主义的规定,是在《物权法》第 188 条的基础上修改而成的。本条将《物权法》第 188 条中"本法第一百八十条第一款第四项、第六项规定的财产或者第五项规定的正在建造的船舶、航空器"修改为"动产"一词,以概括的方式取代列举的形式明确动产抵押的效力。《民法典》及《民用航空法》《海商法》对特殊动产的抵押进行了专门规定。准确理解本条,要注意以下几点:

　　1. 关于未经登记的抵押合同的效力

　　《物权法》第 188 条、第 189 条分别规定了动产抵押和浮动抵押,并且都实行登记对抗主义。《民法典》将这两条进行了整合,不再区分动产抵押和浮动抵押,而是规定实行统一的动产登记对抗主义。在登记对抗主义中,抵押合同一经生效,抵押权就有效设立。准确理解未经登记的动产抵押合同的效力,要把握以下几点:

　　一是此时抵押权已经有效设立。未经登记的动产抵押权也是担保物权,具有物权效力,故其效力当然优先于一般债权人。因而签订买卖合同但并未取得所有权的买受人,仅享有请求抵押人交付抵押物的债权请求权,其在效力上显然劣后于未经登记的动产抵押权。另外,既然属于担保物权,则当然可以适用担保物权的相关规则,如担保物权的实现规则、担保物权的顺位规则,等等。

　　二是具有一定的对抗力。未办理登记手续的动产抵押权只是不具有对抗善意第三人的效力,不是没有任何对抗效力。反面解释就是,可以对抗恶意第三人。本条所谓的"第三人"须是对担保财产享有除担保物权之外的物权性权利的人,如担保财产的买受人以及承租人,而不包括担保物权人。对此,下文还将进行详述。

三是不能依据本条来确定担保物权人之间的优先顺位。未办理登记的动产抵押权，与在该财产上另行设立的动产抵押权或动产质权之间的清偿顺位问题，要依据《民法典》第414条、第415条之规定，按照公示先后来确定，不再考虑后设立的权利人的善恶意问题。也就是说，本条所谓的"第三人"不包括担保物权人。

四是未经登记的动产抵押权在效力上毕竟是有瑕疵的，基于消灭隐性担保的考虑，不宜赋予其太强的效力，这就表现在：当抵押人的其他债权人向人民法院申请保全或者执行抵押财产，人民法院已经作出财产保全裁定或者采取执行措施的，该查封债权在效力上优先于在先设立的未办理登记的动产抵押权；在抵押人破产场合，未办理登记的动产抵押权人不能主张对抵押财产优先受偿。

2. 关于"第三人"的范围

理解本条的关键在于如何理解"未经登记，不得对抗善意第三人"中的"第三人"的范围。一般认为，此处的"第三人"主要是指抵押财产的买受人。实践中，当事人签订动产抵押合同但未办理登记，抵押人又将抵押财产转卖他人且该他人已经取得抵押财产所有权的，才存在抵押权人能否对抗买受人的问题。此时要考察其是否为善意买受人来确定抵押权能否对抗买受人的所有权。如果买受人为善意的，抵押权人不得基于抵押权的追及效力向善意买受人主张抵押权，只能要求抵押人重新提供担保。反之，如果买受人为恶意的，鉴于抵押权可以对抗恶意第三人，故抵押权人可以向该恶意买受人主张抵押权，即请求拍卖、变卖抵押财产并以所得价款优先受偿。该项主张不以撤销买卖合同为必要，此乃对抗恶意第三人的当然之意。在善恶意的举证问题上，应当推定买受人为善意买受人，从而由主张可以对抗该买受人的抵押权人举证证明买受人为恶意买受人。抵押权人举证不能的，应当承担因此产生的不利后果。

此处的"第三人"，也包括抵押物的租赁权人。租赁权本属债权，但租赁权往往是长期债权，且承租人也要对租赁物进行占有使用，在一定程度上具有用益物权的性质，因而也存在抵押权人能否对抗租赁权人的问题。就抵押权与租赁权的关系来说，有先租后抵与先抵后租两种情形，讨论抵押权人能否对抗承租人，主要涉及先抵后租这种情形。在动产抵押权设立后抵押人将抵押财产出租场合，也应当依据本条规定处理。具体来说：承租人未实际占有租赁物的，其享有的仅为一般债权，当然劣后于物权性质的动产抵押权。如果承租人已经实际占有租赁物,则要看承租人是否为恶意来确定能否对抗抵押权人:承租人恶意的,抵押权可以对抗租赁权,抵押权人可以直接向承租人主张行使抵押权,并请求除去租赁权;承租人善意的,抵押权不得对抗租赁权。此种不得对抗并非抵押权人不能行使抵押权,而是说抵押权人行使抵押权不影响租赁关系的存续。从举证责任的角度看,也应当推定承租人为善意当事人,由抵押权人举反证推翻有关善意的推定。实践中,除非承租人与抵押关系当事人之间具有某种密切的关系,否则,将很难推翻有关善意的推定,毕竟该抵押权未办理抵押登记手续。

3. 动产担保物权间的顺位确定问题

值得探讨的是,这里的"第三人"是否包括设立在后的抵押权人、质权人等担保物权人。先来看抵押权。有观点认为,这里的"第三人"包括后设立的抵押权人,即只要后抵押权人是恶意的,先设立的抵押权就能对抗后抵押权,不问后设立的抵押权是否已经登记。反之,后抵押权人如果是善意的,就能对抗先设立的抵押权:该抵押权已经登记的,意味着通过善意取得方式取得了抵押权,自然优先于先设立的抵押权;该抵押权未经登记的,按照债权比例清偿。本书认为,前述理解既不符合《民法典》有关通过建立统一的动产和权利担保制度,进而确立统一、清晰、可预测的优先权规则的初衷,也使《民法典》第 414 条的规定难以操作。《民法典》第 414 条是关于以登记作为公示方法的担保物权之间清偿顺序的一般性规定,基本规则是看是否进行登记以及登记先后:已登记的优先于未登记的;登记在先的优先于登记在后的;未登记的不分先后,按债权比例清偿。从该条规定看,确定抵押权顺位的主要依据是看有无登记以及登记先后,至于抵押权人是否善意则不在考察之列。如果要根据善意与否确定清偿顺序,可能会与《民法典》第 414 条相冲突。如抵押人就其动产为甲设立了一项抵押权,但未登记;其后又在同一动产上先后为乙、丙设立了抵押权,均进行了登记;其中乙为恶意(其知道甲已经设定了抵押权),丙为善意(其对甲已经设定了抵押权不知情)。根据前述观点,乙为恶意第三人,故甲的权利应优先于乙;丙为善意第三人,故其权利优先于甲,如此,清偿顺位依次为:丙>甲>乙。而根据《民法典》第 414 条之规定,乙、丙作为已登记的抵押权,优先于未登记的甲;乙登记在先,优先于登记在后的丙,其清偿顺序应该为:乙>丙>甲。可见,此种理解与《民法典》第 414 条是相冲突的,而《民法典》第 414 条是关于以登记作为公示方法的担保物权之间清偿顺序的一般性规定,故前述理解不可取。尤其是如果将后抵押权人是否善意作为确定抵押权顺位的依据,在下列情形中,将无从确定抵押权的顺序。如抵押人依次为甲、乙、丙设立的抵押权,均未登记;乙知道甲抵押权的存在,丙不知道甲抵押权的存在但知道乙抵押权的存在。根据前述规则,从甲的角度看,乙对于甲而言属于恶意第三人,故甲的抵押权优先于乙;丙对于甲而言属于善意第三人,但亦未进行登记,故丙的权利应同于甲,此时的清偿顺序为:甲、丙>乙。但如着眼于乙的角度,因为丙知道乙抵押权的存在,丙对于乙来说属于恶意第三人,则乙的权利应当优先于丙,此时的清偿顺序则应该是甲>乙>丙。根据前述观点,基于不同的角度,可能会得出不同的结论。可见,考察第三人善意与否具有不确定性,因而有必要通过统一的登记对抗规则来确定清偿顺序。综上,本条的"第三人"不包括抵押权人。

设立在后的质权人是否属于本条规定的"第三人"的范畴? 本书认为,在先设立的未登记的抵押权也不能对抗后设立的质权,因为《民法典》第 415 条规定:"同一财产既设立抵押权又设立质权的,拍卖、变卖该财产所得的价款按照登记、交付的时间先后确定清偿顺序。"质权的设立以交付作为公示方法,后设立的质权已经完成了公示,在抵押权未完成公示的情况下,已完成公示的质权自然优先于未完成公示的抵押权。可见,本条所谓的"第三人"也不包括质权人。

在同一动产上除了可以设立抵押权、质权外,还可以设立所有权保留、融资租赁、让与担保等非典型担保,这就涉及动产担保权的竞存问题。只要竞存的权利是以登记作为公示方法的,包括动产抵押权之间的竞存、浮动抵押权与一般动产抵押权的竞存以及动产抵押权与已经登记的非典型担保(所有权保留、融资租赁、保理)之间的竞存,都要根据《民法典》第 414 条确定清偿顺序;动产抵押权与动产质权的竞存,要根据《民法典》第 415 条来确定清偿顺序。前述规则,已经不再属于登记对抗的范畴,而属于担保权的顺位确定规则,不可将二者混为一谈。

此外,我国法上的查封债权优先于普通债权,因而可以将查封债权视为是一种准担保物权。因而在确定未办理登记的动产抵押权与查封债权的优先顺位时,参照适用已登记的担保物权优先于未登记的担保物权的规则,应由查封债权人优先受偿。另外,为消灭隐形担保,不宜赋予未办理登记的动产抵押权以过强的效力。而查封债权具有公权力的加持,认定查封债权优先于未办理登记的动产抵押权,也符合消灭隐形担保的目的。应予注意的是,财产被查封后,被执行人又以被查封的财产设定担保物权,即便此种担保物权已经完成了公示,依据《查扣冻规定》第 24 条第 1 款有关"被执行人就已经查封、扣押、冻结的财产所作的移转、设定权利负担或者其他有碍执行的行为,不得对抗申请执行人"之规定,此种担保物权也不能对抗查封债权人。也就是说,应当认定查封债权在效力上优先于后设立的担保物权,而不能简单地以物权优先于债权为由认定先查封的债权劣后于担保物权受偿。

至于留置权,因其属于法定担保权,其设立不以当事人的意志为必要,谈不上善意与恶意的问题,也不属于本条所谓的"第三人"范畴。

4. 与正常经营买受人规则之间的关系

既然该条的第三人主要是买受人,而《民法典》第 404 条就是对正常经营买受人进行特别保护的规定。故正确理解该条,还要处理好与正常经营买受人规则之间的关系。从《民法典》第 404 条的规定看,已经支付合理价款的正常经营买受人要优先予以保护,其可以无负担地取得担保物的所有权,无论动产抵押权是否进行了登记,也无论买受人是否知晓动产抵押权的存在。从反面解释的角度看,本条有关善意第三人的规定,仅适用于非正常经营场合,即只有在不能适用《民法典》第 404 条的情况下,才能够适用本条的规定。

5. 统一的动产和权利担保登记制度

此前,往往将登记作为管理手段,因而不同的财产抵押,由不同的主管部门实行分散登记,如动产抵押权由原工商行政管理部门办理登记,民用航空器抵押登记由中国民航管理总局办理,船舶抵押登记分别由海港监督管理部门和农业渔政管理部门办理,机动车辆抵押登记由公安交通行政管理部门中的车辆车籍管理部门办理;再如权利质权由各种出质权利的归口行政管理机关或其指定的机构作为登记机构,非上市公司股权质权登记由原工商行政管理部门办理,应收账款质权登记由中国人民银行征信中心办理,基金份额、上市公司股权质权登记由证券登记结算机构办理,知识产权质权登记由各知识产权主管部门办理。与统一的不动产登记体系相比,动产抵押和权利质押的登记机构较为分散,已经不能适应现代市场经济发展的需要了。在《民法典》编纂过程中,大家逐渐达成了要建立统一的动产抵押和权利质押登记制度的共识,有鉴于此,《民法典》删除了有关担保物权具体登记机构的规定,为建立统一的动产抵押和权利质押登记制度留下空间。尽管立法说明指出,"统一登记的具体规则宜由国务院规定",但《民法典》本身并未就统一的动产抵押和权利质押登记制度作出授权性规定。但早在《民法典》通过前,《优化营商环境条例》第47条第2款就规定"国家推动建立统一的动产和权利担保登记公示系统"，为统一动产和权利担保登记制度提供了法律依据。

随着《国务院关于实施动产和权利担保统一登记的决定》（国发〔2020〕18号）的出台并实施，统一的动产和权利担保登记制度得以建立。纳入动产和权利担保统一登记范围的担保类型包括：生产设备、原材料、半成品、产品抵押；应收账款质押；存款单、仓单、提单质押；融资租赁；保理；所有权保留；其他可以登记的动产和权利担保，但机动车抵押、船舶抵押、航空器抵押、债券质押、基金份额质押、股权质押、知识产权中的财产权质押除外。统一的动产和权利担保登记之所以未涵盖所有的动产和权利担保，是因为我国就机动车、船舶、航空器等特殊动产以及股权、知识产权等动产型权利建立的相应登记系统，登记除了具有物权公示的意义外，还带有行政管理的性质和内容，如基于机动车安全技术检验合格证明申请注册登记、申领行驶证，等等，因而难以为统一的动产和权利担保登记系统所涵盖。

但在统一的动产和权利登记系统已经建立起来的情况下，现有的特殊动产、权利登记系统将面临登记规则重构的问题。现有的特殊动产、权利登记系统建立之初，大多是基于行政管理的考量，并未虑及融资的需要，其中登记规则的设计大多受到不动产登记制度的影响。如2021年修订前的《机动车登记规定》第23条规定："申请抵押登记的，机动车所有人应当填写申请表，由机动车所有人和抵押权人共同申请，并提交下列证明、凭证：（一）机动车所有人和抵押权人的身份证明；（二）机动车登记证书；（三）机动车所有人和抵押权人依法订立的主合同和抵押合同。车辆管理所应当自受理之日起一日内，审查提交的证明、凭证，在机动车登记证书上签注抵押登记的内容和日期。"这里，就机动车抵押登记采取双方申请主义，登记申请采行线下申请，尚须提交登记机构并无能力审查的主合同和抵押合同，已与动产和权利担保登记的法理相去甚远。2021年修订的《机动车登记规定》第32条对申请机动车抵押登记规定作了部分修改，删去了"机动车所有人和抵押权人依法订立的主合同"。由此可见，即使维系目前的特殊动产、权利登记系统，相关登记规则亦应在统一动产和权利担保登记系统的基本思想之下予以重构。

在当前动产登记系统采双轨制的情况下，有必要创建特殊动产、权利登记系统与统一动产和权利担保登记系统之间的电子链接。为克服统一动产和权利担保登记系统不记载特殊动产、权利担保权的弊端，使交易相对人一次查询即得到特定担保人全部动产、权利之上的权利负担，创建两大系统之间的电子链接实有必要。在计算机技术高度发展的背景之下,将特殊动产、权利登记系统中的登记数据导入统一动产和权利担保登记系统并无技术障碍。但这一构想的实现尚须我国既有的特殊动产、权利登记系统完成电子化的改造。

(二)适用情况

一是本条主要适用于未办理登记的动产抵押权能否对抗买受人、承租人等场合。准确适用本条,务必要将其与《民法典》第 414 条、第 415 条的担保物权的顺位确定规则相区别。

二是据以确定未办理登记的动产抵押权能否优先于普通债权人受偿。对此,应予明确的是,其优先于一般债权人受偿,但劣后于查封债权人受偿。在破产程序中,此种抵押权也不具有优先受偿的效力,毕竟其仅是能够对抗恶意第三人,而不能对抗善意第三人。

【相关法律、行政法规】

(一)相关法律

1.《中华人民共和国民法典》(2020 年 5 月 28 日通过)

第二百二十五条　【特殊动产的登记】船舶、航空器和机动车等的物权的设立、变更、转让和消灭,未经登记,不得对抗善意第三人。

【适用要点】该条是关于对特殊动产的物权变动的规定。适用时应注意以下几点:一是船舶、航空器、机动车等特殊动产以登记作为物权变动的对抗要件。船舶、航空器和机动车一般都有登记,而且往往价值较大,在法律上被视为一种准不动产,其物权变动应当以登记为公示方法。但一律采取登记生效主义,不仅会影响交易便捷,增加交易成本,而且会加重登记机关的负担,故应将登记作为对抗要件,而非生效要件。二是一般动产除抵押以外的物权变动都以交付为公示方式,只有抵押不存在交付行为,因此动产抵押以登记为公示要件,未经登记不得对抗第三人。但是无论是船舶等特殊动产还是一般动产,在抵押中采取登记对抗模式背后的原因是基本一致的,都是为了降低交易成本、提高交易的便捷度。

第六百四十一条　【所有权保留的登记】当事人可以在买卖合同中约定

买受人未履行支付价款或者其他义务的,标的物的所有权属于出卖人。

出卖人对标的物保留的所有权,未经登记,不得对抗善意第三人。

第七百四十五条　【融资租赁的登记】出租人对租赁物享有的所有权,未经登记,不得对抗善意第三人。

【适用要点】以上两条是关于所有权保留、融资租赁等非典型担保的登记对抗的规定,与《民法典》第403条规定原理相同。

2.《中华人民共和国海商法》(1992年11月7日通过)

第十三条　【船舶抵押权登记】设定船舶抵押权,由抵押权人和抵押人共同向船舶登记机关办理抵押权登记;未经登记的,不得对抗第三人。

船舶抵押权登记,包括下列主要项目:

(一)船舶抵押权人和抵押人的姓名或者名称、地址;

(二)被抵押船舶的名称、国籍、船舶所有权证书的颁发机关和证书号码;

(三)所担保的债权数额、利息率、受偿期限。

船舶抵押权的登记状况,允许公众查询。

3.《中华人民共和国民用航空法》(1995年10月30日通过,2021年4月29日修正)

第十一条　【民用航空器登记】民用航空器权利人应当就下列权利分别向国务院民用航空主管部门办理权利登记:

(一)民用航空器所有权;

(二)通过购买行为取得并占有民用航空器的权利;

(三)根据租赁期限为六个月以上的租赁合同占有民用航空器的权利;

(四)民用航空器抵押权。

第十六条　【民用航空器抵押】设定民用航空器抵押权,由抵押权人和抵押人共同向国务院民用航空主管部门办理抵押权登记;未经登记的,不得对抗第三人。

【适用要点】上述三条是关于民用航空器和船舶等特殊动产物权变动的规定,在《民法典》第225条及其适用要点已经多有述及,此处不再赘述。

4.《中华人民共和国道路交通安全法》(2003年10月28日通过,2021年4月29日修正)

第十二条　【机动车登记】有下列情形之一的,应当办理相应的登记:

(一)机动车所有权发生转移的;

(二)机动车登记内容变更的;

(三)机动车用作抵押的;

(四)机动车报废的。

【适用要点】该条是关于机动车登记的规定。机动车作为特殊动产,对其登记既是一种物权的公示方式,又是行政管理的手段。不同于一般动产,设立机动车抵押权应向公安部门申请进行登记。

(二)相关行政法规

1.《优化营商环境条例》(2019年10月8日通过)

第四十七条　【构建两套统一的登记制度】不动产登记机构应当按照国家有关规定,加强部门协作,实行不动产登记、交易和缴税一窗受理、并行办理,压缩办理时间,降低办理成本。在国家规定的不动产登记时限内,各地区应当确定并公开具体办理时间。

国家推动建立统一的动产和权利担保登记公示系统,逐步实现市场主体在一个平台上办理动产和权利担保登记。纳入统一登记公示系统的动产和权利范围另行规定。

【适用要点】该条例首次提出要推动建立统一的动产和权利担保登记公示系统,逐步实现市场主体在一个平台上办理动产和权利担保登记。

2.《国务院关于实施动产和权利担保统一登记的决定》(国发〔2020〕18号,2020年12月22日公布)

各省、自治区、直辖市人民政府,国务院各部委、各直属机构:

为贯彻落实党中央、国务院决策部署,进一步提高动产和权利担保融资效率,优化营商环境,促进金融更好服务实体经济,现作出如下决定:

一、自2021年1月1日起,在全国范围内实施动产和权利担保统一登记。

二、纳入动产和权利担保统一登记范围的担保类型包括:

(一)生产设备、原材料、半成品、产品抵押;

(二)应收账款质押;

(三)存款单、仓单、提单质押;

(四)融资租赁;

(五)保理;

(六)所有权保留;

（七）其他可以登记的动产和权利担保，但机动车抵押、船舶抵押、航空器抵押、债券质押、基金份额质押、股权质押、知识产权中的财产权质押除外。

三、纳入统一登记范围的动产和权利担保，由当事人通过中国人民银行征信中心（以下简称征信中心）动产融资统一登记公示系统自主办理登记，并对登记内容的真实性、完整性和合法性负责。登记机构不对登记内容进行实质审查。

四、中国人民银行要加强对征信中心的督促指导。征信中心具体承担服务性登记工作，不得开展事前审批性登记。征信中心要做好系统建设和维护工作，保障系统安全、稳定运行，建立高效运转的服务体系，不断提高服务效率和质量。

五、国家市场监督管理总局不再承担"管理动产抵押物登记"职责。中国人民银行负责制定生产设备、原材料、半成品、产品抵押和应收账款质押统一登记制度，推进登记服务便利化。中国人民银行、国家市场监督管理总局应当明确生产设备、原材料、半成品、产品抵押登记的过渡安排，妥善做好存量信息的查询、变更、注销服务和数据移交工作，确保有关工作的连续性、稳定性、有效性。

各地区、各相关部门要相互协作、密切配合，认真落实本决定部署的各项工作，努力优化营商环境。

【适用要点】该决定的出台及实施，意味着统一的动产和权利登记制度得以建立，但具体落实还要仰赖《动产和权利担保统一登记办法》。

【司法解释及规范性司法文件】

（一）司法解释

《最高人民法院关于适用〈中华人民共和国民法典〉有关担保制度的解释》（法释〔2020〕28号，2020年12月25日通过）

第五十四条 【动产抵押未办理登记的效力】动产抵押合同订立后未办理抵押登记，动产抵押权的效力按照下列情形分别处理：

（一）抵押人转让抵押财产，受让人占有抵押财产后，抵押权人向受让人请求行使抵押权的，人民法院不予支持，但是抵押权人能够举证证明受让人知道或者应当知道已经订立抵押合同的除外；

（二）抵押人将抵押财产出租给他人并移转占有，抵押权人行使抵押权的，租赁关系不受影响，但是抵押权人能够举证证明承租人知道或者应当知道已经订立抵押合同的除外；

（三）抵押人的其他债权人向人民法院申请保全或者执行抵押财产，人民法院已经作出财产保全裁定或者采取执行措施，抵押权人主张对抵押财产优先受偿的，人民法院不予支持；

（四）抵押人破产，抵押权人主张对抵押财产优先受偿的，人民法院不予支持。

【适用要点】该条是关于未办理登记的动产抵押权效力的规定。适用时应注意以下几点：一是如果买受人为已经实际占有且对抵押权的存在不知情的善意第三人，则抵押权人不能再行使抵押权，但这里的第三人不包括抵押权人、质权人、留置权人等担保物权人，因为担保物权人之间的顺位，根据《民法典》第 414 条、第 415 条确立的规则确定即可，无须考虑彼此之间是否为善意；善意第三人主要指已经占有标的物的买受人或者承租人，其或者已经取得了物权，或者取得了具有一定物权效力的债权，因此只有在第三人为恶意的情形下，抵押权人才能对其主张权利。二是第三人为买受人时，涉及的是抵押权是否对买受人有追及效力的问题，而在第三人为承租人时，涉及的是租赁合同是否因标的物已经抵押而受到影响的问题。承租人未实际占有租赁物的，其享有的仅为一般债权，依照《民法典》第 403 条之规定，不得对抗物权性质的动产抵押权。如果承租人已经实际占有租赁物，则要看其是否为恶意当事人来确定能否对抗：其为恶意承租人的，不能对抗抵押权；反之，其为善意承租人的，可以对抗抵押权。三是在诉讼或者执行程序中，在第三人对抵押物申请扣押、查封的情况下，未经登记的抵押权也不得对抗法院的扣押、查封，以防止案外人与被执行人恶意串通，通过倒签抵押合同的方式来阻碍执行。四是在抵押人破产的情形下，未办理抵押登记的抵押权人不能就抵押物优先受偿。

（二）规范性司法文件

1.《全国法院民商事审判工作会议纪要》（法〔2019〕254 号，2019 年 11 月 8 日公布）

67.【约定担保物权的效力】债权人与担保人订立担保合同，约定以法律、行政法规未禁止抵押或者质押的财产设定以登记作为公示方法的担保，因无法定的登记机构而未能进行登记的,不具有物权效力。当事人请求按照担保合同的约定就该财产折价、变卖或者拍卖所得价款等方式清偿债务的,人民法院依法予以支持,但对其他权利人不具有对抗效力和优先性。

【适用要点】该条是关于新类型担保效力的规定。适用时应注意以下几点:一是《民法典》对于抵押财产持开放态度,只要法律、行政法规未禁止抵押的其他财产均可抵押。但在新类型抵押财产没有法定的登记机构,导致无法登记的情况下,抵押权并未设立,不具有物权效力。二是法定的登记机构限于《民法典》等法律规定的登记机构。三是即便抵押权未有效设立,新类型担保合同在不存在违反法律、行政法规的强制性规定或者违背善良风俗等合同无效的情况下,应为有效,当事人可依照合同约定,对抵押财产进行折价、变卖或者拍卖,所得价款用于清偿债务,但因未登记不能对抗其他权利人。

2.《最高人民法院关于"应该对〈担保法〉第四十三条和〈物权法〉第一百八十条列明的其他财产做抵押时,其抵押权设立的要件进行明确"问题的答复》(2015年1月26日)

一、关于以《担保法》第四十三条所规定的其他财产设定抵押时抵押权何时设立的问题

关于抵押权设立与抵押登记之间的关系,《担保法》规定了两种类型:一是该法第四十一条规定的登记生效,即以该法第四十二条规定的财产抵押的,在办理抵押登记之后,抵押权才设定;二是该法第四十三条规定的登记对抗,即以该法第四十二条规定以外的其他财产设定抵押的,抵押权自合同签订之日起设定。据此,只要是以该法第三十四条规定的"依法可以抵押的其他财产"设立的抵押,无论是否办理登记,抵押权均自抵押合同生效时设立。

二、关于登记对抗的第三人范围问题

对于登记对抗的抵押权,担保法规定其效力是登记对抗主义,即抵押权自合同成立时设定,当事人自愿办理的抵押权登记,可以产生对抗第三人的效力。对于第三人的范围,可以从物权优先效力的两个方面加以把握。按照通常的理解,物权优先的效力主要表现为两个方面,一是物权优先于债权,据此,有抵押权的债权人在清偿顺位上当然优先于无抵押的一般债权人;二是在同种物权之间,原则上设立在先,效力优先。但应当注意的是,对于登记抵押权和未登记抵押权在物权人之间的优先和对抗效力,《担保法》、担保法司法解释和《物权法》的相关规定在这方面有一个变化的过程。《担保法》第五

十四条规定:同一财产向两个以上债权人抵押的,拍卖、变卖抵押物所得的价款的清偿顺序为:(一)抵押合同以登记生效的,按照抵押物登记的先后顺序清偿;顺序相同的,按照债权比例清偿;(二)抵押合同自签订之日起生效的,该抵押物已登记的,按照本条第(一)项规定清偿;未登记的,按照合同生效时间的先后顺序清偿,顺序相同的,按照债权比例清偿。抵押物已登记的先于未登记的受偿。据此可见,《担保法》的规范方式采用的是时间在先、效力优先的规范模式。但这一规定在实践中产生了未登记抵押权的合同签订时间造假问题,给人民法院的审判工作带来了一定的困难。担保法司法解释第七十六条规定:同一动产向两个以上债权人抵押的,当事人未办理抵押物登记,实现抵押权时,各抵押权人按照债权比例受偿。这种规范模式被《物权法》所采纳。《物权法》第一百九十九条①规定:同一财产向两个以上债权人抵押的,拍卖、变卖抵押财产所得的价款的清偿顺序为:(一)抵押权已登记的,按照登记的先后顺序清偿;顺序相同的,按照债权比例清偿;(二)抵押权已登记的先于未登记的受偿;(三)抵押权未登记的,按照债权比例清偿。

【适用要点】该答复采取的是广义登记对抗主义,其将同一财产上设定多个担保物权时如何确定担保物权清偿顺位的问题纳入广义的登记对抗,会导致不必要的混淆。因此本书未采此种做法,而是将登记对抗狭义地理解为抵押权能否对抗所有权、承租权等非担保性权利,将担保物权之间的优先顺位问题从广义的登记对抗规则中分离出来,作为一个独立的规则,使其有别于登记对抗主义。

【部门规章、规范性文件与相关政策】

(一)部门规章

《动产和权利担保统一登记办法》(中国人民银行令〔2021〕第 7 号,2021年 11 月 18 日通过)

第二条　【动产和权利担保统一登记的范围】纳入动产和权利担保统一登记范围的担保类型包括:

(一)生产设备、原材料、半成品、产品抵押;

---

① 《民法典》第 414 条。

（二）应收账款质押；

（三）存款单、仓单、提单质押；

（四）融资租赁；

（五）保理；

（六）所有权保留；

（七）其他可以登记的动产和权利担保，但机动车抵押、船舶抵押、航空器抵押、债券质押、基金份额质押、股权质押、知识产权中的财产权质押除外。

【适用要点】该条是有关动产和权利担保统一登记范围的规定，与《国务院关于实施动产和权利担保统一登记的决定》的相关规定一致，但对相关问题作出了细化规定。

第四条　【登记机构】中国人民银行征信中心（以下简称征信中心）是动产和权利担保的登记机构，具体承担服务性登记工作，不开展事前审批性登记，不对登记内容进行实质审查。

征信中心建立基于互联网的动产融资统一登记公示系统（以下简称统一登记系统）为社会公众提供动产和权利担保登记和查询服务。

【适用要点】该条是有关动产和权利担保统一登记机构的规定，明确中国人民银行征信中心是登记机构。再结合《中国人民银行、国家市场监督管理总局关于生产设备、原材料、半成品、产品等四类动产抵押登记的有关过渡安排的公告》之规定，在 2022 年 12 月 31 日过渡期满后，原由市场监督主管部门负责登记的生产设备、原材料、半成品、产品等四类动产抵押，由中国人民银行征信中心登记。

【典型案例】

（一）参考案例

1. 许庆晖与季明生企业借贷纠纷案【最高人民法院（2019）最高法民申 4234 号】

【裁判要旨】《物权法》第 188 条①规定，以本法第 180 条第 1 款第 4 项、第 6 项规定的财产或者第 5 项规定的正在建造的船舶、航空器抵押的，抵押

---

① 《民法典》第 403 条。下同。

权自抵押合同生效时设立；未经登记，不得对抗善意第三人。可见，对于机器设备的抵押，抵押权自抵押合同生效时即设立，并非以登记作为生效要件。而许庆晖、季明生并不否认双方所签动产抵押合同的真实性，因此，在该合同生效时，债权人对机器设备的抵押权即设立。动产抵押登记书是否伪造，并不影响二审判决对案涉机器设备抵押权的认定，不改变二审的判决结果，也即，动产抵押登记书并非二审判决认定事实的主要证据。许庆晖、季明生该项再审主张，依据不足，本院不予支持。

2. 太原钢铁(集团)不锈钢工业园有限公司与新疆广汇租赁服务有限公司第三人撤销之诉案【最高人民法院(2019)最高法民再 21 号】

【裁判要旨】根据《物权法》第 188 条规定，以交通运输工具抵押的，"抵押权自抵押合同生效时设立"，第 192 条①规定，"债权转让的，担保该债权的抵押权一并转让"。钢联公司对案涉 80 辆别克商务车设立抵押权，太钢工业园在受让钢联公司对并州快客公司享有的债权的同时，成为案涉 80 辆别克商务车的抵押权人。而太原中院(2014)并民初字第 258 号调解书确认新疆广汇公司和并州快客公司构成融资租赁法律关系，包括案涉 80 辆别克商务车在内的 100 辆别克汽车为租赁物，归出租人新疆广汇公司所有。(2014)并民初字第 258 号调解书确认新疆广汇公司是案涉标的物汽车的所有权人，该调解内容可能影响到太钢工业园对案涉 80 辆别克商务车的抵押权的成立和效力认定。因此，太钢工业园作为案涉抵押物 80 辆别克汽车的抵押权人与该调解书确认新疆广汇公司为案涉 80 辆汽车的所有权人的第 258 号调解书确权内容存在法律上的利害关系，属于《民事诉讼法》第 56 条②规定的无独立请求权第三人，具有提请第三人撤销之诉的主体资格。

【编者评析】该案尽管为第三人撤销之诉，但本质上涉及抵押权人能否对抗融资租赁关系下的出租人问题。在合同法项下，融资租赁是按照所有权构成说来解释的，因而本案的核心在于未办理登记的动产抵押权人能否对抗所有权人的问题。但在《民法典》项下，融资租赁存在着按担保权构成说解释的可能，此处可能就存在着两个担保权之间如何确定清偿顺序的问题。

3. 江苏宿豫东吴村镇银行有限责任公司与宿迁市中宝投资集团有限公司、宿迁市宁诚物资有限公司等借款合同纠纷案【江苏省高级人民法院(2014)苏商

---

① 《民法典》第 407 条。
② 2021 年修正的《民事诉讼法》第 59 条。

终字第 00414 号】

【裁判要旨】除产生对抗效力之外,《动产抵押登记书》亦应视为东吴村镇银行与中宝公司设定相关抵押的合意的一种书面形式,而双方之间此后还签订了动产抵押合同,根据就生产设备设定抵押权自抵押合同生效时设立的法律规定,应以在后的动产抵押合同认定双方之间抵押权的内容。就《动产抵押登记书》与案涉动产抵押合同所载担保债权的不一致的问题,因就生产设备所设定的抵押,根据法律规定,登记仅为对抗要件,而本案中,就案涉四台起重机并不存在其他抵押权人或其他查封,即不存在与案涉四台起重机有直接利害关系人的第三人,故中宝公司作为抵押人依据《动产抵押登记书》进行抗辩,缺乏事实及法律依据。综上,东吴村镇银行在案涉债权范围内就案涉四台起重机享有优先受偿权。

【编者评析】该案的指导意义在于,未经登记的动产抵押合同一经生效,抵押权就有效设立,抵押权人有权对抵押财产享有优先受偿权。抵押人并非善意第三人,不能以未办理登记为由否认抵押权的效力。

4. 张建辉与珠海市长丰运输有限公司船舶买卖合同纠纷案【浙江省高级人民法院(2020)浙民终 109 号】

【裁判要旨】对于动产抵押中第三人是否善意的认定,人民法院持“主观上不知情”而非“善意无过失”的标准,综合考量是否尽谨慎注意义务,是否存在虚假法律行为等因素。如从买受人在购买时是否已尽谨慎注意义务,是否支付价款 1000 万元,动产交易价格是否合理,是否存在不合理低价转让的情形等,综合进行认定。

第四百零四条　【正常经营买受人规则】 以动产抵押的,不得对抗正常经营活动中已经支付合理价款并取得抵押财产的买受人。

【条文精解】

(一)条文要点

本条是关于正常经营买受人规则的规定,是在《物权法》第 189 条的基础上修改而成的。与《物权法》第 189 条相比,本条的修改之处主要体现在:一是删除了《物权法》第 189 条第 1 款,即有关"企业、个体工商户、农业生产经营者以本法第一百八十一条规定的动产抵押的,应当向抵押人住所地的工商行政管理部门办理登记。抵押权自抵押合同生效时设立;未经登记,不得对抗善意第三人"的规定。鉴于《民法典》第 396 条已经规定了浮动抵押制度,而《民法典》第 403 条又规定了动产抵押的登记对抗主义,故删除本款规定并不会对浮动抵押制度造成实际影响。二是将《物权法》第 189 条第 2 款中"依照本法第一百八十一条规定抵押的"改为"以动产抵押的",意味着将正常经营买受人规则的适用条件从原来的仅适用于浮动抵押,扩及包括浮动抵押在内的所有动产抵押,从而使正常经营买受人具有一般性的意义,此点应予特别注意。

1. 确立正常经营买受人规则的必要性

《物权法》第 189 条也规定了正常经营买受人制度,但当时规定该制度的主要目的就在于限制浮动抵押的效力。可见,正常经营买受人制度是与浮动抵押相伴相生的一项制度。而《物权法》尽管规定了浮动抵押制度,但该制度在实践中很少被运用,代之而大行其道的是流动质押。当事人之所以愿意用实际控制来代替本应更具公示效力的登记,在很大程度上与浮动抵押的登记制度不完善以及信用的缺失有关,浮动抵押本身是采英式浮动抵押还是美式浮动抵押的不确定性更增添了此种制度适用的难度,使得浮动抵押制度成为具文。相应地,正常经营买受人规则也就成为一个"死的"条文了,司法实务中少有该制度的适用就是佐证。

《民法典》制定过程中,对浮动抵押与正常经营买受人规则进行了改造,明确浮动抵押为美式浮动抵押,自登记之日起具有优先效力,与动产质押在规则上趋同。另外,将原本仅适用于浮动抵押的正常经营买受人规则一体适用于包括浮动抵押在内的所有的动产抵押,使得原本仅以限制浮动抵押的效力为目的的正常经营买受人规则就具有普遍适用的意义。加之统一的动产和权利担保登记制度建立后,此种登记采单方申请、自主登记的模式,在程序上极为简便,理论上几乎所有的动产都可以通过办理抵押登记而设定抵押权。在此情况下,如果交易相对人在从事任何一项交易时都要查询登记簿,以确定受让的动产上是否存在设立的抵押权等担保物权时,交易成本很高,不符合交易便捷原则。另外,一旦买受人负有查阅登记簿的义务,则当其知道受让财产上设有担保物权时,即便支付了合理价款,其取得的也只能是有担保物权负担的财产,其交易安全和合理信赖就得不到有效保障。这就有必要建立正常经营买受人规则,一方面豁免买受人的查询登记簿义务,以降低交易成本;另一方面,则阻断在动产上设立的抵押权等担保物权的追及效力,使买受人能够取得无权利负担的财产。可见,该规则是完善的动产和权利担保制度不可或缺的制度。就此而言,《民法典》借鉴美国法上的该项制度具有积极意义。

2. 正常经营买受人规则与相关制度的关系

与正常经营买受人规则颇为相似的是善意取得制度。二者均以买受人支付合理价款为必要,且都要求买受人主观状态为"善意",其结果则是买受人都取得没有权利负担的所有权。有观点甚至认为,正常经营活动中的买受人规则本质上就是一种特殊的善意取得。本书认为,二者尽管具有密切联系,但是属于两种完全不同的制度,不能将二者等同视之:一是适用对象不同。善意取得制度既适用于动产,也适用于不动产。而正常经营买受人规则仅适用于动产。二是适用前提不同。善意取得制度中,出让人系无权处分人,其对出让财产不享有合法的财产权。而在正常经营买受人规则中,出卖人对出让财产享有所有权,其所为的是有权处分。三是理论基础不同。善意取得制度源于公示公信原则,即在买受人信赖占有动产或不动产登记簿记载的人为真正权利人,并与其从事交易时,法律为保护此种信赖而使其合法取得所有权。但正常经营买受人规则意在免除买受人的查阅登记簿义务,既然其无须查阅登记簿,则当然不受登记簿公示或公信效力的约束。就此而言,二者在原理上是相反的。四是法律后果不同。善意取得制度使买受人取得完全的所有权,从而阻断了真正权利人基于所有权的追及力。正常经营买受人规则尽管也使买受人取得完整的所有权,但其阻断的则是担保物权的追及力。

正常经营买受人规则与《民法典》第 403 条规定的登记对抗规则之间也有密切关系。如果当事人已经办理了抵押权登记,自无登记对抗规则的适用,此时买受人只能依据本条有关正常经营买受人的规定来阻断抵押权的追及力。就此而言,本条与《民法典》第 403 条在适用上是泾渭分明的。值得探讨的是当事人签订了合法有效的动产抵押合同但未办理抵押登记的情形,依据《民法典》第 403 条之规定,要视买受人是否善意来看抵押权人能否对抗买受人。当买受人为善意第三人时,其既可以依据未经登记不得对抗善意第三人规则对抗抵押权人,也可在符合本条规定时依据正常经营买受人规则来对抗抵押权人。鉴于本条与《民法典》第 403 条在构成要件以及法律效果上均有所区别,买受人可择一适用,此时构成法条竞合。当买受人为恶意第三人,从而不能适用《民法典》第 403 条规定的登记对抗规则时,能否依据本条规定对抗抵押权人? 本书认为,对此应作肯定解释。且不说《民法典》第 404 条并未要求正常经营活动中的买受人在主观上须为善意,而是以其"已支付合理价款"作为平衡正常经营活动中的买受人与其他债权人之间利益的工具,与美国法上不要求支付合理对价但要求买受人主观善意的考量因素不同。另外,即便如学理所言,正常经营活动中的买受人规则本质上是一种特殊的善意取得,自应以买受人的善意为前提。但此种善意并不是指受让人不知道其受让的标的物上存在抵押权负担,而是指受让人不知道抵押权人不允许抵押人无负担地转让抵押财产。因此,受让人虽然知道标的物上存在抵押权(即构成登记对抗规则项下的恶意),但仍有可能信赖抵押权人同意抵押人无负担地处分抵押物,即信赖其有处分权限,从而仍有适用正常经营买受人规则的余地。

3. 正常经营买受人规则的适用

"正常经营买受人规则",其中的"正常经营"是针对出卖人而言,而"买受人"又指向买受人。可见,准确界定该规则的适用条件,要综合考察双方当事人,而不是仅考察出卖人或买受人。究其原因,该规则本身就是平衡抵押权人、作为出卖人的抵押人以及买受人三方权利义务的产物。

首先,就出卖人而言,本条要求其须是"正常经营"的出卖人。出卖人的正常经营活动,一是指出卖人的经营活动属于其营业执照明确记载的经营范围。之所以强调营业执照"明确记载"的经营范围,是因为目前很多企业的营业执照所记载的经营范围都有一个兜底性的概括描述,经询问税务部门,凡是纳入概括描述的经营范围的,企业是不能将其作为纳税事项开具发票的,因此不属于出卖人正常经营活动。二是强调出卖人必须"持续经营",即持续销售同类商品。因为很多企业的营业执照记载的经营范围可能很广泛,但企业真正开展持续性经营的经营范围却较为狭窄,如果买受人在企业没有持续经营的事项与出卖人进行交易,就应将其视为异常交易,买受人也就不能豁免查询登记。应予注意的是,"持续经营"在不同制度中有不同含义。三是此种正常"经营"行为,主要是指以转让标的物所有权为目的的买卖,当事人以出租为业的,也可以包括出租行为,但不包括设立担保、清偿债务等其他不以取得所有权为目的的行为。出卖人与买受人签订所有权保留合同,形式上看属于买卖,本质上属于非典型担保,也不属于出卖人的正常经营行为。

应予注意的是,除本条规定外,"正常经营"或"持续经营"行为在不同的制度中有不同的含义。如《民法典》第 312 条有关买受人向"具有经营资格的经营者"购得遗失物的行为,也属于正常经营的行为,其后果是权利人请求返还遗失物时应当支付买受人因此支出的费用,而不是买受人可以保有遗失物的所有权。此外,《民法典担保制度解释》第 62 条有关商事留置权的适用条件,也提到了"持续经营"的概念,该概念与本条的正常经营有异曲同工之妙。

其次,从买受人的角度看,除了要求其必须支付了合理价款,且已经取得了抵押财产所有权外,还要从其与出卖人的关系中来判断是否属于正常买卖,包括:一是从主体的角度,看买受人是消费者还是商人,如果是普通消费者的,显然不负有查询义务;反之,如果是商人的,则往往负有查询义务。另外,还要看买卖双方是否存在直接或者间接的控制关系。一旦存在此种关系的,表明买受人应当知道标的物上已经设立了担保物权,不能豁免查询义务。二是从交易标的物的角度看,买卖的标的物如果是出卖方的生产设备的,买卖的标的物数量明显超过一般买受人的,往往表明不是正常经营活动。

最后,正常经营买受人规则表面上仅涉及买卖合同的双方当事人,不涉及抵押权人,但该制度的本质是买受人在一定条件下阻却在该动产上设立的担保物权的追及效力。从本条的规定看,阻却的仅是抵押权的追及效力。但在动产上设立的所有权保留、融资租赁等非典型担保,在效力上近于抵押权,依据相同的原理,也应当允许买受人在一定条件下阻却此种担保权的追及力。有鉴于此,《民法典担保制度解释》第 56 条第 2 款将本条规定的正常经营买受人规则,从抵押权扩张适用于所有权保留、融资租赁等非典型担保,有其合理性和必要性。

4. 正常经营买受人规则适用的后果

依据本条之规定,买受人将取得担保财产的完全所有权,并且阻却抵押权等担保权的追及。问题是,担保权怎么办?应否以及如何保护担保权人的合法权益?本条对此并无进一步的规定,学理上有不同理解:一是基于物上代位原理,主张担保权及于出卖人所得的价款;二是认为应当借鉴美国《统一商法典》的做法,使担保权自动延伸自所得价款;三是认为担保权消灭,但担保权人可以在设定担保物权的同时,预先设定将有应收账款质押等方式,确保在担保财产出让场合,其利益能够得到有效保障。第一种路径和第二种路径殊途同归,但在我国现行法似缺乏依据。第三种路径有赖于抵押权人对相关制度的熟稔掌握,对其提出了很高的要求。对此,需要通过交易以及司法实践进一步探索。

(二)适用情况

本条尽管沿袭了《物权法》第 189 条之规定,但司法实践中运用得并不多,导致在起草《民法典担保制度解释》的相关条文时并无太多的司法案例可资借鉴,从而主要是参考了比较法上的相关制度,因而据以判断是否构成正常经营买受人规则的相关标准的合理性本身也有待商榷。从这一意义上说,这是一个有待通过交易和司法实践进一步予以丰富的制度。

【司法解释及规范性司法文件】

(一)司法解释

《最高人民法院关于适用〈中华人民共和国民法典〉有关担保制度的解释》(法释〔2020〕28 号,2020 年 12 月 25 日通过)

第五十六条　【正常经营买受人规则】买受人在出卖人正常经营活动中通过支付合理对价取得已被设立担保物权的动产,担保物权人请求就该动产优先受偿的,人民法院不予支持,但是有下列情形之一的除外:

(一)购买商品的数量明显超过一般买受人;

(二)购买出卖人的生产设备;

（三）订立买卖合同的目的在于担保出卖人或者第三人履行债务；

（四）买受人与出卖人存在直接或者间接的控制关系；

（五）买受人应当查询抵押登记而未查询的其他情形。

前款所称出卖人正常经营活动，是指出卖人的经营活动属于其营业执照明确记载的经营范围，且出卖人持续销售同类商品。前款所称担保物权人，是指已经办理登记的抵押权人、所有权保留买卖的出卖人、融资租赁合同的出租人。

【适用要点】该条参考了比较法上有关正常经营买受人的规定，对其适用条件予以了细化。因国内案例不多，借鉴痕迹太重，不一定完全契合中国的实践，其合理性有待进一步研究。准确理解正常经营买受人规则的适用条件，要注意以下几点：一是要从出卖人和买受人两个方面来考察适用条件，而不是偏执于出卖人或买受人一方；二是要注意不适用正常经营买受人的例外情形；三是该条第 2 款将买受人得以对抗的担保物权，从《民法典》第 404 条规定的抵押权扩及所有权保留、融资租赁等非典型担保。

【典型案例】

（一）参考案例

1. 成都荷花金池市场经营管理有限公司与成都农村商业银行股份有限公司彭州葛仙山分理处金融借款合同纠纷案【最高人民法院（2019）最高法民申 6148 号】

【裁判要旨】当事人就抵押物设立动产浮动抵押，动产设立浮动抵押后，抵押物可以在正常经营活动中进行交易，不能以此认定抵押权人放弃抵押权或放任抵押物的灭失。

2. 四川东连融资担保有限公司与四川省图成商贸有限公司等排除妨碍纠纷案【四川省高级人民法院（2014）川民申字第 2336 号】

【裁判要旨】虽然《物权法》第 181 条①规定：债务人不履行到期债务或者发生当事人约定的实现抵押权的情形，债权人有权就实现抵押权时的动产优

---

① 《民法典》第 396 条。下同。

先受偿;但该法第 189 条第 2 款①还规定:依照本法第 181 条规定抵押的,不得对抗正常经营活动中已支付合理价款并取得抵押财产的买受人。故人和酒厂与李焱签订《成品酒购销合同》后,杨叔伦向人和酒厂支付了合理的对价,人和酒厂亦将 501 号、502 号罐原酒交付杨叔伦,该财产的所有权已经发生转移,杨叔伦已经取得 501 号、502 号罐的原酒的所有权。

① 《民法典》第 404 条。

第四百零五条 【抵押权与租赁权的关系】抵押权设立前,抵押财产已经出租并转移占有的,原租赁关系不受该抵押权的影响。

【条文精解】

(一)条文要点

本条系从《物权法》第190条修改而来。《物权法》第190条分两句:第1句是有关先租赁后抵押下"抵押不破租赁"的规定;第2句是有关先抵押后租赁如何处理的规定。与《物权法》第190条相比,本条有以下几个变化:一是修改了第1句,即在坚持"抵押不破租赁"基础上,修改完善了适用条件。一方面,将可以对抗抵押权的租赁关系限定在已经"转移占有"的租赁关系,未转移占有的租赁关系不得对抗在后设立的抵押权;另一方面,将租赁权对抗的对象明确规定为已经设立的抵押权,而非仅仅"订立抵押合同"。二是删除了第2句"抵押权设立后抵押财产出租的,该租赁关系不得对抗已登记的抵押权"的规定。之所以删除后一句规定,是因为在已经办理抵押登记的场合,不论是动产抵押还是不动产抵押,在后设立的租赁权不得对抗在先设立的抵押权,乃属当然之理,无须专门强调;而在当事人签订有效的动产抵押合同但未办理抵押登记,此后又将该动产出租场合,完全可以依据《民法典》第403条有关登记对抗的规则来处理,亦无专门规定之必要。因此,准确理解抵押权和租赁权的关系,除了需要了解本条规定的"抵押不破租赁"外,还要了解抵押权对抗租赁权的情形。为此,下文对两种情形一并予以分析。

1. 关于"抵押不破租赁"规则

《民法典》第725条规定:"租赁物在承租人按照租赁合同占有期限内发生所有权变动的,不影响租赁合同的效力。"该条就是有关"买卖不破租赁"的规定。根据"举重以明轻"的当然解释规则,连买卖都不能破除租赁,抵押自然也不能破除租赁,这就是本条规定的"抵押不破租赁"规则。所谓"抵押不破租赁",指的是出租人将财产出租并转移占有后,又用该财产设定抵押权时,原租赁关系不受抵押权的影响。准确理解该规则,需要注意以下几点:

一是承租人须已经占有租赁物。租赁权性质上尽管属于债权,但却具有对抗所有权、抵押权等物权的效力。也就是说，尽管其性质属于债权，但却具有优于物权的效力。而之所以要对承租人进行如此强度的保护，主要在于保护其使用状态的稳定，而使用的前提则是占有，加之占有也具有一定的公示功能，为此，不论是本条的"抵押不破租赁"规则还是合同编规定的"买卖不破租赁"规则，都在《物权法》《合同法》相关条文基础上增加规定了能够对抗所有权或者抵押权的只能是已经转移占有的租赁物。另外，如果不以承租人占有租赁物为必要，仅仅签订了租赁合同就使承租人享有对抗抵押权人的权利，就很难解决实践中当事人通过倒签租赁合同损害抵押权人合法权益的问题。就此而言，规定承租人以已经占有租赁物为必要，在很大程度上可以杜绝倒签租赁合同的问题。可见，如签订租赁合同尚未占有租赁物的承租人，仅为一般债权人，不能对抗后设立的抵押权。

二是在后的抵押权须已设立。"买卖不破租赁"也好，"抵押不破租赁"也罢，本质上均为在后设立的所有权、抵押权等物权不得对抗在先设立的已经转移占有的租赁权。故在"买卖不破租赁"场合，要求所有权已经发生变动；在"抵押不破租赁"场合，也要求抵押权已经设立。而《物权法》第 190 条规定："订立抵押合同前抵押财产已出租的，原租赁关系不受该抵押权的影响……"而订立抵押合同，在动产抵押场合，固然往往意味着抵押权已经设立（但在批准生效场合，抵押合同成立也不意味着就当然生效），但就不动产或不动产权利抵押而言，仅签订抵押合同未办理登记时，抵押权尚未设立，当事人只能依据抵押合同享有债权性质的权利，此种权利效力上要弱于物权，更不用说弱于可以对抗物权的租赁权了。尤其是抵押合同何时订立难以判断，在当事人之间恶意串通倒签抵押合同而法院又缺乏手段认定的情况下，租赁权的保护将会面临极大挑战。就此而言，本条将在后的抵押权限于已经设立的抵押权，而非仅仅签订抵押合同，不仅逻辑上更为周延，操作上也更为便捷。

三是如何理解"原租赁关系不受该抵押权的影响"。所谓原租赁关系不受该抵押权的影响，一方面，是指抵押权的设立不影响原租赁关系的存续，承租人仍可基于租赁合同继续占有使用租赁物；另一方面，是指抵押权实现时，只要租赁合同还在合同有效期内，租赁合同对抵押物（同时也是租赁物）受让人继续有效，受让人取得的是有租赁权负担的抵押物。此时，抵押权人或者受让人能否向抵押人主张损害赔偿？有一种观点认为，承租人占有租赁物本身就具有一定的公示功能，对此，抵押权人在设立抵押权时是明知的，受让人受让抵押权时更是明知的,因此,不能向抵押人主张损害赔偿。本书认为,承租人占有租赁物不一定就是租赁物变动的公示方法,抵押人在设立抵押时应当将已经设立租赁权的事实告知抵押权人,因抵押人未尽告知义务而导致的抵押物价值贬损的损失,抵押权人可以向抵押人主张。但在抵押物拍卖、变卖时,其上有权利负担这一事实受让人往往是明知的,受让人明知物上有权利瑕疵仍然从事交易,应当自担风险,不得请求承担权利瑕疵担保责任。况且物上存在权利瑕疵也会影响抵押物的价值,受让人可能会以较低的价格受让抵押物,因而价格的贬损对其来说不能算是损失,故其不能向抵押人主张损失。

四是关于"抵押不破租赁"的适用范围。关于"买卖不破租赁"或者"抵押不破租赁"是仅适用于不动产租赁,还是适用于一切租赁,一直存在争议。有观点认为,应当将其限于不动产租赁。本书认为,从立法论的角度看,该说确有一定道理。但从《民法典》相关条文的表述看,并未对适用范围作出限制,故应当理解为该规则适用于包括动产在内的租赁。

总之,在先租赁后抵押场合,权利顺序为:已转移占有的租赁权>已设立的抵押权>未转移占有的租赁权。

2. 关于先抵押后租赁的情形

"抵押不破租赁"针对的是租赁权设立在先的情形,而在租赁权设立在后,在先的不动产抵押权已经设立或者动产抵押权已经办理登记的情况下,抵押权均可以对抗租赁权。值得探讨的是,动产抵押权设立后又将抵押财产出租的,该租赁关系能否对抗未经登记的动产抵押权? 本书认为,租赁权不是担保物权,因而不能适用《民法典》第 415 条规定的精神,以公示先后作为确定能否对抗的依据,而应当根据《民法典》第 403 条有关登记对抗的规定,确定抵押权人能否对抗后设立的租赁权,具体来说:承租人未实际占有租赁物的,其享有的仅为一般债权,不得对抗物权性质的动产抵押权。承租人已经实际占有租赁物的,则要看其是否为恶意当事人来确定能否对抗:其为恶意承租人的,不能对抗抵押权;反之,其为善意承租人的,可以对抗抵押权。从举证责任的角度看,应当推定承租人为善意当事人,由抵押权人举反证推翻有关善意的推定。实践中,除非承租人与抵押关系当事人之间具有某种密切的关系,否则,将很难推翻有关善意的推定,毕竟该抵押权未办理抵押登记手续。

3. 如何理解租赁权不得对抗已登记的抵押权问题

不动产抵押权设立后或者签订动产抵押合同并办理抵押登记后,抵押人又将抵押财产出租并转移占有的,租赁权不得对抗已经登记的抵押权,在抵押权实现之前,抵押权与租赁权是可以并存的。但在抵押权实现时,《拍卖变卖规定》第 28 条第 2 款规定:"拍卖财产上原有的租赁权及其他用益物权,不因拍卖而消灭,但该权利继续存在于拍卖财产上,对在先的担保物权或者其他优先受偿权的实现有影响的,人民法院应当依法将其除去后进行拍卖。"据此,应视租赁权对抵押权的实现有无影响来决定应否除去在后设立的租赁权:有影响的,应当除去租赁权;无影响的,则可以不除去。问题是,在应当除去租赁权的情况下,有权除去租赁权的是抵押权人、抵押物的受让人还是人民法院? 除去的方式是自动除去还是通过解除合同、宣告合同无效等方式除去? 除去后承租人的损失该由谁负担? 这些问题都值得研究,对此,本书分析如下:

一是关于谁有权除去租赁权。租赁权不得对抗已登记的抵押权,意味着在抵押权实现时,抵押权人如认为租赁权影响抵押权实现的,有权请求除去租赁权。抵押权人认为租赁权不影响其抵押权的实现,因而未除去租赁权,受让人通过拍卖、变卖等方式取得抵押物所有权后能否除去租赁权,应视其是否善意而异其处理:如果拍卖、变卖公告已经载明抵押财产上有租赁权负担的,则受让人知道或者应当知道其取得的是有权利负担的物,其价值也会较无权利负担的物为低。反之,如果拍卖、变卖公告并未载明抵押财产上有租赁权,导致买受人在不知情的情况下拍得该财产,严重影响受让人权利的,受让人可以请求撤销拍卖,但不得直接请求除去租赁权。

二是关于除去租赁权的方式。对是依当事人的申请除去租赁权,还是人民法院依职权除去租赁权,存在不同认识。有一种观点认为,应否除去租赁权,应当由抵押权人决定,而不能由法院代替抵押权人作出决定。另一种观点则认为,认定租赁权对抵押权的实现是否有不利影响缺乏一个明确的可操作的标准,故如完全由抵押权人决定应否除去租赁权,在抵押权人不申请除去租赁权的情况下,受让人取得的是有租赁权负担的所有权,后续很可能会产生与承租人之间的纠纷。为减少不必要的纠纷,在已登记的抵押权先于租赁权设立场合,可以一般性认为租赁权的存在会影响抵押权的实现,从而由人民法院依职权除去租赁权。本书认为,以上两种观点都有一定的道理,可以进行折中,即在理论上应当由抵押权人决定是否除去租赁权,但在操作层面,可以后设立的租赁权原则上会影响抵押权的实现为由,推定抵押权人会申请除去租赁权。故除非抵押权人明确声明不除去租赁权,否则,人民法院应当除去租赁权。

三是关于承租人的损失问题。承租人知道或应当知道租赁权不得对抗设立在先的已经登记的抵押权,仍然签订租赁合同的,应当自行承担损失。动产抵押合同签订后但尚未办理登记,抵押人又将该动产出租给他人并已经转移占有,承租人善意的,其租赁权可以对抗抵押权,自不存在承租人的损失问题;已经占有租赁物的承租人系恶意,或者承租人未占有租赁物的,租赁权均不得对抗抵押权,此时承租人也应当自行承担损失,除非租赁合同对违约责任另有约定。

(二)适用情况

本条主要适用于先租后抵的情形,实务中真正的难点在于:一是如何确定租赁合同在先,该问题尽管属于事实问题,但实务中借此来对抗抵押权执行的情形屡见不鲜;二是在实现抵押权时应否以及如何除去租赁权的问题。

【司法解释及规范性司法文件】

(一)司法解释

1.《最高人民法院关于适用〈中华人民共和国民法典〉有关担保制度的解释》(法释〔2020〕28号,2020年12月25日通过)

第五十四条 【动产抵押未办理登记的效力】动产抵押合同订立后未办理抵押登记,动产抵押权的效力按照下列情形分别处理:

(一)抵押人转让抵押财产,受让人占有抵押财产后,抵押权人向受让人请求行使抵押权的,人民法院不予支持,但是抵押权人能够举证证明受让人知道或者应当知道已经订立抵押合同的除外;

(二)抵押人将抵押财产出租给他人并移转占有,抵押权人行使抵押权的,租赁关系不受影响,但是抵押权人能够举证证明承租人知道或者应当知道已经订立抵押合同的除外;

(三)抵押人的其他债权人向人民法院申请保全或者执行抵押财产,人民法院已经作出财产保全裁定或者采取执行措施,抵押权人主张对抵押财产

优先受偿的,人民法院不予支持;

(四)抵押人破产,抵押权人主张对抵押财产优先受偿的,人民法院不予支持。

【适用要点】该条第2项是动产抵押权有效设立但未办理登记情况下能否对抗在后设立的租赁权的情形。一是要看承租人是否已实际占有租赁物,尚未实际占有的,承租人其享有的仅为一般债权,当然不得对抗物权性质的动产抵押权。二是承租人已经实际占有租赁物,则要看其是否为恶意当事人来确定能否对抗:其为恶意承租人的,不能对抗抵押权;反之,其为善意承租人的,可以对抗抵押权。三是在善恶举证问题上,推定承租人为善意,由抵押权人举证证明承租人为恶意。

2.《最高人民法院关于审理城镇房屋租赁合同纠纷案件具体应用法律若干问题的解释》(法释〔2009〕11号;法释〔2020〕17号,2020年12月23日修正)

第十四条　【买卖不破租赁及其例外】租赁房屋在承租人按照租赁合同占有期限内发生所有权变动,承租人请求房屋受让人继续履行原租赁合同的,人民法院应予支持。但租赁房屋具有下列情形或者当事人另有约定的除外:

(一)房屋在出租前已设立抵押权,因抵押权人实现抵押权发生所有权变动的;

(二)房屋在出租前已被人民法院依法查封的。

【适用要点】该条是有关房屋租赁物所有权变动不影响租赁的规定,俗称"买卖不破租赁",包括以下几层含义:一是房屋租赁所有权因买卖、抵押权实现等发生所有权变动场合,原则上租赁权继续附着在受让人的房屋所有权之上;二是前述原则也有例外,其中第一个例外就是,房屋在出租前已经设立抵押权的,基于抵押权的对抗效力,抵押权人在实现抵押权时,可以请求除去租赁权。

第十五条　【租赁权与抵押权的协调】出租人与抵押权人协议折价、变卖租赁房屋偿还债务,应当在合理期限内通知承租人。承租人请求以同等条件优先购买房屋的,人民法院应予支持。

【适用要点】该条并未明确适用的条件是先抵后租还是先租后抵。但在先抵后租场合,依据前条规定,抵押权人可以请求除去租赁权,自然不存在承租人的优先购买权问题,可见该条仅适用于先租后抵场合。与此场合,基于

"抵押不破租赁"规则,抵押权人在对房屋进行变价时,要在合理期限内通知承租人,以确保其能够依法享有并行使优先购买权。值得探讨的是,出租人怠于履行通知义务,致使承租人不能依法行使优先购买权的,依据《民法典》第728条之规定,承租人可以请求出租人承担损害赔偿责任,但无权请求撤销出租人与第三人签订的房屋买卖合同。

3.《最高人民法院关于人民法院民事执行中拍卖、变卖财产的规定》(法释〔2004〕16号;法释〔2020〕21号,2020年12月23日修正)

第二十八条 【拍卖时应否除去权利负担的规定】拍卖财产上原有的担保物权及其他优先受偿权,因拍卖而消灭,拍卖所得价款,应当优先清偿担保物权人及其他优先受偿权人的债权,但当事人另有约定的除外。

拍卖财产上原有的租赁权及其他用益物权,不因拍卖而消灭,但该权利继续存在于拍卖财产上,对在先的担保物权或者其他优先受偿权的实现有影响的,人民法院应当依法将其除去后进行拍卖。

【适用要点】该条是有关拍卖时应否除去财产上原有权利负担的规定,包括两项规则:一是要除去原有的担保物权、优先权等负担,因为此类权利本质上属于价值物权,都需要通过拍卖所得价款受偿。所不同的仅是如何确定清偿顺序而已。二是对于拍卖财产上设立的租赁权或用益物权,如果此类权利先于担保物权或其他优先受偿权设立的,权利人可以请求排除执行。如果后于担保物权或其他优先受偿权设立的,则要视其是否影响担保物权或其他优先受偿权实现而异其处理:影响的,应当在除去后再拍卖;不影响的,直接拍卖。一般来说,用益物权会影响担保物权或其他优先受偿权的实现,因而应当先行除去再拍卖。

4.《最高人民法院关于人民法院办理执行异议和复议案件若干问题的规定》(法释〔2015〕10号;法释〔2020〕21号,2020年12月23日修正)

第三十一条 【执行与租赁的关系】承租人请求在租赁期内阻止向受让人移交占有被执行的不动产,在人民法院查封之前已签订合法有效的书面租赁合同并占有使用该不动产的,人民法院应予支持。

承租人与被执行人恶意串通,以明显不合理的低价承租被执行的不动产或者伪造交付租金证据的,对其提出的阻止移交占有的请求,人民法院不予支持。

【适用要点】该条是关于案外人主张不动产租赁权异议的审查标准的规定,其思路与"买卖不破租赁""抵押不破租赁"是一致的。根据"买卖不破租赁"的法律规定,人民法院在执行程序中同样要保护承租人的租赁权。该条从正反两个方面,细化了"买卖不破租赁"原则在不动产租赁权保护上的规定。一是对于在人民法院查封之前已签订合法有效的书面租赁合同并占有使用该不动产的,承租人可以请求在租赁期内阻止向受让人移交占有被执行的不动产。二是如果案外人与被执行人恶意串通,以明显不合理的低价承租被执行的不动产或者伪造交付租金证据,那么承租人有关阻止移交占有不动产的请求,将不被支持。此外,该条明确了承租人必须在查封前占有租赁不动产,这一点与《民法典》第 405 条和第 725 条对《物权法》《合同法》原有"买卖不破租赁""抵押不破租赁"规则的修改是一致的。

【典型案例】

(一)参考案例

1. 中国农业银行股份有限公司酒泉分行与玉门甘来矿业有限责任公司、玉门宾馆甘来金业有限公司、傅士霖、苏玉梅金融借款合同纠纷案【最高人民法院(2019)最高法民终 1206 号】①

【裁判要旨】关于抵押财产上存在租赁权的问题。根据《物权法》第 190 条②的规定,法律未限制在已出租的标的物上设定抵押。抵押权系担保物权,所追求的是标的物的交换价值;租赁权系债权,所追求的是标的物的使用价值,二者在同一标的物上同时设立并不冲突。虽然在抵押权人实现抵押权时,租赁在先的承租人可以"抵押不破租赁"对抗抵押权人或者标的物受让人,在租赁期限内继续承租标的物,但承租人不享有以在先租赁权阻却抵押权人以折价、拍卖或变卖等方式处置抵押物并就价款优先受偿的权利。无论租赁在先还是租赁在后,均不影响抵押权人请求人民法院对依法设立的抵押权进行确认。

2. 陈观海与中国建设银行股份有限公司漳平支行案外人执行异议之诉再审案【最高人民法院(2018)最高法民申 1711 号】

【裁判要旨】《物权法》第 190 条规定:"订立抵押合同前抵押财产已出租

---

① 最高人民法院第六巡回法庭 2019 年度参考案例 11 号。

② 《民法典》第 405 条。下同。

的,原租赁关系不受该抵押权的影响。抵押权设立后抵押财产出租的,该租赁关系不得对抗已登记的抵押权。"黄阳阳、黄亮亮与建行漳平支行就案涉房产于 2012 年 11 月 23 日签订了《最高额抵押合同》并办理了抵押登记,虽然该抵押登记于 2014 年 10 月 23 日被注销,但黄阳阳、黄亮亮与建行漳平支行又于当日重新签订了《最高额抵押合同》,并再次就案涉房产办理了抵押登记。建行漳平支行就案涉房产享有的抵押权从未间断,即便案涉租赁合同签订于 2014 年 10 月 19 日,也因该租赁关系产生于抵押权之后,不能对抗抵押权。

第四百零六条　【抵押财产转让】抵押期间,抵押人可以转让抵押财产。当事人另有约定的,按照其约定。抵押财产转让的,抵押权不受影响。

抵押人转让抵押财产的,应当及时通知抵押权人。抵押权人能够证明抵押财产转让可能损害抵押权的,可以请求抵押人将转让所得的价款向抵押权人提前清偿债务或者提存。转让的价款超过债权数额的部分归抵押人所有,不足部分由债务人清偿。

【条文精解】

(一)条文要点

本条是关于抵押财产转让的规定,系从《物权法》第 191 条修改而来。修改之处主要体现在:第一,删去《物权法》第 191 条中有关于限制抵押人转让抵押财产的相关规定,代之以"抵押期间,抵押人可以转让抵押财产。当事人另有约定的,按照其约定。抵押财产转让的,抵押权不受影响",允许抵押人自由转让抵押物,并明确抵押权的追及效力;第二,增加"抵押人转让抵押财产的,应当及时通知抵押权人"的规定;第三,在抵押人转让抵押物所得价款的处理上,本条采取了"抵押权人能够证明抵押财产转让可能损害抵押权的,可以请求"的表述,取代《物权法》第 191 条中抵押人"应当"就转让价款先行偿付抵押权人的义务;第四,删除《物权法》第 191 条第 2 款"抵押期间,抵押人未经抵押权人同意,不得转让抵押财产,但受让人代为清偿债务消灭抵押权的除外"的规定。对抵押财产转让制度,本文拟从以下三大方面进行分析:一是从条文沿革的角度探究本条规定的逻辑;二是对《物权法》第 191 条项下的"抵押可售"问题进行分析,解决当前司法实践中存在的突出问题;三是对本条规定进行详细解析。

1. 关于条文沿革

抵押人能否转让抵押财产,相关立法及司法解释不断处于变化之中。最早对抵押财产转让作出规定的是《民法通则意见》,该意见第 115 条第 1 款规定:"抵押物如由抵押人自己占有并负责保管,在抵押期间,非经债权人同意,抵押人将同一抵押物转让他人,或者就抵押物价值已设置抵押部分再作抵押的,其行为无效。"本书将其简称为"未经同意转让无效"制度。

《担保法》第49条分3款对抵押财产的转让进行了规定。其中第1款规定:"抵押期间,抵押人转让已办理登记的抵押物的,应当通知抵押权人并告知受让人转让物已经抵押的情况;抵押人未通知抵押权人或者未告知受让人的,转让行为无效。"第2款规定:"转让抵押物的价款明显低于其价值的,抵押权人可以要求抵押人提供相应的担保;抵押人不提供的,不得转让抵押物。"第3款规定:"抵押人转让抵押物所得的价款,应当向抵押权人提前清偿所担保的债权或者向与抵押权人约定的第三人提存。超过债权数额的部分,归抵押人所有,不足部分由债务人清偿。"该条确定了三项制度:一是未通知或者告知转让无效制度,二是提供相应担保制度,三是提前清偿或者提存制度。但如何理解《担保法》第49条规定的制度,存在很大争议。如在该条是否承认抵押权具有追及力、是否承认价金的物上代位制度以及是否承认涤除权等问题上,均存在不同认识,故有学者认为这是一条混乱而令人难以捉摸的条款。

正因如此,有必要对该条进行解释。为此,《担保法解释》第67条进行了解释:"抵押权存续期间,抵押人转让抵押物未通知抵押权人或者未告知受让人的,如果抵押物已经登记的,抵押权人仍可以行使抵押权;取得抵押物所有权的受让人,可以代替债务人清偿其全部债务,使抵押权消灭。受让人清偿债务后可以向抵押人追偿。如果抵押物未经登记的,抵押权不得对抗受让人,因此给抵押权人造成损失的,由抵押人承担赔偿责任。"该条区分已登记的抵押权和未登记的抵押权,规定已登记的抵押权具有追及效力,同时规定已经取得抵押物所有权的受让人享有涤除权。

《物权法》第191条规定:"抵押期间,抵押人经抵押权人同意转让抵押财产的,应当将转让所得的价款向抵押权人提前清偿债务或者提存。转让的价款超过债权数额的部分归抵押人所有,不足部分由债务人清偿。抵押期间,抵押人未经抵押权人同意,不得转让抵押财产,但受让人代为清偿债务消灭抵押权的除外。"该条并未完全沿袭《担保法》及其司法解释的相关规定,而是在一定程度上又回到了《民法通则意见》的规定,如规定抵押人转让抵押财产应经抵押权人"同意",而非《担保法》规定的"通知"抵押权人或者"告知"受让人的制度。该条同时也吸收了《担保法》第49条第3款确立的提前清偿或者提存制度。该条仅规定抵押人转让抵押财产应经抵押权人

"同意",抵押人未经抵押权人同意不得转让抵押财产,但对同意或者不同意的效果均未予规定,导致实践中对未经同意的抵押合同的效力是有效、无效还是效力待定,以及抵押权人同意是否产生抵押权消灭的后果等问题聚讼纷纭、莫衷一是。

《民法典》并未继续沿袭此前不承认抵押权具有追及力,因而均对抵押人转让抵押财产进行限制的做法,而是在承认抵押权具有追及力的基础上,认可抵押人有权转让抵押财产。同时,本条也借鉴《担保法》《物权法》有关提前清偿债务或者提存的规定,但不同的是:一是只有在抵押权人能够证明抵押财产转让可能损害抵押权的情况下,抵押权人才能请求抵押人提前清偿债务或者提存;二是这是抵押权人的权利,而非抵押人的义务;三是抵押人负有通知义务,但与《担保法》第49条规定"抵押人未通知抵押权人或者未告知受让人的,转让行为无效"不同,本条规定的通知不影响转让行为的效力。

2.《物权法》第191条项下的"抵押可售"问题

《物权法》第191条规定,抵押人转让抵押财产应当征得抵押权人的同意,未经抵押权人同意不得转让抵押财产,登记机关也不会办理产权过户手续。据此,抵押人要想转让已经设定抵押的土地使用权、在建工程或者商品房等不动产,必须要征得抵押权人的同意。抵押权人同意抵押人转让抵押财产的,往往会向不动产登记部门出具同意预售或出售函等文件,不动产登记部门据此办理抵押财产的预告登记或过户登记手续。这就产生了一个问题,抵押权人同意抵押人转让抵押财产,是否意味着抵押权已经消灭?无过错买受人能否对抗抵押权人的执行?买受人应当通过第三人撤销之诉还是执行异议之诉的方式寻求救济?

(1)抵押权是否应抵押权人同意转让而消灭?

对此,存在不同观点。有一种观点认为,抵押权因抵押权人同意转让而消灭,其主要理由为:一是从逻辑上看,抵押权人支配的是抵押财产的交换价值,抵押财产一经转让,交换价值就已实现,抵押权自然消灭。二是从利益衡量的角度看,如果认为抵押权还没有消灭,意味着债权人既可以提前获得债务清偿,又可以继续享有抵押权,在抵押权人双重获益的同时,对抵押人不公。另外,如果认为抵押权仍未消灭,则支付了全部价款的买受人取得的只能是有抵押权负担的抵押财产,对买受人也不公。三是从此前的不动产抵押登记实务看,抵押人将抵押财产转让给第三人,即便签订了抵押财产转让合同,如果没有得到抵押权人的书面同意,就不能办理抵押财产的过户登记。

反之,一旦抵押权人同意转让抵押财产,就意味着抵押权已经消灭,从而才能继续办理抵押财产的过户登记手续。

本书认为,前述观点值得商榷。首先,认定抵押权因同意而消灭不符合不动产物权变动的基本原则。《物权法》第9条规定:"不动产物权的设立、变更、转让和消灭,经依法登记,发生效力;未经登记,不发生效力,但法律另有规定的除外。"在不动产抵押登记尚未注销的情况下,就认定抵押权因抵押权人同意转让抵押财产而消灭,违反了不动产物权变动的基本原则。其次,同意转让抵押财产并不意味着主债权或者抵押权已经实现。《物权法》第177条规定,主债权消灭或抵押权实现都是抵押权消灭的法定事由。但在抵押财产转让的情况下,根据《物权法》第191条之规定,只有在抵押人将转让所得价款用于提前清偿或者提存且所得价款不低于主债权时,抵押权才因主债权的实现而消灭。因此,在抵押人并未将所得价款用于提前清偿或者提存的情况下,仅有抵押权人的同意并未使主债权得到实现,自然也不会使抵押权归于消灭。同理,转让抵押财产的是抵押人而非抵押权人,所得价款如不作特别安排也是归抵押人而非抵押权人所有,谈不上抵押权实现的问题。尤其是从交易实践看,往往是抵押权人先同意转让抵押财产,买受人再支付转让价款。可见在抵押权人同意转让抵押财产时,即便对如何支付及监管价款预先作出安排,本身也仅属于债权契约的范畴,与实际取得价款并真正实现抵押权仍有明显区别。更何况实践中仍有不少抵押权人仅是同意转让抵押财产,并未对价款如何给付作出安排的情形,更足以证明同意转让抵押财产本身并不意味着抵押权已经实现。再次,同意转让抵押财产本身也不意味着抵押权人放弃抵押权。因为放弃抵押权要有明确的意思表示,除非抵押权人明确表示同意解除抵押权,否则,仅同意转让抵押财产并不意味着其具有放弃抵押权的意思表示。最后,从司法实践看,几乎没有任何一起案件法院会直接认定抵押权因抵押权人同意转让抵押财产而消灭。可见,该说基本上仅限于学说,并无对应的司法实践。

从司法实践的角度看,如果认为抵押权因抵押权人同意转让而消灭,将会使抵押权在效力上沦为普通债权,严重削弱了抵押权担保功能的发挥。另外,此种做法不仅影响本诉程序的顺畅推进,还因为买受人可以提起第三人撤销之诉使抵押权人针对主债务人以及抵押人提起的主债权纠纷(以下在不严谨的意义上将此种诉讼称为"本诉",以对应于第三人撤销之诉)裁判缺乏可预期性,给民商事审判带来了巨大困扰和挑战。具体来说:

一是因抵押权效力贬损带来的困扰。驳回抵押权人在本诉中有关确认其享有抵押权并对抵押财产优先受偿的诉讼请求，实质上使抵押权沦为一般债权，使得抵押权人不仅不能对抗无过错买受人，甚至也不能对抗申请查封的一般债权人，背离了保护买受人利益的初衷，严重限制了抵押权担保功能的发挥。

二是使法院在本诉中陷入应否追加买受人参加诉讼的两难境地。如果认为抵押权因抵押权人同意转让抵押财产而消灭，则抵押权人能否享有抵押权，除了要考虑主合同是否有效成立以及抵押权本身是否有效设立之外，还要考虑买受人对抵押财产享有何种权利等事实。这就有必要让买受人参加到本诉中来，以便查明涉及抵押财产转让的有关事实。在本诉当事人未申请追加买受人参加诉讼的情况下，则只能由法院依职权追加。一旦法院未追加买受人参加本诉，很可能会被上级法院以遗漏应当参加诉讼的当事人或者未查明抵押权是否消灭等基本事实为由将案件发回重审。另外，通过设定抵押权等担保方式担保债权，本是最平常不过的交易，通常法院也只需围绕债权人的诉讼请求认定主债权是否有效成立以及抵押权是否设立进行审理即可，并无追加抵押财产的买受人参加诉讼的必要。如果要求所有设有抵押权的债权纠纷案件，法院都要依职权追加买受人参加本诉以查明相关事实，与目前的司法实践完全脱节。此外，从理论上看，将确认抵押权纠纷与抵押财产转让纠纷两个本应分别审理的诉讼强行合并在一起审理，并不符合非必要共同诉讼应当征得当事人同意才能合并审理的原理。尤其需要指出的是，确认抵押权人享有抵押权，并不必然损害买受人的合法权益，买受人完全可以在执行阶段通过提起执行异议之诉的方式，依法排除抵押权人的执行。就此而言，将本应在执行程序中解决的买受人能否对抗抵押权人问题，提前到本诉阶段解决，既不利于本诉纠纷公正有效的解决，也造成了买受人救济程序的混乱。

三是使本诉裁判缺乏可预期性。依据抵押权与买受人享有的权利相互冲突的前述逻辑，本诉判决如确认抵押权人享有抵押权，未参加本诉的有关买受人有权提起第三人撤销之诉，撤销本诉中有关确认抵押权人享有抵押权的判项。频繁提起的第三人撤销之诉不仅削弱了本诉裁判的稳定性和权威性，也大大增加了纠纷解决成本。

（2）抵押权因何而消灭？

既然抵押权并未因抵押权人同意转让抵押财产而消灭，那么，抵押权是从何时起消灭以及因何而消灭的？从《物权法》第191条第1款的规定看，主债权因提前清偿或提存而消灭，进而导致抵押权消灭，有关抵押财产转让的立法沿革也佐证了这一点。《担保法》第49条第3款规定："抵押人转让抵押物所得的价款，应当向抵押权人提前清偿所担保的债权或者向与抵押权人约定的第三人提存。超过债权数额的部分，归抵押人所有，不足部分由债务人清偿。"该条首次规定了提前清偿或者提存制度，明确提前清偿的是主债权，但该条并未规定清偿义务人是买受人还是抵押人。《担保法解释》第67条第1款有关"取得抵押物所有权的受让人，可以代替债务人清偿其全部债务，使抵押权消灭"的规定，明确了是买受人代替债务人清偿主债权项下的全部债务。《物权法》第191条在吸收《担保法》及其司法解释有益经验基础上规定了提前清偿或提存制度，所不同的是，该条规定抵押人"应当将所得的价款向抵押权人提前清偿或者提存"，表明提前清偿的主体是抵押人而非买受人。毕竟因抵押财产转让而与买受人发生联系的是抵押人，买受人与主债务人并无法律上的利害关系，谈不上代替债务人清偿债务问题。就此而言，较之于《担保法》及其司法解释，《物权法》的规定显然更为科学。

还要看到，抵押人将转让所得价款用于提前清偿或提存，并非替债务人清偿债务，因而将抵押权的消灭归因于主债权的消灭是不妥当的。因为在抵押财产转让场合，存在两个债权债务关系：一是抵押权所担保的主债权债务关系，二是抵押财产转让合同关系。抵押财产的转让款与所担保的主债权在数额上往往并不一致，只要转让款不足以清偿全部债权，就不构成有效清偿，主债权并不消灭。对债权人来说，在主债权并未得到全部清偿的情况下，其仍可请求其他担保人承担担保责任。但在抵押人已将全部转让款都交付给了债权人的情况下，仍然要抵押人承担抵押责任，对抵押人明显不公，也与《物权法》第191条第1款第2句有关转让款不足以清偿全部债权时不足部分由债务人而非抵押人清偿的规定不符。因此，只有将提前清偿解释为抵押权人提前行使变价权，从而仅导致抵押权消灭，才能合理解释在抵押财产转让所得价款不足以清偿全部主债务场合，主债权尽管并未消灭，但抵押人已经承担了抵押责任而无须再承担抵押责任的现象。

本书认为，在抵押财产转让场合，抵押权并非因主债权消灭而消灭，而系因抵押权实现而消灭，明确此点在司法实践中具有重要意义：一是提前清偿的范围限于转让款，后果则是导致抵押权的消灭。至于主债权是否消灭，则要综合考虑是否为足额抵押、是否存在其他担保以及转让款是否足以清偿主债权等因素来具体判断,总的原则是:当转让款超过主债权数额时,主债权因抵押权的实现而实现;当转让款不足以清偿主债权时,抵押权消灭而主债权并不消灭。在同一债权上设有多个担保时,因为可能涉及共同抵押的实现规则、混合担保情况下应当优先实现债务人自身提供的物保等制度,实践情况可能非常复杂,需要综合考虑《物权法》的有关条文来确定担保人间的权利义务,远非简单适用《物权法》第 191 条即可解决。二是关于抵押权的实现。不论当事人是否已对转让款支付等进行约定,都需要抵押人将全部转让款交付给抵押权人。此处的交付不仅有赖债务人的全面履行,还需要债权人的受领,故抵押人没有实际支付、没有完全支付或者债权人没有实际受领的,均不构成有效清偿,抵押权仍然有效存在。三是关于清偿义务人。从《物权法》第 191 条第 1 款的规定看,清偿义务人是抵押人,而抵押财产转让合同项下的义务人则是买受人,实际上向抵押权人支付转让款的往往也是买受人。在抵押权法律关系中,义务人是抵押人,故付款义务人是抵押人而非买受人。当然,抵押人可通过约定将前述义务转由抵押合同项下的买受人承担,此时,买受人属于抵押人的履行辅助人,本身并非主合同项下的清偿义务人。买受人不履行债务或者履行债务不符合约定的,仍应当由抵押人向债权人承担违约责任。四是关于法理依据问题。抵押财产转让情况下之所以让抵押权人提前实现抵押权,其法理依据不是所谓的主债权加速到期,而是因为其可能损害抵押权。因为《物权法》并不承认抵押权具有追及效力,故抵押财产因转让而转归他人,极有可能使抵押权落空,有必要提前实现抵押权。就此而言,《民法典》第 406 条第 2 款将抵押权人请求抵押人将转让所得价款向其提前清偿或者提存的条件限定为抵押财产转让可能损害抵押权,法理上是更为通顺的,不像《物权法》第 191 条那样容易引起误解。

应予指出的是,提存是指由于债权人的原因导致债务人无法清偿债务,债务人将标的物交付给提存部门,从而消灭债权债务关系的制度。有效的清偿,不仅需要债务人全面适当履行,还需要债权人及时受领。因债权人的原因未及时受领的,尽管债务人可以追究债权人受领迟延的责任,但仍不足以消灭自身的履行义务。为此,近代民法创设了提存制度,使得在债权人不能受领时,债务人仍可以通过提存消灭自身债务。我国《合同法》也规定了提存制度,《民法典》基本沿袭了《合同法》的规定。依据《提存公证规则》之规定,目前由司法部门公证机关办理提存业务。鉴于提存在性质与效果上与清偿基本相同,故前述有关清偿的论述同样适用于提存。只不过在抵押权人同意转让的情况下,尽管理论上存在提存的可能,但实践中一般不会存在提存问题。

(3)无过错买受人能否排除抵押权人的执行?

从司法实践的情况看,买受人请求排除抵押权人执行的案件大量发生,大有成为高级人民法院、最高人民法院最主要的案件类型的趋势。一般来说,符合《执行异议和复议规定》第29条有关消费者购房人规定的买受人能够排除抵押权人的执行,并无争议。争议较大的是,买受人能否依据《执行异议和复议规定》第28条有关无过错买受人的规定请求排除抵押权人的执行?

一种观点认为,抵押权因抵押权人同意转让抵押财产而消灭,从而沦为普通债权,因而无过错买受人当然可以排除抵押权人的执行。如前所述,抵押权并未因抵押权人同意转让抵押财产而消灭,则此种观点显然是错误的。

另一种观点认为,买受人已经实际支付价款的情况下,抵押权的效力及于所得价款,不能再行使抵押权了。这就涉及抵押权人对转让所得价款是否享有物上代位权的问题。本书认为,《物权法》第191条并未规定抵押权具有价金代位效力,主要理由如下:首先,从法律规定看,《物权法》第191条仅规定抵押权人同意转让抵押财产的,抵押人应当将转让所得的价款向抵押权人提前清偿债务或者提存。如前所述,此时应解释为抵押权因实现而消灭,而非另行赋予抵押权人享有具有物权效力性质的价金代位权。其次,从物上代位权的原理看,价金代位权指向的客体应该是价金给付请求权而非价金本身;价金代位权指向的主体也应该是除抵押人以外的其他人包括买受人,但不包括抵押人。因为价金作为一般等价物,一旦为抵押人收取,就与抵押人的财产相混同,抵押权人无法继续行使物上代位权。但《物权法》第191条规定向抵押权人提前清偿债务或者提存的义务人是抵押人而非买受人,且不存在相应的配套规定,既不符合物上代位权的基本原理,也可能导致价金代位权落空。再次,从比较法上看,传统民法理论以抵押财产的存废作为区分追及力与物上代位的分水岭:当抵押财产保持物理上的同一性但发生占有或所有的移转时,抵押权人可以行使追及力;当抵押财产在物理上毁损、灭失或者变形时,则用物上代位制度来保护抵押权人的权益。在抵押财产转让情况下,法国、德国、瑞士等国民法典都认为应当通过抵押权的追及力来解决,否认存在物上代位。日本民法是为数不多的既认可抵押权追及力又认可价金代位的民法典,但多数日本学者对此并不认同,认为仅追及力就足以保护抵押权人的利益,并且认为二者即便能够并存,也只能择一行使。最后,从实际效果看,如果认可价金代位权,则在抵押人低价甚至无偿转让抵押财产时,会使抵押权受到损害甚至落空。正是看到了这一点,有学者主张通过承认抵押权具有追及力对价金代位权支付进行补充,①如此不仅使规则叠床架屋,同时也违反了追及力与物上代位效力原则上不能并用的法理。尤其需要指出的是,承认价金代位权的一个重要目的就是切断抵押权的追及力,使得抵押权人不能向买受人追偿。此种做法必然导致在本诉中不支持抵押权人有关确认享有抵押权的诉讼请求,而这会造成前述的抵押权效力贬损等一系列不良后果,这也是本书认为不应承认价金代位权最为重要的原因。

值得探讨的是,在买受人已经实际支付转让款的情况下,其能否以抵押权人怠于行使资金监管义务为由主张抵押权已经实现,进而排除抵押权人的执行。《城市商品房预售管理办法》第 7 条规定,开发企业申请办理《商品房预售许可证》应当提交本办法规定的符合预售条件的相关证明材料②、开发企业的《营业执照》和资质等级证书、工程施工合同以及商品房预售方案。《住房和城乡建设部关于进一步加强房地产市场监管完善商品住房预售制度有关问题的通知》(建房〔2010〕53 号)第 8 条、第 9 条明确规定,预售方案应当包括预售资金监管落实情况,同时要求各地要加快完善商品住房预售资金监管制度;商品住房预售资金要全部纳入监管账户,由监管机构负责监管,确保预售资金用于商品住房项目工程建设;预售资金可按建设进度进行核拨,但必须留有足够的资金保证建设工程竣工交付。由此可见,在抵押可售场合,预售方案中应当包含有预售资金监管落实情况。在当事人就资金监管等作出约定场合,抵押权人怠于履行资金监管职责的,应否承担相应的责任?本书认为,如果抵押权人本来就是预售资金的监管银行的,买受人将资金打入专用的预售资金监管账户时,往往意味着其抵押权已经实现,并不存在怠于履行资金监管职责的问题。但当享有抵押权的银行本身并非资金监管银行,或者因开发商等的原因预售资金并未进入专用监管账户,甚至并未开立

---

①　梁上上、贝金欣:《担保物转让中的利益衡量与制度设计》,载《法学研究》2005 年第 4 期。

②　《城市商品房预售管理办法》第 5 条规定:"商品房预售应当符合下列条件:(一)已交付全部土地使用权出让金,取得土地使用权证书;(二)持有建设工程规划许可证和施工许可证;(三)按提供预售的商品房计算,投入开发建设的资金达到工程建设总投资的 25% 以上,并已经确定施工进度和竣工交付日期。"

专用资金监管账户等违法违规场合,只要抵押权人没有过错的,就不宜认为抵押权已经实现;反之,抵押权人确有过错的,可以认为抵押权已经实现,从而支持无过错买受人排除执行的请求。

在所得价款已经进入抵押权人所能掌控的预售资金专用账户的情况下,之所以能够在例外情况下允许无过错买受人排除抵押权人的执行,是因为抵押权已经实现。但实践中抵押权人同意抵押人转让抵押财产后,抵押人却用抵押财产抵偿所欠债务,此时能否以及如何适用抵押可售规则值得研究。有观点认为,以物抵债是买卖合同的变种,所不同的是,以物抵债不过是在合同签订之前已经支付了价款而已。诚然,以物抵债与买卖合同确实极为相近,但这并不构成将抵押可售规则适用于以物抵债的理由。如前所述,仅抵押人同意转让抵押财产本身并不导致抵押权的消灭,抵押权只有在抵押权人实际受领转让款(包括将转让款提存)或抵押权注销时才消灭。据此,在抵押财产转让场合,抵押权会因转让款的受领而消灭;而在以物抵债场合,转让款在签订合同之前已经支付完毕,不存在抵押权人受领转让款的问题,不可能导致抵押权消灭。退一步说,即便将《物权法》第 191 条理解为同意转让就导致抵押权消灭,其也仅适用于转让后应当支付价款的狭义转让,不包括以物抵债,否则对抵押权人来说是不公平的。总之,不论如何理解抵押可售规则的效力,其都不适用于以物抵债的情形。因此,那些将以抵押财产抵债等同于抵押财产转让,进而认为抵押权人同意抵押财产转让就不能对抗买受人,只能向抵押人主张权利的观点是不妥当的。

(4)买受人应当通过何种程序进行救济?

通常情况下,买受人应当通过执行异议之诉的方式进行救济,具体路径为:抵押权人基于生效的确权判决或直接依据《民事诉讼法》有关"实现担保物权案件"的有关规定,请求拍卖、变卖抵押财产,买受人在执行程序中提出异议;异议成立的,由抵押权人提起申请执行人执行异议之诉;异议不成立的,由买受人提起案外人执行异议之诉。人民法院受理后,主要依据《执行异议和复议规定》第 29 条进行审查,即买受人是否属于消费者购房人来认定应否支持其诉讼请求。买受人依据《执行异议和复议规定》第 28 条提出异议的,人民法院原则上不予支持,除非抵押权已经得到实现。问题是,买受人能否以及以何种身份参加本诉,能否提起第三人撤销之诉?这两个问题在实践中争议很大,有必要进行专门探讨。

一是关于买受人应以何种身份参加本诉问题。债权人以主债务人和抵押人为共同被告提起的本诉,主要解决是否存在合法有效的主债权债务关系以及抵押权是否有效设立等问题,与买受人是否受让抵押财产并无必然关系,故买受人本无须参与本诉。但一旦在本诉中确认抵押权人享有抵押权,在抵押财产已经转让他人的情况下,因为实现抵押权需要拍卖或变卖抵押财产,从而会使买受人失去抵押财产所有权。为保护自己的合法权益,买受人除了在执行环节提出异议进而提起执行异议之诉外,也有参与本诉,从源头上否定抵押权的意愿。买受人一般是以第三人身份参加本诉,值得探讨的是,其究竟应以无独立请求权第三人的身份,还是以有独立请求权第三人身份参加本诉?

有观点认为,买受人应以有独立请求权第三人身份参加诉讼。①《民事诉讼法》第 59 条第 1 款规定:"对当事人双方的诉讼标的,第三人认为有独立请求权的,有权提起诉讼。"据此,有独立请求权第三人是以原告身份以另行提起诉讼的方式参加本诉,不像无独立请求权第三人那样是以第三人身份参加本诉。在抵押财产转让场合,只有在买受人已经取得抵押财产所有权,相应地抵押权人已经丧失抵押权的情形下,买受人才能以有独立请求权第三人身份参加诉讼。因为一旦买受人已经依法取得抵押财产所有权,抵押权就已经消灭,此时如果抵押权人仍在本诉中请求确认享有抵押权,买受人可以有独立请求权第三人身份参加诉讼。但在抵押权已经消灭的情况下抵押权人仍在本诉中请求确权,此种情形仅具有理论上的可能性,实务中极为少见,买受人以有独立请求权第三人身份参加本诉更是绝无仅有。②

实践中,买受人往往是以无独立请求权第三人身份参加本诉的。买受人参加本诉的目的在于阻止人民法院作出对其不利的判决,鉴于此时的买受人性质上属于无独立请求权第三人,并非本诉的当事人,故不享有管辖权异议、反诉等当事人所应享有的诉讼权利。但其有权在法庭调查阶段陈述有关事实,并提供证据予以证明;在法庭辩论阶段就抵押权是否已经消灭或者其已

---

①　王毓莹主编:《第三人撤销之诉案件裁判规则》,法律出版社 2021 年版,第 115 页。该书的落脚点尽管是买受人有权提起第三人撤销之诉,但其立论前提却是抵押财产买受人性质上属于有独立请求权第三人,故从逻辑上说,自然可以有独立请求权第三人身份参加已经启动的本诉。

②　在"法信"数据库中以"抵押权消灭、房屋买受人、有独立请求权第三人"为关键词,未检索到买受人取得所有权,抵押权人请求确权,买受人以有独立请求权第三人身份参加本诉的案例。

经取得足以对抗抵押权的权利等发表辩论意见。买受人提前参加到本诉中来，通过主张抵押权已经消灭，主张其享有优先于债权人的权利，有助于避免后续可能面临的执行异议之诉或者第三人撤销之诉。对法院来说，让买受人参加到本诉中来，通过查明买受人是否已经取得抵押财产所有权或者是否已经办理预告登记等事实，有助于查明抵押权是否已经消灭，作为应否支持确权请求的基础。另外，也有助于法院通盘考虑并有效协调抵押权人和买受人的合法利益，避免出现矛盾判决，从而便于一揽子化解纠纷。从这一意义上说，买受人以无独立请求权第三人身份参加诉讼的，人民法院可予允许。也要看到，让买受人参加到本诉中来，容易导致法院为了保护买受人的合法权益，不予确认抵押权人享有抵押权，从而导致前已述及的一系列不良后果。因此，在买受人未申请以第三人身份参加诉讼的情况下，人民法院不宜依职权通知买受人参加诉讼。

值得探讨的是，当买受人以第三人身份参加本诉时，如果一审判决确认抵押权人享有抵押权，买受人能否提起上诉？有观点认为，确权判决尽管可能影响买受人的权利，但毕竟没有直接判令买受人承担责任，故不宜让买受人享有上诉权。另外，此时的买受人并非有独立请求权第三人，买受人的权利与抵押权也是可以并存的，因而一审作出确权判决并无不当。如果赋予买受人上诉去挑战确权判决，很可能会使问题复杂化，从而出现前文多次提及的实践中也颇为常见的抵押权贬损问题。就此而言，此种观点有其合理性。但也要看到，循着前述逻辑，既然买受人的权利与抵押权可以并存，买受人挑战抵押权人的本质，是应当优先保护哪一方当事人利益的问题，是执行异议之诉应当解决的问题。而在未来可能提起的执行异议之诉中，买受人的诉讼请求无非也是排除抵押权人的执行，依据也不过是《执行异议和复议规定》第29条。在买受人已经参加本诉的情况下，执行异议之诉所要解决的问题——包括买受人诉求及其事实和法律依据问题，完全可以在本诉中解决。既然可以在本诉中一揽子解决，没必要让当事人再通过另行提起执行异议之诉来解决，如此既可以减轻当事人的诉累，也避免浪费司法资源。就此而言，让买受人享有上诉权有其必要性。

本书赞同买受人享有上诉权的观点。不过买受人的上诉请求不应是撤销确认抵押权人享有抵押权的判项，而是请求确认抵押权对其不发生效力，或者确认其享有排除抵押权人的权利。人民法院在审理时，除了要对确权之诉进行审理外，还要对买受人是否享有足以排除抵押权人执行的法律及事实依据进行审查,进而作出能够兼顾确权之诉和执行异议之诉的判项:抵押权确已消灭的,驳回抵押权人的诉讼请求;抵押权并未消灭的,确认抵押权人享有抵押权,并对能否对抗买受人作出明确判断。尤其要避免将抵押权人享有抵押权但不能对抗买受人的"相对不生效判决",简单地写成驳回抵押权人关于确认享有抵押权的诉讼请求。可以说,实践中"抵押可售"规则之所以如此不统一,根源莫不在此。

二是关于买受人能否提起第三人撤销之诉问题。从《民事诉讼法》第59条第3款的规定看,有独立请求权的第三人和无独立请求权的第三人均可以提起第三人撤销之诉。在抵押财产转让场合,买受人以抵押财产所有权人身份提起第三人撤销之诉的,此时其性质属于有独立请求权第三人。此外,买受人为了阻止抵押权人通过本诉损害自身合法权益,也可以提起第三人撤销之诉。此时的买受人系"损害阻止型第三人",①性质上属于无独立请求权第三人的范畴,实践中主要包括以下两种情形:①买受人系无过错买受人。如果买受人系消费者购房人,鉴于消费者购房权在效力上优先于抵押权,故本诉确认抵押权人享有抵押权并未损害买受人的合法权益,买受人也完全可以通过提起执行异议之诉来保护自己的权益,没必要赋予其有独立请求权第三人地位。但是在买受人系无过错买受人场合,鉴于其享有优先于一般债权人的权利,但又劣后于抵押权,如果抵押权已经消灭,而债权人仍在本诉中请求确权的情况下,买受人有权以有独立请求权第三人身份参加本诉,阻止抵押权人通过本诉损害自身合法权益。②预告登记权利人。在商品房预售场合,买受人办理预告登记同样意味着在建工程抵押权已经消灭,而预告登记人也享有优先于一般债权人的权利,同理可以有独立请求权第三人身份参加本诉。不论买受人以有独立请求权第三人身份,还是以无独立请求权第三人身份提起第三人撤销之诉,都以抵押权已经消灭情况下抵押权人仍在本诉中请求确权为必要,而此种情形在实务中极为少见。从这一意义上说,买受人提起第三人撤销之诉仅具理论上的可能性,不宜提倡当事人通过此种方式进行救济。

但从实践中买受人提起第三人撤销之诉的情况看,绝大多数不属于前述情形,而是买受人在其并非抵押财产所有人甚至并未办理预告登记,而抵押

---

① 张卫平:《我国民事诉讼第三人制度的结构调整与重塑》,载《当代法学》2020年第4期。

权也尚未注销的情况下提起第三人撤销之诉,意在撤销本诉判决中有关确认抵押权的判项。且不说是否应当允许第三人提起此种第三人撤销之诉,即便允许,也不应支持其诉讼请求。但法院出于保护买受人生存权利的考虑,往往支持了买受人有关撤销确权判项的诉讼请求,实质上是按照执行异议之诉中消费者购房人优先于抵押权人的思路进行审理,就其结果来说很多是符合实质公平要求的。但此种做法因为没有很好地区分第三人撤销之诉和执行异议之诉,不仅当事人不知该如何寻求救济,法院也很难准确选择适用何种程序,结果是将错就错,进而一错再错,最终不知孰对孰错。尤其需要指出的是,此种做法使本来有效存在的抵押权不能获得确认,事实上沦为一般债权,导致出现严重后果,鉴于前文已有详细论述,此处不再赘述。

三是如何处理本诉与另诉的关系问题。未参加本诉的买受人,可以在本诉判决作出后另行提起执行异议之诉或第三人撤销之诉。至于应当提起哪种诉讼,主要看买受人是否要撤销确权判项来确定:买受人没有诉请撤销确权判项,只是认为其享有优先于抵押权的权利的,应当通过执行异议之诉来解决;反之,则应当提起第三人撤销之诉,请求撤销确权判项。从实体法角度看,买受人诉请撤销确权判项,以抵押权已经消灭为必要,故只有在买受人已经取得抵押财产所有权、已经办理预告登记或者系无过错买受人等情况下才能提起。但如果其提起的是执行异议之诉,则不论抵押权是否消灭,其均可以享有优先于抵押权的权利为由提起执行异议之诉。从这一意义上说,原则上买受人应当通过提起执行异议之诉来救济,只有在例外情况下才能提起第三人撤销之诉。

在本应通过执行异议之诉救济但买受人却提起第三人撤销之诉场合,如消费者购房人请求撤销确权判决的,鉴于此时抵押权仍然存在,确权判决并无不当,一审法院应当向买受人释明,告知其通过提起执行异议之诉解决;经释明后拒绝变更的,应当驳回其诉讼请求,但不影响其另行提起执行异议之诉。

3. 关于本条的理解与适用

(1)关于本条的适用范围

从司法实践的角度看,多数案件属于因商品房预售场合买受人诉请排除抵押权人执行的情形,可见,抵押财产转让主要适用于不动产。值得探讨的是,本条有关抵押财产转让的规定是否适用于动产? 本书认为,本条也适用于动产。只不过,鉴于《民法典》第 403 条、第 404 条对已设定抵押的动产转让作出了相应规定,导致本条的适用具有较为严格的条件。具体来说:一是在当事人签订动产抵押合同但并未办理抵押登记,抵押人转让抵押财产的,适用《民法典》第403条有关登记对抗的规定,也可以在符合条件的情况下适用《民法典》第404条有关正常经营买受人的规定;二是在当事人不仅签订动产抵押合同并且办理抵押登记场合,抵押人转让抵押财产的,买受人可以依据《民法典》第404条有关正常经营买受人的规定;三是在当事人不仅签订动产抵押合同并且办理抵押登记场合,抵押人转让抵押财产的,买受人不能依据《民法典》第404条有关正常经营买受人的规定对抗抵押权的,抵押权人才能够依据本条之规定主张相应的权利。如《动产和权利担保统一登记办法》第9条第1款规定,登记内容包括担保权人和担保人的基本信息、担保财产的描述、登记期限,但该条第4款允许将禁止或限制转让的担保财产等项目作为登记内容,从而可以适用本条以及《民法典担保制度解释》第43条的有关规定。

(2)抵押财产转让与抵押权的追及力

物权的追及效力,是指物权设立后,不论标的物辗转流入何人之手,物权人都有权追及物之所在并直接支配该物的效力。就抵押权来说,其追及力表现为,在抵押人将抵押物转让他人的情况下,抵押权人可以向受让人主张抵押权,即受让人取得的是有抵押权负担的财产。但除《担保法解释》第67条外,不论是《民法通则意见》还是《担保法》《物权法》,均不承认抵押权具有追及力,因而均对抵押人转让抵押财产进行了限制。只不过在限制条件上,是应当由抵押权人同意,还是通知抵押权人或者告知受让人等存在不同而已。之所以要对抵押财产转让进行限制,主要是为了降低因抵押财产转让给抵押人或者抵押人造成的风险:比如,转让已设定抵押但未办理登记的汽车,如买受人根据善意取得制度取得所有权,则抵押权消灭,对抵押权人不利;如买受人取得的是有抵押权负担的抵押财产,则对抵押人不利。

本书认为,仅从民法原理的角度看,此种担心是没必要的。因为设定抵押权仅是在物上设定了权利负担,抵押人作为抵押财产的所有权人,仍然享有对抵押财产的支配权,其中就包括了转让抵押财产的权利,对抵押财产转让进行限制法理依据不足,此其一。其二,在抵押权已经进行登记的情况下,买受人自愿买受的,根据抵押权的追及效力,允许抵押权人向买受人主张抵押权,对买受人并无不公。反之,已设定但未经登记的动产抵押,不能对抗善意买受人,由抵押权人来承担因未办理登记而产生的风险,对其亦无不公。

其三,抵押财产所得的价款可用于清偿债务,既有利于抵押权人实现权利,也减少了抵押权实现的成本。至于转让所得价款不足以清偿债务的,抵押权人既可以通过行使追及力的方式向受让人主张抵押权,也可以通过让债务人补足差价的方式实现债权,并不当然会损害抵押权。综合考虑前述因素,本条允许抵押人在抵押期间转让抵押财产,并区分抵押权是否已经进行登记而予以区别对待。已经登记的抵押权原则上可以对抗买受人,即便买受人已经取得抵押财产所有权,抵押权人仍然可以根据抵押权的追及效力,向受让人主张权利。反之,已设立但未经登记的动产抵押权,不能对抗善意买受人,买受人取得无权利负担的抵押财产所有权。

(3)关于禁止或限制抵押财产转让问题

本条尽管允许抵押人自由转让财产,但第1款同时也规定,"当事人另有约定的,按照其约定"。也就是说,该条并没有不加分别地一概允许抵押财产转让的意思,而是留给当事人意思自治的空间。之所以作如此规定,是因为《民法典》第406条之所以规定抵押财产可以自由转让,是以抵押权具有完全的追及力为前提的,即抵押权不会因抵押财产转让而受损害。但在我国当前,抵押权的追及力在很大程度上是受到限制的,如在受让人是消费者购房人(《执行异议和复议规定》第29条)、受让房屋是被执行人及其所扶养家属生活必须的居住房屋(《查扣冻规定》第4条)等场合,抵押权人就很难行使追及力。在《民法典》规定了居住权的情况下,未来还可能难以对居住权人行使抵押权。尤其需要看到,如果允许抵押财产可以完全自由转让,在商品房预售情况下,可能会对抵押权人造成巨大损害,试举一例来说明。甲开发商为融资需要,以在建工程向A银行设定抵押并办理了抵押登记。工程开发到一定程度,甲在具备预售条件后拟对外销售房屋,此前的通常做法是A银行向甲出具同意预售函,前提是收取的购房款要打到A银行指定的账户;乙与甲签订商品房预售合同后,与B银行签订借款合同,以预售商品房作为抵押,并办理了抵押预告登记。在前述交易模式中,各方利益是平衡的:甲取得了融资款从而开发了楼盘并进行了销售,A银行以控制预售款方式实现了在建工程抵押权,乙以抵押预告登记为担保手段付了购房款,B银行则取得了预告登记抵押权。反之,如果抵押财产转让完全无须征得抵押权人的同意,则甲在与乙签订商品房预售合同后直接取得购房款,当A银行以在建工程抵押权人的名义行使抵押权,而乙主张自己是消费者购房人时,A银行不能对抗乙;但乙是借B银行的钱买的房,自然不能对抗B银行,从而出现了极不合理的现象:在先设立的在建工程本登记,其效力反而不如在后设立的抵押预告登记。如果再考虑到房地产开发商是当前杠杆率最高的企业群体,在甲公司拿到购房款用作他途的情况下,作为抵押权人的 A 银行的权利将很难得到周全的保障,这恐怕也是银行普遍反对抵押财产完全自由转让的原因,对此不能简单地以维护行业特殊利益来视之,要正视其合理的诉求。基于前述考虑,《民法典》在规定允许抵押财产自由转让基础上,允许当事人通过约定方式予以适当排除,以平衡当事人利益,尤其是保护抵押权人的合法权益不因抵押财产转让而受损害。

问题是,当事人之间关于禁止或者限制抵押物转让的约定能否办理登记?对此,在《民法典担保制度解释》起草过程中,存在不同观点。一种观点认为,考虑到《民法典》允许抵押人自由转让抵押物可能给抵押权人行使抵押权带来不便和一定的风险,有必要赋予当事人关于禁止或者限制抵押物转让的约定以一定的物权效力,这就必须要求将当事人之间的约定在不动产登记簿上予以记载,因此,应当赋予当事人之间的约定以登记的资格或者能力。另一种观点则认为,并非当事人之间的任何约定都应赋予登记资格或者能力,尤其是针对抵押物转让的限制或者禁止的约定,如果允许其登记且赋予其一定的物权效力,将可能导致《民法典》第 406 条通过允许抵押物自由流转实现物尽其用的目的落空,因为在抵押权人处于优势地位的市场环境下,将有大量抵押权人要求将其与抵押人之间的约定记载在登记簿上。

考虑到当事人之间关于限制或者禁止抵押物转让的约定能否办理登记,与不动产登记主管部门的态度密切相关,在制定《民法典担保制度解释》的过程中,最高人民法院与自然资源部自然资源确权登记局进行了沟通,了解到自然资源部为配合《民法典》的实施,将对不动产登记簿的记载事项进行修订,内容之一就是允许当事人就限制或者禁止抵押物转让的约定办理登记。因此,《民法典担保制度解释》第 43 条区分禁止或限制转让约定是否已经办理登记而异其处理规则,因为既然登记机构允许当事人就关于限制或者禁止抵押物转让的约定办理登记,司法解释也就有必要区分该约定是否已经办理登记而异其效果。据此,如果当事人已将禁止或限制转让的约定记载于不动产登记簿,由于不动产登记具有公信力,该约定对买受人亦应具有约束力。因此,根据区分原则,虽然抵押人与买受人之间买卖合同的效力不因此而受到影响,但相对于抵押权人,抵押物所有权的变动将被认定无效。相反,如果当事人未将该约定予以登记,则不仅买卖合同的效力不受影响,抵押物所有权的变动也不应受到影响。此时,抵押权人只能以抵押人违反约定为由向抵押人主张违约责任。

《民法典担保制度解释》通过并施行后,自然资源部下发了《自然资源部关于做好不动产抵押权登记工作的通知》(自然资发〔2021〕54号),要求在不动产登记簿的"抵押登记信息页"增设"是否存在禁止或限制转让抵押不动产的约定"栏目,从而对禁止或限制转让抵押不动产的约定进行登记。但部分学者和实务人士对此颇有微词,认为有违本条有关允许抵押财产自由转让的精神,且也与合同相对性规则相悖。本书认为,该通知可以从源头上杜绝侵害抵押权人合法权益行为的发生,从而落实《民法典》缓和抵押财产自由转让规定的精神。从这一意义上说,该通知恰恰是落实《民法典》的有力举措。具体来说:一是在禁止转让约定已经登记的情况下,如果登记机关仍然办理过户登记手续,从而使受让人取得抵押财产所有权,则一旦出现前述抵押权人难以行使追及力的情形,抵押权人的合法权益将得不到有效保障,有违抵押财产转让不影响抵押权人合法权益的初衷。反之,在登记机关不办理过户登记手续,从而受让人不能取得所有权的情况下,除非经民事诉讼程序依法确认其为消费者购房人(实践中这一认定是非常严格的),否则受让人就不能对抗抵押权人,从而保护抵押权人的合法权益。二是在禁止转让约定已经登记的情况下,登记机关不办理过户登记手续的另一意义在于,登记机关不办理过户登记手续,受让人就不能依法取得物权,这样就会促使受让人主动采取措施,破解在该问题上的"僵局":如果受让人已经支付全部或者绝大部分价款并且符合消费者购房人条件的,可以诉请确认其消费者购房人身份,并办理过户登记。如果尚未支付全部价款的,既可以要求开发商涤除抵押权后再付款,否则拒绝付款并请求开发商承担违约责任;也可以替债务人清偿债务从而消灭抵押权后再申请办理过户登记手续。综上,该通知规定登记机关在当事人有禁止转让约定时不办理过户登记,是落实《民法典》及其司法解释有关既要促进抵押财产流通,又不使抵押权人的合法权益因此受损害精神的有力举措,是一个应当值得充分肯定的举措,不存在违反本条规定精神的问题。

在《民法典》背景下,在当事人有关禁止或限制转让的约定已经在不动产登记簿上进行记载的情况下,同样存在"抵押可售"规则适用问题。只不过与《物权法》相比,《民法典》背景下的"抵押可售"规则存在以下区别:一是适用前提不同。《物权法》以禁止或限制转让为原则,《民法典》则只有在明确约定禁止或限制转让并且该约定已经登记的情况下,才存在适用"抵押可售"规则的问题。二是在买受人取得合法权益是否以抵押权消灭为前提上存在区别。《民法典》背景下二者可以共存,买受人在取得权利的同时不影响其负有抵押权这一权利负担,而《物权法》则不存在二者共存问题。三是消费者购房人对抗抵押权人的情形不同。《民法典》之前,消费者购房人往往不可能取得抵押财产所有权,而《民法典》背景下则完全可能取得所有权,因此消费者购房人既包括尚未取得抵押财产所有权,也包括已经取得抵押财产所有权两种情形。四是抵押权人的救济渠道不同。在《物权法》背景下,可能存在着抵押权消灭,抵押权人只能请求抵押人向其支付转让款的情形;而在《民法典》背景下,鉴于抵押权并不因买受人享有合法权益而消灭,因而抵押权人可以请求实现抵押权,一般不存在请求抵押人向其支付转让款问题。五是买受人救济程序不同。在《物权法》背景下,买受人既可以第三人身份参加本诉,也可提起执行异议之诉,特定情况下理论上还可以提起第三人撤销之诉;但在《民法典》背景下,主要是通过执行异议之诉解决,一般不宜提起第三人撤销之诉。

当然,二者也存在共同点,主要包括:一是抵押权人同意转让的主要意义在于办理后续的登记手续,且本身不导致抵押权的消灭;二是消费者购房人可以排除抵押权人的执行,但无过错买受人则不能排除抵押权人的执行;三是从救济程序看,抵押权人均可以在本诉中请求确认,买受人主要也是通过提起执行异议之诉来保护自己的权益。

(4)关于价金代位问题

根据《民法典》第 390 条的规定,抵押权的物上代位性,指的是在抵押物毁损、灭失或者被征收等情况下,抵押权人可以就获得的保险金、赔偿金或者补偿金等代位物优先受偿的法律属性。从该条规定看,产生物上代位的事实限于毁损、灭失或者被征收等导致抵押物所有权绝对灭失的事实,而转让只是导致所有权主体的变更,并未导致抵押物的灭失,故从文义上看,转让所得价款不属于代位物的范畴。

从本条规定看,抵押人转让抵押财产可能损害抵押权时,抵押权人仅能请求抵押人将所得价款用于提前清偿或者提存,并未规定对价款享有优先受偿权。就此而言,本条亦未承认价金代位制度。之所以未规定价金代位制度,是因为本条认可抵押权具有追及效力,因此在抵押财产转让时,抵押权人可以向受让人主张抵押权,一般无须用物上代位制度来解决抵押权人的保护问题。在动产抵押已经设立但未经登记，而买受人又善意取得动产所有权的情况下，抵押权人的抵押权消灭，此时，抵押人转让抵押财产的行为损害了抵押权，抵押权人可以请求抵押人将转让所得价款用于提前清偿债务或者提存。抵押人怠于履行通知义务，导致抵押权人未能行使相关权利，因此遭受损失的，抵押人应当承担损害赔偿责任。

(5)关于通知问题

本条第2款规定，抵押人转让抵押财产的，应当及时通知抵押权人。通知义务性质上属于附随义务，抵押人未尽通知义务不影响合同效力。就此而言，与《担保法》第49条"抵押人未通知抵押权人或者未告知受让人的，转让行为无效"的规定不同。未履行通知义务尽管不影响转让合同效力，但却违反了抵押合同的约定，在抵押合同项下构成违约，抵押权人可根据约定或者法律规定请求抵押人承担违约责任。之所以规定抵押人负有通知义务，一方面，是便于抵押权人决定是否请求债务人提前清偿债务或者提存。因为抵押权人只有在接到通知后，才能够去举证证明该转让行为是否损害抵押权，并据此决定是否请求抵押人提前清偿债务或者提存。另一方面，只有在抵押人将抵押财产转让的事实通知抵押权人后，抵押权人才能向受让人主张抵押权。

(6)关于提前清偿或者提存问题

《担保法》第49条以及《物权法》第191条均有提前清偿或者提存制度，但与本条规定并不完全相同。主要体现在：

第一，《担保法》与《物权法》均以限制抵押财产转让为前提，未经抵押权人同意、未通知抵押权人或未告知受让人的，不发生抵押物转让的后果，抵押人并不当然能够依照转让合同取得价款。只有在抵押权人同意转让或者收到通知、受让人被告知从而转让有效的情况下，才存在以价款提前清偿或者提存的问题。而《民法典》认可抵押财产可自由转让，转让合同不存在未经相关当事人同意而无效的问题。正因为《民法典》允许抵押财产转让，故只有当抵押财产转让行为可能损害抵押权时，抵押权人才能请求抵押人提前实现抵押权。考察抵押财产转让行为是否损害抵押权，可考虑以下因素：首先，看抵押合同是否有禁止或限制转让的约定，如果有约定的，抵押人转让抵押财产就可以视为可能损害抵押权；其次，如果抵押合同并无禁止或限制抵押财产转让的约定，则看抵押人转让抵押财产后是否通知了抵押权人。抵押人未通知抵押权人，造成抵押权损害的，应当承担责任。关于是否造成抵押权损害,由抵押权人承担举证责任。

第二,根据《担保法》与《物权法》的相关规定,只要转让有效,所得价款必须用于提前清偿或者提存,则与限制转让是一脉相承的:原则上不允许转让,一旦允许转让,就要提前清偿或者提存。而本条则规定,既然转让本身是合法的,因此一般不允许抵押权人请求提前清偿或者提存,除非其能够举证证明该转让行为损害了其抵押权,如动产抵押已经设立但未登记的情况下,抵押人转让抵押物就可能会损害抵押权。但即便如此,是否请求提前清偿或者提存,对抵押权人来说是一种权利而非义务,其可以提出请求,也可以不提出请求。

第三,就担保物权而言,其实现具有或然性,主债务人在债务履行期限届满前已经履行了主债务的,担保物权自动归于消灭,不存在实现问题。因而,提前清偿或者提存的性质上属于抵押权的预先实现,而非对主债务的清偿。故如果转让所得价款超过主债权数额,则主债务消灭导致抵押权消灭,剩余部分归抵押人所有。如果转让所得价款不足清偿全部主债务的,仅是抵押权消灭,但主债权并未随之消灭。

(7)关于受让人的涤除权问题

所谓涤除权,是指取得抵押财产所有权的受让人,因为已经以向抵押权人支付抵押财产的变价款的方式,使抵押权得以实现,从而请求注销抵押权登记的权利。涤除权产生的前提是受让人取得了有权利负担的抵押财产所有权,这就需以抵押财产可以自由转让,且抵押权具有追及力为其产生的前提。如果抵押财产不能自由转让,则未经抵押权人同意,或者认为抵押合同存在效力瑕疵,或者认为不能产生权利变动的法律效果,但无论如何均不产生受让人取得抵押财产所有权的法律后果,自然不存在涤除权利负担的问题。

本条未规定涤除权,但在受让人已经向抵押权人支付抵押财产的变价款,从而使抵押权得以实现的情况下,应当允许其请求注销抵押权登记。本条允许抵押财产可以自由转让且抵押权具有追及力,在此情况下,受让人享有涤除权乃当然之理。从法理上说,具体适用时应注意以下问题:一是涤除权的主体是已经取得抵押物所有权的受让人。仅签订受让合同但未取得抵押物所有权的,不存在物上的权利负担问题,因而也就谈不上涤除问题。二是行使涤除权须以受让人代替抵押人实现抵押权为前提,但并不要求替债务人清偿全部债务。因为抵押权所担保的债权范围,不一定就等同于主债务的

696 第四分编 担保物权／第十七章 抵押权

范围。三是关于涤除的程序,一般包括自行涤除与诉讼涤除两种方式,主要方式是办理涂销登记。

(二)适用情况

本条系从《物权法》第191条修改而来,且进行了基础性的修改,导致目前并无太多的实务案例。但在《物权法》第191条项下,可谓纠纷频发、尺度不一,从实务情况看,需要解决以下问题:

一是无过错买受人能否依据《执行异议和复议规定》第28条之规定排除抵押权人的执行问题。从论证路径上,又有抵押权是否因抵押权人同意抵押财产转让、买受人已支付价款或抵押权人怠于履行资金监管义务等而消灭有所区别;就具体的适用场景来说,还涉及以物抵债是否属于该条规定的"买卖合同"的问题。

二是《执行异议和复议规定》第28条与第29条是什么关系,买受人能否同时主张,还是各自有其适用范围,如前者适用于二手房、后者适用于一手房市场?该问题实践中也不是很清晰。本书倾向于认为,《执行异议和复议规定》第29条仅适用于一手房市场,但该规定第28条则既适用于一手房也适用于二手房,因而可能存在竞合的问题。

三是买受人是通过执行异议之诉还是第三人撤销之诉来寻求救济?本书认为,买受人与抵押权人的权利冲突问题,绝大多数情况下应当通过执行异议之诉解决,不应通过第三人撤销之诉解决,否则遗患无穷。

【相关法律、行政法规】

(一)相关法律

1.《中华人民共和国海商法》(1992年11月7日通过)

第十七条 【禁止抵押的船舶转让】船舶抵押权设定后,未经抵押权人同意,抵押人不得将被抵押船舶转让给他人。

【适用要点】《海商法》颁布于1992年,规定抵押船舶未经抵押权人同意不得转让,该规定与《民法典》第406条规定不符。《民法典总则编解释》第1条第2款规定:"就同一民事关系,其他民事法律的规定属于对民法典相应规定的细化的,应当适用该民事法律的规定。民法典规定适用其他法律的,适用该法律的规定。"对于《民法典》施行前已经颁布施行的民商事特别法与《民法典》之间属于旧的特别法与新的一般法的关系。《立法法》第 105 条第 1 款规定:"法律之间对同一事项的新的一般规定与旧的特别规定不一致,不能确定如何适用时,由全国人民代表大会常务委员会裁决。"故在本条规定与《民法典》不一致的情况下,应由全国人大常委会确定最终的适用标准,解决法律规则不一致的问题。

2.《中华人民共和国民用航空法》(1995 年 10 月 30 日通过,2021 年 4 月 29 日修正)

第十七条　【禁止抵押的民用航空器转让】民用航空器抵押权设定后,未经抵押权人同意,抵押人不得将被抵押民用航空器转让他人。

【适用要点】该条规定与《海商法》第 17 条规定内容基本相同,同样存在与《民法典》第 406 规定不一致的情形。

(二)相关行政法规

《城市房地产开发经营管理条例》(2020 年 11 月 29 日修订)

第二十二条　【商品房预售的条件】房地产开发企业预售商品房,应当符合下列条件:

(一)已交付全部土地使用权出让金,取得土地使用权证书;

(二)持有建设工程规划许可证和施工许可证;

(三)按提供的预售商品房计算,投入开发建设的资金达到工程建设总投资的 25%以上,并已确定施工进度和竣工交付日期;

(四)已办理预售登记,取得商品房预售许可证明。

第二十三条　【申请文件】房地产开发企业申请办理商品房预售登记,应当提交下列文件:

(一)本条例第二十二条第(一)项至第(三)项规定的证明材料;

(二)营业执照和资质等级证书;

(三)工程施工合同;

(四)预售商品房分层平面图;

(五)商品房预售方案。

第二十四条　【主管部门的处理】房地产开发主管部门应当自收到商品房预售申请之日起 10 日内,作出同意预售或者不同意预售的答复。同意预售的,应当核发商品房预售许可证明;不同意预售的,应当说明理由。

第二十五条 【商品房预售广告】房地产开发企业不得进行虚假广告宣传,商品房预售广告中应当载明商品房预售许可证明的文号。

第二十六条 【预售许可与备案】房地产开发企业预售商品房时,应当向预购人出示商品房预售许可证明。

房地产开发企业应当自商品房预售合同签订之日起 30 日内,到商品房所在地的县级以上人民政府房地产开发主管部门和负责土地管理工作的部门备案。

第三十二条 【权属登记】预售商品房的购买人应当自商品房交付使用之日起 90 日内,办理土地使用权变更和房屋所有权登记手续;现售商品房的购买人应当自销售合同签订之日起 90 日内,办理土地使用权变更和房屋所有权登记手续。房地产开发企业应当协助商品房购买人办理土地使用权变更和房屋所有权登记手续,并提供必要的证明文件。

【司法解释及规范性司法文件】

(一)司法解释

1.《最高人民法院关于适用〈中华人民共和国民法典〉有关担保制度的解释》(法释〔2020〕28 号,2020 年 12 月 25 日通过)

第四十三条 【抵押财产转让】当事人约定禁止或者限制转让抵押财产但是未将约定登记,抵押人违反约定转让抵押财产,抵押权人请求确认转让合同无效的,人民法院不予支持;抵押财产已经交付或者登记,抵押权人请求确认转让不发生物权效力的,人民法院不予支持,但是抵押权人有证据证明受让人知道的除外;抵押权人请求抵押人承担违约责任的,人民法院依法予以支持。

当事人约定禁止或者限制转让抵押财产且已经将约定登记,抵押人违反约定转让抵押财产,抵押权人请求确认转让合同无效的,人民法院不予支持;抵押财产已经交付或者登记,抵押权人主张转让不发生物权效力的,人民法院应予支持,但是因受让人代替债务人清偿债务导致抵押权消灭的除外。

【适用要点】该条是对《民法典》第 406 条关于抵押财产"当事人另有约定的,按照其约定"的进一步明确。应注意以下几点:一是由于不动产登记机构允许当事人之间的约定可以办理登记,因此,该条区分了该约定是否办理登记而异其效力。如果当事人之间关于限制或者禁止转让的约定已经在不动产登记簿上予以记载,则应赋予该约定类似预告登记的效力。二是无论当事人是否将限制或者禁止抵押物转让的约定进行登记,依据区分原则,都不会对合同的效力产生影响。三是如果限制或者禁止抵押物转让的约定未进行登记,则不能对抗善意第三人,但是抵押权人可以请求抵押人承担违约责任。四是如果上述约定已经进行了登记,那么不存在善意第三人的问题,虽然合同有效但是物权变动不发生效力,除非因受让人代替债务人清偿债务导致抵押权消灭。

2.《最高人民法院关于人民法院民事执行中查封、扣押、冻结财产的规定》(法释〔2004〕15 号;法释〔2020〕21 号,2020 年 12 月 23 日修正)

第四条　【必需居住房屋不得执行】对被执行人及其所扶养家属生活所必需的居住房屋,人民法院可以查封,但不得拍卖、变卖或者抵债。

【适用要点】该条是关于必需居住房屋不得执行的规定。根据《民事诉讼法》第 250 条的规定,应当保留被执行人及其所扶养家属必需的生活用品,其必需居住的房屋自然不能执行,这就导致担保物权的追及力难以贯彻到底。

3.《最高人民法院关于人民法院办理执行异议和复议案件若干问题的规定》(法释〔2015〕10 号;法释〔2020〕21 号,2020 年 12 月 23 日修正)

第二十七条　【担保物权的排除执行问题】申请执行人对执行标的依法享有对抗案外人的担保物权等优先受偿权,人民法院对案外人提出的排除执行异议不予支持,但法律、司法解释另有规定的除外。

【适用要点】该条是有关担保物权人能否排除案外人执行的规定,适用于担保物权人申请执行担保人的财产,认为对担保财产享有权利的案外人主张排除执行的情形。准确理解该条,要注意把握以下几点:一是如果案外人仅是担保人的金钱债权人,则基于物权优先于债权的规则,当然不能排除担保物权人的执行。即便案外人认为对担保财产享有优先于申请执行的担保物权人的权利,如建设工程价款优先权或先顺位担保物权,其价值物权的属性决定了也不能排除担保物权人的执行,但相关权利人可在担保财产变价后主张就其价款优先于申请执行人受偿。二是只有当案外人对担保财产享有非金钱之债,即主张担保人应当向其交付担保财产,进而使其享有所有权时,才存在能否排除执行的问题。此时,依据该条规定,原则上不能排除执行,除非法律、司法解释另有规定。三是该条但书条款中的"司法解释另有规定",

包括该司法解释第 29 条规定的消费者购房人应无异议。实践中争议较大的是是否包括该司法解释第 28 条规定的无过错买受人。基于《九民纪要》第 126 条之规定，以及作为物权的担保物权优先于一般债权这一基本原理，无过错买受人都不能对抗担保物权人的执行。

第二十八条　**【商品房无过错买受人能够排除金钱债权的执行】**金钱债权执行中，买受人对登记在被执行人名下的不动产提出异议，符合下列情形且其权利能够排除执行的，人民法院应予支持：

（一）在人民法院查封之前已签订合法有效的书面买卖合同；

（二）在人民法院查封之前已合法占有该不动产；

（三）已支付全部价款，或者已按照合同约定支付部分价款且将剩余价款按照人民法院的要求交付执行；

（四）非因买受人自身原因未办理过户登记。

【适用要点】该条是有关商品房无过错买受人可以对抗金钱债权执行的规定，实践中经常出现买受人依据该条规定主张排除抵押权人执行的情形。对此，司法实践一度存在争议，但目前的主流观点认为，不能依据该规定排除抵押权人的执行。

第二十九条　**【消费者购房人能够排除金钱债权的执行】**金钱债权执行中，买受人对登记在被执行的房地产开发企业名下的商品房提出异议，符合下列情形且其权利能够排除执行的，人民法院应予支持：

（一）在人民法院查封之前已签订合法有效的书面买卖合同；

（二）所购商品房系用于居住且买受人名下无其他用于居住的房屋；

（三）已支付的价款超过合同约定总价款的百分之五十。

【适用要点】该条是有关消费者购房人排除金钱债权执行的规定。在《民法典》施行后，对消费者购房人能否排除抵押权人的执行尽管在学理上存在争议，但从目前的司法实践看，一致认为其可以排除抵押权人的执行。

4.《最高人民法院关于商品房消费者权利保护问题的批复》（法释〔2023〕1 号，2023 年 2 月 14 日通过）

河南省高级人民法院：

你院《关于明确房企风险化解中权利顺位问题的请示》（豫高法〔2023〕36 号）收悉。就人民法院在审理房地产开发企业因商品房已售逾期难交付引发的相关纠纷案件中涉及的商品房消费者权利保护问题，经研究，批复如下：

一、建设工程价款优先受偿权、抵押权以及其他债权之间的权利顺位关系,按照《最高人民法院关于审理建设工程施工合同纠纷案件适用法律问题的解释(一)》第三十六条的规定处理。

二、商品房消费者以居住为目的购买房屋并已支付全部价款,主张其房屋交付请求权优先于建设工程价款优先受偿权、抵押权以及其他债权的,人民法院应当予以支持。

只支付了部分价款的商品房消费者,在一审法庭辩论终结前已实际支付剩余价款的,可以适用前款规定。

三、在房屋不能交付且无实际交付可能的情况下,商品房消费者主张价款返还请求权优先于建设工程价款优先受偿权、抵押权以及其他债权的,人民法院应当予以支持。

【适用要点】准确理解与适用该批复内容应注意以下几点:一是商品房消费者的外延得到极大的扩张。从唯一住房到"以居住为目的",不再考虑唯一住房问题;价款从超过50%变更为支付全部价款(在一审法庭辩论终结前已实际支付剩余价款);不再考虑书面合同形式。二是增加规定了商品房消费者的价款返还请求权的优先效力。三是溯及力问题。有溯及力,除了不适用审判监督程序外,适用于正在审理的一、二审案件。

(二)规范性司法文件

《全国法院民商事审判工作会议纪要》(法〔2019〕254号,2019年11月8日公布)

126.【商品房消费者的权利与抵押权的关系】根据《最高人民法院关于建设工程价款优先受偿权问题的批复》第1条、第2条的规定,交付全部或者大部分款项的商品房消费者的权利优先于抵押权人的抵押权,故抵押权人申请执行登记在房地产开发企业名下但已销售给消费者的商品房,消费者提出执行异议的,人民法院依法予以支持。但应当特别注意的是,此情况是针对实践中存在的商品房预售不规范现象为保护消费者生存权而作出的例外规定,必须严格把握条件,避免扩大范围,以免动摇抵押权具有优先性的基本原则。因此,这里的商品房消费者应当仅限于符合本纪要第125条规定的商品房消费者。买受人不是本纪要第125条规定的商品房消费者,而是一般的房屋买卖合同的买受人,不适用上述处理规则。

【适用要点】该条是关于商品房消费者的权利与抵押权关系的规定。适用时应当注意以下问题：一是应当严格把握本条适用的条件，避免扩大范围，以免动摇抵押权具有优先性的基本原则。二是应当区分消费者购房人和非消费者购房人。只有基于居住利益至上的考虑，才能作特别的突破，而这种突破不能无限扩大，否则会冲击现有的交易秩序。三是应当区分所购房屋为一手房还是二手房。如前所述，消费者购房人的物权期待权来源于《工程款优先受偿批复》。消费者购房人的概念相对应的是房地产企业，因此，二手房并无适用的余地。四是无论是否取得商品房预售许可证，消费者购房人的权利均应优先于抵押权，这是基于"生存利益至上"的考虑。五是无论消费者购房人是否明知存在抵押权，只要符合消费者购房人排除执行的条件，就应当优先保护消费者购房人的权利。

【部门规章、规范性文件与相关政策】

（一）部门规章

《城市商品房预售管理办法》（建设部令第 40 号；建设部令第 131 号，2004 年 7 月 13 日修正）

第五条 【商品房预售条件】商品房预售应当符合下列条件：

（一）已交付全部土地使用权出让金，取得土地使用权证书；

（二）持有建设工程规划许可证和施工许可证；

（三）按提供预售的商品房计算，投入开发建设的资金达到工程建设总投资的 25%以上，并已经确定施工进度和竣工交付日期。

第七条 【申请资料】开发企业申请预售许可，应当提交下列证件（复印件）及资料：

（一）商品房预售许可申请表；

（二）开发企业的《营业执照》和资质证书；

（三）土地使用权证、建设工程规划许可证、施工许可证；

（四）投入开发建设的资金占工程建设总投资的比例符合规定条件的证明；

（五）工程施工合同及关于施工进度的说明；

（六）商品房预售方案。预售方案应当说明预售商品房的位置、面积、竣工交付日期等内容，并应当附预售商品房分层平面图。

【适用要点】开发企业在申请办理预售许可时,应当提交商品房预售方案,其中应当载明预售资金监管方案。

(二)规范性文件

《自然资源部关于做好不动产抵押权登记工作的通知》(自然资发〔2021〕54号,2021年4月6日公布)

各省、自治区、直辖市自然资源主管部门,新疆生产建设兵团自然资源局:

为落实《民法典》对不动产抵押权的规定,现就有关事项通知如下:

一、依法确定不动产抵押范围。……

二、明确记载抵押担保范围。……

三、保障抵押不动产依法转让。当事人申请办理不动产抵押权首次登记或抵押预告登记的,不动产登记机构应当根据申请在不动产登记簿"是否存在禁止或限制转让抵押不动产的约定"栏记载转让抵押不动产的约定情况。有约定的填写"是",抵押期间依法转让的,应当由受让人、抵押人(转让人)和抵押权人共同申请转移登记;没有约定的填写"否",抵押期间依法转让的,应当由受让人、抵押人(转让人)共同申请转移登记。约定情况发生变化的,不动产登记机构应当根据申请办理变更登记。

《民法典》施行前已经办理抵押登记的不动产,抵押期间转让的,未经抵押权人同意,不予办理转移登记。

四、完善不动产登记簿。对《国土资源部关于启用不动产登记簿证样式(试行)的通知》(国土资发〔2015〕25号)规定的不动产登记簿样式进行修改:

1. 在"抵押权登记信息"页、"预告登记信息"页均增加"担保范围"、"是否存在禁止或限制转让抵押不动产的约定"栏目。

2. 将"抵押权登记信息"页的"最高债权数额"修改为"最高债权额"并独立为一个栏目,填写最高额抵押担保范围所对应的最高债权数额。

五、更新不动产权证书和不动产登记证明。……

六、调整不动产登记系统、数据库以及申请书。……

为厉行节约、避免浪费,原已印制的存量证书证明可以继续使用完为止。

【适用要点】该通知明确规定,要在"抵押权登记信息"页、"预告登记信息"页中增加"是否存在禁止或限制转让抵押不动产的约定"栏目,落实了《民法典》第406条有关"当事人另有约定的,按照其约定"的规定。

（三）相关政策

《住房和城乡建设部关于进一步加强房地产市场监管完善商品住房预售制度有关问题的通知》（建房〔2010〕53 号,2010 年 4 月 13 日公布）

（八）强化商品住房预售方案管理。房地产开发企业应当按照商品住房预售方案销售商品住房。预售方案应当包括项目基本情况、建设进度安排、预售房屋套数、面积预测及分摊情况、公共部位和公共设施的具体范围、预售价格及变动幅度、预售资金监管落实情况、住房质量责任承担主体和承担方式、住房能源消耗指标和节能措施等。预售方案中主要内容发生变更的,应当报主管部门备案并公示。

（九）完善预售资金监管机制。各地要加快完善商品住房预售资金监管制度。尚未建立监管制度的地方,要加快制定本地区商品住房预售资金监管办法。商品住房预售资金要全部纳入监管账户,由监管机构负责监管,确保预售资金用于商品住房项目工程建设;预售资金可按建设进度进行核拨,但必须留有足够的资金保证建设工程竣工交付。

（十）严格预售商品住房退房管理。商品住房严格实行购房实名制,认购后不得擅自更改购房者姓名。各地要规范商品住房预订行为,对可售房源预订次数作出限制规定。购房人预订商品住房后,未在规定时间内签订预售合同的,预订应予以解除,解除的房源应当公开销售。已签订商品住房买卖合同并网上备案、经双方协商一致需解除合同的,双方应递交申请并说明理由,所退房源应当公开销售。

【适用要点】当前,之所以买受人与抵押权人之间的矛盾如此突出,根源在于买受人交纳的购房款并没有被纳入监管,从而导致抵押权与物权期待权的冲突。故只有强化资金监管人的责任,真正落实商品房预售资金的专户管理、用途管理,才能杜绝此类纠纷的发生。

第四百零七条　【抵押权处分的从属性】抵押权不得与债权分离而单独转让或者作为其他债权的担保。债权转让的,担保该债权的抵押权一并转让,但是法律另有规定或者当事人另有约定的除外。

【条文精解】

(一)条文要点

本条是关于抵押权处分从属性的规定,由《物权法》第 192 条修改而成,仅将"但"修改为"但是",并无实质变化。准确理解本条,应把握如下要点:

1. 辩证理解登记生效主义与抵押权从属性之间的关系

作为担保物权的一种,抵押权以其所担保的债权存在为前提,没有债权,就不可能有抵押权;反之,主债权消灭,抵押权也就不复存在。因此,抵押权的转让或者以抵押权为其他债权设定担保,应当与抵押权所担保的债权一同进行。抵押权人转让抵押权的,抵押权应当与其所担保的债权一同转让;抵押权人以抵押权向他人提供担保的,抵押权应当与其所担保的债权一同向他人提供担保。单独转让抵押权或者单独以抵押权作为其他债权担保的行为无效。

抵押权随着主债权转让而一并转让,转让后是否必须重新办理抵押登记手续或者抵押权人变更手续,存在不同认识。本书认为,抵押权随主债权一并转让,债权受让人取得的抵押权系基于法律的明确规定,并非基于新的抵押合同重新设定抵押权,无须办理抵押权转移登记,债权受让人即取得抵押权。因为在主债权转让场合,虽然债权转让属于法律行为,但不动产抵押权的转让应为债权转让行为的法定效果,并非基于法律行为的不动产物权变动。另外,在抵押权随主债权一并转让场合,会出现登记的抵押权人(转让人)与实际抵押权人(受让人)不一致的情况,但此种不一致不会影响相关当事人的权利义务关系。就债务人而言,其不能依据抵押权登记对抗实际抵押权人。在主债权转让场合,只要转让人将债权转让的事实通知了债务人,就对债务人产生效力,债务人应当向受让人履行义务,不能依据抵押权登记的记载为由对抗实际抵押权人。对抵押人来说,其尽管与债权人签订了合同,但本质上却系为债务人提供担保,因而债权人的变化并不影响其承担责任。此外,抵押权只要办理了登记,在抵押财产场合,买受人都要受登记簿的约束,而不问抵押权人是谁。从这一意义上说,名义抵押权人与实质抵押权人不一致,也不影响交易第三人的合法权益。

需要注意的是,依据《民法典》第696条第1款之规定,债权人转让全部或部分债权,未通知保证人的,该转让对保证人不生效力。《民法典担保制度解释》第20条规定,第三人提供的物保可以参照适用保证人的权利保护规则,其中就包括债权人转让全部或部分债权时需要通知保证人的规定。但在第三人提供物保场合,依据本条之规定,抵押权随债权转让而当然一并转让,不存在需要通知抵押人的问题。之所以无须通知抵押人,是因为抵押权以登记作为公示方法,无须像保证那样以通知作为对抗保证人的方式。从这一意义上说,将《民法典》第696条第1款之规定参照适用于第三人提供物保的场合,似值得商榷。

2. 例外情形

在法律另有规定和当事人另有约定时,抵押权并不一定随着主债权的转让而转让。

一是关于"法律另有规定"。例如《民法典》第421条规定,最高额抵押担保的债权确定前,部分债权转让的,最高额抵押权不得转让。最高额抵押权之所以不随同主债权转让而转让,并不是因为最高额抵押权不具有处分上的从属性,而是因为最高额抵押权在处分上的从属性具有特殊性:最高额抵押权并不随某一具体债权的转让而转让,只能随基础法律关系一同转让。之所以如此,是因为最高额抵押权所担保的债权是连续发生的债权,在最高额抵押权没有确定时,债权总额是不确定的,是随时发生变化的。尽管某一具体债权转让了,但将来还有发生债权的可能。基于抵押权的不可分性,最高额抵押权自不能随之转让。

二是关于"当事人另有约定"。既可以是抵押权人在转让债权时,与受让人约定,只转让债权而不转让担保该债权的抵押权,这种情形大多发生在债权的部分转让时;也可以是第三人专为特定的债权人设定抵押的,该第三人与债权人约定,被担保债权的转让未经其同意的,抵押权因债权的转让而消灭。

（二）适用情况

本条主要适用于以下几种情形：

一是主债权被分割或部分转让。抵押权具有不可分性，抵押权所担保的债权被分割或者部分转让的，对抵押权不产生影响。根据《民法典担保制度解释》第39条第1款的规定，主债权被分割或者部分转让后，各债权人可就其享有的债权份额对抵押物整体行使抵押权。其中一个债权人行使权利，拍卖、变卖抵押物的，应当通知其他债权人参加分配，抵押物折价后的价款由各债权人按比例分配。债权的一部分因清偿、抵销、混同、转让等原因消灭时，剩余债权仍然可以对抵押物行使抵押权，抵押权不受影响。

二是关于抵押权转移登记的作用。债权受让人取得抵押权无须办理转移登记，那么抵押权转移登记意义为何？根据《民法典》第232条规定，处分依照本节规定享有的不动产物权，依照法律规定需要办理登记的，未经登记，不发生物权效力。申请法院拍卖、变卖担保财产，自属担保物权的处分。因此，受让人因受让债权而取得其附随的担保物权的，未经转移登记，不得申请启动实现担保物权案件程序。至于受让人经普通民事诉讼程序取得胜诉裁判，并据此申请执行者，不在此限。受让人再转让债权与抵押权的，先办理抵押权变更登记再进行转让，转让才发生物权效力。

【相关法律、行政法规】

（一）相关法律

1.《中华人民共和国民法典》（2020年5月28日通过）

第五百四十七条　【从权利因主债权转让而转让】债权人转让债权的，受让人取得与债权有关的从权利，但是该从权利专属于债权人自身的除外。

受让人取得从权利不因该从权利未办理转移登记手续或者未转移占有而受到影响。

【适用要点】该条从合同债权的角度对从权利处分的从属性进行了确认。需要注意的是：抵押权、质权、保证等担保权利以及附属于主债权的利息等孳息请求权，都属于主权利的从权利。关于受让人取得从权利是否需要办理从权利转移登记的问题，一直以来都有争议，本条对这一问题进行了厘清，即从权利随主债权一并转让,无须办理从权利转移登记,债权受让人即可取得从权利。

第六百九十六条　【债权转让对保证责任的影响】债权人转让全部或者部分债权,未通知保证人的,该转让对保证人不发生效力。

保证人与债权人约定禁止债权转让,债权人未经保证人书面同意转让债权的,保证人对受让人不再承担保证责任。

【适用要点】该条是有关债权转让对保证责任的影响的规定,与《民法典》第407条精神基本相同,只不过一个涉及保证,一个涉及抵押权。两个条文之间存在的区别是,保证担保是对人权,因此保证人适用通知对抗规则;而抵押权是对物权,抵押人则不适用通知对抗规则。

2.《中华人民共和国海商法》(1992年11月7日通过)

第十八条　【船舶抵押权转移】抵押权人将被抵押船舶所担保的债权全部或者部分转让他人的,抵押权随之转移。

【适用要点】该条是关于船舶抵押权转移的规定。与《民法典》第407条的规定精神一致,此处不再赘述。

【司法解释及规范性司法文件】

(一)司法解释

《最高人民法院关于适用〈中华人民共和国民法典〉有关担保制度的解释》(法释〔2020〕28号,2020年12月25日通过)

第二十条　【第三人提供的物保可以参照适用保证人的权利保护规则】人民法院在审理第三人提供的物的担保纠纷案件时,可以适用民法典第六百九十五条第一款、第六百九十六条第一款、第六百九十七条第二款、第六百九十九条、第七百条、第七百零一条、第七百零二条等关于保证合同的规定。

【适用要点】第三人提供的物保能否参照适用《民法典》第696条第1款值得商榷。依据《民法典》第696条第1款之规定,债权人转让全部或部分债权,未通知保证人的,该转让对保证人不生效力。但在第三人提供物保场合,依据《民法典》第407条之规定,债权转让的,抵押权当然一并转让,不存在需要通知抵押人的问题。之所以无须通知抵押人,是因为抵押权以登记作为公示方法,无须像保证那样以通知作为对抗保证人的方式。

　　第三十九条　【担保财产担保主债权的全部】主债权被分割或者部分转让,各债权人主张就其享有的债权份额行使担保物权的,人民法院应予支持,但是法律另有规定或者当事人另有约定的除外。

　　主债务被分割或者部分转移,债务人自己提供物的担保,债权人请求以该担保财产担保全部债务履行的,人民法院应予支持;第三人提供物的担保,主张对未经其书面同意转移的债务不再承担担保责任的,人民法院应予支持。

　　【适用要点】该条是关于担保财产担保主债权的全部这一担保物权不可分性的规定。适用时注意以下几点:一是该条意在解决主债权被分割或部分转让对担保物权的影响问题。应认为各债权人依据其债权份额对担保财产共同享有担保物权,即担保物权按份共有。二是在最高额抵押中,如果主债权部分转让,最高额抵押权并不随之转移,仅是被转让的部分债权不再被最高额抵押担保。问题在于,主债权被分割是否亦应如此处理。主债权被分割的,应区分分割的原因,如果主债权的分割不是基于当事人自己的意思而是基于法律的规定,则担保物权仍应担保全部债权的实现,但如果主债权的分割是基于当事人自己的意思,则应参照主债权部分转让的规定。

(二)规范性司法文件

　　《全国法院民商事审判工作会议纪要》(法〔2019〕254号,2019年11月8日公布)

　　62.【抵押权随主债权转让】抵押权是从属于主合同的从权利,根据"从随主"规则,债权转让的,除法律另有规定或者当事人另有约定外,担保该债权的抵押权一并转让。受让人向抵押人主张行使抵押权,抵押人以受让人不是抵押合同的当事人、未办理变更登记等为由提出抗辩的,人民法院不予支持。

　　【适用要点】该条也是关于抵押权从属于主债权的规定,有关抵押权随主债权转让、但书规定、办理转移登记等问题上文中均已有所述及,此处不再赘述。

【部门规章、规范性文件与相关政策】

（一）部门规章

《不动产登记暂行条例实施细则》（国土资源部令第 63 号；自然资源部令第 5 号，2019 年 7 月 16 日修正）

第六十九条 【转移登记】因主债权转让导致抵押权转让的，当事人可以持不动产权属证书、不动产登记证明、被担保主债权的转让协议、债权人已经通知债务人的材料等相关材料，申请抵押权的转移登记。

【适用要点】该条是关于主债权转让场合当事人可以办理抵押权转移登记的规定。抵押权未办理转移登记虽不影响债权人的抵押权，但当事人仍应积极主动办理，以维护交易安全。

【典型案例】

（一）参考案例

1. 中国长城资产管理股份有限公司湖北省分公司与生生物业（集团）有限公司借款合同纠纷案【最高人民法院（2019）最高法民终 1842 号】

【裁判要旨】案涉《抵押担保借款合同》所载内容显示，对于涉案债权，借款人生生物业公司用其湖北省宜昌县乐天溪镇的土地设立了抵押。在本案各方当事人均未提供证据证明涉案抵押系为其他债权提供担保的情况下，应认定《宜昌县国有土地使用权抵押审核处理签》中所载明的土地使用权抵押是为涉案债权提供担保。根据法释〔2001〕12 号《最高人民法院关于审理涉及金融资产管理公司收购、管理、处置国有银行不良贷款形成的资产的案件适用法律若干问题的规定》（已失效）第 9 条"金融资产管理公司受让有抵押担保的债权后，可以依法取得对债权的抵押权，原抵押权登记继续有效"的规定，长城公司湖北分公司对其受让涉案债权部分依法享有相应的抵押权。

【编者评析】抵押权随主债权一并转让，经常出现在金融不良资产处置场合。就此而言，该案例援引法释〔2001〕12 号作为依据并无不当。但应当看到，该司法解释适用范围较窄，不能适用于一般的债权转让场合，此时就要依据《民法典》第 407 条有关抵押权随主债权一并转让的规定,认定受让人无须办理抵押权转移登记就可以取得抵押权。

2. 王福海、安徽国瑞投资集团有限公司与安徽省阳光半岛文化发展有限公司、芜湖首创房地产开发有限公司民间借贷纠纷案【最高人民法院(2015)民一终字第 107 号】

【裁判要旨】阳光半岛公司与国瑞公司之间《土地抵押合同》关于案涉土地使用权为王福海债权提供抵押担保的约定,对于阳光半岛公司、国瑞公司和王福海内部之间具有约束力。在没有信赖登记的善意第三人主张权利的情形下,应依据当事人约定来确定权利归属。根据阳光半岛公司与国瑞公司签订的《土地抵押合同》约定,王福海对案涉土地使用权享有实际抵押权,为案涉土地使用权的实际抵押权人;国瑞公司只是《土地抵押合同》约定的名义上抵押权人,对案涉土地使用权不享有抵押权,且国瑞公司在诉讼中也未主张任何权利。因登记制度不健全、登记部门不准予将土地使用权抵押登记在自然人名下原因,导致本案债权人与登记上的抵押权人不一致,只是债权人和抵押权人形式上不一致,实质上债权人和抵押权人仍为同一,并不产生抵押权与债权实质上分离。王福海既是《借款合同》的债权人,也是《土地抵押合同》约定的案涉土地使用权的实际抵押权人,王福海对阳光半岛公司享有的债权实质上就是抵押担保的主债权。

【编者评析】因登记制度的不完善,即土地使用权不能登记在自然人名下,本案出现了债权人和抵押权人实质上一致而形式上不一致的情况。在此情况下实质债权人享有债权而名义抵押权人享有抵押权并不发生债权和抵押权分离的情形。

第四百零八条 【抵押权保全权】抵押人的行为足以使抵押财产价值减少的,抵押权人有权请求抵押人停止其行为;抵押财产价值减少的,抵押权人有权请求恢复抵押财产的价值,或者提供与减少的价值相应的担保。抵押人不恢复抵押财产的价值,也不提供担保的,抵押权人有权请求债务人提前清偿债务。

【条文精解】

(一)条文要点

本条是关于抵押权保全权的规定,系由《物权法》第 193 条修改而来,仅作了文字修改,将"要求"一词替换为"请求",并无实质变化。对抵押财产的损害,既包括抵押财产价值的减少,也包括抵押财产的毁损灭失;既包括因抵押人的行为所致,也包括因第三人或客观原因所致。本条仅适用于因抵押人的行为导致抵押财产价值减少的情形,未涉及因第三人的行为导致抵押财产价值减少以及抵押财产毁损灭失等情形。故准确适用本条,除了需要明确本条的适用条件、法律后果外,还需要将其与侵权责任法、物上代位制度相协调。

1. 关于本条的适用条件

本条主要适用于因抵押人的原因导致抵押财产价值减少的情形,具体来说:

一是须源于抵押人的行为。抵押人使抵押财产价值减少的行为,主要包括两个方面:(1)抵押人积极采取的行为,往往是对抵押财产的事实处分行为,如砍伐抵押的树木、拆除抵押的房屋、卸掉抵押汽车的轮胎,等等。对抵押财产的法律处分如转让抵押财产往往具有对价,抵押人可以用所得价款清偿债务。另外,抵押权人也可以基于抵押权的追及力向抵押财产的受让人主张权利,一般不存在使抵押财产价值减少的情形。(2)抵押人的消极不作为,如对抵押的危旧房不作修缮、对抵押的机动车不进行定期保养、有库房却任由抵押的机器设备在室外风吹雨淋。鉴于该项请求权性质上属于物权请求权,故抵押人对其行为是否存在过错,在所不问。因地震、水灾、火灾等自然事件以及第三人原因导致抵押财产价值减少，如有保险金、赔偿金的，可通过物上代位制度解决，但因其并非抵押人的行为，不适用本条有关抵押权保全权的规定。

二是足以使抵押财产的价值减少。抵押人作为抵押财产的所有人，依法享有对抵押财产的使用处分权，抵押财产因正常使用而产生的损耗，不属于此处所谓的抵押财产的价值减少。从举证责任的角度看，抵押权人只要举证证明抵押人的行为不属于正常的使用行为，此种行为"足以"导致抵押财产的价值减少即可，无须就抵押财产价值是否实际减少承担举证责任。而抵押人的行为是否"足以"导致抵押财产的价值减少，需要结合个案情况进行具体判断。另外，抵押人的行为导致抵押财产价值减少，但抵押财产仍然存在，才有抵押权保全权适用的余地。抵押财产灭失，如果是第三人的行为或者意外事故所致，可能会产生赔偿金、保险金的物上代位问题；如果是不可抗力所致，则抵押权人要承担因此导致的风险；如果是抵押人的行为所致，则抵押权人可以基于《民法典》合同编的有关规定请求抵押人承担违约责任，但均不适用本条规定。

2. 关于抵押权保全权的内容

抵押权作为物权，可以通过物权请求权的方式进行保护。但与所有权和用益物权不同，抵押权作为价值物权，其设立不以转移物的占有为必要，抵押财产仍由抵押人占有、使用、收益和处分（包括事实处分和法律处分），故抵押权人不能行使原物返还请求权。因抵押人的行为导致抵押财产价值减少的，有必要赋予抵押权人救济的权利，此即抵押权保全权，包括抵押财产价值减少防止权、恢复抵押财产价值请求权、增加担保请求权以及提前清偿请求权四方面的内容。其中，抵押财产价值减少防止权包括排除妨害或者消除危险请求权，恢复抵押财产价值请求权、增加担保请求权则属于恢复原状请求权，均属于物权请求权范畴。而提前清偿请求权，类似于合同法对预期违约制度的救济，性质上属于债权请求权。可见，抵押权保全权既包括物权请求权，也包括债权请求权，不能简单地为物权请求权所涵盖。

一是关于抵押财产价值减少防止权。抵押人的行为已经现实地妨害抵押权的实现，如拆除抵押的房屋，抵押权人可以请求停止侵害；对于持续性的妨害行为，还可以请求排除妨害。抵押人的行为并未现实地妨害抵押权的实现，但依据社会一般观念足以认定该行为导致抵押权价值减少，如抵押人任由抵押的机器设备在室外风吹雨淋的，抵押权人可以请求消除危险。至于请求权行使的具体方式,既可以直接向抵押人主张,也可以通过诉讼的方式主张。

二是关于恢复抵押财产价值请求权、增加担保请求权。抵押财产价值减少防止权作为物权请求权,主要是一种预防性的权利,目的是不使抵押财产贬值。但当抵押人的行为已经造成抵押财产价值的减少,此时行使抵押财产价值减少防止权已无意义,这就需要赋予抵押权人以某种权利,恢复抵押财产的价值,这就是本条第2句规定的恢复抵押财产价值请求权和增加担保请求权。这两项请求权性质上均属于物权请求权性质的恢复原状请求权,其适用不以抵押人有过错为必要。只要抵押人的行为导致抵押财产价值减少,抵押权人就可以行使前述请求权。当然,此处所谓的抵押财产价值减少,同样也不包括因正常使用而导致的抵押财产损耗,但不能依此就认为需要以抵押人的过错为要件。前述两项请求权在行使时并无顺序限制,抵押权人可以自由选择适用何种请求权,但不得既请求恢复抵押财产价值,又请求另行增加担保。另行增加的担保须与减少的价值相当,因而一般是物保;在抵押权人同意的情况下,也可以是保证。

三是关于提前清偿请求权。一旦抵押人的行为导致抵押财产价值减少,抵押权人请求抵押人恢复抵押财产价值或者增加担保后,抵押人既不恢复抵押财产价值又不增加担保的,当抵押人本身就是债务人时,抵押人的行为表明其将不履行合同义务,根据《民法典》第578条有关预期违约的规定,抵押权人有权要求债务人(同时也是抵押人)提前清偿债务。可见,本条规定的法理依据即为预期违约规则。

值得探讨的是,当抵押人是第三人时,能否适用本条之规定,存在不同观点。有一种观点认为,当抵押人为第三人时,债务人对抵押人导致抵押物值减少的行为可能并不知情,仅仅因为抵押人的行为就直接迫使债务人在没有任何准备的情况下就丧失期限利益,由其提前清偿债务对其并不公平。因此,在抵押人既不恢复抵押财产价值又不增加担保时,抵押权人必须再次请求债务人提供新的担保。只有在债务人拒不提供新的担保时,抵押权人才能根据预期违约的法理请求债务人提前清偿。应该说,此种观点确有一定的道理,也有比较法上的依据,但本条并未采纳前述观点,而是笼统规定只要抵押人不恢复抵押财产价值又不增加担保的,抵押权人就有权请求抵押人提前清偿。

应予注意的是,本条规定的提前清偿,清偿义务人是债务人而非抵押人,此点使其区别于《民法典》第 406 条有关抵押财产转让场合,抵押权人有权请求抵押人提前清偿的规定。相应地,提前清偿的是主债务,则债务人自然负有全部清偿的义务,而不受抵押财产价值的限制。因此,即便主债权数额为 1000 万元,而某一抵押人的抵押权所担保的主债权数额仅为 200 万元的,严格依据本条规定,抵押权人有权请求债务人提前清偿债务。但如作此种理解,显然对债务人不公。因而有必要对本条规定的提前清偿请求权作适当限制,将其限于抵押人不恢复抵押财产的价值,也不提供担保的行为,对债权人实现债权造成了实质损害的情形。从实践情况看,主要是指仅有一个担保且该担保系全额担保的情形,如果同一债权上有数个担保,而数个担保都能确保主债权实现的,就不能轻易适用本条规定。

3. 关于非因抵押人的原因导致的抵押财产价值减少

关于非因抵押人的原因导致的抵押财产价值减少能否适用本条之规定,存在不同理解。有观点认为,从语法的角度看,仅抵押财产价值减少防止权适用于因抵押人的行为导致抵押财产价值减少的情形,恢复抵押财产价值请求权、增加担保请求权则适用于抵押财产价值减少的所有情形。否则,就没必要用";"隔开,直接表述为"抵押人的行为足以使抵押财产价值减少的,抵押权人有权请求抵押人停止其行为、恢复抵押财产的价值,或者提供与减少的价值相应的担保"岂不更简洁? 纯粹从语法的角度看,此种观点确有一定道理。但从相关制度的沿革看,并不能得出前述结论。《担保法》第 51 条第 2 款明确规定:"抵押人对抵押物价值减少无过错的,抵押权人只能在抵押人因损害而得到的赔偿范围内要求提供担保。抵押物价值未减少的部分,仍作为债权的担保。"据此,在因第三人的侵权行为导致抵押财产价值减少场合,抵押权人有权在抵押人因损害而得到的赔偿范围内要求提供担保。鉴于此种规定不便操作,《物权法》以及《民法典》均未沿袭该项规定。立法者的解释是,非因抵押人的原因导致抵押财产价值减少,如因第三人的侵权行为导致抵押财产毁损从而使抵押人获得赔偿金、保险金的,通过物上代位制度解决;因市场变化等客观原因而使抵押财产价值减少,抵押人不能获得赔偿金、保险金的,抵押权人也不能行使恢复抵押财产价值请求权、增加担保请求权,更不能请求债务人提前清偿,仍然应当以原抵押财产为限承担担保责任。[1]可见,不论能否适用物上代位制度,因第三人的原因导致抵押财产价值减少

---

[1]　黄薇主编:《中华人民共和国民法典释义(上)》,法律出版社 2020 年版,第 791 页。

场合,都不适用本条规定。

在抵押财产毁损尤其是灭失场合,因抵押财产已经不复存在,不能再适用本条规定,而只能诉诸抵押权的物上代位制度。

(二)适用情况

本条是因抵押人的原因导致抵押财产价值减少时该如何处理的规定,适用时要将其与相关制度相区别:一是要将其与因第三人原因导致抵押财产价值减少相区别,后者主要适用侵权责任法等规定;二是要将其与物上代位制度相区别,后者适用于抵押财产损毁、灭失或被征收等场合;三是本条不考虑抵押人是否具有过错的因素,只要其行为足以导致抵押财产价值减少,抵押权人就有权主张。

【相关法律、行政法规】

(一)相关法律

1.《中华人民共和国民法典》(2020 年 5 月 28 日通过)

第五百七十八条 【预期违约】当事人一方明确表示或者以自己的行为表明不履行合同义务的,对方可以在履行期限届满前请求其承担违约责任。

【适用要点】当抵押人本身就是债务人时,抵押人的行为表明其将不履行合同义务的,参照该条有关预期违约的规定,抵押权人有权要求债务人(同时也是抵押人)提前清偿债务。

2.《中华人民共和国企业破产法》(2006 年 8 月 27 日通过)

第七十五条 【重整期间担保物权暂停行使】在重整期间,对债务人的特定财产享有的担保权暂停行使。但是,担保物有损坏或者价值明显减少的可能,足以危害担保权人权利的,担保权人可以向人民法院请求恢复行使担保权。

在重整期间,债务人或者管理人为继续营业而借款的,可以为该借款设定担保。

【适用要点】该条是有关重整期间担保物权暂停行使的规定,准确理解该条,要注意以下几点:一是重整期间以暂停行使担保物权为原则。因为在债务人破产而其财产又设定担保的情况下,担保财产往往是债务人重整所必需的资产,是重整能否成功的关键。如果允许担保物权人行使担保物权,往往会使债务人因丧失核心资产失去重整的价值。二是例外情况下应允许担保物权人恢复行使担保物权,即担保物有损坏或者价值明显减少的可能,足以危害担保权人权利的,担保权人有权向人民法院请求恢复行使担保权。三是重整期间暂停行使担保物权与重整期间另行设定担保并不矛盾。也就是说,在重整期间,债务人或者管理人为继续营业而借款的,可以为该借款设定担保,该担保系新设的担保,有别于重整前已经设定的担保。为进一步规范该问题,《九民纪要》第 112 条对此作出了更加清晰的、具有可操作的规定。

【司法解释及规范性司法文件】

(一)规范性司法文件

《全国法院民商事审判工作会议纪要》(法〔2019〕254 号,2019 年 11 月 8 日公布)

112.【重整中担保物权的恢复行使】重整程序中,要依法平衡保护担保物权人的合法权益和企业重整价值。重整申请受理后,管理人或者自行管理的债务人应当及时确定设定有担保物权的债务人财产是否为重整所必需。如果认为担保物不是重整所必需,管理人或者自行管理的债务人应当及时对担保物进行拍卖或者变卖,拍卖或者变卖担保物所得价款在支付拍卖、变卖费用后优先清偿担保物权人的债权。

在担保物权暂停行使期间,担保物权人根据《企业破产法》第 75 条的规定向人民法院请求恢复行使担保物权的,人民法院应当自收到恢复行使担保物权申请之日起三十日内作出裁定。经审查,担保物权人的申请不符合第 75 条的规定,或者虽然符合该条规定但管理人或者自行管理的债务人有证据证明担保物是重整所必需,并且提供与减少价值相应担保或者补偿的,人民法院应当裁定不予批准恢复行使担保物权。担保物权人不服该裁定的,可以自收到裁定书之日起十日内,向作出裁定的人民法院申请复议。人民法院裁定批准行使担保物权的,管理人或者自行管理的债务人应当自收到裁定书之日起十五日内启动对担保物的拍卖或者变卖,拍卖或者变卖担保物所得价款在支付拍卖、变卖费用后优先清偿担保物权人的债权。

【适用要点】该条是关于重整中担保物权的恢复行使的规定,是对《企破产法》第75条的具体化。准确理解该条,要把握如下几个方面:一是坚持重整期间担保权暂停行使为原则,恢复行使为例外。二是合理判断有担保权的债务人财产是否为重整所必需。重整申请受理后,管理人或者自行管理的债务人应当及时确定设定有担保权的债务人财产是否为重整所必需,从而充分保护不影响重整程序的担保权人及时实现债权的利益。三是明确了担保权人申请恢复行使权利的程序和救济途径。为完善重整期间冻结担保权的特殊制度安排,充分保护担保权人的合法权益,该条规定了人民法院对担保权人申请的审查期限以及担保权人不服人民法院相关裁定的复议权。同时,基于担保物的处置权归管理人或者自行管理的债务人,该条规定人民法院批准担保权人恢复行使权利的,管理人或者自行管理的债务人应当在规定期限内启动担保物的处置程序,保障担保权人及时行使变现权。

【典型案例】

(一)参考案例

国信(海南)龙沐湾投资控股有限公司与国家开发银行金融借款合同纠纷案【最高人民法院(2018)最高法民终940号】

【裁判要旨】案涉12份借款合同中"借款人的权利和义务"条款均约定:"本合同项下抵质押物的价值减少的,足以影响贷款安全的,借款人应在贷款人要求的限期内补足担保,并由担保人与贷款人依法签订有效担保合同。"借款人违反该合同约定时,贷款人有权宣布贷款提前到期,同时要求借款人限期偿还已发放的贷款本息。本案中,龙沐湾公司应依约为国开行办理四宗土地使用权的抵押登记,而其却迟迟未能履行该项合同义务。可见,龙沐湾公司未能办理土地使用权的抵押登记且未能补足担保的行为,构成违约,国开行有权宣布案涉12份借款合同提前到期。

【编者评析】本案中龙沐湾公司将其土地使用权抵押给国开行,约定龙沐湾公司应办理抵押登记。龙沐湾公司未去办理抵押登记而乐东县政府决定无偿收回土地使用权并注销土地使用权证书。龙沐湾公司违约未办理抵押登记的行为致使国开行的抵押权无法实现,因此支持了国开行的诉讼请求。

　　第四百零九条　【抵押权及其顺位的处分】抵押权人可以放弃抵押权或者抵押权的顺位。抵押权人与抵押人可以协议变更抵押权顺位以及被担保的债权数额等内容。但是,抵押权的变更未经其他抵押权人书面同意的,不得对其他抵押权人产生不利影响。

　　债务人以自己的财产设定抵押,抵押权人放弃该抵押权、抵押权顺位或者变更抵押权的,其他担保人在抵押权人丧失优先受偿权益的范围内免除担保责任,但是其他担保人承诺仍然提供担保的除外。

【条文精解】

(一)条文要点

　　本条是关于抵押权及其顺位处分的规定,是在《物权法》第 194 条的基础上修改而成,将第 1 款中的"但抵押权的变更,未经其他抵押权人书面同意,不得对其他抵押权人产生不利影响"单独作为一句,并将"但"修改为"但是"。准确理解本条,应把握如下几个要点:

1. 关于抵押权的放弃

　　抵押权的放弃,是指抵押权人放弃就抵押财产所享有的优先受偿权。准确理解抵押权的"放弃",要从以下几个方面来把握:一是放弃行为属于单方行为,仅以抵押权人作出单方意思表示为已足,无须征得抵押人的同意。但放弃行为属于有相对人的但以非对话方式作出的意思表示,依据《民法典》第 137 条第 2 款之规定,放弃的意思表示到达相对人时生效。在抵押权放弃场合,该相对人是抵押人。二是放弃须有明确的意思表示。抵押权人怠于行使抵押权,不能产生放弃抵押权的法律效果。抵押权人在诉讼中不主张抵押权或撤回主张抵押权的诉请,仅是对诉讼权利的处分,也不属于对抵押权的放弃。放弃的意思表示通常以明示的方式作出,但并不意味着不能以默示的方式作出。如在混合共同担保中,其中债务人以自己的财产提供担保的情况下,当事人就债权实现并无特别约定时,债权人应当先实现债务人提供的担保,其他担保人仅对该担保实现后仍不能清偿的部分承担补充责任。债权人未向债务人主张权利,直接请求其他担保人承担责任的,其他担保人有权行使准先诉抗辩权,主张债权人先实现主债务人自身提供的担保;经主张后债权人仍拒不实现债务人自身提供的担保的,可以认定其放弃了对债务人的担保物权。三是抵押权人放弃抵押权属于对抵押权的处分,将导致抵押权的消灭。抵押权属于物权,抵押权人作为权利人,当然有权放弃权利。抵押权人放弃的对象是作为物权的抵押权。依据《民法典》第393条第3项之规定,放弃抵押权将导致抵押权的消灭。

值得探讨的是,抵押权是从放弃的意思表示达到抵押人时起消灭,还是从办理注销登记之日起消灭?该问题涉及因放弃而导致的物权变动,是属于基于法律行为所导致的物权变动还是非基于法律行为的物权变动,进而能否适用动产物权的交付生效主义的问题。有观点认为,放弃行为系引起物权变动的单方法律行为,故应当区分动产抵押和不动产抵押的不同,动产抵押权自放弃的意思表示到达抵押人之日起生效,登记不过是对抗要件;而不动产抵押权则从抵押权人依法办理注销登记之日起才发生消灭的后果。本书认为,放弃行为固然属于法律行为,因此而发生的物权变动原则上应当遵循相应的物权变动模式,即动产抵押权采登记对抗主义、不动产抵押权采登记生效主义,但《民法典》第393条第3项明确规定,抵押权因放弃而消灭,该条属于物权变动模式的例外规定,故放弃的意思表示自达到相对人之日起即发生抵押权消灭的效力。至于办理抵押权注销登记,只不过是抵押人在抵押权消灭后为维护自己的合法权益,所采取的救济手段而已。

应予注意的是,抵押权人放弃抵押权后,抵押权将因放弃而消灭。此点不同于抵押权顺位的放弃,抵押权顺位的放弃,不论是绝对放弃还是相对放弃,抵押权本身都并不消灭。

2. 关于抵押权顺位

抵押权的顺位,是指抵押人就同一财产设定两个或者两个以上的抵押权时,各抵押权之间优先受偿的先后次序。简言之,即同一抵押财产上存在多个抵押权时,各抵押权之间的先后顺序。根据《民法典》第414条的规定,确定抵押权顺位的主要依据是登记:登记在先的优先于登记在后的,已登记的优先于未登记的,均未登记的按债权比例平等受偿。根据顺位在先的抵押权因实现抵押权以外的原因而消灭时,顺位在后的抵押权是否依次升进的不同,比较法上有抵押权顺位固定主义和抵押权顺位升进主义之别。《民法典》沿袭《物权法》的既有做法,原则上采抵押权顺位升进主义,但此种规则也有例外。

一是关于所有人抵押。在顺序在先的抵押权与该财产的所有权归属一人，即发生所有权与抵押权的混同时，为保护所有权人的合法权益，例外情况下不允许后顺位抵押权人升进。就此而言，《担保法解释》第 77 条仍有适用之必要。如债权人甲对债务人乙享有价值 100 万元的债权，抵押人丙以其价值 150 万元的房屋为债务人乙提供抵押，后丙又以该房屋为债权人丁对债务人乙的 90 万元债权设定抵押，其中甲是第一顺位抵押权人，丁是第二顺位抵押权人。不久，甲购买了丙的房屋，成为房屋的所有权人。此时抵押权因与所有权发生混同而消灭，如果根据抵押权顺位升进主义，使丁成为第一顺位抵押权人，则意味着甲将因购买丙的房屋而使原本处于第一顺位的抵押权沦为第二顺位，对其显然不公。为保护所有权人的合法权益，例外情形不允许抵押权顺位升进有其合理性。

二是关于借新还旧。当事人约定物的担保人同意继续为新贷提供担保，但是在订立新的贷款合同前又为其他债权人设定担保物权，其顺位应该如何确定，司法实践中争议较大。《九民纪要》第 57 条规定："贷款到期后，借款人与贷款人订立新的借款合同，将新贷用于归还旧贷，旧贷因清偿而消灭，为旧贷设立的担保物权也随之消灭。贷款人以旧贷上的担保物权尚未进行涂销登记为由，主张对新贷行使担保物权的，人民法院不予支持，但当事人约定继续为新贷提供担保的除外。"该条对于借新还旧情况下物的担保责任的认定进行了规定，明确了当事人约定继续为新贷提供担保的情况下，债权人有权对于新贷行使担保物权，但对于顺位问题并未明确。鉴于我国学说和实务奉行顺位进升原则的基础上，例外承认顺位固定，在借新还旧的情形下，借新还旧与借款人用自有资金归还贷款从而消灭原债权债务关系存在本质区别，虽然新贷代替旧贷，但借贷双方之间的债权债务关系仍未消灭，客观上只是以新贷的形式延长了旧贷的还款期限，本质上是旧贷的特殊形式的展期。因此，新债和旧债是同一法律关系，旧贷上的担保物继续为新贷提供担保，债权人对于担保物仍享有顺位利益，只要旧贷担保人同意继续为新贷提供担保且登记仍未注销，债权人的担保顺位应予确认，且有利于维护现行金融秩序。

3. 关于抵押权顺位的放弃

抵押权顺位的放弃包括相对放弃和绝对放弃两种。所谓抵押权顺位的相对放弃，是指同一抵押财产上先顺位抵押权人为了特定后顺位抵押权人或者无担保债权人的利益，放弃自己的优先受偿利益的行为。例如，抵押人 A 将自己价值 250 万元的抵押财产分别为债权人甲、乙、丙设定了第一、第二、第三顺位抵押权,担保的债权金额分别为 100 万元、150 万元、80 万元,甲为了丙的利益而放弃第一顺位抵押权,此种放弃即为相对放弃。抵押权顺位的相对放弃,性质上也属于有相对人的但以非对话方式作出的意思表示,只不过其相对人是特定的后顺位抵押权人或无担保债权人。故抵押权顺位的相对放弃,从放弃的意思表示到达后顺位抵押权人或普通债权人之日起发生效力。抵押权顺位相对放弃的后果是,后顺位抵押权人或者无担保债权人在先顺位抵押权人所能受偿的范围内,按各自的债权比例清偿。在前举案例中,假设抵押财产拍卖所得价款为 250 万元,则在甲抛弃抵押权顺位前,甲、乙的债权均能得到全部清偿,丙则无法受偿。但在甲为了丙的利益抛弃第一顺位后,则乙的清偿顺位、金额不受影响,但丙则与甲就甲所能清偿的部分按照债权比例清偿,即在甲能够优先受偿的 100 万元内受偿,因而甲的受偿份额为:$100÷(100+80)×100=55.6$ 万元;丙的受偿份额为:$80÷(100+80)×100=44.4$ 万元。

抵押权顺位的绝对放弃,是指先顺位抵押权人放弃所有的顺位利益。抵押权顺位的绝对放弃是相对于所有后顺位抵押权人而言的。关于抵押权顺位绝对放弃的后果如何,存在不同观点。有一种观点认为,其后果是使先顺位抵押权人成为无担保的普通债权人。本书认为,抵押权顺位的绝对放弃,放弃的仅是顺位利益,并非放弃抵押权。因而其后果是使放弃人退居最后顺位,但仍优先于后设立的抵押权人,而非成为普通债权人。否则,就是抵押权的放弃而非顺位的放弃了。可见,准确理解顺位的绝对放弃,必须要将其区别于抵押权的放弃。

实务中,经常出现建设工程价款优先权人为融资的需要,向作为在建工程抵押权人的银行放弃其建设工程价款优先权的情形,如何认定此种放弃的性质?本书认为,建设工程价款优先权人向享有抵押权的银行表示放弃其优先权,性质上属于相对放弃,即该放弃行为仅对该银行具有效力,使得原本优先于抵押权的建设工程价款优先权在顺位上劣后于该银行享有的抵押权受偿。也就是说,此种放弃并非绝对放弃建设工程价款优先权,因而建设工程价款优先权人仍可主张优先于其他抵押权。

4. 关于抵押权顺位的变更

抵押权顺位的变更,指的是同一抵押财产上的数个抵押权人通过协议方式变更抵押权的顺位。在两个抵押权担保的债权数额并不相同的情况下,抵押权顺位的变更往往还意味着被担保债权数额的变更。准确理解抵押权的

顺位变更制度,应当把握以下几点:

一是须两个抵押权人之间签订变更抵押权顺位的协议。鉴于抵押权顺位变更不涉及抵押人利益,故无须征得其同意。

二是抵押权顺位的变更,要征得利益可能受到顺位变更影响的其他抵押权人的书面同意,否则,对该抵押权人不生效力。如抵押人 A 将自己价值 250 万元的抵押财产分别为债权人甲、乙、丙设定了第一、第二、第三顺位抵押权,担保的债权金额分别为 100 万元、150 万元、80 万元,如果甲与乙之间变更顺位,鉴于对丙并无影响,就无须征得丙的同意。如果是甲与丙之间变更顺位,不仅对乙没有影响,而且对其还有利,也无须征得其同意。反之,如果甲、乙、丙设定的第一、第二、第三顺位抵押权担保的债权金额分别为 80 万元、100 万元、150 万元,则甲与丙变更抵押权顺位,对乙不利,就应当征得乙的书面同意,否则,对乙不生效力。至于甲、丙之间是否发生顺位变更的效力,存在不同理解。一种观点认为,鉴于未征得乙的同意,故甲与丙之间不发生顺位变更的效力。另一种观点认为,就甲、丙之间来说,仍然发生顺位变更的效力,但担保债权的数额不发生变换。也就是说,丙成为第一顺位抵押权人,甲成为第三顺位抵押权人。但丙作为第一顺位抵押权人所能优先受偿的范围,仍以原第一顺位抵押权人甲所能优先受偿的 80 万元为限;至于第三顺位抵押权,则甲为 80 万元、丙为 70 万元,二者按比例受偿。本书赞同第二种观点。

三是关于应否办理变更登记问题。抵押权顺位的变更是对抵押权内容的重大变更,根据《不动产登记暂行条例实施细则》第 68 条之规定,必须办理变更登记,体现了登记生效主义的要求。当然,如果抵押财产是动产或权利,则登记并非生效要件,仅是对抗要件。

5. 关于抵押权内容的变更

本条除了规定抵押权顺位变更外,还规定当事人可就被担保的债权数额等内容进行变更。除了被担保的债权数额外,当事人还可就被担保的债权种类、担保范围、主债务履行期限等内容作出变更。基于合同相对性原则,此种变更在当事人之间发生效力并无疑问。但如涉及其他抵押权人尤其是后顺位抵押权人利益的,未经其同意,对其不发生效力。具体原理与前述的抵押权顺位变更相同,此处不再赘述。

6. 关于债务人作为抵押人的特别规定

本条第 2 款是有关债务人作为抵押人时,抵押权人放弃该抵押权、抵押

权顺位或者变更抵押权时的特别规定。准确理解该款,要注意把握以下几点:

一是要厘清本条与《民法典》第 392 条之间的关系。依据《民法典》第 392 条之规定,在混合共同担保中,债务人以自己的财产设定担保的,在当事人就债权实现并无特别约定的情况下,债权人应当先实现债务人提供的担保,其他担保人仅在该担保实现后仍不能清偿的部分承担补充责任。抵押权人未向债务人主张权利,直接请求其他担保人承担责任的,其他担保人有权行使准先诉抗辩权,主张抵押权人先实现主债务人自身提供的担保;经主张后抵押权人仍拒不实现债务人自身提供的担保的,可以认定放弃了对债务人的抵押权,性质上等同于免除了债务人自身的担保责任。此时,人民法院就可依据本条第 2 款之规定,认定其他担保人在债务人自身提供的物保价值范围内免除担保责任。从这一意义上说,《民法典》第 392 条与《民法典》第 409 条有着密切关系。

二是抵押权人怠于向债务人主张担保的情形包括放弃抵押权、放弃抵押权顺位以及变更抵押权三种情形。放弃抵押权比较好理解,如在混合担保中,同一债权上既有债务人以自己的财产设定的抵押,也有保证的,抵押权人放弃债务人抵押的结果,将会加重保证人的责任,使本来无须承担责任的保证人承担保证责任。在此情况下,保证人可在抵押权人放弃抵押财产的范围内免除保证责任。放弃抵押权顺位也有可能损害其他担保人的利益,比如甲借给乙 100 万元,乙用自己的房屋设定抵押的同时,又让丙为自己的债务提供保证,此后乙又将该房屋先后抵押给丁、戊,分别为其 120 万元、150 万元的债务提供担保,甲、丁、戊分别为该房屋的第一、第二、第三顺位抵押权人。如果甲为了丁的利益放弃第一顺位抵押权,或者与丁变更抵押权顺位,在抵押房屋的价值不足以清偿升进后的第一、第二顺位抵押权的情况下,均会加重保证人丙的责任,因而同样可援引本条规定免除担保责任。

三是其他担保人免责,是当然免责还是通过行使抗辩权的方式免责,也存在不同理解。一种观点认为,抵押权人放弃抵押权、抵押权顺位或者变更抵押权,性质上属于违反不真正义务,其结果是使抵押权人遭受权利减损,即丧失优先受偿权。相对应地,其他担保人在抵押权人丧失优先受偿权的范围内享有免除相应担保责任的抗辩:一旦其他担保人提出该抗辩的,将免除相应的担保责任;反之,其不提出抗辩,或者明示同意继续承担担保责任的,则仍然需要承担担保责任。另一种观点则认为,只要抵押权人实施了放弃抵押权、抵押权顺位或者变更抵押权等任一行为,其他担保人就当然在抵押权人丧失优先受偿权益的范围内免除责任,除非其另行作出仍然提供担保的承诺。二者的区别在于,人民法院是依职权免除其他担保人的责任,还是只能依其他担保人的抗辩才能免除其责任。从本条第 2 款的规定看,似采第二种观点。

(二)适用情况

本条主要适用于抵押权人放弃抵押权或其顺位场合,准确适用本条,务必要做到以下两点:

一是要准确区别放弃抵押权与放弃抵押权顺位。放弃抵押权,抵押权归于消灭;而放弃抵押权顺位,抵押权本身并不消灭,仅是丧失顺位利益。放弃抵押权顺位又包括绝对放弃和相对放弃两种情形,其中相对放弃仅对被放弃的抵押权人产生效力,对其他抵押权人不产生效力。绝对放弃对放弃时的所有抵押权人产生效力,但毕竟有别于抵押权放弃,因而抵押权并未消灭,其效力仍优先于此后新设立的抵押权。

二是要注意本条与《民法典》第 392 条之间的衔接适用问题。在混合共同担保中,在债务人自身提供物保且当事人对债权实现并无明确约定的情况下,债权人原则上应当先实现债务人提供的担保,其他担保人也享有准先诉抗辩权。只有在债权人明确放弃对债务人的抵押权或抵押权顺位的情况下,其他担保人才可在抵押权人丧失优先受偿权的范围内主张免除其担保责任。但债权人究竟仅是怠于行使对债务人的权利,还是放弃对其行使权利,在实践中并不容易确定,要依据具体事实来准确认定。

【相关法律、行政法规】

(一)相关法律

《中华人民共和国民法典》(2020 年 5 月 28 日通过)

第一百三十七条 【有相对人的意思表示的生效】以对话方式作出的意思表示,相对人知道其内容时生效。

以非对话方式作出的意思表示,到达相对人时生效。以非对话方式作出的采用数据电文形式的意思表示,相对人指定特定系统接收数据电文的,该数据电文进入该特定系统时生效；未指定特定系统的，相对人知道或者应当知道该数据电文进入其系统时生效。当事人对采用数据电文形式的意思表示的生效时间另有约定的，按照其约定。

【适用要点】放弃行为属于以非对话方式作出的意思表示，到达相对人时生效。在抵押权放弃场合，该相对人是抵押人；在抵押权顺位绝对或相对放弃场合，该相对人是某一或全部后顺位担保物权人或无担保债权人。

第三百九十二条　【混合共同担保】被担保的债权既有物的担保又有人的担保的，债务人不履行到期债务或者发生当事人约定的实现担保物权的情形，债权人应当按照约定实现债权；没有约定或者约定不明确，债务人自己提供物的担保的，债权人应当先就该物的担保实现债权；第三人提供物的担保的，债权人可以就物的担保实现债权，也可以请求保证人承担保证责任。提供担保的第三人承担担保责任后，有权向债务人追偿。

【适用要点】要注意该条与本条规定之间的衔接适用，准确认定其他担保人仅是享有准先诉抗辩权，还是可以主张免除相应责任。

第三百九十三条　【担保物权的消灭事由】有下列情形之一的，担保物权消灭：

（一）主债权消灭；

（二）担保物权实现；

（三）债权人放弃担保物权；

（四）法律规定担保物权消灭的其他情形。

【适用要点】要注意区别债权人放弃抵押权与放弃抵押权的顺位，不可将二者混淆。

第四百一十四条　【数个抵押权的清偿顺序】同一财产向两个以上债权人抵押的，拍卖、变卖抵押财产所得的价款依照下列规定清偿：

（一）抵押权已经登记的，按照登记的时间先后确定清偿顺序；

（二）抵押权已经登记的先于未登记的受偿；

（三）抵押权未登记的，按照债权比例清偿。

其他可以登记的担保物权，清偿顺序参照适用前款规定。

【适用要点】该条是关于同一财产上有数个以登记作为公示方法的担保物权时如何确定清偿顺序的规定。

第六百九十八条　【一般保证人保证责任免除】一般保证的保证人在主债务履行期限届满后，向债权人提供债务人可供执行财产的真实情况，债权人放弃或者怠于行使权利致使该财产不能被执行的,保证人在其提供可供执行财产的价值范围内不再承担保证责任。

【适用要点】该条是关于一般保证人保证责任免除的规定,与本条第 2 款的精神完全一致。

【司法解释及规范性司法文件】

(一)司法解释

《最高人民法院关于适用〈中华人民共和国民法典〉有关担保制度的解释》(法释〔2020〕28 号,2020 年 12 月 25 日通过)

第十六条 【借新还旧】主合同当事人协议以新贷偿还旧贷,债权人请求旧贷的担保人承担担保责任的,人民法院不予支持;债权人请求新贷的担保人承担担保责任的,按照下列情形处理:

(一)新贷与旧贷的担保人相同的,人民法院应予支持;

(二)新贷与旧贷的担保人不同,或者旧贷无担保新贷有担保的,人民法院不予支持,但是债权人有证据证明新贷的担保人提供担保时对以新贷偿还旧贷的事实知道或者应当知道的除外。

主合同当事人协议以新贷偿还旧贷,旧贷的物的担保人在登记尚未注销的情形下同意继续为新贷提供担保,在订立新的贷款合同前又以该担保财产为其他债权人设立担保物权,其他债权人主张其担保物权顺位优先于新贷债权人的,人民法院不予支持。

【适用要点】该条是关于借新还旧场合如何认定新贷上的担保效力的规定,基本沿袭了《担保法解释》第 39 条的规定,即根据新旧贷是否有担保以及担保人是否为同一人来确定新贷上的担保的效力。具体又分为三种情形:一是旧贷无担保,新贷有担保;二是新旧贷均有担保,但担保人不同;三是新旧贷均有担保,且担保人系同一人。在第一、二种情形中,新贷上的担保人原则上不承担担保责任,除非债权人能够举证证明其对借新还旧事实知情。在第三种情形中,不论担保人是否知情,其都要承担责任。只不过,该条将适用范围从保证扩及于包括担保物权在内的所有担保。

值得探讨的是,当事人约定物的担保人继续为新贷提供担保,但在订立新的贷款合同前又以该担保物为其他债权人设定担保物权,其他债权人主张其担保物权顺位优先于新贷债权人的,人民法院应否支持？一种观点认为,应当支持后续债权人顺位递进,因为这符合债务更新的法理。另一种观点则认为,既然旧贷上的登记并未注销,就仍然要让后顺位债权人劣后。两种观点的分歧,本质上涉及如何对待借新还旧这一模式的合理性问题。考虑到在当前情况下,借新还旧模式仍有其存在的土壤,且为了不影响现行金融秩序,该条采第二种观点。

【部门规章、规范性文件与相关政策】

（一）部门规章

《不动产登记暂行条例实施细则》(国土资源部令第 63 号；自然资源部令第 5 号,2019 年 7 月 16 日修正)

第六十八条 【抵押权的变更登记】有下列情形之一的,当事人应当持不动产权属证书、不动产登记证明、抵押权变更等必要材料,申请抵押权变更登记:

(一)抵押人、抵押权人的姓名或者名称变更的；

(二)被担保的主债权数额变更的；

(三)债务履行期限变更的；

(四)抵押权顺位变更的；

(五)法律、行政法规规定的其他情形。

因被担保债权主债权的种类及数额、担保范围、债务履行期限、抵押权顺位发生变更申请抵押权变更登记时,如果该抵押权的变更将对其他抵押权人产生不利影响的,还应当提交其他抵押权人书面同意的材料与身份证或者户口簿等材料。

【适用要点】该条是关于抵押权顺位是否要登记的规定。从法理上说,不动产顺位的变更,不论是否影响其他抵押权人的利益,均无须办理变更登记。就此而言,并无必须办理变更登记之必要。但该条规定不动产抵押权顺位的变更必须办理变更登记,有利于定分止争,增加不动产登记簿的公信力。

【典型案例】

（一）参考案例

1. 彭聪能与成都农村商业银行股份有限公司簇桥支行保证合同纠纷案 【最高人民法院（2019）最高法民终 1631 号】

【裁判要旨】关于保证人可否在抵押权人放弃抵押权而丧失优先受偿权益的范围内免除担保责任的问题。《物权法》第 194 条①第 2 款规定："债务人以自己的财产设定抵押，抵押权人放弃该抵押权、抵押权顺位或者变更抵押权的，其他担保人在抵押权人丧失优先受偿权益的范围内免除担保责任，但其他担保人承诺仍然提供担保的除外。"尽管该款规定仅明确将"抵押权人放弃该抵押权、抵押权顺位"作为适用第三人免除担保责任的条件，但在混合共同担保情形下，该款的适用还存在一个隐含的前提条件，即在当事人明确约定债务人自己提供物的担保优先，或者当事人对实现担保权的顺序没有约定或者约定不明确。换言之，该款规定应当适用于混合共同担保中担保人对债务人自己提供的物的担保享有顺位利益的情形。如果保证人在承担担保责任的顺序上与债务人所应承担的物上担保责任并无先后顺序之别，则债权人放弃债务人自己提供的物的担保即与保证人的利益无涉，此时无《物权法》第 194 条第 2 款的适用空间。需要注意的是，在债权人选择以某种担保方式实现债权后，债权即告消灭，主债权消灭，作为从权利的其他担保权随之消灭。由于我国现行法律并未规定担保人的代位权，担保人在承担担保责任后，并不能够代位取得债权人对债务人提供的抵押物的抵押权，因此，从体系解释的角度看，仅在保证人对债务人提供的抵押担保享有顺位利益的情况下，债权人放弃债务人提供的抵押担保，保证人才享有在抵押权人丧失优先受偿权益范围内免除担保责任的权利，在保证人没有顺位利益或者放弃顺位利益的情况下，无该条款的适用空间。

2. 渤海国际信托股份有限公司与平安银行股份有限公司无锡分行等金融借款合同纠纷上诉案【最高人民法院（2019）最高法民终 138 号】

【裁判要旨】《物权法》第 194 条第 2 款规定："债务人以自己的财产设定

---

① 《民法典》第 409 条。下同。

抵押,抵押权人放弃该抵押权、抵押权顺位或者变更抵押权的,其他担保人在抵押权人丧失优先受偿权益的范围内免除担保责任,但其他担保人承诺仍然提供担保的除外。"根据该条款的规定并结合渤海信托与平安银行间《保证担保合同》第1.3条后半部分的约定,若平安银行放弃了对本案抵押物或其他担保人的权利,则在其放弃范围内,渤海信托也不再承担保证担保责任。这赋予渤海信托在平安银行放弃其他抵押物或保证担保时免除相应保证责任的抗辩权,区别本案其他保证人,但并未赋予渤海信托要求平安银行必须先通过抵押权实现债权才能要求渤海信托承担保证责任的抗辩权。渤海信托与平安银行签订的《保证担保合同》第1.3条的约定前后并不冲突、矛盾,渤海信托以在平安银行放弃对抵押物和其他保证人主张权利的情况下其才享有的免责抗辩权要求平安银行先实现抵押权才能要求保证人承担保证责任,缺乏法律依据和合同依据。此外,平安银行与渤海信托《保证担保合同》第6.2条约定:"鉴于乙方(渤海信托)对债务人(无锡世贸)另有债权,并以同一抵押物办理抵押登记手续,乙方承诺:无论甲方(平安银行)授信期间或到期,乙方通过处置该抵押物取得相关款项,均应将相应款项优先用于履行其对甲方的保证责任。"鉴于涉案抵押物上,渤海信托尚享有顺位优先于平安银行的抵押权并承诺若处置抵押物将优先履行对平安银行的保证责任,渤海信托上诉主张平安银行应在先行处置抵押物后才能要求渤海信托承担保证责任,亦缺乏依据。

3. 江苏索普(集团)有限公司、上海儒仕实业有限公司与中国农业发展银行乾安县支行保证合同纠纷案【最高人民法院(2016)最高法民终40号】

【裁判要旨】人民法院审理物保与人保并存案件,应结合具体案情,既尊重当事人意思自治,也应维护诚实信用原则,让债权人对其滥用物保与人保选择权利的行为相应承担不利后果。乾安支行决定提前收回本案主债权,并依法应当知道该主债权不仅附着债务人天安公司的物保而且亦附着第三人丁醇公司的物保,亦应当知道关于实现担保物保的约定应为明确,但其发起本案诉讼之时,却不予起诉天安公司与丁醇公司,甚至在索普公司、儒仕公司申请追加天安公司参与诉讼时,索普公司、儒仕公司主张在放弃天安公司与丁醇公司物保价值范围内相应免责时,依然拒绝追加债务人天安公司,依然不予追加第三人丁醇公司;故索普公司、儒仕公司主张免于承担本案保证责任的请求,有事实与法律依据。

第四百一十条 【抵押权的实现】债务人不履行到期债务或者发生当事人约定的实现抵押权的情形,抵押权人可以与抵押人协议以抵押财产折价或者以拍卖、变卖该抵押财产所得的价款优先受偿。协议损害其他债权人利益的,其他债权人可以请求人民法院撤销该协议。

抵押权人与抵押人未就抵押权实现方式达成协议的,抵押权人可以请求人民法院拍卖、变卖抵押财产。

抵押财产折价或者变卖的,应当参照市场价格。

【条文精解】

(一)条文要点

本条是关于抵押权实现的条件、方式和程序的规定,是由《物权法》第195条修改而成,但删去其他债权人可以"在知道或者应当知道撤销事由之日起一年内"请求人民法院撤销该协议的时间限制,原因在于《民法典》第152条已经对此进行了规定,为了避免重复规定,故将其删除。准确理解本条,应把握如下几个要点:

1. 关于抵押权的实现事由

从本条规定来看,抵押权的实现事由包括法定和约定两种情形:

一是关于法定事由。当事人设定抵押权的目的在于担保主债务的履行,当债务人不履行到期债务时,抵押权人自然可以请求实现抵押权。抵押人转让抵押财产造成抵押权损害的,依据《民法典》第406条之规定,抵押权人也可以请求抵押人将所得价款用于提前清偿或提存。该条规定的提前清偿,本质上属于提前实现抵押权,而非提前清偿主债务。此外,在债务人被宣告破产场合,依据《企业破产法》第46条有关"未到期的债权,在破产申请受理时视为到期"的规定,人民法院受理债务人的破产申请后,抵押权人也可以提前行使抵押权。此外,在债务人被解散场合,同样也存在未到期债权加速到期的问题。可见,法定的抵押权实现事由不仅包括主债务人不履行到期债务,还包括主债务人被宣告破产或被解散等情形。

二是关于约定事由。约定事由是当事人约定的除法定事由以外的事由,包括两种情形:(1)因债务人的原因导致主债务加速到期的事由,此种事由既可以指向债务人的违约行为,如在借款合同中约定债务人未能按期付息借款合同加速到期;也可以指向债务人的履约能力,如约定债务人的资产状况严重恶化时主债务加速到期。(2)因抵押人的原因使抵押权提前实现,如抵押合同约定禁止或限制抵押财产转让,并且一经转让抵押权人就可以请求抵押人就所得价款提前实现抵押权的,此种约定有效。应予注意的是,当事人在法定事由之外另行约定抵押权实现的事由,往往与主债务加速到期相联系,对抵押人权利影响较大。因而在认定约定事由是否成就时,有必要参照适用《九民纪要》第47条有关规定,依据诚实信用原则来认定。即人民法院应当审查债务人或抵押人的违约程度是否显著轻微,是否影响债权人合同目的实现等因素,确定约定事由是否成就。债务人或抵押人的违约程度显著轻微,不影响债权人合同目的的实现,债权人请求提前实现主债权或抵押权的,人民法院不予支持。

2. 关于抵押权的实现方式

抵押权的实现方式,大体包括公力救济和私力救济两大模式。其中公力救济指的是抵押权人诉诸法院来实现抵押权,又包括诉讼模式与非诉模式。现分述如下:

一是关于诉讼模式。该模式指的是抵押权人通过提起诉讼方式实现抵押权,实践中抵押权人往往在起诉债务人的同时一并起诉抵押人,此时依据《民法典担保制度解释》第45条第3款之规定,债权人应当以债务人和抵押人为共同被告提起诉讼;如果主合同和抵押合同约定了不同管辖法院的,依据《民法典担保制度解释》第21条第2款之规定,应当以主合同的约定来确定管辖法院。

当然,债权人并不负有一并起诉债务人和抵押人的义务,因而其先起诉债务人在获得胜诉判决后再起诉抵押人的行为并不违反法律、行政法规的禁止性规定,依法应予允许。有观点认为,债权人以主债务人为被告提起诉讼,该诉讼经生效判决确定后,诉讼时效期间已经完成其制度使命而不再继续存在。依据《民法典》第419条之规定,抵押权应当在主债务诉讼时效期间内行使,抵押权人未在主债权诉讼时效期间内行使抵押权的,其抵押权不应再予保护。本书认为,在债权人对债务人提起诉讼并获得胜诉判决后,基于"一事不再理"原则,确实不存在再次提起诉讼对主债权进行保护的问题。然而在债权人仅起诉债务人而未一并起诉抵押人的情况下,诉讼时效期间制度已经不能适用,但抵押权仍有进行保护之必要。参照适用《民法典》第 419 条规定之精神,应当将该条扩张解释为,抵押权人应当在主债权受到法律保护的期间内行使抵押权。该受到法律保护的期间通常为主债权诉讼时效期间;当主债权经诉讼程序被生效裁判确定后,抵押权的保护期间为申请执行期间;在债务人破产时,抵押权的保护期间则为法律规定的申报债权期间。只要当事人在前述的保护期间内依法行使权利,抵押权就应受到保护。抵押权人通过诉讼程序获得胜诉判决后,可通过执行程序,由人民法院拍卖、变卖抵押财产并就所得价款优先受偿。

《仲裁法》第 14 条规定,仲裁委员会独立于行政机构,与行政机关没有隶属关系;该法第 15 条规定,中国仲裁协会是社会团体法人,是仲裁委员会的自律性组织,仲裁委员会是中国仲裁协会的会员。从前述规定看,仲裁机构并非公权力机关,当事人申请仲裁并不属于公力救济的范畴。但也要看到,通过仲裁方式解决纠纷已经成为与通过诉讼方式解决纠纷并列的一大方式,在涉外或国际纠纷中甚至成为主流方式。在此情况下,可以将其称为准公力救济模式。

二是关于非诉模式。抵押权人也可以无须经由诉讼程序,直接依据《民事诉讼法》有关"担保物权的实现程序"之规定,直接请求拍卖、变卖抵押财产。实践中,主债权债务纠纷往往要通过诉讼程序来确定,在此过程中债权人往往会一并起诉抵押人。另外,如果没有经过诉讼程序确定主合同的效力及主债权的范围,直接请求实现抵押权也会面临障碍,导致此种模式用得并不多。但随着赋予公证债权文书以强制执行力导致的此种模式在实践中逐渐的盛行,当事人通过公证方式赋予主债权以强制执行效力后,就可以直接依据《民事诉讼法》有关"担保物权的实现程序"请求拍卖、变卖抵押财产。"公证 + 非诉程序"在一定程度上提高了债权实现的效率。应予注意的是,"担保物权的实现程序"并非只能由抵押权人提起,抵押人等担保人也可以提起该程序,以便使抵押财产尽快确定权属状况,此种情形在动产质权中的必要性更加突出。

关于非诉程序是否是诉讼程序的必经程序,实践中存在不同观点。一种观点认为,既然法律提供了更加便捷且费用较低的实现担保物权的方式,当事人就应先通过非诉程序实现担保物权,而不能直接提起诉讼,尤其是在当事人对担保物权的实现没有实质争议的情形下,担保物权人提出的诉讼请求必然获得人民法院的支持,此时如果由担保人承担诉讼费用,对其就不够公平,因为非诉程序的费用较之诉讼费用要低得多。本书认为,非诉程序并不意味着担保物权人不能通过诉讼主张行使权利,二者是并行不悖的关系,因此,担保物权人可选择诉讼或者非诉的方式行使担保物权,不存在非诉程序先行的问题。

三是关于抵押合同的公证问题。值得探讨的是,抵押合同能否通过公证赋予其强制执行效力? 实践中,当事人确有将意在设定担保物权的合同如抵押合同进行公证的案例,但担保物权尤其是不动产担保物权采登记生效主义,只能在办理登记后才能设立,公证并不能代替登记具有设立担保物权的效力。另外,《公证法》第37条第1款规定:"对经公证的以给付为内容并载明债务人愿意接受强制执行承诺的债权文书,债务人不履行或者履行不适当的,债权人可以依法向有管辖权的人民法院申请执行。"据此,能够经公证被赋予强制执行效力的债权文书须具有给付内容,而当事人签订抵押合同等的主要目的甚至可以说是唯一目的就在于设定抵押权等担保物权,合同本身并不具有给付内容。即便不考虑其是否具有可公证性,对抵押合同等进行公证,既不会产生设定担保物权的效果,也不会因此豁免登记机构在审查时负有的法定审查义务。就此而言,对抵押合同进行公证并无必要,更不可能产生赋予强制执行效力的后果,此点也有别于保证。

四是关于私力救济模式。私力救济模式也包括两种:(1)折价。即抵押权人与抵押人通过协议方式对抵押财产进行折价,抵押人以支付折价款的方式承担抵押责任。实践中,有一种片面的观点认为,实现抵押权必须要对抵押财产进行拍卖,凡是没有拍卖抵押财产,抵押人即便支付了价款也不属于承担抵押责任的行为。此种观点的错误本质在于,否认了折价是抵押权实现的一种模式。(2)自行拍卖、变卖。世界银行"获得信贷"指标要求,应当允许当事人通过"庭外执行"的方式实现抵押权。本条也允许当事人根据约定在法院之外自行拍卖、变卖担保财产或者将担保财产折价受偿。这在动产质权或者留置权时并无问题,因为标的物控制在担保物权人手里。但是在抵押权或者权利质权的情形下,担保物权人根据当事人的约定自行拍卖、变卖担保财产或者以担保财产折价受偿就需要担保人的配合。为了防止担保物权人以当事人之间就担保物权的实现方式有约定为由,采取暴力的方式以私力扣押担保财产,有必要明确当事人关于担保物权实现方式的约定有效的同时,规定在担保人不予配合导致担保物权人无法自行对标的物进行拍卖、变卖或者折价时,可以请求担保人承担因此发生的费用。这就是《民法典担保制度解释》第 45 条第 1 款的由来，即该条一方面认可当事人有关自行拍卖、变卖担保财产约定的效力，以满足允许"庭外执行"的要求；另一方面，为避免因私力救济而出现侵害他人财产权的情形，在抵押人等担保人不予配合场合，又将其导向公力救济，从而没有完全符合世界银行的相关要求。

当事人以明显不合理的低价或高价等对抵押财产进行折价，损害其他债权人利益的，其他债权人可以依据《民法典》第 539 条有关债权人撤销权的规定，请求撤销该折价协议，当然撤销权要在除斥期间届满前行使。此外，折价与拍卖、变卖是抵押权实现的三种并列的形式，并无先后顺序。本条第 2 款之所以规定当事人未能达成折价协议时，抵押权人可以请求人民法院拍卖、变卖抵押财产，是为了突出公力救济的方式主要包括拍卖、变卖这两种方式，而不是说达不成折价协议是拍卖、变卖的前置程序。

3. 关于折价与拍卖、变卖的衔接

抵押权人与抵押人在协议实现抵押权时可以采取折价、拍卖以及变卖等方式。折价是指参照市场价格确定一定的价款将抵押财产的所有权转移给抵押权人以实现债权。值得注意的是，债务履行期届满前达成的债务人不履行到期债务时抵押财产归债权人所有的协议要受《民法典》第 401 条关于流押条款规定的限制。履行期限届满后签订的以物抵债协议，并不违反法律、行政法规的强制性规定，而且对抵押人也无不公，因而是合法有效的。拍卖是指以公开竞争的方法将标的物卖给出价最高的买者，拍卖特别是网拍能够最大限度地实现拍卖财产的价值。变卖是以拍卖以外的生活中一般的买卖形式出让抵押财产。抵押财产折价或者变卖的，为了公平公允，应当参照市场价格。但本条有关"抵押财产折价或者变卖的，应当参照市场价格"的规定，主要是倡导性规定。事实上，在允许归属型清算的情况下，主要是通过当事人对抵押财产价值的判断来实现抵押权主动实现的转化，而不是通过诸如有关价格评估等机制来确定抵押财产的价值。否则，一旦价格评估不合理，就很容易导致利益失衡。

抵押权人与抵押人就抵押权的实现无法达成一致的，可以请求法院介入，包括两种情形：第一，双方就债务履行期限届满债权未受清偿的事实等基础法律关系没有争议，只是就抵押财产的变价无法达成一致意见的，当事人可以适用《民事诉讼法》新增的"实现担保物权的特别程序"，请求法院拍卖、变卖抵押财产。第二，双方就基础法律关系本身有争议，则应向法院提起诉讼，请求法院对基础法律关系的实体问题进行裁判。

（二）适用情况

本条在实践中适用得并不多，主要涉及折价的理解与适用问题，该问题往往又需要与流押条款的效力结合在一起进行考察。

【相关法律、行政法规】

（一）相关法律

1.《中华人民共和国民法典》(2020年5月28日通过)

第五百三十九条 【债权人撤销权】债务人以明显不合理的低价转让财产、以明显不合理的高价受让他人财产或者为他人的债务提供担保，影响债权人的债权实现，债务人的相对人知道或者应当知道该情形的，债权人可以请求人民法院撤销债务人的行为。

【适用要点】抵押人与抵押权人之间的折价协议损害其他债权人的合法权益，其他债权人可以依据该条，请求人民法院撤销该协议。

第五百四十一条 【撤销权的除斥期间】撤销权自债权人知道或者应当知道撤销事由之日起一年内行使。自债务人的行为发生之日起五年内没有行使撤销权的，该撤销权消灭。

【适用要点】该条是有关撤销权的除斥期间的规定。

2.《中华人民共和国民事诉讼法》(1991年4月9日通过，2021年12月24日修正)

第二百零三条 【实现担保物权案件的管辖法院】申请实现担保物权，由担保物权人以及其他有权请求实现担保物权的人依照民法典等法律，向担保财产所在地或者担保物权登记地基层人民法院提出。

【适用要点】该条是关于申请实现担保物权案件的规定，详见本书对《民法典》第386条的阐释。

第二百零四条 【人民法院对实现担保物权案件的审查及处理】人民法院受理申请后，经审查，符合法律规定的，裁定拍卖、变卖担保财产，当事人依据该裁定可以向人民法院申请执行；不符合法律规定的，裁定驳回申请，当事人可以向人民法院提起诉讼。

【适用要点】该条是关于实现担保物权案件的处理结果的规定，详见本书对《民法典》第 386 条的阐释。

3.《中华人民共和国企业破产法》(2006 年 8 月 27 日通过)

第七十五条　【重整期间担保权的暂停行使】在重整期间,对债务人的特定财产享有的担保权暂停行使。但是,担保物有损坏或者价值明显减少的可能,足以危害担保权人权利的,担保权人可以向人民法院请求恢复行使担保权。

在重整期间,债务人或者管理人为继续营业而借款的,可以为该借款设定担保。

【适用要点】该条是关于对债务人的特定财产享有的担保权受重整期间的影响和重整人为新借款设定担保的规定,详见本书对《民法典》第 386 条的阐释。

【司法解释及规范性司法文件】

(一)司法解释

1.《最高人民法院关于适用〈中华人民共和国民法典〉有关担保制度的解释》(法释〔2020〕28 号,2020 年 12 月 25 日通过)

第四十五条　【担保物权的实现程序】当事人约定当债务人不履行到期债务或者发生当事人约定的实现担保物权的情形,担保物权人有权将担保财产自行拍卖、变卖并就所得的价款优先受偿的,该约定有效。因担保人的原因导致担保物权人无法自行对担保财产进行拍卖、变卖,担保物权人请求担保人承担因此增加的费用的,人民法院应予支持。

当事人依照民事诉讼法有关"实现担保物权案件"的规定,申请拍卖、变卖担保财产,被申请人以担保合同约定仲裁条款为由主张驳回申请的,人民法院经审查后,应当按照以下情形分别处理:

(一)当事人对担保物权无实质性争议且实现担保物权条件已经成就的,应当裁定准许拍卖、变卖担保财产;

(二)当事人对实现担保物权有部分实质性争议的,可以就无争议的部分裁定准许拍卖、变卖担保财产,并告知可以就有争议的部分申请仲裁;

(三)当事人对实现担保物权有实质性争议的,裁定驳回申请,并告知可以向仲裁机构申请仲裁。

债权人以诉讼方式行使担保物权的,应当以债务人和担保人作为共同被告。

【适用要点】该条是关于担保物权实现程序的规定,详见本书对《民法典》第386条的阐释。

2.《最高人民法院关于审理矿业权纠纷案件适用法律若干问题的解释》(法释〔2017〕12号;法释〔2020〕17号,2020年12月23日修正)

第十六条 【矿业权抵押权的实现】债务人不履行到期债务或者发生当事人约定的实现抵押权的情形,抵押权人依据民事诉讼法第一百九十六条、第一百九十七条①规定申请实现抵押权的,人民法院可以拍卖、变卖矿业权或者裁定以矿业权抵债,但矿业权竞买人、受让人应具备相应的资质条件。

【适用要点】该条是关于矿业权抵押权实现的规定,适用时应注意以下几点:一是矿业权抵押权的实现也包括当事人协议和通过司法程序两种路径,但因矿业权作为抵押物价值巨大,法律关系复杂,当事人利益冲突严重,往往在实现抵押权时引发诉讼,且在抵押财产不转移占有的情形下,矿业权人配合抵押权人实现抵押权的意愿较低,实践中通过协议实现抵押权的情况并不多见,抵押权人大多都需要借助司法程序来实现优先受偿权。二是该条除规定拍卖、变卖两种抵押权实现方式外,一并规定以矿业权抵债这种方式。《拍卖变卖财产规定》对流拍财产抵债的程序和条件作出了详细规定,《自然资源部关于进一步完善矿产资源勘查开采登记管理的通知》(自然资规〔2023〕4号)也明确规定:"人民法院将采矿权拍卖或裁定给他人,受让人应当依法向登记管理机关申请变更登记……"可见在执行程序中若满足一定条件,法院直接裁定以矿业权抵债并不存在制度障碍。三是竞买人等应具备相应资质。矿业权具有双重属性,其既是一种用益物权,也是一种基于行政许可而获得的权利;既体现为一种民事财产权,又体现为一种特许的经营权或行业准入资格。此外,司法权与行政权的有效衔接也要求竞买人等应具备相应资质。

3.《最高人民法院关于适用〈中华人民共和国民事诉讼法〉的解释》(法释〔2015〕5号;法释〔2022〕11号,2022年3月22日修正)

第一百五十七条 【对担保财产的保全】人民法院对抵押物、质押物、留置物可以采取财产保全措施,但不影响抵押权人、质权人、留置权人的优先受

---

① 2021年修正的《民事诉讼法》第203条、第204条。

偿权。

【适用要点】该条是关于对担保财产保全的规定。人民法院对抵押权人、质权人、留置权人享有抵押权、质权、留置权的财产，可基于民事诉讼程序的需要采取查封、扣押等保全措施。上述权利人不能以其财产设立了担保为由对抗法院的保全行为。法院在对抵押物、质押物、留置物采取保全措施后进行拍卖等处理时，抵押权人、质权人、留置权人就拍卖等处理所得价款享有优先受偿的权利。在上述权利人优先受偿后，其余额部分才可用于清偿普通债权。

第三百五十九条 **【实现担保物权的申请人范围】**民事诉讼法第二百零三条规定的担保物权人，包括抵押权人、质权人、留置权人；其他有权请求实现担保物权的人，包括抵押人、出质人、财产被留置的债务人或者所有权人等。

第三百六十一条 **【实现担保物权案件不排除专门管辖】**实现担保物权案件属于海事法院等专门人民法院管辖的，由专门人民法院管辖。

第三百六十二条 **【多个法院具有管辖权】**同一债权的担保物有多个且所在地不同，申请人分别向有管辖权的人民法院申请实现担保物权的，人民法院应当依法受理。

第三百六十三条 **【混合共同担保场合如何实现担保物权】**依照民法典第三百九十二条的规定，被担保的债权既有物的担保又有人的担保，当事人对实现担保物权的顺序有约定，实现担保物权的申请违反该约定的，人民法院裁定不予受理；没有约定或者约定不明的，人民法院应当受理。

第三百六十四条 **【不同顺位担保物权如何实现】**同一财产上设立多个担保物权，登记在先的担保物权尚未实现的，不影响后顺位的担保物权人向人民法院申请实现担保物权。

第三百六十五条 **【申请实现担保物权需要提交的材料】**申请实现担保物权，应当提交下列材料：

（一）申请书。申请书应当记明申请人、被申请人的姓名或者名称、联系方式等基本信息，具体的请求和事实、理由；

（二）证明担保物权存在的材料，包括主合同、担保合同、抵押登记证明或者他项权利证书，权利质权的权利凭证或者质权出质登记证明等；

（三）证明实现担保物权条件成就的材料；

（四）担保财产现状的说明；

(五)人民法院认为需要提交的其他材料。

第三百六十七条 【**审判组织**】实现担保物权案件可以由审判员一人独任审查。担保财产标的额超过基层人民法院管辖范围的,应当组成合议庭进行审查。

第三百六十八条 【**审查方式**】人民法院审查实现担保物权案件,可以询问申请人、被申请人、利害关系人,必要时可以依职权调查相关事实。

第三百六十九条 【**审查内容**】人民法院应当就主合同的效力、期限、履行情况,担保物权是否有效设立、担保财产的范围、被担保的债权范围、被担保的债权是否已届清偿期等担保物权实现的条件,以及是否损害他人合法权益等内容进行审查。

被申请人或者利害关系人提出异议的,人民法院应当一并审查。

第三百七十条 【**处理结果**】人民法院审查后,按下列情形分别处理:

(一)当事人对实现担保物权无实质性争议且实现担保物权条件成就的,裁定准许拍卖、变卖担保财产;

(二)当事人对实现担保物权有部分实质性争议的,可以就无争议部分裁定准许拍卖、变卖担保财产;

(三)当事人对实现担保物权有实质性争议的,裁定驳回申请,并告知申请人向人民法院提起诉讼。

第三百七十一条 【**非诉程序中的财产保全**】人民法院受理申请后,申请人对担保财产提出保全申请的,可以按照民事诉讼法关于诉讼保全的规定办理。

第三百七十二条 【**特别程序的救济程序**】适用特别程序作出的判决、裁定,当事人、利害关系人认为有错误的,可以向作出该判决、裁定的人民法院提出异议。人民法院经审查,异议成立或者部分成立的,作出新的判决、裁定撤销或者改变原判决、裁定;异议不成立的,裁定驳回。

对人民法院作出的确认调解协议、准许实现担保物权的裁定,当事人有异议的,应当自收到裁定之日起十五日内提出;利害关系人有异议的,自知道或者应当知道其民事权益受到侵害之日起六个月内提出。

【**适用要点**】《民事诉讼法解释》对实现担保物权案件这一特别程序进行了非常详尽的规定,包括第 359 条至第 372 条。鉴于本书已在《民法典》第386 条进行了详细分析,此处不再赘述。

第四百六十条 【**实现担保物权裁定的执行**】发生法律效力的实现担保

物权裁定、确认调解协议裁定、支付令，由作出裁定、支付令的人民法院或者与其同级的被执行财产所在地的人民法院执行。

认定财产无主的判决，由作出判决的人民法院将无主财产收归国家或者集体所有。

【适用要点】人民法院认为当事人申请实现担保物权符合法律规定的，应当裁定准许拍卖、变卖担保财产，该裁定与通过诉讼或仲裁程序取得的生效裁判在功能上基本相同。根据审执分离原则，当事人取得准许拍卖、变卖担保财产裁定后，还应当由执行部门执行，执行的方式主要是拍卖、变卖。该条是有关执行管辖法院的规定。其中，实现担保物权案件的执行法院是作出裁定的人民法院或者与其同级的被执行财产所在地的人民法院。

4.《最高人民法院关于人民法院民事执行中拍卖、变卖财产的规定》（法释〔2004〕16 号；法释〔2020〕21 号，2020 年 12 月 23 日修正）

第二十八条　【司法拍卖】拍卖财产上原有的担保物权及其他优先受偿权，因拍卖而消灭，拍卖所得价款，应当优先清偿担保物权人及其他优先受偿权人的债权，但当事人另有约定的除外。

拍卖财产上原有的租赁权及其他用益物权，不因拍卖而消灭，但该权利继续存在于拍卖财产上，对在先的担保物权或者其他优先受偿权的实现有影响的，人民法院应当依法将其除去后进行拍卖。

【适用要点】该条是关于拍卖财产上原有权利负担处理的规定。需要注意：一是对拍卖财产上担保物权及其他优先受偿权的处理，原则上也采取了消灭原则，即拍卖财产上原有的担保物权及其他优先受偿权，因拍卖而消灭，拍卖所得价款，应当优先清偿担保物权人及其他优先受偿权人的债权。二是对拍卖财产上存在的租赁权及用益物权的处理，原则上采取承受原则，即拍卖财产上原有的租赁权及用益物权，不因拍卖而消灭。作为例外，如果上述权利继续存在于拍卖的财产上，对在先设定的担保物权或其他优先受偿权的实现有影响的，应当依法将其除去后进行拍卖。

5.《最高人民法院关于人民法院网络司法拍卖若干问题的规定》（法释〔2016〕18 号，2016 年 5 月 30 日通过）

第二条　【司法拍卖方式的优先适用】人民法院以拍卖方式处置财产的，应当采取网络司法拍卖方式，但法律、行政法规和司法解释规定必须通过其他途径处置，或者不宜采用网络拍卖方式处置的除外。

【适用要点】该条确立了执行程序中以拍卖方式处置财产时，优先适用网络司法拍卖方式的原则。伴随着"互联网+"的大趋势和法律条文的修改，各地法院开始积极探索司法拍卖改革，司法拍卖的方式不再局限于传统委托拍卖方式，各种新的尝试不断出现。法院通过免费的互联网平台直接处置财产，减少了拍卖成本和中间环节，极大提高了拍卖效率。但考虑到各地互联网技术发展不平衡以及法院处置财产的多样性，也不宜规定所有财产处置都通过网络拍卖，应将网络司法拍卖作为法院处置财产优先选择方式，与其他处置财产方式相协调，共同服务司法拍卖工作。

【典型案例】

（一）参考案例

1. 长春市吉盛通达小额贷款有限责任公司与长白山保护开发区天地人房地产开发有限公司别除权纠纷案【最高人民法院（2021）最高法民再 154 号】

【裁判要旨】物权法规定抵押权人应在主债权诉讼时效期间内行使抵押权，实质在于明确抵押权人应在主债权受到法律保护的期间内行使抵押权。该受到法律保护的期间，在主债权未经生效裁判确定之前，为主债权诉讼时效期间；而在主债权经生效裁判确认后，此时的主债权受到法律保护的期间不再是诉讼时效期间，而是申请执行期间。

2. 宁安合作联社东京城信用社与天福利亨公司民间借贷纠纷案【黑龙江省高级人民法院（2017）黑民初 218 号】

【裁判要旨】申请实现担保物权程序属于非讼程序。当事人通过非讼程序申请实现担保物权，人民法院作出的准许拍卖、变卖担保财产裁定，属于国家权力机关作出的许可性裁定，具有法律上的强制执行力，阻断了当事人通过其他民事诉讼程序再行争执的机会，使得申请人和被申请人均丧失了相应诉权。因此，人民法院在实现担保物权非讼程序中作出准许拍卖、变卖担保财产的裁定后，当事人又就同一担保法律关系向人民法院提起担保物权纠纷之诉的，人民法院不应受理。但是，通过实现担保物权非讼程序拍卖、变卖担保物后仍不足以清偿全部主债权的，债权人可就未实现的债权另行通过诉讼程序主张权利。

　　第四百一十一条　【浮动抵押的财产确定】 依据本法第三百九十六条规定设定抵押的,抵押财产自下列情形之一发生时确定:

　　(一)债务履行期限届满,债权未实现;

　　(二)抵押人被宣告破产或者解散;

　　(三)当事人约定的实现抵押权的情形;

　　(四)严重影响债权实现的其他情形。

【条文精解】

(一)条文要点

　　本条是关于浮动抵押财产确定情形的规定,系由《物权法》第 196 条修改而成,本条将抵押人"被宣告破产或者被撤销"的情形修改为"被宣告破产或者解散"。准确理解本条,要注意把握以下几点:

　　1. 浮动抵押与动产抵押的区分

　　浮动抵押的客体不仅包括现有的生产设备、原材料、半成品、产品,还包括将有的生产设备、原材料、半成品、产品。既然包括将有财产,则至少在抵押权设定时,其抵押财产范围是不确定的,是"浮动"的,这是浮动抵押区别于动产抵押的最大特点。因而识别某一抵押究竟是浮动抵押还是动产抵押,除了要看抵押财产是否为生产设备、原材料、半成品、产品,关键要看抵押财产是否包括将有的生产设备、原材料、半成品、产品。需要指出的是,依据《民法典担保制度解释》第 53 条之规定,在动产和权利担保中,允许当事人对担保财产进行概括描述,该描述只要能够达到合理识别的程度,人民法院就不能以抵押财产缺乏特定性为由认定抵押合同不成立。在当事人对抵押财产描述不清楚时,可能会增加确定抵押财产的难度,但概括描述的抵押财产本身是确定的,不像浮动抵押那样及于将来财产。从这一意义上说,浮动抵押的财产不确定性有别于因概括描述而导致的抵押财产确定的困难性。

　　既然浮动抵押中抵押财产处于不确定状态,就需要确定一个时点,使抵押财产得以被确定,这就有了本条规定的抵押财产确定制度。应当看到,本条规定的抵押财产确定,就是英式浮动抵押中的"结晶"。该制度在英式浮动抵押中具有不可替代的作用,"结晶"之前抵押权效力处于"休眠"状态。"结晶"之时既是抵押权具有对抗效力之时,也是抵押财产确定之时。但我国采纳的是美式浮动抵押制度,浮动抵押自登记之时即具有对抗效力,无须通过"结晶"制度确定抵押权的时点。至于抵押财产确定问题,在动产抵押制度与浮动抵押制度趋同的情况下,有没有必要专设抵押财产确定制度?换言之,能否以动产抵押的相关规则来代替抵押财产确定制度?就动产抵押权来说,依据《民法典》第 394 条之规定,自法定或约定的抵押权实现事由发生之日起,抵押权人有权实现抵押权。而法定的抵押权实现事由既包括主债务人不履行到期债务,也包括主债务人被宣告破产或被解散等情形;约定的抵押权实现事由主要是因债务人原因导致的主债权加速到期以及因抵押人原因所导致的抵押权提前实现。而本条规定的有关抵押财产确定的事由完全可为抵押权实现事由所涵盖,似并无专门规定之必要。

有观点认为,抵押财产确定与抵押权实现之间仍存在区别,因而有必要规定浮动抵押的抵押财产确定规则。如主合同于 2021 年 6 月 20 日到期,主债务人于主债务履行期限届满之日仍不履行主债务的,抵押权人有权请求实现抵押权,故 2021 年 6 月 21 日即为抵押财产确定之日或抵押权可得实现之日。但此时抵押权人可能并未及时申请实现抵押权,而是于 2021 年 9 月 20 日才开始向法院申请实现抵押权,而抵押权人最终实现抵押权可能是 2022 年 9 月 20 日了。鉴于抵押权可得实现之日、申请实现抵押权之日、抵押权实现之日并不相同,且均与抵押权实现密切相关,为避免不必要的混淆,使浮动抵押的抵押财产早日得以确定,有必要引入"抵押财产确定"概念,使之既区别于容易产生混淆的"抵押权实现"概念,也尽快将浮动抵押转化为固定的动产抵押,还与《民法典》第 396 条将可得优先受偿的动产确定时间由"实现抵押权时"修改为"抵押财产确定时"相一致。从这一意义上说,沿袭《物权法》就已经规定了的抵押财产确定制度无可厚非。但从前述分析可知,本条所谓的抵押财产确定之时与动产抵押乃至不动产抵押等在抵押权实现时点上并无本质区别,因而并无特别强调之必要。在《民法典》已经对其作出专门规定的情况下,尤其需要避免将浮动抵押视为特殊的抵押制度,进而认为浮动抵押在抵押财产确定前,抵押人享有自由处分财产的权利,这就走向该制度的反面了。

2. 关于浮动抵押财产确定的事由

本条规定了抵押财产确定的四种情形,其中第 1 项"债务履行期限届满,债权未实现"、第 2 项"抵押人被宣告破产或者解散"均为法定的抵押权实现事由,第 3 项"当事人约定的实现抵押权的情形"并无特别需要强调之处。需要注意的是,本条第 2 项源于《物权法》第 196 条第 2 项,只不过将《物权法》第 196 条第 2 项的抵押人"被撤销"改为"解散"。之所以作此修改,是因为依据《公司法》第 180 条之规定,法人的解散事由不限于被撤销,还包括法人章程规定的存续期间届满或者法人章程规定的其他解散事由出现;法人的权力机构决议解散;法人依法被吊销营业执照、登记证书,被责令关闭;法律规定的其他情形。以上情形均会导致抵押人停止营业并进入清算程序,故应当予以同等对待。应予注意的是,"解散"不同于法人的合并或分立,因为法人合并或分立不会导致抵押人停止营业或进入清算程序,而是其权利和义务由合并或分立后的法人享有和承担。至于第 4 项"严重影响债权实现的其他情形",既可以是因债务人的原因所致,如因债务人的违约行为导致主债务加速到期;也可以是因抵押人的原因使抵押权提前实现,如抵押人转让抵押财产造成抵押权损害,或抵押人违反禁止或限制转让抵押财产的约定转让抵押财产的,抵押权人可以依据《民法典》第 406 条第 2 款之规定请求抵押人就所得价款提前实现抵押权。再如,抵押人的行为足以使抵押财产价值减少的,抵押人既不恢复抵押财产的价值,也不提供担保的,抵押权人可以《民法典》第 408 条之规定请求债务人提前清偿债务,进而请求提前实现抵押权。但不论何种情形,该项规定仍然属于抵押权提前实现的其他法定情形。总之,从原理上看,本条有关抵押财产确定事由的规定,与法定或约定的抵押权实现事由并无二致。

从本条规定看,浮动抵押财产确定后,浮动抵押转化为固定的动产抵押,抵押权的效力不再及于此后抵押人取得的生产设备、原材料、半成品、产品。但当事人就浮动抵押发生纠纷时,人民法院有必要查明浮动抵押确定时的抵押财产状态。而抵押财产确定后,抵押人的财产可能仍处于不断流入或流出的状态,而抵押权人尽管有权实现抵押权,但并无措施阻止抵押人的财产流入或流出。一旦因抵押权实现发生纠纷或抵押权人申请实现抵押权时,抵押财产确定时的抵押财产状态往往难以精准回溯,且即使查明了当时的状态,若随后抵押财产因各种原因灭失,抵押权人亦无法就灭失的抵押物行使优先受偿权。综合考虑前述情况,从操作层面看,可以考虑通过对抵押财产进行查封、扣押、冻结的方式固定抵押财产,进而确定抵押财产。

此外,本条确定的对象是"抵押财产",目的是使浮动抵押变为固定的动产抵押,有别于《民法典》第423条的最高额抵押中的主债权确定,尽管二者有相当一部分事由重叠。

（二）适用情况

从此前的司法实务看,浮动抵押因为缺乏登记制度的配套等原因,实践中适用运用得非常少。为数不多的浮动抵押纠纷中,又纠缠在英式浮动抵押和美式浮动抵押之中,对"结晶"的含义理解不一,导致裁判尺度不统一。有鉴于此,《九民纪要》才首次明确我国采取的是美式浮动抵押,自登记之日起即具有对抗效力,淡化了"结晶"的意义,也使本条规定失去了原有的意义。

【相关法律、行政法规】

（一）相关法律

1.《中华人民共和国民法典》(2020年5月28日通过)

第六十九条 【法人解散的情形】有下列情形之一的,法人解散:

（一）法人章程规定的存续期间届满或者法人章程规定的其他解散事由出现;

（二）法人的权力机构决议解散;

（三）因法人合并或者分立需要解散;

（四）法人依法被吊销营业执照、登记证书,被责令关闭或者被撤销;

（五）法律规定的其他情形。

第一百零六条 【非法人组织解散的情形】有下列情形之一的,非法人组织解散:

（一）章程规定的存续期间届满或者章程规定的其他解散事由出现;

（二）出资人或者设立人决定解散;

（三）法律规定的其他情形。

【适用要点】上述两条分别规定了法人解散和非法人解散的情形。根据上述条款的规定,法人或非法人的解散包括两种类型,一种是解散后不再继续经营,另外一种则是解散后实质上仍然继续经营。后者主要指因法人合并或者分立需要解散这一种情形。就抵押人解散这一事由而言,浮动抵押中抵押财产需要确定的实质缘由是抵押人停止经营进入清算程序。从这意义上理解,《民法典》第411条中的"解散"不应包括并不导致停止经营的解散,此时抵押财产并不需要确定,只有抵押人基于其他各事项解散时,抵押财产才需要确定。

第三百九十四条　【抵押权的概念】为担保债务的履行,债务人或者第三人不转移财产的占有,将该财产抵押给债权人的,债务人不履行到期债务或者发生当事人约定的实现抵押权的情形,债权人有权就该财产优先受偿。

前款规定的债务人或者第三人为抵押人,债权人为抵押权人,提供担保的财产为抵押财产。

【适用要点】该条有关实现抵押权的法定事由和约定事由,与本条有关抵押财产确定的事由相同。

第三百九十六条　【浮动抵押】企业、个体工商户、农业生产经营者可以将现有的以及将有的生产设备、原材料、半成品、产品抵押,债务人不履行到期债务或者发生当事人约定的实现抵押权的情形,债权人有权就抵押财产确定时的动产优先受偿。

【适用要点】该条将债权人可得优先受偿的时间由《物权法》第181条的"实现抵押权时"改为"抵押财产确定时",与本条规定相一致。

第四百零四条　【正常经营买受人规则】以动产抵押的,不得对抗正常经营活动中已经支付合理价款并取得抵押财产的买受人。

【适用要点】该条主要是浮动抵押设定后,抵押人正常转让财产时如何保护买受人合法权益的规定,对应的是抵押财产"流出"的情形。

第四百一十六条　【价款超级优先权】动产抵押担保的主债权是抵押物的价款,标的物交付后十日内办理抵押登记的,该抵押权人优先于抵押物买受人的其他担保物权人受偿,但是留置权人除外。

【适用要点】该条主要是浮动抵押设定后抵押人购入新的抵押财产时,应当优先保护出卖人在购入的抵押财产上为价款设定的抵押权的规定,以阻断浮动抵押的效力,对应的是抵押财产"流入"的情形。

2.《中华人民共和国公司法》(2005年10月27日修订,2018年10月26日修正)

第一百八十条　【公司解散原因】公司因下列原因解散:

(一)公司章程规定的营业期限届满或者公司章程规定的其他解散事由出现;

(二)股东会或者股东大会决议解散;

（三）因公司合并或者分立需要解散；

（四）依法被吊销营业执照、责令关闭或者被撤销；

（五）人民法院依照本法第一百八十二条的规定予以解散。

【适用要点】该条有关公司解散事由的规定，是《民法典》第 69 条规定的细化。

【司法解释及规范性司法文件】

（一）规范性司法文件

《全国法院民商事审判工作会议纪要》（法〔2019〕254 号，2019 年 11 月 8 日公布）

64.【浮动抵押的效力】企业将其现有的以及将有的生产设备、原材料、半成品及产品等财产设定浮动抵押后，又将其中的生产设备等部分财产设定了动产抵押，并都办理了抵押登记的，根据《物权法》第 199 条①的规定，登记在先的浮动抵押优先于登记在后的动产抵押。

【适用要点】详见本书对《民法典》第 396 条的阐释。

【典型案例】

（一）参考案例

1. 湖南省现代融资担保有限公司与中信银行股份有限公司长沙分行案外人执行异议之诉案【最高人民法院(2019)最高法民再 237 号】

【裁判要点】浮动抵押标的物确定前，浮动抵押权人对动产浮动抵押允许抵押人为生产经营所需自由处分抵押物，由此决定了抵押财产在抵押权设定和抵押财产特定这两个时点并不相同。动产浮动抵押的抵押权自抵押合同生效时设立，故动产浮动抵押权与一般动产抵押权的设立规则相同，即采取登记对抗主义规则。虽然《物权法》第 196 条②规定，当事人约定的实现抵

---

① 《民法典》第 414 条。

② 《民法典》第 411 条。下同。

押权的情形发生时,抵押财产确定,但其立法目的是保证抵押权人需要行使抵押权时,抵押财产应当是确定的。即该条款主要解决的是抵押权实现时抵押物范围的确定问题,并未将抵押财产的确定与浮动抵押的设立相连结。且从制度功能上看,如果否定浮动抵押登记的效力,将可能导致对抵押财产缺少配套的登记制度保护,不利于推动浮动抵押制度的应用及发展。故同一动产上同时设立质权和浮动抵押权,应当根据是否完成公示以及公示先后情况来确定清偿顺序。

【编者评析】该案例的指导意义在于,应当区别抵押权设立和抵押财产特定这两个不同的时点,并且明确浮动抵押权的效力自抵押权设立之日即已产生,而非只有在抵押财产确定后才产生。

2. 中国民生银行股份有限公司盘锦分行与中央储备粮锦州直属库金融借款合同纠纷案【最高人民法院(2017)最高法民终 891 号】

【裁判要点】关于案涉《最高额质押合同》质押物是具有浮动性的不特定动产时合同的效力。一般而言,最高额质押合同所担保的债权不特定,但质押物是特定的,而案涉《最高额质押合同》不仅担保的债权不特定,质押物也不特定。以不特定动产担保债权实现的担保方式,属于《物权法》第 181 条、第 189 条①及第 196 条规定的浮动抵押制度。依据上述规定,浮动抵押具有以下主要特征:其一,担保标的物是抵押人现有的以及将来取得的不特定动产,抵押物在抵押期间处于浮动状态,这是浮动抵押区别于典型抵押的显著特征;其二,在实现抵押权的条件成就时以抵押人享有所有权的相应动产即时特定为抵押物,抵押权人只能对浮动抵押标的物确定时属于抵押人的动产享有优先受偿权;其三,抵押权自抵押合同生效时设立,这有别于典型抵押以登记作为抵押权设立的要件,浮动抵押未经登记只是不得对抗善意第三人;其四,抵押期间抵押人不丧失对设押财产的管领处分权能,其日常业务经营不因浮动抵押的设定而受影响。浮动抵押制度虽规定在《物权法》第十六章第一节关于抵押权的一般规定中,但依据《物权法》第 222 条②关于"出质人与质权人可以协议设立最高额质权。最高额质权除适用本节有关规定外,参照本法第十六章第二节最高额抵押权的规定"的规定,以及第 207 条③关于

---

① 《民法典》第 396 条、第 403 条、第 404 条。
② 《民法典》第 439 条。
③ 《民法典》第 424 条。

"最高额抵押权除适用本节规定外,适用本章第一节一般抵押权的规定"的规定,最高额质权可以参照适用《物权法》关于浮动抵押的规定。因此案涉《最高额质押合同》所约定的质押物不因质权的设定而受影响,故案涉《最高额质押合同》具有浮动抵押的特征,应参照适用《物权法》有关浮动抵押的规定认定其效力。

【编者评析】本案判决认为最高额抵押(质押)可以与浮动抵押同时有效地存在于同一个合同中,但事实上这一观点存在争议。最高额抵押是抵押财产特定而所担保的债权不特定的抵押方式,浮动抵押正好与之相反,是抵押财产不特定而所担保的债权特定的抵押方式。如果两种方式同时存在于同一担保关系中,就会造成抵押财产不特定,所担保的债权也不特定,这极大地与物权的性质相悖。因此存在《民法典》第424条规定的"最高额抵押权除适用本节规定外,适用本章第一节的有关规定"但不包括浮动抵押的观点。

第四百一十二条　【抵押权对抵押财产孳息的效力】债务人不履行到期债务或者发生当事人约定的实现抵押权的情形,致使抵押财产被人民法院依法扣押的,自扣押之日起,抵押权人有权收取该抵押财产的天然孳息或者法定孳息,但是抵押权人未通知应当清偿法定孳息义务人的除外。

前款规定的孳息应当先充抵收取孳息的费用。

【条文精解】

(一)条文要点

本条是关于抵押权的效力是否及于抵押财产所生孳息的规定,是在《物权法》第 197 条的基础上修改而成,仅将"但"修改为"但是"。正确理解本条,应注意以下几点:

1. 抵押权效力所及的标的物范围

抵押权的效力表现为不同方面。从主体的角度看,既包括抵押权人对抵押人享有何种权利,也包括与其他担保物权人、买受人、租赁权人、用益物权人的权利竞合时如何确定权利的顺位;从所担保的主债权的角度看,则包括如何确定担保范围;从抵押财产的角度看,则涉及抵押权效力所及的标的物范围,包括是否及于从物、添附物、孳息、代位物等方面。从这一意义上说,本条有关抵押财产的效力是否及于孳息的问题,仅是抵押权效力所及的标的物范围的一个方面。世界银行营商环境评估中的"获得信贷"指标要求,担保资产上的担保权延及可识别的产品、收益和替代品。例如,原始担保物是一堆木材,该资产的产品可能是由此制成的家具;收益可能是出售家具或木材后收到的货款;最初那堆木材遭到破坏后,替代物可以是另一堆木材。该项指标要求抵押财产的范围要及于添附物、转让价款或者孳息、代位物。但抵押财产应否延伸到前述财产,需要结合《民法典》及司法解释的具体规定进行分析。

一是关于从物。从物是相对于主物来说的,是有关物的常见分类。从物附属于主物,本身并无独立的使用价值,因而主物转让的,从物随主物转让。

但关于主物和从物关系的规定，应当允许当事人约定排除。因此，如果当事人约定就主物设定的抵押权在效力上不及于从物，应当尊重当事人的意思自治。有鉴于此，《民法典》第 320 条规定："主物转让的，从物随主物转让，但是当事人另有约定的除外。"在抵押场合，以主物设定的抵押权其效力是否及于从物，《民法典》并无专门规定，因而《民法典担保制度解释》第 40 条对此作了规定。其基本规则是，"依据从随主"规则，主物设定的抵押权在效力上当然及于从物。另外，则依据从物产生先后的不同而异其处理：在抵押权设定时从物就已经存在的，抵押权的效力及于从物；反之，如果是抵押权设定后才取得的从物，抵押权的效力就不及于该从物，尽管在处置时应与主物一起处置。

应当看到，《民法典担保制度解释》之所以规定抵押权的效力及于从物，在很大程度上是为了满足世界银行营商环境评估排名的需要，因为"获得信贷"指标要求担保权要延及可识别的产品、收益和替代品，其中就包括了延及从物。但从司法实践看，涉及从物的纠纷很少，甚至连哪些物属于从物的范畴都有很大争议。有人说地下车库属于从物，本书认为应当具体问题具体分析。如果每一套房屋都应对应车库，且买房时开发商免费赠送车库或者仅收取很低价格的，可以认为车库是房屋的从物。但地下车库与房屋并非一一对应，且可以独立买卖的，则属于独立物而非从物。小区的配套设施如健身房、会所也是独立物而非从物，只不过其依法属于小区业主共有，从而有别于建筑物区分所有权罢了。

二是关于添附物。添附制度是《民法典》新规定的一项重要制度，包括附合、混合与加工三种情形。关于添附物的归属问题，依据《民法典》第 322 条之规定，当事人有约定的，按照约定；没有约定或者约定不明确的，依照法律规定；法律没有规定的，按照充分发挥物的效用以及保护无过错当事人的原则确定。因一方当事人的过错或者确定物的归属造成另一方当事人损害的，应当给予赔偿或者补偿。在抵押财产被添附场合，原抵押财产因被添附而不复存在，就添附物的归属而言则有三种情形：一是添附物归第三人所有的，抵押财产灭失，依据抵押权的物上代位性，抵押权及于抵押财产因被添附而所得的补偿金或赔偿金。二是添附物归抵押人所有的，抵押权的效力及于添附物。但如果添附行为增加了标的物的价值，由于该价值可能要首先用于补偿作出添附行为的第三人，因此抵押权的效力不应及于新增加的价值。三是添附物由抵押人和第三人共有的，抵押权的效力及于添附物中抵押人享有的份额。

三是关于代位物。代位物主要是指担保财产因毁损、灭失而变形或者被征收而绝对灭失等场合,担保物权人可以获得的价值变形物,包括赔偿金、保险金、补偿金,但不包括担保财产的物理变形或者添附物、转让担保财产所得的价款以及出租担保财产所得的租金。对代位物的详细介绍,详见本书对《民法典》第 390 条的分析。

四是孳息。孳息是指由物产生的收益,包括天然孳息和法定孳息。其中,天然孳息主要是指物依据自然规律而产生的出产物,如果树所结的果实,农作物所产的种子,家畜的幼崽等。此外,依物的用法所获得的出产物,如开采的煤、石油、矿石等,也属于天然孳息的范畴。法定孳息,是指基于对物的利用而依法产生的收益,如基于借贷关系而产生的利息、基于租赁关系而产生的租金,等等。法定孳息是物的所有人基于对物的利用而产生的收益,有别于将物转让场合所得的转让款;法定孳息是基于法律关系而依法产生的孳息,有别于基于自然规律或物的自然使用而取得的自然孳息。抵押权的效力应否及于孳息,需要具体问题具体分析。

2. 关于抵押权的效力是否及于孳息问题

关于抵押权的效力是否及于孳息问题,要注意把握以下几点:

一是要以抵押财产是否被"扣押"作为时点,区别抵押权人是否有权收取孳息。抵押权以登记作为公示方法,抵押人在设立抵押权后,可以继续占有、使用抵押财产,并享有因此产生的收益即孳息。可见,在抵押权实现前,抵押权的效力不及于孳息。一旦发生法定或约定的事由,抵押权人就有权实现抵押权,此时应视抵押权人实现抵押权模式的不同来确定抵押权及于孳息的时点。本条将抵押权人诉诸公力救济为抵押权的典型实现模式,并规定从抵押财产被"扣押"之日起抵押权人有权收取孳息,不是从抵押权人有权实现抵押权之日起就可以收取孳息,是因为抵押权人有权实现抵押权时,抵押财产往往仍在抵押人控制之下,如规定此时抵押权人就有权收取孳息,容易因收取孳息而引发新的纠纷,进而可能导致财产秩序的混乱。而抵押财产被法院扣押后,抵押人就丧失对抵押财产的占有使用权,无法实现抵押制度赋予其的用益功能。另外,抵押财产被法院扣押后,如果抵押财产的孳息仍由抵押人收取,则会使抵押人为收取孳息而拖延处理抵押财产,不利于保护抵押权人的利益。有鉴于此,本条将抵押财产被"扣押"之时作为抵押权人有权收取孳息的时点是符合实际的。

从《查扣冻规定》的有关规定看，"查封"与"扣押"显然不是同一概念。扣押是指司法机关为防止案件当事人处分、转移财产而对涉案财产采取扣留、保管的强制措施，而查封则是对涉案人员的财物或场所就地封存的强制措施。本条尽管采取的是"扣押"而非"查封"的表述，但在解释上应包括"查封"，甚至主要是查封而非扣押。因为抵押权以不转移占有为其基本特征，实践中对抵押财产多采取查封而不是扣押的方式来进行保全。至于启动查封或扣押的程序，既可以是在诉讼程序中对抵押财产进行查封或扣押，也可以是在实现担保物权的非诉程序中查封或扣押抵押财产，还可以是在仲裁程序中依据当事人的申请由仲裁委员会提交法院进行查封或扣押；从查封或扣押的性质来说，既可以是在诉讼阶段保全性质的查封或扣押，也可以是基于胜诉裁判在执行程序中采取的查封或扣押措施。

二是抵押权人收取孳息并不以必须进入司法程序为前提。仅从本条的文义看，似乎只有从抵押财产被"扣押"之日起抵押权人才能收取孳息，而扣押除仲裁程序中依据当事人的申请由仲裁委员会提交法院进行查封或扣押，多数情况下当事人已经诉诸司法程序，进而给人以收取孳息必须以进入司法程序为前提的错觉。实际上，就抵押权的实现来说，还包括当事人达成折价协议与自行拍卖这两种私力救济情形。在折价或自行拍卖场合，抵押权人能否收取孳息取决于当事人对此是否有约定；没有约定的，鉴于此时抵押权人已经可以实现抵押权，应当认为其有权收取孳息，抵押人不能依据本条规定否定抵押权人在可得实现抵押权后所享有的收取孳息的权利。

三是抵押权与租金质权竞存问题。依据本条规定，法定孳息从抵押财产被扣押之日起才归抵押权人所有，在扣押之前则归抵押人所有，抵押人可以房屋租金另行设定应收账款质押。此时，应当认为抵押权的客体限于房屋，租金则成为应收账款质押的客体，二者并非同一财产，所设立的担保物权亦非同一，故不能依据《民法典》第414条之有关同一财产上设定多个以登记作为公示方法的担保物权的规定，认为抵押权优于租金质权。但在抵押的房屋被扣押后，依据本条规定，抵押权人有权依法收取孳息，其中就包括了收取租金。此时，在同一租金债权上存在租金债权质押和效力及于租金的抵押权，有必要确定其清偿顺序。有观点认为，依据本条规定，抵押权效力及于租金采取通知对抗主义，通知相当于债权转让的公示方式，故应当以通知债务人之时来确定与租金债权质押的清偿顺序；通知在先的，抵押权先于租金债权质押受偿；反之，则后于租金债权质押受偿。本书认为，通知对抗指的是通知后抵押权人有权请求债务人向其履行,对抗的仅是债务人而非其他第三人;且通知本身并非公示方法,不具有确定清偿顺序的功能。而抵押权的效力从抵押财产被扣押之日起及于法定孳息,是抵押权效力的扩张,指的是从抵押财产被扣押之日起,抵押权人又成立了一个以孳息为客体的法定抵押权,该抵押权自抵押财产被扣押之日起设立。故要以该时点来确定其与租金债权质押的清偿顺序:租金债权质押在抵押财产被扣押前已经设立的,依据《民法典》第 414 条之规定,租金债权质押优先于效力及于租金的抵押权;反之,在抵押财产被扣押后设立的租金债权质押,则劣后于抵押权受偿,不能以未及时通知债务人为由否定抵押权的优先效力。正因如此,为充分保障自己的债权,债权人可以在设定房屋抵押权的同时,另行设定以租金债权为对象的应收账款质押,如此就可以避免租金被另行设定应收账款质押的情形。

3. 关于抵押权及于法定孳息问题

本条区分天然孳息和法定孳息,其中天然孳息因为是依据自然规律或对物的自然利用所产生,此时的孳息在法律性质上仍属物权的范畴。在此情况下,鉴于抵押人仍是原物的所有权人,因而同样是孳息的所有权人。故所谓的抵押权人有权收取孳息,并不是说孳息所有权归抵押权人所有,而是说抵押权人有权就孳息进行折价并以所得价款优先受偿。天然孳息即便被他人所占有,抵押权人也可以基于抵押权的追及力向占有人行使,一般不涉及第三人因双重给付而可能遭受损害问题,因而不存在保护第三人合法权益的必要,抵押权人可在抵押财产被扣押后直接收取天然孳息。

与天然孳息属于所有权的客体不同,法定孳息系基于合同等法律关系产生,其财产形式则表现为作为一般等价物的金钱。基于合同的相对性,法定孳息之债的义务人只能向抵押人支付孳息,如果要让其向抵押权人支付孳息,既要有合法的理由,又要让其知道债权人的变更,这就有必要规定通知制度,使得抵押权人有权请求孳息债务人向自己履行,孳息债务人也应当在收到通知后向抵押权人履行。以租赁合同为例,抵押人甲以房屋向乙设定抵押权后,又将该房屋出租给丙从而产生租金。在房屋被查封前,丙应当向甲支付租金。但在房屋被查封后,依据本条规定,甲是租金之债的债权人,丙是债务人,依据合同相对性规则,丙本应向甲支付租金。但在抵押财产被扣押后,依据本条规定,乙有权代替抵押权人收取孳息,可以视为甲的租金债权依据本条规定转移给了乙,性质上属于债权的法定转移。《民法典》第 546 条第 1 款规定:"债权人转让债权,未通知债务人的,该转让对债务人不发生效力。"据此,孳息债务人丙在收到通知后,不得再向原债权人(即抵押人)甲清偿,否则构成错误清偿,对抵押权人乙不发生清偿效力,乙仍可请求丙向其履行债务。此时,丙就要承担双重给付所受的不利后果。反之,丙在接到通知前,向甲所为的清偿,构成有效清偿,导致其债务消灭;而甲在取得孳息后,因为孳息作为金钱往往会与其他财产混同,导致乙难以收取孳息,从而遭受损失。总之,本条规定的"通知",是法定的债权转让得以对抗孳息债务人的要件,而非抵押权效力及于法定孳息的生效要件。

应予注意的是,本条规定的"通知"性质上属于观念通知,即抵押权人向孳息债务人告知债权法定转让的事实,包括原物已经设定抵押、原物已被扣押进而依据本条规定其有权收取孳息的事实,相当于在意定债权转让场合告知债务人主债权已经转让的事实。"通知"的后果仅是产生对抗效力,即抵押权人可以据此请求孳息债务人向其履行,但并不包含要求孳息债务人向其履行的意义。如果抵押权人要想孳息债务人向自己履行,除通知外还要向其催告。与通知仅是告知某一事实不同,催告表达的是某种意志,是债权人行使权利的一种形式,会导致诉讼时效的中断。实践中,区别抵押权人的某一意思究竟是通知、催告还是兼具通知与催告的双重含义,对于确定当事人的权利义务具有重要意义,不可不予以细分。

4. 孳息收取场合的清偿抵充

《民法典》第561条规定:"债务人在履行主债务外还应当支付利息和实现债权的有关费用,其给付不足以清偿全部债务的,除当事人另有约定外,应当按照下列顺序履行:(一)实现债权的有关费用;(二)利息;(三)主债务。"据此,当债务人的财产不足以清偿全部债务时,原则上应当按照实现债权的费用、利息、主债务履行。孳息作为利息,应当劣后于收取孳息的费用受偿,故本条第2款有关"前款规定的孳息应当先充抵收取孳息的费用"的规定,实系清偿抵充制度在孳息收取场合的适用。

(二) 适用情况

关于本条在实践中的适用,应当注意两点:

一是抵押人以房屋设定抵押权后,又以租金为对象另行设定应收账款质押时,如何处理这两种担保物权之间关系的问题。此时,鉴于房屋抵押权与应收账款质押的客体并非同一,故不能依据《民法典》第414条之有关同一财产上设定多个以登记作为公示方法的担保物权的规定,认为抵押权优于租

金质权。但在抵押的房屋被扣押后,抵押权人有权依法收取孳息,此时在同
一租金债权上反而存在租金债权质押和效力基于租金的抵押权,依据《民法
典》第 414 条,应当认为租金债权质押优先于效力及于租金的抵押权。

　　二是关于本条的"通知"究竟属于对抗要件还是生效要件的问题,应当
将其理解为对抗要件,从而参照债权转让的有关通知对抗规则来处理。

【相关法律、行政法规】

(一)相关法律

《中华人民共和国民法典》(2020 年 5 月 28 日通过)

　　第三百二十条　【从物随主物转让】主物转让的,从物随主物转让,但是
当事人另有约定的除外。

　　【适用要点】从物随主物转让的规则,原则上也可扩张适用于从物随主
物抵押的情形。

　　第三百二十一条　【天然孳息和法定孳息的归属】天然孳息,由所有权
人取得;既有所有权人又有用益物权人的,由用益物权人取得。当事人另有
约定的,按照其约定。

　　法定孳息,当事人有约定的,按照约定取得;没有约定或者约定不明确
的,按照交易习惯取得。

　　【适用要点】该条是关于孳息所有权归属的规定。鉴于天然孳息与法定
孳息在性质上有所不同,故该条规定了不同的孳息收取规则。应予注意的
是,天然孳息本质上属于抵押权的客体,其主要问题在于确定是否已与原物
相分离,从而是否具有独立的所有权。从抵押财产的角度看,抵押权设定时
天然孳息已经与原物相分离的,鉴于其已经是一个独立的物,除非当事人另
有约定,否则不属于抵押财产的范围;反之,尚未分离的,依据"从随主"规
则,则属于抵押财产的范畴。而法定孳息往往表现为金钱,在其尚未被收取
时往往表现为应收账款,可以设定有别于抵押权的应收账款质押,在房屋被
扣押后,抵押权人有权依法收取孳息,此时在同一租金债权上存在租金债权
质押和效力及于租金的抵押权,依据《民法典》第 414 条,应当认为租金债权
质押优先于效力及于租金的抵押权。

　　第三百二十二条　【添附物的归属】因加工、附合、混合而产生的物的归

属,有约定的,按照约定;没有约定或者约定不明确的,依照法律规定;法律没有规定的,按照充分发挥物的效用以及保护无过错当事人的原则确定。因一方当事人的过错或者确定物的归属造成另一方当事人损害的,应当给予赔偿或者补偿。

【适用要点】该条是有关添附物归属的规定,对于确定抵押权是否及于添附物有一定的参考意义,但其本身并非抵押权效力是否及于添附物的规则,故有必要对其另行作出规定。

第五百四十六条 【债权转让的通知对抗】债权人转让债权,未通知债务人的,该转让对债务人不发生效力。

债权转让的通知不得撤销,但是经受让人同意的除外。

【适用要点】《民法典》第 412 条有关法定孳息收取的通知,与该条的通知对抗应作相同理解,即通知是对抗债务人的要件。

第五百六十一条 【清偿抵充】债务人在履行主债务外还应当支付利息和实现债权的有关费用,其给付不足以清偿全部债务的,除当事人另有约定外,应当按照下列顺序履行:

(一)实现债权的有关费用;

(二)利息;

(三)主债务。

【适用要点】该条是有关清偿抵充的规定,也可以适用于收取孳息的场合。

【司法解释及规范性司法文件】

(一)司法解释

1.《最高人民法院关于适用〈中华人民共和国民法典〉有关担保制度的解释》(法释〔2020〕28 号,2020 年 12 月 25 日通过)

第四十条 【抵押权及于从物】从物产生于抵押权依法设立前,抵押权人主张抵押权的效力及于从物的,人民法院应予支持,但是当事人另有约定的除外。

从物产生于抵押权依法设立后,抵押权人主张抵押权的效力及于从物的,人民法院不予支持,但是在抵押权实现时可以一并处分。

【**适用要点**】就主物设定的抵押权在效力上及于从物,一是要坚持"从随主"规则,主物设定抵押的,抵押权的效力原则上及于从物;二是要坚持意思自治原则,应当允许当事人另行作出约定;三是如果抵押权设定后才取得的从物,虽然在处置时应与主物一起处置,但抵押权人不能就其价值优先受偿。

第四十一条　【抵押权及于添附物】抵押权依法设立后,抵押财产被添附,添附物归第三人所有,抵押权人主张抵押权效力及于补偿金的,人民法院应予支持。

抵押权依法设立后,抵押财产被添附,抵押人对添附物享有所有权,抵押权人主张抵押权的效力及于添附物的,人民法院应予支持,但是添附导致抵押财产价值增加的,抵押权的效力不及于增加的价值部分。

抵押权依法设立后,抵押人与第三人因添附成为添附物的共有人,抵押权人主张抵押权的效力及于抵押人对共有物享有的份额的,人民法院应予支持。

本条所称添附,包括附合、混合与加工。

【**适用要点**】在抵押财产被添附场合,原抵押财产因被添附而不复存在,就添附物的归属而言则有三种情形:一是添附物归第三人所有的,抵押财产灭失,依据抵押权的物上代位性,抵押权及于抵押财产因被添附而所得的补偿金或赔偿金。二是添附物归抵押人所有的,抵押权的效力及于添附物。但如果添附行为增加了标的物的价值,由于该价值可能要首先用于补偿作出添附行为的第三人,因此抵押权的效力不应及于新增加的价值。三是添附物由抵押人和第三人共有的,抵押权的效力及于添附物中抵押人享有的份额。

2.《最高人民法院关于人民法院民事执行中查封、扣押、冻结财产的规定》(法释〔2004〕15 号;法释〔2020〕21 号,2020 年 12 月 23 日修正)

第二十条　【查封、扣押的效力】查封、扣押的效力及于查封、扣押物的从物和天然孳息。

【**适用要点**】该条是关于查封、扣押的效力和范围的规定。需要注意的是,该条与《民法典》第 412 条规定的原理和基本逻辑存在一定差异。从《民法典》第 412 条规定来看,扣押只是作为孳息收取权发生变化的条件,并不涉及扣押本身对孳息的效力问题。而该条则是对原物的查封、扣押,其效力及于其孳息。应予注意的是,此处的孳息限于天然孳息,并不包括法定孳息。

760 · 第四分编 担保物权 / 第十七章 抵押权

【典型案例】

（一）参考案例

1. 中国民生银行股份有限公司深圳分行与天津九策实业集团有限公司、天津市九策高科技产业园有限公司等金融借款合同纠纷案【最高人民法院（2016）最高法民终 542 号】

【裁判要旨】租金属于法定孳息的范畴，故判断抵押权的效力是否及于案涉租金，亦当依据《物权法》第 197 条①的规定进行。天津隆侨公司于 2011 年 7 月 22 日为国联公司的债权设立抵押权，2012 年 4 月 18 日江苏高院查封案涉 9 处房产，2013 年 8 月 12 日江苏高院通知天津远东百货暂停支付租赁合同项下租金。而本案中租金上的应收账款质权系于 2013 年 1 月 22 日经登记设立。显然，本案应收账款质权设立之时，抵押财产即案涉 9 处房产已被江苏高院另案查封，但尚未通知法定孳息即案涉租金的清偿义务人天津远东百货。在此情况下，另案抵押权的效力是否应当及于法定孳息，关键在于对《物权法》第 197 条第 1 款关于通知的法律后果如何判断。根据抵押权效力及于孳息以及通知的立法目的来看，《物权法》第 197 条规定的对法定孳息清偿义务人的通知，并非抵押权效力及于法定孳息的生效要件，而系对抗要件。因此，虽然江苏高院于 2013 年 8 月 12 日通知天津远东百货暂停支付租赁合同项下租金，但应认定国联公司的抵押权效力自 2012 年 4 月 18 日江苏高院查封之日起已及于案涉租金。因本案应收账款质权设立在后，民生银行深圳分行对案涉 9 处房产租金收益相对于另案抵押权人不应当优先受偿。

【编者评析】在租金质押和抵押权效力及于租金时如何确定清偿顺序，向有争议。本案将抵押权人通知债务人的时间作为确定与租金质权之间清偿顺序的依据，是有违法理的。因为通知对抗的对象是债务人而不包括第三人，通知本身并非公示方法，不具有确定清偿顺序的功能。另外，抵押财产被扣押时抵押权及于法定孳息，此时设立的是以孳息为客体的法定抵押权，故应当以法定抵押权产生之时来确定与租金质权的清偿顺序：租金债权质押在抵押财产被扣押前已经设立的，依据《民法典》第 414 条之规定，租金债权质

---

① 《民法典》第 412 条。下同。

押优先于效力及于租金的抵押权;反之,在抵押财产被扣押后设立的租金债权质押,则劣后于抵押权受偿,不能以未及时通知债务人为由否定抵押权的优先效力。

2. 太原市庄泰科技有限公司与中国邮电器材华北有限公司案外人执行异议之诉案【最高人民法院(2020)最高法民申 2992 号】

【裁判要旨】《物权法》第 197 条第 1 款所规定的抵押权人通知义务的法律性质问题。庄泰科技公司申请再审主张抵押权人的通知义务为抵押权效力及于租金收益孳息的生效要件,而非对抗要件,一审法院认定为对抗要件错误。本院认为,该理由亦不能成立。第一,抵押权作为非占有性担保物权,通常而言,抵押权设立后,抵押财产产生的孳息应由抵押人所有。但是,在抵押财产被扣押后,则抵押权人的权益通过执法机关代为占有的方式得以实现。基于此,抵押财产被扣押后的孳息理应归属于抵押权人。第二,从立法目的角度考量,法律关于抵押财产孳息的规定,是为了防止抵押权进入实现程序后抵押人为收取孳息而拖延处理抵押财产的行为。抵押财产的孳息由抵押权人享有有利于抵押权的实现,符合法律规范的目的。第三,抵押财产的孳息,通常涉及清偿法定孳息义务人的权益,赋予抵押权人的通知义务,有利于防止债务人的错误给付,也有利于维护抵押权人的权益。但抵押权人是否履行通知义务,并不对抵押权效力是否及于孳息产生影响,也即如抵押权人未履行通知义务,则清偿义务人因不知财产被抵押的情形将法定孳息支付给抵押人,其法律后果仍产生清偿的效力,抵押权人不得主张清偿无效,不得对抗善意的清偿义务人。

【编者评析】本案的指导意义在于,确定了《物权法》第 197 条中抵押权人的通知义务人为抵押权效力及于孳息的对抗要件,而非生效要件。

3. 唐东晋等与李俊生借款合同纠纷执行案【最高人民法院(2019)最高法执监 479 号】

【裁判要旨】依据《物权法》第 197 条规定,抵押债权人在满足抵押债权已届期满且法院采取扣押措施的条件下可以收取担保物的法定孳息。抵押权的效力不及于查封扣押前的法定孳息,但法院对抵押财产采取查封扣押措施就意味着抵押权进入实现程序,自扣押之日起抵押权人有权收取该抵押财产的天然孳息或者法定孳息。抵押权的本质是以抵押物的交换价值保证抵押债权的实现,在法院查封该财产后,租金作为抵押物交换价值的一部分,应当算入抵押权优先受偿的范围内。本案作为执行优先债权的执行法院尧都区人民法院于 2018 年 7 月 20 日通知该房屋承租人即协助执行人中国农业发展银行临汾市分行协助提取房屋租金,故在 2018 年 7 月 20 日之后的房屋租金可以作为抵押房产的法定孳息由尧都区人民法院取得。

《物权法》第 197 条关于债权人收取孳息的规定是否意味着该债权人可以直接以该孳息获得清偿。"有权收取"系指债权人对法定孳息享有管理权而非处分权。抵押权人享有孳息收取权,并不影响孳息所有权的归属,该孳息仍属抵押人所有。因此,本案无论何方债权人取得该孳息,均不能获得直接受到清偿的法律效力。抵押物不论被哪个债权的执行法院扣押,均不影响抵押权人优先受偿权。临汾中院在本案异议程序中将 2018 年 7 月 20 日之后的房屋租金的收取权转移给优先债权执行法院尧都区人民法院,保障了抵押权人收取法定孳息的权利,其作出的(2018)晋 10 执异 112 号执行裁定符合法律规定。山西高院(2019)晋执复 39 号执行裁定撤销临汾中院(2018)晋 10 执异 112 号执行裁定于法无据,应当予以纠正。

第四百一十三条　【抵押财产变价后的处理】抵押财产折价或者拍卖、变卖后,其价款超过债权数额的部分归抵押人所有,不足部分由债务人清偿。

【条文精解】

(一)条文要点

本条是关于抵押权实现后抵押财产价款分配与剩余债务的清偿的规定,沿袭了《物权法》第 198 条之规定。

1. 抵押财产变价后的处理

抵押人和抵押权人设立抵押的目的在于担保债权的履行。债务人于债权到期后不履行债务,抵押权人有权支配抵押财产的交换价值,即抵押权人有权与抵押人协商以抵押财产折价抵偿债务或者拍卖、变卖抵押财产而以变价款偿还债务。在债务人自身提供抵押场合,因抵押财产的所有权仍然属于抵押人,故抵押财产的变价款超过债权数额的部分应当归抵押人所有。在第三人提供抵押场合,担保物权的性质决定了,其仅以担保财产的价值为限承担责任,并不对所有债务承担无限责任,故当抵押财产的变价款不足以清偿全部债务时,其不再对不足部分承担补充责任,剩余部分由债务人自行承担。

2. 抵押人应否对抵押财产的价值贬损承担补充担保责任

值得探讨的是,不同的时点,抵押财产的价值可能存在不同,这就涉及应以哪一时点作为确定抵押财产价值的问题。本书认为,所谓的抵押财产的价值,指的是抵押权通过折价、拍卖或变卖等方式实现时的价值,而不是抵押权设立时的价值。这就可能会出现抵押权设立时其价值与所担保的主债权大体相当,但在实现时却因市场波动等原因导致抵押财产价值下跌,从而难以达到预期的担保目的,此时抵押权人能否请求抵押人按照设定时约定的价值向其承担责任? 本书认为,抵押权的担保物权属性决定了,抵押人仅以抵押财产的价值为限承担责任,并不对因市场变化所导致的抵押财产贬值承担风险,除非其从事了某种足以使抵押财产价值减少的行为,从而使抵押权人有权依据《民法典》第 408 条等规定,请求抵押人停止侵害、恢复抵押财产价值、提供相应担保。也就是说,抵押财产价格下降时,抵押人不承担按减少的价值补充担保的义务。抵押财产折价时的价值低于设定时的约定价值的,应当按照抵押权实现时的价值进行清偿。当然,抵押权设定后,抵押财产价值上涨的,抵押人也不享有使增加的价值脱离担保的权利。

3. 关于抵押权的实现

就抵押权的实现来说,有两个问题值得探讨:

一是在债务人自身提供抵押场合,抵押权人能否绕开抵押权直接执行债务人的其他财产? 对此,比较法上有先行主义和选择主义之分。先行主义主张,抵押权人必须先对抵押财产行使抵押权,只有在抵押财产不足以清偿债权时,抵押权人才可以请求执行债务人的其他财产。罗马法和日耳曼法采先行主义。选择主义则认为,抵押权人对行使抵押权还是对债务人其他财产进行求偿有选择权,债务人其他财产不足以清偿其债权的,抵押权人还有权行使对抵押财产的求偿权。德国民法、我国台湾地区“民法”采取选择主义。日本民法采取限制的选择主义,对抵押权人的选择权限制在抵押财产价值不足以清偿债权的剩余部分上,表面上是“余额选择”,实质上是“价值先行”,即抵押财产价值必须先评估后才能确定抵押财产价值不足清偿债权的剩余部分,对剩余部分抵押权人可以对债务人其他财产先行求偿。

本书认为,区别先行主义和选择主义的主要意义在于对其他债权人的影响不同。如甲对乙享有 1000 万元的债权,乙以自己价值 500 万元的房屋设定抵押,乙同时还欠丙 500 万元,现乙包括房屋在内的财产总价值 1000 万元。如果采先行主义,甲必须要先就抵押财产优先受偿,不足的 500 万元与丙平等受偿,在乙破产的情况下,丙能够受偿 250 万元。如果采选择主义,甲先执行乙的其他财产,然后再就抵押财产优先受偿,则甲的债权将得到全部满足,而丙的债权将会落空。为保护其他债权人的公平受偿权,应当实行先行主义,即抵押权人应当先实现抵押权,不足部分再与其他债权人公平受偿。

当然,实现抵押权并不一定需要拍卖、变卖抵押财产,当事人也可以对抵押财产进行折价。在当事人就抵押财产折价场合,抵押人按照折价协议的约定向债权人支付了折价款的,抵押权就因实现而消灭,不能机械地以抵押财产未予拍卖、变卖为由就认为抵押权尚未得到实现。还以前举案例为例,如乙依据其与甲达成的将房屋折价为 500 万元的协议,向甲支付 500 万元时,就应认为甲的抵押权已因折价而实现,进而导致其对乙的剩余债权成为普通债权,从而与丙一起平等受偿。

　　二是在第三人提供抵押场合。如果债务人自己也提供了担保的,参照《民法典》第392条之规定,在当事人就实现债权并无特别约定的情况下,第三人有权要求债权人先实现债务人自身提供的担保。如果债务人自己没有提供担保的,则第三人以其提供的抵押为限承担责任。同理,也应允许其通过折价的方式来承担抵押责任,不必非得拍卖、变卖抵押财产。

（二）适用情况

　　本条在实践中争议不大,此处从略。

【相关法律、行政法规】

（一）相关法律

　　《中华人民共和国企业破产法》(2006年8月27日通过)

　　第一百一十条　【担保债权人未完全受偿的处理】享有本法第一百零九条规定权利的债权人行使优先受偿权利未能完全受偿的,其未受偿的债权作为普通债权;放弃优先受偿权利的,其债权作为普通债权。

　　【适用要点】该条是对享有别除权的债权人在特定情况下依照破产清算程序行使其权利的规定。需要注意:一是抵押物的变价价款与债权金额可能并不一致,超过债权数额的部分归抵押人所有,不足部分由债务人清偿,未清偿的部分债权属于无担保债权。故在破产程序中这部分债权也只能作为无优先受偿权的普通债权。二是由于担保债权人在债权申报阶段已经向破产管理人申报了全部债权,故即使未能就抵押财产获得全额清偿,剩余部分债权转为普通债权,该债权人也不需要再次申报,管理人应依据清偿结果将剩余未清偿部分债权计入普通债权。三是担保债权人可以放弃优先受偿权利,其将作为普通的破产债权人,参加破产清算程序,同其他普通破产债权人一起,就破产财产接受比例清偿。

【典型案例】

（一）参考案例

万运玲与王建芳等追偿权纠纷执行异议案【湖北省广水市人民法院（2021）鄂 1381 执异 77 号**】**

【裁判要旨】若申请人对商铺享有权益是否能阻止对涉案标的物执行。《民法典》第 406 条规定："抵押期间,抵押人可以转让抵押财产。当事人另有约定的,按照其约定。抵押财产转让的,抵押权不受影响。抵押人转让抵押财产的,应当及时通知抵押权人。抵押权人能够证明抵押财产转让可能损害抵押权的,可以请求抵押人将转让所得的价款向抵押权人提前清偿债务或者提存。转让的价款超过债权数额的部分归抵押人所有,不足部分由债务人清偿。"因此,即使申请人对商铺享有权益,也不影响泰成公司享有对涉案商铺的抵押权,泰成公司为实现其抵押权,可以依据第 413 条规定,请求法院进行评估、拍卖抵押财产。

【编者评析】本条适用本无太多争议,该案例直接援引了《民法典》的有关规定作为依据,有必要予以援引。

第四百一十四条　【数个抵押权的清偿顺序】同一财产向两个以上债权人抵押的,拍卖、变卖抵押财产所得的价款依照下列规定清偿:

(一)抵押权已经登记的,按照登记的时间先后确定清偿顺序;

(二)抵押权已经登记的先于未登记的受偿;

(三)抵押权未登记的,按照债权比例清偿。

其他可以登记的担保物权,清偿顺序参照适用前款规定。

【条文精解】

(一)条文要点

本条是关于同一财产上存在多个抵押权及其他可以登记的担保物权时如何确定清偿顺序的规定,是由《物权法》第 199 条经修改而来。主要修改包括:一是删除了《物权法》第 199 条第 1 项中"顺序相同的,按照债权比例清偿"的规定,第 1 项前句予以保留,并增加"时间"二字;二是增设第 2 款有关"其他可以登记的担保物权,清偿顺序参照适用前款规定"的规定,扩大了本条的适用范围。

1. 关于本条的适用对象

对同一财产上能否设定多个担保物权,我国法律经历了一个演变过程。《担保法》第 35 条规定:"抵押人所担保的债权不得超出其抵押物的价值。财产抵押后,该财产的价值大于所担保债权的余额部分,可以再次抵押,但不得超出其余额部分。"可见,《担保法》是禁止超额抵押的,因而一般不会存在同一财产上设定多个担保物权的情形。《物权法》不再限制针对同一财产的重复抵押行为,抵押人可以在同一财产上设定多个抵押,并主要依据登记来确定多个抵押权的清偿顺序。本条延续了《物权法》的做法,只是进一步明确并优化了抵押权的顺位确定规则,并将该规则推广适用于权利质押、非典型担保等所有以登记作为公示方法的担保物权。准确理解本条规定,首先就要明确本条的适用对象为所有以登记作为公示方法的担保物权,具体来说:

一是本条适用于不动产抵押。《民法典》第 402 条规定,以建筑物和其他土地附着物、建设用地使用权、海域使用权和正在建造的建筑物抵押的,抵押权自登记时设立。可见,在不动产抵押场合,实行的是登记生效主义,未经登记抵押权不能有效设立,因而不存在适用本条第1款第2项有关抵押权已经登记的先于未登记的受偿、第3项有关抵押权未登记的按照债权比例清偿的问题,而只能适用本条第1款第1项,即抵押权已经登记的,按照登记的时间先后确定清偿顺序这一规则。

二是本条适用于动产抵押。动产抵押采登记对抗主义,登记不仅是抵押权对抗其他物权的依据,同时也是确立数个抵押权之间优先顺位的依据。登记对抗主义本身表明,登记不是抵押权设立的要件,故可能存在抵押权已经设立但并未办理登记的情形,从而存在着数个担保物权均已登记、有的已经登记有的尚未登记以及均未办理登记等情形,远较不动产抵押的情形复杂。依据本条第1款之规定,此时要按照以下规则确定清偿顺序:抵押权已经登记的,按照登记的时间先后确定清偿顺序;抵押权已经登记的先于未登记的受偿;抵押权未登记的,按照债权比例清偿。可见,如果说不动产抵押仅适用于本条第1款第1项的话,那么,动产抵押可以适用于本条第1款的所有三项规则。从这一意义上说,本条规范的对象主要是动产抵押而非不动产抵押。

三是关于权利质押。本条第2款规定:"其他可以登记的担保物权,清偿顺序参照适用前款规定。"在解释论上,《民法典》中"其他可以登记的担保物权"还包括部分权利质权。《民法典》第441条将权利质权分为两类,其中有权利凭证的,将权利凭证的交付作为公示方法;没有权利凭证的,则以登记作为公示方法。故以没有权利凭证的基金份额、股权、知识产权、应收账款等为客体设定质权的,也可以准用本条第1款之规定。但鉴于这些权利质权均采登记生效主义,因而只能准用本条第1款第1项之规定,并无准用第2项、第3项之余地。

四是关于非典型担保。有观点认为,本条第2款仅是规定"担保物权"可以参照适用第1款规定,非典型担保不是担保物权,故不能参照适用本条规定。本书认为,《民法典》第388条明确规定:"担保合同包括抵押合同、质押合同和其他具有担保功能的合同。"在《民法典》将所有权保留交易中出卖人对标的物的所有权、融资租赁交易中出租人对租赁物的所有权"功能化"之后,此时的"所有权"已经非常接近动产抵押权,可以参照本条第2款之规定,准用本条第1款有关动产抵押权之间如何确定清偿顺位的规则。

从比较法的视角看,《联合国国际贸易法委员会动产担保交易立法指南》建议,不论交易形式如何,也不论当事人采用的是何种术语,只要某一交易在实质上具有担保功能,就将其统一称为"动产担保(物)权"(security right),并适用共同的规则,包括权利设立、公示、优先顺位和实现规则,等等。《欧洲示范民法典草案》也采类似做法。而《移动设备国际利益公约》(以下简称《开普敦公约》)①虽然将在功能上起担保作用的交易形态纳入其调整范围,但并未采一元化的"动产担保权"概念,而是采取多数国家奉行的动产交易类型化方法,区分担保交易、所有权保留交易、融资租赁交易,但这三种交易形式适用基本相同的规则,仅在违约救济等方面存在一定的差异。同时,该公约将这三种交易形态的类型化区分留待准据法调整,故美国、加拿大普通法域、新西兰、澳大利亚等采行功能主义立法方法的国家和地区,所有权保留交易、融资租赁交易被定性为动产担保交易,应统一适用该公约关于担保交易的规定。②

从国内法的角度看,各国在动产担保交易制度改革中主要采三种模式:一是继续区别典型担保和非典型担保制度,只就其中部分规则作相应修改,如英国就拒绝接受单一的"动产担保权"概念,但所有非移转占有型动产担保交易均须登记;二是构建统一的"动产担保权"概念,但将非典型担保排除在外,如比利时就规定所有权保留、融资租赁等不是动产担保交易,无须登记,但其他规则与动产担保交易规则颇为类似;三是采彻底的功能主义立法,但凡具有担保功能的权利,均由一元化的"动产担保权"所涵盖,适用相同的交易规则,如美国、加拿大普通法域、新西兰、澳大利亚等国家和地区。③

从前述考察可以看出,各国在引入功能主义担保制度的强度上有强有弱,既有将非典型担保一体化纳入"动产担保权"的,也有仍然区别典型担保和非典型担保的立法例。但即便是在区别非典型担保和典型担保的法域,也

---

①　我国是《开普敦公约》和《航空器议定书》的缔约国,于 2001 年 11 月 16 日签署了《开普敦公约》和《航空器议定书》,并于 2008 年 10 月 28 日由第十一届全国人民代表大会常务委员会第五次会议通过了《关于批准〈移动设备国际利益公约〉和〈移动设备国际利益公约关于航空器设备特定问题的议定书〉的决定》,批准了《开普敦公约》和《航空器议定书》,对其中相应条款作了声明。《开普敦公约》及《航空器议定书》自 2009 年 6 月 1 日起对我国生效。

②　参见[英]罗伊·古德:《国际航空器融资法律实务——移动设备国际利益公约及航空器设备特定问题议定书正式评述》(第 3 版),高圣平译,法律出版社 2014 年版,第 179~180 页。

③　See Louise Gullifer and Orkun Akseli(eds), *Secured Transactions Law Reform : Principles, Policies and Practice*, Oxford and Portland, Oregon : Hart Publishing, 2016, p. 517.

通过将非典型担保纳入具有担保功能的合同而适用动产担保的某些规则,尤其是其中的登记公示、优先顺位和实现规则等。可见,动产担保交易制度改革的核心问题并不在于如何宽泛地界定动产担保权的范围,而在于所有在功能上起着担保作用的交易工具如何统一地适用设立、公示、优先顺位和实行规则。也就是说,采行功能主义立法并不意味着所有的担保交易规则均适用于所有非典型担保交易类型,只须统一这些权利的设立、公示、优先顺位和实行规则即可。①

2. 关于清偿顺位规则的具体适用

准确适用本条的清偿顺位规则,必须要把握以下几点:

一是关于是否为"同一财产"问题。本条适用于"同一财产"上设定了多个以登记作为公示方法的担保物权的情形,关于如何确定同一财产,实践中并非易事。如土地使用权和其上的房屋等建筑物本属两个不同财产,但基于"房地一体"规则,即便当事人分别以土地使用权或房屋设定抵押,也应视为"房地一体"抵押,从而依据本条第1款第1项之规定确定清偿顺序。在房屋抵押中,抵押权的客体是房屋及占用范围内的土地使用权,但不包括房屋所生的租金,故抵押人仍可以租金为客体设定应收账款质押。但在作为抵押财产的房屋被扣押后,抵押权人有权依法收取包括租金在内的法定孳息,此时如果当事人就租金已经设定或再设定应收账款质押的话,租金而非房屋成为本条规定的"同一财产",故可以依照本条规定确定清偿顺序。同理,在动产浮动抵押场合,因抵押人出售原材料、半成品或成品而取得的价金也不属于浮动抵押的范畴,当事人可以该所得价款另行设定应收账款质押。此外,依据《民法典》第768条之规定,应收账款债权人可就同一笔应收账款订立多个保理合同,也可以就同一应收账款设定保理合同、应收账款质押甚至股权转让,此时要依照《民法典》第768条、《民法典担保制度解释》第66条之规定确定清偿顺序。而这些规定与本条规定在原理上完全相同,可以认为是本条的特别规定。

二是关于登记先后的时点问题。《物权法》第199条规定:"同一财产向两个以上债权人抵押的,拍卖、变卖抵押财产所得的价款依照下列规定清偿:(一)抵押权已登记的,按照登记的先后顺序清偿;顺序相同的,按照债权比

---

① 参见高圣平:《统一动产融资登记公示制度的建构》,载《环球法律评论》2017年第6期。

例清偿;(二)抵押权已登记的先于未登记的受偿;(三)抵押权未登记的,按照债权比例清偿。"《担保法解释》第 58 条第 1 款规定:"当事人同一天在不同的法定登记部门办理抵押物登记的,视为顺序相同。"前述规定认为,当事人同一天在不同的法定登记部门办理抵押物登记的,视为顺序相同。这样规定主要是由于历史上我国有一些地方房屋和土地由不同的行政管理部门管理和登记,而按照"房地一体"抵押原则,两个抵押权的范围均包括建设用地使用权和建筑物,从而导致不同抵押权人同一天在不同登记机关办理登记时,无法确定登记的先后顺序。2014 年 11 月 24 日,我国颁布了《不动产登记暂行条例》,开始实行不动产统一登记制度。《不动产登记暂行条例实施细则》第 67 条规定:"同一不动产上设立多个抵押权的,不动产登记机构应当按照受理时间的先后顺序依次办理登记,并记载于不动产登记簿。当事人对抵押权顺位另有约定的,从其规定办理登记。"在不动产统一登记制度下,已不存在多个不同法定登记部门的情形。在同一登记机构办理抵押登记,抵押登记顺序可按照受理时间进行确定的情况下,数个抵押权之间不大可能出现"顺序相同"。就动产和权利担保来说,由当事人通过登录中国人民银行征信中心的动产融资统一登记公示系统自主办理登记,不存在申请登记的问题。在此情况下,要根据当事人自行登记完毕并将登记信息提交系统之时作为确定登记先后的时点,也不存在顺序相同的问题。可见,《物权法》关于"顺序相同的,按照债权比例清偿"的适用基础已不存在。因此,本条将《物权法》第 197 条第 1 项中"登记的先后顺序"修改为"登记的时间先后",并去掉了"顺序相同的,按照债权比例清偿"的规定是合理的。

　　三是关于本条与登记对抗规则的衔接适用问题。《民法典》第 403 条是有关登记对抗规则的规定,与本条既有密切联系,也有显著区别。二者的相同点在于均涉及动产抵押权已经有效设立但未办理登记的情形,不同之处在于:登记对抗规则中,对抗的对象是租赁权人、所有权人等非担保权人,而本条是有关清偿顺位的规定,指的是同一财产上存在数个动产抵押权,其中的一个或数个抵押权未办理登记的情形。另外,登记对抗规则要考虑作为非担保权人的第三人是否为善意,进而确定抵押权人能否对抗该第三人。而本条按照已登记的优先于未登记的、均未登记的按债权比例清偿的规则确定数个抵押权的顺位,不考虑后设立的抵押权人在主观上是否为善意问题,增加了清偿顺位确定的客观性。此外,关于登记对抗的效果,一旦承租人、买受人系恶意第三人,则抵押权人可以向恶意买受人主张抵押权,即请求拍卖、变卖抵

772 · 第四分编 担保物权／第十七章 抵押权

押财产并以所得价款优先受偿,且该项主张不以撤销买卖合同为必要;在租赁场合,抵押权人可以直接向恶意承租人主张行使抵押权,并请求除去租赁权。而在数个抵押权竞存场合,要依据本条规定确定抵押权的清偿顺序,并不存在撤销买卖合同或除去租赁权等问题。

关于未登记的动产抵押权之间的清偿顺位问题,有观点认为,未登记的数个动产担保权之间应当按照抵押合同生效的先后确定优先顺位,因为动产抵押合同一经生效抵押权即有效设立,并对在后设立的抵押权人产生对抗效力。《担保法》第54条第2项规定:抵押合同自签订之日起生效的,抵押财产已经登记的,按照登记先后清偿;"未登记的,按照合同生效时间的先后顺序清偿,顺序相同的,按照债权比例清偿",采取的就是上述观点。但《物权法》及《民法典》均摈弃了这一立场,一方面是因为规定未经登记的抵押权按照债权比例受偿,能够避免抵押人与个别抵押权人串通,通过倒签合同订立日期等方式,损害其他抵押权人的顺位利益;另一方面,通过规定已登记的抵押权优先于未登记的抵押权,倒逼当事人通过办理登记方式维护自己的合法权益。

四是关于例外规定问题。本条通过将抵押权的顺位规则扩张适用于所有以登记作为公示方法的担保物权如权利质押,甚至扩及所有权保留、融资租赁、有追索权保理以及让与担保等方式,使得登记在确定担保权的顺位时具有了一般意义。但也应当看到,该规则的适用也有例外情形,该例外情形主要是《民法典》第416条关于价款超级优先权的规定。依据该条规定,价款超级优先权尽管设立在后,但其效力优先于在先的浮动抵押或动产抵押,对此,本书还将在对《民法典》第416条的阐释中进行详细介绍,此处暂从略。

(二)适用情况

因本条涉及同一财产上存在多个担保物权时如何确定各担保物权的清偿顺位问题,因而主要适用于执行程序的参与分配以及破产场合,在审判程序中反而并不多见。因为审判程序主要涉及某一担保物权是否有效设立以及能够优先受偿问题,鲜有涉及不同担保物权人之间的优先顺位问题。在适用时,要注意以下几点:

一是注意新旧法的衔接。根据《物权法》与《担保法》的规定,存在着因在同一天办理登记从而出现"顺序相同"的情形。而在不动产统一登记制度、动产和权利担保统一登记制度已经建立的情况下,即便是同一天也会有登记先后问题,因而不存在"顺序相同"的问题。在确定登记先后时,不动产登记以登记机构受理不动产登记申请之日作为登记之日,动产和权利担保统一登记因实行当事人自行登记制度,因而以当事人将登记信息提交系统之日作为登记之日。另外,在未办理登记的动产抵押场合,《担保法》以抵押合同生效的先后作为确定清偿顺序的依据,而《物权法》及《民法典》则规定按照债权份额平等受偿,规则并不一致。

二是要注意本条适用的前提是在"同一财产"上设定数个担保权,而确定是否为"同一财产",除了要考察财产本身是否具有独立性外,还要综合考虑法律规定以及交易习惯等予以确定。

三是要注意与登记对抗规则的衔接适用。明确担保权人之间仅以登记作为确定清偿顺序的依据,不考虑后顺位担保权人的善恶意等主观情况。

【相关法律、行政法规】

(一)相关法律

《中华人民共和国民法典》(2020 年 5 月 28 日通过)

第四百零二条 【不动产抵押登记】以本法第三百九十五条第一款第一项至第三项规定的财产或者第五项规定的正在建造的建筑物抵押的,应当办理抵押登记。抵押权自登记时设立。

【适用要点】该条是有关不动产抵押采登记生效主义的规定,故未经登记抵押权不能有效设立,因而只能适用《民法典》第 414 条第 1 款第 1 项之规定。

第四百零三条 【动产抵押的效力】以动产抵押的,抵押权自抵押合同生效时设立;未经登记,不得对抗善意第三人。

【适用要点】该条是有关动产抵押采登记对抗主义的规定,与《民法典》第 414 条既有联系也有区别,适用时应予特别注意。

第四百一十六条 【价款超级优先权】动产抵押担保的主债权是抵押物的价款,标的物交付后十日内办理抵押登记的,该抵押权人优先于抵押物买受人的其他担保物权人受偿,但是留置权人除外。

【适用要点】该条构成《民法典》第 414 条有关以登记作为确定担保权清偿顺序的例外规定,适用时应予特别注意。

第四百四十一条 【权利质押的公示方法】以汇票、本票、支票、债券、存款单、仓单、提单出质的,质权自权利凭证交付质权人时设立;没有权利凭证的,质权自办理出质登记时设立。法律另有规定的,依照其规定。

【适用要点】该条是有关权利质押的公示方法的规定。其中,有权利凭证的,质权自权利凭证交付质权人时起设立;没有权利凭证的,质权自办理出质登记时设立,可以适用《民法典》第414条之规定。

第四百四十三条 【以基金份额、股权出质】以基金份额、股权出质的,质权自办理出质登记时设立。

基金份额、股权出质后,不得转让,但是出质人与质权人协商同意的除外。出质人转让基金份额、股权所得的价款,应当向质权人提前清偿债务或者提存。

第四百四十四条 【以知识产权出质】以注册商标专用权、专利权、著作权等知识产权中的财产权出质的,质权自办理出质登记时设立。

知识产权中的财产权出质后,出质人不得转让或者许可他人使用,但是出质人与质权人协商同意的除外。出质人转让或者许可他人使用出质的知识产权中的财产权所得的价款,应当向质权人提前清偿债务或者提存。

第四百四十五条 【应收账款质押】以应收账款出质的,质权自办理出质登记时设立。

应收账款出质后,不得转让,但是出质人与质权人协商同意的除外。出质人转让应收账款所得的价款,应当向质权人提前清偿债务或者提存。

【适用要点】《民法典》第443条至第445条是关于以登记作为公示方法的权利质押的规定,因其采登记生效主义,故只能适用《民法典》第414条第1款第1项。

第六百四十一条 【所有权保留的概念】当事人可以在买卖合同中约定买受人未履行支付价款或者其他义务的,标的物的所有权属于出卖人。

出卖人对标的物保留的所有权,未经登记,不得对抗善意第三人。

【适用要点】该条是有关所有权保留的规定,明确了保留所有权交易可以进行登记,登记具有对抗效力。在同一动产上既设有所有权保留又设定了动产抵押时,依据《民法典》第414条第2款之规定,可以参照《民法典》第414条第1款之规定确定数个担保权之间的清偿顺序。

第七百四十五条 【融资租赁登记的效力】出租人对租赁物享有的所有权,未经登记,不得对抗善意第三人。

【适用要点】该条是有关融资租赁登记效力的规定，在同一动产上既设有融资租赁又设定了动产抵押时，也可以参照《民法典》第414条第1款之规定确定数个担保权之间的清偿顺序。

第七百六十八条 **【保理合同之间的优先顺位】**应收账款债权人就同一应收账款订立多个保理合同，致使多个保理人主张权利的，已经登记的先于未登记的取得应收账款；均已经登记的，按照登记时间的先后顺序取得应收账款；均未登记的，由最先到达应收账款债务人的转让通知中载明的保理人取得应收账款；既未登记也未通知的，按照保理融资款或者服务报酬的比例取得应收账款。

【适用要点】该条是有关应收账款债权人就同一应收账款订立多个保理合同时如何确定清偿顺序的规定，是《民法典》第414条第1款的特别规定，二者原理相同。

（二）相关行政法规

1.《不动产登记暂行条例》（2019年3月24日修订）

第四条 **【不动产统一登记】**国家实行不动产统一登记制度。

不动产登记遵循严格管理、稳定连续、方便群众的原则。

不动产权利人已经依法享有的不动产权利，不因登记机构和登记程序的改变而受到影响。

【适用要点】国家实行不动产统一登记后，抵押登记顺序按照受理时间先后确定，而受理时间即便在同一天，也有个先后顺序问题，因而不太可能出现数个抵押权出现"顺序相同"的问题。

第十五条 **【不动产登记申请】**当事人或者其代理人应当向不动产登记机构申请不动产登记。

不动产登记机构将申请登记事项记载于不动产登记簿前，申请人可以撤回登记申请。

第十七条 **【受理不动产登记申请】**不动产登记机构收到不动产登记申请材料，应当分别按照下列情况办理：

（一）属于登记职责范围，申请材料齐全、符合法定形式，或者申请人按照要求提交全部补正申请材料的，应当受理并书面告知申请人；

（二）申请材料存在可以当场更正的错误的，应当告知申请人当场更正，申请人当场更正后，应当受理并书面告知申请人；

（三）申请材料不齐全或者不符合法定形式的，应当当场书面告知申请人不予受理并一次性告知需要补正的全部内容；

（四）申请登记的不动产不属于本机构登记范围的，应当当场书面告知申请人不予受理并告知申请人向有登记权的机构申请。

不动产登记机构未当场书面告知申请人不予受理的，视为受理。

第十八条　【查验义务】不动产登记机构受理不动产登记申请的，应当按照下列要求进行查验：

（一）不动产界址、空间界限、面积等材料与申请登记的不动产状况是否一致；

（二）有关证明材料、文件与申请登记的内容是否一致；

（三）登记申请是否违反法律、行政法规规定。

第十九条　【实地查看义务】属于下列情形之一的，不动产登记机构可以对申请登记的不动产进行实地查看：

（一）房屋等建筑物、构筑物所有权首次登记；

（二）在建建筑物抵押权登记；

（三）因不动产灭失导致的注销登记；

（四）不动产登记机构认为需要实地查看的其他情形。

对可能存在权属争议，或者可能涉及他人利害关系的登记申请，不动产登记机构可以向申请人、利害关系人或者有关单位进行调查。

不动产登记机构进行实地查看或者调查时，申请人、被调查人应当予以配合。

第二十条　【办结期限】不动产登记机构应当自受理登记申请之日起 30 个工作日内办结不动产登记手续，法律另有规定的除外。

第二十一条　【完成登记】登记事项自记载于不动产登记簿时完成登记。

不动产登记机构完成登记，应当依法向申请人核发不动产权属证书或者登记证明。

【适用要点】该条例第 15 条至第 21 条之规定，是办理不动产登记须经历"申请—受理—查验或实地查看—完成登记并核发不动产权属证书"等流程的规定，前述流程原则上应当在 30 日内办结。在不动产抵押登记既具有设立抵押权又具有确定清偿顺序功能的情况下，如何确定办理抵押登记的时间对当事人的权利义务具有重要意义。该条例本身对此并无规定，为保护当事人的合理信赖,同时也为了避免因不动产登记机构的偏颇性办理登记行为使申请人的合法权益受到损害,有必要将不动产登记机构"受理申请"之时作为办理抵押登记之时,而不是提交申请之时,因为当事人提交的申请可能存在着需要更正、补正从而在更正、补正后再予受理的情形。对此,《不动产登记暂行条例实施细则》第 67 条作出了相应规定。

2.《国务院关于实施动产和权利担保统一登记的决定》(国发〔2020〕18号,2020 年 12 月 22 日公布)

三、纳入统一登记范围的动产和权利担保,由当事人通过中国人民银行征信中心(以下简称征信中心)动产融资统一登记公示系统自主办理登记,并对登记内容的真实性、完整性和合法性负责。登记机构不对登记内容进行实质审查。

【适用要点】动产和权利担保由当事人自主办理登记,故应当从当事人将登记信息录入完毕并提交系统之时作为确定办理登记的时点。

3.《中华人民共和国民用航空器权利登记条例》(1997 年 10 月 21 日通过)

第十四条　【登记顺序的认定】同一民用航空器设定两项以上抵押权的,国务院民用航空主管部门应当按照抵押权登记申请日期的先后顺序进行登记。

【适用要点】依据该条规定,同一民用航空器上设定两项以上抵押权的,按照抵押权登记"申请日期"的先后顺序进行登记,而非"受理"之日,亦非办结之日。

【司法解释及规范性司法文件】

(一)司法解释

1.《最高人民法院关于适用〈中华人民共和国民法典〉有关担保制度的解释》(法释〔2020〕28 号,2020 年 12 月 25 日通过)

第六十八条　【让与担保】债务人或者第三人与债权人约定将财产形式上转移至债权人名下,债务人不履行到期债务,债权人有权对财产折价或者以拍卖、变卖该财产所得价款偿还债务的,人民法院应当认定该约定有效。当事人已经完成财产权利变动的公示,债务人不履行到期债务,债权人请求参照民法典关于担保物权的有关规定就该财产优先受偿的,人民法院应予支持。

债务人或者第三人与债权人约定将财产形式上转移至债权人名下,债务人不履行到期债务,财产归债权人所有的,人民法院应当认定该约定无效,但是不影响当事人有关提供担保的意思表示的效力。当事人已经完成财产权利变动的公示,债务人不履行到期债务,债权人请求对该财产享有所有权的,人民法院不予支持;债权人请求参照民法典关于担保物权的规定对财产折价或者以拍卖、变卖该财产所得的价款优先受偿的,人民法院应予支持;债务人履行债务后请求返还财产,或者请求对财产折价或者以拍卖、变卖所得的价款清偿债务的,人民法院应予支持。

债务人与债权人约定将财产转移至债权人名下,在一定期间后再由债务人或者其指定的第三人以交易本金加上溢价款回购,债务人到期不履行回购义务,财产归债权人所有的,人民法院应当参照第二款规定处理。回购对象自始不存在的,人民法院应当依照民法典第一百四十六条第二款的规定,按照其实际构成的法律关系处理。

第六十九条　【股权让与担保】股东以将其股权转移至债权人名下的方式为债务履行提供担保,公司或者公司的债权人以股东未履行或者未全面履行出资义务、抽逃出资等为由,请求作为名义股东的债权人与股东承担连带责任的,人民法院不予支持。

【适用要点】前述两条分别是有关让与担保以及作为其特殊形式的股权让与担保的规定。《民法典》对所有权保留、融资租赁、有追索权保理等实行登记对抗作出了专门规定,这些非典型担保属于具有担保功能的合同应无异议。对于应否承认让与担保,还存在一定的争议。该条明确将让与担保定性为非典型担保,这就使《民法典》第414条规定的有关担保权清偿顺序的规则可以适用于让与担保。

2.《最高人民法院关于适用〈中华人民共和国民事诉讼法〉的解释》(法释[2015]5号;法释[2022]11号,2022年3月22日修正)

第五百零六条　【参与分配】被执行人为公民或者其他组织,在执行程序开始后,被执行人的其他已经取得执行依据的债权人发现被执行人的财产不能清偿所有债权的,可以向人民法院申请参与分配。

对人民法院查封、扣押、冻结的财产有优先权、担保物权的债权人,可以直接申请参与分配,主张优先受偿权。

【适用要点】该条是关于参与分配程序的一般性条款的规定。适用该条时应注意以下几点:一是普通债权人申请参与分配,应该以取得执行依据为前提。二是有优先权、担保物权的债权人申请参加参与分配程序,不以取得执行依据为限。优先受偿权资格或者是来源于查封前的担保物权,或者是基于法律的特殊规定,应予以优先保护。三是由于享有优先权、担保物权的债权未经过生效法律文书的确认,在参与分配程序中,如果其他债权人对于债权的真伪、数额等提出异议的,应保障其获得救济的权利,可以通过分配方案异议、分配方案异议之诉程序予以救济。

3.《最高人民法院关于适用〈中华人民共和国民事诉讼法〉执行程序若干问题的解释》(法释〔2008〕13 号;法释〔2020〕21 号,2020 年 12 月 23 日修正)

第十七条 【参与分配】多个债权人对同一被执行人申请执行或者对执行财产申请参与分配的,执行法院应当制作财产分配方案,并送达各债权人和被执行人。债权人或者被执行人对分配方案有异议的,应当自收到分配方案之日起十五日内向执行法院提出书面异议。

【适用要点】该条是关于多个债权人参与分配具体操作的规定。具体阐述见下条的适用要点。

4.《最高人民法院关于人民法院执行工作若干问题的规定(试行)》(法释〔1998〕15 号;法释〔2020〕21 号,2020 年 12 月 23 日修正)

55.【参与分配】多份生效法律文书确定金钱给付内容的多个债权人分别对同一被执行人申请执行,各债权人对执行标的物均无担保物权的,按照执行法院采取执行措施的先后顺序受偿。

多个债权人的债权种类不同的,基于所有权和担保物权而享有的债权,优先于金钱债权受偿。有多个担保物权的,按照各担保物权成立的先后顺序清偿。

一份生效法律文书确定金钱给付内容的多个债权人对同一被执行人申请执行,执行的财产不足清偿全部债务的,各债权人对执行标的物均无担保物权的,按照各债权比例受偿。

【适用要点】《民事诉讼法解释》第 506 条、《执行程序解释》第 17 条及《执行工作规定》第 55 条相结合,共同明确了《民法典》第 414 条规定的优先顺位规则在执行程序中的适用空间。根据上述三个条款,可以总结出以下两个要点:一是担保物权人可以在执行程序中主张优先受偿权;二是对同一执行标的物有多个担保物权人参与执行程序的,依照《民法典》规定的担保物权优先顺位规则,即包括第414条在内确定清偿顺序。应特别注意的是,《执行工作规定》第55条的表述为"有多个担保物权的,按照各担保物权成立的先后顺序清偿",这是否意味着要按照上述条文表述严格按照各担保物权"成立"的先后顺序清偿,此处"成立"的内涵又是什么?对此,本书认为,上述《执行工作规定》第55条的这一表述仅是执行规定基于担保制度的精神和原理所进行的一种概括性抽象性表述,并非是确定具体规则的依据。依据体系化的解释方法,认定各担保物权之间的清偿顺位仍应求诸于《民法典》关于担保物权顺位的一般规则,就可登记的担保物权而言,就是第414条的规定。

5.《最高人民法院关于适用〈中华人民共和国企业破产法〉若干问题的规定(三)》(法释〔2019〕3号;法释〔2020〕18号,2020年12月23日修正)

第二条 【破产申请受理后的借款】破产申请受理后,经债权人会议决议通过,或者第一次债权人会议召开前经人民法院许可,管理人或者自行管理的债务人可以为债务人继续营业而借款。提供借款的债权人主张参照企业破产法第四十二条第四项的规定优先于普通破产债权清偿的,人民法院应予支持,但其主张优先于此前已就债务人特定财产享有担保的债权清偿的,人民法院不予支持。

管理人或者自行管理的债务人可以为前述借款设定抵押担保,抵押物在破产申请受理前已为其他债权人设定抵押的,债权人主张按照民法典第四百一十四条规定的顺序清偿,人民法院应予支持。

【适用要点】该条旨在对破产案件受理以后为债务人继续营业而发生的借款在破产程序中的权利性质、清偿顺位作出具体解释。该条与《民法典》第414条密切相关的是第2款关于为破产申请受理后的借款设定抵押的规定。基于债务人营运价值的维持,债务人在进入破产程序中可能仍需要进行借款以维持继续经营。如不能给予破产程序中产生的借款以足够的法律保障,将无人愿意向债务人提供借款,导致债务人继续营业失去可能,最终损害债权人自身的清偿利益。就这一问题,该条提供了两种保障:第一,破产申请受理后的借款作为共益债务优先受偿。第二,如出借款项的人认为共益债务还不足以提供保障的情况下,管理人或者自行管理的债务人还可以为上述借款提供抵押担保。但是,在抵押物此前已经为其他债权人设立抵押的,基于尊重破产法的原则以及维护交易安全和稳定的交易预期,新设立的抵押权与此前设立的抵押权之间的优先顺位应按照《民法典》第414条的规定确定。

【部门规章、规范性文件与相关政策】

（一）部门规章

《不动产登记暂行条例实施细则》（国土资源部令第 63 号；自然资源部令第 5 号，2019 年 7 月 16 日修正）

第六十七条　【抵押权登记顺序的确定】同一不动产上设立多个抵押权的，不动产登记机构应当按照受理时间的先后顺序依次办理登记，并记载于不动产登记簿。当事人对抵押权顺位另有约定的，从其规定办理登记。

【适用要点】该条是关于抵押权登记的规定。原则上以不动产登记机构受理不动产登记申请的先后顺序来确定抵押权登记先后的顺序，但允许当事人自行约定顺位。当事人有关抛弃抵押权顺位的约定原则上仅在当事人之间发生效力，详见本书对《民法典》第 409 条的分析。

【典型案例】

（一）参考案例

1. 湖南省现代融资担保有限公司（原湖南省安迅担保有限公司）与中信银行股份有限公司长沙分行案外人执行异议之诉案【最高人民法院（2019）最高法民再 237 号】

【裁判要旨】根据《担保法》第 41 条、第 42 条规定，担保法上的"法定登记的抵押权"是指以《担保法》第 42 条规定的五类财产设立的抵押权，这五类财产必须办理抵押登记。《担保法解释》第 79 条第 1 款规定中的"法定登记的抵押权"应仅限于《担保法》第 42 条规定的以五类财产设立的抵押权。而中信银行长沙分行是以凯程纸业公司价值 5750 万元的纸张设立浮动抵押，浮动抵押是《物权法》颁布后的新型抵押，《担保法》并未涉及，因此，中信银行长沙分行对案涉纸制品享有的抵押权并不属于《担保法》第 42 条规定的以五类财产设立的抵押权。且在动产抵押问题上，《物权法》已改变了《担保法》确立的规则，统一采登记对抗主义，即动产抵押权自抵押合同生效时设立，登记只是物权变动的对抗要件。在《担保法》的规定与《物权法》不一致时,根据《物权法》第178条的规定,应当适用《物权法》的规定。

根据《物权法》第181条、第189条①规定,动产浮动抵押允许抵押人为生产经营所需自由处分抵押物,由此决定了抵押财产在抵押权设定和抵押财产特定这两个时点并不相同,动产浮动抵押的抵押权自抵押合同生效时设立,故动产浮动抵押权与一般动产抵押权的设立规则相同,即采取登记对抗主义规则。中信银行长沙分行的浮动抵押权因其登记在先,应当优先于现代担保公司的质权受偿。

【编者评析】该案的指导意义在于,动产浮动抵押权与一般动产抵押权的设立规则相同,即均采登记对抗主义。

2. 周恩殿与洋浦经济开发区渔政渔港监督管理中心农业行政管理(农业):渔业行政管理(渔业)纠纷案【最高人民法院(2017)最高法行再69号】

【裁判要旨】本案中,周恩殿与石志强等人签订借款协议,并以涉案渔船作为抵押,但未办理抵押登记。其后,威海商业银行与宏盛隆洋浦分公司签订最高额抵押合同,亦以涉案渔船作为抵押,并办理抵押登记,即本案被诉的行政行为。因石志强无力偿还各方的借款,引发系列民事诉讼。周恩殿、威海商业银行均就抵押借款合同纠纷提起民事诉讼,并有生效民事调解书确认各自的债权。在随后的执行过程中,周恩殿委托律师作为委托代理人申请执行并参与其后的债权分配等程序,周恩殿本人亲自参加青岛海事法院组织的债权人会议、听证会等程序,明确知道威海商业银行对涉案渔船享有优先受偿权。根据《担保法》第54条、《担保法解释》第76条、《物权法》第199条②的规定,同一抵押物上成立多个抵押权的,各个抵押权之间的清偿次序为:(1)已登记的抵押权优于未登记的抵押权;(2)抵押权已登记的,登记在先的抵押权优先于登记在后的抵押权,顺序相同的,按照债权比例清偿;(3)抵押权未登记的,不分次序,按照债权比例清偿。2013年1月22日,青岛海事法院组织各方债权人参加执行听证会,已经明确威海商业银行对涉案渔船具有优先受偿权。威海商业银行的抵押合同签订在周恩殿等人之后,该银行之所以能够获得优先受偿,只能是基于"已登记的抵押权优于未登记的抵押权"的法律规定。周恩殿等其他参会债权人知道威海商业银行具有优先受偿权,实际上即应当知道威海商业银行的优先受偿权的来源,是基于该银行已登记

① 《民法典》第396条、第403条、第404条。
② 《民法典》第414条。下同。

的抵押权优于周恩殿等人未经登记的抵押权。周恩殿于次日向青岛海事法院提交书面意见,请求"青岛海事法院执行庭参照船舶拍卖实务问题,对我们的一般债权给以适当清偿……说服威海商业银行的领导对我们的请求给以适当的清偿",足以确认其在此时已经知道威海商业银行享有优先抵押权及其原因,周恩殿此时就已经知晓涉案船舶的抵押登记行为,应当从该时点为起算点计算其起诉期限。一、二审认定周恩殿对于威海商业银行享有涉案渔船抵押优先受偿权的知悉,并不能当然推定其已经知道或者应当知道被诉抵押登记行为,属于认定事实不清,本院予以纠正。周恩殿自 2013 年 1 月 23日知道洋浦渔政中心的登记行为,但直至 2015 年 8 月 21 日才提起行政诉讼,已经超过法定的 2 年起诉期限。

【编者评析】本案尽管系行政案件,且落脚在当事人的起诉已过起诉期限,但其蕴含的却是民法的基本原理,即对船舶的抵押登记行为作为公示方法,对相关当事人具有公示效力。相关当事人意欲撤销该登记的,应当从知道该登记行为之日起计算起诉期限。

3. 中国银行股份有限公司靖江支行与中国民生银行股份有限公司苏州分行等第三人撤销之诉案【江苏省高级人民法院(2017)苏民撤 4 号】

【裁判要旨】在双方对抵押的油品未作具体分别且均针对现有油品主张优先权的情况下,则优先的顺位须根据《物权法》第 199 条的规定"同一财产向两个以上债权人抵押的,拍卖、变卖抵押财产所得的价款,抵押权已登记的,按照登记的先后顺序清偿"。从双方最后一次登记时间来看,中国银行靖江支行的登记时间 2015 年 2 月 9 日早于民生银行苏州分行的 2015 年 4月 15 日,因此,双方争议的认定主要在于如何看待民生银行苏州分行先后四次抵押权登记问题。经查,民生银行苏州分行先后办理了四次抵押登记,但每次登记均分别签订了不同的借款合同,每次借款合同中有关债权数额、利率标准等约定均不相同,因此,虽然四次登记号相同,但却是针对不同时期的主债权合同,因此四次登记是相互独立的抵押权登记。这与民生银行苏州分行诉讼中提及的《担保法解释》第 58 条规定"因登记部门的原因致使抵押物进行连续登记的,抵押物第一次登记的日期,视为抵押登记的日期,并依此确定抵押权的顺序"的情形并不相同,该解释条款针对的连续登记是指对同一债权有登记期限要求所进行的连续登记,而非指针对不同债权所形成的多次登记,尽管该登记时间上有连续,但仍是独立的登记。故民生银行苏州分行以四次抵押的债权期间相互衔接,进而认定应为同一次抵押的主张难以成立。

从原一审法院所审理的借款纠纷来看,该案涉及的是民生银行苏州分行于2015年4月14日与靖江龙威公司发生的借款合同及同时期于2015年4月15日办理的抵押登记,该登记晚于中国银行靖江支行于2015年2月9日的登记,其实现抵押权的顺位应在中国银行靖江支行之后。由于目前并未出现就同一抵押物另有登记早于中国银行靖江支行的抵押权,故对本案双方争议的抵押物,应由中国银行靖江支行作为第一顺位权利人,民生银行苏州分行为第二顺位权利人。

【编者评析】该案的指导意义在于,明确针对不同债权所形成的多次登记,尽管该登记时间上有连续,但仍是独立的登记。

第四百一十五条　【抵押权与质权竞存时的清偿顺序】同一财产既设立抵押权又设立质权的,拍卖、变卖该财产所得的价款按照登记、交付的时间先后确定清偿顺序。

【条文精解】

(一)条文要点

本条是关于同一财产上抵押权与质权竞存时清偿顺序的规定,是在《担保法解释》第 79 条规定基础修改而成的。《担保法解释》第 79 条第 1 款规定:"同一财产法定登记的抵押权与质权并存时,抵押权人优先于质权人受偿。"本条改为按照公示时间先后确立清偿顺位。准确理解本条,既要注意本条的应然字面含义,即依据公示先后确定质权和抵押权的清偿顺位;又要理解本条规定的实质,即同一财产上设有多个担保权,且这些担保权采取的公示方法不同的,依据公示先后确定担保权的清偿顺序。这就需要结合司法实践,对相关情形进行类型化分析。

1. 动产抵押权和动产质权竞存

《民法典》第 224 条规定:"动产物权的设立和转让,自交付时发生效力,但是法律另有规定的除外。"由此可见,动产的物权变动原则上以交付作为生效要件,但法律另有规定的除外,此种除外情形主要是指,在动产抵押情况下以登记而非交付作为公示方法的,如动产浮动抵押、交通运输工具等特定动产抵押的,就以登记作为公示方法。正是因为同一动产上可能同时存在抵押权和质权,这就有必要确定抵押权和质权的清偿顺序。在该问题上,相关规则经历了一个不断演变的过程,有必要予以揭示。

《担保法解释》第 79 条第 1 款规定:"同一财产法定登记的抵押权与质权并存时,抵押权人优先于质权人受偿。"该条确立了"抵押权优先于质权"的规则,其适用前提是此种抵押权须是"法定登记的抵押权",即以登记作为生效要件的抵押权。而将登记作为动产抵押设定的生效要件,源于《担保法》第 41 条之规定:"当事人以本法第四十二条规定的财产抵押的,应当办理抵押物登记,抵押合同自登记之日起生效。"而该法第 42 条所列的抵押财产,就包括航空器、船舶、车辆等交通运输工具以及企业的设备和其他动产。该法第43条进一步规定,当事人以法定的需要办理抵押登记的财产以外的其他财产抵押的,则可以自愿办理抵押登记,此时登记是抵押权的对抗要件而非生效要件。之所以规定动产抵押权优于质权,是因为实践中当事人设定质权后一般不太可能再设定抵押权,且质权的设定时间难以认定,可能存在着当事人设定抵押后又与第三人恶意串通、更改质权设定时间,以对抗抵押权人行使抵押权。此种观点隐含着登记在公示效力上优先于交付的意思。

应当看到,随着《物权法》的颁布施行,尤其是落实《民法典》规定精神,统一的动产和权利担保登记制度已经建立起来的情况下,前述规定的制度基础、实践基础以及理论基础都已不复存在。前述规定以将动产抵押进一步区分为法定登记的抵押权和自愿登记的抵押权为前提,前者实行登记生效主义,后者实行登记对抗主义。而《物权法》改变了此种区分,对动产抵押一概采登记对抗主义,即动产抵押权自抵押合同生效时设立,登记只是物权变动的对抗要件。从实践情况看,在动产抵押采登记对抗主义的情况下,尤其是随着统一的动产和权利担保登记制度的建立,动产抵押登记由当事人自行登记,非常便捷,不存在设定质权后不太可能再设定抵押权的问题。且在动产抵押登记中,当事人要对登记内容的真实性、完整性和合法性负责,登记机构不对登记内容进行实质审查,很难说登记在公示效力上就优于交付。从理论上说,交付与登记同为公示方法,其针对的是不同的财产以及不同的担保物权,不存在效力优劣的问题。有鉴于此,《九民纪要》参照《物权法》第199条规定之精神,规定以公示先后作为确定清偿顺序的依据,与《民法典》第415条规定的精神一致,可以说完全改变了《担保法》及其司法解释确立的规则。

根据本条规定,在同一动产上同时存在抵押权和动产质权,在确立清偿顺序时,既要考察是否完成了公示,也要考察公示的先后顺序。具体来说:一是质权有效设立、抵押权也办理了登记的,应当根据公示先后来确定清偿顺序;质权设立在先的,质权人先受偿;抵押权登记在先的,抵押权人先受偿;抵押权和质权同一天设立的,视为顺序相同,按照债权比例清偿。二是质权有效设立,抵押权未办理抵押登记的情况下,有效设立的质权优先于抵押权。三是质权未有效设立,抵押权未办理抵押登记的,因此时抵押权已经有效设立,故抵押权优先受偿。

值得探讨的是,如果当事人改变了公示方法,此时前一公示方法的顺位能否延及后一公示方法?例如,甲于2月1日占有质物,依法享有动产质权;

乙于 3 月 1 日办理了动产抵押登记。如甲于 4 月 1 日办理了动产抵押登记后将标的物返还担保人,此时,如何认定甲的顺位?是从 4 月 1 日起重新开始计算,还是溯及自 2 月 1 日取得质权之日?本书认为,只要公示状态是连续的,没有间断,同一担保权人的顺位应依初始公示的时间加以确定。就前述情形来说,因甲的质权公示在先,虽然其后改变了公示方法,但公示状态没有间断,自应认为甲担保权人的权利始终优先。如中间有间隔,出现了未公示其担保权的时间段,则应以其再次公示的时间确定其优先顺位。

2. 流动质押和动产抵押竞存

出质人以通过一定数量、品种等概括描述能够确定范围的货物为债务的履行提供担保,当事人有证据证明监管人系受债权人的委托监管并实际控制该货物的,人民法院应当认定质权于监管人实际控制货物之日起设立。与一般的动产质押以特定动产作为质物不同,此种质押的质物是以一定数量、品种等概括描述能够确定范围的货物,在质权设定后质物往往处于不断的变化当中,因而被业界称为"流动质押"。其特点是在公示方法实行"一次占有、永久占有"的规则,即受债权人委托监管质物的监管人一旦占有了作为质押财产的原材料、半成品、产品等库存货物,以后任由质物怎么变化,其效力都溯及自首次占有之时。也就是说,即便设立质权时的质物已经不复存在,但因为有新的质物纳入监管,流动质权自动及于新的质物。因而在质物所有人再以该批质物设定动产抵押时,参照适用本条规定的公示在先规则,质权在效力上就优先于在后设立的抵押权。

3. 浮动抵押与动产质押竞存

特定当事人以现有的以及将有的生产设备、原材料、半成品、产品抵押后,又将现有的生产设备、原材料、半成品、产品设定动产质权或流动质押的,因为设定质权的行为不属于正常经营行为,质权人亦非正常经营买受人,故不适用正常经营买受人规则。此时,要依据本条规定精神,以公示先后来确定数个担保物权之间的清偿顺序,进而认定浮动抵押权人优先于质权人受偿。

4. 仓单质权和仓储物质押(或抵押)竞存

《民法典》第 908 条规定:"存货人交付仓储物的,保管人应当出具仓单、入库单等凭证。"《民法典》第 910 条规定:"仓单是提取仓储物的凭证。存货人或者仓单持有人在仓单上背书并经保管人签名或者盖章的,可以转让提取仓储物的权利。"据此,仓单首先是债权凭证。作为债权凭证,仓单具有以下几个方面效力:一是仓单是仓储合同的证明。仓储合同是保管人存储存货人交付的仓储物,存货人支付仓储费的合同。仓储合同作为商事保管合同,性质上属于不要式合同,当事人之间不必非得签署书面合同。但在商事交易实践中,保管人往往会向存货人出具仓单。仓单的出具,往往能够证明在当事人之间订了仓储合同,且仓单记载的事项往往同时也是仓储合同的主要条款,可见,仓单与仓储具有密切联系。但仓单本身并非仓储合同本身,也不一定是唯一的合同文本,仓单之外的当事人之间的往来函件等文件均可能构成仓储合同的重要文本。但不可否认,仓单是最为重要的仓储合同文本,作为仓储合同的内容,仓单的背面条款对保管人与存货人都具有约束力。二是仓单也是保管人收到仓储物的凭证。与保管合同系实践合同,自保管物交付时起成立不同,仓储合同属于诺成合同,自双方当事人意思表示一致时成立。但仅仅成立仓储合同,保管人一般不会向存货人出具仓单。实践中,保管人往往是在收到仓储物后才出具仓单的,因而仓单具有收货凭证的功能。根据《民法典》第909条之规定,仓单应当对仓储物的有关情况(如品种、数量、质量、包装及其件数和标记)以及仓储物的损耗标准等作出记载,因而仓单不是简单地表明保管人实际收到了仓储物,而且还对仓储物的现状以及保管标准作出了要求,从而成为确定保管义务的重要依据。因为保管人在仓储项下的主要义务表现为现状保管以及维持现状,其前提则是验货义务,而这些义务主要就是通过仓单来确定。三是仓单还是提取仓储物的凭证。在仓储合同中,存货人的主要权利就是提取仓储物。实践中,尽管存货人往往就是仓储物的所有人,但仓储关系并不考虑存货人是否为所有人,只要符合法定的或者约定的条件,保管人就要向存货人返还仓储物,存货人提取仓储物的主要依据就是仓单。存货人之所以可以凭借仓单提取仓储物,就是因为仓单是仓储合同的凭证。

如果仅仅将仓单定性为债权凭证,尚不足以使仓单区别于入库单、提货单,因为入库单有收货凭证的功能,提货单也有提货凭证的功能。使仓单区别于入库单、提货单的是,其同时还兼具物权凭证性质,即拥有仓单就相当于拥有仓储物,转让仓单也就相当于转让仓储物。就此而言,仓单的性质类似于提单。只是与提单在实践中相对较为规范不同,仓单因为主客观方面的原因,在实践操作中相对比较混乱,可谓乱象丛生。青岛港事件是仓单乱象的集中体现。在青岛港事件中,德正系名下的德诚公司,通过贿赂仓储公司工作人员出具虚假或超出库存数量的仓单等文件,并通过重复质押或者将上述伪造的仓单质押给银行的方式,骗取 13 家银行贷款、信用证、承兑汇票共计数十亿元。在该事件中,既有空单质押(当事人在没有对应仓储物的情况下伪造仓单进行质押),又有重复质押(同一仓储物上开具数份仓单并设立数个质权),再加上针对同一仓储物既设立仓单质押又设立仓储物质押等情形,仓单质押领域的乱象可想而知。

　　造成仓单乱象的原因是多方面的,其中客观方面的原因包括以下几个方面:一是仓单质押立法不够明确。《民法典》第 441 条规定,仓单质押,质权自权利凭证交付质权人时设立;没有权利凭证的,质权自办理登记时设立。该条并未规定仓单质押是否需要背书,且仓单本身就是物权凭证,从该条的文义看,似不能以登记作为公示方法,在缺乏足够手段确保仓单与仓储物保持一致的情况下,这一规定为仓单乱象埋下了制度隐患。二是缺乏统一的行业惯例。中国仓储与配运协会和中国物资储运协会关于仓单的标准并不统一,且对会员也缺乏足够的约束力,导致各仓储公司出具的仓单的格式、要素都不完全一致,几乎可以说是各行其是,加剧了仓单乱象。三是提单对应的货物往往是在途货物,因而单货可以说是天然分离的,因而一般不会出现"单货同质""一货多单""一单多货"等现象。而仓储物作为储存在仓库中的货物,由仓储公司保管,同时仓储公司又负责出具仓单,在利益诱惑下,不能排除个别仓储公司的员工伪造仓单、重复开具仓单的可能。当然,存货人与仓储企业的恶意串通往往是仓单乱象主观方面的主要原因。

　　针对仓单乱象,《民法典担保制度解释》第 59 条尝试从源头化解:一是规定仓单质押的条件,如参照汇票质押的规定,明确需要背书、签章加交付;二是鼓励通过登记确定清偿顺序;三是加重出质人与仓储方的责任。在司法解释起草过程中,曾经考虑过参照《票据法》有关绝对必要事项、相对必要事项的规定,将《民法典》第 909 条规定的仓单记载事项确定为必要记载事项,进而统一仓单的认定标准。但如此以来,一者似有僭越立法之嫌,不符合司法解释的定位;二者行业惯例的形成,最好还是委诸行业协会的自律,司法解释不可贸然干预。综合考虑以上因素,该司法解释最终放弃了此种规定。此外,起草者还曾经考虑过规定电子仓单质押,因为仓单乱象在很大程度上源于纸质仓单,从根本上解决这一问题有赖于运用现代技术手段,在确保单货一致的情况下,通过背书或者登记解决。考虑到电子仓单不过是仓单形式的一种,适用仓单的有关规定就可以了,没必要专门作出规定,因而最终也没有规定电子仓单质押。但从发展趋势看,电子仓单应当是仓单质押未来的主要形式。

另外,司法解释要解决现实问题,为此《民法典担保制度解释》第59条从重复质押、单货同时押带等问题出发,对其清偿顺序作出了规定,而这就有必要确定仓单的权利性质。根据《民法典》第441条之规定,权利质押应视此种权利有无权利凭证而异其公示方法:有权利凭证的,以交付权利凭证为公示方法;没有权利凭证的,以登记作为公示方法。从解释论的角度看,某一种权利,要么有权利凭证,要么没有权利凭证,从而在交付与登记中只能择一作为公示方法,不存在既以交付作为公示方法又以登记作为公示方法的问题。一般来说,纸质仓单本来就是权利凭证,只能以交付为公示方法。电子仓单理论上说只不过是仓单的书面形式,仓单进入债权人指定的特定系统即为交付,因而其完全可以将交付作为公示方法。但考虑到仓单乱象在很大程度上是因缺乏公示方法尤其是登记制度所致,在《国务院关于实施动产和权利担保统一登记的决定》(国发〔2020〕18号)第2条明确将仓单纳入动产和权利担保统一登记的范围的情况下,可以将电子仓单例外地视为没有权利凭证的仓单,从而以登记作为仓单质押设立的公示方法。也就是说,在仓单质押领域,可以兼采交付和登记两种公示方法。其中,设立纸质仓单质押除了需要有质押合同外,还需要具备以下要件:一是在仓单上以背书记载"质押"字样。背书记载要符合背书连续的要求,最初的背书人是存货人。在仓单通过背书转让的情况下,被背书人是仓单的受让人。基于仓单物权凭证的性质,凡是仓单的合法持有人,都可以主张仓单项下的权利——主要是提取仓储物的权利。二是必须要由保管人签章,具体要求可以准用《票据法》有关签章的规定。三是仓单必须要交付质权人。

在将仓单作为物权凭证的情况下,仓单本身就相当于仓储物。根据一物一权理论,不应同时设立仓单质押和仓储物质押。但如前所述,基于同一仓储物或者仓单设立的相冲突的担保物权在实践中并不少见,主要表现为:一是出质人既以仓单出质,又以仓储物设立包括动产质押、动产抵押等在内的担保;二是保管人为同一仓储物签发多份仓单,出质人在多份仓单上设立多个仓单质权,该多个仓单质押既可能是以交付作为公示方法的质权,也可能是以登记作为公示方法的质权。为鼓励当事人去办理登记,从而避免出现仓单乱象,在司法解释起草过程中,曾经考虑过根据以下规则确定清偿顺序:有登记的担保物权的,登记的担保物权优先;没有登记的担保物权的,仓单质押优先;能够确定取得仓单的先后顺序的,最先取得仓单的债权人优先。但鉴于《民法典》第 414 条、第 415 条已经对担保物权之间的清偿顺位规则作出了明确规定,《民法典担保制度解释》第 59 条最终根据这两条规则精神,作出以下规定:一是应当按照公示先后确定清偿顺序,这里的公示既包括交付也包括登记;二是难以确定先后的,按照债权比例清偿。

5. 例外规则

在同一财产上存在数个公示方法不相同的担保物权时,应当依据公示先后确定担保物权的清偿顺序。本条确立的前述规则与《民法典》第 414 条在原理上一脉相承,共同构成担保物权清偿顺序的一般规则。但该规则有两大例外:一是《民法典》第 416 条规定的价款超级优先权例外;二是留置权例外。《民法典》第 456 条规定:"同一动产上已经设立抵押权或者质权,该动产又被留置的,留置权人优先受偿。"该条确立了留置权优先的例外规则。也就是说,尽管在确定在同一财产上设立的抵押权或质权的清偿顺序时仍然要考虑公示先后,但就其与留置权的清偿顺序来说,即便留置权以占有为其公示方法,且设立在后,其效力仍优于在先设立的质权或抵押权,具体理由容在相关条款详述。

(二)适用情况

鉴于本条系新增规定,故相关案例较少。而此前一直被沿用的《担保法解释》第 79 条的规定又已不再适用,故直接适用本条规定的案例并不多见。但如果将本条规定的精神概括为在同一财产上设定采取不同公示方法的担保物权时,应当依据公示先后确定担保权的清偿顺序,则相关问题并不少,实践中尤以仓单质押的乱象为甚。从仓单质押的问题看,集中体现在电子仓单权的设立标准、仓单出质后又以仓储物设定担保应如何确立清偿顺位、签发多份仓单并设定多个仓单质权如何确立清偿顺位、仓单质权未设立时监管人应否承担责任以及如何承担责任等问题。

【司法解释及规范性司法文件】

（一）司法解释

《最高人民法院关于适用〈中华人民共和国民法典〉有关担保制度的解释》（法释〔2020〕28号,2020年12月25日通过）

第五十九条　【仓单质押】存货人或者仓单持有人在仓单上以背书记载"质押"字样,并经保管人签章,仓单已经交付质权人的,人民法院应当认定质权自仓单交付质权人时设立。没有权利凭证的仓单,依法可以办理出质登记的,仓单质权自办理出质登记时设立。

出质人既以仓单出质,又以仓储物设立担保,按照公示的先后确定清偿顺序;难以确定先后的,按照债权比例清偿。

保管人为同一货物签发多份仓单,出质人在多份仓单上设立多个质权,按照公示的先后确定清偿顺序;难以确定先后的,按照债权比例受偿。

存在第二款、第三款规定的情形,债权人举证证明其损失系由出质人与保管人的共同行为所致,请求出质人与保管人承担连带赔偿责任的,人民法院应予支持。

【适用要点】实践中,存在所谓"仓单乱象",即保管人就同一批货物开出数份仓单,导致存货人以仓单多次质押或者转让,或者保管人在开出仓单后,仍然允许存货人无单取货或者以货物再次进行质押、抵押等情况。究其原因,在于当事人对仓单的法律性质认识不够,进而对仓单质押的法律后果以及由此带来的法律责任不能作出正确的判断。为了明确仓单作为提货权凭证的法律地位,并通过司法裁判引导和规范仓单质押的实践,本条首先明确了仓单质押的成立要件,即仓单质押并非仅仅是交付仓单即可,而是应当进行质押背书并由保管人签名或者盖章;其次,在当事人既以仓单质押又以货物质押的情况下,明确了债权人的清偿顺序,即依公示的先后次序,如果无法认定先后次序,则依据登记优先未登记的规则和均无登记则仓单质押优先的规则来处理;再次,在数份仓单质押的情形下,明确由最先取得仓单的债权人受偿,如果无法认定先后次序,则由取得仓单质权的债权人平等受偿;最后,考虑到实践中上述问题的出现,往往是存货人与保管人共同侵权的结果,因此有过错的保管人应与存货人对因此受到损失的债权人承担连带赔偿责任。

（二）规范性司法文件

《全国法院民商事审判工作会议纪要》(法〔2019〕254 号,2019 年 11 月 8 日公布)

65.【动产抵押权与质权竞存】同一动产上同时设立质权和抵押权的,应当参照适用《物权法》第 199 条①的规定,根据是否完成公示以及公示先后情况来确定清偿顺序:质权有效设立、抵押权办理了抵押登记的,按照公示先后确定清偿顺序;顺序相同的,按照债权比例清偿;质权有效设立,抵押权未办理抵押登记的,质权优先于抵押权;质权未有效设立,抵押权未办理抵押登记的,因此时抵押权已经有效设立,故抵押权优先受偿。

根据《物权法》第 178 条规定的精神,担保法司法解释第 79 条第 1 款不再适用。

【适用要点】该条规定与《民法典》第 415 条一致,相较于第 415 条的条文表述,该条在确立规则的同时区分实践中的具体情况,对这一规则的具体适用进行了详细说明。

【典型案例】

（一）参考案例

甲银行与乙银行、第三人丙公司物权确认纠纷案②

【裁判要旨】认定完成登记的浮动抵押与质押的优先受偿顺位时,应当按照登记(或完成质物的转移占有等其他物权公示方式)在先原则确定。浮动抵押权自抵押合同生效时设立,采登记对抗主义,抵押财产范围自抵押财产确定之时确定。动产浮动质押中的质权自出质人交付质押财产时设立。

【编者评析】浮动抵押权自抵押合同生效时设立,自登记时具有对抗效力,无须考虑财产结晶,只是抵押财产范围自抵押财产确定之时确定。动产

---

① 《民法典》第 414 条。
② 该案系 2018 年度上海法院金融商事审判十大案例。

浮动质押中,质权自出质人交付质押财产时设立。债权人、出质人与监管人订立第三方监管协议并非质权设立方式。质物可以向质权人直接交付,也可以委托监管人依第三方监管协议间接交付,但债务人或第三人与债权人仅有设立质押的意思表示,虽形成合意,而未移交质物的,则质权不能设立。认定完成登记的浮动抵押与质押的优先受偿顺位时,应当按照登记(或完成质物的转移占有等其他物权公示方式)在先原则确定。

第四百一十六条　【动产购买价款抵押担保的优先权】动产抵押担保的主债权是抵押物的价款,标的物交付后十日内办理抵押登记的,该抵押权人优先于抵押物买受人的其他担保物权人受偿,但是留置权人除外。

【条文精解】

(一) 条文要点

本条是关于价款超级优先权的规定,是借鉴域外法制新增的规定。准确理解本条,要注意以下内容:

1. 典型交易场景及其正当性

要想理解本条规定的正当性,有必要先了解本条适用的典型交易场景。此种场景是:债权人银行甲与债务人乙签订浮动抵押合同,乙以其现有的以及将有的生产设备、原材料、半成品以及产品向甲提供担保。现乙还想再购入某一新的生产设备 A,如其再向甲贷款,基于其新购入的设备 A 仍将为浮动抵押的效力所及,故乙很难再提供新的抵押财产满足新的融资需求,通常情况下甲也不会再对乙发放新的贷款。在此情况下,乙拟向丙银行借款用以向丁购买 A 设备,同时以 A 为客体设定以丙为抵押权人的抵押权。该交易模式可以概括为:一是甲乙之间先设立了浮动抵押;二是丙与乙签订贷款合同;三是乙以从丙处借来的款项用于向丁购买设备 A;四是乙以 A 设备为客体向丙设立抵押权。

在前述交易中,如果认为甲的浮动抵押权在效力上及于 A,丙不享有优先于甲的权利,则因为 A 本就在浮动抵押的效力范围之内,在乙未提供新的担保财产的情况下,甲不会再向乙贷款。同理,不仅甲不会给乙贷款,其他像丙一样的银行同样不会向乙贷款。如此,乙就因浮动抵押的设立而堵死了未来融资的渠道。另外,从甲的角度看,其浮动抵押权在效力上及于新购入的设备 A,表面上看确实可能增加了浮动抵押的抵押财产,但因为乙缺乏新的担保品,导致实际上很难再购入设备 A。事实上,不仅乙难以购入新的设备,在乙的融资渠道被堵死的情况下,其也很难通过获得新的融资购入新的原材料、半成品、成品来增加生产能力与偿债能力,其结果是使甲的债权更难以得到实现。

反之,如赋予丙以价款优先权,使其享有优先于甲的权利,则既拓宽了乙的融资渠道,丙的债权也因乙增加的生产能力与偿债能力更易得到实现。而丙债权人的存在也促使其与甲之间产生良性竞争,有助于优化金融秩序。总之,价款超级优先权是与美式浮动抵押相伴相生的,其通过对浮动抵押强大效力的削弱,实现原抵押权人、抵押人以及购置款债权人之间的平衡。丙享有的价款优先权尽管晚于甲的浮动抵押设立,但在效力上却优先于在先设立且效力强大的浮动抵押,故学界也将其称为"超级优先权"。

2. 适用范围的扩张

《民法典》尽管引入了价款超级优先权制度,但在大陆法系区分"物权-债权""所有权-他物权"等形式主义传统下,即便引入了功能主义担保制度,也不可能构建一个统一适用于动产抵押、所有权保留、融资租赁等的价款优先权制度,而只能在抵押权制度中规定价款优先权。在我国《民法典》规定的框架下,价款优先权制度的适用范围在以下两个方面呈现出扩张趋势:

一是在功能上,从限制浮动抵押的效力扩张至防范抵押人的道德风险。价款优先权制度在一定程度上切断了浮动抵押权对新购入财产的效力,导致新购入的财产在价值上具有相对独立性。还以前举案例为例,抵押人乙将从丁处购得的 A 设备用于向新的贷款人丙提供担保后,依照本条规定,只要丙在标的物交付 10 日内去办理动产抵押登记,其就享有价款优先权。假如,此时乙在标的物交付后丙办理动产抵押登记前,又以 A 为担保品向戊融资并设定抵押权。此时,如果认为戊的抵押权优先于丙的价款优先权,则价款优先权会因抵押人乙的行为而落空。为防范抵押人的道德风险行为,有必要使价款优先权在效力上优先于抢先登记抵押权的戊的行为。如此,价款优先权的适用情形,除了前述适用抵押人设定了浮动抵押的通常情形外,还包括对抗抵押人的道德风险行为。《民法典担保制度解释》第 57 条第 2 款规定了此种并不常见的价款优先权的适用情形。相较于本条规定,可以说扩大了适用范围。

当然,如果乙以新购入的本已由丙享有价款优先权的设备 A 再向戊融资,在丙尚未依法办理抵押登记而乙又向其隐瞒事实时,戊很难通过查阅登记簿等行为发现风险。在法律规定丙的价款优先权优于本无任何过错的戊的抵押权的情况下,戊最稳妥的做法就是至少等上 10 日,看有无像丙这样的价款优先权人办理登记,进而决定应否向乙放款。如此一来,为防范道德风险而扩张适用了的价款优先权制度,反过来会影响交易安全和交易便捷。之所以会出现这样的情况,是因为我国尽管引入了价款优先权制度,但并未区分抵押人买入的是存货还是设备,一概规定办理登记的 10 天宽限期。而在美国法上,如果抵押人买入的是存货,鉴于买入存货会增加乙的责任财产,且存货也很容易变现,故债权人甲更可能基于存货的增加向乙发放新贷款。此时,如果为乙买入存货提供融资的债权人丙要想享有价款优先权,就必须要满足特别的要件,包括:(1)在向乙交付存货前就已办理登记;(2)书面通知在先设立浮动抵押的抵押权人甲,并应在通知中对库存品进行描述。可见,在美国法上,在抵押人买入存货场合,不适用货物交付后一定期限内再办理登记的规则。也就是说,该项规则主要适用于买入设备场合,因为在此情况下,原来的贷款银行甲向乙再次发放贷款的可能性比较低。应该说,美国法的此种做法能够较好地平衡各方当事人的利益,且也有利于保护交易安全和交易秩序。奈何本条规定了办理登记的宽限期为 10 天,作为司法解释又不可能绕开本条有关宽限期的规定。于是《民法典担保制度解释》第 57 条第 2 款为防范抵押人的道德风险而扩大价款优先权适用范围的同时,难免留下了遗憾,只能留待未来的司法实践进一步完善甚至修改了。

二是享有价款优先权的债权人,从抵押人的贷款债权人扩及新购入动产的出卖人、融资租赁合同的出租人。此种变化,本质上是从作为典型担保的动产抵押权扩及作为非典型担保的所有权保留、融资租赁。本条规定的债权人,并不是与抵押人直接从事买卖交易的当事人,而仅是为抵押人购置新的财产提供融资的债权人。但从比较法的规定看,更为常见的反而是直接与抵押人进行交易的当事人,包括:(1)买卖合同项下保留标的物所有权的出卖人;(2)在融资租赁合同中,将租赁物租给抵押人的出租人。值得探讨的是,《民法典担保制度解释》第 57 条第 1 款第 1 项规定,此种债权人还包括“在该动产上设立抵押权”的出卖人。也就是说,出卖人将财产卖给抵押人后,抵押人又以该动产为出卖人设定抵押权,以保障其价金债权的实现。从理论上看,此种交易模式确有存在的可能。但在《民法典》已将所有权保留视为具有担保功能的合同,《民法典担保制度解释》也已将价款优先权从动产抵押扩及所有权保留的情况下,此种模式完全可为所有权保留所替代。从这一意义上说,《民法典担保制度解释》第 57 条第 1 款将价款优先权从动产抵押扩及所有权保留、融资租赁,同样扩张了本条的适用范围。

综上,《民法典担保制度解释》从前述两个方面扩张了价款优先权的适用范围,故准确理解该制度,除了要全面理解本条规定的精神外,还要准确理解《民法典担保制度解释》第 57 条之规定。此外,鉴于价款优先权是个纯粹的舶来品,故只有全面了解美国《统一商法典》以及《联合国动产交易担保立法指南》等比较法的规定,才能准确把握价款优先权的精神内核。

3. 适用条件及其限制

购买价金担保权超优先顺位规则奉行"后登记者优先",虽属一般优先顺位规则的例外,但也破坏了信贷担保规则的既有体系,应予严格使用。根据《民法典》第 416 条的规定并结合《民法典担保制度解释》第 57 条之规定,适用价款优先权规则应满足以下条件:

一是须先设立了浮动抵押。因为浮动抵押的效力及于未来物,所以才有必要通过价款优先权制度阻断其效力。如果抵押人设立的不是浮动抵押,而是一般的动产抵押,则因为抵押财产本身是特定的、确定的,不存在及于新购入的动产的问题,因而也不需要通过价款优先权制度进行保护。

二是须在新购入的动产上设立担保权。对于新"购入"的动产,应作广义理解,它并不限于一般的买卖,还包括保留所有权买卖、融资租赁。价款优先权要求债权人须在新购入的财产上设有担保,而不是在原有的财产上设定担保。故在前举案例中,新的债权银行丙向乙发放贷款,但如并未以乙新购入的设备 A 设定担保,而是以原有的已经被浮动抵押所涵盖的动产设定担保的,其就不享有价款优先权,而只能依据《民法典》第 414 条之规定,就该同一动产劣后于已经办理了登记的浮动抵押权人受偿。抵押人新购入动产,须在实质上增加了其责任财产,进而增强其偿债能力。在抵押人以融资租赁方式承租动产时,此种租赁方式应该主要指的是直租,不包括售后回租。因为在售后回租中,抵押人是以将自己所有的财产出让给他人后再租回来的方式进行融资,其使用的仍然是已被纳入浮动抵押范畴的担保品,并未通过此种交易使抵押人的责任财产获得实质增加,因而也就不存在在新购入的动产上设立担保权的问题。至于在新购入的动产上设立的担保权,不仅包括动产抵押权,还包括所有权保留、融资租赁等非典型担保。

三是从所担保的债权性质看,主要是与抵押人直接从事交易的当事人在本交易项下享有的价金债权,包括:买卖合同中出卖人享有的价金债权,其可通过以出让给买受人的该标的物为客体设定抵押权或所有权保留等方式来保障价金债权的实现;融资租赁合同项下出租人享有的租金。前两类债权的共同点是,债权人都是与抵押人直接进行交易并以交易标的物本身作为担保品担保价金债权实现的人。与前两类债权不同,本条规定的是另一种情形,即抵押人通过向新的债权人融资,在以融资款购入新的动产后,以该动产为客体为债权人提供担保。二者的区别在于:其一,前者抵押人与债权人之间系买卖或融资租赁交易,后者抵押人与债权人之间往往系借贷关系。其二,前者抵押人与债权人直接从事以标的物为客体的交易,后者抵押人以所得融资款再从出卖人、出租人那"购入"动产。其三,前者担保的是价金债权,且往往只有一份合同,后者担保的是借贷之债,于此之外还会另行设定抵押权。其四,前者债权人往往通过所有权保留、融资租赁等非典型担保方式确保价金债权的实现,后者只能设立抵押权等典型物保,无非典型担保存身的空间。

在后者场合,即抵押人在向新的债权人借贷,进而以所得价款购买新的动产后,以该动产为客体向债权人设定抵押权场合,会涉及借贷和购买的关系问题。实践中包括以下情形:其一,债权人已实际发放贷款,抵押人也已用所得款项购买新的动产。此时,只要有证据证明贷款确实用于购买标的物,即便借款合同并未记载贷款的用途是为债务人购置标的物,也不影响债权人享有价款优先权。其二,债务人已经从出卖人处购得新的动产,且并未为出卖人设立担保权;此后债务人从贷款人处获得贷款,并以该新取得的动产为贷款人设定担保权,并将贷款支付予出卖人的,此时贷款人是否享有价金优先权,值得探讨。本书认为,关键要看当事人之间是否将购置标的物的买卖交易和贷款交易作为一个完整交易的两个密不可分的阶段。如债务人取得贷款人的贷款承诺后购置新的动产,并最终以从贷款人处取得的贷款偿还出卖人的价款,贷款人即享有价金优先权。反之,如债务人并未获得贷款人明确的贷款承诺,只是有希望获得该笔贷款,则贷款人并不享有价金优先权。

四是关于办理登记的宽限期。依据本条规定,享有价款优先权的债权人应在标的物交付后 10 日内办理动产担保登记,这是购买价金担保权取得超优先顺位的程序要件。从办理宽限期的天数看,美国是 20 日,加拿大、澳大利亚均为 15 日,新西兰是 10 个工作日。另外,在比较法上,承认和规定了价款优先权的国家和地区,大多区分标的物是否为存货而作不同处理。宽限期规定一般仅适用于标的物非为存货的情形,在标的物为存货时,为了保护在先的浮动抵押权人的利益,大多国家和地区规定,仅在购买价金担保权人向担保人交付存货之前即已登记,且书面通知了在先登记的非购买价金担保权人的情形之下,购买价金担保权人才能取得超优先顺位。也就是说,就存货提供购买价金融资的担保权人并不享有宽限期的恩惠。

值得注意的是,《民法典》第 416 条所称"标的物交付"应限缩解释为移转标的物所有权意义上的交付。如债务人基于试用买卖而受领标的物的交付的,就不宜从受领之时开始计算宽限期。因为试用买卖的买受人在试用期内可以购买标的物,也可以拒绝购买。买受人拒绝购买的,自无购买价金担保权发生的空间;在试用期内买受人(债务人)决定购买标的物的,应自该日起计算宽限期;试用期间届满,买受人对是否购买标的物未作表示的,视为购买,此时从试用期间届满之日起计算宽限期。

4. 价款优先权的效力

价款优先权的效力体现在以下几个方面:

一是具有特殊的优先受偿效力。买卖价款抵押权突破了《民法典》第414 条、第 415 条的顺位规则,尽管其设立和登记在后,但是优先于在先设立的担保物权,主要是指买受人此前设立的浮动抵押,例外情况下也包括买受人取得动产后立即为他人设立的担保物权。

二是价款优先权劣后于留置权。即使动产的价款优先权已经完成登记,如果同一动产之上还存在留置权,则留置权效力优先。留置权属于法定担保物权,而抵押权属于意定担保物权,留置权人作为正常交易的主体,在提供服务时一般来说并无审查动产上是否存在抵押权的义务,否则将极大地增加交易成本,不符合现实要求;此外留置权人的服务使动产价值增加,如果不赋予留置权优先效力,无异于用留置权人的劳动和服务,为动产上其他抵押权人增加抵押财产价值,对留置权人显属不公。故买卖价款抵押权与留置权竞存的情况下,仍为留置权优先。

三是数个价款优先权竞存时的优先顺位规则。如两个商业银行分别为债务人提供部分购置款的贷款;再如贷款人向买受人提供信贷以使买受人得以支付标的物的首付款,出卖人也就该标的物价款的其余部分向买受人提出信用支持。如这些担保权人均在宽限期内登记了动产担保权,彼此之间的优先顺位如何确定? 美国法和加拿大法上规定,出卖人的价金优先权优先于贷款人的价金优先权;贷款人的价金优先权、融资租赁交易中出租人的价金优先权地位平等,依优先顺位的一般规则即先登记者优先处理。之所以优先保护出卖人的价金优先权,主要原因在于,与贷款人相比,出卖人分配融资损失的能力较弱。归根到底,出卖人所受损失体现在丧失其本来享有所有权的财产,而贷款人所承担的风险则为不能就其并不享有所有权的财产的变价款受偿。两者之间,出卖人更值得同情。本书认为,尽可能同等对待信用提供者已经成为《民法典》的政策选择,就为购置标的物提供融资的所有交易而言也应坚持平等对待原则。《民法典担保制度解释》第 57 条第 3 款规定:"同一动产上存在多个价款优先权的,人民法院应当按照登记的时间先后确定清偿顺序。"该规定显然采纳了所有的价款优先权平等对待原则。

(二)适用情况

本条是《民法典》新增规定,此前无相应的司法实践,相关问题还有待进一步总结归纳。

【司法解释及规范性司法文件】

(一)司法解释

《最高人民法院关于适用〈中华人民共和国民法典〉有关担保制度的解释》(法释[2020]28 号,2020 年 12 月 25 日通过)

第五十七条　【价款超级优先权】担保人在设立动产浮动抵押并办理抵押登记后又购入或者以融资租赁方式承租新的动产,下列权利人为担保价款债权或者租金的实现而订立担保合同,并在该动产交付后十日内办理登记,主张其权利优先于在先设立的浮动抵押权的,人民法院应予支持:

(一)在该动产上设立抵押权或者保留所有权的出卖人;

(二)为价款支付提供融资而在该动产上设立抵押权的债权人;

(三)以融资租赁方式出租该动产的出租人。

买受人取得动产但未付清价款或者承租人以融资租赁方式占有租赁物但是未付清全部租金,又以标的物为他人设立担保物权,前款所列权利人为担保价款债权或者租金的实现而订立担保合同,并在该动产交付后十日内办理登记,主张其权利优先于买受人为他人设立的担保物权的,人民法院应予支持。

同一动产上存在多个价款优先权的,人民法院应当按照登记的时间先后确定清偿顺序。

【适用要点】该条扩大了《民法典》第 416 条有关价款优先权的适用范围,包括三层含义:一是第 1 款将《民法典》第 416 条规定的享有价款优先权的债权人,从抵押人的贷款债权人扩及新购入动产的出卖人、融资租赁合同的出租人。本质上是将适用范围从作为典型担保的动产抵押权扩及作为非典型担保的所有权保留、融资租赁。二是第 2 款将价款优先权的适用范围从限制浮动抵押扩及防范抵押人的道德风险。三是明确了数个价款优先权竞存时,依据担保物权的一般规则即登记先后来确定优先权的顺位。

第四百一十七条　【抵押权对新增建筑物的效力】建设用地使用权抵押后,该土地上新增的建筑物不属于抵押财产。该建设用地使用权实现抵押权时,应当将该土地上新增的建筑物与建设用地使用权一并处分。但是,新增建筑物所得的价款,抵押权人无权优先受偿。

【条文精解】

(一)条文要点

本条是关于建设用地使用权抵押权的效力不及于新增建筑物的规定,基本沿袭了《物权法》第 200 条之规定,仅将“但”修改为“但是”。准确理解本条规定,要注意以下内容:

1. 现状抵押规则及其具体化

本书曾在对《民法典》第 397 条的释义中详细论及房地一体规则,指出其包括权属确定以及权属变动方面的房地一致、房地一体抵押以及在查冻扣场合的房地一体等方面内容。其中,就房地一体抵押来说,又包括房地同押、法定抵押、现状抵押以及一并处置等规则。本条是其中的现状抵押规则的具体体现,包括两种情形:一是在光地抵押场合,即抵押权设立时其上并无建筑物的,抵押权的效力仅及于建设用地使用权,不及于抵押权设立后新增的建筑物。正因如此,即便新增建筑物系违法建筑,也不能以土地上存在违法建筑为由否定在先设立的土地使用权抵押的效力。二是当事人尽管仅以建设用地使用权抵押,但抵押权设定时其上已经有建筑物或在建工程的,基于法定抵押规则,抵押权的效力仅及于土地上已有的建筑物以及在建工程的已完成部分,不包括续建部分、新增建筑物以及规划中尚未建造的建筑物。总之,本条有关建设用地使用权抵押权的效力不及于新增建筑物的规定,从表面上看似乎是房地一体抵押规则的例外,实则是该规则的具体化。

值得探讨的是,现状抵押的“现状”指的是办理抵押登记之时还是签订抵押合同之时?之所以会产生这一问题,是因为《城市房地产管理法》的规定与本条规定不一致,该法第 52 条规定:“房地产抵押合同签订后,土地上新增的房屋不属于抵押财产。需要拍卖该抵押的房地产时,可以依法将土地上新增的房屋与抵押财产一同拍卖,但对拍卖新增房屋所得,抵押权人无权优先受偿。"可见,该法将房地产抵押合同签订之时作为确定现状抵押的时点,而本条则将时点确定为"建设用地使用权抵押后"。鉴于建设用地使用权抵押采登记生效主义,故当事人签订抵押合同时抵押权并未设立,而只有在办理抵押登记后才设立,可见二者在时点上是有区别的。本书认为,应优先适用《民法典》的规定,即以办理抵押权登记之时作为判断该土地现状的时点,进而判断哪些建筑属于土地使用权抵押的效力范围,哪些则因其属于新增建筑而在抵押权效力范围之外。主要理由为:如果抵押权都尚未有效设立,就谈不上其效力所及问题,故以办理抵押登记之时作为判断时点是符合登记生效主义的原理的。

如前所述,本条所谓的"新增的建筑物",既包括光地抵押情况下新增的在建工程或完整建筑物,也包括土地使用权抵押设立后在建工程的续建部分、新增建筑物等形式。实务中,抵押权人主张其对建设用地使用权及其地上或地下建筑物享有抵押权的,负有证明该建设用地上存在建筑物的初步举证责任。若抵押人抗辩该建筑物属于新增的建筑物及不属于抵押财产,按照"谁主张、谁举证"原则,抵押人应举证证明建筑物系建设用地使用权抵押设立后新增的建筑物。实际上,相对于抵押权人,抵押人作为所有人对新增建筑物的建设时间具有更强的举证能力。

2. 关于新增建筑物一并处分问题

《民法典》第356条规定:"建设用地使用权转让、互换、出资或者赠与的,附着于该土地上的建筑物、构筑物及其附属设施一并处分。"一般来说,建设用地上存在建筑物的,处分建设用地使用权时,只有将建筑物一并处分,才能实现建设用地使用权的使用价值和交换价值,并避免建筑物出现"空中楼阁"的尴尬现象。而无论建设用地使用权抵押权采取拍卖、变卖还是折价的实现方式,均面临上述问题。故本条规定建设用地使用权实现抵押权时,应将该土地上新增的建筑物一并处分。

由于新增建筑物不属于抵押财产,故就新增建筑物拍卖、变卖或折价所得价款,抵押权人仅能作为普通债权人进行受偿,而不享有优先受偿权。

(二)适用情况

本条主要用于确定以土地使用权抵押时,其上的房屋是否属于抵押财产的范围,核心是要掌握现状抵押原则,而判断现状的时点则是办理抵押权登记之时。至于具体的案件类型,可以是一般债权人请求排除抵押权人执行的执行异议之诉案件,也可以是在一般的债权纠纷中请求债权人确认是否对某项财产优先受偿。依据本条规定判断某项财产是否属于抵押财产后,进而确定是否属于抵押权的效力范围,从而作出相应裁判。

【相关法律、行政法规】

(一)相关法律

1.《中华人民共和国民法典》(2020 年 5 月 28 日通过)

第三百九十七条　【建筑物与建设用地使用权同时抵押规则】以建筑物抵押的,该建筑物占用范围内的建设用地使用权一并抵押。以建设用地使用权抵押的,该土地上的建筑物一并抵押。

抵押人未依据前款规定一并抵押的,未抵押的财产视为一并抵押。

【适用要点】该条与《民法典》第 417 条均系"房地一体"抵押规则的具体表现,二者互为表里,故应当将其放在一起进行理解。

2.《中华人民共和国城市房地产管理法》(1994 年 7 月 5 日通过,2019 年 8 月 26 日修正)

第五十二条　【抵押权对新增房屋的效力】房地产抵押合同签订后,土地上新增的房屋不属于抵押财产。需要拍卖该抵押的房地产时,可以依法将土地上新增的房屋与抵押财产一同拍卖,但对拍卖新增房屋所得,抵押权人无权优先受偿。

【适用要点】该条也是关于抵押权效力不及于新增房屋的规定,其精神基本与《民法典》第 417 条一致。不同之处在于,判断新增的建筑物是否属于抵押财产范围的基准时点不一致。《民法典》第 417 规定的是"建设用地使用权抵押后",而该条规定的是"房地产抵押合同签订后"。考虑到只有抵押权有效设立后,才谈得上其效力所及问题,故应以办理抵押登记之时作为判断时点。

【司法解释及规范性司法文件】

(一)司法解释

《最高人民法院关于适用〈中华人民共和国民法典〉有关担保制度的解释》(法释〔2020〕28号,2020年12月25日通过)

第四十九条　【违法建筑物抵押】以违法的建筑物抵押的,抵押合同无效,但是一审法庭辩论终结前已经办理合法手续的除外。抵押合同无效的法律后果,依照本解释第十七条的有关规定处理。

当事人以建设用地使用权依法设立抵押,抵押人以土地上存在违法的建筑物为由主张抵押合同无效的,人民法院不予支持。

【适用要点】该条是有关违法建筑物抵押的规定,应当区别两种情形:一是当事人仅以土地使用权抵押,抵押权设立后才有违法建筑的,依据现状抵押规则,抵押权的效力不及于违法建筑,故当然也不能以土地上存在违法建筑为由主张抵押合同或抵押权设立无效。二是土地使用权抵押设立时,其上就有违法建筑的,依据法定抵押规则,鉴于抵押权的效力包括违法建筑,依据本条第1款规定,应当认定抵押合同无效,除非当事人在一审法庭辩论终结前办理了合法手续。

第五十一条　【房地一体抵押】当事人仅以建设用地使用权抵押,债权人主张抵押权的效力及于土地上已有的建筑物以及正在建造的建筑物已完成部分的,人民法院应予支持。债权人主张抵押权的效力及于正在建造的建筑物的续建部分以及新增建筑物的,人民法院不予支持。

当事人以正在建造的建筑物抵押,抵押权的效力范围限于已办理抵押登记的部分。当事人按照担保合同的约定,主张抵押权的效力及于续建部分、新增建筑物以及规划中尚未建造的建筑物的,人民法院不予支持。

抵押人将建设用地使用权、土地上的建筑物或者正在建造的建筑物分别抵押给不同债权人的,人民法院应当根据抵押登记的时间先后确定清偿顺序。

【适用要点】该条是有关房地一体抵押的规定,其中第1款规定,仅以建设用地使用权抵押的,抵押权的效力及于土地上已有的建筑物以及在建工程已完成部分,但不及于在建工程的续建部分以及新增建筑物,该规定属于《民法典》第417条有关抵押权的效力不及于新增建筑物的具体化。

(二)规范性司法文件

《全国法院民商事审判工作会议纪要》(法〔2019〕254 号,2019 年 11 月 8 日公布)

61.【房地分别抵押】根据《物权法》第 182 条[①]之规定,仅以建筑物设定抵押的,抵押权的效力及于占用范围内的土地;仅以建设用地使用权抵押的,抵押权的效力亦及于其上的建筑物。在房地分别抵押,即建设用地使用权抵押给一个债权人,而其上的建筑物又抵押给另一个人的情况下,可能产生两个抵押权的冲突问题。基于"房地一体"规则,此时应当将建筑物和建设用地使用权视为同一财产,从而依照《物权法》第 199 条[②]的规定确定清偿顺序:登记在先的先清偿;同时登记的,按照债权比例清偿。同一天登记的,视为同时登记。应予注意的是,根据《物权法》第 200 条[③]的规定,建设用地使用权抵押后,该土地上新增的建筑物不属于抵押财产。

【适用要点】该规定对房地分别抵押场合如何认定抵押权的效力范围具有积极意义,但鉴于其已被《民法典担保制度解释》第 51 条吸收并细化,《民法典》施行后不再具有适用意义。

【典型案例】

(一)参考案例

1. 大连舒心门业有限公司与中信银行股份有限公司大连甘井子支行、大连国滨企业发展总公司案外人执行异议之诉案【最高人民法院(2015)民申字第 16 号】

【裁判要旨】案涉租赁合同约定,租赁物范围为国滨公司拥有的案涉土地使用权及地上厂房,其中包含了仓库 3500 平方米。舒心门业不能证明该房屋系舒心建材投资建设于案涉抵押权设定之后的事实。即使认定土地使用权抵押后该土地上新增建筑物不属于抵押财产下,在抵押权人就该土地使

---

① 《民法典》第 397 条。
② 《民法典》第 414 条。
③ 《民法典》第 417 条。

用权实现抵押权时,人民法院亦应当依法将该土地上新增的建筑物与土地使用权一并处分,故舒心门业所持案涉地块上 3500 平方米仓库不属于抵押财产范畴的理由,不能产生阻却人民法院对该土地使用权及地上房屋采取执行措施的法律效果。

2. 宁安市农村信用合作联社等与历宗义等执行人执行异议之诉案【黑龙江省高级人民法院(2017)黑民终 73 号】

【裁判要旨】信用社对于案涉房屋土地使用权所享有的抵押权合法有效,对抵押土地使用权享有优先受偿权已经生效法律文书确认,根据《物权法》第 200 条①规定,该土地上新增建筑物即案涉房屋不属于抵押财产,土地使用权实现抵押权时,可以将该土地上新增建筑物与土地使用权一并处分,但对于新增建筑物所得价款部分无权优先受偿。因此,信用社对于案涉房屋不享有抵押权,虽然其可以申请法院将案涉房屋与土地使用权一并处分,但信用社对案涉房屋价款部分无权优先受偿。

而在人民法院基于信用社申请对土地使用权及地上房屋一并查封之前,案涉房屋已经出售给历宗义。历宗义作为房屋买受人,在人民法院查封前已签订合法有效的买卖合同,支付全部价款并合法占有使用,对于未办理产权证不存在过错,根据《查扣冻规定》第 17 条②规定,历宗义对案涉房屋的物权期待权可以排除对于案涉房屋的强制执行。因此,信用社主张对案涉房屋继续执行,本院不予支持。

3. 中国华融资产管理股份有限公司江西省分公司与江西君融华业置业有限公司、鹰潭隆鑫商贸投资运营建设有限公司合同纠纷案【江西省高级人民法院(2017)赣民初 69 号】

【裁判要旨】《物权法》第 200 条规定:建设用地使用权抵押后,该土地上新增的建筑物不属于抵押财产。该建设用地使用权实现抵押权时,应当将该土地上新增的建筑物与建设用地使用权一并处分,但新增建筑物所得的价款,抵押权人无权优先受偿。根据上述规定,即使在建工程的土地使用权已先行设定抵押,并不导致在后设定的在建工程抵押无效,土地使用权抵押与在建工程抵押分别对各自抵押财产优先受偿。

---

① 《民法典》第 417 条。下同。
② 2020 年修正的《查扣冻规定》第 15 条。

　　《物权法》第 199 条①规定:同一财产向两个以上债权人抵押的,拍卖、变卖抵押财产所得的价款依照下列规定清偿:(一)抵押权已登记的,按照登记的先后顺序清偿;顺序相同的,按照债权比例清偿;(二)抵押权已登记的先于未登记的受偿;(三)抵押权未登记的,按照债权比例清偿。为此,即使本案在建工程如设定了其他抵押,只是涉及华融江西公司可优先受偿的实际债权数额及优先受偿的顺序,并不影响本案抵押的效力。因此,君融公司关于在建工程土地使用权及该在建工程另行设定其他抵押、华融江西公司不能主张优先受偿的抗辩,不能成立。

---

① 《民法典》第 414 条。

第四百一十八条 【实现集体土地使用权抵押权的限制】以集体所有土地的使用权依法抵押的,实现抵押权后,未经法定程序,不得改变土地所有权的性质和土地用途。

【条文精解】

(一)条文要点

本条是关于实现集体土地使用权抵押权时,不得改变土地所有权的性质和土地用途的规定,是对实现此种抵押权的限制性规定,系由《物权法》第201条修改而成。与该条相比,本条将《物权法》第201条有关"依照本法第一百八十条第一款第三项规定的土地承包经营权抵押的,或者依照本法第一百八十三条规定以乡镇、村企业的厂房等建筑物占用范围内的建设用地使用权一并抵押的"的规定修改为"以集体所有土地的使用权依法抵押的"。理解本条应注意以下几点:

1. 关于可得抵押的集体土地使用权

《民法典》第399条第1项明确规定,土地所有权不能抵押,集体土地所有权也概莫能外,故能够用于抵押的只能是集体土地使用权。根据土地用途的不同,集体土地使用权可以分为农业用地和建设用地两大类。农业用地中,以家庭方式承包农村土地取得的土地承包经营权,以招标、拍卖、公开协商等其他方式承包农村土地取得的土地经营权,以及受让方通过流转取得的土地经营权,依法可以设定抵押。但自留山、自留地具有较强的社会保障属性,基于公共政策的考虑,不允许作为抵押财产。

集体建设用地使用权,除《土地管理法》第63条规定的集体经营性建设用地使用权在符合一定的条件或程序时可以设定抵押外,宅基地使用权,乡镇、村企业用地使用权不得单独抵押,但以其上的住宅、厂房等建筑物抵押的,抵押权及于其下的宅基地使用权,乡镇、村企业用地使用权。乡镇、村公共设施和公益事业用地使用权不得单独抵押,其上的建筑物因其具有公益属性,也不得设定抵押,此点使其区别于乡镇、村企业用地使用权。

2. 未经法定程序,不得改变集体用地的性质和用途

我国的土地管理法律法规对于集体土地所有权性质和用途改变需要满足的条件和程序,都作出了详细的规定。抵押权实现后,如欲改变集体土地所有权性质或用途,需要满足相应的条件和程序。例如,《土地管理法》第 44 条规定,建设占用土地,涉及农用地转为建设用地的,应当办理农用地转用审批手续。永久基本农田转为建设用地的,由国务院批准。在土地利用总体规划确定的城市和村庄、集镇建设用地规模范围内,为实施该规划而将永久基本农田以外的农用地转为建设用地的,按土地利用年度计划分批次按照国务院规定由原批准土地利用总体规划的机关或者其授权的机关批准。在已批准的农用地转用范围内,具体建设项目用地可以由市、县人民政府批准。在土地利用总体规划确定的城市和村庄、集镇建设用地规模范围外,将永久基本农田以外的农用地转为建设用地的,由国务院或者国务院授权的省、自治区、直辖市人民政府批准。

应当注意的是,抵押权的实现,同样应当以不改变或危害土地所有权性质和用途的方式实现。此类改变土地所有权性质和用途的方式较为隐蔽,因此应当在审判实践中特别注意。对于集体所有土地的使用权上设定的抵押权,基于保障农地用途以及农民土地承包经营权不丧失的要求,在抵押权的实现方式上有特殊要求。例如,目前我国法定的抵押权实现方式包括折价、拍卖、变卖等方式。已有学者指出,折价的方式显然不适合在土地经营权抵押权实现中适用,因为这样会使得商业银行取得土地经营权,不符合商业银行的经营目的和经营能力。这种由商业银行直接取得土地经营权的实现方式,有可能将大量土地经营权集中于不具备农业经营能力的金融机构,导致农业用地事实上的"非农化"从而导致农地用途事实上的改变,需要警惕。因此,尽管通过法定审批程序,可以保证土地所有权性质和用途不被直接改变,但在审判实践中还需要对抵押权实现的方式进行审查,特别是注意实现方式不能危害土地所有权性质和用途,造成事实上土地所有权性质和用途的改变。

(二)适用情况

本条规定主要功能在于:一是对以集体土地使用权为客体的抵押权实现程序提出了要求,要求执行法院不得改变集体用地的性质和用途;二是本条规定对抵押权人在接受抵押时也提出了要求,那就是要考虑此种抵押权如何

实现,从而指引当事人谨慎设立以集体用地为客体的抵押权。

【相关法律、行政法规】

(一)相关法律

《中华人民共和国土地管理法》(1998 年 8 月 29 日修订,2019 年 8 月 26 日修正)

第四十四条 【农用地转建设用地的程序】建设占用土地,涉及农用地转为建设用地的,应当办理农用地转用审批手续。

永久基本农田转为建设用地的,由国务院批准。

在土地利用总体规划确定的城市和村庄、集镇建设用地规模范围内,为实施该规划而将永久基本农田以外的农用地转为建设用地的,按土地利用年度计划分批次按照国务院规定由原批准土地利用总体规划的机关或者其授权的机关批准。在已批准的农用地转用范围内,具体建设项目用地可以由市、县人民政府批准。

在土地利用总体规划确定的城市和村庄、集镇建设用地规模范围外,将永久基本农田以外的农用地转为建设用地的,由国务院或者国务院授权的省、自治区、直辖市人民政府批准。

【适用要点】该条是关于农用地转建设用地的程序的规定。《民法典》第418 条并非严格禁止抵押权实现后改变土地所有权性质和土地用途,仅是规定改变土地所有权性质和土地用途的,须经相关法律明确规定的法定程序。依据上述规定,农用地转为建设用地的,应当办理农用地转用审批手续,并针对不同的农用地规定了具体负责审批的行政主管部门。

第六十三条 【集体经营性建设用地的流转】土地利用总体规划、城乡规划确定为工业、商业等经营性用途,并经依法登记的集体经营性建设用地,土地所有权人可以通过出让、出租等方式交由单位或者个人使用,并应当签订书面合同,载明土地界址、面积、动工期限、使用期限、土地用途、规划条件和双方其他权利义务。

前款规定的集体经营性建设用地出让、出租等,应当经本集体经济组织成员的村民会议三分之二以上成员或者三分之二以上村民代表的同意。

通过出让等方式取得的集体经营性建设用地使用权可以转让、互换、出资、赠与或者抵押,但法律、行政法规另有规定或者土地所有权人、土地使用权人签订的书面合同另有约定的除外。

集体经营性建设用地的出租,集体建设用地使用权的出让及其最高年限、转让、互换、出资、赠与、抵押等,参照同类用途的国有建设用地执行。具体办法由国务院制定。

【适用要点】该条规定的适用要点已在《民法典》第 398 条进行了详细阐述。

(二)相关行政法规

《中华人民共和国土地管理法实施条例》(2021 年 4 月 21 日修订)

第二十三条　【圈内批次用地农用地转用审批】在国土空间规划确定的城市和村庄、集镇建设用地范围内,为实施该规划而将农用地转为建设用地的,由市、县人民政府组织自然资源等部门拟订农用地转用方案,分批次报有批准权的人民政府批准。

农用地转用方案应当重点对建设项目安排、是否符合国土空间规划和土地利用年度计划以及补充耕地情况作出说明。

农用地转用方案经批准后,由市、县人民政府组织实施。

第二十四条　【圈外单独选址建设项目用地审批】建设项目确需占用国土空间规划确定的城市和村庄、集镇建设用地范围外的农用地,涉及占用永久基本农田的,由国务院批准;不涉及占用永久基本农田的,由国务院或者国务院授权的省、自治区、直辖市人民政府批准。具体按照下列规定办理:

(一)建设项目批准、核准前或者备案前后,由自然资源主管部门对建设项目用地事项进行审查,提出建设项目用地预审意见。建设项目需要申请核发选址意见书的,应当合并办理建设项目用地预审与选址意见书,核发建设项目用地预审与选址意见书。

(二)建设单位持建设项目的批准、核准或者备案文件,向市、县人民政府提出建设用地申请。市、县人民政府组织自然资源等部门拟订农用地转用方案,报有批准权的人民政府批准;依法应当由国务院批准的,由省、自治区、直辖市人民政府审核后上报。农用地转用方案应重点对是否符合国土空间规划和土地利用年度计划以及补充耕地情况作出说明,涉及占用永久基本农田的,还应当对占用永久基本农田的必要性、合理性和补划可行性作出说明。

（三）农用地转用方案经批准后,由市、县人民政府组织实施。

第二十五条　**【一次申请和分期申请】**建设项目需要使用土地的,建设单位原则上应当一次申请,办理建设用地审批手续,确需分期建设的项目,可以根据可行性研究报告确定的方案,分期申请建设用地,分期办理建设用地审批手续。建设过程中用地范围确需调整的,应当依法办理建设用地审批手续。

农用地转用涉及征收土地的,还应当依法办理征收土地手续。

【适用要点】以上三个条文是关于农用地转用的具体规定。

【司法解释及规范性司法文件】

（一）司法解释

《最高人民法院关于适用〈中华人民共和国民法典〉有关担保制度的解释》（法释〔2020〕28 号,2020 年 12 月 25 日通过）

第五条第二款　**【居民委员会、村民委员会提供担保】**居民委员会、村民委员会提供担保的,人民法院应当认定担保合同无效,但是依法代行村集体经济组织职能的村民委员会,依照村民委员会组织法规定的讨论决定程序对外提供担保的除外。

【适用要点】该条是有关居民委员会、村民委员会提供担保的规定。居民委员会、村民委员会作为基层群众性自治组织,主要从事公益事业和提供公共服务,且不具有独立的责任财产,原则上不具有担保资格。与居民委员会不同,依法代行村集体经济组织职能的村民委员会具有担保资格。之所以需要村民委员会代行村集体经济组织的职能,是因为在我国很多地方特别是中西部农村,由于集体经济不发达,尚未形成独立的农村集体经济组织;有的尽管存在事实上的农村集体经济组织,但因为缺乏具体形式和法人地位,仍未依法取得法人资格。在农村集体经济组织未依法取得法人地位的情况下,往往需要由村民委员会代行村集体经济组织的职能。正是考虑到现状,《民法典》第 99 条第 1 款在规定农村集体经济组织要依法取得法人地位的同时,又在《民法典》第 101 条第 2 款规定:未设立集体经济组织的,村民委员会可以依法代行村集体经济组织的职能。需要看到,由村民委员会代行村集体经济组织职能,容易形成政经不分的“村社合一”局面,尤其是村民委员会由村主任等村干部组成,不一定能代表村民集体的利益,因此,要严格限制其对外提供担保。为此,该条第 2 款规定,代行村集体经济组织职能的村民委员会,未经村民会议讨论决定,或者虽经村民代表会议讨论决定但未经村民会议授权提供担保的,人民法院应当认定担保合同无效。此处的法律规定,主要是《村民委员会组织法》有关村民会议、村民代表会议的召开程序、决议事项以及表决权要求等规定。

【典型案例】

(一)参考案例

北京恒顺隆印务有限公司与四平市城区农村信用合作联社金融借款合同纠纷案【最高人民法院(2017)最高法执监 145 号】

【裁判要旨】集体土地使用权依法可以设定抵押,设定抵押权的集体土地在履行严格的法定程序后可以执行。根据《物权法》第 201 条①"实现抵押权后,未经法定程序,不得改变土地所有权的性质和土地用途"和《最高人民法院、国土资源部、建设部关于依法规范人民法院执行和国土资源房地产管理部门协助执行若干问题的通知》(法发〔2004〕5 号)第 24 条"对处理农村房屋涉及集体土地的,人民法院应当与国土资源管理部门协商一致后再行处理"等相关规定,四平中院按照北京市国土资源局京国土法函〔2015〕209 号复函暂缓处置集体土地使用权的建议,在拍卖被执行人房屋和机械设备时,并未将土地使用权予以拍卖,是充分考虑了本案涉案土地为集体土地的实际情况,考虑到了处理和执行集体土地需履行严格的法定程序。四平中院先行拍卖地上房屋及机械设备,并不违反相关法律规定的原则和精神。

---

① 《民法典》第 418 条。

第四百一十九条 【主债权已届诉讼时效的法律后果】抵押权人应当在主债权诉讼时效期间行使抵押权；未行使的，人民法院不予保护。

【条文精解】

（一）条文要点

本条是关于抵押权人未在主债权诉讼时效期间内行使抵押权的后果的规定，原封不动地沿袭了《物权法》第 202 条之规定。准确理解本条，要把握以下内容：

1. 关于担保物权存续期间的制度沿革

《担保法解释》第 12 条规定："当事人约定的或者登记部门要求登记的担保期间，对担保物权的存续不具有法律约束力。担保物权所担保的债权的诉讼时效结束后，担保权人在诉讼时效结束后的二年内行使担保物权的，人民法院应当予以支持。"该规定包括两层含义：一是明确当事人有关担保期间的约定，如当事人在抵押合同中约定抵押期间为债权履行期限届满之日起 1 年，以及登记部门有关担保期间的登记，如登记簿上将抵押期限记载为 6 个月，都不影响担保物权的存续。也就是说，担保物权的存续期限只能是该司法解释第 2 款规定的法定期限。二是明确规定担保物权的存续期间是主债权诉讼时效届满后再加上 2 年。该司法解释有关担保物权存续期间的规定适用于抵押权、质权以及留置权等所有的担保物权。

依据前述规定，担保物权人有权在主债务诉讼时效届满后的 2 年内行使担保物权，此时允许担保人在承担担保责任后向主债务人求偿，将使诉讼时效制度形同虚设；反之，如不允许担保人求偿，又违背担保责任的替代责任属性，从根本上违反担保的从属性，从而陷入允许求偿也不对、不允许求偿也不对的"求偿困境"。另外，该规定将抵押权、质权以及留置权一体对待，并未考虑到其公示方法的不同。也许是考虑到前述因素，《物权法》并未沿袭前述规定，而是分别在第 202 条、第 220 条、第 237 条对抵押权、质权、留置权的存续期间作出规定。对于抵押权，规定抵押权人应当在主债权诉讼时效期间行使抵押权；而对于质权、留置权，则未规定是否受诉讼时效的限制，从而存在应否类推适用本条规定的争议。在《民法典》起草过程中,对应否延续《物权法》第 202 条之规定,尤其是本条有关"人民法院不予保护"的表述是否妥当、含义为何曾产生了较大争议。但《民法典》最终完全延续了《物权法》第 202 条之规定,致使相关争议从《民法典》制定前继续延续至《民法典》施行后。

2. 如何理解"人民法院不予保护"

抵押权人未在主债权诉讼时效期间内行使抵押权的,本条规定其后果是"人民法院不予保护"。但如何理解此处的"人民法院不予保护",则存在不同理解。主债权诉讼时效届满,主债务人将提出不履行债务的抗辩;抵押权作为从属性权利,抵押人能够援引主债务人的抗辩,其中就包括了诉讼时效抗辩。从这一意义上说,诉讼时效届满的后果是使抵押人得以援引诉讼时效抗辩,在法理上是非常通顺的。抗辩权作为一种防御性的权利,只有在抵押权人请求实现抵押权时才能提出。且主债务已届诉讼时效,主债务本身并未消灭,因而抵押权亦未随之消灭,抵押人不得申请办理抵押权注销登记。如此一来,就会出现抵押权人不能行使抵押权,抵押人又不能申请注销抵押登记这样一种抵押权实现的僵局。其结果是既不能使当事人从抵押关系中摆脱出来,也不能实现抵押财产的物尽其用,从而出现"双输"的局面。

有鉴于此,《九民纪要》第 59 条尝试从实际效果出发,将主债权诉讼时效经过理解为抵押权因除斥期间的经过而消灭。既然抵押权已经消灭,则抵押人可以向登记机构申请办理注销登记。在《民法典》起草过程中,最高人民法院多次向立法机关建议,希望将"人民法院不予保护"明确为"抵押权消灭",最终未被立法机关采纳。在《民法典担保制度解释》制定过程中,最初曾考虑吸收《九民纪要》的前述做法,认为抵押权因主债权诉讼时效的届满而消灭。但考虑到除斥期间经过说在法理上存在障碍,尤其是立法机关并不赞同,登记主管机关也表示办理此种注销登记缺乏法律依据,最终司法解释未采纳除斥期间经过说,未对抵押人请求办理注销抵押登记作出规定。考虑到司法解释与会议纪要在该问题上存在不同规定,实际上是否定了会议纪要有关诉请办理注销登记的规定。因此,抵押权人未在主债权诉讼时效期间行使抵押权,抵押人请求办理抵押权注销登记的,人民法院不予支持。

3. 主债权诉讼时效届满的扩张解释

就抵押权的实现而言,大体包括公力救济和私力救济两大模式。其中公力救济指的是抵押权人诉诸法院来实现抵押权,又包括诉讼模式与非诉模

式。当抵押权人通过诉讼方式实现抵押权时,《民法典担保制度解释》第 45
条第 3 款沿袭了《担保法解释》第 128 条第 1 款之规定,要求债权人应当以债
务人和担保人作为共同被告提起诉讼。该条的内涵是,债权人不能仅以担保
人为被告提起诉讼,必须要以债务人为共同被告一并提起诉讼。之所以作此
规定,是因为抵押权毕竟具有从属性,主合同无效的,抵押合同也跟之无效;
主合同消灭的,抵押权跟之消灭。如果不让主债务人参加诉讼,既不能准确
查明担保合同的效力,也难以查清主债权及其履行情况进而查明抵押权存续
情况。

但是上述规定并不意味着债权人在起诉债务人时,必须要一并起诉抵押
人。换言之,债权人在单独起诉债务人后,不影响其单独向抵押人主张抵押
权,包括单独起诉抵押人,以及当事人直接根据《民事诉讼法解释》关于"实
现担保物权案件"的规定,请求拍卖、变卖抵押财产,并就所得价款优先受
偿。在债权人先单独起诉债务人,在主债权获得生效裁判后再请求实现担保
物权时,抵押权应否以及如何获得保护,存在不同观点。

一种观点认为,主债权被生效裁判所确认,表明主债权的诉讼时效制度
已不复存在的意义,其效果等同于主债权已届诉讼时效,抵押权自然不应予
以保护。应当看到,即便债权人已经针对主债权获得了胜诉判决,在债务人
并未主动履行等情况下,债权人的债权并未实现。此时,债权人固然不能通
过再次提起诉讼的方式实现债权,但仍然可以申请执行。在执行到位或债务
人主动履行全部债务之前,生效判决确定的债权一直存在,不存在抵押权跟
之消灭。抵押权不仅没有消灭,债权人还有通过实现抵押权来实现债权的必
要。可见,此种观点机械地理解了本条之规定,有欠妥当。

另一种观点认为,根据《民法典》第 195 条的规定,主债权的诉讼时效期
间因债权人对债务人提起诉讼而中断,债权人对抵押人提起诉讼的诉讼时效
自前述判决生效后重新计算;抵押权人能否行使抵押权,要看其是否在重新
计算的诉讼时效期间内行使权利来具体确定。本书认为,这是错误理解了
《民法典》第 195 条规定。根据该条规定,权利人提起诉讼或者申请仲裁是
诉讼时效的法定中断事由,同时规定诉讼时效期间从有关程序终结时起重新
计算。该条有关诉讼时效中断或重新起算的规定,是针对当事人在获得生效
判决之前撤诉等情形而规定的。也就是说,当事人提起诉讼后,不论是在立
案受理阶段还是在审判阶段,只要在人民法院作出生效判决前撤回起诉
的——甚至包括在二审程序中撤回起诉,此时因主债权项下的权利义务关系

并未经生效判决确认,权利人仍有权提起诉讼,则当其另行提起诉讼时,诉讼时效从该程序终结之日即撤诉裁定生效之日重新计算。但在当事人提起诉讼并获得生效判决的情况下,基于"一事不再理"原则,当事人不能再就同一事项再向人民法院提起诉讼,自然不存在诉讼时效重新计算的问题。可见,诉讼时效重新计算说显然是与"一事不再理"原则相违背的。

本书认为,在抵押权应当予以保护而现行法对此又无规定的情况下,应当参照《民法典》第 419 条规定之精神,将其扩张解释为,只要在主债权受到保护的法定期间内行使,抵押权就要受到保护。该受到法律保护的期间,通常表现为主债权诉讼时效期间。但在当主债权经诉讼程序被生效裁判确定后,在债务人未主动履行的情况下,还存在执行问题。只要当事人在申请执行期间内对债务人申请强制执行,就应视为抵押权人在主债权受到法律保护的期间内行使了权利,抵押权人的权利仍应受到保护。换言之,在主债权经生效裁判确认后,此时的主债权受到法律保护的期间不再是诉讼时效期间,而是申请执行期间。《民法典担保制度解释》第 44 条第 1 款有关"主债权诉讼时效期间届满前,债权人仅对债务人提起诉讼,经人民法院判决或者调解后未在民事诉讼法规定的申请执行时效期间内对债务人申请强制执行,其向抵押人主张行使抵押权的,人民法院不予支持"的规定,采取的就是此种观点。

此外,实践中还存在债务履行期间债务人破产的情形,根据《企业破产法》第 48 条的规定,债权人应当在人民法院确定的债权申报期限内向管理人申报债权。此时,主债权受到法律保护的期间就是法律规定的申报债权期间,债权人在法律规定的债权申报期间内向管理人申报债权的,其债权仍受法律保护,在此情况下抵押权人行使抵押权也应同样得到保护。

4. 本条能否类推适用于质权、留置权

在《民法典担保制度解释》起草过程中,对于动产质权和留置权是否也因主债权诉讼时效届满而不再受司法保护,存在不同观点。一种观点认为,留置权和动产质权都以债权人占有标的物为前提,而债权人占有标的物本身,就应视为主张债权,故不存在主债权诉讼时效届满的问题,因而动产质权和留置权均不会发生因主债权已过诉讼时效而不再受人民法院保护的问题。另一种观点认为,留置权人留置债务人的财产,显然是在主张权利,因此应无主债权已过诉讼时效问题,但对于动产质权而言,即使债权人占有标的物,也是依据当事人之间的约定,不能据此认定债权人在主张权利,尤其是质物为

第三人提供的场合更是如此,就此而言,动产质权应类推适用抵押权的规则。本书认为,该问题涉及以下几个方面的问题:

一是动产质权人和留置权人占有他人的动产是否意味着其已经主张了权利? 本书认为,质权人和留置权人对质物和留置物的占有并非自主占有而是他主占有,占有本身尽管系质权或留置权的权能,但难以表明或推出质权人或留置权人有主张权利的意思表示。且诉讼时效届满或中断是相对于主债务而言的,担保人只不过是援引主债务人的抗辩,并不存在主债务诉讼时效因占有质物或留置物而中断的问题。就此而言,前述第一种观点显然有欠妥当。

二是关于动产质权和留置权应否同其处理的问题。二者尽管一个系意定担保物权,一个系法定担保物权,但在公示方法、占有性质等方面均极为相似,异其处理缺乏正当性。

三是关于本条规定应否类推适用于动产质权和留置权问题,取决于在多大程度上看待其异同。一方面,三者均属担保物权,均具有从属性,从这一意义上说,认为因主债务诉讼时效的届满而失去司法保护效力有其合理性。但另一方面,不论是《物权法》还是《民法典》,对抵押权和质权、留置权的存续期间作了不同规定,只不过抵押权规定得比较清楚,而质权、留置权的规定则相当模糊,因而异其规定也有合理性。在制定《民法典担保制度解释》征求全国人大常委会法工委意见过程中,他们认为异其规定更符合立法原意,因此该解释对动产质权、留置权作出了异于抵押权的规定。在此情况下,当需要对其合理性进行论证时,除了法律依据不同外,所谓的以物抵债说、朴素的法律情感说以及诉讼时效中断说均很难具有解释力。这也是相关释义语焉不详的根本原因之所在。

四是关于权利质押的类推适用问题。权利质押中的权利,如果是像提单那样具有权利凭证的,则以交付作为公示方法,此时准用动产质权、留置权的规定,即担保物权不因主债权诉讼时效期间届满后失去司法保护效力,债务人或者第三人请求拍卖、变卖留置财产并以所得价款清偿债务的,人民法院应予支持。反之,如果没有权利凭证的,则以登记作为公示方法,故可以准用本条之规定,主债权诉讼时效期间届满后权利质权将不受司法保护。

(二)适用情况

本条主要适用于以下情形:

　　一是用于确定抵押权人未在主债权诉讼时效期间内行使抵押权时，其抵押权是否消灭，抵押人能否向法院请求注销抵押权。《九民纪要》及此前的多个案例对此持肯定态度，但此种做法并未被立法机关认可，《民法典担保制度解释》并未将其上升为司法解释，故应当理解为《民法典》施行后不能再持此种司法观点，尽管其效果是好的。

　　二是在主债权人先起诉债务人，在获得胜诉判决后再起诉抵押人场合，基于"一事不再理"规则，不能认为债权人的诉讼时效重新开始起算，而应认为债权人的债权仍在申请执行时效期间的保护范围内，故应将本条有关"主债权诉讼时效期间"扩及"申请执行时效期间"等主债权应予保护的法定期间。

　　三是关于本条能否扩张适用于质权、留置权，在实践中也有争议。《民法典担保制度解释》第44条对此作出了明确规定，可以作为确定当事人间权利义务的依据。

【相关法律、行政法规】

（一）相关法律

《中华人民共和国民法典》(2020年5月28日通过)

　　第一百九十二条　【诉讼时效期间届满的法律后果】诉讼时效期间届满的，义务人可以提出不履行义务的抗辩。

　　诉讼时效期间届满后，义务人同意履行的，不得以诉讼时效期间届满为由抗辩；义务人已经自愿履行的，不得请求返还。

　　第一百九十三条　【人民法院不得主动援引】人民法院不得主动适用诉讼时效的规定。

　　【适用要点】前述两条是诉讼时效届满的法律效果的规定，包括两层含义：一是产生诉讼时效抗辩，二是人民法院不得主动援引。

　　第一百九十五条　【诉讼时效中断事由】有下列情形之一的，诉讼时效中断，从中断、有关程序终结时起，诉讼时效期间重新计算：

　　（一）权利人向义务人提出履行请求；

　　（二）义务人同意履行义务；

　　（三）权利人提起诉讼或者申请仲裁；

(四)与提起诉讼或者申请仲裁具有同等效力的其他情形。

【适用要点】该条规定权利人提起诉讼或者申请仲裁是诉讼时效的法定中断事由,同时规定诉讼时效期间从有关程序终结时起重新计算。本书认为,该条有关诉讼时效中断或重新起算的规定,是针对当事人在获得生效判决之前撤诉等情形而规定的。但在当事人提起诉讼并获得生效判决的情况下,基于"一事不再理"原则,当事人不能再就同一事项再向人民法院提起诉讼,自然不存在诉讼时效重新计算的问题。

第七百零一条 【保证人有权援引债务人的抗辩】保证人可以主张债务人对债权人的抗辩。债务人放弃抗辩的,保证人仍有权向债权人主张抗辩。

【适用要点】参照该条有关保证人有权援引债务人抗辩的规定,抵押人也可以援引主债务人的抗辩,其中就包括了诉讼时效抗辩。

【司法解释及规范性司法文件】

(一)司法解释

《最高人民法院关于适用〈中华人民共和国民法典〉有关担保制度的解释》(法释[2020]28号,2020年12月25日通过)

第二十条 【保证人权利保护规则的参照适用】人民法院在审理第三人提供的物的担保纠纷案件时,可以适用民法典第六百九十五条第一款、第六百九十六条第一款、第六百九十七条第二款、第六百九十九条、第七百条、第七百零一条、第七百零二条等关于保证合同的规定。

【适用要点】该条明确规定,在第三人提供物保场合,担保人可以参照适用《民法典》有关保证的规定,其中就包括了《民法典》第701条有关保证人可以援引主债务人抗辩的规定。

第四十四条 【主债权诉讼时效届满的法律后果】主债权诉讼时效期间届满后,抵押权人主张行使抵押权的,人民法院不予支持;抵押人以主债权诉讼时效期间届满为由,主张不承担担保责任的,人民法院应予支持。主债权诉讼时效期间届满前,债权人仅对债务人提起诉讼,经人民法院判决或者调解后未在民事诉讼法规定的申请执行时效期间内对债务人申请强制执行,其向抵押人主张行使抵押权的,人民法院不予支持。

主债权诉讼时效期间届满后,财产被留置的债务人或者对留置财产享有所有权的第三人请求债权人返还留置财产的，人民法院不予支持；债务人或者第三人请求拍卖、变卖留置财产并以所得价款清偿债务的，人民法院应予支持。

主债权诉讼时效期间届满的法律后果，以登记作为公示方式的权利质权，参照适用第一款的规定；动产质权、以交付权利凭证作为公示方式的权利质权，参照适用第二款的规定。

【适用要点】该条是关于主债权诉讼时效期间届满对担保物权影响的规定，包括以下几层含义：一是该条第1款是关于主债权诉讼时效届满对抵押权的影响。与《九民纪要》相比，删除了抵押人可以请求注销登记的规定，增加了债权人仅对债务人提起诉讼，在获得胜诉裁判后在申请执行时效期间内对债务人申请强制执行的，可以参照适用《民法典》第419条之规定的规定，将本条有关诉讼时效期间扩及"申请执行时效期间"。二是该条第2款是有关主债权诉讼时效期间届满对留置权的影响的规定。关于留置权，该条采取了与抵押权不同的处理方式，明确规定主债权诉讼时效期间届满不影响留置权人行使留置权，故债务人或者第三人请求拍卖、变卖留置财产并以所得价款清偿债务的，人民法院应予支持。三是该条第3款是有关质权的准用问题。规定以登记作为公示方式的权利质权参照适用抵押权的规定，动产质权、以交付权利凭证作为公示方式的权利质权，则参照留置权的规定。

（二）规范性司法文件

《全国法院民商事审判工作会议纪要》（法〔2019〕254号，2019年11月8日公布）

59.【主债权诉讼时效届满的法律后果】 抵押权人应当在主债权的诉讼时效期间内行使抵押权。抵押权人在主债权诉讼时效届满前未行使抵押权，抵押人在主债权诉讼时效届满后请求涂销抵押权登记的，人民法院依法予以支持。

以登记作为公示方法的权利质权，参照适用前款规定。

【适用要点】该条规定的精神基本被《民法典担保制度解释》第44条所吸收，但有一个例外，即该条有关抵押人有权请求注销登记的规定并未被该司法解释所吸纳，在适用时应予特别注意。

【典型案例】

（一）公报案例

王军诉李睿抵押合同纠纷案【北京市第三中级人民法院（2016）京 03 民终 8680 号】①

【裁判要旨】抵押权人在主债权诉讼时效期间未行使抵押权将导致抵押权消灭，而非胜诉权的丧失。抵押权消灭后，抵押人要求解除抵押权登记的，人民法院应当支持。

【编者评析】关于抵押权人未在主债务诉讼时效期间内行使抵押权的后果，该公报案例与《九民纪要》第 59 条规定的精神无疑是一致的，效果也是好的。但在《民法典担保制度解释》第 44 条并未将注销制度上升为司法解释的情况下，表明此种做法并未被立法机关所认可，故《民法典》施行后不能再采取此种做法了。

（二）参考案例

1. 吉盛公司与天地人公司别除权纠纷案【最高人民法院（2021）最高法民再 154 号】

【裁判要旨】《民法典》第 419 条的实质在于明确抵押权人应在主债权受到法律保护的期间内行使抵押权，该受到法律保护的期间，在主债权未经生效裁判确定之前，为主债权诉讼时效期间；当主债权经诉讼程序被生效裁判确定后，为申请执行期间；在债务人破产的情况下，应为法律规定的申报债权期间。

2. 张煜与商城县农村信用合作联社、宣昌明金融借款合同纠纷案【河南省高级人民法院（2022）豫民申 895 号】

【裁判要旨】《民法典》第 419 条规定："抵押权人应当在主债权诉讼时效期间行使抵押权；未行使的，人民法院不予保护。"商城农信社在案涉贷款到期后一直在向债务人宣昌明催收贷款的事实有催收通知等相关证据证明，根据《民法典》第 195 条的规定，商城农信社的每一次催收行为均能够导致诉

---

① 具体可见《最高人民法院公报》2017 年第 7 期。

讼时效中断,诉讼时效期间重新计算,故案涉贷款未超出法定的诉讼时效期间。商城农信社在诉讼时效期间内起诉宣昌明与张煜偿还借款,在主债权诉讼时效期间行使了抵押权,二审改判商城农信社就案涉抵押房屋的拍卖、变卖价款享有优先受偿权,适用法律正确。

【编者评析】从属性是担保的基本属性和必然要求,抵押权作为典型的担保物权,其担保的主债权的诉讼时效因法律规定的情形中止、中断、延长的,无论该引起主债权诉讼时效变化的事由是否被抵押人得知,皆不影响债权人向抵押人主张抵押权的权利,只要主债权诉讼时效期间没有经过,且无其他导致主债权瑕疵的事由,法院都应当支持债权人行使抵押权的请求。

3. 港鑫化工公司与江南农村商业银行确认抵押权消灭纠纷案【常州市中级人民法院(2015)常商终字第0404号**】**

【裁判要旨】我国《物权法》第202条①规定:"抵押权人应当在主债权诉讼时效期间行使抵押权;未行使的,人民法院不予保护。"该条法律规定旨在明确抵押权的行使期限,督促抵押权人及时行使抵押权,防止抵押权长期存续影响抵押物的效用。据此,抵押权人未在主债权诉讼时效期间届满前行使抵押权,主债权诉讼时效届满后,抵押人起诉要求确认抵押权消灭并要求注销抵押登记的,人民法院应予支持。

【编者评析】详见本条公报案例下对相关问题的阐释。

---

① 《民法典》第419条。

第二节　最高额抵押权

第四百二十条 【最高额抵押权的定义】为担保债务的履行,债务人或者第三人对一定期间内将要连续发生的债权提供担保财产的,债务人不履行到期债务或者发生当事人约定的实现抵押权的情形,抵押权人有权在最高债权额限度内就该担保财产优先受偿。

最高额抵押权设立前已经存在的债权,经当事人同意,可以转入最高额抵押担保的债权范围。

【条文精解】

（一）条文要点

本条是关于最高额抵押权的规定,完全沿用了《物权法》第203条的规定,未作修改。鉴于本书已在《民法典》第690条最高额保证中详细介绍了有关债权确定期间与主债务履行期间、最高债权额与担保范围、最高额担保纠纷的裁判思路等内容,相关内容不再赘述。此处着重从最高额抵押权与一般抵押权、最高额保证的相区别的角度对其特征和效力进行揭示。

1. 最高额抵押权与一般抵押权

最高额抵押权,是在最高债权额限度内,为了担保将来一定期间内将要连续发生的债权,债务人或第三人提供抵押物而设立的特殊的抵押权。与一般抵押权相比,最高额抵押权的突出特点是所担保的主债权是不确定的。为消解担保从属性与被担保债权的不确定性之间的紧张关系,有必要引入债权确定机制。具体来说:

一是所担保的主债权具有不确定性。一般抵押权是为某一特定主债权提供的保证,抵押权设定时主债权往往已经有效存在。而最高额抵押权所担保的是一定期间内连续发生的数个债权,该数个债权不仅个数不确定,数额往往也不确定。在债权确定之前,最高额抵押权所担保的究竟是多个债权中的哪一个债权,具有一定程度的不确定性,从这一意义上说,可以认为其是担保从属性的例外。被担保的数个债权,须是一定期间内连续发生的债权,实践中主要是借款合同等合同之债,但不能也不应是基于侵权责任等产生的法定之债。《担保法》第 14 条将最高额保证的适用范围限定为"连续发生的借款合同或者某项商品交易合同",难以涵盖实践中适用最高额保证的其他情形,本条将其扩及"连续发生的债权",显然更为妥当、周延。"连续发生的债权"仅强调其将来接连发生,并不同一基础交易关系所发生者为限,也不以同种类的系列债权为限。"连续发生的债权"的数额在抵押权设定时是不确定的,如为将来特定债权提供担保,债权之发生虽属将来但其数额是确定的,即构成为将来债权提供担保的一般抵押权,而非最高额抵押权。

关于"连续发生的债权"是否限定指将来发生的债权,有不同观点。本书认为,最高额抵押权的本质特征不在于所担保的债权为将来债权,而在于所担保的债权具有不特定性,且受最高债权额的限制。但这并不是说最高额抵押权设立时不能将已存在和特定的债权纳入担保范围。因为即使将现存债权纳入最高额抵押权担保范围之内,现存债权也仅仅是作为最高额抵押权担保范围内所有债权(包括现存债权和将来可能发生的债权)的一部分存在的,从总体上说,最高额抵押权仍不是以债权的存在和特定为前提,只有到决算期才可以确定最高额抵押权所担保的债权实际数额。有鉴于此,本条第 2 款规定:"最高额抵押权设立前已经存在的债权,经当事人同意,可以转入最高额抵押担保的债权范围。"

二是债权确定后变为一般抵押权。担保的从属性意味着,至少在承担担保责任时所担保的债权必须是确定的,这就有必要引入债权确定机制,将所担保的不确定债权确定下来。因此,债权确定机制是包括最高额抵押权在内的最高额担保特有的制度,主要方法是明确某一期间内发生的债权属于最高额担保所担保的债权。除债权确定期间外,《民法典》第 423 条还规定了债权确定的其他机制。主债权一经确定,最高额抵押权就变为一般抵押权。

三是关于担保责任的限额性。不论是哪种形态的最高额担保,所担保的都是一定期间内连续发生的数额、个数都不确定的债权,因而有必要通过最高债权额对其进行限制。这也是最高额抵押权区别于一般抵押权的重要特征,因而最高债权额是最高额抵押权的必备条款。但不论是一般抵押权还是最高额抵押权,抵押人承担的都是以抵押财产价值为限的"有限"责任,有别于保证场合其所应承担的"无限"责任。从这一意义上说,即便当事人没有约定最高债务限额,也可以将其解释为以抵押财产为限的最高额抵押权,此点使其不同于最高额保证。

总之,主债权不确定是最高额担保区别于一般抵押权或保证的关键;债权确定机制、最高债权限额是最高额担保特有的两项制度,是理解包括最高额抵押权在内的最高额担保的两把"钥匙"。

2. 最高额抵押权与最高额保证

二者均属最高额担保的范畴,在债权确定前所担保的债权都具有不确定性,因而都存在债权确定机制,在债权确定前债权部分转让、内容变更均不影响最高额担保的存续。鉴于《民法典》对最高额抵押权作了较为详细的规定,故《民法典》第690条规定,最高额保证准用最高额抵押权的有关规定。正因为二者具有同质性,二者在债权确定期间与主债务履行期间、最高债权额与担保范围具体内容上基本相同。但也要看到,最高额保证作为保证的特殊形态,性质上仍属保证,而最高额抵押权则属于抵押权,二者之间的区别本质上是人保与物保的区别,其区别主要表现在以下几个方面:

一是保证作为人保,系保证人以其不特定的全部责任财产对主债务承担保证责任,在最高额保证中,保证合同所担保的是一定期间内连续发生的数额、个数都不确定的债权,如不对保证责任进行限制,保证人将可能承担其难以承担的巨额责任,故除了债权确定制度外,最高债权额制度在最高额保证中就显得非常有必要。最高债权额是最高额保证的必备条款,最高额保证合同未约定最高债权额的,不构成最高额保证。为使自己区别于一般抵押权,最高额抵押权也需要约定最高债权额。但只要是抵押权,不论是一般抵押权还是最高额抵押权,抵押人都仅以抵押财产的价值为限承担责任,其责任本身就是有限的。因此,即便当事人没有约定最高债务限额,也可以将其解释为以抵押财产为限的最高额抵押权,此点不同于最高额保证。

二是最高额抵押权可以通过登记来公示,从而可能存在约定的最高债权额与登记簿记载的最高债权额不一致时,该以何者为准加以认定的问题。最高额保证则不存在这一问题。

三是在最高额保证中,存在债权确定期间、主债务履行期间与保证期间三个期间,这是因为最高额保证转化为普通保证后,也存在保证期间问题。而最高额抵押权一旦转化为一般抵押权,只需要在主债权诉讼时效期间内行使权利即可,不存在额外的抵押期间制度。

四是法律适用不同。一般来说,保证是担保的一般性规定,故《民法典》有关保证人权利保护的相关规定,也可以类推适用于第三人提供抵押情况下对抵押人予以保护的情形。但就最高额担保来说,《民法典》一反前述做法,在第690条规定最高额保证准用《民法典》有关最高额抵押权的规定。如此,在法律适用上,就最高额抵押权来说,《民法典》第 424 条规定,当《民法典》对其并无特别规定时,应当适用一般抵押权的规定;当一般抵押权没有规定而保证中有规定,且此种规定与最高额抵押权精神不相冲突的,还可以准用《民法典》有关保证的规定。如《民法典》第 699 条至第 702 条之规定,就可以准用于最高额抵押权。而就最高额保证来说,《民法典》第 690 条规定应当准用最高额抵押权的规定,但当最高额抵押权并无特别规定时,则应准用保证的有关规定,而非一般抵押权的规定,如《民法典》有关保证资格、保证合同内容和形式、保证期间与诉讼时效、连带责任保证和一般保证等保证形式、共同保证、保证人的追偿权等规定,都可以适用于最高额保证。

(二)适用情况

本条适用的难点在于,在决算的债权余额超出最高债权额的情况下,如何通过准确适用法律,在确定担保范围和最高债权额的性质的基础上确定抵押人所应承担的责任。此时,就需要秉持正确的裁判思路,详见本书对《民法典》第 690 条的分析。

【司法解释及规范性司法文件】

(一)司法解释

《最高人民法院关于适用〈中华人民共和国民法典〉有关担保制度的解释》(法释〔2020〕28 号,2020 年 12 月 25 日通过)

第十五条　【最高债权额限度的认定】最高额担保中的最高债权额,是指包括主债权及其利息、违约金、损害赔偿金、保管担保财产的费用、实现债权或者实现担保物权的费用等在内的全部债权,但是当事人另有约定的除外。

登记的最高债权额与当事人约定的最高债权额不一致的,人民法院应当依据登记的最高债权额确定债权人优先受偿的范围。

【适用要点】该条第 1 款明确规定,除非当事人对最高债权额有明确约定,否则最高债权额是指包括利息等附属债权在内的全部债权,而非仅指本金最高额。第 2 款主要适用于最高额抵押权,一般不涉及最高额保证。

（二）规范性司法文件

《**全国法院民商事审判工作会议纪要**》（法〔2019〕254 号,2019 年 11 月 8 日公布）

58.【担保债权的范围】以登记作为公示方式的不动产担保物权的担保范围,一般应当以登记的范围为准。但是,我国目前不动产担保物权登记,不同地区的系统设置及登记规则并不一致,人民法院在审理案件时应当充分注意制度设计上的差别,作出符合实际的判断：一是多数省区市的登记系统未设置"担保范围"栏目,仅有"被担保主债权数额（最高债权数额）"的表述,且只能填写固定数字。而当事人在合同中又往往约定担保物权的担保范围包括主债权及其利息、违约金等附属债权,致使合同约定的担保范围与登记不一致。显然,这种不一致是由于该地区登记系统设置及登记规则造成的该地区的普遍现象。人民法院以合同约定认定担保物权的担保范围,是符合实际的妥当选择。二是一些省区市不动产登记系统设置与登记规则比较规范,担保物权登记范围与合同约定一致在该地区是常态或者普遍现象,人民法院在审理案件时,应当以登记的担保范围为准。

【适用要点】该条是对于约定的担保范围与登记的担保范围不一致时如何处理的规定。当时主要是针对不动产登记簿栏目设置不完善所作的救急性规定。在不动产登记簿已经趋于完善的情况下,该条已被《民法典担保制度解释》第 47 条所代替,除对存量案件外,不再有适用余地。

【部门规章、规范性文件与相关政策】

（一）部门规章

1.《不动产登记暂行条例实施细则》（国土资源部令第 63 号；自然资源部令第 5 号,2019 年 7 月 16 日修正）

第七十一条　【最高额抵押权的首次登记】设立最高额抵押权的,当事人应当持不动产权属证书、最高额抵押合同与一定期间内将要连续发生的债权的合同或者其他登记原因材料等必要材料,申请最高额抵押权首次登记。

当事人申请最高额抵押权首次登记时,同意将最高额抵押权设立前已经存在的债权转入最高额抵押担保的债权范围的,还应当提交已存在债权的合同以及当事人同意将该债权纳入最高额抵押权担保范围的书面材料。

第七十二条　【最高额抵押权的变更登记】有下列情形之一的,当事人应当持不动产登记证明、最高额抵押权发生变更的材料等必要材料,申请最高额抵押权变更登记:

(一)抵押人、抵押权人的姓名或者名称变更的;

(二)债权范围变更的;

(三)最高债权额变更的;

(四)债权确定的期间变更的;

(五)抵押权顺位变更的;

(六)法律、行政法规规定的其他情形。

因最高债权额、债权范围、债务履行期限、债权确定的期间发生变更申请最高额抵押权变更登记时,如果该变更将对其他抵押权人产生不利影响的,当事人还应当提交其他抵押权人的书面同意文件与身份证或者户口簿等。

第七十三条　【最高额抵押权的确定登记】当发生导致最高额抵押权担保的债权被确定的事由,从而使最高额抵押权转变为一般抵押权时,当事人应当持不动产登记证明、最高额抵押权担保的债权已确定的材料等必要材料,申请办理确定最高额抵押权的登记。

第七十四条　【最高额抵押权转移登记】最高额抵押权发生转移的,应当持不动产登记证明、部分债权转移的材料、当事人约定最高额抵押权随同部分债权的转让而转移的材料等必要材料,申请办理最高额抵押权转移登记。

债权人转让部分债权,当事人约定最高额抵押权随同部分债权的转让而转移的,应当分别申请下列登记:

(一)当事人约定原抵押权人与受让人共同享有最高额抵押权的,应当申请最高额抵押权的转移登记;

(二)当事人约定受让人享有一般抵押权、原抵押权人就扣减已转移的债权数额后继续享有最高额抵押权的,应当申请一般抵押权的首次登记以及最高额抵押权的变更登记;

(三)当事人约定原抵押权人不再享有最高额抵押权的,应当一并申请最高额抵押权确定登记以及一般抵押权转移登记。

最高额抵押权担保的债权确定前,债权人转让部分债权的,除当事人另有约定外,不动产登记机构不得办理最高额抵押权转移登记。

【适用要点】上述条文是关于设立、变更、转移、确定最高额抵押权具体操作的规定,主要涉及不动产抵押物。当事人应及时依规办理相关登记,以维护自身权益。

2.《船舶登记工作规程》(海船舶〔2017〕46 号,2017 年 2 月 10 日公布)

第七十八条 【最高债权额】抵押人和抵押权人申请最高额抵押权登记的,应当约定最高债权额。最高债权额不得超出抵押人和抵押权人设置抵押时共同确认的船舶价值。

【适用要点】该条是最高额抵押登记在船舶登记领域的规定,在船舶这样的特殊动产上设定抵押权,我国采取的是登记对抗主义,考虑到债权人利益,条文规定登记下最高额抵押担保的债权额不得超出抵押人和抵押权人设置抵押时共同确认的船舶价值。

(二)规范性文件

《自然资源部关于做好不动产抵押权登记工作的通知》(自然资发〔2021〕54 号,2021 年 4 月 6 日公布)

二、明确记载抵押担保范围。当事人对一般抵押或者最高额抵押的主债权及其利息、违约金、损害赔偿金和实现抵押权费用等抵押担保范围有明确约定的,不动产登记机构应当根据申请在不动产登记簿“担保范围”栏记载;没有提出申请的,填写“/”。

四、完善不动产登记簿。对《国土资源部关于启用不动产登记簿证样式(试行)的通知》(国土资发〔2015〕25 号)规定的不动产登记簿样式进行修改:

1. 在“抵押权登记信息”页、“预告登记信息”页均增加“担保范围”、“是否存在禁止或限制转让抵押不动产的约定”栏目。

2. 将“抵押权登记信息”页的“最高债权数额”修改为“最高债权额”并独立为一个栏目,填写最高额抵押担保范围所对应的最高债权数额。

【适用要点】自然资源部已对不动产登记簿样式进行了完善和修改,将最高债权额独立为一个栏目,填写担保范围及对应的最高债权数额,避免当事人约定范围与登记范围不一致的情形。

【典型案例】

(一) 指导性案例

中国工商银行股份有限公司宣城龙首支行诉宣城柏冠贸易有限公司、江苏凯盛置业有限公司等金融借款合同纠纷案【安徽省高级人民法院(2014) 皖民二终字第 00395 号】[1]

【裁判要旨】当事人另行达成协议将最高额抵押权设立前已经存在的债权转入该最高额抵押担保的债权范围,只要转入的债权数额仍在该最高额抵押担保的最高债权额限度内,即使未对该最高额抵押权办理变更登记手续,该最高额抵押权的效力仍然及于被转入的债权,但不得对第三人产生不利影响。

【编者评析】允许经当事人同意,将最高额抵押权设立前已经存在的债权转入最高额抵押担保的债权范围,并非重新设立最高额抵押权,也非最高额抵押权变更的内容。当事人将最高额抵押权设立前已存在债权转入最高额抵押担保的债权范围,不是最高额抵押权设立登记的他项权利证书及房屋登记簿的必要记载事项,不属于应当申请最高额抵押权变更登记的法定情形。

(二) 参考案例

1. 国宇公司与红岭创投借款合同纠纷案【最高人民法院(2019)最高法民终 1408 号】

【裁判要旨】《土地他项权利证明书》和《在建工程抵押登记证明》载明的抵押债权额与当事人签订的两份《最高额抵押合同》约定抵押债权数额不一致,抵押权人享有的最高额抵押担保债权数额应以登记记载的为准。

【编者评析】基于物权的公信力、交易安全和对抵押人、抵押权人及其他利益相关者的保护,在当事人对最高额抵押担保的最高债权额的约定与登记不一致时,以登记的债权范围作为确定标准。

2. 中国银行股份有限公司武汉汉阳支行与武桥重工集团股份有限公司

---

[1]　最高人民法院指导性案例 95 号。

金融借款合同纠纷案【湖北省高级人民法院(2017)鄂民终 54 号】

   【裁判要旨】《担保法》第 59 条①规定："本法所称最高额抵押,是指抵押人与抵押权人协议,在最高债权额限度内,以抵押物对一定期间内连续发生的债权作担保。"此处的"最高额"应为明确具体,决定着抵押人承担担保责任的最大限度,超出此限度则抵押人不再承担担保责任。案涉《最高额抵押合同》第 3 条内容相互矛盾,且突破了法律规定,不符合最高额抵押的本质要求。故中国银行汉阳支行上诉称最高债权额仅指本金于法不符,本院不予支持。

---

   ① 《民法典》第 420 条。

第四百二十一条　【部分债权转让不影响最高额抵押权】最高额抵押担保的债权确定前,部分债权转让的,最高额抵押权不得转让,但是当事人另有约定的除外。

【条文精解】

(一)条文要点

本条是关于部分债权转让不影响最高额抵押权存续的规定,由《物权法》第 204 条修改而来,仅将"但"修改为"但是"。

1. 条文沿革

关于最高额抵押担保的债权能否自由转让问题,经历了从禁止到允许的变化。《担保法》第 61 条规定:"最高额抵押的主合同债权不得转让。"据此,既不允许最高额抵押的主合同债权单独转让,也不允许最高额抵押权随同其主债权一起转让。之所以作此规定,是因为最高额抵押权是对一定期间连续发生的债权作担保,而不是单独对其中的某一项债权作担保,如最高额抵押权所担保的债权在合同约定的担保期间因经常变更而处于不稳定状态,将发生最高额抵押权是否转让、如何转让以及如果几个债权分别转让于不同的权利主体时,最高额抵押权由谁行使、如何行使等一系列复杂问题。在我国市场机制尚未完善之前,为防止经济生活出现混乱局面,保障信贷和交易的安全,有必要禁止最高额抵押权所担保的主债权转让。[①]

但最高额抵押毕竟是民事主体之间的一种经济活动,并不涉及公共利益问题。因此《物权法》并未延续《担保法》的前述做法,而是在第 204 条规定:"最高额抵押担保的债权确定前,部分债权转让的,最高额抵押权不得转让,但当事人另有约定的除外。"本条沿用了《物权法》的规定。

2. 条文理解

准确理解本条规定,应当注意以下四点:

---

① 全国人大常委会法制工作委员会民法室编著:《中华人民共和国担保法释义》,法律出版社 1995 年版,第 78 页。

首先,部分债权的转让不影响最高额抵押权的存续。最高额抵押权是对一定期间内连续发生的债权提供担保,在债权确定之前,所担保的债权难以确定。故在债权确定前,难以认定其所担保的债权究竟是哪一个债权,谈不上主债权转让问题,因而部分债权的转让不影响最高额抵押权的存续。其效力包括两个方面:一是最高额抵押权不受债权部分转让的影响,其仍旧在最高债权额限度内担保未转让的债权和一定期间内连续发生的债权。二是转让后的债权脱离最高额抵押权的担保,最高额抵押权不再保护受让人的债权。从这一意义上说,最高额抵押权并未随债权的转让而转让。应予注意的是,此处所谓的"部分债权"转让,并非某特定债权被分割成部分而被转让,而是指最高额抵押合同约定的一定期间内发生的某一个或几个债权被转让,因其较之于最高额抵押权所担保的一定期间内的全部债权而言,属于"部分债权",故称之为部分债权转让。

其次,"全部债权"转让将导致最高额抵押权随之一起转让。在最高额抵押权确定前,最高额抵押权人将基础法律关系下的全部债权转让给第三人,相当于第三人替代了最高额抵押权人的合同当事人的地位。此时,基于担保的从属性,最高额抵押权随主债权的全部转让而转让给受让人。

再次,允许当事人作出例外约定。当事人可以约定在最高额抵押担保的债权确定前,最高额抵押权随部分债权的转让而转让。当事人约定的例外情形主要包括以下两种情形:一是部分债权转让的,抵押权也部分转让,原最高额抵押所担保的债权额随之相应减少。在这种情况下,转让的抵押权需要重新做抵押登记,原最高额抵押权需要做变更登记。二是部分债权转让的,全部抵押权随之转让,未转让的部分债权成为无担保债权。

最后,在债权确定后,最高额抵押权转化为一般抵押权。此时,债权转让的法律效果依照《民法典》第407条的规定处理,抵押权原则上随债权转让而一并转让。

3. 关于最高额抵押权在处分上的从属性

如前所述,部分债权转让不影响最高额抵押权的存续,最高额抵押权不因债权的部分转让而被分割。此点使其不同于《民法典担保制度解释》第39条第1款有关主债权因部分转让而被分割的规定。但如前所述,在主债权全部转让,即债权人将其在基础关系项下的债权人地位转让给他人场合,基于抵押权的从属性,最高额抵押权也随之转让。另外,从属性仍然是最高额抵押权的基本属性,因而其也不能脱离主债权而单独转让。故《民法典》第407

条有关抵押权不得单独转让以及随主债权一并转让的规定,同样适用于最高额抵押权。

(二)适用情况

准确适用本条,要注意以下两点:

一是注意新旧法的衔接适用。在最高额抵押权所担保的主债权能否转让问题上,《担保法》与《物权法》的规定不一致,在处理存量案件时要注意新旧法的衔接适用。

二是要注意区分主债权的部分转让和全部转让,其中债权部分转让的,不影响最高额抵押权的存续;但如果全部转让的,最高额抵押权也随之转让。

三是注意债权确定这一时点。因为债权确定前,部分债权的转让不影响最高额抵押权的存续,最高额抵押权也不随之转让。而一旦债权确定后,最高额抵押权就转化为一般抵押权,当然随主债权的转让而转让。

【相关法律、行政法规】

(一)相关法律

《中华人民共和国民法典》(2020 年 5 月 28 日通过)

第四百零七条　【抵押权处分的从属性】抵押权不得与债权分离而单独转让或者作为其他债权的担保。债权转让的,担保该债权的抵押权一并转让,但是法律另有规定或者当事人另有约定的除外。

【适用要点】该条分两句,第 1 句有关抵押权不得单独转让的规定适用于最高额抵押权并无疑问。关于第 2 句有关抵押权是否随主债权转让而转让,存在不同理解。如果从某一个或多个债权并未分割的角度,将其理解为是债权的全部转让,则最高额抵押权不能适用该条第 2 句的规定。但如果相对于一定期间内的全部债权,将债权确定前某一个或几个债权理解为系"部分债权",则应当适用《民法典》第 421 条而非该条之规定。而在债权全部转让情况下,仍可依据该条第 2 句之规定认定最高额抵押权随之转让。就此而言,该条适用于最高额抵押权,而不是最高额抵押权的例外规定。

【司法解释及规范性司法文件】

（一）司法解释

《最高人民法院关于适用〈中华人民共和国民法典〉有关担保制度的解释》（法释〔2020〕28 号，2020 年 12 月 25 日通过）

第三十九条第一款　【主债权的不可分性】主债权被分割或者部分转让，各债权人主张就其享有的债权份额行使担保物权的，人民法院应予支持，但是法律另有规定或者当事人另有约定的除外。

【适用要点】该条第 1 款是有关主债权不可分性的规定，包括主债权被分割或者部分转让、主债权部分受偿两种情形。其中，当主债权被分割或部分转让时，担保财产仍然为被分割或者部分转让后的全部债权提供担保。在最高额抵押权中，当部分债权转让时，不适用该条规定，此点应予特别注意。

（二）规范性司法文件

《北京市高级人民法院审理民商事案件若干问题的解答之四（试行）》（京高法发〔2003〕61 号，2003 年 3 月 5 日公布）

九、如何认定最高额抵押担保主合同债权的特定化及抵押权的转让？

最高额抵押担保是指抵押人与抵押权人协议，在最高债权额限度内，以抵押物对债务人在一定期间内连续发生的不特定债权提供担保。最高额抵押担保应以合同约定的决算期限作为债权特定化的期限。

银行将最高额抵押担保项下所有主合同债权认定为不良资产，移交资产管理公司清理的，主合同债权特定，抵押权可以一并转让给资产管理公司。

最高额抵押担保项下的主合同债权部分转让的，除非主合同债权已经特定，不可能再产生新的债权，否则，主债权转让有效，抵押权不随之转让。

【适用要点】该条是北京市高级人民法院就如何认定最高额抵押的债权特定化及抵押权的转让所作的问答，相关内容与《民法典》第 421 条等有关规定精神一致，可以继续适用。

【部门规章、规范性文件与相关政策】

（一）部门规章

《不动产登记暂行条例实施细则》（国土资源部令第63号；自然资源部令第5号，2019年7月16日修正）

第七十四条　【最高额抵押权转移登记】最高额抵押权发生转移的，应当持不动产登记证明、部分债权转移的材料、当事人约定最高额抵押权随同部分债权的转让而转移的材料等必要材料，申请办理最高额抵押权转移登记。

债权人转让部分债权，当事人约定最高额抵押权随同部分债权的转让而转移的，应当分别申请下列登记：

（一）当事人约定原抵押权人与受让人共同享有最高额抵押权的，应当申请最高额抵押权的转移登记；

（二）当事人约定受让人享有一般抵押权、原抵押权人就扣减已转移的债权数额后继续享有最高额抵押权的，应当申请一般抵押权的首次登记以及最高额抵押权的变更登记；

（三）当事人约定原抵押权人不再享有最高额抵押权的，应当一并申请最高额抵押权确定登记以及一般抵押权转移登记。

最高额抵押权担保的债权确定前，债权人转让部分债权的，除当事人另有约定外，不动产登记机构不得办理最高额抵押权转移登记。

【适用要点】该条是关于最高额抵押权转移登记具体操作流程的规定。《民法典》第421条允许当事人对最高额抵押权随债权转让而转移进行约定，但如存在一般抵押权和最高额抵押权的，当事人应当依不同情形分别申请登记。

【典型案例】

(一)参考案例

1. 沈阳朗勤置业有限公司与山东省金融资产管理股份有限公司信用证纠纷案【最高人民法院(2019)最高法民终266号】

【裁判要旨】《物权法》第204条①规定,最高额抵押担保的债权确定前,部分债权转让的,最高额抵押权不得转让,但当事人另有约定的除外。根据该规定,最高额抵押担保的债权在确定后转让是有效的。《物权法》第206条②规定:"有下列情形之一的,抵押权人的债权确定:(一)约定的债权确定期间届满;(二)没有约定债权确定期间或者约定不明确,抵押权人或者抵押人自最高额抵押权设立之日起满二年后请求确定债权;(三)新的债权不可能发生;(四)抵押财产被查封、扣押;(五)债务人、抵押人被宣告破产或者被撤销;(六)法律规定债权确定的其他情形。"本案中,涉案债权及相关权利由建行四方支行转让给山东金融资产公司的时间为2016年1月29日,涉案信用证付款到期日分别为2014年6月27日和2014年6月30日,转让时涉案主债权已届清偿期;朗勤公司最高额抵押担保范围为2013年4月15日至2014年4月15日期间形成的债务,涉案债权转让时,建行四方支行与恒通公司已不可能再发生新的融资关系,故涉案主合同债权在转让时已经确定。因此,依据《物权法》的规定,建行四方支行将涉案主合同债权转让给山东金融资产公司合法有效。而且,涉案《最高额抵押合同》约定:主合同项下债权转移给第三人的,本合同项下的担保随之转让。因此,朗勤公司关于涉案最高额抵押合同不能转让的主张不能成立,山东金融资产公司依法取得对主合同债权的抵押权,原抵押权登记继续有效。

【编者评析】本案的指导意义在于,最高额抵押权在债权确定后转化为一般抵押权,抵押权随主债权的转让而转让。

---

① 《民法典》第421条。下同。
② 《民法典》第423条。

2. 韬蕴资本集团有限公司与中国长城资产管理股份有限公司辽宁省分公司借款合同纠纷案【最高人民法院(2018)最高法民终 573 号】

【裁判要旨】上海国际皮革城、亚龙房地产、韬蕴集团公司等主张工行辽阳分行与亚龙房地产签订了的《最高额抵押合同》,依据《担保法》第 61 条①有关"最高额抵押合同的主债权不能转让"之规定,这种债权转让应属无效。《担保法》系于 1995 年颁布实施的,而在 2007 年颁布实施的《物权法》第 204条中对主债权及最高额抵押权转让问题则作出了进一步规定,即"最高额抵押担保的债权确定前,部分债权转让的,最高额抵押权不得转让,但当事人另有约定的除外"。对于两法适用的关系问题,《物权法》第 178 条明确规定"担保法与本法的规定不一致的,适用本法"。此外,《最高人民法院关于审理涉及金融资产管理公司收购、管理、处置国有银行不良贷款形成的资产的案件适用法律若干问题的规定》(已失效)第 8 条规定:"人民法院对最高额抵押所担保的不特定债权特定后,原债权银行转让主债权的,可以认定转让债权的行为有效。"故此,对于上海国际皮革城、亚龙房地产、韬蕴集团公司等有关《最高额抵押合同》应认定无效之主张,不予支持。

【编者评析】在最高额抵押权场合,在主债权能否转让问题上,《担保法》与《物权法》的规定并不一致,在《物权法》施行后发生的担保行为,应当适用《物权法》的规定。

---

① 《民法典》第 421 条。

第四百二十二条 【最高额抵押合同条款变更】最高额抵押担保的债权确定前,抵押权人与抵押人可以通过协议变更债权确定的期间、债权范围以及最高债权额。但是,变更的内容不得对其他抵押权人产生不利影响。

【条文精解】

(一)条文要点

本条是关于协议变更最高额抵押有关内容的规定,基本沿袭了《物权法》第205条之规定,仅将"但"修改为"但是"。准确理解适用本条,需要注意以下三方面内容:

1. 抵押合同当事人在债权特定前变更相关内容

本条适用于最高额抵押权所担保的债权确定之前,当事人协商变更最高额抵押权担保的有关内容的情形。因为只有在债权确定前,最高额抵押所担保的债权才具有不特定性,从而有别于一般抵押权的内容变更。债权一旦确定,最高额抵押权就转化为一般抵押权,此时当事人协商变更抵押权的有关内容就要适用《民法典》第409条的规定,而不是本条规定。

本条是抵押人与抵押权人通过对抵押合同内容的变更来达到变更最高额抵押权的规定。其当事人是抵押人和抵押权人,并不涉及债务人,有别于债权人与债务人协商变更主债权内容。因而即便债权确定后,也不能参照适用《民法典》第695条之规定。抵押合同作为从合同,其相关内容的变更可能会涉及债务人的利益,如本条规定的变更债权确定的期间、债权范围以及最高债权额等内容的变更,就可能就会影响债务人的利益。但债务人并非抵押合同的当事人,故即便损害了其合法权益,其也只能依据与抵押人之间的委托合同等规定请求抵押人承担违约责任,不能以最高额抵押权内容的变更损害其合法权益为由主张该变更对其不发生效力。

2. 关于最高额抵押合同的内容变更

一是关于债权确定期间的变更。"债权确定期间"是一段持续的期间,包括始期和终期两个时点,其终期即为"决算期",性质上属于期日。债权确定期间的变更包括以下情形：(1)期间缩短，主要包括始期延后终期不变、始期不变终期提前等情形；(2)期间延长，主要是指始期不变终期延后的情形；(3)将债权确定期间废止。废止债权确定期间，本质上是将最高额抵押权转化为一般抵押权，相当于"决算期"加速到期。

二是关于债权范围的变更。在最高额抵押担保的债权确定前当事人能否变更债权范围上，立法上经历了一个变化过程。在《担保法》时期，《担保法解释》第 82 条规定："当事人对最高额抵押合同的最高限额、最高额抵押期间进行变更，以其变更对抗顺序在后的抵押权人的，人民法院不予支持。"其中关于变更内容只规定了最高限额和最高额抵押期间的变更，未提及债权范围的问题。主要原因是我国《担保法》第 61 条规定："最高额抵押的主合同债权不得转让。"由此认为该时期我国法律规定最高额抵押权的债权不能转让，因而也认为债权范围不能变更。《物权法》改变了《担保法》及其司法解释的做法，允许当事人在不改变最高额抵押权的前提下变更债权范围。本条沿用了《物权法》第 205 条之规定，允许抵押权人与抵押人协议变更被担保的债权范围。

对本条规定的"债权范围"的变更，应作广义理解。它既包括狭义的担保范围的变更，如将担保从原来的仅包括本金扩及包括本金、利息等附属债权在内的全部债权；还包括被担保债权的种类变更，包括以新债权取代原债权(取代型)、在原债权的基础上追加新债权(追加型)、缩减原债权范围(缩减型)等情形。但是鉴于最高额抵押权在债权确定前债权处于不确定状态，因而谈不上变更的问题，故债权范围的变更不包括债权数额的变更。

三是关于最高债权额的变更。此种变更既包括额度的变更，如最高债权额限度增加或减少；也包括性质的变更，如将本金最高额改为全部债权最高额或相反。

应予注意的是，本条仅规定了当事人可以通过协议变更债权确定的期间、债权范围以及最高债权额，并未规定兜底条款，这是否意味着当事人不能再就其他内容进行变更？考虑到前述内容是最高额抵押权区别于一般抵押权的关键制度，故本条仅作了有限列举。但这并不意味着当事人不能就前述内容之外的其他内容进行变更。在当事人就其他内容如抵押权的顺位、履行期限等内容进行变更场合，因其不再体现最高额抵押权的特色，故可以适用《民法典》第 409 条有关抵押权内容变更的规定，而不能以本条未作规定为由否定其效力。

3. 关于变更登记及对抗其他抵押权人问题

最高额抵押权仅是在债权是否特定上区别于一般抵押权,就其物权变动模式而言,仍须按照一般抵押权的相关规定来处理。而前述的最高额抵押权内容的变更,系当事人对抵押合同内容的重大变更,应视抵押财产的不同而确定应否办理变更登记。以不动产为客体的最高额抵押权,实行登记生效主义,前述变更属于最高额抵押权的重要变更,应当依法办理变更登记;未经登记,尽管不影响变更合同的效力,但不产生对抗效力。而一旦完成变更登记,就会产生对抗效力,包括可以对抗对其产生不利影响的其他抵押权人,故需要征得其他抵押权人的书面同意。至于以动产或权利为客体的最高额抵押权,则采登记对抗主义,自变更协议生效之日起产生变更效力,但不得对抗对其产生不利影响的其他抵押权人,除非征得其书面同意。

至于哪些内容的变更可能对其他抵押权人产生不利影响,应当具体问题具体分析。债权确定期间的延长、担保范围的扩大、最高债权额的增加,均可能对后顺位抵押权人产生不利。此时,后顺位抵押权人可以主张该项变更对其不发生效力,但不得主张撤销变更协议。后顺位抵押权人不必非得是最高额抵押权人,也可以是以同一财产作为抵押财产的一般抵押权人。至于是否对其有不利影响,应由后顺位抵押权人承担举证责任。

(二)适用情况

从司法实践看,围绕本条的纠纷主要涉及当事人协议变更最高额抵押权的相关内容但未办理变更登记时,该项变更能否对抗其他抵押权人的问题。对此,应视最高额抵押权的客体是不动产还是动产或权利而区别对待,不可一概而论,认为只要未办理登记就不具有对抗效力。

【相关法律、行政法规】

(一)相关法律

《中华人民共和国民法典》(2020 年 5 月 28 日通过)

第四百零九条 【抵押权及其顺位的处分】抵押权人可以放弃抵押权或者抵押权的顺位。抵押权人与抵押人可以协议变更抵押权顺位以及被担保的债权数额等内容。但是,抵押权的变更未经其他抵押权人书面同意的,不得对其他抵押权人产生不利影响。

债务人以自己的财产设定抵押,抵押权人放弃该抵押权、抵押权顺位或者变更抵押权的,其他担保人在抵押权人丧失优先受偿权益的范围内免除担保责任,但是其他担保人承诺仍然提供担保的除外。

【适用要点】最高额抵押权中,当事人在债权确定后协商变更最高额抵押权的有关内容的,应当适用该条规定;当事人就债权确定的期间、债权范围以及最高债权额以外的其他内容进行变更的,也适用该条规定。

【部门规章、规范性文件与相关政策】

(一)部门规章

《不动产登记暂行条例实施细则》(国土资源部令第 63 号;自然资源部令第 5 号,2019 年 7 月 16 日修正)

第七十二条　【最高额抵押权变更登记】有下列情形之一的,当事人应当持不动产登记证明、最高额抵押权发生变更的材料等必要材料,申请最高额抵押权变更登记:

(一)抵押人、抵押权人的姓名或者名称变更的;

(二)债权范围变更的;

(三)最高债权额变更的;

(四)债权确定的期间变更的;

(五)抵押权顺位变更的;

(六)法律、行政法规规定的其他情形。

因最高债权额、债权范围、债务履行期限、债权确定的期间发生变更申请最高额抵押权变更登记时,如果该变更将对其他抵押权人产生不利影响的,当事人还应当提交其他抵押权人的书面同意文件与身份证或者户口簿等。

【适用要点】该条是关于最高额抵押变更登记的规定,包括以下内容:一是变更的内容不限于《民法典》第 422 条规定的三项内容,还包括债务履行期限、抵押权顺位等内容,也从另一个侧面表明,当事人可以就其他内容进行变更,此时应当适用《民法典》第 409 条规定;二是该条主要适用于以不动产为客体的最高额抵押权,不适用于以动产或权利为客体的最高额抵押权;三是鉴于前述事项的变更可能会对其他抵押权人产生不利影响,故在办理变更登记时应当提交其他抵押权人书面同意的相关文件。

【典型案例】

（一）参考案例

1. 上海天丞混凝土制品有限公司与杭州荣正大厦开发有限公司、上海荣贞资产管理有限公司等金融借款合同纠纷案【上海市第二中级人民法院（2017）沪 02 民终 2890 号】①

【裁判要旨】最高额抵押权人与原债务人、抵押人及新债务人协商一致，将其对新债务人的债权纳入最高额抵押债权范围，但未办理抵押变更登记手续的，不发生物权变动的效力，抵押权人不能就其对新债务人的债权行使抵押权。

【编者评析】本案涉及最高额抵押的协议变更的效力问题。我国《物权法》对于是否可以协议变更最高额抵押的主债务人以及变更主债务人是否需要办理登记等问题并无明确规定。本案判决认为，如果未进行变更登记，允许抵押合同当事人随意将本不属于最高额抵押担保范围的其他债权纳入担保范围，可能会损害其他第三方的利益，如在后顺位抵押权人的利益，或者是抵押人之普通债权人的利益，故最终认定对未办理变更登记的新债务人的债务，银行无权行使抵押权。本案对细化最高额抵押相关的司法规则有一定探索意义，有利于规范金融参与主体的融资行为，提高借贷企业的"去杠杆"意识，有效防控金融风险。

2. 江苏宿豫东吴村镇银行有限责任公司与宿迁市佳鸿物资贸易有限公司、宿迁市中宝投资集团有限公司等借款担保合同纠纷案【江苏省高级人民法院（2014）苏商终字第 0332 号】

【裁判要旨】在最高额抵押担保的债权确定的期间、最高债权额不变的情形下，债权种类变更，亦需依法登记，否则不产生变更的效力，且变更不得对其他利害关系人产生不利影响。

3. 兴业银行股份有限公司泉州分行与贵州湘企（独山）置业有限公司金融借款合同纠纷案【福建省高级人民法院（2017）闽民终 939 号】

【裁判要旨】本案抵押合同办理抵押登记之后，按照兴业银行泉州分行

---

① 该案系 2017 年度上海法院金融商事审判十大案例。

的主张,其与湘企公司双方同意将最高额抵押权设立前已经存在的债权,即本案主债权,转入最高额抵押担保的债权范围。故此时债权范围已发生变更,当事人应申请最高额抵押权变更登记,才能发生法律效力。但双方没有照此办理,一审法院不支持兴业银行泉州分行就讼争债权行使相应抵押权的主张,并无不当,予以维持。

第四百二十三条 【债权确定事由】有下列情形之一的,抵押权人的债权确定:

(一)约定的债权确定期间届满;

(二)没有约定债权确定期间或者约定不明确,抵押权人或者抵押人自最高额抵押权设立之日起满二年后请求确定债权;

(三)新的债权不可能发生;

(四)抵押权人知道或者应当知道抵押财产被查封、扣押;

(五)债务人、抵押人被宣告破产或者解散;

(六)法律规定债权确定的其他情形。

【条文精解】

(一)条文要点

本条是关于最高额抵押权债权确定事由的规定,是在《物权法》第206条的基础上修改而成的,修改之处包括:一是在第4项中增加规定"抵押权人知道或者应当知道",将客观事由改为主观事由;二是将第5项中债务人与抵押人"被宣告破产或者被撤销"改为"被宣告破产或者解散"。所谓债权确定,是指最高额抵押权所担保的债权因一定的事由而归于特定,即债权确定不会再发生。本条规定的债权确定事由,实质上都是导致债权不再变化或者导致当事人之间停止继续交易的事项。准确理解本条规定,要注意把握以下几点:

1. 关于债权确定事由

一是当事人约定的债权确定期间届满。债权确定期间是指确定最高额抵押所担保的债权数额的时间。一般而言,当事人在最高额抵押权设立时,都会在最高额抵押合同中约定债权确定期间,如果没有债权确定期间,则最高额抵押权长期处于不确定的状态。当事人也可以在最高额抵押权设立之后,约定最高额抵押权确定的日期。当事人约定的债权确定期间届满后,最高额抵押所担保的债权随即确定,后续产生的债权将不再被最高额抵押权所担保。对债权确定的时间进行约定是最高额抵押合同的重要内容。当事人约定的债权确定期间届满，最高额抵押所担保的债权额即自行确定。需要指出的是，当事人约定的债权确定期间与最高额抵押中的债务清偿期不同，这是因为最高额抵押中的债务清偿期指的是债务人履行债务的时间，当事人约定的债权确定期间届至，债务的清偿期未必届至。当然，当事人可以在最高额抵押合同中约定债务的清偿期为债权确定期间，也可以在债务清偿期之外另行约定债权确定期间。

二是在当事人对债权确定期间没有约定或约定不明时，抵押权人或者抵押人自最高额抵押权设立之日起满 2 年后请求确定债权。如果当事人没有对债权确定期间进行约定或约定不明确，此时如果不依据一定的规则使债权趋于确定，抵押人将会长期承受最高额抵押权的负担，这对抵押人而言是不公平的。在此种情形下，比较好的解决方案就是直接规定一个法定的债权确定期间，该期间经过后，当事人可提出确定请求。本条第 2 项设置 2 年的时间限制，一方面可以避免抵押人长时间承受最高额抵押权的负担，另一方面又满足了最高额抵押权为系列交易提供担保的目的。应予注意的是，该规定适用于当事人没有约定债权确定期间或者约定不明确的情形，是本条第 1 项的补充性规定。最高额抵押合同订立时没有约定债权确定期间，当事人事后达成补充协议的，依照补充协议确定，也不能适用本条第 2 项之规定。一旦适用该规定后，2 年期间即为固定期间，不存在中止、中断或延长的问题。

三是新的债权不可能发生。实践中主要包括连续交易终止和基础法律关系消灭两种情形。此时，债权额的确定时间不受当事人约定或者法定确定期间的影响。在新的债权不可能发生的情况下，无论当事人约定的债权确定期间或者本条规定的法定确定期间是否届至，最高额抵押权担保的债权自动确定。值得探讨的是，抵押权人就基础合同提起诉讼，请求解除合同的同时，能否在诉讼请求中要求最高额抵押债权确定？本书认为，基础合同一旦解除，新的债权确实不可能发生，抵押权人的债权应当予以确定。但一旦解除的诉讼请求得不到支持，则仅以合同应当解除为由请求确定债权的诉讼请求就不能得到支持。

四是抵押权人知道或应当知道抵押财产被法院查封、扣押。债权确定指向的是主债权，而抵押财产被查封、扣押指向的则是作为从债权的担保债权，这就需要解决一个问题，即抵押财产被查封、扣押为何会导致主债权被确定？这就需要回到最高额抵押权的基本原理。最高额抵押权尽管担保的是一定期间内连续发生的不特定债权,且抵押人在最高债权额内以抵押财产的价值为限承担责任。问题是,如果抵押财产被查封、扣押后主债权仍不确定,债务人就有可能通过虚增主债权等方式提高债权数额,导致在原定的债权确定期限届满时,抵押财产全部用于承担担保责任。而抵押权在效力上又优先于查封债权,如此就会导致查封、扣押抵押财产的目的落空。如果主债权从抵押财产被查封、扣押之日起就被确定,则抵押权人只能以债权确定之日的债权余额为限在最高债权额范围内承担责任,一旦债权余额少于最高债权额的,查封、扣押债权人就可对差额部分优先于一般债权人受偿,从而使查封、扣押债权的目的得以实现,这也是从《物权法》到《民法典》都将查封、扣押抵押财产作为债权确定事由的原因。

值得探讨的是,当抵押财产被法院查封、扣押时,最高额抵押所担保的债权是从被查封、扣押之日确定,还是从抵押权人知道或者应当知道该事实之日起确定?对此,曾经存在不同观点。《物权法》第206条第4项将抵押财产被查封、扣押作为债权确定的事由。《担保法解释》第81条也规定:"最高额抵押权所担保的债权范围,不包括抵押物因财产保全或者执行程序被查封后或债务人、抵押人破产后发生的债权。"从前述规定看,抵押财产一旦被查封、扣押,最高额抵押权所担保的债权就归于确定,其后产生的债权不再被纳入最高额抵押权担保的范围。而《查扣冻规定》第25条则规定:"人民法院查封、扣押被执行人设定最高额抵押权的抵押物的,应当通知抵押权人。抵押权人受抵押担保的债权数额自收到人民法院通知时起不再增加。人民法院虽然没有通知抵押权人,但有证据证明抵押权人知道或者应当知道查封、扣押事实的,受抵押担保的债权数额从其知道或者应当知道该事实时起不再增加。"据此,只有在抵押权人收到人民法院查封、扣押抵押财产的通知之时,或其知道或者应当知道抵押财产被查封、扣押的事实之时,最高额抵押权所担保的债权才归于确定,担保范围不再增加。可见,在抵押财产被查封、扣押场合,就债权确定时点来说,《物权法》《担保法解释》与《查扣冻规定》并不一致。前者采取的是客观标准,后者采取的则是主观标准。

本条最终采纳了《查扣冻规定》的做法,主要是考虑到抵押财产被裁定查封、扣押的裁定书只有在送达相关当事人后才发生效力,包括具有债权确定的效力。抵押权人往往并非相关案件的当事人,一般不存在向其送达查封、扣押裁定的问题。但依据《查扣冻规定》第25条规定,人民法院要将查封、扣押裁定通知抵押权人,抵押权人在收到通知后,该裁定对其发生效力,故从其收到通知之日起债权确定更符合裁定书生效的原理。在抵押权人未收到通知的情况下,从其知道或应当知道之日起债权确定,在原理上是相同的。如果采客观标准,则银行等金融机构授予债务人一定借款额度并设定最高额抵押予以担保时,每发放一笔贷款都需要再次确认抵押财产是否被查封、扣押,将极大地提高交易成本,违背了设定最高额抵押权以担保长期而频繁的借款的初衷。

五是债务人、抵押人被宣告破产或者解散。债务人、抵押人被宣告破产或者解散,意味着其将进入破产或清算程序。一旦进入破产程序或清算程序,未到期的债权加速到期,管理人将接管债务人财产,这就有必要让本来尚未特定的债权特定下来。但也有学者认为,应当以人民法院受理债务人、抵押人的破产申请之时,而非被"宣告"破产之时作为债权确定的时点,主要理由为:第一,会影响最高额抵押债权人的债权申报及相关破产程序的进行。人民法院原则上是在债权申报期满、第一次债权人会议召开后,且管理人完成对债权审核确认和必要的审计、资产评估工作,并提出宣告破产申请时,才作出宣告破产裁定。这些工作的一个基础条件就是必须以破产申请受理为债权数额确定的时点。但按照《民法典》的规定,破产案件受理时抵押权人的债权尚不允许得到确定,所以抵押债权人是无法在破产案件受理时法院就已经规定的债权申报期间内及时、正常地申报债权的,管理人当然也就更无法及时进行全面的债权审核确认等工作,其他相关破产程序都难以顺利进行。第二,会损害最高额抵押债权人的合法权益。若依《民法典》的规定,最高额抵押权人在破产宣告之前因债权不符合确定条件,无法申报债权,在这一阶段的破产程序中便不能行使任何权利,如不能参加债权人会议,不能行使表决权等。虽然最高额抵押债权人可以在破产宣告作出后补充申报债权,但因此产生的所有不利后果,如对此前已进行的分配不再补充分配、承担为审查和确认补充申报债权的费用等,均要由无辜的债权人承受,这显然是不公平、不公正的。第三,会损害最高额抵押债权人的担保债权可以及时受偿的权利。最高额抵押债权人作为担保债权人,在破产清算和破产和解程序中,是可以随时向管理人主张就该特定财产变价处置行使优先受偿权的。而依照《民法典》的上述规定,最高额抵押债权人因在破产宣告之前债权不能得到确定,无法行使任何权利,尤其是最为重要的债权及时受偿的权利,这会给其权利的保障与实现造成严重的风险。第四,我国《企业破产法》中规定的破产程序包括清算、重整与和解三种。在由当事人直接申请启动或者通过清算程序转换申请启动的重整程序或者和解程序中,一直到破产程序依法终结,债权清偿完毕,根本就不存在对进入破产程序的债务人、抵押人作出破产宣告的情况。但是,最高额抵押债权的数额在重整与和解程序启动时也必须及时确定,方能保障债权人在重整计划与和解协议中得到清偿,保障其各项权利能够得到顺利行使,保障重整与和解程序的顺利进行。如果以债务人、抵押人被宣告破产作为确定抵押担保债权范围和数额的时点,由于这一时点在重整与和解程序中依法是根本不可能存在的,必然造成本来在司法实践中不存在问题的最高额抵押债权的确定,反而由于《民法典》的规定陷于无法解决的难堪状态。第五,《民法典》规定,最高额抵押权人的债权只有在破产宣告时才能得到确定。也就是说,即使债务人、抵押人已经进入破产程序,但在法院作出破产宣告之前,债权人的最高额抵押债权仍处于不确定状态,在法律上仍允许继续发生变动。所谓变动,既包括抵押债权数额可能因新债权的继续发生而增加,也包括债权数额因对已有债权的个别清偿而减少,即个别清偿是不停止的。这也是正常的破产程序所不可想象、不能允许的。①该观点具有一定的启发性。

六是法律规定确定债权的其他情形。此为兜底性条款,例如根据《民法典》第 420 条,出现当事人约定实现最高额抵押权的事由,就意味着担保债权额的确定。

2. 关于债权确定的后果

最高额抵押权所担保的主债权一旦确定,最高额抵押权转为一般抵押权,抵押权的实现依照一般抵押权的规定进行。鉴于最高额抵押权转化为一般抵押权,也属于抵押权事项的重大变更,依据《不动产登记暂行条例实施细则》第 73 条之规定,当事人应当及时申请办理最高额抵押权确定登记。

最高额抵押权所担保的债权确定后,债权余额及本金也得以确定。抵押权人实现最高额抵押权时,如果实际发生的债权额高于最高限额的,以最高额为限,超过部分不具有优先受偿的效力;实际发生的债权额低于最高限额的,以实际发生的债权额为限对抵押财产优先受偿。此外,根据《民法典担保制度解释》第 30 条的规定,最高额保证合同的债权确定之日亦根据本条确定。

---

① 王欣新:《〈民法典〉与破产法的衔接与协调》,载《山西大学学报(哲学社会科学版)》2021 年第 1 期。

（二）适用情况

就本条的适用来说，实践中需要注意两点：

一是关于第 4 项，有一个从《物权法》的客观说到《民法典》的主观说的转变过程。鉴于在《民法典》施行前即有《查扣冻规定》，且《物权法》规定与《查扣冻规定》规定以及《民法典》规定本质上并不矛盾，故即便是对《物权法》规定，也可以考虑采主观说，以实现各方当事人利益的平衡。

二是关于第 2 项。实践中并不排除当事人未约定债权确定期间的情形，此时不能简单地以未约定债权确定期间为由就认定其并非最高额抵押权，甚至认定最高额抵押权无效。

【司法解释及规范性司法文件】

（一）司法解释

《最高人民法院关于人民法院民事执行中查封、扣押、冻结财产的规定》（法释〔2004〕15 号；法释〔2020〕21 号，2020 年 12 月 23 日修正）

第二十五条　【查封、扣押最高额抵押权的抵押物】人民法院查封、扣押被执行人设定最高额抵押权的抵押物的，应当通知抵押权人。抵押权人受抵押担保的债权数额自收到人民法院通知时起不再增加。

人民法院虽然没有通知抵押权人，但有证据证明抵押权人知道或者应当知道查封、扣押事实的，受抵押担保的债权数额从其知道或者应当知道该事实时起不再增加。

【适用要点】该条从执行的角度对《民法典》第 423 条第 4 项规定进行了重申和确认，适用时应注意以下几点：一是人民法院查封、扣押被执行人设定最高额抵押权的抵押物的，应当通知抵押权人。抵押权人获知抵押财产被查封、扣押一般应是通过法院的通知而不是自行查询。二是在人民法院进行了通知的情况下，抵押权人收到通知时最高额抵押担保的债权额不再增加，即确定。在法院没有进行通知的情况下，抵押权人仍可能通过其他途径获知抵押财产被查封、扣押。如果抵押权人确实知道或者应该知道查封、扣押事实的，最高额抵押担保的债权额也应确定。

【部门规章、规范性文件与相关政策】

（一）部门规章

《不动产登记暂行条例实施细则》（国土资源部令第 63 号；自然资源部令第 5 号，2019 年 7 月 16 日修正）

第七十三条　【确定最高额抵押权的登记】当发生导致最高额抵押权担保的债权被确定的事由，从而使最高额抵押权转变为一般抵押权时，当事人应当持不动产登记证明、最高额抵押权担保的债权已确定的材料等必要材料，申请办理确定最高额抵押权的登记。

【适用要点】债权确定属于抵押权的重大变动，由当事人申请办理确定登记有其必要性。但债权确定行为毕竟并非法律行为，故不能用登记生效主义的原理来解释确定登记。

【典型案例】

（一）参考案例

台州市同泰典当有限责任公司与中国工商银行股份有限公司台州经济开发区支行、浙江欣和电气科技有限公司第三人撤销之诉案【台州市中级人民法院(2016)浙 10 民终 889 号】

【裁判要旨】《物权法》第 206 条①第 4 项规定了"抵押财产被查封、扣押"为最高额抵押所担保债权确定的法定事由之一，其立法本意在于查封、扣押为债权强制执行程序的开始，抵押物一经查封，其在拍卖后可供清偿执行债权的数额即可基本确定，此时抵押权人为实现债权或避免接下来的债务损失，必然产生与抵押人中止交易关系的意图，新的债权也将不再产生，最高额抵押所担保债权因此得以确定。但实践中，抵押财产被查封、扣押存在两种情况，一是因本案债权人申请而被查封或扣押，二是因案外其他债权人申请而被查封或扣押。前种情形，因系债权人自己提出申请，其与债务人中止

———————

① 《民法典》第 423 条。下同。

交易关系的意图明确,最高额抵押权得以自然确定。后种情形,最高额抵押权人自身并无中止交易关系的意图,系外力干扰而致所担保债权确定,结果与最高额抵押权人的意图相违背,且最高额抵押权人对该情况的知悉可能存在滞后情形(比如作出查封裁定的法院未向其送达裁定或基于其他原因而未及时得知),在抵押权人尚未知悉的情形下,直接认定最高额抵押权已经确定,势必导致抵押权人的利益无法得到保护,这亦与《物权法》的立法本意相违背。其次,《查扣冻规定》第 27 条①规定,人民法院查封、扣押被执行人设定最高额抵押权的抵押物的,应当通知抵押权人。抵押权人受抵押担保的债权数额自人民法院通知时起不再增加。人民法院虽然没有通知抵押权人,但有证据证明抵押权人知道查封、扣押事实的,受抵押担保的债权数额从其知道该事实时起不再增加。该条立法本意与前述《物权法》第 206 条之规定并不矛盾,其恰恰是对该条的细化。其意在于,只有当人民法院将查封、扣押裁定通知到最高额抵押权人或最高额抵押权人通过其他途径已经知悉查封、扣押事实时,最高额抵押所担保的债权才得以确定。至于因其他债权人申请而致最高额抵押物被查封或扣押,此后又被解除查封或扣押的,因查封、扣押之事由而致最高额抵押权确定效力则自始归于消灭,该抵押物恢复至原先未确定状态,其上所设最高额抵押权得以恢复。至于抵押权人发放最高额抵押贷款应否尽查询抵押物有无被查封的注意义务,法律对此并无明文规定。本案最高额抵押贷款虽发放在查封之后,但人民法院在查封时并未通知抵押权人,现亦无证据证明被上诉人工行开发区支行发放贷款时知道或应当知道抵押物被查封的事实,故工行开发区支行在查封后发放贷款无主观过错。况且,抵押物在被查封后又被依法解封,抵押财产自解封时起已恢复至初始自由状态,可以继续发挥对不特定债权的担保作用。被上诉人工行开发区支行对抵押物的拍卖所得全部款项仍享有优先受偿权。

【编者评析】该判决较为详细地分析了在抵押财产被查封、扣押场合,为什么应当采主观说而不采客观说,同时还对相关法律及司法解释的规定进行了阐释,完全符合第 4 项规定的精神。

---

① 2020 年修正的《查扣冻规定》第 25 条。

第四百二十四条 【最高额抵押权的法律适用】 最高额抵押权除适用本节规定外,适用本章第一节的有关规定。

【条文精解】

(一)条文要点

本条是关于最高额抵押权的法律适用的规定,沿袭了《物权法》第207条之规定,仅作了文字修改,将原来的"适用本章第一节一般抵押权的规定"改为"适用本章第一节的有关规定",并无实质变化。

1. 最高额抵押权如何适用一般抵押权的规定

最高额抵押权属于一般抵押权的特别规则,依据"特别规则优先于一般规则"的法律适用规则,当然应当先适用《民法典》有关最高额抵押权的规定。也就是说,《民法典》对最高额抵押权有规定的,不适用一般抵押权的规定。最高额抵押权区别于一般抵押权的核心特征在于,在债权确定前,其所担保的债权处于不确定状态。故最高额抵押权特有的制度包括:债权确定制度以及在债权确定前当事人转让部分债权或变更涉及最高额抵押权核心特征的相关条款。《民法典》对最高额抵押权的规定,涉及的都是最高额抵押权特有的制度。对这些制度如债权确定,一般抵押权并未有类似规定,自然不存在适用一般抵押权的规定问题。最高额抵押权核心特征条款的变更,实即《民法典》第409条的特别规定,二者在基本精神上是一致的,依据"特别规则优先于一般规则",也先适用《民法典》第422条之特别规定;但对于最高额抵押权中其他条款的变更,则适用《民法典》第409条之规定。对于债权的部分转让,《民法典担保制度解释》第39条第1款规定:"主债权被分割或者部分转让,各债权人主张就其享有的债权份额行使担保物权的,人民法院应予支持,但是法律另有规定或者当事人另有约定的除外。"该规定与《民法典》第421条不一致,依据"特别规则优先于一般规则",也应当适用《民法典》第421条之规定,而不能适用《民法典担保制度解释》第39条第1款之规定。

《民法典》对最高额抵押权有规定的,自然适用相关规定。但当最高额

抵押权没有规定时,则适用一般抵押权的规定,具体包括:

一是关于债权全部转让的规定。《民法典》第 421 条规定,仅部分债权转让的,最高额抵押权原则上不得转让。但如果是全部债权转让,即债权人将其在基础关系项下的债权人地位转让给他人场合,基于抵押权的从属性,最高额抵押权也随之转让。故《民法典》第 407 条有关抵押权不得单独转让以及随主债权一并转让的规定,同样适用于最高额抵押权。

二是关于债务转移的规定。如前所述,最高额抵押权的核心特征在于债权确定前所担保的主债权具有不确定性,并未涉及主债务问题。就债务人的偿债能力影响担保责任的承担而言,最高额抵押权与一般抵押权并无不同。也就是说,在主债务转移全部或部分场合,一旦债务承担人缺乏相应的履约能力,担保人就会承担实际的担保责任,并面临追不回来的风险。就此而言,最高额抵押权与一般抵押权并无本质不同,故应当适用《民法典》第 391 条有关债务人将债务全部或部分转移的规定。

三是有关一般抵押权本身的规定,包括:(1)《民法典》第 395 条至第 399 条关于抵押财产的规定。(2)《民法典》第 400 条、第 401 条关于抵押合同内容和形式的规定。(3)《民法典》第 402 条、第 403 条关于抵押权设立及其物权变动模式的规定。(4)抵押权与其他权利关系的规定。包括抵押权人与担保权之外的其他权利人之间的关系的规定,如《民法典》第 404 条规定的与正常经营买受人的关系、第 405 条规定的与租赁权人的关系、第 406 条规定的与抵押财产受让人的关系;抵押权人与其他担保权人之间清偿顺位的规定,包括《民法典》第 414 条至第 416 条之规定。(5)《民法典》第 408 条关于抵押财产保全的规定、第 409 条关于抵押权及其顺位处分的规定。(6)《民法典》第 410 条至第 413 条、第 417 条至第 419 条关于抵押权实现的规则。

总之,除债权部分转让等规定外,一般抵押权的规定几乎全部可以适用于最高额抵押权,凸显了最高额抵押权特殊抵押权的属性。

2. 关于最高额抵押权参照适用保证的有关规定问题

最高额抵押权除适用本节规定外,还适用有关一般抵押权的规定。而依据《民法典担保制度解释》第 20 条之规定,第三人提供物保的,可以参照适用《民法典》有关保证的规定。据此,在《民法典》担保制度缺乏总则性规定的情况下,《民法典》有关保证的规定,具有类似于担保法总则的意义。这就涉及一个问题,即在一般抵押权对相关问题没有规定时,最高额抵押权能否参照适用《民法典》有关保证的规定? 对此,需要把握以下几点:

一是对同一事项,最高额抵押权与保证都有规定但规定不一致的,不能适用《民法典》有关保证的规定。如《民法典》第 695 条有关主债权变更、第 696 条中有关主债权部分转让的规定,《民法典》第 422 条、第 421 条已有规定,这两个条文就不能准用于最高额抵押权。

二是对同一事项,一般抵押权已有规定的,也不能适用《民法典》有关保证的规定。如《民法典》第 391 条对债务全部或部分转移是否影响抵押权作出规定,该规定与《民法典》第 697 条第 1 款精神基本相同,但内容并不完全一致,此时也不能再舍近求远,准用于最高额抵押权。

三是对一般抵押权没有规定而保证中有规定,且与最高额抵押权规定精神不相冲突的,可以准用《民法典》有关保证的规定。如《民法典》第 699 条至第 702 条之规定,就可以准用于最高额抵押权。但《民法典》第 695 条第 2 款有关保证期间的规定、第 697 条第 2 款有关债务加入的规定,与抵押权无涉,自然不能适用于最高额抵押权。

3. 最高额保证的法律适用

为全面揭示最高额担保的法律适用问题,再次就最高额保证的法律适用进行重复。《民法典》第 690 条第 2 款规定,最高额保证准用《民法典》有关最高额抵押权的规定。如前所述,对同一事项,最高额抵押权与保证都有规定但规定不一致的,不能适用《民法典》有关保证的规定,而应当准用《民法典》有关最高额抵押权的规定。问题是,就最高额保证而言,当最高额抵押权并无相应规定时,是准用一般抵押权的规定还是适用有关保证的规定?一种观点认为,最高额保证准用最高额抵押权的有关规定,而依据《民法典》第 424 条,当最高额抵押权并无规定时,应当准用《民法典》有关一般抵押权的规定。本书认为,最高额保证与最高额抵押权均属最高额担保,在《民法典》对最高额抵押权作出较为详细规定的情况下,最高额保证准用最高额抵押权的规定无可厚非。但《民法典》有关最高额抵押权的规定,涉及的都是最高额抵押权特有的制度,包括债权确定制度以及在债权确定前当事人转让部分债权或变更涉及最高额抵押权核心特征的相关条款。除前述规定外的其他问题,最高额抵押权作为抵押权,当然适用一般抵押权的规定。同理,最高额保证作为保证的一种,当然也应当适用保证的规定,而非准用一般抵押权的规定。具体来说,《民法典》有关保证资格、保证合同内容和形式、保证期间与诉讼时效、连带责任保证和一般保证等保证形式、共同保证、保证人的追偿权等规定,都可以适用于最高额保证。

(二)适用情况

本条属于引致条款,即人民法院在审理涉最高额抵押权纠纷时,依据该条规定转而适用一般抵押权的有关规定,一般不会就本条单独论证案件事实和裁判理由。准确适用本条,应当将其与《民法典》第 690 条之规定进行体系解释,以便在最高额抵押权、最高额保证、一般抵押权、普通保证等制度中确定正确的法律适用规则。关于最高额抵押权,其适用顺序为:最高额抵押权>一般抵押权>保证。关于最高额保证,其适用顺序为:最高额保证准用最高额抵押权>保证。

第十八章 质 权

第一节 动产质权

第四百二十五条 【动产质权的概念】 为担保债务的履行,债务人或者第三人将其动产出质给债权人占有的,债务人不履行到期债务或者发生当事人约定的实现质权的情形,债权人有权就该动产优先受偿。

前款规定的债务人或者第三人为出质人,债权人为质权人,交付的动产为质押财产。

【条文精解】

(一)条文要点

本条是关于动产质权概念的规定,沿袭了《物权法》第 208 条之规定,未作改动。本条在明确动产质权的当事人、设立要件及权利义务的同时,还为保证金、流动质押等制度适用质权的有关规定提供了依据。准确理解本条,需要把握以下几点:

1.《民法典》关于质权部分的修改

《民法典》物权编担保物权分编"质权"章的修改不多,主要体现在以下几个方面:

一是允许对质押财产进行概括描述。将《物权法》第 210 条第 2 款第 3 项"质押财产的名称、数量、质量、状况"改为"质押财产的名称、数量等情况",与《民法典》第 400 条第 2 款第 3 项对《物权法》第 185 条第 2 款第 3 项的修改相一致,体现的都是允许对担保财产进行概括描述的要求。

二是为构建统一动产和权利登记制度预留空间。《民法典》第 441 条、第 443 条、444 条和第 445 条删去了《物权法》关于各权利质权具体登记机构的规定,旨在构建统一的动产和权利登记制度。但是,从目前的情况看,这些权利质权仍无法在统一的动产和权利登记系统中登记。在前述权利质押仍只能在原登记系统登记的情况下,毕竟可行的路径是先建立各登记系统之间的链接,待时机成熟时再在同一个登记系统登记。

三是修改了可用于出质的权利范围。将应收账款质押的对象从原来的"应收账款"改为"现有的以及将有的应收账款",进一步明确了应收账款的含义。

四是修改了票据质押的规则。依据《物权法》第224条之规定,票据质权自权利凭证交付质权人时设立。但是《票据法》第35条第2款规定:"汇票可以设定质押;质押时应当以背书记载'质押'字样。被背书人依法实现其质权时,可以行使汇票权利。"据此,质押背书又成了票据质权的设立要件。相关司法解释的认识也不一致。如《担保法解释》第98条规定:"以汇票、支票、本票出质,出质人与质权人没有背书记载'质押'字样,以票据出质对抗善意第三人的,人民法院不予支持。"2000年《票据规定》第55条规定:"依照票据法第三十五条第二款的规定,以汇票设定质押时,出质人在汇票上只记载了'质押'字样未在票据上签章的,或者出质人未在汇票、粘单上记载'质押'字样而另行签订质押合同、质押条款的,不构成票据质押。"为了防止法律适用上的冲突,《民法典》第441条在《物权法》第224条后增加规定"法律另有规定的,依照其规定",为《票据法》特别规定的适用留下余地和空间。

2. 动产质权的特征与效力

动产质权作为与抵押权、留置权并列的担保物权,具有担保物权的一般特征,包括:一是在所担保债权的性质上,均系民事活动所产生的债务;二是在质权实现事由上,也包括债务人不能履行到期债务这一法定事由和约定事由两种;三是在效力上包括特定性、从属性、不可分性、物上代位性等特征。鉴于相关内容在《民法典》第386条、第387条、第390条、第682条已有详细论述,此处不再赘述。此次着重对动产质权的概念和特征进行介绍:

一是其客体限于动产。从比较法上看,质权包括动产质权、权利质权和不动产质权。我国《民法典》规定的质权包括动产质权和权利质权,但不包括不动产质权。金钱或货币作为一般等价物,也可以成为动产质权的客体,保证金即为特殊的动产质押。

二是以交付作为公示方法。此点使其区别于权利质权与抵押权。质权的成立和存续,须以移转标的物的占有即交付为公示方法。交付作为公示方法,须现实地移转标的物的占有,《民法典》第224条规定的直接交付、第226条规定的简易交付、第227条规定的指示交付,均可以作为有效的公示方法,产生物权变动的效力。但《民法典》第228条规定的占有改定,难以达到公示的目的,通说认为不构成有效的公示方法。从质权的设定看,当事人签订质权合同后,约定继续由出质人替质权人占有的,应当认为并未完成质物交付的要件,动产质权未能有效设立。此点对于流动质押情况下,判断流动质押是否有效设立具有重要意义。

三是质权作为担保物权,主要效力表现为留置效力和优先受偿效力。质权的主要效力之一是通过占有或留置质物,对质押人产生精神压力,促使其及时履行债务。但质权人不能对质物进行使用收益,而只能以善良管理人身份进行妥善保管,保管不善的,应当承担损害赔偿责任。但从比较法的角度看,确有用益质权这一类型,主要出现在不动产质权中。质权的另一效力主要体现为优先受偿效力。在债务人不能履行到期债务或发生约定的实现债权的事由时,质权人有权对质物进行变价,并以所得价款优先受偿。当事人不能事先约定当出现实现质权的法定或约定事由时,质物即归质权人所有,否则,该条款因违反禁止流质之规定而无效,尽管从比较法上看,也曾有"归属质"(即流质)的存在。

四是质权属于意定物权。质权作为意定物权,须以签订质押合同为前提。当事人是否设立质权、以何种标的物设立质权等均取决于当事人的意思,在一定程度上有私法自治的空间。而就留置权来说,只要发生法律规定的特定事实,留置权即依法产生,不存在当事人意思自治问题。

五是本条规定的质权属于民事质权。我国实行民商合一体制,不像民商分立国家采民事质权和商事质权的区分。但不可否认的是,除《民法典》规定的民事质权外,还有营业质权的存在,只不过营业质权并未引起学界乃至司法实务界的足够重视而已。《典当管理办法》第 3 条第 1 款规定:"本办法所称典当,是指当户将其动产、财产权利作为当物质押或者将其房地产作为当物抵押给典当行,交付一定比例费用,取得当金,并在约定期限内支付当金利息、偿还当金、赎回当物的行为。"该办法所称的典当行,是指依照《典当管理办法》设立的专门从事典当活动的企业法人,其组织形式与组织机构适用《公司法》的有关规定。典当行从事的典当活动,既包括以动产、财产权利作为当物的质押,也包括以不动产作为当物的抵押,是一个复合型的商业活动。就其所涉及的质押活动来说,属于营业质权的范畴。典当行所从事的营业质权,区别于《民法典》规定的质权的一个显著特征是,允许"绝当"(或称"死当"),性质上属于"流质"。只不过,依据《典当管理办法》第 43 条之规定,绝当仅适用于当物估价金额不足 3 万元的情形。一旦当物估价金额在 3 万元以上的,应当按照担保物权实现的有关规定处理。有观点认为,《典当管理办法》仅是一个部门规章,无权对民事活动进行任意干预和管制。在起草

《民法典担保制度解释》过程中，曾经有人建议对典当作出规定。但鉴于其并无更高的上位法依据，且对相关司法实务并不十分了解，加之时间仓促，最终并未对其作出进一步的解释。

3. 动产质权的发展趋势

《民法典》将动产质权作为一种重要的担保物权类型加以规定，但动产质权以占有或交付作为公示方法的特点决定了，其在担保制度体系中所起的作用将会日趋没落。另外，面对动产质权所面临的发展困境，要依据"鼓励交易"原则，尽可能放宽动产质权的设立要件。总体来看，动产质权的未来发展将呈现以下趋势：

一是从动产质押走向动产抵押。动产质权以占有或交付作为公示方法，但质权人占有财产不仅不能对其进行使用收益，还要负有保管义务，因保管不善导致质物毁损灭失或贬值的还要承担损害赔偿责任，这对质权人来说本身就是一个负担。另外，对质押人来说，因其已将质物交付质权人，从而失去了利用质物的可能。从社会财富的角度看，动产质押实际上是以牺牲质物的使用价值为前提来实现其担保功能的，是对财产的巨大浪费。在《民法典》规定动产同样可以设定抵押，且已经建立起统一的动产和权利登记系统的情况下，当事人势必会更多地用动产抵押来替代动产质押。

二是从动产质押走向权利质押。在权利证券化情况下，当事人以权利凭证的交付代替实物的交付，如通过交付并在提单上背书代替在途货物的交付，以仓单质押代替仓储物质押。另外，以转让动产所得的价款设定应收账款质押，具有变现容易、设立简单等特点，在交易实践尤其是供应链金融中显示出无可比拟的优势，其适用范围越来越广，已经成为最为重要的担保方式之一，也衬托出动产质押的式微。

三是从固定质押走向流动质押。《民法典》规定的质押，是以某一项或几项特定财产为典型的，但从交易实践看，动产质押领域蓬勃发展起来的不是固定质押，而是保证金质押、流动质押，其共同特点就是都具有流动性。《民法典担保制度解释》第53条允许对担保财产进行概括描述，只要该描述能够合理识别担保财产的，人民法院应当认定担保成立。该解释第55条在有关流动质押的规定中，将质物概括为"一定数量、品种等概括描述能够确定范围的货物"。该解释第70条第1款有关"当事人以保证金账户内的款项浮动为由，主张实际控制该账户的债权人对账户内的款项不享有优先受偿权的，人民法院不予支持"的规定，明确承认了保证金质押的流动性。前述规定都表明,质物的特定并不限于某一项或几项特定物,特定化并不意味着固定化,凡是可以概括描述的物,即便具有"流动"或浮动性,也可以成为动产质押的标的。

四是放宽对动产质权设立的限制。动产质权以交付为生效要件,此种交付原则上须是现实交付,或与现实交付具有同等意义的简易交付。但法律允许指示交付可以作为设立动产物权的公示方法,意味着放松了构成要件要求,从质权人须直接占有质押财产转变为质权人不必直接占有质押财产,但必须要脱离出质人的直接占有。而在流动质押、保证金质押中,即便出质人在一定情况下仍控制着质押财产或账户,只要质权人对质押财产或账户有一定的管领力,仍认为质权有效设立,在前述基础上更加放宽了要件限制,体现了动产设立上的"鼓励交易"原则。

前述发展趋势是对动产质押的扬弃。正因为动产质押可能有前述的发展趋势,《民法典》规定动产质权才有其合理性和必要性。否则,如固守传统的动产质权制度,其必将会为交易实践和历史所抛弃。

(二)适用情况

本条的主要意义在于,为保证金质押、流动质押等"非典型"的动产质押适用《民法典》有关动产质权的规定提供了规范依据。尤其是在适用流动质押时,原则上应当以本条作为规范依据。鉴于流动质押、保证金质押还将在后续的相关条文中详述,相关案例此处不再予以列举。

【部门规章、规范性文件与相关政策】

(一)部门规章

《典当管理办法》(商务部、公安部 2005 年第 8 号令,2005 年 2 月 9 日公布)

第三条 【典当及典当行】本办法所称典当,是指当户将其动产、财产权利作为当物质押或者将其房地产作为当物抵押给典当行,交付一定比例费用,取得当金,并在约定期限内支付当金利息、偿还当金、赎回当物的行为。

本办法所称典当行,是指依照本办法设立的专门从事典当活动的企业法人,其组织形式与组织机构适用《中华人民共和国公司法》的有关规定。

【适用要点】典当既包括以动产、财产权利作为当物的质押,也包括以不动产作为当物的抵押,是一个复合型的商业活动。就其所涉及的质押活动来说,属于营业质权的范畴,有别于《民法典》规定的质权。

第四条 【主管部门】商务主管部门对典当业实施监督管理,公安机关对典当业进行治安管理。

【适用要点】典当业由商务主管部门实施监督管理、公安机关进行治安管理。但从 2018 年起,商务部已将典当的监管职责移交金融监管部门。目前,通说认为典当行性质上属于类金融机构,其金融牌照由地方政府颁发,业务上则受金融监管部门监管。

第四十三条 【绝当】典当行应当按照下列规定处理绝当物品:

(一)当物估价金额在 3 万元以上的,可以按照《中华人民共和国担保法》的有关规定处理,也可以双方事先约定绝当后由典当行委托拍卖行公开拍卖。拍卖收入在扣除拍卖费用及当金本息后,剩余部分应当退还当户,不足部分向当户追索。

(二)绝当物估价金额不足 3 万元的,典当行可以自行变卖或者折价处理,损溢自负。

(三)对国家限制流通的绝当物,应当根据有关法律、法规,报有关管理部门批准后处理或者交售指定单位。

(四)典当行在营业场所以外设立绝当物品销售点应当报省级商务主管部门备案,并自觉接受当地商务主管部门监督检查。

(五)典当行处分绝当物品中的上市公司股份应当取得当户的同意和配合,典当行不得自行变卖、折价处理或者委托拍卖行公开拍卖绝当物品中的上市公司股份。

【适用要点】典当行所从事的营业质权区别于《民法典》规定的质权的一个显著特征是,允许"绝当"(或称"死当")。但本条限制了绝当的适用范围,其仅适用于当物估价金额不足 3 万元的情形。一旦当物估价金额在 3 万元以上的,应当按照担保物权实现的有关规定处理。

(二)相关政策

《商务部办公厅关于融资租赁公司、商业保理公司和典当行管理职责调整有关事宜的通知》(商办流通函〔2018〕165 号,2018 年 5 月 8 日公布)

各省、自治区、直辖市、计划单列市及新疆生产建设兵团商务主管部门:

根据《中共中央关于深化党和国家机构改革的决定》等文件要求和全国

金融工作会议精神,商务部已将制定融资租赁公司、商业保理公司、典当行业务经营和监管规则职责划给中国银行保险监督管理委员会(以下称银保监会),自 4 月 20 日起,有关职责由银保监会履行。

请各地商务主管部门按照党中央、国务院关于机构改革的有关要求,在地方政府的统一部署下,积极开展相关工作。

【适用要点】在相当长一段时期内,融资租赁公司、商业保理公司、典当行由各地商务部门监管。后来,根据《中共中央关于深化党和国家机构改革的决定》等文件要求和全国金融工作会议精神,商务部才将制定前述非银行金融机构的经营和监管规则职责划归中国银行保险监督管理委员会。应予注意的是,2023 年 3 月公布的《党和国家机构改革方案》提出组建国家金融监督管理总局,不再保留中国银行保险监督管理委员会。

第四百二十六条 【动产质权的标的】法律、行政法规禁止转让的动产不得出质。

【条文精解】

(一)条文要点

本条是关于动产质权标的的规定,沿袭了《物权法》第 209 条之规定,未作改动。准确理解本条,需要把握以下几点:

1. 关于动产质权的标的

能够作为动产质权标的的动产,应当具备以下特点:

一是须具有特定性。动产质权的标的应为特定化了的物,包括特定物和已经特定化的种类物。所谓特定化,是指作为质押财产的动产必须具体、明确,可以与出质人所有的同种类的其他动产相区分,如质押财产不特定,则质权即无从产生。在存货质押中,标的物通常为原材料、半成品、成品等种类物。当种类物用于质押时,只能用品名、规格、数量等特征进行概括描述,一旦描述得不准确,就很难识别质押财产的范围,导致质押合同因标的物不特定而不成立,进而影响质权设定的有效性。为使质权得以有效设立,在质押合同中对质押财产的描述应明确、具体,不能笼统、简单地注明为钢材、原材料、矿产品等通用名称,质押清单中应明确质物的名称、规格、数量、质量、价值、状况、仓库号或货物存放的具体位置等,并且在条件允许的情况下,所有的质物在存放保管时,应当使用相应的质押专用标识。在存货质押中,存货一旦被特定后,就由质权人占有,出质人就不能再对质物进行处分了。可见,存货质押除了标的物是作为集合物的存货外,与一般的动产质押并无二致。

二是须具有可转让性。设定动产质权的目的在于担保债权的实现。动产质权设定后,一旦出现法定或约定的实现质权的事由,质权人有权通过折价、拍卖以及变卖等方式对质押财产进行变价,并以所得价款优先受偿,这就要求质押财产具有可转让性。因为一旦质押财产不具有可转让性,其就不能通过变价获得价款,担保债权的目的就会落空。正因如此,本条才明确规定,法律、行政法规禁止转让的动产不得出质。法律、行政法规禁止转让的动产,主要包括以下情形:(1)禁止流通物或限制流通物,如文物、珍稀动植物、毒品、枪支弹药等;(2)具有人身或人格利益的物,如尸体、器官等;(3)违法标的物,如假币、淫秽书刊。值得探讨的是,比特币等虚拟货币尽管不具有法定货币的地位,但本身具有一定的财产属性,在法律、行政法规未明确禁止其流通的情况下,不宜轻易否定其财产属性。

此外,《民法典》第 399 条规定的不得抵押的动产,如学校、幼儿园、医疗机构等为公益目的成立的非营利法人的教育设施、医疗卫生设施和其他公益设施,所有权、使用权不明或者有争议的动产,依法被查封、扣押、监管的动产等,也不得作为质押财产,否则会造成体系违反。当然,以前述不得抵押的财产设定抵押或质押担保,并非一概认定合同无效,而应作具体分析。对此,详见本书对《民法典》第 399 条的分析,此处不再赘述。

2. 关于流动质押

流动质押,又被称为动态质押、存货动态质押,是指债务人或第三人为担保债务的履行,以其有权处分的原材料、半成品、产品等库存货物为标的向银行等债权人设定质押,双方委托第三方物流企业等占有并监管质押财产,质押财产被控制在一定数量或价值范围内进行动态更换、出旧补新的一种担保方式。流动质押的客体也是原材料、半成品、产品等库存货物,与一般的存货质押相比,流动质押具有以下突出特点:一是在质押期间,质押财产有进有出,本身处于不断变化之中。二是不论质押财产如何变化,都要确保其价值不低于约定的质押财产的价值。也就是说,相对确定的是质押财产的价值。三是就其公示方法而言,债务人有权对质押财产进行动态更换、出旧补新,以满足其生产经营需要。从这一意义上说,债务人对质押货物具有一定程度的控制权,此点使其区别于一般的存货质押。另外,还要满足动产质权的基本要求,即质权人或其委托的人要对质押财产享有一定的控制权,否则,动态质押就不能有效设立。其结果就是质权人与债务人共同占有质押财产,而质权人往往又是通过受其委托的监管人的占有而间接占有质押财产的。

对流动质押是否属于动产质押、能否适用动产质押的有关规定,存在不同观点。本书作者始终认为,流动质押是在浮动抵押因种种原因未发生预期作用时的一种变种,实行的又是“一次占有、永久占有”的公示规则,具有隐形担保的性质。在统一的动产和权利登记制度已经建立起来的情况下,理应让其逐渐退出历史舞台。但不可否认的是,尽管纠纷不断,银行等质权人却颇为喜欢采取此种担保模式。司法毕竟是为实践服务的,在此情况下,确有必要对其进行规制,因而不论是《九民纪要》还是《民法典担保制度解释》都对其作出了规定,承认其属于特殊的动产质权,质押财产的动态更换、出旧补新不影响质押财产的特定性,其基本逻辑是:质押财产的特定性并不意味着质押财产具有固定性,质押财产的流动性与特定性之间并不矛盾。因为质押财产特定化的目的在于明确质押财产及其担保价值,从而明确动产质权的支配范围。流动质押的质押财产虽大多为原材料、半成品、产品等种类物,但如出质人和质权人通过仓库的独立性、货物的区隔化以及最低价值或数量控制等兼有实体特定与价值特定的方式实现存货的明确化、可识别性,从而有效划定质押财产的"客观范围",不致与非质押财产相混同,就可实现质押财产特定化。同时,债权人和债务人通过合意的方式约定流动质押的最低价值或数量限额,亦可实现"价值特定性"。即使质押物因为出货补货而处在不断变动的状态中,也可通过监管人及时更新并报告质物清单的方式,使质押财产始终维持在一个相对清晰、确定的状态,从而满足作为质押财产特定化的要求。

从司法实践看,流动质押纠纷主要涉及两大问题:一是如何判断质物是否已经交付质权人,即流动质押是否有效设立问题;二是如何认定监管人的责任。考虑到体系及篇幅,质物是否交付问题将在《民法典》第429条阐述,监管人的责任问题则在《民法典》第432条进行介绍,此处暂从略。

3. 关于保证金质押

保证金质押,是指借款人将金钱存放在金融机构开立的专用账户,并承诺以该账户中的款项作为偿还借款的担保,当借款人不履行债务时,金融机构有权在保证金账户中直接扣划保证金用于偿还贷款的担保方式。保证金质押的本质是以保证金账户内的款项作为质押物,相较于其他以折价、变价、拍卖为实现手段的担保方式,保证金账户质押中质权的实现不需要经过变现的程序,具有简便易行的优点。关于保证金质押,有以下问题值得探讨:

一是关于保证金质押的性质。对此,向来存在债权质押说和特殊动产质押说的分歧。债权质押说认为,保证金作为存放在银行账户内的资金,依据金钱的"占有即所有"规则,所有权属于银行,开户人仅享有对银行的债权,故保证金质押性质上属于应收账款质押。特殊动产质押说则认为,"占有即所有"规则仅适用于流通领域,在金钱质押场合,金钱经过特定化后已经退出了流通领域,不再适用"占有即所有"规则,故应将出质人对银行账户内的金钱视为一种特殊动产,进而将保证金质押视为一种特殊的动产质押。《担保法解释》第85条将保证金质押置于动产质押章节下,实质上是将保证金质押视为动产质押项下的金钱质押。

　　以上两种观点都有一定的道理,但也都有一定的片面性。本书认为,《担保法解释》第85条之所以将保证金质押置于动产质押,是因为将保证金质押的典型形式定位在封金、特户内的资金。封金本来就是特定化的货币,《最高人民法院关于审理出口退税托管账户质押贷款案件有关问题的规定》(已失效)第3条明确的出口退税专用账户,完全符合"动产"的特征,按照动产质押处理并无问题。但封金已几无适用余地,特户质押在实践中也不多见,故难以再简单地套用前述规则来解释实践中的保证金制度。保证金包括两类:一是有法律法规依据的并且受相关行政主管部门管理的各类保证金(也有叫保障金、抵押金、担保金、备用金,等等),如建设工程领域的履约保证金、工程质量保证金,等等,也被称为涉企保证金或法定保证金。二是市场主体基于市场行为交纳的保证金,如申请信用证、独立保函、承兑汇票时向银行交纳的保证金,从事融资融券业务时向证券公司交纳的保证金,是市场化的任意保证金。此处所谓的保证金,主要指的是后一种保证金。

　　在当事人向开户行申请开立信用证等时,银行往往会要求其提供保证金担保,提供的方式主要包括以下三种:一是设立专门的由债权人实际控制的保证金账户。此时要由当事人向银行指定的账户存入一笔钱,但该笔钱进入银行账户后,对担保人来说不再产生利息,而对银行来说又会作为存款影响其存贷比,进而影响其继续放贷。所以预想中最为典型的保证金模式,在实践中采取此种方式的反而并不常见。二是由债务人新设专门的保证金账户,资金进入该账户后,由债权银行与债务人共管。账户内资金仍然可以相对自由的流动,但要受债权银行的监管,监管的目的在于确保资金不低于一定的数额。三是在债务人的一般存款账户等其他账户名下设立保证金分户。如果账户内的资金达到保证金所要求的数额的,债务人无须额外再汇入一笔资金。保证金分户的设立,实际上相当于将原有账户内的一部分资金经特定化后作为保证金。保证金分户内的资金也由债权银行与债务人共管,监管的目的也在于确保资金不低于一定的数额。

　　在第一种模式中,债权银行单独控制账户内的资金;在第二、三种模式中,当事人与债权银行共同控制账户内的资金。但不论何种情形,账户内的保证金经由账户而被特定化,可被视为是一种特殊的动产;款项存入账户、从其他银行转入账户或从现有账户内扣划,可被视为是一种"交付",债权银行则通过直接或共同控制账户而完成公示,对账户内的资金享有优先受偿权。相对于第三人来说,可将保证金质押视为一种特殊的动产质押,即金钱质押。另外,当储户在银行开立账户,将包括保证金在内的资金汇入账户后,依据"占有即所有"规则,银行就取得了账户内资金的所有权,其可以通过将款项贷出等方式自由支配该部分货币,无须征得存款人的同意。储户则享有账户内资金的债权,有权请求银行还本付息,但不能请求银行返还存入的特定货币。可见,从储户与开立保证金账户的银行来说,形成了一个债权债务关系。当债务人不能履行到期债务时,债权银行可以依据抵销规则,径行划扣保证金账户的资金,而不受通常的担保物权实现时的变价规则、清算规则等的限制。尤其需要指出的是,一般的担保物权需要经过变价程序,抵押权人就所得价款优先受偿,故担保物权人不能排除金钱债权人的执行。而保证金质押的标的本系金钱,无须经由变价程序;且债权银行可以通过划扣等方式直接实现债权,因而享有优先受偿权的债权银行可以在例外情况下排除金钱债权人的执行。如不认可债权银行能够排除执行,当账户内的资金被一般债权人执行走的话,债权人的质权将得不到实现。从这一意义上说,明确保证金质押的客体系金钱债权,主要是在质权实现上有其特殊的有别于一般动产的规则,而不是将保证金质押同时还理解为是应收账款质押,进而认为保证金质押兼具动产质押和应收账款质押的双重属性。其一,我国现行法语境下的应收账款,是指应收账款债权人因提供一定的货物、服务或设施而获得的要求应收账款债务人付款的权利以及依法享有的其他付款请求权,包括现有的以及将有的金钱债权,但不包括因票据或其他有价证券而产生的付款请求权,以及法律、行政法规禁止转让的付款请求权。账户内的资金不属于应收账款。其二,应收账款质押以登记作为公示方法,而保证金质押则以交付作为公示方法。

总之,保证金质押主要是动产质押,但又有别于一般的动产质押。为避免不必要的混淆,《民法典担保制度解释》将其置于"非典型担保"中,以与一般的动产质押相区别。

二是关于保证金的特定化问题。保证金质押作为动产质押的特殊类型,同样需要满足客体特定化的要求。准确理解保证金的特定化,有必要明确以下几点:其一,保证金的特定化,主要是通过账户特定化实现的,目的在于将资金与担保人的其他资金相区别。但凡保证金账户内的资金,都是特定化了的资金,无须另行施加以资金特定化的限制。其二,保证金账户内资金的流动不影响保证金的特定化,保证金账户的特定化并不意味着资金的固定化。前述三种保证金设定方式的第一种模式中,保证金账户内的资金相对固定,一般不存在资金流动问题。而在第二、三种模式中,保证金账户内的款项因利息的增加、保证金的补充以及债权人委托的相关银行扣划相应款项等原因导致账户余额浮动,是非常普遍的交易现象。此种浮动与保证业务息息相关,不属于非保证业务的结算,不能以账户内资金浮动为由否定保证金质押的效力。其三,保证金的特定化,也不要求保证金须与所担保的债权一一对应。当担保人以同一个保证金账户内的资金为数个债权提供担保时,明确此点对司法实践具有重要意义。

三是关于保证金质押的公示方法问题。首先需要明确的是,《民法典担保制度解释》第 70 条有关"实际控制"的表述,其内涵与"占有"相同,不能据此就认为采取了新的有别于"占有"的公示方法即"实际控制"。依据美国《统一商法典》的有关规定,担保的公示方法包括登记、占有、控制、自动公示四种,其中控制是与占有并列的一种公示方法,对储蓄账户的担保采用的就是控制的公示方法。有人据此认为我国保证金质押借鉴了美国法上的规定,采取的是实际"控制"这样一种公示方法,实则系对该条的误读。其次,在不同情形的保证金质押中,债权人对于保证金账户的实际控制或占有是不同的。在前述的第一种模式中,当事人以债权人的名义开立保证金账户,债务人或者第三人将资金存入该账户时,债权人作为账户所有人能够实际控制该笔资金,符合移交债权人占有的条件。而在第二、三种模式中,保证金账户并非以债权人的名义开立,而仍在担保人名下,此时债权人对保证金账户的实际控制往往需要出质人与银行签订账户监管协议,约定非依债权人指令不得对账户内资金操作,账户密码由债权人设定并占有预留印鉴,或者通过设立共管账户,约定对于账户共同监管,以实现对于保证金账户的实际控制。此时,可以认为债权人与担保人共同对账户进行控制,也符合移交债权人实际控制账户的情形。

当事人通过设立保证金账户完成担保财产特定化并由债权人实际控制后,保证金质押有效成立,债权人可以就保证金享有优先受偿权。当然,如果当事人设立保证金账户并非为债务的履行提供担保,或者未采取保证金账户的方式予以特定化,债权人不能实际控制保证金账户时,则不能认定其具有担保物权的效力,债权人此时主张对于保证金优先受偿的人民法院不予支持,但是当事人有权按照双方约定的内容主张权利。

（二）适用情况

实践中，当事人以法律、行政法规明确禁止或限制转让的动产如枪支、毒品等设定质押的情形少之又少。故本条的主要意义反而在于，明确流动质押、保证金质押符合质押财产特定化的要求，进而可以适用《民法典》有关动产质押的规定。关于流动质押所涉问题，将在后续的相关条文中详述，此处主要对保证金质押的相关争议问题进行梳理，这些问题集中体现在当事人是否就设立保证金质押达成明确合意、保证金是否特定化以及是否已经交付等问题上，具体来说：

一是相关案例多以案外人执行异议之诉的形式出现，法院审理所适用的诉讼法依据为《民事诉讼法解释》第310条，亦即"案外人就执行标的是否享有足以排除强制执行的民事权益"。若保证金质押合法设立，该案外人通常就可排除其他债权人对出质人涉及保证金部分财产的强制执行。

二是质权人与出质人普遍会订立保证金质押合同，并就保证金账户的设立、资金的使用作专门约定，通常包括：保证金账户的设立；保证金的数额、缴纳标准及缴纳期限；保证金质押实现的方式，如出现违约或因故不能履行还贷约定时，质权人有权直接从担保保证金专户中扣收相关费用而无须征求出质人同意；专户专用；未经质权人同意，出质人不得使用保证金账户下的任何资金。对于当事人在合同中的上述约定，人民法院一般均会支持当事人意思自治的原则，认可保证金质押的合意已经具备。且法院对当事人合意的认定采纳实质主义，重视当事人共同行为的商业意义，不拘泥于合同文字或书面合同是否存在。即使当事人间无保证金质押合同，若当事人的实际行动表明其知晓并有意进行保证金质押的操作，法院仍然认定保证金质押的合意存在。

三是就保证金质押是否成立的问题，要件包含保证金的"特定化"与"交付"两项。就特定化而言，法院一般会考虑以下要素：（1）保证金账户是否在形式上区别于出质人的一般结算账户，使该账户资金独立于出质人的其他财产；（2）保证金账户中的资金浮动是否与特定保证业务相对应，而未用于日常结算或其他业务。在当事人无法证明保证金账户的资金流动与保证业务相对应时，法院将不承认保证金已经特定化。除此之外，银行对保证金账户的既有技术规则也会作为法院认定特定化的辅助性因素。

就保证金是否交付而言，法院一般考虑质权人能否对保证金账户进行实际控制和管理,该审查重实质,而不依赖于当事人的约定。即使当事人在质押合同中约定出质人不得使用保证金,若事实上该约定未能得到贯彻,保证金仍不算交付。在是否交付的认定上存在需要进一步明确的问题。理想情况下,同时满足如下三项条件更容易构成交付:(1)当事人约定"未经质权人同意,出质人不得使用保证金账户的资金";(2)质权人对保证金账户采取冻结、查封等措施;(3)事实上保证金账户一直用于保证业务。但在无法同时满足的情况下,法院通常不将冻结、查封视为交付的关键,而倾向于当事人的约定。如果当事人只约定"质权人可直接扣除保证金",法院可能不支持保证金质押的成立。

四是在保证金交付上,还存在需结合合同背景及银行管理结构的复杂情形,尤其是实际发挥保证金质押作用的账户与约定的开户账户不一致的情形。就目前的案例而言,若根据相关联的其他合同,质权人能够直接或间接地控制保证金账户,即使该账户与约定账户不同,亦不影响保证金质押的认定。对于商业银行的特殊结构而言,即使商业银行为贷款发放主体而其下属分支机构为开户行,亦不影响认定该商业银行已经控制保证金账户。

【相关法律、行政法规】

(一)相关法律

《中华人民共和国文物保护法》(2002 年 10 月 28 日修订,2017 年 11 月 4 日修正)

第五十二条第三款　【国家禁止出境的文物】国家禁止出境的文物,不得转让、出租、质押给外国人。

(二)相关行政法规

1.《古生物化石保护条例》(2019 年 3 月 2 日修订)

第二十三条　【重点保护古生物化石的流通限制】国有收藏单位不得将其收藏的重点保护古生物化石转让、交换、赠与给非国有收藏单位或者个人。

任何单位和个人不得将其收藏的重点保护古生物化石转让、交换、赠与、质押给外国人或者外国组织。

2.《博物馆条例》（2015 年 1 月 14 日通过）

第二十五条 【博物馆藏品的流通限制】博物馆藏品属于国有文物、非国有文物中的珍贵文物和国家规定禁止出境的其他文物的，不得出境，不得转让、出租、质押给外国人。

国有博物馆藏品属于文物的，不得赠与、出租或者出售给其他单位和个人。

【适用要点】根据《文物保护法》的规定，我国文物可以分为文物收藏单位收藏的文物和民间收藏的文物。一般而言，文物收藏单位以外的公民、法人和其他组织合法收藏的文物可以依法流通（《文物保护法》第 51 条规定的情形除外），但禁止出境的文物及珍贵文物不得转让给外国人。而文物收藏单位收藏的文物则属于禁止流通物，国有文物收藏单位不得将文物转让给非国有收藏单位或个人。因此，根据文物的所有权主体以及珍贵程度的不同，其能够流通的范围并不相同。依照《文物保护法》及相关法律的规定能够流通的文物，可以作为质押财产进行出质。

【司法解释及规范性司法文件】

（一）司法解释

1.《最高人民法院关于适用〈中华人民共和国民法典〉有关担保制度的解释》（法释〔2020〕28 号，2020 年 12 月 25 日通过）

第五十三条 【担保财产的概括描述】当事人在动产和权利担保合同中对担保财产进行概括描述，该描述能够合理识别担保财产的，人民法院应当认定担保成立。

【适用要点】为配合世界银行营商环境评估的要求，《民法典》放宽了担保合同在内容上的要求，规定担保合同仅需约定担保财产的名称、数量等情况。为进一步与世界银行营商环境评估指标体系相适应，该条明确动产和权利担保合同可以对担保财产进行概括性描述，只要该描述能够合理识别担保财产，人民法院就应认定担保成立。

第五十五条 【流动质押】债权人、出质人与监管人订立三方协议，出质人以通过一定数量、品种等概括描述能够确定范围的货物为债务的履行提供担保，当事人有证据证明监管人系受债权人的委托监管并实际控制该货物的,人民法院应当认定质权于监管人实际控制货物之日起设立。监管人违反约定向出质人或者其他人放货、因保管不善导致货物毁损灭失,债权人请求监管人承担违约责任的,人民法院依法予以支持。

在前款规定情形下,当事人有证据证明监管人系受出质人委托监管该货物,或者虽然受债权人委托但是未实际履行监管职责,导致货物仍由出质人实际控制的,人民法院应当认定质权未设立。债权人可以基于质押合同的约定请求出质人承担违约责任,但是不得超过质权有效设立时出质人应当承担的责任范围。监管人未履行监管职责,债权人请求监管人承担责任的,人民法院依法予以支持。

【适用要点】在流动质押的设立中,只要第三人系接受债权人的委托对标的物进行占有,质权就可以得到有效设立;相反,如果第三人虽然直接占有标的物,但其是受出质人的委托占有标的物,则无法使质权得到有效设立。此外,监管人虽然是受债权人委托监管货物,但监管人并未实际履行监管职责,质物仍由出质人完全控制,则流动质权亦未有效设立。无论是监管人未履行监管职责导致质权未有效设立,还是在设立后导致质物被出质人再次处分,监管人都应承担与其过错相适应的责任。

第七十条　【保证金质押】 债务人或者第三人为担保债务的履行,设立专门的保证金账户并由债权人实际控制,或者将其资金存入债权人设立的保证金账户,债权人主张就账户内的款项优先受偿的,人民法院应予支持。当事人以保证金账户内的款项浮动为由,主张实际控制该账户的债权人对账户内的款项不享有优先受偿权的,人民法院不予支持。

在银行账户下设立的保证金分户,参照前款规定处理。

当事人约定的保证金并非为担保债务的履行设立,或者不符合前两款规定的情形,债权人主张就保证金优先受偿的,人民法院不予支持,但是不影响当事人依照法律的规定或者按照当事人的约定主张权利。

【适用要点】实践中,当事人通过交付保证金或者将保证金存入特定账户来提供担保的情形十分常见,主要有以下三种情形:一是债务人或者第三人设立专门的保证金账户并由债权人实际控制;二是债务人或者第三人将其资金存入债权人设立的保证金账户;三是在一般存款账户等其他账户名下设立保证金分户。只要是设立了专门的保证金账户,并且债权人实际控制该账户,债权人即有权对账户内的资金享有优先受偿权。当事人以保证金账户内的资金浮动为由,主张实际控制该账户的债权人对账户内的资金不享有优先受偿权的,人民法院不予支持。如果不满足上述条件,债权人主张就保证金优先受偿的,人民法院不应予以支持,但是并不影响当事人请求行使合同约定或者法律规定的权利。

2.《最高人民法院关于人民法院能否对信用证开证保证金采取冻结和扣划措施问题的规定》(法释〔1997〕4 号;法释〔2020〕21 号,2020 年 12 月 23 日修正)

信用证开证保证金属于有进出口经营权的企业向银行申请对国外(境外)方开立信用证而备付的具有担保支付性质的资金。为了严肃执法和保护当事人的合法权益,现就有关冻结、扣划信用证开证保证金的问题规定如下:

一、人民法院在审理或执行案件时,依法可以对信用证开证保证金采取冻结措施,但不得扣划。如果当事人、开证银行认为人民法院冻结和扣划的某项资金属于信用证开证保证金的,应当依法提出异议并提供有关证据予以证明。人民法院审查后,可按以下原则处理:对于确系信用证开证保证金的,不得采取扣划措施;如果开证银行履行了对外支付义务,根据该银行的申请,人民法院应当立即解除对信用证开证保证金相应部分的冻结措施;如果申请开证人提供的开证保证金是外汇,当事人又举证证明信用证的受益人提供的单据与信用证条款相符时,人民法院应当立即解除冻结措施。

二、如果银行因信用证无效、过期,或者因单证不符而拒付信用证款项并且免除了对外支付义务,以及在正常付出了信用证款项并从信用证开证保证金中扣除相应款额后尚有剩余,即在信用证开证保证金账户存款已丧失保证金功能的情况下,人民法院可以依法采取扣划措施。

三、人民法院对于为逃避债务而提供虚假证据证明属信用证开证保证金的单位和个人,应当依照民事诉讼法的有关规定严肃处理。

【适用要点】该规定明确了信用证保证金具有担保功能,规定可以对其采取冻结措施,但不得扣划。

3.《最高人民检察院关于将公务用枪用作借债质押的行为如何适用法律问题的批复》(高检发释字〔1998〕4 号,1998 年 11 月 3 日公布)

依法配备公务用枪的人员,违反法律规定,将公务用枪用作借债质押物,使枪支处于非依法持枪人的控制、使用之下,严重危害公共安全,是刑法第一百二十八条第二款所规定的非法出借枪支行为的一种形式,应以非法出借枪支罪追究刑事责任;对接受枪支质押的人员,构成犯罪的,根据刑法第一百二十八条第一款的规定,应以非法持有枪支罪追究其刑事责任。

【适用要点】依法配备公务用枪的人员,违反法律规定将公务用枪出质的,出质人以及接受质押枪支的人均要被追究刑事责任。

(二)规范性司法文件

1.《全国法院民商事审判工作会议纪要》(法〔2019〕254 号,2019 年 11月 8 日公布)

63.【流动质押的设立与监管人的责任】在流动质押中,经常由债权人、出质人与监管人订立三方监管协议,此时应当查明监管人究竟是受债权人的委托还是受出质人的委托监管质物,确定质物是否已经交付债权人,从而判断质权是否有效设立。如果监管人系受债权人的委托监管质物,则其是债权人的直接占有人,应当认定完成了质物交付,质权有效设立。监管人违反监管协议约定,违规向出质人放货、因保管不善导致质物毁损灭失,债权人请求监管人承担违约责任的,人民法院依法予以支持。

如果监管人系受出质人委托监管质物,表明质物并未交付债权人,应当认定质权未有效设立。尽管监管协议约定监管人系受债权人的委托监管质物,但有证据证明其并未履行监管职责,质物实际上仍由出质人管领控制的,也应当认定质物并未实际交付,质权未有效设立。此时,债权人可以基于质押合同的约定请求质押人承担违约责任,但其范围不得超过质权有效设立时质押人所应当承担的责任。监管人未履行监管职责的,债权人也可以请求监管人承担违约责任。

【适用要点】该条是有关流动质押的规定,已被《民法典担保制度解释》第 55 条吸收、修改并完善。但二者也有区别,表现在以下几个方面:一是司法解释明确要求质权的设立不但要求监管人受债权人委托,而且需要实际控制货物,并明确质权设立的时间为监管人实际控制货物之日起。而《九民纪要》并未对此予以明确,给人以从合同签订之日起即发生交付的错觉。因为当事人在签订流动质押合同时,质押财产可能已经在监管人的控制之下,可能还未实际交付,因而以实际控制货物之日起确定质权交付的时间是更为准确的表述。二是司法解释删掉了《九民纪要》有过监管人系“直接占有人”的表述,因为监管人可能是直接占有人,也可能是辅助占有人,简单地用直接占有来概括并不准确。三是司法解释对流动质押本身进行了一定的描述。在《民法典担保制度解释》施行后,该条在司法实践中不应再予以适用。

2.《最高人民法院、中国人民银行关于依法规范人民法院执行和金融机构协助执行的通知》(法发〔2000〕21号,2000年9月4日公布)

九、人民法院依法可以对银行承兑汇票保证金采取冻结措施,但不得扣划。如果金融机构已对汇票承兑或者已对外付款,根据金融机构的申请,人民法院应当解除对银行承兑汇票保证金相应部分的冻结措施。银行承兑汇票保证金已丧失保证金功能时,人民法院可以依法采取扣划措施。

【适用要点】该通知明确了银行承兑汇票保证金具有担保功能,可以采取冻结措施,但不得扣划。

【部门规章、规范性文件与相关政策】

(一)部门规章

1.《期货公司保证金封闭管理办法》(证监期货字〔2004〕45号;证监会公告〔2022〕43号,2022年8月12日修正)

第二条 【保证金封闭运行原则】期货公司客户保证金(以下简称保证金)按照封闭运行原则,必须全额存入从事保证金存取业务的期货保证金存管银行(以下简称存管银行),与期货公司自有资金相互独立,分别管理。

严禁期货公司挪用保证金。

第六条 【保证金账户】期货公司应当在存管银行开立保证金账户,专用于保证金的存放。

第七条 【主办存管银行】期货公司根据业务需要可以在多家存管银行开立保证金账户,但必须指定一家存管银行为主办存管银行。如遇特殊情形,期货公司可以向监控中心申请,将另一家存管银行临时指定为主办存管银行。

期货公司应当在主办存管银行开立专用自有资金账户。

第十条 【保证金封闭运行的具体规则】期货公司必须将保证金存放于保证金账户。保证金可以在期货公司保证金账户、期货公司在期货交易所指定的存管银行网点开立的专用资金账户、期货公司在期货交易所及其他期货结算机构的资金账户之间划转。上述账户共同构成保证金封闭圈。保证金只能在封闭圈内划转,封闭运行。

期货公司从事股票期权经纪业务、与股票期权备兑开仓以及行权相关的证券现货经纪业务的,存放期货保证金及期权保证金、权利金和行权资金等客户资金的保证金账户应当与存放客户相关现货资金的保证金账户隔离管理,不得相互划转资金。

第十一条　【不得划出或挪用保证金】除客户出金及本办法第十三条、第十四条所述情况外,期货公司不得将资金划出封闭圈。

严禁以质押等方式变相挪用占用保证金。

第十五条　【补足保证金】客户在期货交易中透支、穿仓导致保证金不足时,期货公司应当及时以自有资金补足保证金,不得占用其他客户的保证金。以自有资金补足保证金时,应当通过专用自有资金账户调入在主办存管银行开立并指定的保证金账户。

第三十八条　【相关用语】本办法下列用语的含义:

(一)"存管银行",指期货交易所指定的从事保证金存放、划拨、汇兑等业务的境内银行。

(二)"主办存管银行",指期货公司开立保证金账户和专用自有资金账户的存管银行。

(三)"保证金账户",指期货公司在存管银行开立的、专用于保证金存放的账户。

(四)"期货公司在期货交易所指定存管银行网点开立的专用资金账户",指期货公司在期货交易所指定存管银行网点开立的、用于办理和期货交易所结算账户之间期货业务资金往来的保证金账户。

(五)"期货公司在期货交易所及其他期货结算机构的资金账户",指期货交易所为便于对期货公司存入其专用结算账户的保证金实行分账管理而为期货公司设立的明细账户,用于期货公司在期货交易所存放结算准备金和交易保证金;以及期货公司作为结算参与人向证券登记结算机构申请开立的股票期权资金保证金账户及结算备付金账户,分别用于存放结算参与人期权交易的权利金、行权资金、以现金形式提交的保证金和现货结算备付金。

【适用要点】该办法对期货公司保证金如何开设账户、如何封闭运行等作出了具体规定,有助于加深对保证金制定运行的参考。

2.《典当管理办法》(商务部、公安部 2005 年第 8 号令,2005 年 2 月 9 日公布)

第二十七条　【典当行禁止收当的财物】典当行不得收当下列财物:

(一)依法被查封、扣押或者已经被采取其他保全措施的财产;

(二)赃物和来源不明的物品;

(三)易燃、易爆、剧毒、放射性物品及其容器;

(四)管制刀具,枪支、弹药、军、警用标志、制式服装和器械;

(五)国家机关公文、印章及其管理的财物;

(六)国家机关核发的除物权证书以外的证照及有效身份证件;

(七)当户没有所有权或者未能依法取得处分权的财产;

(八)法律、法规及国家有关规定禁止流通的自然资源或者其他财物。

【适用要点】典当行违反该条规定收受当物的,除典当无效外,由县级以上人民政府公安机关责令改正,并处 5000 元以上 3 万元以下罚款;构成犯罪的,依法追究刑事责任。典当合同之所以无效,并不是因为违反了该条的强制性规定,而是因为相关法律、行政法规对前述标的物不能流通都有明确规定,因而属于因违反法律、行政法规的强制性规定而无效。

(二)相关政策

1.《国务院办公厅关于清理规范工程建设领域保证金的通知》(国办发〔2016〕49 号,2016 年 6 月 23 日公布)

各省、自治区、直辖市人民政府,国务院各部委、各直属机构:

清理规范工程建设领域保证金,是推进简政放权、放管结合、优化服务改革的必要措施,有利于减轻企业负担、激发市场活力,有利于发展信用经济、建设统一市场、促进公平竞争、加快建筑业转型升级。为做好清理规范工程建设领域保证金工作,经国务院同意,现就有关事项通知如下:

一、全面清理各类保证金。对建筑业企业在工程建设中需缴纳的保证金,除依法依规设立的投标保证金、履约保证金、工程质量保证金、农民工工资保证金外,其他保证金一律取消。对取消的保证金,自本通知印发之日起,一律停止收取。

二、转变保证金缴纳方式。对保留的投标保证金、履约保证金、工程质量保证金、农民工工资保证金,推行银行保函制度,建筑业企业可以银行保函方式缴纳。

三、按时返还保证金。对取消的保证金,各地要抓紧制定具体可行的办法,于 2016 年底前退还相关企业;对保留的保证金,要严格执行相关规定,确保按时返还。未按规定或合同约定返还保证金的,保证金收取方应向建筑业企业支付逾期返还违约金。

四、严格工程质量保证金管理。工程质量保证金的预留比例上限不得高于工程价款结算总额的 5%。在工程项目竣工前，已经缴纳履约保证金的，建设单位不得同时预留工程质量保证金。

五、实行农民工工资保证金差异化缴存办法。对一定时期内未发生工资拖欠的企业，实行减免措施；对发生工资拖欠的企业，适当提高缴存比例。

六、规范保证金管理制度。对保留的保证金，要抓紧修订相关法律法规，完善保证金管理制度和具体办法。对取消的保证金，要抓紧修订或废止与清理规范工作要求不一致的制度规定。在清理规范保证金的同时，要通过纳入信用体系等方式，逐步建立监督约束建筑业企业的新机制。

七、严禁新设保证金项目。未经国务院批准，各地区、各部门一律不得以任何形式在工程建设领域新设保证金项目。要全面推进工程建设领域保证金信息公开，建立举报查处机制，定期公布查处结果，曝光违规收取保证金的典型案例。

各地区、各部门要加强组织领导，制定具体方案，强化监督检查，积极稳妥推进，切实将清理规范工程建设领域保证金工作落实到位。各地区要明确责任分工和时限要求，并于 2017 年 1 月底前将落实情况报送住房城乡建设部、财政部。住房城乡建设部、财政部要会同有关部门密切跟踪进展，加强统筹协调，对不按要求清理规范、瞒报保证金收取等情况的，要严肃追究责任，确保清理规范工作取得实效，并及时将落实情况上报国务院。

【适用要点】该通知专门针对工程建设领域的保证金进行了清理，要求清理规范工程建设领域保证金，只保留依法依规设立的投标保证金、履约保证金、工程质量保证金、农民工工资保证金，取消其他保证金，严禁新设保证金项目，并对保证金的缴纳、返还、管理进行相应规范。应予注意的是，此处所谓的保证金，是法律法规明确规定的由相关企业缴纳并且受相关行政主管部门管理的保证金，本书将其称为涉企保证金或法定保证金，本条论述的市场主体基于市场行为自愿交纳的保证金质押，本不涉及涉企保证金或法定保证金问题。但鉴于二者都用了"保证金"的称谓，如不予厘清，容易导致混乱，故此处一并介绍我国清理涉企保证金的有关规定与文件。

2.《工业和信息化部、财政部关于开展涉企保证金清理规范工作的通知》（工信部联运行〔2016〕355 号，2016 年 10 月 28 日公布）

清理规范涉企保证金，是推进简政放权、放管结合、优化服务改革的重要措施，有利于减轻企业负担，激发市场活力，促进实体经济发展。经国务院同

意,现就在全国范围内开展涉企保证金清理规范工作通知如下:

一、清理规范的范围

(一)行政机关设立,由企业缴纳或承担的各类保证金(包括保障金、抵押金、担保金,以下统称保证金),均纳入此次清理规范的范围。

(二)工程建设领域的保证金,按照《国务院办公厅关于清理规范工程建设领域保证金的通知》(国办发〔2016〕49号)有关要求进行清理规范。

(三)完全市场化行为产生的保证金,金融机构缴纳的保险、保障基金,不属于此次清理规范范围。

二、清理规范的原则

(一)凡没有法律、行政法规依据或未经国务院批准的保证金项目,一律取消。

(二)国家明令取消、停征的保证金项目,要严格落实到位,不得变换名目继续收取。

(三)对已到期或符合返还条件的保证金,应倒排制定返还进度时间表限时返还,不得以各种理由拖欠。

(四)对能够通过加强事中事后监管解决的事项,不得设立保证金项目。

(五)合并管理职能相同或相近的保证金项目,统一缴纳标准,避免多头执法、重复执法、过度执法。

(六)设立保证金依据的法律法规作出调整的,及时按照调整后的法律法规对保证金名目、缴纳形式、缴纳额度、返还周期等进行更新规范。

(七)在满足监管要求的前提下,尽量降低保证金缴纳标准,缩短资金占用时间。

三、清理规范的措施

(一)全面开展自查清理。各地区、各有关部门按照上述原则,对本地区、本部门设立的各类涉企保证金进行全面自查和合法性审核,制止各种违规向企业收取保证金的行为,提出取消、保留、调整和规范涉企保证金的意见。

(二)建立目录清单制度。各地区、各有关部门将自查清理情况及拟保留的涉企保证金项目清单(包括项目名称、设立依据、征收标准、征收程序、返还时间、法律责任等)于2016年12月15日前报国务院减轻企业负担部际联席会议(以下简称联席会议)办公室,并抄送财政部。联席会议办公室汇总形成清单向社会公布。各地区、各有关部门将清单中涉及本地区、本部门的保证金信息,在门户网站、公共媒体以及缴费场所对外公开;对清单之外的保证金,一律不得收取。今后凡新设立涉企保证金项目必须依据有关法律、行政法规或经国务院批准。

(三)创新完善管理方式。各地区、各有关部门要通过加强事中事后监管、加大对违规企业处罚力度、完善社会保险体系等方式,逐步取代现行涉企保证金有关管理制度,做好政策过渡衔接,降低企业制度性交易成本。创新涉企保证金缴纳方式,加快建立企业诚信体系,对诚信纪录好的企业免收保证金或降低缴纳比例(额度);适度扩大银行保函应用范围,逐步减少企业资金占用。

(四)严格资金监管。各地区、各有关部门要抓紧制定完善管理制度,规范管理程序,加强监督检查,严肃财经纪律,坚决制止将保证金资金挪作他用等违法违规行为。

四、组织保障

(一)加强组织领导。工业和信息化部、财政部对涉企保证金清理规范工作进行统一部署,加强政策指导、统筹协调和督促检查。各有关部门要积极配合,抓好落实,形成工作合力共同推进。地方各级人民政府要建立由工信、财政主管部门牵头,相关部门配合的涉企保证金清理规范工作机制,制定具体工作方案,明确任务分工,加强统筹安排,认真组织实施。

(二)严格监督检查。充分发挥各级减轻企业负担工作机制的作用,强化对各种违规行为的查处和问责,建立形成监督检查长效机制。联席会议在四季度全国减轻企业负担专项督查中将清理规范涉企保证金情况作为重要工作内容,并对检查发现的违规行为进行通报。各级工信、财政等主管部门要按照职责分工,加强对涉企保证金资金的监督检查,各级审计机关依法进行审计监督。

(三)做好宣传引导。各地区、各有关部门要通过政府网站和公共媒体等渠道,加强对涉企保证金政策和目录清单的宣传解读,发挥全社会监督作用,营造关心支持清理规范工作、促进企业发展的良好舆论氛围。

【适用要点】依据该通知,将在全国范围内开展涉企保证金清理规范工作,凡是没有法律、行政法规为依据或未经国务院批准的保证金一律取消;清理后的保证金必须建立目录清单,并向社会公示。

3.《工业和信息化部、财政部关于公布国务院部门涉企保证金目录清单的通知》（工信部联运行〔2017〕236号,2017年9月21日公布）

各省、自治区、直辖市人民政府,国务院各部委、各直属机构:

按照经国务院批准的《工业和信息化部 财政部关于开展涉企保证金清理规范工作的通知》（工信部联运行〔2016〕355号）要求,各地区、各部门开展了涉企保证金自查清理工作,提出了清理规范意见和拟保留的涉企保证金目录清单,并报工业和信息化部、财政部进行审核。目前,国务院部门涉企保证金目录清单已审核完毕,现予以公布。有关事项通知如下:

一、建立涉企保证金目录清单制度

各地区要参照国务院部门涉企保证金目录清单,对本地区涉企保证金进一步清理规范,取消没有法律、行政法规依据或未经国务院批准的涉企保证金项目,建立涉企保证金目录清单,并于2017年12月底前向社会公布。涉企保证金目录清单及具体实施情况纳入各地区、各部门政务公开范畴,通过政府网站和公共媒体实时对外公开,接受社会监督。

二、严格执行涉企保证金目录清单制度

自本通知印发之日起,行政机关新设立涉企保证金项目,必须依据有关法律、行政法规的规定或经国务院批准。各地区、各部门必须严格执行目录清单,目录清单之外的涉企保证金,一律不得执行（完全市场化行为产生的保证金以及金融机构缴纳的保险、保障基金除外）。加快对已取消保证金资金,以及逾期未返或超额收取的保证金资金的清退返还,2017年12月底前要全部完成。发挥各级减轻企业负担举报机制和审计部门作用,加强监督检查,制止各种借保证金名义占用企业资金的行为;对违规向企业收取保证金、不按时返还、挪用保证金等行为要严肃查处,加大曝光和问责力度。

三、建立健全涉企保证金配套管理制度

设有涉企保证金的地区和部门要抓紧制定完善管理制度,建立资金台账,规范管理程序,加强监督检查,严肃财经纪律,将保证金收取及返还情况向社会公开。创新管理方式,加强事中事后监管,加快推动企业诚信体系建设,对诚信记录好的企业免收保证金或降低缴纳比例（额度）,适度扩大银行保函应用范围,减少企业资金占用。

四、加强对涉企保证金目录清单的宣传解读

依托全国减轻企业负担政策宣传周、减轻企业负担综合服务平台等多种渠道加强宣传,通过清单查询、政策解读、现场咨询等形式帮助企业了解涉企保证金目录清单和有关政策。将涉企保证金清理规范纳入全国企业负担调查内容,及时了解工作不足,回应企业诉求。加强舆论监督,并通过第三方评估完善和改进工作,推动涉企保证金清单制度落地。

各地区、各有关部门要充分认识进一步做好涉企保证金清理规范工作的重要意义,加强组织领导,抓好工作落实,并于 2018 年 1 月底前将涉企保证金清理规范(含地区涉企保证金目录清单)及资金台账情况报国务院减轻企业负担部际联席会议办公室(设在工业和信息化部),并抄送财政部。工业和信息化部、财政部将在 2017 年全国减轻企业负担专项督查中对各地区涉企保证金目录清单和清理规范情况进行重点检查,推动各项工作落到实处。

【适用要点】此次清理的各类涉企保证金共计 23 种。经清理后,剩下的涉企保证金都是法律明确规定的保证金,如建设工程领域的履约保证金、工程质量保证金等。

【典型案例】

(一)指导性案例

中国农业发展银行安徽省分行诉张大标、安徽长江融资担保集团有限公司执行异议之诉纠纷案①

【裁判要旨】根据《担保法解释》第 85 条规定,金钱质押生效的条件包括金钱特定化和移交债权人占有两个方面。双方当事人已经依约为出质金钱开立了担保保证金专用账户并存入保证金,该账户未作日常结算使用符合特定化的要求。特定化并不等于固定化,账户因业务开展发生浮动不影响特定化的构成。占有是指对物进行控制和管理的事实状态,银行取得对该账户的控制权,实际控制和管理该账户即应认定符合出质金钱移交债权人占有的要求。

【编者评析】该指导性案例的意义在于,明确了特定化并不等于固定化,账户因业务开展发生浮动不影响特定化的构成。该裁判要旨已被《民法典担保制度解释》第 70 条所认可。

---

① 最高人民法院指导性案例 54 号。

（二）公报案例

1. 富滇银行股份有限公司大理分行与杨凤鸣、大理建标房地产开发有限公司案外人执行异议之诉案①

【裁判要旨】保证人与债权银行之间约定设立保证金账户，按比例存入一定金额的保证金用于履行某项保证责任，未经同意保证人不得使用保证金，债权银行有权从该账户直接扣收有关款项，并约定了保证期间等，应认定双方存在金钱质押的合意。保证金账户内资金的特定化不等于固定化，只要资金的浮动均与保证金业务相对应、有关，未作日常结算使用，即应认定符合金钱以特户形式特定化的要求。如债权银行实际控制和管理保证金账户，应认定已符合对出质金钱占有的要求。

【编者评析】该案例确定的规则与 54 号指导性案例相同。

2. 大连银行股份有限公司沈阳分行与抚顺市艳丰建材有限公司、郑克旭案外人执行异议之诉案【最高人民法院（2015）民提字第 175 号】②

【裁判要旨】《民事诉讼法解释》第 312 条③规定，对于案外人提起的执行异议之诉，人民法院经审理，案外人就执行标的享有足以排除强制执行的民事权益的，判决不得执行该执行标的。本案中，承兑汇票出票人向银行承兑汇票保证金专用账户交存保证金作为承兑汇票业务的担保，该行为性质属于设立金钱质押。当出票人未支付到期票款，银行履行垫款义务后，银行基于质权享有就该保证金优先受偿的权利。质权属于担保物权，足以排除另案债权的强制执行。

【编者评析】该案例明确保证金争议性质上属于金钱质押，优先于一般金钱债权的执行。尤其需要注意的是，与一般的担保物权人不能排除金钱债权人的执行不同，保证金质押的特点决定了，保证金债权人有权排除金钱债权人的执行。

（三）参考案例

1. 陕西秦农农村商业银行股份有限公司沣东支行与西安沣祥工贸有限

---

① 具体可见《最高人民法院公报》2020 年第 6 期。
② 具体可见《最高人民法院公报》2016 年第 10 期。
③ 2022 年修正的《民事诉讼法解释》第 310 条。

责任公司、吴德鸿、西安一得贸易有限公司、陕西一得贵金属贸易有限公司案外人执行异议之诉案【最高人民法院(2019)最高法民再 198 号】

【裁判要旨】保证金账户系债权人与保证人按约定设立,债权人对该账户实际控制管理,该账户内的款项符合金钱以保证金的形式特定化及移交债权人占有的条件,可以认定债权人与保证人对该账户内的款项设立了质权。经保证人申请,债权人及其相关下属支行层级批准后退还部分保证金是在账户内款项已设立质权的前提下,债权人作为质权人放弃部分质押财产的行为,该行为并未改变债权人对账户内款项的实际控制及账户内剩余款项的性质和用途。债权人对保证金账户的款项享有质权,足以排除强制执行。

2. 天津银行股份有限公司唐山分行、天津银行股份有限公司唐山迁安支行与浙江物产融资租赁有限公司等案外人执行异议之诉案【最高人民法院(2018)最高法民再 27 号】

【裁判要旨】案外人执行异议之诉的目的在于排除对异议标的的强制执行,而其前提则是享有对于执行标的的实体权利。根据《担保法解释》第 85 条规定,“金钱特定化”和“移交占有”是判断资金是否为信用证开证保证金的前提条件,是判断案外人是否享有足以排除人民法院强制执行的民事权益的必备要件。

第四百二十七条 【质押合同】设立质权,当事人应当采用书面形式订立质押合同。

质押合同一般包括下列条款:

(一)被担保债权的种类和数额;

(二)债务人履行债务的期限;

(三)质押财产的名称、数量等情况;

(四)担保的范围;

(五)质押财产交付的时间、方式。

【条文精解】

(一)条文要点

本条是关于质押合同形式和内容的规定,基本沿袭了《物权法》第210条之规定,但又作了如下修改:第一,将"质权合同"改为"质押合同",系与《民法典》合同编以合同履行方式命名合同名称保持一致,不再以权利作为合同名称;第二,第2款第3项删除了质押财产的"质量、状况",用"等情况"替代,弱化了质量、状况等非重要因素对质押合同的影响,同时也与对担保财产的概括描述相衔接;第三,第2款第5项增加规定了质押财产的交付"方式",因为动产质权设立以质押财产交付为前提,故质押合同中明确交付方式有利于就质权是否成立产生争议时的解决。鉴于本书已在《民法典》第400条较为详细地介绍了抵押合同的内容与形式,其中有关合同形式与内容、被担保债权的种类和数额、债务人履行债务的期限、质押财产情况以及担保的范围等内容,质押合同与抵押合同并无本质不同,相关内容不再重复,此处仅就质押合同涉及的特殊内容进行介绍。

一是关于书面形式问题。质押合同与抵押合同均为要式合同,但抵押权以登记作为公示方法,登记机关在办理抵押登记时要求当事人提交书面的抵押合同,且登记簿记载事项往往也源于抵押合同的约定,故在抵押合同中当事人未采用书面形式的情形并不多见。但质权的设立以交付为公示方法,当事人未订立质押合同,但确实依据口头质押合同的约定向质权人交付了质押财产,此时能否以当事人未订立书面的质押合同为由否定质权的有效设立?《民法典》第 490 条第 2 款规定:"法律、行政法规规定或者当事人约定合同应当采用书面形式订立,当事人未采用书面形式但是一方已经履行主要义务,对方接受时,该合同成立。"据此,在当事人未签订书面的质押合同但质权人已经受领质物场合,依据该条之规定,质权人的受领行为既弥补了合同形式上的缺陷,可以认定质押合同已经成立;同时又意味着已经完成了质押财产的交付,进而认为质权已经有效设立。当然,如果出质人主张质权人受领质押财产的行为并非依据口头质押合同之约定,而系依据其他法律关系,进而使法官难以确认当事人之间是否存在质押关系的,仍应由质权人举证证明其与出质人之间存在质押合同关系。难以举证的,质权人应当承担相应的不利后果。

二是关于质押财产的交付问题。动产质押自质押财产交付质权人之日起设立,故质押财产的交付时间对当事人具有重要意义,最好要在动产质押合同中予以明确。当事人未按质押合同的约定交付质押财产,质权人接受的,质权自受领之日起设立。出质人的迟延交付行为造成质权人损害的,质权人可以请求出质人承担违约责任,出质人不能以其已经受领为由认为双方已就交付时间达成了变更协议。质权人在动产质押合同订立前已经占有了出质人的质押财产,依据《民法典》第 226 条有关简易交付的规定,质权从质押合同生效时设立。关于质押财产的交付方式,除现实交付外,还包括简易交付、指示交付等方式,一般认为不包括占有改定。应予注意的是,在流动质押、保证金质押中,都存在由债权人和债务人共同占有质押财产,而不失为已经完成交付的情形,可谓是占有或交付的变种。约定质押财产的交付方式可以明确质押合同的履行方式,有利于保障质权人债权的实现,维护交易安全,减少纠纷。

三是关于出质人未交付质押财产的责任问题。质押合同有效订立后,出质人拒绝交付质押财产的,质权人即可以请求出质人继续履行质押合同,但依据《民法典》第 580 条之规定,出现质押财产灭失等情形的除外。在质押合同有效设立、因质押财产灭失而不能设立质权场合,要参照《民法典担保制度解释》第 46 条之规定,综合考虑质押合同是否约定了违约责任、质押人对质押财产灭失是否有过错以及是否存在"三金"等代位物等情况,依法认定质押人的责任。具体来说:(1)要看质押合同有无约定违约责任。在质押合同约定违约责任的情况下,只要没有超过质物的价值,让质押人承担违约责任有其合理性,此点不同于保证。(2)要考虑质押财产灭失的原因。因可归责于质押人自身的原因如质押人将质押财产转让他人的,质押人应在质押财产价值范围内承担违约损害赔偿责任。(3)要考虑是否有代位物。因不可归责于质押人的原因如自然灾害导致标的物灭失,质押人仅在可能取得的代位物范围内承担违约损害赔偿责任;没有代位物的,质押人不承担责任。在第三人提供质押担保场合,就质押人与主债务人的责任来说,在当事人未明确约定质押人对主债务承担连带责任的情况下,质押人仅在主债务人不能承担主合同项下的债务承担补充责任,而不能认为要与主债务人一起承担连带责任。

四是关于质权设立后质押合同的效力问题。质权作为意定担保物权,是依据质押合同设立的担保物权。可见,质押合同是质权设立过程中的不可或缺的一环,设立质权则是质押合同的归宿。另外,当事人依据质押合同设定质权后,质押合同并未消灭,仍然具有确定出质人与质权人之间权利义务关系的作用。在当事人在质押合同项下的相关事项缺乏约定时,可以依据《民法典》的有关规定确定当事人之间的权利义务关系。从这一意义上说,《民法典》"动产质权"这一节中有关出质人和质权人之间权利义务关系的规定,既有涉及作为担保物权的质权的规定,如有关质押财产(第 426 条)、设立动产质权所应采取的公示方法(第 429 条)、质权的留置效力(第 431 条、第 432 条)、质权的实现及优先受偿效力(第 436 条、第 437 条、第 438 条)等的规定主要属于对质权的规定也涉及作为质押合同的规定;同时,该部分也有不少条文是对作为有名合同的"质押合同"的规定,甚至前述的有些规定同时也是对质押合同的规定,目的在于确定当事人在质押合同项下的权利义务,如《民法典》第 430 条有关孳息收取的规定,第 431 条有关禁止使用或处分质押财产的规定,第 432 条、第 433 条以及第 436 条有关质押合同加速到期的规定,第 434 条有关转质的规定,等等,本质上都属于质押合同项下如何确定当事人之间权利义务关系的规定。这些规定属于法律对质押合同的漏洞补充性规定,性质上属于任意性规定,在不违反物权法定原则的前提下,当事人可以通过约定对其予以变更甚至推翻,不能以其规定在"物权编"为由就认为前述规定都是强制性规定,都不能由当事人通过约定进行改变。

(二)适用情况

本条主要适用于以下情形:

一是当事人就质权是否设立产生争议时,以存在符合该条规定的质押合同为前提,对于缺少书面质押合同的,质权原则上不成立。

二是在质押合同概括性描述质押财产时,以该描述能否合理识别质押财产,即是否满足质押财产特定性而判断质权的设立。《民法典担保制度解释》第 53 条即在规定担保合同可以对担保物采取概括性描述的同时,明确规定该描述必须达到能够合理识别担保财产的程度。如该描述无法达到合理识别担保财产的程度,应当认为合同尚未成立,质权也当然未能有效设立。

【相关法律、行政法规】

(一)相关法律

《中华人民共和国民法典》(2020 年 5 月 28 日通过)

第四百九十条　【合同形式的履行治愈规则】当事人采用合同书形式订立合同的,自当事人均签名、盖章或者按指印时合同成立。在签名、盖章或者按指印之前,当事人一方已经履行主要义务,对方接受时,该合同成立。

法律、行政法规规定或者当事人约定合同应当采用书面形式订立,当事人未采用书面形式但是一方已经履行主要义务,对方接受时,该合同成立。

【适用要点】质押合同系要式行为,本应采用书面形式订立。但在当事人未采取书面形式订立,出质人交付了质押财产而质权人接受场合,应当认定质押合同成立。不仅如此,该受领行为同时还意味着质权有效设立。

【司法解释及规范性司法文件】

担保合同旨在设立担保物权,而担保物权的客体必须特定,否则权利人就无法进行排他性的支配,因此《民法典担保制度解释》在规定担保合同可以对担保物采取概括性描述的同时,明确规定该描述必须达到能够合理识别担保财产的程度。

(一)司法解释

1.《最高人民法院关于适用〈中华人民共和国民法典〉有关担保制度的解释》(法释〔2020〕28 号,2020 年 12 月 25 日通过)

第五十三条　【担保财产的概括描述】当事人在动产和权利担保合同中

对担保财产进行概括描述,该描述能够合理识别担保财产的,人民法院应当认定担保成立。

【适用要点】动产质押合同中的流动质押,也存在对质押财产的概括描述问题。如果该描述无法达到合理识别担保财产的程度,质押合同就因缺乏必要条款而不成立。

第四十六条 【未办理登记的不动产抵押合同的效力】不动产抵押合同生效后未办理抵押登记手续,债权人请求抵押人办理抵押登记手续的,人民法院应予支持。

抵押财产因不可归责于抵押人自身的原因灭失或者被征收等导致不能办理抵押登记,债权人请求抵押人在约定的担保范围内承担责任的,人民法院不予支持;但是抵押人已经获得保险金、赔偿金或者补偿金等,债权人请求抵押人在其所获金额范围内承担赔偿责任的,人民法院依法予以支持。

因抵押人转让抵押财产或者其他可归责于抵押人自身的原因导致不能办理抵押登记,债权人请求抵押人在约定的担保范围内承担责任的,人民法院依法予以支持,但是不得超过抵押权能够设立时抵押人应当承担的责任范围。

【适用要点】当事人仅签订质押合同未交付质押财产的法律后果,可以参照适用该条之规定。具体如何适用,详见本书《民法典》第388条对该条的分析。

2.《最高人民法院关于审理外商投资企业纠纷案件若干问题的规定(一)》(法释〔2010〕9号;法释〔2020〕18号,2020年12月23日修正)

第十三条 【外商投资企业的股东质押】外商投资企业股东与债权人订立的股权质押合同,除法律、行政法规另有规定或者合同另有约定外,自成立时生效。未办理质权登记的,不影响股权质押合同的效力。

当事人仅以股权质押合同未经外商投资企业审批机关批准为由主张合同无效或未生效的,人民法院不予支持。

股权质押合同依照民法典的相关规定办理了出质登记的,股权质权自登记时设立。

【适用要点】该条是关于外商投资企业股东签订的股权质押合同的效力的规定,明确区分了质押合同成立与质权设立,质权未设立的并不影响质押合同的效力。但是,依据当时的法律规定,外商投资企业的股权质押合同,依法属于经批准才能生效的合同,即批准是合同的法定生效条件;未经批准的,股权质押合同未生效。

【典型案例】

（一）指导性案例

中国农业发展银行安徽省分行诉张大标、安徽长江融资担保集团有限公司执行异议之诉纠纷案①

【裁判要旨】当事人依约为出质的金钱开立保证金专门账户，且质权人取得对该专门账户的占有控制权，符合金钱特定化和移交占有的要求，即使该账户资金余额发生浮动，也不影响该金钱质权的设立。

【编者评析】该案除裁判要旨列明的裁判规则外，还有一个当事人争议的问题，即农发行安徽分行与长江担保公司是否订立了书面质押合同。本案例的裁判文书认为，当事人之间虽未单独订立带有"质押"字样的合同，但书面约定了所担保债权的种类和数量、债务履行期限、质物数量和移交时间、担保范围、质权行使条件等一般条款，应认定双方之间订立了书面质押合同。

---

① 最高人民法院指导性案例 54 号。

第四百二十八条 【流质条款的法律效力】质权人在债务履行期限届满前,与出质人约定债务人不履行到期债务时质押财产归债权人所有的,只能依法就质押财产优先受偿。

【条文精解】

(一)条文要点

本条是关于流质条款的法律效力的规定,是在《物权法》第211条规定基础上修改而来的。《物权法》第211条规定:"质权人在债务履行期届满前,不得与出质人约定债务人不履行到期债务时质押财产归债权人所有。"除将"履行期"改为"履行期限"这一文字修改外,本条将"不得与出质人约定债务人不履行到期债务时质押财产归债权人所有"修改为"与出质人约定债务人不履行到期债务时质押财产归债权人所有的,只能依法就质押财产优先受偿",有限地承认了流质契约的效力,属于重大修改的范畴。

流质和流押并不完全相同,比较法上很多传统大陆法系国家尽管规定了禁止流质却未规定禁止流押。但我国从《担保法》到《物权法》乃至《民法典》,都是将流质和流押问题同等对待的。只不过在《民法典》制定过程中,我国顺应了比较法上对禁止流质或流押的缓和趋势,尤其是在参与世界银行营商环境评估过程中,按照世界银行的相关要求对《民法典》的相关规定进行了修改,其中就包括了对禁止流质和流押条款的修改,对禁止流质和流押问题进行了柔化处理,即一方面仍然禁止流质或流押,另一方面则通过规定质权人或抵押权人的优先受偿权,变相规定了质权人或抵押权人的清算义务,为归属型清算或者处分型清算留下了制度空间。考虑到本书已在《民法典》第401条对流押条款的效力进行了较为详细的论述,这些论述多数也可以适用于本条,故本条对相关内容不再予以赘述。

应予指出的是,当以物抵债、让与担保涉及流质或流押时,从准确适用法律出发,要依据标的物以及公示方式的不同,分别参照适用流质或流押的规定。以物抵债、让与担保的客体是动产,且动产也已经实际交付债权人的,应当参照适用本条有关禁止流质的规定。当以物抵债、让与担保的客体是不动产或股权等相关权利,或者尽管其客体是动产但并未实际交付的(即构成所谓的买卖型担保或后让与担保),均应参照适用《民法典》第 401 条有关流押的规定。

(二)适用情况

本条在实践中也主要适用于让与担保、以物抵债等场合。此时,从准确适用法律出发,应当从客体和公示方法的角度区别流质和流押。

【司法解释及规范性司法文件】

(一)司法解释

《最高人民法院关于适用〈中华人民共和国民法典〉时间效力的若干规定》(法释[2020]15 号,2020 年 12 月 14 日通过)

第七条　【流押与流质条款的溯及既往】民法典施行前,当事人在债务履行期限届满前约定债务人不履行到期债务时抵押财产或者质押财产归债权人所有的,适用民法典第四百零一条和第四百二十八条的规定。

【适用要点】该条是有关流质和流押具有溯及力的规定,详见本书对《民法典》第 401 条的分析。

【部门规章、规范性文件与相关政策】

(一)部门规章

《典当管理办法》(商务部、公安部 2005 年第 8 号令,2005 年 2 月 9 日公布)

第四十三条　【绝当】典当行应当按照下列规定处理绝当物品:

(一)当物估价金额在 3 万元以上的,可以按照《中华人民共和国担保法》的有关规定处理,也可以双方事先约定绝当后由典当行委托拍卖行公开拍卖。拍卖收入在扣除拍卖费用及当金本息后,剩余部分应当退还当户,不足部分向当户追索。

(二)绝当物估价金额不足 3 万元的,典当行可以自行变卖或者折价处理,损溢自负。

（三）对国家限制流通的绝当物，应当根据有关法律、法规，报有关管理部门批准后处理或者交售指定单位。

（四）典当行在营业场所以外设立绝当物品销售点应当报省级商务主管部门备案，并自觉接受当地商务主管部门监督检查。

（五）典当行处分绝当物品中的上市公司股份应当取得当户的同意和配合，典当行不得自行变卖、折价处理或者委托拍卖行公开拍卖绝当物品中的上市公司股份。

【适用要点】《典当管理办法》有关绝当的规定，属于对营业质权的特别规定，与《民法典》有关禁止流质的规定并不矛盾，是民事质权的特殊规定。

【典型案例】

（一）参考案例

1. 曾福元与湖南新国置业发展有限公司合同纠纷案【最高人民法院（2019）最高法民再304号】

【裁判要旨】担保法及物权法设置禁止流质、流押之规定，旨在避免债权人滥用优势地位，乘债务人之危压低担保物价值并免除自身清算义务，以牟取不当利益，造成不公。本案中，为担保新国公司履行债务，曾福元与新国公司在《借款协议》中约定：以新国公司开发的公园一号车位作为抵押，如不能按期归还，出借人有权对借款人资产进行资产保全，申请法院冻结。故案涉《借款协议》及《商品房买卖合同》均未约定新国公司未能清偿债务时，作为担保物的案涉车位的所有权直接由曾福元取得，以消灭双方的债权债务关系。案涉车位以预购商品房预告登记代替办理抵押权登记的目的，系为限制新国公司对该车位进行转让或作其他处分，并非为了确保曾福元取得案涉车位的所有权。因此，新国公司关于本案存在违反《担保法》第40条①禁止流押规定的主张，缺乏事实及法律依据，本院不予支持。

2. 中静汽车投资有限公司与上海铭源实业集团有限公司股权转让纠纷案【最高人民法院（2015）民二终字第384号】

【裁判要旨】合同约定的在履行期限届满前由质权人以固定价款处分质

① 《民法典》第401条。

物,相当于未届清偿期即已固定了对质物的处分方式和处分价格,显然与法律规定的质权实现方式不符。此种事先约定质物的归属和价款之情形实质上违反了《物权法》第 211 条①禁止流质的强制性规定,故该约定条款应属无效。

3. 贵州华黔古仁酒业有限公司与仁怀新宁酒业供应链股份有限公司金融借款合同纠纷案【最高人民法院(2020)最高法民申 121 号】

【裁判要旨】(1)案涉协议为动产质押协议,而非抵押协议。动产质押是指债务人或者第三人将其动产移交债权人占有,将该动产作为债权的担保;动产抵押是指债务人或者第三人以动产不转移占有而提供担保的抵押形式。两者的根本区别在于是否转移占有。本案中,案涉《动产抵押监管协议》约定,由新宁公司为债权人中行遵义分行监管案涉基酒。从上述约定看,债务人华黔古仁公司将其动产移交给债权人中行遵义分行指定的第三人新宁公司监管占有,故案涉《动产抵押监管协议》虽名为动产抵押合同,但实为动产质押合同。

(2)《动产抵押监管协议》及《补充协议》存在流质契约。《物权法》第211 条规定:"质权人在债务履行期届满前,不得与出质人约定债务人不履行到期债务时质押财产归债权人所有。"第 219 条第 2 款②规定:"债务人不履行到期债务或者发生当事人约定的实现质权的情形,质权人可以与出质人协议以质押财产折价,也可以就拍卖、变卖质押财产所得的价款优先受偿。"据原审查明,中行遵义分行、华黔古仁公司、新宁公司签订的《动产抵押监管协议》及《补充协议》明确约定,即在履行期限届满前已约定由新宁公司以相对固定价款处分质物,此种事先约定质物的归属和相对价款之情形实质上违反了《物权法》的上述规定,系变相流质条款,该条款应认定无效。《担保法解释》第 96 条规定,本解释第 57 条之规定,适用于动产质押。第 57 条第 1 款规定:"当事人在抵押合同中约定,债务履行期届满抵押权人未受清偿时,抵押物的所有权转移为债权人所有的内容无效。该内容的无效不影响抵押合同其他部分内容的效力。"本案中,案涉《动产抵押监管协议》及《补充协议》系各方真实意思表示,其中的回购条款虽属无效,但其他部分内容未违反法律、行政法规的强制性规定,按照上述司法解释的规定,其他部分内容应属有效。

---

① 《民法典》第 428 条。下同。
② 《民法典》第 436 条第 2 款。

第四百二十九条 【质权生效时间】质权自出质人交付质押财产时设立。

【条文精解】

（一）条文要点

本条是关于动产质权自交付时生效的规定,沿袭了《物权法》第212条的规定,未作改动。同为交付,设立动产质押所为的交付,与买卖合同中为转移所有权而为的交付,既有联系又有区别。这有必要对交付进行系统介绍,在此基础上再对动产质权所涉的特殊交付问题进行研讨。

1. 关于交付的法律意义

交付指的是转移标的物的占有。准确理解交付制度,要把握以下几点：

一是因客体的不同,交付具有不同的意义。交付的客体包括动产和不动产。以不动产为客体的交易,如不动产抵押就与交付无关;在不动产买卖中,交付房屋是出卖人负有的主要合同义务,同时也是决定标的物灭失风险的重要时间节点,但交付房屋本身并不导致所有权变动。可见,不动产交付往往仅具有合同法上的意义,不具有物权变动的意义。而在动产买卖中,出卖方的主给付义务就是转移标的物所有权,而交付往往意味着转移了所有权,进而一方面出卖方因已经履行了合同的主要义务而使债权债务关系消灭,另一方面则使买受人取得标的物所有权。在动产质押中,质权自出质人交付质押财产之日起设立。可见,动产的交付不仅仅涉及合同法问题,更是涉及物权变动问题。鉴于本条主要涉及动产质权问题,故下文主要分析动产交付尤其是质押财产的交付问题。

二是基于不同的原因,交付具有不同的性质和效力。当事人之所以要将标的物交付他人,必定会有法律依据,此种法律依据多数情况下是合同。如前所述,在依合同交付场合,交付既是合同的重要内容,同时往往也是物权变动的公示方法。从合同法的角度看,交付与履行或清偿内涵相同,都由债务人的交付与债权人的受领两部分构成,是一个须双方协作才能完成的行为,仅一方为给付另一方未受领的,不能构成一个完整的交付。一旦完成交付,往往会同时产生两个效果：（1）合同之债因履行或清偿而消灭；（2）发生物权变动，在动产买卖场合买受人取得所有权，在动产质押场合则是设立质权。但前述两种效果均有例外：（1）质押合同并不因质押财产已经交付质权人而消灭，而是仍然具有约束双方当事人的效力，此点不同于买卖合同。买卖合同以一方取得价款另一方取得标的物所有权为目的，故合同因履行而消灭。而质押合同目的在于设立质权，质权设立后当事人之间的相关权利义务关系，如担保范围如何确定、质物如何实现等均需要通过质押合同来明确，不能认为质押合同因质权设立而消灭。（2）在所有权保留场合，所有权不因交付而发生转移，这属于动产物权变动的例外。除依据合同约定交付外，在占有人无权占有场合，如在合同无效、遗失物拾得等场合，所有权人可基于返还原物请求权请求占有人向其交付标的物。从交付义务人的角度看，交付则属于其履行法定义务的行为。

三是交付与其原因行为既有密切联系，又有显著区别。关于交付，在比较法上有将其理解为物权行为的，也有将其理解为仅导致物权变动的事实行为的。我国未采物权行为概念，而是将其作为公示方法。但我国借鉴了德国民法的区分原则，区分物权变动与导致物权变动的原因。当事人未履行交付或登记等公示行为，不影响作为物权变动原因的合同的效力。《担保法》第64条第2款有关"质押合同自质物移交于质权人占有时生效"的规定，显然违反了区分原则，已被《物权法》修正。另外，交付的后果取决于原因行为，可见二者又具有密切联系。交付仅表征占有的移转，至于此种移转究竟是移转所有权还是设定质权，抑或什么权利都没移转，则取决于基础合同的约定。在当事人基于买卖合同而交付标的物时，交付往往意味着转移所有权；但在当事人依约保留所有权场合，所有权不一定因交付而移转。① 在当事人基于质押合同而将质押财产交付质权人场合，则交付仅导致质权的设立，并不导致标的物所有权的移转。可见，不能脱离基础合同而谈交付的效力。实践中，当事人签订动产质押合同后但并未交付质物，动产质权未有效设定，此时，能否将其解释为动产抵押权？本书认为，不能作此种解释，因为设定何种

---

① 在所有权保留问题上，有担保权构成说和所有权构成说的分歧。本书作者采担保权构成说，据此，所有权自交付买受人之日即已转移。但至少在《民法典》施行前，在没有引入功能主义担保的情况下，所有权保留是采所有权构成说的。在此情况下，所有权转移与交付则是分开的。

担保物权取决于当事人的合意,在当事人意在设定动产质权的情况下,即便动产质权因未完成公示而未有效设立,也应当参照《民法典担保制度解释》第46条的规定办理,而不能将其解释为动产抵押权。

2. 关于交付的类型

一般认为,交付有现实交付和观念交付之分。其中观念交付又包括简易交付、指示交付和占有改定。此外,交付的结果是转移占有,而占有又有直接占有与间接占有、自己占有与辅助占有、自主占有与他主占有、单独占有与共同占有等区分,导致实践中出质人是否已经完成交付并不容易区分,有必要对各种交付形态进行详细分析。

(1)关于现实交付

现实交付是指将动产的事实管领力转移给他人,使他人直接占有动产。现实交付是让他人直接占有动产,不包括依据媒介关系间接占有的情形,因为间接占有往往与指示交付相联系,不属于现实交付的范畴。现实交付的受领人不一定是本人,受托人、雇员或员工、父母等监护人可以基于委托关系、雇用或劳动关系、监护关系,替委托人、雇主、未成年子女等受领标的物,是委托人、雇主、未成年子女等的受领辅助人,效果等同于本人受领,故仍然属于现实交付的范畴。在系列交易中,经由履行辅助人或受领辅助人所为的交付,尽管具有缩短交付链条的功能,但本质上仍然属于现实交付的范畴。如甲将某画卖给乙,后乙又将该画卖给丙,乙要求甲直接将画交给丙。此时,就甲与乙之间买卖合同而言,丙属于乙的受领辅助人,丙受领该画相当于乙受领该画,使乙取得了画的所有权。另外,就乙与丙之间的买卖合同来说,乙委托甲代为履行交付义务,甲是乙的履行辅助人,甲对丙所为的给付效果上等同于乙对丙的给付,使丙取得了画的所有权。从逻辑上说,在甲将画交给丙的“瞬间”,先是乙取得了画的所有权,然后再将所有权移转给了丙。但从实际效果上看,经过履行辅助人、受领辅助人的理论构建,使得一次交付行为达到了两次交付行为的效果,即达到了缩短给付的效果。应予注意的是,前述代为履行交付义务或代为受领交付义务的当事人,性质上属于履行辅助人而非间接占有人,因而其所为的交付仍属现实交付而非指示交付的范畴。现实交付,仅表明事实管领力即占有的移转,至于此种占有是自主占有还是他主占有,则应视基础合同来具体确定:基于买卖合同所为的交付,买受人是以自主占有人的意思对动产进行占有,而其受领辅助人则以他主占有的意思占有动产;在设定质权场合,不论是质权人还是其受领辅助人,均系以他主占有的意思占有动产。但不论何种情形,动产的管领支配力的转移,一般都会表现为动产发生事实上的位移,此点也是现实交付区别于观念交付的重要方面。

(2)关于简易交付

在动产物权设立和转让前,权利人已经通过借用、租赁等方式实际占有动产的,一旦当事人签订买卖合同或质押合同,物权自买卖合同或质押合同生效之日发生变动。之所以无须履行现实交付行为即可发生物权变动,是因为受领人此前已经占有了动产,且因为基础合同而使此前的占有发生了变更。在买卖合同场合,占有人将此前的他主占有变为了自主占有;而在设定质权场合,占有人将此前基于借用、租赁等媒介关系所为的占有,变更为基于质押合同的占有。在后者场合,尽管仍属他主占有,但因为基础关系发生了变化,导致占有的性质和效力也发生了变化。简易交付并无实际的交付行为,却具有与现实交付相同的结果,从这一意义上说,属于观念交付的范畴。但作为公示方法,现实交付和简易交付都需要占有人对动产进行直接占有,而不能通过媒介关系进行间接占有,这是二者的相同点。

(3)关于指示交付

指示交付是指在动产被第三人占有的情况下,转让人通过向受让人转让请求第三人返还原物的权利代替现实交付的一种交付方式,属于观念交付的另一种情形。关于指示交付的内涵与外延,实践中存在争议,有必要进行梳理。

首先,指示交付所转让的返还原物请求权,既包括债权性质的返还请求权,如第三人基于承租、借用等债的关系而占有的动产;也包括物权性质的返还请求权,如第三人无权占有动产场合。债权性质的返还请求权,通常适用于第三人基于其与转让人之间合法有效的合同关系直接占有动产场合。债权性质的返还请求权转让,适用债权转让的相关规则,第三人可以其对抗转让人的事由对抗受让人,故第三人基于其与转让人的合同关系仍有权占有动产,如基于"买卖不破租赁"规则继续承租租赁物,借用期限未满而继续使用动产等。此时,受让人尽管已经取得所有权,并因此有权请求第三人返还原物,但因为受原债权关系的限制,其不能立即行使返还所有物请求权。物权性质的返还请求权转让,通常适用于第三人无权占有的情形。受让人取得所有权后,可以直接请求第三人返还原物,不受原债权关系的限制。应予指出的是,返还原物请求权系针对所有权变动而言的。在设定质权场合,质权人并未也不应取得质押财产的所有权,故作为动产质权设定公示方法的指示交付,并非指返还原物请求权的转让,而是指质押财产占有请求权的转让。从这一意义上说,应当将指示交付的内涵作扩张解释。

其次,作为返还请求权对象的第三人,在返还请求权转让时,多数情况是确定的,但也不排除在动产遗失、被他人偷走等场合,返还请求权转让时第三人尚未确定的情形。换言之,返还请求权转让时,第三人尚未确定的,并不影响指示交付的成立。第三人在多数情况下系合法占有动产,但也不排除第三人违法占有动产而转让人将其返还请求权转让他人的情形,这也是《民法典》第227条在沿袭《物权法》第26条时,将其适用条件从第三人"依法占有"改为"占有"的原因。

再次,关于转让返还请求权的形式。在转让人与受让人已经签订买卖合同、质押合同等基础合同的情况下,当事人既可以在合同中就指示交付等内容作出约定,也可以专门针对指示交付另行作出约定。当然,如果当事人未针对返还请求权转让作出专门约定,但转让人已告知受让人动产被他人占有的事实,并要求其直接请求第三人返还的,也符合指示交付的要求。

复次,债权性质的返还请求权转让,适用债权转让的相关规则,还包括《民法典》第546条有关"债权人转让债权,未通知债务人的,该转让对债务人不发生效力"的规定,故返还请求权转让合同本身固然无须征得第三人的同意,但如须对第三人发生效力,有必要通知第三人。在物权性质的返还请求权转让场合,物权的绝对性意味着其可以对抗包括第三人在内的所有人,因而本无须通知第三人,但请求权的相对性决定了其只能向特定当事人主张,因而只有当其将行使物权请求权的意思到达第三人时,才会对第三人产生效力。从这一意义上说,认为物权性质的返还请求权转让,类推适用前述的通知对抗主义,也有其合理性。至于是由转让人通知还是受让人通知,《民法典》并无明确规定,从理论上说,任何一方通知都可以。

值得探讨的是,提单等权利凭证的交付是否属于指示交付的范畴,实践中争议很大。有一种观点认为,返还请求权转让,也包括提单等权利凭证的转让,因而提单转让也应当适用《民法典》有关指示交付的规定,即应当通知负有返还义务的第三人——往往是承运人。本书认为,提单兼具债权凭证和所有权凭证双重属性,作为所有权凭证,提单的交付当然意味着货物的交付,此点使其区别于一般债权性质的返还请求权。尤其需要指出的是,提单是表征在途货物所有权的唯一凭证,持有提单就相当于持有货物,转让提单就相当于转让货物,当事人对于在途货物的所有权利都要通过持有提单来表征。在此情况下,不存在于提单之外另行存在一个抽象的不以提单为载体的提单对应货物的物权问题。可见,提单不仅不是简单的物权凭证,而是具有物权证券的性质。也就是说,提单表征的尽管是在途货物的物权,但从法律上说其本身属于物权证券,不再属于动产的范畴。加之《海商法》等对提单的转让、质押都有明确规定,其转让原则上必须采取背书的形式,适用《海商法》等特别法的规定而非《民法典》合同编的有关规定;提单背书后也需要交付,但此种交付的对象是作为证券权利的提单,而不是动产;即便将其拟制为动产,也是现实交付而非指示交付。之所以要将提单的转让或交付区别于动产的转让或交付,其实益在于,二者在是否需要通知第三人上存在区别。在指示交付中,如前所述,无论是债权性质的返还请求权还是物权性质的返还请求权,让与人均应将让与的情况通知承担返还义务的第三人,否则该让与对第三人不发生效力。但提单作为表征动产所有权的凭证,本身就代表着货物,交付提单就意味着交付货物,无须另行通知实际占有货物的承运人。退一步说,即便提单仅是债权凭证,提单也是承运人决定放货与否的唯一凭证和依据,承运人仍负有见单放货的义务,至于谁持有提单则在所不问。换言之,即便转让人未将货物转让的事实通知承运人,提单持有人仍可以凭单向承运人提货,不存在因未通知而不能对抗承运人的问题,因此无须另行通知承运人,交付提单本身就构成指示交付。

正因为提单作为单证化或证券化的权利,无须通知第三人就可成立指示交付这一点,使其区别于提货单的交付。提货单又称小提单,是收货人凭正本提单向承运人或其代理人换取的可向港口装卸部门提取货物的凭单,它仅是表征提货请求权的凭证。通常提单上载明的收货人或经背书转让取得正本提单的提单持有人,在货物到达目的港后,凭正本提单向承运人提取货物时,收货人或提单持有人并不能立即取得该批货物的实际控制、占有权,而是由承运人收回全套正本提单后,再由承运人的代理人(船舶代理)向收货人或提单持有人签发一份进口货物提货单,收货人或提单持有人一般凭海运提货单办理报关、费用结算和提取货物,至此,收货人或提单持有人才依法、依据惯例而享有对进口货物的实际或象征性控制、占有权。仅交付提货单而未通知实际占有货物的承运人是否构成指示交付?2012年第1期最高人民法院公报案例"肯考帝亚农产品贸易(上海)有限公司与广东富虹油品有限公司、第三人中国建设银行股份有限公司湛江市分行所有权确认纠纷案"确立的裁判规则是:提货单的交付仅意味着当事人提货请求权进行了转移,在当事人未将提货请求转移事实通知实际占有人时,提货单的交付不构成《物权法》第 26 条规定的交付。为什么交付提货单需要通知第三人,否则不构成指示交付,而交付提单则不需要通知第三人? 根本原因在于,提单作为所有权凭证、作为证券性权利,本身就代表货物,故提单的交付本身就意味着货物的交付,无须另行通知承运人。而提货单作为提货凭证,本身既不是物权凭证,也不是证券性权利,只能根据指示交付的一般规则来考察其是否构成指示交付。而根据指示交付的一般规则,在当事人未将提货权移转事实通知实际占有货物的当事人的情况下,不能约束该第三人,从而不产生指示交付的效力。

最后,能否将指示交付一般性地作为物权变动的公示方法,仍然值得研究。指示交付作为所有权变动的公示方法自无疑问,如甲与乙签订仓储合同,将一堆货物存放在乙的仓库内,现甲与丙签订买卖合同,并将其对乙的返还原物请求权转让给丙。依据《民法典》第 227 条之规定,从甲或丙通知乙之日起,丙取得仓储货物的所有权。但在以仓储物设定质权场合,能否采取指示交付方式作为公示方法,不无探讨的余地。《担保法解释》第 88 条规定,出质人以间接占有的财产出质的,以质押合同书面通知占有人时视为移交,认可了指示交付可以作为设定动产质权的公示方法。还以前述案例为例,甲依据仓储合同将货物存放在乙的仓库内,如甲欲以该项货物向丙设定质权,就必须先终止其与乙之间的仓储合同,然后再将返还请求权转让给丙。此时,甲乙之间的占有媒介关系终止,在甲将返还请求权让与给丙的情况下,丙可以继续沿用甲与乙之间的仓储合同,也可以与乙签订新的仓储合同,由乙直接占有货物、丙间接占有货物。鉴于甲并未直接占有货物,仍可成立动产质权,故指示交付可以成为动产质权设立的公示方法。

但如果甲乙之间的仓储合同仍然继续有效,即质押财产尽管仍在乙的直接占有之下,则除非乙同样也受丙的委托监管货物,从而与甲一起成为货物的共同占有人,对货物的提取起到决定性作用,否则,动产质权就不能有效设立。即便动产质权因甲与丙的共同占有而得以设立,鉴于作为质权人的丙无须取得质押财产的所有权,故不存在甲将返还请求权转让给丙的问题;且甲亦未退出原来的占有媒介关系,故此种情形也不属于指示交付的情形。就此而言,指示交付可以作为动产质权的公示方法,但并非涉及间接占有的所有有效的公示都可以称为指示交付。

(4)关于占有改定

《民法典》第 228 条规定:“动产物权转让时,当事人又约定由出让人继续占有该动产的,物权自该约定生效时发生效力。”该条就是有关占有改定的规定。在动产买卖场合,简易交付是将占有人的他主占有改为自主占有,而占有改定正相反,指的是将自主占有改为他主占有。从该条规定看,占有改定只能作为动产物权转让的公示方法,而不能作为设定动产质权的公示方法。之所以设立质权场合不能以占有改定作为公示方法,是因为在占有改定场合,动产的事实管领力并未转移给质权人,从而不符合公示所需要的转移直接占有的要求。如甲与乙签订质押合同,甲将其所有的画为乙设定质押担保,但约定画仍由甲实际占有并支配,此时画尚未实际交付给乙,不符合交付应当移转事实上的管领支配力的要求,故应当认为动产质权尚未有效设立。

综上,对买卖等转让所有权的行为来说,前述四种交付方法都是合法有效的公示方法。但对动产质权来说,质押财产既可以由质权人直接占有,也可以基于媒介关系由他人直接占有、质权人间接占有。但不论如何,都不能由出质人直接占有,否则动产质权就不能有效设立。就此而言,现实交付或简易交付完全符合前述要求。指示交付场合,质权人尽管不直接占有质押财产,但只要不是由出质人单独间接占有质押财产,不论是质权人与出质人共同间接占有,还是由质权人单独间接占有质押财产,都可以设立质权,因而指示交付也是动产质权设立的公示方法。但在占有改定场合,因出质人继续直接占有质押财产,不符合公示要求,不能有效设立质权。

3. 关于流动质押场合的交付问题

流动质押,又称动态质押、存货动态质押,是指债务人或第三人为担保债务的履行,以其有权处分的原材料、半成品、产品等库存货物为标的向银行等债权人设定质押,双方委托第三方物流企业占有并监管质押财产,质押财产被控制在一定数量或价值范围内进行动态更换、出旧补新的一种担保方式。在涉流动质押的纠纷中,质押财产是否交付而设立,实践中争议很大,有必要结合质押财产的监管模式进行类型化研究。就质押财产的监管模式来说,依据不同的标准,有不同的类型。依据出质人的不同,包括债务人以自己所有的财产出质和第三人以其所有的财产出质两种类型。从监管场所的角度看,包括在出质人自有仓库出质、在第三方仓库出质且第三方同时也是监管人的、在第三方仓库出质但监管人是第四方的三种情形。其中,最为常见的是债务人以其自有财产在其自有仓库出质的情形,下文先分析此种情形涉及的交付问题,再在此基础上分析其他情形。

(1)债务人以其自有财产在其自有仓库出质的情形

此种流动质押的基本交易模式可概括为以下几个方面:一是债权人与债

务人签订授信合同或流动资金贷款合同后,又签订《最高额动产质押合同》,债务人以其所有的原材料、半成品、产品等库存货物为客体设定质押,其间债务人可以对质押财产动态更换、出旧补新,但其对质押财产的动态更换行为要纳入监管人的监管,确保将质押财产控制在一定数量或价值范围之内。二是债权人、出质人与监管人签订《动产质押监管(合作)协议》,明确监管人受债权人的委托对质押财产进行监管,实践中债权银行往往通过格式条款将监管责任设计为仓储责任和监管责任之和,包括:对已入库质押财产进行品种、规格、数量、质量的验收和权属审核;根据债权银行给出的单价和拟质押、解押货物的数量计算剩余质押财产的价值,在确保不低于质押财产价值控制线的基础上控制质押财产的出入库;就质押财产出入库以及已入库质押财产的状态等与出质企业进行书面确认;等等。三是为了避免因占有改定而不符合质押财产交付的要求,监管人往往会与出质人签订仓库租赁合同,租赁出质人的仓库,但其仅需支付象征性的费用,且该项费用往往还是由出质人支付的。在此种模式下,鉴于质押财产事实上还在出质人的仓库内,且出质人有权对质押财产进行动态更换,加之监管人所为的监管通常又是报表式监管,其是否派员监管、是否实际对质押财产出入库进行监管等事实在纠纷发生后往往难以查明,因而质权是否有效设立,就成为此类纠纷首先需要解决的问题。

在分析质权是否有效设立之前,有必要分析《动产质押监管(合作)协议》的性质。监管协议由三方主体参与,是债权人与出质人为履行《最高额动产质押合同》而签订的补充协议、债权人与监管人之间的委托合同、监管人与出质人之间的监管合同的联立。这三个协议彼此密切联系,委托合同的内容就是监管人对质押财产的监管,监管人因履行监管义务而取得的报酬,本质上系其在委托合同项下应得的佣金。而签订委托合同的目的,则在于通过委托监管人对质押财产的监管,达到债权人对质押财产进行监管的效果,进而达到设立流动质押的目的。可见,监管协议在很大程度是为了履行《最高额动产质押合同》而签订的补充协议,《最高额动产质押合同》无效的,涉及债权人与债务人的内容相应地也随之无效。但是,监管协议与《最高额动产质押合同》的主体并不完全相同,且监管协议毕竟是由三个相对独立的协议组合而成的。故即便《最高额动产质押合同》无效,就其涉及监管人的部分,并不能当然认为无效,因而实际履行监管义务的监管人仍可基于监管协议收取相应的费用。

在明确了监管协议的性质后,判断流动质押是否有效设立,要综合考虑监管人受哪一方的委托进行监管、是否实际进行监管以及监管费用由哪一方负担等因素进行确定:

首先,要看监管人系受哪一方的委托进行监管。实践中,当事人往往会在监管协议中约定监管人系受债权人的委托监管货物,很少约定系受债务人的委托进行监管,否则,就可能因构成占有改定而不满足交付的要求,从而被认定质权尚未有效设立。

其次,要看监管人是否进行了实质监管。约定由监管人进行监管与其是否实际进行监管并非同一回事。实践中,在监管报酬普遍偏低的情况下,监管人仅进行报表式监管而未进行实质监管的情形屡见不鲜。在此有必要予以明确的是,监管人仅进行报表式监管但未能举证证明已经派人进行实际监管的,不构成有效的监管。也就是说,在是否构成实质监管问题上,不仅要观其言,更要看其行。对是否已尽实质监管义务,要由监管人承担举证责任,进而实质上由债权人承担举证责任。因为此种监管模式本来就有占有改定的嫌疑,故债权人方要想证明其并非占有改定,要承担相应的举证责任。另外,基于"谁主张、谁举证"的举证责任分配规则,也要由主张动产质权已经有效设立的一方承担举证责任。此外,让债权人一方承担举证责任,也有利于其加大对监管人的选任和监督力度,进而防范和避免纠纷的产生。从举证的内容看,监管人要想证明其已进行了实质监管义务,可从以下方面进行举证:一是举证证明已实际派员进行了监管。二是对质押财产的进出尤其是出货尽了监管义务,表明仅债务人一方不能自由决定质押财产的进出,质押财产的进出必须要征得其同意。三是要证明其已尽了质押财产价值控制及保值义务。四是及时履行了报告义务。《民法典》第 924 条规定:"受托人应当按照委托人的要求,报告委托事务的处理情况。委托合同终止时,受托人应当报告委托事务的结果。"据此,监管人要将监管的情况及时报告债权人,既表明其已经履行了监管义务,也让债权人对其监管行为监督。

再次,还要考虑监管费用、租赁费用由哪一方负担。正常情况下,既然监管人系受债权人的委托,则监管费用、租赁费用自然应由债权人负担。但如果这些费用仍由出质人负担的,在很大程度上可以表明债权人未对监管人进行实际的指示,至少可以削弱法官对质押财产已经交付的心证强度。当然,较之于实际监管标准,该项标准毕竟是辅助或补强标准,不能单独作为认定质押财产是否已经实际交付的依据。

最后,则要将流动质押和一般的存货质押区别开来。一般的存货质押或动产质押中,债权人或其占有辅助人必须要直接占有质押财产,而出质人就不能再对质押财产进行直接占有了。可见,此种占有是完全的非此即彼的占有,也是通常情况下的占有。但在流动质押中,为满足其生产经营的需要,债务人有权对质押财产进行动态更换、出旧补新。可见,债务人对质押货物是有一定程度的控制权的。在此情况下,监管人对质押财产的监管,就不可能像一般的存货质押或动产质押那样,完全地直接占有存货,而只能是在债务人占有的基础上对其出入库行为进行限制。也就是说,如果没有征得监管人的同意,仅凭债务人的单方意志,难以完成质押财产的进出。因而监管人受债权人委托并进行实质监管,本质上是质权人与债务人共同占有质押财产,而质权人则是通过其占有辅助人即监管人的占有而间接占有质押财产的。就好比保证金质押场合,债务人仍控制账户,但因为设置了共管账户,其对账户的控制受到了限制,从而不妨认为共管人也对账户进行了实际控制。总之,在流动质押场合,监管人对质押财产的控制,不是完全的非此即彼的控制,而是部分控制,此点有别于一般的占有或交付,但却更符合"监管"的本意。可以说,是司法实践丰富了交付的内涵。

(2)债务人以其存放在第三方仓库的存货出质,且仓储方同时为监管人的情形

试举例说明:甲向乙融资,拟以甲存放在丙仓库中的货物为客体设定质押。此时,有以下几种可能设定质权的模式:一是仓单质押模式。依据《民法典担保制度解释》第59条之规定,存货人或者仓单持有人在仓单上以背书记载"质押"字样,并经保管人签章,仓单已经交付质权人的,仓单质权设立。没有权利凭证的仓单,仓单质权自办理出质登记时设立。二是共同占有模式。基于仓储合同关系,丙直接占有货物,甲则间接占有货物。现甲乙丙三方签订监管协议,约定继续由丙直接占有货物,但货物的提取除了接受甲的指示外,还要受乙的监管,仅甲的单方意思不能提取货物。也就是说,此时甲与乙成为货物的共同占有人。三是质权人间接占有、仓储方直接占有模式。即由甲乙丙三方签订监管协议,约定自协议签订之日起,甲与丙之间原有的仓储合同终止,甲将其对丙的返还请求权转让给乙,同时乙又与丙签订监管协议,由丙继续占有货物。此时,因甲与丙之间的占有媒介关系终止,故间接占有人由甲变成了乙,丙继续直接占有货物。

前述三种模式中,第一种属于权利质押,不属于本条讨论的动产质押的

范畴。第二种和第三种模式都属于动产质押,且都由仓储方直接占有,但二者仍存在以下不同:一是公示方法不同。第二种模式采取的共同占有模式,是一种实践发展出来的一种新的公示方法。而第三种模式则属于传统的指示交付模式。二是出质人是否退出占有关系不同。在第二种模式中,出质人并未完全退出对质押财产的占有,原有的占有媒介关系仍然继续存在。而在第三种模式中,出质人完全退出了占有关系,其在原有占有媒介关系项下的权利义务原则上由质权人承受。三是动产质押性质不同。在第二种模式中,因为出质人尚未完全退出占有关系,因而既可能是流动质押,也可能是静态质押。但在第三种模式中,因为出质人已经退出占有关系,不可能再对质押财产进行动态更换,因而不可能是流动质押,只能是一般的存货质押或动产质押。故就涉及流动质押的交付来说,只能针对第二种模式进行讨论。

在第二种模式下,因为质押财产仍由原来的仓储方直接占有,而出质人并未完全退出占有,因而招致其是否构成有效交付的质疑。有观点就认为,既然出质人仍然是共同占有人之一,且仓储方也仍然接受出质人的指示,表明并未完成交付,因而质权尚未有效设立。本书认为,只要出质人不能完全支配仓储方,换言之,其对仓储物的提取等要受质权人的限制,就不妨认为已经完成了交付。但应予注意的是,为了表述的方便,前文将此种情形在不严谨的意义上称为"共同占有",实际上质权人与出质人是基于不同的法律关系对质押财产进行占有的:一方面,作为所有权人,并未退出仓储关系的出质人是仓储关系的间接占有人,仓储方则是该法律关系项下的直接占有人。另一方面,在质押合同项下,出质人负有向质权人交付质押财产的义务。此时,基于委托关系,作为受托人的仓储方对质押财产的占有属于辅助占有;对质权人来说,则相当于是直接占有。可见,所谓的"共同占有",指的是作为所有人的出质人在仓储合同项下对其所有的财产(同时也是质押财产)的间接占有,与质权人对质押财产所为的直接占有的竞合——此种直接占有是通过仓储方的辅助占有实现的,类似于不真正共同占有。从仓储方的角度看,其相对于出质人来说是直接占有,相对于质权人来说则是辅助占有。仓储方尽管一人身兼二职,但二者都需要其尽妥善保管义务即可,可见一般情况下二者并不会发生冲突。但在出质人基于仓储合同关系提取质押财产场合,鉴于质押财产一旦被提取,质权就可能因丧失占有而消灭,此时,仓储方作为监管人,应当依照约定履行监管义务,确保仓储物的提取不损害动产质权;作为受托人,则应当按照质权人的指示进行监管,并将相关情况及时报告质权人。

总之,在此种流动质押中,需要依据出质人是否退出仓储关系来具体认定动产质权是否已经有效设立,进而确定当事人之间的权利义务关系,法律关系相对复杂。但因为质押财产毕竟不在债务人的直接控制之下,实践中采取此种模式的流动质押并不多见,更为常见的是一般的存货质押。但就其交付的原理而言,并无本质不同。

(3)其他情形

一是债务人以其存放在第三方仓库的存货出质,但监管人为第四方的情形。就此举例来说,甲向乙融资,拟以甲存放在丙仓库中的货物为客体设定质押,同时乙委托丁代为监管。此时,前文有关债务人以其存放在第三方仓库的存货出质且仓储方同时为监管人的情形的分析,完全适用此种情形,包括视仓储合同是否终止而采不同的公示方法,以及在仓储关系并未终止情况下,原来由丙分饰的"两角"现在分由丙和丁来扮演。鉴于前文对此已有详细论述,此处不再展开。总之,此种情形下,尽管涉及的主体更多,但其法律关系反而更清晰了。

二是第三人以其自有动产在自有仓库出质,或第三人以其存放在第三方仓库的存货出质时,仅就交付而言,与债务人出质并无本质不同,故应与前述两种情形同等对待。只不过在动产质押合同因主合同无效而归于无效场合,第三人出质与债务人自身提供的质押有所不同而已。

4. 关于动产质权的善意取得问题

《民法典》第311条规定了善意取得制度,其中第1款一体规定了不动产或者动产所有权的善意取得,包括三个要件:一是受让人受让该不动产或者动产时是善意;二是以合理的价格转让;三是转让的不动产或者动产依照法律规定应当登记的已经登记,不需要登记的已经交付给受让人。该条第3款同时还规定:"当事人善意取得其他物权的,参照适用前两款规定。"该条所谓的"其他物权",自然包括动产质权。就动产质权的善意取得而言,参照适用《民法典》第311条第1款之规定,应当满足以下要件:

一是质权人受领交付时需为善意。关于受让人"受让"动产时须为善意,指的是买卖合同、质押合同等合同签订之时还是完成物权公示之时,曾经有过争议。《民法典物权编解释(一)》第17条第1款明确规定:"民法典第三百一十一条第一款第一项所称的'受让人受让该不动产或者动产时',是指依法完成不动产物权转移登记或者动产交付之时。"据此,在动产质权善意取得场合,确定质权人是否为善意的时点是动产交付之时。如前所述,交付行为不仅由出质人的交付行为构成,它还由质权人的受领行为共同构成。因而确定质权人是否善意的时点为质权人受领交付之时。至于如何确定质权人是否为善意,《民法典物权编解释(一)》第14条第1款规定:"受让人受让不动产或者动产时,不知道转让人无处分权,且无重大过失的,应当认定受让人为善意。"据此,此种善意既包括客观上对出质人对质押财产无处分权不知情,也包括主观上无重大过失。

二是动产已经交付质权人。设立动产质权所要求的交付,既包括现实交付,也包括简易交付与指示交付,但不包括占有改定。关键是动产应当脱离出质人的直接占有,至于是否为质权人直接占有,则在所不问。应予注意的是,并非所有的动产都能参照适用动产质押的善意取得制度,以下几类动产就不适用该制度:(1)采登记对抗要件的特殊动产,例如,以航空器、船舶、车辆担保的,以企业的设备和其他动产担保的,质权人误信出质人有处分权缺乏合理根据;(2)货币,因为货币所有与占有合二为一,货币的占有人视为货币的所有人;(3)记名有价证券依背书设定质押,不会发生误认出质人为所有人的情形,因此不适用善意取得;(4)法律禁止流通的物品,例如毒品、枪械等,依法被查封、扣押、监管的动产;(5)遗失物与盗赃物。

三是关于质权人应否支付合理的价格问题。本书认为,质押合同作为担保合同,本身为单务合同、无偿合同,故质权的善意取得不以质权人支付合理的价格为必要,这恰是动产质权的善意取得有别于动产善意取得之处。

应予指出的是,本条有关质权自出质人交付质押财产时设立的规定,主要适用于当事人依据质押合同的约定经交付而设立质权的情形,对应的是基于法律行为而进行的物权变动,采取的是公示生效主义。而在质权善意取得场合,尽管表面上看质权人也系依据交付而取得,实则质权人之所以能取得质权,并非基于当事人的意思表示,而是基于法律的明确规定。从这一意义上说,它是非基于法律行为的原始取得,有别于基于法律行为而导致的物权变动。

(二)适用情况

本条主要适用于流动质押场合,依据质押财产是否交付这一标准来认定流动质押是否有效设立。

【相关法律、行政法规】

（一）相关法律

《中华人民共和国民法典》(2020 年 5 月 28 日通过)

第二百二十四条 【动产物权变动采交付生效主义】动产物权的设立和转让,自交付时发生效力,但是法律另有规定的除外。

【适用要点】准确理解本条,关键在于如何理解"但书"条款的范围。不适用动产物权变动自交付时发生效力的,主要包括以下几种情形:一是非基于法律行为的动产物权变动,即从《民法典》第 229 条至第 232 条之规定。二是动产抵押权的设立,依据《民法典》第 403 条之规定,采登记对抗主义,而非交付生效主义。

第二百二十六条 【简易交付】动产物权设立和转让前,权利人已经占有该动产的,物权自民事法律行为生效时发生效力。

【适用要点】简易交付可以作为所有权变动和设立质押的公示方法。

第二百二十七条 【指示交付】动产物权设立和转让前,第三人占有动产的,负有交付义务的人可以通过转让请求第三人返还原物的权利代替交付。

【适用要点】指示交付可以作为所有权变动和设立质押的公示方法,但在流动质押等场合,应当区别指示交付与共同占有。尤其需要将指示交付区别于提单等物权凭证的交付,关键在于应否通知返还义务人:指示交付应当通知返还义务人;交付物权凭证则无须通知。在个案中,这对当事人权利义务影响巨大,务必加以区别。

第二百二十八条 【占有改定】动产物权转让时,当事人又约定由出让人继续占有该动产的,物权自该约定生效时发生效力。

【适用要点】应予注意的是,占有改定并非一概不能作为公示方法,它可以作为动产物权转让的公示方法,但不能作为动产质权设立的公示方法。占有改定之所以不能作为动产质权设立的公示方法,在于设立动产质权,质押财产必须要脱离出质人的直接占有,至于质权人是否直接占有则在所不问。

第三百一十一条 【善意取得】无处分权人将不动产或者动产转让给受让人的,所有权人有权追回;除法律另有规定外,符合下列情形的,受让人取得该不动产或者动产的所有权：

（一）受让人受让该不动产或者动产时是善意；

（二）以合理的价格转让；

（三）转让的不动产或者动产依照法律规定应当登记的已经登记，不需要登记的已经交付给受让人。

受让人依据前款规定取得不动产或者动产的所有权的，原所有权人有权向无处分权人请求损害赔偿。

当事人善意取得其他物权的，参照适用前两款规定。

【适用要点】该条是关于善意取得的规定，依据第 3 款之规定，动产质权可以参照适用所有权善意取得的规定。

第五百四十六条　【通知对抗规则】债权人转让债权，未通知债务人的，该转让对债务人不发生效力。

债权转让的通知不得撤销，但是经受让人同意的除外。

【适用要点】在指示交付场合，应当适用或准用该条规定，指示交付未通知返还义务人的，对返还义务人不发生效力。

【司法解释及规范性司法文件】

（一）司法解释

1.《最高人民法院关于适用〈中华人民共和国民法典〉有关担保制度的解释》（法释〔2020〕28 号，2020 年 12 月 25 日通过）

第五十五条　【流动质押】债权人、出质人与监管人订立三方协议，出质人以通过一定数量、品种等概括描述能够确定范围的货物为债务的履行提供担保，当事人有证据证明监管人系受债权人的委托监管并实际控制该货物的，人民法院应当认定质权于监管人实际控制货物之日起设立。监管人违反约定向出质人或者其他人放货、因保管不善导致货物毁损灭失，债权人请求监管人承担违约责任的，人民法院依法予以支持。

在前款规定情形下，当事人有证据证明监管人系受出质人委托监管该货物，或者虽然受债权人委托但是未实际履行监管职责，导致货物仍由出质人实际控制的，人民法院应当认定质权未设立。债权人可以基于质押合同的约定请求出质人承担违约责任，但是不得超过质权有效设立时出质人应当承担的责任范围。监管人未履行监管职责,债权人请求监管人承担责任的,人民法院依法予以支持。

【适用要点】在流动质押的设立中,看流动质押是否设立,关键在于看监管人是否受债权人委托,以及是否依据委托对货物进行了实际监管。监管人仅进行报表式监管,未实际举证证明进行了实际监管的,仍不能认定动产质权有效设立。

2.《最高人民法院关于适用〈中华人民共和国民法典〉物权编的解释(一)》(法释〔2020〕24 号,2020 年 12 月 25 日通过)

第十四条 【善意的认定】受让人受让不动产或者动产时,不知道转让人无处分权,且无重大过失的,应当认定受让人为善意。

真实权利人主张受让人不构成善意的,应当承担举证证明责任。

第十七条 【受让的时点】民法典第三百一十一条第一款第一项所称的"受让人受让该不动产或者动产时",是指依法完成不动产物权转移登记或者动产交付之时。

当事人以民法典第二百二十六条规定的方式交付动产的,转让动产民事法律行为生效时为动产交付之时;当事人以民法典第二百二十七条规定的方式交付动产的,转让人与受让人之间有关转让返还原物请求权的协议生效时为动产交付之时。

法律对不动产、动产物权的设立另有规定的,应当按照法律规定的时间认定权利人是否为善意。

【适用要点】前述两条是在适用善意取得制度时,如何确定受让时点以及受让人是否为善意的规定,对动产质权的善意取得也具有适用意义。

(二)规范性司法文件

《全国法院民商事审判工作会议纪要》(法〔2019〕254 号,2019 年 11 月 8 日公布)

63.【流动质押的设立与监管人的责任】在流动质押中,经常由债权人、出质人与监管人订立三方监管协议,此时应当查明监管人究竟是受债权人的委托还是受出质人的委托监管质物,确定质物是否已经交付债权人,从而判断质权是否有效设立。如果监管人系受债权人的委托监管质物,则其是债权人的直接占有人,应当认定完成了质物交付,质权有效设立。监管人违反监管协议约定,违规向出质人放货、因保管不善导致质物毁损灭失,债权人请求监管人承担违约责任的,人民法院依法予以支持。

如果监管人系受出质人委托监管质物,表明质物并未交付债权人,应当认定质权未有效设立。尽管监管协议约定监管人系受债权人的委托监管质物,但有证据证明其并未履行监管职责,质物实际上仍由出质人管领控制的,也应当认定质物并未实际交付,质权未有效设立。此时,债权人可以基于质押合同的约定请求质押人承担违约责任,但其范围不得超过质权有效设立时质押人所应当承担的责任。监管人未履行监管职责的,债权人也可以请求监管人承担违约责任。

【适用要点】该条是有关流动质押的规定,已被《民法典担保制度解释》第 55 条吸收、修改并细化,适用时要注意二者的区别。详见本书对《民法典》第 426 条的分析。

【典型案例】

(一)公报案例

1. 大连俸旗投资管理有限公司与中国外运辽宁储运公司等借款合同纠纷案【最高人民法院(2016)最高法民终 650 号】①

【裁判要旨】(1)在审理动产质押监管合同纠纷案件时,应当查明质物是否真实移交监管或是否足额移交监管的基本事实,据此对相应质权是否已经设立作出准确认定。

(2)在动产质押监管合同纠纷中,如果债权人、作为出质人的债务人、质物监管人三方对质物没有真实移交监管或没有足额移交监管均存在过错,则三方对相应质权没有设立给债权人造成的损失均应承担责任。由于债务人负有移交质物的法定义务,且质物是否移交直接决定质权设立,所以其对质物没有真实移交监管或没有足额移交监管而致质权没有设立给债权人造成的损失,存在的是主要过错,应当承担主要责任。监管人虽然存在误以为质物真实移交的过错行为,但因这种过错行为不是导致质权没有设立的主要原因,所以其应对债权人损失承担次要责任。监管人的这种责任因违反约定义务而产生,性质上应认定为违约责任。

① 具体可见《最高人民法院公报》2017 年第 7 期。

（3）在动产质押监管合同纠纷中，债权人的直接义务人是债务人和担保人，监管人仅是帮助债权人实现债权的辅助人，除因自身原因造成监管质物灭失外，其责任需依附于债务人与担保人的直接责任。如果直接责任因清偿而消灭，债权人因获得清偿而不存在损失，则监管人的监管责任也相应消灭。因此，监管人只是前述直接义务人的补充义务人，其对质物没有真实移交监管或没有足额移交监管而致质权没有设立给债权人造成的损失，应承担补充赔偿责任。

【编者评析】该公报案例涉及流动质押的两大方面问题：一是质权是否已经设立；二是如何确定监管人的责任。第 1 项裁判要旨涉及流动质权是否已经设立问题，要求查明质押财产是否真实移交监管或是否足额移交监管等事实，与本条前文所述一致。关于监管人的责任，将放在《民法典》第 432 条详述。

2. 肯考帝亚农产品贸易（上海）有限公司与广东富虹油品有限公司、第三人中国建设银行股份有限公司湛江市分行所有权确认纠纷案【最高人民法院（2010）民四终字第 20 号】①

【裁判要旨】根据《海商法》第 79 条第 3 项的规定，不记名指示提单可以经空白背书转让，但当提单持有人以其中一套正本提单换取提货单后，当事人已不可能将全套正本提单进行转让，故此后的所谓提单转让行为对当事人不产生拘束力。

《物权法》第 23 条②规定，动产物权的设立和转让，自交付时发生效力。交付是否完成是动产所有权转移与否的标准，动产由第三人占有时，则应根据《物权法》第 26 条③的规定进行指示交付。《担保法解释》第 88 条规定，出质人以间接占有的财产出质的，以质押合同书面通知占有人时视为移交。根据该条规定精神，提货单的交付，仅意味着当事人的提货请求权进行了转移，在当事人未将提货请求转移事实通知实际占有人时，提货单的交付并不构成《物权法》第 26 条所规定的指示交付。

【编者评析】该案的指导意义在于，明确了提货单的交付仅意味着当事人提货请求权进行了转移，在当事人未将提货请求转移事实通知实际占有人

---

① 具体可见《最高人民法院公报》2012 年第 1 期。
② 《民法典》第 224 条。
③ 《民法典》第 227 条。下同。

时,提货单的交付不构成《物权法》第 26 条规定的交付。提单作为所有权凭证、作为证券性权利,本身就代表货物,故提单的交付本身就意味着货物的交付,无须另行通知承运人。但提货单作为提货凭证,本身既不是物权凭证,也不是证券性权利,只能根据指示交付的一般规则来考察其是否构成指示交付。而根据指示交付的一般规则,在当事人未将提货权移转事实通知实际占有货物的当事人的情况下,不能约束该第三人,从而不产生指示交付的效力。

(二)参考案例

1. 青岛佳施化工有限公司、重庆商业投资集团有限公司与重庆商投石化有限公司等借款合同纠纷案【最高人民法院(2018)最高法民终 264 号】

【裁判要旨】佳施公司与商投集团公司签订《动产质押合同》以其间接占有的财产出质,质押合同自书面通知送达占有人时视为移交。丽星公司、丽东公司作为《质押物转移占有及保管合同》的当事人,在签订该合同时应明确知晓佳施公司为商投集团公司的债权提供动产质押担保的事实。《质押物转移占有及保管合同》约定,佳施公司为履行与商投集团公司签订的质押合同约定的义务,需将质押物转移交付给商投集团公司占有。又约定,佳施公司将质押物的货权凭证交付给商投集团公司,并自交付之日起由商投集团公司实际占有质押物。还约定,佳施公司质押物均由丽星公司、丽东公司保管,自本协议生效后委托人由佳施公司自动变更为商投集团公司。本案指示交付完成,质权已经依法设立,商投石化公司不履行到期债务,商投集团公司有权就质押物优先受偿,不缺乏事实和法律依据。

【编者评析】该案明确了指示交付可以成为动产质权设立的公示方法。

2. 中国民生银行股份有限公司盘锦分行与中央储备粮锦州直属库等金融借款合同纠纷案【最高人民法院(2017)最高法民终 891 号】

【裁判要旨】一般而言,最高额质押合同所担保的债权不特定,但质押物是特定的,而案涉《最高额质押合同》不仅担保的债权不特定,质押物也不特定。粳稻属于种类物,不具有特定权利归属的外在表象,粮食作物也不易久存,存在倒仓、出库、入库等变动,故质押合同指向的质物 8 万吨粳稻并没有特定化。结合本案事实,本院认为,案涉《最高额质押合同》具有浮动抵押的特征,应参照适用《物权法》有关浮动抵押的规定认定其效力。依据《物权法》第 189 条第 1 款①的规定,浮动抵押权的设立不以登记为要件,抵押合同生效即设立抵押权。案涉《最高额质押合同》兼具担保物浮动性的特征,依照《物权法》第 222 条、第 207 条②的规定,本案应参照该法第 189 条第 1 款的规定,认定案涉质押合同成立生效即发生质权设立的效力。

【编者评析】尽管很多所谓的流动质押,完全符合浮动抵押的特征,且在立法论意义上依照浮动抵押改造流动质押制度也有其合理性,但在当前司法实践承认流动质押,且当事人明确约定其设立的是质押的情况下,法院能否直接将其解释为浮动抵押,似有值得商榷的余地。

3. 上海江铜营销有限公司与浙江鸿晟隆新材料科技有限公司等买卖合同纠纷案【上海市高级人民法院(2021)沪民终 54 号】

【裁判要旨】在"动态质押+第三人监管"交易模式中,只有监管人对质押财产拥有足够的控制力,能够有效排除出质人等对质押财产进行随意占有、支配和处分,方可认定动态质押监管达到了设立质权的条件。对此,需结合合同约定、监管义务履行、监管结果等因素作综合判定。

---

① 《民法典》第 403 条。下同。
② 《民法典》第 439 条、第 424 条。

第四百三十条　【孳息收取权】质权人有权收取质押财产的孳息，但是合同另有约定的除外。

前款规定的孳息应当先充抵收取孳息的费用。

【条文精解】

（一）条文要点

本条是关于质权人有权收取孳息的规定，沿袭了《物权法》第 213 条的规定，仅作了文字修改，将"但"改为"但是"。准确理解本条，既要着眼于与《民法典》第 412 条有关抵押权的相关规定的异同，又要从质权本身的角度来分析质权人的孳息收取权的特有内容。

1. 与《民法典》第 412 条的异同

《民法典》第 412 条也是有关抵押权的效力何时及于孳息的规定，二者的共同点在于：担保财产的范围都从主物扩及从物、从原物扩及孳息（包括天然孳息和法定孳息），以及收取的孳息都应当先充抵收取孳息的费用。但二者的区别也很明显：其一，在抵押权场合，只有从抵押财产被人民法院依法扣押之日起，抵押权人才有权收取孳息，在此之前，抵押权人无权收取孳息。而依据本条规定，质权人自始就有权收取孳息。其二，在抵押权场合，《民法典》第 412 条区别天然孳息和法定孳息，对法定孳息的收取作出了特别规定。而本条则未作出区分，从而有了应否区分的争议。其三，本条允许当事人对孳息的收取另行作出约定，而在抵押权场合，则未作类似规定。对于二者相同的内容，鉴于本书已《民法典》第 412 条作了详细介绍，此处不再重复。

2. 关于孳息与收益

依据本条规定，质权人有权收取孳息。但一般认为质权的效力主要表现为留置效力和优先受偿效力，质权人并无使用收益权能，这是否意味着二者存在冲突？为化解此种表面上的冲突，有必要了解孳息和收益的联系与区别。

孳息是相对于原物而言的，包括天然孳息和法定孳息，其中天然孳息是依据自然规律或对物的自然利用所产生的，前者如果树所生之果实、母牛所生之幼崽,后者如开采的煤、石油、矿石等。法定孳息指的是利息、租金以及其他因某一法律关系所得的收益,等等。

作为物权的一大权能,收益是相对于占有、使用、处分等权能而言。在所有权的四大权能中,占有是使用的前提,使用是按照物的性能进行使用,目的在于满足人们的生产生活需要。处分包括事实处分和法律处分,事实处分会导致物的消灭,如将面包吃掉、将文件销毁;法律处分包括转让和设定担保权等情形,它决定物的法律命运,但一般不导致物本身的消灭。收益指的是从物上获得的收益,包括以下几种情形:一是狭义的天然孳息,是指动植物依据自然规律而产出的果实、幼崽。二是物的直接使用收益,是指所有人对物的直接利用而出产的物。如果说狭义的天然孳息主要是基于自然规律所产生,即便有人力干预的因素,人力也仅起到辅助作用的话,那么,物的直接使用收益尽管也要遵循物的使用方法,但更多地体现了人类使用的因素。三是物的间接使用收益,即法定孳息。即所有人并未自己对物进行使用,而是将物由他人使用,并基于与他人之间的法律关系所取得的收益。在现代社会,法定孳息主要体现为一定的金钱。四是处分收益。即所有人将物进行转让、设定他物权或投资等场合所得到的对价、报酬或利润。在物的间接使用场合,一般不会发生物权的变动,而处分收益则会发生物权变动,但二者的共同点则是,都是基于法律行为对物进行利用,有别于前两种情形。前述的四种收益,前两种合称为天然孳息,第三种称为法定孳息,第四种则不能为孳息所涵盖。

在所有权场合,所有人不论是基于收益权能,还是基于原物效力基于孳息的原理,都有权享有收益或收取孳息,故前述区别的意义并不明显。但在动产质押场合,作为所有人的出质人,享有使用、收益、处分质押财产的权能,但因其丧失了对质押财产的占有,实际上难以行使对质押财产的使用、收益、处分权能。而质权人尽管占有质押财产,但其并非所有人,因而并无使用、收益、处分质押财产的权能。在此情况下,质权人占有质押财产的效力是否及于孳息、因何及于孳息、及于何种孳息等问题都不无探讨的余地。

3. 关于质权人收取孳息的依据

同是担保物权,为什么抵押权人只能在抵押财产被扣押后才有权收取孳息,而质权人则自始就可以收取孳息? 对此,既有从合法占有的角度进行论证的,也有从质权的留置效力角度进行论证的,但其实并无本质区别。质权人之所以有权收取孳息,根本原因还在于其合法占有了质押财产。在质权中,其担保功能在很大程度上是通过占有或留置质押财产,进而给出质人施加压力的方式实现的。正因如此,允许质权人收取孳息尤其是天然孳息,更容易发挥质权的担保功能。另外,在质押财产已被质权人占有的情况下,如还让出质人收取孳息,难免会因孳息的收取滋生不必要的纠纷。而抵押权因为无须转移占有,抵押人仍占有使用抵押财产,如允许从抵押权设立之日起抵押权人就收取孳息,有违设立抵押权不影响抵押人使用收益的制度初衷。

但随着动产质权制度的发展,实践中产生了诸如流动质押、保证金质押等新的动产质押形态。在这些动产质押中,更多的是由质权人与出质人共同占有或管理作为质押财产的存货或账户内资金,在一定程度上脱离了由质权人单方占有的典型形态。本书在对《民法典》第429条的分析中也提出了设定动产质押所要求的交付,核心不在质权人占有质押财产,而在于质押财产必须要脱离出质人的直接占有。但这并不妨碍从合法占有或留置效力角度解释质权人收取孳息的合法性基础,只不过是此种占有在实践中得到了发展而已。也就是说,质权人对质押财产的占有不必是单独占有、直接占有,还可以是共同占有、间接占有。

此外,从质权设立之日起质权人就享有收取孳息的权利,而不必非得等到质权实现时才能收取,这也与其自始就占有质押财产密不可分。

4. 关于质权人可得收取的孳息的范围

基于动产质押的留置效力,质权的效力及于因自然规律或对物的自然使用产生的而且与原物在形态上基本一致的天然孳息,对强化动产质权的担保功能具有重要意义,因而动产质权人有权收取天然孳息,并无疑问。当然,所谓的质权人有权收取天然孳息,并不是说天然孳息归质权人所有,而是说质权的效力及于天然孳息,但就天然孳息的实现来说,仍然要依据担保物权的一般原理,在出现法定或约定的质权实现事由后,才能对孳息进行折价并以所得价款优先受偿。

值得探讨的是法定孳息。如前所述,法定孳息往往表现为金钱,本质上属于财产的间接使用收益。关于质权人能否当然收取法定孳息,存在不同观点。有一种观点认为,法定孳息与天然孳息并无本质不同,允许质权人收取法定孳息,更易于发挥质权的担保功能。本书认为,从《民法典》有关质权的规定看,质权的效力仅包括留置效力和优先受偿效力,质权人并无使用收益质押财产的权能。而法定孳息本质上属于质押财产的间接使用收益,如允许质权人当然有权收取法定孳息,将与质权人不能使用收益质押财产这一效力相矛盾。且法定孳息在法律上往往表现为相对独立的财产,如租金等法定孳息就属于"应收账款"的范畴,是一个相对独立的财产,出质人完全可以设立有别于动产质押的应收账款质押。如果认为动产质押的效力当然及于租金等法定孳息,必定会产生隐性担保问题,既不符合交易便捷的要求,也对交易第三人不公。如甲将其宝马牌轿车出租给乙后,又以该车为客体向丙设定了质押,并且通过指示交付的方式进行了交付。此时,乙因使用车而产生的租金,在甲与丙的质押合同对此并无特定约定的情况下,如果认为应当由丙收取,则当甲在设定车辆质押后,再以租金为客体向丁设立应收账款质押时,依据《民法典》第415条之规定,丁的应收账款质权在效力上要劣后于丙的动产质权。但为动产质押效力所及的车辆租金本身难以通过登记进行公示,而要求丁在设立应收账款质押时,还要审查该应收账款产生的基础关系,对其来说审查义务显然过重。尤其是动产质押以交付为公示方式,丁往往也很难进行审查。在此情况下,如认为丙因设立了动产质权而使其效力当然及于该动产产生的租金,既不利于发挥租金的融资功能,也不符合物尽其用原则。对交易第三人丁来说,审查义务过重,不符合交易便捷原则。尤其是将车辆租金作为动产质押范围,也会产生隐形担保问题。综合前述考虑,即便本条并没有区分天然孳息和法定孳息,从体系解释等出发,质权人原则上也不得收取法定孳息。

事实上,如果说质权人不能当然收取法定孳息还因为其同属于孳息而存在一定的逻辑障碍的话,那么质权的效力不及于处分收益如价款乃当然之理。当然,不论是天然孳息还是法定孳息,当事人都可以就孳息的收取另行作出约定,即约定由出质人收取天然孳息或由质权人收取法定孳息。

5. 收取孳息后的处理

在担保物权场合,包括质权人在内的担保物权人即便有权收取孳息,也不是说孳息归其所有,而是说其有权就孳息进行折价并以所得价款优先受偿。其中,天然孳息往往表现为金钱以外的物(包括动物),质权人在收取孳息后质权实现前,应当将孳息纳入质押财产的范围,与原物一并进行妥善保管,待质权实现时与原物一并变价。就法定孳息来说,因其往往必须为金钱,故在收取后,可以直接依据清偿抵充规则进行抵销。在进行抵销时,应当先充抵收取孳息的费用,还有剩余的,则再按原则上应当按照实现债权的其他费用、利息、主债务的顺序进行。

（二）适用情况

在动产质押场合,当事人因收取孳息产生的纠纷并不多见,实践中更多的是涉及股权质押场合质权人是否有权收取股息等问题。鉴于权利质押可以参照适用动产质押的有关规定,故经常援引本条作为权利质押纠纷的依据。

【相关法律、行政法规】

（一）相关法律

《中华人民共和国民法典》(2020 年 5 月 28 日通过)

第四百一十二条　【抵押权人的孳息收取权】债务人不履行到期债务或者发生当事人约定的实现抵押权的情形,致使抵押财产被人民法院依法扣押的,自扣押之日起,抵押权人有权收取该抵押财产的天然孳息或者法定孳息,但是抵押权人未通知应当清偿法定孳息义务人的除外。

前款规定的孳息应当先充收取孳息的费用。

【适用要点】要注意抵押权人与质权人在担保财产孳息收取权上的区别。

第五百六十一条　【费用、利息和主债务的抵充顺序】债务人在履行主债务外还应当支付利息和实现债权的有关费用,其给付不足以清偿全部债务的,除当事人另有约定外,应当按照下列顺序履行:

(一)实现债权的有关费用;

(二)利息;

(三)主债务。

【适用要点】该条是有关清偿抵充的规定,也可以适用于收取孳息的场合。

【司法解释及规范性司法文件】

（一）司法解释

《最高人民法院关于人民法院民事执行中查封、扣押、冻结财产的规定》（法释〔2004〕15 号；法释〔2020〕21 号，2020 年 12 月 23 日修正）

第十一条 【以占有为公示方法的担保财产的查封】查封、扣押、冻结担保物权人占有的担保财产，一般应当指定该担保物权人作为保管人；该财产由人民法院保管的，质权、留置权不因转移占有而消灭。

第四百三十一条　【质押财产使用处分的限制】质权人在质权存续期间,未经出质人同意,擅自使用、处分质押财产,造成出质人损害的,应当承担赔偿责任。

【条文精解】

(一)条文要点

本条是关于质权人使用、处分质押财产的限制的规定,沿袭了《物权法》第 214 条的规定,仅在表述上将"给出质人造成损害"改为"造成出质人损害",并无实质变化。

1. 关于动产质权的性质

从学理上看,依据质权内容的不同,可将质权分为归属质权和变卖质权。其中归属质权指的是债权未获清偿时,质权人可以直接取得质押财产,此即流质,为多数国家所不采。即便现代社会对流质进行了缓和,也是将其转化为清算型的质权,并非一概认可其效力。与流质相对的是变卖质权,即在债权未获清偿的情况下,质权人只能将质押财产进行变价,以所得价款优先受偿。

在质押财产变价之前,就质权人享有何种权利来说,又有占有质权和用益质权之别。占有质权认为质权在实现之前的主要效力就表现为占有效力或留置效力,即通过占有质押财产给出质人施加压力,促使其尽快履行债务,从而实现质押的担保功能。用益质权则在占有质权基础上更近一步,认为质权人还有使用收益权能。用益质权又可进一步分为销偿质权和利息质权。其中销偿质权指的是因使用质押财产所获得的收益用于冲抵主债权或本金债权。在销偿质权场合,由于主债权可能会因冲抵完毕而消灭,故销偿质权又被称为有期限的质权。利息质权则是指因使用质押财产所获得的收益仅用于冲抵利息债权,不能用于冲抵主债权,故主债权永远不可能因冲抵而消灭,故其又被称为永久质权。

我国《民法典》规定的质权主要是变卖质权和占有质权,包括留置效力和优先清偿效力。《民法典》第 430 条尽管规定质权人有权收取孳息,但其收取的孳息主要是天然孳息,原则上不包括法定孳息;另外,收取的孳息优先用于冲抵收取孳息的费用,只有在还有剩余时才能依次用于冲抵利息和本金。加之本条例外规定质权人经出质人同意后可以使用、处分质押财产,从而也会产生收益用于冲抵利息还是本金的问题。从这一意义上说,我国《民法典》规定的质权又带有一定程度的销偿质权含义,但其并非质权的主要效力。

2. 关于质权人使用质押财产问题

一方面,质权人尽管占有质押财产,但其并非质押财产的所有人,因而没有使用、处分质押财产的权能。另一方面,出质人尽管仍然是质押财产的所有权人,但因已将财产出质而丧失了对质押财产的占有,实际上也难以行使对质押财产的使用、处分权能,这就形成了一种权利"僵局"。为符合质权的内在要求,同时也为了破解"僵局"并强化质押财产使用收益功能的需要,本条一方面强调质权人不能擅自使用、处分质押财产,否则,要承担损害赔偿责任,另一方面又规定在征得出质人同意的情况下,质权人可以对质押财产进行使用、处分。就对质押财产的使用而言,可能包括以下两种情形:

一是质权人在征得出质人同意后使用质押财产。在质权设立后,在出质人同意的情况下,质权人有权直接使用质押财产。此时,只有当其因不当使用导致质押财产毁损、灭失时,才对出质人承担损害赔偿责任。质权人对质押财产的使用还包括间接使用,如将质押财产出租给他人,此时,质押财产将因间接使用而产生法定孳息。对于法定孳息的归属,当事人有约定的,按照约定处理;没有约定或约定不明的,质权人有权收取法定孳息,并依据孳息收取费用等实现债权的费用、利息、主债权等的顺序用于冲抵债权。因为出质人同意质权人使用质押财产的行为足以表明,其同意以法定孳息清偿债务。当然,在质权设立前出质人就已经对质押财产进行使用收益的,在当事人对收益并未作出特别约定的情况下,鉴于质权的效力原则上不及于法定孳息的法理,质权人无权收取该法定孳息。

反之,如果质权人未经出质人的同意就擅自使用质押财产,尽管并未造成实际损失,但质押财产有毁损、灭失风险的,出质人有权依据《民法典》第236条的规定,请求质权人停止使用;也可以援引《民法典》第432条第2款之规定,请求质权人将质押财产提存,或者请求提前清偿债务并返还质押财产。如果造成质押财产毁损、灭失的,出质人还可以请求质权人承担损害赔偿责任。就损害赔偿责任的性质而言,既可以是违反质押合同的违约责任,也可以是损害质押财产的侵权责任,出质人可择一行使。

　　二是出质人在征得质权人同意后,对质押财产进行间接使用。质权人是质押财产的实际占有人,故出质人如想使用质押财产,同样需要征得质权人的同意。本条并未规定此种情形,但理论上有存在此种情形的可能,故此处予以一并分析。出质人要想自己使用质押财产,就必须取得直接占有。而一旦质权人将质押财产返还出质人或丧失对质押财产的直接占有,质权就归于消灭,因而出质人对质押财产的使用仅限于间接使用的情形,不包括直接使用的情形。所谓间接使用,指的是由他人使用,如在征得质权人同意后将质押财产租赁给他人使用。此时,承租人是直接占有人,基于间接占有规则,质权人并未丧失占有,故质权并未因此而消灭。在间接使用情况下,同样会涉及间接使用收益即法定孳息的归属问题。此时,当事人之间对此有约定的,当然按照约定处理;没有约定或约定不明的,法定孳息则应归出质人所有。因为质权人同意出质人间接使用质押财产的行为同样表明,其同意由出质人享有该法定孳息。在出质人间接使用质押财产场合,因不可归责于质权人的事由可能使质押财产毁损或者价值明显减少,足以危害质权人权利的,质权人有权依据《民法典》第 433 条之规定,依法对其质权进行保护。

3. 关于质权人处分质押财产问题

　　对质押财产的处分,包括事实处分和法律处分。质权人有意毁损、灭失质押财产的行为,构成对质押财产的事实处分,自应承担违约责任或侵权责任,但此种情形极为少见。对质押财产的法律处分,包括转让、设定抵押、转质等情形。鉴于《民法典》第 434 条对转质作出了专门规定,故本条所谓的“处分”不包括转质的情形。设定抵押是依据本条规定与转让同等对待,还是与转质类似对待进而参照适用《民法典》第 434 条之规定,值得探讨。本书倾向于认为应参照适用转质的相关规定,故拟在《民法典》第 434 条进行分析。此处主要以质押财产转让为例进行分析:

　　一是已经征得出质人同意的。在征得出质人同意的情况下——不论是事前还是事后,质权人转让质押财产的行为将构成有权处分。如果转让发生在主债务履行期限届满之后,则转让行为性质上属于实现质权的行为,乃质权人行使变价权的方式,无须征得出质人的同意。即便因转让价格过低而损害出质人利益的,也需要通过债权人撤销权等制度解决,但这本身并不能否认质权人有处置质押财产的权利。因此此处所谓的质押财产转让,原则上须发生在质权存续期间、主债务履行期限届满之前,此时质押财产转让性质上属于质权人提前实现质押,其后果是:从受让人的角度看,其依法取得质押财产所有权;从质权人的角度看,不论是从丧失质押财产的占有的角度,还是从质权提前实现的角度,其质权均归于消灭;对出质人而言,则不再承担质押担保责任。转让所得的价款原则上应当用于提存或提前清偿债务,并依据《民法典》第438条之规定,实行"多退少不补"规则。

二是擅自转让质押财产的。质权人未经出质人同意,擅自转让质押财产的,构成无权处分,此时要依据受让人是否符合善意取得的有关规定而异其处理:符合善意取得条件的,受让人取得质押财产所有权;质权人因丧失对质押财产的占有而使其质权归于消灭;出质人可以依据侵权责任或违约责任请求质权人承担损害赔偿责任。值得探讨的是,出质人能否依据不当得利规则请求质权人返还转让款?对此,存在不同观点。一种观点认为,质权已因质权人丧失对质押财产的占有而消灭,而出质人并没有过错,质权人应当对其无权处分承担全部不利后果,故出质人不仅不应当承担责任,而且还有权依据不当得利规则请求返还转让款。另一种观点认为,质权人毕竟享有质权,转让所得价款应当用于提存或提前清偿债务,出质人不得请求返还。本书认为,质权人享有对质押财产的变价权,质权人在主债务履行期限届满前将质押财产转让,本质上是提前行使了变价权,损害的是出质人的期限利益,但不能据此就认为质权完全归于消灭。就出质人来说,一方面,其有权依据《民法典》第432条第2款之规定,请求将所得价款提存或提前清偿债务;另一方面,其有权请求质权人赔偿其因期限利益丧失等所遭受的损失,该项损失可以与其所负的质押担保责任进行抵销。受让人不符合善意取得条件的,不能取得质押财产所有权,但可以请求质权人承担违约责任,质权人以无权处分为由主张转让合同无效的,人民法院不予支持。出质人可以请求受让人返还质押财产,并依据《民法典》第432条第2款之规定,请求将质押财产提存或提前清偿债务,同时也可以请求质权人赔偿其因期限利益丧失等所遭受的损失,该项损失可以与其所负的质押担保责任进行抵销。

4. 关于责任竞合问题

在"动产质权"这节中,多次提到当事人应当承担"损害赔偿责任",除本条规定外,第432条、第434条、第437条都有类似规定。一方面,这些条文提到的损害赔偿责任,都属于违反质押合同约定所应承担的责任,故属于违约责任的范畴。另一方面,不论是对质押财产的损害还是对质权本身的损害,这些责任往往又符合侵权责任的构成要件。属于违约责任和侵权责任的竞合,依据《民法典》第 186 条有关"因当事人一方的违约行为,损害对方人身权益、财产权益的,受损害方有权选择请求其承担违约责任或者侵权责任"的规定,当事人可择一而行使,但不能同时行使。

(二)适用情况

本条主要适用于以下情形:

一是人民法院认为出质人主张质权人擅自处分、变卖质押物给其造成损失的,应当承担举证责任,对于无法举证证明的,应承担举证不能的不利后果。对于质权人擅自使用、处分质押财产,给出质人的质押财产造成损害的,人民法院会参照使用质押财产的市场价格,并在扣除在质权存续期间为保管质押财产所支出的必要保管费用后,确定质权人向出质人赔偿擅自使用质押财产的损失,同时质权人有权对出质人的赔偿请求提出同时清偿债务的抗辩。

二是质权消灭后,因出质人怠于向质权人主张返还质押财产,对于质押财产长期质押在质权人处,人民法院以本条为依据判定出质人应承担主要责任。

三是在以本条作为依据判定质权人需要承担赔偿责任时,人民法院会对质权人保管质押财产的必要保管费用进行审查,对于出质人主张的赔偿中的超过必要保管费用的数额不予支持。

【相关法律、行政法规】

(一)相关法律

《中华人民共和国民法典》(2020 年 5 月 28 日通过)

第一百八十六条　【违约责任和侵权责任的竞合】因当事人一方的违约行为,损害对方人身权益、财产权益的,受损害方有权选择请求其承担违约责任或者侵权责任。

【适用要点】该条是有关违约责任和侵权责任竞合时,权利人可择一行使的规定,适用于本条规定的情形。

第二百三十六条　【排除妨害请求权】妨害物权或者可能妨害物权的,权利人可以请求排除妨害或者消除危险。

【适用要点】在质权人擅自使用、处分质押财产,尚无财产损失的后果时,出质人有权援引《民法典》第236条规定,请求质权人排除妨害。

第三百一十一条　【善意取得】无处分权人将不动产或者动产转让给受让人的,所有权人有权追回;除法律另有规定外,符合下列情形的,受让人取得该不动产或者动产的所有权:

(一)受让人受让该不动产或者动产时是善意;

(二)以合理的价格转让;

(三)转让的不动产或者动产依照法律规定应当登记的已经登记,不需要登记的已经交付给受让人。

受让人依据前款规定取得不动产或者动产的所有权的,原所有权人有权向无处分权人请求损害赔偿。

当事人善意取得其他物权的,参照适用前两款规定。

【适用要点】质权人擅自处分质押财产,受让人善意且符合该条规定的,依法取得质押财产所有权。

第四百三十二条　【质权人的妥善保管义务】质权人负有妥善保管质押财产的义务;因保管不善致使质押财产毁损、灭失的,应当承担赔偿责任。

质权人的行为可能使质押财产毁损、灭失的,出质人可以请求质权人将质押财产提存,或者请求提前清偿债务并返还质押财产。

【适用要点】要注意该条与本条规定之间的配合适用问题,详见前文的相关论述。

【部门规章、规范性文件与相关政策】

(一)部门规章

《**典当管理办法**》(商务部、公安部2005年第8号令,2005年2月9日公布)

第四十一条　【当物处置之禁止】典当行在当期内不得出租、质押、抵押和使用当物。

质押当物在典当期内或者续当期内发生遗失或者损毁的,典当行应当按照估价金额进行赔偿。遇有不可抗力导致质押当物损毁的,典当行不承担赔偿责任。

【适用要点】该条是有关典当行在当期内不得出租、质押、抵押和使用当物的规定,与《民法典》第 431 条规定的精神相一致。典当行在当期内,未经当户同意,擅自使用、处分当物,造成当户损害的,应当承担赔偿责任。

【典型案例】

(一)参考案例

1. 广发银行股份有限公司昆明护国广场支行与昆明潘氏生佳物资贸易有限公司合同纠纷案【最高人民法院(2017)最高法民申 2047 号】

【裁判要旨】质权人在质押期间因擅自处分、使用质押财产导致出质人受损害的,应当承担赔偿责任。质权人应当在行使质权后就多余受偿部分的质押财产予以返还出质人,若未返还造成损害的,应当承担赔偿责任。

2. 汤斌与李瑛动产质权纠纷上诉案【北京市高级人民法院(2012)高民终字第 958 号】

【裁判要旨】《物权法》第 214 条①规定:"质权人在质权存续期间,未经出质人同意,擅自使用、处分质押财产,给出质人造成损害的,应当承担赔偿责任。"虽然汤斌否认其擅自使用了质押车辆,而仅是将车辆开出进行定期保养,但其并未能够对质押车辆的违章记录和里程变化的情况进行合理解释或者提出相反证据,故汤斌擅自使用质押车辆的事实应予认定。因此,汤斌因其擅自使用质押车辆应当向李瑛赔偿相应损失。

---

① 《民法典》第 431 条。

第四百三十二条 【质押财产的妥善保管义务】质权人负有妥善保管质押财产的义务;因保管不善致使质押财产毁损、灭失的,应当承担赔偿责任。

质权人的行为可能使质押财产毁损、灭失的,出质人可以请求质权人将质押财产提存,或者请求提前清偿债务并返还质押财产。

【条文精解】

(一)条文要点

本条是关于质权人负有妥善保管质押财产义务的规定,沿袭了《物权法》第215条的规定,仅将"要求"改为"请求",并无实质变化。实践中尤其是在流动质押纠纷中,质权人往往会委托他人代为履行对质押财产的监管义务,从而引发监管人应否以及如何承担责任的争议,在此予以一并分析。

1. 关于质权人的妥善保管义务

准确理解质权人"妥善"保管质押财产的该项义务,要注意以下几点:

一是关于义务性质。在质权法律关系中,质权人尽管占有质押财产,但其并非质押财产的所有人。依据诚实信用原则,质权人负有妥善保管质押财产的义务。此种义务属于诚信义务的范畴,是基于合同关系占有对方当事人财产的一方所负有的义务,目的既在于维护质押关系的存续,也在于给对方当事人的财产提供相应的保护。

二是关于义务内容。质权人负有的是保管义务,《民法典》有关保管合同的规定如核验义务、现状保管义务等,也可以适用于质押合同。在征得出质人同意,质权人将保管义务委托他人履行的情况下,该他人负有的保管义务,也可以适用《民法典》有关保管合同的规定,除非当事人对其另有约定。明确此点对于正确认定流动质押纠纷中监管人的责任具有重要意义。

三是关于义务标准。质权人要对质押财产进行"妥善"保管,有学者将其称为须尽"善良管理人"的注意义务,以区别于对自己财产的注意义务,并认为"善良管理人"的注意义务是高于对自己财产的注意义务。应该说,此种区分具有一定的学理意义,但在司法实践中并不具有太强的可操作性,因为这些标准都是模糊的客观标准。本书认为,"善良管理人"义务标准首先应当坚持客观标准,即质权人应当以"普通人"的注意义务来保管质押财产,不得以自己一贯以来的鲁莽和草率作为免责事由。至于"普通人"的标准究竟是什么标准,需要通过个案具体判断,如通过考察保管是否收费以及收费高低、行业惯例等因素具体认定。其次,当质权人是以保管为业的企业或者是该领域的专家时,应当让其承担更高的专业或专家注意义务,此种标准显然高于"普通人"的注意义务标准。如保管人是以保管为业的仓储企业,或者是具有专业保管技能的典当行时,自然要承担更高的注意义务。可见,考察质权人的注意义务,不仅要考察注意义务本身,还要考察专业技能。

四是关于费用负担。《民法典》第 389 条规定:"担保物权的担保范围包括主债权及其利息、违约金、损害赔偿金、保管担保财产和实现担保物权的费用。当事人另有约定的,按照其约定。"根据该条规定,质权人妥善保管质物产生的必要保管费用,属于质权人所担保的债权范围,质权人可以就拍卖、变卖质物的价款优先受偿。但这里的保管费用仅指因保管而支出的必要费用,如质押财产的定期保养费、修缮费、动物饲养费等,质权人未尽到妥善保管义务而发生的费用作为额外费用,则应由质权人自行承担。此外,在提存场合,还存在提存费用问题。《担保法解释》第 92 条规定:"按照担保法第六十九条的规定将质物提存的,质物提存费用由质权人负担;出质人提前清偿债权的,应当扣除未到期部分的利息。"该司法解释虽然已经废止,但因提存系因质权人违反保管义务所造成,故提存费用自然也应由质权人承担,可见该条规定的精神仍具有适用价值。

2. 关于出质人的救济措施

依据本条规定,因质权人的过错导致质押财产毁损、灭失的,出质人可以主张损害赔偿责任;并未造成争议财产毁损、灭失但有毁损、灭失风险的,出质人有权请求将质押财产提存或提前清偿债务。如何理解本条尤其是第 2 款的规定,有一定的争议,为此应当明确以下几点:

一是要区别"损害"与"妨害"。在质权人未妥善保管质押财产场合,要区分"损害"(质押财产已经毁损、灭失)与"妨害"(质押财产有毁损、灭失风险),并采取不同的举证与处理规则。质押财产已经毁损、灭失的,表明已经造成损害后果,在质押财产由质权人控制的情况下,可以直接推定质权人具有过错,然后由其举反证证明质押财产的毁损、灭失是因为第三人的行为、不可抗力或质押财产自身原因所导致,进而表明其自身并无过错。从理论上说,质权人也可以仅仅通过举证证明自身无过错而免责,但在其不能举证存在前述其他原因的情况下,实践中其很难据此免责。至于质权人所应当承担的损害赔偿责任,兼具违约责任和侵权责任属性,出质人可以依据请求权竞合规则择一主张。鉴于本书已在《民法典》第431条进行了详述,此处不再赘述。

质押财产尽管有毁损、灭失风险但并未实际遭受毁损、灭失的,出质人如想依据本条第2款之规定进行救济,必须要举证证明以下事实:(1)质权人未尽妥善保管义务的事实,即质权人有过错的事实,而该项事实在造成质押财产损害场合无须由出质人举证,而是推定质权人具有过错从而由其举反证予以推翻。(2)质押财产有毁损、灭失风险的事实。因为毕竟没有造成实际损害,如果允许出质人动辄以质押财产有毁损、灭失风险就寻求救济,将使质权关系处于不稳定之中,极大地贬损质权的担保功能。(3)有关因果关系的事实,即质押财产的毁损、灭失风险是因质权人的原因造成的。一般来说,出质人只要举证证明了前述两项事实,可以初步推定质权人具有过错,由质权人举反证推翻。此时因为尚未造成实际损害,故出质人无权请求质权人承担损害赔偿责任,但有权请求对质押财产进行提存或请求提前清偿债务并返还质押财产,可见二者在法律后果上也不相同,故应当予以区分。

二是要注意本条与《民法典》第433条的关系。二者均系因不可归责于出质人的事由造成质押财产毁损等时,当事人有权将质押财产提存或提前清偿债务的制度,二者共同构成质押合同的法定加速到期制度。但二者又存在以下区别:首先,原因不同。就造成质押财产毁损等风险的原因而言,本条适用于质权人未尽妥善保管义务的情形;而《民法典》第433条则适用于因不可归责于质权人事由的情形。故二者不可能存在竞合问题,只能择一适用。其次,后果不同。本条既适用于已经造成质押财产毁损、灭失的情形,也适用于仅有毁损、灭失风险的情形;而《民法典》第433条则仅适用于造成质押财产毁损或价值明显贬损风险的情形,不包括造成实际损失的情形。另外,即便就造成的“妨害”而言,本条适用于造成质押财产毁损或灭失的风险;而《民法典》第433条则适用于造成质押财产毁损或价值明显贬损风险,不包括造成质押财产“灭失”这一风险,但多了价值明显贬损的风险。再次,保护对象不同。本条是对出质人给予救济,即出质人有权提存或提前清偿;而《民法典》第433条项下,有权请求提存或提前清偿的是质权人而非出质人。保护对象的不同是二者最大的不同。最后,救济程序不同。依据本条规定,出质人可以直接请求提存或提前清偿;而在《民法典》第 433 条项下,质权人应当先请求出质人增加担保,只有在出质人拒绝增加担保后质权人才能行使该项权利。另外,就如何提存或提前清偿来说,本条并未作规定;而在《民法典》第 433 条项下,质权人应当与出质人协商提存或提前清偿事宜。

三是关于出质人提存或提前清偿的性质。有观点认为,因质权人的原因导致质押财产有毁损、灭失风险,本质上属于对质押财产的"妨害",出质人作为质押财产的所有人,有权请求排除妨害,故本条第 2 款有关出质人有权请求提存或提前清偿债务的规定,属于其行使排除妨害等物权请求权的方式。本书为了使质押财产面临毁损、灭失风险区别于实际遭受了损害,在前文确实使用了"妨害"的表述,但并不意味着出质人享有的就是排除妨害等物权请求权,主要理由在于:物权请求权是指所有人在物的圆满支配状态遭到他人侵害时,针对该他人行使的旨在恢复对物的圆满支配状态的一种权利。可见,物权请求权行使的对象是与所有人之间不存在合法关系的人,或者说是侵害物权的人。如果当事人基于与所有人之间的租赁合同、质押合同等合同关系合法占有并使用物,或者依据法律规定依法行使留置权,则所有物并未受到侵害,所有人不能行使物权请求权。如果认为本条是有关出质人享有物权请求权规定的话,那么,就应该得出《民法典》第 433 条项下质权人享有的也是物权请求权,但这显然解释不通。

本书认为,本条与《民法典》第 433 条、第 436 条等,本质上都是有关质权的法定实现事由的规定,或者说是有关质押合同加速到期事由的规定。众所周知,质权的实现事由包括法定事由和约定事由,法定事由主要包括主债务已届履行期但债务人仍未履行债务,但法定事由并不限于此。主债务人被宣告破产或被解散,质押财产面临毁损、灭失风险,当事人依据本条或《民法典》第 433 条规定将质押财产提存或提前清偿债务,都是质权提前实现的事由。质权属于意定物权,从质押合同的角度看,也可以将其看作是质押合同加速到期的法定事由。将当事人享有的提存或提前清偿的权利定位在当事人享有的使质押合同加速到期的权利,既与提存或清偿作为债的消灭事由相一致,也与质权系意定担保物权的属性相一致。因为既然是意定担保物权,质权当然因质押合同的加速到期而提前实现。

四是关于出质人的选择权问题。不论是提存还是提前清偿,都表明出质人已经履行了质权项下的义务,故其无须再履行担保责任。所不同的是,提前清偿的对象是主债务,主债务消灭导致质权消灭。而提存仅是将质押财产折价后提存,在质押财产的价值不足以清偿全部债务时,提存仅导致质权消灭,但主债权并不因此消灭。究竟是选择提存还是提前清偿,构成选择之债,应当依据《民法典》有关选择之债的规定处理。《民法典》第515条第1款规定:"标的有多项而债务人只需履行其中一项的,债务人享有选择权;但是,法律另有规定、当事人另有约定或者另有交易习惯的除外。"据此,原则上由出质人享有选择权,除非当事人对此另有约定;出质人在约定期限内或者履行期限届满未作选择,经质权人催告后在合理期限内仍未选择的,选择权将转移给质权人。

3. 关于流动质押中监管人的责任认定问题

在流动质押中,质权人往往将本应由其自行保管的质押财产委托监管人来保管。实践中,监管人未实际进行监管或未有效进行监管的情形并不少见,导致出现一系列纠纷,从质押财产的角度看,这些纠纷大体包括以下情形:一是因质押财产自始不存在或与约定严重不符而引发的争议,如空调变成了石头、羊绒变成了羊毛;二是因质押财产的权属而引发的争议,如擅自以他人之物出质;三是因质押财产损毁、灭失引发的争议,包括因保管不当而引起的诸如煤炭自燃、皮毛腐烂,因火灾意外事件或第三人抢夺等行为而导致的质押财产毁损、灭失,等等;四是因未履行监管导致质权未有效设立而引发的争议;五是因未履行最低价值控制义务导致质押财产不足以清偿债务的。从所涉法律问题的角度看,前述争议主要归结为两大问题:一是流动质押是否已经有效设立,该问题主要涉及质押财产是否已经交付的问题;二是监管人是否已尽监管义务的问题,该问题往往又与第一大问题交织在一起。前一问题本书已在《民法典》第429条进行了详细分析,故此处主要分析监管人的责任问题。该问题既涉及不同的监管模式项下监管协议的性质和效力,又涉及监管人所应承担的责任及其与债务人所应承担的责任的关系等一系列复杂的问题,有必要进行系统分析。

(1)债务人以其自有财产在其自有仓库出质的情形

确定监管人的责任,首先需要明确监管协议的性质。在此种交易模式①中,监管协议往往由债权人、出质人、监管人三方所签订,是债权人与监管人之间的委托合同、监管人与出质人之间的监管合同的混合。其中监管人与出

---

① 关于此种交易模式以及其他流动质押的交易模式,详见本书对《民法典》第429条的分析。

质人之间形成类似于保管合同的关系，但其中包含的监管人应当履行的权属审查义务、质押财产最低价值控制义务等又难以为保管合同所涵盖。监管人之所以要对质押财产进行监管，源于质权人的委托，其与质权人之间又存在委托关系。也就是说，委托合同的内容就是监管人对质押财产的监管，而签订委托合同的目的，则在于通过委托监管人对质押财产的监管，达到与债权人自己对质押财产进行监管相同的效果，即既达到有效设立流动质押的目的，又达到对质押财产进行妥善保管的双重目的。可见，监管协议是兼具委托合同与监管合同的混合合同。就监管人的义务而言，主要包括以下内容：

一是质押财产的最低价值控制义务。在流动质押中，监管人的主要义务就是控制质押财产的价值，使之不低于约定的价值。可以说，该项义务是监管人最为主要的义务，只要其将质押财产的价值控制在一定的价值范围内，不论出质人如何对质押财产进行出旧补新，都不影响流动质权的存续。反之，监管人即便如何勤勉尽职，只要未能确保质押财产处于一定价值范围的，其就要承担监管责任。

二是接收质押财产时的验收义务。该项义务是监管人履行监管的前提，如果其未对质押财产进行验收，就难以将质押财产的价值动态地控制在一定的价值范围内。因而，发生纠纷后才发现质押财产自始不存在或与约定严重不符的，表明监管人未按监管协议的约定对质押财产进行验收，监管人应当向债权人承担损害赔偿责任。

三是质押财产的监管义务。在流动质押中，质押财产同时也在出质人的保管之下，但监管人对出质人的保管负有监督之责，因监管人怠于履行监管职责导致质押财产毁损、灭失的，债权人有权参照《民法典》第 897 条有关"保管期内，因保管人保管不善造成保管物毁损、灭失的，保管人应当承担赔偿责任"的规定，请求监管人承担赔偿责任。因第三人的抢夺、偷盗等行为而导致的质押财产毁损、灭失，往往表明监管人未尽监管职责，监管人也要承担责任。但因火灾等自然灾害导致的质押财产毁损、灭失，监管人如能够举证证明已尽监管职责的，则无须承担责任。还要看到，监管人对质押财产的监管既是动产质权设立的必要条件，同时也是质权得以存续的必要条件。监管人自始未尽监管职责，流动质押自始就未设立；起初已经履行了监管职责，但在监管义务持续期间，因未履行监管职责导致出质人实际控制质押财产，表明监管人已将质押财产返还给出质人，流动质权因质押财产返还出质人而消灭，监管人同样要承担损害赔偿责任。

四是关于权属审查义务。依据《商业银行法》第36条第1款有关"商业银行应当对保证人的偿还能力,抵押物、质物的权属和价值以及实现抵押权、质权的可行性进行严格审查"之规定,审查质押财产的权属本属债权银行的职责,故只有当银行通过监管协议将该项职责委托监管人行使时,监管人才负有该项义务。监管人未尽审查职责,导致质权未能有效设立,但却给债权人以已经有效设立的假象,并基于该错误认识向债务人发放贷款造成损害的,监管人未尽权属审查义务与债权人所受损害之间具有因果关系,债权人可依据《民法典》第929条有关"有偿的委托合同,因受托人的过错造成委托人损失的,委托人可以请求赔偿损失"之规定,请求监管人承担损害赔偿责任。当然,如果监管人经审查后仍不能审查出质押财产存在的权属瑕疵,质权人可依据善意取得制度主张动产质权已经依法设立的,监管人也无须承担责任。

综上,监管义务除了具有保管合同项下的验收义务、监管(或保管)义务等内容外,依据监管协议的约定,还可能包括权属审查义务、最低价值控制义务等内容,而这些内容难以为保管合同所涵盖,属于委托协议的范畴。监管协议对监管人的义务及责任有明确约定的,该约定就是债权人请求监管人承担责任的依据。没有明确约定的,当涉及保管合同内容的,债权人可以依据《民法典》第907条规定的验收义务、第892条规定的妥善保管义务等规定,请求监管人承担损害赔偿责任;当涉及权属审查、最低价值控制等不能为保管合同所涵盖的义务时,可以《民法典》第922条有关受托人未依委托人的指示处理委托事务为由,进而依据《民法典》第929条有关"有偿的委托合同,因受托人的过错造成委托人损失的,委托人可以请求赔偿损失"之规定,请求监管人承担损害赔偿责任。

以上所说的是监管人所应承担责任的情形。在流动质押中,尤其是在出质人以自己的财产在自己仓库保管质押财产场合,质押财产的毁损、灭失等责任往往又与出质人密切相关,从而涉及出质人或债务人应当与监管人承担何种责任的问题,这就有必要分析监管协议与相关协议的关系问题。监管协议往往又与债权人和债务人之间的其他合同密切联合在一起,构成合同的联立。在相关当事人之间除监管合同外,一般还存在以下合同:①债权人与债务人之间的主债权债务合同,该合同往往是借款合同或授信合同;②债权人与债务人之间的质押合同;③为避免因占有改定而不符合质押财产交付的要求,监管人往往会与出质人签订仓库租赁合同。监管合同与前述合同之间存在密切关系,监管协议总体上是为了履行质押合同而签订的补充协议,是质押合同的补充协议,而该项功能是由委托合同和监管合同联合在一起实现的。可见,监管协议与质押合同一起,共同构成主合同的从合同。但就债权人与监管人之间的委托关系而言,当事人签订委托合同的目的固然是有效设立质权并由监管人代为监管质押财产,然而委托合同毕竟是独立于质押合同的合同,二者之间不存在主合同与从合同关系,即便质押合同无效,也不导致委托合同无效,故监管人仍然有权依据委托合同的约定请求债权人支付报酬。

综合前述分析,就监管人和出质人的关系而言,出质人是质押合同的义务人,监管人则是该合同项下质权人的受领辅助人,二者并无直接联系。但监管人受质权人的委托监管质押财产,在一定程度上与出质人共同占有或控制质押财产,其中出质人是质押财产主要的控制人,监管人则对出质人进行监管,确保质押财产的价值不低于最低价值控制线,同时通过对可能导致质押财产毁损、灭失或贬值风险等行为给予警示,确保质押财产得到妥善保管。因而质押财产的毁损、灭失或贬值,质权未能有效设立,等等,其直接原因往往都是出质人的保管或处分行为,间接原因则是监管人的怠于监管行为,是二者共同作用的结果。一旦造成损失,出质人与监管人都要承担责任。鉴于连带责任需要有合同的明确约定或法律规定,因此,除非监管协议对此有明确约定,或者符合恶意串通损害第三人合法权益等情形,否则,不宜让监管人和出质人承担连带责任。考虑到出质人既是首要的义务人,也是直接的责任人,让监管人对出质人承担补充责任在法理上是合适的。但如此一来,只有先确定出质人的责任后,才能确定监管人的补充责任,而在债权人仅起诉监管人并未起诉出质人的情况下,监管人的责任可能会因出质人的责任尚未确定而面临难以确定的情形。有鉴于此,本书认为,从方便债权人维护合法权益出发,不妨认为监管人与出质人均以质押财产的价值范围为限对债权人承担损害赔偿责任,二者构成不真正连带责任,债权人可择一提起诉讼,不必非得将出质人列为共同被告。当然,鉴于出质人本身也是监管协议的一方当事人,为方便查明事实同时明确责任起见,人民法院可以依当事人的申请或依职权追加其为第三人。

(2)债务人以其存放在第三方仓库的存货出质,且仓储方同时为监管人的情形

此种情形又包括两种模式:

一是关于共同占有模式。在此种模式下,原来的仓储合同仍然继续存

在,质押财产由仓储方直接占有、出质人间接占有;同时仓储方又受质权人的委托辅助占有质押财产,此时质权人又是直接占有人,从而出现出质人在仓储合同项下对仓储物的间接占有与质权人对质押财产所为的直接占有的竞合,构成广义上的"共同占有"。在此种模式中,因为出质人仍然间接占有质押财产,故其有权对质押财产进行动态更换、出旧补新;质权人也通过委托仓储公司监管,满足质押财产的交付要求。只不过仓储公司一人身兼二职,其既受仓储合同的约束,又受委托合同的约束。与出质人以自有财产在自己仓库出质不同,在此种模式下,直接占有质押财产的毕竟是仓储公司而非出质人;且仓储关系在质权设立前即已成立,仓储公司往往都会对仓储物进行实质监管,因而一般不会出现因仓储公司未尽监管责任导致动产质权未有效设立的问题。除此之外,在仓储公司负有的妥善保管、质押财产最低价值控制等义务、应否承担权属审查义务以及监管人与出质人的关系等问题上,与前述的债务人以其自有财产在其自有仓库出质模式并无本质不同,参照前文论述处理。至于验货义务,仓储公司既是仓储合同的当事人,同时也是质权人的受托人,由其履行验货义务似有自我代理之嫌。且在质押关系中,保管人是债权人,仓储公司不过是债权人的受托人,因而原则上由债权人自己承担验货义务。当然,当事人在合同中约定由仓储公司代为履行验货义务,仓储公司也在验货后出具承诺文件的,视为债权人已经履行了验货义务,发生纠纷后仓储公司以债权人未尽验货义务为由主张免除其责任的,人民法院不予支持。

二是关于质权人间接占有、仓储方直接占有模式。在此种模式下,原有的仓储合同因设立质权而终止,出质人不再间接占有质押财产,质押财产由仓储公司直接占有、质权人间接占有。因为出质人不再占有质押财产,故不可能再对质押财产进行动态更换,因而不可能成立流动质押,只能是一般的存货质押或动产质押。此时,既不存在动产质权未有效设立的问题,也不存在仓储公司控制质押财产最低价值的问题,仓储公司只需承担妥善保管义务即可。至于其应否承担权属审查义务、验货义务,由委托合同约定;无约定或约定不明的,由债权人承担。

前述两种情形,以出质人本身就是债务人为分析对象。当出质人本身并非债务人时,都会涉及监管人与债务人的关系问题。鉴于质押合同是主合同的从合同,监管合同作为质押合同的补充合同,同样属于主合同的从合同,故主合同无效的,质押合同无效,此时应当参照《民法典担保制度解释》第17

条之规定确定监管人的责任;质押合同有效,但质权未能有效设立的,出质人应当参照《民法典担保制度解释》第 46 条之规定承担责任,详见本书对《民法典》第 402 条的分析;质权有效设立的,监管人仅在质押财产范围内就其过错行为承担责任。

(二)适用情况

本条主要适用于流动质押场合如何确定监管人的责任。这就需要在确定监管协议性质的基础上,明确监管人的义务范围。监管人的义务源于委托合同,其内容主要体现为保管,但可能还包括权属审查、最低价值控制等内容,因而不能简单地为保管合同所涵盖。在确定监管人的责任时,可能还会涉及与出质人乃至债务人的关系问题,从方便债权人维护合法权益出发,不宜简单地认定监管人承担的是补充责任,而应从监管协议本身的角度认定其责任。

【相关法律、行政法规】

(一)相关法律

1.《中华人民共和国民法典》(2020 年 5 月 28 日通过)

第五百一十五条　【选择之债】标的有多项而债务人只需履行其中一项的,债务人享有选择权;但是,法律另有规定、当事人另有约定或者另有交易习惯的除外。

享有选择权的当事人在约定期限内或者履行期限届满未作选择,经催告后在合理期限内仍未选择的,选择权转移至对方。

第五百一十六条　【选择权的行使】当事人行使选择权应当及时通知对方,通知到达对方时,标的确定。标的确定后不得变更,但是经对方同意的除外。

可选择的标的发生不能履行情形的,享有选择权的当事人不得选择不能履行的标的,但是该不能履行的情形是由对方造成的除外。

【适用要点】前述两条是有关选择之债的规定,适用于本条有关出质人享有选择提存还是提前清偿债务的情形。

第五百七十条　【提存的法定事由】有下列情形之一,难以履行债务的,债务人可以将标的物提存：

（一）债权人无正当理由拒绝受领；

（二）债权人下落不明；

（三）债权人死亡未确定继承人、遗产管理人，或者丧失民事行为能力未确定监护人；

（四）法律规定的其他情形。

标的物不适于提存或者提存费用过高的，债务人依法可以拍卖或者变卖标的物，提存所得的价款。

第五百七十一条 【提存的成立】债务人将标的物或者将标的物依法拍卖、变卖所得价款交付提存部门时，提存成立。

提存成立的，视为债务人在其提存范围内已经交付标的物。

第五百七十二条 【提存通知】标的物提存后，债务人应当及时通知债权人或者债权人的继承人、遗产管理人、监护人、财产代管人。

第五百七十三条 【提存的法律后果】标的物提存后，毁损、灭失的风险由债权人承担。提存期间，标的物的孳息归债权人所有。提存费用由债权人负担。

第五百七十四条 【提存对债权人的效力】债权人可以随时领取提存物。但是，债权人对债务人负有到期债务的，在债权人未履行债务或者提供担保之前，提存部门根据债务人的要求应当拒绝其领取提存物。

债权人领取提存物的权利，自提存之日起五年内不行使而消灭，提存物扣除提存费用后归国家所有。但是，债权人未履行对债务人的到期债务，或者债权人向提存部门书面表示放弃领取提存物权利的，债务人负担提存费用后有权取回提存物。

【适用要点】前述条文是对提存的规定，本条有关提存的规定，属于前述条文的特别规定。在依据本条规定提存时，应当适用前述条文的规定。

第八百九十四条 【自行保管及其例外】保管人不得将保管物转交第三人保管，但是当事人另有约定的除外。

保管人违反前款规定，将保管物转交第三人保管，造成保管物损失的，应当承担赔偿责任。

【适用要点】保管人原则上应当自行保管保管物，不得将其交由第三人保管，除非征得当事人的同意。在质押财产保管场合，也只有在征得出质人同意后，债权人才可将质押财产交由监管人进行监管。

第八百九十七条 【保管人的责任】保管期内,因保管人保管不善造成保管物毁损、灭失的,保管人应当承担赔偿责任。但是,无偿保管人证明自己没有故意或者重大过失的,不承担赔偿责任。

【**适用要点**】监管人的主要义务就是妥善保管质押财产,未尽该项义务导致损失的,监管人应当承担损害赔偿责任。在监管协议项下,监管人是在替债权人进行监管,故应当向债权人承担保管不善的责任。

第九百零七条 【验收义务】保管人应当按照约定对入库仓储物进行验收。保管人验收时发现入库仓储物与约定不符合的,应当及时通知存货人。保管人验收后,发生仓储物的品种、数量、质量不符合约定的,保管人应当承担赔偿责任。

【**适用要点**】该项义务是保管人负有的重要义务,但在债务人以其存放在第三方仓库的存货出质,且仓储方同时为监管人时,仓储方是债权人的保管辅助人,故原则上应当由债权人负有验收义务,除非当事人对此另有约定。

第九百二十二条 【依指示处理委托事务义务】受托人应当按照委托人的指示处理委托事务。需要变更委托人指示的,应当经委托人同意;因情况紧急,难以和委托人取得联系的,受托人应当妥善处理委托事务,但是事后应当将该情况及时报告委托人。

【**适用要点**】监管人依据监管协议的约定监管质押财产,就是依据债权人的指示处理委托事务。换言之,对质押财产的监管本身就属于委托合同的内容。

第九百二十九条 【受托人的损害赔偿责任】有偿的委托合同,因受托人的过错造成委托人损失的,委托人可以请求赔偿损失。无偿的委托合同,因受托人的故意或者重大过失造成委托人损失的,委托人可以请求赔偿损失。

受托人超越权限造成委托人损失的,应当赔偿损失。

【**适用要点**】监管协议属于有偿委托,故只要监管人未依据债权人的指示监管质押财产,因此导致债权人遭受损失的,应当向债权人承担损害赔偿责任,该条是债权人请求监管人承担责任的主要请求权基础。

2.《中华人民共和国商业银行法》(1995年5月10日通过,2015年8月29日修正)

第三十六条 【银行的审核义务】商业银行贷款,借款人应当提供担保。商业银行应当对保证人的偿还能力,抵押物、质物的权属和价值以及实现抵押权、质权的可行性进行严格审查。

经商业银行审查、评估，确认借款人资信良好，确能偿还贷款的，可以不提供担保。

【适用要点】该条明确规定，对担保财产的权属及价值负有审查义务的是银行，故除非监管协议明确约定监管人负有权属审查以及价值控制义务，否则，监管人不负有这两项义务。

【部门规章、规范性文件与相关政策】

（一）部门规章

《**典当管理办法**》(商务部、公安部 2005 年第 8 号令,2005 年 2 月 9 日公布)

第四十一条第二款 【典当行的责任】质押当物在典当期内或者续当期内发生遗失或者损毁的，典当行应当按照估价金额进行赔偿。遇有不可抗力导致质押当物损毁的，典当行不承担赔偿责任。

【适用要点】典当作为一种特殊的质押形式，在一定程度上可以参照适用质权的有关规则。质押当物在典当期内或者续当期内发生遗失或者损毁的，应视为典当行未履行妥善保管义务，因此应当承担赔偿责任。因不可抗力导致当物毁损的，不属于典当行"保管不善"，因此典当行可以免责。

【典型案例】

（一）公报案例

大连俸旗投资管理有限公司与中国外运辽宁储运公司等借款合同纠纷案【最高人民法院(2016)最高法民终 650 号】①

【裁判要旨】(1)在审理动产质押监管合同纠纷案件时，应当查明质物是否真实移交监管或是否足额移交监管的基本事实，据此对相应质权是否已经设立作出准确认定。

(2)在动产质押监管合同纠纷中，如果债权人、作为出质人的债务人、质

---

① 具体可见《最高人民法院公报》2017 年第 7 期。

物监管人三方对质物没有真实移交监管或没有足额移交监管均存在过错,则三方对相应质权没有设立给债权人造成的损失均应承担责任。由于债务人负有移交质物的法定义务,且质物是否移交直接决定质权设立,所以其对质物没有真实移交监管或没有足额移交监管而致质权没有设立给债权人造成的损失,存在的是主要过错,应当承担主要责任。监管人虽然存在误以为质物真实移交的过错行为,但因这种过错行为不是导致质权没有设立的主要原因,所以其应对债权人损失承担次要责任。监管人的这种责任因违反约定义务而产生,性质上应认定为违约责任。

(3)在动产质押监管合同纠纷中,债权人的直接义务人是债务人和担保人,监管人仅是帮助债权人实现债权的辅助人,除因自身原因造成监管质物灭失外,其责任需依附于债务人与担保人的直接责任。如果直接责任因清偿而消灭,债权人因获得清偿而不存在损失,则监管人的监管责任也相应消灭。因此,监管人只是前述直接义务人的补充义务人,其对质物没有真实移交监管或没有足额移交监管而致质权没有设立给债权人造成的损失,应承担补充赔偿责任。

【编者评析】该案例的指导意义在于:一是明确了在监管协议项下,监管人承担的是违约责任;二是明确了相对于主债务人和出质人,监管人承担的是补充责任。但不能据此就一概认为监管人承担的就是补充责任,在监管协议明确约定当事人之间承担连带责任,或监管人与出质人恶意串通损害债权人合法权益场合,二者就要承担连带责任。此外,确立监管人承担补充责任在法理上固然可以成立,但在救济渠道上失之于烦琐,不利于债权人寻求保护,因此本书倾向于认为监管人仅就自己在监管协议项下的义务承担责任,此种责任与出质人负有的责任构成不真正连带责任。

(二)参考案例

1. 广发银行股份有限公司哈尔滨长江路支行与中国物流有限公司、哈尔滨商德实业有限公司等金融借款合同纠纷案【最高人民法院(2016)最高法民终 266 号】

【裁判要旨】(1)关于质权人的责任。根据《物权法》第 215 条①之规定,质权人负有妥善保管质押财产的义务。质权人明知出质人将质押钢材交付

---

① 《民法典》第 432 条。

监管人时未进行实际测量的情况下,既不组织三方实际测量,也不督促监管人按照监管合同约定进行测量,仅仅依据出质人的库存表即在《押品清单》上填写质押财产数量并加盖公章,该行为表明其不仅怠于履行其法定质物审查义务,在明知质押钢材可能不足的情况下随意放贷,而且对自己债权的实现疏于管理并听任债权不能实现的风险放大,存在明显过错,对造成的己方损失,也应承担相应责任。

(2)关于监管人的责任。哈尔滨物流公司作为专业监管人,无视《动产监管合同》约定,在未经测量的情况下随意出具《押品清单》,造成质押财产实际数量与《押品清单》载明的数量严重不符,造成广发银行在质押物不足的情况下发放贷款,一定程度上助长了对金融秩序和经济秩序的扰乱。正因为此,其对质押钢材实际数量与监管下限 27143.429 吨差额部分质权不能设立给质权人造成的损失,应承担赔偿责任。

【编者评析】该案例的指导意义在于,当事人在履行验收义务时,要进行实际验收,不能以报表代替验收。同理,当事人在进行监管时,同样不能以报表代替实际的监管,如此方能避免实践中类似纠纷的发生。

2. 重庆银行股份有限公司西安分行与中外运空运发展股份有限公司等金融借款合同纠纷案【最高人民法院(2017)最高法民再 112 号】

【裁判要旨】根据当事人约定的动产质押监管协议,质押监管人除一般监管义务外还应对质物负有谨慎、妥善管理的义务,应尽最大可能性确保质物安全、完好。监管人未履行义务导致质物丢失的应承担质物损失的赔偿责任。

　　第四百三十三条　【质权的保护】因不可归责于质权人的事由可能使质押财产毁损或者价值明显减少,足以危害质权人权利的,质权人有权请求出质人提供相应的担保;出质人不提供的,质权人可以拍卖、变卖质押财产,并与出质人协议将拍卖、变卖所得的价款提前清偿债务或者提存。

【条文精解】

(一)条文要点

　　本条是关于质权保护的规定,沿袭了《物权法》第 216 条的规定,仅作了文字修改,将"要求"改为"请求"、"不能"改为"不可",并无实质变化。准确理解本条规定,既要着眼于动产质权保护的特殊性,又要着眼于与抵押权保全制度的联系与区别的角度。

　　1. 与抵押权保护制度的异同

　　本条与《民法典》第 408 条规定的抵押权保全制度有着密切联系,表现在:二者都是在担保财产价值可能减少,并足以危害担保物权的情况下,如何对担保权人进行保护的规定;担保物权人都有权要求担保人增加相应的担保;在担保人不增加担保的情况下,担保物权人都有权要求提前清偿。但也要看到,二者尽管在功能上相似,但又有很大区别,甚至可以说特殊性大于共性,二者的区别可以概括为以下方面:

　　一是适用条件不同。具体又体现在以下几个方面:首先,导致担保财产价值减少的原因不同。抵押权以登记为公示方法,抵押财产仍归抵押人占有,故只有因抵押人的原因导致抵押财产价值减少场合,抵押权人才能行使保全权。而在动产质权场合,出质人应当将质押财产交付给质权人,由质权人占有,故不存在因出质人原因导致质押财产价值减少或毁损的情形。另外,质权人占有质押财产后,负有妥善保管的义务,因保管不善的导致质押财产毁损、灭失的,其不仅要向出质人承担损害赔偿责任,出质人也可以请求将质押财产提存或者请求提前清偿债务并返还质物。因此,只有在因不可归责于质权人的事由导致质押财产毁损或价值明显减少场合,质权人才能行使本条规定的权利。其次，对担保财产的影响不同。只要抵押财产出现足以价值减少的情形，抵押权人就可以依法行使保全权。而在质权场合，只有在质押财产的价值可能出现"明显"减少时，才能适用本条规定。至于为什么要与抵押权异其规定，未见学者有相应论述。本书作者揣测，很可能是借鉴比较法规定的结果。因为不论是《德国民法典》还是我国台湾地区"民法"，在质权场合，都有质押财产价值"明显"减少的表述。另外，也许与质权人毕竟占有质押财产，如果允许其动辄以质押财产价值减少为由就让出质人增加担保，既会因此衍生出一些不必要的纠纷，也会大大贬损质押的担保功能，从而有必要对质权人行使保全权予以限制有关。最后，质权的保护还包括可能出现质押财产毁损的情形，而在抵押权场合，则不包括此种情形。应予注意的是，有观点认为，在质权场合，还有"足以危害质权人权利的"表述，而抵押权保全场合则没有类似表述，表明对质权的保护要严于抵押权。但抵押权保全权中，"抵押人的行为'足以'使抵押财产价值减少的"表述，与前述表述内容基本相同，故此点并不足以区别于抵押权。

二是担保物权人可得采取的救济措施不同。抵押权保全权包括抵押财产价值减少防止权、恢复抵押财产价值请求权、增加担保请求权以及提前清偿请求权四方面内容，而在质权保护中，仅包括增加担保请求权以及提前清偿请求权两项，不包括抵押财产价值减少防止权、恢复抵押财产价值请求权。之所以有此不同，是因为质权人自身占有质押财产，故不存在抵押财产价值减少防止权或恢复抵押财产价值请求权的问题。

三是即便就增加担保请求权来说，二者也存在不同。就增加担保请求权来说，在抵押权场合，《民法典》采取的是"提供与减少的价值相应的担保"，一般认为其形式还是抵押，只不过要弥补抵押财产价值减少的部分。而在质权场合，本条用的是"提供相应的担保"，仅从文义上看，既可以是质权或抵押权等担保物权，也可以是保证。但在本书作者看来，二者尽管采取了不同的表述，但在原理上应当作相同理解。

四是在提前清偿问题上，二者看似相近，实则存在本质区别。在抵押权场合，是抵押权人请求债务人提前清偿债务，抵押权人并无权请求提前实现抵押权。而在质权场合，质权人有权自行拍卖质押财产并提前实现质权。其一，因为质权人本来就占有质押财产，故其无须征得出质人的同意，有权直接拍卖、变卖质押财产，此点使其不同于抵押权保全的情形。而在抵押权中，鉴于抵押财产仍在抵押人的控制之下，抵押权人要想实现抵押权，除非当事人在抵押合同中事先约定,当债务人不履行到期债务或者发生当事人约定的实现抵押权的情形,抵押权人就有权将担保财产自行拍卖、变卖并就所得的价款优先受偿,且抵押人同意由抵押权人自行拍卖、变卖,否则,抵押权人只能诉诸于公力救济,通过提起诉讼或依照"担保物权的实现程序"等方式实现抵押权。其二,在抵押权场合,抵押权人的行权对象是债务人,方式是要求其提前清偿债务。而在质权场合,质权人的行权对象是出质人,方式是拍卖、变卖质押财产,故学者也将此种权利称为质权的预先变价权。其三,在质权场合,质权人将质押财产变价后,就其实现方式而言,既包括提存也包括提前清偿。至于采何种方式,则要与出质人进行协商;协商不成的,质权人可以自行决定是将价款提存还是用于提前清偿。而在抵押权场合,抵押权人只能请求债务人提前清偿,并无提存的内容。

2. 关于质权的保护

从本条规定看,质权人享有两项权利:一是增加担保请求权;二是质押财产预先变价权。

增加担保请求权,是指因不可归责于质权人的事由可能使质押财产毁损或者价值明显减少,足以危害质权人权利的,质权人有权请求出质人提供相应担保的权利。行使该项请求权需满足以下三个条件:一是因不可归责于质权人的事由。该项事由既可以是第三人的原因,也可以是出质人的原因,还可以是市场波动等外部原因,但不能是质权人保管不善等原因,否则质权人不仅不能行使质押财产保全请求权,还要因未履行妥善保管质押财产的义务承担赔偿责任。二是可能使质押财产毁损或者价值明显减少。"可能"一词表明质押财产的损害也许尚未发生,但通过已经发生的事实能够判断出损害发生的概率很大。而所谓的"明显减少",是指质押财产减少的价值幅度较大。判断质押财产价值是否"明显减少",应以社会一般人的标准来观察。三是足以危害质权人权利。如果质押财产虽有毁损或者价值明显减少的可能性,但其剩余价值仍然足以清偿债权人的债权,则不能适用本条规定,因为只有在质押财产的剩余价值不足以清偿所担保的全部债权时,才有保全质押财产的需要。例如,质押财产有数个标的物,且为同一出质人质押的,某一标的物虽然有损坏,但其他标的物的价值尚足以担保质权人的债权时,则并不构成对质权人权利的危害,质权人不得对质押财产实行变价。在混合担保场合,即除质权以外债权人还有保证等其他担保的,则除非债权人能够举证证明质押财产的毁损或价值明显减少危及其质权实现,否则,一般不宜支持其增加担保的请求。就增加担保的额度来说,应当与质押财产可能毁损或者价值明显减少部分的价值相当。

质权人依法行使增加担保请求权后,出质人拒不提供相应担保的,质权人有权直接自行拍卖、变卖质押财产,无须征得出质人的同意。但就拍卖、变卖质押财产所得的价款如何处置而言,则应当与出质人进行协商。协商不成时该如何处理,存在不同观点。有观点认为,协商不成的,质权人应当将价款提存,不得擅自用于提前清偿。但从本条的文义看,看不出有此种含义。本书认为,此时应当依据《民法典》第515条有关选择之债的规定,先由出质人选择是采取提存还是提前清偿债务;出质人在约定期限内或者履行期限届满未作选择,经质权人催告后在合理期限内仍未选择的,选择权将转移给质权人。

(二)适用情况

本条在实务中用得很少,究其原因,主要是本条不是裁判规范,而是行为规范与执行规范。因为质权人行使增加担保请求权,往往在诉讼程序之外;出质人拒不提供的,质权人则可以自行直接变价,也不属于诉讼阶段所要解决的问题,这也是直接依照本条进行裁判的案例几乎没有的原因。

【相关法律、行政法规】

(一)相关法律

《中华人民共和国企业破产法》(2006年8月27日通过)

第七十五条 【重整期间担保物权暂停行使】在重整期间,对债务人的特定财产享有的担保权暂停行使。但是,担保物有损坏或者价值明显减少的可能,足以危害担保权人权利的,担保权人可以向人民法院请求恢复行使担保权。

在重整期间,债务人或者管理人为继续营业而借款的,可以为该借款设定担保。

【适用要点】该条是有关重整期间担保物权暂停行使的规定,详见本书对《民法典》第408条的分析。

【司法解释及规范性司法文件】

（一）规范性司法文件

《全国法院民商事审判工作会议纪要》(法〔2019〕254 号,2019 年 11 月 8 日公布)

112.【重整中担保物权的恢复行使】重整程序中,要依法平衡保护担保物权人的合法权益和企业重整价值。重整申请受理后,管理人或者自行管理的债务人应当及时确定设定有担保物权的债务人财产是否为重整所必需。如果认为担保物不是重整所必需,管理人或者自行管理的债务人应当及时对担保物进行拍卖或者变卖,拍卖或者变卖担保物所得价款在支付拍卖、变卖费用后优先清偿担保物权人的债权。

在担保物权暂停行使期间,担保物权人根据《企业破产法》第 75 条的规定向人民法院请求恢复行使担保物权的,人民法院应当自收到恢复行使担保物权申请之日起三十日内作出裁定。经审查,担保物权人的申请不符合第 75 条的规定,或者虽然符合该条规定但管理人或者自行管理的债务人有证据证明担保物是重整所必需,并且提供与减少价值相应担保或者补偿的,人民法院应当裁定不予批准恢复行使担保物权。担保物权人不服该裁定的,可以自收到裁定书之日起十日内,向作出裁定的人民法院申请复议。人民法院裁定批准行使担保物权的,管理人或者自行管理的债务人应当自收到裁定书之日起十五日内启动对担保物的拍卖或者变卖,拍卖或者变卖担保物所得价款在支付拍卖、变卖费用后优先清偿担保物权人的债权。

【适用要点】该条是关于重整中担保物权的恢复行使的规定,是对《企业破产法》第 75 条的具体化,详见本书对《民法典》第 408 条的分析。

【部门规章、规范性文件与相关政策】

（一）部门规章

《证券公司股票质押贷款管理办法》(银发〔2004〕256 号,2004 年 11 月 2 日公布)

第十二条　【不得作为质押财产的股票】用于质押贷款的股票应业绩优

良、流通股本规模适度、流动性较好。贷款人不得接受以下几种股票作为质物：

（一）上一年度亏损的上市公司股票；

（二）前六个月内股票价格的波动幅度（最高价/最低价）超过200%的股票；

（三）可流通股股份过度集中的股票；

（四）证券交易所停牌或除牌的股票；

（五）证券交易所特别处理的股票；

（六）证券公司持有一家上市公司已发行股份的5%以上的，该证券公司不得以该种股票质押；但是，证券公司因包销购入售后剩余股票而持有5%以上股份的，不受此限。

第二十七条 【警戒线和平仓线】为控制因股票价格波动带来的风险，特设立警戒线和平仓线。警戒线比例（质押股票市值/贷款本金×100%）最低为135%，平仓线比例（质押股票市值/贷款本金×100%）最低为120%。在质押股票市值与贷款本金之比降至警戒线时，贷款人应要求借款人即时补足因证券价格下跌造成的质押价值缺口。在质押股票市值与贷款本金之比降至平仓线时，贷款人应及时出售质押股票，所得款项用于还本付息，余款清退给借款人，不足部分由借款人清偿。

第三十二条 【增加担保】出现以下情况之一，贷款人应通知借款人，并要求借款人立即追加质物、置换质物或增加在贷款人资金账户存放资金：

（一）质物的市值处于本办法第二十七条规定的警戒线以下；

（二）质物出现本办法第十二条中的情形之一。

【适用要点】该条是关于作为质押财产的股票可能出现价格明显减少或被退市等情形时，质权人可以采取的措施。依据该条规定，质权人可以采取要求借款人立即追加质押财产、置换质押财产或增加在贷款人资金账户存放资金的措施，在性质上应属于《民法典》第433条规定的"请求出质人提供相应的担保"。

【典型案例】

(一) 参考案例

天风证券股份有限公司与佛山市中基投资有限公司证券回购合同纠纷案【湖北省高级人民法院(2020)鄂民终 524 号】

【裁判要旨】根据《物权法》第 219 条①及第 226 条②规定,天风证券公司作为质权人,依法享有上述质押股票的质权,有权就股票折价或者拍卖、变卖所得款项优先受偿。因案涉欧浦智网股票价格下跌,导致履约保障比例低于预警履约保障比例,但中基公司未依约采取相应履约保障措施,其行为已构成根本违约,应当承担相应违约责任。

---

① 《民法典》第 436 条。
② 《民法典》第 443 条。

第四百三十四条 【转质】质权人在质权存续期间,未经出质人同意转质,造成质押财产毁损、灭失的,应当承担赔偿责任。

【条文精解】

(一)条文要点

本条是关于转质的规定,沿用了《物权法》第 217 条的规定,仅删除了"应当向出质人承担赔偿责任"中的"向出质人"的表述,并无实质变化。准确理解本条规定,既要厘清责任转质与承诺转质的关系,也要着眼于与《民法典》第 431 条有关限制处分质押财产的其他情形的比较视角,还要从质权与所担保的主债权、转质权和原质权的关系等角度,全面了解转质权的构造和效力。

1. 转质的概念与类型

所谓转质,是指质权存续期间,质权人为担保自己或他人的债务,将质押财产再次用于设定新的质权的行为。在转质场合,存在原质权和转质权两个质权。其中,原质权人是转质权关系中的出质人,为与原质权人区别起见,本书将其称为转质人;原质权人的债权人是转质权关系的质权人,本书将其称为转质权人。以图 3 为例,甲为担保欠付乙的 10 万元债务,将一辆汽车质押给了乙,后乙为了担保其欠付丙的 8 万元债务,又将该汽车质押给了丙。就原质权而言,甲为出质人,乙为质权人;就转质权来说,乙为转质人,丙为转质权人。

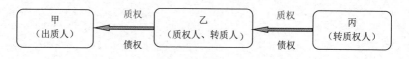

图 4 原质权与转质权关系示例

依据客体的不同,转质权分为动产转质权和权利转质权,本条尽管规定在动产质权之下,但有关转质的规定同样也适用于权利转质权,此处主要以动产转质权为分析对象。

依据出质人是否同意转质的不同,又可将转质权分为已获得出质人同意的承诺转质和未获得出质人同意的责任转质。关于本条的规范对象是仅限于责任转质,还是同时也包括承诺转质,存在争议。仅从字面上看,本条似仅涉及责任转质。但依据反面解释或当然解释规则,本条的规范对象自然也包括承诺转质。然而,即便认为本条对这两种转质制度都作出了规定,但就原质权和转质权的关系如何、转质是否有效以及当事人之间权利义务如何等内容,均未有实质性规定。所谓的"造成质押财产毁损、灭失的,应当承担赔偿责任"也不过是侵权责任的重复性规定而已,并未涉及转质的法律构造、效力等实质内容。就此而言,本条是不完全规范,需要结合《民法典》的相关规定及法理进一步予以明确。在《民法典担保制度解释》起草过程中,曾考虑在《担保法解释》相关规定基础上对责任转质和承诺转质作出规定。但考虑到转质不仅涉及动产转质问题,而且还广泛地涉及权利转质问题,尤其是考虑到该问题在司法实践中并不突出,故最终并未予以规定。

2. 关于转质的性质与效力

准确揭示转质的性质,必须要回答以下问题:

一是转质权的性质究竟是债权转质、权质转质还是动产转质? 也就是说,转质权的客体究竟是原质权所担保的债权、原质权本身还是原质押财产? 之所以有此一问,涉及转质权是否违反担保的从属性问题。《民法典》第407条规定:"抵押权不得与债权分离而单独转让或者作为其他债权的担保。债权转让的,担保该债权的抵押权一并转让,但是法律另有规定或者当事人另有约定的除外。"该规定尽管适用于抵押权,但其揭示的却是担保物权的一般原理,即担保物权不得与主债权分离而单独转让或另行作为其他债权的担保。质权作为担保物权,自然也不能与主债权分离而另行作为其他债权的担保。加之质权本身也不属于《民法典》第440条规定的可以设立权利质押的权利,故转质权的客体不应是转质人在原质权项下享有的质权,故可以排除质权转质说。

与质权转质说类似的是附解除条件质权让与说。该说认为转质的本质是质权人将其质权转让给转质权人,但该质权转让附有解除条件,即在转质权人的债权因清偿等原因消灭时,原质权复归于质权人。附解除条件质权让与说也与质权不得与主债权分离而单独转让的从属性原理相悖,而且附解除条件质权让与说拟制意味太强,加之原质权因转质权的设立而一度消灭,与转质权不影响原质权的存续的基本共识也不一致，也不足采。

债权转质说认为，转质权的客体是转质人在原主债权关系下的债权，只不过依据担保的从属性，担保该债权的原质权一并作为转质权的客体。依据债权转质说，转质权的客体是债权及担保该债权的原质权。该说确实符合担保从属性的要求，但并非当事人的真实意思。因为在转质权关系中，当事人仅是将原质权关系中的质押财产再次出质用于提供担保，并无要将其所担保的主债权一并出质的意思。如果将转质权构建为一般的债权质权，则将使转质权失去其特有的制度意义，故此说因不符合当事人的真实意思而不足采。

正因为前述观点不足采，故通说认为转质权是转质人将原质权关系项下的质押财产再次用于出质，即采质押财产再次出质说。至于其性质是动产质权还是权利质权，则不可一概而论。如果原质权是动产质权的，则转质权也是动产质权；反之，原质权是权利质权的，转质权也是权利质权。应予指出的是，担保的从属性只是要求担保物权不得与主债权分离而单独转让或另行设定担保，但没有要求作为担保物权客体的质押财产不得另行设定新的担保，故质押财产再次出质说也不违反担保的从属性。

二是原质权是否因质押财产再次出质而消灭？设立转质权，需要转质人将质押财产交付给转质权人。既然质押财产已经交付给转质权人，则原质权是否消灭？本书认为，质权只有在出现法定事由时才归于消灭，于转质场合，主要涉及原质权是否因质权人放弃而消灭的问题。本书认为，放弃质权须有明确的意思表示，而转质人并无放弃的意思表示；其不仅没有放弃的意思表示，实际上是以维系原质权的效力为前提的，故不存在因放弃而消灭的问题。有观点认为，质权人所享有的质权因丧失了对质押财产的占有而消灭。但除非质权人将质押财产返还出质人，从而因丧失对质押财产的直接占有而使原质权消灭。但在转质场合，质权人尽管丧失了直接占有，但质押财产并没有返还给出质人，而是交付给了转质权人，由转质权人直接占有。对质权人来说，在转质权消灭后其有权请求返还质押财产，故不妨认为其并未丧失占有，进而认为原质权并未消灭。

三是应否承认责任转质的效力？对于承诺转质，基于意思自治原则，法律并无干涉之必要性。至于应否承认责任转质，存在不同观点。支持或鼓励说认为，担保物权的发展趋势之一就是从只重视担保功能向同时注重发挥物的效用发展。为了扩充动产担保的功能，有必要通过承认甚至鼓励转质的方式来弥补质物的使用价值不能获得充分发挥的缺陷，从而实现"物尽其用、物有所值"的经营理念。在此种观点看来,责任转质不仅是完全合法有效的,甚至是应当予以鼓励的一种交易形式。但立法者并未采纳前述观点,而是秉持既不提倡也不禁止的态度。① 之所以不应对责任转质持鼓励态度,是因为对于动产担保而言,除了动产质押外,还有动产抵押制度可资适用。与其对动产质押进行大力改造,不如鼓励通过动产抵押的方式实现担保功能。更何况责任转质不仅会使权利义务关系趋于复杂化,而且还容易导致新的纠纷,故不应予以鼓励。另外,立法毕竟没有禁止,因此完全否定责任转质,似也不符合立法者的原意,故有必要在承认责任转质效力的基础上,对其施加较为严格的限制,使其区别于承诺转质。

四是应否将责任转质与对质押财产的其他处分行为同等对待?这就涉及本条与《民法典》第 431 条的关系问题。这里涉及两个问题。

第一个问题是,应否将转质与转让作相同处理?应当说,《民法典》在以下方面对二者是同等对待的:都需要征得出质人的同意,未经出质人同意擅自对质押财产进行转让或设立质权的,都将遭受一定的不利后果,包括都要承担损害赔偿责任。但在构成要件上,二者是有区别的。在不当转让等场合,《民法典》第 431 条采取的是"造成出质人损害的,应当承担赔偿责任"的表述。据此,只要造成质押财产损害,即使质押财产没有毁损、灭失,仅是造成质押财产价值的贬损,质权人也要承担责任。而在责任转质场合,只有在造成质押财产毁损、灭失时,质权人才需要承担损害赔偿责任。可见,《民法典》对不当转让质押财产持限制甚至禁止的态度,而对责任转质仅是不提倡但也不禁止。这也从另一个侧面表明,责任转质与不当转让在性质与效力上应作区别对待,不可完全将二者等同视之。

第二个问题是,既然在一定程度上允许转质,那么,是否允许质权人以质押财产设定抵押?设定抵押是类推适用本条规定,还是适用《民法典》第 431条之规定?本书认为,设定抵押与设定质押性质基本相同,故应当参照适用本条规定。因而在出质人同意抵押的情况下,参照适用承诺转质的规定;在未征得出质人同意的情况下,则参照适用责任转质的规定。

3. 关于责任转质

责任转质,是指质权人未征得出质人同意,即将质押财产另行设定质权

---

① 参见黄薇主编:《中华人民共和国民法典物权编解读》,中国法制出版社 2020 年版,第 711 页。

的行为。

在责任转质场合,质权人毕竟未征得出质人的同意,故有必要对转质权进行限制,包括:

一是在成立上进行限制。此种限制主要是出质人在质押合同中明确约定禁止质权人转质,或者约定到期要取回质押财产的,或者质押财产对出质人具有一定的人格象征意义的。于此场合,未经出质人同意,责任转质对出质人不发生效力。

二是在效力上进行限制。在责任转质场合,转质权依附于原质权,不具有独立性,包括:其一,在效力与存续上,原质权无效的,转质权无效;原质权消灭的,转质权消灭。其二,转质权担保的主债权数额,不得超过原质权担保的债权额。其三,转质权担保的主债权履行期限,也不得超过原质权担保的主债权履行期限。转质权担保的主债权履行期限超过原质权担保的主债权履行期限,出质人向质权人承担质押责任时,转质权人可请求质权人将其在原质权项下的履行利益用于提存或提前清偿转质权所担保的债务。相应地,在质押财产由转质权人占有的情况下,出质人欲通过清偿债务取回质押财产,可先向转质权人清偿,有剩余的再向质权人清偿。其四,转质权的实现以原质权的实现为前提,故转质权所担保的主债权已届履行期限,但原质权担保的主债权尚未届满履行期限的,转质权人仍不得主张实现转质权。

三是要加重转质人的责任。在承诺转质场合,因为已经征得出质人的同意,故转质人仅对因其过错导致的质押财产的毁损、灭失承担损害赔偿责任。而在责任转质场合,质权人不仅要对因其过错导致的质押财产毁损、灭失担责任,而且还要对因不可抗力导致的质押财产毁损、灭失承担责任,即承担质押财产毁损、灭失的一切风险。另外,因质权人擅自转质导致出质人在履行质押责任时多支出的费用,也应由质权人承担。

4. 关于承诺转质

承诺转质,是指质权人在征得出质人同意后,将质押财产另行设定质权的行为。一般认为,构成承诺转质,应当具备以下要件:一是原质权有效且处于存续期间。转质权是相对于原质权而言的,二者是一对关系范畴。没有原质权,就不存在转质权的问题。因而原质权自始无效或已经消灭,质权人即便意欲设立转质权的,其所设立的也只能是一般质权。二是当事人双方都明知自己订立的是"转质押合同"、设立的是转质权,即转质人是以原质权关系中的质权人身份并且以原质权关系项下的质押财产设定转质权,转质权人对此也是明知的。如果转质人未告知转质权人转质的事实,转质权人以普通质权人身份设定质权的,可能构成普通质权的善意取得问题。此时,原质权则因出质人丧失占有而消灭,原质权人的债权人善意取得的则是一个全新的质权,与原质权无关。三是转质权的设立应当符合普通质权设立的相关要件,包括需要存在被担保的主债权、签订转质押合同、将质押财产交付转质权人,等等。四是取得出质人同意。质权的效力主要体现在留置效力和优先受偿效力上,质权人不能处分质押财产,故转质行为本质上属于无权处分行为。但在出质人同意的情况下,该无权处分行为被治愈,转而成为有权处分行为。就此而言,即便法律对承诺转质未予规定,基于意思自治原则,也应对其予以承认。

承诺转质是基于出质人的同意而设立的全新的质权,相对于原质权来说,该质权具有相对独立性,其独立性表现在以下几个方面:一是转质权所担保的主债权数额和履行期限不受原质权的影响;二是转质权的实现不以原质权的实现为前提;三是原质权的消灭也不影响转质权的存续。但转质权毕竟是相对于原质权而言的,且二者最终指向的也是同一个标的物,因而二者又有密切联系,总体上可以归结为一句话,那就是转质权人的质权优先于原质权人的质权。具体来说:

一是当转质权所担保的债务履行期早于原质权所担保的债务履行期届满的,转质人履行债务后,转质权因实现而消灭,原质权不受影响。转质人不履行债务的,出质人可以依据《民法典》第 524 条之规定,以其对履行转质权项下的债务有合法利益为由,有权代替转质人履行转质权项下的质押担保责任,并在承担责任后有权对转质人进行追偿。鉴于在原质权项下,出质人对质权人(即转质人)负有担保债务,此时出质人可以其对质权人享有的追偿权,与原质权项下其应负的担保责任进行抵销,进而消灭原质权。可见,出质人的代为履行行为加上抵销权的运用,将会导致转质权和原质权这两个质权同时消灭。转质人和出质人均未履行债务的,转质权人可以将质押财产通过拍卖、变卖等方式进行变价,以所得价款优先受偿。所得价款超出转质权所担保的主债权数额的,鉴于原质权所担保的主债务的履行期限尚未届满,故转质权人可将剩余款项提存,继续作为原质权的担保;所得价款不足以清偿转质权所担保的主债权数额或恰好覆盖该债权的,原质权也因质押财产不复存在而消灭。

二是当转质权所担保的债务履行期晚于原质权所担保的债务履行期届

满的,由于出质人即使向质权人履行债务并消灭原质权,基于转质权的独立性,其效力不受原质权的消灭而受影响,因而出质人仍不能请求返还质押财产。故出质人如欲取回质押财产,只能综合依据《民法典》第524条及《民法典》第436条之规定,以有合法利益第三人身份,代替转质权人提前清偿转质权项下的主债权,进而请求返还质押财产。当然,质权人也可对质押财产进行变价后提存,作为履行转质权的方式。

应予注意的是,《担保法解释》第94条第1款规定:"质权人在质权存续期间,为担保自己的债务,经出质人同意,以其所占有的质物为第三人设定质权的,应当在原质权所担保的债权范围之内,超过的部分不具有优先受偿的效力。转质权的效力优于原质权。"该规定有关转质权的效力优先于原质权的精神无疑是正确的,但该款将设定转质权的目的仅限于"为担保自己的债务"显然过窄。另外,该款规定承诺转质应当在原质权所担保的债权范围内,超过的部分不具有优先受偿的效力,显然有违转质权的独立性,不应再予援用。

5. 责任转质和承诺转质的区别

综上所述,承诺转质是合法转质,只有承认其具有相对独立性以及效力上的优先性,才能体现其合法转质的特点,使其区别于责任转质。相比之下,责任转质则具有从属性、劣后性特点。前述特点决定了,二者具有如下具体区别:

一是转质人责任范围不同。在承诺转质中,因征得出质人的同意,质权人仅对因转质权人的过错而造成的损失承担责任,对非因转质权人的过错而发生的损失,质权人不承担责任;而在责任转质中,转质人的责任因未经出质人同意而加重,对质押财产转质后所发生的任何损失,包括质物因转质所受不可抗力而发生的损失,转质人也要承担责任。

二是能否超出原质权范围不同。在承诺转质中,被担保的债权数额及其清偿期,无须在原质权范围内,可以超过原质权的范围转质;而在责任转质中,被担保的债权数额及清偿期必须在原质权范围之内。

三是质权消灭对转质权影响不同。在承诺转质中,质权因清偿或其他原因而消灭时,转质权不受影响;而在责任转质中,于质权消灭时,转质权随之消灭。

四是转质权实现条件不同。在承诺转质中,如果转质权人自己的债权具备了实现条件即可实行转质权,即使原质权还不具备实行质权的条件,转质

权人也可以径行实行其转质权;而在责任转质中,转质权人须待自己的质权
与原质权均具备实行条件时,才可以实行转质权。

(二)适用情况

本条主要适用于以下情形:

一是在责任转质场合,主要涉及如何认定责任转质合同的效力,以及相
关当事人之间的权利义务关系。就责任转质合同的效力而言,《担保法解
释》第 94 条明确认为此类合同无效,但《物权法》第 217 条对此语焉不详,导
致在合同效力认定上裁判尺度未尽一致。基于本文的分析,在《物权法》以
及《民法典》背景下,似应当认定责任转质合同有效。另外,在认定转质合同
有效的情况下,就相关当事人的权利义务而言,未见有明确规定。相关学说
往往不加鉴别地借鉴比较法上的制度,科予出质人对转质权人的履行义务。
对此,本书认为,在加重转质人责任的同时,不宜对出质人过苛。否则,既难
以区别责任转质与承诺转质,又与立法者不提倡责任转质的初衷相悖。

二是在承诺转质场合,合同效力固然不存在问题,但当事人之间的权利
义务如何分配同样并不明确,此时要通过第三人代为履行制度,构建起出质
人与转质权人之间的有效连接,使得转质权的效力在一定程度上及于出质
人。另外,又要恪守转质权的相对独立性以及效力优先性,充分保护转质权
人的合法权益。

【典型案例】

(一)参考案例

1. 张培鑫等与张翰等质权责任纠纷上诉案【广西壮族自治区高级人民
法院(2016)桂民终 262 号】

【裁判要旨】(1)在何世荣作为三幅古玉画质权人的质权存续期间,虽然
其未经出质人徐辉全同意,为担保自己的债务将案涉三幅古玉画转质给张
羽、张翰、张翔、张爱贞等人,但根据《物权法》第 208 条第 1 款[1]"为担保债务
的履行,债务人或者第三人将其动产出质给债权人占有的,债务人不履行到

---

[1]　《民法典》第 425 条第 1 款。

期债务或者发生当事人约定的实现质权的情形,债权人有权就该动产优先有
偿",以及该法第 217 条①"质权人在质权存续期间,未经出质人同意转质,造
成质押财产毁损、灭失的,应当向出质人承担赔偿责任"之规定,该转质行为
依然有效,且张羽、张翰、张翔、张爱贞等人就质物三幅古玉画享有更优先的
支配权力。结合何世荣、张翰、张青签订的《协议》及已将《古玩暂交清单》中
涉及的古玩交付给张青保管的事实来看,张羽、张翔、张爱贞、张翰作为质权
人与何世荣作为出质人形成质押合同关系,与张青形成保管合同关系。

(2)转质权为物权权利的一种,故转质权对于原质权所担保债权的债务
人也具有约束力,因此,原出质人想要清偿债务并取回质物,便应当征得转质
权人的同意,并在原质权所担保债权的金额内为限优先向转质权人清偿,以
使在该金额内转质权人对于原质权人的债权与原质权人对债务人的债权都
归于消灭。而本案中,质权人为张羽的继承人,徐辉全除征得张翰同意外,在
未征得张培鑫等六人的同意下即向何世荣清偿了其本息共计 40 万元的债务
并取回案涉的三幅古玉画,致使张培鑫等六人关于案涉三幅古玉画的质权受
损,故根据《侵权责任法》第 2 条的规定,"侵害民事权益,应当依照本法承担
侵权责任"。

【编者评析】该案的意义在于,承认了责任转质的效力,在《物权法》对责
任转质并无具体规定的情况下,参照有关学说,探索确立责任转质的相关规
则,值得肯定。但责任转质毕竟未经出质人同意,故对出质人不可过苛,因而
要求原出质人想要清偿债务并取回质物,应当征得转质权人的同意,仍有商
榷的余地。

2. 林敬志与王瑞祥质押合同纠纷上诉案【湖州市中级人民法院(2010)
浙湖商终字第 127 号】

【裁判要旨】根据《担保法解释》第 94 条第 2 款之规定,"质权人在质权
存续期间,未经出质人同意,为担保自己的债务,在其所占有的质物上为第三
人设定质权的无效。质权人对因转质而发生的损害承担赔偿责任"。本案
中,王孝样将车辆质押给王瑞祥,王瑞祥在其质权存续期间,未经王孝样同
意,将车辆转质给林敬志的行为应属无效。《物权法》对该种情形下的质押
行为的效力问题未予提及,责任转质和承诺转质仅为学理上的探讨,《担保
法解释》该条款也未失效。故本院确认林敬志与王瑞祥之间的质押合同

---

① 《民法典》第 434 条。

无效。

【编者评析】依据《担保法解释》第 94 条之规定，应认定责任转质合同无效。只不过，《物权法》与《民法典》并未完全沿袭该规定，故该案例确立的裁判规则，已经不能再予适用。

第四百三十五条 【质权的放弃】质权人可以放弃质权。债务人以自己的财产出质，质权人放弃该质权的，其他担保人在质权人丧失优先受偿权益的范围内免除担保责任，但是其他担保人承诺仍然提供担保的除外。

【条文精解】

（一）条文要点

本条是关于质权人放弃质权的规定，基本沿袭了《物权法》第218条的规定，仅在表述上将"但"改为"但是"，并无实质修改。准确理解本条规定，要将其与《民法典》第409条、第392条之规定放在一起进行体系解释。

1. **本条与《民法典》第409条、第392条的关系**

本条与《民法典》第409条都是有关担保物权放弃的规定，且都涉及在混合共同担保场合，其中债务人以自己的财产提供担保的，要依据《民法典》第392条之规定处理，即在当事人就债权实现并无特别约定的情况下，债权人应当先实现债务人提供的担保，其他担保人仅在该担保实现后仍不能清偿的部分承担补充责任。债权人放弃担保物权的，其他担保人在债权人丧失优先受偿权益的范围内免除担保责任，但是其他担保人承诺仍然提供担保的除外。可见，本条与《民法典》第409条第2款的规定在精神上完全一致，均是对《民法典》第392条的进一步细化。鉴于本书已在这两条中对该问题进行了详细阐释，此处不再赘述。

但质押毕竟不同于抵押。抵押权以登记作为公示方法，在同一抵押财产上完全可能存在数个抵押权人，故除绝对放弃外，还存在相对放弃、放弃抵押顺位等问题。而质权以占有或交付作为公示方法，占有的一大特点是具有独占性，因而不存在放弃顺位问题，而是否存在相对放弃问题也值得研究。

2. **关于质权的绝对放弃**

质权的绝对放弃，是指质权人放弃就质押财产所享有的优先受偿权。关于质权放弃行为的性质，与放弃抵押权完全相同。鉴于本书已在《民法典》第409条中对抵押权放弃的性质进行了详细论述，此处不再赘述。需要强调的是,《民法典》第 393 条第 3 项明确规定,担保物权自担保物权人放弃之日起消灭,这属于物权变动的例外规定。因此,动产质权自债权人放弃质权的意思表示到达质押人之日起消灭,出质人据此享有请求债权人返还质押财产的权利,而不能认为质权从质押财产交付质押人之日起才消灭。否则,将会使放弃行为成为要物行为,从而失去了对当事人的约束力。可见,在质权人放弃质权场合,其应当将质押财产返还出质人,但质权并非因为返还质押财产而消灭,而是因为质权人放弃质权而消灭。

应予注意的是,质权人将质押财产返还出质人,本身也是质权消灭的合法事由。因为质权以占有为公示方法,当质押财产返还给出质人后,质权就因不满足公示要求而归于消灭。但质权人仅是丧失占有,或将质押财产交由除出质人以外的第三人占有的,质权人对质押财产享有返还请求权,故其并未丧失占有,不应认为质权消灭。

3. 关于质权的相对放弃

值得探讨的是,质权是否存在相对放弃的问题。质权的相对放弃,指的是质权人为了出质人后顺位的担保物权人或者无担保债权人的利益而放弃自己的优先受偿权。质权以占有为公示方法,而占有不像登记那样具有一定的包容性,某一财产归一方占有后,另一方就很难再对该财产进行占有了,因而一般不会存在同一财产上存在不同顺位的质权的问题。但实践中,不排除因为相关当事人的违规操作从而出现"一物数质"的情形,如同一货物上签发多份仓单,出质人在仓单所代表的同一批货物上设定多个质权的情形。此时,依据《民法典担保制度解释》第 59 条的规定,就可能存在按照公示先后确定数个质权的顺序问题。此外,同一动产上除了设定质权外,还可以设定抵押权,因而完全可能存在质权和抵押权并存的情形。在同一财产上设定了多个质押或者既有质押又有抵押的情况下,就存在质权人相对某一后顺位的质权人或抵押权人、无担保的债权人放弃质权的问题。因而在质权场合,也存在质权人相对放弃质权的问题,从而存在认定某一放弃行为究竟是绝对放弃还是相对放弃质权的问题。

以质权和抵押权竞存的情形为例,如质押财产上先设立了抵押权且已经办理登记手续的,抵押权人有权先于质权人实现优先受偿权,故质权人放弃质权,不会对其产生影响。但如果质押财产上先设立质权后成立抵押权,或者虽先设立抵押权但抵押权登记的时间劣后于质押财产交付时间的,此时就存在质权人放弃质权的行为,究竟是相对放弃还是绝对放弃的问题。区别二者的主要标准是,质权的绝对放弃是相对于出质人而言的,故质权人应当向出质人为放弃的意思表示,其后果是质权归于消灭,质权人不再享有质权。而相对放弃质权是相对于后顺位担保物权人(质权人或抵押权人)或无担保债权人而言的,要向后顺位担保物权人(质权人或抵押权人)或无担保债权人为放弃的意思表示,其后果也只在质权放弃人和特定债权人之间发生效力,即质权的放弃人和受放弃利益之债权人在对质押财产变卖所得价金可优先受偿的总金额内按照各自债权比例受偿,但于其他债权人的利益并无实质影响。

质权人也可以为特定无担保债权人的利益而抛弃其质权。此种抛弃仅在质权抛弃人和受抛弃利益的特定无担保债权人间发生效力,于其他债权人的利益也无任何影响。质权的抛弃人和受抛弃利益之债权人得就质权抛弃人对质押物变卖所得价金的可分金额,按照其各自债权额比例受偿。

(二)适用情况

本条主要适用于混合共同担保场合,质权人放弃质权时,其他担保人能否在质权人丧失优先受偿权益的范围内免除担保责任的情形,此时就涉及与《民法典》第392条的配合适用问题,要把握两点:一是要确定当事人对实现债权有无约定;二是在当事人对实现债权没有约定或约定不明的情况下,只有在债务人自身提供物保的情况下,其他担保人才能免除责任。至于其他担保人的范围,并不限于保证人,还包括提供物保的第三人。

此外,质权人放弃质权,也存在绝对放弃和相对放弃之别,关键要看放弃的对象。至于放弃质权是从意思表示达到相对人之日起生效还是从公示之日起生效,本书认为放弃质权作为质权的消灭事由,是质权从交付之日起生效的例外规定,故质权从质权人放弃之日即消灭。

【相关法律、行政法规】

(一)相关法律

《中华人民共和国民法典》(2020年5月28日通过)

第一百三十七条 【有相对人的意思表示的生效】以对话方式作出的意思表示,相对人知道其内容时生效。

以非对话方式作出的意思表示,到达相对人时生效。以非对话方式作出的采用数据电文形式的意思表示,相对人指定特定系统接收数据电文的,该数据电文进入该特定系统时生效;未指定特定系统的,相对人知道或者应当知道该数据电文进入其系统时生效。当事人对采用数据电文形式的意思表示的生效时间另有约定的,按照其约定。

【适用要点】放弃行为属于以非对话方式作出的意思表示,到达相对人时生效。在质权绝对放弃场合,该相对人是出质人;在质权相对放弃场合,该相对人是后顺位担保物权人或无担保债权人。

第三百九十二条　【混合共同担保】被担保的债权既有物的担保又有人的担保的,债务人不履行到期债务或者发生当事人约定的实现担保物权的情形,债权人应当按照约定实现债权;没有约定或者约定不明确,债务人自己提供物的担保的,债权人应当先就该物的担保实现债权;第三人提供物的担保的,债权人可以就物的担保实现债权,也可以请求保证人承担保证责任。提供担保的第三人承担担保责任后,有权向债务人追偿。

【适用要点】该条是关于混合共同担保的规定,本条第 2 句就是对该条的细化规定。

第三百九十三条　【担保物权的消灭事由】有下列情形之一的,担保物权消灭:

(一)主债权消灭;

(二)担保物权实现;

(三)债权人放弃担保物权;

(四)法律规定担保物权消灭的其他情形。

【适用要点】该条第 3 项有关债权人放弃质权的规定,属于物权变动的例外规定。据此,担保物权自权利人放弃之日起消灭,而非自完成交付或办理登记之日起才消灭。

第四百零九条　【抵押权及其顺位的处分】抵押权人可以放弃抵押权或者抵押权的顺位。抵押权人与抵押人可以协议变更抵押权顺位以及被担保的债权数额等内容。但是,抵押权的变更未经其他抵押权人书面同意的,不得对其他抵押权人产生不利影响。

债务人以自己的财产设定抵押,抵押权人放弃该抵押权、抵押权顺位或者变更抵押权的,其他担保人在抵押权人丧失优先受偿权益的范围内免除担保责任,但是其他担保人承诺仍然提供担保的除外。

【适用要点】该条规定在精神上与本条基本相同,第2款更是与本条第2句几乎完全一致。

第四百一十五条 【抵押权与质权竞存时的清偿顺序】同一财产既设立抵押权又设立质权的,拍卖、变卖该财产所得的价款按照登记、交付的时间先后确定清偿顺序。

【适用要点】同一动产上完全可能存在质权和抵押权的竞存,故质权也可能存在相对放弃问题。

【司法解释及规范性司法文件】

(一)司法解释

《最高人民法院关于适用〈中华人民共和国民法典〉有关担保制度的解释》(法释〔2020〕28号,2020年12月25日通过)

第五十九条 【仓单质押】存货人或者仓单持有人在仓单上以背书记载"质押"字样,并经保管人签章,仓单已经交付质权人的,人民法院应当认定质权自仓单交付质权人时设立。没有权利凭证的仓单,依法可以办理出质登记的,仓单质权自办理出质登记时设立。

出质人既以仓单出质,又以仓储物设立担保,按照公示的先后确定清偿顺序;难以确定先后的,按照债权比例清偿。

保管人为同一货物签发多份仓单,出质人在多份仓单上设立多个质权,按照公示的先后确定清偿顺序;难以确定先后的,按照债权比例受偿。

存在第二款、第三款规定的情形,债权人举证证明其损失系由出质人与保管人的共同行为所致,请求出质人与保管人承担连带赔偿责任的,人民法院应予支持。

【适用要点】该条表明,同一财产上也可能存在数个质权,从而为质权的相对放弃提供了另一种可能,尽管此种情形往往是由相关当事人的违法违规行为导致的。

【典型案例】

（一）公报案例

黑龙江北大荒投资担保股份有限公司与黑龙江省建三江农垦七星粮油工贸有限责任公司、黑龙江省建三江农垦宏达粮油工贸有限公司等担保合同纠纷案【最高人民法院（2017）最高法民申 925 号】①

【裁判要旨】同一债权上既有人的担保，又有债务人提供的物的担保，债权人与债务人的共同过错致使本应依法设立的质权未设立，保证人对此并无过错的，债权人应对质权未设立承担不利后果。《物权法》第 176 条②对债务人提供的物保与第三人提供的人保并存时的债权实现顺序有明文规定，保证人对先以债务人的质物清偿债务存在合理信赖，债权人放弃质权损害了保证人的顺位信赖利益，保证人应依《物权法》第 218 条③的规定在质权人丧失优先受偿权益的范围内免除保证责任。

【编者评析】该案实际上是《物权法》第 176 条有关混合共同担保规则的扩张适用，即将债务人自身提供的物保扩张适用于债务人应当设立物保而未设立场合。于此场合，保证人仍享有准先诉抗辩权，主张债权人先实现债务人的担保；债权人放弃向债务人追偿的，保证人可以主张在放弃的范围内免除保证责任。

（二）参考案例

1. 辽宁添玺石化工程有限公司与辽阳合成催化剂有限公司金融借款合同纠纷案【最高人民法院（2019）最高法民再 328 号】

【裁判要旨】《物权法》第 218 条规定："质权人可以放弃质权。债务人以自己的财产出质，质权人放弃该质权的，其他担保人在质权人丧失优先受偿权益的范围内免除担保责任，但其他担保人承诺仍然提供担保的除外。"因中国银行辽化支行放弃了千喜龙公司提供的应收账款质押担保，其在该质权

---

① 具体可见《最高人民法院公报》2018 年第 1 期。
② 《民法典》第 392 条。下同。
③ 《民法典》第 435 条。下同。

所担保3000万元的范围内丧失了优先受偿权益,而添玺公司、合成催化剂公司未向中国银行辽化支行作出继续提供担保的承诺,故添玺公司、合成催化剂公司在3000万元的范围内免除担保责任。二审法院认定添玺公司、合成催化剂公司不应在中国银行辽化支行放弃千喜龙公司提供的质押担保的范围内免除保证责任,认定事实及适用法律错误,本院予以纠正。

【编者评析】该案例完全契合本条第2句的要求。

2. 北大荒电子商务集团有限公司与哈尔滨银行股份有限公司安发支行金融借款合同纠纷案【最高人民法院(2017)最高法民申3914号】

【裁判要旨】关于哈尔滨银行安发支行在本案一审中撤回对案涉玉米行使质权的诉请是否属于放弃质权的问题。哈尔滨银行安发支行虽在诉讼中撤回对案涉玉米行使质权的诉请,但这只是对其诉讼权利的处分,并非对实体权利的处分即放弃质权。且事实上哈尔滨银行安发支行在另案中主张对案涉玉米行使质权。北大荒公司主张哈尔滨银行安发支行放弃了质权,应适用《物权法》第218条规定免除其保证责任,亦缺乏事实和法律依据。

【编者评析】本案的指导意义在于,当事人撤回涉及质权的诉讼请求不属于放弃质权。

3. 甘肃一品弘生物科技股份有限公司管理人与兰州市安宁区乾金达小额贷款有限责任公司、李琪等借款合同纠纷案【甘肃省高级人民法院(2017)甘民再39号】

【裁判要旨】《物权法》第218条规定:"质权人可以放弃质权。债务人以自己的财产出质,质权人放弃该质权的,其他担保人在质权人丧失优先受偿权益的范围内免除担保责任,但其他担保人承诺仍然提供担保的除外。"由于本案担保物权是第三人一品弘公司以自己的财产出质,并非债务人李琪以自己的财产出质,故质权人乾金达公司放弃该质权,东方水电公司作为其他担保人并不在质权人丧失优先受偿权益的范围内免除担保责任,本案不适用该法律规定。

【编者评析】本条第2句有关质权人放弃质权的,其他担保人在质权人丧失优先受偿权益的范围内免除担保责任的规定,适用于债务人以自己的财产出质的情形,不适用于第三人提供质押担保的情形。

　　第四百三十六条　【质押财产返还及质权实现】债务人履行债务或者出质人提前清偿所担保的债权的,质权人应当返还质押财产。

　　债务人不履行到期债务或者发生当事人约定的实现质权的情形,质权人可以与出质人协议以质押财产折价,也可以就拍卖、变卖质押财产所得的价款优先受偿。

　　质押财产折价或者变卖的,应当参照市场价格。

【条文精解】

(一)条文要点

　　本条是关于质押财产返还及质权实现的规定,沿袭了《物权法》第 219 条的规定,未作改动。准确理解本条之规定,要从其与《民法典》第 410 条有关抵押权实现的关系的角度,在把握共性规定的基础上,理解质权实现的特殊性。

　　1. 与抵押权实现制度的异同

　　同为担保物权的实现制度,本条与《民法典》第 410 条有关抵押权实现有以下共同点:一是实现担保物权的事由相同,均为债务人不履行到期债务或者发生当事人约定的实现担保物权的情形。应予注意的是,《民法典》第 432 条、第 433 条、第 436 条等均系质权实现的法定事由的规定,可见,质权的法定实现事由较之于抵押权更加多样,这是与质押以交付或占有作为公示方法密不可分的。二是实现方式相同,均包括折价、拍卖以及变卖三种方式,且三者系并列关系,折价并非拍卖、变卖的前置程序。三是实现程序相同,均包括公力救济、私力救济模式,其中公力救济均包括诉讼模式和非诉模式,以及介于公力救济和私力救济之间的仲裁模式;且都不包括公证债权文书这种模式。四是折价或者变卖时,均应当参照市场价格;且都不得预先折价,因为预先折价意味着构成流质或流押,为《民法典》所禁止。关于前述相同的内容,此处不再赘述,详见本书对《民法典》第 410 条的阐述。

　　但二者仍然存在以下区别:一是本条未规定折价协议可撤销的情形;二是本条第 1 款有关质押财产返还的规定,是抵押权实现制度所没有的;三是质权人可以自行拍卖、变卖质押财产。下文分析主要围绕这三个问题展开。

2. 关于折价协议的性质与效力

当出现法定或约定的质权实现事由时,当事人可以通过折价的方式实现质权。此处所谓的折价,是在履行期限届满或出现约定的质权实现事由时,当事人对质押财产进行的折价。此时,质押财产的价值和主债权数额都是确定的,一般不会存在利益失衡问题,有别于履行期限届满前当事人预先达成的折价协议。后者性质上属于流质条款,依据《民法典》第428条之规定,应当认定无效,当事人仍需要进行结算,对质押财产进行变价后以所得价款优先受偿,并按照多退少补规则处理。应予注意的是,多退少补规则仅限于债务人自身财产质押,第三人财产质押的,实行的是多退少不补规则。

在当事人对质押财产进行折价场合,质押财产的价值足以清偿债务的,超出部分的价值应当返还出质人;反之,不足以清偿债务的,由债务人补足差价。折价的多退少补后果决定了其有别于以物抵债。在以物抵债场合,当事人以交付标的物并转移其所有权的方式履行债务,债务从抵债物所有权移转之日起清偿,一般不存在多退少补问题。

在动产质押场合,质权人已经占有质押财产。当事人达成折价协议,不论价款能否覆盖主债权,质权人都取得质押财产的所有权。依据《民法典》第226条有关简易交付的规定,自折价协议生效之日起,质权人从对质押财产的他主占有变为自主占有,并取得所有权。也许是考虑到在质押财产已经由债权人占有场合,当事人对质押财产都有一定的预期,因而损害其他债权人利益的情形并不多见,本条并未规定其他债权人的撤销权。但应予明确的是,从理论上说,质押财产的折价同样可能存在损害其他债权人利益的情形,一旦出现此种情形的,其他债权人同样可以依据《民法典》有关债权人撤销权的规定,请求撤销折价协议,不能以本条对此未予规定为由否定其他债权人的撤销权。

3. 关于质押财产的返还问题

理论上说,担保责任本身就具有或然性,因为只要债务人最终能够履行债务,担保人就无须履行担保责任,就此而言,抵押权与质权并无本质不同。只不过,在抵押权场合,当抵押人无须承担抵押责任时,抵押权因主债权清偿而消灭,当事人只须办理注销登记即可。因为抵押财产仍在抵押人的占有之下,故不存在抵押财产的返还问题。但就质权而言,在债务人自己履行债务场合,质权消灭后,依据恢复原状原则,质权人应当将质押财产返还给出质人,出质人也有权请求质权人返还。

需要注意的是,本条第 1 款规定,在出质人提前清偿所担保的债权场合,质权人应当返还质押财产。应予注意的是,《民法典》第 433 条规定了质权人有权请求出质人提前清偿,但该条规定的提前清偿,是以质押财产已被拍卖、变卖为前提的。而在质押财产拍卖、变卖场合,买受人将依法取得质押财产,故不存在返还出质人的问题,故本条规定显然不涉及此种情形。从本条规定看,出质人能够请求质权人返还质押财产的,主要包括以下两种情形:

一是出质人放弃期限利益,提前替债务人清偿债务。此时,主债权因清偿而消灭;依据担保的从属性,担保该债权的物权当然跟之消灭,故质权人应当将质押财产返还出质人。从文义上看,本条规定的主要是此种情形。当然,不仅出质人具有期待利益,质权人同样具有期待利益,出质人提出提前清偿的,理论上质权人有权予以拒绝。此时,应当允许出质人将相关款项提存,进而使其从质押关系的束缚中摆脱出来。本条对此未予规定,难谓周延。立法者的可能设想是,提前清偿对债权人并无不利,故未规定其享有拒绝权。

二是出质人放弃期限利益,提前承担质押担保责任。在质押财产的价值足以覆盖主债权数额的情况下,区别质权系因主债权清偿而消灭还是因质权实现而消灭,并无实益。但在同一债权上有数个不同的担保,某一质押担保系不足额担保场合,此种区分的必要性就显现出来了。如甲对乙享有 1000 万元的债权,丙以其价值 200 万元的古董及名画提供质押担保,此外还有多个抵押担保。此时,如果丙放弃期限利益,提前向甲支付了 200 万元,应当视为其已经履行了担保义务,其质权因已经实现而归于消灭,出质人也有权请求债权人返还质押财产。但此时主债权仍然存在,基于担保的不可分性,其他担保人仍要对全部的 1000 万元债权承担担保责任。值得探讨的是,于此场合,出质人是以担保人的身份还是以无因管理人的身份替债务人清偿债务?本书认为,其是以出质人而非无因管理人的身份清偿债务的,因为包括质权在内的担保物权,性质上属于价值物权,担保人承担担保责任的目的就是使债权人的债权得到实现,至于是否非得要对担保财产进行折价则在所不问。担保人通过替债务人清偿债务的方式,避免担保财产被他人买走,是其履行担保义务的方式,本质上属于其与担保物权人对担保财产进行了折价,不能以担保财产未通过拍卖、变卖等方式被折价为由,就认定其并未履行担保责任。反之,如果认为其系以无因管理人的身份替债务人履行债务,则在主债权尚未得到清偿的情况下,其质权仍然存在,这意味着出质人还要再次承担质押担保的责任,对其显然不公。因此,在此种情况下,债权人也应当将质押财产返还出质人。

4. 关于质权人自行拍卖、变卖质押财产问题

世界银行获得信贷指标要求,应当允许当事人通过"庭外执行"的方式实现担保权。在动产质押场合,因为质权人占有质押财产,故无须征得出质人同意,就有权直接拍卖、变卖质押财产,此点使其不同于抵押权实现的情形。在抵押权中,鉴于抵押财产仍在抵押人的控制之下,抵押权人要想实现抵押权,除非当事人在抵押合同中事先约定,当债务人不履行到期债务或者发生当事人约定的实现抵押权的情形,抵押权人就有权将担保财产自行拍卖、变卖并就所得的价款优先受偿,且抵押人同意由抵押权人自行拍卖、变卖的,才能由抵押权人自行拍卖、变卖。抵押人事先同意在出现法定或约定的抵押权实现事由时由抵押权人自行拍卖、变卖抵押财产,但事后反悔的,为避免因私力救济而导致财产秩序的不确定性,《民法典担保制度解释》第45条规定,抵押权人只能诉诸公力救济,通过提起诉讼或依照"担保物权的实现程序"等方式实现抵押权。当然,担保物权人有权请求担保人承担因此增加的费用。

(二)适用情况

实践中尽管有不少裁判援引本条,但多数都落脚在质权人有权对质押财产变价后的价款优先受偿这一常识性问题上,少有涉及质押财产返还等情形的。关于折价协议的性质,因其可能与以物抵债、流质条款等相联系,也可能以履行担保物权的方式出现,在某些情况下,不易被发现,有必要引起注意。

【典型案例】

(一)参考案例

港通物流(北京)有限公司、北京云帆中天科贸有限责任公司与承德钢铁集团有限公司等借款合同纠纷案【最高人民法院(2017)最高法民终624号】

【裁判要旨】"四方协议"有"丙方(港通公司)、丁方(云帆公司)自愿以质押股权转让给甲方(承钢集团),签订股权转让协议、股权转让价款抵偿乙方(劳服公司)所欠甲方(承钢集团)的借款本息"的表述,但这并不意味着

"四方协议"性质上属于股权转让协议,更不意味着股权质押关系已经被股权转让协议所替代。当事人对合同条款理解存在歧义时,除了应当按照合同所使用的词句进行理解外,还要综合考虑合同的有关条款、合同的目的、交易习惯以及诚实信用原则等因素来确定。综合考虑前述因素,可以确定前述条款的真实意思是,作为质权人的承钢集团与作为出质人的港通公司、云帆公司约定以质押股权折价,并以折价所得的价款清偿劳服公司的债务,即其性质属于对质押股权进行折价的约定。在"四方协议"未能得到履行,即各方未就质押股权的折价达成一致意见的情况下,不论是根据"四方协议"自身的约定,还是根据物权法有关质权人可以通过拍卖或变卖质押财产方式实现质权的规定,作为质权人的承钢集团均有权请求人民法院拍卖、变卖质押股权,并就所得价款优先受偿。

　　第四百三十七条　【质权人的及时行使质权义务】出质人可以请求质权人在债务履行期限届满后及时行使质权；质权人不行使的，出质人可以请求人民法院拍卖、变卖质押财产。

　　出质人请求质权人及时行使质权，因质权人怠于行使权利造成出质人损害的，由质权人承担赔偿责任。

【条文精解】

（一）条文要点

　　本条是关于质权人应当及时行使质权义务的规定。从出质人的角度看，则享有质权行使请求权与损害赔偿请求权。本条沿袭了《物权法》第 220 条的规定，仅作了文字修改，将"履行期"改为"履行期限"，将"造成损害"改为"造成出质人损害"，并无实质变化。准确适用本条，既要将其与《民法典》436 条放在一起，对质权的实现制度进行系统考察；还要将其与《民法典》第 419 条、第 454 条有关抵押权、留置权的行使期间制度的比较中明确质权的行使是否受诉讼时效制度的限制。

　　1. 关于质权的实现

　　质权存续期间，出质人可以主动实现质权，包括：一是替债务人清偿债务后请求质权人返还质押财产。出质人既可以在履行期限届满后进行清偿，也可以放弃期限利益，在履行期限届满前就进行清偿，此时应当依据《民法典》第 436 条第 1 款的规定处理。二是与质权人以协商的方式对质押财产进行折价，并在支付价款后请求质权人返还质押财产。此时的法律依据是《民法典》第 436 条第 2 款。三是在双方未就折价达成协议，而质权人又未及时行使质权时，依照本条第 1 款的规定，出质人有权请求人民法院拍卖、变卖质押财产。

　　质权人作为质押财产的占有人，在质押财产实现上握有主动权，也可以通过以下方式实现质权：一是请求债务人履行债务，债务人履行债务后，依照《民法典》第 436 条第 1 款之规定，出质人也有权请求返还质押财产。二是与出质人协商，对质押财产进行折价。三是依据《民法典》第 436 条第 2 款之规定,自行拍卖、变卖质押财产,并以所得价款优先受偿。

在双方都有权主动实现质权的情况下,应当如何通过制度设计,促使当事人通过积极实现质权来清结双方之间的权利义务关系?如果说《民法典》第 436 条着眼于质权人的角度,对其返还质押财产的义务以及实现质权的权利进行规范的话,那么,本条则从出质人的角度,赋予其质权行使请求权与损害赔偿请求权,从质权人的角度看,则负有及时行使质权的义务。

2. 关于质权行使请求权

首先,此种请求权本质上是程序法上的权利,而非实体法上的请求权。在质权关系中,质权人是权利人,出质人是义务人,享有请求权的是质权人,出质人不享有实体法上的请求权。事实上,出质人享有的此种所谓请求权,本质上是程序法上的权利,即依照民事诉讼法有关"担保物权的实现程序"之规定,申请拍卖、变卖的权利,用"申请"人民法院拍卖、变卖质押财产的表述更加准确。一旦其申请因不符合法律规定而被裁定驳回,因其并不享有实体法上的请求权,不能提起民事诉讼。另外,从本条的表述看,出质人"请求"的对象是人民法院而不是权利人,也从另一个侧面表明其并不享有请求权。

其次,只有在主债务履行期限届满后才能提出此种申请。主债务履行期限尚未届满,出质人固然可通过提前清偿债务而取回质押财产,但不得提前申请拍卖、变卖质押财产,除非征得质权人的同意。主债务履行期限届满后,质权人也可以自行拍卖、变卖质押财产,不必非得通过司法程序进行拍卖、变卖,从而既增加债权实现的成本,又浪费司法资源。

再次,只有在出质人催告后,质权人仍不"及时"行使质权的情况下,出质人才有权申请拍卖、变卖质押财产。确定质权人是否及时行使质权,需要通过催告制度实现。质权人在收到出质人的催告后,在催告通知确定的期限内或在未确定期间的情况下,在合理期限内仍不行使质权的,可以认为其未"及时"行使质权,或怠于行使质权,出质人方可向人民法院申请拍卖、变卖质押财产。

最后,与质权人可自行拍卖、变卖质押财产不同,出质人将质押财产交付给质权人后即丧失了对质押财产的占有,故只能申请人民法院拍卖、变卖,不得依私力救济方式抢回质押财产后自行拍卖。

3. 关于损害赔偿请求权

一是关于损害赔偿责任的性质。要想揭示损害赔偿责任的性质,有必要确定质权人义务的性质。出质人之所以享有损害赔偿请求权,是因为质权人负有及时行使质权的义务,该项义务是质权人基于诚实信用原则而对出质人负有的义务,性质上属于诚信义务的范畴。广义的诚信义务,既包括当事人可以独立主张的从给付义务、附随义务,也包括不真正义务。其中,附随义务与从给付义务的主要区别在于,一方可以直接诉请另一方履行从给付义务,而附随义务不能单独诉请履行,只能请求损害赔偿。附随义务和不真正义务的主要区别则在于,一方可直接请求另一方赔偿因违反附随义务所致的损失;而不真正义务,当事人不能独立主张,只能依据过失相抵规则主张减轻甚至免除自己责任。有观点认为,在质权人怠于行使质权场合,出质人有权请求人民法院拍卖、变卖质押财产,因而属于从给付义务的范畴。如前所述,出质人的该项权利的"请求"对象是人民法院而不是质权人,其性质为程序法上的申请权而不是实体法上的请求权,故其不能通过起诉的方式行使该项权利,因而不属于从给付义务的范畴。因质权人怠于行使质权造成损害的,出质人有权依照本条规定请求质权人承担损害赔偿责任,故其性质属于可以单独提起的附随义务,而非不真正义务。当然,这并不妨碍出质人在质权人已经提起的诉讼中通过提出抗辩的方式主张抵销,与此场合则与不真正义务有相似之处,但不能据此就认为其属于不真正义务。

在明确了质权人所负的系附随义务后,质权人因违反附随义务所应承担的损害赔偿责任,从违反附随义务的角度可认为属于违约责任,但从导致财产损害的角度又符合侵权责任的构成要件,属于违约责任和侵权责任的竞合,出质人可择一行使。

二是至于出质人提起损害赔偿诉讼的方式,其既可以在质权人已经提起的债权债务兼担保纠纷案件中通过反诉或提出抵销抗辩的方式行使,也可以原告身份单独提起。值得探讨的是,出质人能否在"实现担保物权案件"程序中主张质权人承担损害赔偿责任? 其如提出该项主张,人民法院该如何处理?"实现担保物权案件"系非诉案件,其转为诉讼案件的条件是当事人对实现担保物权有实质争议,如对主合同或担保合同效力有争议,或者对抵押财产是否属于担保人的财产等存在争议。出质人主张质权人承担因怠于行使质权对其造成的损害赔偿责任,本身就表明其对担保物权有效存在以及应当实现并无争议,故人民法院可以直接裁定拍卖、变卖质押财产,并告知出质人就损害赔偿问题另行起诉。

三是关于损害赔偿责任的构成要件。首先,须主债务已届清偿期,质权人经出质人催告后怠于行使质权。只有主债务已届清偿期后，质权人才负有及时行使质权的义务。但并非履行期限一旦届满，其就必须要实现质权，只有经催告后质权人在合理期限内仍未行使质权的，才能认定其怠于行使质权。应予指出的是，既然出质人无权诉请质权人行使质权，而本条第 2 款所谓的"请求"用"催告"来表述也许更加准确。其次，必须证明损害的存在。包括因质权人怠于行使质权而导致质押财产毁损、灭失或贬值。最后，要证明损害后果的发生与质权人怠于行使质权具有因果关系。

4. 关于质权应否在诉讼时效期间内行使问题

本条仅规定质权人应当及时行使质权，质权人未及时行使的，出质人享有质权行使请求权以及损害赔偿请求权，并未规定主债权诉讼时效届满后，出质人能否参照适用《民法典》第 419 条之规定主张不再承担担保责任。对此，一直存在争议。在《民法典》制定过程中，有专家提出，规定质权超过时效则不予保护有失公允，因为质物在质权人处占有，债务人因不履行债务导致过了诉讼时效，依照法律的时效规定强行把质物从质权人手中要回，对质权人不公。① 正因为争议较大，《民法典》搁置争议，对此未作规定。但问题总要解决，在《民法典担保制度解释》征求立法机关意见时，立法者持的就是前述意见，再考虑到《民法典》对抵押权、质权以及留置权的行使期间毕竟作了不同规定，因而《民法典担保制度解释》第 44 条对质权、留置权作了异于抵押权的规定。鉴于本书已在对《民法典》第 419 条的分析中对该问题进行了详细论述，此处不再重复。

（二）适用情况

本条主要适用于质权人未及时行使质权，出质人亦未申请实现质权，导致主债权已过诉讼时效场合，出质人能否参照《民法典》第 419 条之规定请求取回质押财产的情形。对此，实践中一直有争议，但《民法典担保制度解释》第 44 条一锤定音，规定质权不能参照适用抵押权的相关规定，适用时应予注意。

---

① 胡康生主编：《中华人民共和国物权法释义》，法律出版社 2007 年版，第 470 页。

【相关法律、行政法规】

（一）相关法律

1.《中华人民共和国民法典》（2020 年 5 月 28 日通过）

第四百一十九条 【主债权已届诉讼时效的法律后果】抵押权人应当在主债权诉讼时效期间行使抵押权；未行使的，人民法院不予保护。

【适用要点】质权不能参照适用该条规定。

第四百三十六条 【质押财产返还及质权实现】债务人履行债务或者出质人提前清偿所担保的债权的，质权人应当返还质押财产。

债务人不履行到期债务或者发生当事人约定的实现质权的情形，质权人可以与出质人协议以质押财产折价，也可以就拍卖、变卖质押财产所得的价款优先受偿。

质押财产折价或者变卖的，应当参照市场价格。

【适用要点】该条与本条之间具有密切联系，应当注意二者之间的配合适用问题。

第四百五十四条 【债务人在留置中的权利】债务人可以请求留置权人在债务履行期限届满后行使留置权；留置权人不行使的，债务人可以请求人民法院拍卖、变卖留置财产。

【适用要点】该条与本条有关质权的规定精神相似，但还有细微不同，适用时应予注意。

第五百零九条 【诚信履约原则及诚信义务】当事人应当按照约定全面履行自己的义务。

当事人应当遵循诚信原则，根据合同的性质、目的和交易习惯履行通知、协助、保密等义务。

……

【适用要点】该条是质权人负有及时行使质权义务的法源，正是依据该条规定，将该项义务定位于附随义务，而非从给付义务或不真正义务。

2.《中华人民共和国民事诉讼法》（1991 年 4 月 9 日通过，2021 年 12 月 24 日修正）

第二百零三条 【实现担保物权案件的管辖法院】申请实现担保物权，

由担保物权人以及其他有权请求实现担保物权的人依照民法典等法律,向担保财产所在地或者担保物权登记地基层人民法院提出。

【适用要点】该条是关于提出实现担保物权案件的规定,详见本书对《民法典》第 386 条的阐释。

第二百零四条　【人民法院对实现担保物权案件的审查及处理】人民法院受理申请后,经审查,符合法律规定的,裁定拍卖、变卖担保财产,当事人依据该裁定可以向人民法院申请执行;不符合法律规定的,裁定驳回申请,当事人可以向人民法院提起诉讼。

【适用要点】该条是关于实现担保物权案件的处理结果的规定,详见本书对《民法典》第 386 条的阐释。

【司法解释及规范性司法文件】

(一)司法解释

1.《最高人民法院关于适用〈中华人民共和国民法典〉有关担保制度的解释》(法释〔2020〕28 号,2020 年 12 月 25 日通过)

第四十四条　【主债权诉讼时效届满的法律后果】主债权诉讼时效期间届满后,抵押权人主张行使抵押权的,人民法院不予支持;抵押人以主债权诉讼时效期间届满为由,主张不承担担保责任的,人民法院应予支持。主债权诉讼时效期间届满前,债权人仅对债务人提起诉讼,经人民法院判决或者调解后未在民事诉讼法规定的申请执行时效期间内对债务人申请强制执行,其向抵押人主张行使抵押权的,人民法院不予支持。

主债权诉讼时效期间届满后,财产被留置的债务人或者对留置财产享有所有权的第三人请求债权人返还留置财产的,人民法院不予支持;债务人或者第三人请求拍卖、变卖留置财产并以所得价款清偿债务的,人民法院应予支持。

主债权诉讼时效期间届满的法律后果,以登记作为公示方式的权利质权,参照适用第一款的规定;动产质权、以交付权利凭证作为公示方式的权利质权,参照适用第二款的规定。

【适用要点】该条是关于主债权诉讼时效期间届满对担保物权影响的规定,详见本书对《民法典》第 419 条的阐释。

第四十五条　【担保物权的实现程序】当事人约定当债务人不履行到期

债务或者发生当事人约定的实现担保物权的情形,担保物权人有权将担保财产自行拍卖、变卖并就所得的价款优先受偿的,该约定有效。因担保人的原因导致担保物权人无法自行对担保财产进行拍卖、变卖,担保物权人请求担保人承担因此增加的费用的,人民法院应予支持。

当事人依照民事诉讼法有关"实现担保物权案件"的规定,申请拍卖、变卖担保财产,被申请人以担保合同约定仲裁条款为由主张驳回申请的,人民法院经审查后,应当按照以下情形分别处理:

(一)当事人对担保物权无实质性争议且实现担保物权条件已经成就的,应当裁定准许拍卖、变卖担保财产;

(二)当事人对实现担保物权有部分实质性争议的,可以就无争议的部分裁定准许拍卖、变卖担保财产,并告知可以就有争议的部分申请仲裁;

(三)当事人对实现担保物权有实质性争议的,裁定驳回申请,并告知可以向仲裁机构申请仲裁。

债权人以诉讼方式行使担保物权的,应当以债务人和担保人作为共同被告。

【适用要点】该条是关于担保物权实现程序的规定,详见本书对《民法典》第386条的阐释。

2.《最高人民法院关于适用〈中华人民共和国民事诉讼法〉的解释》(法释〔2015〕5号;法释〔2022〕11号,2022年3月22日修正)

第三百五十九条　【申请人的范围】民事诉讼法第二百零三条规定的担保物权人,包括抵押权人、质权人、留置权人;其他有权请求实现担保物权的人,包括抵押人、出质人、财产被留置的债务人或者所有权人等。

【适用要点】有权申请实现担保物权的申请人,既包括抵押权人、质权人、留置权人等担保物权人,也包括抵押人、出质人、财产被留置的债务人或者所有权人等其他有权请求实现担保物权的人。该司法解释对实现担保物权案件进行了详细规定,鉴于本书已在对《民法典》第410条的分析中进行了详细介绍,此处不再赘述。

(二)规范性司法文件

《**全国法院民商事审判工作会议纪要**》(法〔2019〕254号,2019年11月8日公布)

59.【主债权诉讼时效届满的法律后果】抵押权人应当在主债权的诉讼时效

期间内行使抵押权。抵押权人在主债权诉讼时效届满前未行使抵押权,抵押人在主债权诉讼时效届满后请求涂销抵押权登记的,人民法院依法予以支持。

以登记作为公示方法的权利质权,参照适用前款规定。

【适用要点】该条规定的精神基本被《民法典担保制度解释》第 44 条所吸收,但有一个例外,即该条有关抵押人有权请求注销登记的规定并未被该司法解释所吸纳。在适用时应予特别注意。

【典型案例】

(一)参考案例

1. 夏文成与梁德财动产质权纠纷案【广东省高级人民法院(2019)粤民再 32 号】

【裁判要旨】本院再审认为,本案为动产质权纠纷。双方当事人争议的焦点问题是,再审申请人夏文成、梁德财在债务履行期限届满后至被申请人钟汝更提起本案诉讼长达 9 年时间一直未行使质权,涉案以 49 幅画设定的动产质权是否仍受人民法院保护。这主要应从有关质权行使法律规定的理解与适用、法律适用的价值取向和社会导向,以及质押动产返还请求权的诉讼时效三方面来分析。

首先,从有关质权行使的法律规定分析。1995 年 10 月 1 日施行的《担保法》对担保物权的行使期限没有规定。虽然 2000 年 12 月 13 日施行的《担保法解释》在关于总则部分的解释第 12 条第 2 款规定"担保物权所担保的债权的诉讼时效结束后,担保权人在诉讼时效结束后的二年内行使担保物权的,人民法院应当予以支持",但 2007 年 10 月 1 日施行的《物权法》在担保物权编一般规定一章中,没有对担保物权行使期限作一般性规定,仅在抵押权一章第 202 条①规定:"抵押权人应当在主债权诉讼时效期间行使抵押权;未行使的,人民法院不予保护。"在质权章、留置权章中,则无关于质权、留置权行使期限的规定。而质权章动产质权一节第 220 条②第 1 款规定:"出质人可以请求质权人在债务履行期届满后及时行使质权;质权人不行使的,出质

---

① 《民法典》第 419 条。下同。
② 《民法典》第 437 条。下同。

人可以请求人民法院拍卖、变卖质押财产。"第 2 款规定:"出质人请求质权人及时行使质权,因质权人怠于行使权利造成损害的,由质权人承担赔偿责任。"留置权章第 237 条①规定:"债务人可以请求留置权人在债务履行期届满后行使留置权;留置权人不行使的,债务人可以请求人民法院拍卖、变卖留置财产。"

对比法律之间的前后变化可以看出,《物权法》有选择地修改、吸收了《担保法解释》关于担保物权行使期限的规定:对于不转移担保物占有的抵押权,规定由不占有担保物的抵押权人在主债权诉讼时效期间积极行使担保权利,受偿债权,使物的利用尽快趋于安全稳定;对于转移担保物占有的动产质权,则没有限定占有担保物的质权人行使质权的期限,而同样是规定由不占有担保物的出质人主动向债权人提出及时行使质权的请求。同时规定,在质权人怠于行使质权的情况下,出质人可以通过向人民法院请求拍卖变卖质押财产、向质权人请求损害赔偿的方式进行救济。通过出质人积极主张权利和寻求救济,促使物权尽快消除担保负担,充分发挥物的效用。在这种制度安排下,动产质权并不因质权人在主债权诉讼时效期间内或主债权诉讼时效届满后 2 年内未行使而不受人民法院保护。反之,如果认为在《物权法》第 220 条规定了出质人救济措施的情况下,《担保法解释》第 12 条第 2 款规定的行使期限仍适用于动产质权,则出质人只需静待期间届满,即可无偿取回质押财产,并无必要依据《物权法》第 220 条规定去寻求救济。这显然与《物权法》规定第 220 条内容的立法意图相悖。因此,分析条文之间的相互关系考察立法目的,系统理解法律有关质权行使的规定,应当认为,《物权法》实施以后,动产质权不宜再适用《担保法解释》第 12 条第 2 款规定的行使期限。本案借款及设立动产质权均发生在《物权法》实施之后,应当适用《物权法》的规定与精神,认定涉案动产质权不因超过主债权诉讼时效或超过主债权诉讼时效 2 年未行使而消灭或不受人民法院保护。

其次,从适用法律的价值取向和社会导向分析。本案中,债务履行期届满后,债务人钟汝更未清偿债务,质权人夏文成、梁德财因而一直占有质物,其自然地认为权利实现仍处于有保障的状态。这种认识符合一般人基于诚实信用对权利保护的认知,也符合《民法总则》第 5 条、第 6 条、第 7 条②规定

---

① 《民法典》第 454 条。
② 《民法典》第 5 条、第 6 条、第 7 条。

的从事民事活动应当遵循的自愿、公平、诚信原则。钟汝更在案涉借款履行期限届满后既不履行债务，也不向债权人提出行使质权的请求，而在债务履行期届满 9 年后以债权人未及时行使质权为由，起诉要求无偿取回全部质押财产，不符合一般人对公平正义的价值判断，也有违法律规定的公平原则、诚信原则。至于其提到的借款存在高息等不公平问题，因其未提交充分的证据证明双方结算后确认的借款本金违法，而利息金额应在实现质权时依法审查认定，不足以否定质权的存续。一、二审判决支持钟汝更的诉讼请求，未能体现均衡保护双方当事人合法权益，不利于倡导诚实守信的社会风尚，也使《物权法》第 220 条规定的立法目的落空。

最后，从质押动产返还请求权的诉讼时效分析。夏文成、梁德财还提出，钟汝更请求返还字画，也属于请求权，应当适用诉讼时效制度，钟汝更起诉已超过诉讼时效。本院认为，未登记的动产物权的权利人请求返还财产，不属于《民法总则》第 196 条第 2 项①规定的不适用诉讼时效的情形。本案钟汝更请求返还的画属于未登记的动产，本可适用诉讼时效制度，但因夏文成、梁德财一、二审期间未提出诉讼时效抗辩，依照《诉讼时效规定》第 4 条②关于"当事人在一审期间未提出诉讼时效抗辩，在二审期间提出的，人民法院不予支持，但其基于新的证据能够证明对方当事人的请求权已过诉讼时效期间的情形除外。当事人未按照前款规定提出诉讼时效抗辩，以诉讼时效期间届满为由申请再审或者提出再审抗辩的，人民法院不予支持"的规定，本院对该主张不予支持。

综合以上分析，再审申请人夏文成、梁德财主张其对涉案 49 幅画享有的质权仍应受人民法院保护的主要理据成立，本院依法应予支持。被申请人钟汝更起诉请求撤销质权，返还质物，依据不足，应予驳回。一、二审法院以《物权法》第 202 条或《担保法解释》第 12 条第 2 款规定为依据，判决撤销涉案质权，由夏文成、梁德财向钟汝更返还质押 49 幅的画，适用法律不当，处理结果有失公允，本院依法予以纠正。

【编者评析】该案比较详细地阐释了质权为什么不能参照适用抵押权行使的规定，对《民法典担保制定解释》第 44 条的规定产生了一定影响。

2. 赣州中橙果业科技开发股份有限公司与赣州市金盛源融资担保集团

---

① 《民法典》第 196 条第 2 项。
② 2020 年修正的《诉讼时效规定》第 3 条。

有限公司财产损害赔偿纠纷案【江西省高级人民法院(2020)赣民终 48 号】

【裁判要旨】中橙公司以金盛源公司怠于行使质权为由,依据《物权法》第 220 条之规定,要求金盛源公司赔偿损失。该条第 2 款规定了质权人承担赔偿责任的构成要件,一是出质人请求质权人及时行使质权在先,二是质权人怠于行使权利,三是质权人怠于行使权利与损害之间有因果关系。本案中,中橙公司并未举证证明其于何时请求被告行使质权而金盛源公司怠于行使权利,也未举证证明其提供的质物于何时损坏、损失何时产生,故无法认定损失的具体情况以及财产损失是否因怠于行使质权导致,因此,本案并不符合质权人因怠于行使质权而承担赔偿责任的构成要件。

　　第四百三十八条　【质押财产变价后的处理】 质押财产折价或者拍卖、变卖后，其价款超过债权数额的部分归出质人所有，不足部分由债务人清偿。

【条文精解】

（一）条文要点

　　本条是质权实现后质押财产价款分配与剩余债务如何处理的规定，沿袭了《物权法》第 221 条的规定，未作改动。本条与《民法典》第 413 条的精神完全一致，鉴于本书已对该条进行了详细阐释，相关内容此处不再赘述。

　　应予指出的是，不论是抵押权、质权、留置权等法定担保物权，还是其他具有担保功能的合同，只要是担保（物）权，就要实行"多退少不补"规则，即担保财产变价后，价款超过债权数额的部分退还担保人，此即"多退"规则；对不足部分，担保人不再负有补足义务，而应由债务人自己清偿，此即"少不补"规则。"多退"比较好理解，担保财产变价后所得价款超过债权数额的，超出部分归担保人所有，毕竟担保人是担保财产的所有人。正因如此，是否实行"多退"规则，是判断某一具有担保功能的合同是否属于担保权的重要考量因素之一。如在所有权保留场合，依据《民法典》第 643 条之规定，出卖人再出卖时所得的价款，在扣除买受人未支付的价款及必要费用后仍有剩余的，应当返还买受人。之所以剩余价款要返还买受人，就是因为标的物所有权归于买受人，出卖人享有的仅是担保权。另外，之所以要实行"少不补"规则，即对担保财产变价后仍不足以清偿债务的部分，担保人不再负有补足义务，则是由担保物权的特性决定的。与保证人原则上须以其全部责任财产对债务承担责任不同，在担保物权场合，担保人仅以担保财产的价值为限承担责任，对于超出担保财产价值的部分，即便债务尚未得到全部清偿，担保人也不再承担责任，而应由债务人自行补足。对于未受清偿的部分，鉴于其已不再受担保物权的担保，因而成为普通债权。

（二）适用情况

本条规定较为明确，即便为法院所援用，多数情况下也是作为在判项中判决质权如何行使的依据，并无太多争议。

【相关法律、行政法规】

（一）相关法律

1.《中华人民共和国民法典》（2020 年 5 月 28 日通过）

第四百一十三条 【抵押财产变价后的处理】抵押财产折价或者拍卖、变卖后，其价款超过债权数额的部分归抵押人所有，不足部分由债务人清偿。

第四百五十五条 【留置财产变价后的处理】留置财产折价或者拍卖、变卖后，其价款超过债权数额的部分归债务人所有，不足部分由债务人清偿。

第六百四十三条第二款 【出卖人的再出卖权】买受人在回赎期限内没有回赎标的物，出卖人可以以合理价格将标的物出卖给第三人，出卖所得价款扣除买受人未支付的价款以及必要费用后仍有剩余的，应当返还买受人；不足部分由买受人清偿。

2.《中华人民共和国企业破产法》（2006 年 8 月 27 日通过）

第一百一十条 【担保债权人未完全受偿的处理】享有本法第一百零九条规定权利的债权人行使优先受偿权利未能完全受偿的，其未受偿的债权作为普通债权；放弃优先受偿权利的，其债权作为普通债权。

【适用要点】该条是对享有别除权的债权人在特定情况下依照破产清算程序行使其权利的规定，详见本书对《民法典》第 413 条之阐述。

【典型案例】

（一）参考案例

王清忠与弘坤资产管理（上海）有限公司企业借贷纠纷案【最高人民法院（2019）最高法民终 1999 号】

【裁判要旨】依照《物权法》第 221 条①，高能顺兴公司未履行付款义务，弘坤公司有权对高能财富公司持有的江苏高能时代在线股份有限公司 1 亿股股票和智胜化工股份有限公司 236172152 股股份行使质权，弘坤公司可以与高能财富公司协议以上述质押财产折价，也可以就拍卖、变卖上述质押财产所得的价款优先受偿；所得价款超出部分归高能财富公司所有，所得价款不足清偿确定的金额的，不足部分应由高能顺兴公司继续清偿；高能财富公司承担质押担保责任后，有权向高能顺兴公司追偿。

---

① 《民法典》第 438 条。

第四百三十九条 【最高额质权及其法律适用】出质人与质权人可以协议设立最高额质权。

最高额质权除适用本节有关规定外，参照适用本编第十七章第二节的有关规定。

【条文精解】

（一）条文要点

本条是关于最高额质权的规定，沿用了《物权法》第 222 条的规定，仅在表述上将"参照本法第十六章第二节最高额抵押权的规定"修改为"参照适用本编第十七章第二节的有关规定"。准确适用最高额质权，要将本条与《民法典》第 690 条有关最高额保证、《民法典》有关最高额抵押权的相关规定合并在一起，从体系的角度进行考察。具体来说：

1. **关于"最高额"担保的共性**

准确理解最高额质权，要将其置于"最高额"担保的体系中，与普通担保相区别。最高额质权与最高额抵押权、最高额保证等的共同特点可以概括为，所担保债权具有不确定性、所承担的责任具有限额性。总之，主债权不确定是最高额担保区别于普通担保的关键，债权确定机制、最高债权限额是最高额担保特有的两项制度，是理解最高额担保的两把"钥匙"。对此，本书在《民法典》第 690 条有关最高额保证、第 424 条有关最高额抵押权中都有较为详细的论述，此处不再重复。

2. **关于最高额质权的法律适用**

就最高额质权的法律适用来说，要注意以下几点：

一是当其涉及"最高额"担保的特有内容时，参照适用《民法典》有关最高额抵押权的有关规定。这些特有内容主要包括：债权确定规则（第 423 条）以及在债权确定前当事人转让部分债权（第 421 条）或变更涉及最高额质权核心特征的相关条款（第 422 条）。

二是就其涉及动产"质权"的一般内容时，适用《民法典》有关动产质权的规定。最高额质权所担保的债权一旦确定，即转化为一般的动产质权，自然应当适用《民法典》有关动产质权的规定。即便在债权未确定前,最高额质权同样属于动产质权的范畴,因而也应当适用《民法典》有关动产质权的规定,如有关禁止出质的动产(第 426 条)、动产质押合同的内容和形式(第 427 条)、流质契约的效力(第 428 条)、动产质权的设立公示(第 429 条)、动产质权的效力(第 430—435 条)、动产质权的实现(第 436—438 条)等,均可适用于最高额质权。

三是要区别最高额动产质权和最高额权利质权。最高额质权的客体既可以是动产也可以是权利,故最高额质权也包括最高额动产质权和最高额权利质权,应当分别适用动产质押和权利质押的规定。从这一意义上说,本条第 2 款有关"最高额质权除适用本节有关规定外,参照适用本编第十七章第二节的有关规定"的规定难谓周延。最高额权利质权在不涉及"最高额"特有规定时,则适用《民法典》有关权利质权而非动产质权的规定。

四是在一定情况下还可以参照适用《民法典》有关保证的规定。依据《民法典担保制度解释》第 20 条之规定,第三人提供物保的,可以参照适用《民法典》有关保证的规定。因此,在《民法典》有关质权部分缺乏相应规定时,《民法典》中有关保证的规定,只要不与最高额质权精神相冲突的,就可以为最高额质权所准用,如《民法典》第 699—702 条之规定就可以准用于最高额质权。但《民法典》第 695 条第 2 款有关保证期间的规定、第 697 条第 2 款有关债务加入的规定,因其与质权无涉,不存在准用于最高额质权的问题。

(二)适用情况

本条属于引致条款,即人民法院在审理涉最高额质权纠纷时,依据该条规定转而适用动产质权、最高额抵押权的有关规定,一般不会就本条单独论证案件事实和裁判理由。

【相关法律、行政法规】

(一)相关法律

《中华人民共和国民法典》(2020 年 5 月 28 日通过)

第四百二十条　【最高额抵押权的定义】为担保债务的履行,债务人或者第三人对一定期间内将要连续发生的债权提供担保财产的,债务人不履行到期债务或者发生当事人约定的实现抵押权的情形,抵押权人有权在最高债权额限度内就该担保财产优先受偿。

最高额抵押权设立前已经存在的债权,经当事人同意,可以转入最高额抵押担保的债权范围。

第四百二十一条 【部分债权转让不影响最高额抵押权】最高额抵押担保的债权确定前,部分债权转让的,最高额抵押权不得转让,但是当事人另有约定的除外。

第四百二十二条 【最高额抵押合同条款变更】最高额抵押担保的债权确定前,抵押权人与抵押人可以通过协议变更债权确定的期间、债权范围以及最高债权额。但是,变更的内容不得对其他抵押权人产生不利影响。

第四百二十三条 【债权确定事由】有下列情形之一的,抵押权人的债权确定:

(一)约定的债权确定期间届满;

(二)没有约定债权确定期间或者约定不明确,抵押权人或者抵押人自最高额抵押权设立之日起满二年后请求确定债权;

(三)新的债权不可能发生;

(四)抵押权人知道或者应当知道抵押财产被查封、扣押;

(五)债务人、抵押人被宣告破产或者解散;

(六)法律规定债权确定的其他情形。

第六百九十条 【最高额保证】保证人与债权人可以协商订立最高额保证的合同,约定在最高债权额限度内就一定期间连续发生的债权提供保证。

最高额保证除适用本章规定外,参照适用本法第二编最高额抵押权的有关规定。

【典型案例】

(一)参考案例

中国民生银行股份有限公司盘锦分行与中央储备粮锦州直属库等金融借款合同纠纷案【最高人民法院(2017)最高法民终 891 号】

【裁判要旨】以不特定动产担保债权实现的担保方式,属于非典型担保,

《物权法》第 181 条、第 189 条及第 196 条①规定的浮动抵押制度,即属于此种非典型担保。浮动抵押制度虽规定在《物权法》第十六章第一节关于抵押权的一般规定中,但依据《物权法》第 222 条②关于"出质人与质权人可以协议设立最高额质权。最高额质权除适用本节有关规定外,参照本法第十六章第二节最高额抵押权的规定"的规定,以及第 207 条③关于"最高额抵押权除适用本节规定外,适用本章第一节一般抵押权的规定"的规定,最高额质权可以参照适用《物权法》关于浮动抵押的规定。因此,法院认为,案涉《最高额质押合同》所约定的质押物为五峰科技公司 1—21 号仓库内该公司所有的不特定的 8 万吨粳稻,办理了动产抵押登记,监管人远成物流公司对 1—21 号仓库中的粳稻实行最低价值总量监管,五峰科技公司 1—21 号仓库的仓储经营业务不因质权的设定而受影响,故案涉《最高额质押合同》具有浮动抵押的特征,应参照适用《物权法》有关浮动抵押的规定认定其效力。

【编者评析】在当事人明确约定其设立的是质押的情况下,法院能否直接将其解释为浮动抵押,似不无商榷的余地。但仅就最高额质权准用最高额抵押权的有关规定来说,该案的认识显然是符合法律规定的。

① 《民法典》第 396 条、第 403 条、第 404 条、第 411 条。
② 《民法典》第 439 条。
③ 《民法典》第 424 条。

第二节　权利质权

第四百四十条 【权利质权的范围】债务人或者第三人有权处分的下列权利可以出质：

（一）汇票、本票、支票；

（二）债券、存款单；

（三）仓单、提单；

（四）可以转让的基金份额、股权；

（五）可以转让的注册商标专用权、专利权、著作权等知识产权中的财产权；

（六）现有的以及将有的应收账款；

（七）法律、行政法规规定可以出质的其他财产权利。

【条文精解】

（一）条文要点

本条是关于可以出质的权利范围的规定，基本沿袭了《物权法》第 223 条的规定，只是将原来第 1 项中的"支票"移至"本票"之后，将第 6 项的"应收账款"改为"现有的以及将有的应收账款"。准确理解权利质权，需要回答以下问题：一是为什么设定的是权利质权而不是抵押权？二是权利作为法律关系的内容，为何自身又能成为权利的客体了？如何区分权利本身及其客体？三是为何作为权利质权客体的"权利"范围是封闭的，而作为抵押权客体的权利则是开放的？下文主要围绕前述问题展开分析。

1. 为什么是权利质押而不是权利抵押？

《德国民法典》《日本民法典》以及我国台湾地区"民法"等都专门规定了权利质权，我国《担保法》借鉴了前述做法，规定了"权利质押"制度，此种做法经由《物权法》被《民法典》沿袭了下来。但在《民法典》起草过程中，有不少学者指出，以登记作为公示方法的权利质权，已经名不副实，应当将其纳入抵押权制度中去，由此产生了对权利质权性质的质疑。

之所以是权利质权而非权利抵押权,很可能与将"权利"归入动产的理论相关。传统民法关于担保物权的体系是以客体为基础展开的:不动产上只能设立抵押权,以登记作为公示方法;动产则对应于质权和留置权,以交付作为公示方法。"权利"作为无体物,当其作为客体设定担保物权时,只能参照适用动产的规定,设定权利质权。事实上,《法国民法典》就将权利质权规定在动产质权中,德国、日本以及我国台湾地区专门规定的也是权利质权,在很大程度上就与"权利"属于动产相关。

我国《民法典》物权编用的是"物""不动产"和"动产"的概念,但在担保物权分编中,则用的是"担保财产"的概念,在很大程度上是因为土地等不动产所有权本身不能作为担保财产,而土地使用权等不动产用益物权则属于权利而非不动产的范畴。在权利可以作为担保财产的情况下,哪些权利应当设定抵押权哪些权利应当设定质权,仍然以不动产和动产的区别为基础:不动产用益物权准用"不动产"的规定,成为抵押权的客体;除此之外的债权、股权等其他权利则准用"动产"的规定,成为权利质押的客体。可见,作为权利质押客体的权利指的是能够参照适用动产的权利,不包括不动产用益物权。

但前述质疑并非全无意义,它至少提醒我们,以登记作为公示方法的权利质权更接近于抵押权,因而存在着准用有关抵押权规定的可能。故我国《民法典》第 446 条规定:"权利质权除适用本节规定外,适用本章第一节的有关规定。"该条主要适用于以交付权利凭证作为公示方法的权利质权,原则上不适用于以登记作为公示方法的权利质权,后者应当准用抵押权的有关规定。如《民法典担保制度解释》第 44 条第 3 款就明确规定,主债权诉讼时效届满的法律后果,以登记作为公示方法的权利质权,参照适用抵押权的有关规定;而以交付权利凭证作为公示方法的权利质权,则参照适用质权和留置权的规定。这一规定较之于《民法典》第 446 条笼统地规定权利质权适用动产质权的有关规定,显然更加科学合理。

2. 哪些权利能够成为权利质权的客体?

法律关系包括主体、内容和客体三要素,其中内容指的是权利和义务,客体是权利和义务指向的对象,一般认为包括物、行为、智力成果、人格或人身利益,它们分别对应于物权、债权、知识产权、人格权或人身权。可见,物权的客体是物,包括不动产和动产。在物上设立的权利首先是所有权,所有权权能的分离又产生了不同的用益物权和担保物权,其中建筑物和其他地上物只能作为抵押权的客体,动产既可以作为动产质权、留置权的客体也可以作为抵押权的客体。除不动产和动产外,建设用地使用权等不动产用益物权可以作为抵押权的客体,债权、股权等财产权则可以成为权利质权的客体,这就出现了以权利作为客体的权利。其中作为客体的"权利"是与不动产、动产相并列的担保财产,故其不能是不动产或动产;作为权利类型的抵押权或权利质权则是权利本身。

当然,并非所有的权利都能成为权利质权的客体,成为权利质权的客体应当满足以下要件:

一是须是财产权益。担保物权的性质是变价权,即权利人通过拍卖、变卖等方式获得担保客体的金钱价值,实现其债权,故只能设立于财产权益之上,这一要件首先排除了非财产权益上的担保。例如在实践中,一些银行为确保债权实现,在为购车者提供价款融资时,采取了以汽车合格证为标的的"质押"方式。因汽车合格证只是证明汽车质量合格、适于使用的文书,本身并不具有财产价值,更非财产权凭证,故其上不能设定担保。在我国担保实践中,各种收益权质押也层出不穷,如信托收益权、资产证券化和结构性资管计划等金融交易中的收益权,均有被成功质押的案例。这些收益权与基础资产的关系非常复杂,有时难以区分真正的担保客体。如真正信托中的收益权质押的客体并非基础资产,而是资产的收益权;资产证券化等金融交易中的收益权,应解释为包括投资及其收益权。两者的法律性质均可定位为未来应收账款质押。现行法一直承认专利权质押,但这一领域也出现了所谓的专利权收益权质押。收益权质押的出现是区分原权利和法定孳息,以法定孳息单独设保,同时还可将原权利再行设保,从而放大资产的融资功能,具有经济上的合理性。在解释上,这类收益权本为权利的权能质押,但因权利人已经或在未来将与他人缔结合同,使权利产生孳息,这些未来的孳息均可纳入应收账款,适用法定权利质押类型,无须单独承认。

二是须权利人对财产享有处分权。按照区分原则,担保物权在设定尤其是在实现时,担保人必须对财产享有处分权。《民法典》第395条、第440条均强调担保财产应为"债务人或者第三人有权处分"。第399条还明确规定了两类财产不能抵押:一类是所有权、使用权不明或者有争议的财产,禁止的理由是避免因担保权的行使侵害他人权益,从而引发纠纷,危害交易安全;另一类是依法被查封、扣押、监管的财产。禁止的理由是其合法性无法确定,法律不能予以确认和保护,且担保物权实际上无法行使。然而,基于区分原则,以这些财产设定担保的合同有效,只是无法设定担保物权。在权利质权场合,某项权利可能也存在权属不明或被查封扣押的问题,因而也不能作为权利质押的客体。

财产权人的处分权还要求财产权具有可转让性。除不可融通物以外,债权作为质押客体时,依其性质应具有可转让性,否则将无法变现。据此,高度人身性的债权、因债权人变化导致债权行使发生重大差异的债权、编入交互计算的债权等不具有担保能力。对当事人约定不能转让的债权,《民法典》第545条第2款区分了金钱债权与非金钱债权。对前者,禁止转让约款不能对抗担保权人,无论其为善意还是恶意;对后者,只有善意债权人才能取得权利质权。这一新规妥当平衡了各方利益,值得肯定。学界对附条件的债权有无担保能力存在争议。在承认未来应收账款具有担保能力时,附生效条件的债权应具有担保能力。债权人接受附解除条件的债权、罹于诉讼时效的债权作为担保,是其理性选择的结果,法律均无予以禁止的必要。

值得考量的是基于生存考量对财产担保能力的限制。担保物权的实现将剥夺担保人的财产权,若担保财产系担保人生存所必需,法律须基于生存保障这一最高法益限制其担保能力。如按美国《统一商法典》第9-109条规定,工资、薪金、工伤赔偿金等不能担保,以保障权利人的生计不受影响。此外,除了担保购置款债权之外,消费者不能以生活资料设保。在我国,土地承包经营权、宅基地等集体所有土地的使用权以及具有人身性质的抚养费、退休金、养老金、抚恤金、安置费、人身伤害赔偿请求权等债权也不具有担保能力。再如,依《查扣冻规定》第4条规定,对债务人生存所必需的居住房屋,法院只能查封,不得拍卖、变卖或者抵债。当然,禁止上述财产权作保虽可能保障债务人的底线生存,但却有损其融资能力,在很多情形,反而可能损害债务人的利益。

三是须具备独立性的财产。基于担保物权的从属性,动产质权与动产抵押权不能单独作为权利质权的客体,他们只能与其所担保的主债权一并作为权利质权的客体,不过此时是以被担保的主债权而非以动产质权或动产抵押权作为权利质权的客体。同理,地役权因其不具备独立性,因而《民法典》第381条明确规定,地役权不得单独抵押;土地经营权、建设用地使用权等抵押的,在实现抵押权时,地役权一并转让。

四是须符合权利质权的特性。有些财产权利虽然可以转让,但是如果以其作为权利质权的标的物,则必然违背现行法的规定或者与权利质权的性质不符,因此也不能成为权利质权的标的物。这些财产权利主要包括以下几类：其一，不动产上的物权。在我国主要是指建设用地使用权、土地承包经营权、宅基地使用权、典权，以及特别法上的用益物权，如海域使用权、捕捞权、采矿权、取水权等。由于权利质权准用动产质权的规定，因此，倘若将此等不动产物权作为权利质权的标的物必然违背权利质权的性质。此外，宅基地使用权也不能抵押或者质押。这类可以转让的不动产用益物权，可以作为抵押权的标的物。其二，动产所有权。动产质权的实质就是以动产所有权作为质权的标的物，因此在动产所有权上设立的质权，属于动产质权的范畴。

3. 关于财产的担保能力扩张问题①

本条对权利质押的客体采用了与抵押客体完全不同的规范模式，前者表述为"法律、行政法规规定可以出质的其他财产权利"，显然套用了"法无授权即无权"的公法规制模式，权利的质押能力完全法定，很难解释何以某种权利不应赋予担保能力；后者表述为"法律、行政法规未禁止抵押的其他财产"，无疑奉行了"法不禁止即自由"的私法理念，对所有动产和权利质押客体以外的权利赋予相同的担保能力，但在区分权利抵押和权利质押的框架下，遗留了哪些权利可以抵押的甄别问题。

一是关于无形财产。首先，关于企业数据。对企业数据如何赋权，是目前学界热议的问题。无论采用何种观点，数据均构成价值大小不一的财产。较为妥当的方案是，对企业数据按照是否承载了个人信息进行分类：对不承载个人信息的企业数据，如交通、地理和气候等数据，企业可享有与所有权类似的全部财产权；对承载个人信息的企业数据，在经匿名化处理不再构成个人信息后，企业同样可享有全部财产权。这两类数据可自由流转，同时也享有担保能力，并可通过登记或经由技术手段对数据进行控制（占有）、公示。目前，数据财产担保在我国已现端倪，如浙江推行的数据知识产权担保。其次，关于虚拟财产和其他数字资产。虚拟财产种类繁多，在司法实践中常见的是与网络游戏有关的虚拟财产。虚拟财产是因合同、用户相互承认和计算机程序的结合而产生，是由程序创设的财产；虚拟财产只能在互联网情境使用；主体对其具有与动产占有类似强度的控制力。因此，这类财产难以纳入传统的物权或债权范畴，宜界定为网络时代的新型财产。在实践中，用户与平台等缔结的合同往往限制甚至禁止虚拟财产的流转，很大程度上削减了虚拟财产

---

① 关于财产担保能力的限制和扩张的很多内容，参见谢鸿飞：《财产的担保能力：限制与扩张》，载《社会科学辑刊》2022年第6期。

的价值。但法律实践倾向于还原虚拟财产作为财产的本质,尽可能赋予其流通能力。如 2014 年 7 月美国统一州法委员会《统一受托人访问数字资产法》示范立法试图解决数字财产的继承问题。德国法院在"Facebook 继承案"中裁决,禁止向他人转让或提供密码的合同约款,其性质是为了保护网络安全,并不具有禁止数字资产流转的效力。理论界也多建议赋予虚拟财产以担保能力,以将其价值最大化,创造更多财富和推进技术创新。最后,关于其他无形资产。《民法典》第 123 条将商业秘密纳入知识产权范畴,对其是否具有担保能力,存在争议。赞成者肯定其价值功能,反对者认为其不具有财产资格,其法律保护的目的仅为维护市场商业竞争伦理,且商业秘密的不公开性难以满足担保公示的要求。既然法律承认商业秘密为知识产权,且其具有财产价值,就不应否认其担保能力,通过担保财产概括描述的方式,也不会影响其担保公示。事实上,有些商业秘密实际上具有申请专利的条件,但基于保密的需要,仍然作为商业秘密处理,如名酒、可口可乐等的配方。这些商业秘密,当然具有担保能力。

二是关于未来财产。传统担保法不承认任何未来物的担保资格,主要原因是:其一,受物权特定原则和担保人处分权的限制;其二,可能导致担保人过度依赖特定债权人,妨碍其从其他来源获得信贷;其三,可能导致担保人过度负债;其四,显著降低无担保债权人实现债权的可能性。美国《统一商法典》第九编的最大创新之一是承认嗣后获得的财产具有担保资格,并可使用概括描述方式。这种做法被广泛接受,如《欧洲示范民法典草案》第 9-2:104(3)条等。《民法典》第 396 条仅在浮动抵押情形承认未来财产担保,未来财产担保的适用空间比美国法窄。

三是关于一般债权。我国权利质押的特色是以应收账款取代民法法系中的一般债权质押。尽管应收账款可能是实践中最有效也是最普遍的债权质押标的,但其范围无疑过窄,难以满足现实担保需求。美国《统一商法典》第九编的规定与民法法系大致相同,但它对其他各种类别的担保财产都作了具体规定,唯独没有界定一般无形资产,这使其成为一个兜底概念,可纳入法律未明确规定的诸多担保财产。一般债权具有转让能力,自然应具有担保能力。故可转让的合同之债、非合同之债,都应具有担保能力。若通过类推适用应收账款质押规则,实践中大量的商铺租赁权质押的合法性问题将迎刃而解,也可避免所谓"新型权利"非典型担保引发的各种理论争议。

如前所述,我国需要扩张担保能力的财产主要包括新型财产和一般债权两类。在扩张后,其应设定何种担保物权,理论界存在截然不同的观点。(1)质押说。其主要理由是:其一,抵押财产应限于不动产及与其相关的权利和动产,《民法典》第395条中的"法律、行政法规未禁止抵押的其他财产"应限缩解释为仅指用益物权或准物权,权利质权中的权利只能是用益物权以外的其他权利。据此,商品经营权等只能设定权利质押。其二,物的担保与物的转让规则应相同,新型权利若设定抵押,将导致其与权利转让规则不同。然而,我国承认动产抵押后,动产抵押和动产转让的规则已不相同,故这一观点不应再予坚持。(2)抵押说。其主要理由是:其一,我国的抵押制度与民法法系已存在本质差异,体现在它几乎赋予了所有动产以抵押能力,不可能再以传统抵押权的客体判定我国的抵押客体,新型非典型担保完全可以纳入抵押范畴。其二,"财产"的范围极为宽泛,完全可纳入新型权利。其三,若设定权利质押,将无法找到法律依据更无法公示;认定为权利抵押,则可适用抵押登记规则,顺利成立抵押权,实现了私法自治和鼓励交易的目标。其四,这些权利设保后,权利人依然可以行使这些权利,这更接近抵押而不是质押。

本书认为,比较妥当的方案是区分权利类型,以判定担保类型:(1)对应收账款之外的金钱债权,通过扩张解释纳入应收账款。(2)非金钱债权设定权利质押,类推适用应收账款规则。(3)债权之外的其他财产权,如排污权、数据财产等,因不属于《民法典》第440条第7项明文规定的可以设定质押的其他财产权利,且这些财产又属于动产性财产权利,故宜设定权利抵押,类推适用动产抵押的规则。目前中国人民银行提出将动产和权利担保品扩张至碳排放权、林业碳汇、排污权等环境权益以及环保检测数据等,若以这些权益设定担保,则宜适用动产抵押规则。

4. 几个实务问题

一是关于保单能否质押的问题。《保险法》第34条第1款、第2款规定:"以死亡为给付保险金条件的合同,未经被保险人同意并认可保险金额的,合同无效。按照以死亡为给付保险金条件的合同所签发的保险单,未经被保险人书面同意,不得转让或者质押。"依反面解释,经被保险人书面同意的寿险保单则可以作为质押标的。目前已有多家银行开展了寿险保单的质押担保业务,其主要操作模式是:以小微企业的法定代表人或大股东等关联人提供的人寿保险保单作为质押标的,银行按照保单金额的一定比例发放贷款。随着保险业的发展,保单质押将在更多领域运用。保单与本条列举的其他权利类型有所不同,无法为其他权利类型吸收,应属于本条兜底条款中规定的可以质押的权利类型。

对于可以质押的保单范围存在争议。一种观点认为,仅寿险保单可以设立质权,保单质押以保单的现金价值而非保单中包含的保险金请求权为标的。保单中的现金价值属于投保人确定的财产。因此,作为现金价值的所有权人,投保人对自己的财产通过设定质押等方式进行合法处分乃所有权的应有之义。财产险和意外险等非寿险保单并不具有现金价值,不符合保单质押的条件。另一种观点认为,保险金请求权亦可以设立质权。《中国保险监督管理委员会关于寿险保单质押贷款业务有关问题的复函》(保监厅函〔2008〕66号)明确指出,"保单质押贷款是长期寿险合同特有的功能"。本书认为,保单现金价值归属于投保人,是在寿险中投保人缴纳的保费形成的积累资金,具有一定的储蓄性,是确定的财产,可以依法设立质押。而就人寿保险而言,是以被保险人的寿命作为保险标的的、以其生死为保险事故的保险,保险人总要向被保险人或者受益人支付保险金。实践中,借贷双方及保险公司通常约定债务不履行情况下,债权人以保单现金价值或者保险金优先受偿。

至于不具有保单现金价值的保险金请求权是否能够作为权利质押的标的,应当区分情况讨论。在保险事故发生后,保险金请求权已经确定,成为确定的财产权利,可以作为权利质押的标的,但应属于一般债权质押。在保险事故发生前,保险金请求权属于期待权,是否发生处于不确定状态,不符合质权设定条件。并且,保险事故发生前允许在保险金请求权上设定质权也会引发道德风险。因此,以保单出质的,限于具有现金价值的保单。保险事故发生后以保险金请求权出质的,可列入以应收账款或者其他金钱债权出质的范围,不必单列。

二是关于记载"不得转让"字样的票据质押问题。记载"不得转让"字样的票据包括两种情形:(1)出票人记载"不得转让"字样的票据;(2)背书人记载"不得转让"字样的票据。就出票人记载"不得转让"的票据能否质押,存在不同观点。肯定说认为,出票人记载"不得转让"的票据出质并不会发生票据权利的实际转让,只有在出质人不履行债务时,质权人才行使票据权利,保全债权,这与出票人禁止票据权利转让的目的并不相悖。而且设质背书是典型的非转让背书,通过设质背书设定票据质押不是将出质人的票据权利转让给质权人。质权人虽然占有票据,但并非是票据权利受让人,质权人行使票据权利的资格是通过设质背书由《票据法》直接授予的,并非是出质人票据权利转让的结果。所以,对出票人记载"不得转让"的票据可以出质。否定说则认为，出票人记载"不得转让"的票据出质后，出质人到期不能履行债务，则质权人会主张票据权利以实现质权，这样实际上会发生票据权利由出质人向质权人转让的效果，这与出票人记载"不得转让"的目的相悖。并且，《票据法》第 27 条第 2 款规定："出票人在汇票上记载'不得转让'字样的，汇票不得转让。"《票据规定》第 47 条规定："依照票据法第二十七条的规定，票据的出票人在票据上记载'不得转让'字样，票据持有人背书转让的，背书行为无效。背书转让后的受让人不得享有票据权利，票据的出票人、承兑人对受让人不承担票据责任。"可见，出票人禁止背书转让的票据会丧失流通性，收款人不得通过转让背书的方式转让票据权利，如果背书的，背书行为无效。通过无效背书取得票据的人不具有票据法上持票人的资格，不能取得票据权利。由于出票人和承兑人不对收款人以外的人承担票据责任，所以质权人不可能通过行使票据权利来实现其质权。而且票据上有明确记载的"不得转让"文句，因而质权人也不可能以善意取得制度主张其权利。由于以出票人记载"不得转让"的票据出质既违背了意思自治原则又使权利人的质权难以实现，因而该类票据不可质押。司法实践一度以肯定说为主流，上述采纳肯定说的案例曾刊载于《最高人民法院公报》1997 年第 1 期，足见其影响。但《票据规定》第 53 条改变了司法态度，明显系采纳否定说，本书也采否定说。

至于背书人作禁转记载的效力与出票人的目的有颇多相同之处，都是为了避免相对人抗辩切断及防止偿还金额增大。但是背书人的禁转记载，并不影响整个票据的流通性，只是导致禁转背书的背书人依其背书将自己的担保责任限定在直接被背书人的范围以内，对于此后的后手受让人不承担任何担保责任的后果。在发生追索时，其后手的受让人不能对禁止背书人行使追索权。《票据法》第 34 条规定："背书人在汇票上记载'不得转让'字样，其后手再背书转让的，原背书人对后手的被背书人不承担保证责任。"《票据规定》第 53 条规定："依照票据法第三十四条和第三十五条的规定，背书人在票据上记载'不得转让'字样，其后手以此票据进行贴现、质押的，原背书人对后手的被背书人不承担票据责任。"由此可见，被背书人无视禁转记载转让票据是有效的。被背书人的后手取得票据后成为正当持票人，享有票据权利，还可以继续背书。只是作禁转记载的背书人仅对被背书人承担票据责任，而对被背书人的后手不承担票据责任。若票据被拒绝承兑或拒绝付款，被背书人的后手持票人只能对背书人以外的其他票据债务人主张票据权利。因为背书人已经在票面上明确记载了禁转文句，被背书人的后手明知这一情况仍然接受票据,因此他要承担追索权受限制的后果。被背书人的后手通过设质背书取得票据,同样要受到这种抗辩的约束。

三是关于《公司法》关于股权转让的限制对股权质押的影响问题。对于可以出质的股权的范围,本条规定可以转让的股权即可以出质。《公司法》第142条第5款规定:“公司不得接受本公司的股票作为质押权的标的。”因此,公司不得接受本公司的股权作为质押标的,以防股东抽逃出资。但在实践中,《公司法》限制发起人、董事、监事、高级管理人员转让的股权是否可以出质,公司章程限制转让的股权以及有限责任公司的股权出质是否受到限制却一直存有争议。《公司法》第141条规定,公司发起人、董事、监事、高级管理人员持有的本公司股份,公司公开发行股份前已发行的股份,在转让上具有一定的“禁止期”,在禁止期内上述人员持有的本公司股份不得转让,且公司章程可以对公司董事、监事、高级管理人员转让其所持有的本公司股份作出其他限制性规定。另外,根据《公司法》第71条的规定,有限责任公司的股东对外转让股权需经其他股东过半数同意,公司章程对股权转让另有规定的,从其规定。因此有观点认为,在限制转让期内,发起人的股权不得质押,否则在出质股权实现时将导致对《公司法》上述条款的违背。本书认为,《公司法》关于股权转让的限制不影响限制股权的质押。《公司法》上述规定旨在限制股权在一定条件下的转让,但股权质押并不必然导致股权转让。如果质权人实现质权时股权转让的限制期已满或限制已经解除,则并不会与《公司法》上述规定的实现发生冲突。即使质权人实现质权时质押股权的转让仍然受到限制,质权人也可以在遵守转让限制的情况下实现质权,例如拍卖、变卖有限责任公司的股权时,遵守有限责任公司股权对外转让的法定同意程序。因此以《公司法》限制转让的股权质押,并未违反法律、行政法规的强制性规定,应当认定有效。

(二)适用情况

本条主要适用于以下情形:

一是人民法院在认定权利质权是否有效设立时,一般以本条并结合本节对应的其他条款共同作为认定依据。如在认定股权质押时,应当结合《民法典》第443条;在认定应收账款是否质押时,应当结合《民法典》第445条等。

二是除本条列举的权利客体外,比如保单是否可以设立质权,法院认为以保单出质的,限于具有现金价值的保单。保险事故发生后以保险金请求权出质的,可列入以应收账款或者其他金钱债权出质的范围,不必单列。

三是通常情况下其他法律、法规及部门规章对权利客体的限制性规定不影响质权的设立。如在股权质押中,有关《公司法》对股权转让的限制不影响限制股权的质押。通常情况下,质权人在遵守转让限制的情形下以拍卖、变卖方式实现质权。注意一些特殊性质应收账款的质押,如国家相关部委部门规章规定保障性住房资金应专款专用,不得挤占或挪作他用,但该规定是对建设单位的要求,而非对施工单位应收的工程款债权用途作出限制性规定,应当认为可以质押。

【相关法律、行政法规】

(一)相关法律

1.《中华人民共和国票据法》(1995 年 5 月 10 日通过,2004 年 8 月 28 日修正)

第三十五条第二款 【汇票质押】汇票可以设定质押;质押时应当以背书记载"质押"字样。被背书人依法实现其质权时,可以行使汇票权利。

【适用要点】一般情况下,票据可以自由转让,因此也可以作为权利质权的标的物,票据质押时应当以背书记载"质押"字样。但背书人在汇票上记载"不得转让"字样,汇票被拒绝承兑、被拒绝付款或者超过付款提示期限的,汇票的可让与性受到限制,此种情况下票据的质押也要受到相应的限制。

2.《中华人民共和国保险法》(2009 年 2 月 28 日修订,2015 年 4 月 24 日修正)

第三十四条第二款 【保险单质押】按照以死亡为给付保险金条件的合同所签发的保险单,未经被保险人书面同意,不得转让或者质押。

【适用要点】对于以死亡为给付保险金条件的保险,当被保险人死亡时保险公司通常会进行比较大额的保险赔付,因此允许该类保险单任意转让会引发较大的道德风险,因此该条规定未经被保险人书面同意不得转让,自然也不得质押。但依反面解释,如果经过被保险人书面同意,按照以死亡为给付保险金条件的合同所签发的保险单则可以转让和质押。因此,虽然保险单不属于《民法典》第 440 条前 6 项明示列举的可以出质的权利,但应当属于《保险法》规定可以出质的财产权利,在实践中可以成为权利质权的标的物。

3.《中华人民共和国海商法》（1992 年 11 月 7 日通过）

第七十九条　【提单转让】提单的转让，依照下列规定执行：

（一）记名提单：不得转让；

（二）指示提单：经过记名背书或者空白背书转让；

（三）不记名提单：无需背书，即可转让。

【适用要点】该条是关于提单可转让性的规定。指示提单和不记名提单可以自由转让，自然也可以用来设定权利质权；而记名提单不得转让，因此不能成为权利质权的标的物。

4.《中华人民共和国公司法》（2005 年 10 月 27 日修订，2018 年 10 月 26 日修正）

第一百四十一条　【特定持有人的股份转让】发起人持有的本公司股份，自公司成立之日起一年内不得转让。公司公开发行股份前已发行的股份，自公司股票在证券交易所上市交易之日起一年内不得转让。

公司董事、监事、高级管理人员应当向公司申报所持有的本公司的股份及其变动情况，在任职期间每年转让的股份不得超过其所持有本公司股份总数的百分之二十五；所持本公司股份自公司股票上市交易之日起一年内不得转让。上述人员离职后半年内，不得转让其所持有的本公司股份。公司章程可以对公司董事、监事、高级管理人员转让其所持有的本公司股份作出其他限制性规定。

第一百四十二条　【本公司股份的收购及质押】公司不得收购本公司股份。但是，有下列情形之一的除外：

（一）减少公司注册资本；

（二）与持有本公司股份的其他公司合并；

（三）将股份用于员工持股计划或者股权激励；

（四）股东因对股东大会作出的公司合并、分立决议持异议，要求公司收购其股份；

（五）将股份用于转换上市公司发行的可转换为股票的公司债券；

（六）上市公司为维护公司价值及股东权益所必需。

公司因前款第（一）项、第（二）项规定的情形收购本公司股份的，应当经股东大会决议；公司因前款第（三）项、第（五）项、第（六）项规定的情形收购本公司股份的，可以依照公司章程的规定或者股东大会的授权，经三分之二以上董事出席的董事会会议决议。

公司依照本条第一款规定收购本公司股份后，属于第(一)项情形的，应当自收购之日起十日内注销；属于第(二)项、第(四)项情形的，应当在六个月内转让或者注销；属于第(三)项、第(五)项、第(六)项情形的，公司合计持有的本公司股份数不得超过本公司已发行股份总额的百分之十，并应当在三年内转让或者注销。

上市公司收购本公司股份的，应当依照《中华人民共和国证券法》的规定履行信息披露义务。上市公司因本条第一款第(三)项、第(五)项、第(六)项规定的情形收购本公司股份的，应当通过公开的集中交易方式进行。

公司不得接受本公司的股票作为质押权的标的。

【适用要点】依照上述规定，公司发起人、董事、监事、高级管理人员持有的本公司股份，公司公开发行股份前已发行的股份，在转让上具有一定的"禁止期"，在禁止期内上述人员持有的本公司股份不得转让，但不影响限制股权的质押。而公司收购本公司的股份必须符合法律规定的情形，因此《公司法》规定公司不得接受本公司的股票作为质押权的标的，以防公司以股权质押的方式变相收购本公司股份。

5.《中华人民共和国大气污染防治法》(2015年8月29日修订，2018年10月26日修正)

第二十一条第五款 **【排污权交易】**国家逐步推行重点大气污染物排污权交易。

【适用要点】该规定意味着排污权已经得到立法的认可，因而可以作为权利质权的客体。

【司法解释及规范性司法文件】

(一)司法解释

1.《最高人民法院关于审理票据纠纷案件若干问题的规定》(法释〔2000〕32号；法释〔2020〕18号，2020年12月23日修正)

第四十七条 **【出票人记载"不得转让"】**依照票据法第二十七条的规定，票据的出票人在票据上记载"不得转让"字样，票据持有人背书转让的，背书行为无效。背书转让后的受让人不得享有票据权利，票据的出票人、承兑人对受让人不承担票据责任。

第五十条　【背书人记载"质押"等的效力】依照票据法第三十四条和第三十五条的规定，背书人在票据上记载"不得转让""委托收款""质押"字样，其后手再背书转让、委托收款或者质押的，原背书人对后手的被背书人不承担票据责任，但不影响出票人、承兑人以及原背书人之前手的票据责任。

第五十二条　【出票人记载"不得转让"，后手进行贴现或质押】依照票据法第二十七条的规定，出票人在票据上记载"不得转让"字样，其后手以此票据进行贴现、质押的，通过贴现、质押取得票据的持票人主张票据权利的，人民法院不予支持。

第五十三条　【背书人记载"不得转让"，后手进行贴现或质押的】依照票据法第三十四条和第三十五条的规定，背书人在票据上记载"不得转让"字样，其后手以此票据进行贴现、质押的，原背书人对后手的被背书人不承担票据责任。

【适用要点】《票据法》规定了几种票据不得转让的情形，上述司法解释区分出票人和背书人记载"不得转让"字样，对不得转让的票据被转让的法律后果作出了进一步规定。根据上述司法解释，出票人在票据上记载"不得转让"等字样的，可以对抗所有的持票人；背书人记载"不得转让"等字样的，只能约束后手。

2.《最高人民法院关于审理存单纠纷案件的若干规定》（法释〔1997〕8号；法释〔2020〕18号，2020年12月23日修正）

第八条　对存单质押的认定和处理

存单可以质押。存单持有人以伪造、变造的虚假存单质押的，质押合同无效。接受虚假存单质押的当事人如以该存单质押为由起诉金融机构，要求兑付存款优先受偿的，人民法院应当判决驳回其诉讼请求，并告知其可另案起诉出质人。

存单持有人以金融机构开具的、未有实际存款或与实际存款不符的存单进行质押，以骗取或占用他人财产的，该质押关系无效。接受存单质押的人起诉的，该存单持有人与开具存单的金融机构为共同被告。利用存单骗取或占用他人财产的存单持有人对侵犯他人财产权承担赔偿责任，开具存单的金融机构因其过错致他人财产权受损，对所造成的损失承担连带赔偿责任。接受存单质押的人在审查存单的真实性上有重大过失的，开具存单的金融机构仅对所造成的损失承担补充赔偿责任。明知存单虚假而接受存单质押的，开具存单的金融机构不承担民事赔偿责任。

以金融机构核押的存单出质的,即便存单系伪造、变造、虚开,质押合同均为有效,金融机构应当依法向质权人兑付存单所记载的款项。

【适用要点】存单可以质押。存单持有人以伪造、变造的虚假存单质押的,质押合同无效,但以金融机构核押的存单出质的,即便存单系伪造、变造、虚开,质押合同均为有效,金融机构应当依法向质权人兑付存单所记载的款项。质押合同无效后,对于质权人遭受的损失,该条司法解释规定应根据接受存单质押的人及金融机构各自的过错来确定赔偿责任。

(二)规范性司法文件

1.《最高人民法院执行工作办公室关于上市公司发起人股份质押合同及红利抵债协议效力问题请示案的复函》(〔2002〕执他字第 22 号,2004 年 4月 15 日)

江苏省高级人民法院:

你院《关于上市公司发起人以其持有的法人股在法定不得转让期内设质押担保在可转让时清偿期届满的债权其质押合同效力如何确认等两个问题的请示报告》收悉。经研究,答复如下:

一、关于本案发起人股份质押合同效力的问题,基本同意你院的第二种意见。《公司法》第 147 条①规定对发起人股份转让的期间限制,应当理解为是对股权实际转让的时间的限制,而不是对达成股权转让协议的时间的限制。本案质押的股份不得转让期截止到 2002 年 3 月 3 日,而质押权行使期至 2005 年 9 月 25 日才可开始,在质押权人有权行使质押权时,该质押的股份已经没有转让期间的限制,因此不应以该股份在设定质押时依法尚不得转让为由确认质押合同无效。

【适用要点】在股权质押中,股权转让期限的限制不影响质押合同的生效。与上述《公司法》相关规定解释相同,由于在股权质权可得实现之前并不必然发生股权变动的问题,只要股权质权实现在限制股权转让的期限以外或者发起人设定的质权在法定限制期限届满后实现即可,因此发起人股权出质并不受限制,只是股权质权的实现受限制。

2.《最高人民法院执行办公室关于执行股份有限公司发起人股份问题

---

① 2018 年修正的《公司法》第 141 条。下同。

的复函》（〔2000〕执他字第 1 号，2000 年 1 月 10 日）

福建省高级人民法院：

　　你院报我办的〔1998〕闽经初执字第 19 号请示收悉。经研究，答复如下：

　　同意你院的意见。《公司法》第一百四十七条中关于发起人股份在 3 年内不得转让的规定，是对公司创办者自主转让其股权的限制，其目的是为防止发起人借设立公司投机牟利，损害其他股东的利益。人民法院强制执行不存在这一问题。被执行人持有发起人股份的有关公司和部门应当协助人民法院办理转让股份的变更登记手续。为保护债权人的利益，该股份转让的时间应从人民法院向有关单位送达转让股份的裁定书和协助执行通知书之日起算。该股份受让人应当继受发起人的地位，承担发起人的责任。

　　【适用要点】该复函表明发起人的股权质押的实现在司法强制执行措施下，仍可发生股权变动的法律后果，并不受发起人股权转让期限的限制。民事财产权的得失变动，除了通过民事主体自主法律行为实现的以外，通过法院的强制执行活动也是实现的重要途径之一。我国目前制定的民事、经济实体法中，一般都只是规范民商事活动中的自主交易行为，罕有能够考虑到人民法院强制执行与民事财产权变动的情况。因此这方面需要人民法院通过依法行使裁判权，填补法律的漏洞，作出合理的解释，以达到强制执行与实体权利变动的有效衔接。与其他大多数实体法规范一样，原《公司法》第 147 条规定的"发起人持有的本公司股份，自公司成立之日起三年内不得转让"，应当理解为适用于当事人自主协议转让行为，而不是同样规范法院的执行行为。《公司法》之该项限制的目的是防止发起人借设立公司投机牟取不正当利益，损害其他股东及社会公共利益。人民法院转让发起人股份是为了债权人利益而实施的强制执行行为，不存在发起人投机牟利的动机。从这个角度看，法院强制执行也不应受该条限制。

【部门规章、规范性文件与相关政策】

（一）部门规章

1.《个人定期存单质押贷款办法》（银监会令 2007 第 4 号；银保监会令 2021 年第 7 号，2021 年 4 月 2 日修正）

　　第四条　【存单质押】作为质押品的定期存单包括未到期的整存整取、

存本取息和外币定期储蓄存款存单等具有定期存款性质的权利凭证。

所有权有争议、已作担保、挂失、失效或被依法止付的存单不得作为质押品。

2.《单位定期存单质押贷款管理规定》（银监会令 2007 第 9 号；银保监会令 2021 年第 7 号，2021 年 4 月 2 日修正）

第三条 【单位定期存单质押】本规定所称单位定期存单是指借款人为办理质押贷款而委托贷款人依据开户证实书向接受存款的金融机构（以下简称存款行）申请开具的人民币定期存款权利凭证。

单位定期存单只能以质押贷款为目的开立和使用。

单位在金融机构办理定期存款时，金融机构为其开具的《单位定期存款开户证实书》不得作为质押的权利凭证。

金融机构应制定相应的管理制度，加强对开具《单位定期存款开户证实书》和开立、使用单位定期存单的管理。

【适用要点】可以质押的存单分为个人定期存单和单位定期存单，其中单位定期存单只能以质押贷款为目的开立和使用。对于作为权利质权标的的存单而言，同样需要具备可转让性这一要件，因此所有权有争议、已作担保、挂失、失效或被依法止付的存单不得作为质押品。

3.《中国人民银行、财政部关于印发〈储蓄国债（电子式）质押管理暂行办法〉的通知》（银发〔2006〕291 号，2006 年 8 月 18 日公布）

第六条 【国债质押】作为质押贷款质押品的储蓄国债应是未到期的合格储蓄国债。凡所有权有争议、已作挂失或被依法止付的储蓄国债不得作为质押品。

【适用要点】该条是关于作为质押品的储蓄国债应当具备何种条件的规定。所有权有争议、已作挂失或被依法止付的储蓄国债不具备可转让性，因此不得作为权利质权的标的。

（二）规范性文件

《中国保险监督管理委员会关于寿险保单质押贷款业务有关问题的复函》（保监厅函〔2008〕66 号，2008 年 3 月 28 日）

一、保单质押贷款是长期寿险合同特有的功能，是指投保人在合同生效满一定期限后，按照合同约定将其保单的现金价值作为质押，向保险公司申请贷款。对于在财务上短期需要资金周转的投保人，与退保相比，保单质押贷款对投保人更加有利,既可以有助于解决投保人短期财务问题,又可以继续维持保险合同的效力,按合同约定得到保险保障。此外,寿险公司对于办理保单贷款的投保人收取利息,主要目的在于保证保单现金价值正常的保值增值。

二、保单质押贷款条款一般存在于长期人寿保险合同中。在保险合同中约定保单质押,是保险合同当事人的民事权利,有关国家和地区的保险立法对此有明确授权规定。我国保险法对此没有明确规定,在监管实践中,一直将保单质押贷款条款视为保险合同当事人的约定,属于意思自治,监管政策上也是允许的。

【适用要点】《民法典》第 440 条关于可以出质的权利的规定未将保单明确包括在内,但实践中已经出现了以保单进行质押的做法。该复函肯定了保单作为质押品的价值,对于实践中出现的以保单进行质押的做法,可以结合《保险法》第 34 条第 2 款规定,依照反面解释,对经过被保险人书面同意,按照以死亡为给付保险金条件的合同所签发的保险单质押的合法性予以肯定,并根据举重以明轻的法理,承认一般寿险保单质押的效力。

【典型案例】

(一)指导性案例

福建海峡银行股份有限公司福州五一支行诉长乐亚新污水处理有限公司、福州市政工程有限公司金融借款合同纠纷案①

【裁判要旨】(1)特许经营权的收益权可以质押,并可作为应收账款进行出质登记。

(2)特许经营权的收益权依其性质不宜折价、拍卖或变卖,质权人主张优先受偿权的,人民法院可以判令出质债权的债务人将收益权的应收账款优先支付权人。

【编者评析】特许经营权的收益权质押,性质上属于应收账款质押。

---

① 最高人民法院指导性案例 53 号。

(二)参考案例

1. 南京欢乐水魔方旅游有限公司与中国进出口银行担保合同纠纷案【最高人民法院(2020)最高法民终 910 号】

【**裁判要旨**】门票收费权是否为《物权法》和《担保法》规定的可以出质的权利。本案中,用以质押的门票收费权为权利人享有的给付游客提供游乐设施和服务的收费权,其为以合同为基础的具有金钱给付内容的债权,具有可转让性,属于应收账款,是《物权法》规定的可以进行质押的权利。《物权法》第 228 条①规定:"以应收账款出质的,当事人应当订立书面合同。质权自信贷征信机构办理出质登记时设立。"中国人民银行《应收账款质押登记办法》第 4 条规定:"中国人民银行征信中心……是应收账款质押的登记机构。"因此,在案涉门票收费权质押已经在中国人民银行征信中心进行登记的情形下,原审法院认定案涉质押权有效设立正确。

【**编者评析**】门票等收费权质押,性质上属于将有应收账款质押。

2. 徐州丰利科技发展投资有限公司、毛凤丽与长江证券(上海)资产管理有限公司证券回购合同纠纷案【最高人民法院(2019)最高法民终 709 号】

【**裁判要旨**】关于《补充协议》回购期限条款是否因违反《证券法》第 47 条②规定而无效的问题。股票质押回购是指符合条件的资金融入方以所持有的股票或其他证券质押,向符合条件的资金融出方融入资金,并约定在未来返还资金、解除质押的交易。本院认为,融入方返还资金是用于解除标的证券的质押,不涉及股权转让,而《证券法》第 47 条系关于股权转让的规定。因此,徐州丰利公司关于《补充协议》回购期限条款违反《证券法》第 47 条规定而无效的上诉理由因没有法律依据而不能成立。

【**编者评析**】定期回购性质上属于让与担保,属于非典型担保的范畴,有别于真正的股权转让。

3. 国家开发银行、民和海源水电开发有限公司与民和县关家河滩水电开发有限公司等借款合同纠纷案【最高人民法院(2018)最高法民终 1266 号】

【**裁判要旨**】国家开发银行与海源公司因 0227 号借款合同签订的《应收

---

①　《民法典》第 445 条。

②　2019 年修订的《证券法》第 44 条。下同。

账款质押合同》系双方真实意思表示,为有效合同。《物权法》第 223 条第 6 项①规定:"债务人或者第三人有权处分的下列权利可以出质:……(六)应收账款……"《应收账款质押合同》在中国人民银行征信中心办理应收账款质押登记,国家开发银行依法取得涉案应收账款的质权。《应收账款质押合同》约定海源公司以民和县湟水河上西川水电站享有的电费收费权及其项下全部收益为 0227 号借款合同本金及相应利息、复利、罚息及实现债权的费用承担担保责任。国家开发银行请求对海源公司在民和县湟水河上西川水电站享有的电费收费权及其项下全部收益优先受偿有合同依据,一审判决对国家开发银行的该项请求予以支持并无不当。

【编者评析】电费收费权质押也属于将有应收账款质押。

4. 常州凯纳房地产开发有限公司与东亚银行(中国)有限公司苏州分行等金融借款合同纠纷案【最高人民法院(2019)最高法民终 422 号】

【裁判要旨】凯纳公司与东亚银行苏州分行签订《应收账款质押合同》和《应收账款质押登记协议》,凯纳公司基于其有权处分的凯纳华侨城二期项目的全部销售收入为洛察纳公司就案涉借款合同所负全部债务提供质押担保。东亚银行苏州分行已在中国人民银行征信中心办理了质押登记,应收账款的质权自登记时设立。《城市房地产管理法》第 45 条第 3 款虽然规定商品房预售所得款项,必须用于有关的工程建设。但该规定并不禁止应收账款质押行为本身,并不属于效力性强制性规定。本案所涉特定商品房预销售款的用途问题亦不涉及社会公共利益。凯纳公司关于《应收账款质押合同》无效的上诉理由不能成立,本院不予支持。

5. 中航信托股份有限公司与夏龙亮执行分配方案异议之诉案【最高人民法院(2019)最高法民终 492 号】

【裁判要旨】一审法院的上述认定有违《信托法》的相关规定,与信托行为性质不符。本案中,博鸣公司、凯达公司以自己在运城农商行的公司股权出质,与中航信托公司签订了股权质押合同,运城市工商局给予办理了股权质押登记手续,出具了股权出质设立登记通知书。博鸣公司、凯达公司在运城农商行的股权并非法律法规规定不能出质的股权。即使存在运城农商行公司章程规定的"股权限制转让"条款,该条款也不能否认案涉股权对外出质的合法性。案涉股权到工商行政管理部门办理出质登记后,质权依法设

---

① 《民法典》第 440 条第 6 项。

立。至于是否到银监会备案也不能否认案涉股权质权登记的对外公示效力。此外,银监会办公厅制定的《监管意见》是银监会对信托公司行政监管的规定,不属于行政法规的效力性强制性规范,不能据此否定基于信托行为性质而订立的信托贷款合同及股权质押合同的效力。综上所述,本案所涉信托贷款合同和股权质押合同系中航信托公司与运城农商行股东博鸣公司、凯达公司等各方当事人的真实意思表示,并依法办理出质登记手续,不违反法律行政法规的效力性强制性规定。案涉股权出质经依法登记,质权有效设立。

【编者评析】在《物权法》框架下,股权质押以在工商行政管理部门办理出质登记为生效要件,至于是否到银监会备案不影响股权质权的设立及效力。

　　第四百四十一条　【证券性权利出质】以汇票、本票、支票、债券、存款单、仓单、提单出质的,质权自权利凭证交付质权人时设立;没有权利凭证的,质权自办理出质登记时设立。法律另有规定的,依照其规定。

【条文精解】

(一)条文要点

　　本条是关于以汇票、本票、支票等证券性权利出质的规定,基本沿用了《物权法》第 224 条的规定,删除了"当事人应当订立书面合同"的规定,由此适用质权设立的一般规则;就质权登记的问题,删除了"有关部门"这一登记主体的规定;另增加了"法律另有规定的,依照其规定",以更好地和现行法律规定做好衔接,也为将来的法律适用预留空间。应予注意的是,本条所列的权利多数都属于证券性权利,但存款单并非证券;债券的情形也很复杂,并非所有的债券都属于证券性权利。故笼统地将本条概括为"证券性权利出质"是不严谨的,在此予以说明。

1. 关于证券性权利质押的公示方法

　　证券又称有价证券,是表征具有财产价值的民事权利的证券,权利的发生、移转和行使均以持有证券为必要。也就是说,证券与权利合为一体,离开证券这一载体,权利就无所体现;持有证券就相当于持有权利,失去证券原则上就失去权利。为与作为权利载体的证券区别起见,此处将以证券为载体的权利称为证券性权利。准确理解证券,必须要掌握以下几点:

　　一是证券不同于证书。证书是记载某项事实(包括法律行为)或某项权利的证明文书,如出生或死亡证明,证明某人何时出生或死亡的事实;结婚证证明夫妻结婚的事实;车辆合格证证明车辆质量合格;借据证明双方之间存在借款事实;不动产权属证书证明某人对该不动产享有某项权利。但即便是权利证书,也只是从权利以外来证明权利的存在,其本身不与权利相结合,当事人行使该项权利也不以持有该证书为必要。如以不动产抵押,仍然需要办理不动产抵押登记,不能以交付不动产权属证书来代替不动产抵押登记。事实上,不动产权属证书只是证明权利人因办理了不动产登记而取得了相应权利,故当不动产权属证书与不动产登记簿记载不一致时,原则上应当以登记簿记载为准。在存单质押场合,存款银行向贷款银行出具的定期存单确认书,性质上就属于证书,可以证明其与出质人之间存在储蓄合同关系,但其并非存单,故不能以贷款银行收到确认书之日作为存单质押设立之日。

二是证券不同于资格证券。资格证券是表明持有此种证券的人具有行使一定权利的资格的证券,在一般情况下,证券与权利是结合在一起的,行使权利必须持有证券,持有此种证券的人也被推定为真正的权利人。但在特殊情况下,只要真正的权利人能够证明自己的权利,证券和权利就可以相分离。存折或存单就是典型的资格证券。储户将款项存入银行后,银行向其出具存折或存单,储户凭存折或存单支取存款本金和利息。但记名式的存单或存折可以挂失,储户遗失存单或存折的,可以持本人身份证明等有关材料,向其开户的储蓄机构书面申请挂失。存单或存折挂失后,可以申领新的存折或存单,并据此支取本金和利息。可见,存单与储蓄债权之间还是一种松散的联系,尚未达到证券与权利合为一体的程度。正因为存单并非严格意义上的证券,因而难以适用证券质押所需要的背书加交付制度,而只能准用动产的交付制度;且存单本身并不完全等同于权利,故存单质押本质上属于债权质押,应当准用应收账款质押等制度,只有在通知债务人后才能对债务人发生效力,因而有了所谓的"核押"制度,该制度本质上是债权确认和通知的结合。

三是证券具有要式性、文义性。证券的格式由法律明确规定,《票据法》《海商法》都对票据、提单需要记载哪些事项有明确的规定,仓单在很大程度上就是因为缺乏必要记载事项的规定,导致实践中的混乱。要式性与文义性是密不可分的,证券权利的内容以及与证券有关的一切事项都以证券上记载的文字为准,不受证券上文字以外的事项的影响。证券的文义性意味着,要想设定证券质押,必须要以背书记载"质押"字样。

四是证券具有无因性。证券的文义性还意味着,证券权利的存在只依赖于证券本身的记载,至于权利人取得证券的原因为何、该原因是否有效等情况均在所不问。因而质押合同固然是设定证券质押的原因,但并非证券质押的必要条件。以汇票质押为例,依据《民法典担保制度解释》第 58 条之规定,只需要满足签章、背书记载"质押"字样以及交付三要素,汇票质押就有效设立,至于是否存在有效的质押合同则在所不问。反之,仅有质押合同,但未以背书形式记载"质押"字样的,汇票质押仍不能有效设立。

五是证券本身又是权利凭证。证券与权利的合二为一意味着,证券就是权利本身。鉴于权利在性质上属于动产,权利的移转适用动产交付的有关规定。故要想设定证券质权,除了需要背书外,还要将权利凭证交付给质权人,这与同时需要背书这一要件并不矛盾,反而更加契合了其权利凭证的属性。相应地,如果因采取电子方式而没有纸质权利凭证的如电子仓单,或者仅有记账式凭证并无权利凭证的如记账式国债,则因其难以准用交付制度,只能以登记作为公示方法。

综上,证券性权利质押的公示方法大体有以下三种:

一是以背书记载"质押"字样加交付作为公示方法。采取此种模式的证券性权利包括:汇票、本票、支票等票据,指示提单,记名公司债券。应予注意的是,务必要将此种模式与指示交付区别开来,二者的区别表现在以下几个方面,不可混淆:其一,证券本身就是权利的表征,故交付证券就是交付其所表征的权利,适用的是"准占有"制度,如果非得要将其对应于交付制度的话,对应的是现实交付而非指示交付。其二,证券质押除了需要交付外,还需要背书,这是指示交付所不具备的。其三,在指示交付场合,让与人均应将让与的情况通知承担返还义务的第三人,否则该让与对第三人不发生效力。而证券作为权利的表征,本身就代表着权利,交付证券就意味着转移了权利,无须另行通知义务人。明确此点对于准确认定存单质押和其他证券性权利质押具有重要意义。存单因其本身并非证券,故存单质押本质上是其所代表的债权质押,要想对债务人生效,必须要将质押情况通知作为债务人的存款银行,实践中的存单核押制度,作为债权确认和通知的结合。就其通知职能而言,类似于指示交付场合的通知。

二是以登记作为公示方法。此种模式主要适用于以下情形:(1)部分因采取电子方式而没有纸质权利凭证的证券性权利,如电子仓单、电子提单;(2)仅有记账式凭证并无权利凭证的证券性权利,如记账式国债;(3)证券性权利以外的权利,如基金份额、股权,注册商标专用权、专利权、著作权等知识产权中的财产权,应收账款等。前述权利,或难以准用交付制度或不宜准用交付制度,只能以登记作为公示方法。在我国尝试构建动产和权利统一登记制度的情况下,权利质押登记本应一体纳入该系统之中,但在当前,一时还难以实现此种统一的权利质押登记,导致很多权利质押仍由原主管部门或其指定的机构进行登记,增加了查询的难度,这也是在适用本条规定时务必要注意的。

三是以交付权利凭证作为公示方法。此种方法主要适用于存单质押和无记名提单质押,与第一种模式最大的区别是无须背书记载"质押"字样。

2. 关于票据质押

票据包括汇票、本票和支票。票据性质上属于债权性质的有价证券。首先,票据作为有价证券,权利人行使权利必须持有证券,原则上不得离开证券而行使权利。也就是说,证券与权利合二为一,持有证券就享有权利,交付证券就转让权利。其次,票据表征的是以请求支付金钱为内容的金钱证券,性质上类似于债券,但有别于表征以请求交付特定物品为内容的提单、仓单等物品证券。最后,票据作为文义证券,票据要记载哪些事项、记载的事项具有何种效力等均受《票据法》的调整,就票据质押而言,务必要以背书方式记载"质押"字样,才能满足《票据法》的要求。

关于汇票质押。汇票是出票人签发的,委托付款人在见票时或者在指定日期无条件支付确定的金额给收款人或者持票人的票据。汇票可以分为银行汇票和商业汇票,根据记载收款人的形式分为记名汇票和指示汇票,我国《票据法》规定未记载收款人名称的汇票无效,背书转让是我国汇票转让的主要方式。但是从法律规定上看,汇票质押是否应当以背书"质押"字样为必要存在不同规定,造成了实践中适用法律的不统一,具体而言有以下三种情况:一是《担保法》及其司法解释的规定。《担保法解释》第98条规定:"以汇票、支票、本票出质,出质人与质权人没有背书记载'质押'字样,以票据出质对抗善意第三人的,人民法院不予支持。"《担保法》第76条规定,以汇票、支票、本票出质的,质押合同自权利凭证交付之日起生效,没有规定是否应当对质押进行背书,《担保法解释》的上述规定明确了汇票质押时应当以背书记载"质押"字样,但是在未背书质押的法律后果上,仅规定了不得对抗第三人,故仍然延续《担保法》有关汇票质权成立的要件,背书质押仅作为对抗要件而非设权条件。二是《票据法》及其司法解释的相关规定。《票据法》第35条规定:"背书记载'委托收款'字样的,被背书人有权代背书人行使被委托的汇票权利。但是,被背书人不得再以背书转让汇票权利。汇票可以设定质押,质押时应当以背书记载'质押'字样。被背书人依法实现其质权时,可以行使汇票权利。"《票据规定》第54条规定:"依照票据法第三十五条第二款的规定,以汇票设定质押时,出质人在汇票上只记载了'质押'字样未在票据上签章的,或者出质人未在汇票、粘单上记载'质押'字样而另行签订质押合同、质押条款的,不构成票据质押。"通过《票据法》及其司法解释的规定可以看出,汇票质押成立的要件为背书质押且在汇票上签章,未经背书质押的不能构成汇票质押。三是《物权法》有关汇票质押的规定。《物权法》第 224 条规定:"以汇票、支票、本票、债券、存款单、仓单、提单出质的,当事人应当订立书面合同。质权自权利凭证交付质权人时设立;没有权利凭证的,质权自有关部门办理出质登记时设立。"该规定并未明确背书质押对于汇票质押的影响,亦未将其作为汇票质权成立的要件,有观点将其称为"物权法上的票据质押"从而有别于"票据法上的票据质押"。《物权法》第 224 条的规定基本为本条所沿袭,但考虑到特别法可能对相关权利质押有不同规定,故本条规定"法律另有规定的,依照其规定",从而为《票据法》等特别法的适用预留了空间。

作为大陆法系国家,私法体系通常由民商事法典和民商事单行法律构成,法典由于其适用范围的普遍性,通常仅针对一般主体的基本问题作出规定,而针对特殊主体的特殊事项往往交由单行法通过特定规定解决。就《物权法》和《票据法》在汇票质押问题上的关系而言,《物权法》规定的只是票据质押的原因关系,而《票据法》规范的才是实质意义上的票据行为。汇票质押作为一种权利质权,可质押的财产权利为票据上的付款请求权和追索权,属于在商事交易中出现的行为,应当由《票据法》加以规定。因此,我国《民法典》第 441 条在以汇票出质时,质权设立的条件上明确规定,法律另有规定的,依照其规定。此举也是我国《民法典》与《票据法》对于汇票质押问题如何有效衔接作出的专门规定,在一定程度上解决了此前就汇票质押问题的争议。

根据《票据法》第 27 条的规定,持票人可以将汇票权利转让给他人或者将一定的汇票权利授予他人行使。持票人行使第 1 款规定的权利时,应当背书并交付汇票。而背书是在票据背面或者粘单上记载有关事项并签章的票据行为。《票据法》第 35 条第 2 款规定:"汇票可以设定质押;质押时应当以背书记载'质押'字样。被背书人依法实现其质权时,可以行使汇票权利。"从票据行为的性质来看,票据行为应当坚持文义性的要求,票据所创设的权利义务内容完全依照票据所载文义而定。就汇票质押而言,权利人以汇票设定质权,是在为自己和质权人创设票据法上的权利义务关系,应当通过设质背书的方式在汇票中载明,并严格遵守《票据法》作为特别法创设的基本规则。因此,质权人设立质权的不仅需要交付汇票,而且应当通过背书记载"质押"字样的方式在票据上作背书质押并在汇票上签章,以此作为汇票质押的公示方法,人民法院才能认定质权从汇票交付质权人时设立。为此,

《民法典担保制度解释》第58条明确规定："以汇票出质，当事人以背书记载'质押'字样并在汇票上签章，汇票已经交付质权人的，人民法院应当认定质权自汇票交付质权人时设立。"据此，汇票质押必须具备签章、背书记载"质押"与交付三要件，缺一不可。需要指出的是，汇票质押合同并非设定汇票质押的必要条件，因为票据背书记载"质押"字样，就认为已经满足了该要件。

还要看到，在纸质票据场合，因票据本身就是权利凭证，故以交付权利凭证作为公示方法。但纸质票据安全性很差，因此国家在大力推广电子汇票。电子商业汇票是指出票人依托电子商业汇票系统，以数据电文形式制作的，委托付款人在指定日期无条件支付确定金额给收款人或者持票人的票据。电子商业汇票分为电子银行承兑汇票和电子商业承兑汇票。电子商业汇票的实质是以数据电文签发和流转的，以电子签名取代实体签章的商业汇票。《电子商业汇票业务管理办法》第51条对电子商业汇票质押予以专门规定，明确电子商业汇票的质押，是指电子商业汇票持票人为了给债权提供担保，在票据到期日前在电子商业汇票系统中进行登记，以该票据为债权人设立质权的票据行为。根据《票据交易管理办法》第30条规定，电子商业汇票的质押信息应当通过电子商业汇票系统同步传送至票据市场基础设施，即上海票据交易所。作为一种新型的商业汇票模式，其运转规则和法律责任应当严格按照《电子商业汇票业务管理办法》的规定进行。对此，《票据规定》第62条规定："人民法院审理票据纠纷案件，适用票据法的规定；票据法没有规定的，适用《中华人民共和国民法典》等法律以及国务院制定的行政法规。中国人民银行制定并公布施行的有关行政规章与法律、行政法规不抵触的，可以参照适用。"因此，当事人以电子商业汇票质押时，应当在票据到期日前在电子商业汇票系统中心进行质押登记，从而设立有效的电子汇票质权。可见，从法理上说，电子汇票不过是纸质汇票的特殊形式，不应影响交付权利凭证这一公示方法。但因为《电子商业汇票业务管理办法》明确将登记作为电子汇票质押的公示方法，广义上可以认为对本条作出了特别规定，因而应当优先适用该办法的规定。

关于本票质押。《票据法》第80条规定，本票的背书、保证、付款行为和追索权的行使，适用该法有关汇票的规定。因此，前述有关汇票质押的论述同样适用于本票质押。

值得探讨的是支票能否成为权利质押的客体。对于支票是否可以出质，学说上存有争议,各国立法例亦未统一。反对说认为:第一,支票的主要功能是作为替代现金的支付工具。支票无承兑制度,流通期短,不能成为信用工具,因而不宜成为质权的标的。第二,在我国不承认远期支票的情况下,支票所载权利的实现没有时间间隔,或时间间隔很短,不能达到担保的目的。包括质权在内的担保权的设定本是担保未到期债务的履行,而作为质权标的的支票根本没有信用功能,更不能作为担保工具。第三,支票限于见索即付,即使支票上已为设质背书,持票人一旦占有该支票并向付款人提示即可获得付款,从而使作为担保债务履行手段的支票质押失去了意义。第四,从实务来看,支票设质背书很少利用。

本书赞成支票之上可以设定质权,主要理由为:第一,无论支票是否具有信用功能,只要其存在交换价值,即可作为担保工具。担保物权本以追求标的物的交换价值为目的,则标的物是否具有交换价值为判断标的物是否可以作为担保工具的主要标准。就支票而言,其本身即存在交换价值,并无疑议。第二,虽然我国不承认远期支票,但支票从出票到提示付款毕竟存在时间间隔。同时,虽然担保物权是担保未到期主债务的履行,但这并不能说明作为担保工具的支票必须后于主债务履行期到期。《民法典》第 442 条规定,如果支票的兑现日期先于主债权到期的,质权人可以兑现,并与出质人协议将兑现的价款提前清偿债务或者提存。第三,支票限于见索即付本身并不能否定支票的担保性。如甲以其所持支票为乙、丙之间的债务提供担保,假设乙、丙之间的债务履行期也很短,仅为 7 天,若 7 天届满主债务仍未履行,甲持票向付款人提示付款,即可实现质权。如此也未尝不可。第四,支票的性质决定了实践中支票的设质背书很少利用。如持票人即为主债务人,即可以该支票清偿债务;如持票人为除债权人、主债务人的第三人,即可以该支票代替主债务人清偿债务,一般无须借助支票质权的途径。但这并不能排除支票作为担保工具的可能。法律上只是提供多种担保工具供当事人选择适用,在物权法定主义之下,多规定一些担保工具无疑是上选,至于当事人是否采行,则由当事人自己去选择。

3. 关于债券质押

债券是指依照法定程序发行的,约定在一定期限内还本付息的有价证券。债券关系中,债券的发行人是债务人,债券的持有人是债权人。根据发行主体的不同,债券可以分为政府债券、金融债券、公司债券和企业债券。现分述如下:

一是关于政府债券。政府债券主要包括国债和地方政府债券,由财政部会同中国人民银行制定政策,财政部负责发行并监管。目前,国债包括凭证式国债和储蓄式国债两种,依据《凭证式国债质押贷款办法》的规定,凭证式国债是指1999年后(含1999年)财政部发行,各承销银行以"中华人民共和国凭证式国债收款凭证"方式销售的国债。凭证式国债质押贷款,是指借款人以未到期的凭证式国债作质押,从商业银行取得人民币贷款,到期归还贷款本息的一种贷款业务。借款人申请办理质押贷款业务时,应向其原认购国债银行提出申请,经对申请人的债权进行确认并审核批准后,由借贷双方签订质押贷款合同。作为质押品的凭证式国债交贷款机构保管,由贷款机构出具保管收据。保管收据是借款人办理凭证式国债质押贷款的凭据,不准转让、出借和再抵押。可见,凭证式国债质押,质权自国债凭证交付之日起设立。

2013年,财政部和中国人民银行联合下发《储蓄国债(电子式)管理办法》。所谓储蓄国债(电子式),是指财政部在中华人民共和国境内发行,通过承销团成员面向个人销售的、以电子方式记录债权的不可流通人民币国债。财政部委托中央国债登记结算有限责任公司(以下简称国债登记公司)为财政部开发和维护储蓄国债(电子式)业务管理信息系统,用于管理储蓄国债(电子式)发行额度分配和接收、核对、记录承销团成员销售和持有储蓄国债(电子式)数据;制定数据传输规范,下发系统参数;协助财政部完成资金清算;提供管理信息和投资者储蓄国债(电子式)托管余额复核查询服务等。储蓄国债(电子式)实行两级托管,国债登记公司为一级托管机构,承销团成员为二级托管机构。国债登记公司和承销团成员分别对一级和二级托管账务的真实性、准确性、完整性和安全性负责。储蓄国债(电子式)不可流通转让,可提前兑取、质押贷款、非交易过户等,其中承销团成员通过各自营业网点柜台和其他经批准的渠道,为投资者办理储蓄国债(电子式)质押贷款等业务。可见,储蓄国债可用于办理权利质押,只是因其并无对应的权利凭证,故以登记作为公示方法,登记机构为国债登记公司。

此外,与储蓄国债面向个人销售不同,政府债券还包括经中国人民银行批准可用于在全国银行间债券市场进行交易的政府债券,此类政府债券主要面向机构投资者,同样可以设定质押,登记机构也是国债登记公司。

二是关于金融债券。金融债券是银行和非银行金融机构发行的债券,中国人民银行负责监管。依据《全国银行间债券市场债券交易管理办法》的规定,全国银行间债券市场债券交易是指以商业银行等金融机构为主的机构投资者之间以询价方式进行的债券交易行为,该办法所称债券是指经中国人民银行批准可用于在全国银行间债券市场进行交易的政府债券、中央银行债券和金融债券等记账式债券。债券交易品种包括回购和现券买卖两种。其中,回购是交易双方进行的以债券为权利质押的一种短期资金融通业务,指资金融入方(正回购方)在将债券出质给资金融出方(逆回购方)融入资金的同时,双方约定在将来某一日期由正回购方按约定回购利率计算的资金额向逆回购方返还资金,逆回购方向正回购方返还原出质债券的融资行为;现券买卖是指交易双方以约定的价格转让债券所有权的交易行为。国债登记公司为中国人民银行指定的办理债券的登记、托管与结算机构。进行债券交易,应订立书面形式的合同。债券回购主协议和上述书面形式的回购合同构成回购交易的完整合同;以债券为质押进行回购交易,应办理登记,回购合同在办理质押登记后生效。该项规定与《担保法》第76条规定一致,但已不符合《物权法》《民法典》规定的精神,依据新法之规定,应当理解为质权自在国债登记公司办理质押登记之日起生效。可见,记账式债券也属于没有权利凭证,应当以登记作为公示方法的权利。

三是关于公司债券。公司债券是《公司法》《证券法》所规定的主要由上市公司发行的债券,受证监会监管、由证券登记结算公司统一登记托管,包括记名债券和无记名债券。《公司法》第160条规定,记名债券由债券持有人以背书方式或者法律、行政法规规定的其他方式转让;记名债券的转让,由公司将受让人的姓名或者名称及住所记载于公司债券存根簿。无记名债券,由债券持有人在依法设立的证券交易场所将该债券交付给受让人后即发生转让的效力。2022年修订的《证券登记结算管理办法》第30条明确规定:"按照证券交易场所业务规则成交的证券买卖、出借、质押式回购等交易,证券登记结算机构应当依据证券交易场所的成交结果等办理相应清算交收和登记过户。"可见,无记名债券质押应当在中国证券登记结算有限公司(以下简称中证登公司)办理质权登记。

四是关于企业债券。企业债券是指企业依照法定程序发行、约定在一定期限内还本付息的有价证券。按照《企业债券管理条例》规定发行与交易,由发改委监督管理;该条例适用于中华人民共和国境内具有法人资格的企业在境内发行的债券,但是不包括金融债券和外币债券,实际发债主体多为国有独资企业或国有控股企业,很大程度上体现的也是政府信用。该条例第9

条规定:"企业债券可以转让、抵押和继承。"采用的是"抵押"的表述,从体系上看,此处所谓的"抵押"应为"质押"。对企业债券质押问题,可以参照适用《公司法》有关公司债券设定质押的规定,即企业债券属于记名证券的,属于有权利凭证的权利,应当以背书记载"质押"字样并从交付质权人之日起设立质权;属于无记名证券的,属于没有权利凭证的权利,应当以登记作为公示方法,登记机构也是国债登记公司。

综上,我国债券种类繁多,主管部门不一,适用的规则也不尽一致,但总的原则是:有权利凭证的,表明其为债权债券,应当采取以背书"质押"字样加交付作为公示方法;没有权利凭证的,则要到国债登记公司、中证登公司等机构办理质押登记后才能有效设立质权。

4. 关于存单质押

存款单也称"存单",是指银行等储蓄机构向储户开具的证明储蓄机构与储户之间存款关系的一种凭证。存单性质上属于资格证券,即一般情况下储户需要凭存单支取存款本金和利息,但在存单遗失或毁损的情况下,可以通过证明存在储蓄合同的情况下另行申请存单,并据此行使权利。存单既不同于一般的证书,因为如果是一般的债权证书,本身不能作为权利质押的客体;因存单与所要证明的权利之间的结合是松散的,不像证券性权利的行使完全依赖于证券,故存单也不同于其他的证券性权利。

存单质押作为一类独立的权利质押类型,依据《个人定期存单质押贷款管理规定》《单位定期存单质押贷款管理规定》等相关规定。以存单出质的,质权自作为权利凭证的存单交付质权人时起设立。但存单毕竟并非证券性权利,因而存单交付贷款银行后,要想对存款银行发生效力,应当准用《民法典》第546条第1款有关"债权人转让债权,未通知债务人的,该转让对债务人不发生效力"的规定。只不过,实践中贷款银行除了通知存款银行外,还会要求存款银行对存单的真实性进行确认,此即存单核押制度。存单核押的性质可从两个方面进行界定:一是对存单的真实性进行确认,以确认据以出质的存单是否存在真实的债权;二是在核押的过程中通知债务人,告知其存单出质的事实,以便其办理登记止付以及不再办理挂失手续。实践中经常出现存单质权设定后,出质人隐瞒出质事实,到存款行办理存单挂失手续并支取存单所载款项,从而出现存单质权落空的情况。核押制度可以避免前述情况的发生。可见,核押兼具债权确认和出质通知两方面的功能,在核押过程中,存款银行明知存单记载的债权已不存在,仍出具存单确认书予以确认的,应当准用《民法典担保制度解释》第61条第1款有关"以现有的应收账款出质,应收账款债务人向质权人确认应收账款的真实性后,又以应收账款不存在或者已经消灭为由主张不承担责任的,人民法院不予支持"的规定,认定存款银行负有履行存单项下债务的义务。核押后,当出现质权实现事由时,存款银行应当向贷款银行履行存单项下的义务,不能再向存款人履行。就存款银行如何以及向谁履行存单项下义务而言,同样可以准用《民法典担保制度解释》第61条第3款之规定。也就是说,存单质押尽管以交付存单作为公示方法,但就债务人对债权的确认、债务人如何履行而言,完全可以准用应收账款质押的有关规定。

基于前述的分析,存单核押既非存单质权的生效要件,也非签订质押担保合同的必经程序,仅是对抗债务人的要件,故债权银行未对存单进行核押不具有过错,不能仅以未经核押程序为由否定存单质押的效力。当然,存单持有人以伪造、变造的虚假存单质押的,质押合同无效。接受虚假存单质押的当事人如以该存单质押为由起诉金融机构,要求兑付存款优先受偿的,人民法院应当判决驳回其诉讼请求,并告知其可另案起诉出质人。存单持有人以金融机构开具的、未有实际存款或与实际存款不符的存单进行质押,以骗取或占用他人财产的,该质押关系无效。接受存单质押的人起诉的,该存单持有人与开具存单的金融机构为共同被告。利用存单骗取或占用他人财产的存单持有人对侵犯他人财产权承担赔偿责任,开具存单的金融机构因其过错致他人财产权受损,对所造成的损失承担连带赔偿责任。接受存单质押的人在审查存单的真实性上有重大过失的,开具存单的金融机构仅对所造成的损失承担补充赔偿责任。

存单质押除了采取交付存单作为公示方法外,《国务院关于实施动产和权利担保统一登记的决定》(国发〔2020〕18号)明确规定当事人也可以在动产和权利担保统一登记系统上通过办理存单质押登记的方式设定存单质权。如此,存单质押与应收账款质押的区别进一步被缩小。如果不考虑本条的规定,完全可以将存单质押纳入应收账款质押的范畴。

5. 关于仓单质押

《民法典》第908条规定:"存货人交付仓储物的,保管人应当出具仓单、入库单等凭证。"《民法典》第910条规定:"仓单是提取仓储物的凭证。存货人或者仓单持有人在仓单上背书并经保管人签名或者盖章的,可以转让提取仓储物的权利。"据此,仓单兼具债权凭证和物权凭证属性。关于仓单质押,本书已在对《民法典》第 415 条的分析中作了较为详细的介绍,此处主要从公示方法的角度进行分析。

根据《民法典》第 441 条之规定,仓单质押的公示方法有二:一是有权利凭证的,以交付作为公示方法;二是没有权利凭证的,以登记作为公示方法。从解释论的角度看,交付与登记二者只能择其一,关键取决于是否有权利凭证。一般来说,纸质仓单本来就是权利凭证,只能以交付为公示方法。鉴于仓单具有物权证券的特点,故设立纸质仓单质押除了需要有质押合同外,还需要具备以下要件:一是在仓单上以背书记载"质押"字样。背书记载要符合背书连续的要求,最初的背书人是存货人。在仓单通过背书转让的情况下,被背书人是仓单的受让人。基于仓单物权凭证的性质,凡是仓单的合法持有人,都可以主张仓单项下的权利——主要是提取仓储物的权利。二是必须要由保管人签章,具体要求可以准用票据法有关签章的规定。三是仓单必须要交付质权人。

电子仓单从理论上说只不过是仓单的书面形式,仓单进入债权人指定的特定系统即为交付,因而其完全可以将交付作为公示方法。但考虑到仓单乱象在很大程度上就是因缺乏公示方法尤其是登记制度所致,在《国务院关于实施动产和权利担保统一登记的决定》(国发〔2020〕18 号)第 2 条明确将仓单纳入动产和权利担保统一登记的范围的情况下,可以将电子仓单例外地视为没有权利凭证的仓单,从而以登记作为仓单质押设立的公示方法。根据国发〔2020〕18 号文之规定,在中国人民银行征信中心动产融资统一登记公示系统登记;登记是仓单质权设立的生效要件,但登记仅具有对抗效力,登记簿不具有公信力。

6. 关于提单质押

一是提单是表征在途货物所有权的唯一凭证。在跟单信用证交易中,提单不仅是表征货物运输合同有效成立、承运人已经实际收到货物的债权凭证,同时还是表征在途货物所有权的物权凭证。在途货物具有财产价值,当然可以买卖。但在途货物难以实际交付,从何时移转所有权就成为商人们要解决的问题。通过长期的摸索,商人们创设出了代表货物所有权的提单制度,持有提单就相当于占有货物,交付提单也相当于交付货物,从而使提单具有了所有权凭证的属性。当然,提单尽管是所有权凭证,但持有提单不一定就享有所有权,提单持有人具体享有何种权利,取决于其以何种意思取得提单,换言之,取决于提单持有人与其前手之间的合同如何约定。实践中,提单持有人可能是所有权人,也可能是质权人;在受托持有的情况下,持有人仅享有合法的占有权而不享有物权;如其通过盗抢等非法形式取得提单,不仅不享有权利,还要向真正权利人承担责任。可见,不能笼统地说谁持有提单谁就对提单项下的货物享有所有权。但不论如何,当事人对在途货物享有的各种权利,都需要通过持有提单来表征,所有人需要持有提单,质权人也需要持有提单,不存在于提单之外另行存在一个抽象的货物所有权或者担保物权。另外,在跟单信用证交易中,提单往往是指示提单,主要以背书方式流转,提单持有人基于背书连续就能主张提单权利。也就是说,背书连续的提单持有人有理由相信提单就代表货物,无须担心提单上还有其他权利负担,更无须查阅登记簿。

当然,提单并非恒为所有权凭证,仅是阶段性地表征在途货物的所有权。一旦货物到达目的港,承运人将收回全套正本提单,然后由其代理人(船舶代理)向收货人或提单持有人签发一份进口货物提货单,收货人或提单持有人凭提货单办理报关、费用结算并提取货物后,才享有进口货物的所有权。总之,货物在运输过程中,其所有权只能由提单来表征,提单之外无物权;但运输合同一旦履行完毕,承运人收回提单后,提单因其已经完成使命就不再是所有权凭证了。

二是不能另行设立以在途货物为对象的担保物权。如前所述,提单是表征在途货物所有权的唯一凭证,持有提单就相当于持有货物,转让提单就相当于转让货物,当事人对于在途货物的所有权利都要通过持有提单来表征。在此情况下,不存在于提单之外另行存在一个抽象的不以提单为载体的提单对应货物的物权问题。如果允许当事人在提单之外又以在途货物为对象另行设定动产抵押、让与担保等担保,意味着在同一提单或者其对应的货物上既可以设立以交付作为公示方法的提单质押,又可以设立以登记作为公示方法的其他担保,从而极有可能会像仓单那样出现"单货同质""一货多单""一单多货"等担保乱象。尤其是在叙做进口押汇场合,如开证行在将提单返还给开证申请人时办理了让与担保或者动产抵押登记,而开证申请人在取得提单后又将提单项下货物转让给他人,受让人也通过背书方式持有提单,如果认为提单持有人取得的是一个无权利负担的货物所有权,则已经办理登记的提单质权人的权利如何保障将成为问题。反之,如果认为提单持有人取得的是有权利负担的货物所有权,则意味着当事人在进行提单交易时负有查阅登记簿的义务,既与提单是唯一表征在途货物所有权的物权凭证属性不符,也损害了提单持有人相信其是提单项下货物的唯一权利人的合理信赖,还与以提单为基础的国际贸易惯例不符。

三是关于将登记作为提单质押的公示方法问题。《民法典》第441条规定:"以汇票、本票、支票、债券、存款单、仓单、提单出质的,质权自权利凭证交付质权人时设立;没有权利凭证的,质权自办理出质登记时设立。法律另有规定的,依照其规定。"据此,提单作为在途货物的所有权凭证,似只能以交付作为公示方法,以背书作为流转方式。而国发〔2020〕18号文规定,提单质权也可以通过登记进行公示。以叙做进口押汇为例,开证行将全套单据返还给开证申请人时,开证行可以通过登记方式设定提单质押。在开证申请人将提单项下货物转卖他人,受让人以背书方式持有提单场合,仍然会面临前述的如何协调提单持有人利益与作为提单质权人的开证行利益的难题,这就需要反思登记制度适用于提单质押的必要性问题。

登记作为公示方法,在消灭隐性担保、避免因单货合一而导致的"单货同质""一货多单""一单多货"等现象时具有天然优势。以仓单为例,仓单尽管是彰表仓储物权利的凭证,但仓储物自身作为动产,仍可设定动产质押,从而出现针对同一仓储物既设定仓储物质押又设定仓单质押的情形,导致出现仓单担保乱象。在此情况下,将登记作为设定仓单质权的公示方法,可以有效避免仓单乱象,确定相关担保的优先顺位。与仓单不同,提单与其对应的货物天然是分离的,在货物运输阶段,提单是在途货物唯一的所有权凭证,当事人对提单项下货物的权利必须通过持有提单来体现。在此情况下,允许以登记方式设定提单质押,不仅会打乱长期以来形成的交易习惯,而且还会人为增加混乱,使本来运行良好的提单制度重蹈仓单乱象的覆辙。故关于将登记作为提单质押的公示方法问题,还有待进一步观察。

(二)适用情况

本条主要适用于以下情形:

一是在票据质押场合,要厘清本条与《票据法》等法律的规定,明确票据质押需要背书记载"质押"字样,并交付权利凭证,不能仅以交付权利凭证作为公示方法,也不能将背书记载作为对抗要件。

二是关于债券质押,实践中情形很复杂,需要具体情况具体分析。

三是关于存单质押,其性质实属债权质押,所谓的存单核押行为,本质上兼具债权确认和债权通知职能,完全可用债权转让场合,"未通知债务人的,该转让对债务人不发生效力"这一"通知对抗"规则来解释,并非什么新的规则。

四是在仓单质押情况下,为避免纸质仓单所带来的乱象,可以考虑将电子仓单视为没有权利凭证的仓单,从而将登记作为其公示方法,尽量杜绝仓单乱象。但将同样情形适用于提单,即将提单也采取登记作为公示方法,可能会打乱原本运行良好的提单制度,故还需要实践来检验此种规定的合理性。

【相关法律、行政法规】

(一)相关法律

1.《中华人民共和国票据法》(1995年5月10日通过,2004年8月28日修正)

第三十五条第二款 【汇票质押】汇票可以设定质押;质押时应当以背书记载"质押"字样。被背书人依法实现其质权时,可以行使汇票权利。

【适用要点】纸质汇票质权的设立除需根据《民法典》第441条规定将汇票交付质权人外,还需在汇票上背书记载"质押"字样,因此属于"法律另有规定的,依照其规定"的情形。

2.《中华人民共和国公司法》(2005年10月27日修订,2018年10月26日修正)

第一百六十条 【公司债券的转让方式】记名公司债券,由债券持有人以背书方式或者法律、行政法规规定的其他方式转让;转让后由公司将受让人的姓名或者名称及住所记载于公司债券存根簿。

无记名公司债券的转让,由债券持有人将该债券交付给受让人后即发生转让的效力。

【适用要点】公司债券分为记名债券和无记名债券,其转让须适用不同的规则。有关公司债券质权的设定,应当遵循《公司法》的上述规定,即记名公司债券质权的设定,除根据本条规定订立质押合同、交付权利凭证外,还需将质权人的姓名或者名称记载于债券;无记名公司债券质权的设定,应当办理质押登记手续。

（二）相关行政法规

1.《企业债券管理条例》（2011 年 1 月 8 日修订）

第二条 【适用的企业范围】本条例适用于中华人民共和国境内具有法人资格的企业（以下简称企业）在境内发行的债券。但是，金融债券和外币债券除外。

除前款规定的企业外，任何单位和个人不得发行企业债券。

【适用要点】金融债券等适用其他规定，不适用该条例的规定。

第五条 【企业债券的概念】本条例所称企业债券，是指企业依照法定程序发行、约定在一定期限内还本付息的有价证券。

第九条 【企业债券可以抵押】企业债券可以转让、抵押和继承。

【适用要点】该条规定的企业债券"抵押"，应为"质押"。至于具体如何质押，可以参照适用《公司法》有关公司债券的规定。

2.《中华人民共和国国库券条例》（2011 年 1 月 8 日修订）

第二条 【国库券的发行对象】国库券的发行对象是：居民个人、个体工商户、企业、事业单位、机关、社会团体和其他组织。

第八条 【国库券抵押】国库券可以用于抵押，但是不得作为货币流通。

【适用要点】该条所谓的国库券"抵押"，也许用"质押"的提法更准确。国库券如何质押，缺乏具体规定。依据《民法典》第 441 条之规定，国库券以交付作为公示方法。

第九条 【国库券转让】国库券可以转让，但是应当在国家批准的交易场所办理。

3.《储蓄管理条例》（2011 年 1 月 8 日修订）

第三条 【储蓄】本条例所称储蓄是指个人将属于其所有的人民币或外币存入储蓄机构，储蓄机构开具存折或者存单作为凭证，个人凭存折或者存单可以支取存款本金和利息，储蓄机构依照规定支付存款本金和利息的活动。

任何单位和个人不得将公款以个人名义转为储蓄存款。

【适用要点】存折或存单性质上属于债权凭证，故存单质押本质上属于特殊的债权质押。

第三十条 【记名存单和不记名存单】存单、存折分为记名式和不记名式。记名式的存单、存折可以挂失，不记名式的存单、存折不能挂失。

第三十一条 【存单挂失】储户遗失存单、存折或者预留印鉴的印章的，必须立即持本人身份证明，并提供储户的姓名、开户时间、储蓄种类、金额、账号及住址等有关情况，向其开户的储蓄机构书面申请挂失。在特殊情况下，储户可以用口头或者函电形式申请挂失，但必须在5天内补办书面申请挂失手续。

储蓄机构受理挂失后，必须立即停止支付该储蓄存款；受理挂失前该储蓄存款已被他人支取的，储蓄机构不负赔偿责任。

【适用要点】存单可以挂失，表明其与权利之间的联系是松散的，因而有必要区别票据等证券性权利。

4.《国务院关于实施动产和权利担保统一登记的决定》（国发〔2020〕18号，2020年12月22日公布）

一、自2021年1月1日起，在全国范围内实施动产和权利担保统一登记。

二、纳入动产和权利担保统一登记范围的担保类型包括：

（一）生产设备、原材料、半成品、产品抵押；

（二）应收账款质押；

（三）存款单、仓单、提单质押；

（四）融资租赁；

（五）保理；

（六）所有权保留；

（七）其他可以登记的动产和权利担保，但机动车抵押、船舶抵押、航空器抵押、债券质押、基金份额质押、股权质押、知识产权中的财产权质押除外。

三、纳入统一登记范围的动产和权利担保，由当事人通过中国人民银行征信中心（以下简称征信中心）动产融资统一登记公示系统自主办理登记，并对登记内容的真实性、完整性和合法性负责。登记机构不对登记内容进行实质审查。

【适用要点】动产和权利担保统一登记的系统是中国人民银行征信中心动产融资统一登记公示系统，对于存款单、仓单、提单质押，当事人可以在该系统中自助办理出质登记。但登记机构不对登记内容进行实质审查，因此登记内容的真实性、完整性和合法性由当事人自主负责。

【司法解释及规范性司法文件】

（一）司法解释

1.《最高人民法院关于适用〈中华人民共和国民法典〉有关担保制度的解释》（法释〔2020〕28号，2020年12月25日通过）

第五十八条 【汇票质权的设立】以汇票出质，当事人以背书记载"质押"字样并在汇票上签章，汇票已经交付质权人的，人民法院应当认定质权自汇票交付质权人时设立。

【适用要点】汇票质押应当包括三要件，即签章、背书记载"质押"字样、交付，三者缺一不可，尤其是背书记载"质押"字样。这是票据作为文义证券的必然要求，与交付作为公示方法并不矛盾。可以说，这也是所有的文义证券设定质押的共同要求。

第五十九条 【仓单质押】存货人或者仓单持有人在仓单上以背书记载"质押"字样，并经保管人签章，仓单已经交付质权人的，人民法院应当认定质权自仓单交付质权人时设立。没有权利凭证的仓单，依法可以办理出质登记的，仓单质权自办理出质登记时设立。

出质人既以仓单出质，又以仓储物设立担保，按照公示的先后确定清偿顺序；难以确定先后的，按照债权比例清偿。

保管人为同一货物签发多份仓单，出质人在多份仓单上设立多个质权，按照公示的先后确定清偿顺序；难以确定先后的，按照债权比例受偿。

存在第二款、第三款规定的情形，债权人举证证明其损失系由出质人与保管人的共同行为所致，请求出质人与保管人承担连带赔偿责任的，人民法院应予支持。

【适用要点】该条分四款，包括三个层次的内容：一是明确仓单质押必须符合背书、签章以及交付三要素，并且规定仓单质押也可以将登记作为公示方法，从而引导当事人尽可能通过办理登记方式避免出现空单质押、重复质押等乱象。二是针对当前仓单领域存在的"单货同质""一单多质"等乱象，根据《民法典》第414条、第415条规定精神，明确了优先顺位规则，即能够按照公示的先后确定清偿顺序，按照公示先后确定；难以确定先后的，按照债权比例受偿。三是为有效避免仓单乱象，加重保管人的责任，规定债权人举证证明其损失系由出质人与保管人的共同行为所致,请求出质人与保管人承担连带赔偿责任的,人民法院应予支持。

　　第六十条　【提单质押】在跟单信用证交易中,开证行与开证申请人之间约定以提单作为担保的,人民法院应当依照民法典关于质权的有关规定处理。

　　在跟单信用证交易中,开证行依据其与开证申请人之间的约定或者跟单信用证的惯例持有提单,开证申请人未按照约定付款赎单,开证行主张对提单项下货物优先受偿的,人民法院应予支持;开证行主张对提单项下货物享有所有权的,人民法院不予支持。

　　在跟单信用证交易中,开证行依据其与开证申请人之间的约定或者跟单信用证的惯例,通过转让提单或者提单项下货物取得价款,开证申请人请求返还超出债权部分的,人民法院应予支持。

　　前三款规定不影响合法持有提单的开证行以提单持有人身份主张运输合同项下的权利。

　　【适用要点】尽管提单是物权凭证,但在跟单信用证交易中,开证行根据其与开证申请人之间的约定持有提单,并不意味着开证行由此取得提单项下货物的所有权,因为开证行取得提单时没有取得货物所有权的意思表示。不过,基于当事人之间的约定或者法律的规定,开证行取得提单系以担保债权实现为目的,因此当事人之间有以提单进行质押的意思表示。考虑到开证行已经持有提单,开证行主张对提单项下的货物优先受偿的,人民法院应予支持。

　　2.《最高人民法院关于审理票据纠纷案件若干问题的规定》(法释〔2000〕32 号;法释〔2020〕18 号,2020 年 12 月 23 日修正)

　　第四十六条　【票据转质无效】因票据质权人以质押票据再行背书质押或者背书转让引起纠纷而提起诉讼的,人民法院应当认定背书行为无效。

　　【适用要点】与动产质权不同,权利质权人不享有转质权,质权人将权利质权转质的,转质无效。

　　第五十四条　【汇票质权的成立】依照票据法第三十五条第二款的规定,以汇票设定质押时,出质人在汇票上只记载了"质押"字样未在票据上签章的,或者出质人未在汇票、粘单上记载"质押"字样而另行签订质押合同、质押条款的,不构成票据质押。

　　【适用要点】在上述司法解释颁布前,在汇票上记载"质押"字样对于汇票质权的设立有何意义，一直存在争议。《担保法解释》第98条规定，以汇票、支票、本票出质，出质人与质权人没有背书记载"质押"字样，以票据出质对抗善意第三人的，人民法院不予支持，即以票据的交付作为票据质权的生效要件，以质押背书作为对抗要件。上述司法解释明确了背书质押及签章亦为票据质权设立的生效要件，对于统一法律适用具有重要意义。

第六十二条 【法律适用】人民法院审理票据纠纷案件,适用票据法的规定;票据法没有规定的,适用《中华人民共和国民法典》等法律以及国务院制定的行政法规。

中国人民银行制定并公布施行的有关行政规章与法律、行政法规不抵触的,可以参照适用。

【适用要点】票据法及中国人民银行制定并公布施行的有关行政规章对票据质权有特殊规定的,与法律、行政法规不抵触的,应当优先适用。首要的就是票据法有关设定质权要背书记载"质押"字样的规定,优先于《民法典》的规定适用。

3.《最高人民法院关于审理存单纠纷案件的若干规定》(法释〔1997〕8号;法释〔2020〕18号,2020年12月23日修正)

第八条 对存单质押的认定和处理

存单可以质押。存单持有人以伪造、变造的虚假存单质押的,质押合同无效。接受虚假存单质押的当事人如以该存单质押为由起诉金融机构,要求兑付存款优先受偿的,人民法院应当判决驳回其诉讼请求,并告知其可另案起诉出质人。

存单持有人以金融机构开具的、未有实际存款或与实际存款不符的存单进行质押,以骗取或占用他人财产的,该质押关系无效。接受存单质押的人起诉的,该存单持有人与开具存单的金融机构为共同被告。利用存单骗取或占用他人财产的存单持有人对侵犯他人财产权承担赔偿责任,开具存单的金融机构因其过错致他人财产权受损,对所造成的损失承担连带赔偿责任。接受存单质押的人在审查存单的真实性上有重大过失的,开具存单的金融机构仅对所造成的损失承担补充赔偿责任。明知存单虚假而接受存单质押的,开具存单的金融机构不承担民事赔偿责任。

以金融机构核押的存单出质的,即便存单系伪造、变造、虚开,质押合同均为有效,金融机构应当依法向质权人兑付存单所记载的款项。

【适用要点】存单可以质押,但存单持有人以伪造、变造的虚假存单质押的,质押合同无效,但以金融机构核押的存单出质的,即便存单系伪造、变造、虚开,质押合同均为有效,金融机构应当依法向质权人兑付存单所记载的款项。质押合同无效后,对于质权人遭受的损失,该条司法解释规定应根据接受存单质押的人及金融机构各自的过错来确定赔偿责任。

【部门规章、规范性文件与相关政策】

(一)部门规章

1.《电子商业汇票业务管理办法》(中国人民银行令〔2009〕第 2 号,2009年 10 月 16 日公布)

第五条　【电子化管理】电子商业汇票的出票、承兑、背书、保证、提示付款和追索等业务,必须通过电子商业汇票系统办理。

第五十一条　【电子商业汇票质押】电子商业汇票的质押,是指电子商业汇票持票人为了给债权提供担保,在票据到期日前在电子商业汇票系统中进行登记,以该票据为债权人设立质权的票据行为。

第五十四条　【电子商业汇票解押】电子商业汇票质押解除,必须记载下列事项:

(一)表明"质押解除"的字样;

(二)质押解除日期。

【适用要点】电子商业汇票属于没有权利凭证的汇票,依据前述规定,质权的设立以在电子商业汇票系统办理出质登记为其生效要件。

2.《储蓄国债(电子式)管理办法》(财库〔2013〕7 号,2013 年 1 月 22 日公布)

第二条　【储蓄国债的概念】本办法所称储蓄国债(电子式),是指财政部在中华人民共和国境内发行,通过承销团成员面向个人销售的、以电子方式记录债权的不可流通人民币国债。

第三条　【主管部门】财政部会同中国人民银行负责制订储蓄国债(电子式)相关政策。

第四条　【国债登记公司】财政部委托中央国债登记结算有限责任公司(以下简称国债登记公司)为财政部开发和维护储蓄国债(电子式)业务管理信息系统,用于管理储蓄国债(电子式)发行额度分配和接收、核对、记录承销团成员销售和持有储蓄国债(电子式)数据;制定数据传输规范,下发系统参数;协助财政部完成资金清算;提供管理信息和投资者储蓄国债(电子式)托管余额复核查询服务等。

第九条 【储蓄国债可以质押】储蓄国债(电子式)不可流通转让,可提前兑换、质押贷款、非交易过户等。

第十二条 【储蓄国债业务办理】承销团成员通过各自营业网点柜台和其他经批准的渠道,为投资者办理以下储蓄国债(电子式)业务:

(一)为投资者开立个人国债二级托管账户(以下简称个人国债账户),办理储蓄国债(电子式)托管和个人国债账户相关业务。

(二)为投资者办理储蓄国债(电子式)相关资金清算。

(三)为投资者办理储蓄国债(电子式)认购、付息、还本、提前兑取、非交易过户、质押贷款等业务,为投资者开立储蓄国债(电子式)持有证明(财产证明)。

(四)进行储蓄国债(电子式)政策宣传,为投资者提供储蓄国债(电子式)发行条件、业务操作规程等信息咨询和国债托管余额查询等服务。

承销团成员应开发储蓄国债(电子式)业务处理系统(以下简称业务处理系统)用于支持上述业务的办理。

【适用要点】储蓄国债并无对应的权利凭证,故以登记作为公示方法,登记机构为国债登记公司。

3.《商业银行柜台记账式国债交易管理办法》(中国人民银行令〔2002〕年第 2 号,2002 年 1 月 31 日公布)

第二条 【记账式国债概念】本办法所称记账式国债(以下简称债券)是指由财政部指定、经中国人民银行批准可在商业银行柜台进行交易的记账式国债。

第七条 【两级托管体制】柜台交易债券实行两级托管体制。中央国债登记结算有限责任公司(以下简称中央结算公司)为中国人民银行指定的债券一级托管人。承办银行为债券二级托管人。

债券托管账户采用实名制。

【适用要点】记账式国债质押,应当办理质押登记手续。

4.《凭证式国债质押贷款办法》(银发〔1999〕231 号,1999 年 7 月 9 日公布)

第二条 【凭证式国债的概念】本办法所称的凭证式国债,是指 1999 年后(含 1999 年)财政部发行,各承销银行以"中华人民共和国凭证式国债收款凭证"方式销售的国债(以下简称"凭证式国债"),不包括 1999 年以前发行的凭证式国债。

第三条 【**凭证式国债质押贷款**】凭证式国债质押贷款,是指借款人以未到期的凭证式国债作质押,从商业银行取得人民币贷款,到期归还贷款本息的一种贷款业务。

第四条 【**办理银行**】经中国人民银行批准,允许办理个人定期储蓄存款存单小额抵押贷款业务,并承担凭证式国债发行业务的商业银行,均可以办理凭证式国债质押贷款业务。

第五条 【**作为质押财产的凭证式国债**】作为质押贷款质押品的凭证式国债,应是未到期的凭证式国债。凡所有权有争议、已作挂失或被依法止付的凭证式国债,不得作为质押品。

第六条 【**凭证式国债贷款质押业务的办理**】借款人申请办理质押贷款业务时,应向其原认购国债银行提出申请,经对申请人的债权进行确认并审核批准后,由借贷双方签订质押贷款合同。作为质押品的凭证式国债交贷款机构保管,由贷款机构出具保管收据。保管收据是借款人办理凭证式国债质押贷款的凭据,不准转让、出借和再抵押。各商业银行之间不得跨系统办理凭证式国债质押贷款业务。不承办凭证式国债发行业务的商业银行,不得受理此项业务。

【**适用要点**】凭证式国债,其凭证相当于本条所谓的权利凭证,质权自权利凭证交付债权银行之日起设立。

5.《中华人民共和国国债托管管理暂行办法》(财国债字〔1997〕25 号,1997 年 4 月 10 日公布)

第二条 【**国债的概念**】本办法所称国债是指中华人民共和国财政部代表中央政府发行的以人民币支付的国家公债,包括具有实物券面的有纸国债和没有实物券面的记帐式国债。

第三条 【**国债托管**】本办法所称国债托管,是指国债投资人基于对国债托管机构(以下简称托管人)的信任,将其所拥有的国债委托托管人进行债权管理、实物券面保管与权益监护的行为。

第五条 【**托管机构**】国债托管实行全国集中、统一管理的体制,财政部授权中央国债登记结算有限责任公司(以下简称中央公司)依本办法按照不以营利为目的原则主持建立和运营全国国债托管系统,并实行自律性管理。

第八条 【**托管关系**】记帐式国债的托管关系在办理债权登记手续后即

产生。实物国债的托管关系在托管客户按本办法和有关业务规则办理存券手续后产生。

第十八条 【有纸国债与记账式国债】托管人根据合法的国债债权载明依据办理国债托管业务。

有纸国债券以财政部统一印制的具有实物券面的人民币国债券为准；记帐式国债以发行结束时经财政部确认的债权证明文件或财政部确认的托管系统合法帐户余额的证明文件为准。

第二十四条 【实物国债的托管】客户办理实物国债的托管手续后，实物券入库存管，其债权采用簿记方式进行管理。

【适用要点】实物国债属于有权利凭证的国债，以交付作为公示方法；记账式国债属于没有权利凭证的国债，以登记作为公示方法，登记机构为中央国债登记结算有限责任公司。

6.《全国银行间债券市场债券交易管理办法》（中国人民银行令〔2000〕第2号，2000年4月30日公布）

第二条 【全国银行间债券市场债券交易】本办法所指全国银行间债券市场债券交易（以下称债券交易）是指以商业银行等金融机构为主的机构投资者之间以询价方式进行的债券交易行为。

第三条 【债券交易的种类】债券交易品种包括回购和现券买卖两种。

回购是交易双方进行的以债券为权利质押的一种短期资金融通业务，指资金融入方（正回购方）在将债券出质给资金融出方（逆回购方）融入资金的同时，双方约定在将来某一日期由正回购方按约定回购利率计算的资金额向逆回购方返还资金，逆回购方向正回购方返还原出质债券的融资行为。

现券买卖是指交易双方以约定的价格转让债券所有权的交易行为。

第四条 【债券的范围】本办法所称债券是指经中国人民银行批准可用于在全国银行间债券市场进行交易的政府债券、中央银行债券和金融债券等记帐式债券。

第六条 【债券登记结算机构】中央国债登记结算有限责任公司（简称中央结算公司）为中国人民银行指定的办理债券的登记、托管与结算机构。

第七条 【主管部门】中国人民银行是全国银行间债券市场的主管部门。中国人民银行各分支机构对辖内金融机构的债券交易活动进行日常监督。

第十六条 【债券交易合同】进行债券交易，应订立书面形式的合同。

合同应对交易日期、交易方向、债券品种、债券数量、交易价格或利率、帐户与结算方式、交割金额和交割时间等要素作出明确的约定，其书面形式包括同业中心交易系统生成的成交单、电报、电传、传真、合同书和信件等。

债券回购主协议和上述书面形式的回购合同构成回购交易的完整合同。

【适用要点】债券回购主协议和书面形式的回购合同，共同构成一个以债券让与担保为担保手段的债券交易。

第十七条　【债券质押式回购】以债券为质押进行回购交易，应办理登记；回购合同在办理质押登记后生效。

【适用要点】以债券为质押进行回购交易，本质上属于债券的让与担保；该条有关回购合同在办理质押登记后生效的规定，与《民法典》规定的精神不一致，依据新法之规定，应当理解为形式上的债券质押（本质上的债券让与担保）自在国债登记公司办理质押登记之日起生效。可见，记账式债券也属于没有权利凭证，应当以登记作为公示方法的权利。

第二十一条　【回购交易的效力】回购期间，交易双方不得动用质押的债券。

第二十二条　【回购期限】回购期限最长为 365 天。回购到期应按照合同约定全额返还回购项下的资金，并解除质押关系，不得以任何方式展期。

7.《证券登记结算管理办法》（证监会令第 29 号；证监会令第 197 号，2022 年 5 月 6 日修订）

第二条　【适用范围】在证券交易所和国务院批准的其他全国性证券交易场所（以下统称证券交易场所）交易的股票、债券、存托凭证、证券投资基金份额、资产支持证券等证券及证券衍生品种（以下统称证券）的登记结算，适用本办法。证券可以采用纸面形式、电子簿记形式或者中国证券监督管理委员会（以下简称中国证监会）规定的其他形式。

未在证券交易场所交易的证券，委托证券登记结算机构办理证券登记结算业务的，证券登记结算机构参本办法执行。

境内上市外资股、存托凭证、内地与香港股票市场交易互联互通等的登记结算业务，法律、行政法规、中国证监会另有规定的，从其规定。

第三十条　【应当办理登记的交易】按照证券交易场所业务规则成交的证券买卖、出借、质押式回购等交易，证券登记结算机构应当依据证券交易场所的成交结果等办理相应清算交收和登记过户。

【适用要点】无记名公司债券质押，应当在中国证券登记结算有限公司办理质权登记。

8.《个人定期存单质押贷款办法》(银监会令 2007 第 4 号;银保监会令 2021 年第 7 号,2021 年 4 月 2 日修正)

第二条 【个人定期存单质押贷款】个人定期存单质押贷款(以下统称存单质押贷款)是指借款人以未到期的个人定期存单作质押,从商业银行(以下简称贷款人)取得一定金额的人民币贷款,到期由借款人偿还本息的贷款业务。

第四条 【定期存单的范围】作为质押品的定期存单包括未到期的整存整取、存本取息和外币定期储蓄存款存单等具有定期存款性质的权利凭证。

所有权有争议、已作担保、挂失、失效或被依法止付的存单不得作为质押品。

第十二条 【存单确认和登记止付手续】凭预留印鉴或密码支取的存单作为质押时,出质人须向发放贷款的银行提供印鉴或密码;以凭有效身份证明支取的存单作为质押时,出质人应转为凭印鉴或密码支取,否则银行有权拒绝发放贷款。

以存单作质押申请贷款时,出质人应委托贷款行申请办理存单确认和登记止付手续。

【适用要点】存款行未必就是贷款行,当二者不一致时,出质人要委托贷款行向存款行办理存单确认和登记止付手续。此时,存单质押自存单交付贷款行就有效设立。贷款行向存款行申请确认存单和登记止付手续的行为,性质上相当于债权转让场合的通知,经确认存单和登记止付手续后,对存款行发生效力,存款行不得再向出质人付款,也不得接受挂失等手续。

第十六条 【存单质权的实现】出质人和贷款人可以在质押合同中约定,当借款人没有依法履行合同的,贷款人可直接将存单兑现以实现质权。存单到期日后于借款到期日的,贷款人可继续保管质押存单,在存单到期日兑现以实现质权。

第十七条 【存单确认和登记交付】存单开户行(以下简称存款行)应根据出质人的申请及质押合同办理存单确认和登记止付手续,并妥善保管有关文件和资料。

【适用要点】在存单质押项下,存款行是存单债权的义务人,在其根据出质人的申请办理存单确认和登记止付手续后,存单质押对其发生效力,其不得再向出质人付款。

第十八条 【贷款人的义务】贷款人应妥善管理质押存单及出质人提供的预留印签或密码。因保管不善造成丢失、损坏,由贷款人承担责任。

用于质押的定期存单在质押期间丢失、毁损的,贷款人应立即通知借款人和出质人,并与出质人共同向存款开户行申请挂失、补办。补办的存单仍应继续作为质物。

质押存单的挂失申请应采用书面形式。在特殊情况下,可以用口头或函电形式,但必须在 5 个工作日内补办书面挂失手续。

申请挂失时,除出质人应按规定提交的申请资料外,贷款人应提交营业执照复印件、质押合同副本。

挂失生效,原定期存单所载的金额及利息应继续作为出质资产。

质押期间,未经贷款人同意,存款行不得受理存款人提出的挂失申请。

第二十条 【存单质押的消灭】贷款期满借款人履行债务的,或者借款人提前偿还质押贷款的,贷款人应当及时将质押的定期存单退还出质人,并及时到存单开户行办理登记注销手续。

第二十一条 【存单保管收据】借款人按贷款合同约定还清贷款本息后,出质人凭存单保管收据取回质押存单。若出质人将存单保管收据丢失,由出质人、借款人共同出具书面证明,并凭合法身份证明到贷款行取回质押存单。

【适用要点】存单质押自存单交付贷款行之日起设立,存单质押设立后,贷款行要向出质人出具存单保管收据。但保管收据仅是贷款行收到存单的证明,本身并非权利凭证。

9.《单位定期存单质押贷款管理规定》(银监会令 2007 第 9 号;银保监会令 2021 年第 7 号,2021 年 4 月 2 日修正)

第三条 【单位定期存单的概念】本规定所称单位定期存单是指借款人为办理质押贷款而委托贷款人依据开户证实书向接受存款的金融机构(以下简称存款行)申请开具的人民币定期存款权利凭证。

单位定期存单只能以质押贷款为目的开立和使用。

单位在金融机构办理定期存款时,金融机构为其开具的《单位定期存款开户证实书》不得作为质押的权利凭证。

金融机构应制定相应的管理制度,加强对开具《单位定期存款开户证实书》和开立、使用单位定期存单的管理。

第九条 【定期存单确认书】存款行在开具单位定期存单的同时,应对单位定期存单进行确认,确认后认为存单内容真实的,应出具单位定期存单确认书。确认书应由存款行的负责人签字并加盖单位公章,与单位定期存单一并递交给贷款人。

【适用要点】存款行出具的定期存单确认书具有债权凭证的性质,其与定期存单一起共同构成权利凭证,存单质押自这两个文件交付之日起设立。

(二)规范性文件

《债券质押业务操作流程(试行)》(国债函字〔2000〕025 号,2000 年 10月 11 日公布)

一、本操作流程适用于政策性银行与全国银行间债券市场成员之间的债券质押业务,可作为债券质押业务质权的债券品种为在中央国债登记结算有限责任公司(简称中央国债登记公司)托管的国债、政策性金融债、中央银行债等。在中国人民银行未正式批准启用债券簿记系统处理债券质押业务之前,暂用手工方式处理。

二、债券质押业务是指债券持有者(出质人)与质权人双方达成协议并签订债券质押合同后到中央国债登记公司办理债券质押登记手续、解押或质押券清偿过户等手续。

三、债券质押登记流程

(一)债券质押应由出质人向中央国债登记公司出示与质权人签订的主合同和债券质押协议,并提交书面的债券质押申请。债券质押申请书按中央国债登记公司提供的标准格式(见附件一)填写,并签章。

(二)中央国债登记公司受理后,当即检查出质方债券托管余额,余额足够的,核对印鉴。对余额足够且印鉴相符的,办理债券质押登记,并向出质方和质权人分别出具债券质押登记确认书(见附件二)。

四、债券解押流程

(一)债券解押(包括到期解押、提前解押和部分解押),出质人和质权人分别向中央国债登记公司提出书面债券解押申请。如果提前解押或部分解押,应在书面申请中列示其理由。债券解押申请书按中央国债登记公司提供的标准格式(见附件三、四)填写,并签章。

(二)中央国债登记公司受理后,当即审核债券解押申请,审核通过,检查出质方债券质押(冻结)余额,余额足够的,核对印鉴。对协议相符、余额足够且印鉴相符的,办理债券解押,并向出质方和质权人分别出具债券解押确认书(见附件五)。

五、质押逾期处理

(一)债券质押期届满,出质人和质权人必须办理解押或续押手续。逾期不办理的按《中华人民共和国担保法》的有关规定处理。

(二)办理债券续押手续,出质人应向中央国债登记公司出示与质权人签订的债券质续押协议,并提交书面的债券续押申请。债券续押申请书按中央国债登记公司提供的标准格式(见附件六)填写,并签章。

(三)中央国债登记公司受理后,当即检查出质方债券冻结余额,冻结余额不足的,再检查其托管余额;余额足够的,核对印鉴。对余额足够且印鉴相符的,办理债券续押登记,并向出质方和质权人分别出具债券质押登记确认书(见附件一)。

【适用要点】该流程是中央国债登记结算有限责任公司发布的,适用于政策性银行与全国银行间债券市场成员之间的债券质押业务,可作为债券质押业务质权的债券品种为在中央国债登记结算有限责任公司托管的国债、政策性金融债、中央银行债等,与《全国银行间债券市场债券交易管理办法》的适用范围相一致。

【典型案例】

(一)指导性案例

中国建设银行股份有限公司广州荔湾支行诉广东蓝粤能源发展有限公司等信用证开证纠纷案①

【裁判要旨】提单具有债权凭证和所有权凭证的双重属性,提单持有人是否因受领提单的交付而取得物权以及取得何种类型的物权,取决于合同的约定。本案中,开证行根据其与开证申请人之间的合同约定持有提单,结合当事人的真实意思表示以及信用证交易的特点,应认定开证行对信用证项下单据中的提单以及提单项下的货物享有质权,开证行行使提单质权的方式与行使提单项下动产质权的方式相同,即对提单项下货物折价、变卖、拍卖后所得价款享有优先受偿权。

---

① 最高人民法院指导性案例 111 号。

【编者评析】该指导性案例的精神已被《民法典担保制度解释》第60条所吸收。

(二)公报案例

滕州市城郊信用社诉建行枣庄市薛城区支行票据纠纷案①

【裁判要旨】背书质押不是设定票据质权的唯一方式,订立质押合同、交付票据也可以设定票据质权。以票据出质的,质押背书是表明票据持有人享有票据质权的直接证据,如果无质押背书,书面的质押合同就是票据持有人证明其享有票据质权的合法证据。背书"质押"字样不是票据质权的取得要件,仅是票据质权的对抗要件。在票据持有人持有票据,并有书面质押合同的情况下,应当认定持有人享有票据质权。

【编者评析】依据《票据法》及《民法典担保制度解释》第58条之规定,票据作为文义证券,必须要背书记载"质押"字样,质押合同不能代替背书的作用。该公报案例有关书面质押合同可以代替背书的裁判要旨,与《票据法》的规定不符,也与《民法典》的精神不符,不能再予适用。

(三)参考案例

1. 天津国恒铁路控股股份有限公司与上海浦东发展银行股份有限公司杭州和睦支行、浙江圆融实业有限责任公司票据追索权纠纷上诉案【浙江省高级人民法院(2013)浙商终字第19号】

【裁判要旨】根据《票据法》第35条的规定,票据质权的成立包含记载"质押"字样内容和有效背书两个要件。本案圆融公司与浦发银行签订最高额质押合同,将案涉汇票质押给浦发银行,按照票据法有效背书的要求在背书人栏加盖了法人财务专用章和法定代表人印章,背书栏内也记载了"质押"字样,并将票据交付给浦发银行,双方的行为符合《票据法》关于汇票质押权利成立的构成要件,据此应认定浦发银行对案涉票据的质权有效成立。

2. 中铁信托有限责任公司与招商银行股份有限公司红河分行存单质权纠纷案【四川省高级人民法院(2017)川民初81号】

【裁判要旨】关于案涉存单的质权是否有效设立。首先,案涉存单的存款行招商银行红河分行向中铁信托公司出具了《单位定期存单核押确认

---

① 具体可见《最高人民法院公报》2004年第11期。

书》,确认该存单由其开立,并保证该存单真实有效,且未提示或注明该存单上存在其他权利负担或权利瑕疵;其次,三和商贸公司作为案涉《存单质押监管协议》的一方当事人,认可中铁信托公司委托招商银行红河分行为其提供存单质押监管服务的内容,表明其已将案涉存单的管理权与控制权移交给中铁信托公司。这足以证明三和商贸公司作为出质人已向中铁信托公司完成了存单交付义务,中铁信托公司对案涉存单的质权已依法有效设立。招商银行红河分行关于案涉存单是三和商贸公司基于向其申请9500万元贷款而申请开立的主张,一方面与前述刑事判决中三被告人的供述不符;另一方面,该存单的开立手续是否符合《单位定期存单质押贷款管理规定》的相关规定,涉及的是相关行业的管理性规范,并不因此必然导致存单无效以及存单质押无效的法律后果。因此,案涉存单的质权已有效设立。

第四百四十二条 【有价证券质权的特殊规则】汇票、本票、支票、债券、存款单、仓单、提单的兑现日期或者提货日期先于主债权到期的，质权人可以兑现或者提货，并与出质人协议将兑现的价款或者提取的货物提前清偿债务或者提存。

【条文精解】

（一）条文要点

本条是关于汇票、本票、支票等有价证券的兑现日期或者提货日期先于主债权到期时，质权人如何实现权利的规定，基本沿用了《物权法》第 225 条的规定，除了将"本票"与"支票"的顺序互换外，未作实质性改动。

1. 有价证券质权实现的共同规则

兑现日期，是指汇票、本票、支票、债券、存款单上所记载的权利得以实现的日期；提货日期，是指仓单、提单上记载的交付物品的日期。载明兑现日期或者提货日期的汇票、本票、支票、债券、存款单、仓单、提单的兑现日期或者提货日期届至时，原则上必须兑现或者提货，以免除第三债务人的债务。如果不按时兑现或者提货，属于债权人受领延迟，可能给出质人自身带来损失，最终影响其所担保的主债权的实现。因此本条规定，汇票、本票、支票、债券、存款单、仓单、提单的兑现日期或者提货日期先于主债权到期的，质权人可以不经过出质人同意，有权将汇票、本票、支票、债券或者存款单上所载款项兑现，有权将仓单或者提单上所载货物提货。但质权人兑现款项或者提取货物后不能据为己有，其必须通知出质人，并与出质人协商，用兑现的价款或提取的货物提前清偿债权，或者将兑现的价款或提取的货物提存。提前清偿债权的，质权消灭；提存的，质权继续存在于提存的价款或者货物上。出质人只能在提前清偿债权和提存中选择，不能既不同意提前清偿债权也不同意提存。① 此时，第三债务人因向质权人清偿而免除了债务。

---

① 胡康生主编：《中华人民共和国物权法释义》，法律出版社 2007 年版，第 484~485 页。

2. 票据质权实现的特殊规则

票据质权设定后,质权人作为被背书人、持票人,已经取得完整的票据权利,但质权人尚不得真正行使票据权利,只有在主债务履行期届满主债权未获清偿或者发生当事人约定的实现质权的情形时,质权人才能行使票据权利。依据相关规定,质权人可以行使付款请求权或追索权,并就所得款项优先受偿:

一是付款请求权。该权利是指持票人请求主债务人向自己履行付款义务的权利。此种请求权是票据权利中的第一次请求权。由于票据主债务人对于票据负有绝对的付款责任,在主债权到期未获清偿而票据又已到期的情况下,质权人作为债权人,即可依背书的连续性证明自己权利的存在,持票据提示主债务人付款,即使质权人怠于履行票据权利的保全手续,主债务人的付款责任仍不能免除。当票据主债务人将票款支付给质权人时,票据质权即告消灭,当付款金额超出被担保债权的数额时,超过部分应返还给出质人。根据《民法典》第442条的规定,当票据已经到期而其所担保的主债务尚未到期时,质权人也应有权兑付票款,并将票款提存,或与出质人协商以票款提前偿还主债务。

二是追索权。该权利是指当付款请求权不能实现时,持票人向其前手请求偿还票款的权利。需要注意的是,持票人未行使付款请求权,不得径行行使追索权。在质权人行使付款请求权而不能实现时,质权人在进行了行使或保全票据权利的行为后,即可向其前手追索。如经追索而获票款,则可优先满足自己的债权。

3. 存单质权实现的特殊规则

对于存单质权而言,除法定的质权实现情形即主债务履行期满债务人未履行债务或者发生当事人约定的实现质权的情形外,还应持有存单。存单是债权凭证,不持有存单表明不享有存单债权。因存单出质为有权利凭证的出质,故需占有存单,当质权人将权利凭证返还出质人的,质权即告消灭。实践中要注意,返还存单是指质权人依自己的意思表示返还存单,而不是被欺诈的结果。如果质权人在丧失对存单的占有后能够提起返还之诉的,质权并不消灭。但在存单丧失占有期间第三人善意取得存单项下的权利的,质权人不能对抗该第三人已取得的权利。

实务中,当质权人以存单质押向银行申请实现质权时,存款行出于保护储户利益的考虑,应对质权人提交的质押文书及存单进行审查,对依法不具有质权合同成立或生效条件的,存款行有权拒绝质权人(债权人)交单提款的要求。但不能以质权人不是存款权利人不能单独取款为由而拒绝兑付,如其拒付,质权人可以对存款行提起给付之诉。因《民法典》第 442 条规定了质权人可以自行兑现或提货,对于存单而言,质权人亦无须通知出质人,除非当事人另有约定。

4. 有价证券兑现或提货日期晚于债务履行期时如何处理

此种情况下,如果允许质权人兑现或者提货,就相当于要求第三人提前履行债务,这无疑加重了其经济负担,对其有失公平。而且第三人是相对于出质人负有履行债务的义务,与质权人无关,只是由于权利质权的设定才与质权人发生了法律上的关系,因此《担保法解释》第 102 条规定:"以载明兑现或者提货日期的汇票、支票、本票、债券、存款单、仓单、提单出质的,其兑现或者提货日期后于债务履行期的,质权人只能在兑现或者提货日期届满时兑现款项或者提取货物。"根据该规定,质权人只能待有价证券到期日届至时兑现或者提取货物而受偿。质权人也可以在被担保债权届期未获清偿时,于证券上权利行使之日期之前,将证券转让,以所得价款受偿。简言之,票据的兑现日期后于其所担保的债务的履行期的,质权人只能在票据的兑现日期届满的时候兑现票据记载的款项,而不能提前兑现。在不损害其他人利益的情况下,该第三债务人同意的除外。该司法解释尽管已被废止,但其确立的规则仍具有可适用性。

5. 仓单质押与仓储物担保并存时,相关债权的受偿顺序

《民法典》第 908 条规定:"存货人交付仓储物的,保管人应当出具仓单、入库单等凭证。"《民法典》第 910 条规定:"仓单是提取仓储物的凭证。存货人或者仓单持有人在仓单上背书并经保管人签名或者盖章的,可以转让提取仓储物的权利。"据此,仓单兼具债权凭证和物权凭证双重属性。近年来,仓单质押的乱象频发。针对这些乱象,《民法典担保制度解释》第 59 条尝试从源头化解:首先,规定仓单质押的条件,设立纸质仓单质押除了需要有质押合同外,还需要具备以下要件:一是在仓单上以背书记载"质押"字样。背书记载要符合背书连续的要求,最初的背书人是存货人。在仓单通过背书转让的情况下,被背书人是仓单的受让人。基于仓单物权凭证的性质,凡是仓单的合法持有人,都可以主张仓单项下的权利——主要是提取仓储物的权利。二是必须要由保管人签章,具体要求可以准用《票据法》有关签章的规定。三是仓单必须要交付质权人。其次,鼓励通过登记确定清偿顺序:一是应当按

照公示先后确定清偿顺序,这里的公示既包括交付也包括登记;二是难以确定先后的,主要是在数个仓单质押都以交付作为公示方法的情形,此时按照债权比例清偿。最后,加重出质人与保管人的责任。保管人之所以会伪造仓单,往往是出质人的请求。因而在造成质权人损害的情况下,往往表明出质人与保管人构成共同侵权,质权人请求出质人与保管人承担连带赔偿责任的,人民法院应予支持。

6. 跟单信用证项下开证行基于提单享有的权利内容

买方出于资金融通的需求,可以将提单作为权利质押的标的出质给开证行。开证申请人与开证行可以通过合同约定提单质押或者基于跟单信用证的惯例持有提单从而取得提单质权,在开证申请人未按照约定付款赎单时,开证行可以对提单项下的货物主张优先受偿。由于开证行持有提单的目的并不在于取得物之所有权,而在于取得其担保清偿的权利质权,所以其无权主张对提单项下的货物取得所有权。通过转让提单或者提单项下货物取得价款时,开证行应当将超出债权的部分返还开证申请人。开证行所享有的提单质权如果与其他债权人对提单项下货物所可能享有的留置权、动产质权等权利产生冲突的,可在执行分配程序中依法予以解决。

(二)适用情况

本条主要适用于以下情形:

一是人民法院认定该条款是在赋予质权人提前兑现票据价款的权利而非义务,本条规定的是质权人"可以"兑现而非质权人"应当"或"必须"兑现。因此,质权人在占有作为质押物的票据期间并无主动处分票据的义务,也不应根据诚实信用原则苛以质权人提示付款的主给付义务。就提示付款的注意义务而言,出质人作为实际票据权利人理应密切关注被质押票据的到期日及票据状态,对于票据按期提示付款理应尽到更高的注意义务。

二是当出质人既以仓单出质,又以仓储物设立担保,各担保物权人应当按照公示的先后确定清偿顺序;难以确定先后的,按照债权比例清偿。

三是在提单质押纠纷中,开证申请人(债务人)未按照约定付款赎单,开证行(质权人)主张对提单项下货物优先受偿的,人民法院应予支持;开证行主张对提单项下货物享有所有权的,人民法院不予支持。

【相关法律、行政法规】

（一）相关法律

1.《中华人民共和国民法典》（2020 年 5 月 28 日通过）

第五百七十条 【提存的事由】有下列情形之一，难以履行债务的，债务人可以将标的物提存：

（一）债权人无正当理由拒绝受领；

（二）债权人下落不明；

（三）债权人死亡未确定继承人、遗产管理人，或者丧失民事行为能力未确定监护人；

（四）法律规定的其他情形。

标的物不适于提存或者提存费用过高的，债务人依法可以拍卖或者变卖标的物，提存所得的价款。

【适用要点】《民法典》第 442 条规定汇票、本票、支票、债券、存款单、仓单、提单的兑现日期或者提货日期先于主债权到期的，质权人可以兑现或者提货，并与出质人协议将兑现的价款或者提取的货物提存，属于该条规定的"法律规定的其他情形"。当仓单、提单所对应的货物不便于提存时，根据该条规定，质权人依法可以拍卖或者变卖标的物，将所得的价款提存。

第九百一十五条 【储存期限届满仓储物提取】储存期限届满，存货人或者仓单持有人应当凭仓单、入库单等提取仓储物。存货人或者仓单持有人逾期提取的，应当加收仓储费；提前提取的，不减收仓储费。

第九百一十六条 【逾期提取仓储物】储存期限届满，存货人或者仓单持有人不提取仓储物的，保管人可以催告其在合理期限内提取；逾期不提取的，保管人可以提存仓储物。

【适用要点】当以仓单质押时，仓单持有人即质权人逾期提取质押财产的，应当加收仓储费，所以《民法典》第 442 条规定了提货日期届至时，原则上必须提货，如不按时提货，有可能会给债务人自身带来损失，最终影响担保的主债权的实现。

2.《中华人民共和国海商法》（1992 年 11 月 7 日通过）

第七十一条 【提单定义】提单，是指用以证明海上货物运输合同和货物已经由承运人接收或者装船,以及承运人保证据以交付货物的单证。提单中载明的向记名人交付货物,或者按照指示人的指示交付货物,或者向提单持有人交付货物的条款,构成承运人据以交付货物的保证。

第七十八条　【提单效力】承运人同收货人、提单持有人之间的权利、义务关系,依据提单的规定确定。

收货人、提单持有人不承担在装货港发生的滞期费、亏舱费和其他与装货有关的费用,但是提单中明确载明上述费用由收货人、提单持有人承担的除外。

【适用要点】以上条文是《海商法》中有关提单的规定。提单既是证明运输合同成立的证据,又是承运人保证交付货物的单证。提单质押时,质权人享有提单载明的债权请求权,即请求承运人交付货物。

【典型案例】

(一)参考案例

1. 上海聚千实业有限公司与上海鹏宏建筑材料有限公司票据追索权纠纷案【上海市第一中级人民法院(2014)沪一中民六(商)终字第 524 号】

【裁判要旨】票据质押系属权利质押之一种,而权利质押并非权利转让,故票据质押的实质为票据权利人将票据权利质押于质权人,为主债务提供担保,而非将票据权利转让与质权人,质权人即使在票据上将自己记载为票据当事人,亦并不当然享有完整的票据权利。《物权法》第 225 条①规定:汇票、支票、本票、债券、存款单、仓单、提单的兑现日期或者提货日期先于主债权到期的,质权人可以兑现或者提货,并与出质人协议将兑现的价款或者提取的货物提前清偿债务或者提存。依照上述法律规定,质押票据的到期日早于主债权到期日的,质权人行使质权的方式为兑现票据,并与出质人协商以票据款提前清偿债务,质押票据的到期日晚于主债权到期日的,则质权人无权提前兑现。依《票据法》规定,支票限于见票即付,且支票的持票人应当自出票日起 10 日内提示付款,即支票的到期日为出票日期起的 10 日内。而在无一致合意情况下,出质人一般并无在主债务到期前提前履行担保义务的意思表

---

①　《民法典》第 442 条。下同。

示,出票人授权质权人补记出票日期的授权范围一般不应早于主债务到期日前 10 日。故出质人以空白支票出质的,质权人应负有合理补记的义务;如质权人将支票到期日填写于主债权到期之前,实质系提前要求出票人履行债务,即在主债务尚未到期的情况下,要求质押票据的出票人提前承担质押责任,显然超出出票人的授权范围,违反担保法律制度的一般原则,出票人作为授权人,得以此对质权人的主张予以抗辩,如因此造成质权无法实现的,应由质权人自行承担相应民事责任。

2. 中国农业银行股份有限公司永州零陵支行与华融湘江银行股份有限公司永州分行案外人执行异议之诉纠纷案【湖南省永州市零陵区人民法院(2020)湘 1102 民初 514 号**】**

【裁判要旨】依照《物权法》第 225 条之规定,汇票、支票、本票、债券、存款单、仓单、提单的兑现日期或者提货日期先于主债权到期的,质权人可以兑现或者提货,并与出质人协议将兑现的价款或者提取的货物提前清偿债务或者提存;依照《担保法解释》第 102 条,“以载明兑现或者提货日期的汇票、支票、本票、债券、存款单、仓单、提单出质的,其兑现或者提货日期后于债务履行期的,质权人只能在兑现或者提货日期届满时兑现款项或者提取货物”。本案中,杨情华在被上诉人处申请的贷款到期日为 2020 年 1 月 17 日,为该笔债务提供质押担保的大额定期存单的到期日为 2020 年 1 月 17 日,债务履行期满且大额定期存单到期,被上诉人有权兑现存单实现质权。

第四百四十三条　【以基金份额、股权出质】以基金份额、股权出质的,质权自办理出质登记时设立。

基金份额、股权出质后,不得转让,但是出质人与质权人协商同意的除外。出质人转让基金份额、股权所得的价款,应当向质权人提前清偿债务或者提存。

【条文精解】

(一)条文要点

本条是关于基金份额、股权出质的规定,基本沿用了《物权法》第 226 条的规定,主要修改有二:一是删除了"当事人应当订立书面合同"的规定,减少与《民法典》第 427 条的语意重复,避免条文的赘述;二是删除"以基金份额、证券登记结算机构登记的股权出质的,质权自证券登记结算机构办理出质登记时设立;以其他股权出质的,质权自工商行政管理部门办理出质登记时设立"的表述,代之以"质权自办理出质登记时设立",不再强调登记主体,为统一动产和权利担保登记机构预留空间。

1. 关于基金份额质押

所谓"基金份额",是指向投资者公开发行的,表示持有人按其所持份额对基金财产享有收益分配权、清算后剩余财产取得权和其他相关权利,并承担义务的凭证。根据《证券投资基金法》的规定,基金就是指证券投资基金,即通过公开发售基金份额募集,由基金托管人托管,基金管理人管理,为基金份额持有人的利益,以资产组合方式进行的证券投资活动。基金的运作方式可以采用封闭式、开放式或者其他方式。采用封闭式运作方式的基金(以下简称封闭式基金),是指基金份额总额在基金合同期限内固定不变,基金份额持有人不得申请赎回的基金;采用开放式运作方式的基金(以下简称开放式基金),是指基金份额总额不固定,基金份额可以在基金合同约定的时间和场所申购或者赎回的基金。根据《证券投资基金法》的规定,非公开募集基金,不得向合格投资者之外的单位和个人转让,在转让时也不得超出法律规定的投资者人数的限制。因此,在基金份额出质时也需要遵守相应的限制。但即使是非公开募集基金份额也可以出质,只不过在基金份额质权实现之时,适用《证券投资基金法》的规定,转让给合格投资者。

《证券投资基金法》第102条第1款规定:"基金份额登记机构以电子介质登记的数据,是基金份额持有人权利归属的根据。基金份额持有人以基金份额出质的,质权自基金份额登记机构办理出质登记时设立。"目前,以证券登记结算机构登记的基金份额出质,在证券登记结算机构登记;未在证券登记结算机构登记的,在其他基金份额登记机构登记,至于该机构究竟是何种机构,实践中基金管理公司往往会参考股票质押的做法,即基金份额持有人在和债权人订立了书面的质押协议后,双方共同到基金注册登记机构办理质押登记。

2. 关于股权质押

股权有广义与狭义之分,广义的股权包括当事人因投资形成的在各类法人或非法人组织中有用的股份,既包括有限责任公司、股份有限公司股份,也包括合伙企业、合作企业、事业单位、社会团体股份;狭义的股权仅指有限责任公司与股份有限公司的股权。从本条的规定看,应既包含狭义的股权也包括广义的合伙企业的出资份额,因为合伙企业除在组织行使和管理等方面与有限责任公司、股份有限公司存在区别外,其本质均属于营利性经济组织,股权的性质并无本质区别,当然非营利性或公益性的社会组织与团体的股份,不属于法律规定的可以出质的股权,应当排除在权利质押范围之外。针对不同类型公司股权质权分述如下:

一是以证券登记结算机构登记的股权出质的。证券登记结算机构是指为证券交易提供集中登记、存管与结算服务,不以营利为目的的法人。依法应当在证券登记结算机构登记的股权,包括上市公司的股权、公开发行股份的公司的股权、非公开发行但股东在200人以上的公司的股权、在全国中小企业股份转让系统转让股权的股份公司以及退市公司的股权等,这些股权的表现形式都为股票。根据《证券法》的规定,这些股票都实行无纸化管理,其发行、转让等行为都要受证券监督管理机构的监管,股票的过户、结算、保管等行为都通过证券登记结算机构。同时,证券登记结算机构的结算采取全国集中统一的电子化运营方式,既方便当事人和第三人登记、查询,也节省登记成本。因此,以这些股权出质的,出质人须到证券登记结算机构办理出质登记才能成立。出质人仅将股权证交与债权人,债权人出具收据证明收到上述股权证的行为,不足以证明双方之间形成股权质押或事实质押法律关系。

二是以其他股权出质的。这里的其他股权,是指不在证券登记结算机构登记的股权,包括有限责任公司的股权、非公开发行的股东在 200 人以下的股份有限公司的股权等。有意见认为,以这些股权出质的,将出质的情况记载于公司的股东名册即可。但考虑到质权为担保物权,应当具有较强的公示效果,能够让第三人迅速、便捷、清楚地了解到权利上存在的负担,在股东名册上的记载其公示效果不强,也不便于第三人查询。按照目前的安排,有限责任公司的股权和未在证券登记结算机构登记的股份有限公司的股权,在市场监管机构办理股权质权登记。虽然《民法典》物权编删除了《物权法》中动产抵押、权利质押有关具体登记机构的规定,为以后建立统一的动产和权利担保登记制度留下空间,但从目前统一动产和权利担保登记的范围来看,股权质权的登记尚未统一到这一登记系统之中。

三是以外商投资企业股权出质的。外商投资企业,是指全部或者部分由外国投资者投资,依照中国法律在中国境内经登记注册设立的企业。外商投资企业股权质权,是指外国投资者以其拥有的股权为标的而设立的质权。《外商投资企业投资者股权变更的若干规定》(〔1997〕外经贸法发第 267 号,已失效)指出,外商投资企业的投资者以其拥有的股权设立质权,必须经其他各方投资者同意,并经审批机关同意。投资者用于出质的股权必须是已经实际缴付出资部分形成的股权,投资者不得质押未缴付出资部分的股权。除非外方投资者以其全部股权设立质权,否则,外方投资者以股权出质的结果不能导致外方投资者的投资比例低于企业注册资本的 25%。此外,投资者不得将其股权出质给本企业。但是,《外商投资法》修改了相关规则,其中第 31 条规定:"外商投资企业的组织形式、组织机构及其活动准则,适用《中华人民共和国公司法》《中华人民共和国合伙企业法》等法律的规定。"上述质押规则是否发生改变,还留待监管部门作出具体规定。

四是以合伙企业股权出质的。关于合伙企业合伙人的出资能否设定质押的问题,理论上存在争议。有人认为,合伙人的出资属于不适于质押的股权,因为此类股权与企业合伙人的人格密切联系,不仅质权的设定和实现较为困难,而且质权的实现将导致合伙人退伙,影响合伙企业的稳定。此种观点尚值商榷。合伙人的出资既具财产性,又非不可让与和不适于出质,符合可质押的权利的要件,应可以成为质押之标的。《合伙企业法》第 22 条规定:"除合伙协议另有约定外,合伙人向合伙人以外的人转让其在合伙企业中的全部或者部分财产份额时,须经其他合伙人一致同意。合伙人之间转让在合伙企业中的全部或者部分财产份额时，应当通知其他合伙人。"该法第23条规定："合伙人向合伙人以外的人转让其在合伙企业中的财产份额的，在同等条件下，其他合伙人有优先购买权；但是，合伙协议另有约定的除外。"由此可见，合伙人的出资形成的股权具有让与性，只是其让与受到了一定的限制。《合伙企业法》第25条规定："合伙人以其在合伙企业中的财产份额出质的，须经其他合伙人一致同意；未经其他合伙人一致同意，其行为无效，由此给善意第三人造成损失的，由行为人依法承担赔偿责任。"由此可见，《合伙企业法》规定对合伙人的出资所形成的股权亦可出质。合伙企业股权出质的，在市场监管机构办理股权质权登记。

3. 基金份额、股权出质后出质人能否转让问题

关于基金份额、股权出质后能否转让问题，本条沿袭了《物权法》的规定，以禁止转让为原则，以出质人与质权人协商同意为例外。事实上，不仅本条作了如此规定，在知识产权质押、应收账款质押场合，相关条文都有类似规定。这些规定与《物权法》第191条有关禁止抵押财产转让在精神上是完全一致的，即都包括以下内容：一是原则上禁止转让抵押财产或已经设定质押的权利，除非征得抵押权人或质权人的同意；二是在征得抵押权人或债权人的同意后，转让所得价款应当向担保物权人提前清偿或提存。但在《民法典》起草过程中，对于应否允许抵押财产转让产生了激烈的争论。在抵押财产转让问题上，《民法典》最终并未沿袭《物权法》第191条有关限制抵押人转让抵押财产的做法，而是在承认抵押权具有追及力的基础上，认可抵押人有权转让抵押财产。同时，又借鉴《物权法》有关提前清偿债务或者提存的规定，规定只有在抵押权人能够证明抵押财产转让可能损害抵押权的情况下，抵押权人才能请求抵押人提前清偿债务或者提存，并明确抵押人负有通知义务。遗憾的是，有关抵押财产转让上的争论并未延及权利质押，导致同是以登记作为公示方法的担保物权，抵押财产以允许转让为原则、限制转让为例外；而在权利质押场合，则以限制转让为原则、允许转让为例外。这是否会导致体系违反，尚待深入研究。

出质人征得质权人同意转让已经出质的基金份额、股权，依据本条规定，应当将所得价款用于提存或提前清偿债务。值得探讨的是，出质人未经质权人同意即转让已经出质的基金份额、股权，应当如何处理？首先，从权利转让合同效力的角度看，对权利转让合同是否有效，存在不同观点。在《民法典》已经认可无权处分合同有效的情况下，不应否定权利转让合同的效力，更不

用说未经质权人同意转让权利的行为还不构成无权处分,更不应影响权利转让合同的效力。其次,尽管权利转让合同有效,但未经质权人同意,受让人难以办理基金份额、股权的过户登记,从而不能取得基金份额或股权。既然其并未取得基金份额或股权,自然也不存在注销质权登记问题。可见,其要想取得基金份额或股权,必须要与质权人协商,只有在将价款提存或提前清偿的情况下,才能取得基金份额或股权。

（二）适用情况

本条主要适用于以下情形:

一是人民法院认为以股权出质的质权因未登记而未能有效设立,不影响双方之间成立股权质押合同关系。在此情形下,对于出质人是否应对此承担违约赔偿责任,应当考察出质人是否负有出质登记的义务,对未进行出质登记是否具有过错。一般考察质权人是否进行过登记催告、质押合同中是否存在登记义务的约定。出质人负有过错,由质权人承担举证责任。

二是出质人擅自转让股权或者基金份额由此给质权人造成损失的,出质人应当承担赔偿责任,人民法院对于出质人应承担的赔偿数额,以出质人出质的质押物价值为限,并根据出质人和质权人对未进行出质登记的过错程度确定。

三是在质押物数额存在争议的情况下,人民法院认为因为基金份额、股权出质自出质登记时设立,因此应以登记为准。

【相关法律、行政法规】

（一）相关法律

1.《中华人民共和国民法典》（2020 年 5 月 28 日通过）

第四百零六条　【抵押财产转让】抵押期间,抵押人可以转让抵押财产。当事人另有约定的,按照其约定。抵押财产转让的,抵押权不受影响。

抵押人转让抵押财产的,应当及时通知抵押权人。抵押权人能够证明抵押财产转让可能损害抵押权的,可以请求抵押人将转让所得的价款向抵押权人提前清偿债务或者提存。转让的价款超过债权数额的部分归抵押人所有,不足部分由债务人清偿。

【适用要点】同是担保财产转让,出质权利转让与抵押财产转让在规则上并不相同,其合理性如何仍待研究。

2.《中华人民共和国公司法》(2005 年 10 月 27 日修订,2018 年 10 月 26 日修正)

第一百四十二条第五款 【本公司股份的收购及质押】公司不得接受本公司的股票作为质押权的标的。

【适用要点】按照规定,公司以股票进行质押时,不得接受本公司的股票作为质权的标的。法律作出这一规定的主要考虑是,质押的意义在于当公司的债权得不到偿还时,公司有权将债务人的质押物进行变卖。但是,当公司以本公司的股票作为自己质权的标的时,一旦债务人不能履行自己的债务,作为债权人的公司将该股票拍卖时,如果没有人购买,自己的利益也没有得到维护,起不到质押的作用。此时公司本身又处于股东的地位,造成法律关系的混乱,不利于公司资本的充实与维持。

3.《中华人民共和国合伙企业法》(2006 年 8 月 27 日修订)

第二十五条 【合伙份额出质】合伙人以其在合伙企业中的财产份额出质的,须经其他合伙人一致同意;未经其他合伙人一致同意,其行为无效,由此给善意第三人造成损失的,由行为人依法承担赔偿责任。

【适用要点】该条是关于合伙人以自己在合伙企业中的财产份额出质的规定,包括以下两方面的内容:一是合伙人可以以其在合伙企业中的财产份额出质,但必须经其他合伙人一致同意。因为合伙份额出质后,一旦质权人实现质权,就可能会有新的合伙人进入合伙,从而与合伙的人合性相冲突,故以合伙份额出质,应当征得其他合伙人的一致同意。二是合伙人非法出质给善意第三人造成损失的,依法承担赔偿责任。

4.《中华人民共和国证券投资基金法》(2012 年 12 月 28 日修订,2015 年 4 月 24 日修正)

第一百零二条 【基金份额出质】基金份额登记机构以电子介质登记的数据,是基金份额持有人权利归属的根据。基金份额持有人以基金份额出质的,质权自基金份额登记机构办理出质登记时设立。

基金份额登记机构应当妥善保存登记数据,并将基金份额持有人名称、身份信息及基金份额明细等数据备份至国务院证券监督管理机构认定的机构。其保存期限自基金账户销户之日起不得少于二十年。

基金份额登记机构应当保证登记数据的真实、准确、完整,不得隐匿、伪造、篡改或者毁损。

【适用要点】依据该条规定，电子介质登记的基金份额，以登记作为公示方法，且登记是基金份额质权设立的生效要件。

（二）相关行政法规

《国务院关于实施动产和权利担保统一登记的决定》（国发〔2020〕18号，2020 年 12 月 22 日公布）

二、纳入动产和权利担保统一登记范围的担保类型包括：

（一）生产设备、原材料、半成品、产品抵押；

（二）应收账款质押；

（三）存款单、仓单、提单质押；

（四）融资租赁；

（五）保理；

（六）所有权保留；

（七）其他可以登记的动产和权利担保，但机动车抵押、船舶抵押、航空器抵押、债券质押、基金份额质押、股权质押、知识产权中的财产权质押除外。

【适用要点】该决定将基金份额质押和股权质押排除在统一的动产和权利登记系统之外。

【司法解释及规范性司法文件】

（一）司法解释

《最高人民法院关于审理外商投资企业纠纷案件若干问题的规定（一）》（法释〔2010〕9 号；法释〔2020〕18 号，2020 年 12 月 23 日修正）

第十三条　**【外商投资企业的股权质押】**外商投资企业股东与债权人订立的股权质押合同，除法律、行政法规另有规定或者合同另有约定外，自成立时生效。未办理质权登记的，不影响股权质押合同的效力。

当事人仅以股权质押合同未经外商投资企业审批机关批准为由主张合同无效或未生效的，人民法院不予支持。

股权质押合同依照民法典的相关规定办理了出质登记的，股权质权自登记时设立。

【适用要点】该条是有关外商投资企业股权设定质押的规定,包括以下几层含义:一是明确规定外商投资企业股东与债权人订立的股权质押合同除法律、行政法规另有规定或者合同另有约定外,自成立时生效。未办理质权登记的,不影响股权质押合同的效力。二是当事人仅以股权质押合同未经外商投资企业审批机关批准为由主张合同无效或未生效的,人民法院不予支持。三是股权质权自办理质押登记之日起设立。

【部门规章、规范性文件与相关政策】

(一)部门规章

1.《证券公司股票质押贷款管理办法》(银发〔2004〕256 号,2004 年 11月 2 日公布)

第二条　【股权质押贷款】本办法所称股票质押贷款,是指证券公司以自营的股票、证券投资基金券和上市公司可转换债券作质押,从商业银行获得资金的一种贷款方式。

第三条　【作为质物的股票】本办法所称质物,是指在证券交易所上市流通的、证券公司自营的人民币普通股票(A 股)、证券投资基金券和上市公司可转换债券(以下统称股票)。

第十二条　【对作为质物的股票的要求】用于质押贷款的股票应业绩优良、流通股本规模适度、流动性较好。贷款人不得接受以下几种股票作为质物:

(一)上一年度亏损的上市公司股票;

(二)前六个月内股票价格的波动幅度(最高价/最低价)超过 200%的股票;

(三)可流通股股份过度集中的股票;

(四)证券交易所停牌或除牌的股票;

(五)证券交易所特别处理的股票;

(六)证券公司持有一家上市公司已发行股份的 5%以上的,该证券公司不得以该种股票质押;但是,证券公司因包销购入售后剩余股票而持有 5%以上股份的,不受此限。

第十三条　【股票质押率】股票质押率由贷款人依据被质押的股票质量

及借款人的财务和资信状况与借款人商定,但股票质押率最高不能超过60%。质押率上限的调整由中国人民银行和中国银行业监督管理委员会决定。

质押率的计算公式:

质押率=(贷款本金/质押股票市值)×100%

质押股票市值=质押股票数量×前七个交易日股票平均收盘价。

第二十三条　【股票质押比率】一家商业银行及其分支机构接受的用于质押的一家上市公司股票,不得高于该上市公司全部流通股票的10%。一家证券公司用于质押的一家上市公司股票,不得高于该上市公司全部流通股票的10%,并且不得高于该上市公司已发行股份的5%。被质押的一家上市公司股票不得高于该上市公司全部流通股票的20%。上述比率由证券登记结算机构负责监控,对超过规定比率的股票,证券登记结算机构不得进行出质登记。中国人民银行和中国银行业监督管理委员会可根据需要适时调整上述比率。

第二十七条　【警戒线和平仓线】为控制因股票价格波动带来的风险,特设立警戒线和平仓线。警戒线比例(质押股票市值/贷款本金×100%)最低为135%,平仓线比例(质押股票市值/贷款本金×100%)最低为120%。在质押股票市值与贷款本金之比降至警戒线时,贷款人应要求借款人即时补足因证券价格下跌造成的质押价值缺口。在质押股票市值与贷款本金之比降至平仓线时,贷款人应及时出售质押股票,所得款项用于还本付息,余款清退给借款人,不足部分由借款人清偿。

第三十五条　【孳息的归属】质物在质押期间所产生的孳息(包括送股、分红、派息等)随物一起质押。

质物在质押期间发生配股时,出质人应当购买并随质物一起质押。出质人不购买而出现质物价值缺口的,出质人应当及时补足。

【适用要点】为拓宽证券公司融资渠道,支持我国资本市场健康发展,中国人民银行、中国银行业监督管理委员会和中国证券监督管理委员会对2000年2月2日中国人民银行和中国证券监督管理委员会联合发布的《证券公司股票质押贷款管理办法》进行了修订。该办法出台对规范股票质押贷款业务,维护借贷双方的合法权益,防范金融风险,促进我国资本市场的稳健发展均有裨益,在以股票办理质押贷款过程中,应当适用本办法的规定。上文截取了部分常见实务规定,应当予以注意。

2.《股权出质登记办法》(国家工商行政管理总局令第 32 号;国家市场监督管理总局令第 34 号,2020 年 12 月 31 日修正)

第二条 【适用范围】以持有的有限责任公司和股份有限公司股权出质,办理出质登记的,适用本办法。已在证券登记结算机构登记的股份有限公司的股权除外。

第三条 【登记机关】负责出质股权所在公司登记的市场监督管理部门是股权出质登记机关(以下简称登记机关)。

各级市场监督管理部门的企业登记机构是股权出质登记机构。

【适用要点】根据《公司法》有关规定,上市公司的股权、公开发行股份的公司的股权,非公开发行但股东在 200 人以上的公司的股权,其发行、转让等都要在证券登记结算机构进行登记,因此以上述股权质押的,应当在相应的证券登记结算机构办理出质登记。而有限责任公司的股权、非上市的股份有限公司的股权,则应当在相应的市场监督管理部门办理股权出质登记。

【典型案例】

(一)参考案例

1. 商储胜记仓物流有限公司、刘昌宁与贵州中鼎翔贸易有限公司买卖合同纠纷案【最高人民法院(2019)最高法民再 202 号**】**

【裁判要旨】根据《物权法》第 226 条①第 1 款规定,刘昌宁在出具《担保函》之后,并未办理股权质押登记或者通知商储公司为其办理质押登记,据此可以认定质权因未办理出质登记而未设立。但双方之间的质权设立合同是双方的真实意思表示,并不违反法律法规的强制性规定,应属有效,刘昌宁与商储公司之间成立股权质押合同关系。作为股权出质人的刘昌宁负有向工商行政管理部门办理出质登记的义务,现刘昌宁并未办理案涉股权质押登记,导致商储公司最终无法就案涉股权的交换价值享有优先受偿权,对商储公司构成了违约,应承担相应的违约责任。

【编者评析】股权质权自办理登记之日起设立,但股权质权未有效设立,并不意味着当事人无须承担任何责任。参照《民法典担保制度解释》第 46

---

① 《民法典》第 443 条。下同。

条之规定,有过错的出质人仍应承担相应的责任。

2. 长城(宁夏)资产经营有限公司与北京金桥国盛投资有限公司、北京金汇联合投资有限公司借款合同、股权转让纠纷案【最高人民法院(2015)民二终字第 70 号】

【裁判要旨】《物权法》第 226 条第 1 款规定:"以基金份额、股权出质的,当事人应当订立书面合同。以基金份额、证券登记结算机构登记的股权出质的,质权自证券登记结算机构办理出质登记时设立;以其他股权出质的,质权自工商行政管理部门办理出质登记时设立。"虽然因长城宁夏公司的原因导致股权质押未有效设立,但是并不影响《借款合同》中有关质押担保条款的效力。因此,在质押担保条款有效的前提下,依据《合同法》第 107 条①关于"当事人一方不履行合同义务或者履行合同义务不符合约定的,应当承担继续履行、采取补救措施或者赔偿损失等违约责任"的规定,长城宁夏公司应当承担未能履行设立股权质押义务的违约责任。对于违约责任的具体形式,鉴于长城宁夏公司的违约行为导致其不当逃避了质押担保责任,致使金桥公司丧失在涉案股权及法定孳息范围内的质押权利,亦失去了收回涉案借款的物权保障,因此,长城宁夏公司因违约而逃避的责任以及金桥公司丧失的权益即应视为金桥公司的损失。长城宁夏公司依法应当在其持有金汇公司80%的股权价值以及法定孳息,包括质押股权应得红利范围内承担赔偿责任。

【编者评析】该案的裁判要旨与前案基本相同,即在股权质权未有效设立情况下,有过错的出质人仍应承担相应的责任。

3. 李福祥与曹文龙确认合同效力纠纷案【最高人民法院(2019)最高法民申 2778 号】

【裁判要旨】《物权法》第 226 条第 2 款规定股权出质后不得转让,但经出质人与质权人协商同意的除外。该款规定禁止出质人处分出质的股权,但并未禁止出质人负担转让出质股权的义务。因转让出质的股权签订的股权转让合同,虽无法产生物权变动的效力,但合同本身系有效合同。原判决以兴旺煤矿的股权设立了质押,其转让未经质权人同意为由确认《煤矿转让协议》无效,适用法律确有不当。

【编者评析】股权设定质押后未经质权人同意,不能发生股权转让的法

---

① 《民法典》第 577 条。

律后果,但不能据此否定股权转让合同本身的效力。

4. 甲银行诉 A 县国资委等金融借款合同纠纷案①

【裁判要旨】真实的股权是进行股权质押的前提条件,而公司股权的真实状况,银行作为外部人往往无法完全了解,故银行必须结合公司章程、出资证明书、股东会决议、股东名册、工商登记等资料对股权真实性进行审慎审核,必要时向公司本身或公司的其他股东进行核实,防止恶意借款人伪造文件骗贷。银行要取得合法有效的股权质权,应当严格按照法律规定进行质权登记。在《物权法》施行前,有限责任公司的股权出质应当记载于股东名册;在《物权法》施行后,对于以上市公司股权出质的,应当在证券登记结算机构办理出质登记;对于以非上市公司股权出质的,应当在工商行政管理部门办理出质登记。

---

① 该案系 2012 年度上海法院公布金融审判系列白皮书和金融审判十大案例之一。

第四百四十四条 【以知识产权出质】以注册商标专用权、专利权、著作权等知识产权中的财产权出质的,质权自办理出质登记时设立。

知识产权中的财产权出质后,出质人不得转让或者许可他人使用,但是出质人与质权人协商同意的除外。出质人转让或者许可他人使用出质的知识产权中的财产权所得的价款,应当向质权人提前清偿债务或者提存。

【条文精解】

(一)条文要点

本条是关于以知识产权出质的规定,基本沿用了《物权法》第 227 条的规定,删除了《物权法》规定中订立书面合同的要求,统一适用质权的一般规则,同时删除了登记部门的具体要求,仅是强调登记设立的规则,也为统一担保登记机构预留空间。

1. 关于知识产权出质

知识产权是劳动者对其通过智力劳动创造出来的成果享有的一种权利,其客体是智力成果,是一种无形财产,这是它与所有权的主要区别。知识产权主要包括商标专用权、专利权和著作权,这些权利中的财产性权利都可以设定质权。

一是关于商标专用权出质。商标专用权是法律赋予商标所有人对其注册商标所享有的专有使用权。注册商标包括商品商标、服务商标和集体商标、证明商标。商标专用权可以转让;转让注册商标经核准后,予以公告,受让人自公告之日起享有商标专用权。商标专用权可以出质,其公示方法是登记,登记机构是国家知识产权局,相关程序问题适用《注册商标专用权质押登记程序规定》的规定。

二是关于专利权出质。专利权是指国家专利主管机关依法授予专利申请人或其继受人在一定期限内实施其发明创造的独占性权利。发明创造是指发明、实用新型和外观设计,因此专利权也可分为发明专利权、实用新型专利权与外观设计专利权。专利权包括人身权利与财产权利两部分,人身权利是指发明人、设计人的署名权,而财产权利包括专利申请权、专利许可权、专利转让权等。基于质押标的的财产权属性和可让与性的要求,只有知识产权中的财产性权利才可以设定质权,人身性的权利由于与知识产权权利人的人身不可分割,不能设定质权。专利权可以出质,其公示方法是登记,登记机构也是国家知识产权局,相关程序问题适用《专利权质押登记办法》的规定。

三是关于著作权出质。著作权包括人身权和财产权,其中的发表权、署名权、修改权、保护作品完整权属于人身权的范畴,不得转让,当然也不能出质。而复制权、发行权、出租权、展览权、表演权、放映权、广播权、信息网络传播权、摄制权、改编权、翻译权、汇编权以及著作权人享有的其他权利则属于财产权的范畴,可以出质。著作权出质以登记作为公示方法,登记机构是国家版权局,相关程序问题适用《著作权质押登记办法》的规定。

以知识产权出质需要签订质押合同。质押合同自成立时生效,但质权自办理出质登记时成立。需要注意的是,知识产权因其有各自的主管部门,目前出质登记仍由主管部门负责,尚未纳入统一的动产和权利登记系统。

2. 几个实务问题

一是关于专利申请权能否出质。专利申请权是专利申请人就其发明创造向国家专利管理机关申请专利的权利。专利申请权是否得为权利质权的客体,本条对此未作明确规定。判断一个权利能否作为质押财产,主要应当审查其是否具有可转让性及财产价值性。而专利申请权具有内在的价值和使用价值,在授予专利权前,专利申请人可依其申请权请求使用其发明创造的人支付适当的费用。依《专利法》第10条第1款的规定,专利申请权也可以转让。作为具有让与性的财产权,在逻辑上也就可以设定质权。但是专利申请权并不必然转化为专利权。专利申请只有经过审查并符合《专利法》规定的,才能被授予专利权。倘若该专利申请经审查不符合《专利法》的规定而被驳回,则专利申请权亦失去了存在价值。因而质权人为确保权利安全,在接受专利申请权出质时,应考虑出质人是否确实享有专利申请权、其准备申请专利的发明创造是否符合《专利法》规定的基本条件及获得专利权的可能性大小等因素。

二是关于商业秘密权能否出质。所谓商业秘密,是指不为公众所知悉、能为权利人带来经济利益、具有实用性并经权利人采取保密措施的技术信息和经营信息。技术秘密具有价值性的特点:其一,它在开发研究过程中耗费了大量的人力、物力,具有一定的价值性;其二,它是一种能够给其拥有人带来经济利益或竞争优势的无形财产权。虽然商业秘密权是否属于知识产权的范围,目前在理论界还有争议,但是在国际贸易中,各国均把它与商标、专利等同对待,可见商业秘密在知识产权贸易中占有相当重要的地位。商业秘密权的知识产权性质事实上在立法实践中已得到了确认,如《与贸易有关的知识产权协议》(即《TRIPS 协议》)明确把商业秘密权列为一项重要的与贸易有关的知识产权。因此,商业秘密权是一项可以依法转让的无形财产权,可以作为知识产权质权的客体。

三是关于商号能否出质。商号权是工商业经营者对其所拥有的字号或商号享有的专用权。关于商号的性质,学界存有一定争议,概括起来主要有三种观点:第一,财产权说。此说认为商号权具有经济价值,可以转让和继承,因此它是一种无形财产权;而人格权则不能转让和继承,因此可转让、继承的商号权不具有人格权性质。第二,人格权说。此说认为商号权在实质上与自然人的姓名权、公司的名称权一样,具有人格权的性质。同时由于商号权是与企业相联系的一种称谓符号的使用权,因而它与财产权无关。第三,折中说。此说认为商号权兼人格权中的名称权和财产权的双重性质。它是作为具有独立人格的市场主体在从事经营活动时必不可少的固有的权利,就像从事民事活动的自然人必不可少的姓名权一样;同时,由于商誉就是某商号的信誉,因而商号权同商誉密切相关,不可分割,从而使商号权由于所承载的商誉具有财产性质而具有了财产权的性质。

由于对商号权性质的认识不一,各国的立法及理论在商号权能否单独设质问题上存有较大差异:(1)连同转让的原则,即商号权应与企业一并转让,或者在企业终止时转让,商号权转让后,转让人不再享有商号权,受让人成为新的权利主体。例如,《日本商法典》第24条第1款规定:商号只能和营业一起转让或者在废止营业时转让。(2)自由转让的原则,即商号权可与企业分离而单独转让,转让后,转让人和受让人都享有商号权,并且多个企业可以使用同一商号。自由转让的原则容易造成商号使用混乱,甚至造成转让人转嫁债务或者与受让人恶意串通损害债权人的情况,所以现代多数国家的法律规定商号权不得与企业分离而单独转让。我国《企业名称登记管理规定》采取了连同转让的原则。本书认为,由于商号是市场主体用于表示自己名称或称谓的符号,它来源于企业名称,商号权同企业的名称权有密切联系,因此,商号权应当可以作为知识产权质权的客体而设定质权,但商号权不能单独质押,而应当与企业共同作为担保的标的。

（二）适用情况

本条主要适用于以下情形：

一是人民法院对以注册商标专用权、专利权、著作权等知识产权中的财产权出质的，以质权自办理出质时是否登记作为考量是否设立的标准。对出质时未进行登记的知识产权认为不应享有优先受偿权。

二是关于知识产权相关的专利申请权、商业秘密等能否出质的问题，通常结合其他法律规定认定权利是否能够转让，对于能够转让的财产依法认定可以出质。

【相关法律、行政法规】

（一）相关法律

1.《中华人民共和国商标法》（1982 年 8 月 23 日通过，2019 年 4 月 23 日修正）

第四十二条　【商标专用权转让】转让注册商标的，转让人和受让人应当签订转让协议，并共同向商标局提出申请。受让人应当保证使用该注册商标的商品质量。

转让注册商标的，商标注册人对其在同一种商品上注册的近似的商标，或者在类似商品上注册的相同或者近似的商标，应当一并转让。

对容易导致混淆或者有其他不良影响的转让，商标局不予核准，书面通知申请人并说明理由。

转让注册商标经核准后，予以公告。受让人自公告之日起享有商标专用权。

【适用要点】商标专用权可以转让，当然也可以出质。商标注册人可以用商标专用权出质，注册商标受让人也可以其经受让所得的商标专用权出质。

2.《中华人民共和国专利权法》（1984 年 3 月 12 日通过，2020 年 10 月 17 日修正）

第十条　【专利申请权和专利权转让】专利申请权和专利权可以转让。

中国单位或者个人向外国人、外国企业或者外国其他组织转让专利申请权或者专利权的,应当依照有关法律、行政法规的规定办理手续。

转让专利申请权或者专利权的,当事人应当订立书面合同,并向国务院专利行政部门登记,由国务院专利行政部门予以公告。专利申请权或者专利权的转让自登记之日起生效。

【适用要点】该条是有关专利申请权和专利权转让的规定,既然可以转让,理论上就可以出质。只不过专利申请权能否最终转化为专利权具有一定程度的不确定性,因而质权人如果接受出质,就要承担因此导致的风险。

3.《中华人民共和国著作权法》(1990 年 9 月 7 日通过,2020 年 11 月 11 日修正)

第十条　【著作权的内容】著作权包括下列人身权和财产权:

(一)发表权,即决定作品是否公之于众的权利;

(二)署名权,即表明作者身份,在作品上署名的权利;

(三)修改权,即修改或者授权他人修改的权利;

(四)保护作品完整权,即保护作品不受歪曲、篡改的权利;

(五)复制权,即以印刷、复印、拓印、录音、录像、翻录、翻拍、数字化等方式将作品制作一份或者多份的权利;

(六)发行权,即以出售或者赠与方式向公众提供作品的原件或者复制件的权利;

(七)出租权,即有偿许可他人临时使用视听作品、计算机软件的原件或者复制件的权利,计算机软件不是出租的主要标的的除外;

(八)展览权,即公开陈列美术作品、摄影作品的原件或者复制件的权利;

(九)表演权,即公开表演作品,以及用各种手段公开播送作品的表演的权利;

(十)放映权,即通过放映机、幻灯机等技术设备公开再现美术、摄影、视听作品等的权利;

(十一)广播权,即以有线或者无线方式公开传播或者转播作品,以及通过扩音器或者其他传送符号、声音、图像的类似工具向公众传播广播的作品的权利,但不包括本款第十二项规定的权利;

(十二)信息网络传播权,即以有线或者无线方式向公众提供,使公众可以在其选定的时间和地点获得作品的权利;

(十三)摄制权,即以摄制视听作品的方法将作品固定在载体上的权利;

（十四）改编权，即改变作品，创作出具有独创性的新作品的权利；

（十五）翻译权，即将作品从一种语言文字转换成另一种语言文字的权利；

（十六）汇编权，即将作品或者作品的片段通过选择或者编排，汇集成新作品的权利；

（十七）应当由著作权人享有的其他权利。

著作权人可以许可他人行使前款第五项至第十七项规定的权利，并依照约定或者本法有关规定获得报酬。

著作权人可以全部或者部分转让本条第一款第五项至第十七项规定的权利，并依照约定或者本法有关规定获得报酬。

【适用要点】著作权所具有的 17 项权能中，前 4 项属于人身权，不能出质；后 13 项作为财产权，可以出质。著作权人既可以将所有的财产权权能一并出质，也可以仅将其中的一项或几项出质。

第二十八条 【著作权出质登记】以著作权中的财产权出质的，由出质人和质权人依法办理出质登记。

【适用要点】该条是对《民法典》关于以知识产权设立权利质权规则的细化规定，明确了办理出质登记的义务人为出质人和质权人。

【部门规章、规范性文件与相关政策】

（一）部门规章

1.《注册商标专用权质押登记程序规定》（国家知识产权局公告第 358号，2020 年 4 月 22 日公布）

第一条第二款 【登记机构】国家知识产权局负责办理注册商标专用权质权登记。

第二条 【质押合同及申请主体】自然人、法人或者其他组织以其注册商标专用权出质的，出质人与质权人应当订立书面合同，并向国家知识产权局办理质权登记。

质权登记申请应由质权人和出质人共同提出。质权人和出质人可以直接向国家知识产权局申请，也可以委托商标代理机构代理办理。在中国没有经常居所或者营业所的外国人或者外国企业应当委托代理机构办理。

第三条　【专用权质权登记】办理注册商标专用权质权登记,出质人应当将在相同或者类似商品/服务上注册的相同或者近似商标一并办理质权登记。质权合同和质权登记申请书中应当载明出质的商标注册号。

共有商标办理质权登记的,除全体共有人另有约定的以外,应当取得其他共有人的同意。

2.《专利权质押登记办法》(国家知识产权局令第 56 号;国家知识产权局公告 2021 年第 461 号,2021 年 11 月 15 日修订)

第二条　【登记机构】国家知识产权局负责专利权质押登记工作。

第五条　【专利代理机构办理质押登记】在中国没有经常居所或者营业所的外国人、外国企业或者外国其他组织办理专利权质押登记手续的,应当委托依法设立的专利代理机构办理。

中国单位或者个人办理专利权质押登记手续的,可以委托依法设立的专利代理机构办理。

第十八条　【出质后的禁止转让】专利权质押期间,出质人未提交质权人同意转让或者许可实施该专利权的证明材料的,国家知识产权局不予办理专利权转让登记手续或者专利实施许可合同备案手续。

出质人转让或者许可他人实施出质的专利权的,出质人所得的转让费、许可费应当向质权人提前清偿债务或者提存。

【适用要点】为深入贯彻落实党中央、国务院关于"放管服"改革、优化营商环境的部署要求,提供更加规范、便利、高效的专利质押登记服务,更大程度方便企业和群众办事,推动知识产权转化实施,国家知识产权局于 2021 年11 月 15 日公告了修改后的《专利权质押登记办法》。国家知识产权局现解读如下。

一是关于修改背景。2010 年,国家知识产权局制定发布了《专利权质押登记办法》(局令第 56 号,以下简称为《办法》)。《办法》的实施,对规范专利权质押登记、促进专利权的运用和资金融通发挥了积极作用。近年来,专利质押融资已经成为盘活企业无形资产、破解中小微企业融资难的重要举措,有效支持了一批创新型企业发展。当前,专利质押登记工作面临新形势、新要求。(1)中央有明确部署和要求。今年 4 月,国务院常务会议要求"推进专利优先审查和质押登记电子申请全程网办""在商标和专利质押登记等审批中推行告知承诺制";10 月国务院印发的《"十四五"国家知识产权保护和运用规划》提出"完善知识产权质押登记和转让许可备案管理制度"。(2)近年来金融机构和创新主体对专利质押登记进一步简化程序、优化服务提出了新的需求。(3)《注册商标专用权质押登记程序规定》已于2020年5月1日起施行,需统筹考虑有关规定的衔接。国家知识产权局在深入调研企业、金融机构需求,并公开征求社会意见的基础上,形成了修改完善后的《办法》,作为国家知识产权局规范性文件公告发布。原《办法》将按部门规章废止程序适时废止。

二是关于修改思路。本次修改旨在深化知识产权领域"放管服"改革,为国家知识产权局开展更加规范、便利、高效的专利质押登记服务提供坚实的制度保障,推动专利质押融资,充分实现知识产权价值。具体来说:(1)在"放"上着力,发挥市场在配置资源中的决定性作用,放宽质押登记的办理条件,在告知风险的前提下,尊重当事人办理登记的意愿和权利;(2)在"管"上加强,在允许当事人选择以承诺方式办理专利权质押登记相关手续的同时,明确国家知识产权局加强事中事后监管措施;(3)在"服"上优化,进一步明确压缩国家知识产权局办理登记的审查时限,为当事人提供登记材料查阅复制、专利权状态预警信息及时告知等更多便利服务。

三是关于主要修改内容。修改后的《办法》相对于原《办法》,对第6条、第7条、第10条、第11条、第13条、第14条、第16条、第19条、第20条等条款有较为重要的实质性修改,其他有关条款由于调整顺序、精简内容、规范表述等原因,进行了文字修改。主要条款修改内容如下:(1)推行以承诺方式办理质押登记手续。明确当事人可以选择以承诺方式办理专利权质押登记相关手续,当事人提交相关承诺书的,无须提交身份证明、变更证明、注销证明等证明材料;国家知识产权局将加强事中事后监管,对于虚假承诺的,将按照相关规定采取相应的失信惩戒措施。(第7条、第13条、第14条、第20条)(2)减少不予办理登记的情形。①对于原《办法》中专利权已被启动无效宣告程序的情形不予登记的规定,改为当事人被告知后仍声明愿意接受风险、继续办理的情况下,允许办理登记;②根据《民法典》最新规定,对于质押合同约定在债务履行期届满质权人未受清偿时、专利权归质权人所有的情形,允许办理登记;③吸收实务中的成熟做法,对于请求办理质押登记的实用新型有同样的发明创造已于同日申请发明专利的,当事人被告知后仍声明愿意接受风险、继续办理的情况下,允许办理登记。(第11条)(3)压缩登记审查期限。①压缩审查期限,国家知识产权局办理专利权质押登记手续的审查期限由原规定的7个工作日缩减至5个工作日,网上申请审查期限进一步缩减至2个工作日(第10条);②明确了办理专利权质押登记变更手续和注销手续相应的审查期限,按照第10条规定的办理登记手续的期限执行(第13条、第14条)。(4)优化登记相关服务。①拓展登记办理渠道,明确当事人可以以互联网在线方式办理,为申请人提供便利(第6条);②明确规定专利权质押登记材料的查阅或复制程序及要求,方便当事人查询质押登记相关文件(第16条);③对于专利权质押期间,国家知识产权局应该及时通知质权人的情形,新增专利权属发生纠纷或被采取保全措施的情况,以便将专利权可能丧失的预警信息及时告知质权人(第19条)。

3.《著作权质权登记办法》(国家版权局令第8号,2010年11月25日公布)

第二条　【登记机构】国家版权局负责著作权质权登记工作。

第四条　【质押合同】以著作权出质的,出质人和质权人应当订立书面质权合同,并由双方共同向登记机构办理著作权质权登记。

出质人和质权人可以自行办理,也可以委托代理人办理。

第五条　【登记生效】著作权质权的设立、变更、转让和消灭,自记载于《著作权质权登记簿》时发生效力。

第十四条　【出质后的禁止转让】著作权出质期间,未经质权人同意,出质人不得转让或者许可他人使用已经出质的权利。

出质人转让或者许可他人使用出质的权利所得的价款,应当向质权人提前清偿债务或者提存。

【适用要点】以著作权办理质押的,除依照《民法典》第444条规定适用外,应该执行《著作权质权登记办法》的有关规定。

(二)相关政策

《国家知识产权局办公室关于抓紧落实专利质押融资有关工作的通知》(国知办函管字〔2017〕733号,2017年10月19日公布)

一、加快扩大工作覆盖面

加强总结交流,加快扩展专利质押融资工作覆盖面。2017年11月底前,应组织辖区内各地市深入开展专利质押融资工作总结和经验交流,认真梳理全省(含各地市)已出台的各项政策措施,并在此基础上,以年均20%以上的增长目标(新增服务企业数量或项目数)制定全省推进专利质押融资工作方案(2018—2020年)。2018年6月底前,辖区内70%以上的地市建立完善专利质押融资服务和促进机制，并将专利质押融资工作纳入年度计划；50%以上的地市专利质押融资工作有政策保障、有专人负责、有经费支持、有平台服务；省会等中心城市实现常态化开展；省知识产权局建立全省专利质押融资工作年度考核机制。

五、开展专利权质押登记试点

国家知识产权局计划开展专利权质押登记试点，授权试点地区开展质押登记请求的受理、审查、发出质押登记通知书等服务，同时便于各地掌握项目情况，有利于开展相关服务和促进工作。对于专利权质押融资业务量较大，工作基础较好的地区，特别是知识产权综合管理改革试点地区、知识产权运营服务体系建设重点城市及双创示范基地所在省份，可以申请开展专利权质押登记试点。鼓励有条件的地区，试点期间在当地政务大厅设立专利权质押登记服务窗口，进一步提升服务质量和效率。

【典型案例】

（一）参考案例

1. 中国华融资产管理股份有限公司重庆市分公司与上海远成物流发展有限公司等合同纠纷案【重庆市高级人民法院（2018）渝民初 173 号】

【裁判要旨】根据《物权法》第 227 条①规定，以注册商标专用权等知识产权中的财产权出质的，质权自有关主管部门办理出质登记时设立。华融资产重庆分公司与远成集团公司签订《质押协议》，约定以远成集团公司持有的注册商标专用权及其派生权益为华融资产重庆分公司提供质押担保。但上述股权和商标专用权均未办理权利出质登记。因此华融资产重庆分公司对上述商标专用权中的财产权并不享有优先受偿权。

2. 四川天伦之乐食品有限公司、四川天伦食品有限公司与四川天伦檀香楼食品有限公司第三人撤销之诉案【四川省高级人民法院（2020）川民终 331 号】

【裁判要旨】依照《物权法》第 227 条第 2 款关于"知识产权中的财产权出质后，出质人不得转让或者许可他人使用，但经出质人与质权人协商同意

---

① 《民法典》第 444 条。

的除外。出质人转让或者许可他人使用出质的知识产权中的财产权所得的价款,应当向质权人提前清偿债务或者提存"的规定,出质人无权对已经质押的商标再许可第三人使用。

第四百四十五条 【以应收账款出质的质权的设立及转让限制】以应收账款出质的,质权自办理出质登记时设立。

应收账款出质后,不得转让,但是出质人与质权人协商同意的除外。出质人转让应收账款所得的价款,应当向质权人提前清偿债务或者提存。

【条文精解】

(一)条文要点

本条是关于应收账款质权的设立与行使的规定,基本沿用了《物权法》第 228 条的规定,但有两处修改:一是删除了须订立书面合同的要求;二是删除了具体登记部门的内容。

1. 关于应收账款的概念与特征

应收账款是一个会计学上的概念,属于货币性资产的一种。在会计学上,货币性资产是指企业持有的货币资金和将以固定或可确定的金额收取的资产,包括现金、银行存款、应收账款和应收票据以及准备持有至到期的债权投资等。《民法典》规定的应收账款,其范围远宽于会计学上的应收账款,是指未被证券化的、以金钱为给付标的的现有以及将来的合同债权。根据《应收账款质押登记办法》(已失效)第 2 条之规定,应收账款是指权利人因提供一定的货物、服务或设施而获得的要求义务人付款的权利以及依法享有的其他付款请求权,包括现有的和未来的金钱债权,但不包括因票据或其他有价证券而产生的付款请求权,以及法律、行政法规禁止转让的付款请求权,包括下列权利:(1)销售、出租产生的债权,包括销售货物,供应水、电、气、暖,知识产权的许可使用,出租动产或不动产等;(2)提供医疗、教育、旅游等服务或劳务产生的债权;(3)能源、交通运输、水利、环境保护、市政工程等基础设施和公用事业项目收益权;(4)提供贷款或其他信用活动产生的债权;(5)其他以合同为基础的具有金钱给付内容的债权。准确理解应收账款的概念,要注意把握以下几点:

一是应收账款属于金钱之债。就其成因来说,既包括因直接提供贷款产生的金钱之债,也包括因出售、出租财产而获得的对价,还包括提供服务或劳务而产生的报酬。在双务合同中,作为金钱之债对价的债权,如出卖人负有的交付标的物之债、出租人负有的交付租赁物之债,因其不是金钱之债,不能设立应收账款质押,因而只能设立诸如所有权保留、商品租赁权质押等所谓的非典型担保。

二是应收账款是基于合同产生的金钱之债。除了合同之债外,还包括因侵权、不当得利、无因管理以及法律规定的其他法定之债。这些法定之债尽管也属于金钱之债,但不属于应收账款的范畴。

三是应收账款是普通的金钱之债,不包括票据(汇票、本票、支票)、债券等证券化了的债权。存款单并非证券化的权利,仅是债权凭证,但因为《民法典》专门规定了存款单质押,因而不宜将存款单纳入应收账款的范畴。储户将其在银行账户内的资金设定质押,尽管储户对银行享有的是金钱之债,但就其将账户内的资金设定担保来说,又近于动产质押,加之司法实践一直将保证金质押作为独立于应收账款质押的一种担保类型,因而其也不属于应收账款的范畴。

2. 以现有的应收账款质押

在应收账款质押问题上,与《物权法》相比,《民法典》最大的变化是将应收账款由现有的应收账款扩及将有的应收账款,大大扩张了应收账款的范围。在此情况下,如何区分现有的应收账款与将有的应收账款就变得至为重要。现有的应收账款是指已经有合同基础的应收账款,至于履行期限是否已经届满或者能否实际请求履行则在所不问。履行期限尽管尚未届满,但只要应收账款是确定的,不妨碍设立应收账款质押。在双务合同中,应收账款可能因对方行使同时履行抗辩权等原因不能行使,但这也不影响当事人设定应收账款质押。关于现有的应收账款质押,要注意以下问题:

一是关于虚假应收账款质押的处理。实践中,以自始不存在的应收账款或者已经消灭了的应收账款出质的情形并不少见,此时,人民法院应当视应收账款债务人是否向质权人确认应收账款的真实性而异其处理。

首先,应收账款债务人向质权人确认应收账款真实性的。实践中,当应收账款债权人以应收账款出质时,质权人往往会书面函询应收账款债务人,请求其确认应收账款是否真实存在以及应收账款的数额。应收账款债务人向质权人确认应收账款的真实性后,事后又以应收账款自始不存在或者已经消灭为由主张不承担责任的,人民法院不予支持。应收账款自始不存在和已经消灭还有所区别:应收账款自始不存在,债务人仍确认其真实性的,参照《民法典》第763条之规定,应收账款债务人不得以应收账款不存在为由对抗质权人,除非其能够举证证明质权人对应收账款自始不存在是明知的。债务人书面确认后应收账款消灭的,根据"否认无须举证,但抗辩需要举证"的法理,债务人不仅要对应收账款已经消灭的事实进行举证,而且还要举证证明其并未接到质权人要求向其履行的通知,即仍然向应收账款债权人履行债务存在正当性,否则仍然需要承担责任。就此而言,需要将《民法典担保制度解释》第61条第1款和第3款结合起来理解,不能认为即便应收账款已经消灭,应收账款债务人也要一概地承担责任。实践中,债务人的确认往往又与法定代表人或者代理人的盖章行为联系在一起,相关问题请参考《九民纪要》第41条之规定。

其次,应收账款债务人未确认应收账款真实性的。此时,债务人在诉讼中也可能以应收账款自始不存在或者已经消灭为由提出抗辩,此时同样要区别应收账款自始不存在和已经消灭而异其处理。债务人主张应收账款自始不存在,但质权人以已经办理应收账款质押为由主张对应收账款优先受偿的,鉴于在动产和权利担保中,登记簿仅具有警示和确定优先顺位功能,不像不动产登记簿那样具有公信力,故办理质押登记这一事实本身并不当然意味着应收账款真实存在,在质权人不能举证证明应收账款真实存在的情况下,其仍然不能就应收账款优先受偿。当然,如果应收账款债务人主张应收账款已经消灭的,表明承认应收账款的真实性,故其应当对其该项抗辩承担举证责任。

二是关于通知对抗问题。债权转让、应收账款质押以及保理三者具有密切的联系,一般认为,相关制度在彼此之间可以相互准用。因此,债权转让的通知对抗制度就可以准用应收账款质押,即质权人将应收账款已经设立质权的事实通知应收账款债务人后,债务人就不得再向应收账款债权人履行,而只能向质权人履行。反之,其在接到该通知前,因为不知道应收账款已经设立质权的事实,可以向应收账款债权人履行,并导致应收账款因履行而消灭,进而导致应收账款质权消灭。就此而言,应收账款质权人要及时通知,否则,就可能面临不利后果。从法理上说,此种通知纯属观念通知,并不包含催告的意思表示。但考虑到实践中质权人往往不会纯粹地告知应收账款债务人已经设立应收账款质押的事实,而是在告知的同时往往会请求向自己履行,因而《民法典担保制度解释》第61条所谓的"质权人要求向其履行的通知",

是一个兼具观念通知与催告内涵的通知,有别于债权转让场合纯粹的观念通知。有一种观点认为,既然应收账款已经办理了质押登记,而登记簿具有公示效力决定了,应收账款债务人也负有查询义务,因而无须质权人另行通知应收账款债务人。本书认为,应收账款办理质押登记后,负有查询义务的是与应收账款债务人从事交易的相对人,而应收账款债务人本身并非该交易相对人,并不负有查询义务,故只能适用通知对抗规则,只有在接到质权人要求向其履行的通知后才不得对抗质权人。

三是关于应收账款质押时应否确定债权数额。某些应收账款质押,仅明确了应收账款的种类而未确定具体数额,导致人民法院在处理此类案件时面临"一案二审"的尴尬局面,如何处理,值得研究。如建设工程施工方以其向发包方享有的建设工程价款设定应收账款质押,在设定应收账款质押时,难以确定具体数额,导致质权人在提起诉讼请求实现应收账款质权时,如果不对工程价款进行结算,人民法院难以确定有效受偿的范围;如果要确定具体的数额,则意味着在处理债权及担保纠纷的同时,还要审理一个建设工程施工案件。对此,本书认为,能够在诉讼程序中确定的,要尽量确定应收账款的数额;确实难以确定的,可以先确认质权人享有优先权,在执行程序中再解决。为防患于未然,建议在设立应收账款质权时,除了确认债权外,尽量通过函询等方式确定数额,避免出现前述尴尬局面,最终损害的还是当事人自己的利益。

四是关于应收账款质权的实现方式。应收账款质权的实现方式,当然包括先提起诉讼确定应收账款质权,再通过执行程序解决。此时,参照适用《民法典担保制度解释》第45条第3款之规定,质权人应当以应收账款债权人(基础关系中的债务人)和应收账款债务人(应收账款质押中的担保人)为共同被告提起诉讼。值得探讨的是,能否参照适用《民事诉讼法》有关"实现担保物权案件"的规定,申请拍卖、变卖应收账款债务人的财产?本书认为,与一般的担保财产可以通过拍卖、变卖方式变价不同,应收账款属于对人权而非对物权,故不能通过拍卖、变卖的方式实现担保物权。但应收账款作为金钱之债,可以参照适用《民事诉讼法》规定的督促程序的有关规定,通过直接向有管辖权的基层人民法院申请支付令的方式实现担保物权。

3. 以将有的应收账款质押

将有的应收账款主要包括以下三种情形:

一是能源、交通运输、水利、环境保护、市政工程等基础设施和公用事业项目收益权。《担保法解释》第97条规定："以公路桥梁、公路隧道或者公路渡口等不动产收益权出质的,按照担保法第七十五条第四项的规定处理。"《担保法》第75条第4项属于"依法可以质押的其他权利"。可见,在制定《担保法》时,可以质押的权利尚未包括应收账款。《物权法》已将应收账款作为权利质权的客体,但当时所谓的应收账款仅指现有的应收账款,不包括将有的应收账款。在《民法典》制定过程中,有观点认为可把不动产收益权作为与应收账款并列的一种权利单独予以规定,但《民法典》最终并未采纳此种意见,而是将其纳入将有应收账款的范畴。之所以将不动产收益权纳入应收账款,是因为能源、交通运输、水利、环境保护、市政工程等基础设施和公用事业项目本身不能转让,甚至只能允许特定的主体进行经营,具有限制流通的特点,因而不能作为抵押权的客体。但其本身又有稳定的收益,为实现物尽其用的目的,例外地允许其以收益权的形式间接地实现其财产价值。事实上,基础设施和公用事业项目收益权是将有应收账款的典型形式。

二是因提供医疗、教育、旅游等服务或劳务产生的债权。与基础设施和公用事业项目收益权一样,此种债权也表现为各种收费权,如医院、学校的收费权,公园景点、风景区门票收费权。此处所谓的提供服务或者劳务,是未来针对不特定主体提供的服务或者劳务,针对特定主体提供的服务或者劳务仍属于现有的应收账款。应予注意的是,此种收费权本质上属于经营性收费权,而不包括行政事业性收费。学校、医院收取的学费、医疗费,如果收取的费用要上缴中央或者地方国库,实行"收支两条线"管理并且纳入预算的,则此种收费属于行政事业性收费,此种收费权因其具有公益性,不能成为将有应收账款的客体。

三是其他将有的应收账款。前两种将有的应收账款,本质上都属于收费权,其债务人是不特定的。而此处所谓的将有的应收账款,指的是签订应收账款质押合同时,尚不具备合同基础但未来确定能够通过签订合同而成立的应收账款。如出租人将其租金债权设定应收账款质押,但在签订质押合同时尚未与他人签订租赁合同;再如,抵押人以原材料、成品、半成品等存货设定浮动抵押,同时又以该存货出让时所得的价款设定应收账款质押,此种应收账款就是将有的应收账款。应予注意的是,当《民法典》将将有的应收账款纳入应收账款质押后,有一种观点认为,应收账款质押实质上就是权利质押的兜底条款,从而试图把各种一般认为当前不能设立权利质押的诸如商品租赁权、出租车经营权、排污权、信托受益权、资产受益权等所谓的"权利",纳入应收账款质押的范畴,从而突破了物权法定原则。对此现象,要给予充分的警惕,核心的一点就是要把握,此种将有的应收账款必须是将来能够通过签订合同而成立的,并非所有的具有财产价值的财产都属于将有的应收账款。

与现有的应收账款质押相比,将有的应收账款质押存在以下区别:一是在行权对象上,现有的应收账款的债务人是特定的,因而质权人可以直接请求应收账款债务人向其履行。而作为收费权的将有的应收账款,其义务人是不特定的,因而只能请求应收账款债权人履行义务。二是在行权方式上,将有的应收账款一般都会设立特定账户,质权人原则上应先就特定账户内的款项优先受偿;特定账户内的款项不足以清偿债务或者未设立特定账户的,再对应收账款进行折价或者拍卖、变卖。三是现有的应收账款可以准用督促程序,而将有的应收账款在特定情况下可以准用"实现担保物权案件"的程序,对应收账款进行折价或者拍卖、变卖。

4. 关于应收账款质押后的转让问题

应收账款本质上属于金钱之债,应收账款债权人将应收账款设定质押后,理论上还可以再次设定质押,或将其转让;如果受让人是保理商的,该转让行为将构成保理。此时,不能因为应收账款已经设定了质押就认定应收账款转让或设定保理的行为无效,因为应收账款设定质押后再转让的行为并不构成无权处分,且即便构成无权处分,转让合同也是有效的。加上保理商可以自行在统一的动产和权利担保登记系统办理登记,因而应收账款即便已经办理了质押,也不能依据本条第 2 款之规定,认定后续设立的保理或债权转让行为无效,而只能依据《民法典担保制度解释》第 66 条第 1 款有关"同一应收账款同时存在保理、应收账款质押和债权转让,当事人主张参照民法典第七百六十八条的规定确定优先顺序的,人民法院应予支持"的规定,按照以下顺序确定由谁取得应收账款:已经登记的先于未登记的;均已经登记的,按照登记时间的先后顺序确定;均未登记的,由最先到达应收账款债务人的转让通知中载明的保理人取得;既未登记也未通知的,按照保理融资款或者服务报酬的比例取得应收账款。

(二)适用情况

本条主要适用于以下情形:

一是在应收账款债权人以虚假应收账款出质的情况下,依据应收账款债务人是否确认应收账款的真实性而异其处理:已经确认应收账款真实性的,事后又以应收账款不存在或者已经消灭为由主张不承担责任,人民法院不予支持。

二是应收账款债务人未确认应收账款真实性的,不能仅以已经办理应收账款质押登记为由就认定应收账款的真实性,因为应收账款质押登记是自行登记,登记簿本身不具有公信力,因而登记本身并不意味着应收账款真实存在,应收账款债权人还要就应收账款是否存在承担举证责任。

三是应收账款登记,对抗的是与应收账款债权人从事交易的当事人,登记本身并不能当然对抗应收账款债务人。就应收账款债务人而言,应当适用"通知对抗规则",即其只有在收到应收账款已经办理质押登记的通知后,应收账款质押才对其发生效力。

四是要明确将有的应收账款质押的范围及其与现有的应收账款质押的区别,明确实践中很多的收益权质押本质上属于将有的应收账款质押的范畴。

【相关法律、行政法规】

(一)相关法律

《中华人民共和国民法典》(2020 年 5 月 28 日通过)

第五百四十六条 【通知对抗】债权人转让债权,未通知债务人的,该转让对债务人不发生效力。

债权转让的通知不得撤销,但是经受让人同意的除外。

【适用要点】债权转让、应收账款质押以及保理在规则适用上具有同一性,故该条有关债权转让的规定同样也可以适用于应收账款质押的情形。

第七百六十三条 【以虚构的应收账款设定保理】应收账款债权人与债务人虚构应收账款作为转让标的,与保理人订立保理合同的,应收账款债务人不得以应收账款不存在为由对抗保理人,但是保理人明知虚构的除外。

【适用要点】该条是关于应收账款债权人与债务人之间通谋虚伪表示不得对抗保理人的规定,同样可以适用于应收账款质押的情形,当质权人已经核实了应收账款的真实性后,应收账款债务人不得再以应收账款不存在或已消灭为由主张不承担责任。

第七百六十八条 **【在同一应收账款设定的多个保理合同之间的优先顺位】**应收账款债权人就同一应收账款订立多个保理合同,致使多个保理人主张权利的,已经登记的先于未登记的取得应收账款;均已经登记的,按照登记时间的先后顺序取得应收账款;均未登记的,由最先到达应收账款债务人的转让通知中载明的保理人取得应收账款;既未登记也未通知的,按照保理融资款或者服务报酬的比例取得应收账款。

【适用要点】该规则同样适用于同一应收账款设定质押后又设定保理的情形。

【司法解释及规范性司法文件】

(一)司法解释

《最高人民法院关于适用〈中华人民共和国民法典〉有关担保制度的解释》(法释〔2020〕28号,2020年12月25日通过)

第六十一条 **【应收账款质押】**以现有的应收账款出质,应收账款债务人向质权人确认应收账款的真实性后,又以应收账款不存在或者已经消灭为由主张不承担责任的,人民法院不予支持。

以现有的应收账款出质,应收账款债务人未确认应收账款的真实性,质权人以应收账款债务人为被告,请求就应收账款优先受偿,能够举证证明办理出质登记时应收账款真实存在的,人民法院应予支持;质权人不能举证证明办理出质登记时应收账款真实存在,仅以已经办理出质登记为由,请求就应收账款优先受偿的,人民法院不予支持。

以现有的应收账款出质,应收账款债务人已经向应收账款债权人履行了债务,质权人请求应收账款债务人履行债务的,人民法院不予支持,但是应收账款债务人接到质权人要求向其履行的通知后,仍然向应收账款债权人履行的除外。

以基础设施和公用事业项目收益权、提供服务或者劳务产生的债权以及其他将有的应收账款出质,当事人为应收账款设立特定账户,发生法定或者约定的质权实现事由时,质权人请求就该特定账户内的款项优先受偿的,人民法院应予支持;特定账户内的款项不足以清偿债务或者未设立特定账户,质权人请求折价或者拍卖、变卖项目收益权等将有的应收账款,并以所得的价款优先受偿的,人民法院依法予以支持。

【适用要点】该条分四款,前三款是对现有的应收账款质押作出的规定,包括三方面的内容:一是应收账款债务人向质权人确认应收账款的真实性后,即便应收账款不存在或者已经消灭,其仍应承担责任。二是鉴于权利质押中的登记簿不具有公信力,因而应收账款质权人仍应对应收账款是否真实存在承担举证责任,不能仅以已经办理应收账款质押登记为由就主张对应收账款优先受偿。三是准用债权转让的通知对抗主义,规定在应收账款债务人接到通知前,其可以向应收账款债权人履行债务;但在接到通知后,则只能向应收账款质权人履行债务。

第4款是对将有的应收账款质押的规定,包括三个方面的内容:一是明确将有的应收账款主要包括基础设施和公用事业项目收益权、提供服务或者劳务产生的债权以及其他将有的应收账款。二是以将有的应收账款质押,原则上应当设立特定账户。三是在实现应收账款质权时,原则上应先就特定账户内的款项优先受偿;特定账户内的款项不足以清偿债务或者未设立特定账户的,再对应收账款进行折价或者拍卖、变卖。

第六十六条第一款 【**同一应收账款同时存在保理、应收账款质押和债权转让时如何确定优先顺序**】同一应收账款同时存在保理、应收账款质押和债权转让,当事人主张参照民法典第七百六十八条的规定确定优先顺序的,人民法院应予支持。

【适用要点】同一应收账款同时存在保理、应收账款质押和债权转让时,应当依据《民法典》第768条的规定确定优先顺序,不能简单地以应收账款已经设定质押为由认定后续的债权转让或保理合同无效。

【部门规章、规范性文件与相关政策】

(一)部门规章

《**动产和权利担保统一登记办法**》(中国人民银行令〔2021〕第 7 号,2021年11月18日通过)

第二条 【**统一登记的范围**】纳入动产和权利担保统一登记范围的担保类型包括:

(一)生产设备、原材料、半成品、产品抵押;

(二)应收账款质押;

（三）存款单、仓单、提单质押；

（四）融资租赁；

（五）保理；

（六）所有权保留；

（七）其他可以登记的动产和权利担保，但机动车抵押、船舶抵押、航空器抵押、债券质押、基金份额质押、股权质押、知识产权中的财产权质押除外。

　　第三条　【应收账款的范围】本办法所称应收账款是指应收账款债权人因提供一定的货物、服务或设施而获得的要求应收账款债务人付款的权利以及依法享有的其他付款请求权，包括现有的以及将有的金钱债权，但不包括因票据或其他有价证券而产生的付款请求权，以及法律、行政法规禁止转让的付款请求权。

本办法所称的应收账款包括下列权利：

（一）销售、出租产生的债权，包括销售货物，供应水、电、气、暖，知识产权的许可使用，出租动产或不动产等；

（二）提供医疗、教育、旅游等服务或劳务产生的债权；

（三）能源、交通运输、水利、环境保护、市政工程等基础设施和公用事业项目收益权；

（四）提供贷款或其他信用活动产生的债权；

（五）其他以合同为基础的具有金钱给付内容的债权。

　　【适用要点】该办法出台后，原有的《应收账款质押登记办法》废止，应收账款质押将纳入统一的动产和权利担保登记系统。不过就应收账款的范围而言，并无实质性变化。

【典型案例】

（一）指导性案例

福建海峡银行股份有限公司福州五一支行诉长乐亚新污水处理有限公司、福州市政工程有限公司金融借款合同纠纷案①

　　【裁判要旨】（1）特许经营权的收益权可以质押，并可作为应收账款进行

---

①　最高人民法院指导性案例 53 号。

出质登记;(2)特许经营权的收益权依其性质不宜折价、拍卖或变卖,质权人主张优先受偿权的,人民法院可以判令出质债权的债务人将收益权的应收账款优先支付质权人。

【编者评析】特许经营权的收益权质押,本质上属于将有的应收账款质押。

(二)参考案例

1. 广发银行股份有限公司本溪分行与满孚首成(本溪)实业有限公司等金融借款合同纠纷案【最高人民法院(2019)最高法民终1445号】

【裁判要旨】关于应收账款质权设立的通知义务问题。在质押担保的债权人核实了该应收账款客观真实存在的情况下,其还应通知基础交易关系债务人该设立应收账款质权的情况,并在通知中明确该债务人不得再行向基础交易关系债权人或者第三人予以清偿或行使抵销权的要求,以确保质权人对该应收账款质权的留置性支配。至于具体通知的形式和内容,是通过三方协议,还是通过询证函及止付通知的形式实现,需以能够满足对应收账款的留置性支配为足。

关于应收账款客观真实性的核实义务主体问题。应收账款作为一种债权,在基础交易关系当事人之外,并不具有对外的公示要件,因此该权利内容和有效存在除了合同当事人之外,第三人很难知悉,仅凭出质人单方提供的材料或说明难以确保该债权的客观真实存在;而出质人的道德风险亦系引发应收账款质权纠纷的一个重要因素,本案即为出质人道德风险之典型体现。为确保所出质之应收账款权利的客观真实有效,需要获得基础交易关系之债务人的确认。虽然《物权法》并未要求应收账款质押担保的主债权人在设立质权时负担调查核实应收账款客观真实性的义务,但是根据应收账款为纯债权性利益及其原则上属于相对权的特性,在该质权设立时应首先核实该权利客观真实有效存在或将来客观真实有效存在,以满足物权人对该担保标的物特定性及支配的要求。至于核实义务的履行主体,考虑到交易成本的降低、交易效率的提高和风险控制的可能性,及该核实义务的目的在于防止出质人的道德风险所引发的权利冲突问题,不宜将该核实义务放任由出质人负担,而应由质押担保的主债权人负担。在质押担保的主债权人怠于核实该应收账款客观真实性的情况下,该应收账款并不客观真实存在及存在抵销权等抗辩的风险,应由质押担保的主债权人自行承担,而不能由应收账款基础交易关系的债务人承担,否则有害交易安全,损及第三人合法权益。本案应收账款质权虽然已经登记,但是在广发银行本溪分行不能提供证据证明案涉应收账款客观真实存在的情况下,则广发银行本溪分行在设立案涉应收账款质权时疏于核实该应收账款客观真实性的风险,应自行承担;在广发银行本溪分行不能提供证据证明满孚公司对国源公司享有 1.49 亿元应收账款债权的情况下,广发银行本溪分行主张对该无法确定客观真实性的 1.49 亿元应收账款债权行使优先受偿权的上诉请求,缺乏理据,本院不予支持。

【编者评析】该案的指导意义在于:一是明确了应收账款质押后,通知的主要意义在于对抗应收账款债务人;二是明确应收账款债权人要对应收账款的真实性承担举证责任,不能仅以办理应收账款质押登记为由就认定应收账款真实存在。

2. 大唐保定热电厂与保定市三丰生活锅炉厂等确认合同效力纠纷案
【最高人民法院(2017)最高法民再 5 号】

【裁判要旨】《物权法》第 228 条第 2 款①规定,应收账款出质后,不得转让,但经出质人与质权人协商同意的除外。出质人转让应收账款所得的价款,应当向质权人提前清偿或者提存。本院认为上述规定不影响债权转让合同的效力。主要理由是:第一,现行民法规范中的“不得”二字不是识别效力性强制性规定的标准,它有多种解释可能性,有的是指不发生物权变动的效果,有的是指转让合同、设立物权的合同不发生效力或者无效。第二,将《物权法》第 228 条第 2 款解释为转让设立质押的应收账款债权无效,在强调债权的流通性及价值的背景下,不利于应收账款债权效益最大化的发挥。应收账款债权设定质押与应收账款债权转让具有不同的功能和特征,前者旨在为主债权担保,质权是否行使,取决于债务人是否履行债务,具有不确定性。在质权成立至行使质权这一段期间内,被担保的主债务人与应收账款债权人均有期限利益,这种期限利益有时对当事人利益巨大,涉及到市场波动、商业交易等各种因素。同时,根据应收账款债权实现可能性的不同,应收账款债权具有不同的价值,在应收账款受让人认可该价值的前提下,限制该债权转让,将阻碍应收账款债权人变现其债权并进而损害其利益。另外,在应收账款债权受让人认可该债权价值大于其上设定的质权所担保的主债权并愿意受让该债权的场合,限制该债权流通,就更不具有合理性。第三,将已出质的应收

---

① 《民法典》第 445 条第 2 款。下同。

账款债权转让合同认定为无效,有时并不利于质权人的利益。根据《物权法》第228条第2款的规定,出质人转让应收账款所得的价款,应当向质权人提前清偿或者提存。如果认定合同无效,则意味着质押人已经取得的转让价款的返还。对于质权人而言,已经实现的债权(转让价款)与尚未实现的债权(应收账款债权)相比,显然前者对于质权人更为有利。第四,从登记制度上看,在登记生效主义的物权变动模式下,应当尽量贯彻登记的公信力,如此,不将应收账款债权转让合同归于无效,同时依照物权变动的规则确定质权的归属与效力,在逻辑上更加清晰。综上,认定已出质的应收账款债权转让合同有效,并不会对质权人的利益造成不利影响,符合《物权法》第228条第2款的立法目的。

【编者评析】该案的指导意义在于,应收账款设定质押后再次转让的,不能简单地依据《民法典》第445条第2款之规定认定该转让合同无效。

第四百四十六条　【权利质权的法律适用】权利质权除适用本节规定外,适用本章第一节的有关规定。

【条文精解】

(一)条文要点

本条是关于权利质权如何适用法律的规定,沿用了《物权法》第 229 条的规定,只是将"适用本章第一节动产质权的规定"明确为"适用本章第一节的有关规定",在表述上更加严谨准确。关于权利质权的法律适用,应当注意以下内容:

一是《民法典》有关"权利质权"有明确规定,适用该节之规定,不能适用动产质权的有关规定。如《民法典》第 441 条明确规定,有权利凭证的证券性权利押,以交付权利凭证作为公示方法。该规定与《民法典》第 429 条有关质权成立的规定相一致,但鉴于该条对此已有明确规定,故不能再适用《民法典》第 429 条之规定,更何况证券性权利质权的设立除了交付外,还需要背书记载"质押"字样,与动产质权仅以交付作为公示方法就有所不同。再如,《民法典》第 443 条至第 445 条对设定权利质押后再转让权利的行为作出了明确规定,因而就不能再适用该法第 431 条有关债权人禁止擅自使用处分质押财产的规定。

二是以交付作为公示方法的权利质权,在《民法典》"权利质权"部分没有规定时,可以适用动产质权的规定。以交付作为公示方法的权利质权,主要是《民法典》第 441 条规定的以交付权利凭证作为公示方法的权利质权,可以适用动产质权的有关规定,如《民法典》第 428 条有关禁止流质的规定、第 430 条有关债权人有权收取孳息的规定、第 432 条有关妥善保管质押财产的规定、第 435 条有关放弃质权的规定、第 436 条有关质押财产返还及质权实现的规定、第 437 条有关质权人应当及时行使质权义务的规定、第 438 条有关质押财产变化后如何处理的规定等。

但依权利质押的性质不能适用动产质权规定的,仍不能适用动产质权的有关规定。如权利质权一般不存在质权保全问题,因而《民法典》第 433 条有关质权保护的规定不适用于权利质权。再如,《民法典》第 434 条有关转质的规定,可以适用于以交付作为公示方法的权利质权,但不能适用于以登记作为公示方法的权利质权。此外,在质权的实现方式上,折价、拍卖或变卖质押财产并从卖得价款中优先受偿,是动产质权人实现其质权的法定选择方式。而权利质权的实现方式除质权人从处分出质权利并从所得价款中优先受偿外,还包括直接请求义务人承担义务,如应收账款质押场合,质权人就可以直接请求应收账款义务人向其履行债务,而这是动产质权所不具备的实现方式。

三是以登记作为公示方法的权利质权,应当类推适用抵押权的相关规定。如《民法典担保制度解释》第 44 条第 3 款就明确规定,主债权诉讼时效届满的法律后果,以登记作为公示方法的权利质权,参照适用抵押权的有关规定;而以交付权利凭证作为公示方法的权利质权,则参照适用动产质权和留置权的规定。这一规定较之于《民法典》第 446 条笼统地规定权利质权适用动产质权的有关规定,显然更加科学合理。

（二）适用情况

本条是有关权利质权法律适用的规定,实践中需要注意的是:一是即便以交付作为公示方法的权利质押,也不能完全适用动产质权的规定;二是以登记作为公示方法的权利质权,更多的是类推适用抵押权而非动产质权的规定,就此而言,需要对本条规定作目的性限缩。

【典型案例】

（一）参考案例

东北证券股份有限公司与吉林敦化农村商业银行股份有限公司等合同纠纷案【最高人民法院(2018)最高法民终 363 号】

【裁判要旨】东北证券的擅自解押行为导致敦化农商行丧失就质押的 800 万股股票行使质权而优先受偿的权利,应在该股票价值范围内承担相应的赔偿责任。《物权法》第 170 条[①]规定:"担保物权人在债务人不履行到期

---

① 《民法典》第 386 条。

债务或者发生当事人约定的实现担保物权的情形,依法享有就担保财产优先受偿的权利,但法律另有规定的除外。"第 219 条①第 2 款、第 3 款规定:"债务人不履行到期债务或者发生当事人约定的实现质权的情形,质权人可以与出质人协议以质押财产折价,也可以就拍卖、变卖质押财产所得的价款优先受偿。质押财产折价或者变卖的,应当参照市场价格。"第 229 条②规定:"权利质权除适用本节规定外,适用本章第一节动产质权的规定。"据此,质押财产价款可以由质权人和出质人协议折价确定,也可能是通过拍卖、变卖的方式确定。因此,本院确定东北证券以吉恩镍业 800 万股股票为限对敦化农商行承担赔偿责任,赔偿金额为该部分股票被处置时的价值。东北证券上诉主张案涉 800 万股股票应与尚处于质押状态的 4300 万股吉恩镍业股票同股同价,理由成立,本院予以支持。

---

① 《民法典》第 436 条。
② 《民法典》第 446 条。

第十九章 留置权

第四百四十七条　【留置权的概念】债务人不履行到期债务,债权人可以留置已经合法占有的债务人的动产,并有权就该动产优先受偿。

前款规定的债权人为留置权人,占有的动产为留置财产。

【条文精解】

(一)条文要点

本条是有关留置权概念的规定,沿袭了《物权法》第 230 条的规定,未作修改。准确理解留置权,要将其与抵押权、质权等制度的关系中把握其特征。

1. 留置权的性质和分类

(1)留置权的性质

准确理解留置权的性质,要着眼于以下几个方面:

一是留置权属于典型的担保物权。留置权作为典型的担保物权,具有担保物权的共性,包括:第一,具有从属性。留置权以主债权的成立或有效为前提,主债权不成立或无效的,留置权也不成立或跟之无效;留置权优先受偿的范围不得超过主债权的范围;留置权因主债权的消灭而消灭。留置权不能单独转让,但主债权转让的,留置权原则上也应当一并转让,除非法律另有规定或当事人另有约定。问题是,在留置权因主债权转让而一并转让场合,转让人应否将留置财产转交受让人? 换言之,留置财产未转交受让人的,留置权是否并未随主债权一并转让? 本书认为,留置权的成立与存续固然以留置人留置财产为必要,但留置权人占有留置财产,并不一定是直接占有,留置权人间接占有留置财产并不影响留置权的设立或存续。在留置权随主债权一并转让场合,即便转让人未将留置财产交付受让人,只要当事人之间没有留置权并不随之转让的明确约定,转让人对留置财产的占有构成直接占有,受让人则构成间接占有,留置权仍随主债权一并转让。正因如此,受让人才有权请求转让人交付留置财产。第二,具有不可分性。担保物权的不可分性包括担保财产的不可分性与主债权的不可分性两个方面,留置权也是如此。只是在担保财产的不可分性上,为限制留置权的效力,《民法典》第 450 条规定:"留置财产为可分物的,留置财产的价值应当相当于债务的金额。"由此可见,留置权人占有的财产为可分物的,留置财产的价值应当相当于债务的金额。有鉴于此,《民法典担保制度解释》第38条第1款规定:"主债权未受全部清偿,担保物权人主张就担保财产的全部行使担保物权的,人民法院应予支持,但是留置权人行使留置权的,应当依照民法典第四百五十条的规定处理。"第三,具有优先受偿性,此乃不言自明之理。优先受偿权的实现,也有赖于对留置财产的变价,只不过在变价程序上,除了出现法定或约定的事由外,还需要一段宽限期,这与抵押权和质权不同。

值得探讨的是,留置权是否具有物上代位性。对此,一直存在分歧。肯定说认为,留置权作为担保物权,当然具有物上代位性。否定说则认为,留置权以对留置财产的持续占有作为其设立及存续要件,留置财产一旦毁损灭失,就不存在占有问题,留置权当然也随之灭失,自然也就谈不上物上代位问题。折中说认为,留置财产如完全灭失,留置权因留置财产的消失而归于消灭,物上代位性无从谈起;但留置财产若只是遭受了些许损坏仍为同种之物,此种留置权并未消灭,其效力及于代位物上,表现出一定程度的物上代位性。本书认为,物上代位性是担保物权的共性,留置权也不应例外。留置权的主要效力就在于留置并支配留置财产的交换价值,其效力当然及于替代物。

此外,对留置权是否具有追及效力也有很大争议。本书认为,在留置财产被他人侵夺的情况下,留置权因丧失占有而消灭,留置权人不能基于留置权请求该他人返还留置财产,从这一意义上说,留置权没有追及效力。当然,在留置财产被他人直接占有或辅助占有场合,留置权人有权请求该他人返还留置财产,无须诉诸追及效力,故不能以此证成留置权具有追及效力。

二是留置权属于法定的担保物权。留置权是依据法律规定产生的担保物权,只要具备《民法典》规定的条件,不论债权人和债务人是否有约定,留置权当然产生。而抵押权和质权是当事人之间经合意而产生的,当事人订立的是动产质押合同,即便质权因未完成交付而不能有效设立,法院也不能无视当事人的真实意思径行将其解释为动产抵押,这在一定程度上体现了当事人的意思自治。另外,留置权的本质是,当债权人合法占有债务人的动产,且债权与该动产系同一法律关系时,就享有留置权;反之,当不再具备该事实或状态,如债权人丧失对留置财产的占有时,留置权就归于消灭。可见,合法占有留置财产是留置权设立及存续的前提。而在质权中,交付质押财产是质押合同项下出质人的义务,占有质押财产则是质权人在质权关系中依法享有的权利。也就是说,留置权是因为先占有后有权利,而在质权中则是先有权利后依法占有,二者存在本质区别。

三是留置权具有极高的优先效力。留置权大多基于债权人在留置财产上附加了一定的劳动而产生,属于"费用性担保物权"。债权人对标的物施以劳务、技术或供给材料,为保全标的物的价值或增加标的物的价值作出了贡献。对留置权的优先保护,本质上属于对劳动债权的优先保护。加之留置权以持续占有为存续要件,且仅适用于债权与占有的动产具有同一法律关系的狭窄情形,适用条件较苛、适用范围又窄,故即便赋予其极强的效力,也不至于影响担保物权的一般规则。正因如此,留置权具有极高的效力。《民法典》第 456 条规定:"同一动产上已经设立抵押权或者质权,该动产又被留置的,留置权人优先受偿。"留置权不仅优先于抵押权和质押,而且还优先于价款优先权。可以说,留置权是所有担保物权中效力最高的一种权利,根本原因即如前述。

(2)留置权的分类

从司法实践的角度看,以下分类对准确适用法律具有重要意义:

一是民事留置权和商事留置权。《民法典》第 448 条规定:"债权人留置的动产,应当与债权属于同一法律关系,但是企业之间留置的除外。"该条区分了民事留置权和商事留置权。区分二者的主要意义在于:民事留置权以留置的动产与债权具有同一性为必要,而商事留置权则不受同一性的限制。但这并不意味着商事留置权没有任何限制,其限制主要是要受持续经营规则的限制。另外,民事留置权既可以留置债务人的动产,也可以留置第三人的动产;而在商事留置权中,尽管在同一性上有所放松,但在留置财产的范围上,则限于债务人的动产,不包括第三人的动产。

二是一般留置权和特别留置权。《民法典》规定的留置权,属于一般留置权,包括两部分内容:其中有关留置权的设立、效力等的规定,主要参见担保物权分编第十九章有关"留置权"的规定。《民法典》合同编有关典型合同分编中规定了几种具体的留置权,如《民法典》第 783 条规定的承揽人留置权,第 836 条规定的承运人留置权,第 903 条保管合同中规定的保管人留置权,第 959 条规定的行纪人留置权,这些规定均属于留置权的具体适用。也就是说,这些条文仅规定债权人享有留置权,至于留置权的具体内容如何,则适用担保物权分编第十九章有关"留置权"的规定。二者共同构成《民法典》有关一般留置权的规定。

留置权的适用范围并不仅限于《民法典》规定的前述有名合同,民事特别法中也有关于留置权的规定,如《信托法》第 57 条规定:"信托终止后,受托人依照本法规定行使请求给付报酬、从信托财产中获得补偿的权利时,可以留置信托财产或者对信托财产的权利归属人提出请求。"再如,《海商法》第 87 条规定:"应当向承运人支付的运费、共同海损分摊、滞期费和承运人为货物垫付的必要费用以及应当向承运人支付的其他费用没有付清,又没有提供适当担保的,承运人可以在合理的限度内留置其货物。"该条就规定了船舶留置权。特别法规定的留置权属于特别留置权的规定。依据"特别规定优先于一般规定"的法律适用规则,特别法对留置权有规定的,优先适用特别规定;特别法没有规定的,则适用《民法典》有关留置权的一般规定。如在优先效力问题上,《海商法》第 25 条第 1 款规定:"船舶优先权先于船舶留置权受偿,船舶抵押权后于船舶留置权受偿。"据此,船舶优先权在效力上优先于船舶留置权,在一定程度上就突破了《民法典》有关留置权具有最优效力的规定。

2. 留置权与相关制度的关系

留置权与质权、同时履行抗辩权具有密切关系,准确理解留置权,还要理解彼此之间的联系和区别。

(1)留置权与质权

在所有的担保物权中,与留置权最相近似的无疑是质权尤其是动产质权,如二者都具有留置效力和优先受偿效力;客体主要都是动产,都以占有或交付作为公示方法;都不受主债权诉讼时效届满的影响;都可以通过留置权人或质权人自行拍卖或变卖的方式实现留置权或质权,不必诉诸司法拍卖。从比较法上看,德国民法上物权性质的留置权就规定在"质权"中,以法定质权的形式出现,足见二者的同质性。但在我国现行法下,留置权和质权也有重要区别,主要表现在以下几个方面:

首先,性质不同。留置权是法定担保物权,而质权是意定担保物权。既然属于法定担保物权,则债权人是否享有担保物权,主要看是否符合法定"构成要件",包括债务人是否履行到期债务、债权人是否合法占有债务人的动产、动产和债权之间是否具有同一性。而质权作为意定物权,是依据当事人之间设定质权的意思表示并经一定的公示方法而设立的,就担保合同而言,一定程度上体现了当事人的意思自治;就质权设立而言,则主要看是否完成了物权公示;就原因行为和物权变动而言,则体现区分原则。此其一。其二,正因为留置权的设立不考虑当事人之间的意思,即便是留置了第三人的动产,也不能诉诸善意取得制度来解决。而在质权中,出质人以他人财产出质,质权人能否设立质权,则要通过善意取得制度解决。其三,留置权只有在符合构成要件时才成立,当作为构成要件的占有不再处于持续状态,如在留置财产被他人侵夺场合,留置权归于消灭。而在质权中,除非质权人将质押财产返还出质人——该行为意味着质权人放弃了质权,否则,在质押财产被他人侵夺场合,质权并不消灭,质权人也可以依据质权请求该他人返还质押财产。

其次,客体不同。留置权的客体限于动产,而质权的客体除动产外还包括权利。在现代社会,权利质权的重要性甚至超过了动产质权,成为最为重要的质权类型。

再次,实现条件不同。债务人不履行到期债务,是质权或抵押权的实现条件。而在留置权中,债务人不履行到期债务仅是其成立要件而非实现要件。正因为留置权不以债务人不履行到期债务作为实现要件,这就有必要另行规定一个条件或期限,从《民法典》第 453 条的规定看,法律规定的是宽限期,只有在宽限期经过后债务人仍未履行债务的,留置权人才能行使留置权。对宽限期当事人有约定的,从其约定;无约定的,原则上要留给债务人 60 天以上的债务履行期限。

最后,消灭事由不同。留置权因留置财产丧失占有以及债务人另行提供担保而消灭,质权则无类似规定。

(2)留置权与同时履行抗辩权

从其制度渊源上看,二者均源于罗马法上的恶意抗辩制度;《德国民法典》就将留置权规定在债法部分,本质上即属同时履行抗辩权,足见二者之间的密切关系。我国《民法典》同时规定了这两项制度,其中都包含具有拒绝返还的效力、都要求具有牵连关系等内容,使得二者之间具有密切联系,在适用时有必要予以区分,其区别主要表现在:

首先,性质不同。留置权规定在物权编中,属于担保物权,具有优先受偿效力、物上代位效力、不可分性等效力。同时履行抗辩权规定在合同编中,仅具有拒绝履行的债法上的效力,不具有物权效力。

其次,效力不同。留置权所具有的留置效力表现为留置权人有权继续占有留置财产,相应地也具有拒绝返还的效力,就此而言,似乎与同时履行抗辩权所具有的拒绝履行效力相同。但实则二者有很大区别。同时履行抗辩权往往适用于双方均未履行债务场合,一方请求另一方履行时,另一方行使同时履行抗辩权,通过拒绝自己的履行督促对方履行。可见,其主要适用于双方均未履行债务的场合。而在留置权中,留置权人已经履行了对留置财产的加工等保值增值行为,是因为债务人不履行支付费用等义务而留置财产。另外,留置权人拒绝返还的是被留置的动产,而在同时履行抗辩权场合,权利人拒绝履行行为指向的对象既可以是动产,也可以是金钱债务,还可以是不动产。

最后,适用条件不同。留置权作为担保物权,一般要求留置财产与所担保的债权系因同一法律关系所产生,学理上一般将其归纳为留置财产与债权之间具有牵连关系。同时履行抗辩权适用于双务合同,也是因为双务合同中互负的对待给付具有牵连性。同是要求具有牵连关系或牵连性,留置权所要求的牵连性尽管学理上有很大的争议,但共同点是都认为留置权的目的在于担保债权的实现,此种债权往往是对留置财产进行加工等保值增值行为所产生的债权,其价值与留置财产本身不具有对等性。而同时履行抗辩权适用于双务合同,双方互负的义务具有对等性、对价性等特点,如买卖合同中出卖人负有的交付标的物义务与买受人负有的支付对价义务二者在价值上基本相当。另外,从留置权适用的主要合同类型看,保管合同、运输合同、加工承揽合同、仓储合同、行纪合同等合同性质上都属于提供服务的合同。同时履行抗辩权适用的典型情形是买卖合同等转移标的物所有权或财产权利的合同。可见,二者适用的合同类型也存在不同。此外,尤其需要注意的是,留置权场合的牵连关系,指的是动产与债权之间的牵连,而同时履行抗辩权则是双方互负的对待给付义务具有牵连关系,二者是有区别的,切勿将其混淆。

3. 关于留置权的成立要件

法律事实包括行为和事件,其中行为又包括法律行为和事实行为。对法律行为的"成立—生效—履行—变更—终止—违约责任"等全过程的规制,体现的都是意思自治原则。当然,意思自治不能逾越强行法的界限,表现在合同效力上,就是意思自治不得违反法律、行政法规的强制性规定以及不得违背公序良俗。基于法律行为的物权变动,尽管就物权是否变动以及物权变动后的效力等问题上并无意思自治的空间,而是要坚持公示公信原则、物权法定原则,但在物权是否变动、变动的是何种物权等问题上仍要体现意思自治原则。因而对基于法律行为设立的抵押权、质权等意定担保物权,法律控制的重点包括两大方面:一是对抵押合同、质押合同等担保合同的形式、成立、内容等进行规制;二是对物权变动模式、物权变动后的效力等进行规制。

与意定担保物权不同,留置权作为法定担保物权,是对留置这一事实或状态的承认,讲的是"构成要件"。也就是说,只要符合法定的构成要件,留置权就有效成立,不考虑当事人之间是否有意思表示,更不考虑意思表示是否合法有效等问题。一般认为,留置权成立需要同时具备积极条件和消极条件,其中积极条件包括:一是债务人不履行到期债务;二是债权人合法占有债务人的动产;三是留置的动产与债权属于同一法律关系。消极要件是不存在法律规定和当事人约定的不得留置的情形。鉴于《民法典》第 448 条规定了同一关系要件规定,第 449 条规定了消极要件,此处主要介绍积极要件中的前两个要件。

(1)关于债务人不履行到期债务

该要件可从以下几个方面来理解:

一是债权人享有的是到期债权。债务人不履行到期债务,从债权人的角度看,就是债权人享有到期债权。如果债权尚未到期就允许成立留置权,相当于强制债务人提前清偿债务。这不仅不能实现留置权担保债权受偿的目的,而且容易诱发债权人滥用权利。若债权尚未到期,而债权人返还占有物的义务已经到期,此时因留置权尚未发生,债权人应当将占有物返还债务人。占有物一旦返还债务人,也就不存在成立留置权问题。实践中,不排除债权人故意拖延不还,以等待债权清偿期届满。此时尽管会满足债权人享有到期债权的要求,但因为债权人先负有返还义务,其未及时履行返还义务的行为构成履行迟延,在迟延履行场合对财产所为的占有不符合"合法"占有这一要件,仍不能成立留置权。

二是该到期债权就是留置权所担保的债权。留置权作为担保物权,也以担保债权的实现为目的。在留置权场合,所担保的债权就是债权人已经到期的债权。而债务人同时也是担保人,担保财产就是债务人已经交付给债权人的动产。可见,留置权性质上相当于债务人以自己财产为自己负有的债务提供担保,性质上反而更类似于所有权保留等非典型担保,二者都是以主合同项下的标的物为价款或费用的支付提供担保,所不同的不过是留置权是依据法律规定成立的担保,而所有权保留等非典型担保则是依据当事人意思设定的担保。

三是关于债权的性质和类型。该到期债权多数情况下是合同债权,《担保法》第 84 条规定:"因保管合同、运输合同、加工承揽合同发生的债权,债务人不履行债务的,债权人有留置权。法律规定可以留置的其他合同,适用前款规定。当事人可以在合同中约定不得留置的物。"《担保法》之外,《合同法》在有名合同中除了重复规定《担保法》规定的保管合同、仓储合同、运输合同、加工承揽合同中的留置权外,还在第 422 条增加规定了行纪合同中的留置权。此外,《海商法》规定的船舶留置权、《信托法》规定的信托财产留置权,都属于《担保法》第 84 条规定的"法律"明确规定的留置。除《担保法》及前述法律规定的留置权外,在此前的司法实践中,人民法院基本不承认其他领域还存在留置权。《担保法》关于留置权适用范围的规定严重影响留置权功效的发挥,广受学界批评。《物权法》第 230 条删除了《担保法》将留置权的范围仅仅局限于几类合同债权的规定,仅仅要求"债务人不履行到期债务",对债务的发生原因未置明文,《民法典》沿袭了这一规定。从前述法律沿革看,留置权的适用范围并不限于法律明确规定的前述有名合同,但凡符合留置权规定的合同债权,尤其是一些无名合同,也可以成立留置权。此外,有学者认为,留置权的适用范围不应局限于合同之债,因侵权行为、无因管理或不当得利而成立的债权,如保管人在保管他人财产过程中所受的损失,理论上也有适用留置权的可能,而这在很大程度上取决于如何认定留置财产和被担保债权之间的"同一关系"或"牵连关系"。对此,将在《民法典》第 448 条详述,此处从略。

四是关于债务人不履行到期债务的意义。债务人不履行到期债务往往是担保物权的实现条件,但在留置权中,债务人不履行到期债务仅是其成立要件而非实现要件。正因如此,就有必要另行规定留置权的实现条件,对此,《民法典》第 453 条规定,应当给债务人一段宽限期,只有在宽限期经过后债务人仍未履行债务的,留置权人才能行使留置权。对宽限期当事人有约定的,从其约定;无约定的,原则上要留给债务人 60 天以上的债务履行期限。

(2) 关于债权人须合法占有债务人的动产

该要件可分解为以下几个方面来理解:

一是关于留置财产是否限于动产问题。留置权的客体为动产,当无异议。从比较法上看,很多国家留置权的客体除了动产外还包括不动产。在我国法下,留置权的客体是否包括不动产,主要涉及《民法典》第 807 条规定的建设工程价款优先权是否属于不动产留置权问题。关于建设工程价款优先权的性质,一般认为属于法定优先权,不从不动产留置权的角度进行解释。至于权利能否成为留置权的客体,在我国权利包括不动产用益物权,鉴于其性质上类似于不动产,在不动产不能成为留置权客体的情况下,此类权利当然也不能成为留置权的客体。不动产用益物权以外的其他权利,以登记而非占有作为公示方法的权利如股权、应收账款等,不存在合法占有的问题,当然也不能成为留置权的客体。以占有作为公示方法的权利,如票据、债券、提单、仓单等证券性权利,其公示方法除交付外,还要附加以背书记载"质押"字样的要件,不可能通过单纯的占有就使占有人享有权利,故也不能成立留置权。值得探讨的是,仅以交付作为公示方法的权利,如存单和无记名提单,能否成立留置权?存单的基础合同是借贷合同,存单本身表征的也仅是债权,难以成立留置权。无记名提单是运输合同项下的物权凭证,在符合条件的情况下,理论上说也有成立留置权的可能。总之,留置权的客体原则上限于动产,权利在极个别情况下似也有成立留置权的可能,不动产则不能成为留置权的客体。

二是须合法占有留置财产。债权人对留置财产的占有,不限于直接占有,也包括间接占有或由他人辅助占有。在间接占有场合,直接占有人不能是债务人,否则,表明债权人尚未实际占有留置财产,不符合留置权的成立要件。值得探讨的是,是否存在债权人与债务人共同占有的可能,理论上说,在留置财产由他人直接占有的情况下,存在着债权人与债务人共同间接占有的可能,仍可以构成合法占有。但在留置财产由债务人直接占有的情况下,所谓的共同占有本质上仍系债务人占有,不能成立留置权。本条所谓的占有须为合法占有、和平占有,债权人以侵夺等侵权的方式占有财产的,因不符合"合法"占有的要件,不能成立留置权。债权人在迟延履行等违约情况下对财产进行的占有,同样不属于合法占有,也不能成立留置权。

三是关于能否占有第三人的财产问题。债权人能够占有债务人的财产当无异议,值得探讨的是,债权人能否占有第三人的动产并在其上成立留置权,向来存在争议。肯定说多从善意取得的角度论证债权人留置第三人财产的正当性,但善意取得适用于交易行为,是公示公信原则或交易外观主义的具体运用。而留置权作为法定担保物权,并不考虑当事人的意思,其所保护的占有不过是作为事实状态的占有,而不是作为公示方法的占有,因而善意取得说不足采。再者,如果采善意取得说,则还要考察留置权人是否属于善意当事人,这种做法会导致债权人花费大量的成本证明其善意,却仍不能消除其举证不能的高风险;另外,对善意、恶意的举证极有可能被债务人或物的原所有人利用,比如,伪造债权人知情的证据,使本应该可以基于善意而取得留置权的债权人无法获得留置权,违背了留置权制度维护公平的初衷。本书认为,设立留置权制度的原因在于保全对标的物有保值增值行为的特定债权,而不在于标的物归谁所有,更不在于债权人是否知道该标的物的真正归属。因此,只要对标的物有保值增值的行为,债权人即可对由此产生的债权就其占有的标的物取得留置权,有无其他情形在所不问。有鉴于此,《民法典担保制度解释》第62条第1款规定:"债务人不履行到期债务,债权人因同一法律关系留置合法占有的第三人的动产,并主张就该留置财产优先受偿的,人民法院应予支持。第三人以该留置财产并非债务人的财产为由请求返还的,人民法院不予支持。"该条肯定债权人可以在第三人的动产上成立留置权,但强调必须基于"同一法律关系",不考虑留置权人是否为善意当事人,可见并未采善意取得说。

还要指出的是,《民法典担保制度解释》第62条第3款同时又规定:"企业之间留置的动产与债权并非同一法律关系,债权人留置第三人的财产,第三人请求债权人返还留置财产的,人民法院应予支持。"可见,在民事留置权中债权人可以留置第三人的动产,但商事留置权中债权人只能留置债务人的动产,不能留置第三人的动产。之所以作此规定,是因为民事留置权中,被担保的债权严格限定在与动产具有同一法律关系的债权,而在商事留置权中,只要是企业持续经营中发生的债权,都在留置权的担保范围之内。在商事留置权将担保债权的范围放得很宽的情况下,如果再将留置财产的范围及于第三人的动产,可能会导致不公平的结果,也会危及第三人的财产安全。因此,商事留置权的客体限于债务人的动产。

(二)适用情况

本条主要适用于当债权人留置第三人的动产时,据此判断能否成立留置权。实际上,判断能否成立留置权的关键在于动产和所担保的债权是否属于同一法律关系,而不在于是否属于债务人的动产,故本条有关债权人合法占有债务人的动产更准确的表述应该是,债权人可以留置已经合法占有的"债务人交付的动产",而非仅为债务人所有的动产。

【相关法律、行政法规】

（一）相关法律

1.《中华人民共和国民法典》（2020年5月28日通过）

第七百八十三条 【承揽人的留置权】定作人未向承揽人支付报酬或者材料费等价款的，承揽人对完成的工作成果享有留置权或者有权拒绝交付，但是当事人另有约定的除外。

【适用要点】承揽人的留置权是留置权的一种典型形态。承揽人就工作成果享有留置权，原因在于承揽人提供劳务完成工作成果创造了价值，工作成果中凝结了承揽人的劳动价值。而作为承揽合同特殊形态的建设工程施工合同法律关系，法律已经规定承包人实现其工程价款请求权可享有建设工程价款优先受偿权，建设工程价款优先受偿权作为一种法定优先权，很大程度上填补了此类债权在不动产领域不能实现的漏洞，因此建设工程施工合同法律关系不适用留置权。

第八百三十六条 【运送物的留置】托运人或者收货人不支付运费、保管费或其他费用的，承运人对相应的运输货物享有留置权，但是当事人另有约定的除外。

【适用要点】承运人留置权的特殊性体现在：一是不论是托运人还是收货人欠付运输费用，承运人均可享有对运输货物的留置权。二是担保的债权限于本次运输产生的运费、保管费或其他费用。至于"其他费用"的范围，只要是承运人履行运输合同约定的合同义务或虽然没有明确约定，但属于履行附随义务产生的合理费用，均属于承运人留置权担保的范围。三是只要是发生运输费用的运输货物均可留置，留置财产的权属状况不影响承运人行使留置权。

第九百零三条 【保管人的留置权】寄存人未按照约定支付保管费或者其他费用的，保管人对保管物享有留置权，但是当事人另有约定的除外。

【适用要点】寄存人根据合同约定向保管人支付保管费用是有偿保管合同中寄存人的义务。寄存人除支付保管费外，还应按照合同约定支付"其他费用"。"其他费用"是指保管人为保管保管物而实际支出的必要费用。无论是有偿保管合同还是无偿保管合同，一般有以下几种情况：第一，当事人约定是有偿保管,保管人为保管保管物而实际支出的其他费用已经包括在保管费之内。第二,当事人约定是无偿保管,但可以约定寄存人应当支付为保管而支出的实际费用。如有此约定,寄存人应依约定行事。即使无此约定,按照公平原则,寄存人也应当支付保管人为保管而支出的实际费用。寄存人违反约定不支付保管费报酬以及其他费用的,根据本条规定,保管人对保管物享有留置权,即以该财产折价或者以拍卖、变卖该财产的价款优先受偿的权利。

第九百一十八条 【参照适用保管合同的规定】本章没有规定的,适用保管合同的有关规定。

【适用要点】该条是关于仓储合同补充适用保管合同的法律规定。仓储制度的目的依然在于对仓储物的保管,只不过仓储是更为专业的物的堆积保管。围绕保管义务的履行,可以认为保管合同系关于保管行为的一般性规定,而仓储合同是一类特殊的保管合同,因此在法律适用上,则有一般原则和特殊规范的适用问题。对于仓储合同没有规定的规定,可以适用保管合同的有关规定。根据本条规定,仓储合同的保管人可以根据《民法典》第903条规定,在一定条件下对保管物享有留置权。需要注意的是,该条留置权可以针对存货人提取仓储物时行使,也可以针对仓单持有人提取仓储物时行使。

第九百五十九条 【行纪人的留置权】行纪人完成或者部分完成委托事务的,委托人应当向其支付相应的报酬。委托人逾期不支付报酬的,行纪人对委托物享有留置权,但是当事人另有约定的除外。

【适用要点】在行纪合同的委托人逾期不向行纪人支付报酬时,该条规定行纪人享有对委托物的留置权。行纪人行使留置权需要具备以下三个条件:一是行纪人已经合法占有委托物,行纪人非法占有委托物的不得行使留置权;二是委托人没有正当理由拒绝支付报酬,如果委托人有正当理由暂时拒绝支付,则行纪人不得留置委托物;三是行纪合同中没有事先约定过不得留置的条款。如果委托人与行纪人在行纪合同订立时已经约定不得将委托物进行留置的,行纪人就不得留置委托物。如果行纪人依法不能行使留置权的,行纪人可以要求委托人另行提供担保。

2.《中华人民共和国信托法》(2001年4月28日通过)

第五十七条 【受托人的留置权】信托终止后,受托人依照本法规定行使请求给付报酬、从信托财产中获得补偿的权利时,可以留置信托财产或者对信托财产的权利归属人提出请求。

【适用要点】在信托合同中,当受托人完成信托事项,委托人需按照合同约定向受托人支付一定报酬,当委托人拒不支付或拖延支付时,受托人可以对信托财产行使留置权。

3.《中华人民共和国海商法》(1992 年 11 月 7 日通过)

第二十五条　【留置权、抵押权、优先权的受偿顺序】船舶优先权先于船舶留置权受偿,船舶抵押权后于船舶留置权受偿。

前款所称船舶留置权,是指造船人、修船人在合同另一方未履行合同时,可以留置所占有的船舶,以保证造船费用或者修船费用得以偿还的权利。船舶留置权在造船人、修船人不再占有所造或者所修的船舶时消灭。

【适用要点】该条是留置权的受偿顺序在海商法领域的特殊规定。

第八十七条　【承运人的留置权】应当向承运人支付的运费、共同海损分摊、滞期费和承运人为货物垫付的必要费用以及应当向承运人支付的其他费用没有付清,又没有提供适当担保的,承运人可以在合理的限度内留置其货物。

【适用要点】该条是承运人享有留置权的具体规定。

第八十八条　【留置权的行使】承运人根据本法第八十七条规定留置的货物,自船舶抵达卸货港的次日起满六十日无人提取的,承运人可以申请法院裁定拍卖;货物易腐烂变质或者货物的保管费用可能超过其价值的,可以申请提前拍卖。

拍卖所得价款,用于清偿保管、拍卖货物的费用和运费以及应当向承运人支付的其他有关费用;不足的金额,承运人有权向托运人追偿;剩余的金额,退还托运人;无法退还、自拍卖之日起满一年又无人领取的,上缴国库。

【适用要点】该条是承运人行使留置权的具体规定。

4.《中华人民共和国税收征收管理法》(2001 年 4 月 28 日修订,2015 年 4 月 24 日修正)

第四十五条　【税收优先于无担保债权】税务机关征收税款,税收优先于无担保债权,法律另有规定的除外;纳税人欠缴的税款发生在纳税人以其财产设定抵押、质押或者纳税人的财产被留置之前的,税收应当先于抵押权、质权、留置权执行。

纳税人欠缴税款,同时又被行政机关决定处以罚款、没收违法所得的,税收优先于罚款、没收违法所得。

税务机关应当对纳税人欠缴税款的情况定期予以公告。

【适用要点】根据该条规定,如果纳税人欠缴的税款发生在纳税人的财产被留置之前,那么税收应当先于留置权执行。如果纳税人欠缴的税款发生在纳税人的财产被留置之后,那么留置权应当先于税收执行。

【司法解释及规范性司法文件】

（一）司法解释

《最高人民法院关于适用〈中华人民共和国民法典〉有关担保制度的解释》(法释〔2020〕28 号,2020 年 12 月 25 日通过)

第三十八条 【担保财产担保全部债权】主债权未受全部清偿,担保物权人主张就担保财产的全部行使担保物权的,人民法院应予支持,但是留置权人行使留置权的,应当依照民法典第四百五十条的规定处理。

担保财产被分割或者部分转让,担保物权人主张就分割或者转让后的担保财产行使担保物权的,人民法院应予支持,但是法律或者司法解释另有规定的除外。

【适用要点】除了当事人可以约定排除担保物权的不可分性外,就担保财产的各个部分担保全部债权实现的问题上,该条规定了两个例外,留置权的行使就是其中一个例外。

第六十二条 【留置权】债务人不履行到期债务,债权人因同一法律关系留置合法占有的第三人的动产,并主张就该留置财产优先受偿的,人民法院应予支持。第三人以该留置财产并非债务人的财产为由请求返还的,人民法院不予支持。

企业之间留置的动产与债权并非同一法律关系,债务人以该债权不属于企业持续经营中发生的债权为由请求债权人返还留置财产的,人民法院应予支持。

企业之间留置的动产与债权并非同一法律关系,债权人留置第三人的财产,第三人请求债权人返还留置财产的,人民法院应予支持。

【适用要点】准确适用留置权,要区分民事留置权和商事留置权,其中民事留置权可以留置第三人的动产,但限于动产和其担保的债权之间具有同一法律关系的情形。商事留置权并不要求动产和其担保的债权之间具有同一法律关系,只要是企业持续经营中发生的债权,都可以作为留置权担保的债权。为限制商事留置权的效力,有必要将其担保的动产限于债务人的动产,不包括第三人的动产。

(二)规范性司法文件

1.《最高人民法院关于能否对连带责任保证人所有的船舶行使留置权的请示的复函》(〔2001〕民四他字第5号,2001年8月17日)

船舶留置权是设定于船舶之上的法定担保物权。根据《中华人民共和国海商法》第二十五条第二款的规定,当修船合同的委托方未履行合同时,修船人基于修船合同为保证修船费用得以实现,可以留置所占有的船舶,而不论该船舶是否为修船合同的委托方所有。但修船人不得基于连带责任保证对连带责任保证人所有的船舶行使留置权。

【适用要点】该条明确了享有船舶留置权的修船人可得留置的船舶不限于债务人所有的船舶,还包括第三人所有的但债务人交付修理的船舶。

2.《最高人民法院关于国内水路货物运输纠纷案件法律问题的指导意见》(法发〔2012〕28号,2012年12月24日公布)

7.国内水路货物运输合同履行完毕,托运人或者收货人没有按照约定支付运费、保管费或者其他运输费用,依照合同法第三百一十五条①的规定,承运人对相应的运输货物享有留置权。人民法院在审查承运人的留置权时,应当重点审查承运人留置货物的数量是否是在合理的限度之内,以及承运人留置的货物是否是其合法占有的货物。债务人对留置货物是否具有所有权并不必然影响承运人留置权的行使,除非运输合同当事人对承运人的留置权另有特殊约定。

【适用要点】该条系对承运人留置权的具体规定,规定要求承运人享有留置权的前提系对留置货物合法占有,而对于货物是否为债务人所有并不影响留置权的行使。另外,要求留置财产的价值与债务金额相对应,与《民法典》第450条的规定相一致。

---

① 《民法典》第836条。

【典型案例】

（一）参考案例

1. 广州市坤龙建筑安装工程有限公司与广州市城市建设开发有限公司、广州宏城发展有限公司等建设工程施工合同纠纷案【最高人民法院（2016）最高法民申 1562 号】

【裁判要旨】实际施工人主张在业主、总承包方未付工程款的情形下其对建设工程享有留置权，但依据《担保法》第 82 条①以及《物权法》第 230 条②的规定，留置权行使的条件是债权人合法占有债务人的动产，而建设工程并非动产，不能适用关于留置权的规定。

【编者评析】该案的指导意义在于，明确了建设工程并非动产，不适用留置权的规定。

2. 中化国际（控股）股份有限公司与大连港股份有限公司、第三人中国铁路物资哈尔滨有限公司港口货物保管合同纠纷案【最高人民法院（2019）最高法民申 3187 号】

【裁判要旨】港口经营人作为海关监管的企业法人，对于进口货物应在海关准予放行后发货。在进口货物的提货单持有人与仓单持有人分离、提货单持有人取得确认其为货物所有权人的生效判决时，港口经营人应在海关准予放行后向主张提货的提货单持有人放货，但在收到仓储费前，港口经营人可以行使留置权。

3. 上海锦乾物流有限公司与李众、殷明刚等运输合同纠纷案【上海市第二中级人民法院（2019）沪 02 民终 8032 号】

【裁判要旨】虽然《物权法》第 231 条③规定企业之间留置并不需要满足同一法律关系，但如企业之间的留置不以债务人对留置的财产享有所有权为必要条件，则对应财产所有权人所可能遭受的风险将被无限放大，不利于诚信商业体系的建立。故商事留置权中留置的动产须为债务人所有的动产。

【编者评析】该案的指导意义在于，明确了商事留置权中留置的动产须

---

①② 《民法典》第 447 条。

③ 《民法典》第 448 条。

为债务人所有的动产,不包括第三人的动产。

4. 四川省荥经县福荥冶金开发有限责任公司与四川长矾复合材料有限公司租赁合同纠纷案【四川省高级人民法院(2020)川民再226号】

【裁判要旨】关于福荥公司"留置"长矾公司产品的行为是否合法。首先,根据双方的《租赁合同》约定及合同履行的实际情况看,虽然福荥公司对长矾公司的产品不享有所有权,但福荥公司对长矾公司的生产有监管管理的权利。对于需要出库的产品,长矾公司需要先向福荥公司申请出库数量,并经福荥公司过磅核实后,方能凭福荥公司开具的出库单将相应数量的产品运送离场。故福荥公司通过对长矾公司在租赁场地内产品进行监管和控制的事实行为构成合法占有。其次,根据《物权法》第230条、第231条、第233条①的规定,债务人不履行到期债务,债权人可以留置已经合法占有的债务人的动产。留置财产为可分物的,留置财产的价值应当相当于债务的金额。本案中,在长矾公司拖欠相关费用且福荥公司催缴无果的情况下,福荥公司作为守约方及出租人,为保障其债权的实现,在拖欠的款项范围内采取限制长矾公司相应产品出库的私力救济行为,符合民事领域的自助行为,主观上并无恶意,亦不违反法律的规定。原审判决对此问题的认识存在不当,本院予以纠正。

【编者评析】该案的积极意义在于,明确了留置权不限于《民法典》规定的保管合同等有名合同,只要符合留置权适用条件的,均可以适用留置权的规定。

---

① 《民法典》第447条、第448条、第450条。

第四百四十八条　【同一法律关系及其例外】债权人留置的动产，应当与债权属于同一法律关系，但是企业之间留置的除外。

【条文精解】

（一）条文要点

本条是有关同一法律关系及其例外的规定，基本沿袭了《物权法》第231条的规定，仅将"但"改为"但是"，无实质变化。成立留置权需要具备四大要件，本条是有关成立留置权需要具备被留置的动产须与所担保的债权之间具有同一法律关系的规定，也可以说是成立留置权最为关键同时也是最难理解的要件。鉴于理论上对其有不同理解，实践中争议也很大，有必要进行详细阐述。

1. 关于同一法律关系

在最初的《担保法》中，对留置财产与债权之间的关系未作明文规定。《担保法解释》第109条规定了债权人对动产的占有与其债权的发生应具有牵连关系。但如何理解牵连关系，则存在不同理解。一般认为，广义的牵连关系既包括同一法律关系，也包括狭义的牵连关系。所谓同一法律关系，指的是债权与占有物的返还系因同一法律关系所产生。如甲将其汽车交由乙修理厂维修，乙享有的修理费债权与其负有的修好后返还汽车义务均系由维修合同而产生。同一法律关系多数为合同关系，但并不限于合同关系，如甲因无因管理行为占有乙走丢的耕牛，其因饲养耕牛所支出的必要费用债权与耕牛的返还均系基于无因管理行为所产生。狭义的牵连关系，指的是动产是产生债权的原因，如甲在球场上踢足球，不慎将球踢到乙的院子里，撞毁了乙的花草。此时，足球是侵权之债发生的原因。但乙占有足球的行为并非基于侵权行为产生，故二者并非基于同一法律关系，但却具有牵连关系。

《物权法》和《民法典》均未沿袭"牵连关系"的概念，而是采取了"同一法律关系"的表述，这就有了同一法律关系是否就是牵连关系的争论。有观点认为，二者是相同的概念。也有观点认为，同一法律关系在范围上窄于牵连关系，不包括前述的狭义牵连关系。全国人大常委会法工委的释义书在论及本条时,将同一法律关系明确界定为上文的同一法律关系,并不包括牵连关系。但在论及同一法律关系的概念时,所举的关于基于侵权行为产生的动产和债权之间的同一法律关系的案例,实则并非同一法律关系,而属于牵连关系。其所举的例子为,甲开货车运输货物,途中由于货物捆绑不严,其中一箱货物遗落砸伤乙,甲未向乙支付医疗费用,乙留置该箱货物。在该案中,甲对乙构成侵权,侵权之债系因货物掉落所致,但乙留置该货物却并非基于侵权行为,而属于私力救济。故货物与侵权之债之间具有牵连关系但并非基于同一法律关系。这也从另一个侧面说明牵连关系理解的歧义性。本书认为,应当将本条的同一法律关系扩及牵连关系,即采取前述广义的牵连关系概念。之所以要将狭义的牵连关系包含在内,是因为此时尽管并非基于同一法律关系,但却系债权人通过自力救济方式对其权利进行救济的方式,有必要予以保护,也与留置权系对合法的自力救济行为给予确认的初衷相一致。如此一来,同一法律关系与牵连关系就属于同一概念。

有观点认为,牵连关系还包括基于同一事实关系的牵连关系,所举的例子为甲乙在同一餐馆就餐,餐后彼此误拿了对方的雨伞,或错骑了对方的自行车,等等,并认为彼此互负的返还雨伞或自行车的义务属于基于同一事实关系所产生。本书认为,误拿也好错骑也罢,本质上都属于侵害他人所有权的行为,只不过在没有造成损害的情况下,无须承担损害赔偿责任而已。故误拿或错骑行为并非为毫无意义的生活事实,而是具有法律意义的侵权行为。另外,此时是两个返还请求权之间存在事实上的牵连关系,而非动产与债权之间具有牵连关系。尤其需要注意的是,彼此互负的返还义务实系基于各自的侵权行为所产生。也就是说,此时存在两个侵权行为,而非只有一个生活事实行为。故不可认为牵连关系还包括此种所谓的同一事实关系。准确理解留置权场合的牵连关系,还要将其与同时履行抗辩权场合当事人互负的对待给付之间具有牵连关系相区别。留置权场合的牵连关系,指的是动产与债权之间的牵连,而同时履行抗辩权则是双方互负的对待给付义务具有牵连关系。二者是有区别的,不可混淆。

2. 商事留置权的例外

本条规定了例外规则,即在债权人和债务人均为企业的情况下,债权人留置的动产,不必与债权属于同一法律关系。我国采民商合一的立法体例,因此,在《民法典》制定过程中,立法者考虑到商事交易的特点,对传统民法上的留置权制度进行了重大改造。其中最为显著的变化是,《民法典》区分民事留置和商事留置,明确规定企业之间留置财产不以债权的发生系同一法律关系为要件。此种修改系考虑到在商业实践中,企业之间相互交易频繁,追求交易效率,讲究商业信用,如果严格要求留置财产必须与债权的发生具有同一法律关系,则有悖交易迅捷和交易安全原则。这意味着只要基于债权人企业和债务人企业相互之间合法营业关系而占有的债务人财产,债权人即可以为担保其债权的实现而对此占有的债务人财产主张留置权,而不论该动产是基于何种法律关系占有。

商事留置权尽管不要求被留置的动产与债权之间系基于同一法律关系所产生,但这并不意味着对其没有任何限制。因为留置权具有极高的法律效力,如果不适当限制债权的范围,可能会严重危及交易安全。对此,《民法典担保制度解释》第 62 条从两个方面对商事留置权进行限制:一是要求必须是债务人自身的动产,而不能是第三人的动产;二是要求债权必须是企业在持续经营过程中发生的债权。企业在持续经营中发生的债权,与同一法律关系最大的区别在于,前者可能是一系列债权,这些债权在性质上也不要求必须是同一类型的债权,而后者仅是单个的债权。持续经营中发生的债权,一般不包括受让而来的债权。商事留置权适用于双方都是企业的情形,当其中有一方不是企业时,则不得适用。企业作为营利性经济组织,不限于公司等企业法人,还包括个人独资企业、合伙企业等组织。应予注意的是,个体工商户本质上属于商自然人,不属于本条规定的企业,故不得适用商事留置权。

应予注意的是,较之于民事留置权,商事留置权本质上是对企业给予的特别保护。实践中,企业也可以不援引商事留置权,而是依据民事留置权的有关规定主张权利。也就是说,是否主张商事留置权是企业的权利而非义务。

(二)适用情况

准确适用本条,一是要注意同一法律关系的认定,尤其是对牵连关系要从严认定;二是要注意商事留置权的适用,关键是要把握只能留置债务人的动产以及持续经营这两大要件。

【司法解释及规范性司法文件】

（一）司法解释

《最高人民法院关于适用〈中华人民共和国民法典〉有关担保制度的解释》（法释〔2020〕28 号,2020 年 12 月 25 日通过）

第六十二条　【留置权】债务人不履行到期债务,债权人因同一法律关系留置合法占有的第三人的动产,并主张就该留置财产优先受偿的,人民法院应予支持。第三人以该留置财产并非债务人的财产为由请求返还的,人民法院不予支持。

企业之间留置的动产与债权并非同一法律关系,债务人以该债权不属于企业持续经营中发生的债权为由请求债权人返还留置财产的,人民法院应予支持。

企业之间留置的动产与债权并非同一法律关系,债权人留置第三人的财产,第三人请求债权人返还留置财产的,人民法院应予支持。

【适用要点】详见前条。

【典型案例】

（一）公报案例

长三角商品交易所有限公司诉卢海云返还原物纠纷案①

【裁判要旨】留置权是平等主体之间实现债权的担保方式;除企业之间留置的以外,债权人留置的动产,应当与债权属于同一法律关系。劳动关系主体双方在履行劳动合同过程中处于管理与被管理的不平等关系。劳动者以用人单位拖欠劳动报酬为由,主张对用人单位供其使用的工具、物品等动产行使留置权,因此类动产不是劳动合同关系的标的物,与劳动债权不属于同一法律关系,故人民法院不予支持该主张。

【编者评析】成立留置权须满足被留置的动产和债权之间系因同一法律

---

① 具体可见《最高人民法院公报》2017 年第 1 期。

关系所产生这一要件,不满足该条件的,留置权不能成立。

(二)参考案例

1. 晋江市东兴电子玩具有限公司与宝高(南京)教育玩具有限公司、宝高(南京)科技有限公司承揽合同纠纷案【最高人民法院(2017)最高法民申1941号】

【裁判要旨】虽然法律赋予承揽人在定作人不支付报酬时享有留置权,但承揽人主张留置的并非工作成果,而是定作物的生产工具,就该生产工具,承揽人不享有留置权。本案中,东兴公司主张留置的模具是由宝高玩具公司向东兴公司提供的,目的是让东兴公司按照模具生产产品,故模具只是生产中的工具而非工作成果。《合同法》第 264 条①规定:"定作人未向承揽人支付报酬或者材料费等价款的,承揽人对完成的工作成果享有留置权,但当事人另有约定的除外。"根据该规定,承揽人只能对完成的工作成果享有留置权,故本案中东兴公司对模具不享有留置权,且双方签订的《合作生产塑料积木玩具协议》也约定:合同期满双方不续约或双方中途停止执行合同,东兴公司需将所有模具在 15 日内全部无偿退还给宝高玩具公司。故本案中东兴公司应当在合同解除后返还模具,其主张留置模具缺乏合同和法律依据。

2. 无锡西姆莱斯石油专用管制造有限公司与无锡市卓盛隆国际货运代理有限公司排除妨害纠纷、返还原物纠纷案【江苏省高级人民法院(2016)苏民终 51 号】

【裁判要旨】债权人行使留置权的前提是债务履行期限届满前其已合法占有债务人的动产,且留置的动产与债权之间存在牵连性。留置权分为民事留置权和商事留置权。民事留置权注重人们在一次交往活动中形成的利益关系的平衡,其功能在于纠正单项交往活动造成的利益失衡格局,因此基于公平原则,强调留置财产和被担保债权属于同一法律关系,二者之间需要具有直接的牵连关系。而商事留置权重在保护债权人的债权集合体,寻求商人在持续性多次商事交往活动中的利益平衡。基于商事交易连续且频繁的特征,如果要求债权人对某一个具体的债权举证证明具有直接牵连关系,并不符合商业活动的内在要求,尤其是在采取"往来账"结算方式的情况下,商人之间原有的债权债务的独立性丧失,故商事留置权仅强调留置财产与被担保

---

① 《民法典》第 783 条。

债权的一般关联性。但商事交易并非均为连续且频繁,也有个别交易。简单、个别商事交易中的法律关系并不难证明,而且留置权相较于抵押权或质权具有优先性,如取消个别交易中留置权法律关系牵连性的限制,会造成维护当事人此笔交易安全之际,却破坏了债务人与其他债权人之间他笔交易的安全,不符合保护整体交易安全和公平的原则。故个别商事交易中留置财产与债权在法律关系上的直接牵连性仍应得到强调。

【编者评析】该案对民事留置权和商事留置权的分析具有较强的学理性,对准确理解本条具有一定意义。

3. 惠州市惠城区藤龙五金加工厂与荣光精密部件(惠州)有限公司租赁合同纠纷案【广东省高级人民法院(2019)粤民申 12612 号】

【裁判要旨】个体工商户其法律主体仍为自然人(公民),个体工商户不具有企业或其他组织之性质。因此藤龙加工厂与荣光公司之间不属于企业之间的留置。本案中,藤龙加工厂是基于与荣光公司之间的租赁关系而占有案涉设备,藤龙加工厂主张荣光公司拖欠的加工费是基于双方之间存在的承揽合同法律关系而产生,藤龙加工厂主张留置的标的物设备,与其对荣光公司享有的加工费债权并不属于同一法律关系,藤龙加工厂主张其享有对设备的留置权从而无须支付占用费于法无据。

【编者评析】个体工商户能否适用商事留置权,存在一定争议。但个体工商户本质上属于商自然人,并非企业,故本案认定个体工商户不适用商事留置权有其合理性。

第四百四十九条 【留置权成立的消极要件】法律规定或者当事人约定不得留置的动产,不得留置。

【条文精解】

(一) 条文要点

本条是有关留置权成立的消极要件的规定,沿用了《物权法》第 232 条的规定,未作修改。要想成立留置权,需要具备债务人不履行到期债务、债权人合法占有债务人的动产、留置的动产与债权属于同一法律关系等积极要件。消极要件是不存在法律规定和当事人约定的不得留置的情形。

1. **关于法律规定不得留置的动产**

法律规定不得留置的动产,当然不能成立留置权。如《居民身份证法》第 15 条第 3 款明确规定,任何组织或者个人不得扣押居民身份证。再如,禁止流通物无变现的可能,无交换价值,也不能成立留置权。法律之所以规定不得留置某些财产,往往是基于公序良俗的考量。因而尽管没有明确的法律规定,但留置某些动产违背公序良俗的,也不能成立留置权。如承运人运输的是赈灾物资,此时就不能因为运费问题留置赈灾物资,否则就会违背公序良俗。又如,尸体具有人格象征意义,也不得作为留置权的客体。再如,留置的财产足以影响人们的日常的职业活动或正常的生活,这也可以认为是对公序良俗的违反,比如扣留他人的毕业证等。

此外,动产的留置与债务人所承担的义务相抵触的,也不得成立留置权。例如,承揽人负有依照约定完成工作成果的义务,故不能以定作人未按照约定预先支付报酬为由就留置定作人交付加工的材料,因为此种做法与其负有的加工义务相抵触。

2. **关于当事人约定不得留置的动产**

法律虽然规定了债务人不履行到期债务时,可以成立留置权,但并没有规定债权人在留置权条件成立后必然行使留置权,若当事人已事先在合同中约定不得留置的物,在留置权条件成立时就不能留置该物。比如,承揽合同当事人事先在合同中约定排除留置权,则在定作人未向承揽人支付报酬或者材料费等价款时,承揽人也不得留置完成的工作成果,而应当依债权本身的效力提起追索价款及违约金的诉讼。

(二)适用情况

本条主要适用于以下情形:

一是对于排除案涉财产设立留置权权利的条款认定的效力,需要综合判断是否满足免责的格式条款的条件,即是否排除他人权利,加重他人责任。

二是该条是在判断留置权是否设立时需要考虑的关键要件之一。

【相关法律、行政法规】

(一)相关法律

1.《中华人民共和国民法典》(2020年5月28日通过)

第八条　【公序良俗原则】民事主体从事民事活动,不得违反法律,不得违背公序良俗。

【适用要点】公序良俗的概念包含两层意思:一是指公共秩序,包括社会公共秩序和生活秩序;二是指善良风俗,即由全体社会成员所普遍认可、遵循的道德准则。行使留置权时一样不能违反法律规定,不能违背公序良俗。

第八百三十六条　【承运人的留置权】托运人或者收货人不支付运费、保管费或者其他费用的,承运人对相应的运输货物享有留置权,但是当事人另有约定的除外。

【适用要点】承运人行使留置权不需得到托运人或者收货人的同意,但当事人另有约定不得留置的除外。当事人可以在合同中约定即使在运费、保管费以及其他费用没有付清的情况下,承运人也不能留置货物。当然,这种约定不能导致合同双方当事人的利益显著失衡。

第九百零三条　【保管人的留置权】寄存人未按照约定支付保管费或者其他费用的,保管人对保管物享有留置权,但是当事人另有约定的除外。

【适用要点】该条但书条款规定了当事人可以在保管合同中约定排除留置权适用的情形。

第九百五十九条　【行纪人的留置权】行纪人完成或者部分完成委托事务的,委托人应当向其支付相应的报酬。委托人逾期不支付报酬的,行纪人对委托物享有留置权,但是当事人另有约定的除外。

【适用要点】详见本书对《民法典》第 447 条中所引该条的阐释。

2.《中华人民共和国海关法》(1987 年 1 月 22 日通过,2017 年 11 月 4 日修正)

第三十七条 　**【未经海关监管许可的禁止性行为】**海关监管货物,未经海关许可,不得开拆、提取、交付、发运、调换、改装、抵押、质押、留置、转让、更换标记、移作他用或者进行其他处置。

海关加施的封志,任何人不得擅自开启或者损毁。

人民法院判决、裁定或者有关行政执法部门决定处理海关监管货物的,应当责令当事人办结海关手续。

【适用要点】留置财产若未被海关部门监管和许可,债权人不得留置。

3.《中华人民共和国居民身份证法》(2003 年 6 月 28 日通过,2011 年 10 月 29 日修正)

第十五条 　**【查验居民身份证的情形】**人民警察依法执行职务,遇有下列情形之一的,经出示执法证件,可以查验居民身份证:

(一)对有违法犯罪嫌疑的人员,需要查明身份的;

(二)依法实施现场管制时,需要查明有关人员身份的;

(三)发生严重危害社会治安突发事件时,需要查明现场有关人员身份的;

(四)在火车站、长途汽车站、港口、码头、机场或者在重大活动期间设区的市级人民政府规定的场所,需要查明有关人员身份的;

(五)法律规定需要查明身份的其他情形。

有前款所列情形之一,拒绝人民警察查验居民身份证的,依照有关法律规定,分别不同情形,采取措施予以处理。

任何组织或者个人不得扣押居民身份证。但是,公安机关依照《中华人民共和国刑事诉讼法》执行监视居住强制措施的情形除外。

【适用要点】根据该条第 3 款的规定,在民事法律关系中,债权人不得将债务人或者他人的居民身份证作为留置财产。

【典型案例】

（一）参考案例

1. 云南明阳风电技术有限公司与云南东辉国际货代物流有限公司运输合同纠纷案【云南省高级人民法院(2015)云高民二终字第217号】

【裁判要旨】《合同法》第315条①规定:"托运人或者收货人不支付运费、保管费以及其他运输费用的,承运人对相应的运输货物享有留置权,但当事人另有约定的除外。"双方《运输合同》第5.19条约定:"乙方在任何时候均要确保甲方设备的安全与完整,乙方不得以任何借口扣押货物或要挟甲方,否则甲方将对此行为予以重罚……"本案中,东辉物流公司将2套设备进行留置扣押不符合法律规定,亦与双方合同约定相违背,故其认为系行使留置权的主张不能成立,本院不予支持,原审认定东辉物流公司违约正确,本院予以维持。因东辉物流公司扣留2套设备导致的损失和违约金,原审判决支持了35000万元以及二次吊装费及运费14500元,有相应的合同依据和事实依据,东辉物流公司对此亦无异议,故本院予以维持。

2. 许成军与防城港德城码头仓储有限公司港口作业纠纷案【广西壮族自治区高级人民法院(2015)桂民四终字第63号】

【裁判要旨】关于德城公司对案涉煤炭是否享有留置权的问题。法院认为,德城公司对案涉煤炭享有留置权,理由如下:第一,根据《物权法》第230条②之规定,债务人不履行到期债务,债权人可以留置已经合法占有的债务人的动产,并有权就该动产优先受偿。本案中,双方当事人在履行《合作协议》过程产生码头费用,经确认,许成军拖欠德城公司的码头费976808元应于2014年12月31日前结清,但其至今未付,因其不履行到期债务行为,德城公司作为债权人有权对于因履行《合作协议》项下义务而合法占有的案涉煤炭行使留置权。对于许成军关于案涉煤炭系案外人袁德和、余祎蔚所有,德城公司据此不得享有留置权的主张,本院认为,债权人行使留置权不以占有债务人所有的动产为必要条件,即使债权人合法占有的债务人的动产并非债务人所有,而是

---

① 《民法典》第836条。
② 《民法典》第447条。

债务人合法占有,债权人仍可依据《物权法》第 230 条之规定,在债务人不履行到期债务的情况下留置该动产。第二,根据《物权法》第 231 条①之规定,债权人留置的动产,应当与债权属于同一法律关系,留置的动产与债权在同一法律关系框架内,也可认定为同一法律关系。结合本案分析,《合作协议》为框架性协议,许成军与德城公司因履行前述协议形成连续的码头装卸关系,德城公司主张的码头费及留置的煤炭均为履行《合作协议》而产生,属于同一法律关系。第三,根据《物权法》第 232 条②之规定,法律规定或者当事人约定不得留置的动产,不能行使留置权。本案中,许成军认为本案双方当事人及袁德和、余祎蔚协商同意在支付 40 万元码头费的情况下,德城公司对案涉煤炭立即予以放行,这是三方约定德城公司对案涉煤炭不享有留置权,对此,本院认为,前述主张仅为许成军的单方陈述,德城公司对此不予认可,且许成军未能提交相关证据予以证实,故不予采信。此外,许成军还主张德城公司根据《合作协议》第 5 条第 3 点的约定,选择继续为其代理的货物提供码头作业,意味着放弃了对许成军进入其码头的货物行使留置权,本院认为,《合作协议》第 5 条第 3 点的约定系对在许成军未按时间结算码头费的情况下,德城公司有权终止为其提供一切服务,该条款并未明确约定在此情况下德城公司不得留置《合作协议》项下的货物,故前述主张没有合同依据,不予采纳。

3. 厄斯菲德钢铁有限公司与招商局国际冷链(深圳)有限公司、深圳市海格物流股份有限公司、深圳市嘉运通物流有限公司财产损害赔偿纠纷案【深圳市中级人民法院(2013)深中法涉外终字第 97 号】

【裁判要旨】关于冷链公司是否享有留置权。根据《物权法》第 232 条的规定,"法律规定或者当事人约定不得留置的动产,不得留置"。根据《海关法》第 37 条第 1 款的规定,"海关监管货物,未经海关许可,不得开拆、提取、交付、发运、调换、改装、抵押、质押、留置、转让、更换标记、移作他用或者进行其他处置"。案涉钢材为海关监管货物,未经海关许可,冷链公司不得留置,因此,冷链公司不享有留置权。

4. 东莞山富科技电子有限公司与惠州市德赛西威汽车电子股份有限公司承揽合同纠纷案【广东省高级人民法院(2018)粤民申 11785 号】

【裁判要旨】涉案模具属德赛西威公司所有,山富公司持有该模具系用

---

① 《民法典》第 448 条。

② 《民法典》第 449 条。下同。

于定作产品的生产,在双方合同权利义务尚未终止的情况下,山富公司主张留置该模具,与其依据双方承揽合同关系负有的以涉案模具完成工作成果,即用模具生产产品的合同义务相抵触,故山富公司对涉案模具行使留置权不当。

第四百五十条 【对可分物的留置】 留置财产为可分物的,留置财产的价值应当相当于债务的金额。

【条文精解】

(一) 条文要点

本条是对可分物留置的规定,沿用了《物权法》第 233 条之规定,未作修改。

不可分性是担保物权的重要特征,它不仅意味着债权的各部分都受担保物权的担保,而且也意味着担保财产的各部分都要担保全部债权的实现。因此,如果完全坚持不可分性,债权人在其债权未得到全部清偿之前,可就留置财产的全部行使留置权。但是,当留置财产属于可分物时,本条规定债权人留置占有的留置财产的价值应当相当于债务的金额。可以说,本条是有关不可分性的例外规定。之所以要作此种规定,一方面因为留置权具有极强的效力,故有必要对其成立进行适当限制;另一方面,更重要的原因是,留置权所担保的往往是劳务债权,其数额往往低于留置财产本身的价值。在此情况下,如果完全坚持不可分性,将会不合理地损害债务人的利益。此点与质权、抵押权不同。质权、抵押权因为是意定担保物权,而设定担保的目的就是担保债权的实现,加上抵押率等因素,担保财产的价值往往会高于债权,与留置权成立场合留置财产往往大于债权恰好相反。

准确适用本条的关键是如何界定可分物。可分物是指可以分割并且不因分割而损害其价值或性能的物,例如若干公斤大米、若干米布匹、若干吨水泥、若干吨煤炭、若干金钱等均属于可分物。不可分物是因其性质不能分割或者分割后会改变性质或降低其价值的物,例如一头牛、一辆轿车、一幅字画、一件古董等都是不可分物,若对其进行物理上的分割势必将其毁损从而使其价值大幅降低或者失去价值。此外,在特殊情况下,物理上可分的物也可以是不可分物,如按照财产共有人的协议或权利的性质,在一定时间内不得分割的物,也属于不可分物。

如何判断留置财产的价值是否相当于债务金额? 由于各种物品的价值

差别较大,通常应当根据留置财产的正常市场价格进行判断。所谓价值相当,不是说必须完全等值,而是留置财产的价值不能明显超过债权金额。如果债权人行使留置权的范围明显超过了这一价值范围,债务人有权要求解除留置并返还。留置权人拒不解除留置的,则应当承担违约责任或者侵权责任。如因此还对债务人造成其他损失的,则应当承担相应的赔偿责任。举例说明,甲公司将 200 台价值 200 万元的机器存放在乙仓库,约定存放期为 3个月,保管费 2 万元。存放 3 个月后,甲公司因资金周转困难,要求仓库允许其先将 200 台机器提走,一周内即付清保管费,乙仓库不同意,并将 200 台机器全部扣留。在此后的扣留期间,因乙保管不善,100 台机器全部被烧毁,甲公司无法向用户交货,经法院判决其需要向有关用户支付违约金 4 万元,这时甲公司的损失应如何承担? 依据本条规定,甲公司仅欠乙仓库 2 万元保管费,乙仓库只能留置与此价值相当的机器数量,无权对另外机器进行留置,否则构成侵权行为,其占有状态应为无权占有,此时被其占有的财产发生意外毁损的,有关风险应应当由乙仓库承担,并应当对留置财产所有人承担相应的赔偿责任。

(二)适用情况

本条主要适用于以下情形:

一是对于可分物的界定,应当是可以分割并且不因分割而损害其价值或性能的物。

二是对于留置财产的价值,应当根据留置财产的正常市场价格进行判断。

【司法解释及规范性司法文件】

(一)司法解释

《最高人民法院关于适用〈中华人民共和国民法典〉有关担保制度的解释》(法释〔2020〕28 号,2020 年 12 月 25 日通过)

第三十八条　【担保财产担保全部债权】主债权未受全部清偿,担保物权人主张就担保财产的全部行使担保物权的,人民法院应予支持,但是留置权人行使留置权的,应当依照民法典第四百五十条的规定处理。

　　担保财产被分割或者部分转让，担保物权人主张就分割或者转让后的担保财产行使担保物权的，人民法院应予支持，但是法律或者司法解释另有规定的除外。

　　【适用要点】担保物权的不可分性是担保物权从属性的基本要求。之所以对留置权要作出例外规定，是因为留置权是法定担保物权，当事人并无约定排除担保物权不可分性的余地。为防止担保物权的不可分性影响到留置财产的充分利用，就有必要对担保物权的不可分性进行限制。留置权人行使留置权时，要注意区分留置财产是否具有可分性，当留置财产为可分物，留置财产的价值应当相当于债务的金额，留置权人不得留置明显高于债务金额的部分财产。

【典型案例】

（一）参考案例

　　1. 安新县捷力和铜业有限公司、金川集团股份有限公司与保定大利铜业有限公司加工合同纠纷案【最高人民法院（2016）最高法民终 254 号】

　　【裁判要旨】承揽人加工所涉原材料数量巨大，且为不可分物，因此其行使加工费留置权的范围仅能及于等价值的加工原料，承揽人以行使留置权为由拒不返还超出加工费数额的原材料，应当承担违约责任。

　　2. 江苏悦达卡特新能源有限公司、江苏悦达卡特新材料科技有限公司与富锋生物能源（泰兴）有限公司承揽合同纠纷案【最高人民法院（2016）最高法民申 994 号】

　　【裁判要旨】承揽合同中，定作人不履行到期债务，承揽人有权对其已经合法占有的属于定作人的产品行使留置权。依据《物权法》第 233 条①的规定，留置财产为可分物的，留置财产的价值应当相当于债务的金额。定作人主张承揽人留置的产品价值已经超出债务金额，并拒绝返还超出部分的产品，属于不当行使留置权，由此给定作人造成损失，应承担相应的赔偿责任。定作人应当充分举证证明承揽人不当行使留置权。

　　3. 张庆锋与泉州远丰物流有限公司海上、通海水域货物运输合同纠纷

---

　　① 《民法典》第 450 条。

案【福建省高级人民法院(2018)闽民终 943 号**】**

　　【裁判要旨】根据《合同法》第 315 条①和《物权法》第 233 条的规定,远丰物流依法可以案涉 11 个集装箱的运费 31000 元为限行使留置权,按照每个集装箱 23000 元的货值计算,远丰物流行使留置权的范围应限于 2 个集装箱。但案涉货物运输前张庆峰所欠的 47316 元运费与本案的货物运输是不同的法律关系,远丰物流以此为由对案涉其余 9 个集装箱行使留置权没有法律依据。一审判决张庆峰有权主张返还 9 个集装箱货物,并在付清 31000 元运费及相应资金占用损失后,可主张返还 2 个集装箱并无不当。

---

　　① 《民法典》第 836 条。

第四百五十一条 【留置权人的保管义务】留置权人负有妥善保管留置财产的义务;因保管不善致使留置财产毁损、灭失的,应当承担赔偿责任。

【条文精解】

(一)条文要点

本条是有关留置权人负有的保管义务的规定,沿袭了《物权法》第234条的规定,未作修改。

留置权系担保物权而非用益物权,留置权人不但不得擅自使用和处分留置财产,还具有妥善保管留置财产的义务。留置权人的妥善保管义务主要包括保障留置财产的安全,防止留置财产的毁损、灭失和价值的非正常贬损。留置权人还应当负有防止留置财产丢失、被盗等风险的发生。出于保管和维持留置财产安全的需要,在必要时留置权人有一定的使用权,如为防止锈蚀而适当地使用留置的车、船、机械。留置权人主观上应当以保全留置财产的使用价值和交换价值为目的,不得以积极地取得物的收益为目的。只要留置权人尽到了善良管理人的注意义务,妥善保管了留置财产,非因留置权人的重大过失导致留置财产的毁损或者灭失,就不能认定为保管不善。留置财产在保管期间,因为留置权人的过失,未尽到应有的注意或者保管方法不当致使留置财产灭失或者毁损的,留置权人不仅丧失了留置权,而且还要承担留置财产灭失或者毁损的赔偿责任。鉴于留置权人负有的保管义务与动产质押场合债权人负有的保管义务基本相同,故可以参见本书在《民法典》第432条对债权人保管义务的规定,此处不再赘述。

(二)适用情况

本条主要适用以下情形:

一是人民法院认定留置权人保管不善致使留置财产毁损、灭失的,应当承担赔偿责任时,应注意:对于留置权人未能及时返还留置财产,造成债务人留置财产损失的,留置权人应承担赔偿责任;债务人在履行还款义务后,未及时请求留置权人返还财产,留置财产过久地滞留于留置权人处,对于留置财产的灭失、毁损,债务人应承担一定的责任。当主债权消灭时,至留置财产返还债务人之前,留置权人仍负有保管义务。

二是留置权人对留置财产应尽到善良管理人的注意义务,依据"谁主张,谁举证"的规则,关于是否尽到善良管理人的注意义务,则应由留置权人举证证明。

三是留置权人擅自转让留置财产给留置财产所有人造成损失,应当区分留置财产是否为债务人所有而进行不同情况的判断,但不论何种情况,留置财产一经转让,因丧失了对留置财产的占有,留置权即告消灭。

【典型案例】

(一)参考案例

1. 舟山港明食品有限公司等与泰宝美客株式会社承揽合同及保管合同纠纷案【最高人民法院(2010)民四终字第 29 号】

【裁判要旨】保管合同中的寄存人依据《合同法》第 376 条①的规定,可以随时领取保管物,保管人应将保管物及其孳息归还寄存人。即使寄存人结欠保管费,在保管物为可分物的情况下,保管人也仅享有留置相当于保管费金额的货物的权利,并须承担因保管不善致使留置财产灭失的民事责任。保管合同未约定保管物为可替代物的,保管人无权主张替代返还,其应按灭失保管物的货物价值向寄存人承担损失赔偿责任,但可扣除灭失前已合法产生的保管费。

2. 浙江海味鲜食品开发有限公司与温岭市松门海滨船舶修造有限公司船舶修理合同纠纷案【浙江省高级人民法院(2019)浙民终 1011 号】

【裁判要旨】《物权法》第 234 条②规定,留置权人负有妥善保管留置财产的义务;因保管不善致使留置财产毁损、灭失的,应当承担赔偿责任。此处的损害赔偿,是侵害物权造成权利人损害而产生的侵权请求权。本案中,当事人未约定留置财产后的债务履行期间。在海滨公司留置案涉船舶后,海滨公

---

① 《民法典》第 899 条。
② 《民法典》第 451 条。下同。

司未确定履行期限并通知海味鲜公司履行债务,进而也未及时折价、拍卖、变卖留置船舶;海味鲜公司在明知己方船舶被海滨公司留置的长达1年多的时间内未及时履行债务。双方对于案涉船舶非正常的长时间留置状态的产生均存有一定程度的过错。海滨公司在未征得海味鲜公司同意的情况下,未经检查确保船舶下水安全即将案涉船舶下水,是后期船舶因船底渗漏进水沉海的直接原因。海滨公司未能妥善保管案涉船舶造成船舶毁损,存有明显过错,应当承担赔偿责任。

3. 武汉翼达建设服务股份有限公司与重庆市致远汽车拖移有限公司普通破产债权确认纠纷案【湖北省高级人民法院(2018)鄂民终1054号**】**

【裁判要旨】致远公司与翼达公司之间存在长期车辆维修业务,致远公司对翼达公司送修的涉案7台车辆履行了维修义务,但翼达公司未按合同约定按时支付维修费。致远公司依据《物权法》相关规定诉请确认其享有的翼达公司722643元债权对涉案车辆享有留置权,并有权在破产程序中以留置车辆折价或拍卖、变卖的价款优先受偿具有事实和法律依据。翼达公司以《物权法》第234条及《车辆外协维修合同(含外包)》第2条第6款约定为由上诉认为致远公司在占有车辆期间,未尽到善良管理人的注意义务加以妥善保管,导致车辆报废,价值减损,给翼达公司带来巨大的经济损失。但一、二审期间并未就此提供证据证明,故本院对该项上诉理由不予采信。翼达公司主张涉案留置车辆因已抵押给案外人,该事实足以推翻一审法院对致远公司就涉案车辆享有留置权的认定。但对该事实,翼达公司一、二审中并未提交所有涉案车辆均已办理抵押登记的证据。且《物权法》第239条①对留置权与抵押权或者质权的关系已作出明确规定:"同一动产上已设立抵押权或者质权,该动产又被留置的,留置权人优先受偿。"故翼达公司的该项上诉理由缺乏法律依据。

---

① 《民法典》第456条。

第四百五十二条　【留置权人收取孳息的权利】留置权人有权收取留置财产的孳息。

前款规定的孳息应当先充抵收取孳息的费用。

【条文精解】

（一）条文要点

本条是有关留置权人有权收取孳息的规定,沿用了《物权法》第 235 条的规定,未作修改。在孳息收取问题上,留置权和质权的规定基本相同,二者唯一的区别在于,质权属于意定担保物权,故允许当事人对孳息收取问题另行作出约定。而留置权作为法定担保物权,不存在约定收取的孳息问题。故有关留置权人如何收取孳息的问题,详见本书对《民法典》第 430 条有关质权人收取孳息的相关论述,此处不再赘述。

（二）适用情况

因本条规定较为明确,且实务中引用本条裁判的案例非常少,没有突出的法律适用问题。实践中,适用本条应当注意与《民法典》第 451 条留置权人的妥善保管义务相衔接。一般而言,孳息的收取是留置权人的权利,但对于有些情形下特别是对于天然孳息的情况,如果不予收取可能会造成不应有的财产损害,这时留置权人应负有相应的义务,比如及时通知债务人收取,必要时自己收取,这应属于妥善保管义务的范畴。在特殊情形下,妥善收取孳息也是留置权人保管义务的重要内容。比如,甲留置乙所有的受孕母牛一头,后母牛将生产小牛。为了避免母牛因生产感染致死,留置权人应当妥善安置母牛,确保小牛顺利生产下来。

【相关法律、行政法规】

（一）相关法律

《中华人民共和国民法典》(2020 年 5 月 28 日通过)

第三百二十一条 【天然孳息和法定孳息的归属】天然孳息,由所有权人取得;既有所有权人又有用益物权人的,由用益物权人取得。当事人另有约定的,按照其约定。

法定孳息,当事人有约定的,按照约定取得;没有约定或者约定不明确的,按照交易习惯取得。

【适用要点】在认定孳息的所有权问题上,要先看当事人对此有无约定,若有约定,按照其约定。即使当事人对孳息有约定,也并不妨碍留置权人按照法定条件成立并行使留置权。

【典型案例】

（一）参考案例

盐城顺利物流有限公司与襄阳台华机电有限公司、武汉中原发展汽车物流股份有限公司返还原物纠纷案【江苏省高级人民法院(2019)苏民申 8029 号】

【裁判要旨】根据《物权法》第 230 条①规定,债务人不履行到期债务,债权人可以留置已经合法占有的债务人的动产,并有权就该动产优先受偿。《担保法解释》第 108 条规定,债权人合法占有债务人交付的动产时,不知债务人无处分该动产的权利,债权人可以按照《担保法》的规定行使留置权。留置权的成立应符合三项基本要件:一是债权人占有属于债务人之动产,二是债权已届清偿期,三是债权人合法占有债务人的动产。根据本案查明的事实,虽然台华公司欠付顺利公司过往运费,但顺利公司清楚其留置的案涉车辆系中原公司委托台华公司运输,实际所有人并非台华公司。另外,债权人行使留置权不得与其承担的义务相抵触。顺利公司在接受台华公司委托运

---

① 《民法典》第 447 条。

输业务后,负有将案涉车辆运到目的地的义务,不能以运费未支付而在中途留置货物。综上,顺利公司对案涉车辆行使留置权缺乏合法前提。根据《物权法》第 243 条①规定,不动产或者动产被占有人占有的,权利人可以请求返还原物及其孳息,故作为案涉车辆所有权人的中原公司要求顺利公司返还案涉车辆符合法律规定。

【编者评析】对于留置权人是否能够留置非债务人所有的动产,请参考本书于《民法典》第 447 条对"关于债权人须合法占有债务人的动产"的分析。

---

① 《民法典》第 460 条。

第四百五十三条 【留置权的实现】留置权人与债务人应当约定留置财产后的债务履行期限；没有约定或者约定不明确的，留置权人应当给债务人六十日以上履行债务的期限，但是鲜活易腐等不易保管的动产除外。债务人逾期未履行的，留置权人可以与债务人协议以留置财产折价，也可以就拍卖、变卖留置财产所得的价款优先受偿。

留置财产折价或者变卖的，应当参照市场价格。

【条文精解】

（一）条文要点

本条是有关留置权实现的规定，与《物权法》第 236 条相比，本条第 1 款将"债务履行期"修改为"债务履行期限"；将留置权人应当给债务人"两个月"以上履行债务的期限的时间表述修改为"六十日"，以便期限时长的计算。本条第 2 款未作修改。准确理解本条，需要注意以下几点：

1. 关于留置权的效力

关于留置权的效力，有学者将其归纳为具有二次效力，即当债权清偿期限届满而债务人不履行债务时，产生留置的效力，债权人有权留置标的物，但此时尚不发生优先受偿效力，此为第一次效力。在债权人催告债务人清偿债务后又经过一定期限债务人仍然没有清偿债务的，债权人有权就其扣留的债务人的动产拍卖、变卖或者折价，并就此所得价款优先偿还其债权时，才发生优先受偿的效力，此为第二次效力。本书认为，此种归纳除了增加了理解留置权的难度外，并无积极意义。事实上，质权与留置权都具有留置效力和优先受偿效力，且留置效力只是优先受偿效力的基础，二者不可能是同时的。就此而言，二者并无本质不同，故没必要创造所谓的二次效力这一概念，以体现二者的区别。事实上，二者的主要区别在于，留置权系法定担保物权，而质权系意定担保物权，尤其是留置权以债务人不履行到期债务作为其成立要件，不像质权将该要件作为实现要件。但此种区别与效力的二次判断并无关系，为避免引起不必要的误解，以不采纳该概念为宜。

2. 关于宽限期

留置权之所以需要规定一个宽限期,是因为其以债务人不履行到期债权作为留置权的成立要件,自然需要另行规定的一个实现条件或期限,这就有了宽限期的规定。留置权本身尽管属于法定担保物权,但在留置权成立后,当事人在实现留置权时,却允许当事人对宽限期作出约定,这与留置权的法定担保物权属性并不相矛盾。留置权的法定性决定了,当事人很难在合同中实现约定宽限期,因而当事人有关留置权实现的宽限期的约定,往往是在留置权成立后另行作出的约定。关于约定的宽限期能否低于 60 日,有不同理解。一种观点认为,从本条有关"没有约定或者约定不明确的,留置权人应当给债务人六十日以上履行债务的期限"的规定看,约定的宽限期也不应低于 60 日。本书认为,既然允许当事人约定,当事人自然会根据实际情况约定宽限期,当事人约定的宽限期低于 60 日的,自应予以尊重。实际上,法律也没有必要予以干预。加上留置财产的价值未必都很高,不允许当事人约定更短的宽限期,未必就能保证债务人的合法权益,反而会增加行使权利的难度。当事人未约定宽限期或约定不明确的,留置权人应当给债务人不低于 60 日的宽限期。当然,由于社会生活的复杂性,鲜活易腐等不易保管的动产之上成立的留置权在实现时不必满足经过 60 日以上宽限期的限制,留置权人直接对其予以变卖受偿或者提存即可。

当事人对宽限期作出明确约定的,宽限期届满后债务人仍不履行债务的,留置权人自可直接对留置财产变价。当事人对宽限期并未作出约定或约定不明时,此时留置权人应当通过一定的方式将留置的事实以及有关宽限期的确定等告知债务人,为避免纠纷,原则上应当以书面形式告知。该书面告知一般应当包括以下内容:一是告知债务人动产已被留置的事实;二是告知债务人宽限期;三是催告债务人在宽限期内履行债务。就其性质而言,兼具通知与催告的双重属性。债权人未履行书面告知义务就直接变价处分留置财产的,应当对由此造成的损失承担赔偿责任。《民法典》没有明文规定宽限期限自何时起开始计算,解释上,宽限期应于债务人收到告知之日起计算。债务人不在宽限期内履行义务,债权人不存在妨碍留置权实现的法定或约定情形,债权人即可就留置财产行使留置权。

3. 关于留置财产的变价

留置权人可以与债务人协商对留置财产进行折价。折价总体上坚持意思自治原则,但因为留置财产的折价可能还会涉及其他债权人利益问题,因此,《民法典》规定折价时应当参考市场价格。折价协议损害其他债权人合法权益的,其他债权人可以依据《民法典》有关债权撤销权的规定进行救济。

当事人无法就留置财产达成折价协议的,留置权人可以对留置财产进行变卖,此点与动产质权相同。变卖是对标的物进行换价的一种比拍卖更为简易的方式。它不需要经过竞价,而是由当事人或法院直接将标的物以相当的、合理的价格出卖。基于相同的理由,变卖时也要参考市场价格。当然,留置权人也可以直接委托拍卖机构对留置财产进行拍卖。鉴于拍卖系以竞争性方式出让留置财产,本身不存在参考市场价格的问题,但在确定拍卖底价时,仍然需要参考市场价格。

当然,留置权人自行实现留置权,并不排斥其通过司法程序实现担保物权,包括依据《民事诉讼法》有关"实现担保物权案件"这一非诉程序以及通过提起诉讼等方式实现留置权,对此不再予以赘述。

(二)适用情况

适用本条时,应当注意以下情况:

一是人民法院主要根据个案不同的情况综合考虑和认定行使留置权的期间。对于鲜活易腐等不宜保管的留置财产应当考虑产品的特点确定其留置期间。

二是在债权人与债务人就留置财产未能协商一致予以折价情况下,当事人无论采取拍卖还是变卖方式,均需参照市场价格,而不能随意降低该留置财产的价格。

【典型案例】

(一)参考案例

1. 云南常青树化工有限公司与云南泰康消防化工集团寻甸有限公司等承揽合同纠纷再审案【最高人民法院(2016)最高法民再 114 号】

【裁判要旨】因常青树公司拖欠氨站使用费,根据《合同法》第 264 条①的

---

① 《民法典》第 783 条。

规定,寻甸公司有权对该库存液氨行使留置权。《物权法》第236条①第1款规定:留置权人与债务人应当约定留置财产后的债务履行期间;没有约定或者约定不明确的,留置权人应当给债务人2个月以上履行债务的期间,但鲜活易腐等不易保管的动产除外。债务人逾期未履行的,留置权人可以与债务人协议以留置财产折价,也可以就拍卖、变卖留置财产所得的价款优先受偿。根据上述规定,寻甸公司虽依法享有对案涉库存液氨的留置权,亦须及时处置留置物,不能任由保管费用的扩大。原二审判决未确定必要留置期限而直接将库存液氨的氨站使用费计算至常青树公司实际搬离之日,属适用法律错误,由此造成了债务人常青树公司需对价值20多万元的库存液氨支付近千万元的氨站使用费这一显失公平后果,应予纠正。

因液氨属极度危险化学品,根据《物权法》第236条关于留置权人应当给债务人2个月以上履行债务的期间的规定,本院将寻甸公司对案涉液氨的留置期限确定为自常青树公司未实际使用氨站之日起的3个月,即自2011年2月1日起至2011年4月30日。2011年4月30日后,寻甸公司应依法将案涉库存予以处置并拍卖、变卖,常青树公司不应再向其支付氨站使用费。据此,本院将案涉未结算的氨站使用费计算期间确定为2010年7月1日至2011年4月30日,计费日数为304天。按照氨站使用费每日5827.91元标准计算,本院认定,常青树公司应向寻甸公司支付未结算的氨站使用费为1771684.64元。

2. 上海诚华机械有限公司与合肥熔安动力机械有限公司承揽合同纠纷案【最高人民法院(2016)最高法民申1020号】

【裁判要旨】《物权法》第236条第2款规定,留置财产折价或者变卖的,应当参照市场价格。在债权人与债务人就留置财产未能协商一致予以折价情况下,当事人无论采取拍卖还是变卖方式,均需参照市场价格,而不能随意降低该留置财产的价格。诚华公司明知成本认证价格情况下,擅自按照其所称处置"废品"方式,以164万元起拍价进行拍卖,并未提交足够证据足以证明其处置定作物的正当性、合理性,亦有悖诚实信用原则。原判综合考虑定作物成本价、定作物市场报价以及诚华公司不当处置定作物过错程度等因素,酌定以熔安公司认可的定作物报价区间最低值即520万元为处置价格,在定作物已经处置的情形下,具有一定的合理性。诚华公司申请再审主张认

---

① 《民法典》第453条。下同。

定定作物价值为 520 万元而非拍卖价格 168 万元错误事实依据和法律依据不足,本院不予支持。

3. 佳木斯惠农谷物专业合作社与中央储备粮菏泽直属库合同纠纷案
【最高人民法院(2014)民二终字第 108 号】

【裁判要旨】菏泽粮库违法行使留置权,侵害惠农合作社财产权益,原审法院认定菏泽粮库处置玉米得当,适用法律错误。根据涉案合同第 8 条之规定,在合同履行期限届满惠农合作社延期提货的情况下,菏泽粮库仍有义务继续保管玉米并向惠农合作社收取约定之延期保管费。根据《物权法》第236 条规定,留置权人与债务人应当约定留置财产后的债务履行期间;没有约定或者约定不明的,留置权人应当给债务人 2 个月以上履行债务的期间,但鲜活易腐等不易保管的动产除外。菏泽粮库不顾自己违约在先,向惠农合作社发函要求行使留置权,而菏泽粮库在发函的同时就开始处置变卖仓储货物的做法,明显违反了法律关于行使留置权的规定,严重侵害了惠农合作社的合法权益。另根据《粮食仓储管理办法》第 20 条以及《粮食质量监管办法》第 8 条之规定,长江以北地区玉米的储存年限为 3 年。菏泽粮库储存保管的玉米为 2012 年产,符合常规存粮标准范围。结合菏泽粮库公开竞价的质量清单显示,菏泽粮库擅自出售的惠农合作社存放于各封仓库点的玉米在出库时,不存在变质且无法保存的危险,菏泽粮库非法处置的存粮不属于不易保管的鲜活易腐的动产。菏泽粮库在往来函件中所谓的水分过高,不易保管,需要处置的说法显然不能成立。

第四百五十四条　【留置权人的及时行使留置权义务】债务人可以请求留置权人在债务履行期限届满后行使留置权；留置权人不行使的，债务人可以请求人民法院拍卖、变卖留置财产。

【条文精解】

（一）条文要点

本条是有关留置权人应当及时行使留置权的规定，与《物权法》第 237 条相比，仅将"债务履行期"修改为"债务履行期限"，并无实质变化。准确适用本条规定，要将其与《民法典》第 419 条、第 437 条有关抵押权、质权的行使期限的规定进行对照理解。在此过程中，需要注意以下几点：

一是留置权的行使不受诉讼时效的限制。在该问题上，我国担保法制经历了一个从所有担保物权的行使期间均为主债务诉讼时效届满后的 2 年，到对抵押权、质权、留置权分别规定不同的行使方式，质权、留置权部分尽管规定质权人和留置权人应当及时行使权利，但并未明确是否适用诉讼时效，导致产生了能否参照适用《民法典》第 419 条规定的问题。《民法典担保制度解释》第 44 条第 2 款最终明确规定，留置权的行使不受诉讼时效制度影响，统一了裁判尺度。

二是关于留置权与质权的行使是否存在区别问题。从法条的规定看，本条与《民法典》第 437 条存在以下区别：其一，在质权行使场合，在履行期限届满后出质人可以请求质权人"及时"行使质权，但留置权并无"及时"的表述。本书认为，质权以债务人不履行到期债务或出现约定的事由作为其实现条件，而在留置权场合，债务人不履行到期债务仅是留置权的成立要件而非实现要件，留置权的实现以宽限期届满后债务人仍不履行债务作为其条件。可见，留置权没有"及时"的表述，在很大程度上与其实现条件异于质权相关。其二，留置权并无《民法典》第 437 条第 2 款对应的有关损害赔偿的规定，这是否意味着留置权不存在类似问题？本书认为，既然本条规定了留置权人应当及时行使留置权，则在其怠于行使留置权造成债务人损害场合，自然也要承担损害赔偿责任。但好在损害赔偿责任完全可以通过违约或侵权制度解决,故本条未作规定也不算法律漏洞。只不过在与质权的对比中,《民法典》未作此规定容易给人造成债务人不得请求损害赔偿责任的错觉。就此而言,《民法典》未作规定存在一定的不当。

三是关于本条与《民法典》第453条宽限期制度的关系问题。债务人不履行到期债务是留置权的成立要件,留置权成立后,留置权人要想行使留置权,必须要给债务人一段宽限期。宽限期是给予债务人一段合理的期间以清偿债务,避免留置财产被变现清偿债务,从而使债务人丧失对留置财产的使用权利。因此,宽限期是对债务人进行保护的制度,而对留置权人来说,则是对其享有的留置权所作的限制。既然宽限期主要是对债务人进行保护的制度,则债务人自然可以放弃宽限期利益,要求留置权人提前实现留置权,故本条与前条有关宽限期制度的规定不仅不矛盾,反而共同构成对债务人的有效保护。

四是关于与民事诉讼特别程序的衔接问题。当留置权人在债务履行宽限期届满后不积极行使留置权,一直占有留置财产时,债务人有权按照《民事诉讼法》有关"实现担保物权案件"的规定,申请法院来拍卖、变卖留置财产。从理论上说,留置权人当然也可以依据前述规定向法院申请拍卖、变卖留置财产,因为留置权人可以自行拍卖、变卖留置财产,因而该程序更多的是适用于债务人,故本条仅规定债务人可以申请,而未规定留置权人也可以申请。但这并不意味着留置权人就不能申请,对此应予特别注意。

(二)适用情况

本条在实践中的主要意义在于,明确了留置权的行使不受诉讼时效影响。

【相关法律、行政法规】

(一)相关法律

《中华人民共和国民事诉讼法》(1991年4月9日通过,2021年12月24日修正)

第二百零三条 【申请与管辖】申请实现担保物权,由担保物权人以及其他有权请求实现担保物权的人依照民法典等法律,向担保财产所在地或者担保物权登记地基层人民法院提出。

【适用要点】实现担保物权案件适用民事诉讼程序中的特别程序。留置权法律关系中,留置权人以及债务人均有权向留置财产所在地的基层人民法院提出申请实现留置权。

第二百零四条 【裁定与执行】人民法院受理申请后,经审查,符合法律规定的,裁定拍卖、变卖担保财产,当事人依据该裁定可以向人民法院申请执行;不符合法律规定的,裁定驳回申请,当事人可以向人民法院提起诉讼。

【适用要点】结合《民法典》第 453 条规定,债权人可以在初步证明留置权和主债权存在之后,直接申请法院拍卖、变卖留置财产。该条规定人民法院受理申请后需对申请人的申请进行形式审查,即仅从程序上审查应否许可强制执行,形式审查的内容主要包括是否达成留置权成立要件以及是否已经达到留置权的实现条件。如果债务人或者留置权人对于留置权及被担保的债权是否存在等实体法律关系有异议,那么应当由债务人或留置权人提起诉讼。经审查认为申请符合法律规定的,裁定拍卖、变卖留置财产,该裁定就是执行依据,当事人依据该裁定可以向人民法院申请执行。人民法院经审查认为申请不符合法律规定的,裁定驳回申请,当事人不服该裁定的不得上诉,但可以向人民法院另行提起诉讼。

【司法解释及规范性司法文件】

(一)司法解释

《最高人民法院关于适用〈中华人民共和国民法典〉有关担保制度的解释》(法释〔2020〕28 号,2020 年 12 月 25 日通过)

第四十四条 【主债权诉讼时效届满的法律后果】主债权诉讼时效期间届满后,抵押权人主张行使抵押权的,人民法院不予支持;抵押人以主债权诉讼时效期间届满为由,主张不承担担保责任的,人民法院应予支持。主债权诉讼时效期间届满前,债权人仅对债务人提起诉讼,经人民法院判决或者调解后未在民事诉讼法规定的申请执行时效期间内对债务人申请强制执行,其向抵押人主张行使抵押权的,人民法院不予支持。

主债权诉讼时效期间届满后,财产被留置的债务人或者对留置财产享有所有权的第三人请求债权人返还留置财产的,人民法院不予支持;债务人或者第三人请求拍卖、变卖留置财产并以所得价款清偿债务的,人民法院应予支持。

主债权诉讼时效期间届满的法律后果,以登记作为公示方式的权利质权,参照适用第一款的规定;动产质权、以交付权利凭证作为公示方式的权利质权,参照适用第二款的规定。

【适用要点】该条明确了留置权不因主债权诉讼时效届满而不再受人民法院的保护。

(二)规范性司法文件

《全国法院民商事审判工作会议纪要》(法〔2019〕254 号,2019 年 11 月 8 日公布)

59.【主债权诉讼时效届满的法律后果】抵押权人应当在主债权的诉讼时效期间内行使抵押权。抵押权人在主债权诉讼时效届满前未行使抵押权,抵押人在主债权诉讼时效届满后请求涂销抵押权登记的,人民法院依法予以支持。

以登记作为公示方法的权利质权,参照适用前款规定。

【适用要点】该条规定的精神基本被《民法典担保制度解释》第 44 条所吸收,但有一个例外,即该条有关抵押人有权请求注销登记的规定并未被该司法解释所吸纳。在适用时应予特别注意。

【典型案例】

(一)参考案例

四川省荥经县福荥冶金开发有限责任公司与四川长矶复合材料有限公司租赁合同纠纷案【四川省高级人民法院(2020)川民再 227 号】

【裁判要旨】关于福荥公司"留置"长矶公司产品的返还和损失问题。首先,本院(2020)川民再 226 号民事判决已对福荥公司"留置"长矶公司产品的行为是否合法作出认定,本案对此事实的认定与(2020)川民再 226 号案件一致。本案中,福荥公司作为出租方和守约方,在长矶公司未按约支付租赁费等相关费用及逾期付款违约金的情况下,留置长矶公司的产品金属硅,不违反法律规定。根据《物权法》第 230 条、第 231 条、第 236 条、第 237 条①的规定,债务人不履行到期债务,债权人可以留置已经合法占有的债务人的动产,并有权就该动产优先受偿。债务人逾期未履行的,留置权人可以与债务人协议以留置财产折价,也可以就拍卖、变卖留置财产所得的价款优先受偿。因此,在长矾公司履行了(2020)川民再 226 号民事判决所确定的金钱债务后,福荥公司应返还长矾公司产品金属硅。

---

① 《民法典》第 447 条、第 448 条、第 453 条、第 454 条。

第四百五十五条　【留置财产变价后的处理】留置财产折价或者拍卖、变卖后,其价款超过债权数额的部分归债务人所有,不足部分由债务人清偿。

【条文精解】

(一)条文要点

本条是有关留置财产变价后如何处理的规定,沿用了《物权法》第238条的规定,未作修改。本条规定与《民法典》第413条、第438条有关抵押财产、质押财产变价的规定基本相同,可参照本书对相关条文的分析,此处不再赘述。

(二)适用情况

本条主要适用于以下情形:

一是人民法院对于拍卖、变卖是否按照市场价格进行通常按照"谁主张,谁举证"的方式进行认定,如果原被告双方都不能举证证明,法院会进行评估鉴定。

二是对于留置财产折价或者拍卖、变卖后,变卖价格与债权差额由谁承担的问题,人民法院通常按照除非债务人有证据证明双方已经协商一致,否则,不足部分应当由债务人清偿的原则处理。

【相关法律、行政法规】

(一)相关法律

《中华人民共和国民法典》(2020年5月28日通过)

第四百一十三条　【抵押财产变价后的处理】抵押财产折价或者拍卖、变卖后,其价款超过债权数额的部分归抵押人所有,不足部分由债务人清偿。

第四百三十八条　【质押财产变价后的处理】质押财产折价或者拍卖、

变卖后,其价款超过债权数额的部分归出质人所有,不足部分由债务人清偿。

【典型案例】

(一) 参考案例

马德飞、大连弘鼎汽车销售服务有限公司与宁云清、卢时光留置权纠纷案【大连市中级人民法院(2020)辽02民终5248号】

【裁判要旨】《物权法》第238条①规定:留置财产折价或者拍卖、变卖后,其价款超过债权数额的部分归债务人所有,不足部分由债务人清偿。本案争议的焦点问题是弘鼎汽车处置案涉车辆的价格。从证据情况来看,案涉车辆经过了两次交易,一是马德飞与宁云清签订的二手车买卖合同,约定价款40000元,并完成了车辆过户登记;二是之后宁云清又将案涉车辆卖给卢时光,发票数额100000元并交付了车辆、办理了过户登记。基于马德飞与宁云清签订的二手车买卖合同,马德飞曾以宁云清为被告,以买卖合同纠纷的案由主张宁云清支付汽车价款40000元。该案经大连市甘井子区人民法院一审、大连市中院二审及申诉复查均以动产交易应以实际交付为所有权转移标准,过户并非物权变动的要件,由于案涉车辆原属马德飞所有,而马德飞并未将车辆真实交付给宁云清占有使用,因此该买卖合同并未实际生效为由驳回了马德飞的诉讼请求。本次一审法院以未生效合同认定案涉车辆金额40000元,与之前生效的判决书相悖。弘鼎汽车在一审庭审中认可是其委托宁云清与卢时光完成的车辆买卖,车一直由其控制,其虽不认可本次交易价格为发票上记载的100000元,但又没有举证佐证自己的主张,故案涉车辆交易价格应认定为100000元。关于车辆维修款是否应在本案中扣除问题。弘鼎汽车主张案涉车辆维修款22000元并提交证据支持,马德飞虽提出异议但并未举证反驳。故案涉车辆维修款应为22000元。按照上述法律规定,弘鼎汽车应在扣除车辆维修费用后将剩余款项返还给马德飞。故弘鼎汽车应返还马德飞78000元。弘鼎汽车并应承担该款项从马德飞主张权利之日起按全国银行间同业拆借中心公布的贷款市场报价利率计算至款项返还之日止的利息。

---

① 《民法典》第455条。

第四百五十六条 【留置权的优先受偿效力】同一动产上已经设立抵押权或者质权,该动产又被留置的,留置权人优先受偿。

【条文精解】

（一）条文要点

本条是有关留置权优先于抵押权、质权受偿的效力的规定,与《物权法》第 239 条相比,仅将"已设立"修改为"已经设立",并无实质变化。准确理解本条,要注意以下几点：

一是同一动产上已设立抵押权或者质权,该动产又被留置的,留置权人优先受偿。留置权之所以优先于抵押权或质权,是因为留置权人对留置财产有一定的劳务支出,若允许抵押权人或者质权人就该留置财产优先受偿,则有以留置权人的劳动创造的价值给债务人偿还抵押权人或质权人之债权的嫌疑,对留置权人不公。

二是留置权优先效力不受成立时间及留置权人对此前已经设立的担保物权是否知晓的影响。无论留置权是产生于抵押权或者质权之前,还是产生于抵押权或者质权之后,留置权的效力都优先于抵押权或者质权,不受其成立时间的影响。留置权对抵押权或者质权的优先效力也不受留置权人在留置动产时是善意还是恶意的影响。留置权产生的基础是公平原则,在适用留置权规则的许多情况下,留置权人一般都使被留置动产的价值得到保全,且留置权人的债权与被留置动产的价值相比往往是微不足道的。在这种情况下,仅仅以留置权人知道或者应当知道该动产上存在抵押权或者质权就否定其优先效力,对留置权人是不公平的。实践中,留置权人留置某一动产时往往知道该动产上存在抵押权或者质权。当然,如果留置权人与债务人恶意串通成立留置权,其目的就是为了排除在动产上的抵押权或者质权的,这已经超出了"恶意和善意"的范畴,属于严重违反诚实信用原则的恶意串通行为。在这种情况下,不但留置权不能优先于抵押权或者质权,该留置权也应当视为不存在。

三是关于留置权与优先权共存的问题。所谓优先权是指基于国家政策对于特种债权人(有时还包括债务人及其家属)利益的特殊保护而赋予其债权优先受偿的权利。我国法律规定的优先权,主要有船舶优先权和民用航空器优先权。对于作为法定担保物权的留置权和优先权,如果它们并存于一物,其优先效力关系首先应当依据法律的规定,比如我国《海商法》第25条即规定船舶优先权优先于船舶留置权。对于其他情形,比如在债务人企业破产的情况下,因为留置权人对留置财产享有别除权,即此留置财产已经不属于破产财产,而对于企业财产的优先权,比如工人工资的优先权是针对破产财产的优先受偿权,故虽然在表面上看是留置权优先受偿,但实质上,此二者并不存在竞存关系,因为此时它们的标的并非同一物。

四是关于同一动产上能否设立数个留置权问题。同一动产之上得否成立数个留置权,立法上未有明确规定,理论上有一定的争议。肯定说则认为,留置权因具备法定要件而成立,同一标的物可以因为数个债权与该标的物有牵连关系而成立数个留置权。至于留置权行使的先后次序,因留置权类似于质权,故于法无明文时得准用质权的规则,以成立的先后确定其次序。本书认为,留置权的成立和存续以债权人依合同关系占有留置财产为前提,并以继续占有留置财产为必要,而同一留置财产之上,不能成立两个占有,故不能同时存在两个留置权。

（二）适用情况

本条在实践中争议不大。

【相关法律、行政法规】

（一）相关法律

1.《中华人民共和国民法典》(2020年5月28日通过)

第四百一十五条　【抵押权与质权的清偿顺序】同一财产既设立抵押权又设立质权的,拍卖、变卖该财产所得的价款按照登记、交付的时间先后确定清偿顺序。

【适用要点】该条是关于抵押权与质权竞合时的优先受偿顺序,《民法典》第456条实践中构成该条的例外规定。

2.《中华人民共和国海商法》（1992 年 11 月 7 日通过）

第二十五条 【留置权、抵押权、优先权的受偿顺序】船舶优先权先于船舶留置权受偿,船舶抵押权后于船舶留置权受偿。

前款所称船舶留置权,是指造船人、修船人在合同另一方未履行合同时,可以留置所占有的船舶,以保证造船费用或者修船费用得以偿还的权利。船舶留置权在造船人、修船人不再占有所造或者所修的船舶时消灭。

【适用要点】留置权尽管具有很强的效力,但依据该条规定,船舶优先权还要优先于船舶留置权。

【司法解释及规范性司法文件】

〔一〕规范性司法文件

《最高人民法院关于能否对连带责任保证人所有的船舶行使留置权的请示的复函》（〔2001〕民四他字第 5 号,2001 年 8 月 17 日）

天津市高级人民法院:

你院津高法〔2001〕13 号《关于能否对连带责任保证人所有的船舶行使留置权的请示》收悉。本院经研究认为:

船舶留置权是设定于船舶之上的法定担保物权。根据《中华人民共和国海商法》第二十五条第二款的规定,当修船合同的委托方未履行合同时,修船人基于修船合同为保证修船费用得以实现,可以留置所占有的船舶,而不论该船舶是否为修船合同的委托方所有。但修船人不得基于连带责任保证对连带责任保证人所有的船舶行使留置权。

天津新港船厂修船分厂作为修船人,依据其与英国伦敦尤恩开尔公司订立的修船合同,对俄罗斯籍"东方之岸"轮进行修理后未取得合同约定的修船费用,有权留置该轮。"东方之岸"轮的所有人东方航运公司虽不是本案修船合同的当事人,但不影响该留置权的成立。

据此,同意你院关于天津新港船厂修船分厂对"东方之岸"轮的留置行为合法有效,并可以基于留置权先于抵押权人受偿的处理意见。

【适用要点】该批复肯定了留置权优先于抵押权,与本条规定精神一致。

【典型案例】

（一）参考案例

1. 江苏灌云农村商业银行股份有限公司与连云港五洲船舶重工有限公司执行分配方案异议之诉案【上海市高级人民法院(2020)沪民终 317 号】

【裁判要旨】就灌云农商行对赵占松的借款本息债权,对抵押物"松海驳1"轮的变价款,在 600 万元范围内优先受偿;五洲船舶公司就"松海驳 1"轮享有留置权,担保五洲船舶公司对赵占松 600 万元本金及相关利息、船台租金 1286800 元,其他费用 109948.5 元等债权。上述抵押权和留置权担保的债权,均经生效判决确认,均指向"松海驳 1"轮。按照《物权法》第 239 条①的规定,就同一担保物变价款,留置权人优先于抵押权人受偿。可见,海事法院执行分配方案制作中,就"松海驳 1"轮拍卖所得可供分配款项中,确定五洲船舶公司的债权优先于灌云农商行的债权受偿,于法有据。

2. 浙江言信诚仓储物流服务有限公司与浙江蓝能燃气设备有限公司、浙江省浙商资产管理有限公司破产债权确认纠纷案【绍兴市中级人民法院(2019)浙 06 民终 3977 号】

【裁判要旨】关于留置权是否成立。言信诚物流公司主张就上述监管费本金、违约金及律师费债权,以其监管的质物按留置权享有第一优先受偿权,蓝能燃气认为留置权不能成立。本院认为,《担保法》第 84 条规定:因保管合同、运输合同、加工承揽合同发生的债权,债务人不履行债务的,债权人有留置权。《物权法》第 230 条②规定:债务人不履行到期债务,债权人可以留置已经合法占有的债务人的动产,并有权就该动产优先受偿。第 231 条③规定:债权人留置的动产,应当与债权属于同一法律关系,但企业之间留置的除外。根据上述规定,可确认留置权是法定担保物权,但《物权法》突破了《担保法》关于留置权的适用限制,不再限于适用保管、运输、加工承揽等合同之债,亦适用于其他合同之债,甚至可适用于不当得利、无因管理、侵权等非合

---

① 《民法典》第 456 条。下同。
② 《民法典》第 447 条。下同。
③ 《民法典》第 448 条。下同。

同之债,只要符合第 230 条、第 231 条规定的法定条件,留置权即可成立。根据言信诚物流公司、蓝能燃气、工行上虞支行签订的动产质押监管协议,言信诚物流公司合法占有蓝能燃气提供的动产质物(基于代质权人履行监管职责而合法占有),蓝能燃气尚欠言信诚物流公司债权已届清偿期,符合《物权法》规定,留置权成立。《物权法》第 239 条规定:同一动产上已设立抵押权或者质权,该动产又被留置的,留置权人优先受偿。根据上述规定,加上本案质权人签署同意的动产监管协议第 8.5 条亦载明言信诚物流公司有权对质物行使留置权,言信诚物流公司主张按留置权第一优先受偿于法有据,本院予以支持。关于留置权范围,监管费支付协议第 4.8 条约定留置权范围包括但不限于监管费本金、违约金及律师费,言信诚物流公司主张上述债权均享有留置权符合合同约定,本院亦予支持。

第四百五十七条　【留置权消灭原因】留置权人对留置财产丧失占有或者留置权人接受债务人另行提供担保的,留置权消灭。

【条文精解】

(一)条文要点

本条是关于留置权消灭事由的规定,沿用了《物权法》第 240 条的规定,未作修改。留置权作为一种物权,可因担保物权消灭的共同原因而消灭,比如主债权的消灭、留置权的实现、被抛弃等。留置权作为一种法定担保物权,还有其自己的特殊消灭原因,即本条规定的留置权人对留置财产丧失占有或接受债务人另行提供担保。

1. 关于留置财产占有丧失

留置权是不仅以占有为其成立要件,而且还以占有为其持续要件,故对留置财产占有的丧失,是留置权的特殊消灭原因。所谓丧失占有,是指留置权人丧失了对留置财产的控制。如留置权人将留置财产委托他人保管,或者交给自己的员工管理,则不能认为其丧失占有。留置权人基于其自身的意愿,主动放弃对标的物的占有,将其交与第三人或债务人,或者抛弃留置财产等,当然属于本条规定的丧失占有的情形,将导致留置权消灭。值得讨论的是,非因留置权人意思丧失占有,如留置财产被他人侵夺场合,留置权是否因丧失占有而消灭?对此,存在不同观点。有观点认为,于此场合,留置权人可以通过行使物权请求权请求返还原物,不应当因此认定留置权消灭。本书认为,留置权不具有追及效力,此时应当认定留置权归于消灭,故留置权人不能依据物权请求权请求返还原物。但此时其可依据《民法典》有关占有保护的规定,请求返还原物,并在重新占有留置财产后另行设定新的留置权。

2. 关于另行提供担保问题

留置权作为一种法定担保物权,其功能主要是通过留置权人留置合法占有债务人的动产,促使债务人尽快偿还债务。如果债务人为清偿债务另行提供了相当的担保,该担保就构成了留置权的替代,债权人的债权受偿得到了充分的保障,原留置财产上的留置权理应消灭。

对于是否以债权人接受为必要,还应当区分物的担保和人的担保,不可一概而论。对于物的担保,比如设定抵押或者质押,只要其在数量上"相当",则债权人的留置权就当然消灭。因为留置财产所有人在留置权法律关系中处于弱势地位。因此,在留置财产所有人提供相当的担保足以保全原留置权所担保的债权时,赋予其提供担保的无须债权人同意即可消灭留置权的保护,使其在无害于债权人利益的前提下恢复对留置财产的占有、使用、收益和完整的处分权,应属公平合理且符合物尽其用的原则。而对于人的担保,即保证,则要考虑以债权人接受为要,至少在"相当"要件的把握上要从严。因为其仅是通过责任财产的扩大化来增强债权实现的可能性,相对于物的担保来说,其实现具有较大的不确定性,担保的作用较弱,有必要征得债权人的同意,至少在"相当"的把握上要考虑不能增加留置权人债权不能实现的风险以及实现担保权益的不合理负担。

债务人另行提供的担保所能担保的债权应当与债权人的债权额相当。由于留置权是以先行占有的与债权有同一法律关系的动产为标的物,留置财产的价值有可能高于被担保的债权额,但债务人另行提供的担保所能担保的债权不以留置财产的价值为标准,一般应与被担保的债权额相当。当然在双方当事人协商一致的情况下,债务人另行提供的担保所能担保的债权也可以低于或者高于债权人的债权额。

3. 关于债务履行期已经延缓的法律后果

留置权的成立,以债务人不履行到期债务致使被担保债权未获清偿为条件,债权人同意延缓债务的履行期,留置权成立和存续的要件不复存在,留置权已无存在的余地,应归于消灭。但是留置权消灭后,债务人没有请求返还留置财产,延缓的债务履行期又届满时,仍未履行债务,债权人可主张成立新的留置权。

(二)适用情况

本条主要适用于以下情形:

一是人民法院会在适用本条时对留置权人对留置财产丧失占有的时间因素进行充分衡量,对留置财产丧失占有即留置权消灭。

二是人民法院对于留置权人接受债务人另行提供担保情形的适用持谨慎态度,往往会对另行提供的担保与留置权的关联性着重审查。

【典型案例】

（一）参考案例

1. 海南金牌港船舶修造有限公司与临高旺乐渔业专业合作社船舶建造合同纠纷案【最高人民法院（2020）最高法民申 1377 号】

【裁判要旨】《物权法》第 240 条①规定："留置权人对留置财产丧失占有或者留置权人接受债务人另行提供担保的，留置权消灭。"案涉船舶无论是在 2016 年 1 月 29 日下水试航时被交付旺乐合作社，还是在 2017 年 5 月 26 日被欠薪船员驶离，在 2017 年 11 月 23 日本案一审判决作出时，案涉船舶都已经不在金牌港公司占有之下，故金牌港公司对案涉船舶享有的留置权已灭失。

2. 巴彦淖尔市亨通物流国际有限责任公司与河北兴发专用汽车制造有限公司返还原物纠纷案【石家庄市中级人民法院（2019）冀 01 民终 3718 号】

【裁判要旨】本案中，上诉人亨通公司提出被上诉人兴发公司返还涉案车头的请求，根据河北省高级人民法院（2014）冀民二终字第 19 号民事判决书的判决，被上诉人兴发公司负有返还车辆的义务，并且被上诉人兴发公司在河北省高级人民法院（2014）冀民二终字第 19 号民事判决书生效后，在执行过程中已对连带责任人万通公司的土地进行查封，其债权的实现足以得到保证，根据《物权法》第 240 条的规定，被上诉人的合法留置权就此丧失，兴发公司在丧失其享有案涉 35 辆车头的合法留置权时，应向债务人亨通公司返还财产。故对于上诉人要求返还车头的请求应予以支持。

---

① 《民法典》第 457 条。下同。

附 录

附件1

《担保法解释》能否继续适用及评述

"旧解释规定及其演变情况"中的《担保法解释》,指的是《最高人民法院关于适用〈中华人民共和国担保法〉若干问题的解释》(法释〔2000〕44号);《民法典担保制度解释》则是指《最高人民法院关于适用〈中华人民共和国民法典〉有关担保制度的解释》(法释〔2020〕28号)。"适用评述"中的旧解释指的是《担保法解释》,新解释指的是《民法典担保制度解释》。

条文名称	旧解释规定及其演变情况	能否继续适用	适用评述
	一、关于总则部分的解释		
担保方式	**《担保法解释》第一条** 当事人对由民事关系产生的债权,在不违反法律、法规强制性规定的情况下,以担保法规定的方式设定担保的,可以认定为有效。	否	二者都强调所担保的债权系由民事法律关系产生的债权,不包括民事司法担保与执行担保;且都包括人保和担保物权等典型担保。所不同的是,新解释增加规定了非典型担保
	《民法典担保制度解释》第一条 因抵押、质押、留置、保证等担保发生的纠纷,适用本解释。所有权保留买卖、融资租赁、保理等涉及担保功能发生的纠纷,适用本解释的有关规定。	——	
反担保	**《担保法解释》第二条** 反担保人可以是债务人,也可以是债务人之外的其他人。 反担保方式可以是债务人提供的抵押或者质押,也可以是其他人提供的保证、抵押或者质押。	是	《民法典》第689条、第387条尽管规定了反担保,但前述条文容易给人以反担保限于债务人的误解。就此而言,该条强调债务人以外的其他人也可以作为反担保人具有继续适用的意义

（续表）

条文名称	旧解释规定及其演变情况	能否继续适用	适用评述
非营利法人提供担保	**《担保法解释》第三条**　国家机关和以公益为目的的事业单位、社会团体违反法律规定提供担保的，担保合同无效。因此给债权人造成损失的，应当根据担保法第五条第二款的规定处理。	否	该条已被《民法典》第683条以及新解释第5条、第6条吸收并完善，完善主要体现在增加规定了相应的"但书"条款，避免因一刀切而导致的不合理结果。关于合同无效的法律后果，仍应按照新解释第17条的规定处理，不能以相对人明知非营利法人不具有担保资格等为由否定其应当承担缔约过失责任
	《民法典担保制度解释》第五条　机关法人提供担保的，人民法院应当认定担保合同无效，但是经国务院批准为使用外国政府或者国际经济组织贷款进行转贷的除外。 　　居民委员会、村民委员会提供担保的，人民法院应当认定担保合同无效，但是依法代行村集体经济组织职能的村民委员会，依照村民委员会组织法规定的讨论决定程序对外提供担保的除外。 　　**《民法典担保制度解释》第六条**　以公益为目的的非营利性学校、幼儿园、医疗机构、养老机构等提供担保的，人民法院应当认定担保合同无效，但是有下列情形之一的除外： 　　（一）在购入或者以融资租赁方式承租教育设施、医疗卫生设施、养老服务设施和其他公益设施时，出卖人、出租人为担保价款或者租金实现而在该公益设施上保留所有权； 　　（二）以教育设施、医疗卫生设施、养老服务设施和其他公益设施以外的不动产、动产或者财产权利设立担保物权。 　　登记为营利法人的学校、幼儿园、医疗机构、养老机构等提供担保，当事人以其不具有担保资格为由主张担保合同无效的，人民法院不予支持。	—	

条文名称	旧解释规定及其演变情况	能否继续适用	适用评述
董事、经理越权提供担保	**《担保法解释》第四条** 董事、经理违反《中华人民共和国公司法》第六十条的规定,以公司资产为本公司的股东或者其他个人债务提供担保的,担保合同无效。除债权人知道或者应当知道的外,债务人、担保人应当对债权人的损失承担连带赔偿责任。	否	新旧条文存在以下区别:一是规制对象不同。旧解释规制的对象是董事、经理,新解释规制的对象则是法定代表人。二是所解释的条文不同,旧解释针对的是1993年出台1999年修正的《公司法》第60条,新解释则解释的是《公司法》第16条。三是理论依据不同。1993年《公司法》尚未像现行《公司法》第16条有关公司对外担保应当经由公司决议程序的规定,仅是笼统地规定"董事、经理不得以公司资产为本公司的股东或者其他个人债务提供担保",故旧解释规定担保合同无效的依据是违反法律的强制性规定。而新解释出台时,2005年修订2018年修正的《公司法》增加规定了第16条,该条规定公司对外担保须经公司决议程序,未经决议程序对外提供的担保构成越权代表,应当依据《民法典》第504条之规定确定其效力。
	《民法典担保制度解释》第七条 公司的法定代表人违反公司法关于公司对外担保决议程序的规定,超越权限代表公司与相对人订立担保合同,人民法院应当依照民法典第六十一条和第五百零四条等规定处理: (一)相对人善意的,担保合同对公司发生效力;相对人请求公司承担担保责任的,人民法院应予支持。 (二)相对人非善意的,担保合同对公司不发生效力;相对人请求公司承担赔偿责任的,参照适用本解释第十七条的有关规定。 法定代表人超越权限提供担保造成公司损失,公司请求法定代表人承担赔偿责任的,人民法院应予支持。 第一款所称善意,是指相对人在订立担保合同时不知道且不应当知道法定代表人超越权限。相对人有证据证明已对公司决议进行了合理审查,人民法院应当认定其构成善意,但是公司有证据证明相对人知道或者应当知道决议系伪造、变造的除外。	—	准确适用新解释,要注意以下两个问题:一是关于新解释的扩张适用问题。新的《公司法》第148条有关董事、高级管理人员对外提供担保时,同样也有须经公司决议程序的规定。故此类人员未经公司决议程序对外提供的担保,可以参照适用法定代表人越权担保的规定。

（续表）

条文名称	旧解释规定及其演变情况	能否继续适用	适用评述
—	—	—	二是关于越权担保的法律效果，新解释第 7 条第 1 款第 2 项采取的是"对公司不发生效力"的表述，似乎有别于担保无效。但所谓"对公司不发生效力"指的是不发生有效担保的效力，而非不承担民事责任；公司有过错的，仍要依法承担缔约过失责任。就此而言，"对公司不发生效力"在效果上基本等同于担保无效
禁止或限制流通物担保	《担保法解释》第五条　以法律、法规禁止流通的财产或者不可转让的财产设定担保的，担保合同无效。 以法律、法规限制流通的财产设定担保的，在实现债权时，人民法院应当按照有关法律、法规的规定对该财产进行处理。	第 1 款部分是；第 2 款是	该条总体上仍可适用，但第 1 款以不可转让的财产设定的担保，依据区分原则，如不存在其他无效事由的，担保合同应当有效
对外担保	《担保法解释》第六条　有下列情形之一的，对外担保合同无效： （一）未经国家有关主管部门批准或者登记对外担保的； （二）未经国家有关主管部门批准或者登记，为境外机构向境内债权人提供担保的； （三）为外商投资企业注册资本、外商投资企业中的外方投资部分的对外债务提供担保的； （四）无权经营外汇担保业务的金融机构、无外汇收入的非金融性质的企业法人提供外汇担保的； （五）主合同变更或者债权人将对外担保合同项下的权利转让，未经担保人同意和国家有关主管部门批准的，担保人不再承担担保责任。但法律、法规另有规定的除外。	否	《跨境担保外汇管理规定》（汇发〔2014〕29 号）第 29 条规定："外汇局对跨境担保合同的核准、登记或备案情况以及本规定明确的其他管理事项与管理要求，不构成跨境担保合同的生效要件。"据此，对外担保的政策已经发生了重大变化，该条不再具有可适用性了

（续表）

条文名称	旧解释规定及其演变情况	能否继续适用	适用评述
主合同有效、第三人提供的担保合同无效的法律后果	《担保法解释》第七条　主合同有效而担保合同无效，债权人无过错的，担保人与债务人对主合同债权人的经济损失，承担连带赔偿责任；债权人、担保人有过错的，担保人承担民事责任的部分，不应超过债务人不能清偿部分的二分之一。	否	新旧条文的区别表现在以下几个方面：一是增加规定了债权人有过错担保人无过错的情形，如骗保、担保人并非同一人的借新还旧；二是担保人有过错而债权人无过错的，如担保人与债务人恶意欺诈骗取贷款、信用证，担保人承担的是补充责任而非连带责任；三是进一步明确了适用条件，即主要适用于"第三人"提供的担保，包括保证和担保物权，但不包括债务人自身提供的担保物权
	《民法典担保制度解释》第十七条第一款　主合同有效而第三人提供的担保合同无效，人民法院应当区分不同情形确定担保人的赔偿责任： （一）债权人与担保人均有过错的，担保人承担的赔偿责任不应超过债务人不能清偿部分的二分之一； （二）担保人有过错而债权人无过错的，担保人对债务人不能清偿的部分承担赔偿责任； （三）债权人有过错而担保人无过错的，担保人不承担赔偿责任。	—	
主合同无效导致担保合同无效的法律后果	《担保法解释》第八条　主合同无效而导致担保合同无效，担保人无过错的，担保人不承担民事责任；担保人有过错的，担保人承担民事责任的部分，不应超过债务人不能清偿部分的三分之一。	否	已被新解释吸收并完善。新解释将其适用范围限于第三人提供的担保，旧解释对此尽管并无明确规定，但解释上应当作相同理解。就此而言，新旧规定在精神上完全一致。从这一意义上说，也可以认为旧解释仍然具有适用意义
	《民法典担保制度解释》第十七条第二款　主合同无效导致第三人提供的担保合同无效，担保人无过错的，不承担赔偿责任；担保人有过错的，其承担的赔偿责任不应超过债务人不能清偿部分的三分之一。	—	

（续表）

条文名称	旧解释规定及其演变情况	能否继续适用	适用评述
反担保	《担保法解释》第九条　担保人因无效担保合同向债权人承担赔偿责任后,可以向债务人追偿,或者在承担赔偿责任的范围内,要求有过错的反担保人承担赔偿责任。 担保人可以根据承担赔偿责任的事实对债务人或者反担保人另行提起诉讼。	第1款否;第2款是	旧解释第1款第1句已被新解释第18条第1款吸收并完善;第1款第2句以担保合同是反担保合同的主合同,故担保合同无效导致反担保合同无效为立论前提,与新解释将反担保的主合同界定为追偿权,进而认定主合同无效并不必然导致反担保合同无效有着本质不同,可见第2句已被新解释第19条所修改,不再具有可适用性。 旧解释第2款符合《民法典》和民事诉讼法的基本原理,仍可适用
反担保	《民法典担保制度解释》第十八条　承担了担保责任或者赔偿责任的担保人,在其承担责任的范围内向债务人追偿的,人民法院应予支持。 同一债权既有债务人自己提供的物的担保,又有第三人提供的担保,承担了担保责任或者赔偿责任的第三人,主张行使债权人对债务人享有的担保物权的,人民法院应予支持。 《民法典担保制度解释》第十九条　担保合同无效,承担了赔偿责任的担保人按照反担保合同的约定,在其承担赔偿责任的范围内请求反担保人承担担保责任的,人民法院应予支持。 反担保合同无效的,依照本解释第十七条的有关规定处理。当事人仅以担保合同无效为由主张反担保合同无效的,人民法院不予支持。	—	
主合同解除后的担保责任	《担保法解释》第十条　主合同解除后,担保人对债务人应当承担的民事责任仍应承担担保责任。但是,担保合同另有约定的除外。	否	该条已被《民法典》第566条第3款所吸收,二者在精神上是完全一致的。故也可以认为仍然具有适用意义
越权担保	《担保法解释》第十一条　法人或者其他组织的法定代表人、负责人超越权限订立的担保合同,除相对人知道或者应当知道其超越权限的以外,该代表行为有效。	否	该条已被《民法典》第504条吸收,并被新解释第7条至第10条所细化

(续表)

条文名称	旧解释规定及其演变情况	能否继续适用	适用评述
担保期间或诉讼时效对担保物权的影响	**《担保法解释》第十二条** 当事人约定的或者登记部门要求登记的担保期间,对担保物权的存续不具有法律约束力。 担保物权所担保的债权的诉讼时效结束后,担保权人在诉讼时效结束后的二年内行使担保物权的,人民法院应当予以支持。	第1款是;第2款否	随着登记制度的完善,该条第1款在多数情况下已不具有针对性。但在矿业权抵押等场合,鉴于矿业权的存续本身有一定的期限,导致实践中可能仍然存在登记簿上记载担保期限的情形,此时明确第1款仍具有适用性,对保障债权人的合法权益具有重要意义。 至于第2款,已被《民法典》第419条、第437条、第454条所修改,并被新解释第44条细化,不再具有可适用性。适用时务必注意规则的变迁
	《民法典担保制度解释》第四十四条 主债权诉讼时效期间届满后,抵押权人主张行使抵押权的,人民法院不予支持;抵押权人以主债权诉讼时效期间届满为由,主张不承担担保责任的,人民法院应予支持。主债权诉讼时效期间届满前,债权人仅对债务人提起诉讼,经人民法院判决或者调解后未在民事诉讼法规定的申请执行时效期间内对债务人申请强制执行,其向抵押权人主张行使抵押权的,人民法院不予支持。 主债权诉讼时效期间届满后,财产被留置的债务人或者对留置财产享有所有权的第三人请求权人返还留置财产的,人民法院不予支持;债务人或者第三人请求拍卖、变卖留置财产并以所得价款清偿债务的,人民法院应予支持。 主债权诉讼时效期间届满的法律后果,以登记作为公示方式的权利质权,参照适用第一款的规定;动产质权、以交付权利凭证作为公示方式的权利质权,参照适用第二款的规定。	—	
二、关于保证部分的解释			
代为履行非金钱债务	**《担保法解释》第十三条** 保证合同中约定保证人代为履行非金钱债务的,如果保证人不能实际代为履行,对债权人因此造成的损失,保证人应当承担赔偿责任。	是	依据《民法典》第681条之规定,保证责任包括履行债务和承担责任两个方面,该条是有关履行债务的细化规定,对准确理解保证责任仍具有一定的意义

（续表）

条文名称	旧解释规定及其演变情况	能否继续适用	适用评述
保证人的代偿能力	**《担保法解释》第十四条**　不具有完全代偿能力的法人、其他组织或者自然人，以保证人身份订立保证合同后，又以自己没有代偿能力要求免除保证责任的，人民法院不予支持。	否	《担保法》第7条有关保证人须具备代偿能力的规定已被《民法典》废止。该条作为对其的解释，自然不具有适用意义了
其他组织提供担保	**《担保法解释》第十五条**　担保法第七条规定的其他组织主要包括： （一）依法登记领取营业执照的独资企业、合伙企业； （二）依法登记领取营业执照的联营企业； （三）依法登记领取营业执照的中外合作经营企业； （四）经民政部门核准登记的社会团体； （五）经核准登记领取营业执照的乡镇、街道、村办企业。	否	《担保法》第7条规定的"其他组织"已被《民法典》第一编第四章的"非法人组织"代替。且《民事诉讼法》及其司法解释对"其他组织"也有更加明确的规定，相比之下，旧解释有关该事项的规定就显得不够周延了。如依据《民法典》及《民事诉讼法》的规定，分支机构属于"非法人组织"或"其他组织"的范畴，而该条则将其排除在外，显然不符合现行法的规定
	《民事诉讼法解释》第五十二条　民事诉讼法第五十一条规定的其他组织是指合法成立、有一定的组织机构和财产，但又不具备法人资格的组织，包括： （一）依法登记领取营业执照的个人独资企业； （二）依法登记领取营业执照的合伙企业； （三）依法登记领取我国营业执照的中外合作经营企业、外资企业； （四）依法成立的社会团体的分支机构、代表机构； （五）依法设立并领取营业执照的法人的分支机构； （六）依法设立并领取营业执照的商业银行、政策性银行和非银行金融机构的分支机构； （七）经依法登记领取营业执照的乡镇企业、街道企业； （八）其他符合本条规定条件的组织。	—	

（续表）

条文名称	旧解释规定及其演变情况	能否继续适用	适用评述
从事经营活动的事业单位等提供担保	**《担保法解释》第十六条** 从事经营活动的事业单位、社会团体为保证人的，如无其他导致保证合同无效的情况，其所签定的保证合同应当认定为有效。	是	从事经营活动的事业单位、社会团体性质上属于企业，具有担保资格。但依据《中共中央、国务院关于分类推进事业单位改革的指导意见》等规定，以后不再批准设立从事生产经营活动的事业单位。故该条对于解决存量问题仍有一定意义，未来将因失去实践土壤而丧失意义
公司分支机构未经授权提供担保的效力	**《担保法解释》第十七条** 企业法人的分支机构未经法人书面授权提供保证的，保证合同无效。因此给债权人造成损失的，应当根据担保法第五条第二款的规定处理。 企业法人的分支机构经法人书面授权提供保证的，如果法人的书面授权范围不明，法人的分支机构应当对保证合同约定的全部债务承担保证责任。 企业法人的分支机构经营管理的财产不足以承担保证责任的，由企业法人承担民事责任。 企业法人的分支机构提供的保证无效后应当承担赔偿责任的，由分支机构经营管理的财产承担。企业法人有过错的，按照担保法第二十九条的规定处理。	否	新解释改变了旧解释的有关规定，故旧解释不再具有可适用性。新旧解释的根本区别在于，旧解释认为分支机构在性质上类似于限制行为能力人，只有在获得法人书面授权后才能提供担保，但未规定须经决议程序；分支机构未经法人书面授权提供的担保属于效力待定，在案件处理过程中则应当认定无效。新解释依据《民法典》第74条第2款有关"分支机构以自己的名义从事民事活动，产生的民事责任由法人承担"的规定精神，规定分支机构对外提供担保适用公司对外担保的有关规则，不再存在需要法人书面授权的问题

（续表）

条文名称	旧解释规定及其演变情况	能否继续适用	适用评述
一	《民法典担保制度解释》第十一条　公司的分支机构未经公司股东(大)会或者董事会决议以自己的名义对外提供担保,相对人请求公司或者其分支机构承担担保责任的,人民法院不予支持,但是相对人不知道且不应当知道分支机构对外提供担保未经公司决议程序的除外。 金融机构的分支机构在其营业执照记载的经营范围内开立保函,或者经有权从事担保业务的上级机构授权开立保函,金融机构或者其分支机构以违反公司法关于公司对外担保决议程序的规定为由主张不承担担保责任的,人民法院不予支持。金融机构的分支机构未经金融机构授权提供保函之外的担保,金融机构或者其分支机构主张不承担担保责任的,人民法院应予支持,但是相对人不知道且不应当知道分支机构对外提供担保未经金融机构授权的除外。 担保公司的分支机构未经担保公司授权对外提供担保,担保公司或者其分支机构主张不承担担保责任的,人民法院应予支持,但是相对人不知道且不应当知道分支机构对外提供担保未经担保公司授权的除外。 公司的分支机构对外提供担保,相对人非善意,请求公司承担赔偿责任的,参照本解释第十七条的有关规定处理。	一	此外,在应否区别企业法人的分支机构和金融机构的分支机构对外担保问题上,旧解释对此缺乏明确规定,导致实践中尺度极不统一。有鉴于此,新解释明确采区别说,二者的区别表现在以下两个方面:一是在决策程序上,企业法人的分支机构对外提供担保原则上需要决议,金融机构的分支机构无须决议但需要授权。二是在担保方式上,金融机构的分支机构对外提供担保要进一步区分出具保函与提供个别担保两种情形,其中出具保函可以是概括授权(营业执照记载的经营范围包括出具保函),也可以是个别授权(有权从事担保业务的上级机构授权);而提供个别担保只能是个别授权,不能是概括授权。企业法人的分支机构对外提供担保则不存在前述区分问题

(续表)

条文名称	旧解释规定及其演变情况	能否继续适用	适用评述
企业法人的职能部门提供保证的效力	《担保法解释》第十八条 企业法人的职能部门提供保证的,保证合同无效。债权人知道或者应当知道保证人为企业法人的职能部门的,因此造成的损失由债权人自行承担。 债权人不知保证人为企业法人的职能部门,因此造成的损失,可以参照担保法第五条第二款的规定和第二十九条的规定处理。	第1款第1句是;其他条文否	职能部门不具有担保资格,其以自己名义提供担保的行为无效,故本条第1款第1句仍有适用意义。至于无效的法律后果,则应依据新解释第17条处理,故其他条款不具有适用意义。应予注意的是,职能部门并非代理机构,故不能用职务代理来解释该条规定
连带共同保证的认定	《担保法解释》第十九条 两个以上保证人对同一债务同时或者分别提供保证时,各保证人与债权人没有约定保证份额的,应当认定为连带共同保证。 连带共同保证的保证人以其相互之间约定各自承担的份额对抗债权人的,人民法院不予支持。	第1款否;第2款是	该条第1款已被新解释第13条所替代,不再具有适用意义。新旧解释的区别主要表现在:一是推定规则不同。当事人对共同保证是连带共同保证还是按份共同保证约定不明的,旧解释推定为连带共同保证,新解释则推定为按份共同保证。二是约定不明的主体不同,旧解释是保证人与债权人之间约定,新解释则是担保人之间约定。三是适用范围不同,旧解释仅适用于保证,新解释适用于所有的第三人提供的担保。四是规制方法不同,旧解释分3条进行规定,新解释则将其合并在1条进行规定。该条第2款系合同相对性规则的具体运用,仍有适用意义
	《民法典担保制度解释》第十三条 同一债务有两个以上第三人提供担保,担保人之间约定相互追偿及分担份额,承担了担保责任的担保人请求其他担保人按照约定分担份额的,人民法院应予支持;担保人之间约定承担连带共同担保,或者约定相互追偿但是未约定分担份额的,各担保人按照比例分担向债务人不能追偿的部分。 同一债务有两个以上第三人提供担保,担保人之间未对相互追偿作出约定且未约定承担连带共同担保,但是各担保人在同一份合同书上签字、盖章或者按指印,承担了担保责任的担保人请求其他担保人按照比例分担向债务人不能追偿部分的,人民法院应予支持。 除前两款规定的情形外,承担了担保责任的担保人请求其他担保人分担向债务人不能追偿部分的,人民法院不予支持。	—	

（续表）

条文名称	旧解释规定及其演变情况	能否继续适用	适用评述
连带共同保证的效力	《担保法解释》第二十条　连带共同保证的债务人在主合同规定的债务履行期届满没有履行债务的，债权人可以要求债务人履行债务，也可以要求任何一个保证人承担全部保证责任。 连带共同保证的保证人承担保证责任后，向债务人不能追偿的部分，由各连带保证人按其内部约定的比例分担。没有约定的，平均分担。	否	连带共同保证还是连带按份保证，是相对多个保证人之间的关系所作的区分，就保证人与债权人之间的关系来说，仍有一般保证和连带责任保证之别。该条第 1 款未区别一般保证和连带责任保证，不符合《民法典》精神。 该条第 2 款已被新解释第 13 条第 1 款、第 2 款沿袭并细化。新旧解释的主要区别在于，新解释增加规定了有约定从其约定的内容；只有在没有约定时，才适用该条第 2 款规定
	《民法典担保制度解释》第十三条　同上	—	
按份共同保证及其效力	《担保法解释》第二十一条　按份共同保证的保证人按照保证合同约定的保证份额承担保证责任后，在其履行保证责任的范围内对债务人行使追偿权。	否	依照《民法典》第 700 条之规定，保证人向债务人行使追偿权，不得损害债权人的利益。在按份共同保证中，保证人尽管承担了按份保证责任，但债权人的债权未获实现前，如允许保证人向债务人追偿将损害债权人的利益，故不允许保证人向债务人追偿。就此而言，该条不符合《民法典》第 700 条规定之精神，不再具有适用意义

（续表）

条文名称	旧解释规定及其演变情况	能否继续适用	适用评述
保证成立的形式	《担保法解释》第二十二条　第三人单方以书面形式向债权人出具担保书，债权人接受且未提出异议的，保证合同成立。 主合同中虽然没有保证条款，但是，保证人在主合同上以保证人的身份签字或者盖章的，保证合同成立。	否	该条第1款已被《民法典》第685条第2款所吸收。 第2款是否符合保证合同的书面形式要求，存在一定的争议。从促使当事人慎重提供保证的角度看，不将此种形式作为保证的书面形式有其合理性
	《民法典》第六百八十五条　保证合同可以是单独订立的书面合同，也可以是主债权债务合同中的保证条款。 第三人单方以书面形式向债权人作出保证，债权人接收且未提出异议的，保证合同成立。	一	
最高额保证债权确定的效果	《担保法解释》第二十三条　最高额保证合同的不特定债权确定后，保证人应当对在最高债权限度内就一定期间连续发生的债权余额承担保证责任。	是	该条确立的规则已成基本原理，即最高额保证所担保的债权确定后，最高额保证转化为普通保证
一般保证人的免责抗辩	《担保法解释》第二十四条　一般保证的保证人在主债权履行期间届满后，向债权人提供了债务人可供执行财产的真实情况的，债权人放弃或者怠于行使权利致使该财产不能被执行，保证人可以请求人民法院在其提供可供执行财产的实际价值范围内免除保证责任。	否	该条已被《民法典》第698条所吸收
一般保证中"重大困难"的认定	《担保法解释》第二十五条　担保法第十七条第三款第（一）项规定的债权人要求债务人履行债务发生的重大困难情形，包括债务人下落不明、移居境外，且无财产可供执行。	否	已被《民法典》第687条吸收并修改，主要的修改在于删除了"移居境外"这一要件，更便利债权人主张权利

(续表)

条文 名称	旧解释规定及其演变情况	能否继 续适用	适用评述
保证监督支付的性质和效力	《担保法解释》第二十六条　第三人向债权人保证监督支付专款专用的，在履行了监督支付专款专用的义务后，不再承担责任。未尽监督义务造成资金流失的，应当对流失的资金承担补充赔偿责任。	是	第三人向债权人保证监督支付专款专用场合，第三人并无代替债务人承担保证责任的意思表示，故不属于保证的范畴。但这并不妨碍第三人依约承担责任，只不过其承担的不是保证责任而已
对注册资金提供保证	《担保法解释》第二十七条　保证人对债务人的注册资金提供保证的，债务人的实际投资与注册资金不符，或者抽逃转移注册资金的，保证人在注册资金不足或者抽逃转移注册资金的范围内承担连带保证责任。	否	此种保证是向工商登记部门提供的保证，并非《民法典》规定的保证。且此种保证以实缴资本制为前提，在《公司法》改采认缴资本制的情况下，实践中已无此种情形
债权转让对保证责任的影响	《担保法解释》第二十八条　保证期间，债权人依法将主债权转让给第三人的，保证债权同时转让，保证人在原保证担保的范围内对受让人承担保证责任。但是保证人与债权人事先约定仅对特定的债权人承担保证责任或者禁止债权转让的，保证人不再承担保证责任。	否	该条第 1 句符合《民法典》第 547 条规定之精神，已成基本原理；第 2 句已被《民法典》第 696 条第 2 款所吸收
	《民法典》第六百九十六条　债权人转让全部或者部分债权，未通知保证人的，该转让对保证人不发生效力。 　　保证人与债权人约定禁止债权转让，债权人未经保证人书面同意转让债权的，保证人对受让人不再承担保证责任。	—	

条文名称	旧解释规定及其演变情况	能否继续适用	适用评述
债务转移对保证责任的影响	《担保法解释》第二十九条　保证期间,债权人许可债务人转让部分债务未经保证人书面同意的,保证人对未经其同意转让部分的债务,不再承担保证责任。但是,保证人仍应当对未转让部分的债务承担保证责任。	否	该条已被《民法典》第697条吸收
	《民法典》第六百九十七条　债权人未经保证人书面同意,允许债务人转移全部或者部分债务,保证人对未经其同意转移的债务不再承担保证责任,但是债权人和保证人另有约定的除外。 　　第三人加入债务的,保证人的保证责任不受影响。	—	
主债权债务合同内容变动对保证人的影响	《担保法解释》第三十条　保证期间,债权人与债务人对主合同数量、价款、币种、利率等内容作了变动,未经保证人同意的,如果减轻债务人的债务的,保证人仍应当对变更后的合同承担保证责任;如果加重债务人的债务的,保证人对加重的部分不承担保证责任。 　　债权人与债务人对主合同履行期限作了变动,未经保证人书面同意的,保证期间为原合同约定的或者法律规定的期间。 　　债权人与债务人协议变动主合同内容,但并未实际履行的,保证人仍应当承担保证责任。	否	该条已被《民法典》第695条吸收
	《民法典》第六百九十五条　债权人和债务人未经保证人书面同意,协商变更主债权债务合同内容,减轻债务的,保证人仍对变更后的债务承担保证责任;加重债务的,保证人对加重的部分不承担保证责任。 　　债权人和债务人变更主债权债务合同的履行期限,未经保证人书面同意的,保证期间不受影响。	—	

（续表）

条文名称	旧解释规定及其演变情况	能否继续适用	适用评述
保证期间	《担保法解释》第三十一条　保证期间不因任何事由发生中断、中止、延长的法律后果。	否	该条已被《民法典》第692条第1款吸收
	《民法典》第六百九十二条第一款　保证期间是确定保证人承担保证责任的期间，不发生中止、中断和延长。	—	
没有明确约定时的法定担保期间	《担保法解释》第三十二条　保证合同约定的保证期间早于或者等于主债务履行期限的，视为没有约定，保证期间为主债务履行期届满之日起六个月。保证合同约定保证人承担保证责任直至主债务本息还清时为止等类似内容的，视为约定不明，保证期间为主债务履行期届满之日起二年。	否	该条第1款已被《民法典》第692条第2款吸收。第2款被新解释第32条修改。新旧解释的主要区别在于，新解释将保证期间从原来的2年改为6个月
	《民法典》第六百九十二条第二款　债权人与保证人可以约定保证期间，但是约定的保证期间早于主债务履行期限或者与主债务履行期限同时届满的，视为没有约定；没有约定或者约定不明确的，保证期间为主债务履行期限届满之日起六个月。	—	
	《民法典担保制度解释》第三十二条　保证合同约定保证人承担保证责任直至主债务本息还清时为止等类似内容的，视为约定不明，保证期间为主债务履行期限届满之日起六个月。	—	
保证期间的起算	《担保法解释》第三十三条　主合同对主债务履行期限没有约定或者约定不明的，保证期间自债权人要求债务人履行义务的宽限期届满之日起计算。	否	该条已被《民法典》第692条第3款吸收
	《民法典》第六百九十二条第三款　债权人与债务人对主债务履行期限没有约定或者约定不明确的，保证期间自债权人请求债务人履行债务的宽限期届满之日起计算。	—	

（续表）

条文名称	旧解释规定及其演变情况	能否继续适用	适用评述
一般保证的保证债务诉讼时效起算	**《担保法解释》第三十四条** 一般保证的债权人在保证期间届满前对债务人提起诉讼或者申请仲裁的，从判决或者仲裁裁决生效之日起，开始计算保证合同的诉讼时效。 连带责任保证的债权人在保证期间届满前要求保证人承担保证责任的，从债权人要求保证人承担保证责任之日起，开始计算保证合同的诉讼时效。	否	该条已被新解释第28条所替代。旧解释从判决或者仲裁裁决生效之日起开始计算保证债务的诉讼时效，这与《民法典》第687条有关一般保证中保证人原则上只有就债务人财产依法经强制执行仍不能履行后才承担保证责任的规定不符，违反了先诉抗辩权的原理。新解释结合司法实践，对起算点进行了细化，回归了先诉抗辩权的基本原理
	《民法典担保制度解释》第二十八条 一般保证中，债权人依据生效法律文书对债务人的财产依法申请强制执行，保证债务诉讼时效的起算时间按照下列规则确定： （一）人民法院作出终结本次执行程序裁定，或者依照民事诉讼法第二百五十七条第三项、第五项的规定作出终结执行裁定的，自裁定送达债权人之日起开始计算； （二）人民法院自收到申请执行书之日起一年内未作出前项裁定的，自人民法院收到申请执行书满一年之日起开始计算，但是保证人有证据证明债务人仍有财产可供执行的除外。 一般保证的债权人在保证期间届满前对债务人提起诉讼或者申请仲裁，债权人举证证明存在民法典第六百八十七条第二款但书规定情形的，保证债务的诉讼时效自债权人知道或者应当知道该情形之日起开始计算。	—	
对超过诉讼时效的债务提供保证	**《担保法解释》第三十五条** 保证人对已经超过诉讼时效期间的债务承担保证责任或者提供保证的，又以超过诉讼时效为由抗辩的，人民法院不予支持。	否	已被新解释第35条吸收并细化
	《民法典担保制度解释》第三十五条 保证人知道或者应当知道主债权诉讼时效期间届满仍然提供保证或者承担保证责任，又以诉讼时效期间届满为由拒绝承担保证责任或者请求返还财产的，人民法院不予支持；保证人承担保证责任后向债务人追偿的，人民法院不予支持，但是债务人放弃诉讼时效抗辩的除外。	—	

（续表）

条文名称	旧解释规定及其演变情况	能否继续适用	适用评述
保证债务的诉讼时效中断或中止	《担保法解释》第三十六条　一般保证中，主债务诉讼时效中断，保证债务诉讼时效中断；连带责任保证中，主债务诉讼时效中断，保证债务诉讼时效不中断。 一般保证和连带责任保证中，主债务诉讼时效中止的，保证债务的诉讼时效同时中止。	否	保证债务的诉讼时效从保证期间失效后开始计算。在一般保证中，因为保证人享有先诉抗辩权，导致保证期间失效与保证债务诉讼时效起算之间还隔了一段期间，包括就主债务关系进行诉讼或仲裁的时间以及债务人财产依法强制执行仍不能履行的执行期间。尤其是当主债务开始计算诉讼时效期间时，仅是开始计算保证期间，还谈不上保证期间是否失效的问题，当然也就谈不上保证债务的诉讼时效是否发生中止、中断的问题。可见，该规定既混淆了主债务的诉讼时效与保证债务的诉讼时效的关系，也误读了担保从属性，应予纠正
最高额保证的保证期间	《担保法解释》第三十七条　最高额保证合同对保证期间没有约定或者约定不明的，如最高额保证合同约定有保证人清偿债务期限的，保证期间为清偿期限届满之日起六个月。没有约定债务清偿期限的，保证期间自最高额保证终止之日或自债权人收到保证人终止保证合同的书面通知到达之日起六个月。	否	《担保法》第 27 条规定保证人可以随时确定债权，但《民法典》第 423 条第 2 项改变了该项制度，该条作为对《担保法》第 27 条的解释，当然也就不能再适用了。另外，最高额保证的保证期间主要与主债务履行期限挂钩，不存在独立的"保证人清偿债务期限"的问题，故新解释亦未沿袭旧解释的该项表述
	《民法典担保制度解释》第三十条　最高额保证合同对保证期间的计算方式、起算时间等有约定的，按照其约定。 最高额保证合同对保证期间的计算方式、起算时间等没有约定或者约定不明，被担保债权的履行期限均已届满的，保证期间自债权确定之日起开始计算；被担保债权的履行期限尚未届满的，保证期间自最后到期债权的履行期限届满之日起开始计算。 前款所称债权确定之日，依照民法典第四百二十三条的规定认定。	—	

（续表）

条文名称	旧解释规定及其演变情况	能否继续适用	适用评述
混合共同担保	**《担保法解释》第三十八条** 同一债权既有保证又有第三人提供物的担保的，债权人可以请求保证人或者物的担保人承担担保责任。当事人对保证担保的范围或者物的担保的范围没有约定或者约定不明的，承担了担保责任的担保人，可以向债务人追偿，也可以要求其他担保人清偿其应当分担的份额。 同一债权既有保证又有物的担保的，物的担保合同被确认无效或者被撤销，或者担保物因不可抗力的原因灭失而没有代位物的，保证人仍应当按合同的约定或者法律的规定承担保证责任。 债权人在主合同履行期届满后怠于行使担保物权，致使担保物的价值减少或者毁损、灭失的，视为债权人放弃部分或者全部物的担保。保证人在债权人放弃权利的范围内减轻或者免除保证责任。	第 1 款否；第 2 款是；第 3 款可有条件的适用	混合共同担保场合，担保人之间能否相互追偿，一直是一个争议很大的问题。旧解释规定担保人之间能够相互追偿，而新解释原则上不支持相互追偿，但允许担保人之间对此进行约定，并且规定了例外情形。故该条第 1 款不能再予适用。第 3 款以担保人能够相互追偿为前提，原则上也不再适用。但依据新解释第 13 条第 1 款、第 2 款之规定，担保人之间能够相互追偿的，第 3 款仍可继续适用。 第 2 款揭示的是一个基本原理，即混合共同担保中，各个担保在效力上具有独立性，某一个担保无效不影响其他担保的效力
	《民法典担保制度解释》第十三条 同一债务有两个以上第三人提供担保，担保人之间约定相互追偿及分担份额，承担了担保责任的担保人请求其他担保人按照约定分担份额的，人民法院应予支持；担保人之间约定承担连带共同担保，或者约定相互追偿但是未约定分担份额的，各担保人按照比例分担向债务人不能追偿的部分。 同一债务有两个以上第三人提供担保，担保人之间未对相互追偿作出约定且未约定承担连带共同担保，但是各担保人在同一份合同书上签字、盖章或者按指印，承担了担保责任的担保人请求其他担保人按照比例分担向债务人不能追偿部分的，人民法院应予支持。 除前两款规定的情形外，承担了担保责任的担保人请求其他担保人分担向债务人不能追偿部分的，人民法院不予支持。	—	

(续表)

条文名称	旧解释规定及其演变情况	能否继续适用	适用评述
"借新还旧"中的担保责任	**《担保法解释》第三十九条**　主合同当事人双方协议以新贷偿还旧贷,除保证人知道或者应当知道的外,保证人不承担民事责任。 　新贷与旧贷系同一保证人的,不适用前款的规定。	否	该条已被新解释第16条吸收并完善。新旧解释的基本精神是一致的,只不过新解释根据具体情形作了细化规定,并且扩大了借新还旧的适用范围,将其从保证扩及担保物权
	《民法典担保制度解释》第十六条　主合同当事人协议以新贷偿还旧贷,债权人请求旧贷的担保人承担担保责任的,人民法院不予支持;债权人请求新贷的担保人承担担保责任的,按照下列情形处理: 　(一)新贷与旧贷的担保人相同的,人民法院应予支持; 　(二)新贷与旧贷的担保人不同,或者旧贷无担保新贷有担保的,人民法院不予支持,但是债权人有证据证明新贷的担保人提供担保时对以新贷偿还旧贷的事实知道或者应当知道的除外。 　主合同当事人协议以新贷偿还旧贷,旧贷的物的担保人在登记尚未注销的情形下同意继续为新贷提供担保,在订立新的贷款合同前又以该担保财产为其他债权人设立担保物权,其他债权人主张其担保物权顺位优先于新贷债权人的,人民法院不予支持。	—	

（续表）

条文名称	旧解释规定及其演变情况	能否继续适用	适用评述
保证人在违背真实意思情况下提供的保证的效力	《担保法解释》第四十条　主合同债务人采取欺诈、胁迫等手段，使保证人在违背真实意思的情况下提供保证的，债权人知道或者应当知道欺诈、胁迫事实的，按照担保法第三十条的规定处理。	否	该规定与《民法典》精神不符。在《民法通则》中，当事人在受欺诈、胁迫时从事的法律行为无效，《担保法》第30条沿袭了这一精神。但《民法典》并未沿袭此种做法，而是规定此种情形属于可撤销合同，并非无效合同。担保合同被撤销后，担保人应否承担责任，则要依据新解释第17条来认定，不能简单地依据《担保法》第30条之规定认定担保人不承担任何民事责任
欺骗债权人的责任	《担保法解释》第四十一条　债务人与保证人共同欺骗债权人，订立主合同和保证合同的，债权人可以请求人民法院予以撤销。因此给债权人造成损失的，由保证人与债务人承担连带赔偿责任。	是	符合《民法典》第148条以及第1168条规定精神
保证人承担责任后对债务人的追偿权	《担保法解释》第四十二条　人民法院判决保证人承担保证责任或者赔偿责任的，应当在判决书主文中明确保证人享有担保法第三十一条规定的权利。判决书中未予明确追偿权的，保证人只能按照承担责任的事实，另行提起诉讼。 保证人对债务人行使追偿权的诉讼时效，自保证人向债权人承担责任之日起开始计算。	是	符合《民法典》及《民事诉讼法》的基本原理，但第1款规定的《担保法》第31条已被《民法典》第700条所修改，说理时要予以注意

（续表）

条文名称	旧解释规定及其演变情况	能否继续适用	适用评述
保证人实际清偿额大于主债权范围的追偿权	《担保法解释》第四十三条　保证人自行履行保证责任时,其实际清偿额大于主债权范围的,保证人只能在主债权范围内对债务人行使追偿权。	否	该条已被新解释第3条第2款吸收并完善,从这一意义上说,也可以认为具有适用意义
	《民法典担保制度解释》第三条第二款　担保人承担的责任超出债务人应当承担的责任范围,担保人向债务人追偿,债务人主张仅在其应当承担的责任范围内承担责任的,人民法院应当支持;担保人请求债权人返还超出部分的,人民法院依法予以支持。	—	
破产程序与担保责任的衔接	《担保法解释》第四十四条　保证期间,人民法院受理债务人破产案件的,债权人既可以向人民法院申报债权,也可以向保证人主张权利。 　　债权人申报债权后在破产程序中未受清偿的部分,保证人仍应当承担保证责任。债权人要求保证人承担保证责任的,应当在破产程序终结后六个月内提出。	否	该条第1款符合《民法典》精神;第2款已被新解释第23条修改。在债务人破产的情况下,新旧解释都允许债权人既可以在破产程序中申报债权,也可以诉请保证人承担保证责任。但在债权人申报债权后破产程序终结前,债权人能否对保证人提起诉讼问题上,旧解释规定债权人只有在破产程序终结后6个月内才能提起诉讼,对在此之前针对保证人提起的诉讼,则有驳回起诉或中止审理的分歧,但都认为不能直接下判。新解释修改了这一规则,规定对同时提起的针对保证人的诉讼,人民法院可以直接下判;保证人清偿债权人全部债务后,可以代替债权人在破产程序中受偿
	《民法典担保制度解释》第二十三条　人民法院受理债务人破产案件,债权人在破产程序中申报债权后又向人民法院提起诉讼,请求担保人承担担保责任的,人民法院依法予以支持。 　　担保人清偿债权人的全部债权后,可以代替债权人在破产程序中受偿;在债权人的债权未获全部清偿前,担保人不得代替债权人在破产程序中受偿,但是有权就债权人通过破产分配和实现担保债权等方式获得清偿总额中超出债权的部分,在其承担担保责任的范围内请求债权人返还。 　　债权人在债务人破产程序中未获全部清偿,请求担保人继续承担担保责任的,人民法院应当支持;担保人承担担保责任后,向和解协议或者重整计划执行完毕后的债务人追偿的,人民法院不予支持。	—	

（续表）

条文 名称	旧解释规定及其演变情况	能否继 续适用	适用评述
债务人破产时担保人通告抗辩权	《担保法解释》第四十五条　债权人知道或者应当知道债务人破产，既未申报债权也未通知保证人，致使保证人不能预先行使追偿权的，保证人在该债权在破产程序中可能受偿的范围内免除保证责任。	否	该条已被新解释第24条吸收并完善，变化主要体现在新解释增加规定了但书条款。因为保证人与债务人之间往往存在委托等关系，多数情况下保证人理应知晓债务人的有关情况。保证人知道债务人破产而不去行使追偿权，表明其损失与债权人怠于履行通知义务之间没有因果关系，债权人可以据此免责
	《民法典担保制度解释》第二十四条　债权人知道或者应当知道债务人破产，既未申报债权也未通知担保人，致使担保人不能预先行使追偿权的，担保人就该债权在破产程序中可能受偿的范围内免除担保责任，但是担保人因自身过错未行使追偿权的除外。	—	
债务人破产后保证人申报债权	《担保法解释》第四十六条　人民法院受理债务人破产案件后，债权人未申报债权的，各连带共同保证的保证人应当作为一个主体申报债权，预先行使追偿权。	是	该条符合《企业破产法》精神，可以继续适用

（续表）

条文名称	旧解释规定及其演变情况	能否继续适用	适用评述
	三、关于抵押部分的解释		
在建工程抵押和预售商品房抵押	**《担保法解释》第四十七条**　以依法获准尚未建造的或者正在建造中的房屋或者其他建筑物抵押的，当事人办理了抵押物登记，人民法院可以认定抵押有效。	否	该条主要针对的是在建工程抵押和预售商品房抵押，已被新解释第51条、第52条修改并细化。应予注意的是，在建工程抵押的效力不包括已有规划但尚未建成的部分；预售商品房抵押办理的是抵押预告登记，而非抵押本登记。就此而言，该条规定既不严谨，也不准确
	《民法典担保制度解释》第五十一条　当事人仅以建设用地使用权抵押，债权人主张抵押权的效力及于土地上已有的建筑物以及正在建造的建筑物已完成部分的，人民法院应予支持。债权人主张抵押权的效力及于正在建造的建筑物的续建部分以及新增建筑物的，人民法院不予支持。 当事人以正在建造的建筑物抵押，抵押权的效力范围限于已办理抵押登记的部分。当事人按照担保合同的约定，主张抵押权的效力及于续建部分、新增建筑物以及规划中尚未建造的建筑物的，人民法院不予支持。 抵押人将建设用地使用权、土地上的建筑物或者正在建造的建筑物分别抵押给不同债权人的，人民法院应当根据抵押登记的时间先后确定清偿顺序。	—	
违法建筑抵押	**《担保法解释》第四十八条**　以法定程序确认为违法、违章的建筑物抵押的，抵押无效。	否	该条已被新解释第49条吸收并细化。新旧解释的区别主要表现在：一是新解释基于区分原则，明确了是抵押合同无效，而非笼统地表述为抵押无效；二是新解释增加规定了例外有效的情形；三是对无效的后果作出了规定；四是增加规定不能以事后出现的违法建筑来否定此前已经设立的土地使用权抵押的效力
	《民法典担保制度解释》第四十九条　以违法的建筑物抵押的，抵押合同无效，但是一审法庭辩论终结前已经办理合法手续的除外。抵押合同无效的法律后果，依照本解释第十七条的有关规定处理。 当事人以建设用地使用权依法设立抵押，抵押人以土地上存在违法的建筑物为由主张抵押合同无效的，人民法院不予支持。	—	

（续表）

条文名称	旧解释规定及其演变情况	能否继续适用	适用评述
以尚未办理权属证书的财产抵押	《担保法解释》第四十九条　以尚未办理权属证书的财产抵押的,在第一审法庭辩论终结前能够提供权利证书或者补办登记手续的,可以认定抵押有效。 当事人未办理抵押物登记手续的,不得对抗第三人。	否	该条两款均不符合《民法典》精神。第 1 款未能贯彻区分原则,混淆了抵押合同有效与抵押权的设立。该条第 2 款则未能区分不动产和动产,其中不动产抵押原则上实行登记生效主义,而非该条规定的登记对抗主义。动产抵押尽管采登记对抗主义,但基于人的编成主义,办理的是抵押登记而非抵押物登记;且对抗的是"善意"第三人,而非所有的第三人
共同抵押的财产范围	《担保法解释》第五十条　以担保法第三十四条第一款所列财产一并抵押的,抵押财产的范围应当以登记的财产为准。抵押财产的价值在抵押权实现时予以确定。	否	《担保法》第 34 条规定的抵押财产既有不动产也有动产。对于不动产,依据新解释第 47 条之规定,以登记为准;对于动产,则以约定为准,不能笼统地认为以登记为准
担保责任的范围	《担保法解释》第五十一条　抵押人所担保的债权超出其抵押物价值的,超出的部分不具有优先受偿的效力。	是	该条是对《担保法》第 35 条有关禁止重复抵押的细化,而禁止重复抵押与《民法典》有关依照登记确定各抵押权之间的顺位精神相悖,不再具有可适用性。但仅就该条而言,实乃担保物权的基本原理,也与《民法典》第 413 条精神一致,仍可继续适用

(续表)

条文名称	旧解释规定及其演变情况	能否继续适用	适用评述
耕地土地使用权抵押问题	《担保法解释》第五十二条　当事人以农作物和与其尚未分离的土地使用权同时抵押的,土地使用权部分的抵押无效。	否	该条以土地承包经营权原则上不能作为抵押财产为前提,但在农村土地"三权分置"改革背景下,土地经营权在一定条件下可以设定抵押。就此而言,该条与《民法典》及农村土地"三权分置"改革精神不符
公益法人以公益设施以外的财产设定抵押	《担保法解释》第五十三条　学校、幼儿园、医院等以公益为目的的事业单位、社会团体,以其教育设施、医疗卫生设施和其他社会公益设施以外的财产为自身债务设定抵押的,人民法院可以认定抵押有效。	否	该条已被新解释第6条所修改,新旧解释的区别主要表现在:一是在学校等主体的定位上,旧解释将其一律定位为公益法人,新解释则认为其既可能是以公益为目的的非营利法人,也可能是营利法人,甚至还可能是其他非营利法人;二是在主体范围上,新解释增加规定了养老机构;三是在债务人范围上,旧解释强调公益设施以外的财产只有在为自身债务提供担保时才有效,新解释将其扩及为他人债务提供的担保;四是新解释增加规定了以公益设施为客体设定所有权保留、融资租赁等非典型担保的情形
	《民法典担保制度解释》第六条　以公益为目的的非营利性学校、幼儿园、医疗机构、养老机构等提供担保的,人民法院应当认定担保合同无效,但是有下列情形之一的除外: （一）在购入或者以融资租赁方式承租教育设施、医疗卫生设施、养老服务设施和其他公益设施时,出卖人、出租人为担保价款或者租金实现而在该公益设施上保留所有权; （二）以教育设施、医疗卫生设施、养老服务设施和其他公益设施以外的不动产、动产或者财产权利设立担保物权。 　　登记为营利法人的学校、幼儿园、医疗机构、养老机构等提供担保,当事人以其不具有担保资格为由主张担保合同无效的,人民法院不予支持。	—	

（续表）

条文名称	旧解释规定及其演变情况	能否继续适用	适用评述
共有财产抵押	**《担保法解释》第五十四条** 按份共有人以其共有财产中享有的份额设定抵押的,抵押有效。 共同共有人以其共有财产设定抵押,未经其他共有人的同意,抵押无效。但是,其他共有人知道或者应当知道而未提出异议的视为同意,抵押有效。	否	该条不符合《民法典》精神。一是该条第 1 款规定按份共有人以其份额抵押无须征得其他共有人的同意,不符合《民法典》第 301 条有关处分共有财产应当经占份额三分之二以上的按份共有人同意的规定;二是该条第 2 款规定未经其他共有人同意的抵押合同无效,不符合《民法典》第 597 条有关无权处分不影响合同效力的规定;三是依据《民法典》第 311 条之规定,无权处分情况下仍有构成抵押权善意取得的可能,该条第 2 款亦未考虑善意取得的因素

（续表）

条文名称	旧解释规定及其演变情况	能否继续适用	适用评述
保全措施对抵押权的影响	《担保法解释》第五十五条　已经设定抵押的财产被采取查封、扣押等财产保全或者执行措施的，不影响抵押权的效力。	部分是	该条适用于不动产以及已经办理了登记的动产抵押。不动产设定抵押后又被查封的，抵押权的效力尽管不受查封等的影响，但因为由首封法院负责处置财产，当查封法院与优先债权法院不一致而首封法院又怠于处置财产时，抵押权等优先债权就得不到实现。为解决这一矛盾，最高人民法院出台了《最高人民法院关于首先查封法院与优先债权执行法院处分查封财产有关问题的批复》。就动产抵押来说，已经办理登记的，可以参照适用不动产的有关规定；尚未办理登记的，抵押权不具有对抗效力，依据新解释第54条第3项之规定，不能对抗查封债权人。就此而言，该条不适用于未办理登记的动产抵押

(续表)

条文名称	旧解释规定及其演变情况	能否继续适用	适用评述
抵押合同的成立及抵押未有效设立的效力	《担保法解释》第五十六条 抵押合同对被担保的主债权种类、抵押财产没有约定或者约定不明，根据主合同和抵押合同不能补正或者无法推定的，抵押不成立。 法律规定登记生效的抵押合同签订后，抵押人违背诚实信用原则拒绝办理抵押登记致使债权人受到损失的，抵押人应当承担赔偿责任。	第1款是；第2款否	第1款符合合同成立的基本原理，仍可继续适用。第2款沿袭了《担保法》未能区分抵押合同的生效与抵押权的设立的做法，将登记作为抵押合同的生效要件，不符合《民法典》有关区分原则的规定。但其有关抵押合同未有效设立(在《民法典》项下即为抵押权未有效设立)情况下抵押人应当承担责任的精神与新解释第46条一致，只不过新解释对其进行了细化、完善
	《民法典担保制度解释》第四十六条 不动产抵押合同生效后未办理抵押登记手续，债权人请求抵押人办理抵押登记手续的，人民法院应予支持。 抵押财产因不可归责于抵押人自身的原因灭失或者被征收等导致不能办理抵押登记，债权人请求抵押人在约定的担保范围内承担责任的，人民法院不予支持；但是抵押人已经获得保险金、赔偿金或者补偿金等，债权人请求抵押人在其所获金额范围内承担赔偿责任的，人民法院依法予以支持。 因抵押人转让抵押财产或者其他可归责于抵押人自身的原因导致不能办理抵押登记，债权人请求抵押人在约定的担保范围内承担责任的，人民法院依法予以支持，但是不得超过抵押权能够设立时抵押人应当承担的责任范围。	—	
流押条款的效力及对抵押财产折价	《担保法解释》第五十七条 当事人在抵押合同中约定，债务履行期届满抵押权人未受清偿时，抵押物的所有权转移为债权人所有的内容无效。该内容的无效不影响抵押合同其他部分内容的效力。 债务履行期届满后抵押权人未受清偿时，抵押权人和抵押人可以协议以抵押物折价取得抵押物。但是，损害顺序在后的担保物权人和其他债权人利益的，人民法院可以适用合同法第七十四条、第七十五条的有关规定。	否	该条第1款是有关流押条款效力的规定，已被《民法典》第401条吸收并完善。该条第2款有关对抵押财产折价的规定，与《民法典》第410条规定的精神一致。只是因为新法已有明确规定，故认为不具有继续适用的意义
	《民法典》第四百零一条 抵押权人在债务履行期限届满前，与抵押人约定债务人不履行到期债务时抵押财产归债权人所有的，只能依法就抵押财产优先受偿。	—	

（续表）

条文名称	旧解释规定及其演变情况	能否继续适用	适用评述
登记顺序的认定	《担保法解释》第五十八条　当事人同一天在不同的法定登记部门办理抵押物登记的，视为顺序相同。 因登记部门的原因致使抵押物进行连续登记的，抵押物第一次登记的日期，视为抵押登记的日期，并依此确定抵押权的顺序。	第1款否；第2款是	该条第1款是由房地分别在不同部门登记导致的，随着统一的不动产登记制度的建立，此种情形不复存在。由于在同一部门办理登记，必定存在一个先后问题，不存在顺序相同问题，故《物权法》第199条有关"顺序相同的，按照债权比例清偿"规则也已被《民法典》第414条废止。该条第2款尽管已不具普遍适用意义，但在矿业权等抵押中仍有其意义，故可继续适用
因登记部门原因不能办理抵押登记的后果	《担保法解释》第五十九条　当事人办理抵押物登记手续时，因登记部门的原因致使其无法办理抵押物登记，抵押人向债权人交付权利凭证的，可以认定债权人对该财产有优先受偿权。但是，未办理抵押物登记的，不得对抗第三人。	否	不符合《民法典》精神，且已被新解释第48条修改
	《民法典担保制度解释》第四十八条　当事人申请办理抵押登记手续时，因登记机构的过错致使其不能办理抵押登记，当事人请求登记机构承担赔偿责任的，人民法院依法予以支持。	—	
替代登记	《担保法解释》第六十条　以担保法第四十二条第（二）项规定的不动产抵押的，县级以上地方人民政府对登记部门未作规定，当事人在土地管理部门或者房产管理部门办理了抵押物登记手续，人民法院可以确认其登记的效力。	否	随着统一的不动产登记制度的建立，此种情形不复存在

（续表）

条文名称	旧解释规定及其演变情况	能否继续适用	适用评述
登记簿记载与约定不一致的处理	《担保法解释》第六十一条 抵押物登记记载的内容与抵押合同约定的内容不一致的，以登记记载的内容为准。	否	该条未区分不动产和动产，失之于绝对。就不动产抵押来说，该条的精神是正确的，但已被新解释第47条吸收并完善。在动产抵押中，登记簿不具有公信力，故不能以其作为确定抵押权内容的依据
	《民法典担保制度解释》第四十七条 不动产登记簿就抵押财产、被担保的债权范围等所作的记载与抵押合同约定不一致的，人民法院应当根据登记簿的记载确定抵押财产、被担保的债权范围等事项。	—	
抵押权是否及于添附物	《担保法解释》第六十二条 抵押物因附合、混合或者加工使抵押物的所有权为第三人所有的，抵押权的效力及于补偿金；抵押物所有人为附合物、混合物或者加工物的所有人的，抵押权的效力及于附合物、混合物或者加工物；第三人与抵押物所有人为附合物、混合物或者加工物的共有人的，抵押权的效力及于抵押人对共有物享有的份额。	否	
	《民法典担保制度解释》第四十一条 抵押权依法设立后，抵押财产被添附，添附物归第三人所有，抵押权人主张抵押权效力及于补偿金的，人民法院应予支持。 抵押权依法设立后，抵押财产被添附，抵押人对添附物享有所有权，抵押权人主张抵押权的效力及于添附物的，人民法院应予支持，但是添附导致抵押财产价值增加的，抵押权的效力不及于增加的价值部分。 抵押权依法设立后，抵押人与第三人因添附成为添附物的共有人，抵押权人主张抵押权的效力及于抵押人对共有物享有的份额的，人民法院应予支持。 本条所称添附，包括附合、混合与加工。	—	该条已被新解释第41条吸收。新旧解释尽管表述不同，但其精神是完全一致的。就此而言，也可以认为该条具有继续适用的意义

（续表）

条文名称	旧解释规定及其演变情况	能否继续适用	适用评述
抵押权是否及于从物	**《担保法解释》第六十三条**　抵押权设定前为抵押物的从物的，抵押权的效力及于抵押物的从物。但是，抵押物与其从物为两个以上的人分别所有时，抵押权的效力不及于抵押物的从物。	否	该条已被新解释第 40 条吸收并修改
	《民法典担保制度解释》第四十条　从物产生于抵押权依法设立前，抵押权人主张抵押权的效力及于从物的，人民法院应予支持，但是当事人另有约定的除外。 　　从物产生于抵押权依法设立后，抵押权人主张抵押权的效力及于从物的，人民法院不予支持，但是在抵押权实现时可以一并处分。	—	
孳息的清偿顺序	**《担保法解释》第六十四条**　债务履行期届满，债务人不履行债务致使抵押物被人民法院依法扣押的，自扣押之日起抵押权人收取的由抵押物分离的天然孳息和法定孳息，按照下列顺序清偿： 　　（一）收取孳息的费用； 　　（二）主债权的利息； 　　（三）主债权。	否	完全符合《民法典》第 561 条有关清偿抵充规定的精神，是该条的具体运用
先租后抵	**《担保法解释》第六十五条**　抵押人将已出租的财产抵押的，抵押权实现后，租赁合同在有效期内对抵押物的受让人继续有效。	否	已被《民法典》第 405 条吸收并完善，完善主要体现在增加规定了承租人须以"转移占有"为必要
	《民法典》第四百零五条　抵押权设立前，抵押财产已经出租并转移占有的，原租赁关系不受该抵押权的影响。	—	
先抵后租	**《担保法解释》第六十六条**　抵押人将已抵押的财产出租的，抵押权实现后，租赁合同对受让人不具有约束力。 　　抵押人将已抵押的财产出租时，如果抵押人未书面告知承租人该财产已抵押的，抵押人对出租抵押物造成承租人的损失承担赔偿责任；如果抵押人已书面告知承租人该财产已抵押的，抵押权实现造成承租人的损失，由承租人自己承担。	否	该条第 1 款适用于已经办理了登记的不动产抵押和动产抵押，但不适用于未办理登记的动产抵押，后者要依据新解释第 54 条第 2 项处理。第 2 款不符合抵押权以登记作为公示方法的原理

（续表）

条文名称	旧解释规定及其演变情况	能否继续适用	适用评述
抵押财产转让	《担保法解释》第六十七条 抵押权存续期间，抵押人转让抵押物未通知抵押权人或者未告知受让人的，如果抵押物已经登记的，抵押权人仍可以行使抵押权；取得抵押物所有权的受让人，可以代替债务人清偿其全部债务，使抵押权消灭。受让人清偿债务后可以向抵押人追偿。 如果抵押物未经登记的，抵押权不得对抗受让人，因此给抵押权人造成损失的，由抵押人承担赔偿责任。	否	关于抵押财产转让问题，《担保法》《担保法解释》《物权法》《民法典》的规定都不尽一致，可以说是变化最频繁的一项制度。《民法典》第406条改变了此前不承认抵押权具有追及力，因而均对抵押人转让抵押财产进行限制的做法，在承认抵押权具有追及力的基础上，认可抵押人有权转让抵押财产，同时也借鉴了《担保法》《物权法》有关提前清偿债务或者提存的规定。但也要看到，在我国当前，抵押权的追及力在很大程度上是受到限制的，如在买受人是消费者购房人，或者受让房屋是被执行人及其所扶养家属生活必需的居住房屋等场合，抵押权人就很难行使抵押权。为保护抵押权人的合法权益，《民法典担保制度解释》第43条对《民法典》第406条中的"当事人另有约定的，按照其约定"作出了细化规定，包括：一是区分禁止或限制抵押财产转让的约定是否办理登记而异其效力：已经办理登记的，可以对抗第三人；未办理登记的，不能对抗善意第三人。二是无论当事人是否将限制或者禁止抵押财产转让的约定进行登记，依据区分原则，都不影响抵押合同的效力
	《物权法》第一百九十一条 【抵押期间转让抵押财产】抵押期间，抵押人经抵押权人同意转让抵押财产的，应当将转让所得的价款向抵押权人提前清偿债务或者提存。转让的价款超过债权数额的部分归抵押人所有，不足部分由债务人清偿。 抵押期间，抵押人未经抵押权人同意，不得转让抵押财产，但受让人代为清偿债务消灭抵押权的除外。	废止	
	《民法典》第四百零六条 抵押期间，抵押人可以转让抵押财产。当事人另有约定的，按照其约定。抵押财产转让的，抵押权不受影响。 抵押人转让抵押财产的，应当及时通知抵押权人。抵押权人能够证明抵押财产转让可能损害抵押权的，可以请求抵押人将转让所得的价款向抵押权人提前清偿债务或者提存。转让的价款超过债权数额的部分归抵押人所有，不足部分由债务人清偿。	—	

（续表）

条文名称	旧解释规定及其演变情况	能否继续适用	适用评述
—	**《民法典担保制度解释》第四十三条**　当事人约定禁止或者限制转让抵押财产但是未将约定登记,抵押人违反约定转让抵押财产,抵押权人请求确认转让合同无效的,人民法院不予支持;抵押财产已经交付或者登记,抵押权人请求确认转让不发生物权效力的,人民法院不予支持,但是抵押权人有证据证明受让人知道的除外;抵押权人请求抵押人承担违约责任的,人民法院依法予以支持。 当事人约定禁止或者限制转让抵押财产且已经将约定登记,抵押人违反约定转让抵押财产,抵押权人请求确认转让合同无效的,人民法院不予支持;抵押财产已经交付或者登记,抵押权人主张转让不发生物权效力的,人民法院应予支持,但是因受让人代替债务人清偿债务导致抵押权消灭的除外。	—	—
抵押物被继承或赠与	**《担保法解释》第六十八条**　抵押物依法被继承或者赠与的,抵押权不受影响。	是	符合《民法典》第406条抵押权具有追及力的原理,但又不能完全被该条所涵盖。就此而言,仍有继续适用的必要
恶意提供担保	**《担保法解释》第六十九条**　债务人有多个普通债权人的,在清偿债务时,债务人与其中一个债权人恶意串通,将其全部或者部分财产抵押给该债权人,因此丧失了履行其他债务的能力,损害了其他债权人的合法权益,受损害的其他债权人可以请求人民法院撤销该抵押行为。	否	已被《民法典》第539条的债权人撤销权所吸收,即在债权人可得撤销的事由中增加规定了恶意提供担保的情形

(续表)

条文名称	旧解释规定及其演变情况	能否继续适用	适用评述
抵押权保全权	《担保法解释》第七十条 抵押人的行为足以使抵押物价值减少的,抵押权人请求抵押人恢复原状或提供担保遭到拒绝时,抵押权人可以请求债务人履行债务,也可以请求提前行使抵押权。	否	该条已被《民法典》第408条吸收并修改,二者的主要区别在于:一是《民法典》增加规定了抵押财产价值减少防止权;二是《民法典》仅是规定抵押权人有权请求债务人提前清偿债务,并未规定其可以请求提前行使抵押权
抵押权保全权	《民法典》第四百零八条 抵押人的行为足以使抵押财产价值减少的,抵押权人有权请求抵押人停止其行为;抵押财产价值减少的,抵押权人有权请求恢复抵押财产的价值,或者提供与减少的价值相应的担保。抵押人不恢复抵押财产的价值,也不提供担保的,抵押权人有权请求债务人提前清偿债务。	—	
抵押财产的不可分性	《担保法解释》第七十一条 主债权未受全部清偿的,抵押权人可以就抵押物的全部行使其抵押权。 抵押物被分割或者部分转让的,抵押权人可以就分割或者转让后的抵押物行使抵押权。	否	该条已被新解释第38条吸收并完善,二者的主要区别在于:一是旧解释仅适用于抵押权,而新解释将其适用范围扩及担保物权;二是新解释在旧解释第1款中增加规定了留置权不可分性的例外;三是新解释在旧解释第2款中增加规定了法律或司法解释另有规定的除外条款
抵押财产的不可分性	《民法典担保制度解释》第三十八条 主债权未受全部清偿,担保物权人主张就担保财产的全部行使担保物权的,人民法院应予支持,但是留置权人行使留置权的,应当依照民法典第四百五十条的规定处理。 担保财产被分割或者部分转让,担保物权人主张就分割或者转让后的担保财产行使担保物权的,人民法院应予支持,但是法律或者司法解释另有规定的除外。	—	

（续表）

条文名称	旧解释规定及其演变情况	能否继续适用	适用评述
主债权的不可分性	《担保法解释》第七十二条　主债权被分割或者部分转让的,各债权人可以就其享有的债权份额行使抵押权。 主债务被分割或者部分转让的,抵押人仍以其抵押物担保数个债务人履行债务。但是,第三人提供抵押的,债权人许可债务人转让债务未经抵押人书面同意的,抵押人对未经其同意转让的债务,不再承担担保责任。	否	该条几乎被新解释第39条全盘吸收,唯一的区别在于,新解释在第1款中增加规定了但书条款
	《民法典担保制度解释》第三十九条　主债权被分割或者部分转让,各债权人主张就其享有的债权份额行使担保物权的,人民法院应予支持,但是法律另有规定或者当事人另有约定的除外。 主债务被分割或者部分转移,债务人自己提供物的担保,债权人请求以该担保财产担保全部债务履行的,人民法院应予支持;第三人提供物的担保,主张对未经其书面同意转移的债务不再承担担保责任的,人民法院应予支持。	—	
抵押财产变价后的处理	《担保法解释》第七十三条　抵押物折价或者拍卖、变卖该抵押物的价款低于抵押权设定时约定价值的,应当按照抵押物实现的价值进行清偿。不足清偿的剩余部分,由债务人清偿。	否	已被《民法典》第413条吸收
	《民法典》第四百一十三条　抵押财产折价或者拍卖、变卖后,其价款超过债权数额的部分归抵押人所有,不足部分由债务人清偿。	—	
变价款的清偿顺序	《担保法解释》第七十四条　抵押物折价或者拍卖、变卖所得的价款,当事人没有约定的,按下列顺序清偿: (一)实现抵押权的费用; (二)主债权的利息; (三)主债权。	否	符合《民法典》第561条有关清偿抵充的精神,是该条的具体运用

（续表）

条文名称	旧解释规定及其演变情况	能否继续适用	适用评述
共同抵押的效力	《担保法解释》第七十五条　同一债权有两个以上抵押人的，债权人放弃债务人提供的抵押担保的，其他抵押人可以请求人民法院减轻或者免除其应当承担的担保责任。 同一债权有两个以上抵押人的，当事人对其提供的抵押财产所担保的债权份额或者顺序没有约定或者约定不明的，抵押权人可以就其中任一或者各个财产行使抵押权。 抵押人承担担保责任后，可以向债务人追偿，也可以要求其他抵押人清偿其应当承担的份额。	第1、3款否；第2款是	第1款已被《民法典》第409条第2款吸收；第2款符合《民法典》精神；第3款有关抵押人"也可以要求其他抵押人清偿其应当承担的份额"的规定不符合新解释第13条有关共同担保人之间原则上不能相互追偿的精神
均未办理登记的动产抵押权的清偿顺序	《担保法解释》第七十六条　同一动产向两个以上债权人抵押的，当事人未办理抵押物登记，实现抵押权时，各抵押权人按照债权比例受偿。	否	已被《民法典》第414条第1款第3项吸收
	《民法典》第四百一十四条　同一财产向两个以上债权人抵押的，拍卖、变卖抵押财产所得的价款依照下列规定清偿： （一）抵押权已经登记的，按照登记的时间先后确定清偿顺序； （二）抵押权已经登记的先于未登记的受偿； （三）抵押权未登记的，按照债权比例清偿。 　　其他可以登记的担保物权，清偿顺序参照适用前款规定。	—	
所有人抵押	《担保法解释》第七十七条　同一财产向两个以上债权人抵押的，顺序在先的抵押权与该财产的所有权归属一人时，该财产的所有权人可以以其抵押权对抗顺序在后的抵押权。	是	所有人抵押制度符合《民法典》精神，在当前也有现实意义，应予继续适用

(续表)

条文名称	旧解释规定及其演变情况	能否继续适用	适用评述
不同顺位抵押权如何实现	《担保法解释》第七十八条　同一财产向两个以上债权人抵押的，顺序在后的抵押权所担保的债权先到期的，抵押权人只能就抵押物价值超出顺序在先的抵押担保债权的部分受偿。 　　顺序在先的抵押权所担保的债权先到期的，抵押权实现后的剩余价款应予提存，留待清偿顺序在后的抵押担保债权。	是	符合《民法典》精神
抵押权、质权、留置权的顺位	《担保法解释》第七十九条　同一财产法定登记的抵押权与质权并存时，抵押权人优先于质权人受偿。 　　同一财产抵押权与留置权并存时，留置权人优先于抵押权人受偿。	否	该条第 1 款已被《民法典》第415条修改。《担保法》将抵押权分为法定登记的抵押权和自愿登记的抵押权，前者采登记生效主义，后者采登记对抗主义。法定登记的抵押权的客体既包括不动产也包括动产，但能与质权竞存的只能是动产。在《担保法》的逻辑下，法定登记的抵押权优先于质权有一定的合理性。但《民法典》改变了此种做法，动产抵押统一采登记对抗主义。依据《民法典》第415条之规定，在同一动产上同时存在抵押权和动产质权，在确立清偿顺序时，既要考察是否完成了公示，也要考察公示的先后顺序。一是质权有效设立、抵押权也办理了登记的，根据公示先后来确定清偿顺序；二是质权有效设立，抵押权未办理抵押登记的情况下，有效设立的质权优先于抵押权；三是质权未有效设立，抵押权未办理抵押登记的，但因其已经有效设立，故抵押权优先受偿。 该条第 2 款已被《民法典》第456条吸收
	《民法典》第四百一十五条　同一财产既设立抵押权又设立质权的，拍卖、变卖该财产所得的价款按照登记、交付的时间先后确定清偿顺序。 　　《民法典》第四百五十六条　同一动产上已经设立抵押权或者质权，该动产又被留置的，留置权人优先受偿。	一	

（续表）

条文名称	旧解释规定及其演变情况	能否继续适用	适用评述
抵押权的物上代位性	**《担保法解释》第八十条** 在抵押物灭失、毁损或者被征用的情况下，抵押权人可以就该抵押物的保险金、赔偿金或者补偿金优先受偿。 抵押物灭失、毁损或者被征用的情况下，抵押权所担保的债权未届清偿期的，抵押权人可以请求人民法院对保险金、赔偿金或补偿金等采取保全措施。	否	该条已被《民法典》第390条吸收并修改，二者的区别主要表现在：一是旧解释仅适用于抵押，而《民法典》将其扩及所有的担保物权；二是在主债权未届清偿期时，旧解释规定可采取保全措施，而《民法典》则规定提存，后者显然更加合理
	《民法典》第三百九十条 担保期间，担保财产毁损、灭失或者被征收等，担保物权人可以就获得的保险金、赔偿金或者补偿金等优先受偿。被担保债权的履行期限未届满的，也可以提存该保险金、赔偿金或者补偿金等。	—	
最高额抵押权所担保的债权范围确定	**《担保法解释》第八十一条** 最高额抵押权所担保的债权范围，不包括抵押物因财产保全或者执行程序被查封后或债务人、抵押人破产后发生的债权。	否	《担保法》尽管规定了最高额抵押，但并未规定债权确定制度。该条是有关债权确定事由的规定，较之于《民法典》第423条之规定，并不全面。即便就查封、扣押而言，旧解释采客观说，《民法典》则采取主观说。《查扣冻规定》第25条规定，人民法院要将查封、扣押裁定通知抵押权人，抵押权人在收到通知后，该裁定对其发生效力，故从其收到通知之日起债权确定更符合裁定书送达生效的原理
	《民法典》第四百二十三条 有下列情形之一的，抵押权人的债权确定： （一）约定的债权确定期间届满； （二）没有约定债权确定期间或者约定不明确，抵押权人或者抵押人自最高额抵押权设立之日起满二年后请求确定债权； （三）新的债权不可能发生； （四）抵押权人知道或者应当知道抵押财产被查封、扣押； （五）债务人、抵押人被宣告破产或者解散； （六）法律规定债权确定的其他情形。	—	

（续表）

条文名称	旧解释规定及其演变情况	能否继续适用	适用评述
最高额抵押变更	**《担保法解释》第八十二条**　当事人对最高额抵押合同的最高限额、最高额抵押期间进行变更，以其变更对抗顺序在后的抵押权人的，人民法院不予支持。	否	该条已被《民法典》第422条吸收并改变。二者的区别在于：一是《民法典》增加规定了"债权确定前"这一要件，更加符合最高额抵押的法理，因为只有在债权确定前，最高额抵押所担保的债权才具有不特定性，从而有别于一般抵押权的内容变更。二是可以协商变更的事项不同，《民法典》增加规定了债权范围，且将最高额抵押期间明确为债权确定期间。三是后果不同，《民法典》将其表述为"变更的内容不得对其他抵押权人产生不利影响"，更加准确
	《民法典》第四百二十二条　最高额抵押担保的债权确定前，抵押权人与抵押人可以通过协议变更债权确定的期间、债权范围以及最高债权额。但是，变更的内容不得对其他抵押权人产生不利影响。	—	
债权确定的效果及最高额抵押的实现	**《担保法解释》第八十三条**　最高额抵押权所担保的不特定债权，在特定后，债权已届清偿期的，最高额抵押权人可以根据普通抵押权的规定行使其抵押权。 　　抵押权人实现最高额抵押权时，如果实际发生的债权余额高于最高限额的，以最高限额为限，超过部分不具有优先受偿的效力；如果实际发生的债权余额低于最高限额的，以实际发生的债权余额为限对抵押物优先受偿。	是	最高额抵押所担保的债权经确定后转变为一般抵押权已经成为基本原理，可以继续适用

（续表）

条文名称	旧解释规定及其演变情况	能否继续适用	适用评述
	四、关于质押部分的解释 **(一)动产质押**		
出质人无权处分时所应承担的责任	《担保法解释》第八十四条 出质人以其不具有所有权但合法占有的动产出质的,不知出质人无处分权的质权人行使质权后,因此给动产所有人造成损失的,由出质人承担赔偿责任。	否	该条已被《民法典》第311条第2款所涵盖
	《民法典》第三百一十一条 无处分权人将不动产或者动产转让给受让人的,所有权人有权追回;除法律另有规定外,符合下列情形的,受让人取得该不动产或者动产的所有权: (一)受让人受让该不动产或者动产时是善意; (二)以合理的价格转让; (三)转让的不动产或者动产依照法律规定应当登记的已经登记,不需要登记的已经交付给受让人。 受让人依照前款规定取得不动产或者动产的所有权的,原所有权人有权向无处分权人请求损害赔偿。 当事人善意取得其他物权的,参照适用前两款规定。	—	

（续表）

条文名称	旧解释规定及其演变情况	能否继续适用	适用评述
金钱质	《担保法解释》第八十五条　债务人或者第三人将其金钱以特户、封金、保证金等形式特定化后，移交债权人占有作为债权的担保，债务人不履行债务时，债权人可以以该金钱优先受偿。	否	该条规定的封金质押实践几乎没有，形成争议的更少。特户、保证金质押已被新解释第70条吸收并修改，新旧解释的主要区别在于：一是新解释对保证金进行了细化，将其区分三种情形，并且明确规定保证金账户内款项的浮动不影响保证金质押的效力；二是将保证金质押从动产质押中独立出来，将其作为非典型担保的一种类型
	《民法典担保制度解释》第七十条　债务人或者第三人为担保债务的履行，设立专门的保证金账户并由债权人实际控制，或者将其资金存入债权人设立的保证金账户，债权人主张就账户内的款项优先受偿的，人民法院应予支持。当事人以保证金账户内的款项浮动为由，主张实际控制该账户的债权人对账户内的款项不享有优先受偿权的，人民法院不予支持。 在银行账户下设立的保证金分户，参照前款规定处理。 当事人约定的保证金并非为担保债务的履行设立，或者不符合前两款规定的情形，债权人主张就保证金优先受偿的，人民法院不予支持，但是不影响当事人依照法律的规定或者按照当事人的约定主张权利。	—	

（续表）

条文名称	旧解释规定及其演变情况	能否继续适用	适用评述
未交付质物的后果	**《担保法解释》第八十六条** 债务人或者第三人未按质押合同约定的时间移交质物的，因此给质权人造成损失的，出质人应当根据其过错承担赔偿责任。	否	该条存在逻辑矛盾：如果认为出质人未按约定交付质物承担责任，则其承担的应是违约责任或以质押财产价值为限的非典型担保责任；如果认为出质人承担的是赔偿责任，则不存在"按约定"交付质物的问题。事实上，该条是以交付质物作为质押合同的生效要件为前提的，不符合区分原则。但就其实质精神来说，则与新解释第46条异曲同工，只是失之于简单罢了
	《民法典担保制度解释》第四十六条 不动产抵押合同生效后未办理抵押登记手续，债权人请求抵押人办理抵押登记手续的，人民法院应予支持。 抵押财产因不可归责于抵押人自身的原因灭失或者被征收等导致不能办理抵押登记，债权人请求抵押人在约定的担保范围内承担责任的，人民法院不予支持；但是抵押人已经获得保险金、赔偿金或者补偿金等，债权人请求抵押人在其所获金额范围内承担赔偿责任的，人民法院依法予以支持。 因抵押人转让抵押财产或者其他可归责于抵押人自身的原因导致不能办理抵押登记，债权人请求抵押人在约定的担保范围内承担责任的，人民法院依法予以支持，但是不得超过抵押权能够设立时抵押人应当承担的责任范围。	—	
质物未交付或丧失占有的后果	**《担保法解释》第八十七条** 出质人代质权人占有质物的，质押合同不生效；质权人将质物返还于出质人后，以其质权对抗第三人的，人民法院不予支持。 因不可归责于质权人的事由而丧失对质物的占有，质权人可以向不当占有人请求停止侵害、恢复原状、返还质物。	第1款否；第2款是	第1款第1句以交付质物作为质押合同的生效要件为前提，不符合《民法典》有关区分原则的精神；第2句返还质物的后果应为质权消灭而非不得对抗第三人。 第2款符合《民法典》精神，可以继续适用

（续表）

条文名称	旧解释规定及其演变情况	能否继续适用	适用评述
以指示交付方式设定质权	《担保法解释》第八十八条　出质人以间接占有的财产出质的，质押合同自书面通知送达占有人时视为移交。占有人收到出质通知后，仍接受出质人的指示处分出质财产的，该行为无效。	否	强调以书面通知方式实现指示交付，不仅符合法学原理，也有一定的实践意义。但该条在以下两个方面不符合《民法典》精神：一是没有坚持区分原则，混淆质押合同的生效与质权的设立；二是没有体现无权处分不影响合同效力
质押财产的认定	《担保法解释》第八十九条　质押合同中对质押的财产约定不明，或者约定的出质财产与实际移交的财产不一致的，以实际交付占有的财产为准。	是	该条符合《民法典》精神，可以继续适用
质物的瑕疵担保责任	《担保法解释》第九十条　质物有隐蔽瑕疵造成质权人其他财产损害的，应由出质人承担赔偿责任。但是，质权人在质物移交时明知质物有瑕疵而予以接受的除外。	是	符合《民法典》有关物的瑕疵担保责任的法理，可以继续适用
质权是否及于从物	《担保法解释》第九十一条　动产质权的效力及于质物的从物。但是，从物未随同质物移交质权人占有的，质权的效力不及于从物。	是	符合《民法典》有关主物和从物的基本原理，可以继续适用
提存费用的负担	《担保法解释》第九十二条　按照担保法第六十九条的规定将质物提存的，质物提存费用由质权人负担；出质人提前清偿债权的，应当扣除未到期部分的利息。	前半句否；后半句是	该条前半句是《民法典》第573条有关提存制度的具体适用；后半句已成基本原理，可以继续适用
质权人擅自使用处分质物	《担保法解释》第九十三条　质权人在质权存续期间，未经出质人同意，擅自使用、出租、处分质物，因此给出质人造成损失的，由质权人承担赔偿责任。	否	已被《民法典》第431条吸收并修改，修改主要体现在《民法典》删除了"出租"这一情形。但出租性质上属于对质物的间接使用，故二者并无实质变化
	《民法典》第四百三十一条　质权人在质权存续期间，未经出质人同意，擅自使用、处分质押财产，造成出质人损害的，应当承担赔偿责任。	—	

（续表）

条文名称	旧解释规定及其演变情况	能否继续适用	适用评述
转质权	**《担保法解释》第九十四条** 质权人在质权存续期间,为担保自己的债务,经出质人同意,以其所占有的质物为第三人设定质权的,应当在原质权所担保的债权范围之内,超过的部分不具有优先受偿的效力。转质权的效力优于原质权。 质权人在质权存续期间,未经出质人同意,为担保自己的债务,在其所占有的质物上为第三人设定质权的无效。质权人对因转质而发生的损害承担赔偿责任。	第 1 款是;第 2 款否	该条第 1 款是有关承诺转质的规定,符合《民法典》第 434 条的精神,具有继续适用的意义。 第 2 款是有关责任转质的规定,已被《民法典》第 434 条吸收并修改,修改之处主要在于:旧解释认为责任转质无效,不符合区分原则
	《民法典》第四百三十四条 质权人在质权存续期间,未经出质人同意转质,造成质押财产毁损、灭失的,应当承担赔偿责任。	—	

（续表）

条文名称	旧解释规定及其演变情况	能否继续适用	适用评述
及时行使质权请求权及怠于行使质权的责任	**《担保法解释》第九十五条**　债务履行期届满质权人未受清偿的，质权人可以继续留置质物，并以质物的全部行使权利。出质人清偿所担保的债权后，质权人应当返还质物。 债务履行期届满，出质人请求质权人及时行使权利，而质权人怠于行使权利致使质物价格下跌的，由此造成的损失，质权人应当承担赔偿责任。	否	该条第 1 款已被新解释第 44 条第 3 款所吸收；第 2 款已被《民法典》第 437 条所吸收
	《民法典担保制度解释》第四十四条　主债权诉讼时效期间届满后，抵押权人主张行使抵押权的，人民法院不予支持；抵押人以主债权诉讼时效期间届满为由，主张不承担担保责任的，人民法院应予支持。主债权诉讼时效期间届满前，债权人仅对债务人提起诉讼，经人民法院判决或者调解后未在民事诉讼法规定的申请执行时效期间内对债务人申请强制执行，其向抵押人主张行使抵押权的，人民法院不予支持。 主债权诉讼时效期间届满后，财产被留置的债务人或者对留置财产享有所有权的第三人请求债权人返还留置财产的，人民法院不予支持；债务人或者第三人请求拍卖、变卖留置财产并以所得价款清偿债务的，人民法院应予支持。 主债权诉讼时效期间届满的法律后果，以登记作为公示方式的权利质权，参照适用第一款的规定；动产质权、以交付权利凭证作为公示方式的权利质权，参照适用第二款的规定。	—	
	《民法典》四百三十七条　出质人可以请求质权人在债务履行期限届满后及时行使质权；质权人不行使的，出质人可以请求人民法院拍卖、变卖质押财产。 出质人请求质权人及时行使质权，因质权人怠于行使权利造成出质人损害的，由质权人承担赔偿责任。	—	

（续表）

条文名称	旧解释规定及其演变情况	能否继续适用	适用评述
动产质权参照适用抵押权的有关规定	《担保法解释》第九十六条　本解释第五十七条、第六十二条、第六十四条、第七十一条、第七十二条、第七十三条、第七十四条、第八十条之规定，适用于动产质押。	第 62 条是；其余均否	该条是有关动产质权参照适用抵押权的相关制度的规定，但该条列举的规定除第 62 条外，其余条款在动产质权中都已有规定，具体来说：第 57 条是有关流押条款的规定，对应的流质条款《民法典》第 428 条已有规定；第 64 条、第 74 条已被《民法典》第 561 条涵盖；第 71 条新解释第 38 条已有规定；第 72 条新解释第 39 条已有规定；第 73 条已被《民法典》第 438 条吸收；第 80 条已被《民法典》第 390 条吸收
	（二）权利质押		
不动产收益权质押	《担保法解释》第九十七条　以公路桥梁、公路隧道或者公路渡口等不动产收益权出质的，按照担保法第七十五条第（四）项的规定处理。	否	该条所谓的不动产收益权质押，本质上属于将有应收账款质押，已被《民法典》第 440 条第 6 项和新解释第 61 条第 4 款吸收并完善。完善主要体现在将有应收账款质押如何实现上
	《民法典担保制度解释》第六十一条第四款　以基础设施和公用事业项目收益权、提供服务或者劳务产生的债权以及其他将有的应收账款出质，当事人为应收账款设立特定账户，发生法定或者约定的质权实现事由时，质权人请求就该特定账户内的款项优先受偿的，人民法院应予支持；特定账户内的款项不足以清偿债务或者未设立特定账户，质权人请求折价或者拍卖、变卖项目收益权等将有的应收账款，并以所得的价款优先受偿的，人民法院依法予以支持。	—	

（续表）

条文名称	旧解释规定及其演变情况	能否继续适用	适用评述
票据质押	《担保法解释》第九十八条　　以汇票、支票、本票出质，出质人与质权人没有背书记载"质押"字样，以票据出质对抗善意第三人的，人民法院不予支持。	否	该条已被新解释第 58 条吸收并完善。二者的区别在于：一是旧解释仅从反面规定票据未记载"质押"字样的后果，新解释则从正面规定票据质押的要件；二是在物权变动模式上，旧解释给人以采登记对抗主义的误解，这与《民法典》第 441 条有关票据质押采公示生效主义的精神不符
	《民法典担保制度解释》第五十八条　　以汇票出质，当事人以背书记载"质押"字样并在汇票上签章，汇票已经交付质权人的，人民法院应当认定质权自汇票交付质权人时设立。	—	
公司债券质押	《担保法解释》第九十九条　　以公司债券出质的，出质人与质权人没有背书记载"质押"字样，以债券出质对抗公司和第三人的，人民法院不予支持。	否	公司债券是上市公司发行的债券。参照《公司法》第 160 条之规定，记名债券由债券持有人以背书方式等方式质押，未背书记载"质押"字样的，质权不能设立，而非不得对抗第三人。随着无纸化债券的发行，依据《证券登记结算管理办法》第 30 条之规定，无记名债券质押应当在中国证券登记结算有限公司办理质权登记。可见，该规定既不符合背书的原理，也不符合已经变化了的实际

（续表）

条文名称	旧解释规定及其演变情况	能否继续适用	适用评述
存单核押的效力	**《担保法解释》第一百条**　以存款单出质的，签发银行核押后又受理挂失并造成存款流失的，应当承担民事责任。	是	该条符合《民法典》的基本原理。核押，是债权银行向出质人的存款银行确认存单记载的债权是否存在，同时告知其存单出质的事实，以便其办理登记止付以及不再办理挂失手续。在核押过程中，存款银行明知存单记载的债权已不存在，仍出具存单确认书予以确认的，可以准用《民法典担保制度解释》第 61 条第 1 款有关"以现有的应收账款出质，应收账款债务人向质权人确认应收账款的真实性后，又以应收账款不存在或者已经消灭为由主张不承担责任的，人民法院不予支持"的规定，认定存款银行负有履行存单项下债务的义务
权利转质	**《担保法解释》第一百零一条**　以票据、债券、存款单、仓单、提单出质的，质权人再转让或者质押的无效。	否	该条不符合《民法典》精神。如果某一类型的权利质权是以交付权利证书作为公示方法的，则依据《民法典》第 434 条之规定，构成承诺转质的，本身是有效的；即便是责任转质，依据区分原则，也仅是不发生转质效力，但不影响转质合同的效力。如果某一类型的权利质权是以登记作为公示方法的，则不同的质权依据登记先后确定顺位即可，更不存在转质无效的问题

(续表)

条文名称	旧解释规定及其演变情况	能否继续适用	适用评述
证券质权的特殊规则	**《担保法解释》第一百零二条**　以载明兑现或者提货日期的汇票、支票、本票、债券、存款单、仓单、提单出质的,其兑现或者提货日期后于债务履行期的,质权人只能在兑现或者提货日期届满时兑现款项或者提取货物。	是	该条适用于兑现或者提货日期后于债务履行期的情形,而《民法典》第442条则适用于兑现日期或者提货日期先于主债权到期的情形,二者适用条件不同,故该条仍有继续适用的必要
	《民法典》第四百四十二条　汇票、本票、支票、债券、存款单、仓单、提单的兑现日期或者提货日期先于主债权到期的,质权人可以兑现或者提货,并与出质人协议将兑现的价款或者提取的货物提前清偿债务或者提存。	—	
股权出质	**《担保法解释》第一百零三条**　以股份有限公司的股份出质的,适用《中华人民共和国公司法》有关股份转让的规定。 以上市公司的股份出质的,质押合同自股份出质向证券登记机构办理出质登记之日起生效。 以非上市公司的股份出质的,质押合同自股份出质记载于股东名册之日起生效。	第1款是;第2、3款否	第1款符合《公司法》和《民法典》的原理,可以继续适用。第2款除违反区分原则外,就登记机关而言是符合实际的,从这一意义上说,也可以认为具有继续适用的意义。第3款不符合公示的基本原理,按照目前的安排,应当在市场监管机构办理登记
	《民法典》第四百四十三条　以基金份额、股权出质的,质权自办理出质登记时设立。 基金份额、股权出质后,不得转让,但是出质人与质权人协商同意的除外。出质人转让基金份额、股权所得的价款,应当向质权人提前清偿债务或者提存。	—	
股权质押的效力及于孳息	**《担保法解释》第一百零四条**　以依法可以转让的股份、股票出质的,质权的效力及于股份、股票的法定孳息。	否	依据《民法典》第446条之规定,权利质押适用动产质押的有关规定。《民法典》第430条已就动产质权人收取孳息问题作出规定,故该条已被前述条款吸收并完善。所不同的是,新的规定允许当事人通过合同对此另行作出约定
	《民法典》第四百三十条　质权人有权收取质押财产的孳息,但是合同另有约定的除外。 前款规定的孳息应当先充抵收取孳息的费用。	—	

（续表）

条文名称	旧解释规定及其演变情况	能否继续适用	适用评述
知识产权质权的转质	**《担保法解释》第一百零五条** 以依法可以转让的商标专用权，专利权、著作权中的财产权出质的，出质人未经质权人同意而转让或者许可他人使用已出质权利的，应当认定为无效。因此给质权人或者第三人造成损失的，由出质人承担民事责任。	否	同对旧解释 101 条的评注
质权人起诉	**《担保法解释》第一百零六条** 质权人向出质人、出质债权的债务人行使质权时，出质人、出质债权的债务人拒绝的，质权人可以起诉出质人和出质债权的债务人，也可以单独起诉出质债权的债务人。	是	符合《民法典》和《民事诉讼法》的原理，可以继续适用
五、关于留置部分的解释			
留置权适用范围的限制性	**《担保法解释》第一百零七条** 当事人在合同中约定排除留置权，债务履行期届满，债权人行使留置权的，人民法院不予支持。	否	该条已被《民法典》第449条吸收
	《民法典》第四百四十九条 法律规定或者当事人约定不得留置的动产，不得留置。	—	
留置第三人的动产	**《担保法解释》第一百零八条** 债权人合法占有债务人交付的动产时，不知债务人无处分该动产的权利，债权人可以按照担保法第八十二条的规定行使留置权。	否	该条已被新解释第62条第1款吸收并完善。新旧解释均认为债权人可以留置第三人的动产，只不过旧解释的表述给人以系基于善意取得的误解，这不符合留置权系法定担保物权的法理
	《民法典担保制度解释》第六十二条第一款 债务人不履行到期债务，债权人因同一法律关系留置合法占有的第三人的动产，并主张就该留置财产优先受偿的，人民法院应予支持。第三人以该留置财产并非债务人的财产为由请求返还的，人民法院不予支持。	—	

（续表）

条文名称	旧解释规定及其演变情况	能否继续适用	适用评述
留置财产与债权的牵连关系	《担保法解释》第一百零九条　债权人的债权已届清偿期，债权人对动产的占有与其债权的发生有牵连关系，债权人可以留置其所占有的动产。	否	该条是有关牵连关系的规定，已被《民法典》第448条吸收并完善，同时被新解释第62条第2款、第3款细化。新旧规定的区别在于：一是《民法典》采取的是"同一法律关系"的表述，但其与"牵连关系"并无本质区别；二是《民法典》及新解释增加规定了商事留置权，作为民事留置权的例外
	《民法典》第四百四十八条　债权人留置的动产，应当与债权属于同一法律关系，但是企业之间留置的除外。	—	
	《民法典担保制度解释》第六十二条第二款、第三款　企业之间留置的动产与债权并非同一法律关系，债务人以该债权不属于企业持续经营中发生的债权为由请求债权人返还留置财产的，人民法院应予支持。 　　企业之间留置的动产与债权并非同一法律关系，债权人留置第三人的财产，第三人请求债权人返还留置财产的，人民法院应予支持。	—	
不可分物的留置	《担保法解释》第一百一十条　留置权人在债权未受全部清偿前，留置物为不可分物的，留置权人可以就其留置物的全部行使留置权。	是	《民法典》第450条规定了可分物的留置，对不可分物未作规定，该条规定符合不可分物留置的法理，可以继续适用
	《民法典》第四百五十条　留置财产为可分物的，留置财产的价值应当相当于债务的金额。	—	
不得留置的例外情形	《担保法解释》第一百一十一条　债权人行使留置权与其承担的义务或者合同的特殊约定相抵触的，人民法院不予支持。	是	该条符合留置权设立的基本原理，可以继续适用

（续表）

条文名称	旧解释规定及其演变情况	能否继续适用	适用评述
留置权实现的行使	**《担保法解释》第一百一十二条** 债权人的债权未届清偿期，其交付占有标的物的义务已届履行期的，不能行使留置权。但是，债权人能够证明债务人无支付能力的除外。	否	第1句已被《民法典》第447条所吸收，乃该条的题中应有之意，因为留置权的成立要件之一就是债务人不履行到期债务。但债务人无支付能力，债权人应当通过不安抗辩权所寻求救济，不应通过留置权制度解决，故但书部分不符合《民法典》精神
	《民法典》第四百四十七条 债务人不履行到期债务，债权人可以留置已经合法占有的债务人的动产，并有权就该动产优先受偿。 前款规定的债权人为留置权人，占有的动产为留置财产。	—	
实现留置权场合的宽限期	**《担保法解释》第一百一十三条** 债权人未按担保法第八十七条规定的期限通知债务人履行义务，直接变价处分留置物的，应当对此造成的损失承担赔偿责任。债权人与债务人按照担保法第八十七条的规定在合同中约定宽限期的，债权人可以不经通知，直接行使留置权。	否	《担保法》第87条规定债权人在行使留置权时，要通知债务人在确定的期限内履行义务，该条改变了前述规定，认为债权人可不经通知直接行使留置权，这一规定被《民法典》第453条吸收。在宽限期上，新旧规定尽管在表述上有所不同，但并无实质区别
	《民法典》第四百五十三条 留置权人与债务人应当约定留置财产后的债务履行期限；没有约定或者约定不明确的，留置权人应当给债务人六十日以上履行债务的期限，但是鲜活易腐等不易保管的动产除外。债务人逾期未履行的，留置权人可以与债务人协议以留置财产折价，也可以就拍卖、变卖留置财产所得的价款优先受偿。 留置财产折价或者变卖的，应当参照市场价格。	—	
参照适用抵押权、质权的有关规定	**《担保法解释》第一百一十四条** 本解释第六十四条、第八十条、第八十七条、第九十一条、第九十三条的规定，适用于留置。	第91条、第93条是；其余均否	第64条已被《民法典》第561条涵盖；第80条已被《民法典》第390条涵盖；第87条已被《民法典》第457条涵盖。第91条、第93条有参照适用的必要，可继续适用

（续表）

条文名称	旧解释规定及其演变情况	能否继续适用	适用评述
六、关于定金部分的解释			
立约定金	《担保法解释》第一百一十五条　当事人约定以交付定金作为订立主合同担保的，给付定金的一方拒绝订立主合同的，无权要求返还定金；收受定金的一方拒绝订立合同的，应当双倍返还定金。	是	《民法典》第586条、第587条规定的定金仅为违约定金，并未规定立约定金。该条有关立约定金的规定符合意思自治原则，可以继续适用
成约定金	《担保法解释》第一百一十六条　当事人约定以交付定金作为主合同成立或者生效要件的，给付定金的一方未支付定金，但主合同已经履行或者已经履行主要部分的，不影响主合同的成立或者生效。	是	该条是关于成约定金的规定。在成约定金场合，未交付定金的，本应认定合同不成立或不生效；但依据或参照《民法典》第490条之规定，一方已经履行全部或主要义务，另一方接受的，合同成立或生效
	《民法典》第四百九十条　当事人采用合同书形式订立合同的，自当事人均签名、盖章或者按指印时合同成立。在签名、盖章或者按指印之前，当事人一方已经履行主要义务，对方接受时，该合同成立。 　　法律、行政法规规定或者当事人约定合同应当采用书面形式订立，当事人未采用书面形式但是一方已经履行主要义务，对方接受时，该合同成立。	—	
定金罚则和合同解除	《担保法解释》第一百一十七条　定金交付后，交付定金的一方可以按照合同的约定以丧失定金为代价而解除主合同，收受定金的一方可以双倍返还定金为代价而解除主合同。对解除主合同后责任的处理，适用《中华人民共和国合同法》的规定。	是	该条乃定金罚则的题中应有之意，有继续适用的意义
定金的认定	《担保法解释》第一百一十八条　当事人交付留置金、担保金、保证金、订约金、押金或者订金等，但没有约定定金性质的，当事人主张定金权利的，人民法院不予支持。	是	该条符合《民法典》精神，有继续适用的意义

（续表）

条文名称	旧解释规定及其演变情况	能否继续适用	适用评述
定金数额的认定	《担保法解释》第一百一十九条　实际交付的定金数额多于或者少于约定数额,视为变更定金合同;收受定金一方提出异议并拒绝接受定金的,定金合同不生效。	否	该条已被《民法典》第586条第2款吸收
	《民法典》第五百八十六条　当事人可以约定一方向对方给付定金作为债权的担保。定金合同自实际交付定金时成立。　　定金的数额由当事人约定;但是,不得超过主合同标的额的百分之二十,超过部分不产生定金的效力。实际交付的定金数额多于或者少于约定数额的,视为变更约定的定金数额。	—	
定金罚则的适用条件	《担保法解释》第一百二十条　因当事人一方迟延履行或者其他违约行为,致使合同目的不能实现,可以适用定金罚则。但法律另有规定或者当事人另有约定的除外。　　当事人一方不完全履行合同的,应当按照未履行部分所占合同约定内容的比例,适用定金罚则。	否	第1款已被《民法典》第587条吸收。定金罚则适用于根本违约场合,不完全履行一般不适用定金罚则,而不是按比例适用,故第2款不符合《民法典》精神
定金的数额	《担保法解释》第一百二十一条　当事人约定的定金数额超过主合同标的额百分之二十的,超过的部分,人民法院不予支持。	否	该条已被《民法典》第586条第2款吸收

（续表）

条文名称	旧解释规定及其演变情况	能否继续适用	适用评述
定金罚则的消极适用条件	《担保法解释》第一百二十二条　因不可抗力、意外事件致使主合同不能履行的，不适用定金罚则。因合同关系以外第三人的过错，致使主合同不能履行的，适用定金罚则。受定金处罚的一方当事人，可以依法向第三人追偿。	第1句涉及意外事故否；其余均是	不可抗力是法定的免责事由，因不可抗力导致合同不能履行的，当然不能适用定金罚则。但合同责任系严格责任，因意外事故或第三人的过错导致一方不能履行合同的，并不能免除该方的合同责任，此时仍有定金罚则的适用，故该条第1句有关因意外事故导致合同履行不能不适用定金罚则的规定不符合《民法典》精神。受定金处罚的一方当事人，当然可以依法向第三人追偿，因而第3句当然也可继续适用
七、关于其他问题的解释			
债权人放弃债务人提供担保的后果	《担保法解释》第一百二十三条　同一债权上数个担保物权并存时，债权人放弃债务人提供的物的担保的，其他担保人在其放弃权利的范围内减轻或者免除担保责任。	是	《民法典》第409条、第435条尽管已分别对抵押权人、质权人放弃债务人提供担保的后果作出了规定，但对于留置权人放弃债务人提供担保的情形并未规定，故于留置权场合，该条仍有适用意义
分支机构提供保证时的诉讼地位	《担保法解释》第一百二十四条　企业法人的分支机构为他人提供保证的，人民法院在审理保证纠纷案件中可以将该企业法人作为共同被告参加诉讼。但是商业银行、保险公司的分支机构提供保证的除外。	是	该条符合《民法典》及《民事诉讼法》的原理，可以继续适用

(续表)

条文名称	旧解释规定及其演变情况	能否继续适用	适用评述
一般保证的诉讼当事人	**《担保法解释》第一百二十五条** 一般保证的债权人向债务人和保证人一并提起诉讼的,人民法院可以将债务人和保证人列为共同被告参加诉讼。但是,应当在判决书中明确在对债务人财产依法强制执行后仍不能履行债务时,由保证人承担保证责任。	否	在一般保证场合应当如何列当事人,相关司法解释有不同规定,但其基本精神是一致的,即债权人可通过以下方式行使权利:一是仅起诉债务人。二是一并起诉债务人和一般保证人。三是债权人仅起诉一般保证人的人民法院先当向债权人释明,告知其是否愿意申请追加债务人为共同被告:如果其愿意的,人民法院应当依其申请追加债务人为共同被告;经释明后拒绝申请追加的,则驳回起诉。较之于其他司法解释,新解释第 26 条增加规定了以下内容:一是在一并起诉场合,在作出判决时,也增加规定了"除有民法典第六百八十七条第二款但书规定的情形外"这一除外情形;二是对债权人未对债务人的财产申请保全,就直接申请对一般保证人的财产进行保全的情形作出了规定
	《民间借贷规定》第四条第二款 保证人为借款人提供一般保证,出借人仅起诉保证人的,人民法院应当追加借款人为共同被告;出借人仅起诉借款人的,人民法院可以不追加保证人为共同被告。	—	
	《民事诉讼法解释》第六十六条 因保证合同纠纷提起的诉讼,债权人向保证人和被保证人一并主张权利的,人民法院应当将保证人和被保证人列为共同被告。保证合同约定为一般保证,债权人仅起诉保证人的,人民法院应当通知被保证人作为共同被告参加诉讼;债权人仅起诉被保证人的,可以只列被保证人为被告。	—	
	《民法典担保制度解释》第二十六条 一般保证中,债权人以债务人为被告提起诉讼的,人民法院应予受理。债权人就主合同纠纷提起诉讼或者申请仲裁,仅起诉一般保证人的,人民法院应当驳回起诉。 一般保证中,债权人一并起诉债务人和保证人的,人民法院可以受理,但是在作出判决时,除有民法典第六百八十七条第二款但书规定的情形外,应当在判决书主文中明确,保证人仅对债务人财产依法强制执行后仍不能履行的部分承担保证责任。 债权人未对债务人的财产申请保全,或者保全的债务人的财产足以清偿债务,债权人申请对一般保证人的财产进行保全的,人民法院不予准许。	—	

（续表）

条文名称	旧解释规定及其演变情况	能否继续适用	适用评述
连带责任保证的当事人	《担保法解释》第一百二十六条　连带责任保证的债权人可以将债务人或者保证人作为被告提起诉讼，也可以将债务人和保证人作为共同被告提起诉讼。	是	符合《民法典》及《民事诉讼法》的精神，可以继续适用。但连带责任保证仍然属于从属性保证，债权人尽管可以直接起诉保证人，但债务人必须要以第三人或共同被告的身份参加诉讼，以便准确认定保证合同的效力
保证人的诉讼地位	《担保法解释》第一百二十七条　债务人对债权人提起诉讼，债权人提起反诉的，保证人可以作为第三人参加诉讼。	是	符合《民法典》及《民事诉讼法》的精神，可以继续适用
物上保证人的诉讼地位	《担保法解释》第一百二十八条　债权人向人民法院请求行使担保物权时，债务人和担保人应当作为共同被告参加诉讼。 同一债权既有保证又有物的担保的，当事人发生纠纷提起诉讼的，债务人与保证人、抵押人或者出质人可以作为共同被告参加诉讼。	第1款否；第2款是	该条第1款已被新解释第45条第3款吸收。应予注意的是，该条适用于债权人仅起诉物上保证人的场合，并不意味着债权人不能先单独起诉债务人再单独起诉物上保证人。第2款符合《民法典》及《民事诉讼法》的精神，可以继续适用

（续表）

条文名称	旧解释规定及其演变情况	能否继续适用	适用评述
担保纠纷的主管和管辖	**《担保法解释》第一百二十九条** 主合同和担保合同发生纠纷提起诉讼的，应当根据主合同确定案件管辖。担保人承担连带责任的担保合同发生纠纷，债权人向担保人主张权利的，应当由担保人住所地的法院管辖。 主合同和担保合同选择管辖的法院不一致的，应当根据主合同确定案件管辖。	否	该条已被新解释第21条吸收并完善，二者均认可在债权人一并起诉债务人和担保人时，要依据主合同确定管辖法院，二者的主要区别在于：一是新解释增加规定了仲裁排除法院主管规则；二是新解释区分债权人一并起诉和单独起诉两种情形，后者依据担保合同确定管辖法院，不再区分是连带责任保证还是一般保证
	《民法典担保制度解释》第二十一条 主合同或者担保合同约定了仲裁条款的，人民法院对约定仲裁条款的合同当事人之间的纠纷无管辖权。 债权人一并起诉债务人和担保人的，应当根据主合同确定管辖法院。 债权人依法可以单独起诉担保人且仅起诉担保人的，应当根据担保合同确定管辖法院。	—	
对主合同所作裁判的既判力	**《担保法解释》第一百三十条** 在主合同纠纷案件中，对担保合同未经审判，人民法院不应当依据对主合同当事人所作出的判决或者裁定，直接执行担保人的财产。	是	此乃裁判拘束力的当然原理，也是接受裁判权的当然之意，故该条有继续适用的意义
不能清偿的含义	**《担保法解释》第一百三十一条** 本解释所称"不能清偿"指对债务人的存款、现金、有价证券、成品、半成品、原材料、交通工具等可以执行的动产和其他方便执行的财产执行完毕后，债务仍未能得到清偿的状态。	是	该条对于准确适用《民法典》第687条仍有一定的意义
民事司法担保	**《担保法解释》第一百三十二条** 在案件审理或者执行程序中，当事人提供财产担保的，人民法院应当对该财产的权属证书予以扣押，同时向有关部门发出协助执行通知书，要求其在规定的时间内不予办理担保财产的转移手续。	否	该条已不符合《最高人民法院关于执行担保若干问题的规定》第7条的规定

(续表)

条文名称	旧解释规定及其演变情况	能否继续适用	适用评述
担保法及旧解释的溯及力	**《担保法解释》第一百三十三条** 担保法施行以前发生的担保行为,适用担保行为发生时的法律、法规和有关司法解释。 担保法施行以后因担保行为发生的纠纷案件,在本解释公布施行前已经终审,当事人申请再审或者按审判监督程序决定再审的,不适用本解释。 担保法施行以后因担保行为发生的纠纷案件,在本解释公布施行后尚在一审或二审阶段的,适用担保法和本解释。	是	存量的担保案件,要依据该条规定来确定能否继续适用旧解释
冲突解释的适用	**《担保法解释》第一百三十四条** 最高人民法院在担保法施行以前作出的有关担保问题的司法解释,与担保法和本解释相抵触的,不再适用。	是	就存量案件的适用,还有一定的意义

　　说明:标注为"是"的可继续适用的条文共51处,除最后2条法律适用条款外,有31条可整体适用,有18处部分条文或内容可继续适用。所谓的继续适用,指的是《民法典》施行后仍可继续适用,但只能作为说理依据而不能作为裁判依据适用,毕竟《担保法》《担保法解释》均已被废止。可以继续适用的条文之所以没有被吸收进《民法典担保制度解释》,有的是因为已成共识,并无再予规定的必要;有的是所涉问题已经不具有典型性,而实践中还有很多新的前沿疑难问题亟待解决,受制于司法解释的篇幅,就没再规定。

　　标注为"否"的其他条文,指的是不能继续适用的条文,即不能适用于《民法典》施行后发生的担保纠纷,但对于《民法典》施行前发生的理应适用旧法或旧司法解释的纠纷,则仍可适用,不能以其已经被废止为由就否定其可适用性。不能继续适用的条文,多数是因符合担保法的基本原理而被《民法典》或《民法典担保制度解释》所吸收的条文,也有少数是因违反《民法典》精神或担保法基本原理而被修改甚至删除的条文。对于被《民法典》或《民法典担保制度解释》吸收的条文,从某种程度上说仍然具有继续适用的可能,只是因为新法或新的司法解释已有规定而不再适用。对因违反《民法典》精神或担保法基本原理被修改甚至删除的条款,不具有继续适用的可能。

附件 2

与担保有关的其他司法解释清理及评述

序号	名称	发布日期	内容	适用评述
1	最高人民法院关于作为保证人的合伙组织被撤销后自行公告期限清理债权债务的,债权人在诉讼时效期间内有权要求合伙人承担保证责任问题的批复	1988 年 10 月 18 日;法(经)复〔1988〕46 号	贵州省高级人民法院: 　你院黔法〔1988〕经请字第 2 号请示报告收悉。经研究,答复如下: 　兴义县联营辉瑞贸易公司作为邓国强的保证人,对于邓国强未按合同给付租金,应当向中国工商银行兴义县支行承担连带清偿责任。辉瑞贸易公司在被工商行政管理机关撤销后,张贴公告,限期清结债权债务,并声明过期不负责,这对债权人并无法律上的约束力。中国工商银行兴义支行在民法通则规定的诉讼时效期间内,有权要求辉瑞贸易公司承担保证责任。鉴于辉瑞贸易公司实际上是合伙组织,被撤销后,应由合伙人以自己的财产承担连带保证责任。	该批复确立的规则已成基本规则,如《合伙企业法》第 92 条第 2 款规定:"合伙企业依法被宣告破产的,普通合伙人对合伙企业债务仍应承担无限连带责任。"体现的就是这一规定。鉴于其已无争议,故被法释〔2020〕16 号《最高人民法院关于废止部分司法解释及相关规范性文件的决定》废止,2021 年 1 月 1 日起不再具有效力(下同,从略)

（续表）

序号	名称	发布日期	内容	适用评述
2	最高人民法院关于审理经济合同纠纷案件有关保证的若干问题的规定	1994年4月15日；法发〔1994〕8号	略	该规定发布于《担保法》施行之前，在《担保法》以及《担保法解释》施行后，本应被废止但未及时废止，直至被法释〔2020〕16号废止
3	最高人民法院关于因法院错判导致债权利息损失扩大保证人应否承担责任问题的批复	2000年8月8日；法释〔2000〕24号	四川省高级人民法院： 你院川高法〔1999〕72号《关于因法院错判导致资金利息扩大的部分损失保证人应否承担责任的请示》收悉。经研究，答复如下： 依照《中华人民共和国担保法》第二十一条的规定，除合同另有约定的外，主债权的利息是指因债务人未按照合同约定履行义务而产生的利息。因法院错判引起债权利息损失扩大的部分，不属于保证担保的范围，保证人不承担责任。	该批复揭示的乃是一个基本常识，该批复适用的前提是，只有当某一判决被改判或撤销后才能认定为是错判。既然是错判，自然不能作为确立当事人之间权利义务关系的依据，也谈不上引起利息损失扩大问题，故被法释〔2020〕16号废止

(续表)

序号	名称	发布日期	内容	适用评述
4	最高人民法院关于国有工业企业以机器设备等财产为抵押物与债权人签订的抵押合同的效力问题的批复	2002 年 6 月 18 日；法释〔2002〕14 号	重庆市高级人民法院： 　　你院渝高法〔2001〕37 号《关于认定国有工业企业以机器设备、厂房为抵押物与债权人签订的抵押合同的法律效力的请示》收悉。经研究，答复如下： 　　根据《中华人民共和国担保法》第三十四条和最高人民法院《关于适用〈中华人民共和国合同法〉若干问题的解释（一）》第九条规定的精神，国有工业企业以机器设备、厂房等财产与债权人签订的抵押合同，如无其他法定的无效情形，不应当仅以未经政府主管部门批准为由认定抵押合同无效。 　　本批复施行后，正在审理或者尚未审理的案件，适用本批复，但判决、裁定已经发生法律效力的案件提起再审的除外。	该批复确立的主管部门批准不影响抵押合同效力的规则，与《民法典》第 502 条的精神一致，已成基本原理，且实践中已无针对性，故被法释〔2020〕16 号废止

（续表）

序号	名称	发布日期	内容	适用评述
5	最高人民法院关于已承担保证责任的保证人向其他保证人行使追偿权问题的批复	2002年11月23日；法释〔2002〕37号	云南省高级人民法院： 　　你院云高法〔2002〕160号《关于已经承担了保证责任的保证人向保证期间内未被主张保证责任的其他保证人行使追偿权是否成立的请示》收悉。经研究，答复如下： 　　根据《中华人民共和国担保法》第十二条的规定，承担连带责任保证的保证人一人或者数人承担保证责任后，有权要求其他保证人清偿应当承担的份额，不受债权人是否在保证期间内向未承担保证责任的保证人主张过保证责任的影响。	该批复不符合《民法典》精神，已被法释〔2020〕16号废止。《担保法》第12条规定，共同保证约定不明时推定为连带共同保证，但《民法典》第699条改变了此种做法，规定约定不明时推定为不真正连带共同保证，保证人之间原则上不能相互追偿。据此，在按份共同保证、不真正连带共同保证以及混合共同保证中，保证人之间都不能相互追偿，故债权人对一个保证人行使权利的行为，其效力不及于其他保证人

（续表）

序号	名称	发布日期	内容	适用评述
6	最高人民法院关于涉及担保纠纷案件的司法解释的适用和保证责任方式认定问题的批复	2002 年 11 月 23 日；法释〔2002〕38 号	山东省高级人民法院： 　　你院鲁法民二字〔2002〕2 号《关于担保法适用有关问题的请示》收悉。经研究，答复如下： 　　一、最高人民法院法发〔1994〕8 号《关于审理经济合同纠纷案件有关保证的若干问题的规定》，适用于该规定施行后发生的担保纠纷案件和该规定施行前发生的尚未审结的第一审、第二审担保纠纷案件。该规定施行前判决、裁定已经发生法律效力的担保纠纷案件，进行再审的，不适用该《规定》。《中华人民共和国担保法》生效后发生的担保行为和担保纠纷，适用担保法和担保法相关司法解释的规定。 　　二、担保法生效之前订立的保证合同中对保证责任方式没有约定或者约定不明的，应当认定为一般保证。保证合同中明确约定保证人在债务人不能履行债务时始承担保证责任的，视为一般保证。保证合同中明确约定保证人在被保证人不履行债务时承担保证责任，且根据当事人订立合同的本意推定不出为一般保证责任的，视为连带责任保证。 　　在本批复施行前，判决、裁定已经发生法律效力的担保纠纷案件，当事人申请再审或者按审判监督程序决定再审的，不适用本批复。	该批复针对的是《担保法》之前的问题，在当前已不再具有意义。第 2 条关于保证方式的推定以及认定规定，与《民法典》以及《民法典担保制度解释》精神一致，难能可贵，但相关问题已经有了更为明确的规定，故不再具有适用意义，已被法释〔2020〕16 号废止

（续表）

序号	名称	发布日期	内容	适用评述
7	最高人民法院关于破产企业国有划拨土地使用权应否列入破产财产等问题的批复	2003 年 4 月 16 日；法释〔2003〕6 号；经法释〔2020〕18 号修正	湖北省高级人民法院： 　　你院鄂高法〔2002〕158 号《关于破产企业国有划拨土地使用权应否列入破产财产以及有关抵押效力认定等问题的请示》收悉。经研究，答复如下： 　　一、根据《中华人民共和国土地管理法》第五十八条第一款第（三）项及《城镇国有土地使用权出让和转让暂行条例》第四十七条的规定，破产企业以划拨方式取得的国有土地使用权不属于破产财产，在企业破产时，有关人民政府可以予以收回，并依法处置。纳入国家兼并破产计划的国有企业，其依法取得的国有土地使用权，应依据国务院有关文件规定办理。 　　二、企业对其以划拨方式取得的国有土地使用权无处分权，以该土地使用权设定抵押，未经有审批权限的人民政府或土地行政管理部门批准的，不影响抵押合同效力；履行了法定的审批手续，并依法办理抵押登记的，抵押权自登记时设立。根据《中华人民共和国城市房地产管理法》第五十一条的规定，抵押权人只有在以抵押标的物折价或拍卖、变卖所得价款缴纳相当于土地使用权出让金的款项后，对剩余部分方可享有优先受偿权。但纳入国家兼并破产计划的国有企业，其用以划拨方式取得的国有土地使用权设定抵押的，应依据国务院有关文件规定办理。 　　三、国有企业以关键设备、成套设备、建筑物设定抵押的，如无其他法定的无效情形，不应当仅以未经政府主管部门批准为由认定抵押合同无效。 　　本批复自公布之日起施行，正在审理或者尚未审理的案件，适用本批复，但对提起再审的判决、裁定已经发生法律效力的案件除外。	该批复仍现行有效，可以继续适用

（续表）

序号	名称	发布日期	内容	适用评述
8	最高人民法院关于人民法院应当如何认定保证人在保证期间届满后又在催款通知书上签字问题的批复	2004年4月14日；法释〔2004〕4号	云南、河北、四川省高级人民法院： 　云高法〔2003〕69号《关于保证人超过保证期间后又在催款通知书上签字应如何认定性质和责任的请示》、〔2003〕冀民二请字第1号《关于如何认定已过了保证期间的保证人在中国长城资产管理公司〈债权转移确认通知书〉上盖章的民事责任的请示》和川高法〔2003〕266号《关于保证期届满后保证人与债务人同日在催款通知书上签字或者盖章的法律效力问题的请示》收悉。经研究，答复如下： 　根据《中华人民共和国担保法》的规定，保证期间届满债权人未依法向保证人主张保证责任的，保证责任消灭。保证责任消灭后，债权人书面通知保证人要求承担保证责任或者清偿债务，保证人在催款通知书上签字的，人民法院不得认定保证人继续承担保证责任。但是，该催款通知书内容符合合同法和担保法有关担保合同成立的规定，并经保证人签字认可，能够认定成立新的保证合同的，人民法院应当认定保证人按照新保证合同承担责任。	已被法释〔2020〕16号废止。批复内容已被《民法典担保制度解释》第34条吸收并完善

（续表）

序号	名称	发布日期	内容	适用评述
9	最高人民法院关于审理出口退税托管账户质押贷款案件有关问题的规定	2004年11月22日；法释〔2004〕18号	为正确审理涉及出口退税专用账户质押贷款纠纷案件，维护相关当事人的合法权益，根据《中华人民共和国民法通则》、《中华人民共和国合同法》、《中华人民共和国担保法》等有关规定，结合人民法院审判实践，制定本规定。 　　第一条　本规定适用于审理、执行涉及出口退税专用账户质押贷款的案件。 　　本规定所称出口退税专用账户质押贷款，是指借款人将出口退税专用账户托管给贷款银行，并承诺以该账户中的退税款作为还款保证的贷款。 　　第二条　以出口退税专用账户质押方式贷款的，应当签订书面质押贷款合同。质押贷款合同自贷款银行实际托管借款人出口退税专用账户时生效。 　　第三条　出口退税专用账户质押贷款银行，对质押账户内的退税款享有优先受偿权。 　　第四条　人民法院审理和执行案件时，不得对已设质的出口退税专用账户内的款项采取财产保全措施或者执行措施。 　　第五条　借款人进入破产程序时，贷款银行对已经设质的出口退税专用账户内的款项享有优先受偿权，但应以被担保债权尚未受偿的数额为限。 　　第六条　有下列情形之一的，不受本《规定》第三、四、五条规定的限制，人民法院可以采取财产保全或者执行措施： 　　（一）借款人将非退税款存入出口退税专用账户的； 　　（二）贷款银行将出口退税专用账户内的退税款扣还其他贷款，且数额已经超出质押贷款金额的； 　　（三）贷款银行同意税务部门转移出口退税专用账户的； 　　（四）贷款银行有其他违背退税账户专用性质，损害其他债权人利益行为的。 　　第七条　本规定自2004年12月7日起施行。	出口退税专用账户质押，可以类推适用动产质押的有关规定，且该司法解释的相关内容已成担保的基本原理，不再具有专门规定的必要性，故被法释〔2020〕16号废止。但实践中此种质押模式还有适用的余地，故该司法解释还有参照适用的可能和必要

附件 3

《民法典担保制度解释》的溯及力及其评述

　　讨论《民法典担保制度解释》溯及力的预设场景是:因《民法典》施行前的担保行为发生的纠纷,人民法院在《民法典》施行后受理该纠纷,能否适用《民法典担保制度解释》的相关规定? 如上市公司未经决议程序违规对外提供担保,一审认定该担保行为对公司不发生效力,并判令公司承担不超过债务人不能清偿部分的 1/2 的责任;二审期间,上市公司主张依照《民法典担保制度解释》第 9 条之规定其不承担任何责任,人民法院应否予以支持? 如果可以适用,则该条有溯及力;反之,则没有溯及力。《民法典担保制度解释》肩负清理原司法解释、解决存量争议问题以及解释《民法典》新增制度三重使命,相关条文使命并不完全相同,故只能针对具体条款分析其是否具有溯及力,而不能笼统地就整个司法解释分析其是否具有溯及力。应予说明的是,司法解释作为对法律的解释,法律从什么时间起施行,司法解释就从什么时间起施行,本不存在溯及力问题。但《民法典担保制度解释》作为对《民法典》的解释,与《民法典》同步施行,而《民法典》在适用时则存在有无溯及力的问题。加之《民法典时间效力规定》将司法解释作为广义的"法律",纳入《民法典》溯及力的范畴进行讨论。为避免不必要的混淆,本书在不严谨的意义上使用司法解释的"溯及力"这一概念。判断《民法典担保制度解释》相关条文有无溯及力,要着眼于以下几个方面:

　　一、同一事项,新旧法都有规定的

　　同一事项,新旧法都有规定的,基于"法不溯及既往"的法治原则,原则上适用旧法,新法没有溯及力,但适用新法符合《民法典时间效力规定》第 2 条"三个更有利于原则"的除外。具体来说:

　　一是此处所谓的"旧法",既包括《担保法》《物权法》,也包括《担保法解释》。值得探讨的是,《九民纪要》是否属于旧法的范畴?《九民纪要》涉及担保的部分,本身是对《物权法》《担保法》等具体条文进行解释的,如第 56 条"混合担保中担保人之间的追偿问题"是对《物权法》第 176 条所作的解释、第 61 条"房地分别抵押"是对《物权法》第 182 条的解释,则《九民纪要》不能将其作为独立的规范依据来与《民法典担保制度解释》进行比较。再如,《九民纪要》第 60 条"未办理登记的不动产抵押合同的效力"本身并非对某一具体条文的解释,但因其已被《民法典担保制度解释》第 46 条所吸收,在其本身不能作为法律依据被援引的情况下,故可以旧法没有规定构成法律漏洞为由,适用《民法典担保制度解释》的规定。也就是说,此时也不宜将《九民纪要》作为旧法的范畴。但也有例外,在上市公司的法定代表人越权担保情况下公司应否承担责任、公司对外担保场合无须决议的例外情形等问题上,《九民纪要》与《民法典担保制度解释》的规定并不一致,此时可以将《九民纪要》作为旧法与《民法典担保制度解释》进行比较。与"旧法"相对应的"新法",包括《民法典》与《民法典担保制度解释》,鉴于此处仅讨论《民法典担保制度解释》的溯及力,故所谓的新法限于该司法解释,不包括《民法典》。

二是所谓的旧法有规定,指的是有具体的法律规范或条文。有关规定如《民法典担保制度解释》第 3 条担保范围的从属性、第 12 条债务加入的准用等条文,尽管是对担保固有内容或基本法律的阐释,完全可以依据担保法的基本原理推演出来。但只要旧法没有具体的规定,就不能认为旧法有规定,如此可以增加判断的简洁性、确定性。

三是新旧法对同一事项都有规定,不论新旧法规定一致还是新法修改了旧法的规定,原则上要适用旧法的规定,即《民法典担保制度解释》不具有溯及力。但如适用新司法解释的规定更加符合"三个更有利于原则"的,则应适用新法。在担保领域,主要是《民法典时间效力规定》第 8 条和第 27 条的适用问题。以第 8 条为例,《民法典担保制度解释》第 6 条第 1 款第 2 项规定,以公益为目的的非营利性学校、幼儿园、医疗机构、养老机构等以公益设施以外的财产为他人债务设立抵押是有效的,而《担保法解释》第 53 条规定只有为"自身债务"设定抵押时才有效,以此类财产为他人债务提供担保是无效的。参照《民法典时间效力规定》第 8 条有关"民法典施行前成立的合同,适用当时的法律、司法解释的规定合同无效而适用民法典的规定合同有效的,适用民法典的相关规定"之规定,应当适用《民法典担保制度解释》第 6 条的规定,认定抵押合同有效。

二、同一事项,新法有规定而旧法无规定的

此处所谓的新法有规定而旧法无规定的情形,包括新法的整个条文旧法都无规定,如《民法典担保制度解释》第 52 条有关抵押预告登记的规定;也包括新法在旧法基础上增加规定的某一款或某一句话,如《民法典担保制度解释》第24条的但书条款。在此情况下,旧法构成法律漏洞,依据"法官不得拒绝裁判"的法理,可以将新法作为裁判依据,从而使新法具有溯及力,但适用新法规定明显减损当事人合法权益、增加当事人法定义务或者背离当事人合理预期的除外。实践中要视《民法典担保制度解释》所解释的对象来作具体分析:

一是解释的《民法典》条文与《物权法》《担保法》等规定基本精神一致,如《民法典担保制度解释》第51条有关房地一体抵押的规定、第52条有关抵押预告登记、第62条有关留置权的规定,则新解释本质上是对《物权法》《担保法》等旧法的解释,适用新解释的规定就不存在明显减损当事人合法权益、增加当事人法定义务或者背离当事人合理预期等问题。《民法典担保制度解释》具有溯及力的条文多数属于此种情形。

二是解释的条文系《民法典》新增的条文,如《民法典担保制度解释》第56条正常经营买受人规则、第57条价款优先权,解释的就是《民法典》新增的第404条、第416条,此时如适用新解释就会背离当事人合理预期问题,因而一般不宜认定新解释具有溯及力。

三是解释的是《民法典》之外的其他法律,如《民法典担保制度解释》第10条解释的就是《公司法》第63条,此时与《民法典》是否施行无关,相关条文当然也具有溯及力。

以上只是对新解释相关条文有无溯及力的一个大概分析框架,对新解释溯及力的分析,详见下表:

名称	《民法典担保制度解释》条文内容及所解释的法律	《民法典》施行前的对应规则	溯及力	适用评述
一、关于一般规定				
适用范围	**第一条** 因抵押、质押、留置、保证等担保发生的纠纷,适用本解释。所有权保留买卖、融资租赁、保理等涉及担保功能发生的纠纷,适用本解释的有关规定。	**《担保法解释》第一条** 当事人对由民事关系产生的债权,在不违反法律、法规强制性规定的情况下,以担保法规定的方式设定担保的,可以认定为有效。	无	新旧解释的区别在于,新解释增加规定了非典型担保,增加规定的内容只能适用于《民法典》施行后发生的纠纷。但该条并非裁判规则,故不存在溯及力问题

（续表）

名称	《民法典担保制度解释》条文内容及所解释的法律	《民法典》施行前的对应规则	溯及力	适用评述
担保合同效力上的从属性	**第二条**　当事人在担保合同中约定担保合同的效力独立于主合同，或者约定担保人对主合同无效的法律后果承担担保责任，该有关担保独立性的约定无效。主合同有效的，有关担保独立性的约定无效不影响担保合同的效力；主合同无效的，人民法院应当认定担保合同无效，但是法律另有规定的除外。 因金融机构开立的独立保函发生的纠纷，适用《最高人民法院关于审理独立保函纠纷案件若干问题的规定》。 《民法典》第六百八十二条第一款　【保证的从属性】保证合同是主债权债务合同的从合同。主债权债务合同无效的，保证合同无效，但是法律另有规定的除外。 《民法典》第三百八十八条第一款　【担保物权的从属性】设立担保物权，应当依照本法和其他法律的规定订立担保合同。担保合同包括抵押合同、质押合同和其他具有担保功能的合同。担保合同是主债权债务合同的从合同。主债权债务合同无效的，担保合同无效，但是法律另有规定的除外。	《担保法》第五条第一款　担保合同是主合同的从合同，主合同无效，担保合同无效。担保合同另有约定的，按照约定。 《九民纪要》54.【独立担保】从属性是担保的基本属性，但由银行或者非银行金融机构开立的独立保函除外。独立保函纠纷案件依据《最高人民法院关于审理独立保函纠纷案件若干问题的规定》处理。需要进一步明确的是：凡是由银行或者非银行金融机构开立的符合该司法解释第1条、第3条规定情形的保函，无论是用于国际商事交易还是用于国内商事交易，均不影响保函的效力。银行或者非银行金融机构之外的当事人开立的独立保函，以及当事人有关排除担保从属性的约定，应当认定无效。但是，根据"无效法律行为的转换"原理，在否定其独立担保效力的同时，应当将其认定为从属性担保。此时，如果主合同有效，则担保合同有效，担保人与主债务人承担连带保证责任。主合同无效，则该所谓的独立担保也随之无效，担保人无过错的，不承担责任；担保人有过错的，其承担民事责任的部分，不应超过债务人不能清偿部分的三分之一。	无	《担保法》第5条规定，当事人可通过约定排除担保合同效力上的从属性，即当事人约定担保合同的效力独立于主合同，或者约定担保人对主合同无效的法律后果承担担保责任，依据《担保法》第5条之规定，此类约定是有效的。但《民法典》强调了担保的从属性，规定只有法律另有规定的除外，不允许当事人通过约定排除担保合同效力上的从属性，故在《民法典》背景下，前述约定是无效的。可见新旧法在该问题上规定并不一致，依据《民法典时间效力规定》第2条之规定，该条第1款不具有溯及力。 关于独立保函，《独立保函规定》尽管是依据《担保法》第5条有关"担保合同另有约定的，按照约定"的规定出台的，在《民法典》第388条、第682条改变了《担保法》第5条规定的情况下，该司法解释是否还具有合法性一度存在争议。考虑到独立保函制度在国内外商事交易实践中被广泛运用，在当前并无专门立法的情况下，不妨将《独立保函规定》理解为《民法典》规定广义的"法律"，从而使其具有正当性

（续表）

名称	《民法典担保制度解释》条文内容及所解释的法律	《民法典》施行前的对应规则	溯及力	适用评述
担保范围的从属性	**第三条** 当事人对担保责任的承担约定专门的违约责任，或者约定的担保责任范围超出债务人应当承担的责任范围，担保人主张仅在债务人应当承担的责任范围内承担责任的，人民法院应予支持。 担保人承担的责任超出债务人应当承担的责任范围，担保人向债务人追偿，债务人主张仅在其应当承担的责任范围内承担责任的，人民法院应予支持；担保人请求债权人返还超出部分的，人民法院依法予以支持。	《九民纪要》55.【担保责任的范围】担保人承担的担保责任范围不应当大于主债务，是担保从属性的必然要求。当事人约定的担保责任的范围大于主债务的，如针对担保责任约定专门的违约责任、担保责任的数额高于主债务、担保责任约定的利息高于主债务利息、担保责任的履行期先于主债务履行期届满，等等，均应当认定大于主债务部分的约定无效，从而使担保责任缩减至主债务的范围。	有	《担保法》未对担保范围的从属性作出明确规定，《九民纪要》尽管作出过规定，但其毕竟不是司法解释，因而仍属法律漏洞。依据《民法典时间效力规定》第 3 条之规定，该条具有溯及力
受托持有担保物权	**第四条** 有下列情形之一，当事人将担保物权登记在他人名下，债务人不履行到期债务或者发生当事人约定的实现担保物权的情形，债权人或者其受托人主张就该财产优先受偿的，人民法院依法予以支持： （一）为债券持有人提供的担保物权登记在债券受托管理人名下； （二）为委托贷款人提供的担保物权登记在受托人名下； （三）担保人知道债权人与他人之间存在委托关系的其他情形。	无对应规定	有	登记的担保物权人与实际的担保物权人不一致时，应当依据真实的权利义务关系确定担保物权的归属，此乃民法的基本原理。鉴于此前并无对应规定，构成法律漏洞，依据《民法典时间效力规定》第 3 条之规定，该条具有溯及力

（续表）

名称	《民法典担保制度解释》条文内容及所解释的法律	《民法典》施行前的对应规则	溯及力	适用评述
机关法人等特殊主体提供担保	**第五条**　机关法人提供担保的，人民法院应当认定担保合同无效，但是经国务院批准为使用外国政府或者国际经济组织贷款进行转贷的除外。 居民委员会、村民委员会提供担保的，人民法院应当认定担保合同无效，但是依法代行村集体经济组织职能的村民委员会，依照村民委员会组织法规定的讨论决定程序对外提供担保的除外。 **《民法典》第六百八十三条　【担保资格】**机关法人不得为保证人，但是经国务院批准为使用外国政府或者国际经济组织贷款进行转贷的除外。 以公益为目的的非营利法人、非法人组织不得为保证人。	**《担保法》第八条**　国家机关不得为保证人，但经国务院批准为使用外国政府或者国际经济组织贷款进行转贷的除外。 **《担保法解释》第三条**　国家机关和以公益为目的的事业单位、社会团体违反法律规定提供担保的，担保合同无效。因此给债权人造成损失的，应当根据担保法第五条第二款的规定处理。	第1款无；第2款有	该条第 1 款既是对《民法典》第 683 条第 1 款的解释，也是对《担保法解释》第3 条的清理和细化。在机关法人提供担保问题上，新旧法并无实质区别，故仍应以《担保法》及其司法解释作为法律依据。 尽管《民法典》第 683 条并未规定居民委员会、村民委员会是否具有担保资格，但鉴于《居民委员会组织法》《村民委员会组织法》已对居民委员会、村民委员会的职责作出了规定，其中就包括了能否提供担保问题。就此而言，该条第 2 款本质上是对前述法律的当然解释，只要是前述法律施行后发生的担保纠纷，就可以适用该条第 2 款之规定。就此而言，该条具有溯及力

（续表）

名称	《民法典担保制度解释》条文内容及所解释的法律	《民法典》施行前的对应规则	溯及力	适用评述
学校等可能具有不同性质的主体提供担保	第六条　以公益为目的的非营利性学校、幼儿园、医疗机构、养老机构等提供担保的，人民法院应当认定担保合同无效，但是有下列情形之一的除外： （一）在购入或者以融资租赁方式承租教育设施、医疗卫生设施、养老服务设施和其他公益设施时，出卖人、出租人为担保价款或者租金实现而在该公益设施上保留所有权； （二）以教育设施、医疗卫生设施、养老服务设施和其他公益设施以外的不动产、动产或者财产权利设立担保物权。 登记为营利法人的学校、幼儿园、医疗机构、养老机构等提供担保，当事人以其不具有担保资格为由主张担保合同无效的，人民法院不予支持。	《担保法》第九条　【学校等公益法人的担保资格】学校、幼儿园、医院等以公益为目的的事业单位、社会团体不得为保证人。 《担保法解释》第三条　国家机关和以公益为目的的事业单位、社会团体违反法律规定提供担保的，担保合同无效。因此给债权人造成损失的，应当根据担保法第五条第二款的规定处理。 《担保法解释》第十六条　从事经营活动的事业单位、社会团体为保证人的，如无其他导致保证合同无效的情况，其所签订的保证合同应当认定为有效。 《担保法解释》第五十三条　学校、幼儿园、医院等以公益为目的的事业单位、社会团体，以其教育设施、医疗卫生设施和其他社会公益设施以外的财产为自身债务设定抵押的，人民法院可以认定抵押有效。	总体无，但第1款第2项有	该条第 1 款既是对《民法典》第 683 条第 1 款、第 388 条的解释，也是对《担保法解释》第 3 条、第 53 条的清理和细化（新旧规定存在明显不同，其区别详见附件 1 对旧解释第 53 条的"适用评述"）。鉴于新旧规定存在明显不同，故新解释原则上不具有溯及力。但第 1 款第 2 项改变了《担保法解释》第 53 条学校等主体只能为自身债务设定抵押的做法，故以公益设施以外的财产为他人债务提供担保，依据《民法典担保法解释》将被认定无效，而依据新解释第 1 款第 2 项之规定，则属合法有效，依据《民法典时间效力规定》第 8 条之规定，该项规定具有溯及力。该条第 2 款与《担保法解释》第 16 条的精神基本一致，依据《民法典时间效力规定》第 2 条之规定，不具有溯及力

（续表）

名称	《民法典担保制度解释》条文内容及所解释的法律	《民法典》施行前的对应规则	溯及力	适用评述
法定代表人越权提供担保的效力和责任	**第七条**　公司的法定代表人违反公司法关于公司对外担保决议程序的规定，超越权限代表公司与相对人订立担保合同，人民法院应当依照民法典第六十一条和第五百零四条等规定处理： 　　（一）相对人善意的，担保合同对公司发生效力；相对人请求公司承担担保责任的，人民法院应予支持。 　　（二）相对人非善意的，担保合同对公司不发生效力；相对人请求公司承担赔偿责任的，参照适用本解释第十七条的有关规定。 　　法定代表人超越权限提供担保造成公司损失，公司请求法定代表人承担赔偿责任的，人民法院应予支持。 　　第一款所称善意，是指相对人在订立担保合同时不知道且不应当知道法定代表人超越权限。相对人有证据证明已对公司决议进行了合理审查，人民法院应当认定其构成善意，但是公司有证据证明相对人知道或者应当知道决议系伪造、变造的除外。	《合同法》第五十条　【越权代表】法人或者其他组织的法定代表人、负责人超越权限订立的合同，除相对人知道或者应当知道其超越权限的以外，该代表行为有效。 　　**《九民纪要》17.【违反《公司法》第16条构成越权代表】**为防止法定代表人随意代表公司为他人提供担保给公司造成损失，损害中小股东利益，《公司法》第16条对法定代表人的代表权进行了限制。根据该条规定，担保行为不是法定代表人所能单独决定的事项，而必须以公司股东（大）会、董事会等公司机关的决议作为授权的基础和来源。法定代表人未经授权擅自为他人提供担保的，构成越权代表，人民法院应当根据《合同法》第50条关于法定代表人越权代表的规定，区分订立合同时债权人是否善意分别认定合同效力；债权人善意的，合同有效；反之，合同无效。 　　**《九民纪要》18.【善意的认定】**前条所称的善意，是指债权人不知道或者不应当知道法定代表人超越权限订立担保合同。《公司法》第16条对关联担保和非	无	对越权担保，尽管《民法典》第504条与《合同法》第50条在表述上有所不同，但其总体精神上是一致的，即都认为：一是相对人善意的，构成表见代表，其效果等同于有权代表；二是相对人恶意的，公司原则上要承担损害赔偿责任，而非不承担任何责任；三是公司举证证明相对人明知机关决议系伪造或变造仍与公司签订担保合同的，公司不承担任何责任；四是公司承担责任（包括担保责任和赔偿责任）后，有权向法定代表人追偿。但二者也有区别：一是在善意的认定标准上，在《九民纪要》中，相对人只需尽形式审查义务，而《民法典担保制度解释》则要求相对人要尽合理审查义务。在章程约定非关联担保需要由股东会决议场合，根据形式主义审查标准，相对人无须审查章程，因其属于善意而构成表见代表；而根据合理审查标准，相对人有义务审查章程，故此时其属于恶意，不构成表见代表。二是在公司免责事由上，依据《九民纪要》第20条之规定，公司举证证明债权人明知法定代表人超越权限的，公司可以免责。但依据《民法典担保制度解释》第7条之规定，此种情形下不能免除公司的责任，因为只要公司未经决议程序对外提供担保，相对人就是明知的。

（续表）

名称	《民法典担保制度解释》条文内容及所解释的法律	《民法典》施行前的对应规则	溯及力	适用评述
一	—	联担保的决议机关作出了区别规定，相应地，在善意的判断标准上也应当有所区别。一种情形是，为公司股东或者实际控制人提供关联担保，《公司法》第16条明确规定必须由股东（大）会决议，未经股东（大）会决议，构成越权代表。在此情况下，债权人主张担保合同有效，应当提供证据证明其在订立合同时对股东（大）会决议进行了审查，决议的表决程序符合《公司法》第16条的规定，即在排除被担保股东表决权的情况下，该项表决由出席会议的其他股东所持表决权的过半数通过，签字人员也符合公司章程的规定。另一种情形是，公司为公司股东或者实际控制人以外的人提供非关联担保，根据《公司法》第16条的规定，此时由公司章程规定是由董事会决议还是股东（大）会决议。无论章程是否对决议机关作出规定，也无论章程规定决议机关为董事会还是股东（大）会，根据《民法总则》第61条第3款关于"法人章程或者法人权力机构对法定代表人代表权的限制，不得对抗善意相对人"的规定，只要债权人能够证明其在订立担保合同时对董事会决议或者股东（大）会决议	—	如果将其作为免责事由，将会架空公司对外担保制度。在溯及力问题上，新规定无溯及力。说理时可以采用《九民纪要》的相关表述，适用时则应同时将《公司法》第16条以及《合同法》第50条作为法律依据

（接上）《民法典》第五百零四条　【越权代表】法人的法定代表人或者非法人组织的负责人超越权限订立的合同，除相对人知道或者应当知道其超越权限外，该代表行为有效，订立的合同对法人或者非法人组织发生效力。

《公司法》第十六条　【公司对外提供担保】公司向其他企业投资或者为他人提供担保，依照公司章程的规定，由董事会或者股东会、股东大会决议；公司章程对投资或者担保的总额及单项投资或者担保的数额有限额规定的，不得超过规定的限额。

公司为公司股东或者实际控制人提供担保的，必须经股东会或者股东大会决议。

前款规定的股东或者受前款规定的实际控制人支配的股东，不得参加前款规定事项的表决。该项表决由出席会议的其他股东所持表决权的过半数通过。

（续表）

名称	《民法典担保制度解释》条文内容及所解释的法律	《民法典》施行前的对应规则	溯及力	适用评述
—	—	进行了审查，同意决议的人数及签字人员符合公司章程的规定，就应当认定其构成善意，但公司能够证明债权人明知公司章程对决议机关有明确规定的除外。 　　债权人对公司机关决议内容的审查一般限于形式审查，只要求尽到必要的注意义务即可，标准不宜太过严苛。公司以机关决议系法定代表人伪造或者变造、决议程序违法、签章（名）不实、担保金额超过法定限额等事由抗辩债权人非善意的，人民法院一般不予支持。但是，公司有证据证明债权人明知决议系伪造或者变造的除外。 　　《九民纪要》20.【越权担保的民事责任】依据前述 3 条规定，担保合同有效，债权人请求公司承担担保责任的，人民法院依法予以支持；担保合同无效，债权人请求公司承担担保责任的，人民法院不予支持，但可以按照担保法及有关司法解释关于担保无效的规定处理。公司举证证明债权人明知法定代表人超越权限或者机关决议系伪造或者变造，债权人请求公司承担合同无效后的民事责任的，人民法院不予支持。	—	—

（续表）

名称	《民法典担保制度解释》条文内容及所解释的法律	《民法典》施行前的对应规则	溯及力	适用评述
一	一	《九民纪要》21.【权利救济】法定代表人的越权担保行为给公司造成损失，公司请求法定代表人承担赔偿责任的，人民法院依法予以支持。公司没有提起诉讼，股东依据《公司法》第 151 条的规定请求法定代表人承担赔偿责任的，人民法院依法予以支持。	一	
无须机关决议的例外情形	第八条　有下列情形之一，公司以其未依照公司法关于公司对外担保的规定作出决议为由主张不承担担保责任的，人民法院不予支持： （一）金融机构开立保函或者担保公司提供担保； （二）公司为其全资子公司开展经营活动提供担保； （三）担保合同系由单独或者共同持有公司三分之二以上对担保事项有表决权的股东签署同意。 　上市公司对外提供担保，不适用前款第二项、第三项的规定。	《九民纪要》19.【无须机关决议的例外情况】存在下列情形的，即便债权人知道或者应当知道没有公司机关决议，也应当认定担保合同符合公司的真实意思表示，合同有效： （1）公司是以为他人提供担保为主营业务的担保公司，或者是开展保函业务的银行或者非银行金融机构； （2）公司为其直接或者间接控制的公司开展经营活动向债权人提供担保； （3）公司与主债务人之间存在相互担保等商业合作关系； （4）担保合同系由单独或者共同持有公司三分之二以上有表决权的股东签署同意。	无	新旧规定基本精神一致，但新规定进一步缩减了无须决议的情形、明确了适用范围。具体来说：一是将《九民纪要》第 19 条第 2 项"公司为其直接或者间接控制的公司"改为"公司为其全资子公司"开展经营活动提供担保；二是删除了第 3 项"公司与主债务人之间存在相互担保等商业合作关系"；三是明确了上市公司对外提供担保不适用该条之规定。 该条无溯及力，适用时可将《九民纪要》第 19 条作为《公司法》第 16 条的例外规定，进而将《公司法》第 16 条作为法律依据

（续表）

名称	《民法典担保制度解释》条文内容及所解释的法律	《民法典》施行前的对应规则	溯及力	适用评述
上市公司对外提供担保	**第九条** 相对人根据上市公司公开披露的关于担保事项已经董事会或者股东大会决议通过的信息，与上市公司订立担保合同，相对人主张担保合同对上市公司发生效力，并由上市公司承担担保责任的，人民法院应予支持。 相对人未根据上市公司公开披露的关于担保事项已经董事会或者股东大会决议通过的信息，与上市公司订立担保合同，上市公司主张担保合同对其不发生效力，且不承担担保责任或者赔偿责任的，人民法院应予支持。 相对人与上市公司已公开披露的控股子公司订立的担保合同，或者相对人与股票在国务院批准的其他全国性证券交易场所交易的公司订立的担保合同，适用前两款规定。	《九民纪要》20.【越权担保的民事责任】依据前述 3 条规定，担保合同有效，债权人请求公司承担担保责任的，人民法院依法予以支持；担保合同无效，债权人请求公司承担担保责任的，人民法院不予支持，但可以按照担保法及有关司法解释关于担保无效的规定处理。公司举证证明债权人明知法定代表人超越权限或者机关决议系伪造或者变造，债权人请求公司承担合同无效后的民事责任的，人民法院不予支持。 《九民纪要》22.【上市公司为他人提供担保】债权人根据上市公司公开披露的关于担保事项已经董事会或者股东大会决议通过的信息订立的担保合同，人民法院应当认定有效。	无	上市公司对外提供担保，相对人审查的对象是指定报刊上公开披露的信息还是公司决议，一度存在争议，《九民纪要》第 22 条明确了审查的对象是公开披露的信息。在相对人未尽审查义务进而认定担保合同对上市公司不发生效力时，上市公司应否承担责任问题上，《九民纪要》第 20 条将上市公司与其他公司一体对待，认为其也要承担损害赔偿责任。但在《民法典担保制度解释》起草过程中，为了强化对中小投资者的保护，通过倒逼债权人审查公开披露的信息来规范上市公司对外担保，该解释第 9 条规定担保合同对上市公司不发生效力后，上市公司不承担任何责任。该规定改变了原有的规定，不具有溯及力

（续表）

名称	《民法典担保制度解释》条文内容及所解释的法律	《民法典》施行前的对应规则	溯及力	适用评述
一人公司为其股东提供担保	**第十条** 一人有限责任公司为其股东提供担保，公司以违反公司法关于公司对外担保决议程序的规定为由主张不承担担保责任的，人民法院不予支持。公司因承担担保责任导致无法清偿其他债务，提供担保时的股东不能证明公司财产独立于自己的财产，其他债权人请求该股东承担连带责任的，人民法院应予支持。	无对应规定	有	该条是《公司法》第 63 条在担保领域的具体适用，是对《公司法》第 63 条的解释，适用于《公司法》施行后《民法典》施行前发生的纠纷。从这一意义上说，该条具有溯及力
	《公司法》第六十三条 【一人公司股东的责任】一人有限责任公司的股东不能证明公司财产独立于股东自己的财产的，应当对公司债务承担连带责任。			

(续表)

名称	《民法典担保制度解释》条文内容及所解释的法律	《民法典》施行前的对应规则	溯及力	适用评述
公司分支机构对外提供担保	第十一条 公司的分支机构未经公司股东(大)会或者董事会决议以自己的名义对外提供担保,相对人请求公司或者其分支机构承担担保责任的,人民法院不予支持,但是相对人知道且不应当知道分支机构对外提供担保未经公司决议程序的除外。 金融机构的分支机构在其营业执照记载的经营范围内开立保函,或者经有权从事担保业务的上级机构授权开立保函,金融机构或者其分支机构以违反公司法关于公司对外担保决议程序的规定为由主张不承担担保责任的,人民法院不予支持。金融机构的分支机构未经金融机构授权提供保函之外的担保,金融机构或者其分支机构主张不承担担保责任的,人民法院应予支持,但是相对人不知道且不应当知道分支机构对外提供担保未经金融机构授权的除外。 担保公司的分支机构未经担保公司授权对外提供担保,担保公司或者其分支机构主张不承担担保责任的,人民法院应予支持,但是相对人知道且不应当知道分支机构对外提供担保未经担保公司授权的除外。	《担保法解释》第十七条 企业法人的分支机构未经法人书面授权提供保证的,保证合同无效。因此给债权人造成损失的,应当根据担保法第五条第二款的规定处理。 企业法人的分支机构经法人书面授权提供保证的,如果法人的书面授权范围不明,法人的分支机构应当对保证合同约定的全部债务承担保证责任。 企业法人经营管理的财产不足以承担保证责任的,由企业法人承担民事责任。 企业法人的分支机构提供的保证无效后应当承担赔偿责任的,由分支机构经营管理的财产承担。企业法人有过错的,按照担保法第二十九条的规定处理。	无	在企业法人分支机构对外担保问题上,新旧规定存在本质区别(详见附件1对《担保法解释》第17条的评述),故新法不具有溯及力。但在金融机构或担保公司的分支机构能否适用《担保法解释》第17条上,存在不同认识。依据《九民纪要》第19条第1项之规定,应当区别金融机构的分支机构与一般企业法人的分支机构对外提供担保,前者适用《关于审理经济合同纠纷案件有关保证的若干问题的规定》第17条之规定,后者适用《担保法解释》第17条之规定

名称	《民法典担保制度解释》条文内容及所解释的法律	《民法典》施行前的对应规则	溯及力	适用评述
一	公司的分支机构对外提供担保,相对人非善意,请求公司承担赔偿责任的,参照本解释第十七条的有关规定处理。	一	一	一
债务加入的准用	第十二条 法定代表人依照民法典第五百五十二条的规定以公司名义加入债务的,人民法院在认定该行为的效力时,可以参照本解释关于公司为他人提供担保的有关规则处理。	《九民纪要》23.【债务加入准用担保规则】法定代表人以公司名义与债务人约定加入债务并通知债权人或者向债权人表示愿意加入债务,该约定的效力问题,参照本纪要关于公司为他人提供担保的有关规则处理。	有	债务加入人所承担的责任在强度上大于担保人,根据"举重以明轻"的当然解释规则,自然可以参照适用担保的有关规定。该规则作为法律适用规则,并非裁判规则,本不存在溯及力问题。但就其可以适用于《民法典》施行前的案件来说,也可以认为具有溯及力

（续表）

名称	《民法典担保制度解释》条文内容及所解释的法律	《民法典》施行前的对应规则	溯及力	适用评述
共同担保	第十三条　同一债务有两个以上第三人提供担保，担保人之间约定相互追偿及分担份额，承担了担保责任的担保人请求其他担保人按照约定分担份额的，人民法院应予支持；担保人之间约定承担连带共同担保，或者约定相互追偿但是未约定分担份额的，各担保人按照比例分担向债务人不能追偿的部分。 　　同一债务有两个以上第三人提供担保，担保人之间未对相互追偿作出约定且未约定承担连带共同担保，但是各担保人在同一份合同书上签字、盖章或者按指印，承担了担保责任的担保人请求其他担保人按照比例分担向债务人不能追偿部分的，人民法院应予支持。 　　除前两款规定的情形外，承担了担保责任的担保人请求其他担保人分担向债务人不能追偿部分的，人民法院不予支持。	《担保法》第十二条　【共同保证】同一债务有两个以上保证人的，保证人应当按照保证合同约定的保证份额，承担保证责任。没有约定保证份额的，保证人承担连带责任，债权人可以要求任何一个保证人承担全部保证责任，保证人都负有担保全部债权实现的义务。已经承担保证责任的保证人，有权向债务人追偿，或者要求承担连带责任的其他保证人清偿其应当承担的份额。 　　《担保法解释》第三十八条第一款　【混合共同担保】同一债务既有保证又有第三人提供物的担保的，债权人可以请求保证人或者物的担保人承担担保责任。当事人对保证担保的范围或者物的担保的范围没有约定或者约定不明的，承担了担保责任的担保人，可以向债务人追偿，也可以要求其他担保人清偿其应当分担的份额。 　　《担保法解释》第七十五条　【共同抵押】同一债权有两个以上抵押人的，债权人放弃债务人提供的抵押担保的，其他抵押人可以请求人民法院减轻或者免除其应当承担的担保责任。	无	共同担保中担保人承担责任后能否向其他担保人追偿，《担保法》及其司法解释肯定担保人之间可以相互追偿，但《民法典》并未沿袭此种做法，而是规定原则上不支持担保人之间相互追偿，除非担保人之间对此有约定。在《民法典》以及《民法典担保制度解释》改变了此前做法的情况下，新规定不具有溯及力

（续表）

名称	《民法典担保制度解释》条文内容及所解释的法律	《民法典》施行前的对应规则	溯及力	适用评述
—	—	同一债权有两个以上抵押人的，当事人对其提供的抵押财产所担保的债权份额或者顺序没有约定或者约定不明的，抵押人可以就其中任一或者各个财产行使抵押权。 抵押人承担担保责任后，可以向债务人追偿，也可以要求其他抵押人清偿其应当承担的份额。 《物权法》第一百七十六条 同《民法典》第392条。		
—	《民法典》第六百九十条 【共同保证】同一债务有两个以上保证人的，保证人应当按照保证合同约定的保证份额，承担保证责任；没有约定保证份额的，债权人可以请求任何一个保证人在其保证范围内承担保证责任。 《民法典》第三百九十二条 【混合共同担保】被担保的债权既有物的担保又有人的担保的，债务人不履行到期债务或者发生当事人约定的实现担保物权的情形，债权人应当按照约定实现债权；没有约定或者约定不明确，债务人自己提供物的担保的，债权人应当先就该物的担保实现债权；第三人提供物的担保的，债权人可以就物的担保实现债权，也可以请求保证人承担保证责任。提供担保的第三人承担担保责任后，有权向债务人追偿。	《九民纪要》56.【混合担保中担保人之间的追偿问题】被担保的债权既有保证又有第三人提供的物的担保的，担保法司法解释第38条明确规定，承担了担保责任的担保人可以要求其他担保人清偿其应分担的份额。但《物权法》第176条并未作出类似规定，根据《物权法》第178条关于"担保法与本法的规定不一致的，适用本法"的规定，承担了担保责任的担保人向其他担保人追偿的，人民法院不予支持，但担保人在担保合同中约定可以相互追偿的除外。	—	—

（续表）

名称	《民法典担保制度解释》条文内容及所解释的法律	《民法典》施行前的对应规则	溯及力	适用评述
担保人受让债权	**第十四条**　同一债务有两个以上第三人提供担保，担保人受让债权的，人民法院应当认定该行为系承担担保责任。受让债权的担保人作为债权人请求其他担保人承担担保责任的，人民法院不予支持；该担保人请求其他担保人分担相应份额的，依照本解释第十三条的规定处理。	无对应规定	无	该条的核心含义是，担保人受让债权本质上属于履行担保责任。在共同担保中，在担保人受让债权后能否向其他担保人追偿问题上，要依据共同担保的有关规定处理。鉴于新旧法在共同担保问题上存在本质区别，故同是认定为履行担保责任，但后果并不相同。基于相同的原理，该条也不具有溯及力
最高额债权额的认定	**第十五条**　最高额担保中的最高债权额，是指包括主债权及其利息、违约金、损害赔偿金、保管担保财产的费用、实现债权或者实现担保物权的费用等在内的全部债权，但是当事人另有约定的除外。 登记的最高债权额与当事人约定的最高债权额不一致的，人民法院应当依据登记的最高债权额确定债权人优先受偿的范围。	无对应规定	有	该条是有关最高额担保的解释规则，意在统一裁判尺度，具有溯及力

（续表）

名称	《民法典担保制度解释》条文内容及所解释的法律	《民法典》施行前的对应规则	溯及力	适用评述
借新还旧	**第十六条**　主合同当事人协议以新贷偿还旧贷，债权人请求旧贷的担保人承担担保责任的，人民法院不予支持；债权人请求新贷的担保人承担担保责任的，按照下列情形处理： 　　（一）新贷与旧贷的担保人相同的，人民法院应予支持； 　　（二）新贷与旧贷的担保人不同，或者旧贷无担保新贷有担保的，人民法院不予支持，但是债权人有证据证明新贷的担保人提供担保时对以新贷偿还旧贷的事实知道或者应当知道的除外。 　　主合同当事人协议以新贷偿还旧贷，旧贷的物的担保人在登记尚未注销的情形下同意继续为新贷提供担保，在订立新的贷款合同前又以该担保财产为其他债权人设立担保物权，其他债权人主张其担保物权顺位优先于新贷债权人的，人民法院不予支持。	《担保法解释》第三十九条　主合同当事人双方协议以新贷偿还旧贷，除保证人知道或者应当知道的外，保证人不承担民事责任。 　　新贷与旧贷系同一保证人的，不适用前款的规定。 　　《九民纪要》57.【借新还旧的担保物权】贷款到期后，借款人与贷款人订立新的借款合同，将新贷用于归还旧贷，旧贷因清偿而消灭，为旧贷设立的担保物权也随之消灭。贷款人以旧贷上的担保物权尚未进行涂销登记为由，主张对新贷行使担保物权的，人民法院不予支持，但当事人约定继续为新贷提供担保的除外。	第1款无；第2款有	在借新还旧场合，就保证人对信贷所应承担的责任而言，《担保法解释》《九民纪要》与《民法典担保制度解释》尽管在表述上有所不同，但其精神并无本质区别。就此而言，无论适用哪一规定，结果均无不同。只是基于"法不溯及既往"的法治精神，仍然要适用旧法的规定而已。 借新还旧场合担保物权人应当如何承担责任，此前并无规定，构成法律漏洞。依据《民法典时间效力规定》第3条之规定，第2款可以适用于正在审理的案件，具有溯及力

（续表）

名称	《民法典担保制度解释》条文内容及所解释的法律	《民法典》施行前的对应规则	溯及力	适用评述
担保合同无效的法律后果	**第十七条**　主合同有效而第三人提供的担保合同无效，人民法院应当区分不同情形确定担保人的赔偿责任： （一）债权人与担保人均有过错的，担保人承担的赔偿责任不应超过债务人不能清偿部分的二分之一； （二）担保人有过错而债权人无过错的，担保人对债务人不能清偿的部分承担赔偿责任； （三）债权人有过错而担保人无过错的，担保人不承担赔偿责任。 　　主合同无效导致第三人提供的担保合同无效，担保人无过错的，不承担赔偿责任；担保人有过错的，其承担的赔偿责任不应超过债务人不能清偿部分的三分之一。 　　**《民法典》第六百八十二条第二款　【保证合同无效的法律后果】**保证合同被确认无效后，债务人、保证人、债权人有过错的，应当根据其过错各自承担相应的民事责任。 　　**《民法典》第三百八十八条第二款　【担保合同无效的法律后果】**担保合同被确认无效后，债务人、担保人、债权人有过错的，应当根据其过错各自承担相应的民事责任。	**《担保法》第五条第二款　【担保无效的法律后果】**担保合同被确认无效后，债务人、担保人、债权人有过错的，应当根据其过错各自承担相应的民事责任。 　　**《担保法解释》第七条**　主合同有效而担保合同无效，债权人无过错的，担保人与债务人对主合同债权人的经济损失，承担连带赔偿责任；债权人、担保人有过错的，担保人承担民事责任的部分，不应超过债务人不能清偿部分的二分之一。 　　**《担保法解释》第八条**　主合同无效而导致担保合同无效，担保人无过错的，担保人不承担民事责任；担保人有过错的，担保人承担民事责任的部分，不应超过债务人不能清偿部分的三分之一。	无	担保合同无效包括仅担保合同无效、主合同无效导致担保合同无效两种情形。对仅担保合同无效的法律后果，新司法解释在旧司法解释基础上作了修改（二者的区别详见附件 1 对旧解释第 7 条的分析），新解释不具有溯及力。 对于主合同无效导致担保合同无效，新旧法并无本质区别，只是表述上更加严谨而言。鉴于旧法对此已有规定，应当适用旧法的规定，故也不具有溯及力

（续表）

名称	《民法典担保制度解释》条文内容及所解释的法律	《民法典》施行前的对应规则	溯及力	适用评述
担保人对债务人的追偿权	**第十八条** 承担了担保责任或者赔偿责任的担保人，在其承担责任的范围内向债务人追偿的，人民法院应予支持。 同一债权既有债务人自己提供的物的担保，又有第三人提供的担保，承担了担保责任或者赔偿责任的第三人，主张行使债权人对债务人享有的担保物权的，人民法院应予支持。 《民法典》第七百条【保证人追偿权】保证人承担保证责任后，除当事人另有约定外，有权在其承担保证责任的范围内向债务人追偿，享有债权人对债务人的权利，但是不得损害债权人的利益。	《担保法》第三十一条【保证人的追偿权】保证人承担保证责任后，有权向债务人追偿。 《担保法解释》第九条 担保人因无效担保合同向债权人承担赔偿责任后，可以向债务人追偿，或者在承担赔偿责任的范围内，要求有过错的反担保人承担赔偿责任。 担保人可以根据承担赔偿责任的事实对债务人或者反担保人另行提起诉讼。	第1款无；第2款有	该条第 1 款是对《民法典》第 700 条作了扩张解释，将对债务人的追偿权从承担了保证责任的保证人，扩及承担了担保责任的担保人以及在担保无效情况下承担了赔偿责任的担保人。但鉴于《担保法解释》第 9 条对此已有相同规定，故新解释没有溯及力。 该条第 2 款是对《民法典》第 700 条"享有债权人对债务人的权利"所作的解释，将此种权利解释为债权人对债务人享有的"担保物权"，不包括债权人对其他担保人享有的权利。该问题此前并无规定，依据《民法典时间效力规定》第 3 条之规定，该款具有溯及力
反担保人的责任	**第十九条** 担保合同无效，承担了赔偿责任的担保人按照反担保合同的约定，在其承担赔偿责任的范围内请求反担保人承担担保责任的，人民法院应予支持。 反担保合同无效的，依照本解释第十七条的有关规定处理。当事人仅以担保合同无效为由主张反担保合同无效的，人民法院不予支持。	《担保法解释》第九条 担保人因无效担保合同向债权人承担赔偿责任后，可以向债务人追偿，或者在承担赔偿责任的范围内，要求有过错的反担保人承担赔偿责任。 担保人可以根据承担赔偿责任的事实对债务人或者反担保人另行提起诉讼。	第1款无；第2款有	新旧法解释在反担保所担保的主债权的认定上存在本质区别：旧解释认为反担保合同所担保的主合同是担保合同，而新解释则认为主债权是追偿权。对同一问题新旧解释都有规定但并不相同，应当认定新解释没有溯及力。 但在担保合同无效是否导致反担保无效问题上，依据旧解释认定反担保无效，依据新解释则认定有效，依据《民法典时间效力规定》第 8 条之规定，第 2 款具有溯及力

（续表）

名称	《民法典担保制度解释》条文内容及所解释的法律	《民法典》施行前的对应规则	溯及力	适用评述
保证人权利保护规则的参照适用	**第二十条**　人民法院在审理第三人提供的物的担保纠纷案件时，可以适用民法典第六百九十五条第一款、第六百九十六条第一款、第六百九十七条第二款、第六百九十九条、第七百条、第七百零一条、第七百零二条等关于保证合同的规定。	无对应规定	有	此乃法律适用规则，本谈不上溯及力问题。但因其揭示的是民法典担保制度的基本原理，故当然也适用于《民法典》施行前发生的担保纠纷。就此而言，可以认为该条具有溯及力
担保纠纷的主管和管辖	**第二十一条**　主合同或者担保合同约定了仲裁条款的，人民法院对约定仲裁条款的合同当事人之间的纠纷无管辖权。 债权人一并起诉债务人和担保人的，应当根据主合同确定管辖法院。 债权人依法可以单独起诉担保人且仅起诉担保人的，应当根据担保合同确定管辖法院。	**《担保法解释》第一百二十九条**　主合同和担保合同发生纠纷提起诉讼的，应当根据主合同确定案件管辖。担保人承担连带责任的担保合同发生纠纷，债权人向担保人主张权利的，应当由担保人住所地的法院管辖。 主合同和担保合同选择管辖的法院不一致的，应当根据主合同确定案件管辖。	有	第1款增加规定了仲裁排除法院主管规则，第2、3款与旧解释相比并无实质变化，但依据"程序从新"规则，该条全部条款均具有溯及力
债务人破产时担保债务停止计息	**第二十二条**　人民法院受理债务人破产案件后，债权人请求担保人承担担保责任，担保人主张担保债务自人民法院受理破产申请之日起停止计息的，人民法院对担保人的主张应予支持。	无对应规定	有	在债务人破产时担保债务应否停止计息问题上，此前的司法实践向来存在争议。不论新解释作何规定，本质上都属于对担保从属性进行的解释，属于统一裁判尺度的举措，自然应当作为处理《民法典》施行前发生的纠纷的依据。就此而言，该条具有溯及力

（续表）

名称	《民法典担保制度解释》条文内容及所解释的法律	《民法典》施行前的对应规则	溯及力	适用评述
担保程序与破产程序的衔接适用	**第二十三条** 人民法院受理债务人破产案件,债权人在破产程序中申报债权后又向人民法院提起诉讼,请求担保人承担担保责任的,人民法院依法予以支持。 担保人清偿债权人的全部债权后,可以代替债权人在破产程序中受偿;在债权人的债权未获全部清偿前,担保人不得代替债权人在破产程序中受偿,但是有权就债权人通过破产分配和实现担保债权等方式获得清偿总额中超出债权的部分,在其承担担保责任的范围内请求债权人返还。 债权人在债务人破产程序中未获全部清偿,请求担保人继续承担担保责任的,人民法院应予支持;担保人承担担保责任后,向和解协议或者重整计划执行完毕后的债务人追偿的,人民法院不予支持。	《担保法解释》第四十四条 保证期间,人民法院受理债务人破产案件的,债权人既可以向人民法院申报债权,也可以向保证人主张权利。 债权人申报债权后在破产程序中未受清偿的部分,保证人仍应当承担保证责任。债权人要求保证人承担保证责任的,应当在破产程序终结后六个月内提出。	有	该条第 1 款与旧解释第 44 条第 1 款相同,但作为程序性事项,依据"程序从新"规则,具有溯及力。 该条第 2、3 款系对《民法典》第 700 条有关保证人行使追偿权不得损害债权人合法权益的细化,是追偿权行使的当然法理,此前并无对应规定构成法律漏洞,依据《民法典时间效力规定》第 3 条之规定,具有溯及力

（续表）

名称	《民法典担保制度解释》条文内容及所解释的法律	《民法典》施行前的对应规则	溯及力	适用评述
侵害预先追偿权的后果	**第二十四条**　债权人知道或者应当知道债务人破产，既未申报债权也未通知担保人，致使担保人不能预先行使追偿权的，担保人就该债权在破产程序中可能受偿的范围内免除担保责任，但是担保人因自身过错未行使追偿权的除外。	《担保法解释》第四十五条　债权人知道或者应当知道债务人破产，既未申报债权也未通知保证人，致使保证人不能预先行使追偿权的，保证人在该债权在破产程序中可能受偿的范围内免除保证责任。 《担保法解释》第四十六条　人民法院受理债务人破产案件后，债权人未申报债权的，各连带共同保证的保证人应当作为一个主体申报债权，预先行使追偿权。	总体无，但书部分有	新旧解释对同一问题作出了规定，且基本精神相同，总体上没有溯及力。但旧解释没有规定但书部分的内容，构成法律漏洞，依据《民法典时间效力规定》第3条之规定，但书部分具有溯及力
	二、关于保证合同			
保证类型的识别	**第二十五条**　当事人在保证合同中约定了保证人在债务人不能履行债务或者无力偿还债务时才承担保证责任等类似内容，具有债务人应当先承担责任的意思表示的，人民法院应当将其认定为一般保证。 　　当事人在保证合同中约定了保证人在债务人不履行债务或者未偿还债务时即承担保证责任、无条件承担保证责任等类似内容，不具有债务人应当先承担责任的意思表示的，人民法院应当将其认定为连带责任保证。	无对应规定	有	该条是有关如何识别保证类型的解释规则，是对实践经验的总结，意在统一裁判尺度，具有溯及力

（续表）

名称	《民法典担保制度解释》条文内容及所解释的法律	《民法典》施行前的对应规则	溯及力	适用评述
一般保证的当事人	第二十六条 一般保证中，债权人以债务人为被告提起诉讼的，人民法院应予受理。债权人未就主合同纠纷提起诉讼或者申请仲裁，仅起诉一般保证人的，人民法院应当驳回起诉。 一般保证中，债权人一并起诉债务人和保证人的，人民法院可以受理，但是在作出判决时，除有民法典第六百八十七条第二款但书规定的情形外，应当在判决书主文中明确，保证人仅对债务人财产依法强制执行后仍不能履行的部分承担保证责任。 债权人未对债务人的财产申请保全，或者保全的债务人的财产足以清偿债务，债权人申请对一般保证人的财产进行保全的，人民法院不予准许。	《担保法解释》第一百二十五条 一般保证的债权人向债务人和保证人一并提起诉讼的，人民法院可以将债务人和保证人列为共同被告参加诉讼。但是，应当在判决书中明确在对债务人财产依法强制执行后仍不能履行债务时，由保证人承担保证责任。 《民间借贷规定》第四条第二款 保证人为借款人提供一般保证，出借人仅起诉保证人的，人民法院应当追加借款人为共同被告；出借人仅起诉借款人的，人民法院可以不追加保证人为共同被告。 《民事诉讼法解释》第六十六条 因保证合同纠纷提起的诉讼，债权人向保证人和被保证人一并主张权利的，人民法院应当将保证人和被保证人列为共同被告。保证合同约定为一般保证，债权人仅起诉保证人的，人民法院应当通知被保证人作为共同被告参加诉讼；债权人仅起诉被保证人的，可以只列被保证人为被告。	有	当事人问题属于程序问题，依据"程序从新"规则，该条具有溯及力。但在债权人仅起诉一般保证人时，相关司法解释尽管有不同的表述，但其基本精神是一致的，此时人民法院先当向债权人释明，告知其是否愿意申请追加债务人为共同被告；如果其愿意的，人民法院应当依其申请追加债务人为共同被告；经释明后拒绝申请追加的，则驳回起诉

（续表）

名称	《民法典担保制度解释》条文内容及所解释的法律	《民法典》施行前的对应规则	溯及力	适用评述
一般保证的保证期间	第二十七条　一般保证的债权人取得对债务人赋予强制执行效力的公证债权文书后，在保证期间内向人民法院申请强制执行，保证人以债权人未在保证期间内对债务人提起诉讼或者申请仲裁为由主张不承担保证责任的，人民法院不予支持。	无对应规定	有	该条是对《民法典》第693条第1款所作的扩张解释，因其揭示的是保证的基本原理，自应适用于《民法典》施行前发生的担保纠纷。从另一个角度看，其属于漏洞补充的范畴，依据《民法典时间效力规定》第3条之规定，也应具有溯及力
	《民法典》第六百九十三条第一款　【一般保证的保证期间】一般保证的债权人未在保证期间对债务人提起诉讼或者申请仲裁的，保证人不再承担保证责任。			

（续表）

名称	《民法典担保制度解释》条文内容及所解释的法律	《民法典》施行前的对应规则	溯及力	适用评述
一般保证的诉讼时效	**第二十八条** 一般保证中,债权人依据生效法律文书对债务人的财产依法申请强制执行,保证债务诉讼时效的起算时间按照下列规则确定: (一)人民法院作出终结本次执行程序裁定,或者依照民事诉讼法第二百五十七条第三项、第五项的规定作出终结执行裁定的,自裁定送达债权人之日起开始计算; (二)人民法院自收到申请执行书之日起一年内未作出前项裁定的,自人民法院收到申请执行书满一年之日起开始计算,但是保证人有证据证明债务人仍有财产可供执行的除外。 一般保证的债权人在保证期间届满前对债务人提起诉讼或申请仲裁,债权人举证证明存在民法典第六百八十七条第二款但书规定情形的,保证债务的诉讼时效自债权人知道或者应当知道该情形之日起开始计算。 **《民法典》第六百九十四条第一款 【一般保证的诉讼时效】**一般保证的债权人在保证期间届满前对债务人提起诉讼或者申请仲裁的,从保证人拒绝承担保证责任的权利消灭之日起,开始计算保证债务的诉讼时效。	**《担保法解释》第三十四条** 一般保证的债权人在保证期间届满前对债务人提起诉讼或者申请仲裁的,从判决或者仲裁裁决生效之日起,开始计算保证合同的诉讼时效。 连带责任保证的债权人在保证期间届满前要求保证人承担保证责任的,从债权人要求保证人承担保证责任之日起,开始计算保证合同的诉讼时效。	无	对一般保证债务的诉讼时效,新旧解释规定并不一致(详见附件 1 对旧解释第 34 条的"适用评述")。依据《民法典时间效力规定》第 2 条之规定,新解释不具有溯及力

（续表）

名称	《民法典担保制度解释》条文内容及所解释的法律	《民法典》施行前的对应规则	溯及力	适用评述
共同保证人的内部关系	第二十九条　同一债务有两个以上保证人，债权人以其已经在保证期间内依法向部分保证人行使权利为由，主张已经在保证期间内向其他保证人行使权利的，人民法院不予支持。 同一债务有两个以上保证人，保证人之间相互有追偿权，债权人未在保证期间内依法向部分保证人行使权利，导致其他保证人在承担保证责任后丧失追偿权，其他保证人主张在其不能追偿的范围内免除保证责任的，人民法院应予支持。	《最高人民法院关于已承担保证责任的保证人向其他保证人行使追偿权问题的批复》（法释〔2002〕37号） 根据《中华人民共和国担保法》第十二条的规定，承担连带责任保证的保证人一人或者数人承担保证责任后，有权要求其他保证人清偿应当承担的份额，不受债权人是否在保证期间内向未承担保证责任的保证人主张过保证责任的影响。	无	针对同一问题，新旧解释在共同担保中担保人之间能否相互追偿问题观点迥异，依据《民法典时间效力规定》第2条之规定，新解释不具有溯及力。也就是说，对于《民法典》施行前发生的纠纷，仍应适用法释〔2002〕37号批复之规定

（续表）

名称	《民法典担保制度解释》条文内容及所解释的法律	《民法典》施行前的对应规则	溯及力	适用评述
最高额保证的保证期间	第三十条　最高额保证合同对保证期间的计算方式、起算时间等有约定的，按照其约定。 最高额保证合同对保证期间的计算方式、起算时间等没有约定或者约定不明，被担保债权的履行期限均已届满的，保证期间自债权确定之日起开始计算；被担保债权的履行期限尚未届满的，保证期间自最后到期债权的履行期限届满之日起开始计算。 前款所称债权确定之日，依照民法典第四百二十三条的规定认定。	《担保法》第二十七条　保证人依照本法第十四条规定就连续发生的债权作保证，未约定保证期间的，保证人可以随时书面通知债权人终止保证合同，但保证人对于通知到债权人前所发生的债权，承担保证责任。 《担保法解释》第三十七条　最高额保证合同对保证期间没有约定或者约定不明的，如最高额保证合同约定有保证人清偿债务期限的，保证期间为清偿期限届满之日起六个月。没有约定债务清偿期限的，保证期间自最高额保证终止之日或自债权人收到保证人终止保证合同的书面通知到达之日起六个月。	无	在最高额保证的保证期间问题上，新旧解释存在本质不同（详见附件1对旧解释第37条"适用评述"），依据《民法典时间效力规定》第2条之规定，新解释不具有溯及力

（续表）

名称	《民法典担保制度解释》条文内容及所解释的法律	《民法典》施行前的对应规则	溯及力	适用评述
撤诉对保证期间的影响	**第三十一条**　一般保证的债权人在保证期间内对债务人提起诉讼或者申请仲裁后，又撤回起诉或者仲裁申请，债权人在保证期间届满前未再行提起诉讼或者申请仲裁，保证人主张不再承担保证责任的，人民法院应予支持。连带责任保证的债权人在保证期间内对保证人提起诉讼或者申请仲裁后，又撤回起诉或者仲裁申请，起诉状副本或者仲裁申请书副本已经送达保证人的，人民法院应当认定债权人已经在保证期间内向保证人行使了权利。	无对应规定	有	关于该问题，旧法及旧解释均无规定，属于法律漏洞，依据《民法典时间效力规定》第3条之规定，该条具有溯及力。事实上，该条揭示的也是保证期间的一般原理，与《民法典》是否施行并无必然联系，故适用于《民法典》施行前的纠纷有其合理性
保证期间约定不明	**第三十二条**　保证合同约定保证人承担保证责任直至主债务本息还清为止等类似内容的，视为约定不明，保证期间为主债务履行期限届满之日起六个月。	**《担保法解释》第三十二条第二款**　保证合同约定保证人承担保证责任直至主债务本息还清为止等类似内容的，视为约定不明，保证期间为主债务履行期限届满之日起二年。	无	对同一事项，新旧解释规定并不一致，依据《民法典时间效力规定》第2条之规定，新解释不具有溯及力
无效保证的保证期间	**第三十三条**　保证合同无效，债权人未在约定或者法定的保证期间内依法行使权利，保证人主张不承担赔偿责任的，人民法院应予支持。	无对应规定	有	保证合同无效场合，究竟应适用保证期间制度还是诉讼时效制度，实践中争议很大，但却无相应的法律规定，故该条性质上属于法律漏洞，依据《民法典时间效力规定》第3条之规定，应当具有溯及力

（续表）

名称	《民法典担保制度解释》条文内容及所解释的法律	《民法典》施行前的对应规则	溯及力	适用评述
依职权审查保证期间	第三十四条 人民法院在审理保证合同纠纷案件时,应当将保证期间是否届满、债权人是否在保证期间内依法行使权利等事实作为案件基本事实予以查明。债权人在保证期间内未依法行使权利的,保证责任消灭。保证责任消灭后,债权人书面通知保证人要求承担保证责任,保证人在通知书上签字、盖章或者按指印,债权人请求保证人继续承担保证责任的,人民法院不予支持,但是债权人有证据证明成立了新的保证合同的除外。	《最高人民法院关于人民法院应当如何认定保证人在保证期间届满后又在催款通知书上签字问题的批复》(法释〔2004〕4号)根据《中华人民共和国担保法》的规定,保证期间届满保证人未依法向保证人主张保证责任的,保证责任消灭。保证责任消灭后,债权人书面通知保证人要求承担保证责任或者清偿债务,保证人在催款通知书上签字的,人民法院不得认定保证人继续承担保证责任。但是,该催款通知书内容符合合同法和担保法有关担保合同成立的规定,并经保证人签字认可,能够认定成立新的保证合同的,人民法院应当认定保证人按照新保证合同承担责任。	第1款有;第2款无	第1款属于漏洞补充,依据《民法典时间效力规定》第3条之规定,具有溯及力。第2款与法释〔2004〕4号批复内容完全一致,但鉴于二者对同一事项作出规定,依据《民法典时间效力规定》第2条之规定,不具有溯及力
对超过诉讼时效债务提供保证	第三十五条 保证人知道或者应当知道主债权诉讼时效期间届满仍然提供保证或者承担保证责任,又以诉讼时效期间届满为由拒绝承担保证责任或者请求返还财产的,人民法院不予支持;保证人承担保证责任后向债务人追偿的,人民法院不予支持,但是债务人放弃诉讼时效抗辩的除外。	《担保法解释》第三十五条 保证人对已经超过诉讼时效期间的债务承担保证责任或者提供保证的,又以超过诉讼时效为由抗辩的,人民法院不予支持。	无	对同一事项,新旧解释都有规定,但并无本质不同,依据《民法典时间效力规定》第2条之规定,新解释不具有溯及力

（续表）

名称	《民法典担保制度解释》条文内容及所解释的法律	《民法典》施行前的对应规则	溯及力	适用评述
增信措施的性质及认定	**第三十六条** 第三人向债权人提供差额补足、流动性支持等类似承诺文件作为增信措施，具有提供担保的意思表示，债权人请求第三人承担保证责任的，人民法院应当依照保证的有关规定处理。 第三人向债权人提供的承诺文件，具有加入债务或者与债务人共同承担债务等意思表示的，人民法院应当认定为民法典第五百五十二条规定的债务加入。 前两款中第三人提供的承诺文件难以确定是保证还是债务加入的，人民法院应当将其认定为保证。 第三人向债权人提供的承诺文件不符合前三款规定的情形，债权人请求第三人承担保证责任或者连带责任的，人民法院不予支持，但是不影响其依据承诺文件请求第三人履行约定的义务或者承担相应的民事责任。	无对应规定	有	该条是有关如何识别增信措施性质的规则，是对实践经验的总结，意在统一裁判尺度，具有溯及力

（续表）

名称	《民法典担保制度解释》条文内容及所解释的法律	《民法典》施行前的对应规则	溯及力	适用评述
	三、关于担保物权 （一）担保合同与担保物权的效力			
以禁止抵押的财产设定的抵押的效力	**第三十七条** 当事人以所有权、使用权不明或者有争议的财产抵押,经审查构成无权处分的,人民法院应当依照民法典第三百一十一条的规定处理。 　　当事人以依法被查封或者扣押的财产抵押,抵押权人请求行使抵押权,经审查查封或者扣押措施已经解除的,人民法院应予支持。抵押人以抵押权设立时财产被查封或者扣押为由主张抵押合同无效的,人民法院不予支持。 　　以依法被监管的财产抵押,适用前款规定。 《民法典》第三百九十九条 【禁止抵押的财产范围】下列财产不得抵押: 　　（一）土地所有权; 　　（二）宅基地、自留地、自留山等集体所有土地的使用权,但是法律规定可以抵押的除外; 　　（三）学校、幼儿园、医疗机构等为公益目的成立的非营利法人的教育设施、医疗卫生设施和其他公益设施; 　　（四）所有权、使用权不明或者有争议的财产;	《担保法》第三十七条 【不得设定抵押的财产】下列财产不得抵押: 　　（一）土地所有权; 　　（二）耕地、宅基地、自留地、自留山等集体所有的土地使用权,但本法第三十四条第（五）项、第三十六条第三款规定的除外; 　　（三）学校、幼儿园、医院等以公益为目的的事业单位、社会团体的教育设施、医疗卫生设施和其他社会公益设施; 　　（四）所有权、使用权不明或者有争议的财产; 　　（五）依法被查封、扣押、监管的财产; 　　（六）依法不得抵押的其他财产。	有	该条系对《民法典》第399条的解释,《民法典》第399条与《物权法》第184条内容相同,都来源《担保法》第37条。故该条本质上是对《担保法》第37条的解释,适用于《担保法》施行后《民法典》施行前发生的纠纷。从这一意义上说,该条具有溯及力

（续表）

名称	《民法典担保制度解释》条文内容及所解释的法律	《民法典》施行前的对应规则	溯及力	适用评述
—	（五）依法被查封、扣押、监管的财产； （六）法律、行政法规规定不得抵押的其他财产。	—	—	—
担保财产的不可分性	第三十八条　主债权未受全部清偿，担保物权人主张就担保财产的全部行使担保物权的，人民法院应予支持，但是留置权人行使留置权的，应当依照民法典第四百五十条的规定处理。 担保财产被分割或者部分转让的，担保物权人主张就分割或者转让后的担保财产行使担保物权的，人民法院应予支持，但是法律或者司法解释另有规定的除外。	《担保法解释》第七十一条　主债权未受全部清偿的，抵押权人可以就抵押物的全部行使其抵押权。 抵押物被分割或者部分转让的，抵押权人可以就分割或者转让后的抵押物行使抵押权。 《担保法解释》第九十六条　本解释第五十七条、第六十二条、第六十四条、第七十一条、第七十二条、第七十三条、第七十四条、第八十条之规定，适用于动产质押。	无	《担保法解释》第71条、第96条分别对抵押权、质权中担保财产的不可分性作出了规定；留置权的不可分性，《担保法》第85条也作出了规定。可见，《担保法》及旧解释已对担保财产的不可分性作出了规定，新解释只不过将分散的规定进行整合罢了，与旧规定并无本质区别，依据《民法典时间效力规定》第2条之规定，该条并无溯及力

（续表）

名称	《民法典担保制度解释》条文内容及所解释的法律	《民法典》施行前的对应规则	溯及力	适用评述
主债权的不可分性	**第三十九条** 主债权被分割或者部分转让,各债权人主张就其享有的债权份额行使担保物权的,人民法院应予支持,但是法律另有规定或者当事人另有约定的除外。 　　主债务被分割或者部分转移,债务人自己提供物的担保,债权人请求以该担保财产担保全部债务履行的,人民法院应予支持;第三人提供物的担保,主张对未经其书面同意转移的债务不再承担担保责任的,人民法院应予支持。	《担保法解释》第七十二条 主债权被分割或者部分转让的,各债权人可以就其享有的债权份额行使抵押权。 　　主债务被分割或者部分转让的,抵押人仍以其抵押物担保数个债务人履行债务。但是,第三人提供抵押的,债权人许可债务人转让债务未经抵押人书面同意的,抵押人对未经其同意转让的债务,不再承担担保责任。	总体无;但书部分有	在该问题上,新旧解释并无本质区别,故总体上并无溯及力。但新解释在第 1 款中增加规定了但书条款,相对于旧解释,这属于漏洞补充,故就但书部分,依据《民法典时间效力规定》第 3 条之规定,具有溯及力。但从目前的司法实践看,出现但书规定的情形较为罕见
抵押权是否及于从物	**第四十条** 从物产生于抵押权依法设立前,抵押权人主张抵押权的效力及于从物的,人民法院应予支持,但是当事人另有约定的除外。 　　从物产生于抵押权依法设立后,抵押权人主张抵押权的效力及于从物的,人民法院不予支持,但是在抵押权实现时可以一并处分。	《担保法解释》第六十三条 抵押权设定前为抵押物的从物的,抵押权的效力及于抵押物的从物。但是,抵押物与其从物为两个以上的人分别所有时,抵押权的效力不及于抵押物的从物。	无	新旧规定并无实质区别,依据《民法典时间效力规定》第 2 条之规定,该条并无溯及力

（续表）

名称	《民法典担保制度解释》条文内容及所解释的法律	《民法典》施行前的对应规则	溯及力	适用评述
抵押权是否及于添附物	第四十一条　抵押权依法设立后,抵押财产被添附,添附物归第三人所有,抵押权人主张抵押权效力及于补偿金的,人民法院应予支持。 　　抵押权依法设立后,抵押财产被添附,抵押人对添附物享有所有权,抵押权人主张抵押权的效力及于添附物的,人民法院应予支持,但是添附导致抵押财产价值增加的,抵押权的效力不及于增加的价值部分。 　　抵押权依法设立后,抵押人与第三人因添附成为添附物的共有人,抵押权人主张抵押权的效力及于抵押人对共有物享有的份额的,人民法院应予支持。 　　本条所称添附,包括附合、混合与加工。	《担保法解释》第六十二条　抵押物因附合、混合或者加工使抵押物的所有权为第三人所有的,抵押权的效力及于补偿金;抵押物所有人为附合、混合物或者加工物的所有人的,抵押权的效力及于附合物、混合物或者加工物;第三人与抵押物所有人为附合、混合物或者加工物的共有人的,抵押权的效力及于抵押人对共有物享有的份额。	无	新旧规定并无实质区别,依据《民法典时间效力规定》第2条之规定,该条并无溯及力

（续表）

名称	《民法典担保制度解释》条文内容及所解释的法律	《民法典》施行前的对应规则	溯及力	适用评述
抵押权的物上代位性	**第四十二条** 抵押权依法设立后,抵押财产毁损、灭失或者被征收等,抵押权人请求按照原抵押权的顺位就保险金、赔偿金或者补偿金等优先受偿的,人民法院应予支持。 给付义务人已经向抵押人给付了保险金、赔偿金或者补偿金,抵押权人请求给付义务人向其给付保险金、赔偿金或者补偿金的,人民法院不予支持,但是给付义务人接到抵押权人要求向其给付的通知后仍然向抵押人给付的除外。 抵押权人请求给付义务人向其给付保险金、赔偿金或者补偿金的,人民法院可以通知抵押人作为第三人参加诉讼。 **《民法典》第三百九十条** 【担保物权的物上代位性】担保期间,担保财产毁损、灭失或者被征收等,担保物权人可以就获得的保险金、赔偿金或者补偿金等优先受偿。被担保债权的履行期限未届满的,也可以提存该保险金、赔偿金或者补偿金等。	**《物权法》第一百七十四条** 【担保物权物上代位性】担保期间,担保财产毁损、灭失或者被征收等,担保物权人可以就获得的保险金、赔偿金或者补偿金等优先受偿。被担保债权的履行期未届满的,也可以提存该保险金、赔偿金或者补偿金等。	有	该条是有关抵押权的物上代位性的规定,物上代位性是抵押权的固有属性;且《民法典》第 390 条源于《物权法》第 174 条,并非新增规定,故该条适用于《民法典》施行前发生的纠纷,具有溯及力。 应予注意的是,该条仅规定抵押权的物上代位性,事实上,其他担保物权也有该项属性,故该条还可以扩张适用于质权、留置权。且在适用于这些担保物权时,同样具有溯及力

（续表）

名称	《民法典担保制度解释》条文内容及所解释的法律	《民法典》施行前的对应规则	溯及力	适用评述
抵押财产转让	第四十三条　当事人约定禁止或者限制转让抵押财产但是未将约定登记，抵押人违反约定转让抵押财产，抵押权人请求确认转让合同无效的，人民法院不予支持；抵押财产已经交付或者登记，抵押权人请求确认转让不发生物权效力的，人民法院不予支持，但是抵押权人有证据证明受让人知道的除外；抵押权人请求抵押人承担违约责任的，人民法院依法予以支持。 当事人约定禁止或者限制转让抵押财产且已经将约定登记，抵押人违反约定转让抵押财产，抵押权人请求确认转让合同无效的，人民法院不予支持；抵押财产已经交付或者登记，抵押权人主张转让不发生物权效力的，人民法院应予支持，但是因受让人代替债务人清偿债务导致抵押权消灭的除外。 《民法典》第四百零六条　【抵押财产转让】抵押期间，抵押人可以转让抵押财产。当事人另有约定的，按照其约定。抵押财产转让的，抵押权不受影响。	《担保法解释》第六十七条　抵押权存续期间，抵押人转让抵押物未通知抵押权人或者未告知受让人的，如果抵押物已经登记的，抵押权人仍可以行使抵押权；取得抵押物所有权的受让人，可以代替债务人清偿其全部债务，使抵押权消灭。受让人清偿债务后可以向抵押人追偿。 如果抵押物未经登记的，抵押权不得对抗受让人，因此给抵押权人造成损失的，由抵押人承担赔偿责任。 《物权法》第一百九十一条　【抵押期间转让抵押财产】抵押期间，抵押人经抵押权人同意转让抵押财产的，应当将转让所得的价款向抵押权人提前清偿债务或者提存。转让的价款超过债权数额的部分归抵押人所有，不足部分由债务人清偿。 抵押期间，抵押人未经抵押权人同意，不得转让抵押财产，但受让人代为清偿债务消灭抵押权的除外。	无	关于抵押财产转让，《担保法》《担保法解释》《物权法》《民法典》的规定都不尽一致（详见附件1对《担保法解释》第67条的"适用评述"），基于《民法典时间效力规定》第2条之规定，该条不具有溯及力

（续表）

名称	《民法典担保制度解释》条文内容及所解释的法律	《民法典》施行前的对应规则	溯及力	适用评述
一	抵押人转让抵押财产的,应当及时通知抵押权人。抵押权人能够证明抵押财产转让可能损害抵押权的,可以请求抵押人将转让所得的价款向抵押权人提前清偿债务或者提存。转让的价款超过债权数额的部分归抵押人所有,不足部分由债务人清偿。	—	—	—

（续表）

名称	《民法典担保制度解释》条文内容及所解释的法律	《民法典》施行前的对应规则	溯及力	适用评述
主债权诉讼时效届满的法律后果	第四十四条　主债权诉讼时效期间届满后，抵押权人主张行使抵押权的，人民法院不予支持；抵押人以主债权诉讼时效期间届满为由，主张不承担担保责任的，人民法院应予支持。主债权诉讼时效期间届满前，债权人仅对债务人提起诉讼，经人民法院判决或者调解后未在民事诉讼法规定的申请执行时效期间内对债务人申请强制执行，其向抵押人主张行使抵押权的，人民法院不予支持。 　　主债权诉讼时效期间届满后，财产被留置的债务人或者对留置财产享有所有权的第三人请求债权人返还留置财产的，人民法院不予支持；债务人或者第三人请求拍卖、变卖留置财产并以所得价款清偿债务的，人民法院应予支持。 　　主债权诉讼时效期间届满的法律后果，以登记作为公示方式的权利质权，参照适用第一款的规定；动产质权、以交付权利凭证作为公示方式的权利质权，参照适用第二款的规定。	《担保法解释》第十二条　当事人约定的或者登记部门要求登记的担保期间，对担保物权的存续不具有法律约束力。 　　担保物权所担保的债权的诉讼时效结束后，担保权人在诉讼时效结束后的二年内行使担保物权的，人民法院应当予以支持。 　　《物权法》第二百零二条　同《民法典》第四百一十九条。 　　《物权法》第二百二十条　同《民法典》第四百三十七条。 　　《物权法》第二百三十七条　同《民法典》第四百五十四条。 　　《九民纪要》59.【主债权诉讼时效届满的法律后果】抵押权人应当在主债权的诉讼时效期间内行使抵押权。抵押权人在主债权诉讼时效届满前未行使抵押权，抵押人在主债权诉讼时效届满后请求涂销抵押权登记的，人民法院依法予以支持。 　　以登记作为公示方法的权利质权，参照适用前款规定。	有	在主债权诉讼时效届满对担保物权的影响问题上，《担保法解释》与《物权法》规定不一致，依据《物权法》第178条有关"担保法与本法的规定不一致的，适用本法"之规定，应当适用《物权法》的规定。该条形式上是对《民法典》相关规定的解释，但因为《民法典》的相关规定与《物权法》一致，故实质上是对《物权法》所作的解释，故适用于《物权法》施行后《民法典》施行前发生的纠纷，从这一意义上说，该条具有溯及力

名称	《民法典担保制度解释》条文内容及所解释的法律	《民法典》施行前的对应规则	溯及力	适用评述
一	—			
	《民法典》第四百一十九条 【抵押权存续期间】抵押权人应当在主债权诉讼时效期间行使抵押权；未行使的，人民法院不予保护。 《民法典》第四百三十七条 【质权的及时行使】出质人可以请求质权人在债务履行期限届满后及时行使质权；质权人不行使的，出质人可以请求人民法院拍卖、变卖质押财产。 出质人请求质权人及时行使质权，因质权人怠于行使权利造成出质人损害的，由质权人承担赔偿责任。 《民法典》第四百五十四条 【留置权债务人的请求权】债务人可以请求留置权人在债务履行期限届满后行使留置权；留置权人不行使的，债务人可以请求人民法院拍卖、变卖留置财产。	—	—	—
担保物权的实现程序	第四十五条 当事人约定当债务人不履行到期债务或者发生当事人约定的实现担保物权的情形，担保物权人有权将担保财产自行拍卖、变卖并就所得的价款优先受偿的，该约定有效。因担保人的原因导致担保物权人无法自行对担保财产进行拍卖、变卖，担保物权人请	《担保法解释》第一百二十八条第一款 债权人向人民法院请求行使担保物权时，债务人和担保人应当作为共同被告参加诉讼。	第1、2款有；第3款无	该条第1款系新增规定，旧法没有规定构成漏洞补充，依据《民法典时间效力规定》第3条之规定，具有溯及力。 该条第2款作为程序性规定，依据"程序从新"规则，同样具有溯及力。 该条第3款与《担保法解释》第128条第1款的规定相同，适用旧法规定即可，不具有溯及力

（续表）

名称	《民法典担保制度解释》条文内容及所解释的法律	《民法典》施行前的对应规则	溯及力	适用评述
—	求担保人承担因此增加的费用的,人民法院应予支持。 　　当事人依照民事诉讼法有关"实现担保物权案件"的规定,申请拍卖、变卖担保财产,被申请人以担保合同约定仲裁条款为由主张驳回申请的,人民法院经审查后,应当按照以下情形分别处理: 　　(一)当事人对担保物权无实质性争议且实现担保物权条件已经成就的,应当裁定准许拍卖、变卖担保财产; 　　(二)当事人对实现担保物权有部分实质性争议的,可以就无争议的部分裁定准许拍卖、变卖担保财产,并告知可以就有争议的部分申请仲裁; 　　(三)当事人对实现担保物权有实质性争议的,裁定驳回申请,并告知可以向仲裁机构申请仲裁。 　　债权人以诉讼方式行使担保物权的,应当以债务人和担保人作为共同被告。	—	—	—

（续表）

名称	《民法典担保制度解释》条文内容及所解释的法律	《民法典》施行前的对应规则	溯及力	适用评述
（二）不动产抵押				
不动产抵押合同的效力	**第四十六条** 不动产抵押合同生效后未办理抵押登记手续，债权人请求抵押人办理抵押登记手续的，人民法院应予支持。 　　抵押财产因不可归责于抵押人自身的原因灭失或者被征收等导致不能办理抵押登记，债权人请求抵押人在约定的担保范围内承担责任的，人民法院不予支持；但是抵押人已经获得保险金、赔偿金或者补偿金等，债权人请求抵押人在其所获金额范围内承担赔偿责任的，人民法院依法予以支持。 　　因抵押财产转让抵押财产或者其他可归责于抵押人自身的原因导致不能办理抵押登记，债权人请求抵押人在约定的担保范围内承担责任的，人民法院依法予以支持，但是不得超过抵押权能够设立时抵押人应当承担的责任范围。	《九民纪要》60.【未办理登记的不动产抵押合同的效力】不动产抵押合同依法成立，但未办理抵押登记手续，债权人请求抵押人办理抵押登记手续的，人民法院依法予以支持。因抵押物灭失以及抵押物转让他人等原因不能办理抵押登记，债权人请求抵押人以抵押物的价值为限承担责任的，人民法院依法予以支持，但其范围不得超过抵押权有效设立时抵押人所应当承担的责任。	有	《九民纪要》对该问题曾作出规定，但其毕竟不是法律，故此前未加规定构成法律漏洞，依据《民法典时间效力规定》第3条之规定，该条具有溯及力
不动产登记簿的效力	**第四十七条** 不动产登记簿就抵押财产、被担保的债权范围等所作的记载与抵押合同约定不一致的，人民法院应当根据登记簿的记载确定抵押财产、被担保的债权范围等事项。	《担保法解释》第六十一条 抵押物登记记载的内容与抵押合同约定的内容不一致的，以登记记载的内容为准。 　　《九民纪要》58.【担保债权的范围】以登记作为公示方式的不动产担保物权的担保范围，一般应当以登记的范围	无	该条揭示的是不动产登记簿的基本原理，但《九民纪要》第58条在登记簿设置不合理情况下，为保护当事人合法权益作出了不同规定。在新旧规定适用条件、适用结果均不相同的情况下，该条只能适用于《民法典》施行之后，故不具有溯及力

（续表）

名称	《民法典担保制度解释》条文内容及所解释的法律	《民法典》施行前的对应规则	溯及力	适用评述
—	—	为准。但是，我国目前不动产担保物权登记，不同地区的系统设置及登记规则并不一致，人民法院在审理案件时应当充分注意制度设计上的差别，作出符合实际的判断：一是多数省区市的登记系统未设置"担保范围"栏目，仅有"被担保主债权数额（最高债权数额）"的表述，且只能填写固定数字。而当事人在合同中又往往约定担保物权的担保范围包括主债权及其利息、违约金等附属债权，致使合同约定的担保范围与登记不一致。显然，这种不一致是由于该地区登记系统设置及登记规则造成的该地区的普遍现象。人民法院以合同约定认定担保物权的担保范围，是符合实际的妥当选择。二是一些省区市不动产登记系统设置与登记规则比较规范，担保物权登记范围与合同约定一致在该地区是常态或者普遍现象，人民法院在审理案件时，应当以登记的担保范围为准。	—	—

（续表）

名称	《民法典担保制度解释》条文内容及所解释的法律	《民法典》施行前的对应规则	溯及力	适用评述
因登记机构原因不能办理登记	**第四十八条** 当事人申请办理抵押登记手续时，因登记机构的过错致使其不能办理抵押登记，当事人请求登记机构承担赔偿责任的，人民法院依法予以支持。	**《担保法解释》第五十九条** 当事人办理抵押物登记手续时，因登记部门的原因致使其无法办理抵押物登记，抵押人向债权人交付权利凭证的，可以认定债权人对该财产有优先受偿权。但是，未办理抵押物登记的，不得对抗第三人。	无	对同一事项，新旧司法解释有不同规定，依据《民法典时间效力规定》第2条之规定，该条不具有溯及力。
违法建筑抵押	**第四十九条** 以违法的建筑物抵押的，抵押合同无效，但是一审法庭辩论终结前已经办理合法手续的除外。抵押合同无效的法律后果，依照本解释第十七条的有关规定处理。 当事人以建设用地使用权依法设立抵押，抵押人以土地上存在违法的建筑物为由主张抵押合同无效的，人民法院不予支持。	**《担保法解释》第四十八条** 以法定程序确认为违法、违章的建筑物抵押的，抵押无效。	第1款但书与第2款有；其余无	第1款与旧解释相同，不具有溯及力。但该款但书部分承认例外有效，依据《民法典时间效力规定》第8条之规定，具有溯及力。第2款并无对应规定，属于漏洞补充，依据《民法典时间效力规定》第3条，具有溯及力

（续表）

名称	《民法典担保制度解释》条文内容及所解释的法律	《民法典》施行前的对应规则	溯及力	适用评述
以划拨用地或其上的建筑物抵押	**第五十条**　抵押人以划拨建设用地上的建筑物抵押,当事人以该建设用地使用权不能抵押或者未办理批准手续为由主张抵押合同无效或者不生效的,人民法院不予支持。抵押权依法实现时,拍卖、变卖建筑物所得的价款,应当优先用于补缴建设用地使用权出让金。 　当事人以划拨方式取得的建设用地使用权抵押,抵押人以未办理批准手续为由主张抵押合同无效或者不生效的,人民法院不予支持。已经依法办理抵押登记,抵押权人主张行使抵押权的,人民法院应予支持。抵押权依法实现时所得的价款,参照前款有关规定处理。	无对应规定	有	此前并无对应规定,该条属于漏洞补充,依据《民法典时间效力规定》第 3 条之规定,具有溯及力

（续表）

名称	《民法典担保制度解释》条文内容及所解释的法律	《民法典》施行前的对应规则	溯及力	适用评述
房地一体抵押	**第五十一条** 当事人以建设用地使用权抵押，债权人主张抵押权的效力及于土地上已有的建筑物以及正在建造的建筑物已完成部分的，人民法院应予支持。债权人主张抵押权的效力及于正在建造的建筑物的续建部分以及新增建筑物的，人民法院不予支持。 当事人以正在建造的建筑物抵押，抵押权的效力范围限于已办理抵押登记的部分。当事人按照担保合同的约定，主张抵押权的效力及于续建部分、新增建筑物以及规划中尚未建造的建筑物的，人民法院不予支持。 抵押人将建设用地使用权、土地上的建筑物或者正在建造的建筑物分别抵押给不同债权人的，人民法院应当根据抵押登记的时间先后确定清偿顺序。 《民法典》第三百九十七条 **【房地一体抵押】**以建筑物抵押的，该建筑物占用范围内的建设用地使用权一并抵押。以建设用地使用权抵押的，该土地上的建筑物一并抵押。 抵押人未依据前款规定一并抵押的，未抵押的财产视为一并抵押。	《物权法》第一百八十二条；《担保法》第三十六条第一、二款 内容同于《民法典》第三百九十七条。 《九民纪要》61.**【房地分别抵押】**根据《物权法》第 182 条之规定，仅以建筑物设定抵押的，抵押权的效力及于占用范围内的土地；仅以建设用地使用权抵押的，抵押权的效力亦及于其上的建筑物。在房地分别抵押，即建设用地使用权抵押给一个债权人，而其上的建筑物又抵押给另一个人的情况下，可能产生两个抵押权的冲突问题。基于"房地一体"规则，此时应当将建筑物和建设用地使用权视为同一财产，从而依照《物权法》第 199 条的规定确定清偿顺序：登记在先的先清偿；同时登记的，按照债权比例清偿。同一天登记的，视为同时登记。应予注意的是，根据《物权法》第 200 条的规定，建设用地使用权抵押后，该土地上新增的建筑物不属于抵押财产。	有	关于房地一体抵押原则，《担保法》《物权法》的规定与《民法典》一致，故该条看似是对《民法典》第 397 条的解释，实则也是对自《担保法》施行以来如何理解房地一体抵押所作的解释，自然适用于《担保法》施行后《民法典》施行前发生的纠纷，故具有溯及力

（续表）

名称	《民法典担保制度解释》条文内容及所解释的法律	《民法典》施行前的对应规则	溯及力	适用评述
抵押预告登记	**第五十二条**　当事人办理抵押预告登记后，预告登记权利人请求就抵押财产优先受偿，经审查存在尚未办理建筑物所有权首次登记、预告登记的财产与办理建筑物所有权首次登记时的财产不一致、抵押预告登记已经失效等情形，导致不具备办理抵押登记条件的，人民法院不予支持；经审查已经办理建筑物所有权首次登记，且不存在预告登记失效等情形的，人民法院应予支持，并应当认定抵押权自预告登记之日起设立。 　　当事人办理了抵押预告登记，抵押人破产，经审查抵押财产属于破产财产，预告登记权利人主张就抵押财产优先受偿的，人民法院应当在受理破产申请时抵押财产的价值范围内予以支持，但是在人民法院受理破产申请前一年内，债务人对没有财产担保的债务设立抵押预告登记的除外。	《物权法》第二十条　同《民法典》第二百二十一条。	有	该条系填补漏洞的条款，依据《民法典时间效力规定》第3条之规定，具有溯及力

（续表）

名称	《民法典担保制度解释》条文内容及所解释的法律	《民法典》施行前的对应规则	溯及力	适用评述
一	—			
	《民法典》第二百二十一条 【预告登记】当事人签订买卖房屋的协议或者签订其他不动产物权的协议，为保障将来实现物权，按照约定可以向登记机构申请预告登记。预告登记后，未经预告登记的权利人同意，处分该不动产的，不发生物权效力。 预告登记后，债权消灭或者自能够进行不动产登记之日起九十日内未申请登记的，预告登记失效。	—	—	—
	（三）动产与权利担保			
担保财产的概括描述	第五十三条 当事人在动产和权利担保合同中对担保财产进行概括描述，该描述能够合理识别担保财产的，人民法院应当认定担保成立。	无对应规定	有	该具有漏洞补充功能，揭示的也是担保合同成立的一般原理，依据《民法典时间效力规定》第 3 条之规定，具有溯及力

（续表）

名称	《民法典担保制度解释》条文内容及所解释的法律	《民法典》施行前的对应规则	溯及力	适用评述
未办理登记的动产抵押权的效力	第五十四条　动产抵押合同订立后未办理抵押登记，动产抵押权的效力按照下列情形分别处理： （一）抵押人转让抵押财产，受让人占有抵押财产后，抵押权人向受让人请求行使抵押权的，人民法院不予支持，但是抵押权人能够举证证明受让人知道或者应当知道已经订立抵押合同的除外； （二）抵押人将抵押财产出租给他人并移转占有，抵押权人行使抵押权的，租赁关系不受影响，但是抵押权人能够举证证明承租人知道或者应当知道已经订立抵押合同的除外； （三）抵押人的其他债权人向人民法院申请保全或者执行抵押财产，人民法院已经作出财产保全裁定或者采取执行措施，抵押权人主张对抵押财产优先受偿的，人民法院不予支持； （四）抵押人破产，抵押权人主张对抵押财产优先受偿的，人民法院不予支持。 《民法典》第四百零三条　【登记对抗主义】以动产抵押的，抵押权自抵押合同生效时设立；未经登记，不得对抗善意第三人。	《担保法解释》第六十六条　抵押人将已抵押的财产出租的，抵押权实现后，租赁合同对受让人不具有约束力。 抵押人将已抵押的财产出租时，如果抵押人未书面告知承租人该财产已抵押的，抵押人对出租抵押物造成承租人的损失承担赔偿责任；如果抵押人已书面告知承租人该财产已抵押的，抵押权实现造成承租人的损失，由承租人自己承担。 《物权法》第一百八十八条　以本法第一百八十条第一款第四项、第六项规定的财产或者第五项规定的正在建造的船舶、航空器抵押的，抵押权自抵押合同生效时设立；未经登记，不得对抗善意第三人。 《物权法》第一百八十九条　企业、个体工商户、农业生产经营者以本法第一百八十一条规定的动产抵押的，应当向抵押人住所地的工商行政管理部门办理登记。抵押权自抵押合同生效时设立；未经登记，不得对抗善意第三人。 依照本法第一百八十一条规定抵押的，不得对抗正常经营活动中已支付合理价款并取得抵押财产的买受人。	第2项无；其余3项有	该条是动产登记对抗在具体场景中的运用，其中第2项先抵押后租赁，《担保法解释》《物权法》第190条均已有规定，依据《民法典时间效力规定》第2条之规定，没有溯及力。 第1项乃属登记对抗的基本原理，《物权法》即已规定了登记对抗，故该项适用于《物权法》施行后《民法典》施行前发生的纠纷，具有溯及力。 第3项、第4项此前无规定，构成法律漏洞，依据《民法典时间效力规定》第3条之规定，也具有溯及力

（续表）

名称	《民法典担保制度解释》条文内容及所解释的法律	《民法典》施行前的对应规则	溯及力	适用评述
—	—	《物权法》第一百九十条 订立抵押合同前抵押财产已出租的，原租赁关系不受该抵押权的影响。抵押权设立后抵押财产出租的，该租赁关系不得对抗已登记的抵押权。	—	—

（续表）

名称	《民法典担保制度解释》条文内容及所解释的法律	《民法典》施行前的对应规则	溯及力	适用评述
流动质押	第五十五条　债权人、出质人与监管人订立三方协议，出质人以通过一定数量、品种等概括描述能够确定范围的货物为债务的履行提供担保，当事人有证据证明监管人系受债权人的委托监管并实际控制该货物的，人民法院应当认定质权于监管人实际控制货物之日起设立。监管人违反约定向出质人或者其他人放货、因保管不善导致货物毁损灭失，债权人请求监管人承担违约责任的，人民法院依法予以支持。 在前款规定情形下，当事人有证据证明监管人系受出质人委托监管该货物，或者虽然受债权人委托但是未实际履行监管职责，导致货物仍由出质人实际控制的，人民法院应当认定质权未设立。债权人可以基于质押合同的约定请求出质人承担违约责任，但是不得超过质权有效设立时出质人应当承担的责任范围。监管人未履行监管职责，债权人请求监管人承担责任的，人民法院依法予以支持。	《九民纪要》63.【流动质押的设立与监管人的责任】在流动质押中，经常由债权人、出质人与监管人订立三方监管协议，此时应当查明监管人究竟是受债权人的委托还是受出质人的委托监管质物，确定质物是否已经交付债权人，从而判断质权是否有效设立。如果监管人系受债权人的委托监管质物，则其是债权人的直接占有人，应当认定完成了质物交付，质权有效设立。监管人违反监管协议约定，违规向出质人放货、因保管不善导致质物毁损灭失，债权人请求监管人承担违约责任的，人民法院依法予以支持。 如果监管人系受出质人委托监管质物，表明质物并未交付债权人，应当认定质权未有效设立。尽管监管协议约定监管人系受债权人的委托监管质物，但有证据证明其并未履行监管职责，质物实际上仍由出质人管领控制的，也应当认定质物并未实际交付，质权未有效设立。此时，债权人可以基于质押合同的约定请求质押人承担违约责任，但其范围不得超过质权有效设立时质押人所应当承担的责任。监管人未履行监管职责的，债权人也可以请求监管人承担违约责任。	有	该条将《九民纪要》有关流动质押的规定上升为司法解释，但《九民纪要》毕竟不能作为法律依据被援引，故可以认为构成法律漏洞，依据《民法典时间效力规定》第3条之规定，该条具有溯及力

（续表）

名称	《民法典担保制度解释》条文内容及所解释的法律	《民法典》施行前的对应规则	溯及力	适用评述
正常经营买受人规则	**第五十六条** 买受人在出卖人正常经营活动中通过支付合理对价取得已被设立担保物权的动产，担保物权人请求就该动产优先受偿的，人民法院不予支持，但是有下列情形之一的除外： （一）购买商品的数量明显超过一般买受人； （二）购买出卖人的生产设备； （三）订立买卖合同的目的在于担保出卖人或者第三人履行债务； （四）买受人与出卖人存在直接或者间接的控制关系； （五）买受人应当查询抵押登记而未查询的其他情形。 　　前款所称出卖人正常经营活动，是指出卖人的经营活动属于其营业执照明确记载的经营范围，且出卖人持续销售同类商品。前款所称担保物权人，是指已经办理登记的抵押权人、所有权保留买卖的出卖人、融资租赁合同的出租人。 **《民法典》第四百零四条** 【正常经营买受人】以动产抵押的，不得对抗正常经营活动中已经支付合理价款并取得抵押财产的买受人。	**《物权法》第一百八十九条** 企业、个体工商户、农业生产经营者以本法第一百八十一条规定的动产抵押的，应当向抵押人住所地的工商行政管理部门办理登记。抵押权自抵押合同生效时设立；未经登记，不得对抗善意第三人。 　　依照本法第一百八十一条规定抵押的，不得对抗正常经营活动中已支付合理价款并取得抵押财产的买受人。	无	《物权法》尽管规定了正常经营买受人制度，但其限于对浮动抵押的限制，因为实践中浮动抵押极少被运用，导致正常经营买受人规则成为具文。《民法典》扩大了正常经营买受人规则，将其适用于所有的动产抵押，不限于浮动抵押。因此，《民法典》与《物权法》在正常经营买受人规则的表述上看似并无多大区别，实则是两个完全不同的制度。该条作为对《民法典》第404条的解释，只能适用于《民法典》施行后发生的动产抵押纠纷，故不具有溯及力

（续表）

名称	《民法典担保制度解释》条文内容及所解释的法律	《民法典》施行前的对应规则	溯及力	适用评述
价款超级优先权	**第五十七条**　担保人在设立动产浮动抵押并办理抵押登记后又购入或者以融资租赁方式承租新的动产,下列权利人为担保价款债权或者租金的实现而订立担保合同,并在该动产交付后十日内办理登记,主张其权利优先于在先设立的浮动抵押权的,人民法院应予支持: （一）在该动产上设立抵押权或者保留所有权的出卖人; （二）为价款支付提供融资而在该动产上设立抵押权的债权人; （三）以融资租赁方式出租该动产的出租人。 买受人取得动产但未付清价款或者承租人以融资租赁方式占有租赁物但是未付清全部租金,又以标的物为他人设立担保物权,前款所列权利人为担保价款债权或者租金的实现而订立担保合同,并在该动产交付后十日内办理登记,主张其权利优先于买受人为他人设立的担保物权的,人民法院应予支持。 同一动产上存在多个价款优先权的,人民法院应当按照登记的时间先后确定清偿顺序。	无对应规定	无	该条系对《民法典》新增的第 416 条的解释,只能适用于《民法典》施行后发生的纠纷,不具有溯及力

（续表）

名称	《民法典担保制度解释》条文内容及所解释的法律	《民法典》施行前的对应规则	溯及力	适用评述
一	—			
	《民法典》第四百一十六条　动产抵押担保的主债权是抵押物的价款，标的物交付后十日内办理抵押登记的，该抵押权人优先于抵押物买受人的其他担保物权人受偿，但是留置权人除外。	—	—	—
汇票质押	第五十八条　以汇票出质，当事人以背书记载"质押"字样并在汇票上签章，汇票已经交付质权人的，人民法院应当认定质权自汇票交付质权人时设立。	《担保法解释》第九十八条　以汇票、支票、本票出质，出质人与质权人没有背书记载"质押"字样，以票据出质对抗善意第三人的，人民法院不予支持。	有	汇票质押应否以背书记载"质押"字样为必要，未记载时票据质押是否成立，《担保法解释》与《票据规定》存在不同理解，为统一裁判尺度，该条规定票据质押需要同时具备背书和交付两大要件。既然是统一裁判尺度，自然适用于《民法典》施行前已经产生的纠纷，故该条具有溯及力
	《民法典》第四百四十一条　【证券性权利质押】以汇票、本票、支票、债券、存款单、仓单、提单出质的，质权自权利凭证交付质权人时设立；没有权利凭证的，质权自办理出质登记时设立。法律另有规定的，依照其规定。	《票据规定》第五十四条　依照票据法第三十五条第二款的规定，以汇票设定质押时，出质人在汇票上只记载了"质押"字样未在票据上签章，或者出质人未在汇票、粘单上记载"质押"字样而另行签订质押合同、质押条款的，不构成票据质押。		

（续表）

名称	《民法典担保制度解释》条文内容及所解释的法律	《民法典》施行前的对应规则	溯及力	适用评述
仓单质押	**第五十九条**　存货人或者仓单持有人在仓单上以背书记载"质押"字样，并经保管人签章，仓单已经交付质权人的，人民法院应当认定质权自仓单交付质权人时设立。没有权利凭证的仓单，依法可以办理出质登记的，仓单质权自办理出质登记时设立。 　　出质人既以仓单出质，又以仓储物设立担保，按照公示的先后确定清偿顺序；难以确定先后的，按照债权比例清偿。 　　保管人为同一货物签发多份仓单，出质人在多份仓单上设立多个质权，按照公示的先后确定清偿顺序；难以确定先后的，按照债权比例受偿。 　　存在第二款、第三款规定的情形，债权人举证证明其损失系由出质人与保管人的共同行为所致，请求出质人与保管人承担连带赔偿责任的，人民法院应予支持。	无对应规定	有	此前并无关于仓单质押的具体规定，构成法律漏洞，依据《民法典时间效力规定》第 3 条之规定，该条具有溯及力

（续表）

名称	《民法典担保制度解释》条文内容及所解释的法律	《民法典》施行前的对应规则	溯及力	适用评述
提单质押	**第六十条**　在跟单信用证交易中,开证行与开证申请人之间约定以提单作为担保的,人民法院应当依照民法典关于质权的有关规定处理。 　　在跟单信用证交易中,开证行依据其与开证申请人之间的约定或者跟单信用证的惯例持有提单,开证申请人未按照约定付款赎单,开证行主张对提单项下货物优先受偿的,人民法院应予支持;开证行主张对提单项下货物享有所有权的,人民法院不予支持。 　　在跟单信用证交易中,开证行依据其与开证申请人之间的约定或者跟单信用证的惯例,通过转让提单或者提单项下货物取得价款,开证申请人请求返还超出债权部分的,人民法院应予支持。 　　前三款规定不影响合法持有提单的开证行以提单持有人身份主张运输合同项下的权利。	无对应规定	有	此前并无关于提单质押的具体规定,构成法律漏洞,依据《民法典时间效力规定》第 3 条之规定,该条具有溯及力

（续表）

名称	《民法典担保制度解释》条文内容及所解释的法律	《民法典》施行前的对应规则	溯及力	适用评述
应收账款质押	第六十一条　以现有的应收账款出质,应收账款债务人向质权人确认应收账款的真实性后,又以应收账款不存在或者已经消灭为由主张不承担责任的,人民法院不予支持。 以现有的应收账款出质,应收账款债务人未确认应收账款的真实性,质权人以应收账款债务人为被告,请求就应收账款优先受偿,能够举证证明办理出质登记时应收账款真实存在的,人民法院应予支持;质权人不能举证证明办理出质登记时应收账款真实存在,仅以已经办理出质登记为由,请求就应收账款优先受偿的,人民法院不予支持。 以现有的应收账款出质,应收账款债务人已经向应收账款债权人履行了债务,质权人请求应收账款债务人履行债务的,人民法院不予支持,但是应收账款债务人接到质权人要求向其履行的通知后,仍然向应收账款债权人履行的除外。 以基础设施和公用事业项目收益权、提供服务或者劳务产生的债权以及其他将有的应收账款出质,当事人为应收账款设立特定账户,	《担保法解释》第九十七条　以公路桥梁、公路隧道或者公路渡口等不动产收益权出质的,按照担保法第七十五条第(四)项的规定处理。	有	此前并无应收账款质押效力的具体规定,构成法律漏洞,依据《民法典时间效力规定》第3条之规定,该条具有溯及力

（续表）

名称	《民法典担保制度解释》条文内容及所解释的法律	《民法典》施行前的对应规则	溯及力	适用评述
一	发生法定或者约定的质权实现事由时,质权人请求就该特定账户内的款项优先受偿的,人民法院应予支持;特定账户内的款项不足以清偿债务或者未设立特定账户,质权人请求折价或者拍卖、变卖项目收益权等将有的应收账款,并以所得的价款优先受偿的,人民法院依法予以支持。	—	—	—
留置权	第六十二条 债务人不履行到期债务,债权人因同一法律关系留置合法占有的第三人的动产,并主张就该留置财产优先受偿的,人民法院应予支持。第三人以该留置财产并非债务人的财产为由请求返还的,人民法院不予支持。 企业之间留置的动产与债权并非同一法律关系,债务人以该债权不属于企业持续经营中发生的债权为由请求债权人返还留置财产的,人民法院应予支持。 企业之间留置的动产与债权并非同一法律关系,债权人留置第三人的财产,第三人请求债权人返还留置财产的,人民法院应予支持。 《民法典》第四百四十八条 【同一法律关系】债权人留置的动产,应当与债权属于同一法律关系,但是企业之间留置的除外。	《物权法》第二百三十一条 【同一法律关系】债权人留置的动产,应当与债权属于同一法律关系,但是企业之间留置的除外。	有	该条是对《民法典》第447条与第448条的解释,而这两条与《物权法》第230条、第231条内容完全相同,故本质上也是对《物权法》相关规定的解释,自然适用于《物权法》施行后《民法典》施行前发生的纠纷,故具有溯及力

（续表）

名称	《民法典担保制度解释》条文内容及所解释的法律	《民法典》施行前的对应规则	溯及力	适用评述
四、关于非典型担保				
未依法登记的担保合同	**第六十三条**　债权人与担保人订立担保合同，约定以法律、行政法规尚未规定可以担保的财产权利设立担保，当事人主张合同无效的，人民法院不予支持。当事人未在法定的登记机构依法进行登记，主张该担保具有物权效力的，人民法院不予支持。	**《九民纪要》67.【约定担保物权的效力】**债权人与担保人订立担保合同，约定以法律、行政法规未禁止抵押或者质押的财产设定以登记作为公示方法的担保，因无法定的登记机构而未能进行登记的，不具有物权效力。当事人请求按照担保合同的约定就该财产折价、变卖或者拍卖所得价款等方式清偿债务的，人民法院依法予以支持，但对其他权利人不具有对抗效力和优先性。	有	属于法律漏洞，依据《民法典时间效力规定》第3条之规定，具有溯及力
所有权保留	**第六十四条**　在所有权保留买卖中，出卖人依法有权取回标的物，但是与买受人协商不成，当事人请求参照民事诉讼法"实现担保物权案件"的有关规定，拍卖、变卖标的物的，人民法院应予准许。 出卖人请求取回的物，符合民法典第六百四十二条规定的，人民法院应予支持；买受人以抗辩或者反诉的方式主张拍卖、变卖标的物，并在扣除买受人未支付的价款以及必要费用后返还剩余款项的，人民法院应当一并处理。	无对应规定	无	按照担保权构成来构造所有权保留，是《民法典》的重要改变。该条作为对《民法典》的解释，只能适用于《民法典》施行后发生的纠纷，不具有溯及力

（续表）

名称	《民法典担保制度解释》条文内容及所解释的法律	《民法典》施行前的对应规则	溯及力	适用评述
融资租赁	**第六十五条**　在融资租赁合同中，承租人未按照约定支付租金，经催告后在合理期限内仍不支付，出租人请求承租人支付全部剩余租金，并以拍卖、变卖租赁物所得的价款受偿的，人民法院应予支持；当事人请求参照民事诉讼法"实现担保物权案件"的有关规定，以拍卖、变卖租赁物所得价款支付租金，人民法院应予准许。 　　出租人请求解除融资租赁合同并收回租赁物，承租人以抗辩或者反诉的方式主张返还租赁物价值超过欠付租金以及其他费用的，人民法院应当一并处理。当事人对租赁物的价值有争议的，应当按照下列规则确定租赁物的价值： 　　（一）融资租赁合同有约定的，按照其约定； 　　（二）融资租赁合同未约定或者约定不明的，根据约定的租赁物折旧以及合同到期后租赁物的残值来确定； 　　（三）根据前两项规定的方法仍然难以确定，或者当事人认为根据前两项规定的方法确定的价值严重偏离租赁物实际价值的，根据当事人的申请委托有资质的机构评估。	**《融资租赁解释》第五条**　有下列情形之一，出租人请求解除融资租赁合同的，人民法院应予支持： 　　（一）承租人未按照合同约定的期限和数额支付租金，符合合同约定的解除条件，经出租人催告后在合理期限内仍不支付的； 　　（二）合同对于欠付租金解除合同的情形没有明确约定，但承租人欠付租金达到两期以上，或者数额达到全部租金百分之十五以上，经出租人催告后在合理期限内仍不支付的； 　　（三）承租人违反合同约定，致使合同目的不能实现的其他情形。 　　**《融资租赁解释》第十二条**　诉讼期间承租人与出租人对租赁物的价值有争议的，人民法院可以按照融资租赁合同的约定确定租赁物价值；融资租赁合同未约定或者约定不明的，可以参照融资租赁合同约定的租赁物折旧以及合同到期后租赁物的残值确定租赁物价值。 　　承租人或者出租人认为依前款确定的价值严重偏离租赁物实际价值的，可以请求人民法院委托有资质的机构评估或者拍卖确定。	无	关于该条规定的事项，2014年《融资租赁解释》都有规定，依据《民法典时间效力规定》第 2 条之规定，该条不具有溯及力。此外，该条第 1 款后半句有关当事人可以参照民事诉讼法"实现担保物权案件"的有关规定，以拍卖、变卖租赁物所得价款支付租金的规定，系对《民法典》新增规定的解释，当然也不具有溯及力

（续表）

名称	《民法典担保制度解释》条文内容及所解释的法律	《民法典》施行前的对应规则	溯及力	适用评述
有追索权的保理	**第六十六条**　同一应收账款同时存在保理、应收账款质押和债权转让，当事人主张参照民法典第七百六十八条的规定确定优先顺序的，人民法院应予支持。 　　在有追索权的保理中，保理人以应收账款债权人或者应收账款债务人为被告提起诉讼，人民法院应予受理；保理人一并起诉应收账款债权人和应收账款债务人的，人民法院可以受理。 　　应收账款债权人向保理人返还保理融资款本息或者回购应收账款债权后，请求应收账款债务人向其履行应收账款债务的，人民法院应予支持。	无对应规定	无	保理制度系《民法典》新增的规定，该条作为对新增规定的解释，当然不具有溯及力
登记对抗的效力	**第六十七条**　在所有权保留买卖、融资租赁等合同中，出卖人、出租人的所有权未经登记不得对抗的"善意第三人"的范围及其效力，参照本解释第五十四条的规定处理。	无对应规定	无	该条系非典型担保参照适用登记对抗主义的规定，是法律适用规则，本无所谓溯及力问题。但因为非典型担保是《民法典》新增的制度，只能适用于《民法典》施行后的行为，不存在适用《民法典》施行前发生的行为的可能，故该条不具有溯及力

（续表）

名称	《民法典担保制度解释》条文内容及所解释的法律	《民法典》施行前的对应规则	溯及力	适用评述
让与担保	第六十八条 债务人或者第三人与债权人约定将财产形式上转移至债权人名下,债务人不履行到期债务,债权人有权对财产折价或者以拍卖、变卖该财产所得价款偿还债务的,人民法院应当认定该约定有效。当事人已经完成财产权利变动的公示,债务人不履行到期债务,债权人请求参照民法典关于担保物权的有关规定就该财产优先受偿的,人民法院应予支持。 债务人或者第三人与债权人约定将财产形式上转移至债权人名下,债务人不履行到期债务,财产归债权人所有的,人民法院应当认定该约定无效,但是不影响当事人有关提供担保的意思表示的效力。当事人已经完成财产权利变动的公示,债务人不履行到期债务,债权人请求对该财产享有所有权的,人民法院不予支持;债权人请求参照民法典关于担保物权的规定对财产折价或者以拍卖、变卖该财产所得的价款优先受偿的,人民法院应予支持;债务人履行债务后请求返还财产,或者请求对财产折价或者以拍卖、变卖所	《九民纪要》71.【让与担保】债务人或者第三人与债权人订立合同,约定将财产形式上转让至债权人名下,债务人到期清偿债务,债权人将该财产返还给债务人或第三人,债务人到期没有清偿债务,债权人可以对财产拍卖、变卖、折价偿还债权的,人民法院应当认定合同有效。合同如果约定债务人到期没有清偿债务,财产归债权人所有的,人民法院应当认定该部分约定无效,但不影响合同其他部分的效力。 当事人根据上述合同约定,已经完成财产权利变动的公示方式转让至债权人名下,债务人到期没有清偿债务,债权人请求确认财产归其所有的,人民法院不予支持,但债权人请求参照法律关于担保物权的规定对财产拍卖、变卖、折价优先偿还其债权的,人民法院依法予以支持。债务人因到期没有清偿债务,请求对该财产拍卖、变卖、折价偿还所欠债权人合同项下债务的,人民法院亦应依法予以支持。	有	此前无相应规定,构成法律漏洞,依据《民法典时间效力规定》第3条之规定,具有溯及力

（续表）

名称	《民法典担保制度解释》条文内容及所解释的法律	《民法典》施行前的对应规则	溯及力	适用评述
一	得的价款清偿债务的,人民法院应予支持。 　　债务人与债权人约定将财产转移至债权人名下,在一定期间后再由债务人或者其指定的第三人以交易本金加上溢价款回购,债务人到期不履行回购义务,财产归债权人所有的,人民法院应当参照第二款规定处理。回购对象自始不存在的,人民法院应当依照民法典第一百四十六条第二款的规定,按照其实际构成的法律关系处理。	—	—	—
股权让与担保	**第六十九条**　股东以将其股权转移至债权人名下的方式为债务履行提供担保,公司或者公司的债权人以股东未履行或者未全面履行出资义务、抽逃出资等为由,请求作为名义股东的债权人与股东承担连带责任的,人民法院不予支持。	无对应规定	有	属于填补法律漏洞,具有溯及力

（续表）

名称	《民法典担保制度解释》条文内容及所解释的法律	《民法典》施行前的对应规则	溯及力	适用评述
保证金质押	**第七十条** 债务人或者第三人为担保债务的履行,设立专门的保证金账户并由债权人实际控制,或者将其资金存入债权人设立的保证金账户,债权人主张就账户内的款项优先受偿的,人民法院应予支持。 当事人以保证金账户内的款项浮动为由,主张实际控制该账户的债权人对账户内的款项不享有优先受偿权的,人民法院不予支持。 在银行账户下设立的保证金分户,参照前款规定处理。 当事人约定的保证金并非为担保债务的履行设立,或者不符合前两款规定的情形,债权人主张就保证金优先受偿的,人民法院不予支持,但是不影响当事人依照法律的规定或者按照当事人的约定主张权利。	**《担保法解释》第八十五条** 债务人或者第三人将其金钱以特户、封金、保证金等形式特定化后,移交债权人占有作为债权的担保,债务人不履行债务时,债权人可以以该金钱优先受偿。	无	关于保证金质押,《担保法解释》有规定,依据《民法典时间效力规定》第 2 条之规定,该条不具有溯及力
五、附则				
施行	**第七十一条** 本解释自 2021 年 1 月 1 日起施行。	—	无	该条不存在溯及力问题

说明:《民法典担保制度解释》共 71 条,其中整个条文都有溯及力的有 32 条,部分条款具有溯及力的有 11 处,共有 43 条之多。

后　记

　　本书的写作历时 2 年有余，我在二巡期间的助理王楠楠，帮忙查找了大量的法律法规等有关资料；书记员曹美施、黄婷婷，帮忙查找了历年指导性案例、公报案例；在辽宁大学法学院工作的博士同学姚旭，组织了一批学生，对《民法典》涉及担保的 94 个条文逐条进行类案检索；我的法官助理杨泽宇、李薇，实习助理武诗敏、尹思雨，也为本书提供了丰富的材料，在此一并表示感谢！需要特别感谢的是我的法官助理李知博和实习助理沈明炎。李知博不仅帮忙收集了大量资料，而且还帮忙写了不少条文释义，尽管最后成稿时我很少直接采纳她写的内容，但她写的部分对我的写作提供了极大的帮助！清华大学博士研究生沈明炎，从当事人的起诉和答辩、本院认为、适用依据这几个维度，又逐条做了一遍类案检索，为找出每一个条文的问题所在以及适用场景提供了巨大帮助！没有前述同志的辛勤付出，就不可能有本书的成稿和出版！

　　宁波海事法院的常务副院长沈晓鸣，对本书的主文以及 3 个附件进行了逐字逐句的认真校对，提出了不少建设性意见，其中多数意见已被采纳。有一些把握不准的意见，或者难以在本书中解决的问题，期待以后通过适当方式再予回应。不论如何，沈晓鸣院长认真负责的态度、对实务问题的深度理论思考，都值得我学习和敬佩！中国人民大学法学院教授朱虎、北京大学法学院副教授纪海龙，分别对保证、担保物权提出了富有卓见的意见，多数也已被本书吸收。此外，还有一些实务界的朋友，也对本书提出了许多建设性意见，在此也表示感谢！

　　本书主要是我在二巡期间利用业余时间写成的。其间恰逢新冠疫情肆虐，有好几次几个月都回不了北京。这对写作而言是难得的机会，但就家庭而言,却是极大的负担。感谢我的妻子付荣,任劳任怨地担负起家庭的重担。本书的出版,有一半是她的功劳!

本书的出版,代表着我到目前为止对担保制度的理解。但受制于体例,有一些问题尚未涉及,有一些问题不便展开,希望未来有机会进一步开展深入的研究,并取得新的成果!

麻锦亮

2023 年 7 月

图书在版编目（CIP）数据

民法典．担保注释书/麻锦亮编著．—北京：
中国民主法制出版社，2023.7
ISBN 978-7-5162-3316-0

Ⅰ.①民…　Ⅱ.①麻…　Ⅲ.①民法-法典-法律解释-中国
②担保法-法律解释-中国　Ⅳ.①D923.05

中国国家版本馆 CIP 数据核字（2023）第 135607 号

图书出品人：刘海涛
图书策划：麦　读
责任编辑：陈　曦　张雅淇　孙振宇

书名/民法典 · 担保注释书
作者/麻锦亮　编著

出版 · 发行/中国民主法制出版社
地址/北京市丰台区右安门外玉林里 7 号　（100069）
电话/（010）63055259（总编室）　　63058068　63057714（营销中心）
传真/（010）63055259
http：//www.npcpub.com
E-mail：mzfz@npcpub.com
经销/新华书店
开本/32 开　850 毫米×1168 毫米
印张/41.5　字数/1393 千字
版本/2023 年 8 月第 1 版　2023 年 8 月第 1 次印刷
印刷/北京天宇万达印刷有限公司

书号/ISBN 978－7－5162－3316－0
定价/139.00 元
出版声明/版权所有，侵权必究